해양법각론

김 현 수 저

청목출판사

머리말

신 해양질서의 변화에 능동적으로 대응함과 동시에 해양의 보편적 가치를 구체적으로 실천하기 위한 법적 근거를 마련하기 위해 채택된 유엔해양법협약이 발효(1994년)된 지도 약 16년이란 시간이 지나고 있다. 그러나 여전히 해양에서의 다양한 이해관계의 충돌과 대립이 지속적으로 나타나고 있는바, 이는 바로 해양이 갖는 무한한 가능성 즉 인류에게 남겨진 마지막 자원의 보고라는 점에 대한 각국의 첨예한 관심과 인식의 결과에서 연유한 것으로 보인다.

이러한 시대적 환경과 변화하는 해양현실을 고려하여 저자는 해양에 관한 교과서 및 전문서적이라고도 볼 수 있는 「국제해양법」을 2007년도에 출간한 바 있으며, 이를 계기로 2010년도에는 해양법 문제의 보다 상세하고 다양한 접근 및 이해증진을 위하여 상기 서적의 내용을 기본으로 하여 일부 내용을 보완한 「해양법총론」을 발간하였다. 본서는 이러한 해양법 서적 발간의 연장선상에서 해양문제의 각론 부분을 여러 분야에 걸쳐 다루게 될 「해양법각론」을 기존 「국제해양법」내용을 보완한 다음 여기에 본인이 기 발표한 해양관련 논문 내용을 추가하여 해양현실 문제를 보다 심층적으로 다룬 다양한 주제를 추가하여 수록하게 되었다.

본서는 따라서 해양법을 연구하는 학생이나 해양분야에 종사하는 정책담당자 또는 전문분야 종사들이 해양분야의 내용을 보다 이해하기 쉽도록 그리고 다양한 주제에 접근이 가능하도록 정리하였다. 본서는 총 16장으로 구성되어 있으며 독자의 연구편의를 도모하고자 유엔해양법협약 및 동아시아 특히 한중일 3국의 주요 해양법을 부록에 추가하였다.

끝으로 어려운 여건하에서도 「해양법총론」에 이어 본 서적의 출판도 기꺼이 허락하여 주신 청목출판사 유성렬 대표님께 지면으로나마 심심한 감사의 인사를 드리는 바이다.

2010년 10월
저 자

차 례

〈표 목차〉

〈그림 목차〉

〈지도 목차〉

〈사진 목차〉

약어 목록

A/Conf.13/	: United Nations Documents, General Assembly; United Nations Conference on the Law of the Sea
AJIL	: American Journal of International Law
ARF	: ASEAN Regional Forum
BYIL	: British Yearbook of International Law
EU	: European Union
EEZ	: Exclusive Economic Zone
EFZ	: Exclusive Fishery Zone
ICAO	: International Civil Aviation Organization
ICJ	: International Court of Justice
ICJ Reports	: International Court of Justice, Reports of Judgments, Advisory Opinions and Orders
ICLQ	: International and Comparative Law Quarterly
ICNT	: Informal Composite Negotiating Text
IIL	: Institute of International Law
ILA	: International Law Association
ILC	: International Law Commission
ILM	: International Legal Materials
ILO	: International Labour Organization
IMO	: International Maritime Organization
ISA	: International Sea-bed Authority
ISNT	: Informal Single Negotiating Text
ITLOS	: International Tribunal for the Law of the Sea
JAIL	: Japanese Annual of International Law
KMI	: Korea Maritime Institute
KSIL	: The Korean Society of International Law
LN	: League of Nations
MOU	: Memorandum of Understanding
ODIL	: Ocean Development and International Law
PCIJ	: Permanent Court of International Justice
PCA	: Permanent Court of Arbitration
PRC	: People's Republic of China
PSI	: Proliferation Security Initiative

ROC	: Republic of China
RPC	: Regional Piracy Center
RRIS	: Rapid Response Investigation Service
RSNT	: Revised Single Negotiating Text
S/	: Security Council
SOLAS	: International Convention on Antarctic Research
UNCLOS Ⅲ	: The 3rd United Nations Conference on the Law of the Sea
UN G.A.	: United Nations General Assembly
UNTS	: United Nations Treaty Series
USNWC	: United States Naval War College
USPACOM	: United States Pacific Command
VJIL	: Virginia Journal of International Law
Ybk of ILC	: Yearbook of the International Law Commission
WMD	: Weapons of Mass Destruction

제 1 장

동북아 국가의 직선기선 문제*

제1절 서 언

새로운 해양질서의 확립을 목표로 전 세계 150여 국가가 참여하여 명실상부한 해양에 관한 헌법이라고도 불리는 유엔해양법협약이 1982년 체결되었으며 또한 동 협약의 효력발생 규정에 따라[1] 1994년 11월 16일부터 발효되어 협약 당사국은 물론, 동 협약의 내용이 기존 관습법적인 성격을 가지고 있는 내용들을 성문화시킨 경우에는 동 협약 비당사국들에게도 그 효력이 미치게 되었다.

그러나 각국은 해양에서의 자원확보 및 영유권 확장 등을 목적으로 자국에게 최대한 유리하도록 유엔해양법협약의 규정을 확대 해석하고 심지어는 동 협약의 근본정신을 무시한 채 일방적으로 자국에게 유리한 직선기선을 사용하여 해양관할권 확장 움직임을 강하게 추진하여 왔다. 특히, 모든 해양수역 측정의 기준선이 되는 기선문제에 있어서는 더욱 심각한 국가 이기주의 경향이 강하게 나타나고 있는바, 이 중 일본은 자국이 일방적으로 선포한 신영해 직선기선내에서 아국의 어선이 조업을 한다는 이유로 우리 어선을 나포하여 일정한 벌금까지 부과하는 등의 강경한 조치를 취하여 한·일간의 심각한 외교마찰까지 제기하여 오고

* 본서는 2010년도 인하대학교 법학연구소 연구비 지원에 의해 이루어졌음.

1) 유엔해양법협약 제308조.

있다.[2] 또한 중국도 1992년 이른바 "영해 및 접속수역에 관한 법"을 공포하여 자국의 전 해안에 직선기선제도를 적용하여 대단히 유리한 해양관할수역 확보를 위한 법적 기초를 다져왔다.

영해란 개념은 국가의 주권이 행사되는 일정 범위의 수역으로서 해양법협약은 그 최대 범위를 12마일(해리) 이내로 확정한 바 있다.[3] 여기에서 영해의 범위가 12마일이라고 할 때 영해를 측정하는 기준선을 어디로 잡아야 하는 문제가 당연히 제시되는 바, 이러한 영해 측정의 기준이 되는 선을 우리는[4] 기선이라고 부르며 이는 모든 수역(영해, 접속수역, 대륙붕, 배타적 경제수역 등)을 측정하는 기준선이 된다.

〈표 1〉 각국의 해양수역 선포 현황

(2009년 1월 현재)

구분	국가수
영해	134
접속수역	78
배타적경제수역	113
대륙붕	87

본장에서는 이러한 배경을 기초로 해양법협약상의 직선기선 검토, 직선기선에 관한 국제판례 검토, 한 · 중 · 일 3국의 직선기선제도에 관한 법적 고찰 및 특히, 일 · 중 직선기선의 문제점을 해양법 및 국가관행에 근거하여 검토 및 분석하여 이들 직선기선이 주변국에게 미치는 영향과 그 대응책 등을 차례로 고찰하고 동시에 주변국 직선기선의 문제점도 언급하여 합법적인 해양관할수역 확보에 요구되는 국제법적 기초를 제공하고자 한다.

---

2) 일본의 신직선기선 발표로 나포된 우리 어선은 다음과 같다: 1997. 6. 8 오대호(38톤, 효고현 북방, 50만엔 벌금), 1997. 6. 9 909대동호(68톤, 오끼군도 서남방, 120만엔 예치), 1997. 6. 15 302 수덕호(60톤, 오끼노시마 동북방, 50만엔 벌금), 1997. 6. 15 58 덕용호(46톤, 오끼노시마 동북방, 50만엔 벌금) 및 1997. 7. 8 102 대양호(132톤, 니이가타 북방) 등이 있다. 권문상 · 옥영수, "일본의 해양관할권 확장과 한일어업분쟁", 한일어업분쟁 및 일본주장 영해기선에 관한 세미나, 1997 7.1 8, p. 5.

3) 유엔해양법협약 제3조.

4) *Ibid.*, 제5조.

제 2 절 유엔해양법협약상의 기선제도

1. 기선의 유형

기선은 통상기선과 직선기선으로 나눌 수 있는데 통상기선은 연안국에 의하여 공인된 대축척해도(통상 1:50,000 기준)에 표시된 연안의 저조선[5]으로 이것이 원칙적으로 모든 해양수역의 폭을 측정하는 기준선으로 활동된다. 그러나 이러한 통상기선은 해안선이 단조롭고 해안 근처에 도서가 산재하여 있지 않은 곳에서는 그 적용이 가능하나, 해안선이 심히 굴곡하고 돌입한 지역 또는 바로 인근의 해안에 연하여 일련의 도서가 산재한 경우에는 통상기선의 사용이 불가하여 최외곽의 적당한 지점을 연결하는 직선기선의 방법을 영해 등의 해양수역 폭을 측정하는 기준선으로 사용할 수 있다.[6]

그러나 직선기선의 획선은 해안의 일반적 방향으로부터 현저히 일탈하여서는 아니되며 직선기선내 수역은 내수제도에 종속되도록 육지 본토에 충분히 인접되지 않으면 안 되는데,[7] 이는 연안국이 일방적으로 자국에게 유리하도록 직선기선을 설정하여 보다 많은 수역을 확보하려는 의도를 사전에 차단하기 위한 최소한의 제약조건인 것이다.[8]

한편, 해안이 단일국가에 속하고 뚜렷한 굴곡으로서 그 입구의 넓이에 비하여 내륙해를 포함할 정도로 굴곡하고 해양의 단순한 굴곡 이상인 경우에는 이른바 만의 지위를 갖게 되나,[9] 만입면적이 그 만의 입구를 연결한 선을 직경으로 한 반원에 미달하는 경우에는 해양법상의 만으로 보지 아니한다.[10]

---

5) *Ibid.*, 제5조.
6) *Ibid.*, 제7조 1항.
7) *Ibid.*, 제3항.
8) 예를 들면, 일본은 이를 악용하여 1996년 7월 20일부터 시행한 자국의 "영해 및 접속수역에 관한 법률 시행령"에서 그 남용사례를 여실히 보여주고 있다.
9) *Ibid.*, 제10조 1항.
10) *Ibid.*, 제10조 1항.

〈지도 1〉 한·중·일 직선기선

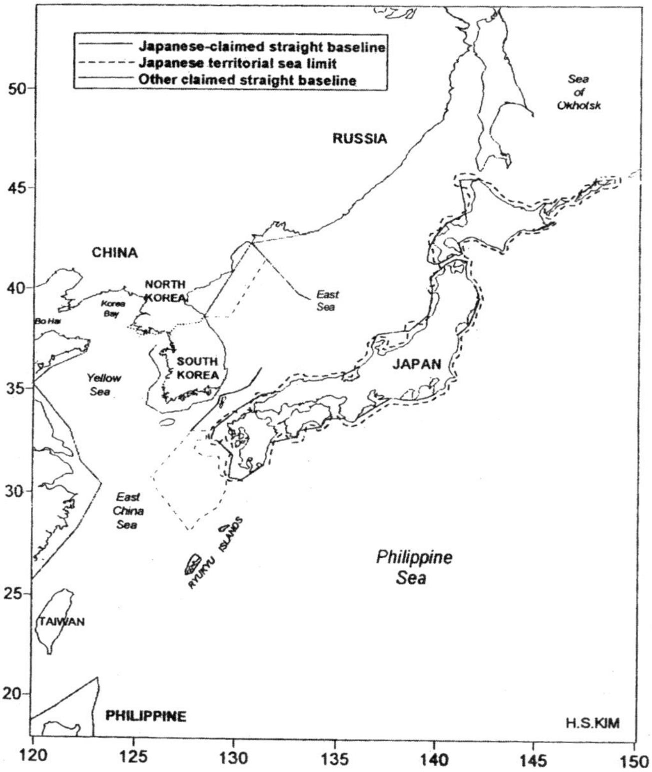

또한 만의 양 자연적 입구의 저조선상의 지점간의 거리가 24마일을 초과하지 아니하는 경우에는 양 저조선상의 지점간의 만구폐쇄선을 획선하여 이를 직선기선으로 활용하게 되나, 만입의 지점간의 거리가 24마일을 초과하는 경우에는 24마일의 직선기선을 그 선으로서 가능한 한 최대의 수역을 포함할 수 있는 방법으로 만내에 획선하여야 한다.11) 그러나 이러한 규정은 소위 "역사적 만" 또는 해양법협약 제7조에 규정된 직선기선제도가 적용되는 경우에는 적용되지 아니한다.12)

11) *Ibid.*, 제10조 4·5항.
12) *Ibid.*, 제10조 6항.

2. 직선기선 설정의 자연조건

(1) 해안선이 "깊게 굴곡이 지고 잘려 들어간(deeply indented and cut into)" 경우

얼마나 굴곡이 져야 깊다고 할 수 있는가에 대해서는 명확하게 수치적으로 국가간에 합의된 것은 없으며, 다만 유엔해양법협약 제10조에서 만(bay)의 기준으로 설정하고 있는 "현저한 굴곡(well-marked indentation)"보다는 더 굴곡져야 한다는 것은 문구의 일반적 의미 해석상 분명하다고 보인다.

유엔해양법협약 제10조에 따르면 "현저한 굴곡"의 기준으로 만구폐쇄선을 지름으로 하는 가상의 반원을 그렸을 때 그 반원의 면적이 적어도 만 내부의 면적 이상일 것을 요구하고 있는데(Semi-Circle Test) 이는 곧 가장 적은 굴곡을 지닌 만의 경우, 만구폐쇄선 대 굴곡깊이의 비가 10:5임을 의미한다. 따라서 적어도 직선기선의 요건인 "깊게 굴곡이 지기" 위해서는 굴곡의 양끝을 연결하는 직선기선(굴곡폐쇄선)과 굴곡의 깊이간 비가 적어도 10:5 이상은 되어야 함은 분명하다(미국무성 지침은 10:6 이상 요구).[13] 그러나 깊은 굴곡이 하나 있다고 해서 다 직선기선을 그을 수 있는 것이 아니고 굴곡이 여러 개 있어야 한다는 것이 일반적으로 인정되는 견해이다.

유엔해양법협약 제7조의 취지는 해안의 굴곡이 심하여 통상기선을 사용했을 때 너무 복잡한 형태의 영해가 생기기 때문에 이를 방지하기 위하여 직선기선 사용을 허용한다는 것이기 때문에 이는 곧 여러 개의 굴곡이 있는(예컨대 피요르드) 해안을 의미한다는 것이 일반적으로 인정된다. 만의 조건과는 별도의 조항으로 굴곡에 따른 직선기선 설정 조건이 있다는 것은 하나의 굴곡인 만과는 달리 여러 개의 굴곡을 암시하고 있음을 의미한다.[14] 미국무성은 깊은 굴곡(굴곡폐쇄선과 굴곡깊이가 10:6 이상인 굴곡)이 기본적으로 3개 이상 있는 곳에 일련

13) US Dept. of State Bureau of Oceans and International Environmental and Scientific Affairs, *Limits in the Seas,* No. 106, August 31, 1987, pp. 6-7.

14) P. B. Beazley, *Maritime Limits and Baselines : A Guide to their Delineation,* The Hydrographic Society Special Publication No. 2(2nd ed., Revised August 1978), p. 8.

의 직선기선을 설정할 수 있는 요건이 된다는 입장을 보이고 있다.[15]

(2) 해안에서 아주 가까운 곳에(in its immediate vicinity), 해안선을 따라(along the coast) 흩어진 섬들(a fringe of islands) 이 있는 경우

해안에서 얼마나 가까워야 아주 가까운 것이 되느냐에 대한 수치는 협약에 지시되어 있지 않으나 3해리는 아주 가까운 것이고 100해리는 아주 가까우 것이 아니라는 의견에는 이의가 없는 것으로 보인다.[16] 우리나라가 서해안에 설정한 직선기선은 대체적으로 “흩어진 섬들”의 존재에 근거한 것인데 최외곽에 있는 섬(소흑산도 : 기점 14)과 본토와의 거리는 66해리에 이른다.[17]

“해안선을 따라”라는 문구는 섬들이 해안선의 방향과 엇비슷하게 산재한다는 의미를 내포하기 때문에 결국 해안선의 방향과 섬들이 산재한 방향과의 각도가 문제가 되는데 직각을 이루는 것을 “해안선을 따라”라고 할 수는 없을 것이다. 영국-노르웨이 어업분쟁사건에서 노르웨이의 경우 최대 각도가 대체로 15°였으며,[18] 미국무성은 20°를 최대치로 보고 있다.[19]

“흩어진 섬들”이란 표현은 여러 개의 섬들이 서로 근접하고 있다는 의미로서 1개의 섬은 “흩어진 섬”이 될 수 없을 것이며[20] 섬과 섬이 너무 떨어져 있어도 “흩어진 섬들”이라는 기준을 충족시키지 못할 것이므로 적어도 3개 이상의 섬이 있어야 “흩어진 섬”이라는 데 의견이 모아지고 있다.[21] 또한 섬과 섬간의 거리가 24해리 이내여야 서로 근접한 섬이라고 할 수 있는데[22] 이는 섬과 선간의 거리가 24해리 이내이면 상호 영해가 겹치게 되므로 두 섬을 연결하는 직선기선

15) US Dept. of State, *Limits in the Seas,* No. 106, pp. 9-13.
16) J. Victor Prescott, “Straight Baselines : Theory and Practice”, *Monograph, Typescript,* 1985, pp. 13-14.
17) 대통령령 제15133호, 영해 및 접속수역법 시행령, 1996. 7. 31 참조.
18) Anglo-Norwegian Fisheries Case, *ICJ Reports*, 1951, p. 133.
19) *Limits in the Seas* No. 106, p. 19.
20) United Nation Office for Ocean Affairs and the Law of the Sea, The Law of the Sea, *Baselines : An Examination of the Relevant Provisions of the United Nation Convention on the Law of the Sea,* New York, 1989, p. 20.
21) US Navy, *The Commander's Handbook on the Law of Naval Operations*, Washington D.C., July 1987, pp. 1-2 그림 참조.
22) UN, *The Law of the Sea*(Baselines), p. 21.

사용이 정당화된다.

(3) 삼각주와 그 밖의 자연조건으로 인하여 해안선이 심히 불안정한 경우

동 조건은 원래 인도의 갠지스강 델타를 모델로 하여 만들어진 것으로 유엔해양법협약 제7조 제2항에 규정되어 있으며, 협약 초안에서는 동조 제1항("해안선이 깊게 굴곡이 지거나 잘려 들어간 지역" 등 해안선이 복잡한 지역)에 함께 있다가 나중에 독립된 별도의 항으로 규정된 것이다. 동 조건은 제1항의 조건에 대체될 수 있는 것이 아니고 제7조의 해안선이 복잡한 지역 중 특수한 형태를 지칭하는 것으로 해석되어져야 한다.[23)]

삼각주가 있다 하더라도 해안선이 복잡하지 않다면 예외적으로 인정되는 직선기선을 굳이 사용하는 것이 정당화될 수 없기 때문에 유엔해양법협약 제7조 제2항의 삼각주 규정을 동조 제1항(복잡한 해안선 규정)의 부속 조항으로 해석하는 것이 해석론상 타당하다.

3. 직선기선 설정의 한계

(1) 직선기선은 해안의 일반적 방향과 현저히(to any appreciable extent) 벗어날 수 없다

유엔해양법협약상 "현저히"라는 한계가 구체적으로 몇 도인가는 제시되어 있지 않으나 영국-노르웨이간 어업분쟁 사건에서 노르웨이가 피요르드해안에 그은 직선기선의 방향은 대체로 해안선으로부터 15° 이내였으며,[24)] 이를 바탕으로 직선기선은 해안선의 방향으로부터 20° 이상 벗어날 수 없다는 것이 대체적으로 인정되고 있다.[25)]

---

23) Myron H. Nordquist, Satya N. Nandan, Shabtai Rosenne and Neal R. Grandy(ed.), *United Nations Convention on the Law of the Sea 1982 : A Commentary*, Vol. Ⅱ, Dordrecht : Martinus Nijhoff Publishers, 1993, p. 101.

24) R. Hodgson & L. Alexander, "Towards an Objective Analysis of Special Circumstances: Bays, Rivers, Coastal and Oceanic Archipelagoes and Atolls", *Law of the Sea Institute Occasional Paper* No. 13, 1971, pp. 37-38.

25) *Limits in the Seas*, No. 106, pp. 19-21.

(2) 각 직선기선의 길이가 과도하게 길수는 없다

유엔해양법협약은 직선기선의 길이의 한계에 대한 언급을 하고 있지 않으나 영국-노르웨이간 어업사건에서 국제사법재판소의 판결 취지에 비추어 직선기선의 길이는 적절한 한계가 있어야 한다는 것이 권위자들의 일반적 견해이며,[26] 나름대로의 한계가 제시되어져 왔다. 국제사법재판소는 판결에서 "직선기선은 합리적인 한도내에서(within reasonable limits)해안선의 물리적 방향에서 벗어날 수 있다."고 판시하였는바,[27] 해안선의 일반적 방향에서 벗어나는 것과 직선기선의 길이와는 밀접한 관계가 있다.

1958년 제네바협약 채택 당시 직선기선의 길이에 대해서 대체적으로 15해리로 의견이 모아졌으나 당시에 영해의 최대폭에 대한 합의가 이루어지지 못하여 최대 직선기선 길이에 대한 채택이 이루어지지 못하였다.[28] 직선기선의 최대 길이로서 Beazley는 45해리,[29] Hodgson과 Alexander는 40해리를 제시하였고,[30] 미국무성은 24해리를 내부지침으로 정하고 있다.[31]

(3) 직선기선 안에 있는 해역은 내수제도에 의해 규율될 수 있을 만큼 "육지와 충분히 밀접하게 연결돼야(sufficiently closely linked to mainland)"한다

직선기선과 육지와의 거리가 최대 얼마까지 떨어질 수 있는가에 관하여 미국무성은 12해리를 최대치로 보고 있으며,[32] 그 근거로서 유엔해양법 제7조에서 간조노출지에 기선을 긋기 위해서는 그 간조노출지가 육지로부터 12해리 내에 있어야 한다는 규정을 그 근거로 삼고 있다.[33]

---

26) Beazley, *op. cit.*, p. 9 : Hodgson & Alexander, *loc. cit.*, p. 42.
27) Anglo-Norwegian Fisheries Case, p. 129.
28) Robert W. Smith, *Exclusive Economic Zone Claims : An Analysis and Primary Documents*, Dordrecht : Marinus Nijhorf Publishers, 1986, p. 6.
29) Beazley, *op. cit.*, p. 9.
30) Hodgson & Alexander, *loc. cit.*, p. 42.
31) *Limits in the Seas*, No. 106, p. 15.
32) *Ibid.*, p. 22.
33) 유엔해양법협약 제13조 참조.

(4) 간조노출지에는 원칙으로 직선기선을 그을 수 없다.

단, 그 간조노출지 위에 항구나 이와 유사한 항구적 시설물이 있으면 직선기선 설정이 가능하다.[34)]

(5) 다른 국가의 영해를 공해나 배타적 경제수역으로부터 격리시키는 방식으로 직선기선제도를 채택할 수 없다.[35)]

4. 분석 요약

(1) 해안선의 굴곡

직선기선 사용조건을 결정함에 있어서 해양법협약 제7조의 규정은 물론 동 규정의 기본취지에 충실할 필요가 있으며, 직선기선 제도는 통상기선의 적용으로 오히려 복잡한 영해가 될 경우 이러한 장황한 기선의 적용을 피하기 위해 생겨난 제도이다.

한편 굴곡된 해안이 무엇인가에 관하여는 전문가들 사이에서도 일반적으로 합의되지 않았으나 여러 개의 만입이 존재해야 함에는 이견이 없으며, 영해를 부당하게 확장하는 것이 직선기선 제도의 목적은 아니므로 "심히 굴곡된"이란 문구는 육지영토나 도서의 크기에 따라 상대적 또는 절대적 의미로 사용될 수 있다.

(2) 도서의 산재

일련의 도서가 산재한다고 할 경우 도서가 최소한 몇 개가 되어야 한다는 것을 구체적으로 계량화하기는 어려우나 일련의 도서는 해안을 따라 존재해야 한다. 도서가 산재한다는 것은 일반적으로 두 가지 형태로 나타나는데, 그 하나는 도서가 본토와 일체를 이루고 있는 경우(노르웨이의 Skjaergard)와 해안에서 어느 정도 거리에 도서가 존재하는 경우인데, 후자의 경우 "산재" 여부의 결정은 도서의 수에 의하여 판단될 것이다.

---

34) *Ibid.*, 제7조 4항.
35) *Ibid.*, 제7조 6항.

(3) 해안의 바로 인근

"해안의 바로 인근"이란 것도 절대적인 기준이 있는 것은 아닌바, 예를 들면, 해안에서 3해리 떨어져 도서가 산재한다는 이는 해안의 바로 인근에 있다고 볼 수 있으나, 100해리의 거리에 있다면 그렇지 않을 것이다. 일반적으로 12해리 영해에서는 24해리의 거리 내에 도서가 산재할 경우 이 조건을 어느 정도 만족시킬 것이다.

그러나, 일반규칙으로 48해리 거리가 제기되기도 하였으나, 이는 해안 상태나 환경에 따라 그 범위가 확대될 수 있으므로 일반적인 합의에서 도출된 것이라고 보기는 어렵다.[36]

(4) 직선기선의 특징

1) 기점의 위치

본토 주변에 산재한 도서나 기타 도서를 직선기선으로 연결할 경우 모든 인근의 기점은 저조선상에 위치해야 한다.

2) 간출지

유엔해양법협약 제7조 4항의 규정으로 등대나 유사시설이 해상에 항구적으로 설치되어 있는 경우 직선기선의 기점으로 사용될 수 있다. 등대나 유사시설은 두 가지 형태가 있는데, 그 하나는 항해용 목적에 이바지 하지 않는 등대와 같이 모이는 탑이나 기타 시설물이며, 다른 하나는 항해위험 경고나 위치확인 보조역할 등으로 등대와 유사한 기능을 하는 항해보조물이 있다(foghorns, beacons, radar reflectors 등).

3) 일반적 방향

직선기선은 해안의 일반적 방향을 일탈해서는 아니되며 최대 허용치로 20도가 일반적으로 제시되어 왔다.[37] 명백한 남용의 경우를 제외하고는 한 부분(sector)

---

36) US Dept. of State, "Developing Standard Guidelines for Evaluating Straight Baselines", *Limits in the Seas*, No. 106, p. 22.
37) *Limits in the Seas*, No. 106, p. 19.

만 조사한다거나 대축척해도만을 의지해서는 만족스러운 결과를 가져올 수 없다.

그러나, 해양법협약에서 기선의 최대길이를 특정하지 않았다 하더라도 어떤 특정한 선을 판단할 때 해안선의 길이를 고려하지 않을 수 없을 것이다.[38] 이러한 요구조건은 본토와 직선기선 간의 거리와 관계되는 것이 아니고 이는 다만 두 방위각의 일치문제와 관계된다.

4) 내수제도

기선과 본토간의 거리 문제는 해양법협약 제7조 3항에 의하는데, 동 규정에 따르면 직선기선내 수역은 "내수제도에 종속되도록 육지본토에 인접되지 않으면 안 된다". 1951년 영-노르웨이 어업사건판결에서도 이러한 개념을 만에 관한 규칙 결정의 근거로 접목시켰다.

5) 기타

해양법협약 제7조 5항은 관계지역에 특수한 "경제적 이익"이 직선기선 획정에 참작될 수 있다고 하는데, 이러한 경제적 이익은 해안이 만입되지 않았거나 도서가 산재하지 않는 경우에까지도 직선기선 적용을 정당화하는 것은 아니다. 다만, 이들은 상기 조건이 충족된 경우 기선제도와 이들 조건이 일치되는가를 결정하는데 이용될 수 있다.

(5) 요약

직선기선에 관하여는, 해안선이 깊게 굴곡하고 돌입한 지역 또는 바로 인근의 해안에 연하여 일련의 도서가 산재한 경우에는 적당한 지점을 연결하는 직선기선의 방법을 영해의 폭을 측정하는 기선을 획정하는 데 사용할 수 있다. 삼각주와 기타 자연조건으로 인하여 해안선이 심히 불안정한 경우, 저조선의 해양측 최장범위를 따라 적당한 지점이 선택될 수 있으며, 그 후 저조선이 후퇴되더라도 그러한 기선은 본 협약에 따라 연안국이 변경할 때까지는 유효하다.

직선기선의 획정은 해안의 일반적 방향으로부터 현저히 일탈하여서는 아니되며, 직선기선내 수역은 내수제도에 종속되도록 육지본토에 충분히 인접되지 않으

---

38) *Ibid.*, p. 31 참조.

면 아니 된다. 직선기선은 간출지로부터 획선할 수 없다. 단, 등대 또는 유사시설이 해상에 항구적으로 설치되어 있거나, 또는 간출지로부터의 기선획선이 일반적으로 국제적 승인을 받는 경우에는 가능하다.

상기에 따라 직선기선 방법이 적용되는 경우, 특정 기선을 결정함에 있어서 관계지역에 특수한 경제적 이익으로서 그 사실과 중요성이 장기관행에 의하여 명백히 증명된 것은 이를 참작할 수 있다. 직선기선 제도는 어느 국가가 타국의 영해를 공해 또는 배타적 경제수역으로부터 격리시키는 방법으로 적용되지 아니한다.

만에 관하여, 해양법협약 제10조는 그 해안이 단일국가에 속하는 만에 한하여 적용된다. 본 협약의 적용상 만이라 함은 뚜렷한 굴입으로서 그 입구의 넓이에 비하여 내륙해를 포함할 정도로 굴입하고 해양의 단순한 굴곡 이상인 것을 말한다. 그러나 굴입면적이 그 굴입의 입구를 연결한 선을 직경으로 한 반원에 미달하는 경우에는 만으로 보지 아니한다.

굴입면적은 굴입해안에 연안 저조선과 양 자연적 입구지점의 저조선상의 지점을 연결하는 선 사이에 위치한 수역으로 측정한다. 도서의 존재로 인하여 굴입이 한 개 이상의 입구를 가지는 경우에 반원은 상이한 입구를 연결하는 선의 길이를 합한 길이의 선상에 그어야 한다. 굴입내의 도서는 그 굴입수역의 일부로서 포함된다.

만의 양 자연적 입구의 저조선상의 지점간의 거리가 24해리를 초과하지 아니하는 경우에는 양 저조선상의 지점간에 폐쇄선을 획선하고 이에 포함된 수역은 이를 내수로 본다. 만의 양 자연적 입구의 저조선상의 지점간의 거리가 24해리를 초과하는 경우에는 24해리의 직선기선을 그 선으로서 가능한 최대의 수역을 포함할 수 있는 방법으로 만내에 획선하여야 한다.

상기 규정은 소위 "역사적" 만 또는 해양법협약 제7조에 규정된 직선기선 제도가 적용되는 경우에는 적용되지 아니한다.

제 3 절 직선기선에 관한 국제사례

직선기선에 관한 문제가 국제사법재판소에 최초로 제소된 사건은 1951년의 영-노르웨이 어업분쟁 사건이었다. 동 사건의 판결에서는 직선기선을 "특수한 경우에 대한 일반국제법의 적용(application of general international law to a specific case)"으로 보았다.[39] 그러나 영국은 그것을 "하나의 예외적 제도(an exceptional system)"라고 주장하였으나 재판부는 이를 받아들이지 않고 결국 특수한 경우에 대한 일반국제법의 적용으로 보아 일관된 논지를 전개하였다.[40]

여기서의 특수한 경우란 노르웨이의 북극권 이북의 해안을 말하는 것으로 이곳의 지리는 아주 특이한 형상을 지니고 있어 다른 일반 해안 형상과는 다르다는 것이 특징이다.[41] 즉, 노르웨이 해안선은 표르드(fiord)식이어서[42] 굴곡이 심하고 연안에 인접한 해역은 수많은 암벽(skjaergaard)으로[43] 이루어져 있다.

1951년 어업사건에 대한 판결에서 노르웨이 해안을 특수한 경우라고 정의하고 이러한 해안에 대하여는 일반적인 기선방식의 채택이 적용되지 않음을 다음과 같이 시사하였다:

> 동부 핀마르크의 그것처럼 연안이 깊이 굴입되어 있거나 또는 그것이 본 건에서 문제되고 있는 연안 서쪽 구역에 따라 Skjaergaard와 같은 군도와 접하고 있는 곳에서는 기선은 저조선과 결별하고 기하학적 작도방식에 의해 결정될 수 있을 따름이다.[44]

---

39) Anglo-Norwegian Fisheries case, *ICJ Reports*, 1951, p. 131.
40) *Ibid.*
41) *Ibid.*, p. 127.
42) fiord는 낙락한 절벽 사이에 있는 만의 모습을 지닌 굴입니다. 이것은 상당히 장거리에 걸쳐 육지 속으로 파고 들어온 굴입으로 porsangerfjord의 경우는 75해리나 육지 속으로 들어가 있다.
43) skjaergaard의 의미는 암벽(rock rampart)이지만 실제에 있어서는 크고 작은 섬 및 암초, 더욱 구체적으로는 섬(island), 소도(islet), 암석(rock), 초(reef)로써 구성되는 도서형성물(insular formation)을 가리킨다.
44) Anglo-Norwegian Fisheries case, *ICJ Reports*, 1951, pp. 128-129.

여기서의 기하학적 작도방법(means of geometrical construction)이라 함은 직선기선의 채택을 의미하는 것이다.

또한 국제사법재판소는 어업사건에 대한 판결에서 영해의 폭을 측정하기 위한 기선으로 저조선이 각 국가의 관행으로 일반적으로 채택되어져 왔을 뿐 아니라 이는 연안국에 가장 유리한 것이라고 하여 저조선이 곧 통상기선이므로 통상기선을 기선의 원칙이라는 내용의 판결을 하였다. 물론, 이 경우 판결이 직선기선을 예외적인 것으로 보지는 아니하였다. 다시 말하면 노르웨이 해안과 같이 특이한 곳에서는 기하학적 방법을 사용할 수밖에 없기 때문에 이처럼 특수한 경우에 대한 일반국제법의 적용, 즉 특수한 경우에 대한 통상기선의 적용에 불과하다는 것이다.

직선기선이 사용되는 곳에 관하여 어업사건은 해안의 굴곡이 극심한 연안의 경우 및 연안에 인접한 해역에 무수한 도서형성물이 산재해 있는 경우에 사용되는 것으로 보았다. 즉, 본토와 일체를 구성하는 본토의 연장이 상기 요건을 충족하는 경우에 직선기선을 사용할 수 있다고 하여 지리적 일체성을 직선기선 설정의 근본취지로 하고 있음을 알 수 있다.[45)]

직선기선의 길이에 대하여 어업사건 판결은 연안국이 지리적 조건을 평가할 수 있는 최적의 입장에 있음을 강조하여[46)] 연안국의 선택재량을 시사하였다. 이것은 결국 직선기선의 길이에 대하여는 특정한 것이 없음을 말하는 것으로 관련 지역적 조건을 고려하여 연안국이 선택할 문제라는 의미라고 해석될 수 있다.[47)]

그러나 국제사법재판소 판결에서 직선기선의 길이에 대하여는 어느 정도 연안국의 선택적 재량을 인정하였다 하더라도 이것이 곧 연안국의 무제한 재량을 의미하는 것은 아니라고 보인다. 왜냐하면 동 판결에서 재판부는 아래와 같이 경계의 국제적 성격을 강조하였기 때문이다:

해역의 경계획정은 항상 국제적 측면을 가진다. 그것은 그 국내법에서 표명된

45) Anglo-Nowegian Fisheries case, *ICJ Reports*, 1951, p. 128.
46) *Ibid.*, p. 131.
47) 어업사건에서 Lopphavet라는 곳에서는 44해리의 직선기선을 적법한 것으로 보았다. *ibid.*, p. 167.

바와 같이 연안국의 의지에 의해서만 좌우될 수는 없는 것이다. 경계획정 행위는 연안국만이 그것을 행할 자격을 가졌기에 필연적으로 일방적 행위임은 사실이나 타국에 대한 경제획정의 효력은 국제법에 의존한다.[48)]

물론, 국제판결에서는, 직선기선의 길이에 대한 국제법규도 없고 따라서 연안국이 지리적 조건을 감안하여 선택할 문제라고 하지만 한편, 기선설정은 명백한 남용(manifest abuse)이 있어서는 아니 되며, 또한 적절하고 합리적인 범위 내에서(within the bounds of what is moderate and reasonable) 해야 한다고 판시하고 있는 점을 간과해서는 안 될 것이다.[49)]

결국 직선기선을 설정함에 있어서는 해안의 일반적 방향을 현저히 일탈해서는 아니 되며, 또한 기선의 내측수역이 내수제도에 적합할 수 있도록 육지와 충분히 밀접하게 연결되어 있어야 하고 간출지는 원칙적으로 직선기선의 기점이 될 수 없다. 따라서 이러한 기준을 벗어난 직선기선은 적법하다고 볼 수 없을 것이다.

제4절 일본 직선기선의 법적 분석

1. 개 관

일본의 직선기선은 무려 194개에 이르는 기점을 채택함으로써 거의 모든 연안에서 직선기선을 채택하였다.[50)] 일본은 중국과는 달리 다음과 같은 나름대로의 기준을 가지고 직선기선을 설정하였기 때문에 외형상으로 보면 국제법상 큰 무리는 없는 것으로 판단될 수 있다.

첫째, 직선기선 길이는 최대 63해리로 제한하였고, 둘째, 직선기선의 방향과 해안선의 일반적 방향과의 각도는 일반적으로 20° 이내에서 제한했으며, 셋째, 섬과 본토와의 거리는 최대 60해리 이내에서 제한하였다.

---

48) *Ibid.*, p. 132.
49) *Ibid.*, p. 142.
50) 법률 제30호, 영해 및 접속수역에 관한 법률 시행령, 1996. 7. 20.

〈지도 2〉 일본의 직선기선

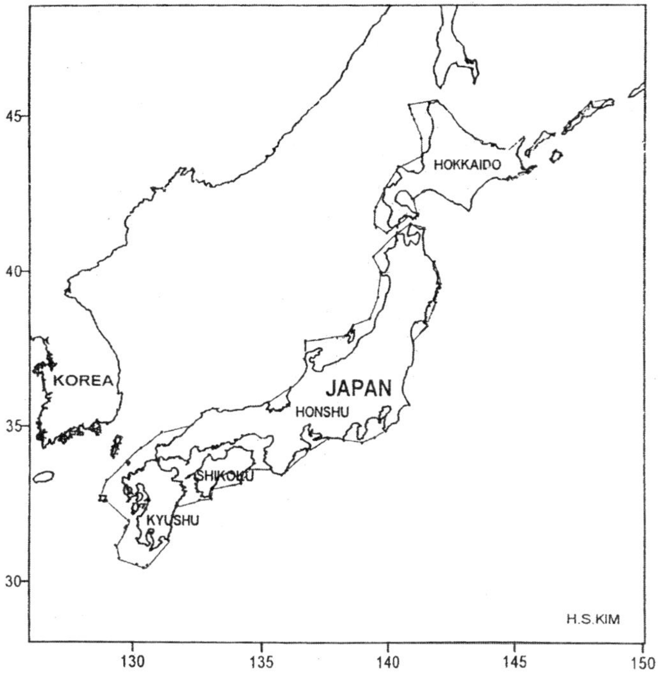

〈표 2〉 일본 주장 영해 및 EEZ 면적

	'96. 7. 20. 이전	'97. 1. 1. (직선기선 선포 이후)	비 고
영해 면적	38만㎢	43만㎢	5만㎢ 증가
EEZ 면적	360만㎢	447만㎢	87만㎢ 증가

출처: 권문상 · 옥영수, "일본의 해양관할권 확장과 한 · 일 어업분쟁" 해양수산개발원 세미나, 1997. 7. 18, p. 18.

그러나 일본이 나름대로 합리적 한계를 설정한 "직선기선의 길이", "직선기선과 해안선의 일반적 방향간 각도, 섬과 본토와의 거리" 등은 직선기선 설정의 부차적 요건에 불과하며, 직선기선 설정의 본질적이고도 제1차적 요건은 어떠한 형태이든지 해안선이 복잡하여야 한다는 자연요건이다.[51)]

51) 유엔해양법협약 제7조 1항.

〈표 3〉 일본 주장 직선기선의 유형별 구분

	해안선의 복잡성	도서의 존재	만구폐쇄선	계
북해도지역	6	46	7	59
대마도지역	28	0	0	28
동일본지역	9	11	2	22
시코쿠지역	1	5	3	9
기이 · 이즈지역	1	5	2	8
오키나와지역	2	16	0	18
큐슈지역	0	19	0	19
계	47	102	14	163

〈지도 3〉 일본의 직선기선(A)

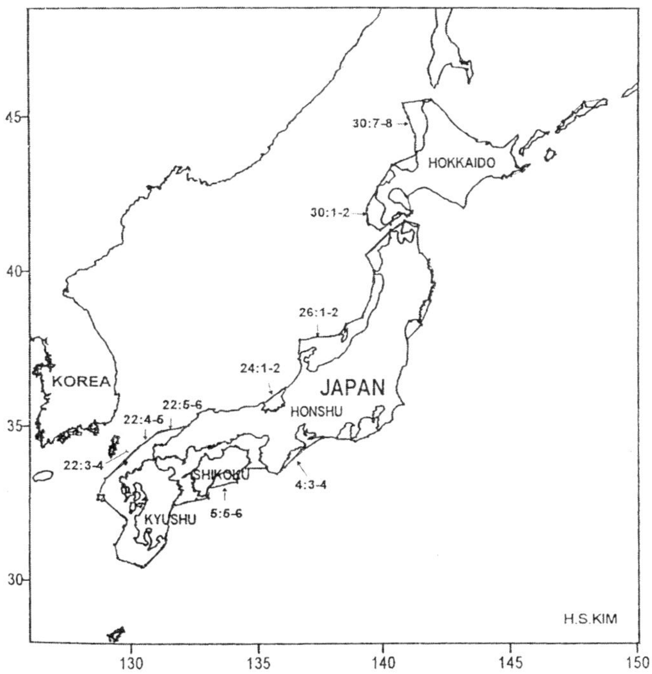

일본 직선기선의 특징은 직선기선 설정의 부대적 요건은 성실히 준수하면서도 정작 본질적인 요건인 제1차적 자연요건은 무시하였다는 데 있다. 따라서 제1차

적 자연요건이 충족되지 않는 상황에서 제2차적인 부대요건 준수는 아무런 의미가 없다.

즉, 일본은 섬이 2개가 있고 이 두 섬간의 거리가 63해리를 넘지 않으면 무조건 직선기선을 채택하는 경향을 보이고 있으므로 일본 직선기선에 대한 검토는 제1차적 자연적 요건을 제대로 갖춘 곳에 설정되었는지를 면밀히 파악할 필요가 있다.

〈표 4〉 일본 주장 직선기선의 길이별 구분

구 분	24해리 이상	25-48해리	48-60해리	60해리 이상	계
북해도지역	47	9	3	0	59
대마도지역	28	0	0	0	28
동일본지역	9	8	4	1	22
시코쿠지역	6	2	1	0	9
기이 · 이즈지역	3	4	1	0	8
오키나와지역	15	3	0	0	18
큐슈지역	9	5	2	3	19
계	117	31	11	4	163

2. 법적 분석

(1) 제4항 3번 기점(Dai Sima)과 4번 기점(Sungu)을 잇는 기선(Honshu 남동부)

일본은 이 지역에 있는 다소의 굴곡을 만으로 보고 이곳에 만입 폐쇄선을 그어 직선기선으로 채택하였으나 이곳은 만입의 정도가 깊지 못하여 국제법상 만으로 인정될 수 없는 지역이다.[52] 따라서 이 직선기선은 국제법상 인정될 수 없다. 국제법상 만이 되기 위해서는 만구폐쇄선 만입의 비가 적어도 10:5는 되어야 하는데 이곳에서의 만구폐쇄선(52해리)과 만구(15해리)간의 비는 10:3에 불과하다(Semi Circle Test 불충족). 만입 그 가체가 깊지 못하더라도 그 주위에 적어

52) *Ibid.*, 제10조 2항, 4항

도 3개의 깊은 굴곡이 있으면 이들 여러 개의 굴곡을 차례로 연결하는 일련의 직선기선 설정이 가능한데 이 굴곡을 지나는 직선기선상에는 하나의 깊은 만 밖에 없다.

〈지도 4〉 일본의 직선기선(B)

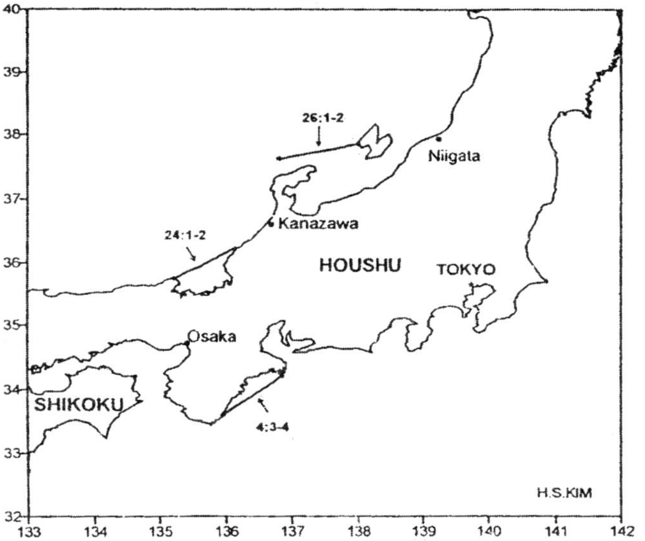

(2) 제5항 5번 기점(Muroro Saki)과 6번 기점(Ino Misaki)을 잇는 기선(Sikoku 동부)

일본은 이 지역의 굴곡을 폐쇄하는 만구폐쇄선을 설정하고 이를 직선기선으로 채택하였으나 이곳에서의 굴곡의 폐쇄선(만구폐쇄선 : 22해리)을 지름으로 하는 반원을 그려보면 그 반원이 만의 내부보다 큰데(만입깊이: 54해리), 이는 곧 이 굴곡이 Semi-Circle Test를 충족시키지 못함을 의미한다(만구폐쇄선과 만입간의 비=10:4).[53] 따라서 동 직선기선은 국제법상 인정될 수 없다.

이 굴곡을 지나가는 직선기선상에는 2개의 깊은 굴곡이 있기는 하나, 하나의 지형으로 보기에는 너무 먼거리를 일련의 직선기선으로 연결하였다. 미국무성은 적어도 3개 이상의 깊은 굴곡이 있을 때 해안선이 깊게 굴곡져야 한다는 요건을

53) *Ibid.*, 제10조 2항.

충족시킨다는 입장이다.[54]

(3) 제19항 2번 기점(Kami-Kosaki Sima)과 3번 기점(O Sima)을 잇는 기선

Nagasaki 해안선의 모양이 복잡하여 그 자체로서는 직선기선 설정의 일차적 조건은 갖추고 있으나 동 기선은 Nagasaki 해안의 적절한 지점을 기선으로 연결한 것이 아니고 동중국해 쪽으로 상당히 멀리 떨어진 두 섬을 연결하고 있다.

〈지도 5〉 일본의 직선기선(C)

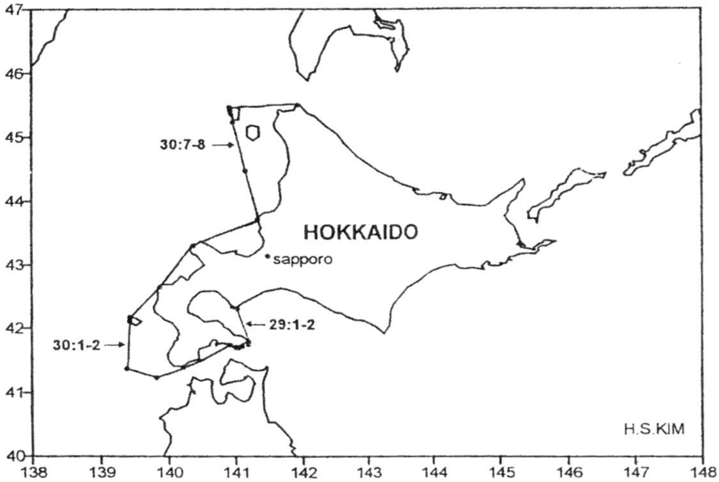

따라서 이 직선기선은 "해안선이 깊게 굴곡이 졌다거나 잘려 들어간" 사실에 의존하지 않았음을 의미하므로 이 직선기선은 적어도 직선기선 설정에 있어서의 2번째의 자연조건 즉, 부근의 일련의 섬(a fringe islands)이 있어야 한다는 요건을 충족하지 않는다.[55]

이와 같이 직선기선의 제1차적 요건도 갖추고 있지 못한 곳에서는 직선기선의 길이라든가, 해안선의 일반적 방향과의 관계 등 직선기선 설정의 부대적 요건을 논의한다는 것은 의미가 없다.

54) *Limits in the Seas*, No. 106, p. 5.
55) 유엔해양법협약 제7조 1항.

(4) 第22항 3번 기점(Iki Sima)과 4번 기점(Oki-no-Saki)을 잇는 기선

이 지역에서의 해안선이 일응 복잡하다고 볼 수 있는 면은 있는바, 해안선이 복잡하다는 사실에 근거하여 직선기선을 설정하려면 해안선의 적절한 지점을 연결하여 직선기선으로 채택하여야 하나,[56] 이 직선기선은 해안선의 모양과 무관한 두 섬을 연결하고 있다.

이 2개의 섬은 그 사이에 별다른 섬이 없어 이 두 섬을 "해안에서 아주 가까운 곳에 해안선을 따라 흩어진 섬들"이라고 볼 수도 없다.[57] 두 섬과의 거리는 약 31해리인바, 두 섬에 각각 통상기선을 그었을 때 상호 겹치지 않으므로 이는 두 섬이 상호 연관 있는 일련의 섬이라고 볼 수 없음을 의미한다. 즉, 두 섬간의 거리가 24해리 이내일 때 상호 연관성이 있는 섬이라 할 수 있다.[58]

(5) 第22항 4번 기점(Oki-no-Saki)과 5번 기점(Mi Saki)을 잇는 기선

이 직선기선은 약 61해리 떨어진 두 섬을 연결하는 직선을 기선을 채택하고 있는바, 이 직선기선 또한 직선기선의 설정에 요구되는 제1차적인 자연요건 중 그 어느 것도 충족시키고 있지 못하다. 즉, 61해리나 떨어진 두 섬이 서로 연관성이 있는 "일련의 섬"이라고 할 수 없을 뿐 아니라 두 섬 사이에 일련의 섬이라 할 만한 섬들이 없다.

또한 해안선이 복잡하다는 이유에 근거하여 직선기선을 그으려면 동 직선기선보다 훨씬 안쪽에서 해안선의 적절한 지점을 연결하는 직선을 기선으로 채택했어야 한다. 직선기선을 기준으로 한·일간 가상적 중간선을 그으면 이 가상적 중간선은 1974년 체결된 한·일 북부대륙붕경계협정상의 중간선보다도 상당히 우리 쪽에 치우치게 된다.[59]

---

56) *Ibid.*
57) *Ibid.*
58) *Limits in the Seas*, No. 106, p. 25.
59) 동 협약 내용에 관하여는 김현수, 『반도 주변국가의 해양법령집』, 서울: 연경문화사, 2000, pp. 421-24 참조.

〈지도 6〉 일본의 직선기선(D)

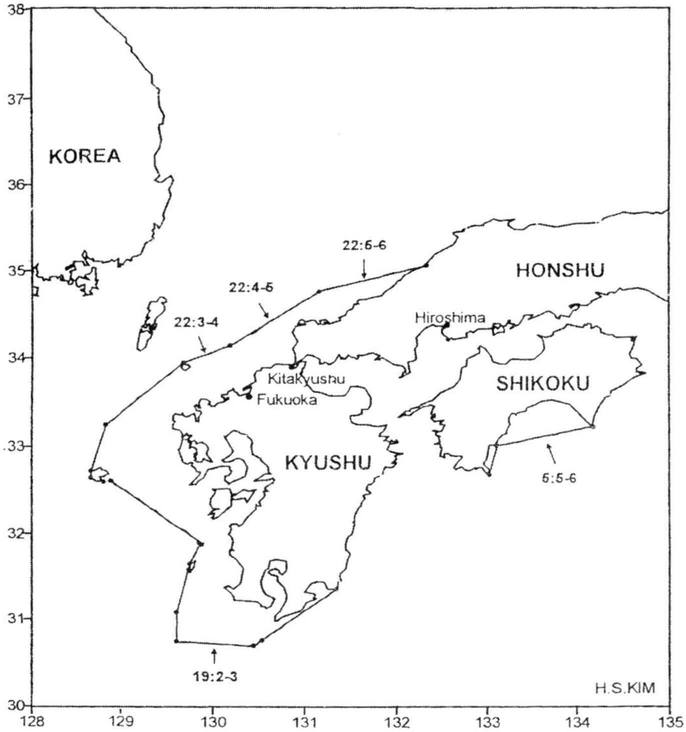

(6) 제22항 5번 기점(Mi Saki)과 6번 기점(Gotu)을 잇는 기선

이 직선기선 또한 직선기선의 일차적 요건이 결여된 곳에 설정되었는바, 동 직선기선상의 거리는 57해리나 되는데 이 두 지점간에 일련의 섬이라고 볼만한 다른 섬들이 없다. 이 직선기선을 기준으로 한 가상적 한·일 중간선은 기존 북부대륙붕경계협정상의 중간선보다 훨씬 더 우리 쪽에 치우친다.[60)]

(7) 제24항 1번 기점(Kyu Ga Misaki)과 2번 기점(Anto Misaki)을 잇는 기선

동 직선기선은 Wakasa 만의 최외곽 입구에 있는 두 지점을 연결한 것(만구폐쇄선)으로서 그 길이는 약 37해리이며, 이 만구폐쇄선을 지름으로 하는 가상의

60) *Ibid.*

반원을 그리면 이 반원의 면적과 만구폐쇄선의 면적은 거의 비슷하다. 그러나 유엔해양법협약 제10조는 만구폐쇄선이 최대 24해리를 넘지 못하도록 규정하고 있으므로 이는 동 협약에 위배된다.

또한 유엔해양법협약의 취지에 따라 가급적 만의 안쪽에 있는 양쪽 입구에서 만구폐쇄선을 그어야 하는데,[61] 동 만구폐쇄선의 경우는 최대한 바깥쪽으로 그어졌다.

(8) 제26항 1번 기점(Hegura Saki)과 2번 기점(Sado Sima)을 잇는 기선

이 기선은 두 섬간을 잇는 직선기선으로 그 길이는 62해리나 되면 이 직선기선과 해안까지의 거리는 50해리가 넘는다. 그러나 가장 근본적인 문제는 이러한 직선기선을 정당화시켜 줄 자연조건을 충족하지 못하고 있다는데 있다.[62] 한국의 직선기선 중 소흑산도와 절명서를 연결하는 직선기선의 길이가 60.3해리가 되며,[63] 일부 직선기선이 본토로부터 50~60해리 떨어진 것이 있으나 이 경우 직선기선 부근에 일련의 섬이 있어 해안선이 복잡한 경우다.

이 기선 안쪽으로 칠미만이 있는데, 이 만의 양쪽을 연결하는 직선기선은 채택이 가능하나, 여타 지역에 대해서는 통상 기선이 채택되어야 한다.

(9) 제29항 1번 기점(Tiku Misaki)과 2번 기점(Esan Nisaki)을 잇는 기선

유엔해양법협약 제10조는 만구폐쇄선의 길이가 최대 24해리를 넘지 못하도록 규정하고[64] 있음에도 불구하고 만구폐쇄선의 길이가 30해리에 달하여 동 협약과 배치된다.

61) 유엔양법협약 제10조 3항.
62) *Ibid.*, 제7조 1항.
63) 대통령령 제15133호, 영해 및 접속수역법 시행령, 1996. 7. 31, 김현수, 전게서, p. 162.
64) 유엔해양법협약 제10조 4항, 5항.

(10) 제30항 1번 기점(O Sima)과 2번 기점(Okusirito)을 연결하는 기선(북해도 남단)

대도(O Sima)와 오쿠도(Okusirito)를 연결하는 직선기선(지도 5)의 안쪽 해안선이 직선기선을 설정하리만큼 복잡하나 "일련의 섬"이 있는 것도 아니고 이곳은 직선기선 설정의 일차적 자연조건을 결여하고 있다.

(11) 제30항 7번 기점(Teuri To)과 8번 기점(Rebun To)을 연결하는 기선(북해도 서북쪽)

천매도(Teuri-To)와 덕문도(Rebun-To)를 잇는 직선기선의 길이는 약 52해리에 이르고 있는데 이곳도 직선기선 설정의 일차적 자연조건을 결하고 있다. 이 직선기선 사이에 이구도(Rishi-To)라고 하는 큰 섬이 있으나 중간에 이 섬이 있음을 들어 "일련의 섬"이라고 하기는 어려움이 있으므로[65] 이곳에는 별도의 통상기선 설정이 바람직하다.

3. 요 약

일본 직선기선의 기점간의 거리는 최소 0.1마일에서 62마일까지 대체적으로 부당하게 확장하여 설정한 것으로 보이며(176개 기점 사용), 유엔해양법협약 제10조 2항에 저촉되는 만이 여러 개 있음에도 불구하고 만입을 과도하게 직선으로 획정하여 24마일을 초과하는 만구폐쇄선을 설정하였다.

Sikoku와 Kyusyu에 있어서는 전 해안을 직선기선으로 획정하여 방대한 수역을 내수화하였으며, 일부 기선 중에는 해안선의 일반적 방향을 현저히 일탈하기도 하였으며 해안선에 수직인 직선기선을 획정하기도 하였다.

65) *Ibid.*, 제7조 1항.

제 5 절 중국 직선기선의 법적 분석

1. 개 관

중국은 1958년 자국의 영해선언(Declaration on China's Territorial Sea)에서 직선기선의 사용을 주장하였으나, 그 당시에는 이를 구체적으로 경계획정의 기준선으로 활용하지는 않았다. 그 후 이와 동일한 주장이 1992년의 "영해 및 접속수역에 관한 법률"(PRC's Law on the Territorial Sea and the Contiguous Zone)에서 반복하여 나타나게 되었고 그 결과 1996년 5월 15일에는 "영해의 기선에 관한 선언"(Declaration on the Baselines of the Territorial Sea)을 하여 최초의 주장에 실질적인 효과를 부여하였는바, 동 기선은 중국 본토를 따라 산동반도 끝에서부터 해남도(Hainan island)의 서쪽까지에 이른다.

1992년 중국 영해법에 따르면 영해폭은 12해리로 하되 기선으로서는 이웃하는 기점을 직선으로 연결하여 만든 직선기선을 사용한다고 규정하고 있다.[66] 즉, 중국 영해법에서는 통상기선에 대한 언급은 없으며, 이는 단지 직선기선만을 사용하고 통상기선은 사용치 않겠다는 것을 나타내고 있다.

중국은 또한 자국 영해를 육지영토에 인접한 일정한 해역이라고 하면서 육지영토는 "대륙 및 그 연안도서, 대만 및 조어도(Diaoyu Islands)를 포함한 대만에 부속하는 각도, 팽호열도(Penghu Islands), 동사군도(Dongsha Islands), 서사군도(Paracel Islands), 중사군도(Xisha Islands), 남사군도(Nansha:Spratly Islands) 그리고 그 밖의 일체의 중국 도서"[67]라고 하고 있다.

중국이 만일, 직선기선만을 사용하게 된다면 자국 대륙 및 연근해와 원해에 산재하는 수많은 섬들 중 최외곽의 섬에 기점을 설정하고 각 기점을 직선으로 연

66) 중국 영해 및 접속수역법 제3조, 동법의 내용에 관하여는 *Law of the Sea Bulletin* No. 21, August 1992, pp. 24-27.

67) *Ibid.*, 제2조.

결하여 만든 기선의 외측 12해리를 그들의 영해라고 주장하게 된다. 이렇게 되면 동중국해 및 남중국해의 광대한 해역이 모두 중국의 영해로 편입되는 결과가 될 것이다. 중국은 새로이 제정이 제정된 영해법을 통해 동중국해 및 남중국해에 있는 모든 섬이 자국 영유라고 선언하고 이들 섬과 대륙을 직선으로 연결시킨 선의 안측 수역을 자국의 내수라고 하고 있어 해양법과의 마찰이 제기되고 있다.

〈지도 7〉 중국의 직선기선

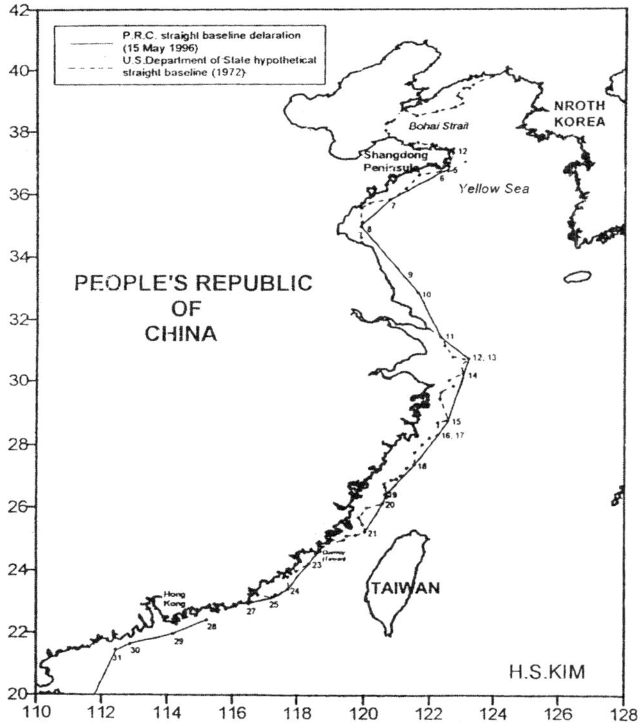

특히, 중국의 이러한 직선기선의 설정은 향후 제기될 한·중 및 일·중간의 배타적 경제수역 경계 획정에 있어 대단히 유리한 위치를 중국이 차지하게 될 것으로 충분히 예상되는 바, 따라서 중국의 직선기선을 국제법 및 국제판례 등을 기초로 객관적으로 비교·분석하여 법적 문제점을 도출하여 한·중간의 경계획정 교섭시 우리측이 불리하지 않도록 하는 대응책을 도출해야 할 것이다.

2. 법적 분석

중국은 1996년 선언에서 전 해안을 따라 49개의 기점을 직선으로 그리고 서사군도(Paracel Island)에 29개의 기점을 직선으로 연결하여 직선기선을 설정하고 있다.[68] 이러한 획기적인 직선기선 설정은 1972년 미국무성에서 발표한 가상 직선기선과는 현저한 차이가 있다.

전반적으로 중국의 직선기선은 두 부분에서 문제점을 야기하고 있다. 하나는 양자강 이북의 지역인데 이곳의 해안은 깊게 굴곡하지도 않으며 또한 인근에 도서가 산재하여 있지도 아니한다. 중국 및 미국의 해도에 의하면 기점 9 및 10은 등대나 기타 영구 구조물도 없는 단순한 모래톱(tidal flats)에 불과하다.[69] 이들 해도에 의하면 9번 및 10번 기점을 각각 Puzi 사주(Sha) 및 Jinjia 사주(Sha)로 동일하고 보고 있다. 동 기선들은 총 길이가 461km나 되며 해양쪽으로 구부러져 있으나 해안은 약간 굴곡이 되어 있다. 기점 10은 해안으로부터 69.1km나 떨어져 있다. 이 지역은 삼각주(delta)가 아니라 광대한 모래톱으로 되어 있다. 아마도 중국은 이들 지역이 대단히 불안정한 해안이라는 이유로 직선기선의 사용을 예측한 것으로 보이나, 기점 9 및 10은 이러한 가정하에서 직선기선의 기점이 될 수 없는 것이다. 왜냐하면, 이들은 저조시 본토 해안으로부터 분리되기 때문이다. 해안선이 극히 불안정한 경우 저조선의 해양측 최장범위를 따라 적당한 지점이 기점으로 선택될 수 있다.[70]

중국 직선기선의 두 번째 문제는 해남도와 본토를 연결하는 기점 31에서 34번까지에 해당하는 부분인데 이들 기선의 총길이는 349km이며, 해안선의 일반적 방향과도 일치하지 않는다. 동 기선의 내측 수역은 무려 23,300㎢나 되며, 따라서 동 수역은 내수제도에 종속되도록 육지영토에 충분히 밀접하지도 않아 직선기선 설정조건을 충족시키지도 않는다.[71] 기점 31에서 32까지는 100km(54mile)나 되

68) 본토에 48개, 서사군도에 28개 직선기선이 있다.

69) PRC, China Navigation Press, 'Bo hai, Huang Hai, and Dong Hai', chart 9201, August 1976; U.S. Defense Mapping Agency, 'Linguai to Juehang' chart 94260, 26 August 1995.

70) 유엔해양법협약 제7조 2항.

며, 기점 32 및 33은 해남도 밖의 단순한 암석에 불과하다.

중국의 직선기선은 현재 자국이 효과적인 통제를 하지 않는, 예를 들면 Makao,[72] Jinmen(Quemoy), Mazu(Matsu), Wuqiu (Wuchiu)까지를 포함하고 있어 그 성격이 매우 독특하다. 특히 대만까지 중국의 영토로 보고 있어[73] 대만과 중국과의 긴장관계는 더욱 심각한 양상으로 변화될 가능성마저 있다.

〈지도 8〉 중국의 직선기선(A)

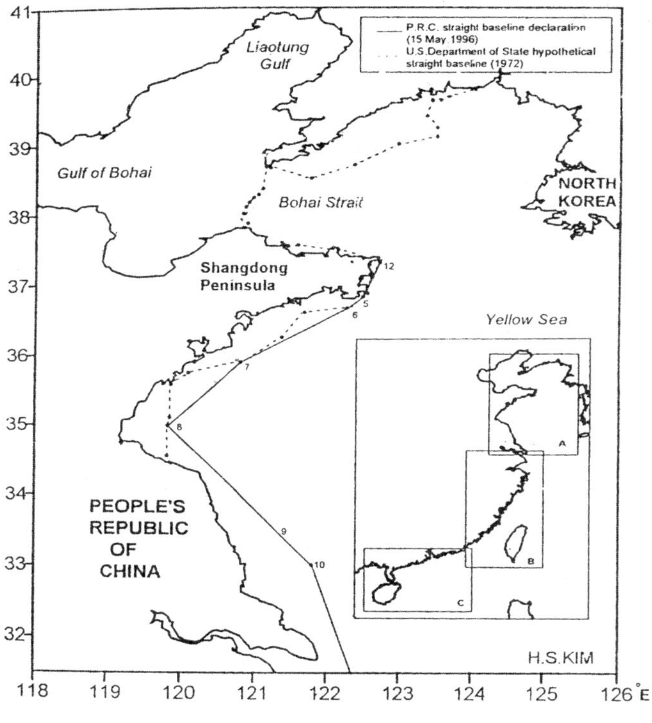

(1) 6번과 7번 기점을 잇는 기선 및 7번과 8번 기점을 잇는 기선 문제

6번, 7번, 8번 기점은 섬으로서 통상기선을 설정할 수 있지만 해안선의 모양이 단순하기 때문에 직선기선을 설정할 수 있는 자연적 요건을 갖추고 있지 아니하

71) *Ibid.*, 제7조 3항.

72) 홍콩은 1997년 중국에 반환되었고 마카오는 1999년 중국의 통제에 들어갈 것이다.

73) 1992년 중국 영해 및 접속수역법 제2조.

다. 이 지역은 유엔해양법협약에서 직선기선 설정의 자연요건으로 규정하고 있는 "해안선이 깊게 굴곡이 있고 잘려 들어간 해안의 경우(where the coastline is deeply indented and cut into)"나 "해안에서 아주 가까운 곳에 해안선을 따라 흩어진 섬들이 있는 경우(if where there is a fringe of islands along the coast in its immediate vicinity)"[74] 중 그 어떤 경우에도 해당되지 아니하다.

(2) 기점 9번 및 10번의 문제

이 지역 해안선 모양은 앞의 기점 6번, 7번, 8번의 지형과 마찬가지로 단순하기 때문에 직선기선 설정의 자연적 요건을 결하고 있다. 더욱이 이 두 지점은 수중지형으로서 통상기선조차 그을 수 없는 지역으로 보인다. 중국 자료에 이 두 지역은 물속에 잠긴 모래언덕을 의미하는 수중탄으로 표기되어 있으며, 미국무부 자료에 따르면 9번 기점은 수중 3m 깊이에 잠긴 것으로 10번은 간조노출지로 표시되어 있다. 유엔해양법협약에 따르면 간조노출지에는 일정한 요건을 갖추어야만 통상기선의 설정이 가능하며,[75] 직선기선은 원칙적으로 설정할 수 없다.

(3) 8-9번을 잇는 기선과 10-11번을 잇는 기선

8번 기점에서 9번 기점을 잇는 기선의 길이는 약 123해리이며, 10번 기점에서 11번 기점까지의 거리는 98해리로서 상당히 긴데(지도 8), 이는 직선기선의 길이에 합리적 한계가 있어야 한다는 원칙에서 벗어나고 있다.[76] 물론 직선기선의 최대길이에 관하여는 수치적으로 명확한 규정은 없으나 98해리, 123해리에 이르는 직선기선의 길이가 "합리적인 한계"를 충족한 것이라고는 할 수는 없을 것이다.[77]

74) 유엔해양법협약 제7조 1항.
75) 유엔해양법협약 제13조.
76) Fisheries case, *ICJ Reports*, 1951, p. 141.
77) *Limits in the Seas*, No. 106, pp. 14-15, 우리나라의 직선기선 중 가장 긴 곳은 절명서와 소흑산도를 잇는 직선기선이 60.3해리, 횡도와 고서 사이를 잇는 직선기선이 54해리임.

(4) 12번 및 13번 기점

12번, 13번 기점의 부근은 양자강의 하구로서 해안선이 복잡하고 섬이 흩어져 있기 때문에 직선기선의 설정의 일차적 자연요건은 갖추고 있으나,[78] 직선기선의 기점을 사용하려면 충분히 육지에 가까운 점을 기점으로 삼아야 할 것이다.[79] 12번 기점은 육지로부터 69해리나 떨어져 있으며, 13번 기점을 육지로부터 70해리나 떨어져 있어 이들 지점의 안쪽 해역이 내수제도에 의해 충분히 규율될 만큼 가깝지 않은 것으로 보인다.[80] 이들 기점의 사용으로 11번 기점에서 12번, 13번 기점을 지나는 직선기선이 해안선의 일반적 방향에서 현저히 벗어나게 된다.

〈지도 9〉 중국의 직선기선(B)

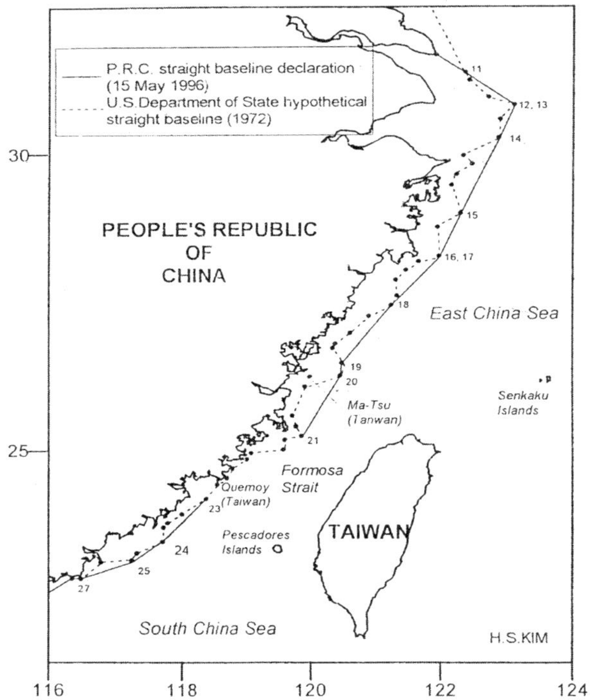

78) 유엔해양법협약 제7조 3항.
79) *Ibid.*, 제7조 3항.
80) *Ibid.*

(5) 직선기선의 전반적인 위치 및 해안선의 일반적 방향과의 관계

6번 기점에서 시작되어 7번, 8번, 9번, 10번, 11번, 12번, 13번 기점을 잇는 기선은 모두 해안에서 멀리 떨어져 있는데 이는 곧 직선기선 안의 해역이 내수제도에 의하여 규율될 수 있도록 육지와 충분히 가까워야 한다는 원칙에 위배된다.[81] 8번 기점에서 시작되어 9번, 10번, 11번 기점을 지나는 직선기선은 볼록한 모양인데 비해 그 안쪽의 해안선의 모양은 오목한바, 이는 직선기선이 해안선의 일반적 방향에서 크게 벗어나서는 안 된다는 원칙에 위배된다.[82]

특히, 기점 12는 동도가 본토로부터 멀리 떨어져 있을 뿐 아니라 동 기점의 사용으로 중국의 직선기선(11번-12번을 잇는 기점)이 해안선의 일반적 방향으로부터 현저히 벗어나는 결과를 초래하여 이는 곧 해양법상의 직선기선 설정조건에 위배된다.[83]

(6) 서사군도(Paracel Islands)의 직선기선 문제

중국은 서사군도에 28개의 군도기선을 설정하여 방대한 구역을 군도수역화했으나, 해양법협약상 아래와 같은 두 가지 이유에서 중국이 설정한 서사군도 군도기선은 그 합법성을 결하게 된다. 첫째, 군도기선은 군도국가만이 자국의 군도주변에 설정할 수 있다.[84] 그러나 서사군도의 영유권을 주장하는 중국 및 베트남이 군도국가가 아님은 재론의 여지가 없다. 둘째, 군도에 있어 직선군도기선은 본도와 수역의 면적과 환초를 포함한 육지지역의 면적의 비율이 1:1에서 9:1인 수역을 포함한다.[85]

중국의 직선기선으로 포함되는 면적은 17,400㎢이나, 서사군도의 육지면적은 정확하게 밝혀진 것이 없다. 다만, 환초로 둘러싸인 부분을 포함 총면적은 아마 수 백 ㎢가 될 것으로 보인다. 이는 수역 : 육지의 허용 가능한 비율인 최소한

81) *Ibid.*
82) *Ibid.*, 3항.
83) *Ibid.*, 그러나 동도는 1974년 서명된(1978년 발효) 한 · 일 남부대륙붕 공동개발 협정에서 경계획정의 기점으로 사용된 바 있다.
84) 유엔해양법협약 제46조.
85) *Ibid.*, 제47조 1항.

1,933㎢보다도 훨씬 적다.

〈지도 10〉 중국의 직선기선(C)

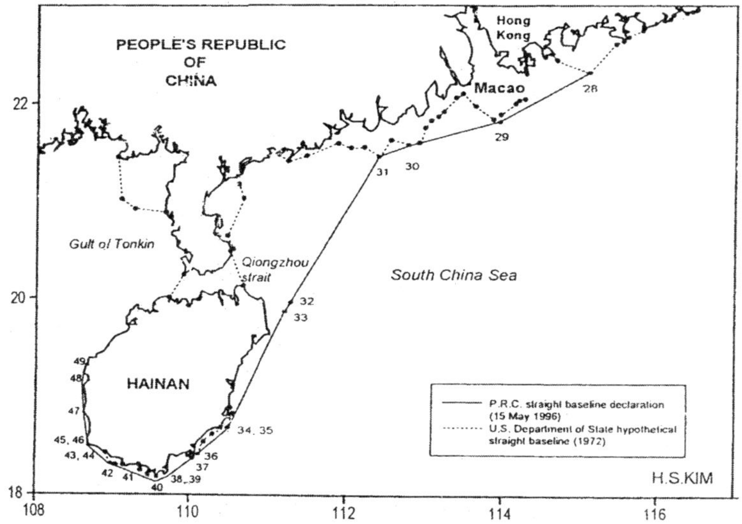

일부 대륙국가들이 자국 연근해 일련의 도서 주변에 직선기선을 설정하여 의문을 제기하고 있으나,[86] 연근해 도서가 군도로서의 요건을 충족하고 있지 않다 하더라도 해양법협약 제7조에 따라 주권국가가 이들 도서 주변에 직선기선을 설정할 수 없다는 것을 의미하지는 아니한다. 이는 군도기선과는 다른 문제이다. 만일, 작은 도서들이 근처의 보다 큰 도서들 주변을 감싸고 있다면 서사군도의 일부, Crescent 그룹의 일부 및 Amphitrite 그룹의 북쪽 부분은 해양법상의 직선기선을 설정할 수 있는 조건을 갖추고 있다고 보인다. 따라서 중국이 서사군도 주변에 설정한 기선은 해양법협약에 위배된다.

3. 요 약

중국의 직선기선은 유엔해양법협약상의 기선설정 요건에 부합되지 않음에도

86) 덴마크(Faroe Islands), 에쿠아도르(Galapagos Islands), 포르투갈(Azores), 스페인(Balearic Islands) 및 기타, J.A.Roach & R.W.Smith, *Excessive Maritime Claims,* International Law Studies, 1994, pp. 63-67.

불구라고 전 해안을 직선기선으로 연결하여 부당 및 과도하게 자국의 내수 및 관할수역을 확보하는 결과를 초래하였으며, 이는 결과적으로 인접국 또는 대향국과의 경계획정시 상대국에게 결정적으로 불리하게 작용하게 되는 이른바 형평한 경계획정에 반하는 결과를 가져오게 될 것이다.

특히 기점의 효과를 줄 수 없는 무인사주 등을 기점으로 사용한 점, 해안에서 상당히 원거리에 있는 무인사주를 기점으로 선정한 점, 과도하게 직선기선의 길이를 설정한 점 및 자국의 완전한 주권하에 있지 아니한 도서에 대하여도 직선기전을 설정하여 해양수역 측정의 기초로 한 점 등이 대체적으로 현행법과 일치하지 않는 부당 또는 불법한 중국의 직선기선 내용으로 보인다.

제6절 한국 직선기선의 법적 분석

1. 개 관

대한민국은 1977년 12월 31일자로 영해법[87]을 제정 · 공포하여 1978년 4월 29일자로 "영해법의 시행일 등에 관한 규정"[88]이라는 규정을 만들어 영해법을 발효시켰다. 동법은 제1조에서 영해의 폭을 12해리로 하고 대통령이 정하는 일정수역에 있어서는 12해리 이내로 정할 수 있다고 규정하였다. 동법 제2조 제1항은 "영해의 폭을 측정하기 위한 통상의 기선은 대한민국이 공식적으로 인정한 대축적해도에 표시한 해안의 저조선으로 한다."라고 규정하였다.

직선기선과 관련하여서는, 영해법 제2조 제2항 및 동 시행령 제2조에서 직선기선제도를 채택하여 영일만, 울산만, 남해, 서해 등 4개 수역에 23개 기선을 설정하여 직선기선을 채택하였다. 이러한 23개 기점 중 대부분은 1965년 한 · 일 어업협정에 따른 어업전관수역 설정시 양국의 합의를 거쳐 채택된 바 있다. 그러나 거문도에서 여서도, 장수도, 절명서, 소흑산도에 이르는 직선기선과 서해의 소국흘도에

87) 법률 제3037호.
88) 대통령령 제9162호.

서 홍도, 고서까지의 직선기선은 영해법시행령 공포시 새로 설정된 수역이다.

〈지도 11〉 한국의 직선기선

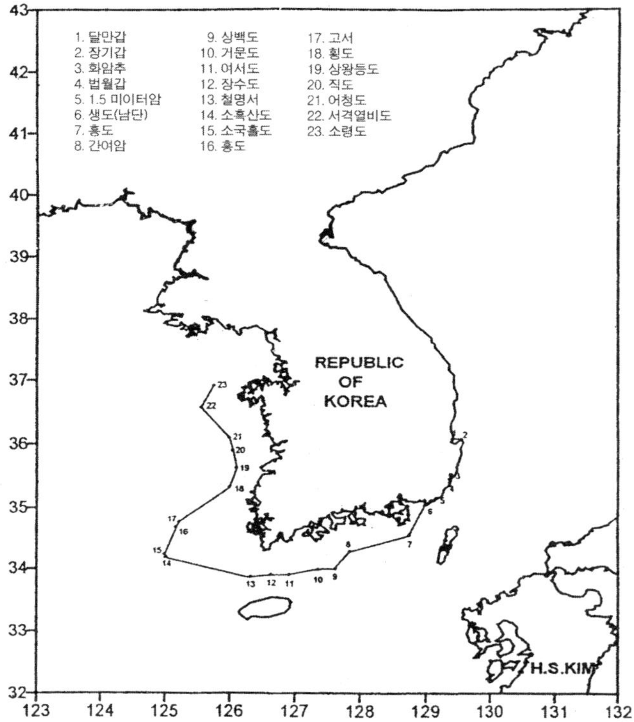

그러나 1977년 영해법은 1982년 해양법협약의 체결에 따라 일부 내용 중 그 개정의 필요성이 절실히 요청되었으나,[89] 일부분만을 보완된 채 "영해 및 접속수역법"이라는 명칭으로 1995년 12월 6일 공포되었으며,[90] 동법의 시행령인 "영해 및 접속수역법 시행령"은 1996년 7월 31일부터 시행되었다. 개정된 영해 및 접속수역에 관한 법 및 동법 시행령에서도 직선기선 문제에 관하여는 1977년 영해법을 그대로 답습하였다.

89) 한국 영해법 개정내용에 관하여는 김현수, "유엔해양법협약의 발효에 따른 남·북한 영해법 개정에 관한 일 고찰", 2(1) 『서울 국제법 연구』(1995), pp. 1-22.

90) 법률 제4986호.

2. 법적 분석

유엔해양법협약은 직선기선의 설정요건으로 "해안에 가까이 근접하여 일련의 도서가 있는 경우"를 규정하고 있는데 "해안에 가까이 근접한"이라는 조건은 본토와 섬간의 거리가 24해리 이내이어야 한다는 것이 일반적으로 수용되어 있으나, 48해리 이내이면 된다는 주장도 제기되고 있다.[91] 이 경우 홍도, 소흑산도와 본토와의 거리가 문제가 될 수 있으나 홍도는 대흑산도로부터 약 7.2해리 서측에 위치하며, 소흑산도는 하태도로부터 약 18.8해리, 만재도로부터 약 18해리 서남방에 위치하여 직선기선 채택에 적당한 것으로 보인다.

직선기선의 길이에 관하여[92] 영국-노르웨이 어업분쟁 사건의 판결에서 국제사법재판소는 노르웨이가 설정한 직선기선의 길이를 44해리까지 인정하였다.[93] 우리나라의 경우 직선기선의 길이가 44해리를 넘는 곳이 홍도(7번 기점)와 간여암(8번 기점) 사이(약 53.6해리), 절명서(13번 기점)와 소흑산도(14번 기점) 사이(약 71.7해리), 홍도(16번 기점)와 고서(17점 기점) 사이(약 53.6해리) 세 곳이 있다.

기점번호 13-14의 경우 동 기선의 남쪽에 제주도가 있어 주변국인 일본과의 경계획정 마찰은 생기지 않을 것으로 보이며, 동시에 중국과의 경우도 거의 영향을 미치지 않을 것으로 보인다.

또한 기점번호 16-17의 경우 동 기선의 육지측에 다수의 도서가 산재하고 있어 동 기선의 내측 수역이 내수제도에 종속되리 만큼 충분히 육지영토와 밀접한 관련이 있다고 보인다. 따라서 직선기선의 길이 문제로 인한 한국 직선기선의 법적 문제점은 크게 없는 것으로 사료된다.

---

91) *Limits in the Seas*, No. 106, p. 22.
92) 세계 각국의 직선기선에 관하여는 G.Francalanci, D.Romano & T.Scovazzi(eds.), *Atlas of the Straight Baselines*, Milano, 1986 : UN, *Baselines : National Legislation with Illustrative Maps*, New York : UN, 1989 참조.
93) Fisheries case, *ICJ Reports*, 1951, pp. 116-128.

〈표 5〉 한국 직선기선의 분석

지 명	일련번호	거리(마일)	경 도	위 도	비 고
홍 도	7	53.5	128-44-11	35-92-01	해안선 굴곡, 도서산재, 해안선방향과 일치
간여암	8		127-51-25	34-31-32	
절명서	13	71.6	126-17-54	33-54-55	해안선 굴곡하지 않으나 도서산재, 일반적 방향 부합 미약, 지리적 상황고려
소흑산도	14		125-07-34	34-02-40	
고 서	17	52.4	125-11-25	34-43-03	지리적 상황고려
횡 도	18		125-59-14	35-20-03	

직선기선이 해안의 일반적 방향을 현저히 일탈해서는 아니 된다는 요건에 대하여[94] 우리나라의 경우 홍도 및 소흑산도가 문제가 될 수 있으나 서남해안의 일반적 해안선 방향을 군산으로부터 진도로 보았을 경우 소흑산도는 18.4°의 격리를 보여주고 있다. 또한 인접도서를 포함하여 해안의 일반적 방향을 군산으로부터 나주군도로 보았을 경우 소흑산도는 8.4°, 홍도는 17.8°의 격리를 보여주어 해안선의 방향으로부터 벗어난다고 볼 수 없다.

3. 요 약

한국의 직선기선은 일부에서 과도하게 긴 기선을 사용하였다라는 주장이 제기되나, 동 기선의 설정으로 인한 내수가 육지측 영토와 밀접한 관련이 있게 되었으며 또한 다수의 도서가 동 기선의 육지측에 산재하고 있어 직선기선의 설정을 정당화·합법화할 수 있는 요건을 갖추고 있는 것으로 보인다.

해안선의 일반적 방향을 일부 기선이 일탈하고 있다고 주장하나, 그 일탈의 정도가 국가관행상 인정되는 범위를 초과한 것은 없다고 보인다. 따라서 전반적으로 23개 기점을 사용한 한국의 직선기선은 해양법 및 국가관행과 일치하는 것으로 보인다.

94) 유엔해양법협약 제7조 3항.

제7절 결 언

해양자원에 대한 무질서한 쟁탈전을 제도적으로 규제하고 전인류의 해양공동이익을 위한 종합적인 해양관리를 위한 목적에서 유엔해양법협약이 탄생되었으나 각국은 동 협약의 미비 또는 허점을 이용하여 가능한 한 최대한도로 자국에게 유리한 해양관할권을 주장하여 오고 있으며 해양영토에 대한 강한 집착으로 합의에 의한 해양관할권 문제의 해결이 대단히 어려운 현실에 직면하게 되었다.

한반도 주변국가, 즉 일본 및 중국도 그 예외는 아니어서 이들 국가가 해양수역의 폭을 결정하는 데 있어 결정적 역할을 하게 되는 직선기선을 국내법으로 과감히 선포하여 시행을 하고 있는바, 이들 관련 내용이 유엔해양법협약의 규정을 일탈하여 설정·적용하여 옴에 따라 그 직접적 이해 당사국의 해양수역 결정에 불리한 결과를 초래하게 되었다.

일본의 일방적인 직선기선 설정 및 시행은 상기에서 고찰한 바와 같이 국제사회의 규범인 해양법협약과도 상당히 많은 부분 일치하고 있지 않으며, 이를 근거로 또한 자국이 새로이 설정한 영해기선 내측 수역에서 조업을 하고 있던 아국어선을 나포하여 벌금까지 부과한 사실은 납득하기 어려운 행위임에 틀림없다. 특히, 일본의 직선기선을 우리가 그대로 수용한다면 중국과의 황해에서의 경계획정협상에서도 대단히 불리하게 작용할 수 있으며, 동시에 일본과의 동해에서의 배타적 경제수역 경계획정이 있어서도 상당히 많은 수역을 일본측에 양보하는 결과를 초래하게 될 것이다.

따라서 우리 정부는 일본의 이러한 부당·불법한 행위에 대하여 좀더 신중하고 강력한 대처가 요망되며 또한 동 문제는 고도의 법률적 문제이므로 자칫 이러한 문제로 인하여 한·일간의 외교적 감정대립이 되지 않도록 정치적 접근이 아닌 법률적 차원에서의 접근이 요구된다.

그러나 직선기선제도의 불명확성에도 불구하고 그 자체의 법 개념은 국제법의 일부로 승인되고 있으며, 특히 직선기선제도는 기선제도의 본래 기능인 통상기선

제도를 보완하는 보조적 기능의 성격을 가진 기선으로 동 직선기선이 연안국에 의한 일방적인 해양관할권 확대수단으로 이용되어서는 아니 된다. 이러한 점을 고려한다면 일본 및 중국의 직선기선 설정이 우리의 해양관할수역에 직접적 영향을 초래하므로 사전에 충분한 협의가 있어야 함은 국제사회의 구성원으로서 그리고 해양법협약 당사국으로서 당연한 의무라고 보여 진다.

이를 위해 즉, 잘못된 국가관행을 고치고 올바른 법 적용 및 기설정된 기점의 조정 등을 위하여 유엔과 같은 국제기구의 개입이 적극적으로 요청된다. 왜냐하면 각국의 일방적인 기선확장 현상이 계속될 것임을 충분히 예상될 수 있기 때문이다. 또한 해양법협약상의 분쟁해결제도를 이용, 일본과 중국의 직선기선 문제를 제도적으로 해결할 수도 있으나 이는 분쟁 당사국인 중국과 일본이 분쟁해결 부탁에 합의하지 않으면 이의 실현이 불가능하므로 이 방법은 현실성을 결여한 것으로 보인다.

결국 중국과 일본의 직선기선 문제에 효율적으로 대처하기 위해서는 동 기선의 불법성을 국제적으로 지속 가능한 최대의 방법으로 알려야 하며, 동시에 동아시아 국가들이 안고 있는 해양에 관한 문제의 종합적 처리가 시급히 요망되므로, 특히 당사국간 사전합의 즉 분쟁의 사전 해결방식을 유도할 수 있는 지역기구나 관련 학자들의 공식적인 모임을 결성하여 이러한 조직에 분쟁해결을 위한 권고 기능을 부여하여 분쟁의 평화적 해결을 도모하는 방안이 제기될 수 있다. 만일 이러한 방법의 이행에 어려움이 있거나 관계국이 응하지 않을 경우 중·일이 이미 국내법으로 선포한 직선기선의 불법성은 더 이상 제기하지 않고 이를 향후 동해 및 서해에서의 배타적 경제수역 경계획정협의시 외교적 leverage로 적극 활용하는 방안을 생각할 수 있다. 즉 경계획정 협상에서 양국 직선기선의 불법성을 논리적으로 제시하여 우리에게 우리한 협상의 국면을 조성할 수 있도록 하는 방안이다.

그러나 무엇보다도 중요한 것은 당사국 자신들이 해양법협약의 기본정신에 입각하여 관할수역의 지나친 확장경쟁의식을 배제하고 양보와 타협의 자세로 당면한 문제들을 해결하겠다는 강한 의지가 선행되어야 한다고 본다. 물론, 충돌이 되고 있는 해양에 관한 문제를 분쟁의 강제적 수단(분쟁의 사법적 해결)에 의해 그 해결을 유도할 수도 있으나 한 · 중 · 일 3국은 정치적 이해관계의 대립, 외교 정책의 다변성 및 민족정서의 다양성 등으로 해양문제 해결에 있어 선천적인 어려움이 상존하고 있음을 주지하여 제도에 의한 해결방식에 지나치게 집착하기 보다는 협상의 실현노력, 외교관계의 개선 및 관련 지역기구 등의 활용으로 문제 해결에 접근하는 것이 보다 바람직한 방법으로 사료된다.

제 2 장

동아시아 국가의 주요해협

제1절 서 론

황해, 동지나해 및 동해 등 세 해양의 반폐쇄해로 이루어진 동아시아 지역은 세계에서 가장 독특한 지역적 특성을 나타내고 있다. 더군다나 이 지역내의 각국들은 오랜 기간 동안 역사적·정치적으로 대립하여 왔으며 각기 다른 정치 및 경제 제도를 갖추고 있을 뿐만 아니라 두개의 국가로 양분된 한국과 중국이 서로 대조를 이루고 있다.[1)]

분명한 것은 5개의 동아시아 국가들 즉 한국, 북한, 일본, 중국과 대만이 서로 동일한 이해관계를 유지하고 있지는 않다는 것이다. 이러한 사실은 아직 미해결된 해양법 현안문제 등에서 찾아볼 수 있으며, 또한 그 결과 항행조건이나 전략유지 및 해상 교통로 등에 있어서도 커다란 영향을 미친다고 할 수 있다.[2)]

특히, 동아시아에는 대한해협, 쓰가루 해협, 소야 해협, 오수미 해협 등 주요 국제해협이 있으며 이 해협들은 한국, 일본과 중국뿐만 아니라 막강한 영향력을

1) D. C. Kim, "The Yellow Sea in the Northeast Asian Setting: Need for Cooperation", in C. H. Park et al.(eds.), *The Regime of the Yellow Sea,* Seoul : Institute of East and West Studies, 1990, p. 1.
2) J. R. Morgan, "Maritime Zones in the Yellow Sea and Their Effects on SLOC Security", in Park et al.(eds.), *op. cit.,* p. 51.

가진 미국과 러시아와도 서로 연관되어 있다. 한국 및 일본과 자국의 안보를 밀접하게 연관시키고 있는 미국은 계속적으로 중국과 우호적인관계를 유지하려고 하는 반면, 여전히 호전적인 북한을 직·간접적으로 지원하고 있는 러시아는 극동 함대를 꾸준히 유지하고 있으며, 자국의 대규모 해군기지인 블라디보스톡(Vladivostok) 항구를 통하여 대한해협과 일본해협에서의 국가이익 보호 및 신장을 위한 해군력을 현시하고 있다.3)

비록 유엔해양법협약이 1982년에 체결되어 1994년에 발효되었으나, 여전히 국제 항행을 위한 해협문제는 영해를 같이 하고 있는 두 나라 해협사이에서의 통과통항문제와 같은 새로운 개념이 도출로 이의 이행 또한 불확실하다. 그러나, 1970년대 이후 소련 해군의 동북아에서의 지속적인 팽창에 따라 동아시아 국가들은 해협에 대한 전략적 중요성을 높게 평가하게 되었다. 미국과 러시아는 자국의 해군활동을 위하여 이러한 해협에서의 방해받지 않는 항행제도를 유지하려는 의지를 강력하게 보여 왔다.4)

본장은 동아시아의 주요해협과 관련된 다양한 법적·정치적 문제들을 분석하는 데 초점을 맞추었다. 또한 해협의 지리적 특성, 경제적 측면과 가장 관심이 되는 해협이 갖는 특수한 안보이익문제에 대해서도 고찰하고자 한다. 이에 부가하여 해협의 이용에 관한 문제들이 각국에서 어떻게 법적으로 다루고 지고 있는가에 관하여도 검토하고자 한다.

---

3) C. Y. Pak, *The Korean Straits,* Dordrecht : Martinus Nijhoff, 1988, pp. 55-58.

4) E. D. Brown, *The UN Convention on the Law of the Sea, 1982: A Guide for National Policy Making Legislation and Administration, Book 1,* London : Commonwealth Secretariat, 1987, p. 52.

제 2 절 주요 동아시아 해협의 지리적 특성

1. 대한해협(The Korea Strait)

(1) 지리적 환경

한국인들에게는 조선해협, 일본인들에게는 쓰시마 해협(Tsushima Kaikyo)이라고 알려진 대한해협은[5] 한반도 동남방 끝에 위치하고 있으며, 또한 한반도와 약 23마일 떨어진 일본의 쓰시마섬을 사이에 두고 두 해협으로 나누어진다. 하나의 해협은 서수로(Western Channel)로써 한반도와 쓰시마섬 사이에 있고, 다른 하나는 동수로(Eastern Channel)로써 일본의 혼슈(Honshu) 및 큐슈(Kyushu)와 쓰시마(Tsushima) 섬 사이에 있다.[6]

대한해협은 동지나해와 동해를 연결하고 있으며 동시에 태평양으로 나아가기 위한 출구로서의 역할을 하고 있다. 동 해협의 길이는 약 151마일이며 가장자리의 수심은 약 160~500피트이다. 서수로는 북쪽으로 갈수록 점점 좁아지나 반면 동수로는 북쪽으로 갈수록 점점 넓어진다.

서수로의 가장 좁은 해협의 폭은 약 23.2마일이며 이는 한국의 남형제도와 쓰시마섬의 사오자키(Saozaki) 사이에 해당된다. 그리고 가장 넓은 곳은 한국의 홍도와 쓰시마섬의 고자키(Gozaki) 사이로서 26.6마일이 된다. 다른 한편으로 동수로의 가장 좁은 곳은 쓰시마섬 남단 고자키와 이키시마(Ikishima) 북쪽 끝단에 있는 타슈노시마(Tatsunoshima) 사이로서 약 25마일이 된다.[7]

5) C. H. Park, "The Korea Strait", in J. H. Van Dyke et al.(eds.), *International Navigation: Rocks and Shoals Ahead?*, Honolulu : The Law of the Sea Institute, 1988, p. 173.
6) The Hydrographer of the Navy, *South and East Coasts of Korea, East Coast of Siberia, and Sea of Okhotsk pilot*(5th ed.), London : The Hydrographer of the Navy, 1966, p. 48.
7) 교통부 수로국, 한국 남해안 항로지시서, 서울 : 교통부, 1981, p. 21.

(2) 해양학적 특성

대한해협의 남쪽방향으로 흐르는 서측해안의 상승 조류는 1.5노트(kts)이며 북쪽 방향으로 흐르는 하강조류는 2~3노트이다. 북풍이 있는 동안에는 동 해협 안쪽수역에 최대의 조류가 형성된다.[8)]

서측해안에 따라 북쪽으로 흐르는 조류는 남쪽으로 흐르는 조류보다 강하기 때문에 북쪽의 조류가 처음에는 강하다가 나중에는 약해진다. 동쪽해안으로 흐르는 조류는 남쪽에서 시작되며 0.5-2노트 정도이며 북쪽으로 내려가는 조류는 0.3-1.7노트이다. 통상 북쪽해안에서 5마일 이내에서는 조류의 흐름이 감지되지 않는다.[9)]

쿠로시오(Kuroshio:흑해류) 해류는 동지나해에서부터 동해에 이르기까지 대한해협을 통과하여 흐른다. 쓰시마 해류의 주류는 대한해협의 서수로를 통과하여 동해로 흐르고 그 일부는 동 해협의 동수로를 통과하여 일본의 혼슈(Honshu) 서측해안을 따라 이동한다. 대한해협을 통과하고 난 후에 쓰시마해류는 쓰가루와 소야 해협을 통과한다.

2. 쓰가루 해협(The Tsugaru Strait)

(1) 지리적 환경

쓰가루 해협은 일본의 본토와 홋카이도(Hokaido) 및 혼슈 사이에 위치하고 있으며 태평양과 동해를 연결하고 있다. 해협의 가장 좁은 부분의 폭은 10마일이고 수심은 500피트이다. 쓰가루 해협은 그 폭이 좁고 수심이 낮으며 육지와 근접해 있기 때문에 해협의 봉쇄가 용이하다.[10)]

청명한 날 쓰가루 해협에서의 주야간 항해는 별로 어려움이 없으나 저시정과 미세한 조류가 있을 시에는 그렇지가 않다. 전파방향탐지소나 라디오비콘(Radiobeacons)들은 항해하는 선박들에게 많은 도움을 주고 있다.[11)] 러시아의 군함들은 이 해

---

8) The Hydrographer of the Navy, *op. cit.*, p. 175.
9) *Ibid.*
10) Pak, *op. cit.*, p. 61.
11) The Hydrographer of the Navy, *Japan Pilot* Vol. I, London : The Hydrographer of the

협의 좋지 않은 조건과 열악한 환경 때문에 동 해협을 많이 이용하지 않고 오히려 기타 해협들, 즉 대한해협이나 소야해협을 자주 이용하였다.[12)]

쓰가루 해협의 서쪽으로부터의 입구는 타피사키(Tappisaki)와 시라카미 미사키사(Shirakami Misaki)이며, 북서쪽으로 약 10마일되는 시리야 사키(Shiriya Saki)의 동쪽에서, 북북서쪽으로 26마일되는 에산 마사키(Esan Misaki)에서부터 시작된다. 이의 넓이는 10마일 이상이고 그 대부분은 수심이 500피트 정도이다.[13)]

(2) 해양학적 특성

쓰가루 해협에서의 해류는 동쪽으로 흐르며 (이 해류는 쓰시마 난류의 지류임) 조류도 있다. 일년에 수일을 제외하고 하지와 동지에는 상승조류이며 조류가 강할 때는 그 보다 더 강한 해류가 있기 때문에 흐름은 항상 지속적으로 동쪽으로 흐른다. 조류의 영향은 계속적으로 증가 또는 감소할 때만 감지할 수 있다. 해협의 중간에서 조류의 흐름은 해당하는 달의 주간에서만 볼 수 있다. 조류가 동쪽으로 흐름에 따라 하루에 최고조와 최저조가 나타난다. 시오쿠비 미사키(Shiokubi Misaki) 및 오마 사키(Oma Saki)와 시라카미 사키(Shirakamai Saki) 및 타피 사키(Tappi Saki)와 만나는 지점에서는 조류가 6노트를 초과하기도 한다.[14)]

3. 소야 해협(The Soya Strait)

(1) 지리적 환경

소야해협은 일본 홋카이도(Hokkaido)섬의 북쪽 끝단과 러시아 사할린(Sakhalin)섬의 남쪽끝단 사이에 위치해 있다. 이로써 소야해협은 사할린 오스트로브(Ostrov)의 남쪽끝단으로부터 홋카이도의 최북쪽 끝단을 구분지우고 있으며 일본의 본토

Navy, 1966, p. 201.

12) 1980년대 평균 205척의 소련 함정들이 동 해협을 이용하였으며, 쓰가루 해협은 60척, 대한해협은 165척이 이용하였다. Japan Defence Agency, *Defence of Japan* 1985, Tokyo : Defence Agency, 1985, p.41 : *Ibid.*, 1986, p. 35 : *Ibid.*, 1987, p. 47 참조.

13) The Hydrographer of the Navy, *op. cit.*, p. 177.

14) *Ibid.*

와 아시아 대륙사이에 있는 동해와 연결되어 있다. 그리고 러시아는 소야해협을 통하여, 타타르만(Gulf of Tartary)과 홋카이도와 일본의 섬을 제외한 아시아의 본 대륙에 만을 형성시키고 있는 오오츠크 해(Sea of Okhotsk)로 갈 수가 있다.

또한 동해에서 태평양으로 나아가기 위해서는 소야해협을 통하여 통과할 수도 있다.[15] 러시아에서는 "La Perouse" 해협이라고 알려진 소야해협은 소야 미사키(Soya Misaki)와 사할린의 남쪽 끝단인 미즈 크릴(Mys Kril) 사이의 최단폭이 23.2 마일이나 된다.

(2) 해양학적 특성

소야해협에서의 조류와 해류의 흐름은 안개와 서로 연관이 되어 있다는 것에 주의할 필요가 있다. 여름에는 서쪽에서 나오는 쓰시마 난류와 오오츠크해에서 나오는 한류가 이 해협에서 만나는 데 이것이 심한 안개를 유발시키는 원인이 된다. 더구나 겨울에는 오오츠크 해에서 발생하는 한류 때문에 해협에는 얼음이 얼게 된다.[16] "소야시오"(Soya Shio)라고 일본에서 알려진 한 해류는 여름과 가을 동안 소야해협을 통하여 동쪽으로 흐른다.

이 해류의 흐름은 날마다 상당히 변화하게 된다. 겨울과 봄 동안에 흐르는 해류에 대해서는 별로 알려진 바가 없지만, 이 시기에 동쪽으로 흐르는 해류는 거의 정지상태에 있다. 해류의 흐름은 바람에 의해 영향을 많이 받으며, 만이나 해안 근처에서 강하게 작용함으로써 폭우나 최고조의 조류가 형성되는 원인이 된다.[17]

4. 오수미 해협(The Osumi Strait)

(1) 지리적 환경

오수미(Osumi) 해협은 큐슈(Kyushu)의 남쪽 끝단으로부터 오수미 군도를 분

15) *Ibid.,* p. 283.
16) Pak, *op. cit.,* p. 62.
17) The Hydrographer of the Navy, *op. cit.,* p. 283.

리하게 되는데, 이 해협의 가장 좁은 부분의 항해가능한 폭은 약 16마일이다. 이 해협은 수심이 상당히 깊으며 해협내에 위험한 융기물은 존재하지 않는다. 오수미 해협의 북쪽은 위험물은 없으나 상대적으로 너무 경사가 심한 반면 1마일 이내까지도 접근이 가능하다.[18)]

(2) 해양학적 특성

일본해류는 오수미 해협에서 통상 북쪽에서 동쪽으로 혹은 북쪽을 통한 동쪽에서 동쪽으로 흐른다. 이 해류는 사타 미사키(Sata Misaki)와 다나가 시마(Tanaga Shima)의 북쪽 끝단 근처에서 최고 2-5 노트로 흐르고 있다. 사타 미사키 남쪽의 0.5마일 이내에서는 서쪽으로 역류가 흐르고 있다.[19)]

일본해류는 뚜렷한 변화를 가져오므로 특별한 주의가 요망된다. 수면상은 진흙처럼 보이나 통상 수온의 감소를 동반하게 된다. 이러한 변화는 동쪽으로 흐르는 해류가 급속히 증가하거나 또는 해류의 방향이 전환될 경우에 생기게 된다.[20)]

제 3 절 통과통항제도

1. 유엔해양법협약

일반적으로 해협의 폭이 넓어 동 해협내에 배타적 경제수역 혹은 공해대가 존재하게 되면 선박의 통항에 따르는 아무런 문제가 발생되지 않는다.[21)] 그러나 해협의 넓이가 영해보다 좁거나 해협에 인접해있는 국가가 영해를 보다 넓게 확장한다면 해협을 통과하는 선박들에게 상당한 통항문제를 야기시키게 된다. 왜냐하

18) The Hydrographer of the Navy, *Japan Pilot Vol. II*(7th ed.), London : The Hydrographer of the Navy, 1979, p. 97.
19) *Ibid.*
20) *Ibid.*
21) E. D. Brown, "Passage through the Territorial Sea, Straits used for International Navigation and Archipelagoes", *The David Davis Memorial Institute of International Studies,* London : ND., p. 28.

면 전자에서 언급한 공해상의 수로가 없어지고 반면 항해할 수 있는 수로는 연안국들의 영해내에 위치하기 때문이다.[22]

1949년 국제사법재판소의 코르푸 해협(Corfu Channel) 사건에 관한 판결에서는,[23] 평시에 군함의 무해통항권을 명백하게 인정하고 있으며 또한 이 판결은 어떠한 해협이 통항권이 존재하는 국제해협의 범위에 속하는 것인지 또한 공해를 연결하는 지리적 환경에 있는 것과 국제항행용 해협인지를 결정하는 기준을 제공해 준다.[24]

1958년 영해 및 접속수역에 관한 제네바 협약에서 연안국은 외국선박들의 통항권을 자국의 안보상 필요에 의해서, 영해내에 특별수역에 한하여 일시적으로 제한할 수 있다고 규정하였다.[25] 그러나 국제 해협으로 이용되는 해협이 공해의 일부분 및 공해의 타부분과 외국의 영해를 연결하는 국제항행에 이용되는 경우, 연안국이 외국선박의 무해통항권을 제한하지 못한다.[26] 즉 제네바 협약은 단지 해협에서의 무해통항권에 대한 제한이 없음을 규정하고 있다.[27]

한편 1982년 해양법협약에서는 일반적인 영해와 국제항행용으로 이용되어지는 영해내에 있는 해협을 구분하여 규정하였다. 동 협약은 모든 이해당사국에 의한 국제항행용 해협 및 해협국가의 국가안보와 법적 이해관계를 보증해주는 해협통항에 관한 조건이나 절차를 규정하고 있다.[28] 영해에서의 무해통항제도와 별도로 동 협약은 국제해협에서 항공기와 모든 선박의 자유항행권 개념을 도입하고 있다.[29]

그러나 이러한 통과통항권은 해협이 연안국가의 본토와 섬에 의해 이루어진 해협에 대해서는 적용되지 않으며,[30] 해협이 해협연안국의 도서와 본토에 의해

---

22) *Ibid.*
23) *ICJ Reports,* 1949, p. 4.
24) *Ibid.,* p. 28.
25) TSC, Article 16(3).
26) TSC, Article 16(4).
27) J. N. Moore, "The Regime of Straits and the Third United Nations Conference on the Law of the Sea", 74 *AJIL*(1980), p. 90.
28) V. D. Bordunov, "The Right of Transit Passage under the 1982 Convention", 12 *Marine Policy*(1988), p. 219.
29) 유엔해양법협약 제38조 1항.
30) *Ibid.*

형성되어 있는 경우 항해 및 수로상의 특성에 있어서 유사한 편의를 가진 공해를 통과하는 항로 또는 배타적 경제수역을 통과하는 항로가 동 도서의 해양측으로 존재한다면 통과통항권은 허용되지 않는다.[31] 국제해양법에 따르면 이와 같은 해협에서의 통항권은 방해받지 않는 무해통항권이 적용된다.[32]

2. 통과통항의 법적 성격

통과통항제도는 연안국의 권리와 해양국가간의 이해관계로 인한 그 타협의 산물인 것이다. 그러므로 제3차 유엔해양법회의에서 이 문제에 관한 각국 대표간에 상당한 견해의 차이가 있었다.[33] 제3차 유엔해양법회의 서두에서 주요 해양국가들, 특히 미국, 영국, 러시아[34]는 국제해협에서는 공해에서와 같은 자유로운 통항권을 지지하였으며, 이들 국가들은 국제해협 통과선박이나 항공기들의 안전이 보장되는 경우에만 연안국 해협에서의 12마일의 영해를 마지못해 인정하고 있다. 왜냐하면 이러한 3~12마일의 영해확장은 전세계에 116개나 되는 국제해협을 연안국의 영해로 폐쇄시키는 결과를 초래하기 때문이다.[35]

반면 국제해협에서 영해의 일부를 가지게 되는 연안국가들은 이러한 수역에서도 영해와 동일한 통항제도가 적용되어야 한다고 하여 자유통항 또는 방해받지 않는 통항권을 부인하였다.[36]

주요 해양국가들과 국제해협을 보유하고 있는 개발도상국들과의 해협에서 통항에 관련된 갈등을 피하기 위한 세계적인 노력의 결과는 자유통항권도 아니고 연안국가의 재량권인 무해통항권도 아니었다.[37] 즉 이러한 통항제도는 새로운 조

---

31) *Ibid.*

32) *Ibid.*, 45(1)(2).

33) J. R. Stevenson & B. H. Oxman, "The Third United Nations Conference on the Law of the Sea: The 1974 Caracas Session", 69 *AJIL* (1975), pp. 15 & 773-74.

34) Sea-bed Committee Report for 1971, UN Doc.A/AC.138/SC.11/L.44; UN Doc.A/Conf.62/C.2/C.11 참조.

35) Alexander, *op. cit.*, pp. 480-81.

36) 1973년 심해저 위원회 보고서의 말레이시아, 모로코, 오만 및 예맨이 제출한 초안 참조, UN Doc.A/Conf.62/C.2/L.16(1974); 키푸러스, 그리스, 인도네시아, 말레이시아, 모로코, 필리핀, 스페인 및 예맨의 입장 참조, UN Doc.A/Conf.62/C.2/L.3.

37) 이러한 신제도는 1974년 카라카스회의에서 최초로 영국 대표가 기초하였다. UN Doc.A/Conf.62/

건을 즉 공해상에서와 같은 완전한 항해의 자유는 아니지만 무해통항시도 고려가 될 수 있는 보다 많은 항행자유를 상당히 내포하는 새로운 용어인 통과통항제도의 탄생을 초래하게 되었다.

제3차 유엔해양법회의에서 통과통항제도에 관한 내용은 미국, 영국과 러시아에 의해 강력히 지지되고 있으며, 상선단과 해군이 실질적으로 성장된 개발도상국가들에 대해서도 다소 지지를 받았다. 110개 개발도상국가들로 이루어진 77그룹과 해협연안국들은 영해와 관련된 이러한 제안에 대하여 기본적으로 반대하고 있으나 다른 문제들과 관련하여 서로 양보 및 타협을 주고받으며 이러한 제도를 받아들이려고 하였다.[38]

3. 통과통항제도의 문제

통과통항제도는 제3차 유엔해양법회의에서 입법화되었으며 해양국가들은 연안국가들의 배타적 경제수역과 접속수역에 대한 관할권, 심해저 자원의 탐사 및 이용을 위한 권리를 인정하였다.[39] 그러므로 통과통항제도는 연안국들과 해양국들의 이해관계의 갈등을 해결해주는 유용한 제도인 것이다.

그러나 통과통항제도는 영해내에서 외국군함이나 핵잠수함, 특수선박이 통과하는 문제를 다룸에 있어 여전히 모호함이 있다. 또한 이러한 제도는 연안국들이 재량으로 특수한 통항을 무해한 것으로 선포하는 문제를 초래하기도 하였다. 유엔해양법협약은 해협의 법적 정의, 해로를 위한 이용의 불가피성 또는 단순사용을 위한 문제 등에 대하여 여전히 명확하지 않다. 또한 해협의 무해통항이 예외적인 권리인지 혹은 영해에 관한 규칙의 적용인지도 명확하지 않다.[40]

더군다나, 비록 군함이 전시 및 평시에 해협을 통과할 수 있는 권리를 가지고

C.2/L.3.

38) J. T. Swing, "Who Will Own the Oceans", 54 *Foreign Affairs*(1976), p. 534; J. L. Charney, "Law of the Sea: Breaking the Deadlock", 55 *Foreign Affairs*(1977), pp. 613-14.

39) UN Doc.A/Conf.62/PV, 1983, p. 185.

40) K. L. Koh, *Straits in International Navigation, Contemporary Issues,* London : Oceana Publications, 1982, p. 13.

있다고는 하지만[41] 영해를 통과하는 군함에 대하여 무해통항의 권리가 있는가에 대하여는 의문의 여지가 있다. 해양국가들은 군함이 그와 같은 권리를 가지고 있다고 하는 반면에 해협국가들은 자국의 해협내에서는 단지 무해통항권만을 향유함을 인정하려 하였다. 그러나 연안국들이 군함의 통항권을 규제하는 것은 유엔해양법협약상 제한을 받게 되는데, 이는 왜냐하면 국제항행용 및 방해받지 않는 통과통항용 해협에의 접근이 국제해양법협약에 의해 보장되어야 하기 때문이다.[42]

그럼에도 불구하고 이러한 통항이 연안국가의 주권, 영토보존, 혹은 정치적 독립을 위협하여서는 아니 된다.[43] 그러나 무해통항의 원칙이 군함에 적용이 되는지에 관해서는 아직도 의문의 여지가 남는다.[44] 연안국이 자국의 평화와 질서, 안보를 위협받지 않는다면 군함의 통항에 대하여 방해를 할 수 있는 연안국의 권리는 국제 관습법상 존재하지 않으며 또한 유엔해양법협약에도 이에 관한 규정이 없다고 보인다.[45]

제 4 절 주요 동아시아 해협의 법적 문제

1. 대한해협(The Korea Strait)

(1) 전략적 중요성

선박이 제한된 수역, 종종 전략적 해협 또는 초크 포인트(Choke Point)[46]라

41) The Corfu Channel case, 1949, pp. 4, 28.
42) 유엔해양법협약 제38조.
43) *Ibid.*, 제39(1).
44) *Ibid.*, 제19조.
45) M. F. Maduro, "Passage through International Straits: The Prospects Emerging from the Third United Nations Conference on the Law of the Sea", 12 *JMLC*(1980), pp. 85-86.
46) 초크 포인트에 관하여는 L. M. Alexander, *Navigation Restrictions Within the Law of the Sea Context: Geographical Implications for the United Nations*, Peace Dale, Rhode Island : Offshore Consultation, 1986, pp. 94-96 참조.

일컬어지는 해협으로 통항할 때에는 해협 연안국들이 제한된 해군력으로 쉽게 해협을 통제할 수 있다.[47] 초크 포인트란 용어의 사용은 다음과 같은 것을 암시하는 것으로 상기와 같은 곳에서 해상에서의 통항이나 비행이 특별한 국가 혹은 국가단체들의 안보에 치명적일 경우에는 최소한의 제약과 폐쇄를 할 수 있는 기회가 주어진다는 것이다.

대한해협 역시 이러한 초크 포인트의 하나로서 특정 국가 즉 한국, 일본, 미국과 러시아에 이들이 운영하는 항공기를 포함한 상업 및 군함의 통항빈도와 통항 성격상 충분히 이들 국가의 이해관계에 매우 중요하다. 더군다나 대한해협은 지리적 환경의 특성 때문에 주변국가인 한국과 일본에 의해 효과적으로 차단될 수가 있다. 한국과 일본은[48] 위기시나 기타 필요시에 다른 국가의 선박이나 항공기들이 해협을 사용하는 것을 거부할 수가 있기 때문이다.[49]

일련의 초크 포인트인 대한 해협, 쓰가루 해협 및 소야 해협은 향후 동해 출입에 매우 중요하게 된다. 이와 같은 해협은 전시 상황에서 국제평화에 위협적으로 사용될 수가 있기 때문에 특별히 중요하게 다루어지고 있다. 평시에는 상업적, 군사적 교통요충지로 사용이 용이하나 위기고조시에는 전략적으로 중요한 역할을 하게 된다. 일본의 쓰시마섬을 중간에 두고 동서로 통항하는 대한 해협은 가장 넓은 초크 포인트가 된다. 이 해역에서의 효과적인 통제를 위하여는 한국과 일본의 협력이 절실히 요구된다.

대한해협은, 러시아의 동아시아 주요 해군기지인 조선시설을 갖춘 블라디보스톡(Vladivostok) 항으로 가기 위한 중요한 길목에 있다. 블라디보스톡 항은 동해를 감싸고 있는 일본의 본토가 막고 있기 때문에 태평양으로의 출입은 제한되어 있다. 블라디보스톡의 군함이 작전활동을 수행하기 위해서는 쓰가루 해협과 소야 해협을 포함하여 대한해협을 통과하여야만 한다. 블라디보스톡의 러시아 함대가

---

47) J. R. Morgan, "Small Navies", in E. M. Borges & N.Ginsburg(eds), *Ocean Yearbook 6*, Chicago : Chicago University Publication, 1986, p. 363.

48) L. M. Alexander & J. R. Morgan, "Choke Points of the World Ocean : A Geographical and Military Assessment", in E. M. Borges & N. Ginsburg(eds), *Ocean Yearbook 7*, Chicago : CUP, 1987, p. 340.

49) 이러한 예로는, 1973년 10월 지브롤타 해협, 1967년 6월 카날 운하 등의 봉쇄 등을 들 수 있다.

태평양으로 진출하기 위해서는 동해를 통과한 다음 대한해협을 통과해야만 할 것이다. 따라서 대한해협은 베트남의 캄란만(the Cam Rahn Bay)에서 러시아의 블라디보스톡까지 이동하는데 있어 보다 가까운 직선항로를 제공하는 매우 중요한 통항로가 된다.

동북아에서 일본의 해양력을 바탕으로 한 해군활동이 활발히 전개되고 있고 특히 미국과 일본의 상업적 활동이 증가하고 있기 때문에 대한해협의 전략적 중요성 역시 상대적으로 증가하고 있다. 비록 구소련의 공산권국가가 몰락하였다 하지만 대한해협은 한국과 일본, 러시아에게는 매우 중요한 상업적 통항로이다. 그러므로 대한해협에 대한 방어를 위하여는 한국과 일본의 협력이 절실히 요구되고 양국 사이에서 계속되고 있는 정치적 갈등을 뛰어넘어 상호간의 공동이익을 찾기 위한 노력 또한 요구된다 할 것이다.

(2) 한국의 관행

한국의 법률은 영해를 정확한 지리적 용어로 정의하고 있다. 1977년 영해법은 특정 수역에서의 영해의 폭을 규정하고 있으며, 대통령령에 따라 12마일의 범위 안에서 상호 다르게 규정될 수 있음을 나타내고 있다.[50)]

이 법령은 영해법보다 1년 후에 채택이 되었다는데, 동 법령에 따르면 국제항행에 이용되는 대한해협을 구성하는 수역에 있어서의 영해는 법제1조 단서의 규정에 따라 별표 2에 게기하는 선을 연결하는 선의 육지측에 있는 수역으로 한다라고 규정하였다.[51)] 즉 대한해협에서의 영해한계는 특정지점의 직선기선으로부터 측정된 3마일의 거리이다.[52)]

이 법령은 남쪽해안을 따라 3마일의 영해로 측정된 두개의 직선기선을 설정하였다. 하나의 선은 홍도와 생도사이에 그어져 있으며 (길이는 34.94 마일) 또 하나의 선은 생도와 1.5미터 바위(길이 16.04 마일)사이에 그어져 있다. 또한 동 법령에 의하면, 어떠한 군함이나 정부선박이 비상업적 목적으로 영해를 통과하려면 통항 3일전까지 한국당국에 통고하여야 하며, 예외적으로 정기선박이 통과하는

50) 영해 및 접속수역 제1조, 1995, 법률 제4986호.
51) 영해 및 접속수역법 시행령 제3조, 1996, 대통령령 제15133호.
52) *Ibid.*, 별표 2.

수역이 국제항행에 이용되는 해협으로서 동 수역에 공해대가 존재하지 않을 경우에는 그러하지 아니하다.[53]

(3) 일본의 관행

일본은 주요해협 통과문제를 해결함에 있어 다른 방법을 택하였다.[54] 즉 1977년에 일본은 영해한계를 12마일로 확장하였을 때 5개 해협의[55] 영해 한계선은 3마일로 제한하였다.

일본의 법령은 대한해협의 동수로와 서수로에 "지정된 구역"을 설정하고 있다. 이 구역 안에서 영해범위는 일본의 내각명령에 따라 기선으로부터 설정된 3마일로 제한되었다.[56] 그러나 이 "지정된 구역"의 묘사는 복잡하고 쉽게 해석하기가 어렵게 되어 있다.

쓰시마섬의 동쪽해안과 서쪽해안을 따라 영해 한계선은 기선으로부터 3마일로 설정되었다. 그러나 내각명령에서는 서수로를 "지정된 구역"에서는 영해를 측정함에 있어 어느 방향으로 한다는 것을 나타내는 명확한 규정이 없다. 영해법 보충규정 제2, 3, 7항 및 8항에서는 일본이 이 지역에서 12마일의 영해를 주장할 수 있는 권리를 제공할 수도 있다는 것을 나타내고 있다. 그러나 이것은 내각명령의 문서상에 명확하게 나와 있지 않다.[57]

(4) 대한해협 통과통항의 법적 문제

1) 근본적 문제

기본적으로 해협을 통항하는 문제는 다음과 같은 사실에서 발생되는바, 즉 많은 국가들이 자국의 영해를 12마일로 채택한다는 것과 특수한 여러 해협들의 상황에서 무해통항제도를 받아들이고 항행의 자유를 제한하려는 국가들이 많이 생겨났기 때문이다. 통상적인 영해나, 군도수역, 경제수역에서 부분적으로 영해를

---

53) *Ibid.*, 제4조.
54) ST/LEG/SER.B/19, 1980, p. 100
55) Supplementary Provisions of the Law of the Territorials Sea No. 30, ST/LEG/SER.B/19, 1980, p. 57.
56) *Ibid.*
57) *Ibid.*

가지고 있는 국가와 그 영해를 조금이나마 항해해야만 하는 국가사이의 갈등은 지리적으로 협소한 국제해협에서 더욱 두드러지게 나타난다.[58]

해협통항제도에 관하여 두 가지 견해가 극명하게 대립되는데, 하나는 일반적으로 영해에서 외국선박의 무해통항에 관한 원칙의 적용 주장과 다른 하나는 외국선박과 항공기의 자유로운 항해를 위하여 새로운 제도를 설정하자는 주장으로서 이 결과 해양법은 통과통항제도에 대한 새로운 제도를 설정하여 이 문제해결의 답을 제공하게 되었다.[59]

대한해협, 즉 한국과[60] 일본은[61] 쓰시마섬의 서쪽과 동쪽에 존재하고 있는 해협의 수로에 관하여 영해의 범위를 3마일로 하여 서로의 주장을 제한하고 있다. 대한해협 서수로는 이미 언급한 것처럼 그 폭이 24마일도 안된다. 이와 같은 곳에서의 12마일 영해범위의 적용은 일본의 쓰시마섬과 한국사이에 있는 대한해협의 서수로가 양국의 영해에 속하게 되는 결과를 초래한다. 만약 한국과 일본이 대한해협에서 자국의 영해를 12해리로 주장한다면 이 해협은 양국의 영해에 의해 완전히 중첩되게 될 것이다.

그러나 대한해협의 통항문제에 있어 양국의 입장 특히 한국의 경우에는 1977년에 12마일 영해를 선포하고 난 후부터는 변화를 가져오게 되었다. 더군다나 해양법협약은 영해는 그 통항이 배타적이지 아니하나 국제 해협에서는 모든 선박이나 항공기가 해협을 통과·통항할 수 있는 권리를 가지고 있다고 규정하고 있다.[62] 따라서 대한해협의 통항제도는 해양법협약에 따라 어떻게 적용되어 지는가를 검토해야 할 필요성이 제기된다.

2) 한국이 취할 수 있는 법적 조치

① 대체항로의 설정

대한해협 서수로의 폭은 약 23.75마일이기 때문에 만약 한국과 일본이 서로 12마일의 영해를 적용하면 이 수역 모두가 양국의 영해에 속하게 된다. 유엔해양

58) 김명기, "해양법협약상 대한해협의 통항문제", 28 *대한국제법학회논총* (1983), p. 46.
59) 유엔해양법협약 제38조 참조.
60) 영해법 제1조 및 영해법시행령 제3조.
61) 1977년 영해법(No. 209) 제1조 및 보충규정 참조.
62) 유엔해양법협약 제34조-54조 참조.

법협약 제36조에 따르면 만약 국제적 항행에 이용되기 위한 해협의 폭이 24마일보다 넓거나 항해 또는 수로상의 특성에 있어서 유사한 편의를 가진 공해를 통과하는 항로 또는 배타적 경제수역을 통과하는 항로가 국제항행에 이용되는 해협을 지나서 존재하는 경우, 그 국제항로에 이용되는 해협에는 적용되지 않는다. 즉 이러한 해협에서는 연안국가의 영해가 일부 포함되더라도 연안국의 무해통항 제도에 적용되지 아니하며 모든 선박과 항공기의 통항이 자유롭게 허용된다.[63)]

유엔해양법협약 제38조 1항에 있는 해협에 관한 내용은 연안국의 본토와 인접 도서로 이루어진 해협에 적용되고 있다. 그러나 동 조항은 대한해협의 서수로에는 적용될 수가 없는바, 이는 한국과 일본의 쓰시마섬 사이는 일본의 영해가 아닌 것처럼 한국의 영해도 아니다. 즉 다시 말해서 대한 해협은 한국의 본토와 한국의 인접도서로 형성되어 있지 않고 서로 상이한 국가의 본토와 도서로 형성되어 있기 때문에 동 협약 제38조 1항의 통과통항 예외규정이 적용될 수가 없다. 결론적으로 통과통항제도의 예외적인 적용이 대한해협에서는 수용될 수가 없다는 것이다.[64)]

이러한 이유 때문에 대체 항로의 설정과 같은 기타의 방안이 제시될 필요가 있다. 만일 한국이 대한해협의 서수로에 12마일 영해를 적용하는 반면 일본은 동 해협에서 3마일 영해를 그대로 유지할 경우 대한해협은 8마일의 공해대가 남게 되므로 동 협약 제36조의 규정이 적용되어 동 공해대에서는 자유통항이 주어진다. 그러므로 타국 선박은 한국의 영해 외측에 있는 공해대를 이용할 수가 있다.

그러나 이와 같은 조치들은 불편을 초래할 수도 있다. 만약 한국이 대한해협에서 12마일의 영해를 주장한다면 일본은 즉각 이에 대응할 것이며 그 결과 이 문제는 매우 중요한 사안으로 변질될 것이다. 그러나 일본이 이에 대하여 동의 또는 부동의 여부는 불확실하다. 즉 일본이 대한해협에서 영해한계를 3마일로 고수할 것인지 아니면 확장할 것인지에 대한 것은 확실하지가 않다. 물론 일본이 대한해협에서 12마일을 주장한다면 이러한 접근방식은 무용할 것이다. 따라서 이와 같은 조치의 결과는 일본의 태도에 따라 달라질 수밖에 없을 것이다.[65)]

---

63) *Ibid.*, 제36조.

64) *Ibid.*, 제38조 1항 및 45조 참조.

65) 일본은 전통적으로 해협에서의 자유로운 통항을 보장받기 위한 목적에서 영해확장을 반대

② 항로대 및 통항분리제도

유엔해양법협약은 "해협연안국은 선박의 안전통항을 증진하기 위하여 필요한 경우 해협내 항행을 위한 항로대를 지정하고 통항분리제도를 실시할 수 있다."라고 규정하고 있다.[66)]

동 협약에 따르면 한국정부는 대한해협에서 항로대를 지정할 수 있으며 통과통항제도를 실시함에 있어 항행상의 문제점들을 해결하기 위한 목적으로 통항분리제도를 시행할 수 있다. 만약 외국군함, 핵추진선박, 핵을 운송하는 선박 및 기타 위험물질을 싣고 운항하는 선박이 대한해협을 통과할 경우에는 그 통항 자체가 한국에게는 커다란 위협이 될 수가 있다. 따라서 동 협약을 근거로 한국정부는 앞에서 언급한 문제들을 해결하기 위해서는 항로대 지정과 통항분리제도를 실시할 필요가 있다고 보인다.

만일 한국이 대한해협에서 12마일 영해한계를 적용하여 기선으로부터 측정한 3마일 이원 수역 즉 3마일에서 12마일까지의 수역에서 항로대를 지정하거나, 유조선 및 핵추진 선박, 잠수함의 통항을 위한 통항분리제도를 실시한다면 이러한 통항제도의 적용으로 국가안보상 문제가 발생될 수가 있다.[67)] 따라서 동 협약 제41조는 대한해협에서 한국의 국가안보와 관련된 문제들의 해결을 위한 기본적인 중요한 내용들을 규정하고 있다고 볼 수 있다.

③ 12마일 영해의 적용

한국은 1977년에 영해를 12마일로 설정하였고, 1978년에 대한해협과 같은 특별한 해역에서의 영해는 3마일로 설정하였다. 그러나 대한해협에서의 12마일 영해한계의 적용은 바람직한 조치가 아닌 것으로 보인다. 왜냐하면 만일 한국이 국제해협인 대한해협에서 영해의 범위를 12마일로 확장한다면 이는 주요 해양국가들과 상당한 마찰 즉 항해의 자유와 관련된 문제들이 야기될 것이다. 그리고 이러한 문제들은 항로대 지정이나 통항분리대를 설치하는 등 대안을 마련하여야 해결될 수가 있는 것이다.[68)]

해 온 국가이기 때문에 대한해협에서도 이러한 원칙은 유지되리라고 본다.

66) 유엔해양법협약 제41(1).

67) 유병화, *동북아지역과 해양법*, 서울 : 진성사, 1991, p. 331.

68) *Ibid.*, p. 330.

그럼에도 불구하고 한국정부가 대한해협에서 해양환경보존 또는 항해의 안전 등을 이유로 관할권을 행사하기 원한다면 오히려 대한해협에서 영해를 12마일로 확장하는 것이 더 나을 것이다.

3) 일본이 취한 법적 조치

① 해협에 대한 일본의 입장

일본의 번영과 생존 문제는 해협에서 항행의 자유를 지속적으로 유지하며 전통 국제관습법에 따라 타국가의 배타적 권리를 침해하지 않고서 해양을 어떻게 완전히 사용하느냐에 달려 있다.[69] 일본은 해양국가로서 국제해협에 관한 문제는, 예를 들면 말래카해협과 싱가포르해협,[70] 상업적인 목적을 이루기 위해서 지속적으로 관심을 갖게 되었다. 일본정부의 주관심사는 주요산업부문의 에너지 공급원인 대형유조선이 간섭받지 않고 자유로이 안전하게 통항할 수 있는 것에 있다.[71] 따라서 이러한 일본의 노력은 자연적으로 전통적인 권리 및 자유를 유지하기 위하여 이들에 대한 최대한의 방어에 초점이 맞추어져 있기 때문에 일본은 해양법에 있어서도 그 태도변화가 최소한으로 나타날 것이다.

일본은 일부 영해로 되어있는 국제해협에서도 완전한 통항의 자유를 주장하여 왔으나, 그럼에도 불구하고 일본의 정책은 양립적으로 이루어져 왔다. 왜냐하면 일본은 해협문제를 군사적인 측면과 상업적인 측면으로 분리하여 해결하려고 하였기 때문이다.[72] 만일 이렇게 될 경우 오히려 일본은 해협의 안전보장에 있어서 더욱 어려운 상황에 처할 수밖에 없을 것이다. 반면 일본은 쓰가루 해협과 소야 해협에서 외국군함 및 군용항공기의 자유통항을 강력히 허락할 것을 요구하는 안을 제출하였다. 그러나 기타 해협을 통제하고 있는 연안국가들은 상선의 통과는 허용할 수 있으나 군함이나 군용항공기는 통과를 허용하지 않을 것을 고려하

69) K. Ouchi, "Japanese Perspective on the Law of the Sea", in the American Society of International Law, *Proceedings of the 71st Annual Meeting*, Vol.71, Washington, D.C., : The American Society of International Law, 1977, pp. 159-60.

70) 이들 해협에 관하여는, M. Leifer, *Malacca, Singapore and Indonesia,* The Netherlands : Sijthoff & Noordhoff, 1978, pp. 159-60.

71) *Ibid.*, pp. 130-131.

72) *Ibid.*

였다.[73]

일본은 또한 국제해협은 외국선박들은 전통적인 자유통항권을 보장하기 위하여 독립적인 지위를 가지고 있다는 견해에 대해서도 찬성하고 있다. 이 견해는 상선의 자유통항권을 보유를 의미하며 특히 유조선에 대해서는 더욱 자유통항권을 보장해야 한다는 것을 암시하고 있다.[74]

일본은 원자폭탄을 경험한 유일한 국가로서 핵무기의 완전한 폐기를 주장하여 왔으며 동시에 비핵삼원칙을 고수하여 왔다.[75] 만약 일본이 24마일보다 폭이 좁은 해협에서 자국의 영해를 확장하면서 외국선박의 자유통항을 방해한다면 그것은 1968년도 이후 국회에서 정부가 지속적으로 밝혀온 자국의 정책과 비핵삼원칙에 반하게 되는 일련의 법적 모순이 생겨나게 될 것이다.

그러므로 외국선박이 핵무기를 싣고 목적지를 향하여 일본영해를 통과하면 그것은 "반입금지"에 해당할 것이다. 반면에 안보적 측면에서 일본은 미국과 상호협조 및 공동안보조약에서 미국군함이 자국의 해협을 통과하는 것을 거부하지는 않는다. 이러한 문제를 해소하기 위하여 일본정부는 5개 해협과 3마일밖에 안되는 제한된 영해내에서 조심스럽게 무해통항권을 강조하고 있다. 왜냐하면 일본도 자국의 군함이 다른 나라의 해협에서 무해통항권을 향유하기 위해서이다.[76] 더군다나 이 예외적인 규정은 핵무기를 보유하고 있는 미국의 선박과 러시아 선박이 자국의 비핵삼원칙과 상충되는 문제를 피하기 위하여 자유로이 해협을 통과하도록 하고 있다.[77]

일본은 유엔해양법협약 서명시 어떠한 성명도 채택하지 하였다. 그리고 해협에 관한 "보충적인 조항"의 채택, 즉 "협약에 규정된 통과통항제도는 관습국제법의 지위를 갖고 있지 못하다"라는 주장을 지지하는 보충규정만을 채택하였다.[78] 이

---

73) T. Kuribayashi, "The New Ocean Regime and Japan", 11 *Ocean Development and International Law*(1982), p. 117.

74) Ouchi, *op. cit.*, p. 162.

75) T. Kuribayashi, "The Basic Structure of the New Ocean Regime of Passage through International Straits-An Emerging Trend in the Third UNCLOS and Japan's Situation", 21 *Japanese Annual of International Law*(1977), pp. 45-46.

76) S. McCunne, *Islands in Conflicts in East Asian Waters*, Hong Kong : Asia Research Service, 1984, p. 39.

77) Kuribayashi, *loc. cit.*, p. 45.

러한 자국의 해양이익과 국가안보 사이에서 일본의 딜레마는 그 제도를 존속하는 동안은 계속될 것이며 그 순서를 정하기도 어려울 것이다.

② 일본이 취한 조치

일본이 다른 해협들과 마찬가지로 대한해협에서 영해의 범위를 3마일로 결정한 것은 위에서 언급한 내용들을 근거로 결정하였다. 이는 일본이 대한해협에서 12마일 영해를 채택할 경우 국제해협에서 최대한의 자유로운 통항을 지지한다는 제3차 유엔해양법회의 에서의 자국 입장과 상치되기 때문일 것이다.[79]

제3차 유엔해양법회의에서 일본 대사 오기소(Ogiso)씨는 일본은 외국선박이 자국의 영해에 있는 국제해협을 자유롭게 통항하는 몇몇 조건에 관심이 집중되어 있다고 하였다.[80] 즉 그의 견해에 의하면 외국의 군함이나 군용항공기가 이와 같은 항로에서는 자유롭게 통항해서는 아니 된다는 것이다. 그러나 일본은 유조선을 포함하여 상선의 자유로운 통항은 허용할 수 있다라고 하였다.[81] 또한 오기소씨는 국제항행의 자유는 최대한도로 유지되어야 한다고 하여 한편으로는 아래와 같이 이 문제에 관한 애매모호한 입장을 취하기도 하였다.

> 국제해협에 관하여 일본 역시 이익의 조정이 특별히 필요로 하다는 것을 인정합니다. 항해상의 자유를 보장하는 반면에 의회는 항해상의 자유와 오염방지를 위해서는 연안국가의 합법적인 이익에 관심을 가져야 합니다. 동시에 연안국가의 안보이익의 의문에 대해서는 관심이 집중되어야 ......[82]

그러므로 일본은 대한해협을 포함하여 국제해협에서의 자유통항제도를 변경하지는 않을 것이다. 왜냐하면 만약 일본정부가 대한해협에서 12마일 영해를 주장한다면 자국의 군함이 다른 나라의 국제해협을 통과하게 될시 해당 해협연안국가들에 의해 통항의 방해를 받게 될 것임을 의미하게 되는 것이다. 물론 이와 같

---

78) H. Caminos, "The Legal Regime of Straits in the 1982 United Nations Convention on the Law of the Sea", 205 *Collected Courses of the Hague Academy of International Law* (1987), p. 217.
79) UNCLOS III, *Official Records*, Vol. II, 1975, p. 119.
80) UNCLOS III, *Official Records*, Vol. I, 1975, p. 181.
81) *Japan Times*, 1974년 6월 21일.
82) UNCLOS III, *Official Records*, Vol. I, 1975, p. 181.

은 태도는 자국의 국제해협에서는 방해를 받지 않고 통과하려는 정책과도 위반되기 때문이다.

이러한 상황에서 일본의 영해법에서 규정하고 있는 것처럼 대한해협에 공해대를 계속적으로 남겨 둠으로써 동 해협에서 야기될 수 있는 통항문제를 해결하고 있다. 더욱이 일본영해법은 "당분간(for the time being)" 12마일의 영해 한계가 대한해협에는 적용되지는 않을 것이다라고 하여 결과적으로 이러한 용어의 사용으로 인한 해석상의 여지를 남겨두게 되었다. 또한 일본이 대한해협에서 영해를 확장하기 전에, 국제해협에서의 자유통항제도를 지지하는 일본의 입장을 고려한다면 일본은 유엔해양법협약 제41조에 따라 대한해협에서 선박의 항행안전을 보장하기 위하여 항로대를 지정하거나 통항분리제도를 시행하는 것도 바람직할 것이다.

2. 쓰가루 해협(The Tsugaru Strait)

일본 정부는 쓰가루 해협 통항문제에 있어서는 다른 견해를 가지고 있다. 첫째로, 일본은 일본주변에 있는 해협을 포함 국제해협에서의 자유통항을 지속적으로 지지함을 분명히 한다는 것이며, 둘째로, 연안국 영해내에 있는 국제해협은 무해통항제도가 적용되는 영해와 동일하게 다루어져야 한다는 것이다.

일본에게 있어 쓰가루 해협은 대한해협, 소야해협, 오수미해협보다 더 많은 어려운 문제점들을 내포하고 있다. 대한해협 및 소야해협은 여러 이유로 국제해협으로 다루어져 왔으며 일본의 방위청 관료들도 자유통항을 지속적으로 유지하고자 하였고, 오수미해협은 상선에 의해서만 거의 독점적으로 이용되어져 왔다. 이와 대조적으로 쓰가루 해협은 미국과 러시아의 핵잠수함에 의해 자주 이용되어 왔다.[83)]

물론 일본은 쓰가루 해협에 있어서도 영해의 범위를 3마일 이원으로 주장할 수 있으며, 이렇게 되면 동 해협의 법적지위는 영해 해협으로 변하게 될 것이다. 그러나 이 선택은 두 가지 사항을 고려하여야 하기 때문에 단순하지가 않다. 첫

---

83) Japan Defence Agency, *op. cit.,* 참고.

째, 해양국가로서 일본이 자국으로부터 조금 멀리 떨어진 롬복해협(Lombok)과 말래카 해협과 같은 해협에서 선박의 무해통항권을 요구한다는 것은 비논리적이 될 것이다. 둘째, 이렇게 되면 외국군함이 일본주위의 국제해협을 통과통항하게 되기 때문에 비핵삼원칙에도 위배되는 것이다.

일본은 전통적으로 국제해협에서 자유통항을 지지하여 왔으며 이것은 자국의 무역과 상업에 대단히 중요한 문제이기 때문이었다. 자유통과통항제도의 원칙과 그 가치의 중요성은 이와 같은 국제적 고려 때문에 더욱 중요시되고 있다. 만약 일본이 자국내에 있는 해협에 대하여 12마일 영해를 적용한다면 외국선박의 통항을 쉽게 통제할 수 있고 자유로운 국제교통을 정지시킬 수도 있다. 그러나 이러한 조치는 자국의 국제해협에서 자유통항을 고수하는 정책과 상반될 것이다.

이러한 점을 고려할시 일본정부는 쓰가루 해협에서 3마일의 영해를 고수하는 것과[84] 유엔해양법협약에 따라 동 해협에 항로대를 지정하고 통항분리제도를 시행하는 것이 바람직할 것이다.[85] 이 결과 쓰가루 해협의 3마일 영해 밖에서 통항하는 모든 선박은 항해의 자유를 향유할 것이다. 1977년 영해법에서 언급하고 있는 쓰가루 해협 조항은 일시적인 것이었으나, 다행히 제3차 유엔해양법회의에서의 일본의 공식적 입장과 일치되는 것이었다. 그러나 일본은 쓰가루 해협을 포함한 5개 해협의 영원한 지위에 대해서는 공식적으로 결정하지 않았으며 이와 같은 조항은 "당분간"만 효력을 발생한다고 하였다.[86] 그러므로 일본이 1977년에 제정된 영해법을 개정하려면 해협의 법적 지위와 쓰가루 해협의 영해 한계선을 결정해야 할 것이며 이 경우 유엔해양법협약에 따라 규정되어야 할 것이다. 따라서 이렇게 하는 것이 바람직한 결과를 가져올 것이며 동시에 제3차 유엔해양법회의의 결과와도 일치하게 될 것이다.

---

84) 일본영해법 보충규정 제2항.
85) Asahi Shimbun, 1974년 7월 16일; 유엔해양법협약 제41조.
86) 일본영해법 보충규정 제2항.

3. 소야 해협(The Soya Strait)

(1) 전략적 중요성

러시아 함대는 소야 해협의 통항이 불리한 여건임에도 불구하고 대한해협이나 쓰가루 해협보다 오히려 소야해협을 많이 이용하였다.[87] 여기에는 두 가지의 주요한 이유가 있는바, 그 첫째는, 러시아의 군함이 소야 해협을 통과하는 것은 동 해협이 자국의 영토인 사할린섬 사이에 있기 때문에 다른 해협보다 통항이 용이하고[88] 둘째는, 또 다른 중요 해군기지인 페트로파블로브스키(Petropavlovsk) 항구에 도달하기 위해서는 블라디보스톡에서 태평양으로 나아가야 하는데 이때 소야해협을 통과해야만 가능하다는 것이다. 페트로파블로브스키항은 오로지 블라디보스톡으로부터 지원을 받아야 하며 1년에 6개월간은 바다가 얼어 있어 통항이 불가하다.[89]

따라서 소야해협은 러시아에게 있어서는 대단히 중요한 통항로인 것이다.[90] 러시아가 이 해협을 통제한다는 것은 북태평양에서의 러시아 전략에 매우 중요한 것이 된다. 만약 전시에 러시아 군함이 이 해협을 통과하지 못하게 되면 쿠릴열도와 캄차카반도는 고립될 것이기 때문이다.

(2) 일본의 입장 및 법적 조치

소야해협은 일본과 러시아 사이에 위치해 있으며 양국간에도 전략적 및 경제적으로 대단히 중요한 역할을 하는 해협이다. 1977년 일본 영해법에 따르면 동 해협에서 만약 영해가 12마일로 확장되었다면 자유항해가 가능한 공해대가 존재하지 않게 될 것이며 또한 외국선박의 통항이 빈번하다는 사실도 12마일로의 확

87) Japan Defence Agency 참조.

88) H. J. Buchholz, *Law of the Sea Zones in the Pacific Ocean*, Singapore : Institute of Southeast Asian Studies, 1987, pp. 57-58.

89) S. E. Johnston & J. A. Yager, *The Military Equation in Northeast Asia,* Washington, D.C. : The Brookings Institution, 1978, p. 81.

90) E. Bruel, *International Straits,* Vol. I, Copenhagen : NYT Nordisk Forlag, 1947, p. 34 참조.

장을 하지 않는 고려요소로 작용하였다. 따라서 동 해협의 지리적 위치와 항로로서의 존재 그자체가 일본에게는 대단히 중요한 것이다.[91)]

새로운 해양법 제도하에서의 해협통항 문제는, 해협은 국제해협으로서의 기능을 가지고 있다라는 전제에서부터 유래한다. 일본이 12마일 영해를 선언하던 당시(1977년) 해양법상의 통항제도는 아직 형성되지 않았기 때문에 소야 해협을 포함한 5개 해협의 통항문제에 대해서도 많은 논란이 있었다.[92)]

그러나 일본이 국제해협에서 통항제도를 지지할 것이라는 것은 확실하다. 왜냐하면 일본이 이와 같은 국제해협에 대하여 제제를 가하면 일본의 국익에 많은 영향이 미치게 될 것이기 때문이다. 따라서 일본은 소야해협의 영해를 3마일 이상으로 확장하지는 않을 것이다. 그러나 소야 해협을 포함한 5개 해협의 영해에 관한 법은 완성되지 않았으며 앞에서 언급한 것과 같이 "당분간"만 효력을 발생한다는 것이다. 더욱이 일본은 자신의 해협에 관한 입장을 명백히 하기위해서는 국제해양법에 기초하여 자국 영해법을 개정하는 것이 필요할 것이다.

이에 부가하여 영해법은 소야 해협을 포함한 5개 해협으로 "이러한 해협에 인접한 해역과 선박들이 항행하는 것으로 인정되는 각각의 부분"이[93)] 해당된다. 그러므로 "지정된 해역"은 임시적인 조치로써 3마일 영해가 적용된다. 소야 해협에서 일본과 러시아의 경계는 이러한 해역에 속해 있는 영해 한계선이 되는 것으로 이해되어서는 안 된다. 소야해협의 한계선과 동 해협이 속하는 영해 외측한계는 영해법 개정시 명백하게 해야 할 것이다.

(3) 러시아의 입장

구소련은 1927년에 자국의 영해에 대하여 12마일을 채택하였으며 제한적으로 해상통항제도를 찬성하였다. 그러나 1917년 이후 약 40여년간 해군력이 성장함에 따라 통항제도에 관한 태도가 점차 변화하였음을 간과해서는 아니될 것이다.[94)]

---

91) S. Yanai & K. Asomura, "Japan and the Emerging Order of the Sea", 20 *Japanese Annual of International Law*(1977), p. 63.

92) Japan Defence Agency, *Defence of Japan*, Tokyo : Defence Agency, 1980 참조.

93) 일본 영해법 보충규정 제2항.

94) C. E. Bohlem, *Witness to History 1929-1969,* New York : W. W. Norton, 1973, p. 235 참조.

소련 대사는 제3차 유엔해양법회의에서 공해를 연결하며 국제항행에 이용되는 해협을 통한 선박이 자유통항을 하지 못하는 상태에서 국제항행이나 국제교통의 진정한 자유가 존재할 수 없다라고 주장하였다.[95]

이후 여전히 러시아는 국제해협을 자유롭게 항행하는 것에 대해 지지를 계속하고 있으나 이러한 정책이 자국 관할권하에 있는 어떤 해협에 대한 자국의 행동과 반드시 일치하지는 않는다. 이것은 모든 선박이 자국의 항구에서 소야해협을 자유롭게 통과하여 오오츠크해로 나아가는 것을 의미하고 있다.[96] 러시아는 자국과 경계를 이루지 않는 해협에서는 항해상의 자유를 위해 노력하는 반면에 소야 해협의 통항에 대하여는 특별한 규칙을 적용하려는 것으로 보인다.[97]

러시아의 동쪽 해안은 동해와 마주보고 있으며 소야 해협을 통과하면 오오츠크해와 마주친다. 소야 해협은 러시아에게는 다른 해양과 자유롭게 연결시켜 주는 국제해협으로서 기능을 하게 된다. 특히 이 해협은 러시아의 북쪽 영토와 쿠릴열도의 주위를 따라 해군기지와 공군기지를 더욱 더 발전시킬 수 있기 때문에 러시아에게는 전략적으로도 매우 중요하다.[98] 이 때문에 러시아는 북쪽영토와 쿠릴 열도에 더 많은 기지를 건설하였다. 만약 소야 해협이 봉쇄되면 러시아는 대양으로 나가는 통로가 폐쇄되므로 해협에서의 자유통항을 강하게 지지하고 있는 것이다.

제3차 유엔해양법회의 러시아 대표인 콜로스키(Kolosovsky)씨는 모든 선박은 국제해협에서 자유로운 통항이 보장되어야 한다고 강하게 주장하였는데, 그 이유는 러시아의 대서양 및 극동으로 접근하는 유일한 통로가 해협을 통하여만 가능하기 때문이다.[99]

한편 러시아는 국제항행용으로 이용되는 국제해협연안국들의 안전보장 필요성을 이정하였으며 동시에 이러한 해협을 이용하는 국가의 안보와 이해관계가 고

95) UNCLOS III, *Official Records,* Vol. I, 1975, p. 68 참조.

96) J. A. De Yturriage, *Straits Used for International Navigation*, Dordrecht : Martinus Nijhoff, 1991, pp. 311-12.

97) Alexander, *op. cit.*, pp. 305, 316.

98) 북방영토 영유권 문제에 관하여는, J. Stephan, *Sakhalin: A History*, Oxford : Clarendon Press, 1971; J. Stephan, *The Kuril Islands: Russia-Japanese Frontier in the Pacific*, Oxford : Clarendon Press, 1974 참조.

99) UNCLOS III, *Official Records*, Vol. II, 1975, p. 127.

려되어야 한다고 주장하였다. 결과적으로 제3차 유엔해양법회의에서 러시아 대표는 국제항행용 해협을 통한 통항문제가 일방적으로 해결되는 것을 동의할 수 없었다.[100]

12마일 영해를 주장함으로써 연안국들의 이익을 도모하고자 하는 것은 통항선박의 규모와 속력측면에서 해상교통의 안전과 교통량을 증대시키기 위하여 적당한 국제적 규제와 맞물려 특별한 조항으로 받아들여졌다. 이러한 입장에서 보면 러시아의 일반적 해양이해관계는 해양강대국의 이해관계와 좀처럼 구별하기 어렵다.

러시아는 소야해협에서 자유로이 통항하는 권리를 확보하는 것이 경제적 및 전략적으로 중요하다는 것은 자명한 사실이다. 만약 러시아가 소야 해협에서 자국 국경법에[101] 따라 12마일 영해한계를 적용한다면 소야 해협의 일부는 영해가 될 것이고 따라서 이의 통항은 더욱더 제한을 받게 될 것이며 이것은 일본과의 협의도 필요하게 된다. 물론 러시아는 소야 해협에서 영해를 확장하지 않을 것이다. 왜냐하면 만약 러시아가 소야해협에서 영해를 확장하면 다른 해협 연안국들에 의한 자국 선박의 통항이 제한을 받게 될 것이며 동시에 소야해협은 전략적 기동의 우위를 점하고 있기 때문이다.

만약 러시아가 소야해협에서 홋카이도 북쪽의 소야 미사키(Soya Misaki)와 카멘 오파스노스티(Kamen Opasnosti) 사이의 중간경계선을 넘어서 영해를 주장하지 않는다면 이 해협에는 6마일의 공해대가 존재하게 되며 그 수심은 180피트가 된다.

4. 오수미 해협(The Osumi Strait)

오수미 해협은 국제해협과 유사하나 일본의 본토인 규슈(Kyushu)와 다나카 시마(Tanaga Shima)의 북쪽끝 사이에 있다는 지리적 특성 때문에 다른 국제해협, 즉 쓰가루와 소야해협과는 다소 차이가 있는데, 특히 동 해협은 상선들만이 주로

100) *Ibid.*
101) ST/LEG/SER.B/16, p. 34 참조.

이용한다는 것이다. 이러한 이유로 일본은 오수미 해협에 대한 보다 강력한 통제를 하고 있지 않으며 핵에 관련된 선박들의 통항에 대해서도 고려할 필요성이 없는 것으로 여기고 있다. 왜냐하면 미국이나 러시아의 핵무기를 탑재한 잠수함이 주로 쓰가루나 소야해협을 이용하기 때문이다.

만약 일본이 오수미 해협(약 16마일)에서 12마일 영해를 채택하면 동 해협은 일본의 국가경계내에 포함되게 될 것이고 그 법적 지위도 영해 해협으로 변경될 것이다. 이결과 유엔해양법협약 제45조에 따라 오수미 해협을 통과하는 모든 선박은 무해통항권을 향유할 것이며 또한 동 해협의 무해통항에 대한 정지가 없을 것이다. 그러나 이러한 채택은 정치적이고 전략적으로 가능하다 하더라도[102] 이러한 입장은 국제해협에서의 자유통항제도를 지지해온 일본의 국가정책과는 맞지 않을 것이기 때문이다.

오수미 해협을 포함한 5개 해협이 관련된 영해법 규정은 "당분간"[103]만 유효한 것으로 규정하고 있으며 일본이 5개의 해협에서 자국의 영해를 3마일로 유지하는 한 이 해협들을 통항하려는 외국선박은 일본 영해의 바깥쪽을 통과하는 결과가 되는데 이것은 일본 방위정책의 정치적으로 민감한 입장을 위배하지 않게 된다. 그러므로 일본은 다른 주요 4개 해협에서 설명했던 것처럼 동 해협의 법적 지위가 이들 기타 해협과 동일할 수 있도록 영해법의 개정을 통하여 공식적으로 오수미 해협의 영해한계선을 설정할 필요가 있다.

제5절 결 론

신해양법협약의 발효로 해협에서의 새로운 통항제도인 통과통항제도가 어느 정도 정착을 해 가고 있는 것이 현실이나, 해협에서의 외국선박 및 항공기 통항문제, 즉 통과통항제도 문제는 제3차 유엔해양법회의에서 해양약소국과 해양강대국간에 상당한 마찰을 경험한 끝에 하나의 제도로서 탄생을 하게 되었다. 따라서

102) H. Fukui, "How Japan Handled UNCLOS Issues" in R. L. Friedheim et al., *Japan and New Ocean Regime*, Boulder & London : Westview Press, 1984, p. 42.

103) 일본영해법 보충규정 제2항.

이러한 입법배경 때문에 여전히 해협통항에 관한 논란이 지속적으로 대두되어 오고 있다.

해협의 폭이 24마일 되지 않는 좁은 폭의 해협을 가지고 있는 약소연안국으로서는 이들 해협을 통한 외국선박의 방해받지 않는 통항 및 항공기의 자유비행이 상당한 안보위협으로 등장할 수밖에 없다. 물론 이들 해협내에 항로대를 설정하거나 통항분리제도 등을 시행하게 되면 어느 정도 통항선박의 감시가 용이하기 때문에 다소나마 이러한 안보적 불안감을 제거시킬 수 있으나, 이의 효과적 시행 및 성공여부 역시 연안국의 해군력 및 항공력과 밀접히 관련되어 있기 때문에 문제해결을 속단하기가 대단히 어렵다.

기본적으로 국제항행에 이용되는 수로인 해협에서의 자유통항을 보장하는 것은 국제교통의 원활한 흐름 및 국가간 교통의 자유 등을 위하여 필수적으로 전제되어야 하며 이 역시 오늘날의 국제적 경향인 것은 부인하기 어렵다. 다만 통항의 이익과 연안국 안보이익과의 비교형량을 어떻게 해야만 이것이 이상적으로 조화될 수 있는가가 현안문제인 것이다.

동아시아 국가는 좁은 폐쇄해를 사이에 두고 매우 복잡하게 얽혀 있는 지리적 환경을 가지고 있으며, 또한 이들이 처한 안보적 환경이 서로 상이하기 때문에 이러한 요소들이 해협통항 문제를 조화롭게 해결하는데 있어 가장 큰 변수로 등장할 것이다.

유엔해양법협약상 새로이 제도화된 통과통항제도를 현실화시키면서 이에 따르는 통항이익과 안보이익을 동시에 충족시키기 위하여는 해협연안국과의 상호 협의하에 통항선박의 항해자유를 최대한 보장할 수 있도록 해협 중앙에 공해대를 존속시키게 하여 이곳을 통한 외국선박, 특히 군함의 자유통항을 허용하게 하는 것이다. 또한 이와 병행하여 자국의 영해해협내에서는 항로대 및 통항분리제도를 시행하여 외국군함 또는 대형 유조선 및 위험물질 수송선박 등의 통항 안전을 사전에 예방 및 보장하자는 것이다.

이러한 제도의 시행은 동아시아 주변 해협에도 동일하게 적용되리라 본다. 특히 대한해협의 안보적 및 해상교통로로서의 중요성을 고려할 때 현행 3해리의 좁은 영해폭을 어느 정도 확장하여 우리의 안보적 이익을 확보할 필요가 있다고 본다. 물론 대한해협이든 어느 해협이든 간에 24마일 되지 않는 좁은 해협에서 영해의 범위를 최대한 확장하여 영해해협으로 그 법적 지위를 변경시키는 것은 강대국에게는 대단히 좋을지 모르나 우리와 같은 안보적 위험에 처한 약소국에게는 치명적인 영향을 줄 수도 있다. 따라서 이들 해협이 처한 지리적 환경, 안보문제 및 국제통항로서의 기능유지 등 제반 요소를 종합적으로 고려하여 해협의 영해범위확장, 항로대 및 통항분리제도 시행 등을 판단하여야 할 것이다. 물론 이러한 문제해결을 위하여는 유엔해양법협약을 기초로 관련 국가간의 사전 충분한 협의가 전제되어야 할 것이다.

제 3 장

대륙붕 및 배타적 경제수역의 경계획정

제1절 서 언

신해양법 체제의 돌입으로 각국은 앞을 다투어 자국에게 유리한 해양관할 수역을 확보하려고 국가적인 차원의 강력한 국가이기주의를 표방하고 있는 것이 오늘날 세계 모든 국가들이 일반적인 채택하고 있는 국가 해양정책의 표출임은 주지의 사실이다.

그러나, 해양에 관한 지배적인 국제법규인 유엔해양법협약이 그 자체가 안고 있는 불가피한 흠결 또는 입법화 과정에서의 불명확성 등의 문제로 인하여 체결 당시부터 완전성을 결하고 탄생되었음은 모든 당사국에 의한 완전한 합의가 현실적으로 얼마나 어려운가를 여실히 보여주게 되었다. 따라서 각국은 이러한 선천적으로 내재되어 있는 맹점을 최대한으로 이용하여 보다 광대한 해양수역을 차지하고자하는 경향을 보여 왔는데, 특히 이러한 시대적 환경 속에서 심각한 해양자원의 고갈시대를 맞고 있는 현실을 고려해 볼 때 200해리라는 방대한 수역의 모든 자원에 대한 관할권을 연안국이 배타적으로 행사할 수 있는 배타적 경제수역의 등장은 약소 연안국으로서는 대단히 반가운 선물이 아닐 수 없었다.

문제는 이들 관할수역이 중복되는 경우에 해양법의 범위 안에서 가장 효율적으로 경계획정 문제에 대한 합의를 어떻게 도출할 수 있는가에 있다. 본장에서는 관할권이 중복되는 대륙붕/배타적 경제수역에 관한 경계획정 문제를 해양법협약, 국가관행, 국제판례 및 모든 관련 고려요소를 기초로 종합적으로 고찰하여 바람직한 경계획정원칙 및 방안을 언급하고자 한다.

제 2 절 해양법협약상의 경계획정규정

1982년 유엔해양법협약의 경계획정에 관한 규정의 입법화 문제는 광범위하게 검토되어 왔으나,[1] 이러한 규정들도 오늘날의 동 협약 제74조 1항인 배타적 경제수역의 경계획정 조항 및 제83조 1항인 대륙붕 경계획정 조항이 채택되게 된 그 배경을 이해 또는 인식하지 않고서는 이러한 규정을 정확히 평가하기가 어려울 것이다.[2]

대향 또는 인접국간의 해양경계획정 문제는 제3차 유엔해양법회의가 직면했던 가장 어려운 문제 중의 하나였으며 이 결과 궁극적으로는 제7차 협상 그룹의 결의에 맡겨지게 되었다.[3] 영해의 경계획정에 관한 규칙에 대해서는 초기에 합의가 있었던 반면 대륙붕 및 배타적 경제수역 경계획정규정은 마지막에 가서야 입법화되었다. 그러나 이 문제를 본격적으로 해양법회의 제7그룹에서 다루기 이전에 이미 두 가지 제안이 있었는데, 그 중 하나는 중간선 그룹(Median Line Group)이었고, 다른 하나는 형평원칙그룹((Equitable Principle Group)이라는 두 주요 이해관계 그룹의 제안이었다.

양 그룹은 자신들이 주장한 원칙이 특수 사정으로 간주될 조건이 된다거나(중간선 그룹 제안) 또는 모든 적절한 사정으로 고려될 필요(형평원칙 그룹 제안)가 있다고 하였음에도 불구하고, 제7그룹의 토의에서는 이들 두 제안에 대한 아

---

1) 일련의 검토 내용에 관하여는, B. H. Oxman & J. R. Stevenson, "The Third United Nations Conference on the Law of the Sea", 68 *AJIL*(1974), p. 1; 69 *AJIL*(1975), pp. 1, 763; 71 *AJIL*(1977), p. 247; 73 *AJIL* (1979), p. 1; 74 *AJIL*(1980), p. 1 참조.

2) 해양법협약상 대륙붕 및 배타적 경제수역 경계획정에 관한 규정이 동일하고 또한 대단히 어려운 협상 과정(그러나 본질적으로는 동일함) 때문에 이들은 서로 함께 다루어졌다.

3) 동 그룹은 가장 어려운 문제를 처리하기 위해 조직된 해양법회의 1978년 회기시 임명된 여러 그룹 중의 하나이다. *UN Doc.A/Conf.62/62.*

무런 문제 제기도 하지 않은 것은 상당한 결점 중의 하나로 보인다.[4] 이러한 오류를 인식하지 못한 데는 두 가지로 설명될 수 있는 데, 첫째는 해양법 회의에 참석한 여러 국가 대표들이 대륙붕협약 제6조의 의미와 적용범주에 관하여 회의적인 견해를 표현하였다는 것인데, 이는 주로 1969년 북해대륙붕사건[5] 판결의 잘못된 이해를 반영한 것으로서 결과적으로는 동 협약 제6조에 대한 반박을 의미한 것이었다. 등거리-특수사정 규칙이 1977년 대륙붕 경계획정에 관한 영-불 중재재판 판정에 의해 제시되었는데, 여기에서 나타난 동 규칙에 대한 설명과 내용은 관습국제법의 내용과 동일한 것으로 제7그룹의 견해와도 일치하는 것이었다. 이 결과 동 그룹에서의 토의는 이러한 중요한 자료 이면에 있는 많은 문제들을 평가할 기회조차 없이 지속되었다.

둘째, 제3차 유엔해양법회의에 참석한 많은 국가들은 자신들의 경계획정에 관한 문제를 직접 인접 국가들과 해결하려고 하지 않았다는 것이다. 왜냐하면 양 제안의 현저한 차이점을 의식하여 이들 국가의 대표들은 협약의 최종 규정이 타국에 대한 자신들의 이해관계에 어떤 위해를 가하지 않을 것임을 확신해야 했기 때문이었다.

불행히도 이들 양 그룹간의 충돌은 제7그룹의 협상 전 과정을 통해 지속되었으며, 관련 국가의 약 과반수는 자신들의 이해관계가 형평원칙의 접근에 의해 가장 잘 유지될 것이라고 확신하였다. 기타의 국가들은 대륙붕협약 제6조의 경계획정에 관한 규정이 공평한 것으로 판단하였기 때문에 결과적으로 제7그룹의 임무는 이들 양자의 입장을 통합하여 하나의 입장으로 정리하는 것이라고 하였다. 계속되는 회기 중 양 그룹은 거듭된 제안을 통하여 이 문제에 본격적으로 접근하였는데, 그 결과 해양법협약 제74조 1항 및 제83조 1항의 최종안이 타협 지향적 접근 방식에 의해 타결되게 되었다.

1978년 회기(제7그룹이 처음 가졌던 회기임) 이후 계속된 협상을 통하여 한 가지 분명하게 나타난 점은 규정이 초안화되려면, 주관적인 기준이 전혀 가미되

4) 소위 등거리 원칙 지지자들은 대륙붕/배타적 경제수역 경계획정이 특수사정이 정당화되는 곳에서는 이를 고려 중간선 또는 등거리선을 일반원칙으로서 하자는 제안을 지지하였다(*UN Doc. NG 7/2*). 한편 형평원칙 옹호자들은 그러한 경계획정은 모든 관련 사정을 고려 형평원칙에 따라 합의에 의해 이루어져야 한다는 제안을 하였다(*UN Doc. NG 7/10*).

5) *ICJ Reports*, 1969, pp. 13-53.

지 않은 중립적 성격을 띤 경우에만 그 해결이 가능하다는 것이다.[6] 그러나 주관적인 개입을 최소화하여 어떤 합의를 도출하고자 했던 제7그룹 의장의 모든 노력은 아무런 결실도 얻지 못한 것으로 판명되었다.[7] 따라서 제7그룹의 협상은 완전히 중단되었고 동 회의에서 협약주제에 관한 어떤 규칙을 채택하기가 어려울 것이라는 가능성이 절박하게 나타나게 되었다.

그러나 제10회기 최종일에 회의의장은 문제를 해결하고 동시에 협약을 완성하자는 압력에 의해 1982년 협약에서 제74조 1항 및 제83조 1항을 각자 흡수하자는 다음의 절충안을 제시하였다.

> 대향국과 인접국간의 배타적 경제수역/대륙붕의 경계획정은 형평한 해결을 얻기 위해서 국제사법재판소규정 제38조에서 언급하고 있는 대로 국제법을 기초로 합의에 의해 이루어져야 한다.

이러한 제안을 소개하면서 회의 의장은 보고하기를 '동 제안은 전체적으로 회의 자체에서 그리고 가장 이해관계가 있는 두 대표 그룹에서 다양한 그리고 실질적인 지지를 얻은바 있다.'라고 보고하였다.[8]

---

6) 1978년 제7그룹의 의장은 "이전에는 이처럼 광범위한 실질적인 지지를 받은 적이 없었으며 실질적으로 이는 개선된 합의의 전망을 가져다 줄 것이다"라고 하였다. *UN Doc. NG 7/21.*

7) 제7그룹의 9회기 중 의장은 다음의 제안을 하였다: "인접 및 대향국간의 대륙붕/배타적 경제수역 경계획정은 국제법에 따라 합의에 의해서 이루어져야 한다. 그러한 합의는 적절한 경우 관련수역의 모든 사정을 고려한 중간선 또는 등거리선을 적용 형평한 원칙에 의해 이루어져야 한다"라는 제안을 하였지만, 의장은 협상기간 중 이를 아래와 같이 분명히 하였다: "대륙붕/배타적 경제수역 경계획정에 관하여 어떠한 합의도 도출될 수 없었다. 이는 보다 상세한 정의에 대한 합의의 객관적 어려움 때문에 일부 대표들은 두 가지 가장 본질적인 경계획정 요소를 일치시킴으로써 최종적인 해결책을 찾아야 한다". 즉 이는 바로 합의 및 국제법에 기초하여야 한다는 것을 말한다. *UN Doc. A/Conf. 62/L47.*

8) *UN Doc. A/Conf. 62/L47.*

제 3 절 해양법협약의 내용

1. 합의의 가치

회의 전 과정을 통하여 도입된 합의기술의 산물인 해양법협약 제74조 1항 및 제83조 1항은 그 내용이 어떠한 것이든 간에 참가국의 합의를 입법화한 것으로 보여지며 또한 그렇게 법제화 될만한 충분한 가치가 있다고 보여진다.[9] 그러나 제7그룹의 이에 관한 합의에 있어서는 아무런 단계도 없었기 때문에 이 문제는 어느 정도 논의의 여지가 있었다. 제8회기시 제7그룹에 대한 본회의 보고서에서 의장은 '국제법에 따라 합의에 의한 경계획정만을 규정한 내용조차도 어느 쪽으로부터 어떤 특별한 지지를 받지는 못하였다.'라고 하였다.[10] 이와 유사하게 제7그룹의 최종결정에서도 의장은 마지막 회기시 자신이 제안한 내용에 대해 다음과 같이 권고하였다.[11]

> 동 내용은 중간선 원칙의 접근을 지지하는 여러 그룹에 의해 전혀 수용할 수 없는 것으로 기술되어 왔다. 제74조 1항 및 제83조 1항의 현 조항을 채택하기에는 여러 그룹의 확고한 거부 때문에 이 문제에 대한 합의를 도출할 수 있는 내용으로 고려될 수 없다는 것이 분명하다.[12]

이러한 내용은 비공식통합교섭안(ICNT)의 제2 · 제3의 수정안에서도 흡수되었다 하더라도 형평원칙그룹은 이를 완강히 거부하였다. 1980년 7월 28일 본회의에서 아일랜드 대표는 제7그룹을 지지하는 국가들이 제3차 유엔해양법회의 의장에게 보낸 보고서를 아래와 같이 소개하였다.[13]

---

9) S. Oda, Tunisia -Libya Continental Shelf case, *ICJ Reports*(1982), p. 246.
10) *UN Doc. NG 7/44.*
11) *UN Doc. A/Conf. 62/L.47.*
12) *Ibid.*
13) *UN Doc. NG 7/2; NG 7/10.*

> 비공식통합교섭안 제2수정안에서 제시된 새로운 입법화 내용은 자체의 협상으로부터 얻어진 것도 아니며 실질적으로 개선된 합의 도출 전망 가능성을 제공할 정도로 본회의에서 요구되는 광범위한 실질적인 지지를 받은 것도 아니다.[14]

상기 보고내용을 지지한 국가들은 새로이 제시된 이 내용들이 더 이상의 협상에 아무런 도움도 되지 않을 것이라고 확신하였으나, 그럼에도 불구하고 이 내용은 이미 언급한 것처럼 제10회기 최종일 회의의장에 의해 대치될 때까지 전혀 변경되지 않은 채로 남아 있었다.

의장이 제안한 내용은 이전의 제안보다도 합의된 사항이 더욱 부족한 것으로서, 동 회의의 어느 대표는 이 제안이 양그룹을 대표하는 국가들과 의장간에 비밀로 진행된 것이며 단지 며칠 동안만 사적으로 가능했던 것이라고 비판하였다. 의장의 제안 내용이 협약초안에 이렇게 성급하게 삽입되었기 때문에 동 회의의 여러 참가국들이 공식적으로 이를 문제시하였는데, 특히 미국, 중국, 포르투갈, 이란, 이집트, 리비아 및 쿠웨이트 등이 그 대표국가들이다.[15]

그러므로 동 회의에서 결과적으로 형식화된 내용은 일반적으로 주장된 것처럼 전체적인 합의를 반영하지 못한 것이 분명하여, 동 내용은 폐회 전일에 가서야 공식적으로 제시되었는데, 대표들은 약 10여년의 협상 후에도 어떤 합의를 찾을 수 없었기 때문에 동 회의에서도 이 안이 포기될 수밖에 없다는 것을 인지하여야만 했었으나, 폐회전 하루 전인 바로 그날 다시 이를 수용하게 되었다.[16]

따라서 우리는 제3차 유엔해양법회의가 이 문제에 대한 합의를 도출하는데 완전히 실패하였다고 인식하여서는 안 된다. 그러나 어떻게 보면 이러한 형식화 이원에 오히려 주관적인 규칙에 대한 사실상의 합의가 이루어졌던 것으로 보인다. 양 그룹간의 견해차이와 동 회의에서 합의된 내용 양자를 동시에 설명한 의장의 논평과 함께, 이들 규정에 관한 토론, 수정 및 검토 등을 수반한 주요 경향을 포함하고 있는 내용을 입법화하기 위해 동 회의에서 수용된 조약 입안기술은 아마

---

14) *UN Doc. A/Conf.62/SR.130*, p. 18.
15) B. Oxman, "The Third United Nations Conference on the Law of the Sea: The Tenth Session", 75 *AJIL*(1981); 76 *AJIL*(1982), p. 1.
16) 1981년 8월 28일 미국대표에 의한 성명에 관하여는, *ibid.*, p. 15; P.Allot, "Power Sharing in the Law of the Sea", 77 *AJIL*(1983), p. 20.

도 그 결과로 탄생된 규정 자체의 가치보다도 오히려 제3차 유엔해양법회의에서 입안된 경계획정에 관한 법률을 재확인하였다는데 더 큰 가치가 있다고 보여 진다.

이러한 과정은 해양법협약 제74조 1항 및 제83조 1항에서 언급되지 않은 하나의 특정한 규칙에 대한 합의를 나타내는 것으로 보인다. 제7그룹에서 양 당사국들은 경계획정 기준이나 방식을 결정하는 데 있어서 특수한 또는 적절한 사정의 역할에 대해 합의하였는데, 이는 관련 국가들이 제시한 안에서도 언급되었다.[17] 이 문제에 대한 양 그룹간의 동의가 된 부분에 관하여 의장은 다음과 같이 보고하였다.

> 일반적 합의가 이루어진 것은 경계획정의 여러 요인들 중 두 가지 분야에서 찾을 수 있다. 첫째, 동의는 경계획정에 관한 어떤 조치가 합의에 의해 영향을 받아야 한다는 것보다 더 우세한 것으로 보이며, 둘째, 모든 제시된 안을 보면 관련 또는 특수한 사정이 경계획정 과정에서 고려되어야 할 요소라는 것을 언급하고 있다.[18]

이러한 점에서 보면 모든 관련 사정을 고려한 형평에 기초한 경계획정과 등거리-특수사정에 따라 이루어진 경계획정과는 거의 차이가 없음을 알 수 있는 데, 이는 대륙붕협약 제6조의[19] 엄격한 적용으로 등거리 원칙이 특수사정을 언급하기 위해, 조정 또는 포기되어야 할 것이기 때문이라는 것이다. 해양법회의에서 이들 요소가 인정되지 못했던 이유는 이미 언급되었으나, 이러한 차이가 있다는 잘못된 가정은 최종합의시까지 지속적으로 존재하여 왔다. 그러나 두 형식의 내용은 이 문제에 대한 학설과 판결이 가미된 기존의 인정된 용어를 회피하고 오히려 불필요한 용어를 도입함으로써 반대의 효과를 지닌 인상을 주려고 노력한 것 이외에는 여전히 아무런 중요성도 갖지 못하였다.[20]

---

17) 제8회기시 멕시코 및 페루가 제시한 안에 관하여는, *UN Doc. NG/29/Rev.1* 참조.

18) *UN Doc. NG/22.*

19) 1968년 대륙붕협약 제6조 1항에 따르면 "이러한 합의가 없으면 또한 특수한 사유에 의하여 별도의 경계선이 정당화되지 되지 않으면"이라고 규정하였다.

20) B. H. Oxman & J. R. Stevenson, "The Third United Nations Conference on the Law of the Sea: The Tenth Session", 75 *AJIL* (1981), p. 15.

2. 합의의 원칙

경계가 당사국의 합의를 통하여 이루어져야 한다는 것은 어떤 결정에 대한 접근방식을 분명히 한 것으로 보이는데, 이는 북해대륙붕 사건에서 법원이 '경계획정은 관계국간의 합의 문제이다'라고 한데서도 알 수 있다.[21] 따라서 일방적인 경계획정은 인정될 수 없는데, 이의 예로 기니아-기니아 비소 중재재판(Guinea-Guinea Bissau Arbitration)에서도 법원은 국제법에 따른 협상이나 이와 동등한 행위로부터 초래되지 않은 경계획정은 고려하지 않았다.[22]

이러한 내용에서 보면 해양법협약 제74조 1항 및 제83조 1항에 구체화된 내용은 단순히 모든 국가와의 관계에서 행해지는 일반규칙을 반복한 것에 지나지 않는다.[23] 동 규칙의 또 다른 면은 국가는 합의를 위해서 성실하게 협상할 의무가 있으며 분쟁의 평화적 해결을 위한 가용방식을 모두 활용해야 한다는 것이다. 그러나 이 점은 그 성격이 대단히 애매할 뿐만 아니라 결론을 내릴 수도 없는 그러한 문제로 보인다. 북해대륙붕 사건에서 법원은 관련 사건들을[24] 언급하면서 합의에 의한 해결을 목적으로 가능한 빨리 협상이 진행되어야 한다고 인용하였다.[25] 1974년의 영-아이슬란드 어업관할권 사건에서도 법원은 분쟁해결을 위한 가장 적절한 방식은 협상에 의한 것이 될 것이며 당사국이 협상을 하도록 지시하는 것은 법원의 사법적 기능을 적절히 행사하는 것이라고 하였다.[26]

협상의무란 각 당사국이 타국의 입장을 수용하여 자국의 입장을 변경할 준비가 되어야 한다는 추론을 전제로 합의에 도달할 목적으로 협상에 임해야 하는 특정한 의무라고 말할 수 있다.[27] 그러나 이러한 도덕지향적 해석을 수용하여 성

21) *ICJ Reports*(1969), p. 85.
22) 25 *International Legal Materials*(1986), p. 94.
23) 메인만 사건(The Gulf of Maine)에서 나타난 것처럼, 합의에 의한 경계획정원칙은 국제법 원칙인 어떤 것을 선언한 것이다. *ICJ Reports*(1984), p. 86.
24) The cases of the Free Zones of Upper Savoy and the District of Gex, PCIJ Series A, 2 (1929), p. 13; The case of the Railway Traffic between Lithuania and Poland, *PCIJ Series A/B*, 42(1931), p. 116.
25) The North Sea case, p. 87.
26) Fisheries Jurisdiction case(UK v. Iceland), Merits, *ICJ Reports*(1974), p. 32.

실히 협상을 이행할 의무의 그 효용성에 있어서는 다음의 두 가지 문제가 제시되었다. 첫째, 국가가 자국의 입장을 변경할 준비가 되어 있어야 한다는 규정은 어떤 실질적인 규칙에 의해 당사국의 입장변경 수용이 가능하다면 그 타당성이 있을 수 있다.

그러나 이러한 기대 가능성은 대단히 희박한 것으로 보인다. 둘째, 협상을 행할 의무가 있다는 조항은 사실상 거의 유용하게 작용하지 못하는 데, 이는 해양법협약 제74조 2항 및 83조 2항에서 '상당한 기간 내에'라는 시간적 제약에 대하여는 어느 규정에도 협상을 행하는 태도나 협상의 지속에 대해 정의하지 않고 있으므로 당사국이 분쟁해결을 제3국에게 부탁하기 전에 제3국의 결정권자는 이러한 조건의 완전한 이행증거를 대부분 요구할 것 같지 않기 때문이다.[28)]

3. 국제법과 일치하는 원칙

경계획정은 국제법을 기초로 이루어져야 한다고만 단순히 규정하는 조약은 불필요하다는 제안이 있는데, 이는 경계획정 문제가 보다 구체적으로 입법화되어 명백히 규정됨을 요구하기 때문이다.[29)] 또한 경계획정이 형평원칙에 따라 이루어져야 한다는 증거인 국제판결의 내용을 수용한다는 것은 해양법협약 제74조 1항 및 제83조 1항의 규정이 사실상 당사국으로 하여금 형평한 해결에 도달하기 위

---

27) 제7그룹에 제출된 1979년 4월 21일의 UN Doc. 7/3에서 모로코는 설명하기를 합의 도달의 불가능성으로부터 초래되는 공식적인 협상을 특수방식의 자동적 적용을 위한 전제조건으로 간주해서는 아니 된다. 당사국 일방이 어떠한 변경을 고려하지 않고 자국의 견해만을 집착한다면 어떠한 협상도 이루어질 수 없다고 강조하였다.

28) 이것은 두 당사국 중 일방이 협상이나 기타 평화적 수단에 의한 경계분쟁 해결에 관한 견해를 교환하지 못하였다는 이유로 또는 권리남용에 해당되지 않는 방법으로 자국의 의무를 벗어난다는 이유로 제3국 결정권자의 관할권을 거부하는 것과는 다르다. 이 경우 결정권자는 실질적인 분쟁을 다루기 전에 이러한 사전 문제를 결정해야 할 것이다. 그러나 이는 분쟁해결 규정의 적용에 관계된 것이지 경계획정 규정과 관계된 것은 아니다.

29) 국제법이란 용어가 명백히 제기된 이유는 해양법회의 제9회기 후반부에 국제법을 조약내용으로 삽입하는 것이 대단히 중요하다고 집착을 해 온 중간선 원칙 지지국을 만족시키기 위한 것이었다. 그러나 형평원칙 그룹은 그러한 언급은 실질적으로 아무런 의미가 없으며 오히려 불필요하다고 하였다. 제9회기시 양 그룹 대표간의 구체적인 견해에 관하여는, J. Symonides, "Delimitation of Maritime Area between States with Opposite and Adjacent Coasts", 13 *Polish Yearbook of International Law*(1984), p. 19.

하여 형평원칙을 적용할 것을 말하고 있는 것이다.

그러나 이러한 형식은 여기에서 중단되며 분쟁해결의 궁극적 목적으로서의 형평과 일련의 법적 경계획정 규칙으로서의 형평원칙을 어떻게 구분할 것인가에 대해서는 아무런 기준도 규정하고 있지 않다. 따라서 형평의 개념 속에는 이미 어느 정도 애매성이 내재되어 있음을 알 수 있으며 동시에 이러한 애매성은 형평한 수단과 방법의 적용이 쉽게 무너지리라는 불안감을 더욱 야기시킨다.[30)]

국제법과 국제사법재판소규정 제38조를 언급한다는 것은[31)] 완전히 정형화된 국제법 뿐만 아니라 어떤 사법적 결정이나 합의와 같은 발전적 형태를 나타내는 기타의 내용들을 포함한 다른 차원으로도 확장될 수 있음을 일반적으로 나타내는 것에 불과하다. 이러한 개방된 도구에 따라 당사국의 경계분쟁을 해결하라고 하는 것은 사실상 그들에게 법률을 찾아내라고 주문하는 것과 같은 것이다.

경계획정에 관한 문제가 국제적으로 해결하기가 곤란하지 않고 또한 국가간에 충돌의 위험성이 높지 않다면 부정확하게 결정된 법규들도 그러한 위험성을 악화시키지 않고 개별적인 해결을 허용하게 할 수 있다. 그러나 분쟁 가능성이 다양하고 관련법규 해석의 융통성이 다대할 경우 개별화된 법규칙들은 오히려 문제해결에 비생산적이며 비효율적일 수 있다. 대륙붕협약 제6조는 이러한 이유 때문에 보다 실질적인 접근을 수용한 내용이라고 보여지며, 중간선 또는 등거리선과 특수 사정에 대한 언급을 한다는 것은 미해결 경계분쟁과 관련된 당사국의 행위를 규제할 뿐만 아니라 관련 법률의 적용가능성을 예시해주는 것이다.

그러나 이와는 대조적으로 1982년 해양법협약에는 위험한 공백이 있는데, 여기에는 어떤 실질적인 분쟁해결 규칙이 규정되지 않았기 때문에 1982년 협약을 기초로 당사국의 대륙붕/배타적 경제수역 분쟁을 해결하려고 추구할 경우 사법재판 또는 중재재판에 의한 석명화 방식이 가장 유용한 해결책이 될 것이다.

30) The Tunisia-Libya case 및 The Libya-Malta case에서 형평원칙은 달성되기 위한 결과와 그 결과에 도달하기 위해 적용될 수단 양자의 성격을 지닌다는 의미를 나타내기 때문에 완전히 만족스러운 성격을 가지고 있지 않다는데 주목을 하라는 표현을 하였다. *ICJ Reports*(1985), p. 28.

31) 제7그룹의 논의에 대하여 Symonides는 동 규정이 형평원칙 그룹의 주장에 의해 만들어졌으며 이는 대륙붕협약 제6조의 중요성이 언급된 재판소규정 제38조에 의해 강조되었음을 이들이 지지하였는데, 왜냐하면 동 규정 제38조는 최초로 언급된 관습법이었기 때문이다. Symonides, *loc. cit.*, p. 37.

4. 형평해결 원칙

이론상 해결된 하나의 문제는 법규로서의 형평원칙의 사용과 필요하다면 현행 법률 또는 공인된 권리와[32] 관계없이 실질적 고려 및 편의에 기초한 결정과의 차이를 두었다는 점인데, 국제판결도 물론 이 견해와 일치한다.[33] 이러한 기본적인 공통점 이원에는 형평원칙의 개념이나 그 기능에 관하여 상당히 다양한 견해가 존재하는데, 본래부터 형평원칙을 국제법에 도입한 것에 대해서는 불일치가 있어 왔다.[34] 이 개념의 연원은 법의 원칙으로는 해결의 한계성이 나타나게 된다는 것에서 그 적용의 타당성을 찾을 수 있게 되었다.[35] 물론 국제법상 동 개념의 적절한 기능에 대해서는 아무런 합의도 존재하지 않는다.[36]

그러나 원론적 측면에서 이러한 혼동이 여전히 남아 있기는 하나 법원의 결정을 보면 해양 경계획정이 형평원칙에 따라 이루어져야 함을 확인할 수 있다. 법원에 제소된 사건들을 통해서 다양한 의미의 형평개념을 인식할 수는 있으나, 경계획정에 있어 형평이 무엇을 의미하는가를 설명하는 데 도움이 될 수 있는 어떤 일관된 내용을 제공하지는 아니한다. 형평원칙의 개념을 인식할 만한 어떤 형태의 내용을 이들 사건에서 추출하려는 시도는 차치하고, 여기에서 강조하고자 하는 것은 이들 사건에서 나타난 형평원칙 개념이 서로 일치하고 있지 않다는

---

32) B. Cheng, "Justice and Equity in International Law", 8 *Current Legal Problems*(1955), p. 185.

33) The North Sea case, p. 88; The Anglo-French Arbitration case, 18 *Revue iranienne des relations internationales*, p. 245; The Tunisia-Libya case, p. 71 참조.

34) G. P. Schwarzenberger, "The Concept of Equity in International Law", 1 *New Commonwealth Research Material*(1934), p. 17; E. McWhinney, "Equity in International Law", in R. Newman(ed.), *Equity in the World's Legal System*, Bruylant : Brussels, 1973, p. 181; M. Akehurst, "Equity and General Principles of Law", 25 *International and Comparative Law Quarterly* (1976), p. 801.

35) 이 문제의 상세에 관하여는, Akehurst, *loc. cit.*, p. 807 참조.

36) Fitzmaurice는 언급하기를 형평이란 법규의 엄격함을 어느 정도 완화시킬 목적에서 영국법에서 처음으로 도입되어 그 기능을 해 온 것이라고 하였다. The Barcelona Traction case, *ICJ Reports*(1970), p. 85. The Tunisia-Libya case에서 법원은 언급하기를 국내법과는 달리 형평의 이러한 역할은 국제법 발달과 아무런 관계가 없다. 형평의 법적 개념은 직접 적용할 수 있는 법으로서의 일반원칙이라고 하였다.

것이다. 따라서 해양법협약 제74조 1항 및 제83조 1항에서 형평 개념을 특정하여 형식화한 것은 불확실한 원리 속에서 형평한 경계획정의 개념을 도출하려고 했음을 나타내 준다.

형평은 1969년 북해대륙붕 사건에서 그 사법적 진가를 발휘하였으나, 법원은 동 사건에서 등거리 원칙의 엄격한 그리고 문어적 해석상 동 원칙의 법규성을 주장했던 덴마크와 네덜란드의 강력한 제안에 부딪히고 말았다는 사실을 상기하여야 한다.[37] 법원은 주로 등거리 원칙의 엄격한 적용에 대한 비합리성에 관심이 있었음을 고려할 때, 형평에 대한 법원의 강조는 이해할 수 없는 것으로 보일 것이다.[38] 그러나 법원은 판결에서 상황이 어떠하든 모든 사정에서 형평원칙의 적용이 형평한 해결을 이루어 내기 위하여 어떠한 방식을 사용하든 이를 정당화 한다고 주장하지는 않았다.

이와는 반대로 북해대륙붕 사건에서는 적용 가능한 실질적인 규칙과 고려되어야 할 요소들을 판결의 내용에 포함하여[39] 이를 다음과 같이 확인하였다.

> 추상적 정의의 문제로서 형평원칙을 단순히 적용하는 것이 문제가 아니라 대륙붕법 제도의 발전을 항시 강조해 왔던 사상에 따라 형평원칙의 적용을 요구하는 법규칙을 적용하는 것이 문제이다. 당사국들은 특별한 경우에 모든 사정을 고려한 형평원칙이 적용되는 방식으로 행동할 의무가 있는 데, 이러한 목적을 위해서 등거리 방식은 관련된 수역에 따라 그 자체 또는 다른 방식과 결합하여 적용되거나 기타의 방식이 존재하지 않는 경우에도 사용될 수 있다.[40]

형평원칙과 같은 추상적인 개념을 적용하는데 있어서의 위험성을 인식한 법원은 영-불 중재재판 사건에서 해양경계획정의 법적 절차가 구체적이어야 한다는 것을 확신시키는 데 커다란 어려움이 있었다. 1969년 대륙붕 사건에서 나타난 형평원칙을 대륙붕협약 제6조에 적용시키면서 법원은 다음과 같이 언급하였다.

---

37) North Sea case, pp. 37-40.

38) 그럼에도 불구하고 법원은 경계획정이 형평하게 되어야 한다고 말하는 것이 자명한 이치임을 관측하였다. *Ibid.*, p. 92.

39) *Ibid.*, pp. 93-101.

40) *Ibid.*, p. 85.

> 형평한 경계획정을 위한 등거리 방식이나 기타 방식의 적절성은 각 특정한 경우에 지리적 및 기타 관련된 사정이 어떻게 반영되는가를 말한다. 방식의 선택 또는 1958년 협약이나 관습법상 일정한 경우에 있어서의 경계획정방식의 선택은 주어진 사정을 고려해서 그리고 경계획정이 형평한 원칙에 따라 이루어져야 한다는 근본 규정의 측면에서 결정되어야 한다.[41]

상기 내용은 법원이 경계획정 방식의 중요성에 우선적 고려를 했다는 점에서 그 중요성이 부각되는데, 여기에서 사용되는 특정한 방식은 주로 지리적인 측면에 의존하였다. 이는 등거리 방식과 같은 특수한 방식의 엄격한 적용에 관한 문제 또는 이런 방식 선택의 완전한 자유 문제도 아니다. 물론 기타 요인들에 의해 적용되는 방식의 변경이나 선택에 영향을 줄 수 있으나, 법원은 판결을 통해서 일관되게 형평이란 우선적으로 지리적 특성을 고려한 방식을 통하여 달성되며 동시에 대륙붕 개념을 중요시하는 기타 요소의 기능을 적용한 방식을 통해 이루어짐을 강조하였다. 따라서 영-불 중재재판 사건에서 프랑스가 법원은 어떤 방식이든 자유롭게 선택할 수 있고 다양한 방식의 선택은 형평한 경계획정을 보증하는 것이라고 주장하였을 때, 법원도 동일한 견해를 표명하였다.[42] 즉, 형평한 경계획정을 위하여 법원이 선택하는 어떤 방식을 당사국이 전면 위임할 권한을 갖고 있지는 않다는 것이다.[43]

유감스럽게도 튀니지-리비아 사건에서 법원은 1969년 대륙붕사건에서 석명한 형평의 제한된 정의를 일탈한 것으로 보이며 또한 1977년 중재법원에 의해 적용된 정의도 일탈한 것으로 보인다. 형평 범주에 관한 성명에서 법원은 아래와 같이 언급하였다.

> 주요한 것은 결과이다. 원칙은 목적에 하위개념이다. 원칙의 형평성은 형평한 결과에 도달할 목적으로 그 유용성 측면에서 평가되어야 한다.[44]

41) The Anglo-French Arbitration case, p. 97.
42) *Ibid.*, pp. 207, 218.
43) *Ibid.*, p. 245.
44) The 1977 Arbitration case, p. 70.

이러한 부수적 의견에 따르면 형평이란 다양한 주장에 대한 어떤 타협을 모색하는 그러한 기능을 하는 것으로 보인다.

그러나 문제는 협약 입안자들이 법원의 해석대로 입법을 하고자 했는가에 대해서는 의문의 여지가 있다. 상기에서 고찰한 바와 같이 제7협상그룹에서 양 그룹을 만족시키기 위해 '등거리' 및 '형평원칙' 양자의 언급이 최종안에서는 생략될 수 있도록 '형평한 해결'이라는 구문이 하나의 타협안으로 선택되었다. 따라서 법원에 의한 이러한 애매한 해석은 무관심의 표출에 불과하며 또한 경계획정도 결과의 형평성에 의해 좌우된다는 것을 인정하는 것으로 보인다.[45)]

다행히도 메인만 사건에서는 1969년 및 1977년 판결과 동일한 형평원칙을 그대로 반복하고 있는데, 동사건 재판부의 최종 목적은 전체적으로 형평한 결과를 가져오는 것이라고 하였다.[46)] 그러나 형평은 이 문제를 지배하는 국제법 원칙이나 규칙에서는 발견될 수 없는데, 이는 각 경우의 특수성 때문에 경계획정에 관한 특별규정을 담고 있는 관습법 원칙 및 규칙의 형성에 필요한 어떤 조건의 가능성을 배제시켰기 때문이다.[47)] 오히려 형평성이란 특별한 상황이 문제된 원칙과 규칙에 따라 처리되어야 함을 확인시켜 주는 데 사용될 수도 있는 어떤 기준과 특정 방식의 확인자로서 소개되었다.[48)] 보다 구체적으로 언급하면, 어떤 기준이나 방식의 형평성은 어떤 지역의 지리적 형상 및 기타 관련 사정의 인식으로 나타난 결과에 의해 판단되어지지 않는다는 것이다.[49)] 이에 관하여 재판정은 아래와 같이 형평성 문제를 제기하였다.

> 명심해야 할 본질적인 사실은 문제의 기준이 법규 그 자체가 아니며 따라서 다양한 상황에 위임된 그런 것이다. 형평하다는 것은 합리적이라는 것이며 국제법은 구체적인 상황에 가장 적절한 것으로 보이는 다양한 기준의 균형을 요구하거나 각각의 경우에 그러한 기준의 적용을 요구한다.[50)]

---

45) *Ibid.*, p. 71.
46) *Ibid.*, p. 241.
47) *Ibid.*, p. 81: 재판정은 원칙과 규칙의 구분을 강조하였고 이는 오히려 여러 형평한 기준과 실질적 방식으로 기술되는 편이 더 나을 수 있다고 하였다.
48) *Ibid.*, p. 80.
49) *Ibid.*, p. 112.
50) *Ibid.*, p. 158.

이는 형평의 의미를 명백히 하기 위해 취해진 보다 적극적인 단계로 보이며 따라서 국제판결에서 최초로 재판정은 어떠한 국가간의 해양경계획정에 있어 부당한 형평기준이 고려될 수 있음을 인지하였다.[51]

그러나, 리비아-몰타 사건에서 법원은 형평원칙의 분석에 있어 일관성이 없었던 것으로 보였으나, 1982년 판결에서는 자체의 성명을 통하여 제83조 1항에서 결과 지향적인 접근을 확인하였다는 것을 인정하는 견해를 인용하였다. 이 조항에서 법원은 '성취되어야 할 형평한 해결에 강조가 있어야 한다'는 것을 재확인하였다. 따라서 대륙붕 경계획정에 적용될 수 있는 원칙과 규칙은 형평한 결과를 초래하기에 적절한 내용들이었다.[52]

1982년의 판결처럼 법원은 동 사건에서도 형평한 결과를 가져오기 위하여 여기에 적용된 수단과 결과 양자의 특성을 모두 내포한 형평이란 용어를 사용하였기 때문에 비록 이 용어가 완전히 만족스런 것이 아님을 인정한다 하더라도 이들 용어의 사용은 형평한 결과 도출이 목적이지 이러한 목적을 달성하기 위해 사용된 수단이 아니라고 하였다. 물론 그렇다 하더라도 본질적으로 형평이란 개념이 이중적인 특성을 가지고 있음은 부인하기 어려울 것이다.[53]

한편 법원은 동 판결에서 형평한 원칙을 확인하기 위한 보다 사실적인 접근을 취한 것으로 보이는데, 즉 법원은 설명하기를 형평이란 하나의 유출물이지 추상적인 정의가 아니라는 것이다. 이는 법규에 따른 형평이며 이의 적용은 일관성과 어느 정도의 예견 가능성이 있어야 한다. 비록 이것이 어떤 특수한 상황에서 특수성을 가진 것으로 보인다 하더라도 이는 일반적 적용원칙 이원의 어떤 것으로 보인다라고 하였다.[54]

법원은 형평성 문제를 일반적으로 적용되는 원칙들과 일치시키려고 하였는데, 이들은 재판정이 열거한 일반적용의 기준과 너무도 유사한 것들이었다. 형평에 대한 판결의 가장 현저한 부분은 형평과 일치된 이들 일반원칙들이 지리적 상황과 관련되어 있다는 것을 강조한 것에 있는데, 이들 원칙을 해석함에 있어서 명

51) *Ibid.*, p. 157.
52) *Ibid.*, p. 45.
53) *Ibid.*
54) *Ibid.*, p. 47.

심해야 될 것은 대륙붕 제도에 가장 관련이 있는 지형학적 요소인 지리적 측면을 고려해야 한다는 것이다.[55)]

따라서 거리기준을 채택함에 있어 법원은 그러한 기준의 형평한 평가를 위한 사실평가 분석의 중요성을 아래와 같이 강조하였다.

> 이러한 평가에서 경계획정 법률에 따라 형평한 결과가 관련 상황에 형평한 원칙을 적용하는 것을 기초로 이루어져야 한다는 사실이 고려되어야 한다.[56)]

그러나 형평이라는 추상적 용어 인식의 불확실성에도 불구하고 법원의 결정은 구체적인 경우에 이의 적용에 관한 유사한 분석적 접근을 따른 것으로 보인다. 이러한 접근은 그러나 교묘한 형평개념의 적용으로부터 당연히 제기되는 주관적인 평가를 제거하지는 못하였다. 따라서 다음 장에서 이러한 접근에 대한 고찰이 있을 것이며 그 안에 내재된 주관요소에 대해서도 구현을 시키고자 한다.

제 4 절 형평의 고려 요소

1. 지리적 요소

해양경계획정에 있어서 지리적 요소는 연안국의 영토 관할권과 불가분의 관련이 있으며 형평한 경계획정에 영향을 미치는 이들 요인의 중요성 또한 자명한데, 이는 연안국의 지형이란 연안국이 확장된 해양수역에서 행사할 수 있는 법적 권한의 장소적 범위가 되기 때문이다. 1969년 북해대륙붕사건의 중요 논점이 되었던 육지 영토의 자연연장이란 개념을 법원은 영-불 중재재판에서 국가의 연안과 인근 대륙붕과의 정치적·지리적 상관관계로 해석하였다. 즉 '국제법상 대륙붕 개념은 대륙의 해저 자연연장이 아닌 각국 육지영토의 해저 자연연장을 의미하는 사법적 개념이다'라는 것이다.[57)]

55) *Ibid.*, p. 62.
56) The Gulf of Maine case, *ICJ Reports*(1984), p. 191.

이러한 접근방식에서는 지형이란 본래 있는 그대로 수용되어야 한다는 주장을 하였는데, 법원의 결정도 이점에 대해서는 완전히 일치하였다. 법원은 또한 선언하기를 지리적 사실은 긍정 또는 부정적 판별로 수정이 가능한 인간행위의 산물이 아닌 자연현상의 결과인 것이라고 하였다.[58]

이는 또 다른 논리적 주장을 전개하게 되는데, 즉 형평은 반드시 논리적 동등을 암시하는 것이 아니라[59] 광범위한 동등을 암시한다는 것이다. 물론 이 경우의 형평은 관련 국가가 다양하게 서로 비교할 만한 해안을 가지고 있는 경우에 해당된다. 기니아-기니아 비소 중재재판사건에서 양 인접국의 광범위한 해안이 이들 해안의 일반적 방향과 수직인 선에 의해 양국간의 해양 관할수역이 균등하게 분배되도록 하였다. 그러나 이와 반대로 1985년 리비아-몰타 사건 및 1984년 메인만 사건에서는 해안의 길이에 있어 현저한 차이가 있었음으로 법원과 중재재판정이 채택한 잠정 중간선이 해안선 길이의 차이를 반영하기 위해 채택되었다.

결국 지리적 요인이 중요하다는 것은 기타 고려에서 나온 요인들이 경계선 획정에 있어 형평성 문제를 결정함에 있어서 하나의 부차적인 지위를 가지는 것에 불과하다는 것을 말한다. 메인만 사건에서 재판정은 고려의 대상이 된 수역에 대한 사회·정치·경제적 측면에 관한 당사국의 주장을 검토한 후 문제의 핵심을 다음과 같이 강조하였다.

> 법에 기초한 경계획정에 영향을 주는 국제법은 형평한 기준이 적용되는 것을 일반적으로 규정하지는 아니한다. 여기서 구체적으로 언급하지 않는 기준은 본질적으로 그 수역의 지리적 특성에 따라 적절히 결정된다.[60]

경계선 획정이 지리적 기준을 근거로만 되었을 때, 기타 요소는 단지 형평한 결과에 도달하는 것을 확인시켜 주는 요인에 불과하다.[61]

지리적 요소를 기본전제로 함과 동시에 법원의 결정을 보면 국제사회의 정의

57) *Ibid.*, p. 73.
58) The North Sea case, p. 91; Libya-Malta case, p. 46.
59) The Gulf of Maine case, p. 19.
60) *Ibid.*
61) *Yearbook of ILC*(1950), Vol. I, p. 233.

에 영향을 미치는 기타 정치적·사회적·경제적 요인의 고려로는 형평한 경계획정을 가져올 수가 없다는 것이다. 왜냐하면 이들 여러 요인들이 고려해야 할 방식은 너무 다양하고 그리고 더욱 중요한 것은 이들이 연안의 지리적 요소와 거의 관련이 없기 때문이다.

2. 경제적 요소

(1) 중복 주장된 천연자원

초기 국제법위원회 논의에서는 경계선이 중복되는 수역에서의 광물자원 매장 가능성 문제에 관심이 집중되었고 이 경우 경계선을 변경할 수 있는가의 문제가 제기되었다.[62] 그러나 이 문제에 관하여 제네바 해양법회의에서는 아무런 해답을 찾지 못하였다.[63]

북해대륙붕 사건에서 법원은 이 문제가 분쟁 당사국간의 가장 핵심적인 쟁점임에도 불구하고 당사국 자신들이 처리해야 하는 문제로 보았다.[64] 법원은 단지 협상 당사국에게 경계선상에 공통으로 존재할 수 있는 지하자원 매장량을 고려할 것을 명하였으며, 또한 당사국은 지금까지 쉽게 확인된 수역의 지하자원도 고려해야 한다고 요구하였다.[65] 그러나 당사국이 관련된 3가지 정책목적 즉, 자원의 최대생산성 달성, 유해하고 비경제적인 개발회피 및 자원의 공평분배와 같은 목적을 어떻게 합리적으로 수용할 것인가의 문제에 대해서는 더 이상의 기준 제시가 없었다.

1982년 튀니지-리비아 판결에서 법원은 언급하기를 경계획정이 되어야 할 수역에 유정이 존재한다면 형평한 결과에 도달하기 위한 모든 관련 요소의 비중을 감안하는 과정에 있어 이러한 사실은 고려되어야 할 하나의 요소가 될 수 있다.[66] 물론 다른 요소와 관련해서 또는 요소 각자에게 어느 정도의 비중을 두어

62) UNCLOS I, *Official Records*, Vol. VI, pp. 93, 95.
63) The North Sea case, p. 72.
64) *Ibid.*
65) *ICJ Reports*(1982), p. 107.
66) *ICJ Reports*(1984), p. 226.

야 할지를 구체적으로 정확하게 정한 기준은 없다. 또한 법원의 성명이 공동매장자원과 관련된 법원의 확신에 기초하였는지 그렇지 않으면 당사국 각자의 정유채굴에 관한 행위에 중점을 두었는지에 대해서는 분명치 않다.

메인만 사건에서 재판정은 문제가 된 조지 뱅크(George's Bank)에 관하여 "이 뱅크는 어업 및 해저 하층토가 잠재적 자원의 산실이라는 관점에서 보면 실질적인 분쟁의 주제가 된다"라고 하였다.[67] 그럼에도 불구하고 재판정은 결론을 내리기를 그러한 요소들은 '경계획정과정 그 자체에 있어 적용되는 기준으로 고려할 만한 것이 되지 않으며 지리적 요소로 그어진 기준이 적용되어야 한다.'라고 하였다.[68] 정확한 해석이 어떠하든 간에 법원의 판결에서 나타난 결론을 보면 지리적 요소와는 달리 공동매장관련요소가 형평한 경계선 획정을 위한 일반적 평가요소로 고려될 수 있다는 것이다.

그러나 법원 판결에서 나타난 내용이 자원의 정당하고 공평한 분배를 명확히 나타내지 않고 있다고 하더라도 관행상 현존하거나 또는 잠재적 부존자원을 공정한 방식에서 구분하는 선을 획정하는 것이 판결의 요지라는 것을 주목해야 한다. 튀니지-리비아 사건에서 법원은 이미 제시된 선을 기초로 모든 튀니지 생산油井은 튀니지측에 있게 될 것이고 또한 리비아 유정에 대해서도 동일한 논리가 적용된다는 것을 확인하였다. 메인만 사건에서도 재판정은 조지뱅크 이원으로 경계선을 획정했는데, 이 결과 정착성 어종의 주요위치가 각 당사국에 남아 있게 되었다.[69] 광물자원 이용을 위한 해저의 주요 부분 분할에 관한 재판정의 결정은 사실상 동일하였는데, 리비아-몰타 사건에서 법원은 메디나 뱅크에서 당사국 이해관계가 얽혀 있음을 알고 결과적으로 법원이 결정한 경계선은 이 분쟁수역을 거의 동일하게 당사국에게 분할하였다.

(2) 전통적 또는 역사적 의존과 관련된 자원

이들 요소는 두 가지 관련된 정책 목적을 가지고 있는데, 그 하나는 역사적 또는 장기간의 관행으로 이루어진 경제적 활동의 안정성이 경계획정 이해관계에

67) *Ibid.*, p. 232.
68) *Ibid.*, p. 238.
69) *Ibid.*, p. 239.

의해 저해되어서는 아니되며, 다른 하나는 이러한 경제적 고려가 경계획정 과정에 있어 압도적 역할을 한다면 그 결과는 해저지형의 개조마저 야기할 것이다. 따라서 합리적 균형이 도출되어야 하는데, 법원의 결정에 의하면 역사적 이용이나 경제적 의존성 요소는 지리적 요소에 기초한 주요 기준과 관련하여 적용되는 보조적 요인으로 사용될 수 있다는 것이다.

영-노르웨이 어업사건에서 법원은 노르웨이의 직선기선제도를 지지하면서 이것이 국가의 지속된 장기관행에 기초한 경제적 의존성과 관련이 있음을 언급하였다.[70] 튀니지-리비아 사건에서 법원은 튀니지아의 주장 즉, '역사적 권리 및 역사적인 수역에서 나온 어로자원은 국가 생존자원으로서 반드시 고려되어야 한다'라고 하여 배타적 경제수역이나 어업수역 주장이 중복되는 경계획정에 있어 전통적 어업권이 지리적 이유를 기초로 한 경계선의 최종 확정시에 고려될 수 있음을 알 수 있다.

메인만 사건에서 미국의 주장도 역사적 권리를 주장하는 것으로 보였으나 이에 관한 구체적인 표현은 사용하지 않았는데, 재판정은 그러나 사회·경제적 환경이 경계획정 과정 자체에 적용되는 기준으로서는 적합한 고려가 아님을 인지하였다. 그럼에도 불구하고 지리적 요소를 기초로 해서 최초로 확립된 경계획정의 형평성 문제를 평가함에 있어서는 이들 간의 관련성을 인정하였다.[71]

(3) 안보 요소

연안국 안보에 잠재적 위협이 될 수 있는 외국의 시설이나 장치 등이 통제되지 않은 상태로 연안국 수역 밖에서 활동하고 있는 경우 연안국 안보 차원에서의 이들에 대한 배타적 관할권 행사가 부분적으로 정당화됨은 의문의 여지가 없다.[72] 그러나 이러한 요소가 결정적 사건에서는 제한된 역할만을 해 온 것으로 보인다.

영-불 중재재판 사건에서 프랑스는 Channel Islands에서의 등거리 방식을 적용

---

70) *ICJ Reports*(1951), pp. 136-44.
71) *ICJ Reports*(1981), p. 232.
72) 예를 들면 1945년의 대륙붕에 관한 트루만 선언, 49 *AJIL*(1945), supplement p.45; 공해 및 대륙붕 제도에 관한 프랑스와의 특별보고, *Yearbook of ILC*(1950), Vol. II, p. 51 and 1953, Vol. II, p. 6.

하면 영국 수역내에 프랑스 해안의 상당 부분이 내포될 것이므로 이는 프랑스의 안보이익에 해가 될 것이라고 주장하였다. 프랑스는 특히 이렇게 되면 Hurd Deep Zone 에서의 통제권 행사가 어렵고 동시에 이는 프랑스 영토에 접근하는 외국 군함들에 대한 감시가 어려울 뿐만 아니라 Cherboug에 있는 자국 잠수함에도 심각한 불편과 위험을 초래할 것이다라고 언급하였다.[73]

그러나 영국은 프랑스의 안보, 국방 및 항해 이해관계가 경계획정에 있어 어떤 비중을 갖는 것은 아니라고 주장하였다. 법원은 그러나 이러한 고려가 Channel Islands 사건의 경우에는 거의 비중이 없다 하더라도 원칙적으로는 관련이 될 것이라는 견해를 표명하였다.

한편 다른 판결에서는 경계선 획정으로 타국 영토 바로 인근에 존재하는 해양수역에 대한 통제를 일국이 하도록 허용하는 결과를 초래해서는 아니 된다는 비침입 원칙에 안보요소가 관련됨을 나타내고 있는 것으로 보인다. 이러한 원칙은 1969년 북해대륙붕사건 이래 국제판결에서 인정되어 왔으며 1982년 튀니지-리비아 사건에서도 연안국의 안보 요구가 비침입 원칙과 관련되어 있음을 Arechega 판사는 언급하였다.[74] 리비아-몰타 사건[75] 및 기니-기니 비소 사건[76]에서도 동일한 내용이 확인되었다.

또한 법원의 판결에 의하면 안보는 양국간의 거리를 고려한 형평성 반영을 위하여 잠정적인 경계선을 이동시킬 수 있는 결정권자의 권한과도 관련이 있는데, 이는 특히 수역의 폭이 제한된 곳에서는 더욱 중요한 의미를 갖게 된다.

(4) 당사국 행위

국가의 행위는 타국과의 관계에서 법적인 결과를 가져올 수 있다는 것이 일반적으로 인정된다.[77] 따라서 해양경계에 있어서도 이러한 원칙의 적용은 묵인이나 금지와 같은 극단적인 양상을 취할 수 있는 데, 이는 타방 당사국의 관계에서 일정기간 동안 당사국 일방의 행위가 타국에 의해 지지된 특정한 선을 적용할 경

73) 18 *ILM*(1979), No.2, pp. 397-493.
74) *ICJ Reports*(1982), p. 72.
75) *ICJ Reports*(1985), p. 73.
76) Guinea -Guinea Bissau Arbitration case, p. 124.
77) *ICJ Reports*(1962), Temple of Preah Vihear case, pp. 32-33.

우 이는 타방 당사국이 이러한 행위를 묵인하고 있는 것으로 보인다. 메인만 사건에서도 원칙적으로 이러한 가능성을 인정하면서 묵인이나 금지의 개념이 성실과 형평이라는 근본원칙을 따르는 것으로 관측하였다.[78)]

당사국들의 행위는 관행상 공통적으로 수용하는 사실상 또는 잠정적 선을 결과적으로 가져올 수 있는 데, 이러한 특수한 형태의 국가행위가 적용된 것은 튀니지-리비아 사건에서도 잘 나타나고 있다. 동 사건에서 법원은 리비아와 튀니지아의 식민국가가 묵시적으로 인정한 어업시행을 위한 잠정선을 근거로 경계선의 일부를 결정하였으나, 이 선은 또 다른 사실상의 선과도 일반적으로 일치하는 것으로 판명되었다. 그러나 이 사실상의 선은 양 당사국의 연안 원유 및 가스 양여문제 해결의 결과로 나온 선이었다. 기니-기니 비소 사건에서도 재판소가 정당화시킨 선은 육상 경계획정을 위해 프랑스와 포르투갈이 제시한 것으로서 당사국의 행위에 관한 요소에 완전히 근거한 선이었는데, 이 선은 1886년 이래 해안에 인접한 수역에서의 잠정경계로서의 한계를 나타내는 선이었다.[79)]

(5) 제3국의 주장

제3국의 주장요소는 현실적이든 장래 예측적이든 1969년 판결에서 강조된 후 모든 사건에서 현저히 나타났다. 이 요소는 배타적 경제수역 경계획정과 가장 관련이 있는데, 이는 거리 기준이 배타적 경제수역 제도의 본질적 요소이며 이의 적용 역시 법적 권한의 기초가 되기 때문에 동일지역에서의 다른 경계획정 주장은 그 적절성이 공포되어야 한다. 이는 특히 폐쇄해에서 잘 나타나는데, 왜냐하면 이곳에서의 연안국간의 거리의 근접성 및 거리원칙 적용에 따른 중복주장으로 당사국간의 충돌이 예상되기 때문이다.

기니아-기니아 비소 중재재판 사건에서 재판소는 형평한 결과에 도달하기 위해 의도된 경계획정이라도 그 지역에 이미 존재하는 다른 경계획정을 무시할 수는 없다[80)]라고 하였다. 관련 지역 문제에 대한 이들 요소의 영향도 이미 지적되어 왔는데, 여기서는 두 가지 경우의 관련성을 언급하는 것이 적절할 것으로 보

78) The Gulf of Maine case, p. 130.
79) The Guinea-Guinea Bissau Arbitration case, pp. 105-6.
80) *Ibid.,* p. 93.

인다. 첫째, 제3국의 주장은 경계획정 방식의 형평성 평가에 있어 특수 사유나 관련 요소로 작용할 수 있으며, 둘째, 현존 또는 장래의 경계가 경계획정과 관련된 지역을 한계지울 수 있는 정상적인 상황을 인정하는 것 이외에 제3국의 주장에 따른다는 근거로 당사국간 분쟁지역에 대한 판결을 하지 않는 것이 정당화된다고 법원이 지금까지 경험하고 있다는 것이다. 이에 대하여 법원은 다음과 같이 표현하였다.

> 일방 당사국에 속하는 대륙붕 경계획정에 적용될 수 있는 국제법 원칙과 규칙에 관한 특별법에서 제시된 문제에 관한 답변에서 법원은 제3국이 어떠한 주장도 하지 않는 수역에만 한정할 것이다.[81]

상기 내용에 따르면 제3국의 주장은 여러 요소 중 특정선에 의해 이루어진 결과의 형평성을 측정하는 일상적인 기능 이외의 어떤 작용을 함을 알 수 있다. 이는 바로 관할권 제한에 대한 하나의 강제규범으로 작용되어 왔으며 이러한 태도는 유사 상황에서 나타난 이전 사건에 있어서의 법원의 결정과는 대조적이다.

(6) 비례성

비례성 요소는 북해대륙붕 사건 판결에서 기원된 이후 모든 사건에 적용되어 왔다. 동 판결에서는 비례성이란 형평성 측면에서 정당화될 뿐만 아니라 국가주권의 필요한 반영으로도 고려된다고 하였다. 리비아-몰타 사건에서도 비례성은 본래 형평의 지배적 원칙과 대륙붕권리 생성에 있어 해안의 중요성과도 관련된다.[82]

판결에 따른 비례의 적절성 문제는 다음 두 가지 형태 중 하나를 취할 수 있는데, 첫째, 비례성의 합리적 정도는 관련 연안국에 속하는 대륙붕/배타적 경제수역의 범위와 이들 개별국가 해안의 길이에 따른다는 것이다.[83] 따라서 튀니지-리비아 사건에서도 법원은 당사국의 관련 해안의 길이를 주목하였고 각 당사국에 속한 대륙붕 면적의 비율을 비교하였다. 해안의 일반적 방향에서 측정된 거리

81) The North Sea Continental Shelf case, p. 22.
82) *Ibid.*, p. 55.
83) *Ibid.*, p. 98.

와 비율을 기초로 법원이 심사숙고하여 획정한 경계획정 결과는 형평성 측면으로서 비례성 요구를 만족시킬 것이다라고 하였다.[84)]

이러한 점에서 여러 경우에 비례성은 합리적인 확신과 객관성을 갖고 있는 것으로 나타난다. 법원의 결정에서 경계선이 비례성의 계산에 의존하지 않는다고 도식적으로 주장한다 하여도 경계획정 결과의 형평성을 확인하기 위해서는 수학적인 비율이 사실상 적용된다. 따라서 그 비율이 적합하면 할수록 형평성에 절대적인 지위를 차지하는 그 수역의 지형에 더욱 더 영향을 미친다.

비례성의 두 번째 형태는 해안 형상이나 기타 특징의 고려시 적절치 못한 방식을 사용하여 야기될 수 있는 왜곡 즉 불균형을 수정하고 확인하는 수단으로 나타난다. 1977년 영-불 중재재판 사건에서는 비례성 문제를 다음과 같이 언급하였다.

> 비례성 요소는 대륙붕 수역과 개별 해안선 길이의 비례형태로 나타난다. 그러나 이는 등거리선 경계획정 과정에서 특별한 지리적 특성이나 형상의 영향 즉 합리적이거나 또는 비합리적이거나, 또는 형평하거나 형평하지 않거나 하는 등을 결정하는 요소로서 나타날 수 있다.[85)]

이러한 의미에서 보면 비례성은 상당한 주관성 및 불확실성을 가지게 됨으로, 법원의 여러 판결도 불균형이 조정되리라고 생각되는 방식에 있어서 다양한 재량성을 나타내고 있는데, 예를 들면 영-불 중재재판사건에서 Scilly Isles의 위치에 따른 불균형을 수정하기 위해서 이 도서에 절반의 법적 효과만을 부여한 것 등이다.[86)]

---

84) Tunisia-Libya case, p. 131.
85) Anglo-French Arbitration case, p. 100.
86) *Ibid.*, p. 251.

제 5 절 국가관행

1. 국가관행의 형태

(1) 대륙붕 경계획정

적용될 수 있는 원칙에 관하여 등거리가 모든 합의에서 명백히 언급되지 않았지만 경계선 획정에는 일반적으로 적용되었다.[87] 이들 합의에는 두 가지 특징이 나타나는데, 그 하나는 도서의 처리문제이며 다른 하나는 이미 발견되었거나 가능성이 있는 매장된 자원의 처리 문제였다.

어느 합의에서는 중간선 획정시 모든 도서가 무시되었는가 하면 다른 합의에서는 일부 구간에서만 도서가 무시되거나[88] 중간에 위치한 도서는 경계선 기점 설정용으로 이용되기도 하였다.[89] 또한 일부 합의에서는 각 도서가 12마일 영해를 향유하도록 조정되기도 하였고, 어떤 합의에서는 중간선 근처에 위치한 도서는 3마일 영해만을 향유토록 하여 경계선이 다시 조정되기도 하였으며[90] 절반의 효과만을 도서에 부여하기도 하였다.[91]

이미 발견된 매장량에 관하여는 공동매장량의 수입을 분배하거나[92] 공동매장량의 일부 또는 전부를 일방당사국에게 할당하기 위하여 중간선을 조정하거나[93] 하는 등의 다양한 해결책이 제시되어 왔다. 북해 국가들 관행에 따르면 예상된 공동 매장량 중 분쟁대륙붕의 중간선 내측에 존재하는 자원에 관하여는 양 당사

87) 5개 합의에서는(이란-사우디아라비아, 1968; 이란-카타르, 1969; 이란-바레인, 1971; 이란-오만, 이란-아랍에미레이트, 1974) 등거리 방식이 정확한 그리고 정당한 방식으로 인정되어 경계획정에 적용되었다.
88) 이란-카타르, 1969년 합의, *Limits in the Seas*, p. 25.
89) 바레인-사우디아라비아, 1968년 합의, *Limits in the Seas*, p. 12.
90) 아부다비-카타르, 1969, *Limits in the Seas*, p. 18.
91) *Ibid.*, p. 24.
92) *Ibid.*, p. 18.
93) *Ibid.*, 1958, p. 12.

국의 경계선 안쪽에서의 활동이 협력되고 유용화될 수 있도록 하는 방식에 관한 합의에 도달하려는 노력이 있어야 한다고 규정하였다. 그러나 기타 합의에서는 경계선으로부터 일정 거리내에서의 일방에 의한 시추는 금지된다는 내용을 규정하였다.[94]

북해의 정치적·경제적·지리적 특성은 걸프지역 국가들과 유사함으로 이 지역에서의 대륙붕 경계에 관한 합의는 해양경계획정에 있어 국제법 및 국가관행의 발전에 대단히 중요한 영향을 미치게 되었다. 1964년부터 1978년까지 북해 인접 5개 국가들은 일련의 대륙붕 경계협정을 체결하였는데,[95] 이들 합의에서는 등거리선에 기초하거나[96] 1969년 북해 대륙붕 사건에서 법원이 강조한 요인들이 중요한 요소로 작용하였으며 도서의 법적 효과도 상황에 따라 다양하게 인정되거나 무시되었다.[97]

1971년 호주 -인도네시아 협정에서는 일부 구간에서의 등거리선이 적용되었으나 기타 구간에서는 중간선이 채택되지 않았다.[98] 또한 파푸아 뉴기니-인도네시아 협정에서는 모든 경계선이 등거리선에 근거하여 획정되었으며 1965년 체결된 한일 대륙붕 협정에서는 일본과 대한민국 그리고 일본과 중국의 중간선을 채택하였으나 오히려 24,092㎢의 공동개발구역 중 대부분이 중간선에서 일본쪽에 있는 것으로 보이는데, 물론 중국은 이 합의를 인정하지 않았다.[99]

(2) 배타적 경제수역 경계획정

배타적 경제수역 경계획정에 관한 명백한 합의가 1980년의 프랑스-통가 합의[100] 및 1980년 프랑스-모리셔스 합의[101]에 나타나 있다. 이들 두 합의에서는

---

94) 이란-사우디아라비아의 경우는 500미터 이내이며, 이란, 카타르, 바레인, 오만 및 아랍에미레이트 시추합의서는 경계선에서 125미터의 거리를 두고 있다.

95) 1965 영-노르웨이 협정; 1964년 독일-네덜란드 협정; 1965년 독일-덴마크 협정; 1971년 독일-덴마크-네덜란드 협정; 1978년 노르웨이-영국 협정.

96) *Limits in the Seas*, 1965, p. 10.

97) *Ibid.*, 1971, p. 10.

98) S. P. Jagota, Maritime Boundary, Dordrecht : Martinus Nijhoff, 1985, p. 111.

99) 상세에 관하여는, Y. J. Ma, *Legal Problems of Seabed Boundary Delimitation in the East China Sea*, Baltimore : University of Maryland, 1984, p. 31.

100) 통가(Tonga)와 프랑스 식민지 워리스(Wallis) 및 푸트나(Futna)도서 간의 배타적 경제수역 경계설정에 관한 1980년 합의. Jagota, *op. cit.*, p. 93 참조.

중간선을 경계선으로 채택하였으며 해저와 해상에서의 경계선을 구분함이 없이 기본적으로 배타적 경제수역 경계합의로 일관하였는데, 결과적으로 이는 오늘날의 배타적 경제수역 개념의 내용분석과도 일치된 결과를 가져왔다.

그러나 배타적 경제수역 주장을 법으로 선포함으로써 이것이 국가관행을 반영한 중요 법원이 되는데, 이러한 모든 주장들은 제3차 유엔해양법 회의에서 토의된 이후 대다수는 최근에 들어서야 법으로 선포되었다. 이러한 경향을 최초로 반영한 것이 바로 1986년에 출판된[102] 배타적 경제수역 법률에 관한 서적이었는데, 이 서적은 1973년 이후의 모든 관련 법령 내용을 수록하고 있다. 동 자료에 의하면 87개국이 EEZ 법률을 통과시켰으며 이들 중 15개국은 등거리 또는 중간선을 특별히 언급하였고 또한 15개국은 합의 부재시 동 원칙을 적용한다고 규정하였으며 3개국은 국제법 일반원칙에 호소하였고 또 다른 3개국은 형평원칙을 5개국은 국제법을 기초로 한 합의에 기타 20개국은 합의 또는 협상을 EEZ 경계획정을 위한 기준으로 제시하였다. 그러나 현재는 87개국 중 33개국이 대륙붕이나 EEZ 경계획정에 있어서 등거리 또는 인접국간의 단일 경계합의를 적용하였다. 이들 합의와 일방적인 주장은 EEZ 경계획정의 법적 근거가 됨은 물론이며 이는 바로 거리상의 원칙인 등거리-특수사정 원칙의 만연을 재현하고 있음을 여실히 보여준다.

2. 국가간의 합의

경계획정의 주요 원칙으로서의 등거리-특수사정원칙이 여러 국가에 의해 지지를 받고 있다 하더라도 이들이 경계획정에 관한 법규로서 국가간의 합의라는 증거가 되기에는 완전치 않은 것으로 보인다. 왜냐하면 이들 국가관행은 주로 국제사법재판소 판결에 의존해 왔기 때문이다. 리비아-몰타 사건에서 법원은 '이 문제에 있어 국가관행의 중요성에 대해서는 의문의 여지가 없다.'라고 하여 국가관

---

101) Reunion 도서와 Mauritus 간의 배타적 경제수역 경계에 관한 1980년 합의, *Limits in the Seas*, p. 95.

102) R. Smith, *Exclusive Economic Zone: An Analysis and Primary Documents*, Dordrecht : Martinus Nijhoff, 1986.

행의 증거성을 인정하였다.103) 이러한 입장은 1969년 및 1982년 사건의 판결에서도 반복되었으나 법원은 다시 '그러나 그러한 관행은 하나의 의무로서 등거리 사용이나 어떤 방식이 규정되는 규칙이 존재한다고 규정하기에는 부족한 점이 있다.'라고 하여 융통성을 보이기도 했다.104)

법원이 이처럼 어느 정도 국가간 합의에 대하여 무관심을 보여온 데는 다음과 같은 몇 가지 중요한 사항 때문인 것으로 보인다. 첫째, 합의가 협상을 통하여 이루어졌다 하더라도 반드시 법적 준수의무를 반영한 것은 아니라는 것이다. 직접 협상으로 이루어진 합의는 엄격한 법규의 적용에만 국한된 것이 아닌 정치·경제적 고려의 검토가 반영된 경계합의의 결과를 가져오게 된다. 예를 들면 미국은 등거리에 기초한 인접국간의 3개 경계획정 합의를 체결하면서 국무성은 '근본적으로 이들 3개의 합의는 어떤 특정한 법적 이론에 기초한 것이라기보다는 협상된 합의에 불과하다.'라고 하였다.105) 등거리-특수사정규칙의 법적 가치에 대한 법원의 의심은 부분적으로는 이러한 요인에서 연유한 것으로 보인다. 따라서 북해 대륙붕사건에서 언급한 것처럼 '어떤 방식의 사용 합의에서 등거리를 사용함에는 충분한 이유가 있으나 그 자체가 사법적 성격을 가진 어떤 것을 나타내지는 아니한다.'106)

그러나 이러한 요인 때문에 국가간의 관행이 타당한 법원으로 기술될 수 없다고 주장하는 것은 법원과 법조항간의 비현실적인 차이를 끌어내는 것에 불과하다.107) 물론 법적 확신의 증거는 법의 구속력을 구체화하는 데 있어서의 본질적인 요인임에는 틀림없으나 그렇다고 해서 등거리-특수사정의 적용이 순수한 법적 동의 이외에 다른 요인에 의해 연유되어 왔기 때문에 거기에는 법규로서의 어떤 증거가 있을 수 없다라는 것은 아니다. 특히 국가관행에 있어서는 그러한 동의가 가능하게 될 수 있는 요인들이 항상 존재하고 있다. 따라서 사법절차라는

---

103) Libya-Malta case, p. 44.

104) *Ibid.*

105) 미국무성 법률자문위원 Feldman의 증언, 1980년 제96차 하원 제2회기 증언.

106) The North Sea Continental Shelf case, 1969, p. 76.

107) 국제법 법원에 관한 학자들 견해에 관하여는, L. Oppenheim & E. Lauterpacht, *International Law*, Longman : London, 1954, Vol. I, p. 24; D. P. O'Connell, *International Law*, Stevenson & Sons : London, 1970, pp. 7-8.

것은 국제관계에 있어 국가가 사용할 수 있는 하나의 전략에 불과하다고 할 수 있다. 그러나 사법적 판결은 선천적으로 내재된 정치적 요소 때문에 법의 일관된 그리고 논리적 설명을 줄 수 있는 것이 아님을 염두해 두어야 한다.

둘째, 적용법규와 방식이 항시 선포되는 것은 아니라는 것이다. 국가관행의 증거로서의 가치가 부족하다는 것은 바로 여러 경계획정에 관한 합의에서 적용방식이나 원칙을 합의내용에서 명백히 언급하지 않고 있다는 것이다. 또한 등거리의 조정이나 부분적 변경에 대한 이유도 설명되지 않고 있는데, 이는 첫 번째 제시된 내용에서 그 원인의 논리적 결과를 찾을 수 있다. 국가는 어떤 해결책에 도달하기 위한 원칙이나 이유를 명백히 선언할 의무 없이도 자신들이 타당하다고 여기는 해결책에 도달하는 것을 자유롭게 결정할 수 있다. 그러나 그렇다고 해서 이것이 국가관행의 관련성을 배제시키는 것을 정당화하는 것은 아니다. 이는 국가간의 경계획정 협상에 있어서 자신들이 관계가 있다고 생각하는 적용 규칙, 방식 및 요인들을 분석함으로써 그 구분이 가능하다.108)

셋째, 국가관행의 제한적 효력이다. 전체로서의 경계획정 문제에 대한 법원의 실질적 접근은 무시될 수 없다. 법원은 상기에서 고찰한 바와 같이 형평의 추상적 원칙 이외에 경계획정의 어떤 원초적인 규칙의 존재를 인정하기를 거부하여 왔다. 그러나 이러한 원칙에 있어서의 선천적인 애매성으로 인하여 법원은 정의감을 만족시켜 줄 기준과 방식을 선택하고 관련 요인들을 구분함에 있어서 사실상의 자유재량을 보유함에 많은 의지를 보여 왔다.109) 이러한 접근에 따르면 법원은 경계획정의 법적 구속력이 국가관행이나 합리성 또는 명백성에서 나온다 하더라도 경계획정의 주관적 규칙을 인정하고 싶어하지는 않을 것이다.

---

108) 미국무성 발행의 Limits in the Seas에서의 분석이 국가관행의 일반적 관행을 보여주고 있다.

109) 대다수 반대의견 판사들은 이 점을 분명히 하였는데, 메인만 사건에서 Gros 판사는 '형평의 과도한 사용이 판결에 지배적인 영향을 준다면 어떤 국가도 이를 쉽게 수용하지 않을 것이다'라고 하였다. *ICJ Reports*, 1984, p. 385; 리비아-몰타 사건에서 Oda판사는 '법원은 자신들이 주관적으로 특정사건에 있어 형평하다고 느끼는 것에 대해 형평원칙을 택하고 이를 적용함에 있어서 위험성을 가지고 있다'라고 하여 관심을 표명하였다. *ICJ Reports*, 1985, p. 1.

제6절 결 언

유엔 해양법회의 제7그룹의 기록을 보면 등거리원칙 그룹과 형평원칙 그룹간의 논쟁이 해양경계획정에 관한 적용규칙의 토의에 집중되었음을 알 수 있다. 그러나 이러한 논점은 단지 각국이 자국의 이해관계에만 주로 관심을 가져왔을 뿐 어떤 합리적이고 법적인 분석과는 거리가 먼 것이 사실이었다. 물론 이들 원칙의 적절한 의미에 대하여는 양측의 오해가 있었음이 분명하다. 예를 들면 1969년 북해대륙붕사건의 영향 때문에 등거리 방식은 엄격한 기하학적 경계획정방식으로 인식되었으나, 이러한 분위기 속에서도 이들 원칙간에 정반대의 가정 또한 계속적으로 나타나게 되었으며 이 결과 단순히 경계획정에 관한 이전의 법률에 의해 설정된 현상만을 유지하는 공허한 형식만을 가져오게 되거나, 그렇지 않으면 사법적 관행 및 국가관행을 통한 최소한의 발전만을 허용할 뿐이었다.[110]

등거리-특수사정원칙이 각국에 의해 영해한계의 경계획정뿐만 아니라 해양관할 수역의 한계를 결정하는 데 있어 주도적인 원칙으로 고려·적용되어 왔음은 주지의 사실이다. 동 원칙은 200해리 대륙붕 및 배타적 경제수역 양자의 경계획정 기초로서 거리인식을 구체화시킨 최근의 발전현상을 보면 중복되는 관할권의 경계획정을 위한 형평한 접근 방식으로서 그 역할이 확실히 증대되어 왔음을 알 수 있다.

그러나 판결에 의하면 형평이란 경계획정에 적용될 수 있는 유일한 긍정적 규범이라고 한다. 따라서 이들 판결은 오늘날의 형평원칙에 기여하는 요소들을 적시함에 있어 상당한 기여를 하였을지도 모르나, 문제는 형평에 대한 법원의 해석이 단지 이들 요소의 주관적인 평가에 불과하다는 것이다. 그 예로 도서나 제3국 주장에 관한 튀니지-리비아 및 리비아-몰타 사건 판결에서도 다른 사건의 판결에서 비슷하게 발견되는 불일치 및 불예측성 요소를 내포하고 있는데, 이들

110) 메인만 사건에서 재판정은 경계획정의 주관적 형식의 부재를 오히려 국제판례를 통한 이 분야의 발전 계속을 위한 문호를 개방하는데 기여하는 것으로 해석하였다.

이 바로 정의와 형평의 개념에 대한 효과를 약화시키게 만든 주원인을 제공하게 되었다.

법원의 판결이 정의와 형평에 일치한다고 선언한다 하더라도 판결 그 자체가 선천적으로 내포하고 있는 주관적인 성격 때문에 합의시에 어떠한 상당한 사유가 수반되지 않는 한 이러한 특성을 변경시키지는 못할 것이다. 등거리-특수사정과 같은 어떤 실질적인 원칙인 그러나 어느 정도 융통성 있는 이러한 원칙을 경계획정의 기준으로서 사용한다면 형평성 척도에 있어서의 최소한 보조적인 수단으로 작용할 수 있으므로 그 결과 국가의 주관적 의도를 어느 정도 제거할 수 있게 된다.

등거리-특수사정원칙을 선호한다는 가정은 본래 국가관행에 기초하고 있는데, 이는 보다 융통성 있는 형태로 등거리 원칙이 다양하게 적용됨을 나타낸다. 이러한 변경을 필요로 하는 특수 사정은 주로 도서 위치, 연안 길이 및 형상 또는 행정적 편의를 위한 선의 단순화 등과 관련된다. 즉 등거리는 국가관행에서 나타난 것처럼 보다 종합적인 두 가지 요소원칙 즉 등거리-특수사정원칙의 형태를 통해서만 형평한 그리고 유효한 것으로 밝혀져 왔다. 제네바 해양법협약에서 구체화된 이러한 복잡한 형태의 원칙은 형평 개념에 대한 판결에서 나타난 내용을 그대로 유지하였다. 그러나 법원은 경계획정에 관한 해양법의 출현 이래 사용되어 온 등거리-특수사정 원칙이 형평원칙과 연계되어 어떻게 해석되어 왔는가를 이해하지 못하였을 뿐만 아니라 오히려 지금까지 인정된 개념과 반대되는 것으로서의 형평을 제시하여 온 것으로 보인다.[111]

그렇다고 해서 판결이 국제법 형성에 있어 독립적이고 창조적인 역할을 하도록 허락해서는 아니됨을 제시하는 것은 아니다. 이는 국가간 분쟁의 평화로운 해결을 증대시키기 위한 법원의 역할을 유지하기 위해서도 필요로 하는 요구인 것이다.[112] 이 점에서 형평은 정의를 감독하고 통제하는 원칙으로 도입될 수 있는데, 그 결과 이러한 정의를 시행하기 위한 실질적인 기준과 방식은 자체의 독립

111) The Libya-Malta case, 1985, p. 127(반대의견)

112) O'Connell은 이를 적절히 지적하였는데, '국제법이 정부의지의 수행보다는 국제공동체 생활을 더 많이 반영하는 것으로 비친다면 이는 법원의 창조적 기능이 중요시됨을 의미하며, 따라서 기본원칙으로부터의 해방을 법원이 선포하는 것이 중요하다'라고 한다.

적 존재로서의 기능을 잃지 아니한다. 그러므로 이러한 기준과 방식의 합법성은 그 결과가 형평하다는 것보다는 이 외의 다른 점에 의해서 본질적으로 설명되어져야 한다.

1977년 중재판정에서 등거리-특수사정원칙과 관습법의 불일치를 정당화시키려는 한데는 여러 이유가 있었는데, 그 중 하나는 제네바 협약 규정의 잘못된 해석에 기인하며, 다른 하나는 이러한 원칙의 존재와 발전을 반영함에 있어 국가관행의 가치가 상대적으로 증가되었다는 사실과 관계된다. 그러나 법원은 형평과 같은 교묘한 개념의 적용으로 법원의 다양한 평가가 가능하기 때문에 이러한 가능성을 제한하게 하는 어떤 실질적인 규칙을 인정하지 않으려고 하는 것이 주요 관심사이었다.[113] 물론 이것은 결정자의 편의를 위해서는 유리한 것으로 입증될 수 있으나, 이는 해양경계획정 문제에 있어 형평원칙을 적용하자는 견해에 상당한 차이가 있다는 것을 말해 주며, 따라서 법을 집행하는 법원의 능력에 대한 신뢰도에 있어 선천적으로 기대할 수 있는 가능성을 사전에 없애주는 그러한 결과를 가져왔다.

〈표 6〉 제재판에 의한 해양경계획정 사례

(해양수산부, 국제해양분쟁사례연구종합(V), 2006. pp, 285-292.)

1. 중재재판/조정

해결형태		사건명(년도)	적용원칙/주요쟁점
중재재판	1	노르웨이-스웨덴간 그리스바다르나 해양경계획정 사건(1908)	· 시제법원칙 적용 · 양국간의 특별조약이 우선 적용
	2	미국-네덜란드간 팔마스도 사건(1925)	· 실효적 지배(계속적이고 평화적인 국가권한 행사)이론 적용
	3	멕시코-프랑스간 클리퍼튼섬 사건(1909)	· 국가권한행사의 객관적 근거 유무 적용
	4	영-불 대륙붕 사건(1975)	· 등거리선 원칙과 특별사정의 일체성 · 자연연장원칙의 소극적 해석 · 형평원칙 강조 · 섬의 크기나 지리적 위치에 따른 법적 효과 차등

113) 이것은 Gros 판사에 의해 강하게 주장되었다: '1982년 튀니지-리비아 판결이래 취해진 과정은 확립된 규칙과는 동떨어진 당시 판사의 정치적·경제적 견해에 따라 자유로 평가하려는 판사들의 의견에 기초한 법이원의 형평에 몰입되어 왔다.', The Gulf of Maine case, *ICJ Reports*, 1984, p. 47.

			(1/2 효과 인정)
조정	5	아이슬랜드-노르웨이간 대륙붕 경계사건(1981)	· 공동개발구역 설정(대륙붕) · 자연연장개념 무의미 · 도서를 특별사정으로 고려
중재재판	6	기니-기니비소간 해양경계획정 사건(1985)	· 형평원칙 - 도서, 해안길이 및 지형, 비례성 등 - 대륙붕 경계시 지질학적 기준 미고려
	7	기니비소-세네갈간 해양경계획정사건(1985)	· 당사국간 중재(특별)협정유효성 인정 · 분쟁수역의 공동개발 및 개발을 위한 국제기관 설립 합의(등거리에 의한 외측한계선 설정)
	8	캐나다-프랑스간 생피에르 및 미크롱 해양경계획정 사건(1989)	· 대륙붕 -EEZ 단일 경계선 인정 · 형평원칙 및 관련 상황 고려(형평한 결과 도달목적) · 정치적인 섬의 경우 경계획정에 미영향
	9	에리트리아-예멘간 홍해도서 영유권 사건(1998)	· 실효적 지배에 의한 영유권 인정(개인이나 기업은 배제) · 역사적 권원의 증거능력은 이의 법적존재 및 분쟁도서와의 계속적 관계요구 · 객관적 증거에 의한 공식적 지도만의 증거능력 인정
	10	에리트리아-예맨 해양경계획정 사건(1999)	· 본토에서 원거리에 있는 도서의 법적 효과 무시 · 중간선에 의한 단일 경계선 인정 · 비례성 원칙 적용

2. 사법재판

사법재판	1	영-불간 멩끼에 및 에크레호 도서 영유권 사건(1953)	· 시제법원칙 · 실효적 지배에 대한 상대적 증거가치 비교판단 · 결정적 기일의 설정은 사건의 성질과 부탁합의 내용에 따라 재판소가 판단 · 어업협정과 도서 영유권은 무관
	2	서독-덴마크 · 네덜란드간 북해 대륙붕 사건(1967)	· 형평원칙 적용 · 지리적 요소가 지질학적 요소보다 우선 고려됨
	3	미국-캐나다간 메인만 해양경계사건(1984)	· 특별재판부에 의한 분쟁해결 · 당사국 요청에 의한 단일 경계선 확정 · 중요하지 않은 지리적 요소무시(소도, 무인암석, 간출암 등)
	4	리비아-몰타간 대륙붕 사건(1985)	· 관련사정 고려 형평한 결과 도달(관습법 규칙 적용) · 200해리 이내의 대륙붕은 자연연장 원칙 배제 · 소도(Filfra 암석)의 법적 효과 불인
	5	엘살바도르-온두라스간 도서 분쟁사건(1986)	· 경계획정 기준점이 도서 영유권 판단의 보충적 증거로 고려됨 · 부속도서는 본도의 처분에 따름으로 영유권 문제 해결에 중요 요소가 됨 · 실효적 지배에 대한 타방 당사국의 묵인을 중시
	6	덴마크-노르웨이간 그린랜드-얀 마옌 해양경계 사건(1988)	· 형평원칙(결과의 형평성) 적용 - 지리적 요소 및 어업자원 포함 · 인구, 주민의 애착도 등 문화적 요인은 관련사정에서 배제 · 대륙붕과 어업수역의 단일경계선 획정
	7	나미비아-보츠와나간 Sedudu 도서 사건(1996)	· 점유에 의한 시효취득 인정 · 사인의 행위는 국가행위가 아님(국가에 의한 추인 필요)
	8	카타르-바레인간 해양경계 및 도서 영유권 사건(2001)	· 제3국 결정의 중요성 인정 · 도서 및 간출지의 법적 효과 고려 · 직선기선의 엄격한 요건 적용
	9	카메룬-나이지리아간 해양경계(1994)	· 먼저 등거리선 적용, 그 후 형평결과 도달을 위한 경계선 조정방식 선택 · 형평은 경계획정 방법이 아닌 목표 · 합의에 의한 석유양허계약이 경계획정시 고려됨
	10	말레이시아 - 인도네시아간 도서 영유권사건(1998)	· 실효적 지배에 의한 도서 영유권 인정 · 지도의 증거원칙 및 가치는 지도가 전체문서를 이루는 공식적 내용에 첨부된 경우에만 인정 · 사인에 의한 점유/지배 불인

3. 양자협정

구분	번호	협정	내용
양자협정	1	중국-베트남간 경계협정(2004)	· 역사적 사실 주장 · 자원의 공동개발 및 이용 · 등거리선 방식 적용
	2	한국-일본간 대륙붕 경계협정(1971)	· 등거리선 방식 적용 · 분쟁수역에 대한 공동개발수역 설정 · 잠정협정의 형태임
	3	북한- 소련간 영해경계협정(1985)	· 북의 과도한 직선기선 수용 · 소련의 역사적 만 수용 · 도서/암초 등 경계획정시 무시 · 탈베그 원칙 적용
	4	북한- 소련간 경제수역/대륙붕 경계협정(1986)	· 경제수역/대륙붕 단일경계 · 해저지형을 무시한 등거리선 · 도서/암석 위치에 따라 상이한 경계 효과 인정
	5	말레이시아-태국간 대륙붕/영해경계협정 (1972)	· 등거리선 방식 적용 · 분쟁수역의 공동개발 합의 · 경제적/환경적 요소 미고려
	6	뉴질랜드-미국간 해양경계협정(1980)	· 등거리선 방식 적용 · 암초(drying fringing reef)의 기점사용 · 역사적/환경적/지리적/지형학적 요소 미고려
	7	쿡아일랜드-프랑스간 해양경계협정(1990)	· 등거리선 방식 적용 · 경계선부근 석유자원 개발/조정 협의 · 분쟁수역내 도서/암석 등 무시
	8	아이슬란드-노르웨이간 대륙붕경계협정(1981)	· 조정위원회 활용 · 공동개발수역내의 경계선 존재 합의 · 정치적, 역사적, 경제적, 지리적 요인 고려(특히 어업 의존도 등의 특수사정고려)
	9	덴마크-독일간 대륙붕 경계협정(1971)	· 일부 등거리선 방식 적용(경계선의 짧은 내측부분만 합의에 의해) · 기타는 형평원칙 적용
	10	독일-네덜란드간 대륙붕 경계협정(1971)	· ICJ 판결의 등거리 방식이 구속력 있는 법원칙이 아님 · 경계선의 실용성이 고려되어야 함
	11	리비아-몰타간 대륙붕 경계협정(1986)	· ICJ 판결을 기초로 경계합의 · 중간선 방식 타당성 인정 - 400해리 이내의 대륙경계시
	12	리비아-튀니지간 대륙붕 경계협정(1988)	· 형평원칙에 의한 모든 관련사항 고려 · 역사적 권리 무시 · 경제적인 상황 미고려 · 1982년 양국간 대륙붕에 관한 ICJ 판결의 직접적 영향초래
	13	덴마크-노르웨이간 해양경계협정(1979)	· 리비아-몰타간 ICJ 판결 수용 · 국가관행보다는 형평요소 고려 · 어업방식과 빙산존재가 경계선 조정에 고려됨

양자협정	14	캐나다-프랑스간 경계협정 (1992)	· 등거리선 방식 적용 · 소도는 경계시 모두 고려됨 단 Bank 및 모래톱은 무시 · 전통적 어업권 존중
	15	미국- 쿠바간 해양경계협정 (1977)	· 쿠바의 직선기선과 미국의 통상기선 충돌(미국은 불인) · 등거리 방식 적용(직선기선 인정·불인정시의 등거리의 중간선 채택) · 경계선설정에 관한 각서교환(2년 주기)
	16	아르헨티나-칠레간 대륙붕 경계협정(1984)	· 자오선을 따른 경계획정 · 교황의 조언에 기초 · 단일경계선 획정(대륙붕에 무게)
	17	미국- 소련간 경계협정 (1990)	· 1867년 해양경계선협정상의 경계선 존중 · 해양경계선은 해양관련 국제법규칙에 관한 양국 입장에 영향을 주거나 해하지 않아야 함
	18	코스타리카-에콰도르간 해양경계협정(1985)	· 등거리 방식(측지선방법 사용) · 도서의 완전효과(직선기선 사용) · 특수지역(10해리)설정: 타국조업허용
	19	호주(PNG)-인도네시아간 경계협정(1973)	· 등거리방식 적용(지질학적 요소 비고려) · 분쟁의 평화적 해결 합의 · 인도네시아 군도기선 무시
양자협정	20	호주 - 인도네시아(Timor/Arafura)간 경계협정(1971)	· 등거리 방식 적용 · 1969 북해대륙붕사건의 원용 · 공동구역설정시 자연적 연장원칙 효과 감소 반영
	21	호주- 인도네시아간 어업협정(1981)	· 잠정협정의 성격 · 등거리방식 적용 · 지리적 요소 고려
	22	호주- 인도네시아(동티모르)간 대륙붕협정(1989)	· 40년간의 잠정협정 · 측지학(geodesics)에 의한 공동경계 · 자원의 공동개발합의로 경계문제해결노력 경주
	23	스리랑카-인도-몰디브간 해양경계협정 (1976)	· 등거리선 방식 적용 · 분쟁수역 자원부재로 협상용이 · 200해리 거리개념 적용
	24	인도-몰디브간 해양경계협정 (1976)	· 등거리선 방식 적용 · 지리적 측면 고려 · 인도 본토에서 멀리 떨어진 Minicoy섬의 경계시 완전한 효과 인정(국력고려)
	25	인도-스리랑카간 해양 경계협정(1976)	· 등거리방식 사용(관련 해저의 구조 및 형태가 동일하므로) · 스리랑카의 전통적 어업권 인정(3년) : 교환각서, 경계획정시 미영향

양자협정	26	인도-인도네시아-태국간 경계협정(1978)	· 등거리 방식에 의한 Tri-junction Point · 양자간 경계는 형평원칙 적용 · 경계선부근유전의 공동개발/이익공유
	27	이란-카타르 대륙붕 경계협정(1969)	· 중간선 원칙 적용 · 경계선부근 석유자원 개발/조정 협의 · 분쟁수역내 도서/암석 등 무시
	28	카타르-아랍에미레이트간 대륙붕 경계협정(1969)	· 경제적 사정이 경계에 영향 초래 · 등거리방식 사용 · 분쟁수역에 분쟁도서/유전존재시 공동개발 및 공동이익 향유 · 분쟁도서 3마일 위요지 설정으로 경계선 획정 (1/4 효과 인정)
	29	기니비소- 세네갈간 어업협정(1989)	· 분쟁수역의 공동개발 합의 · 유전 사전 발국국에게 자원분배의 상대적 이익 부여 · 지리적 요소 고려
	30	모로코-모리타니아간 경계협정 (1976)	· 위도선(24도)을 따른 해양경계 · 구체적인 적용원칙 부재(미언급)

제4장

대륙붕한계위원회 문서제출 사례분석

제1절 서 언

유엔해양법협약 당사국회의에서 200해리 이원 대륙붕을 향유하고 있는 연안국에게 2009년 5월 12일까지 자국의 200해리 이원 대륙붕 한계에 관한 문서를 유엔대륙한계위원회에 제출하도록 결의한 이후 지금까지(2010. 10. 20 현재) 53개국이 문서를 제출하였고[1] 이중 일부 제출문건은 동 위원회가 심사하여 해당 국가에게 권고를 한 바 있으며, 일부는 심사하였거나 심사를 고려하고 있다.

본고는 기 제출된 문건 중에서 이미 심사를 마친 9개 사례(러시아, 브라질, 호주, 아일랜드, 뉴질랜드, 프랑스 · 아일랜드 · 스페인공동제출, 노르웨이, 프랑스, 멕시코)를[2] 제외한 기타 제출된 7개 사례 즉, 바베이도스, 영국, 인도네시아, 일본, 모리셔스 · 세이쉘 공동제출, 수리나메, 미얀마)를 관련 국제법규 즉 유엔해양법협약, 유엔대륙붕한계위원회 의사규칙, 유엔대륙붕한계위원회 과학적 및 기술적 지침[3] 등을 근거로 분석 · 검토한 후 200해리 이원 대륙붕을 향유하는 연안국 제출의무의 법적 · 실질적 문제점을 도출하여 이의 바람직한 해결방안을 제시하

1) http://www.un.org/Depts/los/clcs_new/commission_submission.htm 참조.
2) 9개 사례의 분석내용에 관하여는, 졸고, "대륙붕한계 문서제출 사례분석 및 우리의 대응방안 연구", 해사법연구 제20권 제3호, 한국해사법학회(2007), pp. 1-41 참조.
3) 관련 규정에 관하여는, *ibid.*, 참조.

고자 한다.

또한 본장은 이러한 분석과 평가를 기초로 하여 향후, 특히 동중국해에서 일본 및 중국과의 대륙붕 경계획정문제를 심각하게 안고 있으면서 동시에 이 지역에서 우리의 대륙붕 한계에 관한 문서를 제출해야 하는 어려움이 있는 우리 정부의 정책방향 결정에 있어 참고기 될 수 있는 법적 조언을 제공하고자 한다.

제 2 절 사례분석

1. 바베이도스[4)]

(1) 개요

바베이도스 정부는 1993년 10월 12일 유엔해양법협약을 비준한[5)] 가입국으로서, 동 협약 제76조 8항에 따라 유엔 대륙붕한계위원회(the United Nations Commission on the Limits of the Continental Shelf : 이하부터 CLCS)[6)]에 자국 영해기선으로부터 시작하는 200해리 이원 대륙붕 외측한계 설정에 관한 문서를 제출하였다. 동 위원회에 제출한 바베이도스 대륙붕 외측한계는 동 협약 제76조[7)] 및 제2부속서 규정에 근거하였으며 200해리 이원 바베이도스 대륙붕은 남쪽지역과 북쪽지역의 2개 지역으로 나누어 제출하였다.[8)]

---

4) http://www.un.org/Depts/los/clcs__new/submissions__files/brb08/brb08__executive__summary.pp://www.un.org/Depts/los/clcs__new/submissions__files/brb08/brb08__executive__summary.pdf, pp.1-6 참조
5) http://www.un.org/Depts/los/reference__files/status2008. pdf 참조.
6) http://www.un.org/Depts/los/clcs__new/clcs__home.htm 참조.
7) 유엔해양법협약 76조는 대륙붕의 정의를 제1-10항에서 상세히 규정하고 있다. 김현수(편), *한반도 주변국가의 해양법령집*, 서울: 연경문화사, 2000, 42쪽.
8) 남쪽과 북쪽지역에서의 바베이도스 대륙붕 외측한계는 유엔양법협약 제76조(4)(b), 즉 "대륙사면의 최저부로부터 60해리 이하인 확정지점을 제7항에 따라 연결한 선" 규정에 근거한다.

(2) 바베이도스 대륙붕 외측한계

상기에서 언급한 바와 같이, 바베이도스 대륙붕 외측한계는 남쪽과 북쪽지역으로 분리된다. 유엔해양법협약 제76조(4)(a)(i) 항이 이들 두 지역에 관련되는 규정이며, 남쪽지역에서는 6개 지점이 설정되었고, 북쪽지역에서는 9개 지점이 설정되었다(〈표 1〉 참조).

(3) 분쟁의 부재문제

본 제출과 CLCS 권고는 동 협약 제76(10)항 및 제2부속서 제9조에 따라 국가간 대륙붕 경계획정 문제를 침해하지 아니한다. 남쪽(가이아나와 수리나메) 및 북쪽(프랑스)지역 200해리 이원 대륙붕에 관하여 잠재적으로 권원이 중복되는 지역이 있으나, 수리나메, 가이아나 및 프랑스 정부는 바베이도스의 문서 제출에 반대하지 않기로 각자 합의하였다. 또한 2006년 4월 유엔해양법협약 제7부속서(중재)상의 중재재판 판정으로 바베이도스와 트리니다드토바고간 해양권원지역이 결정되었다.

(4) 관계국가의 반응

1) 수리나메

수리나메는 바베이도스가 제출한 남쪽지역에 대한 대륙붕 권원을 향유한다. 유엔해양법협약상, 양국은 동 협약 가입국이며 동시에 대륙붕한계위원회 의사규칙 및 동 협약 제2부속서 적용대상국으로서 동 위원회의 행위가 대향 또는 인접국간 경계획정에 관한 문제에 어떠한 침해를 주어서는 아니 된다[9]라고 반응하였다.

수리나메 정부의 입장은 바베이도스의 제출과 CLCS 권고가 대서양에서 향후 수리나메가 제출하게 될 대륙붕 및 바베이도스가 언급한 수리나메와 인접국가간 대륙붕 경계획정에 아무런 침해를 하여서는 안된다는 것이다.

9) Fax Message, Ref. No.RL/67, No. 9509 by the Ministry of Foreign Affairs, Republic of Surname to the Secretary-General of the United Nations, New York, 7 August 2008.

2) 트리나다드토바고

바베이도스와는 남쪽과 북쪽지역에서의 200해리 이원 대륙붕에 관한 권원이 중첩되는 지역이 있으나 바베이도스의 동 문서 제출에 관하여 모두 반대를 하지 않았고, 트리니다드토바고와의 해양권원지역이 중재판정으로 결정되었다고 하였다.

트리니다드토바고는 바베이도스가 이 문제에 관하여 자국과 협의를 한 바 없으므로 제7부속서 중재재판 판정을 원용하여 제출한다는 바베이도스 제출사유를 거부한다. 따라서 확립된 규정에 따라 대륙붕한계위원회에 문서 제출을 할 것을 강조하며, 바베이도스가 제7부속서 판정을 이유로 하여 트리니다드토바고의 200해리 대륙붕 이원까지 자국의 권원이 미친다는 것은 바베이도스 자신의 견해이지 트리니다드토바고 의견이 아니다[10]라고 반응하였다.

트리니다드토바고는 대륙붕한계위원회가 이러한 사실을 방지하기를 희망하며 바베이도스를 포함한 인접 연안국과의 200해리 이원 대륙붕에 관하여 권원이 잠재적으로 중복되는 지역이 있다는 것을 주지하기 바란다. 이러한 입장에 침해를 하지 않는다면, 트리니다드토바고는 바베이도스 제출에 반대하지 않을 것이나, 트리니다드토바고가 바베이도스 제출에 반대하지 않는다는 것이 우리의 제출에 관한 모든 권리를 유보한다는 것은 아니다[11]라고 하였다.

③ 베네주엘라

유엔해양법협약 당사국 유무와는 상관없이 베네주엘라는 관습국제법에 따라 바베이도스가 남쪽지역이라고 언급하는 지역에서의 대륙붕에 관한 권리를 향유하며 이러한 권리는 점유라든가 실효적 또는 관념적 개념에 의존하지 않는 배타적인 권리라는 것이다.[12]

유엔해양법협약 및 대륙붕한계위원회 의사규칙에 따라 동 위원회 활동이 베네주엘라와 대서양 인접국간의 경계획정에 관한 문제를 침해해서는 아니 된다. 베

10) No. 173 by the Permanent Mission of Trinidad and Tobago to the United Nations, 11 August 2008.
11) *Ibid.*
12) Ref. No. : 00766 by the Ministry of People's Power for Foreign Affairs, Bolivarian Republic of Venezuela, 9 September 2008.

네주엘라는 바베이도스의 문서 제출에 관하여 향후 반대를 위한 권리 및 논평을 포함하여 국제법에 따른 모든 권리를 유보한다.

2. 영국(Ascension Island)[13]

(1) 개요

영국은 Ascension(아센션) 도서 주변의 대륙붕 외측한계 설정을 위해 유엔해양법협약 제76조 8항에 따라 대륙붕 한계위원회에 문서를 제출하였다. Ascension 도서는 영국 부속령으로 영국에서 750마일 남동쪽에 위치해 있다. 동 도서는 유엔해양법협약 제121조(도서제도) 상의 배타적 경제수역 및 대륙붕을 향유하는 점유 및 경제활동 역사를 가지고 있는 도서라고 한다.[14]

(2) Ascension 도서 주변 대륙붕 외측한계

본 제출은 Ascension 도서에 인접한 대륙붕 외측한계에만 관계된 것이므로 따라서 이는 영국의 부분제출에 해당한다. 본 제출과 관련된 외측한계와 관련하여 영국이 원용한 조항은 유엔해양법협약 제76조4(a)(ii), 제76조 4(b), 제76조 6 및 제76조 7항 등이다.

(3) 분쟁의 부재

대륙붕한계위원회 의사규칙 제1부속서 제2항에[15] 따라, 영국은 부분제출 대상지역 대륙붕이 타국 간 분쟁의 대상이 아님을 위원회에 통보하였다.

---

13) http://www.un.org/Depts/los/clcs_new/submissions_files/gbr08/ascension_executive_summary.pdf, pp. 1-28 참조.

14) *Ibid*., p. 1.

15) 즉 동 조항은 대향 또는 인접국간 대륙붕경계획정 분쟁이 있거나 미해결 육상 또는 해양분쟁이 존재하는 경우, 제출국은 이러한 분쟁을 위원회에 통고하여야 한다. http://daccessdds.un.org/doc/UNDOC/GEN/N08/309/23/PDF/N0830923.pdf/OpenElement, CLCS/40, Annex I(Submission in case of a dispute between States with opposite or adjacent coasts or in other cases of unsolved land or maritime disputes, p. 21 참조.

(4) Ascension 도서주변 대륙붕 외측한계 기술

아센션 도서 주변 외측한계는 두개의 지역 즉 아센션의 동쪽과 서쪽으로 나누어진다. 양측지역 모두 제76조 4(a)(ii)가 적용되는 바(FOS로부터 60해리), FOS 10개 지점은 동쪽에 있고(FOS 1E to FOS 10E) 이들 중 8개 지점이 외측한계에 해당한다(FOS 1E, FOS 3E to FOS 7E 및 FOS 9E to FOS 10E). 서쪽지역에서의 모든 FOS 지점은(FOS 1W to FOS 11W) 기선에서 350해를 초과하기 때문에 외측한계 해당되지는 않으나, 이 지역에서의 외측한계는 유엔해양법협약 제76조 6항상의 기선으로부터 350마일에 해당하는 지점이다.[16]

(5) 기타 영국의 입장[17]

남극에 관하여 영국은 남극조약 및 유엔해양법협약상의 원칙과 목적을 원용하며 남극조약체제 및 동 협약과의 조화 중요성 그리고 남극지역에서의 지속적 평화협력, 안보 및 안정 보장을 강조하였다. 유엔해양법협약의 관련규정 특히 동 협약 제77조(대륙붕에 대한 연안국의 권리)를 언급하면서, 대륙붕에 대한 연안국의 권리가 어떤 선언에 의존해서는 아니 되며 유엔해양법협약 당사국회의의 결정과 CLCS의사규칙에 의하여야 함을 원용하였다.

영국은 남위 60° 이남지역의 환경과 남극조약상의 남극의 특별한 법적 및 정치적 지위에 주목을 하면서 언급하기를, 남극에 부속되어 있는 아직 미확정된 대륙붕지역이 존재한다는 것이다. 이는 관련국가에게 CLCS에의 정보제출이 열려있음을 의미하나, 당분간 동 위원회는 이를 검토하지 않거나 또는 향후에 제출하게 될 이들 대륙붕 지역을 포함한 부분제출을 하지 않을 것이다라고 예상하였다. 따라서 동 위원회 규칙에 따라 행한 부분제출에서, 영국은 차후 제출하게 될 남극에 부속한 대륙붕 지역을 포함하지는 않을 것이다라고 강조하였다.[18]

---

16) http://www.un.org/Depts/los/clcs_new/submissions_files/gbr08/ascension_executive_summary.pdf, p. 1.
17) Note No: 168/08, United Kingdom Mission to the United Nations, 9 May 2008 참조.
18) *Ibid.*

3. 인도네시아[19)]

(1) 개요

1957년 12월 13일 Djoeanda 선언에 따라, 인도네시아는 군도국가를 선언하였고, 이후 1960년 법률 제4호로 최외곽도서에 대한 군도기선을 확정하였다. 1982년 유엔해양법협약 체결 이전에 인도네시아는 인접국가와의 대륙붕 경계획정에 관한 여러 합의를 하였는바, 특히 인도양과 안다만 해에서 인도와, 안다만 해에서의 태국과, 말래카 해협 및 남지나해에서의 말레이시아와, 태평양 및 아라푸라해에서의 파푸아뉴기니와 그리고 티모르해 및 아라푸라해에서의 호주 등과 경계획정에 관한 합의를 하였다.[20)] 인도네시아는 1985년 12월 31일에 법률 제17호로 유엔해양법협약을 비준하였고 동 협약은 1986년 2월 3일부터 인도네시아에 발효되었다.

(2) 수마트라 북서지역 대륙붕 외측한계

인도네시아의 본 문서제출은 수마트라 북서지역 대륙붕 외측한계에만 해당된다. 대륙붕한계위원회 의사규칙 제1부속서 제3항에[21)] 따라, 타 지역에서의 대륙붕 외측한계 제출은 차후에 제출할 것이라고 하였다. 인도네시아는 동 문서제출을 위한 원용규정으로, 유엔해양법협약 제76조 1항 및 제76.4(a)항 규정에 근거하여 부분제출에 포함된 외측한계를 제출하였다.[22)]

---

19) http://www.un.org/Depts/los/clcs__new/submissions__files/idn08/Executive 20Summary.pdf, pp. 1-10 참조.

20) *Ibid.*, p.4.

21) 동 조항은 연안국에 의한 문서의 부분제출 가능성을 언급하며, 동 제출이 타국과의 경계획정을 침해하지 않음을 강조한다. 상세는, http://daccessdds.un.org/doc/UNDOC/GEN/N08/309/23/PDF/N0830923.pdf/OpenElement, CLCS/40, Annex I(Submission in case of a dispute between States with opposite or adjacent coasts or in other cases of unsolved land or maritime disputes, p. 21 참조.

22) http://www.un.org/Depts/los/clcs__new/clcs__home.htm 참조.

(3) 분쟁의 부재

대륙붕한계위원회 의사규칙 부속서 제2(a)에 따라, 인도네시아는 부분제출 대상인 수마트라 북서쪽 대륙붕지역이 타국과의 여하한 분쟁이 대상이 아님을 대륙붕한계위원회에 통고하였다.[23)]

(4) 수마트라 북서지역 대륙붕 외측한계 기술

인도네시아는 부분제출 해당지역에서 1% 퇴적층공식에 따라 결정된 선을 설정하였다. 탄성파 자료에 의하면, 충분한 퇴적층이 FOS까지의 최단거리에 관하여 1%퇴적층 공식의 적용이 가능함을 보여준다. 따라서 5개의 지점이 200해리 한계와 함께 수마트라 북서지역 대륙붕 외측한계를 이루는 지점으로 설정되었다.[24)]

4. 일본[25)]

(1) 개요

일본은 1983년 2월 7일 유엔해양법협약을 서명했고 이후 1996년 6월 20일 동 협약을 비준하여 1996년 7월 20일부터 동 협약이 일본에 발효하게 되었다.[26)]

동 제출문서 및 기타 문서 등에 의해 일본은 유엔해양법협약 제76조에 따라 7개 지역에서의 영해기선으로부터 200해리 이원 대륙붕 외측한계를 다음과 같이 설정하였다:

1. The Southern Kyushu-Pulau Ridge Region(KPR)
2. The Minami-lo To Island Region(MIT)
3. The Minami-Tori Shima Island Region(MTS)

---

23) *Ibid.*
24) *Ibid.*, p. 8.
25) http://www.un.org/Depts/los/clcs_new/submissions_files/jpn08/jpn_execsummary.pdf, pp. 1-80 참조.
26) *Ibid.*, p. 4.

4. The Mogi Seamount Region(MGS)
5. The Ogasawara Plateau Region(OGP)
6. The Southern Oki-Daito Ridge Region(ODR)
7. The Shikoku Basin Region(SKB)

동 협약 제76조, 동 협약 제2부속서 제4조 및 제11차 유엔해양법협약 당사국회의의 결정에 따라, 일본은 영해기선으로부터 200해리 이원 대륙붕 외측한계를 동 협약 제2부속서에 의해 설치된 대륙붕한계위원회에 제출할 의무가 있다는 것이다.[27]

(2) 원용규정

일본은 FOS의 모든 지점이 동 협약 제76조 4(b) 규정에 따라 결정되며, 이와 반대되는 어떠한 증거도 본 제출문건의 원용을 위해 사용하지 않았다. 제출에서 기술한 모든 지역에 대해 동 협약 제76조 4(a)(ii)항에 규정된 규칙을 대륙변계 외측한계 설정에 원용하였다. 일부지역에서는 동 협약 제76조 5항에 언급된 규정이 확장된 대륙붕 외측한계 설정을 위해 채택하였고, 이 확장된 대륙붕 외측한계는 동 협약 제76조 7항 규정에 따라 고정점을 연결하는 직선으로 획정하였다.[28]

(3) 관련 해양경계획정

대륙붕한계위원회 의사규칙 제1부속서 제2(a)항에 따라, 일본은 동 위원회 제출대상 대륙붕 지역이 일본 및 아래 언급한 지역을 제외한 기타 국가와의 여하한 분쟁 대상지역이 아님을 위원회에 통보하였다.[29]

잠재적 중복지역[30]인 Haha 도서 및 Minami-Tori 도서 그리고 Minami-lo To 도서지역에서의 대륙붕이 미국과 일본간 협의 대상지역이다. 이 지역에 대한 일본의 제출과 대륙붕한계위원회 권고 및 고려가 일본 및 미국간 200해리 이원 대

27) *Ibid.*,
28) *Ibid.*, p. 7.
29) *Ibid.*,
30) *Ibid.*, pp. 7-8.

륙붕 경계획정 문제를 침해하지 아니한다. 미국은 일본의 이 지역 제출에 대한 위원회 고려 및 권고가 경계획정을 침해하지 않을 경우 아무런 반대를 하지 않는다는 견해를 표명하였다.

잠재적 중복이 되는 Oki-no-Tori 도서 지역 대륙붕은 일본과 Palau간 협의 대상지역이며, 이 지역에 대한 일본의 제출과 위원회 고려 및 권고가 일본과 Palau 간 200해리 이원 대륙붕 경계획정 문제를 침해하지 않는다고 하였다. Palau 공화국 정부는 일본정부가 이 지역에 대한 문서 제출로 동 위원회 고려 및 권고요청에 대해 경계획정을 침해하지 않는다면 아무런 반대도 하지 않음을 표명하였다.

(4) 확장된 대륙붕 외측한계 기술

1) Southern Kyushu-Palau 산맥 지역[31)]

이 지역에서의 대륙변계는 Kyushu-Palau 산맥을 따라 남쪽으로 확장되는데, 이는 Oki-no-Tori 도서 대륙산맥상의 일본 육지의 자연연장을 이룬다. 이 지역에서의 확장된 대륙붕 외측한계는 618개 지점을 연결하는 길이가 60해리를 초과하지 않는 직선으로 이루어진다.[32)]

2) Minami-Io To 도서 지역[33)]

이 지역에서의 대륙변계는 Izu-Ogasawara와 Mariana해구 및 인접 해저고지대를 포함하는데, 이는 Minami-lo-To 도서와 같은 도서로 대표되는 원호상에 일본 육지영토의 자연연장을 이룬다.

---

31) *Ibid.*, p. 9.

32) 490개 지점이 FOS로부터 60마일 공식선상에 위치, 34개 지점이 영해기선에서 350해리 이내에 위치, 88개 지점이 2,500m 등심선으로부터 100해리 이내에 위치, 1개 지점이 FOS로부터 60마일 공식선상 및 영해기선에서 350해리 이내에 위치, 1개 지점이 FOS로부터 60마일 공식선상 및 2,500m 등심선으로부터 100해리 이내에 위치, 1개 지점이 FOS로부터 60마일 공식선상 및 일본 영해기선에서 200해리 상에 위치, 1개 지점이 일본 영해기선에서 200해리 상에 위치, 1개 지점이 Palau 영해기선에서 200해리 상에 위치, 1개 지점이 Micronesia 영해기선에서 200해리 상에 위치. *Ibid.*, p. 9.

33) 53개 지점이 FOS로부터 60마일 공식선상에 위치, 91개 지점이 영해기선에서 350해리 이내에 위치, 1개 지점이 FOS로부터 60마일 공식선상 및 영해기선에서 350해리 이내에 위치, 1개 지점이 일본 영해기선에서 200해리 이내 및 일본 영해기선에서 350해리 이내에 위치, 1개 지점이 미국 영해기선에서 200해리 상에 위치. *Ibid.*, p. 12.

3) Minami-Tori 도서 지역[34)]

이 지역에서의 대륙붕은 광대한 해저고지대를 포함하는데, 이는 Minami-Tori 도서로 대표되는 일본 육지영토의 자연연장이 된다. 이 지역에서의 확장된 대륙붕 외측한계는 574개 지점을 연결하는 길이가 60해리를 초과하지 않는 직선으로 이루어진다.

4) Mogi 해산지역[35)]

이 지역에서의 대륙붕은 Isu-Ogasawara Arc 및 Mogi 해산을 포함하는데, 이는 Hachijo 도서와 같은 도서로 대표되는 원호상의 일본육지 영토의 자연연장을 이룬다. 이 지역에서의 확장된 대륙붕 외측한계는 41개 지점을 연결하는 길이가 60해리를 초과하지 않는 직선으로 이루어진다.

5) Ogasawara 고원 지역[36)]

이 지역에서의 대륙붕은 ISU-Ogasawara Arc, Ogasawara 고원 및 Uyeda 산맥을 포함하는데, 이는 Chi chi 도서와 같은 도서로 대표되는 원호상에서 일본 육지영토의 자연연장을 이룬다.

6) Southern Oki-Daito 산맥 지역[37)]

이 지역에서의 대륙붕은 Oki-Daito 산맥과 Oki-Daito Rise(대)를 포함하는데, 이는 Oki-Daito 도서로 대표되는 산맥상에서 일본 육지영토의 자연연장을 이룬다. 이 지역에서의 확장된 대륙붕 외측한계는 588개 지점을 연결하는 길이가 60해리를 초과하지 않는 직선으로 이루어진다.

---

34) 572개 지점이 FOS로부터 60마일 공식선상에 위치, 2개 지점이 일본 영해기선에서 200해리 상에 위치. *Ibid.*, p. 14.

35) 39개 지점이 FOS로부터 60마일 공식선상에 위치, 2개 지점이 FOS로부터 60마일 공식선상 및 일본 영해기선에서 200해리 상에 위치. *Ibid.*, p. 16.

36) 580개 지점이 FOS로부터 60마일 공식선상에 위치, 2개 지점이 FOS로부터 60마일 공식선상 및 일본 영해기선에서 200해리 상에 위치, 1개 지점이 일본 영해기선에서 200해리 상에 위치, 1개 지점이 미국 영해기선에서 200해리 상에 위치. *Ibid.*, p. 18.

37) 586개 지점이 FOS로부터 60마일 공식선상에 위치, 2개 지점이 일본 영해기선에서 200해리 상에 위치. *Ibid.*, p. 20.

7) Shikoku 분지 지역[38)]

이 지역에서의 대륙변계는 두 부분으로 구성되는 바, 동쪽부분은 IZU-Ogasawara 도서 Tori 도서와 같은 도서로 대표되는 원호상에 일본 육지영토의 자연연장을 이룬다. 서쪽부분은 Kyushu-Palau, Daito 및 Oki-Daito 산맥으로 구성되는 바, 이는 Kita-Daito 도서, Oki-Daito 도서 및 Oki-no-Tori도서와 같은 도서로 대표되는 산맥 상에 일본 육지영토의 자연연장을 이룬다.

양측 부분에서 일본 영해기선으로부터 200해리로 둘러싸인 지역은 잔존하는 소규모 중심지역과 함께 Shikoku만 지역의 대부분을 차지한다. 그러나 이 지역 대륙붕은 서쪽 및 동쪽에서 모두 200해리 이원으로 확장되며 이들은 서로 완전히 중첩된다. Shikoku만 중심지역에서 200해리 밖의 모든 지역은 따라서 일본의 대륙붕 일부가 된다.

5. 모리셔스와 세이쉘의 공동제출[39)]

(1) 개요

유엔해양법협약 제76조 8항에 따라 Mascarena 고원지역에서의 200해리 이원 대륙붕 외측한계를 양 연안국이 함께 제출하게 되었다. 양 연안국은 남서인도양에 위치한 소도서 국가이며 모두 동 협약 당사국이다. 세이쉘은 1991년 9월 16일에, 모리셔스는 1994년 11월 4일에 동 협약을 각각 비준하였다.[40)]

동 협약 제2부속서 제4조 및 제11~18차 당사국회의 결정에 따라 양국은 본 문건을 제출하게 되었는바, 양국은 Mascarene 고원지역에서 200해리 이원 대륙붕지역에 대한 권원을 각자 향유하므로 대륙붕한계위원회 의사규칙 제1부속서 제4항에 따라 이 지역에서의 확장된 대륙붕에 대한 공동제출을 위원회에 하기로 합의하였다.[41)] 양국은 동 제출이 이들 간의 해양경계획정에 아무런 침해를 주지

38) *Ibid.*, p. 22.

39) http://www.un.org/Depts/los/clcs_new/submissions_files/musc08/sms_es_doc.pdf, pp. 1-33 참조.

40) *Ibid.*, p. 4.

않음을 합의하였고, 따라서 이 지역 확장된 대륙붕의 경계획정은 양국이 제출한 문건에 대하여 대륙붕한계위원회 소위원회가 검토하고 동 위원회가 권고 결정한 이후 국제법을 기초로 경계를 획정하기로 합의하였다.[42]

(2) Maxcarene 고원지역 대륙붕 외측한계

유엔해양법협약 제76조 1항에 규정된 바와 같이, 양국은 각자의 육지영토 자연연장으로부터 자국 영해 이원으로 확장되는 해저지역 하층토를 포함하는 대륙붕을 향유하며, 동 협약 제76조 4~6항에 규정된 바와 같이, 대륙변계의 외측끝단이 이 거리까지 확장되지 않는 곳에서 양국 영해기선으로부터 200해리까지의 대륙붕을 향유한다.[43]

동 협약 제76조 4~6항에 따라 연안국은 자국 대륙변계의 외측끝단 및 확장된 대륙붕을 설정할 수 있으며, 이 경우 그 대륙변계는 영해기선으로부터 200해리 이원까지 확장될 수 있다. 또한 동 협약 제76조 7항은 연안국은 경위도 좌표로 표시된 확장지점을 연결하여 그 길이가 60해리를 넘지 아니하는 직선에 의하여 대륙붕 외측한계를 그어야 한다고 언급한다. 양국이 제출한 문건자료는 Mascarene 고원지역에서 양국 관련 육지영토에 인접한 대륙붕 외측한계가 양국 영해기선으로부터 200해리 이원으로 확장한다.[44]

(3) 경계획정문제

양국은 동 문건제출 대륙붕지역이 대륙붕한계위원회 의사규칙 제1부속서 제2(a)에 따라 이들 국가간 또는 타국간 분쟁의 대상이 아님을 위원회에 통고하였다. 또한 양국은 동 제출문서에 대한 위원회 권고가 양국간 그리고 동 위원회 의사규칙 제1부속서 제2(b)에 따라 타국간 경계획정을 침해하지 않을 것이라는 견해를 표명하였다. 양국은 또한 본 문서 제출이 동 의사규칙 제1부속서 제4(a)에 따라 이들의 해양경계획정을 침해하지 않을 것임을 합의하였다.[45]

---

41) *Ibid.*
42) *Ibid.*, p. 5.
43) *Ibid.*, p. 7.
44) *Ibid.*
45) *Ibid.*, p. 10.

(4) 대륙붕 외측한계 기술(Mascarene 고원)

Mascarene 고원은 남서인도양의 마다가스카르 동쪽에 위치하며 우주에서 선명히 보이는 몇 개의 해저해양개체 중의 하나이다. 동 고원은 4°S 와 22°S에 남-남-동서 방향으로 뻗어 있으며 여러 고원, 모래톱 및 도서로 구성되어 있다. 수심은 평균 8m~90m 그리고 끝단에서는 4,000m의 심연이 있다.[46] Mascarene고원은 4개의 주요 모래톱 및 융기부분으로 되어 있는 바, 즉 Seychelles Bank, Correira Bank Rise, Saya de Malha Bank 및 Nazareth Bank 등이다. 동 고원지역의 확장된 대륙붕 외측한계는 양국기선에서 200해리 이원으로 확장되는 387,000㎢의 면적을 갖고 있다.[47]

6. 수리나메[48]

(1) 개요

수리나메는 유엔해양법협약을 1998년 7월 9일 비준하였고, 동 협약 제76조 및 제2부속서상의 의무를 이행하기 위하여 200해리 이원 대륙붕한계에 관한 문서를 2008년 12월 5일 대륙붕한계위원회에 제출하였다.[49] 본 문서는 대서양에서의 수리나메 대륙붕 외측한계를 다루게 되는데, 수리나메의 대륙붕은 대서양 대륙변계의 끝에 위치해 있다.

(2) 분쟁의 부재

수리나메와 인접국가 간 대륙붕 경계획정과 관련하여 일부 미해결 과제가 남아 있으나, 수리나메는 이 문제를 유엔해양법협약 제76조 10항 및 대륙붕한계위원회 의사규칙 제1부속서 제40조에 의해 해결할 것을 고려하였다. 본 문서제출

---

46) *Ibid.*, p. 11.
47) *Ibid.*, p. 12.
48) http://www.un.org/Depts/los/clcs_new/submissions_files/sur08/suriname_executive_summary.pdf, pp. 1-7 참조.
49) *Ibid.*, p. 1.

및 동 위원회 권고는 동 협약 제76조 10항 및 동 협약 제1부속서 제9조에 따라 양국간 해양경계획정을 침해하지 아니한다고 하였다.[50)]

수리나메와 그 동쪽 이웃국가인 프랑스는 대륙붕 외측한계까지 확장되는 해양경계를 공유하는바, 수리나메는 자국의 문서제출에 관하여 프랑스와 협의하였고 프랑스 정부는 동 문건 제출에 반대하지 않기로 합의하였다. 물론 수리나메의 본 문서제출은 프랑스와의 해양경계획정을 침해하지 않는다. 수리나메와 인접국인 가이아나와의 해양경계는 양국 배타적 경제수역 외측한계까지로 설정하였고, 수리나메 배타적 경제수역 외측한계 이원의 수리나메 대륙붕 경계는 향유 설정할 예정이다.[51)]

수리나메는 자국 문서제출에 관하여 서쪽 지역 국가들과의 협의를 요구하였는바, 이에는 바베이도스, 가이아나, 트리니다드토바고 및 베네주엘라 등이 해당한다. 이들 4개국은 모두 수리나메가 동 위원회에 문서를 제출하는 것을 반대하지 않기로 합의하였다. 수리나메는 동 위원회 의사규칙 제1부속서 2(a)에 따라, 본 제출과 관련된 경계분쟁이 없으며, 본 제출이 인접국가 간 대륙붕 경계획정과 관련된 문제를 침해하지 않도록 처리될 수 있음을 동 위원회가 확신하도록 위원회에 이를 제공하였다.[52)]

(3) 수리나메 대륙붕 외측한계 기술

수리나메-가이아나 분지 및 Demerara 고원 대륙변계를 따라 7개의 FOS가 선정되었다. 이들 중 5개 지점이 그 퇴적층이 충분한 것으로 나타났고 이는 동 협약 제76조 4(a)(i) 조건을 충족시키게 된다. 또한 외측한계를 결정짓는 14개 지점이 영해기선에서 350해리내에 위치해 있으며,[53)] 이들을 연결하는 5개 지점 및 직선기선 그리고 이들의 19개 지리적 좌표로 구성되어 있다.

50) *Ibid.*, p. 2.
51) *Ibid.*,
52) *Ibid.*,
53) *Ibid.*, p. 3.

7. 미얀마[54]

(1) 개요

1968년 영해 및 직선기선 선포 이후 미얀마는 1977년에 영해 및 해양수역법을 선포하였다. 이후 1996년 5월 21일 유엔해양법협약을 비준하였고 동 협약은 1996년 6월 20일부터 미얀마에 발효되었다. 본 제출은 동 협약 제76조 8항에 의한 것으로, 미얀마 기선으로부터 200해리 이원 대륙붕 외측한계 설정을 위한 것으로 미얀마는 Rakhine 대륙붕으로 언급되는 Rakhine 밖 벵갈만에서의 200해리 대륙붕 확장을 위한 문서를 제출하였다.[55]

(2) 대륙붕 기술

미얀마 대륙붕은 자국의 Rakhine 대륙변계 외측끝단을 지난 미얀마 육지영토의 자연연장은 지형학, 지질학 및 구조학적 3가지 측면을 지니고 있다.

1) 지형학적 측면

지형학적으로 미얀마 대륙붕은 대륙붕, 대륙사면 및 대륙대로 기술될 수 있다. 대륙대 이원으로는 벵갈만의 심해저가 있고, 지질학적으로 Rakhine 대륙변계는 서쪽으로 버마판의 복잡한 상승세를 이어가고 있다. 지질학 및 구조학적 측면에서 미얀마 육지영토는 두 개의 주요 구조학적 지역을 포함하며, 버마판은 서쪽에 두 개의 지역이 있다.[56] 벵갈만의 지리적 중요성 때문에, 미얀마에 접속되어 확장되는 지역은 인접국가의 배타적 경제수역을 가로지르게 된다.[57]

유엔해양법협약 제76조 4~10항 규정에 의하면, 미얀마는 Rakhine 대륙변계의 구조학적 중요성은 물론 지형학적 및 지질학적 이유로 200해리 이원으로 대륙붕을 확장할 권원이 있다. 그러므로 동 협약 제2부속서상의 규정 및 퇴적층 공식

54) http://www.un.org/Depts/los/clcs_new/submissions_files/mmr08/mmr_es.pdf, pp. 1-10 참조.
55) *Ibid.*, p. 1.
56) *Ibid.*, p. 2.
57) *Ibid.*

등이 Rakhine 대륙붕의 외측한계를 결정하는데 원용된다. 거리 및 퇴적층 공식 그리고 동 협약 제2부속서 규정에 근거하여 분석을 해보면, Rakhine 대륙변계 외측 서쪽부분은 기선으로부터 200해리 이원 해양쪽으로 위치해 있으며 확장된 대륙붕의 외측한계는 60해리 이내의 직선으로 연결되는 고정점들로 경계를 이루게 된다.[58]

(3) 관련 경계획정

대륙붕한계위원회 의사규칙 제1부속서 제2(a)에 따라, 미얀마는 본 제출 대상 구역이 미얀마와 타국간의 어떠한 분쟁대상 지역도 아님을 위원회에 통고하였다. 벵갈만 및 안다만해에서 미얀마와 인도간의 해양경계획정은 1986년 12월 23일 조약으로 서명 및 완성되었고 미얀마와 방글라데쉬간 경계교섭은 진행 중에 있으며 이는 유엔해양법협약 제76조 10항과 일치하고 따라서 본 제출은 궁극적으로 경계획정을 침해하지 않고 이루어졌다.[59]

제 3 절 분석 및 평가

상기에서 고찰한 7개 국가의 제출사례를 보면, 자신들의 제출문건에 의한 대륙붕한계위원회 권고는 유엔해양법협약 및 동 위원회 의사규칙에 따라 자국에 인접하거나 대향한 국가와의 대륙붕 경계획정 문제를 침해하지 아니함을 명기하였고, 동시에 자국 200해리 이원 대륙붕 외측한계가 타국과의 분쟁대상구역이 아님을 명백히 동 위원회에 통고하기도 하였다. 또한 기존 당사국간 판례나 판정이 있을 경우 이를 우선적으로 원용하기도(트리니다드토바고) 하였고, 일국의 문서제출에 관하여 논평 또는 이의제기 등을 하면서 문서제출 이후 제기될 수 있는 문제를 예상하여 자국의 반대의견 표명이나 평가를 포함한 국제법상 모든 권리를 유보한다는 이의제기 또는 입장을 표명한 국가도(바베이도스 문서제출에 관한

58) *Ibid.*, p. 3.
59) *Ibid.*, pp. 3-4.

베네주엘라의 반응) 있었다.

주지하다시피, 제18차 유엔해양법협약 당사국회의(the 18th Meeting of States Parties)에서 참가 당사국들 중 특히 소도서 국가 및 개발도상국들은 재정적·기술적 어려움 등을 이유로 2009년 5월 12일까지 대륙붕한계위원회에 문서제출을[60] 하기 어렵다는 의사를 표명하였다. 이 결과 일부 대표들은 실질적인 성격의 해결책을 당사국회의에서 당사국들이 찾을 것을 주문하였고,[61] 따라서 동 당사국회의에서는 당사국들 특히 개도국들의 어려움 즉 재정적·기술적 능력, 경험 및 전문가가 부족 등을 감안하여 유엔해양법협약 제76조, 대륙붕한계위원회 의사규칙 및 동 위원회의 과학적 및 기술적 지침(the Scientific and Technical Guidelines of the Commission on the Limits of the Continental Shelf) 등의 요구사항에 따라 200해리 이원 대륙붕 외측한계에 관한 정식 문서제출이[62] 아닌 유엔사무총장에게 문서제출 예정일자 및 준비상태 등을 기술하는 이른바 예비제출(preliminary information)[63]을 하면 당사국회의 결정시한(SPLOS/72)이 충족되었음을 이해한다는 결정을 하게 되었다.[64]

이에 따라 아직 자국의 200해리 이원 대륙붕에 관하여 문서제출 의사를 표명하지 않았거나, 제출 준비를 하지 못하였거나 또는 제출을 하지 않은 개도국을 중심으로 한 연안국들은 2009년 5월 13일까지의 제출의무에서 어느 정도 자유롭게 되었다. 특히 주변국과의 주장하는 대륙붕 외측한계 및 배타적 경제수역이 중첩되는 경계획정 문제를 안고 있는 연안국들은 문서제출의무 구속력으로부터 다소 해방될 수 있음을 의미한다.

---

60) Meeting of State Parties, United Nations on the Law of the Sea (SPLOS)/72((29 May 2001) 참조.

61) http://daccessdds.un.org/doc/UNDOC/GEN/N08/432/05/PDF/N0843205.pdf?OpenElement, pp. 16-17 참조.

62) SPLOS/72(29 May 2001).

63) 예비정보에는, 200해리 이원 한계에 대한 정보, 준비현황, 제출일자 등이 포함된다. SPLOS/183(20 June 2008), p. 2, paragraph 1(a).

64) *Ibid.*

제 5 장

대륙붕한계위원회 예비문건 사례분석

제1절 서 론

유엔해양법협약 제11차 당사국회의에서는 200해리 이원 대륙붕을 향유하는 국가는 1999년 5월 13일부터 10년이 지난 후인 2009년 5월 13일까지 유엔대륙붕한계위원회(Commission on the Limits of the Continental Shelf: CLCS)에 자국 대륙붕한계에 관한 문건을 제출하도록 결정하였다.[1]

그러나 본 당사국회의에서 결정된 문건제출 의무이행 요구에도 불구하고 해당국가의 능력 특히 개발도상국가들이 동 협약 제2부속서 제4항의[2] 요구조건을 충족할 수 없다는 것에 대한 강한 주장 및 이에 대한 다수 국가의 공감대 형성으로 그 제출의무요건을 상당히 완화하게 되었다.[3] 즉 200해리 이원 대륙붕을 향유하는 국가들은 자국의 대륙붕에 관하여 동 협약 제76조, 동 협약 의사규칙

1) State Parties Meeting on the Law of the Sea(SPLOS)/72/Report of the Eleventh Meeting, 2001. 6. 14.

2) "연안국이 제76조에 따라 200해리 이원의 자국대륙붕의 외연을 확립하려고 하는 경우, 동국은 이러한 한계의 상세를, 이를 뒷받침하는 과학적 및 기술적 자료와 함께, 가능한 한 조속히, 그러나 여하한 경우에도 본 협약의 발효 후 10년 이내에 위원회에 제출하여야 한다. 동시에 동 연안국은 동국에서 과학적 및 기술적 자문을 제공한 위원회 위원의 성명을 제시하여야 한다."

3) SPLOS/184/Report of the Eighteenth Meeting, 2008. 7. 21.

(Rule of Procedure of the CLCS) 및 대륙붕한계위원회 과학 및 기술지침 (Scientific and Technical Guidelines of the CLCS)[4] 상에서 요구하는 문서제출을 위한 의도나 준비상태 등만을 제출하는 이른바 예비문건(또는 사전정보, 이하부터 예비문건으로 통칭함, Preliminary Information) 제출로 정식문서 제출 이전의 잠정적 의무이행을 한 것으로 가늠하자는 결정을 하게 되었다.

제18차 당사국회의는 상기 결정에서 이러한 내용을 위원회에 통보하고 예비문건 수령사실을 회원국에게 통고할 것을 요청하였다. 이러한 결정에 따라 정식문건을 제출한 국가는 러시아(2001. 12. 20)를 비롯한 50개 국가가 단독 또는 공동으로 제출하였다. 이중 14건은 대륙붕한계위원회에 제출되었고, 다시 14건 중 12건은 검토를 위하여 동 위원회 소위원회가 구성되었으며, 8건에 대하여는 이미 권고를 채택한 바 있다.[5]

이후 정식문건을 제출하지 못한 국가에 대한 예비문건 제출 합의에 따라 최근(2009. 8. 10) 바누아투를 비롯한 45개국이 예비문건을 유엔에 제출하였으며, 우리나라는 2009년 5월 11일 예비문건을 제출한 바 있다.[6]

물론 이러한 예비문건은 대륙붕한계위원회에서 고려되거나 심사를 받지 않게 되며 유엔해양법협약 제76조 및 대륙붕한계위원회 의사규칙 그리고 동 위원회 과학 및 기술 지침에 따라 본안 문건제출에도 어떠한 영향을 주어서도 아니된다. 특히 나우르(Nauru)는 주권국가로서의 의지를 강조하면서 2009년 5월 12일 교신에서 각국들이 동 협약 제76조상의 법적 요구조건을 충족시키지 못하였는바, 이로서 향후 확장된 대륙붕에 대한 잠재적 주장의 평가에 있어 이러한 예비문건 제출이 나우르의 고유한 권리를 침해해서는 아니된다라고 강조하기도 하였다.[7]

---

4) 상세에 관하여는, http://www.un.org/Depts/los/clcs_new/clcs_home.htm(2009. 7. 10 방문) 참조.

5) 대륙붕한계위원회 문서제출 사례분석에 관하여는, 김현수, "대륙붕한계위원회 문서제출 사례분석 및 우리의 대응방안 연구", 해사법연구 제20권 제3호, 한국해사법학회(2008. 11), 1-41쪽; 김현수, "2008년도 대륙붕한계위원회 문서제출 사례분석 및 평가", 해사법연구 제21권 제1호, 한국해사법학회, 2009. 3, 27-60쪽;
http://www.un.org/Depts/los/clcs_new/commission_submissions. htm(2009. 7. 10 방문) 참조.

6) http://www.un.org/Depts/los/clcs_new/commission_preliminary.htm(2009. 7. 10 방문) 및 SPLOS/INF/22, 2009. 5. 22 참조.

7) *Ibid.*

본장에서는 유엔에 기 제출된 예비문건 내용에 대하여 주요 제출국가(12개국)를 중심으로 고찰한 다음 이들 문건이 갖는 의미를 분석하여 현 대륙붕한계위원회의 내적인 한계 및 예비정보의 문제점 등을 도출하여 향후 200해리 이원 대륙붕 외측한계의 바람직한 해결을 위한 보완점이 무엇인가를 제시하고자 한다.

제2절 배 경

1982년에 채택된 유엔해양법협약이 발효된 지도 벌써 10년 이상이 지나 명실상부하게 해양을 총체적으로 지배하는 국제규범으로 자리잡아가고 있다.[8] 특히 본 협약은 21세기 해양의 최대 관심사인 대륙붕 및 배타적 경제수역의 해양경계획정에 관한 내용을 입법화하여 그 법적 근거 및 원칙을 제공하고 있으나, 여전히 국가간 해양이익의 강한 충돌로 그 적용에 있어서의 상당한 어려움을 겪고 있는 것이 현실이다. 즉 이 문제는 오늘날 모든 연안국들이 안고 있는 가장 중대한 국가적 명제 중의 하나임이 분명하다고 할 수 있다.[9]

이는 해양경계획정이란 바로 해당 국가의 해양관할수역을 결정하는 것이므로 오늘날과 같이 해양자원 특히 광물자원이나 석유자원 등이 국가경제에 있어 대단히 중요한 몫을 차지하고 있는 현실적 요구 등을 고려할 때 경계획정 문제는 더욱 민감한 문제로 남을 수밖에 없다. 특히 경계획정 대상수역내에 분쟁도서가 있거나[10] 해저자원의 분포구역이 중첩적으로 존재할 경우 그 해결은 더욱 어려

8) 동 협약은 2010. 3. 1 현재 총 160개국이 비준을 하였다. 연대별 비준순서에 관하여는, http://www.un.org/Depts/los/reference_files/chronological_lists_of_ratifications.htm#The United Nations Convention on the Law of the Sea 참조(2010. 7. 10 방문).

9) 해양경계획정에 관한 기술적·법적 문제의 구체적인 설명에 관하여는, United Nations, *Handbook on the Delimitation of Maritime Boundaries*(New York : UN, 2000) 참조.

10) Derek W. Bowett, *The Legal Regime of Islands in International Law*(New York : Oceana Publication, 1979); R. R. Churchill & A. V. Lowe, *The Law of the Sea* (Manchester : Manchester University Press, 1999); G. Blake, *Maritime Boundaries and Ocean Resources*(London : Croom Helm, 1987); M. D. Evans, *Relevant Circumstances and Maritime Delimitation*(Oxford : Clarendon, 1989); J. P. Jagota, *Maritime Boundary* (Dordrecht : Nijhoff, 1985); R. W. Smith, *Exclusive Economic Zone Claims: An Analysis and Primary Documents*(Dordrecht : Nijhoff, 1986) 참조.

워진다. 물론 가장 이상적인 경계획정 문제의 해결방식은 당사국간 합의를[11] 통하는 것이나 이 역시 당사국간 이해관계의 충돌로 인하여 단기간내에 해결이 어려운 것이 현실이다.

이렇게 본질적으로 그 해결이 어려운 경계획정분쟁의 특성을 고려하고 유엔은 단기간의 해결방식이 아닌 장기간의 점진적이고 과학적인 접근을 통하여 문제를 해결하고자 유엔에 대륙붕한계위원회를 설치하게 되었고 동 위원회에 해당국가가 제출한 모든 지리적·지질학적·지형학적·지구물리학적 자료를 바탕으로 200해리 이원 대륙붕을 향유하는 연안국이 자국의 대륙붕이라고 제시한 문건에 대하여 심사하고 대륙붕 한계를 권고하는 기능을 부여하여 과학적이고 합법적인 근거하에 대륙붕 경계가 동 위원회 권고를 근거로 당사국간에 원만하게 해결될 수 있도록 하였다.

유엔해양법협약은 규정하기를 "연안국의 대륙붕은 영해 밖으로 육지영토의 자연적 연장을 통하여 대륙변계의 외선까지 또는 대륙변계의 외선이 200해리까지 미치지 아니하는 경우에는 영해의 폭을 측정하는 기선으로부터 200해리까지의 거리에 있는 해저 및 하층토로 이루어진다."[12] 라고 한다.

또한 대륙붕 및 대륙붕을 구성하는 부분의 특징 또한 다음과 같이 언급한다:

> 대륙변계는 연안국 본토의 해저연안으로 이루어지며, 대륙붕의 해저 및 하층토, 대륙사면 및 대륙융기로 구성된다. 대륙변계는 심해상과 그에 부속한 해양산맥 또는 하층토는 포함되지 아니 한다.[13]

동 협약 제76조는 대륙붕에 대한 지리적·지형학적 또는 지질학적 정의와는 달리 법적인 정의를 하고 있는바, 이러한 정의로 인하여 군도국가들이나 도서 국가들이 200해리 이원 대륙붕 외측한계를 경계획정 하도록 허용하는 법적인 근거

---

11) Jonathan I. Charney and Lewis M. Alexander(eds.), *International Boundaries* Vol. I & Vol.II(Dordrecht : Nijhoff, 1993), Vol.III(Dordrecht : Nijhoff, 1998); Jonathan I. Charney and Robert W. Smith(eds.), *International Boundaries* Vol.IV(Dordrecht : Nijhoff, 2002); David A. Colson and Robert W. Smith(eds.), *International Boundaries* Vol.V(Dordrecht : Nijhoff, 2005) 참조.

12) 유엔해양법협약 제76(1)조.

13) *Ibid.*, 제76(3)조.

가 되기도 하였다.

동 협약에 따르면, 대륙붕에 대한 연안국의 권리가 사실적이며 원시적으로 존재한다는 것을 알 수 있다. 즉:

① 연안국은 대륙붕에 대하여 대륙붕을 탐사하고 그 천연자원을 개발하기 위한 주권적 권리를 행사한다.
② 제1항에 규정된 권리는 연안국이 대륙붕을 탐사하지 아니하거나 또는 그 천연자원을 개발하지 아니하더라도 다른 국가는 연안국의 명백한 동의 없이는 이러한 활동을 행할 수 없다는 의미에서 배타적이다.
③ 대륙붕에 대한 연안국의 권리는 실효적이나 관념적인 점유 또는 명시적 선언에 의존하는 것이 아니다.14)

모든 연안국은 유엔해양법협약 제76조 및 동 협약 제2부속서 제4조에서 유래한 권리와 의무에 따라 유엔대륙붕한계위원회에 문서를 제출해야 하는바, 이에 대하여 동 협약은 다음과 같이 언급한다:

영해의 폭을 측정하는 기선으로부터 200해리를 초과하는 대륙붕의 한계에 관한 정보는 연안국에 의한 공평한 지리적 대표원칙에 입각하여 제2부속서에 따라 설립된 대륙붕한계위원회에 제출되어야 한다. 동 위원회는 대륙붕의 외측한계 확정에 관한 사항에 대하여 연안국에 권고를 행하여야 한다. 이러한 권고를 기초로 하여 연안국에 의해 확정된 대륙붕의 경계는 최종적이며 구속력을 갖는다.15)

동 협약 제2부속서 제4조는 연안국의 제출의무를 또한 아래와 같이 규정한다:

연안국이 제76조에 따라 200해리 이원의 자국대륙붕의 외연을 확립하려고 하는 경우, 동국은 이러한 한계의 상세를, 이를 뒷받침하는 과학적 및 기술적 자료와 함께, 가능한 한 조속히, 그러나 여하한 경우에도 본 협약의 발효 후 10년 이내에 위원회에 제출하여야 한다. 동시에 동 연안국은 동국에서 과학적 및 기술

14) *Ibid.*, 제77조.
15) *Ibid.*, 제76(8)조.

적 자문을 제공한 위원회 위원의 성명을 제시하여야 한다.

즉, 200해리 이원 대륙붕 외측한계를 과학적 및 기술적 자료와 함께 동 위원회에 제출해야 한다는 것이다.

유엔해양법협약 제76조 규정의 지속적인 이행은 200해리 이원 대륙붕에 대한 국가관할권을 행사하려고 하는 모든 연안국의 책무인 것이다. 연안국이 이러한 책무이행을 할 수 있도록 하기 위하여 전술한 바와 같이 유엔해양법협약은 200해리 이원 대륙붕 외측한계 결정에 대한 정보제출 규정과 절차를 정한 대륙붕한계위원회를 설치하도록 규정하였다.

동 협약 제2부속서 제3조에 따르면 동 위원회는 다음과 같은 기능을 한다:

1. 위원의 기능은 다음과 같다.

가. 연안국이 대륙붕의 외연이 200해리 이원으로 확장되는 지역에서의 대륙붕의 외연에 관하여 제출한 자료 및 다른 자료를 고려하고, 제76조 및 1980년 8월 29일 제3차유엔해양법회의에서 채택된 양해선언에 따른 권고를 행한다.

나. 가호에 규정된 자료의 준비 중 관계연안국이 요청한 경우, 과학적 및 기술적 자문을 제공한다.

2. 위원회는 필요하고 유용하다고 고려하는 범위내에서 위원회의 책임을 이행하는 데 도움이 될 과학적 및 기술적 정보를 교환하기 위하여 유엔교육과학문화기구의 정부간 해양학위원회, 국제수로기구 및 기타 권위있는 국제조직과 협력한다.

이러한 근거 하에 동 협약 제76조에 따라 200해리 이원 대륙붕 외측한계를 갖는 연안국을 지원할 목적으로 동 위원회는 과학적 및 기술적 지침을 채택하였다.

2001년 5월 14일부터 18일까지 개최된 제11차 유엔해양법협약 당사국회의는 1999년 5월 13일 동 위원회가 과학적 및 기술적 지침 채택한 이후의 문서제출에 관한 기본내용을 준비하였다.[16] 따라서 동 협약 제2부속서 제4조에 언급된 10년이란 기간의 시작은 1999년 5월 13일이 되며,[17] 이러한 결정은 해당하는 모든 연

16) SPLOS/72, 유엔해양법협약 제2 부속서 제4조에 규정된 대로 대륙붕한계위원회에 문서제출 기간의 10년 기산점에 관한 결정임.

17) *Ibid.*, Paragraph(a).

안국에게 적용되게 된다.

그러나 많은 연안당사국들이 내재적으로 겪고 있는 여러 어려움으로 특히 개도국은 동 협약 제2부속서 제4조 상의 기간 내에 문서제출을 할 수 없게 되자, 제11차 당사국회의는 국가의 개별능력에 관한 문제 특히 개도국의 동 협약상 요구조건 이행문제를 검토하기 시작하였다.[18] 왜냐하면 재정적 및 기술적 어려움 그리고 관련 전문가 부족 또는 능력의 한계 및 기타 어려움 등으로 개도국들이 이러한 요구사항을 제대로 이행하기 어려웠기 때문이다.

따라서 2008년 6월 20일 제18차 당사국회의는 동 협약 제2부속서 제4조 상의 10년 기간 내의 이행문제를 대폭 완화하여 200해리 이원 대륙붕 외측한계에 대한 사전정보를 제출하면 이것으로 그 의무이행을 대행한 것으로 하였다. 즉, 문서제출 준비상태나 향후 제출기일 등이 언급되면 족하다는 것이다:

> 동 협약 제2부속서 제4조에 언급된 기간과 SPLOS/72 상의 결정은 유엔해양법협약 제76조, 대륙붕한계위원회 의사규칙 및 동 위원회 과학적 및 기술적 요구조건에 따라 200해리 이원 대륙붕 외측한계에 대한 사전정보와 준비상태 및 향후 제출 예정일 등을 제출함으로써 충족될 수 있다.[19]

예비문건 최종제출 시한인 2009년 5월 13일까지 정식문건을 제출하지 않은 43개 해당 연안국들이 유엔에 예비문건을 제출하였는바,[20] 이들은 대부분이 개도국 또는 소도서국가들임을 알 수 있다. 이들이 정식 문서제출을 하지 않은 것은 여러 가지 이유가 있을 것으로 파악이 되나, 어쨌든 기본적으로 유엔에서 정한 의무를 제대로 지정된 기간내에 완전히 이행할 수 없었던 것은 부인하기 어려울 것이다.

---

18) SPLOS/72, Paragraph(b).

19) SPLOS/183, Paragraph 1(a).

20) http://www.un.org/Depts/los/clcs_new/clcs_home.htm 참조(2009. 11. 16 방문).

제3절 사례 분석

1. 앙골라(Angola)[21]

(1) 제출내용

앙골라는 자국 해안의 대부분 지역에서 200해리 이원 대륙붕이 존재한다고 보아 자국 대륙붕 외측한계를 350해리까지 획정할 수 있다고 하였다.

〈그림 1〉 앙골라의 대륙붕 외측한계

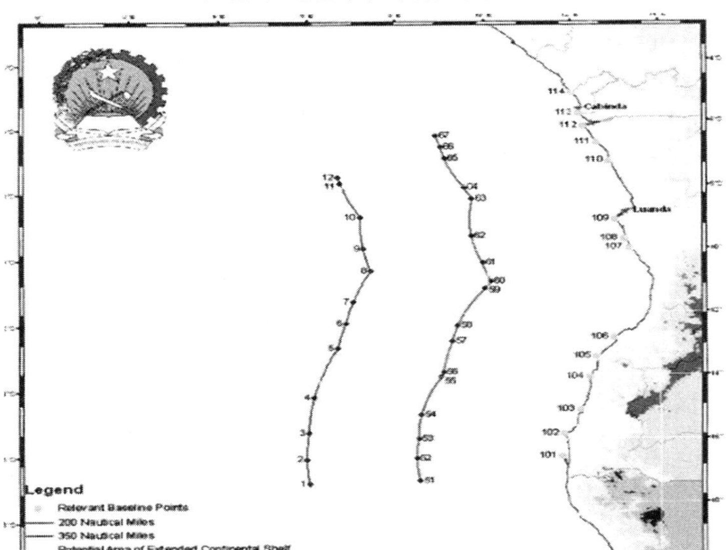

출처: http://www.un.org/Depts/los/clcs_new/submissions_files/preliminary/ago2009preliminaryinformation.pdf, p. 5.

앙골라는 자국과 콩고간 그리고 앙골라와 가봉간 경계합의는 없었으나, 앙골라

21) http://www.un.org/Depts/los/clcs_new/submissions_files/preliminary/ago2009preliminaryinformation. pdf참조(2009. 7. 10 방문).

의 예비문서제출이(2009. 5. 12) 유엔해양법협약 제76조 10항에 따라 국제법상 200해리 이원까지의 권원을 가지고 있는 기타 연안국과의 경계획정을 침해하지 않아야 한다고 하였다.

그러나 앙골라의 해안은 비교적 단조로운 형태를 갖추고 있으며 단순 지형학적 및 지질학적 개념이 아닌 거리개념에 의한 200해리 이원 대륙붕 한계 좌표를 설정한 바 있다. 따라서 이러한 좌표설정은 좀더 과학적인 그리고 법적인 근거가 보강되어야 제출의 타당성 및 합법성을 인정받을 수 있을 것으로 보인다.

(2) 분석

앙골라는 자국 예비정보를 제출하면서 비교적 상세하게 관련 대륙붕에 관한 자료를 좌표를 통해 제시하고 있다.[22] 동시에 본 예비정보에 포함된 내용들이 객관적 자료에 기초하였으나, 향후 검토를 통해 변경이 가능함도 시사하여 예비정보의 성격을 분명히 하였다.[23]

또한 인접국가들(콩고와 가봉)과의 경계획정 문제가 있음을 언급하면서 향후 경계획정문제를 국제법에 따라 획정하겠다는 의사를 밝히기도 하였다. 특이한 것은 자국의 재정적, 과학적 및 기술적 노력을 언급하면서 국내사정이 상당히 안정되었음을 강조하는 정치적 언급을 하였다는 사실이다. 2013년말 까지 문서제출을 하겠다고 명기한 것도 다른 점이다.[24]

2. 바하마(Bahamas)[25]

(1) 제출내용

바하마는 1982년 유엔해양법협약의 당사국으로[26] 동 협약 제76(8)조에 의거

22) http://www.un.org/Depts/los/clcs_new/submissions_files/preliminary/ago 2009 preliminaryinformation.pdf, Annex 1 참조(2009. 11. 16 방문).
23) *Ibid.*, p. 2.
24) *Ibid.*.
25) http://www.un.org/Depts/los/clcs_new/submissions_files/preliminary/bhs 2009 preliminaryinformation.pdf 참조(2009. 7. 10 방문).
26) 바하마는 유엔해양법협약을 1982.12.10 서명하였고, 1983. 7. 29 비준하였다.

유엔대륙붕한계위원회에 200해리 이원 자국 대륙붕에 대한 문서제출 의무를 지니고 있는 바, 바하마는 2008년 제18차 유엔해양법협약 당사국회의 결정에 따라 대륙붕 외측한계에 대한 예비문건을 제출하였다(2009. 5. 12). 또한 본 문건상의 대륙붕 외측한계가 타국과 중복되는 지역이 있음을 인정하였으며 따라서 본 건에 포함된 내용은 대향 또는 인접국가와의 대륙붕 경계획정을 침해하지 않는다라고 하였다.[27)]

바하마는 동 협약 제76(4)조 및 제76조(5)조의 내용을 원용하여 자국 대륙붕 외측한계선을 설정하였는바, 그 특이점은 영해기선 설정에 있어 2005년에 자국이 확정한 군도기선을(2008년 12월 11일 유엔사무총장에게 기탁) 기초로 하였다는 점이다.

바하마는 유엔해양법협약 당사국회의의 내용을 충실히 이행하고자 동 협약 제76조 및 대륙붕한계위원회 과학 및 기술지침을 근거로 자국 대륙붕 외측한계 설정을 위한 준비를 해왔음을 알 수 있다. 이를 위하여 관련 소프트웨어(CARIS LOTS, 캐나다 개발)를 활용하였고, 워크숍 등을 통해 여러 자료를 획득할 수 있었다. 또한 동 협약 제47(9)조에 따라 자국 군도기선의 지리적 좌표목록을 유엔사무총장에게 기탁하였고 이를 자국 대륙붕 외측한계 영해기선의 근거로 활용하였다. 바하마는 향후 제출하게 될 문건작성을 위해 관련자들의 교육훈련, 소프트웨어의 최신화 및 대륙붕한계위원회 조언 등을 구할 예정이라고 언급하였으며, 이러한 절차진행을 완료한 후 2019년 5월 13일 문서를 제출할 것이라고 하였다.

(2) 분석

바하마는 예비정보를 제출하면서, 유엔해양법협약 제76조, 동 협약 의사규칙 및 동 위원회 과학기술지침에 따라 본 제출이 정식문서 제출을 침해하지 않음을 분명히 하여 예비정보로서의 성격을 명백히 하였다.[28)]

또한 SPLOS/183, paragraph 1(c)에 따라 본 예비정보를 위원회가 고려해서는

27) SPLOS/184 및 유엔해양법협약 제2부속서 제4조 참조. 외교통상부(편), *동북아 해양법령과 유엔해양법협약집*, 서울 : 일조각, 2006.

28) http://www.un.org/Depts/los/clcs_new/submissions_files/preliminary/bhs 2009 preliminaryinformation.pdf, paragrapg 6, p. 2.(2009. 11. 16 방문).

아니 되며, 타국과의 대륙붕이 중첩될 수 있음을 예견하여, 본 예비정보의 내용이 대향 또는 인접 국가와의 경계획정을 침해해서는 아니됨도 분명히 하여 그 본래의 의미를 구현하고자 하였다.[29)]

〈그림 2〉 바하마의 대륙붕 외측한계

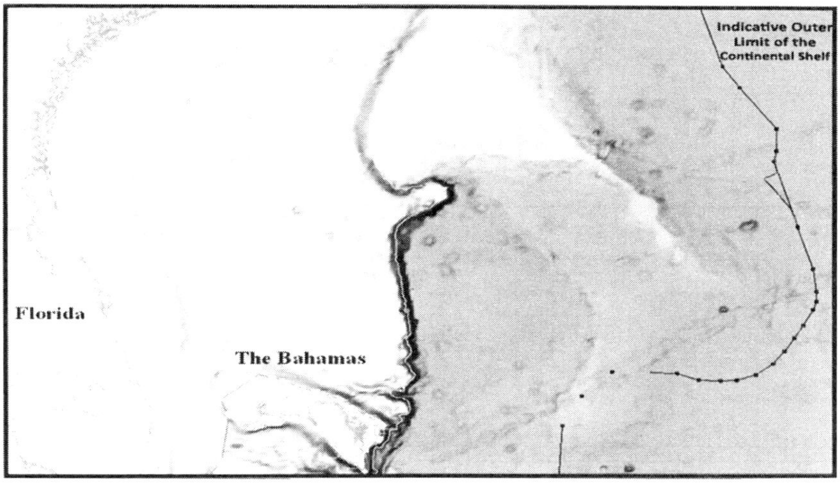

출처: http://www.un.org/Depts/los/clcs_new/submissions_files/preliminary/bhs2009preliminaryinformation.pdf, p. 7.

3. 브루네이(Brunei)[30)]

(1) 제출내용

브루네이는 유엔해양법협약 제77조(1)~(3)조, 제76조 (1)항 및 (8)항, 동 협약 제2부속서 제4조 및 유엔해양법협약 제11차 및 18차 당사국회의 결정 등을 근거로 자국의 200해리 이원 대륙붕한계에 관한 예비문건을 제출하였다(2009. 5. 12).[31)]

브루네이는 200해리 이원에 관한 해양경계를 이미 말레이시아와 합의를 한 바

29) *Ibid.*, paragraph 7, p. 3.
30) http://www.un.org/Depts/los/clcs_new/ submissions_files/preliminary/brn2009preliminaryinformation.pdf 참조(2009. 7. 10 방문).
31) 브루네이는 유엔해양법협약을 1984. 12. 1 서명하였고, 1996. 12. 5 비준하였다.

있으나,[32] 기술적 검토결과 동 협약 제76조에 따라 200해리 이원 브루네이 대륙붕이 존재하며 이러한 확장된 대륙붕에 대한 브루네이 권원은 예비문건에 나와 있는 정보에 따르게 된다는 것이다.

브루네이는 동 협약 제76조를 근거로 북서 보르네오 대륙붕, 북서 보르네오 해구 및 남지나해 분지 심해저 끝단까지의 위험지대(the Dangerous Grounds)에 있어 자국 육지영토가 자연적으로 연장이 되었음을 주장하였다. 특히 이러한 주장의 근거로 지형적, 지리학 및 지질학적 자료를 제시하면서 대륙붕 외측한계 설정에 있어 첫째는 Hedberg 공식선을 근거로, 둘째는 인접성 척도 그리고 셋째는 350해리 선을 기초로 제시할 예정이다.[33]

또한 브루네이의 확장된 대륙붕 경계획정은 국제법에 따라 인접국가와의 합의가 필요함을 강조하면서 동시에 대륙붕한계위원회에의 예비문건 제출이 이들 국가들과의 경계획정문제를 침해하지 않음도 언급하였다.

(2) 분석

브루네이는 자국 대륙붕외측한계의 공식선(formula line)을 예비정보를 통해 밝히면서, 향후 본 에비정보를 기초로 본 문건 제출시는 관련 대륙변계의 최외측, 인접성 척도 및 350해리 규제선 등을 근거로 문건을 제출하겠다는 의지를 분명히 하여 본 예비정보제출의 성격규명을 분명히 하였다.[34]

또한 자국과 인접국간의 대륙붕 경계획정문제를 국제법을 기초로 해결할 필요성을 시사하면서 모든 문서제출이 이들 국가와의 대륙붕 경계획정과 무관함도 밝히고 있다. 동시에 자국의 문건제출을 향후 1년 이내에 하겠다고 언급한 것도 주목할 만한 사항이다.[35]

---

32) 브루네이와 말레이시아간 영해 및 대륙붕은 1958년 두개의 British Order in Council에 의하여 100파담(fatham)까지로 확정하였고, 200해리 이원 배타적 경제수역과 대륙붕은 2009. 3. 16 교환각서로 확정하였다.

33) http://www.un.org/Depts/los/clcs_new/submissions_files/preliminary/brn2009preliminaryinformation.pdf, p. 6(2009. 7. 29 방문).

34) http://www.un.org/Depts/los/clcs_new/submissions_files/preliminary/brn2009preliminaryinformation.pdf, paragraph 5, p. 7(2009. 11. 16 방문).

35) *Ibid.*

4. 중국(China)[36)]

(1) 제출내용

중국은 동중국해 및 기타 수역에서 200해리 이원 대륙붕을 향유한다고 주장하는바, 유엔해양법협약 제76조 8항, 동 협약 제2부속서 제4조, 대륙붕한계위원회 의사규칙 제1부속서 제3항 및 유엔해양법협약 당사국회의 결정(SPLOS/72 및 SPLOS/184)에 따라 자국의 200해리 이원 대륙붕에 관한 예비문건을 유엔에 제출하였다(2009. 5. 11).[37)]

중국은 대륙사면 끝단의 지점을 CARIS LOTS 소프트웨어를 사용하여 결정할 수 있다고 하면서, 이는 오키나와 해구의 서쪽사면에 있다고 한다. 동중국해에서의 200해리 이원 대륙붕은 육지영토의 자연연장에 근거하여 대륙사면 끝단(Foot of Slope: FOS)에서 60해리를 넘지 아니하는 고정점을 연결하는 영해기선으로부터 350해리를 초과하지 않는 선이 외측한계가 된다고 한다.

중국은 자국이 제출한 예비문건이 향후 제출하게 될 문서에 영향을 주지 않는다고 하면서 동중국해 및 기타 수역에서 200해리가 넘는 대륙붕 외측한계에 대한 제출권리도 동시에 유보한다고 한다.

중국은 본 예비문건제출을 하면서, 인접 또는 대향국가간 경계획정을 평화적 교섭을 통하여 국제법 및 형평원칙을 근거로 합의에 의해 할 것을 언급하며 경계획정문제 해결의 기본원칙을 제시하고 있다. 특히 동중국해 대륙붕 및 그 주변 수역의 해저지형도 작성에 있어 자국의 기점번호 14, 15, 17번을 활용하였는바, 동 기점들의 유엔해양법협약상 적법성 문제는 검토의 여지가 충분히 있다고 보인다.[38)]

---

36) 중국의 예비 문서제출 내용에 관하여는, http://www.un.org/Depts/los/clcs_new/submissions_files/preliminary/chn2009preliminaryinformation_english.pdf 참조 (2009.7.10 방문).

37) 중국은 1982.12.10 유엔해양법협약을 서명하였고, 1996.6.7 동 협약을 비준하였다.

38) http://www.un.org/Depts/los/clcs_new/submissions_files/preliminary/chn2009preliminaryinformation_english.pdf, p. 5(2009. 7. 29 방문).

중국은 자국이 활용한 방법으로 확보한 고정점들을 고려해 볼 때 동중국해에서의 200해리 이원 대륙붕 외측한계가 오키나와 해구상에 존재할 수 있다고 한다. 이러한 접근은 우리의 동중국해 200해리 이원 대륙붕이 일본의 오키나와 해구까지 미치게 된다는 우리의 주장과도 일맥상통하는 것이어서 주목할 만한 가치가 있다고 보인다.

〈그림 3〉 중국의 Foot of Slope

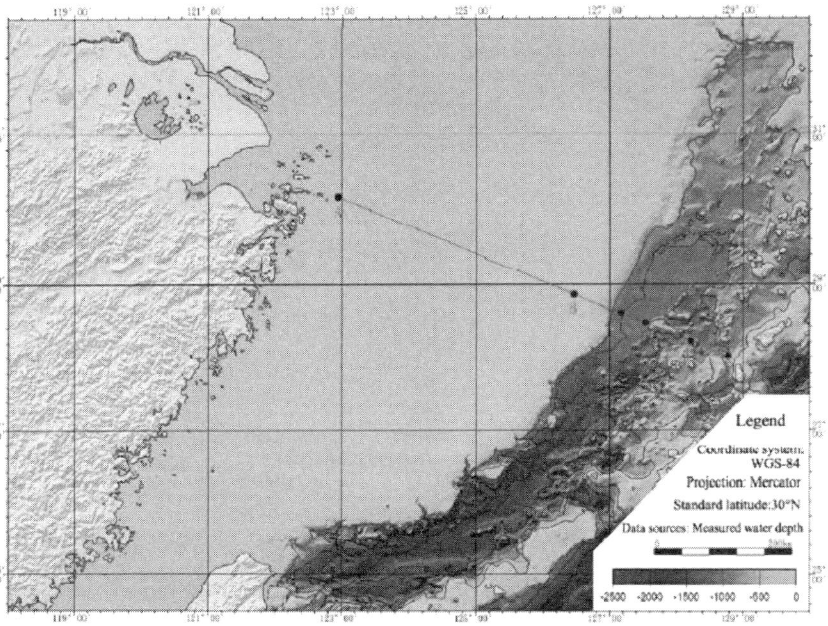

출처: http://www.un.org/Depts/los/clcs__new/submissions__files/preliminary/chn2009preliminaryinformation__english.pdf, p. 6.

(2) 분석

중국은 본 예비정보가 향후 자국의 정식 문서제출에 영향을 주어서는 아니됨을 분명히 하여 예비정보의 성격을 규명하였으며, 그 대상수역도 동중국해 및 기타수역으로 한정하여 명기하고 있다.[39]

또한 중국은 대향 또는 인접국가와의 대륙붕 경계획정문제가 있음을 인정하면

39) http://www.un.org/Depts/los/clcs__new/submissions__files/preliminary/chn2009preliminaryinformation__english.pdf, p. 5.(2009. 11. 16 방문).

서 문제해결 방법으로 국제법을 기초로 합의하는 형평원칙에 따라 평화적으로 해결할 것을 언급하여 국제법상의 분쟁해결방식을 선호하고 있음을 분명히 하였는바, 이는 중국이 향후 대륙붕 경계획정 문제발생시 국제사회의 분쟁해결체제에 동참할 것임을 시사한 것으로 보인다.[40]

5. 코스타리카(Costa Rica)[41]

(1) 제출내용

코스타리카는 동태평양지역 코코스 도서(Cocos Island) 북서 및 남동쪽으로 대륙변계의 외측단이 코스타리카 육지영토에서 연장되는 200해리 이원 대륙붕을 향유한다고 한다. 코스타리카는 유엔해양법협약 제76조 및 동 협약 제2부속서 제4조 상의 권리와 의무에 따라 유엔에 예비문건을 제출하였다(2009. 5. 11).[42]

코코스 도서로부터 200해리 이원 코스타리카 대륙붕 외측한계는 2개의 잠정지역에서 나타나는데, 그 최종좌표는 최종문건제출에서 상세히 제시하게 될 것이라고 하였다.[43] 그러나 코스타리카는 개도국으로 군대가 없으며 또한 해양자료획득에 사용할 함정도 소유하고 있지 않다. 그럼에도 불구하고 2008. 6. 6 대륙붕 외측한계 획정을 위한 자문단을 구성하여 활동을 하고 있다고 한다.[44]

코스타리카는 자국의 예비문건제출이 인접국의 해양경계획정문제를 침해하지 않음을 기술하였다. 법령에 의하면[45] 태평양에서의 직선기선에 관한 1989년 10월 14일 통상기선과 직선기선을 혼용하도록 규정하고 있으나, Cocos도서의 해안선은 통상기선이 적용되는 해안과 거의 유사한 것으로 보인다.

---

40) *Ibid.*.

41) http://www.un.org/Depts/los/clcs__ new/submissions__files/preliminary/cri2009informacion__preliminar.pdf 참조(2009. 7. 10 방문).

42) 코스타리카는 유엔해양법협약을 1982. 12. 10 서명하였고, 1992. 7. 15 국내법(제7291호)을 채택하였으며 1992. 9. 21 동 협약을 비준하여 1994. 11. 10부터 발효되었다.

43) http://www.un.org/Depts/los/clcs__new/submissions__files/preliminary/cri2009informacion__preliminar.pdf, p.7(2009. 7. 29 방문).

44) *Ibid.*, p. 9.

45) Article 2 of Costa Rica's Executive Decree No.18581-RE(1988.10.14).

〈그림 4〉 코스타리카 코코스 도서의 대륙붕 외측한계

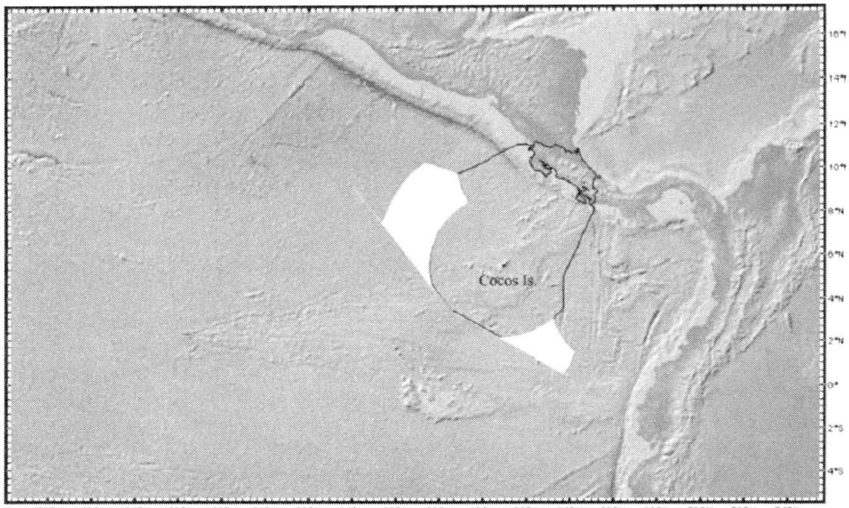

출처: http://www.un.org/Depts/los/clcs_new/submissions_files/preliminary/cri2009informacion_preliminar.pdf, p. 7.

코코스도서는 코코스 산맥이 일부이며 코스타리카 영토의 일부임이 국제적으로 인정되었다고 한다.[46] 코스타리카 대륙붕 연장 및 코코스 도서로부터 유엔해양법협약 제76조에 의한 200해리 이원 대륙붕을 향유한다고 하나, 이들 대륙변계의 끝단은 이미 코스타리카 관할권내에 속하게 되며 다만 코코스도서 북서 및 남동쪽으로 두개의 작은 Wedge지역에서 잠재적으로 코스타리카 대륙붕 연장의 일부가 될 수 있을 것으로 보인다.

특히 본 문건제출이 인접국가와의 해양경계획정을 침해하지 않는다고 하면서 이러한 미해결 경계획정문제는 동 위원회 의사규칙 제46조 및 제1부속서를 참고하여야 한다고 언급하여 평화적 해결방안을 선호함을 알 수 있다.

그러나 코스타리카는 정식문건제출을 위한 작업에 필요한 경비를 유엔에 의존하고 있어 그 구체적 이행절차가(통상 3년 정도 예상) 여전히 의문시되기도 한다.

46) 1897년 코스타리카 정부는 코코스 도서의 초대 총독으로 독일인 August Gicsler를 임명하였다. 이후 1949. 11 .7 코스타리카 헌법을 선포하여 코코스 도서를 자국 영토로 하였다. http://en.wikipedia.org/wiki/Cocos_Island 참조(2009. 7. 10 방문).

〈그림 5〉 코스타리카 코코스 도서의 FOS

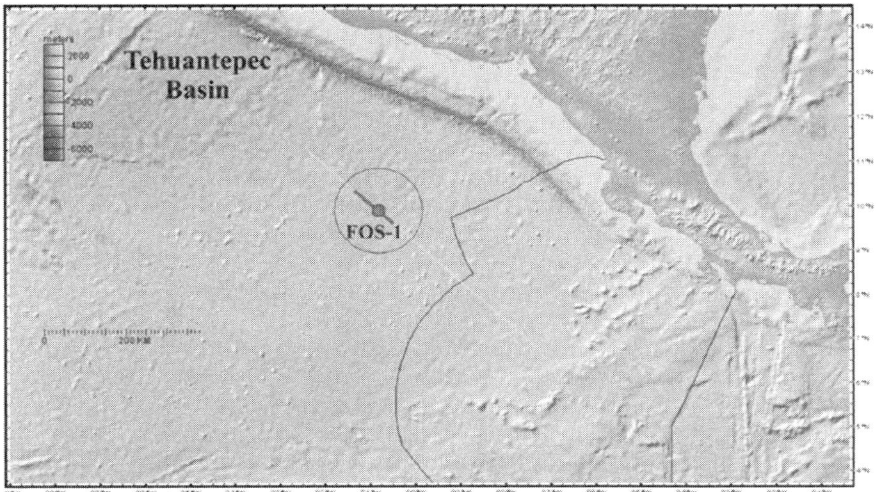

출처: http://www.un.org/Depts/los/clcs_new/submissions_files/preliminary/cri2009informacion_preliminar.pdf, p. 18.

(2) 분석

코스타리카는 태평양에서의 자국 대륙붕 변계지역에 대한 상세한 지리적 설명을 해도와 함께 제시하여 예비정보 수준을 넘는 본 문건과 유사한 수준의 상당히 상세한 자료를 언급하고 있음이 주목할 만하다.[47]

경계획정 및 기타문제에 있어서도 본 예비정보가 이들 문제에 아무런 영향을 주지 않음을 강조하여 에비정보의 성격을 분명히 하였으며, 동시에 자국도 미해결된 양자간의 경계획정문제가 있음을 언급하면서 이들 문제도 관련 국제법에 의해 해결되어야 함을 명기하고 있다.[48]

또한 사전정보가 최초 문건제출에도 아무런 영향을 주지 않음을 관련 법적 근거를 제시하여 결론부분에서 다시 한번 강조하여 그 성격을 분명히 하였다.

47) http://www.un.org/Depts/los/clcs_new/submissions_files/preliminary/cri2009information_preliminary.pdf, p. 12-16(2009. 11. 16 방문).

48) *Ibid.*, p. 17.

6. 피지(Fiji)[49]

(1) 제출내용

피지는 3개 지역 즉 North Fiji Basin, Lau-Colville, Tonga-Kermadec Complex에서 200해리 이원 대륙붕을 향유한다고 하면서 그 근거규정으로 유엔해양법협약 제76조, 동 협약 제2부속서 및 대륙붕한계위원회 의사규칙 등을 들고 있다. 피지의 제출은 부분제출로서 인접국인 뉴질랜드나 통가와의 미해결 해양경계문제를 침해하지 않는다고 한다.[50]

본 제출은 피지남부 분지에서의 피지, 뉴질랜드 및 통가 간 대륙붕권원교섭이 완성되지 못한 상태에서 동 협약 제83조 1항 규정에 의해 부분적으로 행하여졌다(피지의 연장대륙붕 중 1개 지역만).[51]

피지는 개도국으로서 동 협약 제2부속서 제4항의 요구조건 이행을 위해 2개의 기타 대륙붕지역에 관하여 인접국과 협력하여 예비문건을 준비하였는바, 이들 지역 중 그 하나가 Charlotte Bank 지역으로 솔로몬 제도가 200해리 대륙붕을 역시 향유하고 있고, 다른 하나는 피지북쪽분지(North Fiji Basin) 지역으로 바누아투와 솔로몬제도가 200해리 이원 대륙붕을 향유한다.[52]

---

49) http://www.un.org/Depts/los/clcs_new/submissions_files/preliminary/fji_2009_preliminaryinfo.pdf 참조(2009. 7. 10 방문).

50) 피지는 1982. 12. 10 유엔해양법협약을 서명하였고, 동 협약은 1994. 11. 16 피지에 발효하였다.

51) http://www.un.org/Depts/los/clcs_new/submissions_files/preliminary/fji_2009_preliminaryinfo.pdf, p. 4(2009. 7. 29 방문).

52) Ibid.

〈그림 6〉 피지의 3개 대륙붕 지역

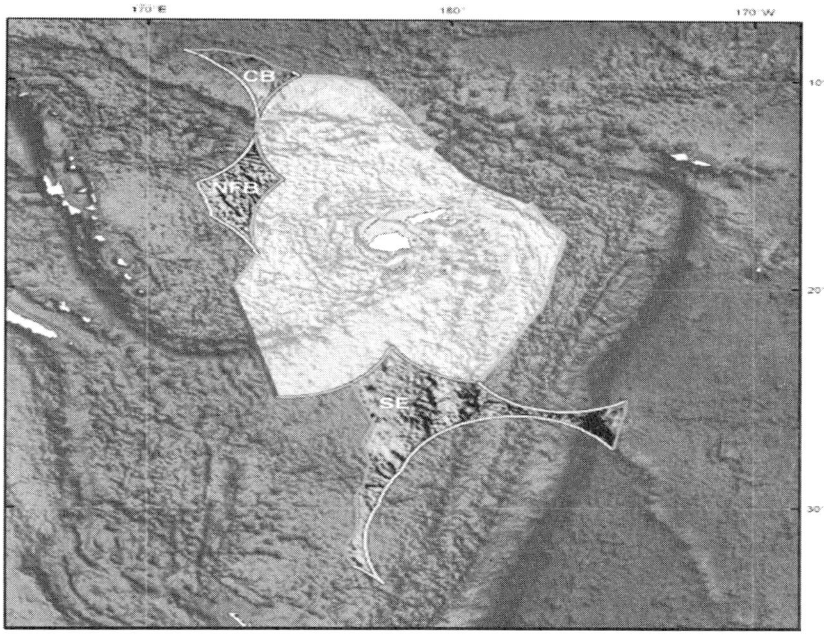

출처: http://www.un.org/Depts/los/clcs_new/submissions_files/preliminary/fji_2009_preliminaryinfo.pdf, p. 3.

피지는 도서국가로서 자국의 문서제출이 일부지역에 국한됨을 유엔해양법협약에 근거하여 제시하면서 이러한 부분제출도 인접국가인 통가나 뉴질랜드와의 경계획정을 침해하지 않음을 강조하여 제출에 따른 인접국가의 반대를 사전에 예방하고자 하는 노력을 보여 왔다.

피지는 남동지역을 포함한 부분제출을[53] 하면서 지형학적 및 지리적으로 상세한 분석을 하여 해저 상에 이들 지역이 뚜렷하게 나타남을 제시하였다. 특히 이 지역에서는 대륙붕한계위원회가 뉴질랜드 제출에 대한 권고내용이[54] 피지와 부분적으로 관련된다는 사실에 주목하였다.[55]

---

53) South Eastern Region of the North Fiji basin, Lau-Colville and Tonga Kermadec Complex(South East Region). *Ibid.*

54) http://www.un.org/Depts/los/clcs_new/submissions_files /nzl06/nz1_summary_of_recommendations.pdf 참조(2009. 7. 11 방문).

55) 남동지역 대륙붕 외측한계는 약 226,000㎢나 되며, 65개 고정점에 의해 획선된다. 각 고정점들은 길이가 60해리를 초과하지 않는 직선으로 연결되어 있다. 이들 고정점에 부가하여,

〈그림 7〉 피지 남동지역의 대륙붕 외측한계

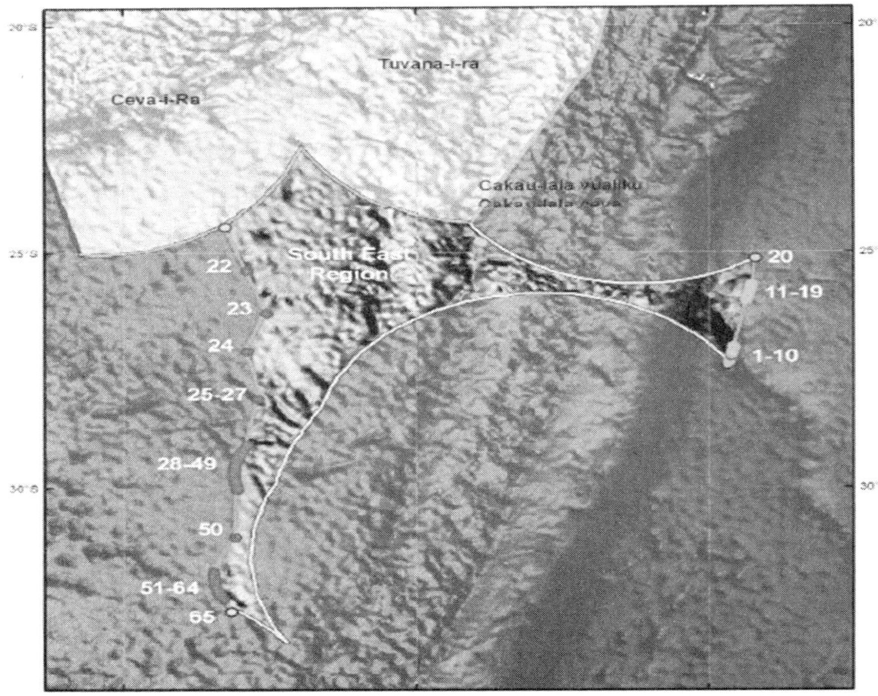

출처: http://www.un.org/Depts/los/clcs_new/submissions_files/preliminary/fji_2009_preliminaryinfo.pdf, p. 9.

피지는 일반적으로 서쪽지역에서 대륙붕한계위원회가 수용한 FOS를 그대로 활용하였으며, 또한 위원회가 권고한 이들 FOS 위치를 뉴질랜드에 대한 권고내용과 일치하게 새로운 FOS로 대체하였다는 것은 동 위원회 권고내용의 존중 및 피지의 일관성 있는 FOS 선정자세를 볼 수 있다.

(2) 분석

피지는 자국의 남동지역에 대한 부분제출을 고려하면서 본 예비정보를 제출하였는바, 본 정보 제출시 무엇보다도 뉴질랜드 및 통가와의 미해결경계획정 문제가 있음을 언급하면서 동 제출이 이들과의 경계획정문제에 아무런 영향을 주지

북동대륙붕은 통가 기선에서 200해리 그리고 남동지역에서는 뉴질랜드 기선에서 200해리까지 획정된다.

않음을 강조하여 본건의 성격을 분명히 하였다.[56)]

가타 사항에 대해서는 일반적인 언급에 불과하였으며 자국의 부분제출 대상수역에 대한 자세한 설명 및 해도를 제사한 점이 특이할 만하다.

7. 모리셔스(Mauritius)[57)]

(1) 제출내용

모리셔스는 이미 두개의 부분제출을 한 바 있는데, 그 하나는 2008년 12월 1일 Mascarene 고원지역에서의 세이셸과의 공동제출이었고, 다른 하나는 2009년 5월 6일 Rodrigues 도서의 대륙붕에 관한 제출이었다. 모리셔스는 Chagos 군도지역에서의[58)] 연장된 대륙붕문건을 제출하고자 하였는바, 이는 2012년까지 완성할 것이라고 언급하였다. 본 예비문건 제출은(2009. 5. 6) 유엔해양법협약 제2부속서 제4조의 요구와 당사국회의 결정에 따른 것임을 분명히 하였다.[59)]

이러한 예비문건 제출은 위원회가 고려하지 않아도 되며 향후 정식문서 제출에 영향을 주지도 않는다고 한다. 200해리 이원 대륙붕 존재지역은 Chagos 군도에서 시작하는 지역인바, 즉 Chagos 군도지역에서의 관련 육지영토의 대륙변계 외측끝단은 군도기선에서 측정하여 200해리 이원까지 미친다.[60)]

모리셔스의 Chagos 군도는 영국과 분쟁이 존재함에도 불구하고 자국영토의 일부임이 분명하다고 한다. 따라서 동 군도의 영유권 문제의 완전한 해결이 무엇보다도 선행되어야 할 것으로 보인다. 왜냐하면 분쟁도서의 200해리 이원 대륙붕

---

56) http://www.un.org/Depts/los/clcs_new/submissions_files/preliminary/fji_2009_preliminaryinfo.pdf, p. 3(2009. 11. 16 방문).

57) http://www.un.org/Depts/los/clcs_new/submissions_files/preliminary/mus_2009_preliminaryinfo.pdf 참조(2009. 7. 11 방문).

58) Chagos 군도는 모리셔스 본도에서 2,200km 북동쪽에 있으며, 가장 큰 도서는 Diego Garcia(27,200㎢)이다. 모리셔스는 Chagoes 군도상의 융기와 뱅크 등이 모리셔스 육지영토의 자연연장선상에 있다고 한다. 차고스 도서에 관하여는, http://en.wikipedia.org/wiki/Chagos_Archipelago 참조(2009. 7. 11 방문).

59) 모리셔스는 1982. 12. 10 유엔해양법협약을 서명하였고, 1994. 11. 4 동 협약을 비준하였다. 2005년 해양수역법(The Maritime Zones Act)에서 동 협약상의 대륙붕외측한계 정의규정을 포함한 모든 규정들이 자국에 적용됨을 규정하였다.

60) 유엔해양법협약 제47조.

한계를 특정국가 만이 주장한다는 것은 설사 본 문건이 정식으로 대륙붕한계위원회에 제출되었다 하더라도 그 심사를 기대하기 어렵기 때문이다.[61] 현재 양국간에는 논의가 진행 중이며 최근 2009년 1월에 양자 대화가 있었다.

(2) 분석

모리셔스는 자국의 정식 문서제출을 2012년까지 하겠다고 밝히면서 본 예비정보제출은 SPLOS/183에 의거한 제출에 불과하다는 점을 밝히고 있어 본 정보의 성격을 분명히 하고 있다.[62]

〈그림 8〉 모리셔스의 대륙붕 외측한계

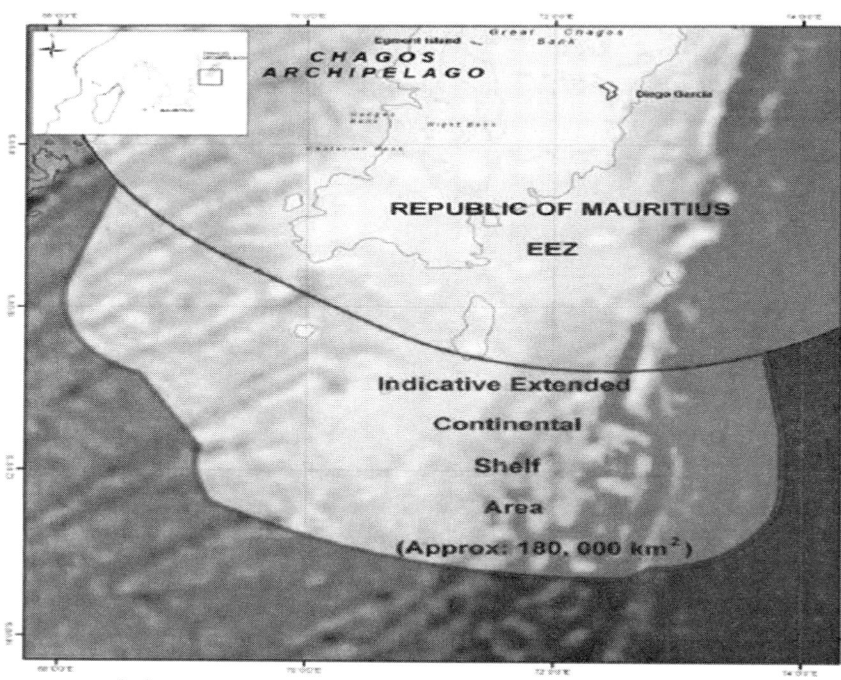

출처: http://www.un.org/Depts/los/clcs_new/submissions_files/preliminary/mus_2009_preliminaryinfo.pdf, p.11.

또한 본 사전정보는 대륙붕한계위원회가 고려해서는 아니되며 향후 위원회에

61) 대륙붕한계위원회 의사규칙 제46조 및 동 의사규칙 제1부속서 참조.

62) http://www.un.org/Depts/los/clcs_new/submissions_files/preliminary/mus_2009_preliminaryinfo.pdf, p. 7(2009. 11. 16 방문).

제출될 문서에도 아무런 영향을 주어서는 안 됨을 강조하고 있다.[63] 특히 Chagos 군도지역 대한 정보제출을 하면서 이들 지역을 '확장된 대륙붕' 지역으로 언급하고 있음은 향후 이 지역에서 자국 대륙붕 권원이 있음을 인정하려는 경향을 보여주었다.

8. 오만(Oman)[64]

(1) 제출내용

Owen산맥으로 특징되어지는 아라비아해 심해저 경계쪽으로 Owen 분지 대고원 및 상대적으로 좁은 심해분지를 가로질러 오만의 육지 영토가 계속적으로 연장되고 있다. Owen 분지는 지형학적으로 전형적인 대륙지각의 특성을 나타낸다. Owen 산맥이 지리적 및 지구물리적 근거 하에 광범위한 단층구조와 복잡한 지형학적 특징이 있다 하더라도 FOS는 그 동쪽을 따라 식별가능하다.

남동쪽 오만 대륙붕의 주요한 특징은 Owen 분지가 수심 3,000~3,100m의 상대적으로 부드러운 대형단층고원이라는 것이다. 분지 동쪽경계는 Owen 산맥으로 측면을 점차적으로 강하하는 서쪽측면과 극히 가파른 동쪽측면을 가진 비대칭적인 특징을 가지고 있다. 분지 서쪽경계는 좁은 연안 대륙붕 외측끝단과 Owen 분지를 따라 존재하는 Masirah 단층을 포함한 일련의 주요단층과 평행하게 존재한다. 남쪽으로 Owen 분지는 Sharbithat 산맥을 구성하는 비연속적 해안대로 둘러싸여 있다. 분지 북쪽경계는 명백히 확정된 것이 아니라 오만만 경계인 북위 22°N와 평행한 선으로 되어 있다.[65]

지리적 및 지구물리적 자료에 따르면 Owen 분지는 해양지각이라기보다는 대륙붕의 특징을 갖고 있다. 따라서 Owen 분지는 오만 대륙변계의 일부이며 Owen 산맥까지 이르는 오만 육지영토의 자연연장을 이룬다.

---

63) *Ibid.*, p. 17.
64) http://www.un.org/Depts/los/clcs_new /submissions_files/preliminary/omn_2009_preliminaryinfo.pdf 참조(2009. 7. 11 방문).
65) http://www.un.org/Depts/los/clcs_new/submissions_files/preliminary/omn_2009_preliminaryinfo.pdf, p. 2(2009. 7. 29 방문).

오만은 예비문건 제출(2009. 4. 15 제출)을 위한 200해리 대륙붕한계 설정 시 자국이 1982년 1월 1일 발표한 직선기선제도를 적용하였으나, 동 직선기선의 합법성 문제는 여전히 논의의 대상이 된다. 오만은 3개의 해양경계획정 합의를 하였는바, 첫째는 호르무즈해협에서 오만과 이란 간에 1974년 7월 25일 체결한 대륙붕경계합의이고, 둘째는 2000년 6월 12일 체결한 오만과 파키스탄 간의 배타적 경제수역 합의이고, 셋째는 2003년 12월에 체결한 아라비아해에서의 오만과 예맨 간의 해양경계획정에 관한 합의이다.[66)]

그러나 오만이 제출한 확장된 대륙붕수역은 남쪽으로는 오만-파키스탄 경계와 그리고 동쪽으로는 오만-예맨 경계사이에 존재하는데, 이는 오만, 예맨 및 파키스탄 각자가 제출한 대륙붕한계와 서로 중첩될 수 있다. 따라서 동 예비문건은 경계획정에 영향을 주어서는 아니될 것이다.

〈그림 9〉 오만 만 대륙붕의 지리적 특성

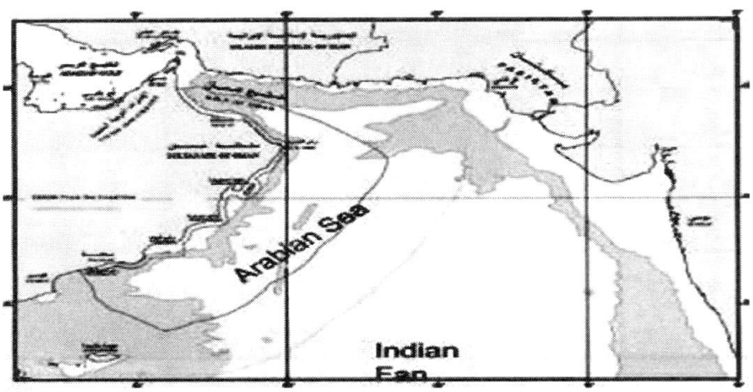

출처: http://www.un.org/Depts/los/clcs__new/submissions__files/preliminary/omn__2009__preliminaryinfo.pdf, p. 6.

(2) 분석

오만은 본 정보제출이 향후 완성된 문건제출을 위한 하나의 예비절차에 불과하다는 점을 분명히 밝히고 있다.[67)] 특히 오만은 3개 해양경계획정 합의를 체결

66) *Ibid.*, p. 3.

67) http://www.un.org/Depts/los/clcs__new/submissions__files/preliminary/omn__2009__preliminaryinfo.pdf, p. 3(2009. 11. 16 방문).

하였음을 언급하였는바, 즉 1974년 이란과의 대륙붕 경계획정합의, 200년 파키스탄과의 EEZ 경계획정합의, 2003년 예맨과의 아라비아해 경계획정합의를 체결하였음을 강조하여 인접국과의 경계문제가 합의에 의해 해결되었음을 강조하고 있다.

따라서 금번 제출된 정보에 포함된 확장대륙붕 지역은 이들 국가들과 중복이 되는 대륙붕 지역임을 암시하면서, 본 제출이 향후 이들 국가간의 대륙붕 경계획정에 영향을 주지 않음을 나타내고 있다.[68]

9. 파푸아 뉴기니(Papua New Guinea)[69]

(1) 제출내용

파푸아 뉴기니(PNG)는 유엔해양법협약 당사국으로[70] 동 협약상의 의무이행에 유념하여 Untong Java고원지역에 대한 예비문건 제출을 하였다(2009.5.5). 동 제출은 Micronesia 및 Solomon 제도와 공동으로 이루어졌으며 동시에 3개국의 200해리 이원 대륙붕에 대한 부분제출을 하였다.

PNG는 Mussau 산맥지역과 Eauripik 융기지역에 대한 200해리 이원 대륙붕에 대한 예비문건을 제출하였는바, 이들 지역은 인접 연안국과의 대륙붕 한계가 중첩이 되므로 동 지역에서 타국과의 대륙붕 경계획정이 침해되어서는 아니 됨을 분명히 하였다.[71]

PNG는 예비문건 제출시 인접국가와의 200해리 이원 대륙붕한계의 중복성을 심각하게 고려하여 주변국과의 경계획정 마찰을 최소화하려고 노력하였다. 또한 여전히 인접국과의 여러 해양경계획정이 남아 있음을 강조하면서 유엔해양법협약 및 동 협약 제2부속서에 근거하여 자국과 기타 연안국과의 어떠한 해양경계

68) *Ibid.*, p. 4.
69) http://www.un.org/Depts/los/clcs __new/submissions__files/preliminary/png__preliminaryinfo.pdf 참조(2009. 7. 11 방문).
70) 파푸아뉴기니는 1982. 12. 10 유엔해양법협약을 서명하였고, 1997. 1. 14 비준하였다.
71) http://www.un.org/Depts/los/clcs__new/submissions__files/preliminary/png__preliminaryinfo.pdf, p. 2(2009. 7. 29 방문).

획정을 침해하지 않을 것임을 분명히 하였다.[72)]

〈그림 10〉 파푸아 뉴기니 Mussau Ridge 대륙붕 외측한계

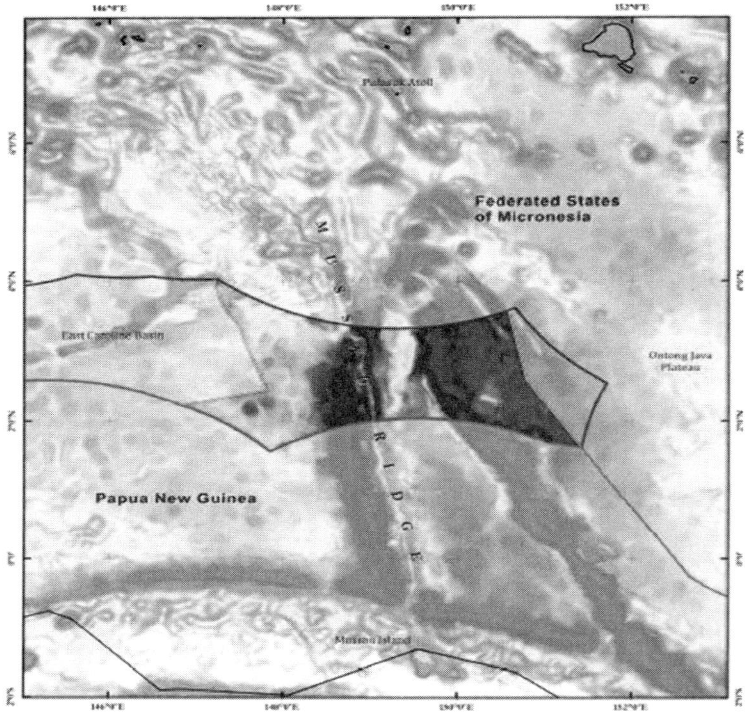

출처: http://www.un.org/Depts/los/clcs_new/submissions_files/preliminary/png_preliminaryinfo.pdf, p. 5.

또한 PNG는 소도서 국가로서 문서제출에 필요한 기금지원을 유엔이 제공해 줄 것을 촉구하였으며, 만일 이러한 지원이 가능할 경우 2012년 말까지 정식문건을 제출할 것이라고 하였다.

(2) 분석

PNG는 2012년 까지 자국의 정식문건을 제출할 것임을 언급하면서 본 예비정보는 따라서 위원회가 고려해서는 아니됨을 명기하여 본 제출의 성격을 분명히

72) *Ibid.*, pp. 2-3.

하였다.[73] 즉 본 제출은 향후 2Mussau 고원 지역 및 Eauripik 융기 지역에 관한 정식문건 제출 및 이들에 대한 위원회 고려에 영향을 주지 않음을 나타내고 있다.[74]

〈그림 11〉 파푸아 뉴기니 Paurific Rise 지역 대륙붕외측한계

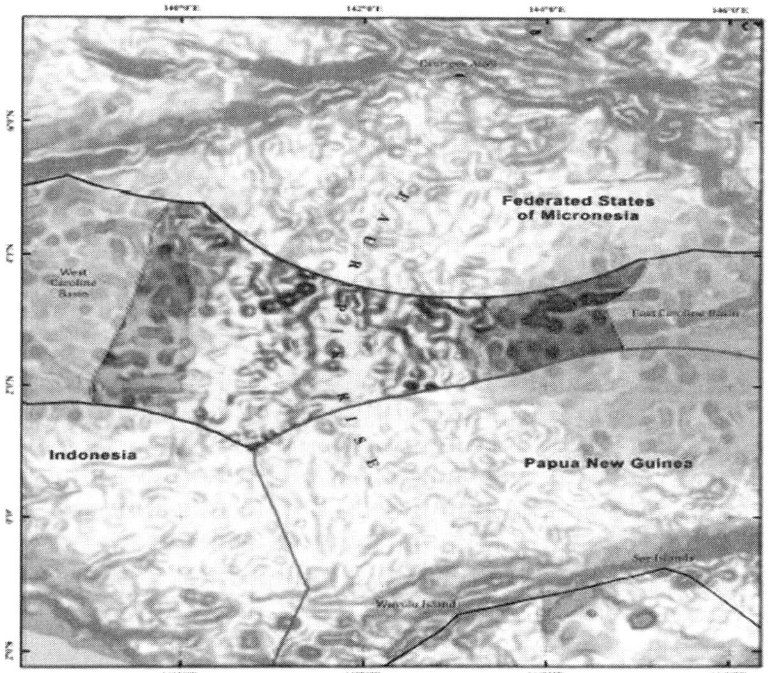

출처: http://www.un.org/Depts/los/clcs_new/submissions_files/preliminary/png_preliminaryinfo.pdf, p. 6.

73) http://www.un.org/Depts/los/clcs_new/submissions_files/preliminary/png_preliminaryinfo.pdf, p. 3(2009. 11. 16 방문).

74) *Ibid.*, pp. 3-4.

10. 한국(Korea)[75]

(1) 제출내용

한국은 유엔해양법협약 당사국으로서[76] 동 협약에 따라 200해리 이원 대륙붕에 관한 예비문건을 제출하였다. 그러나 대상수역인 동중국해에서는 1974년 1월 30일 한일간 남북대륙붕 공동개발협정을 체결하여 양국간 공동으로 탐사 및 개발하는 이른바 공동개발구역(IDZ)을 운영 중에 있다.[77] 따라서 예비문건 제출시 한국은 본 제출문건을 대륙붕한계위원회가 고려해서는 아니됨을 그리고 이후의 정식문건 제출을 침해하지 않을 것임을 명기하였다.

동중국해에서 한국의 200해리 이원 대륙붕은 Okinawa 해구 상에 존재하는바, 이는 한국 육지영토의 자연적 연장선의 끝부분이 된다는 것이다.[78] 또한 본 예비문건은 공동개발구역 내에서 동중국해 대륙붕 외측한계에만 국한됨을 강조하였다.[79]

한국은 동중국해에서의 200해리 대륙붕 한계가 자국 육지영토의 연장선 끝단인 Okinawa해구까지 미친다고 판단하였고 이후 한일간 남북대륙붕 공동개발협정상의 공동개발구역의 존재를 감안하여 동 구역 내에서 대륙붕 외측한계를 설정하고자 하였다.[80] 즉 자국의 200해리 이원 대륙붕의 일방적 주장보다는 인접국과의 합의사항을 존중하는 태도로 특별합의에 상당한 무게를 두고 그 범위 내

75) http//www.un.org/Depts/los/clcs__new/submissions__files/preliminary/kor__2009 preliminaryinformation.pdf 참조(2009. 7. 11 방문).

76) 한국은 1983. 3. 14 유엔해양법협약을 서명하였고, 1996. 1. 29 비준하였으며, 동 협약은 1996. 2. 28부터 한국에 발효하였다.

77) 한일간 남부대륙붕 공동개발구역에 관하여는, Choon-ho Park, "Joint Development of Mineral Resources in Disputed Waters: the Case of Japan and South Korea in the East China Sea", in *East Asia and the Law of the Sea*, Seoul : Seoul National University Press, 1988, pp. 125-138 참조.

78) 김현수, "한일간 동중국해 해양경계획정에 관한 일본 주장의 대응논리", 국제법학회논총 제52권 제1호, 대한국제법학회, 2007. 6, 54-55쪽.

79) http://www.un.org/Depts/los/clcs__new/submissions__files/preliminary/kor__2009 preliminaryinformation.pdf, p. 5(2009. 7. 29 방문).

80) 김현수, 전게논문, 57-59쪽.

에서 예비문건을 작성하였다는 점이 특이할 만한 상황이다.

〈그림 12〉 한국의 대륙붕 외측한계

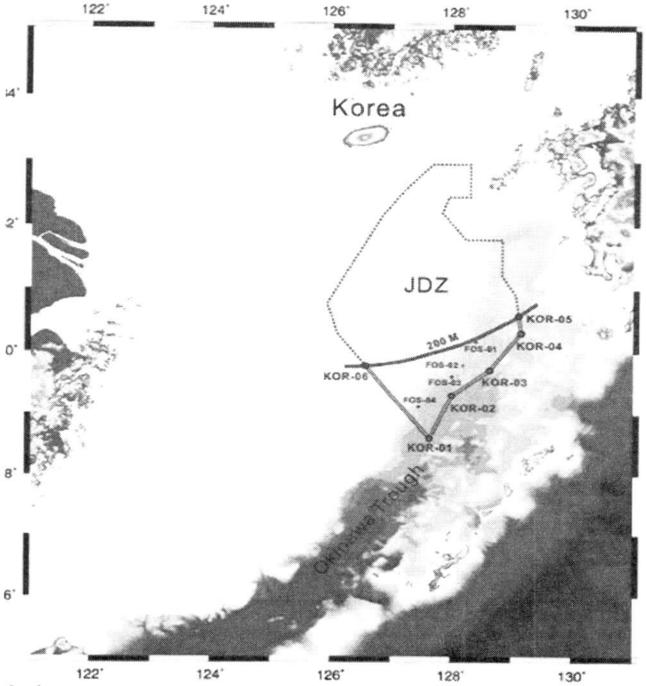

출처: http://www.un.org/Depts/los/clcs_new/submissions_files/preliminary/kor_2009preliminaryinformation.pdf, p. 8.

또한 인접국가인 중국과의 동중국해 대륙붕이 중첩된다는 사실을 염두하여 동중국해에서의 한중간 경계획정 교섭을 1996년 이래로 진행하여 오고 있다. 즉 동 협약 제76조에 따라 인접국인 중국과 일본과의 동중국해에서 중일간에 진행 중인 경계획정 교섭 등을 고려하여 예비문건을 제출하였는바, 이는 동 협약에서 요구하는 위원회 행위가 인접국 또는 대향국간 경계획정을 침해해서는 아니 된다는[81] 사항을 충실히 이행한 조치라 볼 수 있다.

(2) 분석

한국은 영해기선에서 200해리 외측에 4개의 FOS를 설정하고 이로부터 6개의

81) 유엔해양법협약 제2부속서 제9조.

외측한계점을 연결하여 부분제출 지역을 선정하였다.[82)]

특히 한일간 남부대륙붕 공동개발구역을 염두하여 동 구역내에서만 자국의 200해리 이원 대륙붕 외측한계를 설정하여 관련국가와의 특별협정을 존중하려는 태도를 보이고 있다. 또한 이 구역은 중국이 주장하는 200해리 이원 대륙붕 외측한계를 고려하여 이들과 중복되지 않도록 노력하였다. 즉 정식 문서제출도 아닌 예비정보에 무리하게 자국의 외측한계를 주장하여 인접국가와의 분쟁을 사전에 예방하려는 의도가 있음을 알 수 있다.[83)]

또한 이러한 지리적 환경을 고려하여 한국은 향후 본문서 제출시 중일과의 경계협상을 염두해 두고 그 제출시기를 적절한 시기에 할 것임을 조심스럽게 밝히고 있어 관련국가간의 경계획정 협상에 무게를 두고 있음을 알 수 있다.[84)]

11. 세이쉘(Seychelles)[85)]

(1) 제출내용

세이쉘은 Aldabra 도서지역에서의 200해리 이원 대륙붕한계에 대한 예비문건 제출을 하였다(2009. 5. 8). 또한 세이쉘은 1999년 해양수역법(The Maritime Zones Act)을 제정하여 대륙붕 외측한계를 포함한 자국 해양수역의 설정 및 경계획정을 규정하고 있다.[86)]

세이쉘은 이미 대륙붕 외측한계에 관하여 두개의 부분제출을 하였는바, 하나는 2008년 12월 1일의 Mascarene 고원지역에서 Mauritius와의 공동제출 그리고 다른 하나는 2009년 5월 7일의 북고원지역(Northern Plateau Region)에 관한 제출이다.[87)]

---

82) http://www.un.org/Depts/los/clcs_new/submissions_files/preliminary/kor_2009 preliminaryinformation.pdf, p. 3(2009. 11. 16 방문).

83) *Ibid.*, p. 4.

84) *Ibid.*, p. 5

85) http://www.un.org/Depts/los/clcs_new/ submissions_files/preliminary/syc2009 preliminaryinfo.pdf 참조(2009. 7. 11 방문).

86) 세이셸은 1982. 12. 10 유엔해양법협약을 서명하였고, 1991. 9. 15 동 협약을 비준하였다.

87) http://www.un.org/Depts/los/clcs_new/submissions_files/preliminary/syc2009 preliminaryinfo.pdf, p. 5(2009. 7. 29 방문).

세이쉘의 예비문건 제출 대상지역은 Aldabra 도서지역에서의 확장된 대륙붕지역에 관한 것으로 2011년 이에 관한 완전한 제출을 할 예정이다.
동 예비문건은 위원회가 고려하지 않아도 되며 정식문건제출에도 영향을 주어서는 아니 됨을 세이셸은 강조하였다.[88)]

(2) 분석

세이쉘은 Mauritius와 Mascarene 고원 지역에 대한 200해리 이원 대륙붕 외측한계에 대한 정식문건 제출(2008. 12. 1)에 이어 Aldabra도서 지역에서의 200해이원 대륙붕 외측한계에 대한 예비정보를 제출하면서 본 제출이 향후 이 지역에 대한 문서제출이나 대륙붕한계위원회 고려에 영향을 주어서는 아니된다는 점을 명시하여 본 제출의 성격을 분명히 하였다.[89)]

따라서 이들 관련 지역의 명칭을 '확장대륙붕'으로 설정하여 그 법적 지위를 규명하고자 했으며, 특히 Aldabra 도서를 유엔해양법협약 제121조상의 도서로 보아 자국의 200해리 대륙붕을 향유하는 도서로 인정하고자 하였음은 주목할 만하다.[90)]

88) *Ibid.*, pp. 5-6.
89) http://www.un.org/Depts/los/clcs_new/submissions_files/preliminary/syc2009preliminaryinfo.pdf, pp. 5-6(2009. 11. 16 방문).
90) *Ibid.*, p. 7.

〈그림 13〉 세이쉘의 Aldabra 도서 지역 대륙붕 외측한계

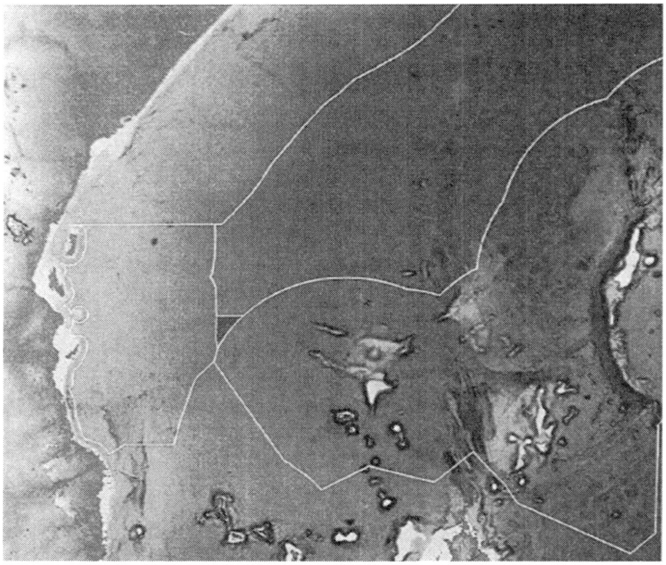

출처: http://www.un.org/Depts/los/clcs__new/submissions__files/preliminary/syc2009preliminaryinfo.pdf, p. 8.

12. 탄자니아(Tanzania)[91]

(1) 제출내용

탄자니아는[92] 자국에 인접한 대륙붕 외측한계에 대한 예비문건 제출을 하였는바, 이는 인접국가와의 해양경계획정을 침해하지 않음을 명기하였다. 즉 본 문건에 내포된 모든 정보와 지도들이 해양경계획정문서를 침해하지 않는다는 것이다. 이러한 목적을 실천하기 위하여 탄자니아는 Kenya와 Seychelles 정부와 접촉하여 향후 경계획정 문제를 침해하지 않음을 분명히 하였고 이들 국가들도 탄자니아의 향후 이에 관한 정식문건 제출에 반대하지 않음을 표명하였다.[93]

---

91) http://www.un.org/Depts/los/clcs__new/submissions__files/preliminary/tza__2009__preliminaryinfo.pdf 참조(2009. 7. 11 방문).

92) 탄지니아는 1985. 9. 30 유엔해양법협약을 비준하였다.

93) http://www.un.org/Depts/los/clcs__new/submissions__files/preliminary/tza__2009__preliminaryinfo.pdf, p. 6(2009. 7. 29 방문).

탄자니아 역시 케냐와 세이셸의 문건제출에 반대하지 않으며 이에는 탄자니아 대륙붕과 잠재적으로 중복되는 해양수역이 포함된다. 물론 이러한 고려와 권고는 향후 경계획정을 침해하지 않을 것이다라고 하였다.

〈그림 14〉 탄자니아의 3개 FOS

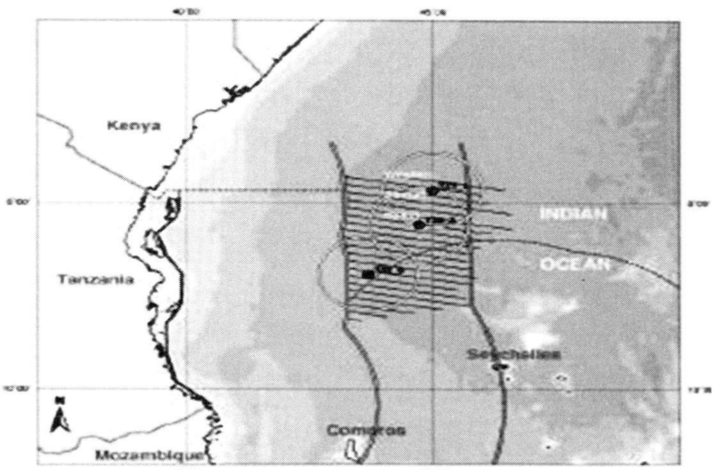

출처: http://www.un.org/Depts/los/clcs__new/submissions__files/preliminary/tza__2009__preliminaryinfo.pdf, p. 10.

(2) 분석

탄자니아는 자국의 예비정보 제출이 수정될 수 있으며 따라서 본 정보는 이러한 수정에 영향을 주어서는 아니됨을 언급하여 본 제출의 성격을 분명히 하였다.[94] 또한 본 제출의 모든 정보나 지가관련국가간의 해양경계획정에 영향을 주어서는 아니됨도 분명히 하면서 주변국(케냐, 세이쉘) 역시 본 정보제출에 아무런 이의를 제기하지 않았음을 강조하여 자국의 제출이 관련법규에 따라 합법하게 제출되었음을 나타내고 있다.[95] 결론적으로 탄자니아도 다른 예비정보 제출 국가와 동일하게 자국의 정보제출 내용이 향후 위원회 고려사항이 아님을 강조

94) http://www.un.org/Depts/los/clcs__new/submissions__files/preliminary/tza__ 2009 piminaryinfo.pdf, p. 6(2009. 11. 16 방문).

95) *Ibid.*, p. 6.

하였다.96)

제4절 분석 및 평가

본장은 정식문건 제출이 아닌 사전정보제출 문건에만 국한되어 다루고 있는바, 지금까지 제출한 사례 중 본고에서 분석한 12가지 사례에 대한 분석내용을 보면 다음과 같이 몇 가지 시사점 및 공통사항을 발견할 수 있다. 첫째, 자국의 예비문서 제출이 인접 또는 대향국간의 경계획정을 침해하지 않는다라고 명기하여 문서제출에 따른 주변국과의 마찰을 최소화하려고 하였다. 둘째, 관련 이해당사국과의 문서제출에 대한 사전동의 또는 합의를 도출하여 역시 제출에 따르는 외교적 부담을 사전에 최소화하여 불필요한 마찰을 피하고자 하였다. 셋째, 정식문서 제출 준비상의 어려움을 호소하였는바, 특히 이로 인하여 개도국이나 소도서국가들의 재정적·기술적 어려움을 유엔차원에서 논의하도록 유도하는 계기가 되었다. 넷째, 제출된 동 문서의 내용을 대륙붕한계위원회에서 고려할 필요가 없다라고 하여 예비문건의 한계를 분명히 하였다. 다섯째, 제출된 동 문서의 내용이 향후 자국의 모든 200해리 이원 대륙붕 외측한계에 대한 정식문건 제출에 아무런 영향도 미치지 아니한다라고 하여 그야말로 사전정보 제공이라는 가벼운 의무의 이행만을 행하였음을 강조하였다. 여섯째, 현재 또는 과거의 대륙붕한계위원회 위원을 적극 활용하였는바, 이는 고도의 과학적 지식과 판단이 필요한 문제라는데 인식을 같이한 결과로 보인다.97) 일곱째, 제출기간에 관하여는 명확히 제시하거나 제출연도 정도만 표명한 국가도 있다. 즉 스스로 제출의무 기간을 신축성있게 제시하여 제출에 따르는 부담을 최소화하려고 하였다. 따라서 유엔대륙붕 한계위원회의 심사 및 법적 권고를 받을 수는 없다.

그러나 주지하다시피 해당 연안국이 자국의 200해리 이원 대륙붕 한계에 대하여 유엔 대륙붕한계위원회에 제출한 문건을 대륙붕한계위원회가 심사를 하여 해

---

96) *Ibid.*, p. 15.

97) 탄지니아 등의 경우 참조.

당국가의 대륙붕 한계를 권고하여 대륙붕경계획정시 중요한 법적 근거로 활용하고자 하는 것이 본 제도의 성격이라고 보인다. 따라서 관련 국가들 특히 사정정보 제출 국가들은 자국의 제출 내용에 법적 구속력을 받지 아니하며 다만 유엔해양법협약 당사국으로서의 최소한의 의무이행만을 하기 위한 것으로 풀이된다.

문제는 이러한 대륙붕한계위원회의 행위가 "대향국 또는 인접국간의 경계획정과 관련된 사항을 침해하지 아니한다"라는[98] 것인바, 동 위원회의 권고나 기타 행위에 대하여 해당 국가들이 과연 대륙붕 경계획정시 얼마나 구속을 받게 되는가에 있다. 경계획정은 법과 원칙 이전에 당사국간 합의의 문제임으로 협상에 임하는 당사국의 태도나 입장이 가장 중요하게 작용하는 것은 의심의 여지가 없다. 따라서 사전 정보 제출 국가들의 일반적인 제출 의도는 불필요한 분쟁의 사전마찰을 피하고 관련 국가들의 움직임을 주시하면서 합의를 통한 대륙붕 경계획정을 하기 위한 전략적 접근이라고 보여진다. 즉 사전정보의 법적 성격상 이들이 제출국을 직접 규제하는 것은 아니므로 자국의 입장만을 제시한 것에 불과하다.

결국 인접 또는 대향국간 대륙붕 경계획정문제를 가지고 있는 해당 국가들은 관련국들이 제출한 예비문건의 내용과 성격을 보다 면밀히 검토하여 향후 경계획정 교섭시 적절히 활용한다면 그 자체로서 상당한 의미와 가치가 있다고 보인다. 물론 본 예비문건이 해당국가에게 법적 구속력이 있는 문서는 아니나, 유엔해양법협약 당사국으로서 하나의 국제법상 의무행위를 한 것임은 분명하므로 만일 해당 국가가 본 문건에 제시한 내용과 다른 사항을 협상시 언급하거나 그 의도와는 다르게 문제를 왜곡할 경우 소위 국제법상의 금반언원칙 등을 제시하여 경계협상을 보다 용이하게 이끌어 합의에 이르는 어려움을 다소나마 극복할 수 있고 또한 어느 정도 합리적이고 용이한 해결책을 도출하게 하는 원동력으로 작용하게 할 수도 있을 것으로 사료된다.

정식문건 제출이든 예비정보 제출이든간에 대륙붕한계위원회나 유엔에 제출하는 이들 문건은 해당 연안국의 200해리 이원 대륙붕 한계에 법적 권원의 확인이 아닌 과학적 근거에 의한 대륙붕 연장을 확인하는 절차에 불과하다는 점을 또한 주지하여야 할 것이다. 물론 예비정보 이해당사국의 경우 제출한 국가의 의도나

98) 유엔해양법협약 제2부속서 제9조.

태도 등을 면밀히 분석하여 향후 제기될 수 있는 제출국가와의 대륙붕 경계획정에 대비할 필요성은 충분히 있다.

특히 예비정보의 경우 본 내용에 포함될 자료의 구체적 내용설명이 없으며, 또한 어떠한 형태의 자료를 제출해야 하는지에 대한 기준설정도 부재하고 설사 예비정보를 제출하였다 하더라도 이 문제를 누가 어디서 어떻게 다루어야 하는지에 대한 아무런 대안도 마련되어 있지 않다. 즉 제출된 정보처리의 구체적 법적 절차가 마련되어 있지 않다는 것이다. 따라서 향후 대륙붕한계위원회는 이러한 문제에 대한 기준을 설정하여 보다 구체적으로 문제해결을 할 수 있도록 하는 제도적 장치를 마련해야 할 것으로 보인다. 단순 예비정보제출 그 자체만으로 회원국의 의무이행을 다했다고 간주하는 것은 현행 국제법 체제에 부합되지 않는 지극히 피상적인 조치에 불과하다고 보인다.

결론적으로 차기 유엔해양법협약 당사국회의에서 이 문제를 본격적으로 논의하여 예비정보제출이 갖는 법적 흠결을 보완하여 정책적으로 이용되고 있는 예비정보의 문제점을 정비하고 일정한 기준선 등을 제시하여야 할 것으로 보인다. 동시에 각국이 원용하고 있는 근거자료 및 관련 법규의 다양한 해석에 대한 일관성 있고 권위있는 지침마련도 요구된다고 보인다.

경계획정은 오늘날 연안국이 가지고 있는 가장 어려운 문제 중의 하나임이 분명한 바, 대륙붕 경계획정도 그 예외가 될 수 없음을 충분히 인식하여 지금까지 제출한 각국의 문서 및 예비정보의 심층 분석으로 보다 정확하고 신뢰할 수 있는 판단을 위원회가 한다는 인식을 국제사회의 국가들이 가질 수 있도록 해야 할 것이다. 이를 위하여는 과중되고 있는 대륙붕한계위원회의 업무 부담을 감소시켜 보다 심층깊게 문건을 심사할 수 있도록 관련 소위원회 구성 등도 심각하게 고려해 볼만한 가치가 있다고 사료된다.

제 6 장

동아시아 국가의 해양경계 문제

제1절 서 언

최근의 뚜렷한 경향 중의 하나는 유엔해양법 협약(해양법협약)에 근거한 연안국의 200마일 배타적 경계수역(EEZ)의 설정이다. 오늘날의 특징은 국가가 일방적 행위나 합의로 자국의 해양관할권을 지속적·점진적으로 확장하여 해양수역 및 천연자원을 자국에 포함시키며 그 결과 새로운 세계 해양질서를 창출하게 한다는 것이다.

해양법협약은 1994년에 발효되었으나, 동 협약상의 해양경계에 관한 규정은 국가관행과의 상당한 차이를 가져와 경계획정의 실질적 적용시에도 여러 애매한 점들을 내포하게 된다. 따라서 이러한 차이 및 애매한 점들로 인하여 국제분쟁이 야기될 수 있고 또한 그 해결이 쉽지는 않을 것이다.

이러한 점을 고려하여, 동아시아국가의 해양관할권에 관한 해양법협약의 영향과 이들 국가 특히 한국, 일본, 중국의 입장을 해양법협약, 관습국제법, 국가관행, 국내법 및 특별사정 등의 측면에서 비교·분석·고찰할 필요가 있다.

제 2 절 동아시아국가의 지정학적 환경

1. 지리적 환경

본장에서 언급하는 동아시아 국가는 한국, 일본 및 중국이며 동아시아해는 동지나해, 황해 및 동해로 구성된다. 이 지역의 상이한 지리적 환경으로 인하여, 해양관할권에 관한 법적·정치적 문제 해결이 어려우며, 또한 다양한 정치적 및 경제체제로 복잡한 문제가 발생하기도 한다. 따라서 이 지역의 해양관할권 문제는 법적인 해결보다는 오히려 정치적 해결을 요구할 수 있기 때문에 이 지역의 지리적 및 정치적 특성을 상세히 기술할 필요가 있다.

동아시아 국가의 해양지역은 서쪽으로는 아시아 대륙, 동쪽으로는 일본 군도인 사할린과 북대만 그리고 북남쪽으로는 타타르 해협과 대만 해협으로 각각 둘러싸여 있다. 황해는 동쪽으로는 한국에 의해, 서쪽으로는 중국에 의해 반폐쇄되어 있으며, 북서쪽에서는 중국의 발해만과 접하고 있다. 남쪽에서는 한국의 제주도, 그리고 북쪽에는 중국의 양쯔강을 직접 연결하는 동지나해와 인접해 있다. 또한 광대하고 일정한 대륙봉은 수심이 100파담인 대륙사면과 만난다.

동해는 한국, 일본 및 러시아의 반폐쇄해이며 청진남쪽 5마일 넓이와 서사할린, 홋카이도 및 피터대제만 밖 40마일까지 이르는 대륙붕으로 둘러싸여 있다.

동지나해는 서쪽에서는 중국, 그리고 동쪽 및 남쪽에서는 일본의 큐슈 및 류큐열도와 경계하고 있으며, 북쪽에서는 한국 그리고 황해와 만난다. 남서쪽에서는 중국 본토 해안 및 대만해협 밖 핑탄도서를 직접 연결한다.[1)]

---

1) K. O. Emery(et.al), "Geographical Structure and Some Water Characteristics of the East China Sea", 2 *Technical Bulletin*(1969) 참조.

2. 정치적 상황

국가는 자국 영해에 주권을 행사하며 이 주권은 동일국가의 유일한 합법정부라고 주장하는 정부와 공유될 수 없다. 따라서 중국은 이 문제를 대만과 협의하지 않을 것이며 이는 중국이 자국 정부를 유일한 합법정부라고 간주하기 때문이다.

한편, 이 지역에 있는 인접국가와의 정치적 복잡성과는 달리, 일본은 중국과 센카쿠 열도,[2] 그리고 러시아와 북방영토에 대한[3] 영토 분쟁이 진행 중에 있다. 아시아의 대다수 본토 해안을 북쪽에서는 러시아가 그리고 남쪽에서는 중국이 차지하고 있다. 동아시아해의 동쪽한계가 되는 도서의 끝단은 사할린과 대만이 해당된다. 사할린을 지속적으로 완전히 통제하는 러시아와는 달리, 중국은 대만 통합문제를 안고 있다.[4] 따라서 이들 3개국은 이러한 복잡한 지역적·정치적 상황 때문에 해양경계 문제에 대한 합의가 사실상 어렵다고 볼 수 있다.

제 3 절 국제법 및 관행에 있어서의 해양경계문제

1. 영해

경계획정법의 목적은 관련지역의 지리적 환경에 따라 형평한 경계획정을 하게 하는 원칙과 규정을 설정하는 것이다. 따라서 19세기 초 영해의 명확한 개념 설정 이후 양국 영해의 형평한 분할을 보장하려는 원칙과 규정의 발전에 관심이

---

2) T. Cheng, "The Sino-Japanese Dispute over the Senkaku Islands and the Law of Territorial Acquisition", 14 *Virginia Journal of International Law*(1973-74), pp. 221-266 참조.

3) J. J. Stephan, *The Kuril Islands : Russo-Japanese Frontier in the Pacific*, Oxford : Clarendon Press, 1974 참조.

4) H. Chiu(ed), *China and the Question of Taiwan*, New York : Praeger Publisher, 1973, pp. 127-141 참조.

집중되었다.5)

영해개념이 확실히 설정되었던 당시에 호수 및 강의 균등한 분할을 규정한 여러 합의가 이미 존재하였다.6) 이러한 합의는 향후 대향국간 영해경계가 수로 중앙에 균등하게 되어야 한다는 19세기의 일반적 관행의 발전에 기여하게 되었다.

또한 등거리방식이 인접 및 대향국가 특히 대향국가간의 여러 초기조약에서 활용되었다.7) 1953년 국제법학회 전문가위원회는 형평하지 못한 해결에 이르는 특수한 사정을 제외하고는 등거리 방식을 권고하였다.8) 동 위원회 보고를 기초로 국제법위원회는 기타 경계가 특수사정에 의해 정당화되지 않는 한 대향국가의 중간선 적용에 합의하였다. 그 결과 1958년 영해 및 접속수역에 관한 협약은 "대향 또는 인접국간의 해안에서 어느 국가도 중간선 이원으로 영해를 확장할 자격이 없다"라고 규정하였다.9)

이후 1958년 협약의 영향으로, 유엔해양법협약은 1958년 협약 내용을 거의 반복하여 규정하였다. 즉, 양국의 해안이 상호 대향 또는 인접하고 있는 경우에는, 양국간의 별개의 합의가 없는 한, 양국 영해의 폭을 측정하는 기선에서 최근점에 있는 모든 점의 연결인 중간선을 넘어서 영해를 확장하지 못한다.10) 그러나 역사적 권원 또는 기타 특수사정으로 인하여 상당한 경계획정이 요구되는 경우에는 본 규정이 적용되지 않는다.11) 또한, 국가관행상의 '등거리' 내용을 검토할 필요가 있다. 영해 개념이 확고히 설정되었던 당시 이미 강과 호수의 수역경계의 균등한 분할 규정한 여러 합의가 존재하였다.

경계선은 일부 사례에서 해안선의 일반적 방향에 수직인 것으로 기술되어 있

5) D. P. O'Connell, *The International Law of the Sea*, Oxford : Clarendon Press, 1982, pp. 60-147 참조.

6) L. Bouchez, 'The Fixing of Boundaries in International Boundary Rivers', 12 *ICLQ*(1963), p. 85 참조.

7) 예를 들면, 1846 United States-Great Britain Treaty, Article 1(the Juan de Fuca Straits에서 경계설정); 1910 United States-Great Britain Boundary Treaty, Article(Passamaquoddy Bay에서 경계설정).

8) *Yearbook of ILC*, Vol 2, 1953, p. 77, 79.

9) Convention adopted by the UN Conference on the Law of the Sea, 29 April 1958, The Territorial Sea and the Contiguous Zone, article 12. I.Brownlie, *Basic Documents in International Law*, 3rd ed., Oxford : Oxford University Press, 1983, p. 90,

10) 유엔해양법협약 제15조.

11) *Ibid.*

으나, 이 경우 직선해안형상 때문에 궁극적인 해양경계는 기술적으로 중간선 또는 등거리선이 된다.12)

대다수 해안선이 심히 굴곡하여 돌입하거나 도서가 산재하였기 때문에 수직선은 제한된 지지를 받게 되었다. 반면 경계획정 기술수단의 발전으로 자국 영해의 모든 부분들을 국가가 결정하도록 유도하게 되어 등거리원칙이 정확한 경계획정에 대한 이러한 움직임을 자극하였는바, 이는 기존의 어떠한 규칙도 그 적용에 있어 확실성이 있는 것으로 입증되지 않았기 때문이다.13) 따라서 등거리 규칙이 연안국으로부터 상당한 지지를 받게 되었다.

2. 대륙붕 또는 배타적 경계수역

대향국 또는 인접국간 해양경계획정은 제3차 유엔해양법회의에서 가장 어려운 문제 중의 하나였으며 최종적으로 이에 관한 핵심문제의 처리를 위해 1978년 회기시 결성된 제7교섭단체 결의에서 언급을 하게 되었다.14)

특히 배타적 경계수역 경계획정은 동 회의 참석국의 가장 중요 관심사였는바, 이는 모든 국가가 기선에서 200해리까지 방대한 수역을 확보하고 타국의 방해 없이 동 수역을 배타적으로 탐사, 이용, 보존 및 관리할 수 있기 때문이다.15)

그러므로 EEZ 경계획정의 효과적인 해결을 위하여, 여러 요소 즉, 국제법과 상응하는 원칙, 형평원칙, 지리적 및 경제적 요소, 전통적 또는 역사적 의존성과 관련된 자원, 안보, 당사국의 행위, 제3국의 주장, 비례성 및 기타 요소들을 고려해야 한다.

동 회의에서는 상기에서 언급한 모든 요소가 조항으로 수용되지 않았으며, 대신 몇 가지 원칙만을 다음과 같이 규정할 수 있었다:

인접 또는 대향국간의 배타적 경계수역의 경계획정

12) F. A. Ahnish, *The International Law of Maritime Boundaries and the Practice of States in the Mediterranean Sea*, Oxford : Clarendon Press, 1993, p. 36 참조.
13) *Ibid.*, p. 37.
14) *Doc.A/Conf.62/62*, para. II(5).
15) 유엔해양법협약 제56(1).

> 1. 인접 또는 대향국간의 배타적 경계수역의 경계획정은 형평한 해결에 도달하기 위하여 국제사법재판소규정 제38조에 규정된 대로 국제법을 기초로 하여 합의에 의하여 성립되어야 한다.[16]

한편, 대륙붕의 경계획정은 EEZ규정이 연안국 기선에서 200해리까지 적용되며 연안국은 동 수역의 해저, 하층토 및 상부수역에 대한 주권적 권리를 향유하므로 EEZ 경계획정보다 그 중요성이 상대적으로 덜하게 되었다.[17] 이 경우 200해리 대륙붕이 EEZ에 포함되나, 이러한 사정은 대륙붕이 200~300마일 또는 대륙변계가 연안국 육지영토의 해저 연장부분을 포함하며 동 대륙붕, 대륙사면 및 대륙대의 해저 및 하층토를 구성하는 경우에는 적용될 수 없다.[18]

해양법협약은 대륙붕 경계획정을 다음과 같이 규정한다:

> 인접 또는 대향국간의 대륙붕 경계획정
>
> 1. 인접 또는 대향국간의 대륙붕 경계획정은 형평한 해결에 도달하기 위하여 국제사법재판소규정 제38조에 규정된 대로 국제법을 기초로 합의에 의하여 성립되어야 한다.[19]

EEZ 및 대륙붕 경계획정에 관한 상기 양 조항으로부터 이들 경계획정에 관한 기본 원칙이 동일함을 알 수 있다. 따라서 양 수역의 폭이 동일하거나 문제의 대륙붕이 EEZ 수역 내에 있는 곳에서는 이들 양자의 경계획정을 위한 교섭을 별도로 해야 할 실질적인 이점이 없다.

3. 사법적 관행

해양경계획정에 가장 영향을 준 일부 국제판례가 이하에서 간단히 언급될 것이다.

---

16) 유엔해양법협약 제74(1).
17) *Ibid.*
18) *Ibid.*
19) *Ibid.*, 제83(1).

1969년 북해대륙붕사건에서, 재판소는 "특수사정"의 예외로 경계획정이 형평원칙에 영향을 받아야 한다는 믿음을 다음과 같이 도입하였다:

> 경계획정은 형평원칙에 따른 합의에 의하여야 하며 타국 육지영토의 자연적 연장을 침해하지 않고 해양으로의 연안국 육지영토의 자연연장이 되는 모든 대륙붕을 가능한 한 많이 남기게 하는 방식으로 모든 관련 사정을 고려하여야 한다.[20]

다음으로, 1977년 영-불 중재사건에서, 중재재판소는 두 가지 요소 즉, 등거리 및 특수사정 요소를 확인할 수 있었는바, 이는 하나의 통합원칙으로 1958년 대륙붕 협약 제6조에 나타나 있으며 구체적인 용어로는 형평원칙을 설명한 것이었다.[21]

제6조의 관습법상 정당화에 관하여, 재판소는 다음과 같이 언급하였다:

> 본 내용은 형평원칙에 따른 인접 또는 대향국간 경계획정을 언급한다. 적절한 경우 등거리 또는 중간선이 모든 관련 사정을 고려하여 수용되어야 한다.[22]

그러나, 1982년 튀니지-리비아 대륙봉사건에서, 재판소는 1969년 북해대륙붕사건 및 1977년 중재재판소와는 다르게 형평에 관한 정의를 언급하였다:

> 원칙이 목적에 종속된다는 것이 압도적인 결과이다. 원칙의 형평성은 형평한 결과에 도달할 목적의 유용성 측면에서 평가되어야 한다.[23]

또한 재판소는 형평원칙을 다음과 같이 설명하였다:

> 해결의 형평성을 언급함으로써 이러한 형평을 얻을 수 있다. 재판소가 나타낸

20) *ICJ Reports*, 1969, para.101.
21) F. A. Ahnish, *The International Law of Maritime Boundaries and the Practice of States in the Mediterranean Sea*, Oxford : Clarendon Pres, 1993, p. 71.
22) UK-French Continental Shelf case, para.96, Reproduced in 18 *International Law Materials*(1979), pp. 397-493.
23) *ICJ Reports*, 1982, para.70.

원칙은 형평결과 도달을 위한 적절성에 따라 선택되어야 한다.[24]

그러나 본 사건에서 재판소는 형평원칙의 근거가 무엇인지를 분명히 설명하지 않았다.[25]

다음으로, 1894년 캐나다-미국간의 메인만 사건에서, 재판소는 1969년 판결 및 1977년 중재판정에서 언급된 형평원칙을 반복하였다:

> 어떤 합의나 기타 형평한 해결이 형평한 기준의 적용 즉 형평에서 나온 기준을 포함해야 한다는 원칙을 강조하는 것이 논리적인 원칙으로 될 수 있다.[26]

상기 원칙은 관습법에서 확인되며 이로서 동 원칙은 일반적 적용시에 타당하며 모든 형태의 해양경계와 관련하여 모든 국가에게도 타당하다.[27]

최종적으로 재판소는 인접국가간의 모든 해양경계획정에 적용되는 일반 국제법을 다음과 같이 언급하였다:

> 어느 경우이든, 경계획정은 형평기준의 적용 및 이 지역의 지리적 형상과 기타 관련 사정을 확실히 할 수 있는 실질적 방식의 사용으로 형평한 결과에 도달하여야 한다.[28]

또한, 1985년 리비아-몰타 대륙붕사건에서, 재판소는 메인만 사건에서와 유사한 원칙을 제시하였으며 형평을 지리적 상황에 대한 일반적 원칙으로 강조하였다:

> 형평의 성격은 잘 확립된 원칙에서 가장 분명히 나타난다. 이의 해석에 있어서는, 변화되지 않은 지형이 대륙붕의 법적 제도와 가장 관련 있는 지리적 상황 측면을 의미한다는 것을 명심해야 한다.[29]

---

24) *Ibid.*
25) *Ibid.*, p. 18 참조.
26) Case Concerning Delimitation of the Maritime Boundary in the Gulf of Maine, *ICJ Reports* (1984), p. 292, para.89.
27) *Ibid.*, pp. 292-293, para.90.
28) *Ibid.*, p. 300, para.112(2).

또한 재판소는 다음과 같이 강조하였다:

문제는 실제 경계획정시 거리문제에 대한 고려의 영향 평가에서만 나타난다. 동 평가에서 경계획정법의 근본규범에 따라 형평한 결과가 관련시점에 대한 형평원칙 적용을 근거로 달성되어야 한다는 사실을 고려하여야 한다.[30]

본 사건과 유사한 지리적 상황 즉, 양 대향국간 단일 대륙붕 경계획정에 해당되는 경우 재판소는 "자연연장의 법적 개념은 경계획정 기준이나 자격 근거로서 지리적 또는 지형학적 요소와 관련이 있다고 추정하지는 않는다."[31]라고 하며 또한 비례성 기준 요구 및 보다 일반적으로 형평한 모든 관련사정을 고려할 것을 강조하였다.[32]

최종적으로 재판소는 경계획정에 적용되는 국제법 원칙과 규칙을 다음과 같이 제시하였다:

(1) 경계획정은 형평원칙에 따라 형평한 결과에 도달 하도록 모든 관련 사정을 고려하여야 한다.

(2) 일방당사국의 대륙붕이 타방 당사국 해안에서 200마일 이상이 안 되는 경우, 어떠한 대륙붕 경계획정 기준도 물리적 의미인 자연연장원칙에서 나올 수 없다.[33]

결론적으로 본 사건은 경계획정시 가장 오래전부터 주장 및 적용되어 왔던 경계획정시의 자연연장 개념포기라는 법이론상의 커다란 변화를 초래하였다.

1985년 기니-기니 비소 해양경계획정에 관한 중재판정은 다음과 같이 언급하였다:

문제의 해양수역이 양국 육지영토의 연장이며 이들이 배타적이고 중복되나

29) *Ibid.*, p. 40, para.47.
30) Case Concerning the Continental Shelf, *ICJ Reports* (1985), p. 47, para.62.
31) *Ibid.*, p. 56, para.77.
32) *Ibid.*, para.78.
33) *Ibid.*, p. 57, para.79.

비정상적 특징을 갖지는 않는다고 언급하는 것이 중요하다. 오늘날 요구되는 경계획정은 예외적인 어려움을 나타내는 것이 아니라 이는 오직 형평하고 객관적 원칙에 근거할 필요가 있다.[34)]

또한 비례성에 관하여 다음과 같이 판정하였다:

비례성은 형평한 결과를 초래하는 요소의 평가시 고려되어야 한다. 각국의 육지영토 관련 비례성에 관하여 재판소는 이것이 본 사건과 관련 있는 요소가 되지 않는다고 본다. 유일한 관련 비례성은 해안선의 길이와 각국에 속하게 될 수역의 상부수역이다.[35)]

1993년 그린랜드-얀 마엔 사건의 특수사정 및 관련사정에 관하여, 재판소는 다음과 같이 관찰하였다:

특수사정 개념은 등거리방식과 관련하여 존재한다. 따라서 특수사정은 등거리 원칙의 무자격적 적용으로 초래된 결과를 왜곡할 수 있는 사정임이 분명하다. 일반 국제법은 관련사정 개념을 원용하였는데, 동 개념은 경계획정 과정시 특정 해양수역에 대한 당사국 권리에 영향을 미치는 정도에 따라 고려될 필요가 있는 것으로 정의될 수 있다.[36)]

또한 해안선 길이의 불공평에 관하여, 재판소는 다음과 같이 언급하였다:

대향 해안간의 중간선 경계획정은 일반적으로 형평한 해결을 가져오는바, 이는 문제해안이 가깝게 평행되는 경우이다. 그러나 본 사건과 같이 관련 해안의 길이와 등거리 방식 적용으로 생기는 해양수역간의 관계가 매우 불균형적이면 형평한 해결을 위하여 이러한 사정을 고려할 필요가 있다.[37)]

---

34) Case Concerning Maritime Boundary Delimitation between Guinea/Guinea-Bissau,par.91, www.imli.org/docs/A67.doc에서 재출판됨.

35) *Ibid.*, paras.111-119.

36) Case Concerning Maritime Delimitation in the Area between Greenland and Jan Mayen, *ICJ Reports* (1993), paras.54-58.

37) *Ibid.*, paras. 61-71. 국제사법재판소의 계쟁사건에 관하여는, www.icj-cij.org/icjwww/idecisions.htm 참조.

요약하면, 첫째, 경계획정은 이미 관련연안국에 속해있는 수역에 대한 경계를 결정하는 과정이지 이를 할당하는 절차가 아니다. 둘째, 경계획정은 일방주의가 아닌 합의를 근거로 이행되어야 한다. 셋째, 경계획정은 형평한 해결 달성을 목표로 해야 한다는 것이다.[38)]

제 4 절 해양경계에 관한 입장

1. 한 국

(1) 영해

영해의 경계획정에 관하여, 한국은 등거리 및 중간선 원칙에 충실하다:

> 대한민국과 인접하거나 대향하고 있는 국가와의 영해의 경계선은 관계국가의 별도의 합의가 없는 한, 양국이 각기 영해의 폭을 측정하는 기선상의 가장 가까운 지점으로부터 같은 거리에 있는 모든 점을 연결하는 중간선으로 한다.[39)]

영해경계에 관한 이러한 입장은 1995년 개정된 영해 및 접속수역법에서도[40)] 동일하며 이는 또한 해양법협약과도[41)] 일치한다.

(2) 배타적 경제수역

동해는 400마일이 안 되는 반폐쇄해이며 따라서 양국에 의한 200마일 주장은 서로 중복되게 된다. 동해에서의 일본과의 EEZ 경계획정에 관하여 한국은 독도와 일본의 오끼도 중간선을 주장한다. 그러나 잘 알다시피, 일본과의 독도 갈등

38) 이러한 목적을 위하여 형평 및 최종적인 형평한 결과를 위하여 비례성 및 사회경제적 영향이 고려되어야 한다.

39) Territorial Sea Law, 1977, Article 4, M. Nordquist & C. H. Park(eds), *North America and Asia-pacific and the Law of the Sea*, London : Oceana Publication, 1981, p. 5

40) 영해 및 접속수역법 제4조 참조.

41) 유엔해양법협약 제15조.

이 있는 바, 동 갈등으로 일본과의 동해 EEZ 경계획정에 장애요인이 될 수 있다.[42] 해양법상 도서를 확보하는 모든 국가는 EEZ 설정으로 주변수역에 대한 주권적 권리 및 관할권을 향유할 수 있다.[43]

양국의 동해어업문제 협상시[44], 독도는 한일간 어업협정 체결의 최대 문제가 되었는데, 이는 이미 언급한 것처럼 모든 도서가 자체의 EEZ를 향유할 수 있기 때문이다. 그리고 EEZ 자체가 광대한 수역을 확보할 수 있으며 또한 연안국에 의해 배타적으로 이용될 수 있기 때문이다. 이를 근거로 양국간의 독도 문제가 EEZ 경계획정 이전에 해결되지 않을 경우 동해에서의 EEZ 경계획정 그 자체가 쉽게 해결되지 않을 수 있다.[45] 또한 동 갈등은 동해 해양관할권 및 EEZ 경계획정에 심각하고 직접적인 영향을 미칠 것으로 보인다.

한편 1996년 한국의 EEZ법은 대향 또는 인접국간 EEZ 경계는 국제법인[46] 해양법협약규정을[47] 근거로 당사국간 합의에 의해 이루어져야 한다고 한다.

(3) 대륙붕

대륙붕을 최초로 언급한 1970년 해저광물자원개발법은 대륙붕 경계를 규정하지 않았으나, 한국이 황해 및 동지나해 일부에서 대륙붕 외측한계를 설정한 예에서 보면 한국은 이들 수역에서 중간선을 선택한 것으로 보인다.[48] 또한 일본과의 동지나해 일부수역의 경계획정에 관하여 육지 영토의 자연적 연장원칙 또는 공해상의 연안국 영토주권에 의존하였다.

동 원칙은 1969년 북해대륙붕사건에서 국제사법재판소가 최초로 언급하였다:

> 대향국 대륙붕은 육지영토의 자연연장으로 주장할 수 있다. 이러한 연장은 서

---

42) 해양법상 도서의 법적 지위에 관하여는, *ibid.*, 제121조 참조.
43) *Ibid.*, 제56조.
44) Joon-Suk Kang, "The United Nations Convention on the Law of the Sea and Fishery Relations between Korea, Japan and China", 27 Marine Policy (2003), pp. 111-124 참조.
45) *Ibid.*, p. 115.
46) *The 1996 Law on the EEZ*, Article 2(2).
47) 유엔해양법협약 제74(1).
48) Choung Il Chee, "Maritime Claims of the Republic of Korea", in Choon-ho Park(ed), *Korea and International Law*, International Legal Studies Series, No.4, Seoul : Korea University, 1993, p. 13

로 만나고 중복되므로 중간선에 의해 획정될 수 있다.[49]

사실상 자연연장원칙은 1974년 남부대륙붕 공동개발구역에 관한 한일협정 체결에 상당한 기여를 하였다.[50]

상기 고찰을 통하여 한국정부는 해양경계획정 목적상 두 가지 원칙을 적용한다고 추론할 수 있다. 즉 동해 및 황해에서의 중간선 원칙과 동지나해 북동지역에서의 육지영토의 자연적 연장원칙이 그것이다.

황해에서의 중간선방식 적용은 두 개의 판결 즉, 1969년 북해대륙붕 사건과 1977년 영-불 수로 중재재판소 판정에서[51] 예시된 국제관습법에 근거하고 있다.

그러나 한국의 이러한 입장은 황해에서 중국과의 잠재적 경계 충돌이 있을 수 있는데, 이는 한국이 보다 편리하게 중국과의 경계획정에 적용될 수 있는 원칙을 택할 수 있기 때문이다. 결국 중국의 입장에서 보면 한국의 중간선 해결책은 중국 입장에 관계없이 한국에 일방적으로 유리하다고 볼 수 있다.

2. 일 본

(1) 기선 문제

새로이 설정한 일본의 직선기선을 언급할 필요가 있는 바, 이는 동기선이 한국과의 해양경계에 직접적, 그리고 심각하게 영향을 줄 수 있기 때문이다.

일본은 1977년 영해법을 개정하여 1996년 영해 및 접속수역법으로 개명하여[52] 새로운 법률적 내용인 적선기선과 접속수역 등을 이에 추가하였다.[53]

---

49) *ICJ Reports*, North Sea Continental Shelf cases, 1969, p. 36.

50) Keun-Gwan Lee, "A Critical Perspectives on Maritime Delimitation in East Asia", in Choong-Hyun Paik(ed.), *International Law in Korean Perspectives*, Seoul : Seoul National University Press, 2004, p. 187.

51) UK-French Continental Shelf case(first decision), paragraph, 109, reproduced in 54 *International law Report*(1979), p. 70. 대륙붕협약 제6(1)은 다음과 같이 규정한다. "합의가 없으며 또한 특수한 사정에 의하여 별도의 경계선이 정당화되지 않는 경우에는 중간선을 경계선으로 한다.", reproduced in I.Brownlie(ed.), *Basic Documents in International Law*, Oxford : Oxford University Press, 1988, p. 119.

52) 1996년 6월 4일 법률 제73호(1996년 7월 20일 발효). 1996년 영해법에 관한 시행령은 1977년 시행령과 동일(1996. 7. 5).

일본은 이러한 기회를 보다 표현적인 접근으로 급진적 변화를 시도하려고 활용하고 있는 것으로 보인다. 새로이 주장한 적선기선 중 일부는 해안에서 멀리 떨어진 도서들을 연결하는바, 일부는 그 길이가 50마일 이상이다. 신 직선기선체계로 일본 영해 한계의 해양측으로의 상당한 확장을 가져온다.[54)]

그러나 해양수역의 경계획정은 항시 국제적 측면이 있다. 이러한 경계획정은 연안국의 의지만에 달려 있거나 일방적으로 될 수 있는 것이 아니다. 인접국과의 경계획정 타당성은 국제법에 따른다는 것이다.[55)]

기선에 관한 해양법협약상의 규정은 분명하거나 세밀하지도 않다. 이러한 동 규정의 의미에 대한 애매함과 불확실성 때문에 국가관행을 통한 다양한 해석을 허용하게 하였다. 그러나 가장 중요한 것은 이러한 직선기선 상황에서도 일부 자격 있는 해안선 방식은 사용될 수 있다. 그 구체적 자격조건은 관련규정과 국가관행에 근거하여 정의될 수 있다.[56)] 일본은 해양법 규정상 신 직선기선의 정당화에 어려움을 갖게 될 것이며,[57)] 따라서 일본은 융통성 있는 국가관행을 들어 비정상적인 자국 직선기선의 합리화를 찾으려하는 것으로 보인다.

그러나 해양법협약상 이 문제에 관한 명백한 규정이 있는 한[58)] 동 협약 당사국은 국제법과 일치하는 않는 국가관행이나 정책을 만들려고 해서는 아니 된다. 상기에서 보았듯이 일본의 일부 새로운 직선기선은 분명히 법적조건과 일치하지 않는다.

---

53) *Ibid.*

54) 홋카이도 및 혼슈 서쪽에서의 신직선기선 적용으로 확장되는 수역의 면적이 25,500㎢나 되며, 이로써 일본은 약 50,000㎢나 되는 넓은 영해를 확보할 수 있었다.

55) *ICJ Reports*, 116(1951), p. 132.

56) *Limits in the Seas*, US Dept, of State, No. 106, p. 3.

57) 일본 영해 및 접속수역법 시행령 제2조 2항은 법적인 만으로서 24마일을 규정한다.

58) Y. Kawasaki, "Japan's Ratification of the UN Law of the Sea Convention and its New Legislation on the Law of the Sea', *International Boundary and Security Bulletin*, Winter, 1996-1997, p. 93.

(2) 영해

영해 경계에 관하여 일본 정부는 중간선을 고집하는바, 1977년 영해법은 다음과 같이 규정한다:

> 중간선은 일본 해안과 대향하는 외국의 해안에 속하는 영해의 폭이 측정되는 기선상의 최근점과 동 최근점에서 등거리인 모든 점을 연결한 선이다.[59)]

영해 경계획정에 관한 일본의 이러한 입장은 지속되어 왔으며, 그 결과 동 원칙은 1996년 개정 영해법에서도 그대로 수용되었다.[60)]

한편 기선에 의한 해양관할수역의 확정은 대향국의 영해 및 EEZ 수역을 제한할 수 있고 관계국의 해양수역이 중복이 되지 않을 정도로 넓지 않을 경우 중복수역의 경계획정에 영향을 줄 수 있다.

(3) 배타적 경제수역/대륙붕

일본의 EEZ 및 대륙붕법은 1996년 6월에 선포되어 동년 7월에 발효되었다.[61)] 동법은 연안국의 주권적 권리와 기타 권리를 규정하는 해양법협약 규정에 따라 EEZ 및 대륙붕을 언급한다. 동 법은 또한 일본의 EEZ가 기선에서 200해리까지이며 대향국과의 해양경계는 기선상의 근지점에서 등거리인 중간선이 된다고 한다.[62)]

따라서 EEZ의 외측한계는 기선에서 측정된 등거리선이 된다. 즉 일본은 법적인 관점에서 보면 대향국과의 해양경계 획정방식으로 중간선 원칙을 따른다.[63)]

---

59) Law No 30 of 2 May 1977 on the Territorial Sea, Article 2, M. Nordquist & C. H. Park(eds), *North America and Asia-pacific and the Law of the Sea*, London : Oceana Publication, 1981, p. 4

60) 김현수(편), *한반도주변국가의 해양법령집*, 서울 : 연경문화사, 2000, p. 329.

61) *Ibid.*, 제1-4조, pp. 344-345.

62) *Ibid.*, 제1(2)조.

63) 일본의 배타적 경제수역은 4,470㎢가 될 것이며, 이는 세계에서 8위이며 전 세계 배타적 경제수역의 3.9%를 차지한다. M .S. Kwon & Y. S. Ok, "Japan's Maritime Jurisdiction Extension and Fishery Disputes between Korea and Japan"(in Korean), *Seminar on Japanese Baseline Claims and Fishery Dispute*, KMI, 1977. 7. 18.

그러나 해양법협약은 중간선이나 등거리선 규칙을 언급하지 않고 단지 "EEZ 경계획정은 공평한 해결에 도달하기 위하여 국제법을 기초로 합의에 의하여 성립되어야 한다"라고만 규정한다.[64] 또한, 대륙붕 경계획정에 관하여, 동 협약은 EEZ 경계획정 규정과 동일한 내용을 규정한다.[65]

일본정부가 동해 해양경계에 있어 중간선 또는 등거리선 방식을 채택한 이유는 동해에는 대륙붕이 없으며 따라서 중간선 방식과 단일 경계선 채택이 불가피한 것으로 보였기 때문이다. 또한 이것이 자국 및 동지나해에서의 한국과 중국의 대륙붕 경계획정에 관한 자연연장 적용에 대한 방어 기술적 측면에 최선의 방식이 될 것이기 때문이다.[66] 결국 일본은 분쟁수역에서의 해양경계규칙에 관한 일관된 정책을 유지하는바, 이렇게 하는 것이 한국이나 중국과 같은 관련국가와의 EEZ 경계교섭에 있어 최대한 이점을 갖게 될 것으로 보이기 때문이다.

특히 최근 중국과 동지나해에서의 석유자원 분쟁시 일본은 동 수역의 EEZ 경계가 중간선이 되어야 한다고 지속적으로 주장하였다.[67] 그러나 중국은 이를 수용하지 않고 자국 대륙붕이 일본 오끼나와 해구까지 미친다고 주장한다.[68]

3. 중 국

(1) 기선문제

1996년 영해기선에 관한 중국의 선언은 다음과 같다:

1. 본토에 인접한 영해기선은 아래 열거한 인접기점들을 연결하는 모든 직선기선으로 구성된다.[69]

---

64) 유엔해양법협약 제74(1).
65) *Ibid.*, 제83(1).
66) Lee, *op. cit.*, pp. 186-187 참조.
67) *Dong-A Ilbo(Newspaper)*, 2005. 3. 28.
68) *Ibid.*
69) At the 19th Meeting of the Standing Committee of the 8th National People's Congress on 15 May 1996.

그러나 동 선언은 기점 연결에 사용되는 선을 정의하지 않았고 좌표용 기하학적 체계를 제시하지도 않았다. 중국이 직선기선을 설정한 날과 같은 날 중국은 유엔해양법협약을 비준하였고 동시에 EEZ를 주장하였다.

영해 경계획정은 "반드시 일방적인 행위"이며 "연안국이 이를 행할 권리가 있다"라는 ICJ의 성명에도 불구하고[70] 해안선의 모든 작은 굴곡이 직선기선방식 채택을 요구한다고 생각하는 것은 잘못이다. 즉 중국 해안의 남쪽 부분 일부가 굴곡하며 섬들이 있다는 이유로 "모든 중국 해안선"에 직선기선을 채택하는 것은 의문의 여지가 있다. 또한 연안 밖 도서가 해양법협약 제7조상의 '해안 바로 인근에' 있다는 것으로 고려될 수 있는지도 문제가 있다.

중국의 직선기선제도는 해안의 일반적 방향을 유지하고 있지 않으며,[71] 양쯔강 델타 북쪽 해안은 심히 굴곡하거나 도서가 산재하여 있지도 않다. 이들은 중국 기선체제에서 가장 긴 부분으로 그 길이가 186~227㎞나 된다.

그러므로 전체적인 중국 해안의 지리적 조건을 이유로 직선기선방식이 유일하게 적합한 방식이라는 것은 해양법상 정당화되지 않는다. 왜냐하면 중국 해안선은 노르웨이 해안과 같은 특징이나 굴곡이 있는 것이 거의 없기 때문이다. 또한 동쪽해안에서 양쯔강까지 중국해안의 바로 인근에 산재한 도서도 없다.[72]

(2) 영해

1992년 2월 25일 채택된 중국의 영해 및 접속수역법은 1958년 중국 영해 선언에 일부 근거하였다.[73] 동법은 영해의 외측한계 적용되는 규칙을 다음과 같이 규정한다:

> 중국 영해의 외측한계는 영해기선의 최근점에서 12마일 거리에 있는 모든 점을 연결한 선을 말한다.[74]

---

70) 'China Says UN Sea Convention Boosts Territory,' *Reuter*, Beijing, 15 May 1996.

71) *Ibid.*, p. 133.

72) *Ibid.* 국제사법재판소는 "기선선택의 진짜 문제는 동 기선 내측수역이 내수제도에 따르도록 충분히 육지영토와 밀접하게 연결되어 있는가에 있다"라고 하였다.

73) 1 *Peking Review*(1958), No. 28, p. 21.

74) 김현수(편), *op. cit.*, pp. 377-378.

(3) 배타적 경제수역/대륙붕

1998년 6월 선포된 EEZ 및 대륙붕에 관한 법은 EEZ 및 대륙붕에서의 주권적 권리 및 관할권을 분명히 하고 동 수역내의 해양자원을 보호하기 위한 것이다. 동법은 EEZ가 200마일까지 미치며 대륙붕은 영해 이원 육지영토의 자연연장의 해저 및 하층토까지 확장된다. 중국의 EEZ 및 대륙붕을 보면, 중국이 북해대륙붕 사건 판결에서 제시된 육지영토의 자연연장에 집착하였음을 분명히 알 수 있다.[75] 그러나 이후 해양환경의 변화 및 해양법협약 특히 EEZ 제도의 채택과 시행에 따라 국제판결[76] 및 국가관행상의[77] EEZ 및 대륙붕 경계획정이 급격히 변화되었다.

특히 1982년 튀니지-리비아 사건에서 재판소는 경계획정은 모든 관련 사정을 고려하여 형평한 원칙에 따라야 한다고 결론을 내린바 있다.[78] 동 판결을 통하여 형평한 해결을 위해서는 대륙붕의 자연연장을 포함한 지리적 특성이 고려될 수 있음을 추론할 수 있다.[79]

75) *ICJ Reports*, the North Sea Continental Shelf cases, 1969, p. 53.

76) 튀니지-리비아 대륙붕 사건에서 법원은, 지리적 또는 지질학적 요소는 합리적이지 않다고 한다. *ICJ Reports*(1982) : 캐나다-미국간 해양경계획정 사건에서는, 경계획정은 형평원칙에 따라 관련 요소를 고려하여야 한다고 한다. *ICJ Reports*(1984) : 리비아-몰타 대륙붕 사건에서는 경계획정시 자연연장원칙의 배제 및 지리적·지질학적 요소의 무시를 강조한다, *ICJ Reports*(1985). 또한 튀니지-리비아 사건에서 법원은 원칙의 형평성은 형평한 결과를 위한 융통성 측면에서 본질적이어야 하며 법원이 제시한 원칙은 형평한 결과도달의 적절성에 따라 선택되어야 한다고 한다, *ICJ Reports*(1982), para.70.; 메인만 사건에서, 법원은 명심해야 할 본질적 사실은 문제의 기준 그 자체가 법규가 아니며 따라서 이와 다른 상황에서 강제성이 있는 것은 아니다. 그러나 형평한 또는 합리적인 기준 및 국제법이 요구하는 기준은 각 경우에 따른 기준의 적용 또는 기준의 형평성이 구체적인 경우에 따라 가장 적절하게 적용되어야 한다고 강조한다, *ICJ Reports*(1984), para.158; 리비아-몰타 사건에서, 법원은 경계획정의 근본규범에 따라 형평한 결과가 관련사정의 형평원칙에 기초하여 달성되어야 한다고 하였다, *ICJ Reports*(1985), para.62.

77) 이들 합의는 다음과 같다: the 1980 Agreement between France and Tonga establishing the EEZ boundary between Tonga and the French colony Wallis and Futuna Islands and the 1980 Agreement between France and Mauritius defining the EEZ boundary between the islands of Reunion and Mauritius. 이들 두 합의는 중간선을 경계선으로 하였다. 상세에 관하여는. S.Jagota, *Maritime Boundary*, Dordrecht : Martinus Nijhoff, 1985, p.93; 또한 R.Smith, *Exclusive Economic Zone: An Analysis and Primary Documents*, Dordrecht : Martinus Nijhoff, 1986 참조.

78) Tunisia-Libya case, *ICJ Reports*(1982), p. 58, para. 67.

79) R. T. S. Hsu, "A Rational Approach to Maritime Boundary Delimitation in the Yellow

결국 자연연장이론은 해양경계획정시 그 기반이 약해지게 되었고 대신 중간선 또는 등거리 원칙이 국가관행 및 국제판결에서 점차 강조되었다.[80] 이는 특히 황해에서의 지리적 환경 고려시 중국에 비우호적일 것이다.

한편 동지나해에서의[81] EEZ 또는 대륙붕 주장 역시 동 수역의 폭이 400해리가 되지 않으므로 3개국의 주장이 중복된다. 이는 각국의 경계획정시 원용하는 국제법 원칙 및 지리적 요소의 효과 및 성격에 관한 차이에 근거한다.[82]

결론적으로 황해 및 동지나해에서 중국은 자연연장원칙에 집착하는 것으로 보이는바, 이는 황해에서의 해저 중복과 해안선 길이의 비례성에[83] 근거한 것으로 보인다. 또한 오늘날 중국 정부는 지리적 및 지질학적 조건에 근거한 형평원칙을 고집하는 것으로 보이는데, 이는 특히 한국과 황해에서의 경계획정시 중국에 보다 유리할 것이기 때문인 것으로 보인다.

제5절 결 언

등거리-특수사정원칙이 영해의 경계획정 뿐만 아니라 대륙붕 및 EEZ 해양경계에 적용되는 압도적인 원칙의 하나로 고려되어 왔음은 의문의 여지가 없다.[84]

Sea", C. H. Park & D.C.Kim(eds), *The Regime of the Yellow Sea*, Seoul : Institute of East and West Studies, Yonsei University, 1990, pp. 149-150.

80) Choon-Ho Park, "China and Maritime Jurisdiction: Some Boundary Issues", 31(2) 대한국제법학회논총(1986), p. 70.

81) 동아시아해의 경계획정에 관하여는, C. H. Park, "Oil under Troubled Waters: The Northeast Asia Sea-Bed Controversy", in *East Asia and the Law of the Sea*, Seoul : Seoul National University Press, 1988, pp. 1-50 참조.

82) Joon-Suk Kang, *loc. cit.*, p. 115.

83) 그러나 비례성원칙은 해안의 길이 및 연안국에 속하는 수역의 크기 등을 의미하는데, 이는 분명히 지리적 개념과 관련이 있다. 그러나 황해는 단지 그 폭이 400해리 이내이며 따라서 침전요소와 같은 해저의 지리적 환경은 한중간 경계획정과는 관련이 없다. 상세에 관하여는, R. T. S. Hsu, *loc. cit.*, pp. 157-158 참조.

84) 현재 약 140개의 경계가 합의되었고, 대륙붕의 경우 등거리 원칙이 경계획정의 기초에 지배적으로 작용되는 경향이 있는바, 이는 특수사정을 고려한 변형된 형태인 것이다. R. R. Churchill & A. V. Lowe, *The Law of the Sea*(3rd ed.), Manchester : Manchester University Press, 1999, p. 197.

또한 등거리-특수사정원칙은[85] 주로 국가관행에[86] 근거하며 중복 관할수역 획정의 형평한 방식으로[87] 기여하였다.

한편 국제판결은 형평이 경계획정에 적용되는 유일한 규칙이나 이러한 형평의 기준이 관련 국가의 주관적인 평가에 달려있음을 간과해서는 안 된다고 주장한다.[88] 등거리 역시 도서의 존재, 해안길이 및 투사도, 경제적 의존도 및 안보와 같은 특수사정으로 공평과 형평을 고려한다.

1982년 유엔 해양법협약이 대륙붕 및 EEZ 단일경계에 관한 규정을 내포하지 않았다 하더라도 어느 정도의 양 경계 통합이 불가피한 것으로 보인다. 물론 단일 해양경계가 반드시 강제적인 것은 아니나 실제로 양국 경계가 중복되는 연안국 해양관할권 확장시보다 논리적이며 합리적인 것으로 보인다.[89]

한편, 일국의 일방적 행위나 조치가 현 국제법 및 규정과 일치하지 않을 경우 타국의 해양 이해관계에 상당히 영향을 줄 수 있다. 그러므로 관련국가가 해야 할 가장 중요한 일은 관련법과 이해관계를 기초로 타국과 이 문제를 성실히 논의하고 협상하는 것이다.[90] 특히 해양경계분쟁은 궁극적으로 지역협력 및 안정, 평화 및 안보에 영향을 미칠 수 있다는 것을 명심할 필요가 있다.[91]

한국, 일본 및 중국의 경우 이들은 좁은 해양수역을 갖고 있으므로 일국의 일방적 해양경계획정 방식은 타국에 중대한 영향을 줄 뿐만 아시아국가 해양경계의 효과적 해결을 위하여 관계국간 해양법협약의 일반원칙 및 규범을 기초로 더

85) 예를 들면, 특별사정의 고려에 관하여, The India-Sri Lanka Maritime Boundary Agreement of 1976, the Colombia-Haiti Maritime Limits Agreement of 1978 and the France-Tonga Convention of 1980. Churchill & Lowe, *op. cit.*, p. 197 참조.

86) 상세에 관하여는, J. I. Charney & L. M. Alexander(eds.), *International Maritime Boundaries*, Vols. I & II, Martinus Nijhoff Publishers : Dordrecht, 1993 참조.

87) 상세에 관하여는, The Colombia-Costa Rica Maritime Delimitation Treaty of 1977 and the Trinidad and Tobago-Venezuela Maritime Delimitation Treaty of 1990. *Ibid.*, p. 197 참조.

88) The Tunisia-Libya Continental Shelf case, *ICJ Reports*, 1982 and the Libya-Malta Continental Shelf case, *ICJ Reports*, 1985 참조.

89) 특히 1970년대 이후 유럽 밖에서 모든 수역에 단일경계를 설정하는 합의가 체결되는 경향을 보여 왔다. Churchill & Lowe, *op. cit.*, p. 197.

90) Hee Kwon Park, "Japan v. Kim Sun-ki case No.35, 1977. Matsue District Court, Shimane Prefecture, Japan, August 15, 1997", 92(2) *American Journal of International Law*(1998), pp. 12-13 참조.

91) *Ibid.*, p. 17 참조.

많은 양자 또는 다자간 협력과 이해도 고양이 진실로 요구된다.

상기에서 언급한 상황을 고려하여, 한국과 일본은 동해에서의 어업협정을 1998년 채택(1999년 발효)하였고, 한국과 중국 역시 황해에서의 어업협정을 1998년 체결(2001년 발효)하였는바, 이들 모두는 해양법협약 규정에 근거한 것이었다.[92] 이러한 활동은 3개국간의 심각한 어업문제를 극복하고 동시에 어민의 전통적 어로활동 및 피해를 고려하여 잠정적으로 경계문제를 해결하기 위한 것이었다. 따라서 양 협정이 이들 수역에서의 최종 경계획정 이전에 잠정합의로서 효과적인 기능을 할 것을 기대한다.

결론적으로 어떠한 국가도 동해, 황해 및 동지나해와 같은 반폐쇄해에서 일방적인 관할 수역 확보는 허용되지 않으며, 따라서 동 수역에서의 명확한 경계가 설정되기 위해서는 상당히 시간이 필요할 것이다.

92) 유엔해양법협약 제74(3).

제 7 장

한일간 동중국해 해양경계획정 문제

제1절 서 론

유엔해양법협약의 발효(1994년)에[1] 따라 각국은 이를 기초로 자국에게 유리한 해양수역(특히 배타적 경제수역)을 선포하게 되어[2] 인접국가 또는 대향국가와의 경계획정 분쟁이 심각하게 제기되어 왔다. 특히 한중일 3국의 권원이 중첩되는 동중국해(East China Sea)[3]에는 상당한 석유자원이 매장되어 있는 것으로 알려져[4] 이들 국가(중일, 한일, 한중일)간 해양관할권확보 문제가 매우 중요한 해양현안문제로 등장하게 되었다.

이러한 분쟁은 해당 수역에서의 해양경계가 획정되지 않는 것에 원인이 있는바, 해양경계와 관련된 국제사례 및 경계획정에 관한 국제법 논리 등을 고찰하여 한일간 동중국해에서의 경계획정의 법적 근거 제공 및 일본의 주장에 대한 대응논리 개발로 향후 일본과의 경계획정 분쟁시 활용할 수 있는 법적 기반을 마련

1) http://www.un.org/Depts/los/index.htm, Chronological lists of ratifications of, accessions and successions to the Convention and the related Agreements 참조.
2) http://www.un.org/Depts/los/LEGISLATIONANDTREATIES/claims.htm 참조.
3) 우리 정부는 주변국과의 배타적 경제수역/대륙붕 경계획정 대상수역을 동해(한일), 서해(한중) 및 동중국해(한중일) 3개 수역으로 나누어 협상하는 전략을 갖고 있는 것으로 보인다.
4) 동중국해 석유 및 가스 분포에 관하여는, 『The Economist』, October 6, 2005; 『Asia Times Online』, October 19, 2005 참조.

하기 위한 현실적 필요성이 절실히 요청된다.

특히 본장은 육지영토의 자연적 연장설의 동중국해 경계획정 시 적용가능성, 동중국해 경계획정 시 단일 또는 이중 경계선 적용 문제, 한일남부대륙붕공동개발구역과 동중국해 경계획정 문제 및 동중국해에서 일본이 주장하는 400해리 이내 수역에서의 경계획정 시 제시한 거리기준 주장 등에 대한 일본 주장의 문제점 지적 및 우리의 반박 및 대응논리 등을 법적으로 고찰하여 그 논거를 제공하고자 한다.

제 2 절 유엔해양법협약상의 경계획정

1. 제3차 유엔해양법회의 및 1982년 유엔해양법협약

인접 또는 대향국간의 해양경계획정 문제는 1974년~1982년 제3차 해양법회의에서 집중적으로 검토되었으며, 특히 배타적 경제수역 및 대륙붕에 관하여는 더욱 그러하였다. 경계획정 기준문제에 관하여 1958년 대륙붕협약상의 기준을 지지했던 그룹은 중간선 또는 등거리선을 주장하였으며[5] 기타 그룹은 1969년 북해대륙붕사건의 국제사법재판소 견해를 지지하여 해양경계획정에 있어서의 형평원칙을 주장하였다.[6] 이러한 두 가지 견해를 조화시키고자 하는 노력이 특히 1978년~1980년 사이 제7협상그룹에 의해 이루어졌지만 성공을 거두지는 못하였다. 결국 이에 관한 타협안이 형평주장 그룹과 등거리주장 그룹 대표에 의해 1981년 8월 해양법협약 초안으로 구체화되어 1982년 유엔해양법협약으로 채택되게 되었다.[7]

따라서 1982년 유엔해양법협약의 경계획정에 관한 규정의 입법화 문제는 광범

5) 중간선/등거리원칙 지지그룹 국가에 관하여는, Myron H. Nordquist, *United Nations Convention on the Law of the Sea 1982, A Commentary, Volume I*, Dordrecht : Martinis Nijoff Publishers, 1985, p. 78 참조.

6) 형평원칙 지지그룹 국가에 관하여는, Nordquist, supra note 5, pp. 78-79 참조.

7) R. R. Churchill & A. V. Lowe, *The Law of the Sea(3rd ed.)*, Manchester University Press : Manchester, 1999, p. 191.

위하게 검토되어 왔으나[8] 오늘날의 동 협약 제74조 1항인 배타적 경제수역의 경계획정 조항 및 제83조 1항인 대륙붕 경계획정 조항이 채택되게 된 그 배경을 이해 또는 인식하지 않고서는 이러한 규정을 정확히 평가하기가 어려울 것이다.[9]

결국 대향 또는 인접국간의 해양경계획정 문제는 제3차 유엔해양법회의가 직면했던 가장 어려운 문제 중의 하나가 되었다. 특히 중간선 그룹(Median Line Group)과 형평원칙그룹((Equitable Principle Group)의 주장이 상당히 대립되어 문제해결의 어려움이 가중되었으나 제7그룹의 토의에서는 이들 두 제안에 대한 아무런 문제 제기도 하지 않은 것은 상당한 오류 중의 하나로 보인다.[10] 이러한 오류를 인식하지 못한 이유는 두 가지로 설명될 수 있는 바, 첫째는 해양법회의에 참석한 여러 국가 대표들이 대륙붕협약 제6조의 의미와 적용범주에 관하여 회의적인 견해를 표현하였다는 것인데, 이는 주로 1969년 북해대륙붕사건[11] 판결의 잘못된 이해를 반영한 것으로서 결과적으로는 이는 동 협약 제6조에 대한 반박을 의미한 것이었다.

둘째, 제3차 유엔해양법회의에 참석한 국가 중 경계획정 문제를 가지고 있는 국가간의 이해관계가 서로 상이하였기 때문에 해양경계를 통한 해양질서유지라는 해양법협약의 입법정신에 충실하기보다는 개별국가의 해양수역확보에 보다 집중을 하였던 것으로 보인다.

불행히도 이들 양 그룹간의 충돌은 제7그룹의 협상 전 과정을 통해 지속되었으며, 관련 국가의 약 과반수는 자신들의 해양경계가 형평원칙의 접근에 의해 가장 잘 해결될 것이라고 확신한 반면, 기타 국가들은 대륙붕협약 제6조의 경계획정에 관한 규정이 공평한 것으로 판단하였기 때문에 결과적으로 제7그룹의 임무

---

8) 상세에 관하여는, Satya N.Nandan & Shabtai Rosenne, *United Nations Convention on the Law of the Sea 1982, A Commentary, Volume II*, Dordrecht : Martinis Nijoff Publishers, 1993, pp. 796-816(배타적 경제수역 경계획정), pp. 948-985(대륙붕 경계획정) 참조.

9) 유엔해양법협약상 대륙붕 및 배타적 경제수역 경계획정에 관한 규정이 동일하고 또한 어려운 협상 과정 때문에 이들은 서로 함께 다루어졌다.

10) 소위 등거리 원칙 지지자들은 대륙붕/배타적 경제수역 경계획정이 특별사정이 정당화되는 곳에서는 이를 고려 중간선 또는 등거리선을 일반원칙으로 하자는 제안을 지지하였다(*UN Doc. NG 7/2*). 한편 형평원칙 옹호자들은 그러한 경계획정은 모든 관련 사정을 고려 형평원칙에 따라 합의에 의해 이루어져야 한다는 제안을 하였다(*UN Doc. NG 7/10*).

11) *North Sea Continental Shelf (Federal Republic of Germany/Denmark; Federal Republic of Germany /Netherlands), I.C.J. Reports* 1969 참조.

는 이들 양자의 입장을 통합하여 하나의 입장으로 정리하는 것이라고 하였다. 계속되는 회기 중 양 그룹은 거듭된 제안을 통하여 이 문제에 본격적으로 접근하였는데, 그 결과 유엔해양법협약 제74조 1항 및 제83조 1항의 최종안이 타협 지향적 접근 방식에 의해 타결되게 되었다.[12)]

2. 주요 내용

(1) 합의의 원칙

해양경계가 당사국의 합의를 통하여 이루어져야 한다는 것은 어떤 결정에 대한 접근방식을 분명히 제시한 것으로 보이는데, 이는 북해대륙붕 사건에서도 "경계획정은 관계국간의 합의 문제이다."[13)]라고 한데서도 알 수 있다. 따라서 일방적인 경계획정은 인정될 수 없는 바, 이의 예로 1985년 기니-기니 비소 해양경계획정 중재재판(Guinea-Guinea Bissau Arbitration)을 들 수 있는 바, 동 사건에서 법원은 국제법에 따른 협상이나 이와 동등한 행위로부터 초래되지 않은 경계획정은 고려하지 않았음을 분명히 하였다.[14)]

이러한 측면에서 보면 유엔해양법협약 제74조 1항 및 제83조 1항에 구체화된 내용은 단순히 모든 국가와의 관계에서 행해지는 일반원칙을 반복한 것에 지나지 않음을 알 수 있다.[15)] 동 원칙의 또 다른 면은 국가는 합의를 위해서 성실하게 협상할 의무가 있으며 분쟁의 평화적 해결을 위한 가용방식을 모두 활용해야

---

12) 그러나 제10회기 최종일에 회의의장은 문제를 해결하고 동시에 협약을 완성하자는 압력에 의해 1982년 협약에서 제74조 1항 및 제83조 1항을 각자 흡수하자는 다음의 절충안을 제시하였다. 즉 "대향국과 인접국간의 배타적 경제수역/대륙붕의 경계획정은 형평한 해결을 얻기 위해서 국제사법재판소 규정 제38조에서 언급하고 있는 대로 국제법을 기초로 합의에 의해 이루어져야 한다." *UN Doc.A/Conf.62/L.47.*

13) *I.C.J. Reports* 1969, Separate Opinion of Judge Padilla Nervo, p. 85.

14) *International Legal Materials*, vol.25, 1986, p. 94, para.90; 김채형, "기니와 기니비소간 해양경계획정사건", 국제해양분쟁사례연구 I(중재재판소판례), 서울 : 해양수산부, 2004, p. 167.

15) 1984년 캐나다-미국간 메인만 사건에서 나타난 것처럼, 합의에 의한 경계획정원칙은 하나의 국제법 원칙을 선언한 것이다("the principle of international law-that delimitation must be effected by agreement"). *Delimitation of the Maritime Boundary in the Gulf of Maine Area(Canada/United States of America)*, *I.C.J. Reports* 1984, p. 86, para.90.

한다는 것이다. 1969년 북해대륙붕사건에서는 "국제분쟁의 사법적 해결은 당사자 사이에서 국제분쟁을 직접적이고 우호적으로 해결하는 것의 한 대안"[16]이라고 하였으며, 1974년의 영-아이슬란드 어업관할권 사건에서도 분쟁해결을 위한 가장 적절한 방식은 협상에 의한 것이 될 것이며 당사국이 협상을 하도록 지시하는 것은 재판소의 사법적 기능을 적절히 행사하는 것이라고 하였다.[17]

(2) 국제법과 일치하는 원칙

경계획정은 국제법을 기초로 이루어져야 한다고만 단순히 규정하는 조약은 불필요하다는 제안이 있는데, 이는 경계획정 문제가 보다 구체적으로 입법화되어 명백히 규정됨을 요구하기 때문이다.[18]

그럼에도 불구하고 분쟁해결의 궁극적 목적으로서의 형평과 일련의 법적 경계획정원칙으로서의 형평원칙을 어떻게 구분할 것인가에 대해서는 아무런 기준도 규정하고 있지 않다. 따라서 형평의 개념 속에는 이미 어느 정도 애매성이 내재되어 있음을 알 수 있으며 동시에 이러한 애매성으로 형평한 수단과 방법의 적용이 쉽지 않음을 예상할 수 있다.[19]

경계획정에 관한 문제가 국제적으로 해결하기가 곤란하지 않고 또한 국가간 충돌의 위험성이 높지 않다면 다소 흠결이 있는 법규들도 그러한 위험성을 악화시키지 않고 개별적인 해결을 허용하게 하는 준거법이 될 수는 있다. 그러나 분쟁 가능성이 다양하고 이해관계가 복잡하여 관련법규 해석의 융통성이 많을 경

16) *I.C.J. Reports* 1969, p. 47, para.87.

17) *Fisheries Jurisdiction (United Kingdom v. Iceland; Federal Republic of Germany v. Iceland), Merits, I.C.J. Reports* 1974, p. 31, para.73.

18) 국제법이란 용어가 명백히 제기된 이유는 해양법회의 제9회기 후반부에 국제법을 조약내용으로 삽입하는 것이 대단히 중요하다고 집착을 해 온 중간선 원칙 지지국을 만족시키기 위한 것이었다. 그러나 형평원칙 그룹은 그러한 언급은 실질적으로 아무런 의미가 없으며 오히려 불필요하다고 하였다. 제9회기시 양 그룹 대표간의 구체적인 견해에 관하여는, J. Symonides, "Delimitation of Maritime Area between States with Opposite and Adjacent Coasts", *Polish Yearbook of International Law*, vol. 13, 1984, p. 19.

19) The Tunisia-Libya case 및 The Libya-Malta case에서, 형평원칙은 달성되기 위한 결과와 그 결과에 도달하기 위해 적용될 수단 양자의 성격을 지닌다는 의미를 나타내기 때문에 완전히 만족스러운 성격을 가지고 있지 않다는데 주목을 하라는 표현을 하였다. *Continental Shelf(Libyan Arab Jamahiriya/Malta), I.C.J. Reports* 1985, p. 38, para.45; *Continental Shelf(Tunisia v. Libyan Arab Jamahiriya), I.C.J. Reports* 1982, p. 59, paras.70-71.

우 개별화된 법규칙들은 오히려 문제해결에 비생산적 및 비효율적일 수 있다.

1982년 유엔해양법협약에도 이러한 위험한 공백이 있는 바, 여기에는 어떤 실질적인 분쟁해결원칙을 규정하고 있지 않았기 때문에 동 협약을 기초로 분쟁당사국이 대륙붕 또는 배타적 경제수역 경계획정 문제를 해결하려고 할 경우 기존 사법재판이나 중재재판 등의 국제판례를 경계분쟁 해결의 유용한 근거로 활용한다면 경계합의 도출시 상당한 진전이 있을 것으로 보인다.

(3) 형평해결 원칙

법규로서의 형평원칙 적용이 필요할 경우, 현행 법률이나 공인된 권리에 기초한 결정과[20] 실질적 고려 및 편의에 기초한 결정 상호간에 차이가 있을 수 있다는 것이 이론상 가능하다고 보인다. 이 결과 형평원칙을 국제법에 도입하기 시작한 시점에서부터 문제점이 제기되었으나,[21] 법원칙만으로는 그 해결의 한계성이 있을 수밖에 없다는 것에서 형평 개념 탄생 및 적용의 타당성을 찾을 수 있게 되었다.[22] 물론 국제법상 형평 개념의 적절한 기능에 대해서는 여전히 이론이 많다.

한편 원론적 측면에서 이러한 혼동이 여전히 남아 있기는 하나 법원의 결정을 보면 해양경계획정이 형평원칙에 따라 이루어져야 함을 확인할 수 있으며 또한 법원에 제소된 사건들을 통해서 다양한 의미의 형평개념을 인식할 수 있다. 그러나 경계획정에 있어 형평이 무엇을 의미하는가를 설명하는 데 도움이 될 수 있는 어떤 일관된 내용을 제공하지는 못하였다. 즉 형평원칙의 개념을 인식할 만한 어떤 형태의 내용을 이들 사건에서 추출하려는 시도는 차치하고, 여기에서 강조하고자 하는 것은 이들 사건에서 나타난 형평원칙 개념이 서로 일치하고 있지 않다는 것이다.

---

20) B. Cheng, "Justice and Equity in International Law", *Current Legal Problems*, vol.8, 1955, p. 185.

21) G. P. Schwarzenberger, "The Concept of Equity in International Law", *New Commonwealth Research Material*, vol. 1, 1934), p. 17; E. McWhinney, "Equity in International Law", in R. Newman(ed.), *Equity in the World's Legal System*(Bruylant : Brussels, 1973), p. 181; M. Akehurst, "Equity and General Principles of Law", *International and Comparative Law Quarterly* vol. 25, 1976, p. 801.

22) 이 문제의 상세에 관하여는, Akehurst, *supra*, p. 807 참조.

형평은 1969년 북해대륙붕 사건에서 그 사법적 진가를 발휘하였는바, 동 사건에서 국제사법재판소는 등거리 원칙의 엄격한 적용이 특정상황에서 형평하지 못하다는 점[23] 그리고 동 원칙이 형평한 해결을 가져오는 것이 아님을 강조하였다.[24] 이 결과 재판소는 경계획정은 형평원칙에 따른 합의로 이루어져야 한다는 결론을 내리게 되었다.[25] 한편 북해대륙붕 사건에서 재판소는 동 사건에 적용가능한 실질적인 규칙과 고려되어야 할 요소들을 판결의 내용에 포함하여 이를 확인하기도 하였다.[26]

또한 형평원칙과 같은 추상적인 개념을 적용하는데 있어서의 위험성을 인식한 중재재판소는 1977년 영-불 대륙붕 경계획정 사건에서 형평원칙을 경계획정시에 우선적 고려를 하면서 주로 지리적인 측면에 상당히 의존하였다. 즉 중재재판소는 관결을 통해서 형평원칙 적용의 한 요소로 지리적 특성을 고려한 즉 대륙붕 개념을 중요시하는 방식을 통해 형평한 해결을 하였음을 강조한 것으로 보인다.[27] 나아가 1984년 캐나다-미국간 메인만 해양경계획정사건에서는 1969년 및 1977년 판결과 동일한 형평원칙을 그대로 반복하고 있는 바, 즉 동 사건에서 재판부는 자신의 최종 목적은 전체적으로 형평한 결과를 가져오는 것이라고 언급하였다.[28] 그러나 "형평은 공평, 비례성 및 결과의 성공적인 추구를 이루지 못하였다"라고 동 사건의 반대의견에서 그로스(Gross) 판사가 지적한 바도 있다.[29]

한편, 1985년의 리비아-몰타 대륙붕사건에서 재판소는 형평원칙의 분석에 있어 일관성이 없었던 것으로 보였으나, 대륙붕 경계획정에 적용될 수 있는 원칙과 규칙은 형평한 결과를 초래하기에 적절한 내용들이었음을 언급하였다.[30] 특히 형

23) *I.C.J. Reports* 1969, p. 49, para.89.
24) *Ibid.*, p. 50, para.92.
25) *Ibid.*, p. 53, para.101(1).
26) *Ibid.*, p. 50, para.94.
27) *Arbitration between the United Kingdom of Great Britain and Northern Ireland and the French Republic on the Delimitation of the Continental Shelf, Decision of the Court of Arbitration* dated 30 June 1977 and 14 March 1978, (London : Her Majesty Stationary Office, 1978), Cmnd.7438, p. 60, paras.101, 239. 동 사건에 관하여는, David A. Colson, "The United Kingdom-France Continental Shelf Arbitration", *American Journal of International Law*, vol. 72, 1978, pp. 95-112 참조.
28) *Delimitation of the Maritime Boundary in the Gulf of Maine Area(Canada/United States of America), I.C.J. Reports* 1984, p. 344, para.241.
29) *Ibid.*, p. 378, para.29(Dissenting Opinion by Judge Gros).

평에 대한 판결의 가장 뚜렷한 부분은 형평과 일치된 이들 일반원칙들이 지리적 상황과 관련되어 있다는 것을 강조한 것에 있는데, 이들 원칙을 해석함에 있어서 명심해야 될 것은 대륙붕 제도에 가장 관련이 있는 지형학적 요소인 지리적 측면을 고려해야 한다는 것이다.[31] 또한 이후의 사건에서도 거리기준을 채택함에 있어 재판소는 1982년 메인만 사건에서 그러한 기준의 형평한 평가를 위한 사실평가 분석의 중요성을 아래와 같이 강조하였다:

어느 경우이든 경계획정은 형평기준의 적용 및 이 지역의 지리적 형상과 기타 관련 사정을 확인할 수 있는 실질적 방식의 사용하여 형평한 결과에 도달하여야 한다는 것이다.[32]

3. 기타 고려요소

해양경계는 해양수역의 외측한계 및 인접 또는 대향국간의 해양수역 한계의 두 가지 측면을 가지고 있는데 이는 또한 기술적인 측면의 고려가 있어야 하며 수로학자, 지리학자 및 지질학자들의 도움 또한 절실히 요구된다.

해양수역의 외측한계는 기선으로부터 일정 거리까지 결정되는바, 기선이 해양수역의 외측한계를 측정하는데 이용되어 온 이래 연안국에 의해 공식적으로 인정된 대축척 해도의 정확한 위치 표시가 필요하며 또한 저조선이나 해도상에 나타난 수심의 깊이 등이 중요 자료로 이용되기 때문에 수로학자나 지리학자의 기술적인 도움이 요구된다.

특히 영해의 외측한계를 확정하는데 있어서의 기술적 측면의 고려는 상대적으로 그리 복잡하지는 않으나,[33] 배타적 경제수역 및 대륙붕 외측한계를 정함에 있어서의 기술적인 문제는 복잡한 양상을 띠게 되는데,[34] 이는 동 수역 범위가

30) *Continental Shelf (Libyan Arab Jamahiriya/Malta), I.C.J. Reports* 1985, p. 40, para.47.
31) *Ibid.*, p. 47, para.62.
32) *Delimitation of the Maritime Boundary in the Gulf of Maine Area(Canada/United States of America), I.C.J. Reports* 1984, p. 300, para.112(2).
33) 기술적인 측면에 관하여는, S. W. Boggs, "Delimitation of the Territorial Sea", *AJIL*, vol. 24, 1930, pp. 541-55 & "Delimitation of Seaward Areas under National Jurisdiction", *AJIL* vol.45, 1951, pp. 240-66; A. L. Shalowitz, "*Shore and Sea Boundaries*", Vol. I, 1962, pp. 169-72 참조.

광대하여 지구의 굴곡, 고도, 해도의 성질 및 크기 등이 적절히 고려되어야 하기 때문이다. 해양법협약은 배타적 경제수역의 외측한계 결정방법을 구체적으로 명기하지 않고 다만 동 수역은 "영해의 폭을 측정하는 기선으로부터 200해리를 초과할 수 없다"라고만 규정하였다.[35] 또한 이의 한계는 "그 위치를 확인하기에 적당한 단수 또는 복수의 축척 해도에 표시되어야 한다."[36] 그리고 "적절한 경우, 측지자료를 명기한 지리적 좌표점의 목록으로 대체할 수 있다"라고만 규정하고 있다.[37]

기술적인 문제는 대향국 또는 인접국간의 해양수역 경계획정에 있어서도 상당한 정도로 고려되어 중간선 또는 등거리선이 형평한 해양경계획정의 원칙으로 적용하게 되었다.[38] 그러나 인접국간의 경계획정에 있어서는 종종 공평하지 않은 상황이 야기되었는바, 즉 해안의 굴곡, 도서의 존재, 경계선의 길이 및 관련 또는 특별사정 등으로 인하여 변경된 중간선, 등거리선 또는 별도의 협의에 의한 경계선 등이 나타나게 되었다. 이 결과 장거리까지 확장하여 적용이 가능한 해양경계획정의 기술적 측면의 고려가 여러 학자들의 글에서도 나타나게 되었다.[39] 즉 각각의 경우 장거리인 대향국간 또는 인접국간 경계문제에 관한 관심은 협상인, 중재인, 조정인 및 재판관들이 명심해야 될 어떤 기술적인 측면의 고려에 집중적으로 나타나게 되었다.

결국 해양경계는 해당수역에 있어 당사국의 해양관할권 문제를 해결하는 기준을 제시하므로 만일 경계에 관한 결정이 당사국의 합의로 이루어졌다면 동 경계가 당사국의 의도와 정확히 일치해야 한다. 따라서 문제가 된 해양수역의 경계획정, 종점과 변환점의 정확한 위치, 이들 점을 연결하는 선의 성질 및 경계선 부

---

34) D. C. Kapoor, "The Delimitation of the EEZ", *Marine Policy and Management*, vol.4, 1977, pp. 255-63; "Methods and Basis of Seaward Delimitation of Coastal State Jurisdiction", *Virginia Journal of International Law*, vol. 17, 1976-77, pp. 107-30 참조.

35) 유엔해양법협약 제57조.

36) 동 협약 제75조.

37) 동 협약 제75조.

38) Boggs, supra, pp. 240-66 참조.

39) R. D. Hodgson & E. J. Cooper, "The Technical Delimitation of a Modern Equipment Boundary", *Ocean Development and International Law,* vol. 3, 1971, pp. 361-88; R. D. Hodgson & R. W. Smith, "Boundary Issues Created by Extended National Marine Jurisdiction", *Geographical Review*, 1979, pp. 423-33.

분의 방향이나 각도 등이 당사국 의도나 합의대로 해양경계선으로부터 분명히 확인할 수 있도록 되어야 한다.

제 3 절 한일간 동중국해 해양경계 문제

1. 자연적 연장설 적용 문제

(1) 배경

대륙붕은 본래 지질학적 개념으로 연안으로부터 수심 200m 이하의 완만한 경사부분의 해저지역을 지칭하는 대륙변계(Continental Margin)의 끝단까지 또는 대륙변계의 끝단이 200해리까지 미치지 않는 경우는 기선으로부터 200해리까지의 거리에 있는 해저(Seabed) 및 하층토(Subsoil)를 말한다.[40)]

1969년 북해대륙붕사건에서 국제사법재판소는 대륙붕은 연안국 영토의 자연적인 연장이며 해저구역에 대한 연안국의 권리는 연안국에 귀속되는 고유한 권리(inherent right)라고 하였다. 따라서 경계획정 관련 국가들 사이의 등거리 기준 적용을 부정하고 자연연장인 해저부분을 침해하지 않는 방법에 입각한 형평의 원칙에 따라서 모든 관련사정을 고려하여 경계를 획정하여야 한다고 판시하였다.[41)]

이후 관련국은 국가간 대륙붕 경계획정 및 공동개발협정 체결 시 육지영토의 자연적 연장을 고려하도록 영향을 받게 되었는바, 그 예로는 네덜란드, 서독, 덴마크간 북해대륙붕 경계획정(1969),[42)] 한일남대륙붕공동개발협정(1974)[43)] 및 호주-인도네시아간 대륙붕공동개발협정(1974)[44)] 등이 있다.

---

40) 유엔해양법협약 제76조.
41) *I.C.J. Reports* 1969, p. 31. para.43.
42) 동 사건에 관하여는, 해양수산부, 국제해양분쟁사례연구 III(국제사법재판소판례), 서울 : 해양수산부, 2005, pp. 71-96 참조. *I.C.J. Reports* 1969, p. 31. para.43.
43) 동 협정 내용에 관하여는, 외교부조약국(편), *동북아 해양법령집*, (서울 : 일조각, 2003), pp. 755-772 참조.

1982년 유엔해양법협약의 체결로 해상 및 해저를 포괄하는 EEZ 제도가 도입되면서 기존 대륙붕 제도와 EEZ 제도의 관계정립 문제가 발생되었다. 즉 200해리까지를 거리 기준으로 한 EEZ 제도의 도입[45]으로 대륙붕에 대해서는 200해리 이내에서 대륙붕을 선포할 수 있도록 하되, 200해리 이원에 대해서는 자연적 연장에 따라 일정한 기준 하에서 대륙붕을 연장할 수 있도록 규정하게 되었다.[46] 따라서 200해리 이내에서 대륙붕이 EEZ와 별개로 의미를 가지는지, 대륙붕 경계와 EEZ 경계가 별개로 획정될 수 있는지 또는 단일하게 획정되어야 하는지의 문제가 발생하게 되었다.

1985년의 리비아-몰타 대륙붕사건에서 국제사법재판소는 200해리까지 거리기준으로 대륙붕을 확장할 수 있으므로 마주보는 거리가 400해리 미만인 경우 대륙붕 경계획정에서는 해저의 자연적 특성을 고려할 필요가 없고 중간선을 긋고 해안선의 길이 기타 일반 지리적 상황을 고려하여 중간선을 조정하도록 판시한 바 있다.[47]

동 사건은 200해리 이내에서 자연적 연장설을 배제하는 첫 번째 판례로서 의미가 있으나, 동 사건에서 Oda 판사는 반대의견에서 "대륙붕은 두개의 수역으로 구분될 것이라고 하여, 첫째는 지하자원에 대한 연안국의 배타적 이익이 되는 200해리 수역 이내에서 설정될 것이고, 둘째는 연안국 육지영토의 자연연장이 대륙변계의 외측한계 이원까지 뻗어 있는 경우 이 수역에서의 이익의 일정 부분은 국제공동체에 기여하여야 한다"라고[48] 하여 200해리 이내에서는 EEZ의 거리 기준이 대륙붕 경계획정의 모든 기준을 대체한다고 주장하였다. 따라서 이러한 주장은 향후 일본 정부 입장의 근거를 제공하는 계기가 될 수 있다고 볼 수 있으며 또한 이는 결국 1989년의 호주-인도네시아간 대륙붕경계획정협정에도 영향을 주었다.[49]

---

44) 동 협정에 관하여는, 해양수산부, *국제해양분쟁사례연구 IV* (양자협정사례), 서울 : 해양수산부, 2006, pp. 249-256 참조.

45) 유엔해양법협약 제57조.

46) 동 협약 제76조.

47) *I.C.J. Reports*, 1985, p. 32, para.34.

48) *Ibid.*, pp. 156-57, para.58.

49) 동 협정내용에 관하여는, 해양수산부, 전게서 (IV), 275-285쪽 참조.

유엔해양법협약이 1994년 발효되자 한·일 양국이 동 협약에 가입하게 되었고[50] 한·일 EEZ 경계획정 회담이 개시되면서[51] 남부대륙붕공동개발협정 시 반영되었던 대륙붕의 자연적 연장원칙이 동중국해 EEZ 경계획정시 반영될 수 있는 것인지 문제가 제기되었다.

(2) 일본 주장

일본은 줄곧 단일경계선을 주장하면서 200해리 이내에서 자연적 연장론은 적용될 수 없으며 거리 기준에 따른 중간선 원칙으로 경계획정을 주장하여 왔다[52]. 즉 일본은 한일간의 대륙붕 경계는 일본의 최외곽 도서인 조도와 남녀군도를[53] 일방으로 하고 한국의 제주도를 타방으로 하는 두 섬의 중간선으로 하여야 한다고 한다. 즉 동중국해의 경우 오끼나와 해구는 한일간의 대륙붕을 양분하는 특별한 사정이 아니므로 이 지역에서는 중간선 원칙에 의하여 경계가 획정되어야 한다는 것이다.[54]

(3) 한국 주장

한일간 동중국해 경계에 관하여 한국은 한일간 남부대륙붕에서는 오끼나와 해구가 한일간 대륙붕을 양분하고 있으므로 육지영토의 자연적 연장원칙에 입각하여 동중국해에서의 대륙붕 경계를 획정해야 한다는 입장이다. 즉, 한국은 한일남부대륙붕공동개발협정이 특별협정의 법적 지위를 향유하므로 이것이 한일간 대륙붕 경계에 우선 적용되어야 하며 대륙붕의 지질적 특성을 고려해야 한다는 입장을 취하여 왔다. 따라서 2028년 이후 남부대륙붕공동개발협정이 폐기된 시점에서 경계획정에 자연적 연장론이 적용될 수 있는지의 문제가 제기될 수 있다.

---

50) 한국은 1983년 3월 14일 서명 및 1996년 1월 29일 비준하였고, 일본은 1983년 2월 7일 서명 및 1996년 6월 2일 비준하였다.

51) 한일 양국은 EEZ 경계획정회담을 2007년 6월까지 8차례 교호로 개최한 바 있다.

52) 정갑용, 중·일간 동중국해 대륙붕 분쟁과 우리의 정책방향, 06년도 기본과제연구보고서, 서울 : 한국해양수산개발원, 2006, p. 40.

53) 이에 관하여는, 김은수, "한국과 일본간 남부대륙붕 경계획정에 관한 법적 문제점 소고", 국제법학회논총, 제44권 제2호(1999. 12), pp. 48-50 참조.

54) 정갑용, "대륙붕 탐사개발의 국제법적 문제와 정책방향", KMI 2004년 워크숍(국제에너지위기와 대륙붕 탐사개발의 정책방향), 2004. 9. 14, p. 37.

국내 학자 중 이창위 교수는 "경계획정에 대한 국제판례가 자연연장론의 중시로부터 거리 기준 강조로 발전해온 것은 사실이나 유엔해양법협약상 결과 지향적인 내용이 기술되어 있기 때문에 거리 기준만을 주장하는 일본입장이 타당한 것은 아니다."[55] 라고 주장하였다.

또한, 정갑용 박사는 "동중국해 EEZ 경계획정시 중국은 자연적 연장론을 일본은 등거리원칙을 제기하였는바, 오끼나와 해구와 관련히여, 중국은 대륙붕을 단절시키는 사항으로 보나, 일본은 약간의 지형적 함몰현상으로 대륙붕을 단절시키는 근본적 성격은 아니라는 입장이다. 그러나 오끼나와 해구와 같은 중요한 지질학적 요인을 무시하는 것은 형평의 원칙에 어긋나는 것으로 보인다. 해양법협약 발효 후 아직까지 공유대륙붕 경계획정과 관련하여 확고부동한 판례원칙이나 국가관행이 성립되었다고 보기 어려우며 현 해양법협약 체제하에서도 육지영토의 자연적 연장을 주장할 여지는 충분하며 경계획정의 공평한 해결에 이르기 위해서 오끼나와 해구의 특징을 강조하는 것이 한국이나 중국에게 유리할 것으로 판단된다."라고 주장하였다[56]

(4) 대응 논리

결국 오끼나와 해구가 한일간 동중국 해저지형에 있어서의 근본적 단절을 이루어 이것이 경계획정시 고려해야 할 관련사정이 될 수 있는지의 판단이 관건인 것이다.[57] 최근 한국지질자원연구원의 조사결과에 의하면 오끼나와 해구가 우리나라의 명백한 대륙변계가 되며 이는 동시에 동중국해의 대륙붕을 일본으로부터 완전히 단절(Rift Zone)시키고 있다는 조사결과를 발표한 바 있다.[58] 따라서 우리의 자연연장 주장은 이러한 공인된 연구기관 등의 과학적 조사를 하나의 중요 참고자료로 활용하여 법적 주장의 근거로 할 경우 상당한 설득력을 확보할 수

55) 이창위, "동중국해의 해양경계획정 문제에 관한 고찰", 새울법학 제5권 1호(2002), p. 71.

56) 정갑용, "한반도 주변 해양경계에 관한 연구", 해양전략 제120호(2003), pp. 59-60.

57) 김선표, "한·중·일 3국간 해양경계획정 관련 법적 문제에 관한 소고", 국제법학회논총, 제46권 제2호(2001. 10), p. 64.

58) Korea Institute of Geoscience & Mineral Resources(KIGAM), "Delimitation of the Outer Limit of the Continental Shelf of Korea", 해양수산부 2006년도 용역과제 보고서, 2006. 12. 7, 해양수산부, 27쪽. 오키나와 해구는 최고 2,200m, 최저 500m로 화산활동이 많이 나타남, *ibid.*, p. 4.

있다고 보인다.

2. EEZ 및 대륙붕 경계선 문제

(1) 배경

EEZ는 200해리까지의 거리개념을 기본으로 함에 비하여[59], 대륙붕은 육지의 자연연장을 중심으로 그 외측 한계를 최대 350해리까지 확장할 수 있다라는 거리개념을 복합적으로 인정하는 것으로[60] 이들 양자는 서로 다른 개념이다.

따라서 EEZ는 거리개념에 따라 이루어지기 때문에 궁극적으로 400해리 미만인 우리 주변수역에서는 관련국간 경계획정이 필수적인바, 한중일간 EEZ 또는 대륙붕 경계획정 문제는 남해에서 대륙붕의 개념 및 범위 문제가 핵심사항으로 대두되게 되었다.

(2) 일본 주장

일본은 오끼나와 해구는 단순한 지형적 함몰일 뿐이며 따라서 일본의 대륙붕은 중간선으로 획정되어야 한다고 주장하고 있다.[61] 즉 경계획정 대상수역의 폭이 400해리 되지 않는 수역에서의 경계는 해저의 지형이나 지질 구조 등을 무시한 단순 거리개념을 경계를 하고자 하는 입장이다.

(3) 한국 주장

한편, 한국은 기 합의되어 발효 중인 한일남부대륙붕공동개발협정 및 육지영토의 자연적 연장설 등을 이유로 또한 대륙붕과 배타적 경제수역 개념의 생성배경 및 법적 지위 상이 등을 이유로 단일경계가 아닌 이중경계 가능성을 주장하는 바, 이러한 주장의 근본 내용은 오끼나와 해구가 동중국해에서의 대륙붕 단절을

59) 유엔해양법협약 제57조.
60) 동 협약 제76조.
61) 한・중・일 3국의 해양경계 입장에 관하여는, Keun-Gwan Lee, "A Critical Perspective on Maritime Delimitation in East Asia", in Choong-Hyun Paik(ed.) *International Law in Korean Perspective*(Seoul : Seoul National University Press, 2004), pp. 186-194 참조.

이룬다는 것이다.

(4) 대응 논리

중국과의 EEZ 또는 대륙붕의 단일 경계획정은 크게 문제되지 아니하나 황해 및 동중국해의 퇴적물이 중국측으로부터 기원하는 정도가 높아 대륙붕 경계획정 시 이를 기준으로 하여야 한다는 일부 학자들의 주장도 있다.[62] 그러나 이러한 견해는 대륙붕 경계획정에 있어 한국이 중국에 대해서는 등거리 원칙을 주장하면서, 일본과는 자연연장론을 주장하는 상반된 태도를 보이고 있다는 비판으로 발전하고 있다.[63]

그러나 동중국해의 유전자원을 둘러싼 중국과 일본과의 분쟁에서 보듯이 자국의 이익을 위해서는 경계획정 원칙이나 방법을 가리지 않고 있음을 알 수 있다. 특히 동중국해에서 일본은 빨대이론을 근거로 하여 중국의 가스전 개발에 반대하였으나 중국은 이에 대해 이유 없다고 반박하는 한편[64], 우리나라 서해 제2광구에서는 우리나라에 빨대이론을 근거로 한 항의를 제기한다. 따라서 중국과 대륙붕 경계획정 시 황해퇴적물이 관련사정으로 고려될 것인가 하는 것은 별도로 하고 황해는 공유대륙붕이기 때문에 EEZ와 대륙붕의 단일 경계획정이 가능하다고 판단된다.

한편 일본과의 EEZ 및 대륙붕 단일 경계획정은 중국과는 달리 공유대륙붕이 아니기 때문에 이를 수용하기에는 형평의 원칙상 어려울 것이며,[65] 단일 경계획정으로 갈 경우 한일남부대륙붕공동개발구역을 상실할 가능성이 농후하다.[66] 또

---

62) Richard T. S. Hsu, "A Rational Approach to Maritime Boundary Delimitation in the Yellow Sea", in C.H. Park, D.C. Kim & S.H. Lee(eds.), *The Regime of Yellow Sea*(Seoul : Institute of East and West Studies, Yonsei University, 1990), pp. 151-153.

63) Hyun-Soo Kim, "Maritime Boundary Issues and Perspectives of the Countries Concerned", in Republic of Korea Navy(the 9th International Sea Power Symposium), *Changes in Maritime Strategic Environment in East Asia and Proposals for Promoting Regional Security* (Daejon : Korean Navy, 2005), p. 16.

64) 동아일보, 2005. 7. 15일자 참조.

65) 이창위, 전게논문, p. 59.

66) 한일남부 대륙붕공동개발구역은 전체 면적이 82,610㎢로서 EEZ/대륙붕의 단일경계획정에 따라 확보할 수 있는 면적인 13,960㎢를 제외할 경우 68,650㎢의 대륙붕을 상실하게 될 수 있다.

한 단일 또는 이중경계선 문제는 법적인 의무는 아니며 이는 선택의 문제라고 볼 수 있다.[67]

따라서 일본과의 EEZ 또는 대륙붕의 경계획정은 분리하여 처리하여야 하며, 실질적인 해양경계획정 논의시에도 EEZ 또는 대륙붕 중 어느 하나를 우선적으로 처리하도록 하여야 함이 바람직하다고 보인다. 다만, 이중경계를 설정하였을 경우, 어느 해저 대륙붕 지역은 일국의 관할권하에 놓이고, 그 상부수역은 배타적 경제수역으로서 그 해저지역까지 관할권이 미치게 되므로 대륙붕 관할권과 경제수역 관할권이 충돌될 수 있다. 그러므로 단일경계 또는 이중경계 중 어느 것을 선택할 것인가는 전략의 문제이나,[68] 동중국해의 자원분포 및 개발가능성에 그 우위를 둔다면 이중경계가 바람직할 것이다.

3. 한일남부대륙붕공동개발협정과 동중국해 경계획정 문제

(1) 배경

대향국 또는 인접국간 해양경계에 관한 해결 움직임은 1970년대 및 1980년대부터 상당히 활발히 진행되어 1990년대에 본격적으로 지속되어 오늘날까지 계속되어 오고 있다. 다행히 관련 국가가 관할권을 주장하는 이른바 중복수역에 서로 걸쳐있는 자원문제는 해양경계 합의시에 적절한 조항을 삽입함으로써 그 이용문제를 어느 정도 해결할 수 있으며 당사국은 형평한 해결 및 협력을 강화하기 위하여 해양경계선을 따라 특정한 공동개발구역을 설정하기도 하였다.[69]

특히 동중국해의 경우 1970년대 해양 석유개발 관심이 고조되고 이곳에 석유가 매장되어 있을 것이라는 가능성이 제기되면서 한·일간 대륙붕 경계획정은 일단 보류하고 석유 개발에 대해서만 규율하는 공동개발협정을 체결하여 1974년

67) *I.C.J. Reports* 1984, p. 261(A. Concerning the applicable law, para.1에서 미국은 단일경계를 요구).

68) 김찬규, "일본과 중국의 대륙붕 분쟁요인과 법적 평가", KMI '05년도 학술세미나(일본과 중국간 대륙붕 분쟁의 주요쟁점과 향후 전망), 2005. 10. 24, p. 26 참조.

69) 공동개발구역사례에 관하여는, 김현수, "공동개발구역에 관한 연구", 해사법연구, 제18권 1호, 2006. 3, pp. 51-66 참조.

서명 후 일본이 비준을 지연해 오다 1978년 발효하게 되었다. 동 협정은 발효 후 50년간 유효하며 그 이후 일방의 의사표시로 폐기될 수 있으며,[70] 동 협정의 내용은 이후 경계획정에 영향을 미치지 아니한다고 규정하고 있다.[71] 그러나 동 협정 체결 이후 동 협정에 따른 개발 실적은 전무한 상태이며 특히 동 협정에 대한 중국측의 강력한 문제제기 등이 세계의 주요 석유회사들의 투자를 기피하게 되는 원인으로 작용하면서 개발이 부진하게 되었다. 한편 한일간 북부대륙붕 경계협정시 양국은 중간선원칙에 따른 경계에 합의하여 좌표를 설정한 바 있다.[72]

유엔해양법협약은 해양경계합의가 상당한 기간내에 어려울시 분쟁수역에서의 해양분쟁을 방지하고 동 수역내에서의 분쟁당사국 국민의 기존 해양이익을 보호하기 위하여 당사국은 실무적 성격을 가진 잠정약정을 위해 성실히 교섭해야 하는 의무를 부과하고 있다.[73] 또한 경계획정 기준의 완화로 형평한 해결을 강조하는 것이 국가관행으로 일반화되어 가고 있으므로 분쟁 당사국들은 이를 기초로 공동개발구역 및 기타 협력 증진방안의 모색을 선호하게 될 것으로 보인다.

(2) 대응 논리

현행 유엔해양법협약상 분쟁당사국은 상호이해 및 협력의 정신으로 경계획정에 이르기 전 실질적인 잠정약정을 체결하기 위한 모든 노력을 다해야 함을 강조하고 있어 여러 가지 형태의 잠정약정이나 합의가 최종경계획정에 도달하기 이전에 체결될 수 있음을 예상할 수 있다. 또한 이러한 잠정합의가 최종경계획정을 침해하지 않는다고 규정하고 있으나,[74] 그 실효성에 대해서는 다소 의문이 있을 수도 있다.

특히 한일북부대륙붕경계협정 및 남부대륙붕공동개발협정은 1958년 제네바해양법협약 및 당시의 주요 국제판례 등을 기초로 협정문안 작업을 한 것으로 보이며 또한 동 협정의 체결시기가 바로 제3차 유엔해양법회의가 시작되는 시기였

70) 협정 제31조 2항.
71) 협정 제28조.
72) 협정 제1조 및 지도 참조.
73) 유엔해양법협약 제74조 및 83조.
74) 유엔해양법협약 제74조 3항 및 83조 3항.

음을 감안할 때, 당시 원용되었던 국제법 이론이나 원칙 등이 차후의 한일간 동중국해 경계획정시 어느 정도 고려될 수 있을 것으로 보인다. 특히 북부대륙붕경계협정시 사용된 기점은 한일간 중간선을 연결한 선으로 그 적용의 타당성 및 합법성이 인정될 수 있을 것으로 보인다.

이렇게 본다면 유엔해양법협약이 발효된 이후에 대륙붕 또는 배타적 경제수역 경계획정의 합의에 이르는 과정에서 체결된 잠정협정의 내용은 동 협약의 조항대로 최종경계획정에 영향을 주지 않게 되나,[75] 한일북부대륙붕경계협정 및 남부대륙붕공동개발협정의 경우처럼 동 협약 발효 이전의 특별합의는 향후의 경계획정에 어느 정도 영향을 줄 수도 있다고 보인다. 따라서 이러한 양 협정의 체결배경, 체결 목적 및 체결에 사용된 법원칙 및 근거 내용 등을 다각도로 면밀히 검토 및 분석하여 본격적인 한일간 경계협상시 참고자료로 활용하는 방안도 충분히 고려할 만한 가치가 있다고 보인다.

특히 남부대륙붕공동개발구역의 일본 측 하단이 소위 우리의 마라도와 일본의 다카라시마(寶島)를 기점으로 한 한일간 배타적 경제수역 가상경계선보다 일본측으로 더 많이 내려가 있으며 한중일 3국간의 가상 Tr-junction point 즉 3각점을 우리의 마라도-중국의 첸치엔산-일본의 다카라시마(寶島)로 할 경우에도 이 3각점이 한일남부대륙붕공동개발구역의 최남단보다 위에 위치하고 있으므로 향후 경계획정 교섭시 이를 잘 활용한다면 우리에게 오히려 중요한 이점으로 작용할 수도 있다고 본다.[76]

이러한 측면에서 본다면 한일남부대륙붕공동개발협정이 향후 한일간 대륙붕경계획정에 간접적인 영향을 주게 될 수도 있음을 예상할 수 있는바, 따라서 당시 구역설정에 사용되었던 기점 및 구체적 회의 자료 등을 면밀히 검토하여 우리에게 유리한 점들을 발견하여 이를 주장의 간접적 근거로 활용할 수 있도록 하는 것도 하나의 방안으로 검토될 수 있다.

---

75) *Ibid.*

76) 김현수, "한중간 서해 및 한중일간 동중국해에서의 해양경계획정에 관한 연구", 해군대학 2001년도 독보과제 연구보고서, 01-2-1(2002), p. 82.

4. 400해리 이내 수역에서의 거리기준 주장 문제

(1) 배경

최근 EEZ와 대륙붕의 단일경계(공동경계)를 획정하는 추세가 현저한 것은 사실이나 해양법상 이들 두 관할제도는 별개의 것으로 구별되어 있으므로 단일경계가 절대적 원칙이 될 수는 없다. 즉 대륙붕과 배타적 경제수역은 그 탄생 및 입법 배경, 주권적 권리의 법적 근거, 내용 및 효과가 다르며 경계획정시 고려해야 하는 관련사정도 상이하기 때문이다. 따라서 대륙붕의 경계획정에 있어서는 대륙붕 개념의 특징적 성격을 나타내는 지질학적 및 지형학적 요소를 고려하여야 하며 또한 육지영토의 자연연장개념도 대륙붕의 본질적 성격의 하나에 해당되므로 이 역시 경계의 기준으로 충실히 반영되어야 한다.[77]

한편, 오끼나와 해구는 한국의 대륙붕과 일본의 대륙붕간 자연경계를 이루기 때문에 동 해구의 태평양 측에 위치한 일본은 오끼나와 해구에 의한 동중국해에서의 대륙붕을 향유할 수 없다.[78] 즉 경계획정의 공평한 해결을 위하여는 고려가능한 모든 제반요소가 포함되도록 하는 것이 당연하게 요청되는 바, 오끼나와 해구와 같은 지리적 특성(관련사정)을 무시한 단순한 거리개념에 의한 경계획정이 아닌 형평원칙에 의한 경계획정이 합리적인 경계로 보인다.

특히 1974년 남부대륙붕공동개발협정 이후 국제판례의 경향은 형평원칙을 따르고 있으며, 이와 동시에 경계획정 결과의 형평성도 강조하고 있다.[79] 또한 유엔해양법협약도 형평원칙을 규정하고[80] 있음을 고려하여 단순 거리개념에 입각한 중간선 방식이 아닌 모든 관련사정이나 관련요소를 충실히 고려한 경계획정이 되어야 할 것이다.

---

77) Hsu, *supra*, pp. 152-153.
78) 정갑용, 전게논문, p. 59.
79) 1969년 독일-네덜란드, 독일-덴마크간 북해대륙붕사건, 1982년 튀니지-리비아간 대륙붕 사건, 1985년 리비아-몰타간 대륙붕 사건 등.
80) 유엔해양법협약 제83조.

(2) 대응 논리

첫째, 대륙붕 개념에 충실한 접근을 할 필요가 있는 바, 즉 제주도 남쪽의 동중국해 및 한일대륙붕공동개발구역 인근에서의 한·일간 대륙붕 경계는 본래 한국이 주장해온 것처럼 오끼나와 해구를 기준으로 확정되어야 하며 EEZ의 경계는 이와는 별도로 양국간의 등거리선에 의하여 획정되는 것이 관련사정 즉 형평을 고려한 그리고 대륙붕의 본질적 특성을 반영한 경계획정이 된다라는 것이다.[81]

둘째, 형평의 원칙에 충실한 접근을 할 필요가 있는 바, 일본은 중간선 원칙에[82] 의한 EEZ 및 대륙붕의 단일 경계선 주장을 합리화시키기 위하여 대륙붕 개념을 지질학적 개념에서 분리시키고자 지속적인 주장을 해오고 있으나, 이러한 일본의 중간선 원칙 주장에 대비하여, 지리적 요인의 중요성이 강조되는 현 해양법 추세를 감안하고 기존 국제판례에서 일관되게 적용되어 온 형평원칙과 관련사정 등의 고려 즉 해구의 존재 등을 경계획정시 고려하고 이미 확립된 기존 법질서 즉 한일대륙붕공동개발협정 등의 존중을 고려한 협의가 가능하도록 주장해야 할 것이다.

그러나 이중경계를 동중국해에 적용할 경우 한일간 배타적 경제수역 경계획정 문제에 있어서는 일본이 지속적으로 주장해온 도리지마나 단조군도 등의 도서기점 주장 및 적용으로 동중국해 대륙붕 상부수역의 상당부분이 일본 측에 돌아갈 수도 있음을 간과해서는 아니될 것이다.[83]

셋째, 중국과의 공조체제 유지가 필요한 바, 한국과 중국의 동중국해서의 경계획정에 관한 논리 및 대응태도 등이 어느 정도 부합하므로 한중 양국이 공조하여 일본에 대응하는 것도 하나의 전략이 될 수 있다. 특히 중일 양국은 형평원칙과 중간선원칙의 적용에 대하여 대립하고 있음을 주시하여 이를 잘 활용하는 지혜도 필요하다고 보인다.[84]

---

81) 정갑용, 전게보고서, p. 109.

82) 일본은 중국과의 동중국해 석유자원 분쟁시 동 수역의 EEZ 경계가 중간선이 되어야 한다고 주장하여 한국에 대한 중간선적용 주장과 동일하다. 동아일보, 2005. 3. 28일자 참조.

83) 김은수, 전게논문, pp. 48-50 참조.

84) Zou Keyuan, *China's Marine Legal System and the Law of the Sea*(Leiden : Martinus Nijhoff Publishers, 2005), pp. 101-104; Zou Keyuan, *Law of the Sea in East Asia*

제4절 결론 및 대응 논리

주변국가간의 해양경계획정 문제는 경계획정 대상수역이 되는 소위 중첩수역의 상이한 지리적 또는 지질학적 특성으로 말미암아 당사국들이 주장하는 근거논리에 있어 상당한 차이를 보이게 되며 그 결과 이로 인한 분쟁이 불가피하게 야기된다. 또한 이들 관련 국가들이 제시하는 경계획정의 적용기준이나 원칙의 적용에 대한 해석 역시 상당한 이견이 도출되어 완전한 합의를 가져올 수 없게 되어 문제해결의 어려움을 더하게 한다. 이러한 문제가 야기된 또 하나의 원인은 유엔해양법협약이 이미 발효되었음에도 불구하고 여전히 구체적인 경계획정에 관한 합의점 모색을 위한 체제가 구축되어 있지 않아 당사국간의 의견조정에 많은 어려움이 따르고 있다는 현실에서도 찾을 수 있다.

그러므로 관련 국가들은 해양문제의 효과적 해결을 위한 상호 노력이 절실히 요구되며 이는 바로 협상이라는 구체적 해결 방식으로의 접근을 가능케 할 것이다. 따라서 이러한 목적수행을 위한 지역적 해양기구나 협력기구 등의 설립이 요청되는 바, 이들은 지역분쟁 당사국간의 협력을 강화시키고 문제해결을 위한 청신호로서의 역할을 하게 될 것이기 때문이다. 즉 경계획정과 관련된 국가들은 경계획정 문제를 지속적으로 그리고 안정적으로 해결하기 위하여 이른바 공동협력기구 등과 같은 전문기구를 설치하여 당사국간의 이해관계를 사전에 충분히 조정하여 당사국의 의사나 의도가 적절히 반영되도록 해야 할 것이다. 만일 관련국들이 자국의 이해관계만을 적극 주장하여 합의에 이르지 못할 경우 불가피하게 국제소송 제기 등의 극단적인 방법을 택할 수밖에 없을 것이나, 이는 분쟁해결의 마지막 단계로서 국가적으로도 적지 않은 부담을 안게 될 것이다.

특히 분쟁당사국들의 정치제도가 서로 상이하여 자국의 해양정책을 공개하지 않을 경우 해양에 관한 국가관행 또는 자국 정부의 기본태도나 입장 등도 이해하기 어려운 실정이다. 따라서 이들 관련 국가들은 해양문제에 대한 자국 정부

(London : Routledge, 2005), pp. 45-86 참조.

태도의 투명성이 전제되어야 할 것이다.[85)]

한편, 한일간 동중국해 대륙붕 경계에 관하여는 양국의 커다란 입장차이로 그 합의점을 찾기가 그리 쉬운 문제는 아닌 것으로 보인다. 다행히 2028년까지 유효한 한일남부대륙붕공동개발협정이 있어 양국이 동 협정 제31조에 의거 서면에 의한 종료통고를 하지 않는 이상 2028년까지는 유지가 될 것으로 보인다.

그러나 1969년 북해대륙붕사건에서의 대륙붕 외측한계에 관한 육지영토의 자연적 연장설이 국제판례로 된 이후 국제사회의 해양현실과 해양법체계가 상당이 변화되어 동 이론의 주장지속이 다소 어렵게 된 것이 사실이다. 특히 1985년 리비아-몰타간 대륙붕 사건에서 400해리 미만의 대륙붕 경계획정에 있어 대륙붕의 자연연장원칙이나 해저의 지형학적 및 지질학적 특성이 고려될 필요가 없다라는 국제사법재판소 판결은 우리에게 상당히 불리하게 작용할 수도 있다.

물론 경계획정시 거리개념의 도입은 절대적인 원칙은 아니며, 이를 반박할 수 있는 국제사례, 즉 1982년 튀니지-리비아간 대륙붕사건에서 국제사법재판소는 경계획정이 모든 관련 사정을 고려하여 형평원칙에 따라 이루어져야 한다고 판결한 점, 1984년 미국-캐나다간 메인만 경계획정사건에서 어느 경우에든 경계획정은 그 지역의 지리적 특성과 관련사정을 고려하고 형평한 결과를 확보할 수 있는 실용적 방법을 사용하고 형평한 기준을 적용함으로써 이루어져야 한다라는 판결 등을 주요 반박 논거로 제시할 수 있다. 또한 유엔해양법협약은 제83조에서 대륙붕 경계획정의 기준으로 공평한 해결(equitable solution)을 강조하고 있으므로 동중국해 경계획정시 필요한 관련사정이나 관련요소의 검토과정에서 오끼나와 해구의 존재를 무시할 수는 없다고 보인다.[86)]

특히 일본이 리비아-몰타 대륙붕사건의 거리기준 판결을 주장의 근거로 들고 있으나, 주지하다시피, 국제법원의 판결은 그 권위와 역할은 충분히 인정되나 그렇다고 하더라도 선판례의 구속원칙이 절대적으로 적용되는 것은 아니므로 우리가 동 판결에 완전히 구속될 필요는 없다고 본다. 즉 경계획정 대상수역의 폭이 400해리가 되지 않는 수역에서의 대륙붕 경계획정시 거리기준이 중요한 역할은

---

85) 유엔해양법협약 제16조, 75조, 84조 참조.

86) *I.C.J. Reports* 1985, p. 45, para.11(8): "The Principles and rules of international law can in practice be applied . . . following the general direction of the Rift Zones . . ."

하는 것은 사실이나 이는 절대적인 것이 아니며 설사 이러한 기준이 적용된다고 하더라도 관련사정 즉 해당수역의 지형학적 및 지리학적 요소가 완전히 배제된 경계획정은 있을 수 없다라는 것이다. 왜냐하면 해양법상 대륙붕 경계는 공평한 해결에 이르도록 국제법에 기초한 합의에 의하도록 되어있기 때문에[87] 당연히 관련된 모든 요소가 경계획정시 고려되어야 함은 재론의 여지가 없다.

결론적으로 인접 또는 대향국간의 해양경계획정에 보편적으로 일관되게 주장되고 유지되어 온 원칙으로서의 강행법규적인 성격을 가진 원칙은 국제법상 존재하지 않기 때문에 국가관행 및 관련 사정 등에 근거한 "형평의 원칙"에 입각한 문제해결 접근이 바람직하며 이를 기초로 양자간 합의가 될 수 있도록 교섭시 형평 원칙의 적용 및 형평한 결과를 강조하는 것이 바람직한 경계획정을 위한 접근방법이라고 사료된다.

87) 유엔해양법협약 제74조 및 83조.

제 8 장

공동개발구역과 해양경계

제1절 서 언

해양경계 또는 해상에서의 경계란 용어는 여러 의미를 함축하고 있는바, 즉 연안국 해양수역의 외측한계(영해, 접속수역, 배타적 경제수역 및 대륙붕 등), 인접 또는 대향국간의 해양수역 한계, 국제심해저 자원의 탐사 및 이용이 가능한 수역 또는 승인된 자가 제시한 광구나 그 적용지역의 한계 등으로 설명될 수 있다. 어떠한 의미로 사용이 되든, 관련국가의 의도는 국제법에 따라 이들 수역에 대하여 자신들의 입법 및 사법 관할권 한계를 분명히 하고자 하는 것이다.

주지하다시피 해양경계에 관한 문제의 해결은 오늘날 점차 복잡해져 가고 있으며 또한 민감한 문제가 되어가고 있는 바, 이는 특히 200해리 EEZ제도의 발달, 일부수역에서의 이해관계나 관할권 또는 주권행사의 충돌 등에 의해 더욱 심화되어 있으며 그 결과 점차 소모적인 현상으로 변해가고 있음도 부인하기 어렵다. 당사국들은 중복주장 수역의 해결을 위해 적절한 시기가 오기만을 기다려야 하는지 아니면 조정, 중재 또는 사법재판 등으로 분쟁해결절차를 진행해야 하는지, 아니면 긴장을 완화하고 협력을 증진하기 위하여 어떤 형태의 공동개발구역을 포함한 잠정협정이라도 체결하려는 노력을 해야 하는지 등의 문제에 봉착하게 된다.

과거 50년간 이러한 현상이 지속적으로 나타났으며, 특히 1970년과 1982년 사이 해양경계문제에 관한 당사국간의 마찰이 어느 정도 정체된 이후 제3차 유엔해양법회의에서 대향국 또는 인접국가간의 배타적 경제수역 및 대륙붕에 관한 경계획정에 적용 가능한 입법을 구체적으로 하게 되었다. 이러한 경계획정은 형평한 해결을 목적으로 국제법에 기초하여 당사국간 합의에 의해 유효하게 된다.[1] 유엔해양법협약에 따르면, 관련국은 합의에 따라 최종경계획정에 영향을 미치지 않는 범위 내에서 공동개발구역의 설정을 포함한 실제적인 잠정약정을 체결하기 위하여 모든 노력을 하여야 한다라고 규정하고 있다.[2] 또한 해양경계획정에 관한 분쟁해결에 관하여 당사국들은 상호 합의된 분쟁의 강제적 해결절차에의 부탁합의에 실패하였을 경우 적절한 시기에 강제적 조정을 선택하는 선언을 할 수 있도록 하는 다소 유연한 절차가 해양법상 규정되어 있다.[3]

한편 자원의 개발 및 관리 협력 그리고 해양의 기타 이용을 강조하는 공동개발구역 개념이 여러 경우에 적용되어 왔는바, 특히 유엔환경계획(Regional Seas Programme of the United Nations Environment Programme: UNEP), 연안수역 관리계획, 연안국 배타적 경제수역에서의 외국어민의 접근규제 및 남극 광물제도 등에서 그 예를 찾을 수 있다.

해양경계와 관련하여 공동개발구역은 해양경계문제의 해결과 동시에 또는 그 자체로 중복주장수역의 일부나 전부에 해당되는 잠정약정의 체결을 가능하게 하였다. 이러한 경향은 최근에도 나타나는 경향이 있으며 그 형태도 다양한 바, 즉 상세한 자기 제한제도나 규제 및 관리를 위한 제도적 장치 등이 이에 해당한다.

본장은 대향국과 인접국간의 해양경계와 공동개발구역의 상관관계를 고찰하고 그 구체적 적용사례를 분석하여 공동개발구역이 해양경계획정에 미치는 영향 즉 이들 양자의 관계를 법적으로 고찰하고자 한다.

---

1) 유엔해양법협약 제74조 1항, 제83조 1항.
2) *Ibid.*, 제74조 3항, 제83조 3항.
3) *Ibid.*, 제28조 1항 가.

제 2 절 공동개발구역 개관

1. 법적 근거

공동개발구역의 법적 근거는 유엔해양법협약 제74조 3항 및 제83조 3항에서 다음과 같이 찾을 수 있다:

> 합의에 이르는 동안, 관계국은 이해 및 상호협력의 정신으로 그 과도기 동안 최종합의에 도달함을 위협하거나 해하지 아니하고 실제적인 잠정약정을 체결하기 위하여 모든 노력을 하여야한다. 상기 약정은 최종경계획정을 침해되지 않는다.

그러나 일반적으로 사용되는 "공동개발"의 정의는 동 협약상 찾아보기 어렵다. 그럼에도 불구하고 공동개발구역내에서 관계국은 지하자원의 개발협력 및 이용 등 특별하게 지정된 목적을 이루기 위하여 자신들의 주권적 권리를 행사할 것을 구체적으로 합의한다.

2. 공동개발구역 설정의 전제조건

공동개발구역을 설정하기 위하여는 다음과 같은 전제조건을 고려할 수 있다. 즉 특별히 지정된 목적을 위해 주권적 권리를 행사하기 위한 공식적인 합의, 특수수역에 대한 명확한 정의, 합의가 적용되는 자원에 대한 정의, 수역의 활동을 규제하는 법률 및 관할권에 대한 정의, 탐사활동 및 수익분배에 관한 조건의 정의 등이다.

또 다른 공동구역 설정조건은 이러한 구역의 실효성을 국가가 추구할 경우 문제 수역에 대한 다툼이 없는 주권적 권리를 향유하고 있어야 한다는 것이다. 공동개발구역에 관한 합의를 도출하고 이를 유지하기 위한 기타 중요 요인은 관계국의 정치적 의지 또는 이 문제에 대한 관계국의 권한 위임 등을 들 수 있으며 이것이 공동개발구역을 현실화시키고 지속시킬 수 있는 가장 중요한 요인이 된다.

3. 공동개발구역설정의 이점

공동개발구역의 이점은 다음과 같이 요약할 수 있다.[4] 즉 공동개발구역이 제공하는 중요 이점은 장기간의 교착상태에 빠져 있던 문제를 협상테이블로 유도하여 문제 해결을 용이하게 한다는 잠재적인 성격을 갖으며, 공동개발구역은 해당구역에 대한 주권적 문제가 있다고 하더라도 해저자원의 탐사 및 개발을 지속적으로 할 수 있게 해준다.

또한 공동개발구역은 상당한 시간적 소모나 고비용의 해양경계획정절차를 급하게 진행할 필요성이 상대적으로 적은바, 특히 국제사법재판소와 같은 제3자에 의한 분쟁해결이 대안인 경우는 더욱 그러하다. 나아가 경계선 획선은 일단 결정되면 사전에 발견하지 못한 문제 특히 자원문제 등이 있어도 그 변경이 대단히 어려우나, 공동개발구역의 경우는 자원에 대한 정확한 위치를 알지 못한다 하더라도 이는 그렇게 중요한 것이 아니며 또한 더 이상 어떤 해결을 지체시키는 요인으로 작용하지도 않는다.

분쟁수역의 규모, 성격 및 자원매장구역에 관한 정확한 자료가 부족할 경우, 향후 상당한 기술 및 관리 문제를 야기할 수 있는 자원분배의 위험을 초래할 수 있는바, 국제사법재판소는 1984년에 미국-캐나다간 메인만 사건에서 "대향국 또는 인접국이 경계자원 이윤을 합리적으로 하려고 할 경우 성공적인 경계획정을 위하여는 상당히 긴밀한 협력이 요구될 수 있다."라고 표현하였다. 그렇다면 이러한 경우 공동개발구역이 최선의 방안이 될 수 있다.

공동개발구역을 포함하는 합의는 당사국에 의해 현명한 해결책으로 인식될 수 있는바, 이는 국내 여론에 의해서도 상대국에게 쉽게 수용이 가능하기 때문일 것

4) C. Schofield, "The Treatment of Transboundary Hydrocarbon Resources," IBRU Workshop on "Oil Under Troubled Waters", London, 2000년 11월 13일-14일, pp. 3-4.

이며, 공동개발구역은 분쟁수역 전체가 아닌 상호수용 가능한 일부수역에만 적용될 수 있으므로 지리적, 기술적 및 경제적 상황에 따라 적용구역이 변경될 수 있는 유연성을 가질 수 있다. 또한 공동개발구역은 특정한 요인(예를 들면 탄화수소 개발 등)에만 집중되어 운영될 수 있으나, 이와는 대조적으로 경계획정 문제는 어로, 항해, 환경문제, 해적 및 안보 등의 다양한 문제로 인하여 복잡해질 수 있다.

한편, 경계획정이 성격상 당사국간 상호 대립적인 특성을 갖는데 반하여, 공동개발구역은 본질적으로 분쟁을 해결하기 위한 협력적인 성격을 갖고 있다. 따라서 이는 승자도 패자도 없는 즉 공동개발구역은 성공할 경우 당사국간 호의적인 관계 설정이 가능한 잠재성을 가지고 있다. 세계적으로 20여개의 공동개발수역 사례가 있는바, 이들 대다수는 탄화수소의 탐사 및 이용에 관한 관련 규정을 가지고 있다. 이러한 사례를 통하여 분쟁해결 수단으로서 공동개발 개념의 적용 선호도가 국가간에 높아져가고 있으며 이의 성공 또한 예견될 수 있음을 알 수 있다.[5)]

공동개발구역의 설정은 경계획정 이전의 잠정적인 조치로서의 성격을 갖기 때문에 이후 상호 수용가능한 경계획정에 관한 협상을 배제하는 것은 아니며, 공동개발협정은 유엔선언, 국제사법재판소판결, 해양법협약과 같은 국제협약 및 국가관행 등에서 표현된 내용을 볼 때 국제법과도 일치한다.[6)]

4. 공동개발구역설정의 문제

상기와 같은 장점에도 불구하고 공동개발구역은 다음과 같은 문제를 잠재적으로 가지고 있다.[7)] 즉 공동개발구역은 모든 문제를 해결할 수 있는 것은 아니며,

---

5) 경계합의를 하지 않은 공동개발협정: 페르시아만, 쿠웨이트-사우디아라비아(1965), 페르시아만, 이란-샤르자(1971), 동해, 한국-일본(1974), 홍해, 사우디아라비아-수단(1974), 티모르해 (티모르 갭), 호주-인도네시아(1989), 바렌쯔 해, 노르웨이-소련(1978), 태국 만, 말레이시아-태국(1979), 태국 만, 말레이시아-베트남(1993), 카리브해, 콜롬비아-자메이카(1993), 남대서양, 아르헨티나-영국(1995); 경계가 획정된 공동개발협정: 페르시아만, 바레인-사우디아라비아(1958), 리오 데 라 프라타, 아르헨티나-우루과이(1973), 비스케이 만, 프랑스-스페인(1973), 토레 해협, 호주-파푸아 뉴기니(1978), 카리브해, 콜롬비아-도미니카(1978), 북대서양, 아이슬란드-노르웨이(1980), 東대서양, 기니 비소-세네갈(1993), 지중해, 리비아-튀니지(1998), 북대서양, 덴마크-영국(1999) 등이다.

6) *Ibid.*

7) *Ibid.*, pp. 4-5.

특히 중복주장이나 협상이 교착상태에 빠지게 되면 더 이상 적절한 방식이 될 수 없다. 이는 공동개발개념이 상대적으로 제한된 사례에만 적용되었으며 이들 중 일부만 성공하였기 때문에 그 결과에 대하여는 논란의 여지가 있다는 것을 말한다.

당사국 각자가 제시한 공동구역한계는 당사국 자신의 주장 한계로 볼 수 있기 때문에 이는 법적 타당성이 거의 없는 주장으로 볼 수 있으며 따라서 이러한 주장은 무비판적으로 수용될 수 있고 또한 극단적인 주장도 가능하게 한다. 또한 공동개발은 주권 및 자원문제를 안고 있는 국가에게는 직접적인 도전이 될 수 있기 때문에 합의를 위한 사전협상이 요구되며 또한 이의 성공을 위하여는 당사국의 정치적 의지가 필수적으로 요구된다.

그러나 공동개발구역이 당사국간 긴장을 완화시키기보다는 궁극적으로 악화시킬 수 있는 마지막 해결책으로 제시되어서는 아니된다. 왜냐하면, 당사국간 적절한 합의가 없다고 해서 곧바로 공동개발협정 체결에 돌입한다고 하면 이는 오히려 문제를 더욱 복잡하게 만들 수도 있기 때문이다. 특히 석유 및 가스의 공동개발은 수십년간의 기간이 필요하므로 계속성이 유지될 필요가 있다. 따라서 당사국간에는 상당한 정도의 공동 이해관계수립 및 이를 기초로 한 구속력 있는 양자협정의 체결이 대단히 중요하다.[8)]

상기에서 고찰한 공동수역에 관한 내용을 요약 정리하면 다음과 같다. 즉, 해양수역에 대한 중복주장이 있는 지역에서의 공동개발에 대한 합의의무가 당사국간에 있는 것은 아니며 다만 문제해결을 위해 성실하게 교섭에 임할 의무는 있다. 공동개발은 분쟁당사국이 중복해양 주장에 대한 분쟁을 해결할 수 없었기 때문에 나온 것으로서 이러한 방식이 반드시 적절한 것은 아니다.

공동개발구역을 설정하고 유지하는 것은 당사국의 상당한 인적 및 물적 투자를 필요로 한다. 그럼에도 불구하고 현 국가관행은 분쟁해결의 유용한 수단으로 또는 적어도 이러한 분쟁의 억제수단으로 공동개발을 선호하고 있는 것만은 분

8) W. G. Storment & I. Townsend-Gault, "Offshore Petroleum Joint Development : Functional Instrument? Compromise? Obligation?," in G. H. Blake et al.(eds), The Peaceful Management of Transboundary Resources, London : Graham & Trotman, 1995, pp. 51-76 참조.

명하다. 물론 공동개발구역은 보다 그 근거가 다양하며 해양관리를 위한 기능적이고 종합적인 접근을 할 수 있는 사례로서도 환영을 받아왔으며 동시에 이의 설정 및 시행이 국제법과도 일치한다.[9)]

따라서 공동개발구역은 인접국과의 중복해양수역 주장에 대한 분쟁이 있을시 이를 당사국간에 기능적이며 유연성 있게 그리고 현명하게 해결될 수 있도록 하는 하나의 방식이 될 것이며 이러한 방식은 또한 향후에도 그 중요도 및 선호도가 증대될 것으로 보인다.[10)]

제 3 절 석유 및 가스 공동개발구역

석유 및 가스와 관련된 공동개발구역은 일국이 인접한 수역에 있는 자원을 독점하는 것을 막기 위해 해양경계가 걸쳐 있는 분쟁지역에 적용된다. 따라서 자원의 독점개념이 점차 변화하게 되어 대다수 해양경계 합의시에 경계선으로부터 지정된 거리까지 시추를 금한다는 조항이 삽입되게 되었으며 (예를 들면, 1968년 이란과 사우디아라비아간 합의에서의 500m, 1969년 이란과 이라크간 합의에서의 125m, 1971년 이란과 바레인간 1마일, 1974년 이란과 오만 그리고 1978년 베네주엘라와 네덜란드간 합의에서의 1마일 등) 그 결과 상호협의나 약정이 당해지역 자원개발을 위해 필요하게 되었다.[11)]

일부의 경우 연안 유정의 소유에 관한 분쟁시 해양경계는 변론으로 하여 해결되기도 하였으나 그로부터 생긴 결과는 당사국간 공동수역이었던 것처럼 동등하게 이 수역을 분할하는 것이었다. (예를 들면, 사우디아라비아의 주권 및 행정하에서의 Fasht Abu Safah 육각형에 관한 1958년 사우디-바레인간 협정 등).[12)]

1969년 Qatar-Abu Dhabi간 협정에서, Al Banduq 油井은 해양경계선상에 있었으나 그 관할권은 Abu Dhabi에 속하였고, 반면 이로부터 나오는 자원은 당사국

9) Schofield, p. 6.
10) *Ibid.*
11) S.P. Jagota, *Maritime Boundary*, Dordrecht : Martinus Nijhoff, 1985, p. 124.
12) *Ibid.*, p. 77.

이 균등하게 분할하였다.[13] 또한 1974년 프랑스-스페인간 대륙붕 협약에서, 공동수역이 Biscay만의 협상지역 해양경계선상에 걸쳐 설정되었으나 이의 자원은 당사국간에 균등하게 분할되었다.[14]

1969년 북해대륙붕사건(독일-덴마크, 독일-네덜란드간)에서 국제사법재판소는 해양경계획정의 국제법상 원칙 및 규정을 언급한 뒤에 "중복수역의 경계를 당사국이 해결하도록 남겨 두었으며 이들은 당사국간 합의된 구역내에서 분할하거나 합의 실패시 공동관할제도를 당사국이 결정하지 않는 한 또는 중복수역이나 특정부문에 대한 개발을 결정하지 않는 한 균등하게 분할된다."라고 하였다.[15] 따라서 중복수역이나 특정수역이라는 공동수역개념이 법원에 의해 병기되었다하더라도, 이의 적용 문제는 여전히 당사국에게 맡겨졌다. 사실상 국제사법재판소나 중재재판소가 당사국의 명백한 요구없이 자신들에 의해 관할권행사를 암시하게 될 것이라는 가정하에 공동개발수역을 설정한 경우는 없었다.

그러나 이에 관하여 일부 논평이 있었는바, 즉 해양경계획정에 있어 전통적인 선형방식에 의한 관할권 접근보다는 효과적인 해양개발 및 관리를 위해서 기능적이며 동시에 문제해결도 할 수 있는 접근 방식을 채택해야 한다고 한다.[16]

1. 1981년 아이슬란드-노르웨이(얀 마엔)간 사건

해양경계와 병행하여 공동개발구역설정을 하도록 권고한 유일한 사건이 1981년 5월에 채택한 아이슬란드와 얀 마엔(노르웨이)간 대륙붕 조정위원회 보고서 사건이었다. 얀 마엔의 융기지형 및 지질에 관한 전문가 그룹의 보고에 따라 조정위원회는 아이슬란드와 얀 마엔간 배타적 경제수역 및 대륙붕 해양경계가 200마일 선이 되어야 하며(아이슬란드와 얀 마엔간 거리가 292마일이라 하더라도) 아이슬란드는 자국 대륙의 자연적 연장을 기초로 200마일이 넘는 얀 마엔의 어

13) *Ibid.*
14) *Ibid.*, p. 117.
15) North Sea Continental Shelf Case, Judgment, *ICJ Reports*(1969), para.101(c)(2).
16) D.M. Johnston, "Part Three: The Functionalist Approach to Ocean Boundary-Making", in the Theory and History of Ocean Boundary-Making, Kingston, Jamaica : McGill-Queen's University Press, 1988, pp. 223-86.

떠한 지역에 대한 주장도 할 수 없다라고 결정하였다. 그러나 이 지역에서의 아이슬란드의 상당한 경제적 이해관계 특히 석유 및 가스에 대한 이해관계를 고려하여 조정위원회는 해양경계선의 얀 마엔 북쪽에 있는 32,750km^{2}와 아이슬란드 남쪽 12,725km^{2}까지 미치는 직사각형의 "공동개발구역" 설정을 권고하였는데 이 구역은 모든 중요 탄화수소 생산지역을 포함하였다.

이 공동개발구역에서 아이슬란드와 노르웨이 양국은 공동으로 또는 약정에 의해 해양경계선 북쪽 또는 남쪽지역에서 25%까지 탄화수소 자원개발을 각자 주장할 수 있다. 본 조건은 아이슬란드에 다소 유리한 바, 즉 탐사 및 시추비용을 지불하고 상업적 석유개발에 참여할 수 있다는 것이다. 그러나 이러한 가능성이 해양경계선 남쪽 지역에서는 노르웨이에게 허용되지 않았다. 이와 유사하게 공동개발구역의 노르웨이 부분이나 한계선을 넘어 걸쳐있는 모든 자원은 공동개발구역 안쪽에 있는 것으로 고려될 것이며, 따라서 만일 걸쳐 있는 자원이 공동개발구역 남쪽이나 아이슬란드 EEZ 내에서 이 경계선을 넘어 존재할 경우 공정한 평가 및 통합개발절차에 따라 분할될 것이다. 또한 아이슬란드와 노르웨이의 관련 법률, 석유정책 그리고 안전, 환경 및 행정규정 등이 공동개발구역의 각자 부분에 적용될 것이다.

〈그림 15〉 아이슬란드-노르웨이간 공동개발 구역

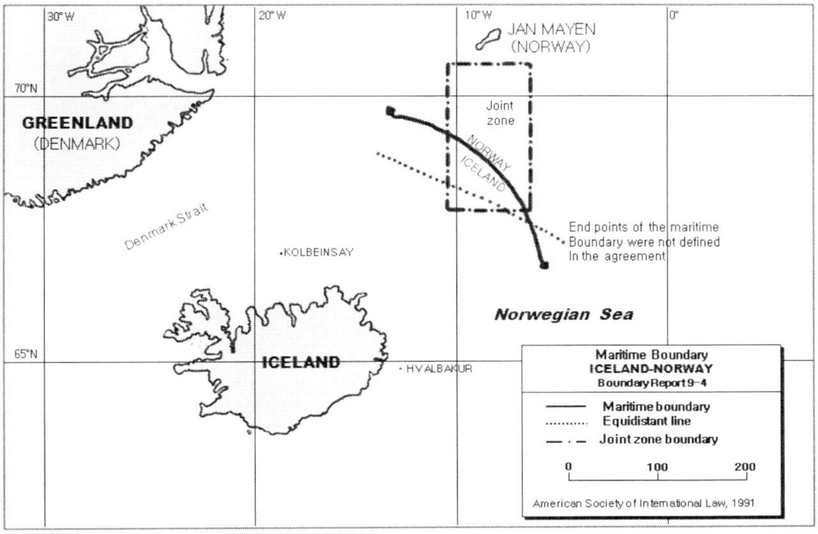

양국은 조정위원회의 권고를 수용하여 1981년 10월 22일 합의에 서명하였고 이는 1982년 6월 2일 효력이 발생하였다.[17]

2. 기타 사건

1990년 6월 1일의 미국-소련간 해양경계합의에서는 1867년 알래스카 양도협약을 근거로 베링해에서의 단일경계선을 채택하였는데, 여기서는 작은 지역들을 조정하면서 경계선을 넘은 특정지역에서는 각자의 주권적 권리를 양도하였으나 미-소 양국 모두 이러한 특정지역에서는 적절한 기선으로부터 200마일 이원으로 관할권을 확장하지 않는다는 것을 확실시하였다. 해양경계선 이원으로의 특정지역의 상호 양도는 본 합의의 산물이었으며 각자 EEZ의 확장결과는 아니었다.[18]

또한 Rockall Foroe에 관하여 영국-아일랜드간 합의가 1988년 11월 7일 이루어졌는바, 여기서는 이 지역에서의 공동개발구역 문제를 건드리지 않고 다만 단계적으로 해양경계선을 설정하고자 하였다.[19]

Maine만 지역의 해양경계에 관하여 1984년 10월 국제사법재판소가 이를 해결하였는바, 재판소가 이 지역에서의 단일해양경계선을 확정한데 대하여 미국은 실망하여 이의 대안으로 얀 마엔 사건 인용을 지지하는 논평을 발표하기도 하였다.[20] 그러나 1990년 9월 26일 어업이행협정에서 미국과 캐나다 양국은 경계획정이 상호 합의에 의한 것이든 국제사법재판소와 같은 제3자에 의한 분쟁해결에 따른 것이든 관계없이 이들이 결정한 해양경계선을 존중할 것임을 재확인하였다.[21]

어쨌든 분쟁당사국간의 공동개발구역 설정에 관한 일반적 경향은 강조되어졌으며 이의 합리성 역시 더욱 지지를 받게 되었는바, 즉 당사국이 상호 합의된 제도에 따라 이러한 수역에서 협력하기로 합의했다면 문제해결의 중점은 인위적인

17) 본 합의 내용의 상세에 관하여는, 21 *International Legal Materials*(1982), pp. 1222-26 참조.

18) A.O. Elferink, "The 1990 USSR-USA Maritime Boundary Agreement," 6 *International Journal of Estuarine and Coastal Law*(1990, June), p. 4.

19) UN Office of the Special Representative of the Secretary-General for the Law of the Sea Bulletin, No.13, 1989, pp. 48-64 참조.

20) E.L. Richardson, "an Mayen in Perspective," 82 *American Journal of International Law*(1988), pp. 451-52.

21) 30 *International Legal Materials*(1991), p. 420 참조.

경계선 획정이 아니라 문제가 된 자원의 공정한 분할에 두어져야 한다. 따라서 자원의 소유에 대한 경쟁을 버리고 특히 자원이 어디에 있는지조차 알지 못하는 구역에 대한 경쟁적인 주장을 삼가야 한다는 것이다.[22)]

일부 학자는 공동개발구역 선호요인으로서 다음과 같은 것을 들고 있다. 즉 "자원의 공동관리 가능성, 당사국간 협력관계 가능성, 공평한 통제의지" 등이다.[23)] 따라서 이러한 고려사항에 기초하여 공동개발구역에 대한 선호가 초기에는 많이 언급되었었다.

이와는 반대로 공동개발구역에서의 민감한 안보요건, 분쟁당사자간의 양립할 수 없는 정치적 관계, 수직 또는 의존적 경제관계, 기술이전이나 기술의 공동개발 비선호 그리고 기타 사항의 불일치 등으로 인하여 해양경계와 이 문제가 병행하든 그렇지 않든 공동개발구역의 설정합의에 상당한 장애를 초래하게 된다.

제 4 절 어업 및 기타 문제에 관한 공동개발구역

당사국간에 합의된 해양경계와 관련된 공동개발구역의 개념은 다양한 동기에서 연유되었는바, 즉 전통어업권의 상호보호, 이중 해양경계에서(하나는 대륙붕 기타는 배타적 경제수역경계) 발생되는 문제의 처리, 각자의 EEZ 또는 공동구역에의 접근증진 등이며 이러한 시설과 수역설정 및 유지의 조건은 상호주의에 바탕을 준 호혜적 성격을 띠고 있었다.

예를 들면, 1973년 11월 19일 아르헨티나-우루구아이간 해양경계 합의시 당사국은 Riode la Plata상의 만구폐구선 종점에서 시작하여 200마일 반경으로 확정된 공동어업수역을 설정하였다.[24)]

1976년 7월 9일 케냐-탄자니아간 영해경계설정 교환각서에서는 각자의 경계선 12마일 이내 지역어민의 현존 어업권이 보호되었다.[25)]

---

22) Richardson., *op. cit.*, pp. 445, 448-49.

23) *Ibid.*, pp. 453-54.

24) Jagota, *op. cit.*, p. 103.

25) *Ibid.*, p. 97 : 합의 내용에 관하여는, UN Office of the Special Representative of the

〈그림 16〉 호주-파푸아 뉴기니아간 보호수역

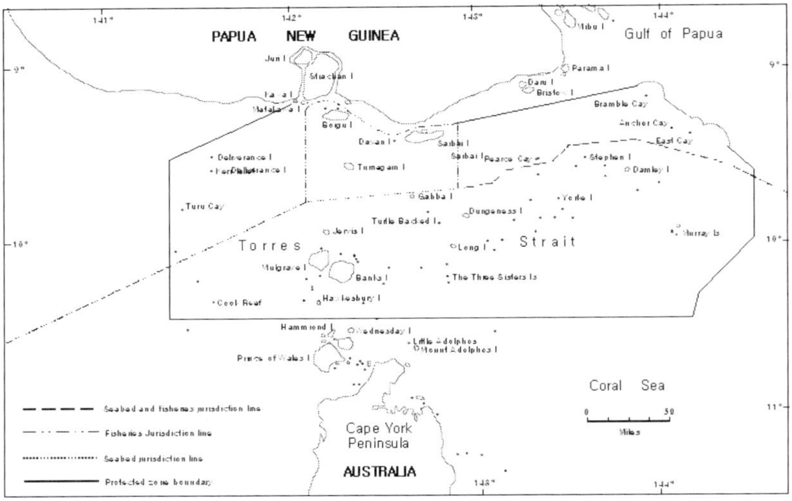

공동수역에 관한 주요한 선례가 호주-파푸아 뉴기니간의 보호수역 설정이었는데, 이는 1978년 12월 18일 서명한 토레해협 조약상의 해저경계 이원지역은 물론 이중 해양경계 지역까지 포함하는 수역이었다.[26] 대륙붕 및 기타 어업수역의 이중경계는 호주도서, 무인도 및 기타의 위치와 해저 경계선의 북쪽을 고려하였다. 이중 대다수는 어업관할수역선 설정시 호주쪽에 포함되었다.

보호수역은 전통어업권 유지 및 원주민의 자유로운 이동보장(제10조) 그리고 상업어로활동의 분배 및 개발규제(제20조-28조)를 목적으로 위해서 설정되었다. 상업용 허용어획량은 공동으로 결정되며, 통상 보호수역의 자국 관할 부분내에서 어획된 경우 보다 많은 할당을 하게 되는바, 즉 75:25의 비율로 분할하게 된다. 토레 해협에서의 기타 관할권 즉 해양오염, 해양과학조사 및 수력에너지 생산 등에 관한 문제는 상호합의로 결정된다. 보호수역에서의 항행 및 상공비행은 자유로우며 또한 이러한 문제들을 해결하고 관계국간 협력을 증진시키기 위하여 공

Secretary-General for the Law of the Sea Bulletin, No. 13, 1989, pp. 38-44 참조.

26) H. Burmester, "The Torres Straits Treaty: Ocean Boundary Delimitation by Agreement,: 76 *American Journal of International Law*(1982), pp. 321-49; J. R. V. Prescott, "Existing and Potential maritime Claims in the Southwest Pacific," *Ocean Yearbook* 2, E. M. Borgese and N.Ginsburg(eds.), Chicago : University of Chicago, 1980, pp. 335-41.

동자문위원회(Joint Advisory Council)가 설치되어 왔다.

석유나 가스 등 광물자원의 보호수역 밖에서의 시추는 동 조약 발효로부터 10년 동안 금지된다(제15조). 상세한 규제 내용을 포함한 보호수역에 관한 계획이 민감한 도서에 관한 주권문제, 전통어업의 보호 및 지역주민의 이동보호 문제 등을 해결하기 위해 입안되어야 했다. 물론 가장 중요한 문제는 어업문제이고 해당 수역에서의 석유 및 광물자원 문제는 부차적인 지위를 갖는데 불과하였다. 따라서 이중 경계문제는 당사국간 협력증진에 의해 해결되게 되었다.

대륙붕 및 EEZ에 대한 이중 해양경계개념은 1970년대에 적용 가능한 개념으로 등장하였는바, 이는 제3차 유엔해양법회의에서 타협안으로 채택되어 유엔해양법협약 제76조에서 구체화되었다. 즉 연안국의 대륙붕은 영해 밖 육지영토의 자연적 연장을 통하여 대륙변계의 외선까지 또는 대륙변계의 외선이 200해리까지 미치지 아니하는 경우에는 영해기선으로부터 200해리 거리에 있는 해저 및 하층토로 이루어진다. 이것은 연안국이 200해리까지의 대륙붕만을 향유할 자격이 있다는 것을 암시한다. 동 협약은 또한 200해리 이내의 육지영토의 자연적 연장개념을 도입하였는데, 이것은 이후 이중해양경계의 기초가 되었으며 나아가 특히 대향국간의 거리가 400해리가 안되는 경우 대륙붕과 EEZ 단일 경계획정 움직임의 기초가 되기도 하였다.[27]

호주-인도네시아간 사건에 있어 당사국은 1972년 10월 9일 Timor 및 Arafurra海 지역에서 인도네시아 해안에 더 가까운 해저 경계를 설정하였는데, 이때 해저의 지형이 고려되었으나 이후 당사국들은 1981년 10월 29일 양해각서를 통하여 이동성 어족을 위한 잠정어로경계선 설정에 합의하여 그 결과 이 지역에서 두개의 경계선이 생기게 되었다.[28]

그러나 티모르 갭(Timor Gap)은 1981년의 잠정어로선 또는 1972년 합의에 의해서도 해결되지 못하였다. 이후의 협상 끝에 티모르 갭 조약이 1989년 12월 11일 호주-인도네시아간에 체결되었으며 동 조약에서 양국간의 항구적 해양경계에 영향을 주지 않는 협력수역을 설정하였다.

---

27) Case concerning the Continental Shelf(Libyan Arab Jamahiriya/Malta), Judgment, *ICJ Reports*, 1985, para.34.

28) Jagota, *op. cit.*, p. 289.

해양경계와 유관 또는 무관하게 공동어업수역을 설정한 또 다른 예가 있는바, 즉 트리니다드 토바고와 베네주엘라는 1985년 12월 26일 어로합의로 공동수역 및 특별어로수역을 설정하였으며 이후 이를 기초로 1942년 Paria 灣 조약을 대신하는 종합적인 해양경계협정을 1990년 11월 26일 체결하였다.

상호주의가 존재하지 않을 경우 당사국 일방의 수역에 보다 가까운 해양경계선내에서의 역사적 어업권은 소멸될 수 있다. 이것은 1976년 3월 23일 인도-스리랑카간 합의에서도 나타났는데, 양국은 같은 날 각서를 교환하면서 스리랑카가 인도 영해 내에 위치한 Wadge Bank 내에서 그리고 인도의 EEZ내에서 인도의 EEZ 설정일인 1977년 1월 15일부터 3년간 인도의 조업을 허가하였다.[29)]

한편 Palk Bay의 역사적 수역내에서의 경계에 관한 인도-스리랑카 협정이 1974년 7월 8일 발효되었는데, Kachchativu 소도의 주권문제는 경계선의 스리랑카 쪽에 이 섬을 포함시킴으로써 해결되었다. 따라서 이 섬에 대한 스리랑카의 주권이 인정되었고 인도어민의 권리보호 및 순교자 방문을 허용하였는데 이러한 방문 목적을 위해서는 비자를 받을 필요가 없도록 하였다.[30)]

제 5 절 해양경계가 없는 공동개발구역

중복수역내에 있는 공동개발구역개념은 해양경계 협상과정이나 잠정협정진행기간 중 국가 관행 및 해양법협약 제74조 3항 및 제83조 3항에 의해서도 발전되어 왔다. 특히 이는 대향국 또는 인접국간 배타적 경계수역 및 대륙붕에 관한 해양경계가 이루어질 때까지의 잠정협정과 밀접한 관계가 있다.

제3차 유엔해양법회의 과정에서 이 문제가 제시된 것은 해양경계해결이 원칙과 기준에 따라 이루어지게 되는 것임을 확인하기 위한 것이었으며, 경계문제의 해결전까지라도 해양수역의 자원 개발에 관한 어떠한 중지도 있어서는 아니된다라는 것이었다. 따라서 잠정협정이 구체적인 해양경계선을 암시하지는 않으나 실

29) *Ibid.*, p. 80.
30) *Ibid.*

질적인 경계선으로서의 성격을 가져야한다는 것이다.

유엔해양법협약 제83조 3항은 합의에 이르는 동안 관계국은 이해 및 상호 협력정신으로 그 과도기 동안 최종합의에 도달하는 것을 위협하거나 방해하지 아니하고 실무적 성격의 잠정약정을 성립하기 위하여 모든 노력을 다하여야 하며 상기약정은 최종경계획정을 침해하지 않는다라고 대륙붕경계에 관한 잠정협정을 구체적으로 언급하고 있다.

따라서 상기의 내용으로 보면 당사국이 해양경계 합의에 이르는 안 잠정협정을 위해 모든 노력을 다해야 하나, 물론 그렇다하더라도 이들이 잠정약정이라는 특정한 형식으로 분쟁을 해결할 의무 있다는 것은 아니다.[31]

이러한 목적의 잠정협정 사례로는 1974년 5월 16일 홍해자원에 관한 수단-사우디 아라비아간의 협정이 있는바, 동 협정은 1,000m 등심선까지 각자의 주권적 권리를 인정하고 각자의 배타적 권리수역사이에 있는 홍해 해저로 이루어진 공동수역을 설정하였다.[32]

1965년 7월 7일 체결된 사우디아라비아-쿠웨이트간 협정은 육상 중립수역을 구분한 다음 이를 6마일 영해까지 확산하고 동 수역내에서 그리고 그 이원으로 공동개발권을 양국이 향유하도록 하였다.[33]

1. 1974년의 한국-일본간 대륙붕 공동개발구역

1974년 1월 30일 한국-일본 양국은 50년간의 효력기간을 가진 대륙붕 공동개발구역에 관한 협정을 체결하고 이 수역을 양국에 인접한 남부 대륙붕에 설정하고 이러한 협정이 대륙붕 경계확정에 아무런 영향도 주지 않는다는 협정을 체결하였다.[34]

본 협정은 조광권자, 운영계약, 작업조건, 구역의 양도, 보상책임, 비용과 자원

31) R. Lagoni, "Interim Measures pending Maritime Delimitation Agreements," 78 *American Journal of International Law*(1984), pp. 345-68 참조.

32) Jagota, *op. cit.*, pp. 88-89.

33) *Ibid.*, p. 78.

34) 상세 내용에 관하여는, 김현수, *한반도 주변국가의 해양법령집*, 서울 : 연경문화사, 2000, pp. 421-44.

의 공동분배 및 형사관할권 목적으로 구역을 나누지 아니하고 각국의 법령을 적용하는 등의 내용을 규정하고 있다. 분쟁은 외교적 수단에 의해 해결되어야 하며, 이의 실패시 강제중재에 회부되며 공동위원회가 협정의 효과적 이행을 보장하기 위해 설치된다.[35]

〈지도 17〉 한일대륙붕 남부공동개발구역

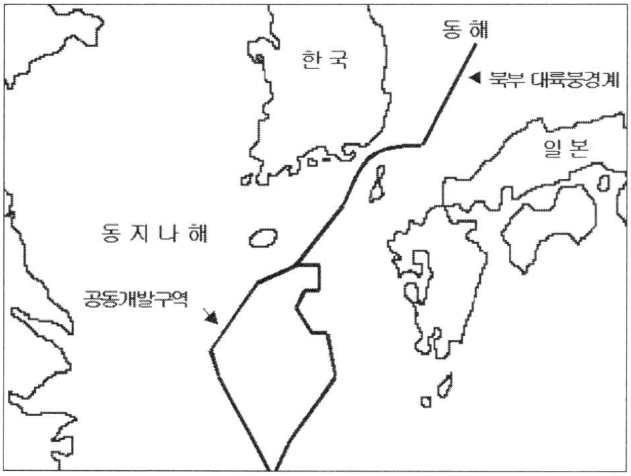

그러나 중국은 자국의 동의 및 참여없이 이러한 공동개발구역을 설정한데 대하여 일본에게 항의하였고 이 구역이 불법한 것이며 따라서 무효라고 선언하였다.[36]

2. 1979년의 태국-말레이시아간 협정

1979년 2월 21일 태국-말레이시아간에 체결된 양해각서는 해양경계에 이르기 전에 합의한 50년간의 효력기간을 가진 잠정약정이었다. 그러나 동 양해각서는 태국만(Gulf of Thailand)에서의 중복수역 공동개발 협력문제가 해결되지 않아 협정의 형태로 합의를 하지는 못하였다. 동 각서에 의하면 해양경계문제가 당사

35) *Ibid.*
36) Jagota, *op. cit.*, pp. 87-88.

국간 해결되지 않거나 동 각서가 개정되지 않는 한 본 합의는 50년 이상 효력기간이 연장될 수 있다. 공동개발청이 공동개발구역의 비생물자원 탐사 및 이용을 규제하고 통제하기위해 설치되었다.

공동개발구역의 한계는 상세히 규정되었으며 동 구역은 해양경계가 되는 분할선이 없이 개별 형사관할권 행사를 위해서 두 구역으로 동등하게 분할되었다. 당사국은 공동개발구역에서 어로, 항해, 조사, 오염통제 및 기타 문제에 관하여 각자의 권리를 계속 행사할 것이다.[37)]

당사국은 공동개발청의 구성, 권한 및 기능 그리고 공동개발구역에서의 석유 및 가스개발의 상세한 생산량 분할 계약, 비용회수절차, 이익분배, 소득세 지불 및 중재에 의한 분쟁해결 등에 대하여 협의하는데 10년 이상이 걸렸다.[38)]

3. 1989년의 티모르 갭 조약

1989년 12월 11일 인도네시아-호주간 협력수역에 관한 조약이 체결되었는바, 이는 오늘날 공동개발구역의 주요한 개념적 모델이 되고 있다. 동 조약은 1991년 2월 9일부터 효력이 발생되었다.[39)]

티모르 해역에서의 당사국간 해양경계에 과한 주장이 충돌되자 이의 해결을 위한 협력이 필요하게 되었으며 또한 이는 1972년 합의에 의해서도 해결될 수가 없었다. 호주는 대륙붕 경계획정의 원칙으로 육지영토의 자연적 연장론을 주장하여 해양경계가 인도네시아 해안에 가까운 티모르 해구축을 따라서 확정되어야 한다고 주장하였다. 반면, 인도네시아는 1982년 유엔해양법협약 제76조에 따라 경계선은 400해리 이내의 대향국간에는 중간선이 되어야 한다고 주장하였다.

당사국들은 해양법협약에서 해양경계합의에 이르는 동안 "실무적 성격의 잠정약정"을 규정하고[40)] 있다는 사실, 그리고 공동수역의 선례 등을 의식하여 장기

37) *Ibid.*, pp. 84-86.
38) D. Ong, "Thailand/Malaysia: The Joint Development Agreement 1990," 6 International Journal of Estuarine and Coastal Law(1991), pp. 57-72 참조.
39) 29 International Legal Materials(1990), pp. 469-537 참조.
40) 유엔해양법협약 제83조 3항.

간 잠정약정에 관한 협의를 해 왔었고 그 결과 동 조약은 40년간의 효력발생 기간을 가지며 이후 협력수역 지역에서의 항구적 대륙붕 경계획정에 관한 합의가 체결되지 않는 한 한번에 20년씩 그 효력발생 기간을 연장할 수 있다고 합의하였다.

협력수역은 다음과 같이 A, B, C 3개의 구역으로 구분된다. 협력구역은 십자형 공동개발구역으로 연안 탄화수소구조인 해초(Kelp)로 구성되어 있다. 동 수역은 북쪽에서 1,500m 등심선으로 둘러싸여 있고 남쪽에서는 중간선 그리고 기타에서는 등거리선상에 있다. 이는 60,500km^2로 추정되는 협력수역 전체면적 중 34,650km^2나 된다.

동 수역은 공동개발청 및 정부위원회의 통제하에 공동으로 개발될 것이며 모든 결정은 합의에 의한 동의방식에 의한다. 개발은 공동개발청과 계약자간 생산량할당 계약에 의해 이루어질 것이며, 최초의 석유생산량 할당, 투자비용회수 및 신용회복 이후 개발청과 계약자는 산유량을 50:50, 60:40 또는 70:30으로 단계적으로 분배할 것이며, 가스는 50:50으로 분배할 것이다. 당사국의 형사 관할권은 각자의 국민에게 적용되며 제3국 국민에게는 공동으로 적용된다.

B구역은 A구역에 남쪽에 있으며 인도네시아에서 200마일까지 확장되어 있다. B구역 내에서는 인도네시아에 대하여 적절히 통고한 후에는 호주법의 적용을 받게 되며 자원 임대세금의 10%를 인도네시아와 공유한다.

C구역은 A구역 북쪽에 있으며 티모르 해구의 축선까지 미친다. C구역은 인도네시아법의 적용을 받으며 계약자 소득세의 10%를 호주와 공유한다.

4. 1991년 동티모르(포르투갈-호주)사건

티모르 갭 조약이 이행될 수 있기 전에, 포르투갈은 1991년 2월 22일 호주를 상대로 국제사법재판소 등록국에 신청을 하였는데, 그 이유로는 1989년 12월 11일의 호주-인도네시아 조약이 동티모르의 부와 천연자원에 대한 항구적 주권에 반한다는 것이다. 포르투갈은 또한 동 조약이 유엔 안보리결의 제384호(1975) 및 제389호(1976)에도 반하며 이는 동시에 동티모르 영토를 지배하는 포르투갈의 권리에도 반한다는 것이다. 포르투갈은 호주가 이러한 위반으로 손해가 발생하였기 때문에 자국은 물론 동티모르 주민에 대한 배상책임이 있다고 주장하였다. 또한 티모르 갭 지역에서의 자원탐사 및 이용도 삼가야 한다고 하였다.[41)]

재판소장은 1991년 5월 3일 명령에서 당사국 견해를 확인한 후 본 사건의 서면절차 시간을 지정하였는바, 포르투갈은 각서로 1991년 11월 18일 그리고 호주는 이에 대한 반박각서를 1992년 6월까지 제출하도록 하였다.[42)]

결국 티모르 갭 지역에서의 공동개발구역의 효과적 이행은 국제사법재판소에 축적된 동티모르사건의 결과에 따르게 되었다.

5. 남사군도

192개의 도서, 암초 및 산호초 등으로 구성된 남사군도는 남지나해에 방대하게 분포되어 있으며 무역 및 유류항로, 안보, 광구주장 및 도서 영유권 주장 및 군사적 대립, 도서 점유 그리고 관련 국가간의 해양경계획정에 대한 어두운 전망을 안고 있는 도서이다.[43)]

분쟁도서에 대한 공식적인 영유권 주장은 관련 국가들에 의해 다양하게 제기되었는바, 1982년 유엔해양법협약 서명 및 비준시 필리핀은 남사군도의 대다수를 차지하는 Kalayaan도서 영유권을 주장하였으나, 그러나 이 주장은 중국은 Nansha 군도가 자국의 도서를 이유로, 베트남은 Truong Sa 군도가 자국의 영유라고 주장하여 필리핀의 주장을 반대하였다.[44)] 도서나 영토주권에 관한 문제가 1982년 해양법협약상 해양경계분쟁의 해결절차에서 제외될 수 있기 때문에[45)] 수

---

41) International Court of Justice, Registry's Press Communique No.91/6, 1991년 2월 22일.

42) *Ibid.*, No. 91/13, 1991년 5월 13일.

43) 동 분쟁에 관하여는, J.R.V. Prescott, "Maritime Jurisdiction in Southeast Asia: A Commentary and Map," Research Paper No.2, East-West Center, Honolulu, 1981; D.J. Dzurek, "Boundary and Resource Disputes in the South China Sea," *Ocean Yearbook 5*, E. M. Borgese and N. Ginsburg(eds.), Chicago : University of Chicago, 1985, pp. 254-84 참조.

44) 필리핀 선언의 내용에 관하여는, UN Office of the Special Representative of the Secretary-General for the Law of the Sea Bulletin, No. 6, 1985, p. 8; 베트남의 반대에 관하여는, *Law of the sea Bulletin*, No. 9, 1987, p. 57 참조.

45) 동 협약 제298조 1(a)(i).

용가능한 해결절차를 위하여는 당사국간의 명백한 동의를 요구한다.

그러나 남사군도의 현 상황을 고려시, 이들 도서의 영유권과 관할권 분쟁은 처리가 어려운 것으로 보이며, 특히 상대적으로 단순한 관할권 분쟁은 중복주장에 의한 것이기 때문에 공동개발방식 등에 의해서 해결될 수 있다. 그러나 이러한 유형의 해결 방식도 도서 영유권에 대한 분쟁이 포함된 경우에는 거의 채택될 가능성이 희박한 것으로 보인다.[46)]

민감한 영유권 문제가 있기는 하나, 해양경계문제 해결의 복잡성 때문에 당사국들은 공동개발구역을 설정하는 잠정약정의 선택을 선호할 것으로 보인다. 따라서 공동개발구역의 설정은 바람직할 뿐만 아니라 남지나해 분쟁에 있어서 당사국들에게도 수용가능한 방식이라고 보인다.[47)]

제 6 절 기타 공동개발구역

중복수역을 포함한 해양자원이나 기타 해양이용에 대한 국가관할권과 관련된 문제가 있는 해양경계와 관련된 공동개발구역과는 이와 무관한 기타 공동개발협정 등의 협력합의를 통해 문제가 해결될 수 있다. 공동개발협정이 또한 해양관리의 협력적 수단으로 등장하고 있는데, 이는 해양환경보호, 연안수역관리, 지속적 개발 또는 해양기술발전 및 인원 훈련 등의 필요에서 생겨나게 되었다.

1972년 인간환경에 대한 스톡홀름회의와 동 회의에서의 선언 및 기타 여러 국제기구의 노력에 의해 영향을 받았는바, 특히 제3차 유엔해양법회의는 해양환경의 보호 및 보존, 해양과학조사 및 해양기술의 발전과 이전 등에 기여를 하였으며 그 결과 유엔해양법협약에서 이를 구체적으로 규정하게 되었다.[48)]

유엔해양법협약은 폐쇄해 및 반폐쇄해에서의 협력증진을 위한 특별규정을 내포하고 있으며[49)] 해양환경의 보호 및 보존을 위한 지구적 및 지역적 협력을 위

46) Dzurek, *loc. cit.*, p. 280.
47) 이에 관한 중국 수상의 성명에 관하여는, People's Daily, 1991년 4월 10일, p. 4.
48) 유엔해양법협약 제12-14장 참조.
49) *Ibid.*, 제123조.

한 일반적 의무를 명기하고 있다.[50] 또한 동 협약은 과학적 및 기술적 연구 및 훈련 특히 개발도상국을 위한 이러한 문제의 증진을 위한 지역센터의 설립을 규정하고 있으며 국제기구는 이와 관련된 특별한 계획을 수립하고 기금을 지원하는데 협력해야 한다고 언급하고 있다.[51]

1983년 이래 국제기구들 예를 들면 유엔환경계획(UNEP), 국제해사기구(IMO), 유네스코정부간해양위원회(IOC), 국제식량농업기구(FAO), 및 유엔산업개발기구(UNIDO)등이 국내 및 국제기구들과 연계하여 지역프로그램을 발전, 이행 및 지원하는데 능동적인 역할을 수행하였다.

또한 일련의 협약, 기구 및 행동계획 등이 유엔환경발전회의(UNCED)에 의해 채택 및 증진되게 되었는데, 동 회의는 1992년 6월 3~14일 브라질의 리오 데 자네이로에서 개최되었다. 따라서 새로이 균형된 지구통합정책, 지역센터 및 연안수역관리 등에 관한 종합적인 체계가 효과적인 해양관리체계를 강화시킬 것으로 보인다.

제7절 결 론

대향국 또는 인접국간 해양경계에 관한 해결 움직임은 1970년대 및 1980년대에 상당히 활발히 진행되었으며 이는 1990년대에도 지속되어 오늘날까지 진행되어오고 있는바, 특히 관할권 수역 범위문제가 주요 과제가 되었다. 관련 국가간에 서로 걸쳐 있는 자원문제는 해양경계 합의시에 적절한 조항을 삽입함으로써 그 이용문제를 어느 정도 해결할 수 있으며 당사국은 형평한 해결 및 협력을 강화하기 위하여 해양경계선을 따라 특정한 공동구역을 설정할 수 있다.

그러나 해양경계합의 실패시 당사국은 실무적 성격을 가진 잠정약정을 위해 성실히 교섭해야 하는 의무가 있다.[52] 또한 경계획정 기준의 완화로 형평한 해결을 강조하는 것이 국가관행으로 일반화되어 분쟁 당사국들은 공동개발구역 및 기타

50) *Ibid.*, 제197조.
51) *Ibid.*, 제270, 276-78조.
52) *Ibid.*, 제74조 3항, 83조 3항.

협력 증진을 선호하게 될 것이다. 이와 병행하여 해양경계가 없는 공동개발구역 설정에 대한 경향도 증가될 것으로 보이며 이는 또한 강조되어야 할 것이다.

이러한 경향을 현실화시키고 강화시키기 위하여는 몇 가지 단계가 상이한 주장에 대한 효과적 교섭을 당사국간에 유도하기 위하여 필요하게 되는바, 먼저 현존하는 잠정약정에 의해 설정된 공동개발구역에 대한 사례연구가 선행되어야 하며, 이러한 연구를 통하여 동 구역의 설정이 얼마나 성공적이었는가를 알 수 있으며 결과적으로 해양경계 해결의 바람직한 방향도 이로부터 충분히 유추할 수 있게 될 것이기 때문이다.

공동구역이 이미 알려진 석유 및 기타 지하자원 또는 어로 등의 탐사 및 개발과 관련되어 있을 경우 정책적 문제해결을 위해 자치기구나 당사국의 통제하에 있는 합의체 기구 등이 잠정약정 이행을 위해 설치될 필요가 있다. 또한 해양관리와 마찬가지로 공동개발구역 문제는 해양경계 유무와 관계없이 종합적인 해양관리 프로그램에 포함되어야 하며 이를 위하여 개별 및 그룹에 의한 연구, 특히 개도국 등의 참여가 이루어져야 어느 정도 효과를 거둘 수 있을 것이다.

제 9 장

북극해 대륙붕 한계에 관한 법적 문제

제1절 서 론

신해양법질서의 성숙으로 해양의 중요성이 그 어느 때보다도 중요시되고 있는 것이 오늘날의 국제적 해양현실임을 직시하고 이에 효율적이고 능동적으로 대처해야 하는 당위성 또한 모든 국가의 당면과제가 되었음이 분명하다.

특히 자원의 보고인 해양의 개발 및 보존 문제는 국가의 총체적 목표중의 하나라고도 볼 수 있는바, 이의 현실적 수용 및 활용은 그 무엇보다도 가장 중요한 해양현실과제임은 분명한 사실이다.

북극은 오랫동안 방치되어 온 수역으로 최근에 와서야 북극해 빙하의 급격한 해빙으로 기후변화문제가[1] 심각하게 제기되자 관심을 갖게 되었으며 동시에 이 해역에서의 자원 개발 및 지정학적 고려 등의 요인으로 전세계의 관심지역으로 부상하게 되었다. 즉 새로운 기회에 도전을 북극이 부여하고 있음에도 여전히 대다수 북극해 국가들은 아무런 문제가 없고 현 체제가 지극히 정상적이라고 주장한다. 그러나 이는 반드시 그렇다고만 볼 수 는 없는 바, 주지하다시피 북극은

1) 북극해 해빙이 기후변화에 미치는 영향에 관하여는, National Oceanic and Atmospheric Administration(NOAA), *Arctic Report Card 2008*-Tracking Environment Change(NOAA 2008) 참조.

북극 그 자체의 법적 지위를 포함하여 매우 복잡한 구조를 갖고 있으며 또한 지속적으로 북극해의 지형이 변화하고 있다는 사실을 고려할 때 이들 문제의 해결을 위해 새로운 법률체계의 도입이 시급히 요청됨은 당연한 요구일지도 모른다.

북극해 해빙으로 인하여 이 지역 자원의 이용이 보다 용이하게 될 것이며, 이 지역을 관광하려는 선박들의 숫자도 증가하게 될 것이고 동시에 수온상승으로 해양생물의 이동이 또한 이루어질 수 있음을 예측할 수 있다. 또한 국제항로로서의 기능도 발휘할 수 있어 유럽과 아시아의 해상교통로 단축에도 상당한 기여를 할 수 있을 것으로 전망할 수 있다.[2] 러시아는 이미 바렌츠해(Barents Sea)에서 세계에서 가장 거대한 연안가스시추작업을 진행하고 있다.[3] 이와 동시에 유명 석유회사들 즉, Shell,[4] Exxon Mobil,[5] BP[6] 등이 북극해 북부지역에서의 석유 및 가스시추작업을 준비하고 있는 것으로 알려져 있다.

특히 북극은 미발견된 자원의 보고로서 최근 연구에 의하면 전세계 미발견 천연가스(gas)의 30% 그리고 전세계 미발견 석유(oil)의 13%가 북극에 매장되어 있다고 한다.[7]

따라서 그동안 관심을 받지 못했던 북극해 대륙붕 문제가 자원의 탐사 및 개발을 목적으로 수면상으로 급부상하게 되어 국제사회의 관심을 불러일으키고 있는바, 본고에서서는 이에 초점을 맞추어 북극해 대륙붕 문제의 현황을 고찰하고 향후 이 문제가 어떻게 해결가능한지 등을 조심스럽게 전망해 보고자 한다.

---

2) The Protection of the Arctic Marine Environment Working Group (PAME), Arctic Marine Assessment report - The Arctic Council's response to Changing marine Access-Progress Report 2006(PAME: 2006) 참조.

3) http://barentsobserver.com/index.php?id=4551950, Shtokman Project 참조(2009. 12. 1 방문).

4) "Shell expands Alaska exploration portfolio",http://www.shell.us/home/content/usa/aboutshell/media__center/news__and__press__releases/2008/alaska__lease__020708.html(2009. 12. 1 방문).

5) "ExxonMobil progresses project Thomson Preject development", www.exxonmobil.com 참조(2009. 12. 1 방문).

6) http://www.bp.com/sectiongenericarticle.do?categoryId=9030181&contentId= 7055693 BP Global 참조(2009. 12. 1 방문).

7) US Geological Survey, Circum Arctic Resources Appraisal: Estimates of Undiscovered Oil and Gas North of the Arctic Circle(Washington : USGS, 2008).

제 2 절 대륙붕

1. 개관

대륙붕(continental shelf)이란 원래 지질학상의 개념으로서, 영해를 넘어서 육지영토의 자연적 연장을 통하여 대륙변계(continental margin)의 외측한계까지, 또는 대륙변계의 외측한계가 200해리까지 미치지 않는 경우에는 영해의 폭을 측정하는 선으로부터 200해리까지의 해상(sea-bed) 및 하층토(subsoil)를 말한다.[8)]

대륙붕이 국제법상 문제가 되기 시작한 것은 제2차 세계대전 이후이다. 왜냐하면 대륙붕에는 석유·천연가스 등의 광물자원이 풍부하게 매장되어 있고 그 상부수역은 수산자원의 보고로 알려져 있기 때문이다.

대륙붕이 국제사회의 권리주장으로 처음 등장한 것은 1945년 9월 28일 미국의 트루먼 대통령이 트루먼 선언(Presidential Proclamation Concerning the Policy of the United States of the Continental Shelf)[9)]을 발표하여 자국근해의 대륙붕에 대한 관할권을 주장한 이래 다수의 국가가 조약 및 일방적 선언을 하게 되었다. 유엔은 이러한 시대적 흐름을 반영하여 1958년 제네바에서 개최된 제1차 해양법회의에 해양법에 관한 제네바협약(4개 협약)을 채택하게 되었고 그 중 하나가 대륙붕에 관한 제네바협약이다.

그러나 1958년 제네바협약은 대륙붕 범위에 관하여 수심 200m와 개발 가능성이라는 두 가지 기준을 인정하였는데 그 기준이 모호할 뿐 아니라 과학기술의 발달에 따라 상대적이기 때문에 비판을 받아오다 1982년 유엔해양법협약 제76조에서 명백히 대륙붕에 관한 규정을 하게 되었다.

대륙붕은 대륙변계의 외측이 영해기준선으로부터 200해리 이내에 위치하는 경

8) 유엔해양법협약 제76조 1항.
9) Presidential Proclamation No. 2667, 10 *Federal Regulation* 1230; US Department of State, *Bulletin* 485(1945).

우에는 200해리까지 설정할 수 있다. 대륙변계가 영해의 폭을 측정하는 기선으로부터 200해리 이원에까지 확장되는 경우 퇴적암의 두께가 각 최외곽 고정지점으로부터 대륙사면단까지의 최단거리의 최소한 1%인 최외곽 지점을 따라 연결한 선 또는 대륙사면단으로부터 60해리를 넘지 않는 고정지점을 따라 연결한 선중의 하나로 대륙변계의 외측을 정하여야 한다. 그러나 어떠한 경우에도 대륙붕의 외측한계는 영해 기준선으로부터 350해리를 또는 2,500미터 등심선으로부터 100해리를 초과할 수 없다.[10)]

2. 연안국의 권리[11)]

(1) 주권적 권리

연안국은 대륙붕을 탐사하고 그 천연자원을 개발하기 위해 주권적 권리(sovereign right)를 행사한다.[12)] 여기서 주권적 권리란 협약 제77조 제2항에서 배타성을 인정한 것을 고려할 때, 주권과 동일하다는 견해가 있으나, 대륙붕은 결코 연안국의 영역이 아니며 연안국의 권리는 천연자원의 탐사와 개발이라는 특정 목적과 범위 내에서 인정되고 또한 대륙붕의 상부수역은 공해로서의 법적 지위가 인정되고 있으므로,[13)] 국가가 영토나 영해에 대하여 갖는 포괄적인 권능인 주권과 동일시될 수 없다.

(2) 배타적 권리

대륙붕에 관한 연안국의 권리는 배타적(exclusive)이다.[14)] 여기서 배타적이라 함은 연안국이 대륙붕을 탐사하지 않거나 또는 천연자원을 개발하지 않더라도 타국은 연안국의 명시적 동의 없이는 그러한 활동을 할 수 없다는 의미이다.

---

10) 유엔해양법협약 제76조.
11) 상세에 관하여는, 김현수, *국제해양법*, 서울 : 연경문화사, 2007, pp. 148-150 참조.
12) 유엔해양법협약 제77조 1항.
13) *Ibid.*, 제78조.
14) *Ibid.*, 제77조 2항.

(3) 원시적 권리

대륙붕에 관한 연안국의 권리는 원시적으로 취득된 것이지 실효적이든 관념적이든 선점이나 명시적 선언에 기초를 둔 것은 아니다.[15] 1969년 북해대륙붕사건에서도 대륙붕에 대한 연안국의 권리는 대륙붕의 연안국 영토의 자연적 연장이라는 입장에서 당연히 또한 원시적으로 존재하는 것이라 하였다.[16]

3. 연안국의 의무[17]

(1) 상부수역의 항행자유 보장의무

외국선박·항공기의 대륙붕 상부수역에서의 항행 및 상공비행을 부당하게 방해하지 않을 의무가 있다.[18]

(2) 해저전선·관선 부설자유 보장의무

연안국은 자국의 대륙붕상에 외국으로 하여금 해저전선·관선을 부설할 자유를 보장할 의무가 있다.[19] 그러나 연안국은 대륙붕탐사·천연자원개발 및 관선으로부터의 오염방지를 위해 합리적 조치를 취할 권리를 보유한다.[20]

---

15) *Ibid.*, 제77조 3항.
16) http://www.icj-cij.org/docket/files/52/5563.pdf, North Sea Continental Shelf Cases, Judgement of 20 February 1969, p. 1(2009. 11. 23 방문).
17) 김현수, 전게서, pp. 150-151 참조.
18) *Ibid.*, 제78조.
19) *Ibid.*, 제79조 1항.
20) *Ibid.*, 제79조 2항.

〈그림 18〉 북극 지역

출처: http://www.yahoo.com/arctic.

제3절 북극해 대륙붕 문제

1. 개요

북극해는 그 총면적이 14,056million ㎢나 되며, 이에는 Baffin Bay, Barents Sea, Beaufort Sea, Chukchi Sea, East Siberian Sea, Greenland Sea, Hudson Bay, Kara Sea, Laptev Sea, Northwest Passage 등이 포함된다.[21] 총 해안선의 길이는 45,389㎞나 되며, 기후는 연중 춥고 그 변화폭도 상대적으로 짧으며 겨울은 상당히 오래 지속되나 여름은 습하고 안개가 많으며 눈이나 비가 내리기도 한다.[22]

북극해에는 전세계 미발견 석유의 13%에 해당하는 90billion barrels의 석유 및

21) 미국보다 1.5배 정도 더 큰 규모이다.

22) http://www.physicalgeography.net/fundamentals/8o.html 참조(2009. 11. 18)

전세계 미발견 가스의 30%인 47 trillion cubic meters의 가스가 매장되어 있는 것으로 보도되고 있다.[23)]

2. 대륙붕 탐사 및 주장 현황

(1) 탐사현황

미국과 캐나다는 2009년 8월 7일부터 9월 17일까지 약 41일간 미 알래스카 북부 및 캐나다 동쪽수역[24)]에서 미해안경비대 소속 쇄빙선인 'Cutter Healey'와 캐나다 해안 경비대 쇄빙선 'Louise S.St Laurent'함이 공동으로 탐사를 수행하였다. 본 탐사는 양국간 탐사자료를 공유하여 공동으로 연구를 진행할 목적으로 그리고 북극해 대륙붕 경계의 사전조사(2010년에도 한차례 더 공동과학조사 예정) 목적에서 이루어졌다.

이번 조사는 미국이 유엔해양법협약의 가입을 적극적으로 추진하고 있음을 간접적으로 시사하는 것으로, 이는 200해리 이원에 존재하는 자국 대륙붕에 대한 권원을 주장하기 위해서는 동 협약의 비준이 선행되어야 하기 때문인 것으로 풀이된다. 따라서 향후 미국과 캐나다가 북극해 대륙붕 확보에 보다 적극적으로 나설 것을 예상할 수 있으며 결과적으로 북극해 해양자원을 둘러싼 인접국간의 경쟁이 심화될 것으로 보인다.[25)]

한편 러시아는 유엔 대륙붕한계위원회(Commission on the Limits of the Continental Shelf: CLCS)에 자국의 200해리 이원 대륙붕 한계에 관한 문서를 제출(2001.12.20)한 바 있으며,[26)] 그 대상 수역 면적이 460,000 square miles이나 된다. 이러한 러시아의 대륙붕 주장으로 인하여 이해당사국들은 불명확한 북극지역 법적 지위 문제에 관심을 갖게 되었고 따라서 러시아, 미국, 캐나다, 노르

---

23) http://www.sfgate.com/cgi-bin/article.cgi?f=/n/a/2008/07/24/national/w050239D60.DTL&tsp=1 참조(2009. 11. 18 방문).

24) The region north of Alaska onto Alpha-Mendeleev ridge and eastwards toward the Canada Archipelago.

25) KMI, Issue Briefing, 09-8호(2009. 10. 12).

26) http://www.un.org/Depts/los/clcs_new/commission_submissions.htm 참조(2009. 11. 18 방문).

웨이, 덴마크 등이 북극 영유권을 주장하게 되었다. 또한 2009. 8. 6 미국 해안경비대 소속 쇄빙선 'Healy'함이 베링 해 탐사목적의 출항을 하였고 2009. 8. 7 캐나다는 'Operation Nanook'이라는 명칭하에 2척의 함정으로 영유권 확보작전을 감행하였다. 한편 덴마크는 Lomonosov Ridge가 그린란드 해저의 확장에 해당되는지를 조사하기 위한 과학조사를 지시한바 있고, 이후 캐나다와 덴마크가 Hans Island에 양국 국기를 게양하자 이 지역 지정학적 위치가 또 다른 관심의 대상이 되었다.[27)]

〈그림 19〉 미국과 러시아의 북극 관심 해역

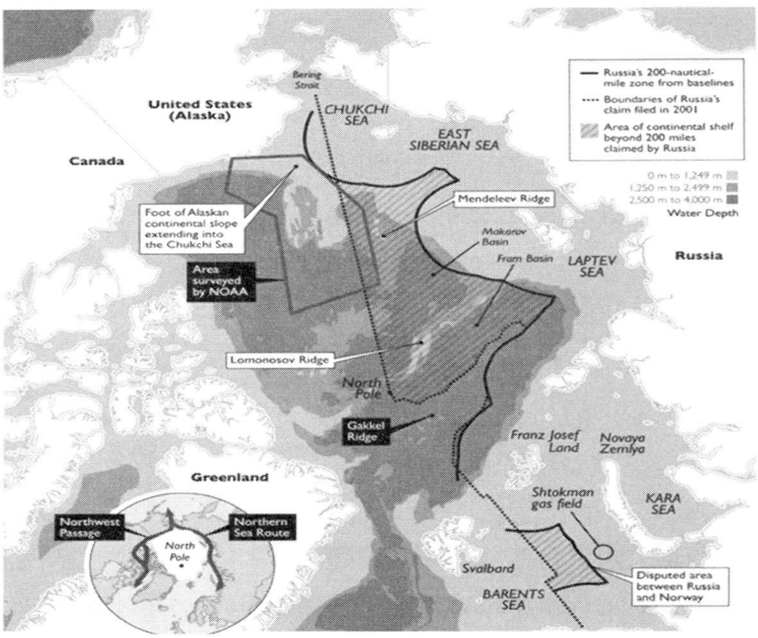

출처: www.heritage.otg/Research/EnergyandEnvironment/bg2202.cfm, p. 2.

(2) 대륙붕 주장현황

1) 러시아

러시아는 2001. 12. 20 유엔대륙붕한계위원회에 3개지역 즉 The Barents and

27) Oxford Institute for Energy Studies, "Oxford Energy Comment", August 2007, pp. 4-6.

Bering Seas, The Sea of Okhotsk 및 The Central Arctic Ocean 지역에 대한 자국 200해리 이원 대륙붕 권원을 주장하는 문서를 제출하였다.[28] 이에 대하여 이해 당사국인 캐나다, 노르웨이, 미국, 일본 및 덴마크 등이 의견을 제시하기도 하였다.[29]

〈그림 20〉 러시아 200해리 이원 북극 대륙붕 주장 해역

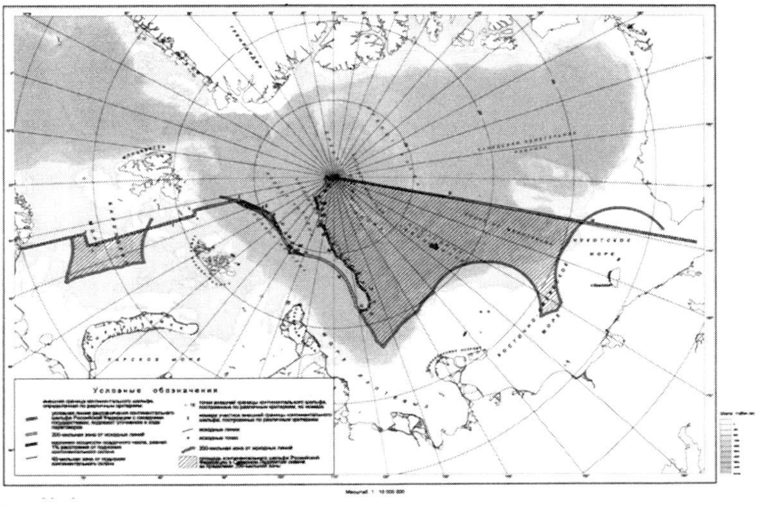

출처: http://www.un.org/Depts/los/clcs_new/submissions_files/rus01/RUS_CLCS_01_2001_LOS_2.jpg.

본 문건에 대하여 동 위원회는 6개월('02. 6. 27, CLCS/34)의 심사 끝에 다음과 같은 권고를 내린바 있다. 즉, The Barents and Bering Seas 지역의 경우, Barents 해에서의 노르웨이와, Bering 해에서의 미국과의 해양경계획정 합의에 따라 200해리 이원까지 확장하는 러시아 대륙붕 외측한계 좌표 및 해도를 위원회에 제출할 것; The Sea of Okhotsk 지역에 대하여는, 동 해역 북쪽의 확장된 대륙붕에 관한 상세 자료를 제출하고 동 제출이 타국과의 경계획정 문제를 침해해서는 아니 되며 대륙붕한계위원회 의사규칙 제1부속서 제4항에 따라 일본과의 합의에 최선의 노력을 다해 줄 것 등을 권고하였고; The Central Arctic Ocean

28) http://www.un.org/Depts/los/clcs_new/submissions_files/submission_rus.htm 참조 (2009. 11. 18 방문).

29) *Ibid.*

지역의 경우, 이 지역의 확장된 대륙붕에 관하여 수정안을 제출하도록 권고한 바 있다.[30)]

〈그림 21〉 북극해 주요 Hydrocarbon 분지

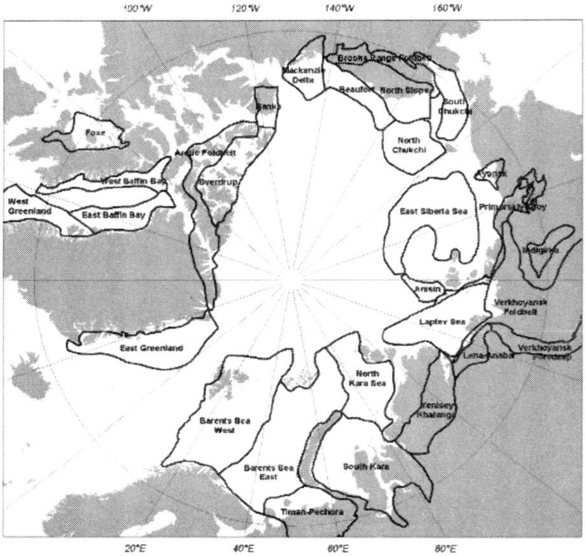

출처: Oxford Institute for Energy Studies, "Oxford Energy Comment", August 2007, p. 3.

2) 노르웨이

노르웨이는 유엔대륙붕한계위원회에 2006. 11. 27일 3개 지역 즉, The Loop Hole in the Barents Sea, The Western Nansen Basin in the Arctic Ocean 및 The Banana Hole in the Norwegian Sea 지역에서의 자국 200해리 이원 대륙붕에 대한 문서를 제출하였고, 이에 대하여 러시아, 아이슬란드, 스페인 및 덴마크 등이 의견을 제시한 바 있다.[31)]

30) *Ibid.*

31) http://www.un.org/Depts/los/clcs_new/submissions_files/submission_nor.htm 참조 (2009. 11. 18 방문).

〈그림 22〉 노르웨이 200해리 이원 대륙붕 주장 해역

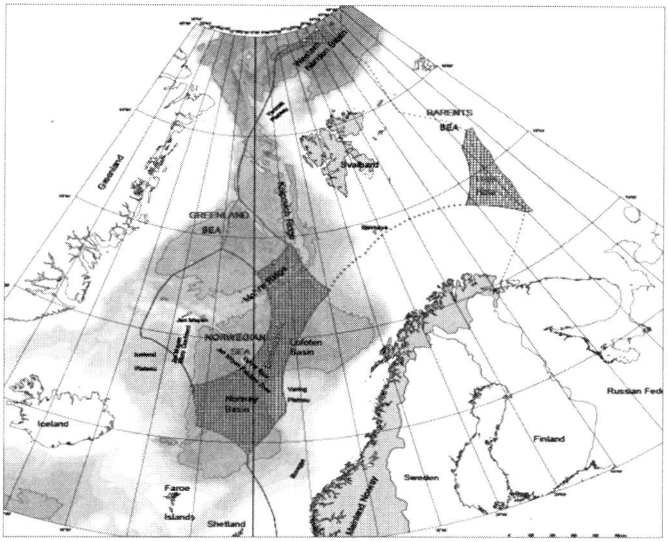

출처: http://www.un.org/Depts/los/clcs_new/submissions_files/nor06/nor_exec_sum.pdf, p. 10.

동 위원회는 2009. 3. 27(CLCS/62) 다음과 같은 권고를 내린바 있다: 즉, The Loop Hole in the Barents Sea 지역에서는 노르웨이-러시아간 양자 경계획정합의에 따라 대륙붕 경계를 정할 것이며, 양국은 이 지역 대륙붕을 공유한다; The Western Nansen Basin in the Arctic Ocean 지역에 대해서는 노르웨이가 제출한 대륙사면 끝단(Foot of Slope: FOS) 점들이 인정된다; The Banana Hole in the Norwegian Sea 지역에서는 유엔해양법협약 제76조 7항에 따라 FOS로부터 60마일을 초과하지 않는 범위내에서 대륙변계가 설정되어야 한다라고 권고하였다.[32]

3) 덴마크

덴마크는 2009년 4월 29일 Faroe Islands, Iceland 및 Norway 3국에 걸쳐 존재하는 200해리 이원 대륙붕외측한계를 제출하였다.[33] 이에 대하여 아이슬란드와 노르웨이가 의견을 제시한 바 있다. 동 위원회는 본 문건에 대하여 현재 심사 중

32) *Ibid.*
33) http://www.un.org/Depts/los/clcs_new/submissions_files/submission_dnk_28_2009.htm 참조(2009. 11. 18 방문).

에 있다.

3. 관련 규범

(1) 일루리사트 선언(Ilulissat Declaration)

북극해 문제를 해결하기 위한 국제적 회합이 여러 번 있었으나, 북극해 연안에 있는 참여국들은 새로운 북극제도가 요구되지 않는다는 것을 주장한 것을 제외하고는 별다른 합의를 도출하지 못하였다. 특히 관련 5개 국가들, 즉 미국, 캐나다, 덴마크, 노르웨이 및 러시아 등은 2008년 5월 그린랜드의 일루리사트(Ilulissat)에서 소위 일루리사트 선언(Ilulissat Declaration)을 하여 북극해 대륙붕 문제를 해결하려는 기본의지를 표명한바 있다. 동 선언의 주요 내용은 다음과 같다. 북극은 중요한 변화를 겪고 있는바, 즉 기후변화 및 해빙은 취약생태계, 지역주민과 토착공동체 그리고 자원의 잠재적 탐사 등에 심각한 영향을 초래한다. 북극해 지역의 주권, 주권적 권리 및 관할권 문제에 있어서는 5개국만이 유일하게 주장할 입장에 있다. 2007년 10월 15~16일 오슬로(Oslo) 회담에서 북극해에 적용될 광범위한 국제법적 틀이 논의 되었는바, 즉 해양법이 대륙붕 외측한계 결정에 관하여 중요한 권리 및 의무를 제공하므로 해양법이 이러한 중복지역에서의 문제해결에 틀이 된다. 따라서 북극해에 적용되는 새로운 종합적인 국제법 제도를 발전시킬 필요가 없다고 본다.

5개국은 현재 북극해에서 당사국간 그리고 이해 당사자와 긴밀히 협력하고 있으며 이러한 협력에는 북극해 대륙붕에 관한 과학적 자료 수집, 해양환경의 보호 및 기타 과학적 조사 등이 포함된다.[34)]

본 회의를 주재한 덴마크 외무장관은 다음과 같이 언급하였다. 즉 "제 소망은 우리가 기존 법규를 따르며 국제법에 따라 어떠한 문제도 해결할 것임을 명백하게 정치적으로 신호를 보내는 것입니다."[35)]

---

34) 선언내용에 관하여는 http://www.sikunews.com/art.html/catid=2&artid=4950 참조(2009. 12. 1 방문).

35) http://www.alertnet.org/thenews/newsde나/L.21 892809.html 참조(2009. 12. 1 방문).

〈그림 23〉 덴마크 200해리 이원 대륙붕 주장 해역

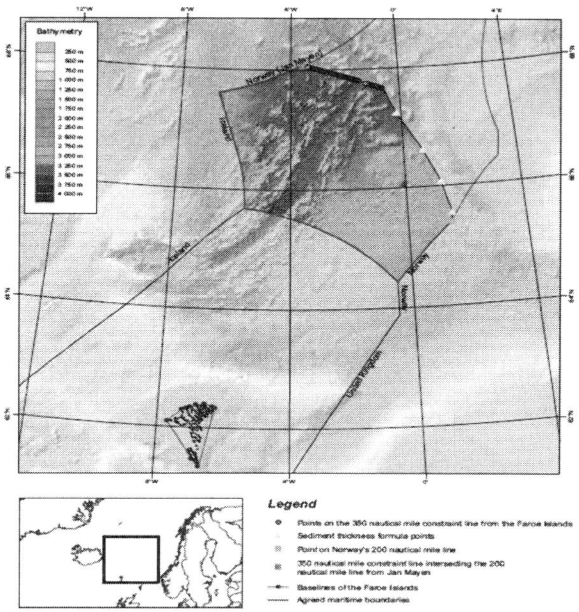

출처 : ttp://www.un.org/Depts/los/clcs__new/submissions__files/dnk28__09/dnk2009executivesummary.pdf, p. 7

(2) 유엔해양법협약

유엔해양법협약의 발효로 동 협약 비준국가는 200해리 이원 대륙붕에 대한 주장을 유엔에 문서로 제출하게 되어 있는바, 이에 따라 노르웨이(1996년 비준), 러시아(1997년 비준), 캐나다(2003년 비준), 덴마크(2004년 비준)[36] 중 캐나다 이외의 국가들은 이미 북극해 대륙붕에 대한 문서를 제출하였고 캐나다는 자국 대륙붕 주장을 시작하였다. 다만 미국은 유엔해양법협약을 비준하지 않았기 때문에 자국의 200해리 이원 대륙붕한계에 대한 문서를 제출할 수 없었다.[37]

현행 국제법상 어느 국가도 북극이나 북극주변의 북극해 지역을 소유하지는 않는다. 물론 북극해 주변국가인 러시아, 미국, 캐나다, 노르웨이 및 덴마크가 자

36) http://www.un.org/Depts/los/reference__files/chronological__lists__of __ratifications.htm #The%20United%20Nations%20Convention%20on%20the%20Law%20of%20the%20Sea 참조.

37) 유엔해양법협약 제76조 8항.

국 해안으로부터 200해리 배타적 경제수역을 주장할 위치에 있음은 사실이다.[38)]

유엔해양법협약은 북극해 해양의 국제적 지배에 관한 첫 번째 근거법을 이루고 있으나, 그렇다고 동 협약이 완전한 체계를 갖춘 것도 아니며 또한 북극해라는 특수한 지역을 다룰 수 있는 법률 내용이 규정되어 있는 것도 아닌 것으로 보인다. 아마도 이러한 문제 때문에 5개국은 일루리사트 선언을 통하여 자신들의 입장을 전달하려고 했는지도 모른다. 특히 상기에서 인용된 바와 같이 동 선언에서 북극해 대륙붕 문제 해결을 위한 근거 법률로 해양법을 언급하였던 것은 필연적으로 동 선언 이외에 문제해결을 위한 또 다른 법체계가 필요하다는 것을 간접적으로 시사하고 있는 것이 아닌가 한다.

캐나다는 현재 배타적 경제수역의 경계획정에 있어 뷰포트해(Beaufort Sea)에서 미국과 그리고 린컨해(Lincoln Sea)에서 덴마크와 분쟁 중에 있다. 노르웨이와 러시아는 바렌츠해(Barents Sea)에서 분쟁 중에 있고, 미국과 러시아는 베링해(Bering Sea)에서 서로의 이견을 해결한 것처럼 보이나 여전히 양국은 갈등을 겪고 있다. 유엔해양법협약은 국가간 분쟁해결 절차를 상세히 규정하고 있으나,[39)] 북극해와 같은 특수한 환경에 적용가능한 정치적 수단이나 방법을 규정하고 있지는 아니하다.

현재 5개국은 동 협약에 따라 200해리 이원 대륙붕 지역에 대한 권리 주장 가능성을 검토하여 이미 관련 내용을 유엔에 제출하였거나 그 검토를 준비 중에 있다.[40)] 따라서 북극해의 특수한 지리적 형상으로 인하여 북극해 국가들의 주장이 허용될 경우 이들의 대륙붕 주장에 대한 통제를 주장하는 국가들과의 충돌이 불가피할 수밖에 없는바, 이 경우 오늘날우리가 직면한 당면과제는 바로 실질적인 자원할당 문제를 어떻게 결정하는가에 있다.

---

38) *Ibid.*, 제57조.

39) *Ibid.*, 제15부 참조.

40) 유엔 대륙붕한계위원회 문서제출 사례에 관하여는, 졸고, "대륙붕한계 문서제출 사례분석 및 우리의 대응방안", *해사법 연구*, 제20권 제3호, 한국해사법학회(2008), 1-41쪽; 졸고, "2008년도 대륙붕한계 문서제출 사례분석 및 평가", *해사법 연구*, 제21권 제1호, 한국해사법학회(2009), 27-60쪽 참조.

4. 양자간 해양경계

대륙붕에 대한 천연자원의 관심으로 북극해 연안국가들은 오래 전부터 양자간 해양경계문제에 주의를 기울여 왔다. 대다수 경계는 협상, 조정 또는 판결에 의해 해결되었으나 2~3개 정도는 여전히 합의를 보지 못하고 있다.

캐나다와 그린랜드간 대륙붕 경계는 한스 도서(Hans Island) 및 링컨 해(Lincoln Sea) 주변수역을 제외하고 1973년 양자합의로 결정되었다.[41] 뷰포트해에서의 캐나다와 미국간 해양경계는 합의되지 못하였으나 유엔해양법협약상의 분쟁해결절차가 아닌 기타의 재판이나 협상에 의해 해결이 될 수도 있다.[42]

미국은 러시아와 베링해협 경계에 관한 합의를 도출하였으나 비준은 되지 못하였다.[43] 노르웨이와 러시아간 베링해 대륙붕 경계획정문제는 여전히 진행중에 있다.[44] 덴마크와 그린랜드는 그린랜드와 스발바르드(Svalbard)간 해양경계에 관한 합의를 체결하였다.[45] 얀 마옌 섬에 대한 노르웨이와 아이슬란드간의 대륙붕 경계문제가 조정위원회에 부탁된 이후 1981년 10월 22일 공동수역 설정으로 이 문제에 관하여 합의를 한 바 있다.[46] 덴마크와 아이슬란드 양국간 그리고 덴마크, 아이슬란드 및 노르웨이 3국간 대륙붕 경계는 1997년 11월 11일 합의를 한

---

41) http://www.un.org/Depts/los/LEGISLATIONANDTREATIES/PDFFILES/TREATIES/DNK_CAN1973CS.PDF 참조(2009. 12. 4 방문).

42) 캐나다는 유엔해양법협약 제298조상의 "적용의 선택적 예외"를 하여 경계획정분쟁의 강제절차를 배제하고 있다.
http://www.un.org/Depts/los/convention_agreements /convention_declarations.htm#Canada 참조(2009. 12. 4 방문).

43) Agreement between the United States of America and the United Soviet Socialist Republics on the Maritime Boundary Delimitation, International Legal Materials 29 (1990), p. 941.

44) 노르웨이의 문서제출에 대하여 러시아는 위원회의 고려에 대해 이의를 제기하지 않는다는 서한을 보낸바 있다.
http://www.un.org/Depts/los/clcs_new/submissions_files/nor06/isl07_00223.pdf 참조(2009. 12. 4 방문).

45) http://www.un.org/Depts/los/LEGISLATIONANDTREATIES/STATEFILES/DENK. 참조(2009. 12. 4 방문).

46) Agreement between Iceland and Norway of 28 May 1980 in the Continental Shelf Area between Iceland and Jan Mayen, International Legal Materials 20(1981), p. 797. 279)

바 있다.[47]

제4절 문제점 및 전망

1. 문제점

북극 개발은 열악한 지리적 조건 및 환경으로 인하여 관련 자료의 수집 및 확보가 대단히 어려운 것이 현실이며 그 결과 관련 기술 및 인프라 구축이 어렵게 되어 특정 국가가 단독으로 탐사 및 개발을 수행하기가 어려운 것이 사실이다. 즉 기술과 자본 제공의 분리가 전제되어야 제대로 된 개발에 착수할 수 있다고 보인다. 따라서 이해당사국과 공동으로 탐사 및 개발을 해야 할 필요성이 대두되며 현재 러시아는 노르웨이가 제작한 시추장비를 사용해 탐사를 하고 있다. 또한 북극은 개발에 따른 환경훼손문제가 국제적으로 제기될 수 있을 것인바, 북극의 문화, 경관, 동식물 및 해양생태계의 훼손이나 파괴 가능성에 대하여 어떻게 그 안전장치를 제도화해야 할 것인지에 대하여도 심각히 고민해야 할 것으로 보인다.

오늘날 북극에는 2개의 항로대[48] 즉 The Northern Sea Route와[49] The Northwestern Passage가[50] 존재하는 바, 이들 항로대 개발 및 개방 문제는 국제무역에 필수적인 통로역할을 하게 된다.[51] 그러나 항로대가 설정되는 인접국가간 북극영유권 문제로 그 접근 및 개방에 어려움이 있으며 동시에 이용에 따르는 수상 인프라 구축, 항해안전장치 및 환경피해방지장치 미흡 그리고 투명한 조세제도 불비 등으로 그 이행의 구체화에 어려움을 겪고 있다.

---

http://www.un.org/Deps/los/LEGISLATIONANDTREATIES/depositpublicity .htm 참조 (2009. 12. 4 방문).

48) 북극항로의 상세에 관하여는, Oxford Institute for Energy Studies, "Oxford Energy Comment", August 2007, pp. 9-12 참조.

49) 전통적 항로(수에즈-파나마 운하, 11,430km) 이용시보다 40% 이상 통항로를 단축할 수 있다(6,900km).

50) 런던-동경 이동시 기존항로(수에즈 운하 이용) 보다 5,000km 이상 단축이 예상된다(파나마 운하 이용시보다는 8,000km 이상 단축).

51) International Northern Sea Route Programme, http://www.fni.no/insrop/참조.

또한 북극해 문제는 북극해 그 자체의 법적 지위 특히 동 해역이 유엔해양법협약이 적용되는지에 대한 이견이 있는 것도 사실이다. 신해양법협약이 체결되기 이전에는 북극해 자체를 하나의 고체 덩어리 소위 육지영토와 동일한 법적 지위를 부여하고자 북극해 인접국가들이 자신들의 영유권(territorial claims)을 주장하기도 하였다.[52)]

2. 전망

(1) 국제적 관심제고

러시아의 최근 북극 개발로 국제적 관심이 유발되어 북극의 잠재적 hydrocarbon 자원에 대한 관심이 제고되고 있으며, 동시에 심각한 지구 온난화 문제의 현실직시 결과에 따라 북극 문제가 초점을 받게 되었다. 또한 석유 및 가스자원 고갈에 대한 현실인식에서 북극 개발의 불가피성이 제기되었고 이를 위한 북극 국가간 자원의 공유추진 노력 및 기타 관련 국가간 자원의 공동생산을 위한 협력문제가 가시화되고 있으며 향후 보다 적극적으로 진행될 것으로 보인다.

(2) 미국의 적극개입 예상

북극해가 미국의 중요한 지리적, 정치적 및 전략적 관심해역으로 부상함에 따라 미국은 이 지역의 항행안전, 대륙붕 확보, 천연자원 및 어업의 상업적 개발 등에 있어 유리한 위치를 확보하고자 많은 노력을 기울이고 있다. 이를 위해 Mapping을 위한 지속적 탐사 추진, 양자 및 다자간 협력 파트너 관계수립 및 활용 그리고 이들과의 공동작업 수행 등을 통하여 북극해에서의 주도권 확보를 위한 정책활성화 추구가 예상된다.

(3) 대륙붕 주장 가속화

러시아 및 노르웨이를 중심으로 200해리 이원 대륙붕에 대한 주장이(러시아, 노르웨이, 덴마크) 본격화될 것으로 보인다. 이를 위해 관련 국가간 공동탐사 등

52) 미국, 러시아, 노르웨이, 덴마크, 캐나다, 아이슬란드 등 6개국.

의 목적으로 양자협정 등의 체결이 가시화될 것으로(캐나다-미국간 공동탐사 등) 보인다.

동시에 기존 북극해 인접 국가 이외의 국가에 의한 즉 직접적 이해 당사국이 아닌 제3국이 북극해에 대한 공동개발이나 인류공동의 유산 개념 등을 제시하면서 자신들의 이익추구를 위한 새로운 제도나 레짐 등의 창출을 주장하면서 이를 실천에 옮기려는 행동을 할 수 있을 것을 예상할 수도 있다.

제5절 결 론

오늘날 발생하고 있는 북극에서의 사건들을 보면 유엔해양법협약의 발전과정에서 있어 왔던 사건들을 그대로 반영하고 있는 것으로 보인다. 특히 해양에 관하여 발생하고 있는 가장 큰 변화는 해양의 이용 방식 및 해양의 물리적 특성에 대한 인간의 활용 내용이 현저히 달라지고 있다는 것인바, 즉 오늘날 신기술의 발달로 해양 탐사 가능성이 보장되었고 동시에 강대국들은 해양을 상대국가에 대한 해양안보 확보의 수단으로 보게 되었다는 것이다.

유엔해양법협약과 북극과의 직접적 관련성은 그다지 많이 있어 보이지는 않으나, 다만 북극해가 북극의 지리적 중심이 되면서 동 협약 중 여러 내용이 북극과 관련성을 가지게 되었다.[53] 동 협약 제15조, 74조 및 83조에 의하면, 양자간의 해양경계는 우선 협상과 합의로 해결되어야 하며 만일 이러한 절차가 실패하였을 경우 분쟁의 평화적 해결을 위한 기타의 방식에[54] 의존하게 된다. 실제로 여러 중요 해양경계가 국제사법재판소 및 중재재판소 등에서 해결된 바 있다.

유엔대륙붕한계위원회는 200해리 이원 대륙붕 주장하는 연안국이 제출한 문서를 심사하여 권고를 하게 되며, 이러한 권고를 기초로 연안국이 확정한 대륙붕의 한계는 최종적이며 구속력을 가진다라고 규정하고 있다.[55]

상기에서 고찰한 바와 같이 러시아와 노르웨이는 이미 대륙붕한계위원회에 자국

53) 예를 들면, 유엔해양법협약 제76조, 제234조 및 제125조 등이다.

54) *Ibid.*, 제15부(분쟁의 해결) 참조.

55) *Ibid.*, 제76조 8항.

의 200해리 이원 대륙붕에 관한 심사문건을 제출한바 있다.[56] 동 위원회는 러시아의 문건 심사 후 북극해 중심에서 러시아가 주장하고 있는 지역에 대한 추가 자료 및 최종 확정된 양자간 해양경계에 관한 정보를 요구하였다. 노르웨이와의 경계문제에 관하여 러시아는 여전히 협상 중에 있으며 미국은 아직 유엔해양법협약을 비준하고 있지 않다.

〈그림 24〉 로모노소프 산맥 해저 지역

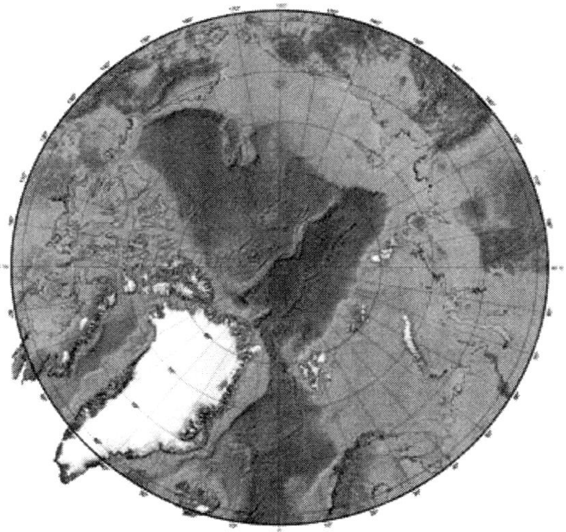

출처: www.geotimes.org/aug07/article.html?id=WebExtra080107.html, p. 1

대륙붕한계위원회는 모든 당사국의 합의가 안된 분쟁중인 지역에 대하여는 권고를 하지 아니한다. 특히 동 위원회가 고려해야 하는 분쟁지역은 로모노소프 산맥(Lomonosov Ridge) 지역으로 동 산맥은 러시아 대륙붕과 캐나다 및 그린랜드 대륙붕 사이의 북극해 중심지역을 통과한다. 러시아는 이를 자국 대륙붕의 자연연장으로 주장하며 캐나다와 그린랜드 역시 자국 대륙붕의 일부로 동 산맥을 주장한다. 한편 캐나다와 덴마크도 자국 주장의 과학적 자료를 축적하기 위하여 수중탐사를 시작하고 있으며 특히 로모노소프 산맥이 자국 대륙붕과 어떠한 관련성이 있는가를 결정하기 위하여 북극해에 대한 공동과학탐사에 협력하여 왔다.

캐나다 또한 러시아 및 미국과의 협력가능성을 배제하지 않고 있다. 2007년 11

56) http://www.un.org/Depts/los/clcs_new/commission_submissions.htm(2009. 12 .4 방문).

월 러시아와 캐나다는 대륙붕 외측한계 문제에 관하여 지속적인 대화를 할 것임을 언급하는 이른바 북극해 공동협력성명을 발표한 바 있다.[57] 2008년 8월 13일 캐나다 자원장관은 북극국가들이 협력하고 있는 것이지 다투고 있는 것이 아니다라고 언급하면서, 캐나다와 미국이 공동으로 뷰포트해 북쪽지역에 대한 공동과학조사를 수행할 것임을 공식적으로 발표하였다.[58]

다만 미국은 현재 유엔해양법협약을 비준하고 있지 않아 북극해에서의 자국 200해리 이원 대륙붕 한계를 유엔에 제출할 법적 의무는 없으나, 타국이 대륙붕 한계위원회에 제출한 문서 특히 러시아를 포함한 기타 제출문서 대하여 논평 또는 이의를 제기한 바 있다.[59] 따라서 북극해 대륙붕 한계문제는 유엔해양법협약에 따라 진행중인 현안문제임이 분명하다.

북극해는 동 협약 제122조상의 폐쇄해 또는 반폐쇄해에 해당할 수 있으나 지금까지 그 가능성에 대하여는 심각하게 고려되지 않았다. 동 협약 제124조는 폐쇄해 또는 반폐쇄해를 "2개국 이상에 의해 둘러싸이고 좁은 출구에 의하여 다른 바다나 대양에 연결되거나, 또는 전체나 그 대부분이 2개국 이상 연안국의 영해와 배타적 경제수역으로 이루어진 만, 내만 또는 바다를 말한다."라고 정의한다. 따라서 북극해를 보면, 베링 해협(Bering Strait)과 데이비스 해협(Davis Strait)이 상기의 좁은 출구 기준에 합당하며, 그린랜드 해(Greenland Sea), 노르웨이해(Norwegian Sea) 및 바렌츠 해는 덴마크(그린랜드), 노르웨이 및 러시아의 배타적 경제수역에 완전히 포함된다. 이렇게 본다면 북극해는 동 협약 제124조상의 정의에 해당하게 된다.

동 협약은 또한 내륙국이 해양출입 등에 관하여 필요한 모든 조치를 취할 권리가 있다고 규정하여 향후 북극에서도 일정한 조치가 가능하다는 것을 시사하고 있다. 따라서 동 협약상 북극 국가들은 지역국가로서의 단결 그리고 북극 해양통제에 필요한 수단의 개발을 특히 허용하게 해 줄 수 있음을 알 수 있다.

북극해 대륙붕 경계 특히 북극 5개 국가의 200해리 이원 대륙붕 경계획정 문제는 유엔해양법협약을 모법으로 하여 전개되어야 하는 것이 당연한 요구이나,

---

57) http://www.international.gc.ca/commerce/zubkov/joint__state-en.asp(2009. 12. 4 방문).
58) http://www.cbc.ca/canada/north/story/2008/08/13/arctic-claims.html(2009. 12. 4 방문).
59) http://www.un.org/Depts/los/clcs__new/commission__submissions.htm(2009. 12. 4 방문).

지역 국가의 특성과 북극해의 지리적 및 지정학적 특성 등을 고려하여 북극해 국가 중 1~2개 국가가 주도적 역할을 수행하여 경계문제 해결에 필요한 제반절차나 필요시 관련 협약 등을 체결하여 문제를 해결하는 것이 바람직한 방식이라고 사료된다.

북극해 문제는 자원의 탐사 및 이용과 환경보호라는 커다란 두 가지 상반되는 입장을 동시에 안고 있다고 보여진다. 즉 자원부족에 따른 개발의 현실적 필요성과 개발로 인한 지구온난화 등의 가속화로 북극해 빙하 자체가 소멸될 수 있다는 우려의 목소리도 여전히 강하게 들려온다.

북극 항로대 개발 및 이용 문제 역시 이와 동일한 맥락을 가지고 있는 것으로서 여전히 해결되어야 할 선결과제가 많은 것으로 보인다. 예를 들면, 항행안전성확보, 경제성, 구조체계, 환경오염문제, 북극해 항행 가능한 선박의 건조, 관련 인원의 확보 및 교육 문제 등을 들 수 있다.

그러나 여전히 북극은 우리에게 절망보다는 희망의 메시지를 많이 전해 줄 수 있는 해역이 아닌가 싶다. 따라서 북극해에 대한 제반 개발, 탐사 및 이용 등에 관한 문제의 효율적 처리를 위하여는 국가적 차원에서 정책적 목표를 가지고 접근할 필요가 있다고 보인다. 이러한 문제해결 접근의 가장 시급한 과제는 무엇보다도 북극해 인접국가들과의 긴밀한 협력관계를 어떻게 유지해야 할 것인가에 달려 있다고 보인다.

이렇게 본질적으로 그 해결이 어려운 경계획정분쟁의 특성을 고려하고 유엔은 단기간의 해결방식이 아닌 장기간의 점진적이고 과학적인 접근을 통하여 문제를 해결하고자 유엔에 대륙붕한계위원회를 설치하게 되었고 동 위원회에 해당국가가 제출한 모든 지리적·지질학적·지형학적·지구물리학적 자료를 바탕으로 200해리 이원 대륙붕을 향유하는 연안국이 자국의 대륙붕이라고 제시한 문건에 대하여 심사하고 대륙붕 한계를 권고하는 기능을 부여하여 과학적이고 합법적인 근거하에 대륙붕 경계가 동 위원회 권고를 근거로 당사국간에 원만하게 해결될 수 있도록 하였다.

그러나 주지하다시피 해당 연안국이 자국의 200해리 이원 대륙붕 한계에 대하여 유엔 대륙붕한계위원회에 제출한 문건을 대륙붕한계위원회가 심사를 하여 해당국가의 대륙붕 한계를 권고하여 대륙붕경계획정시 중요한 법적 근거로 활용하고자 하는 것이 본 제도의 성격이라고 보인다.

따라서 관련 당사국들이 얼마나 충실하게 유엔대륙붕한계위원회에 심사자료를 제출하고 동시에 제출된 자료에 대한 동 위원회 심사결과를 당사국간의 대륙붕 경계 협상시 그 결과를 얼마나 성의있게 활용하는가에 있다고 보인다. 이는 경계획정 작업이 법과 원칙의 적용 이전에 당사국간의 합의의지가 무엇보다도 중요한 문제이기 때문이다.

제10장

한 · 일, 한 · 중 어업협정의 법적 고찰

제1절 서 언

우리 정부는 1998년 9월 25일 약 3년 동안의 끈질긴 협상 끝에 일본과 한 · 일 어업협정을 전격적으로 타결하였으며, 이어서 약 5년 동안이나 지속되어 왔던 협상의 난항 끝에 중국과도 같은 해 11월 10일 한 · 중 어업협정을 타결하였다. 이로써 한반도 주변국과의 어업에 관한 문제는 어느 정도 그 해결의 실마리를 찾게 되었으나, 동 협정들, 특히 한 · 일 어업협정상의 내용 중 일부가 독도영유권에 손상을 줄 수 있다는 전제하에 이에 관한 시비가 계속되고 있는 것이 사실이다.

그러므로 본장은 이러한 배경을 참작하여 한 · 일 및 한 · 중 어업협정의 올바른 분석을 통하여 일부에서 제기하고 있는 영유권 문제의 분명한 해답을 제시할 필요에서 이들 양협정을 법적으로 고찰하고 동시에 우리 정부의 교섭의지 및 영유권 문제에 관한 확고한 법리적으로 정리하고자 한다.

제2절 한 · 일 어업협정의 분석

1. 배경

일본은 1965년 한 · 일 어업협정이 기국주의를 채택하고 있어 일본 어업전관수역에서 조업하는 한국 어선을 통제하기가 사실상 불가능할 뿐 아니라 한국 어로기술의 발달 및 과학화에 따른 일본 연근 해 어장 남획 우려로 이에 대비한 새로운 체제 확립을 필요로 하였으며, 또한 일본 수산업계의 반발과 현정부의 차기 선거 승리를 위한 정치적 목적 달성을 위하여 1997년 1월 한 · 일 어업협정 통고를 우리 정부에 하였다.

〈그림 25〉 1965년 한일어업협정수역도

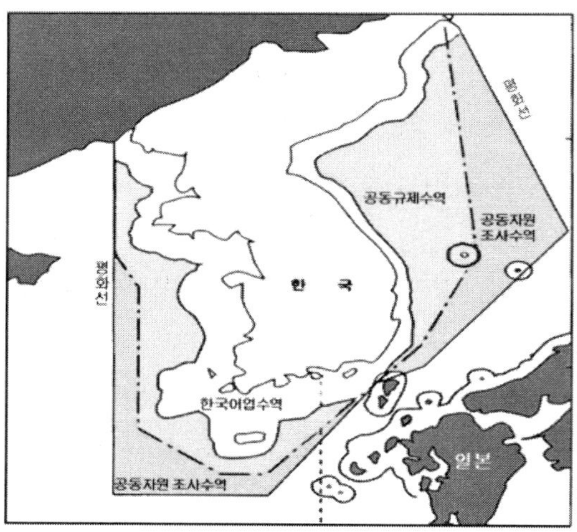

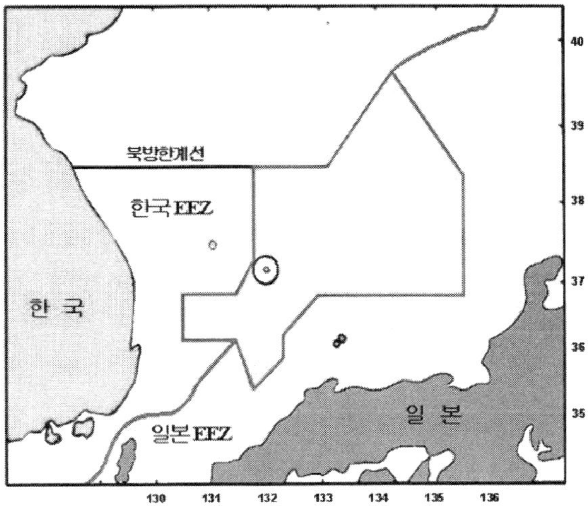

〈그림 26〉 한일어업협정도(동해)

이로써 동 협정은 한일어업협정 제10조에 의거 종료 통고일로부터 1년간만 유효하며, 신어업협정 체결에 실패할 시 1999년 1월 23일부터 실효된다. 그렇다면 결국 유엔해양법협약상의 배타적 경제수역 체제가 전개될 수밖에 없는 것이 현실이다. 따라서 우리 정부는 무협정 상태에서의 동해에서의 어업질서를 확립하여 양국간의 배타적 경제수역 체제 돌입 이전에 잠정적으로 어업문제를 해결하고자 지난 3년간의 끈질긴 교섭 끝에 1997년 9월 25일 한 · 일 어업협정을 타결하였다. 본장에서는 새로이 타결된 어업협정 내용을 기초로 동 협정의 법적인 고찰, 이의 해설 및 독도 영유권 문제와 어업협정과의 관계에 대한 고찰을 하고자 한다.

2. 요지

한일어업협정은 동해 중간수역의 범위를 정함에 있어 동쪽 한계선을 135도 30분[1], 서쪽 한계선을 131도 30분으로 하였으며(〈그림 25〉 참조), 동해 중간수역에서의 자원관리 방식에 관여하는 두 가지 형태를 택하고 있는바, 즉 규제조치 결

1) 교섭 시작단계부터 일본이 지속적으로 중간수역의 동쪽 한계선을 동경 135도로 주장하였는바, 이는 울릉도를 기점으로 하여 200해리를 설정한다고 하더라도 동경 135도에는 미치지 못하기 때문인 것으로 알려졌다.

정(prescriptive jurisdiction)은 각국이 자국의 어선에 대하여 취할 조치를 독자적으로 결정하고[2] 다만, 공동위원회 협의를 통하여 양국 조치의 조화를 도모하도록 하고 있다.[3] 또한 양국 어선의 단속(enforcement jurisdiction)은 旗國主義를 택하여 자국의 주권 또는 관할권을 존중하는 조치를 취하였다.[4]

제주도 남부수역 중간수역은 그 범위를 한·중·일 3국의 權原이 중첩되는 수역 일부에 중간수역을 설정하였으며(〈그림 25〉 참조), 이 수역의 관리는 공동관리방식을 택하였고, 동 수역의 보존조치는 공동위원회에서 결정하도록 하였고, 위반 단속은 역시 旗國主義를 취하여 각국의 주권을 존중하고 있다.

양 체약국은 항행의 안전과 해상사고의 원활한 처리를 위하여 적절한 조치를 취하고 상호 긴밀히 연락하고 협력하도록 하였다.[5] 특히, 입어허가에 관한 사항을 권고하고 제주도 남부수역에서의 해양생물자원이 보존과 관리에 관한 사항에 관한 결정을 할 수 있는 양국 전문가로 구성된 한·일 어업 공동위원회 설치를 명문화하였다.[6]

조업실적 보장에 관하여는 먼저 형태의 경우 우리 어선의 일본 EEZ내 조업을 가능토록 하였으나 조업실적면에 있어서는 첫해에는 15,000톤으로, 두 번째 해부터는 Zero로 하였다. 대게도 우리 어선의 일본 EEZ내 조업이 가능하도록 하였으나 1년에 50%씩 감축하여 2년 후에는 그 실적을 Zero로 하였다. 나머지 어종에 대하여는 3년에 걸쳐 상호 어획량간 불균형을 査定하여 결정하도록 하였다.

또한 본 협정은 양국이 비준서를 교환하는 날부터 효력을 발생하여, 최초 3년간은 유효하며, 그 후에는 어느 일방이 이 협정을 종료시킬 의사를 통고하는 날부터 6개월 후에 종료한다.[7]

---

2) 한·일 어업협정 제6조 제1항
3) *Ibid.*, 제12조
4) *Ibid.*, 제5조 제2항
5) *Ibid.*, 제11조
6) *Ibid.*, 제12조
7) *Ibid.*, 제16조.: 이 협정이 발효하는 날 1965년 어업협정은 효력을 상실한다. 1965년 협정은 일본에 의한 종료 통고에 따라 1999년 1월 23일 종료하게 되어 있으나, 그 이전에 이 협정이 발효하면 이 협정 발효일에 구협정이 종료된다. 이는 2개의 협정이 동시에 발효되어 있는 상황을 피하기 위한 것이다(제17조).

〈표 7〉 양국 어업협정시 쟁점사항

쟁점 / 구분	한 국	일 본
배타적 어업수역 폭	34해리	35해리
교섭의 동쪽 한계선	동경 136도	동경 135도
기존 조업실적	우리의 일본 근해 조업 실적 인정	원칙합의, 구체사항 추후합의
생대수역 입어	상호 입어허가와 입어료 부가	동일
독도 주변 수역처리	연재지위 인정	현재지위 유지

3. 한일 어업협정 해설

(1) 동해 중간수역 설정 평가

교섭 마지막 단계에서 일본이 동경 153도를 동쪽 한계선으로 설정하고 그 이서의 수역만 대상으로 중간수역을 설정하는 방식으로 교섭하였으나, 당시 우리 주장대로 136도를 관철하였더라도 동서 불균형된 형태의 중간수역이 설정되었을 것이다. 금번 타결된 협정 안에서의 중간수역은 완전히 동서로 대칭되어 있으므로 따라서 그러한 불균형이 없고, 균형잡힌 구도에서 동쪽 한계선이 동경 135.5도로 설정되고 서쪽 한계선이 울릉도 동쪽에 설정된 것은 적절히 조화를 이룬 것이다.

대화퇴 어장에는 우리나라의 권원이 미치는 것은 사실이지만 그 위치로 볼 때 일본쪽이 더 유리한 법적 발판을 가지는 것도 사실이다. 작년 협상에서는 대화퇴 어장 처리에 관한 구체적인 논의가 되지 못했으나 금번 그 절반을 일본의 EEZ로 하고 절반을 중간수역에 포함시킨 것은 적절한 이해의 균형을 이룬 것이다. 따라서 한국의 어선은 이 수역내 중간수역에서 자유롭게 계속 조업할 수 있게 되었으며, 대화퇴 어장 중 일본의 EEZ에 편입된 부분에 대해서는 필요시 입어허가를 받아서 조업하게 된다.[8] 그러나 대화퇴 어장은 아주 넓고 오징어자원이 풍부하기 때문에 우리 어선으로서는 중간수역에 편입된 대화퇴에서만 조업하여도 지장이 없을 것으로 보인다. 지금까지도 우리 어선은 주로 중간 수역에 포함된

8) 상대국가의 EEZ에 대한 입어허가 절차는 먼저 입어 허용량을 통보해 주면(A국) 상대국이 입어허가 신청을 하고(B국) 다시 A국은 입어허가증을 B국에 발급하여 준다.

대화되 서부수역에서 주로 조업해 왔다.[9)]

(2) 중간수역에서의 자원 관리방식

중간수역내에 독도가 있기 때문에 이 수역의 자원 관리방식에 있어서는 조심할 필요가 있으나, 자원 관리는 필요하기 때문에 독도의 지위에 영향을 미치지 않고 자원 관리를 하는 것이 필요하다.

〈표 8〉 중간수역과 유사한 수역 대비표

수역의 위치	협정상 명칭	관할권 행사		관리방식
		규칙 제정권	단 속 권	
동해 중간수역(한·일)	없 음	기 국(공동위 권고)	旗 國	공해어업 관리방식
제주도 남부수역(한·일)	없 음	공 동(공동위 결정)	旗 國	느슨한 공동 관리
서해 잠정조치수역(한·중)	잠정조치수역	공 동(공동위 결정)	旗 國 (주위환기 포함)	공동관리
서해 과도수역(한·중)	과도수역	공 동(공동위 결정)	旗 國 (주위환기, 공동승선 포함)	공동관리
동중국해잠정조치수역(일·중)	잠정조치수역	공 동(공동위 결정)	旗 國 (주위환기 포함)	공동관리
동중국해 27도 이남수역(일·중)	없 음	기 국(공동위 권고)	旗 國	공해어업 관리방식

합의된 내용을 보면, 이 수역에서는 양국이 각 자국 어선만을 대상으로 관할권을 행사함으로 독도의 지위에는 영향을 미치지 않고 자원관리 목적을 달성할 수 있게 되었다. 이처럼 이 수역의 관리방식은 양국이 각각 자발적으로 자국 어선을 규제하는 것이기 때문에 공동관리나 공동규제도 아니며, 공해에서의 자원 관리방식과 유사한 관리방식이다.[10)]

9) 동해 중간수역의 법적 지위는 앞의 표에서 보는 바와 같이 일·중 어업협정 대상수역인 "조어도/센카쿠" 주위의 동중국해 북위 27도 이남수역과 유사하다.

10) 한·일 어업협정에서 언급된 중간수역에서 어업공동위원회는 해양생물자원의 보존·관리에 관한 사항에 대하여 권고를 할 수 있다고 규정하고 있는바(제12조), 여기서의 권고(recommendation)는 법적인 구속력을 가지지 않는 단순한 비강제적인 일반행위(non-obligatory unilateral acts)를 말한다. 따라서 동해 중간수역에 관한 위원회의 권고는 단순한 조언에 불과하며 각 정부는 이를 준수하지 않는다고 하더라도 법적인 책임이 따르지는 아니한다.

공동위원회를 통해서 양국이 각각 취할 조치를 협의하여 조화를 이루는 것은 당연히 필요한 것이고, 공해어업에서도 이러한 국제적 협조는 있는 것이기 때문에 독도의 지위에는 영향을 미치지 아니한다.

(3) 제주도 남부에 있어서의 중간수역 설정

제주도 남부에서 한·중·일 3국의 권원이 중첩되는 해역에서 양자 협정을 통하여 체제를 만드는 것은 법적으로 상당히 어려운 문제 중의 하나이다. 이미 이 수역에 일·중간의 협정을 통하여 일·중 잠정조치수역이 설정되어 있기 때문에 문제가 더욱 복잡하여 일종의 완충수역으로서 일단 중간수역을 설정한 것은 불가피한 일이다. 추후에 이 수역의 관리에 관한 한·중·일간 3자 협의를 통해서 문제를 해결해 나가야 할 것이다.[11)]

이 수역에서 대륙붕 공동개방수역과 어업수역을 연계시켜 생각하는 사람들이 많으나 석유자원 개발권과 어업체제는 전혀 별개의 법제이다.[12)] 대륙붕과 EEZ는 별개의 법제이기 때문에 한·일 어업협정상 설정된 중간수역은 상부수역에서만 적용되고 해저광물자원에 대해서는 1974년 한·일간 체결된 남부대륙붕 공동개발협정이 계속 적용될 것이다.

(4) 조업실적 문제

조업실적 보장문제에 있어서는 우리 수산업계의 입장에서는 만족스럽지 않을 수도 있다.[13)] 그러나 경계획정을 통한 완전한 EEZ 체제가 수립된다면 이 정도

11) 한·일 어업공동회는 제주도 남부 중간수역에서 해양생물자원의 보존·관리에 관한 사항에 대하여 결정을 할 수 있다고 규정하고(제12조 제5항) 있는바, 여기서의 결정(decision)은 그 대상자에 대해 법적인 구속력(legally binding)을 가지는 법률행위임. 따라서 결정을 위반하는 경우에는 그 법적 결과로서 국가책임(state responsibility)이 따르게 된다. 그러므로 제주도 남부 중간수역에 대하여는 위원회의 결정사항을 양국 국민과 정부가 공동으로 준수하여야 하며, 이의 위반 시 법적인 책임이 따르게 된다.

12) 어업협정은 주중에 있는 어족자원을 대상으로 하는 것이며, 해저자원에 대해서는 1974년의 한·일 남부 대륙붕 공동개발협정이 계속하여 적용된다.

13) 그러나 EEZ 경계획정을 통하여 동해에서 완전한 EEZ 체제가 이루어진다거나 어업협정이 체결되지 못하고 무협정상태가 지속되면 기존 조업수역의 범위보다 훨씬 더 적은 범위로 조업수역이 축소될 것이며, 이로 인하여 각국의 배타적 경제수역법에 따라 각기 주장하고 있는 가상 EEZ 중간선 이원의 수역에서는 조업이 완전 금지되므로 우리측으로서는 오히려 현재보다도 조업실적면에 있어서는 훨씬 더 많은 손해를 보게 될 것이다.

의 보장도 확보하기 어려울 것으로 보인다. 유엔해양법협약상 전통적 조업실적을 어느 정도 고려하게 되어 있지만 어디까지나 연안국의 재량하에 연안국 총허용 어획량(Total Allowable Catch : TAC) 범위내에서 고려하는 것이 원칙이다.[14)] 한 · 일간의 특수성을 비추어 日側이 좀더 많은 배려를 해줄 수 있었을지도 모르나 일본 수산업계의 반발도 적지 않다.

조업실적의 차이를 3년간의 기간에 걸쳐 해소하고 균형을 이루기로 한 것은 무난하다. 그렇다고 3년 후에 한국의 어선이 일본 해역에서 완전 철수하는 것은 아니며, 3년 후에는 조약상의 의미는 없어지더라도 상호 동등한 조건으로 입어허가를 하는 것이 국익에 도움이 되고 양국 수산업계에도 필요한 것이다.

4. 독도관련 문제

어업협정에서 독도는 물론 다른 어떠한 지명도 협정상에 표시되지 않았으며, 다만 위도와 경도로 표시된 좌표에 의해서만 중간수역의 범위가 표시되었다. 중간수역은 배타적 경제수역만을 대상으로 하기 때문에 독도 및 독도 영해는 중간수역에 포함되지 않는다. 즉, 어업협정은 배타적 경제수역을 대상으로 한 것이고(제1조), 배타적 경제수역은 영해를 제외한 그 외측 수역을 말하는 것이기 때문에 독도와 그 12해리 영해는 중간수역에서 제외되었다.[15)]

유엔해양법협약에 규정된 배타적 경제수역의 정의[16)], 아국 배타적 경제수역법 제2조에 의한 배타적 경제수역의 범위 설정, 일본 배타적 경제수역 및 대륙붕법 제1조 제2항에 의한 배타적 경제수역의 범위 설정 조항에서도 배타적 경제수역은 영해를 제외하고 그 외측에 설정되는 것으로 규정되어 있다. 따라서 중간수역은 독도 주변 12해리 영해 외측에 설정되는 것이다.

14) 유엔해양법협약 제62조

15) 유엔해양법협약 제55조 및 제57조상의 EEZ 정의를 보면 배타적 경제수역은 "영해 밖에 인접한 수역"으로서 기선으로부터 200해리를 넘지 않는 수역을 말하며, 배타적 경제수역법 제2조상의 정의를 보면, 영해기선으로부터 그 외측 200해리선까지에 이르는 수역 중 대한민국의 "영해를 제외한 수역"을 말한다.

16) 유엔해양법협약 제55조는 "배타적 경제수역은 --- 영해이원 및 영해와 인접한 수역이다"라고 정의하고 있다.

또한 본 협정은 어업에 관한 협정이다.[17] 어업협정에서 영유권문제에 관한 언급을 할 필요도 없고, 그런 언급을 한다면 그것은 어업협정의 성격을 넘어선 협정이 될 뿐 아니라, 오히려 독도의 영유권에 문제가 있다는 것을 명시적으로 표출하는 결과가 될 뿐이다.[18] 독도는 어업협정을 통하여 일본으로부터 독도는 영유권을 인정받아야 우리의 영토다 되는 것이 아니라, 어업협정 이전에 독도는 역사적으로 국제법적으로 우리의 고유 영토로 굳혀진 것이다. 독도 영유권을 어업협정에 분명히 기록했어야 한다고 하는 주장은 독도가 우리 영토라는 확신이 부족한 데서 나온 조치인 것이다. 왜냐하면 영토는 어업협정을 통해서 확보되는 것이 아니기 때문이다.

만일, 우리가 독도 영유권이 분쟁 대상이라는 것을 인정하고 어떤 협정을 통해서 영유권 문제를 분명히 하려고 한다면, 어업회담에서 그런 것을 논의할 것이 아니라, 영유권 회담을 개최하여 합의를 보고, 합의사항을 항구적인 효력을 가지는 영토조약에 기록하여야 할 것이다. 그런 중차대한 문제는 유효기간 3년으로 언제든지 일방적으로 종료시킬 수 있는 어업협정에 기록할 사항이 아니니다.

신 한·일 어업협정은 "어업에 관한 협정"으로서 어업에 관한 사항만을 다루는 협정이다. 동 협정의 제목이 "대한민국과 일본국간의 어업에 관한 협정"일 뿐 아니라 어업 이외의 다른 문제에 간접적으로 미치는 영향도 없도록 하기 위하여 "이 협정의 어떠한 조항도 어업문제 외의 국제법상의 문제에 관한 각 체약국의 입장을 해하는 것으로 간주하여서는 아니된다"는 조항도[19] 두고 있다.

1953년 국제재판소는 망끼에 에크레오(Minquires and Ecrehos) 섬에 대한 영국과 프랑스간의 영유권분쟁사건에서 어업협정상 섬의 위치가 공동어로구역내에 있든 그 바깥에 있는 영유권과는 무관하다는 원칙을 판시한 바 있다.[20]

---

17) 동 협정은 본질적으로 한·일간 어업문제에 관한 양자조약으로서 우리의 독도 영유권에 어떠한 영향도 미치지 않는 것으로 평가된다. 즉, 독도문제는 현상유지를 하고 어업질서에 관해서만 협상을 벌일 것이며, 협정문안에서도 이를 분명히 하고 있다(제15조).

18) 일부 학자들이 새 협정문안에 독도의 지위에 관해 분명히 언급했어야 함을 주장하나 동 협정은 그 성격상 이를 언급할 필요가 없으며, 영유권 분쟁조차 존재하지 않는다는 우리측 입장에서 비추어 독도의 영해설정 문제를 일본과 합의대상으로 삼는 것 자체가 오히려 독도에 대한 우리측의 우월한 입지를 손상시킬 우려가 있는 것이다. 신용하, "독도영유권 훼손됐다" 조선일보, 1998. 12. 4, 1998. 12. 9

19) 한·일 어업협정 제15조

독도의 지위는 이 협정 외의 요소, 즉 우리나라의 법령, 즉 헌법, 영해법 밀 실효적 지배에 의하여 정해지는 것이므로 어업협정에서는 독도의 지위를 직접 언급하지도 않았지만 독도의 지위에 간접적으로 영향을 미치는 어떠한 조항도 없도록 하였다. 이 협정 해결 이후에도 독도 영해에서는 일본 또는 다른 어떤 외국의 어선도 조업을 할 수 없다.

중간수역의 서쪽 한계선을 설정함에 있어서 독도 영해를 비켜가기 위하여 좌표를 그렇게 정한 것이 아닌가 하는 위구심의 제기될 두 있으나, 이 협정은 영해를 제외한 수역을 대상으로 하는 것이기 때문에 중간수역선이 독도 영해를 비켜가야 하는 것은 당연하다. 따라서 독도 뿐 아니라 다른 어떤 지점의 영해도 중간수역에 포함시키지 않았는가라고 문제시할 수 있으나, 독도를 우리측 배타적 경제수역에 포함시키는 방식으로 배타적 경제수역 경계획정을 시도하고 있으나 경제획정에 관한 함의가 이루어지지 못하고 있어, 이 잠정 어업협정을 체결하게 된 것이다. 배타적 경제수역 경계획정 교섭은 계속 진행되고 있으며, 경계획정 시는 독도가 우리측 배타적 경제수역에 포함되도록 해야 할 것이다.

---

20) 망끼에 에크레오 사건은 동 도서 및 암초에 대한 영국-프랑스간의 영유권에 관한 분쟁으로 1950년 12월 29일 부탁합의에 의하여 1951년 12월 5일에 국재사법재판소에 제소되었으며, 1953년 11월 17일 영국이 승소한 사건이다. 이 사건에 있어서 영국 및 프랑스는 다같이 이 섬에 대하여 11세기부터 원시적 권원을 취득하여 그 후 계속적으로 이를 유지하여 왔으며, 결코 이를 상실한 적이 없다고 주장하였다. 영국은 이 섬에 대한 원시적 권원의 취득이 1066년의 노르만디공에 의한 영국 정복에 있다고 주장하였는데, 즉 영국은 이 정복에 의하여 이 섬의 해협 안에 있는 여러 섬과 더불어 노르만디공국에 통합되었으며, 이 통합은 프랑스 왕 필립 아우구스투스가 대륙 노라만디를 점령한 1204년까지 계속되었다. 그러나 필립왕의 해협내 여러 섬의 점유기도는 실패하였으므로 망끼에와 에크레오를 포함하는 해협내 여러 섬들은 여전히 영국이 보유하고 있었으며, 이러한 상태는 그 후 영국 왕과 프랑스 왕 사이에 체결된 여러 조약에 의하여 법적 뒷받침을 갖게 되었다고 주장하였다. 특히, 프랑스는 1839년 에 망끼에와 에크레오의 주 섬의 영해내에서 양국 어민이 서로 어업을 할 수 있도록 하는 어업협정을 체결하여 시행하여 왔으므로 이들 섬에 대한 영유권 주장을 프랑스가 할 수 있다고 주장하였다. 즉, 110년 동안이나 프랑스 어민이 이들 섬의 영해내에서 조업을 했으니 그 섬들의 영유권도 확보한 것이라는 것이다. 그러나 재판소는 "1839년의 협정은 어업에 관한 것이었으므로 영토문제와는 관계가 없다"고 판결했다. 따라서 프랑스가 주장하는 1839년의 어업협정이 체결된 당시는 아직 이 섬의 주권에 관한 분쟁은 발생하지 않았다. 양국은 상당히 장기간 동안 조개 채취의 배타적 권리에 관하여 견해의 불일치는 있었으나 이 문제를 이 섬에 대한 영유권 문제에 결부시킨 일은 없었다. 그러므로 이 협정의 체결이 이 섬의 주권에 관한 증거로서 영향을 미쳐야 할 이유가 없다는 것이다. 다시 말하면, 이 섬의 주권에 관한 분쟁이 처음 발생한 것은 프랑스가 이 섬에 대한 영유권을 주장한 1886년 및 1888년인 것이다. ICJ Reports, 1954, pp. 19-45.

한편, 독도주변 중간수역이 공동 관리되면 독도의 지위에 영향을 미치지 않는 가라고 반문할 수 있다. 그러나 독도 주위의 중간수역의 관리방식은 공동관리방식이 아니며, 관리대상도 수역 그 자체가 아니고 그 수역내의 해양생물자원이다. 수역관리를 위한 단속권 행사에 있어서도 각 체약국이 자국의 국민과 어선에 대해서만 관할권을 행사할 수 있도록 하는 기국주의 원칙을 적용한다.[21)]

독도 영해 밖의 중간수역내에서 일본 어선이 조업할 수 있게 되었다는 **지적도 있는 이는** 65년 어업협정하에서도 동일하다. 뿐만 아니라 이 수역에 있어서 해양생물자원의 관리를 위하여 취하는 조치를 결정하는 것도 각 체약국이 각각 자국의 국민과 어선을 대상으로 자발적으로 결정하도록 되어 있다.

기국주의 원칙은 유엔해양법협약상 공해에 있어서 적용되는 것이며,[22)] 해양생물자원 관리를 위한 국제적 의무는 공해에서도 발생한다. 따라서 독도주변 수역의 자원관리 방식은 독도의 지위에 전혀 영향을 미치지 않으며, 이러한 자원관리 방식은 독도의 지위에 간접적으로도 영향을 미치지 않으면서 해양생물자원을 보존할 수 있도록 고안된 것이다.

결국 어업협정에서는 독도문제를 비켜간 것이 아니라 독도문제는 어업협정의 대상이 아니라는 것이다. 어업협정의 법적인 성격을 보더라도 독도문제와는 무관하며, 독도 주위의 12해리 영해는 협정대상에서 조차 제외되기 때문이다. 독도문제는 어업협정 대상이 아니기 때문에 어업협정이 독도에 영향을 미치지 않음은 물론, 어업협정이 독도문제에 간접적으로 미칠 수 있는 영향까지도 철저히 차단하였다.[23)]

---

21) 각 체약국은 중간수역에서(동해 및 제주도) 타방 체약국의 국민과 어선에 대하여는 어업에 관한 자국의 법령을 적용하지 아니한다. 즉, 상대방의 국민과 어선에 대하여 어업에 관한 자국법령을 적용하지 않는 것은 상대방의 국민과 어선을 단속하지 않는 것보다 더욱 철저한 기국주의인 것이다.

22) 유엔해양법협약 제94조

23) 한 · 일 어업협정 제15조 참조

5. 기타 문제

(1) 어업협정과 영유권문제

어업협정에서 독도가 우리 영토라는 사실을 명시적으로 규정하거나 또는 묵시적으로라도 시사하는 내용이 없는 데 대하여 아쉬운 생각이 드는 것은 이해할 수 있다. 그러나 독도문제를 어떻게 처리하였는가를 평가할 때는 다음과 같은 대전제하에서 생각하여야 한다. 첫째, 독도는 국제법상으로나 역사적으로나 우리의 고유 영토로서 분쟁의 대상이 아니라는 것이 우리의 기본 입장이나 일본이 아직도 독도에 대한 영유권을 주장하고 있으므로 단기간내에 독도주변 수력의 경제획정이 이루어지기 어렵고, 불가피하게 잠정적인 성격의 어업협정을 체결하게 된 것이다. 독도에 대한 일본의 영유권 주장만 없다면 동해에서의 해양 경계획정이 쉽게 이루어질 것이고, 그러면 동해를 양국 수역으로 분할하여 각각 관리하면 되는 것이지 이런 어업협정이 필요하지도 않을 것이다.

둘째, 어업협정은 본질상 어업문제만을 대상으로 하는 협정이다. 따라서 어업문제와 비교할 수 없이 중차대한 영유권문제를 어업협정에서 부수적으로 다룰 수 없는 것이며, 만약에 영유권문제에 관한 합의가 이루어진다면 어업협정에서 부수적으로 규정할 것이 아니라 영토조약으로 체결하여야 할 것이다.

따라서 독도 영유권문제를 어업협정에서 분명히 하지 않았느냐고 하는 아쉬움은 이 어업협정 교섭의 대전제를 간과하는 데서 나오는 것이다. 어업협정을 교섭함에 있어서 우리 정부가 특별히 유의한 것은 어업협정으로 인하여 독도 영유권에 부정적인 영향이 간접적으로라도 미치지 않도록 하는 것이었으며, 이러한 목표가 관철되었다고 보인다.

독도영해 외측에 소위 중간수역이라고 하는 수역이 설정되는 것이기 때문에 어업협정으로 인하여 독도 자체가 독도 영해에 대한 우리의 주권이 전혀 손상받지 않았을 뿐 아니라[24] 중간수역의 법적 지위에 의해서 독도에 대한 우리의

24) 독도 주변의 영해 설정 문제를 일본과의 합의대상으로 한다면 이는 오히려 독도의 영토주권 문제를 일본과 합의해야 한다는 어처구니없는 결과가 나오게 될 것이다.

영유권에 간접적으로라도 영향이 미치지 않도록 방어한 것으로 보인다.[25]

독도 주의에는 우리의 12해리 영해가 있으며, 그 주위에는 중간수역이 있는데, 이 중간수역에서는 한·일 양국이 각각 자국의 어선에 대하여 적용할 규칙을 정하고, 이에 따라 자국 선박을 단속하도록 되어 있기 때문에 독도나 그 영해의 지위에는 아무런 영향이 없다.[26] 다만, 해양생물자원의 합리적 관리를 위해서 양국이 각각 따로 취할 조치를 어업공동위원회를 통하여 조율하는 것만 가능하다. 따라서 이 중간수역은 공동관리수역도 아니고 공동규제수역도 아니며, 공해에서의 해양생물자원 관리방식에 가까운 것이다.

(2) 어업 득실문제

1965년도 한·일 어업협정은 1999년 1월 23일이면 종결되도록 되어 있기 때문에, 만일 이 어업협정이 체결되지 않으면 무협정 상태가 될 것이다. 따라서 본 협정 체결과 관련한 어업득실을 따질 때는 무협정 상태의 어업현실과 이 협정을 기초로 이루어질 어업현실을 비교하여야 한다. 1965년도 어업협정에 기초한 현재의 어업현실과 이 협정 체결 후의 현실을 비교하여 얼마나 손해다라고 하는 것은 무의미하다.

무협정상태와 이 협정 체결 후의 상황을 비교하면 어업득실면에서 잃은 것이 아니라 오히려 얻은 것이 훨씬 많다고 보아야 할 것이다. 이 협정이 체결됨으로 해서 얻은 것은 크게 보아 다음과 같다. 즉, 대화퇴 어장의 절반을 중간수역에 포함시켜 오징어 어장을 유지하였고, 일본의 배타적 경제수역이 될 수역의 상당 부분을 중간수역에 포함시킴으로써 잃게 될 어장을 대폭 확보하였으며, 무협정상태가 되면 당장 철수해야 되는 우리 어선이 1년 내지 3년간 계속하여 조업하게 됨으로써 3년간 연평균 15만톤 내외의 어획고를 유지하게 되었다.

---

25) 독도가 위치하고 있는 협정상의 중간수역은 양국 또는 어느 한 국가의 관할권이 미치는 영역이라는 법적 지위를 인정하는 것이 아니라 단순히 양국 어선의 조업을 허용하는 수역에 불과하다.

26) 한·일 어업협정상의 내용을 보면 결과적으로 독도영유권에 관한 양국의 기존입장에 아무런 변화가 없음을 알 수 있다. 왜냐하면 영유권문제는 본질적으로 어업협상의 논의 대상이 아니었기 때문이다. 따라서 영유권문제를 어업협정과 연계하여 논급한다는 그 자체가 조약의 해석 범주를 일탈한 것으로 밖에 볼 수 없다.

〈표 9〉 무협정상태와 신어업협정상태와의 비교

구 분	무 협 정 상 태	신어업협정상태
독 도 주변수역	• 국내법에 따른 EEZ가 중첩되는 수역 • 일방적으로 설정된 수역으로 분쟁 가능성 높음.(법적 충돌 존재)	• 정상 좌표로 표시된 중간수역 • 합의에 의해 설정된 수역으로 분쟁 가능성 차단(법적 충돌 부재)
관 할 권 행 사	• 각국이 국내법에 따라 일장적 관할권 행사(상대방의 조업행위에 대해서도 EEZ 어업법 적용 예상)	• 협정에 따라 자국민에 의해서만 관할권 행사(기국주의)
어업질서	• 국내법 체제의 충돌로 어로 분쟁 가능성 고조 • 경쟁적 남획으로 어족자원의 조기고갈 우려	• 안정적 조업질서 확보 가능(기국주의 원칙하에 양국 어선이 공동조업) • 해양생물자원의 보존을 위한 양국간 협력

또한 무협정상태가 되면 한 · 일간에 어업분쟁이 도처에서 발생하여 한 · 일 관계가 악화될 뿐 아니라 해양분쟁이 영유권 분쟁으로 비화될 위험도 있는데 어업협정 타결로 그러한 사태를 예방하고 양국간 해양협력의 토대를 마련하였다.

(3) 동중국해(동지나해, 대륙붕 공동개발구역, 제주도 남부수역) 문제

제주도 남부수역에서 한 · 중 · 일 3국의 200해리 권원이 중첩되어 이 수역 처리가 법적으로는 가장 어려운 문제였다. 이 수역에서 일 · 중 양국이 1997년 11월 어업협정을 체결하여 북위 30도 40분 이남의 수역에 일 · 중 잠정조치수역을 설정하였으므로 일 · 중간에 이미 담합이 이루어진 이 수역에서 우리 어선이 조업할 수 있는 발판을 마련하였다. 다만, 이번 협정은 한 · 일간 협정이므로 추후 중국과의 관계에서도 동일한 입장을 관철하는 문제가 남아 있다.

이번 한 · 일 어업협정에 있어서 우리는 일 · 중이 설정한 일 · 중 잠정수역과 관련한 우리의 입장을 견지하면서 일본과 타협을 이루어낸 것으로 평가된다. 즉, 우리는 200해리 권원의 끝까지 미치는 중간수역을 설정함으로써 추후 경계획정에서 우리가 차지할 가능성이 있는 최대한의 수역에 대하여 법적인 발판을 마련하였다. 또한 이 수역에서 일본측이 주장하는 중간선을 중간수역에 묻어버림으로써 이 어업협정상에서는 일본이 주장하는 중간선은 사라졌다.

대륙붕 공동개발구역과 연계시켜 생각할 수도 있으나, 어업협정은 수중에 있는 어족자원만을 대상으로 하는 협정이고, 대륙붕 공동개발구역은 해저 지하자원에 관한 협정이므로 두 가지는 전혀 다른 차원의 문제이다.

(4) 독도가 우리 영토라는 것을 왜 어업협정에 명시하지 않는가?

독도만 우리 영토라고 규정해야만 한반도가 우리 영토가 되는가? 어업협정에 한반도가 우리 영토라고 규정해야만 한반도가 우리 영토가 되는가? 어업협정에 한반도가 우리 영토라는 규정이 없어도 한반도는 우리 영토인 것이다. 제주도도, 강화도도, 울릉도도, 독도도 마찬가지다. 어업협정에서 우리 영토라고 규정하지 않으면 우리 영토가 안 되는 것처럼 생각하는 것 자체가 독도를 분쟁의 대상으로 생각하는 데서 나오는 생각이다.

독도가 우리의 고유 영토로서 분쟁의 대상이 아니라는 확신에 차 있다면 어업협정을 통하여 독도 영유권에 대한 일본의 양해를 얻지 못한다고 왜 전전긍긍하는가? 독도가 우리 영토라는 것은 역사적 사실에 의하여 이미 결정된 것인데 어업협정 의하여 일본으로부터 양해 받아야만 우리 영토가 되는 것은 아니다.

어업협정에서 수역을 표시할 때는 통상적으로 좌표를 사용하기 때문에 어업협정에는 독도의 명칭은 물론 어떠한 지면도 나타나지 않고 오로지 중간수역 외곽선의 좌표만 나타난 것이다(〈그림 26〉 참조). 독도만 돌출시켜 이름으로 표시해야 할 이유가 없다.[27)]

6. 평가

1998년에 타결된 한·일 어업협정은 한·일 양국의 배타적 경제수역제도 수용에 따른 신해양법체제 수용의 불가피성 및 양국간의 배타적 경제수역 경계획정의 어려움을 간파하여 그 잠정적 조치의 절실한 필요성에 따라 이미 체결하여 효력 발생이 되어 오던 1965년 한·일 어업협정이 일본의 일방적 종료통고로 그

27) 일·중 어업협정에서도 양국간에 분쟁이 되고 있는 센카쿠/조어도는 말할 것도 없고 이들 도서 주위에 있는 일본의 고요 영토인 요나꾸니 섬 및 사끼시마 군도 등에 도 아무런 지명이나 좌표의 표기없이 단순히 양국의 협정수역에 포함되어 한·일간의 중간수역과 대등한 법적 지위를 갖는 수역으로 존재하여 오고 있다. 그렇다고 해서 이들 도서가 일본 영토가 아니고 분쟁도서인가? 따라서 중간수역에의 독도 존재 그 자체와 영유권 문제는 전혀 별개라는 것을 확실히 알 수 있다.

실효가 곧 눈앞에 다가옴에 따라 동해에서의 한·일간의 어업질서를 어떤 식으로든 규제할 급박한 필요성이 대두되어 전격적으로 한·일 어업협정이 타결되게 되었다.

동 협정이 체결됨으로써 양국은 일정범위까지 자국의 배타적 어업수역을 향유하는 대신 일정수역, 이른바 중간수역에서는 자국의 어선이나 어업만을 규제할 뿐 상대국 어민이나 어선에 대하여는 아무런 규제를 하지 않는, 이른바 중간수역을 설정·운영하게 된다. 이 결과 일본의 배타적 어업수역에 포함될 수 있는 대화퇴 어장의 절반을 중간수역에 포함시켜 우리 어민이 오징어 조업을 할 수 있는 어장을 유지하였고, 이 결과 일본의 배타적 수역이 될 수역의 상당부분이 중간수역에 포함시킴으로써 잃게 될 어장을 대폭 확보하였다.

또한 무협정상태가 되면 당장 철수해야 되는 우리 어선이 1년 내지 3년간 계속하여 조업하게 됨으로써 3년간 연평균 15만 톤 내외의 어획고를 유지하게 되었다. 즉, 명태의 경우 1999년에 15,000톤을 보장하되 다음 해부터는 할당량을 영으로 하며, 대게는 1999년부터 기존 실적의 50%를 감축하여 2년 후에는 영으로 삭감하고, 이외의 나머지 어종에 대해서는 기존의 어획실적을 보장하되 3년에 걸쳐 한국에서의 대일본 어획 할당량과 동일하게 배정할 것을 약속하였다.

어업협상의 과정중 양국은 제한된 범위의 배타적 관할수역과 그 이원의 중간수역 설정이라는 기본틀 속에서 진행되었으나, 협상도중 일본은 자국이익 확보를 위하여 1965년 협약의 종료를 통고하였고, 이에 우리 정부도 조업자율규제 조치의 시행을 전면 중단하여 양국의 어업분쟁이 노골적으로 가시화되었다. 그러나 기존 한·일 어업협정은 1999년 1월 23일부터 그 효력을 상실하므로 만일 동해에서 무협정상태가 되면 양국은 각자의 주장에 의한 배타적 경제수역 가상 경계선을 기준으로 자국만의 조업을 독점하려고 할 것이고 이렇게 되면 한·일간에 어업분쟁이 도처에서 발생하여 이에 위반하는 상대방 어선을 나포하는 혼란이 예상되어 한·일 관계가 극도로 악화될 수 있을 뿐 아니라 해양분쟁이 오히려 영유권 분쟁으로 비화될 위험도 있는데, 한·일 어업협정 타결로 그러한 사태를 예방하고 양국간 해양협력의 토대를 마련하는 계기가 되었다고 평가할 수 있다.

제3절 한·중 어업협정의 분석

1. 배경

우리 정부는 서해에서의 중국 어선에 의한 어족자원 남획을 방지하고 한·중간의 어업문제 해결을 위해 1998년 11월 10일 5년간의 협상 끝에 중국과의 어업협상을 최종 타결하여(〈그림 27〉 참조) 양국은 협상을 통해 서해바다 면적을 균등하게 구분하기 위해 논란이 일고 잇는 영해기선 대신 가상적인 중간선을 적용하기로 하였다. 따라서 그동안 무협정상태로 우리 어업에 많은 손해를 주었던 서해에서의 중국에 의한 조업문제가 제도적으로 해결되게 외었다. 물론 동 협정은 서해에서의 배타적 경제수역 경계획정이 이루어지기까지 잠정적으로 한·중간의 어업관계만을 규율하는 법적 성격을 지니고 있다.[28]

2. 협정 교섭경위와 기본 개념

(1) 주요 경위

서해·남해에서의 한·중간 조업질서를 위한 규범 부재로 인하여 한·중 양국의 영해 12해리 이원에서 무질서한 조업이 실시되어[29] 그 결과 자원고갈심화, 우리 어민 피해 증가, 어선사고, 무질서한 긴급피난 등 각종 문제가 야기되었으며 무협정상태가 지속될 경우 우리측 손해가 지속적으로 증가될 것으로 보인다.

이에 양국 정부는 1993년 12월 정부간 어업협정 개시 후 초기단계에서의 양측입장을 밝히게 되었는데 우리측은 유엔해양법협약상 EEZ 체계에 맞추어 EEZ

28) 타결된 한·중 어업협정은 양국간 배타적 경제수역이 획정되지 않은 점을 감안해 양국 수역 중간에 잠정조치수역과 과도수역을 설정토록 하는 잠정어업협정체제를 택하고 있다.

29) 특히, 우리의 서해상 연평도 이북 근해의 북한으로 통하는 길목의 이른바 공해상에서 수많은 중국 어선들이 남·북한 관계를 교묘히 악용하여 대규모로 조업하는 사례가 빈번히 일어나고 있으며, 이러한 현상은 백령도 주변수역에서도 동일하다.

수역을 최대한 넓게 획정하고, 가상 경계선 주위의 좁은 수역이 중첩되는 수역은 공동 관리할 것을 주장하고, 중국측은 EEZ 경계선 획정 시까지는 양국의 영해 12해리 이원수역은 모두 공동어로수역으로 할 것을 주장하였다.

〈그림 27〉 한중어업협정도

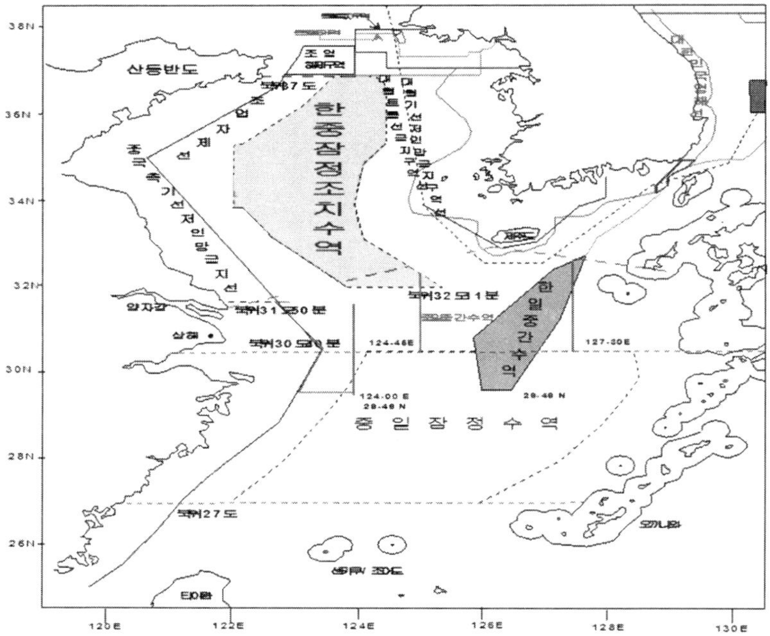

이를 계기로 1997년 9월 양국은 잠정조치수역 방안을 검토하기 시작하였다. 다만, 양측간 EEZ가 중첩되므로 한 · 중간 EEZ 경계획정 회담에서 EEZ경계선이 획정될 때까지는 일정수역의 범위(후에 "잠정조치수역"으로 명명)에 대해서는 예외적으로 잠정 관리하는 제도를 도입키로 합의하였다. 물론 EEZ 경계선획정에는 장시간이 소요되므로 어업협정 체결을 늦출 경우, 무협정상태가 지속되리라는 예상을 양국이 모두 하였기 때문에 이로 인한 피해를 최소화하기 위해 잠정조치수역을 설정하게 되었다.

1997년 12월 이후 양측은 잠정조치수역 범위 획정을 위해 장기간 교섭을 하여 양측 제시방안을 대등하게 상호 조정하면서 의견을 좁혀 나간 후에 어느 정도진전이 있게 되자 이에 따라서 본격적으로 1998년 11월 한 · 중 어업협정을 타결하게 되었다.

상기 잠정조치수역 범위[30] 관련 양측 입장 차이를 좁히기 어려운 수역을 한·중 양국 각자 연안에 과도수역으로 각각 획정하고 일정기간 관리 후에 각자 EEZ 체제로 귀속시키는 방안에 합의하였는바, 이것은 장기적으로는 잠정조치 수역을 좁게 하고 EEZ를 넓게 하자는 우리측 입장을 반영하고, 단기적으로는 잠정조치 수역을 넓게 하자는 중국측 입장을 반영하는 것을 의미함과 동시에 기존 조업실적 고려문제를 극복하기 위한 취지에서 연유된 것이다.

(2) 한·중 어업협정의 기본 개념

한·중 어업협정은 기본적으로 유엔해양법협약의 EEZ 어업제도에 입각하면서 동시에 양국 어민의 이익을 적절히 반영한 것으로 협정의 적용 수역은 한·중 각국의 EEZ이고, 동 EEZ내에서는 유엔해양법협약의 EEZ 어업제도에 의하여 관리·통제가 된다.

그러나 한·중 EEZ가 중첩되고 경계획정 협상이 한·중간의 입장차이로 인하여 장시간 소요되므로 양측은 서해·남해수역 가운데의 일정 범위에 잠정조치수역을 설정키로 했고, 동 수역에 대해서는 EEZ 어업체제가 아닌 공동관리체제를 적용키로 협정에 규정하여 잠정조치수역 외측의 일부에 과도수역을 각각 설정하여 일정기간 동안 예외적인 관리체제를 적용하도록 하였다.

따라서 서해·남해에서 상기 예외적 수역 이외는 한·중 양국 각자의 EEZ가 되면, 동 EEZ에 대해서 유엔해양법협약상 EEZ 관리방식이 모두 적용된다. 다만, 제주도 남부의 한·중·일 3국간 중첩되는 수역과 그 주변 일부 및 서해 특정해역 수역 부근 일부 수역에서는 현행 조업질서가 그대로 유지된다.

30) 양국은 서해 2등분선을 기준으로 같은 면적의 수역을 잠정조치수역으로 하였는바. 그 면적은 83,000㎢나 된다.

3. 협정 주요 내용

(1) 협정의 적용대상 수역

협정이 적용되는 수역은 한 · 중 양국의 배타적 경제수역(EEZ)이며, 영해는 이 협정이 규율하는 대상이 아니다.

(2) 연안국이 어업에 대한 주권적 권리를 행사하는 배타적 경제수역체제 도입

협정 발효시 잠정조치수역과 과도수역[31] 및 양국의 EEZ 권원이 중첩되는 동중국해 일부 수역을 제외한 나머지 수역에 대해 연안국이 어업에 관한 주권적 권리를 행사하는 EEZ 제도가 실시되며, 과도수역도 4년이 경과한 후에는 각 연안국의 배타적 경제수역(EEZ)으로 편입된다.[32]

양국의 배타적 경제수역에서 연안국은 외국 어선에 대한 입어허가, 어획가능어종 · 어획 할당량 및 기타 조업조건 등을 설정하고, 기타 해양생물 보존조치도 설정한다. 한 · 중 양국간 타방당사국의 배타적 경제수역에 대한 입어허가는 기존 어업현실을 고려하면서 상호 균등하게 실시하며, 위반 어선에 대하여는 연안국이 승선 · 임검 · 검색 · 나포 및 재판관할권을 행사한다.

(3) 잠정조치수역 및 과도수역의 설정

1) 잠정조치수역

서해 중간 일정 수역을 "잠정조치수역"(북방한계선은 37도, 남방으로는 우리측의 경우 31도 11분, 중국은 31도 50분)으로 설정, 공동 관리하도록 합의하였는바, 이 수역에서는 양국 정부가 공동으로 해양생물자원 보존을 위하여 어선수 제한 등 양적 관리를 실시하게 되며 세부내용은 한 · 중 어업공동위원회에서 결정하게 된다.

---

31) 잠정조치수역 한계선 바깥에 각각 설정되었으며, 그 폭이 20해리임. 과도수역은 협정발효 후 4년 뒤 각자의 EEZ로 편입된다. 양국은 또한 4년간 상대측 과도수역에서 자국 어선의 조업을 단계적으로 줄여나가게 된다.

32) 현재는 과도수역이 양국의 EEZ로 편입되었다.

위원회의 결정사항을 위반하는 타방국 어선 발견시 현장에서 주의환기 및 기국(선적국)에 위반사실을 통보하며 旗國은 필요한 조치를 취한 후 그 결과를 다시 상대국에 의무적으로 통보하여야 한다.

2) 과도수역

잠정조치수역의 서단과 동단 한계선 외측에 각각 과도수역(약 20해리)을 설정하였는바, 이 수역은 일정기간(4년) 후에는 연안국의 EEZ에 귀속되어 EEZ 제도가 실시(연안국이 어업에 관한 주권적 권리 행사)되도록 하였다.

EEZ 제도가 실시되기 이전까지 과도수역에 대하여는 ① 양국은 각각 상대측 과도수역에서의 조업이 균형을 이룰 수 있도록 단계적으로 어업활동을 조정·감축하고, ② 어업공동위의 결정에 따라 양국 정부가 해양생물자원 보존 및 관리조치를 실시하며, ③ 어업공동위가 결정한 조업조건 준수여부를 확인하기 위한 공동 감시·감독을 시행하게 되며 이를 효율적으로 추진하기 위해 상호 조업어선 명부를 교환한다.

(4) 구조 및 긴급피난

자국 연안에서 해난을 당한 상대국 어선에 대해 가능한 한 구조 및 보호 제공을 하도록 하여 악천후 등 긴급사태를 만난 경우 상대국 관계당국에 연락을 취하고 항구 등에 피난이 가능하도록 하였다. 이 경우 피난어선은 상대국의 관련법령 및 지시를 준수하여야 한다.

(5) 한·중 어업공동위원회의 설립

1인의 대표 및 약간명의 위원으로 구성되는 한·중 어업공동위원회를 설립하며 1년에 한번씩 한·중간 교대로 회합한다. 동 위원회는 협정의 이행 전반에 관한 사항을 논의하고 이를 양국 정부에 건의한다. 또한 잠정조치수역 및 과도수역에서의 해양생물자원 보존조치를 결정하며 양국은 이러한 결정에 따라 보존조치를 실시한다.

(6) 발효 및 종료

본 협정은 서명 후 각자 자국 국내법상의 절차를 완료한 후 이를 통보하는 공한을 교환하는 날부터 발효되며 발효 후 최초 5년 유효기간이 경과한 후에는 일방이 종료 통보를 하면 1년 후에 협정의 효력이 상실된다.

4. 평가

(1) 기본목표 달성

유엔해양법협약으로 대변되는 새로운 해양질서에 부응하는 어업질서(EEZ 제도)를 도입하여 어업에 관한 우리의 주권적 권리를 확보하였고, 서해 해양생물자원의 효과적인 보존과 어민이익 보호 및 확대를 보장하였다. 즉, 지속개발 가능한 어족자원 유지, 중국 어선의 우리 연안 수역내 불법조업 근절, 중국 연안에서 우리 어민의 조업권 지속 보장, 단계적으로 우리의 배타적 경제수역 확대 등이 주요 성과이다.

잠정조치수역과 과도수역 설정방안 도입을 통한 교섭의 원만한 타결을 보았는데, 즉 한 · 중간에 대등한 수역을 획정하였고 단기적으로 중국 입장을 일부 존중해 주되, 장기적으로는 중 · 일 어업협정상의 EEZ보다 전반적으로 넓은 수역을 확보했으며, 우리나라의 주요 어장을 대부분 확보하였다. 또한 진행중인 한 · 중간 EEZ 경계획정 교섭에 미치는 영향을 차단하도록 중국의 직선기선 불인정 입장을 견지할 것이다.

(2) 새로운 해양질서에 부응하는 어업질서 구축

금번 협상 타결은 1993년 12월 이래 지금까지 5년에 걸친 19차례(UN해양법협약상 EEZ 체제에 입각, 어업협정을 체결하기로 합의한 1996년 5월 이후에는 15차례)의 한 · 중 어업실무자 회담을 통하여 양국간 체결되는 최초의 어업협정이자 양국이 모두 당사국인 유엔해양법협약에 근거한 어업질서 구축의 법적 틀을 마련하였다. 중국은 당초 영해 12해리 이원을 모두 잠정조치수역으로 공동 관리하자는 입장을 고수하였었다.

(3) 어업에서의 득실 분석

1997년 말 당시 우리 연근해에서 중국측은 연간 25만톤의 가자미, 갈치, 삼치 등을 어획하였다. 반면, 중국측 연근해에서 국내 어선은 연간 꽃게, 장어, 갈치 등을 주 어종으로 10만톤 가량의 어획고를 올렸다. 따라서 한 · 중 어업협정의 체결로 이 같은 조업불균형이 어느 정도 해소되게 되었으며, 이는 한 · 일 어업협정에서 잃은 어획량을 만회하는 결과가 되기도 한다.

특히, 동 어업협정으로 인하여 중국 어선이 우리 영해에 근접하거나 침범하여 조업하는 행위가 원천적으로 봉쇄되고, 우리측 연안 주요 어장(소흑산도 및 제주도 인근)의 대부분이 우리측 EEZ로 편입됨으로써 중국 어선의 조업활동은 크게 제약을 받게 되었다.[33]

또한 회담기간 중 중국측이 줄곧 주장해 온 전통적 조업실적 보장(한 · 일 어업협정에서 우리측은 일본 EEZ에서 3년간 조업실적을 인정받았음.)에 대하여 이를 인정하지 않음으로써 EEZ내에서는 협정 발효와 동시에 중국 어선에 대하여 즉각적으로 실효적인 제한을 가할 수 있게 되었다. 반면, 우리 어선의 주요 어장인 양자가 부근 수역은 과도수역으로 설정되거나 현행 조업질서가 유지됨으로써 우리 어선의 기존 조업활동에 미치는 영향은 크지 않을 것으로 판단된다.

(4) 자원보호적 측면

우리는 한 · 중 어업협정 타결로 서해 · 남해의 심각한 어족자원 고갈문제를 해결하기 위한 어족자원 보존조치를 취할 수 있는 법적 근거가 마련되었고 또한 서해 · 남해에서의 어족자원 고갈문제 해결과 지속개발 가능한 어족자원의 보호 · 유지를 위해서는 어느 일방의 조치만으로는 부족한바, 본 협정 타결로 한 · 중 양국이 공동으로 효과적인 자원보존 조치를 실시할 수 있게 되었다.

---

33) 반면, 우리 어선의 주요 어장인 양쯔강 부근 수역은 과도수역으로 설정되어 당장 우리 어민들에게 미치는 피해는 많지 않을 것으로 보인다.

제4절 결 언

1998년 우리 정부는 한반도 주변수역에서의 어업문제를 법적으로 정리한 매우 뜻깊은 양자조약을 체결하게 되었다. 그 동안 많은 논란이 있어 왔고 심지어는 양국간의 외교문제로까지 비화되었던 어업문제를 어느 정도 일단락지울 수 있었음에 커다란 의미를 부여하지 않을 수 없다.

협상의 본질적 성격상 우리가 요구하는 모든 조건들을 상대방이 전부 수용하리라고 예상하는 것은 대단히 어렵다. 즉, 양보와 타협의 전제하에서만 교섭이 성공적으로 이루어짐은 재론의 여지가 없다. 물론, 한·일 및 한·중 어업협상 내용 중 일부는 우리에게 만족스럽지 못한 결과를 가져다주기도 하였으나 반면 우리는 금번 교섭을 통하여 한·일 및 한·중 어업문제를 제도적으로 해결하는 초석을 이루게 되었고 이로 인하여 한반도 주변수역에서 무협정상태로 인한 무질서한 어업질서를 사전에 예방하여 신어업질서 형성의 기초를 제공하여 새로운 해양법 체제로의 변화를 시도한 하나의 발판을 구축하게 된 셈이다.

이들 두 협정은 그 성격상 영구히 한·일 및 한·중 어업관계를 규율하는 것은 아니나, 대단히 어렵고 또한 상당한 시일이 소요될 것으로 예상되는 배타적 경제수역 경계 획정 합의 이전에 잠정적으로 양국간의 어업문제를 해결하기 위한 목적에서 이러한 합의가 체결된 것이다. 다시 말하면 두 협정은 한시적인 성격을 가지고 있으므로 각국간에 배타적 경제수역 경계획정이 이루어지면 이들 협정은 더 이상 존재가치가 없게 된다.

그러므로 무엇보다도 중요한 것은 향후 계속될 배타적 경제수역 경계획정을 위한 교섭시 우리에게 가장 유리한 방향을 경계를 이끌어내어 보다 광대한 수역이 우리의 배타적 경제수역으로 확보되도록 하는 법적·외교적 노력을 경주해야 한다는 사실이다. 물론 한·일간의 동해에서의 배타적 경제수역 경계획정작업시 독도가 우리의 경제수역내에 들어오도록 함은 당연한 요구이며, 또한 그렇게 됨이 해양법상의 이론 및 실제와도 부합하는 결과가 된다. 이렇게 되면 그동안 주춤해져 왔던 일본 및 중국 직선기선의 불법성 문제가 자연스럽게 제기될 것이고 또한 우리는 이점을 최대한 이용 일본 및 중국과의 배타적 경제수역 경계획정 교섭에 있어 상대적 우위를 차지할 수 있도록 이들 직선기선 문제를 하나의 지렛대(leverage)로서 이용해야 할 것이다.

제11장

해상에서의 군사활동과 무력사용 문제

제1절 서 언

해양자원의 보존 및 합리적 개발에 관한 문제가 제3차 해양법회의의 최대관심사였으므로 1982년 해양법협약에서는 당시까지 공해로 인정되어 왔던 이른바 배타적 경제수역(EEZ)을 합법적인 연안국 관할수역으로 인정함과 동시에 대륙붕 범위도 최대 350해리까지 확대하였으며 심해저 개발에 관한 국제제도를 확립함으로서 이들 수역의 제도적 발전에 있어서 획기적인 변화를 가져오게 되었다.

동 협약은 또한 해양의 평화적 사용 필요성을 강하게 규정하여 해상에서의 무력사용을 명백히 금지하고 있다.[1] 그럼에도 불구하고 세계 도처 해양에서의 군사활동(무력 또는 비무력 사용)은 계속되어 왔으며 아마도 이러한 현상은 앞으로도 계속될 것으로 보인다. 더구나 해양관할권 확장의 일반적인 경향으로 인하여 연안약소국과 해양강대국간의 군사적 조우 기회는 점차 확대되어 갈 것이 자명하다.

이러한 상황을 고려할 때 해양에서의 군사활동과 무력사용에 관한 규제문제가 당연히 제기되는바, 본장에서는 이러한 현실적인 문제점에 착안하여 다음 3가지

1) *Ibid*, 제88조 및 301조.

문제에 검토의 초점을 맞추고자 한다. 첫째, 영해 및 내수에서의 군사활동과 무력사용에 대하여 신해양법은 어떠한 역할을 할 수 있는가? 둘째, 배타적 경제수역내에서의 군사활동이 가능한가? 만일 가능하다면 동 수역에서의 군사력 사용에 관하여 국제법은 어떠한 규제를 할 수 있는가? 마지막으로 1982년 협약상의 '평화적 사용' 조항이 해상에서의 군사장치 사용에 대한 새로운 의무 또는 제한을 부과하는가?

이러한 문제들은 특히 해양법협약의 해석 또는 적용에 관한 분쟁해결의 강제절차에 관한 적용의 선택적 예외를 규정하고 있는 동 협약 제298조(강제절차 적용의 선택적 예외) 2항과 관련되어 있는데, 동 조항은 법적용에 있어서 군사활동 및 무력사용으로부터 야기될 수 있는 분쟁에 관하여는 협약에서 규정하고 있는 강제적 해결절차에 대한 예외를 인정하고 있어,[2] 분쟁해결의 당사자 합의를 강조하고 있다. 또한 서명국으로 하여금 이러한 문제에 관한 분쟁을 강제관할권 범주에서 제외시킴으로써 동 협약은 정부선박의 무력행사 및 군사활동에 관하여 특별한 지위를 분명히 인정하고 있다. 따라서 현대 국제법상 국가의 군사활동 및 무력사용 가능 범주가 어디까지인가를 명백히 할 필요성이 절실히 요구된다. 이러한 배경을 기초로 영해 및 배타적 경제수역에서의 무력사용 및 군사활동 문제에 관하여 국제법적·해양법적 시각에서 접근하여 가능한 결론을 도출하고자 한다.

제 2 절 영해에서의 군사활동 및 무력사용

유엔해양법협약은 영해를 국가의 주권이 미치는 수역으로 규정하고 있다.[3] 따라서 연안국은 외국선박의 자국 영해내 군사활동에 관하여 일정한 규제를 할

2) *Ibid.*, 제298조 2항. 제298조는 다음과 같이 규정한다: "1.국가는 본 협약의 서명, 비준, 가입시 또는 그 이후 어느 때든지 다음 범주의 분쟁중 하나 또는 그 이상에 관하여 제2절에 규정된 절차 중 하나 또는 그 이상을 수락하지 않음을 서면으로 선언할 수 있다. 나. 비상업적 역무에 종사하는 정부선박 및 항공기에 의한 군사활동을 포함한 군사활동에 관한 분쟁. 그리고 재판소 관할권으로부터 제외된 주권적 권리 또는 관할권의 행사와 관련된 법집행활동에 관한 분쟁."

3) *Ibid.*, 제2조.

수 있으나 영해내에서의 군사활동 및 무력사용의 제한에 관하여는 두 가지 문제가 제기된다. 첫째, 외국 군함의 연안국 영해내 군사활동 허용여부, 둘째, 영해를 침범한 외국선박에 대한 연안국 무력사용의 한계 및 연안국의 영토권/주권 주장에 대항하여 항해의 권리를 주장하며 행사하는 외국 군함의 무력사용의 한계 문제이다.

1. 외국선박의 군사활동

연안국 영해내에서의 외국선박 군사활동 허용 문제는 외국군함이 영해 무해통항권을 향유할 수 있는가의 문제와 밀접하게 관련되어 왔다. 국제법상 무해통항은 연안국의 평화, 질서 및 안보를 해하지 않는 방법에서의 외국선박의 통항을 의미한다.[4] 1958년 영해 및 접속수역에 관한 협약(이하부터 영해협약)은 군함의 무해통항 문제에 관하여 이를 분명히 하지 못하였다.[5]

해양법에 관한 검토를 주로 맡아 왔던 유엔국제법위원회(ILC)는 예외적인 경우를 제외하고 영해내 군함의 무해통항을 인정하려 하였으나[6] 연안국들의 사전동의 또는 사전허가 요구주장을 무시할 수 없게 되어 결국 이들 주장을 수용하게 되었다.[7] 따라서 군함은 상선과는 그 기능이 다르므로 군함의 무해통항은 연안국 주권과 완전히 양립할 수는 없다라는 것이다. 그러나 해양법상 무해통항권 자체가 영해내 외국선박의 통항자유를 어느 정도 부여한다는 입법취지임을 고려해 볼 때, 군함의 무해통항권을 부인하는 국가의 견해보다는[8] 군함도 다른 선박

4) *Ibid.*, 제19조 1항.
5) Convention on the Territorial Sea and the Contiguous Zone, 19 April 1958(1964년 9월 10일 효력 발생), 제14조.
6) Report of the ILC to the General Assembly, *UN Doc.A/2693*, 1954.
7) Report of the ILC to the General Assembly, *UN Doc.A/3/59*, 1956; 1982년 유엔 해양법협약상의 무해통항권에 관한 전통적 견해에 관하여는, B.H. Oxman, "The Regime of Warships under the UN Convention on the Law of the Sea", 24 *Virginia Journal of International Law* (1984), pp. 810-63 참조.
8) 군함의 통항에 관하여 사전통고를 요구하는 국가는 12개국으로, Croatia, Denmark, Egypt, Guyana, India, Indonesia, South Korea, Libya, Malta, Matritius, Seychelles, Yugoslavia 등이며, 사전허가를 요구하는 국가는 23개국으로, Albania, Algeria, Antigua & Barbuda, Bangladesh, Barbados, Cambodia, China, Congo, Iran, Maldives, Myanmar, Oman,

과 동일하게 무해통항권을 향유해야 함을 지지하는 국가의 견해가 오늘날 상당히 확산되고 있는 것으로 보인다.[9)]

제3차 유엔해양법회의는 무해통항 문제의 해결에 커다란 기여를 하였는데, 즉 동 회의는 외국선박에 대한 보다 광범위한 항행권을 주장했던 국가와 보다 확장된 영해 및 자원이용에 관한 연안국 관할권 확장을 주장했던 국가들간의 이해관계의 타협을 도출하였다.[10)] 이러한 타협의 일부로서, 협약은 외국선박의 무해통항권을 명기하게 되었으나 군함은 무해통항 중에 군사활동을 할 수 없도록 하였다. 연안국의 평화, 질서 또는 안보에 유해한 행위를 정의함에 있어서도 1982년 협약 제19조 2항은 명백히 군사적 성격을 띠며 따라서 군함에 의해서만 수행될 수 있는 군사활동인 무기사용 훈련, 항공기 이착륙 또는 탑재, 무력위협이나 행사 등을 유해행위로 규정하고 있다.[11)]

해양법협약의 이러한 규정들은 분명히 1958년 영해협약보다는 진일보한 규정으로 해양법협약 제19조는 군함의 무해통항에 관한 논쟁에 있어서의 법적 근거를 제시할 뿐만 아니라 금지된 행위유형을 명기함으로써 무해통항의 개념을 보다 분명히 하고 있다. 그러므로 자국의 국내법으로 군함의 영해내 무해통항에 관한 일정한 조건인 사전통고 또는 사전허가를 요구하는 국가가 35개국이나 존재한다는 현실을 감안한다 하더라도 이 외의 국제사회 대다수 국가가 무해통항을 인정함을 고려할 때, 합리적인 타협적 산물의 성격을 갖는 동 협약 내용과 국제관습법이 일치되는 범위내에서는 외국군함도 무해통항권을 향유한다고 볼 수 있다. 그러나 단순한 항해 이외의 어떠한 군사작전도 영해내에서는 허용되지 않는다.

국제관습법 및 일반국제법에서도 외국 해군의 영해내 군사적 이용을 다음과

Pakistan, Philippines, Poland, St.Vincent & Grenadines, Somalia, Sri Lanka, Sudan, Syria, United Arab Emirates, Vietnam, Yemen 등이다.

9) I.Brownlie, *Principles of International Law*(4th ed.), Oxford : Clarendon Press, 1990, p. 197; E.D.Brown, *The UN Convention on the Law of the Sea, 1982, A Guide for National Policy Making Legislation and Administration*, London : Commonwealth Secretariat, 1989, pp. 79-89.

10) 회기 중 사전통고나 허가를 주장했던 국가그룹과 사전요구조건 없는 무해통항권을 주장한 해양 강대국간의 대립이 있었다. 특히 알바니아, 아르헨티나, 브라질, 에콰도르, 이집트, 과테말라, 캄푸치아, 몰타, 터키 등이 전자의 경우에 해당된다.

11) 해양법협약 제19조 2항.

같이 제한하고 있다. 첫째, 해양법협약 제20조는 "잠수함 및 기타 잠수정은 해면 위에 부상하고 그 기를 게양하여 항해하여야 한다"라고 하고 있다. 이는 최근 스웨덴, 노르웨이, 이태리 등 서유럽 국가들의 연안 밖에서 흔히 발생되었던 소련 잠수함 또는 기타 정체불명의 잠수함 출현사고를 비추어 볼 때 매우 중요한 법 규정인 것이다.[12] 이러한 요구는 특히 연안국과의 사전출입절차 협의 없이 영해로 진입하여 연안국 통제가 사실상 불가능한 방사능 오염을 야기시킬 수 있는 핵잠수함의 통제에 매우 유용한 근거 규정이 된다.[13]

둘째, 국제관습법상 해양법협약 제38조가 허용하는 해협상공의 통과통항을 제외하고는[14] 영해의 상공비행권이 인정되지 않는다. 연안국은 또한 자국 영해상공에서의 외국항공기의 군사작전을 배제할 수 있다.

셋째, 심해저 무기통제 조약(the Sea-Bed Arms Control Treaty)은 12마일 이원의 수역에 핵무기 및 기타 대량학살용 무기 설치를 금하고 있다.[15] 동 금지는 그러나 연안국에게는 적용되지 않는다. 왜냐하면 연안국은 12마일 수역의 사용 및 자국 연합국들에게 동 수역 심해저에서의 이러한 무기 설치를 허용할 권리를 가지고 있기 때문이다.[16]

넷째, 트라테롤코 조약(the Treaty of Tlatelolco)[17]은 1963년 핵시험금지 조약(the Nuclear Test Ban Treaty)[18]규정을 답습하고 있는데 이에 따르면 체약국 령수를 포함한 남미에서의 핵무기 설치를 금지하고 있다. 트라테롤코 조약은 또

12) Red Submarines, Time, 9 May 1983.

13) 1980년 Yoron Jima 사건에서 일본정부는 소련 핵잠수함의 방사능 누출 가능성 때문에 동 잠수함의 일본 영해통항 자체를 거부하였다. 그럼에도 불구하고 소련정부는 이를 무시하고 통항을 계속하여 그 결과 일본은 소련에 강한 항의를 하게 되었다. *N.Y.Times*, 22 August 1980; H. S. Kim, *The Impact of the UN Convention on the Law of the Sea on the Territorial Sea Regimes of Selected East Asian Countries*, Uni. of Wales, Ph.D.Thesis, 1993, pp. 181-89.

14) 동 협약 제38조 1항은 "해협내에서 모든 선박과 항공기는 방해받지 않는 통과통항권을 향유한다"라고 하여 해협상공의 비행을 인정하고 있다.

15) Treaty on the Prohibition of the Emplacement of Nuclear Weapons and Other Weapons of Mass Destruction on the Sea Bed and Ocean Floor and in the Subsoil Thereof, 11 Feb.1971, 23 *US Treaty*, 701 참조.

16) *Ibid.*

17) Treaty of Tlatelolco, 14 Feb. 1967, 22 *US Treaty* 1762.

18) Treaty Banning Nuclear Weapon Tests in the Atmosphere, in Outer Space and Underwater, 10 Oct.1963, 14 *US Treaty* 1313.

한 이러한 금지를 영해를 포함한 수중 시험까지도 확대 적용하고 있다.

2. 연안국의 무력사용

전시 교전상태를 제외하고 국가의 영해가 무력행사의 장소로 이용되는 경우는 두 가지가 있는데, 그 하나는 연안국이 외국선박의 적대행위에 대한 반격으로 무력행사를 할 때이고(이른바 자위권 행사), 두 번째는 외국선박이 연안국에 대하여 항해의 권리를 주장하며 연안국의 요구사항을 무시하고 항진 등을 하는 경우라고 볼 수 있다.

예를 들면, 1968년 프에블로 사건(the Pueblo)이 첫번째 경우에 해당되는데, 동 사건에서 북한은 자국 영해침범을 이유로 미국 정보선 프에블로를 나포하기 위하여 무력을 사용하였다. 이 결과 북한은 미국 승무원들을 수개월동안 억류함과 동시에 동 함정의 행위가 간첩행위였음을 미국이 승인한다는 양국의 합의가 도달된 후에야 이들을 석방하였다. 물론 미국은 자국 승무원이 석방된 후 이들이 인정한 간첩행위 혐의사실을 즉시 부인하였다.[19] 또한 1981년 시르테만(the Gulf of Sirte) 사건도 이와 비슷한 형태의 분쟁인데, 즉 미국은 1973년에 리비아가 역사적 권원을 이유로 시르테만 전역을 폐쇄한 것에 대한 반발로 미국은 리비아의 자국연안 관할권 확장조치의 합법성 문제를 제기할 의도로 일련의 행동을 취하였다. 이 사건에서 리비아는 연안국 권리보호를 위한 무력사용의 합법성을 주장한 반면 미국은 자국 함대의 항해자유를 강하게 주장하였다.[20]

프에블로 및 시르테만 사건을 통하여 우리는 대립되는 주장이 연안국과 외국군함간에 충분히 야기될 수 있다는 것을 분명히 알 수 있다. 이러한 선례는 또한

19) 동 사고 직후 여러 외교경로를 통하여 미국무성에 보내온 전문 참조. Contemporary Practice of the US relating to International Law, 62 *American Journal of International Law*(*AJIL*, 1961), pp. 754,756. 국무성 견해에 관하여는, G.H. Aldrich, "Question of International Law Raised by the Seizure of the USS Pueblo", *Proceedings of the AJIL*(1969), pp. 2-6 참조.

20) 동 사건의 상세에 관하여는, F. Francioni, "The Gulf of Sirte Incident(US v. Libya) and International Law", 5 *Yearbook of International Law*(1980-81), p. 85; F. Francioni, "The State of the Gulf of Sidra in International Law", 11 *Syracus International Law*(1984), p. 311.

무력사용 허용여부에 관한 결정이 대단히 어려운 것임을 제시하고 있으며 동시에 만일 무력행사가 가능하다 하더라도 이러한 무력행사가 연안국 관할권행사의 범위에 속하는 것인지 그리고 무력사용의 구체적 범위가 어디까지인가에 관한 문제는 여전히 해결되어야 할 문제로 남는다.

외국군함에 대한 완전주권면제 원칙을 주장해온 국가들은 어떠한 무력행사도 연안국의 관할권 행사를 위해 이용되어서는 아니됨을 주장하여 왔는데, 이러한 주장은 공해상 군함에 대한 완전면제를 규정하고 있는 공해에 관한 제네바협약(공해협약) 제8조와 외국군함이 영해내에서 연안국 법령을 준수하지 않을 경우 "영해퇴거를 요구할 수 있다"라고 규정한 영해협약 제23을 그 근거로 제기되었다.[21] 이들 규정이 완전면제를 보장하고 동시에 령수내에 있는 외국군함의 불법존재에 대해 어떠한 강제조치도 취할 수 없게 된다면 일정 형태의 무력사용도 즉 자위 이외의 경우에는 영해내 외국군함에 대한 무력사용이 허용되지 않는다는 결론이 나온다.[22] 일부 학자들은 또한 영해내 항해에 관한 연안국 법령의 단순한 위반과 무해통항에 관한 국제법 위반을 구분하여 연안국의 조치범위를 결정할 필요가 있다라고도 주장하였다. 이 견해에 의하면 후자의 경우에만 연안국은 무력사용을 포함한 강제조치를 할 수 있게 된다.[23]

그러나 이들 중 어느 것도 만족스런 결과를 가져오지는 못하였다. 무력공격에 대하여 자위 이외에는 무력행사를 배제하는 첫번째 경우는 지나치게 엄격하여 연안국의 퇴거 요구에도 불구하고 외국군함이 영해내 항해를 계속할 경우 연안국은 어떠한 조치를 할 수 있는가에 대하여 아무런 해결책도 제시하지 못한다. 둘째의 경우는 외국군함의 연안국 주권위반의 효과를 평가하는데 있어서 이중적 기준 즉 국제 및 국내기준 모두를 적용함으로써 인위적인 요소를 도입하였다.

사실상 무해통항이 관계되는 한 연안국 법령위반과 '평화, 질서, 안보' 위반을 분리해서 생각할 수가 없으며 더구나 유해행위의 유형을 열거하고 있는 1982년 협약 제19조는 외국군함의 작전행위가 무해통항 규정을 위반하지 않고 동시에

21) 공해협약 제8조; 영해협약 제23조 참조.

22) Aldrich, *loc. cit. supra* n.20, p. 3.

23) G. Fitzmaurice, "Some Results of the Geneva Conference on the Law of the Sea", 8 *ICLQ* (1959), pp. 73, 93.

연안국 법령만을 위반할 수 있다는 가능성이 없다는 것을 나타내준다. 또한 제19조는 외국선박이 '통항과 직접관련이 없는 기타 행위'를 한 경우도 유해한 통항으로 간주된다고 하고 있음으로[24] 이 결과 동 협약은 "연안국은 무해하지 아니한 통항을 방지하기 위하여 영해에서의 필요한 조치를 취할 수 있다"라고 하여 통항규제에 필요한 연안국의 강제조치(무력/경찰력행사)를 허용하고 있음을 알 수 있다.[25] 강제조치(무력/경찰력)행사 조항의 특수한 성격은 해협통항에 관한 협약 제3장에서는 내포되지 않아 이로 인하여 오히려 이 문제를 더욱 강조하게 하는 결과를 초래하였는데, 동 조항에 의하면 연안국이 유해하다고 판단한 통항을 중단 또는 금지시키기 위한 무력사용이 언제 그리고 어느 정도까지 허용가능한가를 결정하는 데에는 무력사용의 필요성과 적절성의 일반규칙에 의존해야 한다는 것이다.[26]

국제법상의 필요성 원칙이란 유해행위에 개입된 외국선박에게 연안국 영해를 떠날 것을 연안국이 요구할 수 있음을 의미하며 적절성 원칙은 연안국의 권리행사 여부가 이들의 선택에 달려 있음을 의미한다. 만일 외국선박이 퇴거하지 않으면 연안국은 선박주위에 위협공격을 하거나 잠수함을 부상시켜 정체를 확인하기 위하여 폭뢰를 사용하는 등의 경고조치를 하기 위한 제한되고 통제된 무력행사를 할 수 있다. 필요성 원칙은 또한 연안국 영해로부터 중요한 정보나 자료 등이 불법으로 유출되는 것을 막을 필요가 있을 때 외국선박에 승선·나포 목적으로 무력사용을 할 경우 이는 정당화된다.

무력행사는 외국선박이 프에블로 사건처럼 정찰활동에 가담할 경우는 허용되며 또한 그러한 선박이 연안국 방위체제에 대한 반응시험을 하거나 무력공격을 자극하거나 연안국 통신망 방해작업 등을 할 경우도 허용된다. 연안국 영해내에 있는 외국선박의 격침이나 외국 잠수함 격퇴의도를 가진 무력사용은 그러한 침입자를 저지하여 영해를 떠나도록 하는 모든 필요 수단을 다한 뒤에만 가능한 것으로 보인다.

---

24) 유엔해양법협약 제19(2).

25) *Ibid.*, 제25(1).

26) 이러한 원칙은 국가책임 문제와 연결되어 발전되어 왔는데 특히 Naulilia(포르투갈-독일)사건에서 그 예를 발견할 수 있다. 2 *Report of International Arbitration Awards* 1025 참조.

3. 외국선박의 무력사용

영해에서의 무력사용에 관한 두 번째 문제는 연안국 리해에 반하는 항해의 권리행사를 하기 위한 무력사용 문제와 관련된다. 인접수역의 국가관할권에 관한 여러 가지 모순되는 주장에도 불구하고 연안국 주장에 반하는 항해의 권리주장을 위한 무력사용은 실제로는 자주 발생하지 않았다. 통과통항이 적용되는 국제해협 및 군도수역과 같은 민감한 수역에서조차 일반적으로 국가는 군사행동보다는 오히려 외교성명이나 기타 평화적 수단에 의한 항해의 자유 및 방해받지 않는 통항권을 주장해 왔다.[27]

이에 관한 중요한 예를 1948년의 콜프해협 사건(the Corfu Channel Case)에서 찾을 수 있는데 동 사건에서 영국 군함은 알바니아 영해인 콜푸해협을 통한 통과통항의 자유를 주장하며 무력시위 통과를 하다 유고가 부설한 기뢰로 인하여 손상을 입었다. 국제사법재판소(ICJ)는 비록 외국군함이 무력시위를 하였다 하더라도 단순한 항해만으로는 그 자체가 불법한 무력사용이나 위협에 해당되지는 않는다라고 하였다.[28] 그러나 재판소는 영국군함이 동 해협에서 무력시위를 자행하여 알바니아의 주권을 침해하였다는 알바니아 주장을 부인하면서 다음과 같은 엄격한 조건에 입각한 논리를 전개하였다. 첫째, 군함은 포를 장전하지 않고 항해하였고 둘째, 함대는 전투진형을 유지하지 않았으며 셋째, 군함의 기동도 없었다. 이러한 증거를 기초로 재판소는 정치적 긴장 시기에 알바니아 연안근처 좁은 해협을 통항함으로써 영국군함은 알바니아의 태도를 시험하였을 뿐 아니라 동시에 알바니아는 통항하는 영국군함이 무력사용을 하지 않을 것이라는 것을 간접적으로 시험할 의도가 있었다는 결론을 내렸다. 그러나 동 사건의 모든 관련 상황을 고려해 볼 때 재판소는 영국의 조치가 알바니아의 주권침해로 볼 수는 없다고 하여 알바니아의 사전 주의의무 태만이라는 판결을 하였다.[29]

27) 이들 관행에 관하여는, D. P. O'Connell, *The Influence of Law on Sea Power*, Manchester : Manchester University Press, 1975, p. 107.
28) The Corfu Channel case (Merits), *ICJ Reports*, 1949.
29) *Ibid.*, p. 31.

재판소는 영해주권과 무해통항 양자의 조화로운 결정을 내리고자 노력하여 알바니아 영해내에 있는 기뢰를 제거하기 위한 영국해군의 실질적인 간섭행위가 불법이라는 결정을 하였다. 특히 일방적인 소해작전이 통항에 필요하며 이는 또한 국제불법행위의 증거를 확보하기 위해서도 필요하다는 영국의 주장을 거절하면서, 재판소는 다음과 같이 언급하였다.

> 개별국가간 영토주권에 대한 존중은 국제관계의 필수적 기초이다. 알바니아 정부의 임무수행 실패 및 외교각서 지연행위가 영국정부의 행위에 대한 고려요소로 작용할 수 있음을 인정한다. 그러나 국제법 존중을 보장하기 위하여 재판소는 영국 해군의 행위가 알바니아 주권침해를 야기했음을 선언해야 한다.[30)]

그러므로 콜프해협 사건을 통하여도 항해자유에 반하는 연안국 주장을 배제하기 위한 무력사용이 허용될 수 있다는 것을 보증해 주지는 않는다. 연안에서의 군사기동, 전투대형배치, 최후통첩 발송 또는 기타 공지된 위협 등과 같은 군사적 압력은 그 자체가 국제법 위반을 야기할 것이다. 사실상, 시르테만 사건과 같은 무해통항권과 연안국 이익과의 충돌의 경우 이해당사국들은 유엔헌장 제2조 3항 및 제33조 즉 분쟁을 악화시키는 행위를 삼가거나 평화를 위협하는 무력행사를 삼가는 등 이들 분쟁의 평화적 해결을 추구할 일반적 의무를 존중해야 한다.[31)]

제 3 절 내수에서의 무력사용

내수는 연안국의 육지영토와 동일한 법적 지위를 갖는다. 동 수역내에서 외국선박은 무해통항권도 없으며 군사활동 역시 허용되지 않는다. 이와 동일한 맥락에서 외국선박은 동 수역내에서 무력사용이나 위협 역시 할 수 없다. 연안국 주장과 관련된 분쟁의 평화적 해결을 추구하기 위한 해양강대국의 의무는 다른 어

30) *Ibid.*, p. 35.
31) 유엔헌장 제2조 3항, 제33조.

떤 수역보다 내수에서 보다 더 강하게 적용된다.

그러므로 허가되지 않는 외국선박의 연안국 내수 존재 그 자체가 연안국의 주권침해가 된다는 사실은 연안국이 외국침입자를 배제하기 위하여 선택할 수 있는 강제조치의 범위 결정에 중요한 역할을 한다. 이 점에 있어서 관련선박의 종류 및 침입의 성질에 따라 무력사용의 합법성을 결정하는 것이 합리적인 것으로 보인다. 이에는 연안국 군사활동을 탐지하기 위한 전자장치의 설치, 해저에 공격유도용 항해부이 설치, 특수부대 상륙 목적의 연안에 대한 시각 및 전자정찰, 적군의 접근이나 통항을 방지하기 위한 일정한 수역에서의 기뢰부설 등과 같은 행위들이 포함될 수 있다. 이러한 모든 행위는 연안국 안보에 심각한 위험을 가져오며 이는 연안국으로 하여금 침입자를 나포하기 위한 무력사용을 합법화시키는 범주에 해당된다.[32] 필요성의 경우만을 고려한다면, 외국군함을 정선 및 무력화시키기 위한 극단적인 조치까지도 허용될 수 있다.

외국군함이 내수에서 공개적으로 위법행위를 할 경우 영해내 무해통항에 관하여 위반을 규제하는 동일한 규정이 이에도 적용된다. 동 규정상 연안국은 일정 강제조치가 수반되기 전의 사전 경고조치를 이들에게 해야 한다. 무력사용은 불법행위 증거를 수집하기 위하여 이들 위반선박에 승선·나포 또는 공해상으로 동 선박을 유도할 목적하에서만 정당화될 것이다. 연안국은 인접수역에 대한 영유권 주장을 이유로는 무력사용을 할 수 없으므로 연안국과 강대국간의 분쟁은 분쟁의 평화적 해결을 위해 적용되는 유엔헌장에 의해 해결되어야 할 것이다.

제 4 절 배타적 경제수역에서의 군사활동 및 무력사용

영해 및 연안수역에서의 무력사용 및 군사활동을 지배하는 규칙 및 관행이 배타적 경제수역에 있어서도 어느 정도까지 적용될 것인가에 관하여는 두 가지 문제가 제기된다. 그 첫째는 연안국의 200해리 EEZ자체가 동 수역내에서의 타국

32) 연안국은 유엔헌장 제51조에 의한 자위권 행사가 가능하다. 또한 국제법상 국가는 영해이원의 수역에서 침입자에 대한 추적권 행사가 가능하다. 공해협약 제23조 및 유엔 해양법협약 제111조 참조.

해군에 의한 군사활동에 영향을 미칠 수 있는가이고, 둘째 문제는 외국선박의 연안국 배타적 경제수역내에서의 활동이 연안국 권리 또는 주장과 일치되지 않을 경우 무력사용이 허용되는가이다. 후자의 경우는 특히 유엔헌장 제2조 4항 및 타국의 영토보존에 반하는 무력사용을 언급하는 해양법협약 제301조와의 관계에서 문제되나,[33] 이는 '영토'(territory)란 용어가 EEZ까지를 포함하는가의 여부에 달려 있다. 만일 그렇지 않다면 어느 정도의 연안국 무력사용이 동 수역의 경제적 권리보호 목적상 허용가능한가를 고찰하여야 한다.

1. 외국선박에 의한 군사활동

해양법협약은 배타적 경제수역내에서의 타국에 의한 군사활동이 가능한가의 문제에 관하여는 명쾌한 해답을 주지 못하고 오히려 EEZ에 관한 동 협약 규정은 그 성질, 법적 지위 및 동 수역에 있어서의 연안국 권리 범위에 관하여 불명확한 내용을 내포하고 있는 것이 사실이다. 이러한 점은 동 협약규정의 탄생 배경을 보면 어느 정도 이해가 되는바, 즉 이들 관련 규정은 자원이용보다는 오히려 동 수역이 공해라는 측면의 강조를 주장했던 국가와 연안국의 기능적 관할권 확장을 거론했던 국가들간의 일종의 타협의 산물이었기 때문이다.

동 협약 제58조는 배타적 경제수역 설정으로 아무런 영향을 받지 않는 공해로서의 자유 및 권리를 규정하고 있는데, 이는 동 조항이 이와 반대되는 입장을 표명한 국가들과의 타협의 산물이었음을 나타내주고 있다.[34] 이러한 내용은 공해의 자유를 규정하고 있는 협약 제87조와도 부분적으로 일치되며 항해 및 상공비행의 자유 및 기타 자유를 보장하는 제58조에 의해서도 명백히 인정된다.

EEZ내에서 그리고 동 수역 상공에서의 항해 및 상공비행의 자유와는 별도로,

33) 유엔헌장 제2조 4항은 '모든 가맹국은 그 국제관계에 있어서 무력에 의한 위협 또는 무력행사를 여하한 국가의 영토보존이나 정치적 독립에 대하여서도 이를 삼가야 한다'라고 규정하고 있다. 또한 해양법협약 제301조는 '당사국은 영토보존 또는 정치적 독립에 반하는 방법에 의한 무력의 위협 또는 사용을 삼가야 한다.'라고 하여 무력행사를 금지하고 있다.

34) 유엔 해양법협약 제58조 1항은 '배타적 경제수역에서 모든 국가는 항해, 비행 및 해저전선과 도관 부설의 자유와 본 협약의 기타 규정에 모순되지 아니하는 상기 자유와 관련되는 기타 합법적인 국제적 해양이용의 자유를 향유한다'라고 규정하고 있다.

협약 제87조는 타국의 군사활동이 EEZ내에서 합법적으로 행사될 수 있음을 명백하게 규정하고 있지 않다. 이에는 군사기동, 무기연습, 항공기 이・착륙, 군사장치설치 등이 해당된다. 따라서 EEZ의 설정으로 타국 군함 등에 의한 동 수역의 단순한 통과 목적 이외의 군사적 이용은 필연적으로 초래될 수 있으며 이는 결과적으로 동 수역내에서의 연안국에 의한 탐사 및 개발행위에 어느 정도의 방해를 가져오게 될 것을 충분히 예상할 수 있다. 그러나 이 문제를 오히려 특별한 것으로 다루었던 일부 학자들은 EEZ설정이 해양의 군사적 사용과는 무관하다고 주장하였다.[35] 각국의 EEZ 설정 추세와 동시에 동 수역내에서의 군사활동 문제는 사실상 매우 중요한 문제이다. 특히 육상에 기지를 둔 무기의 대규모 설치 경향은 심해저에서의 무기사용까지를 포함하는 것으로 해석될 가능성이 많기 때문에 이는 결과적으로 연안국의 배타적 경제수역에 대한 외국 잠수함 및 군함 등의 동 수역 침해현상을 초래하게 될 것임을 예상할 수 있다.

제3차 유엔해양법회의에서는 배타적 경제수역내에서의 항해 이외의 해군작전에 대하여 연안국의 동의가 필요함을 규정하려는 협상이 시도되었으나 실패하였음을 주목할 필요가 있다. 이러한 시도는 배타적 경제수역이 무기연습, 폭발시험 및 군사기동과 같은 군사활동에 개방될 가능성이 있음을 사전 예측하여 남미 국가들에 의해 1976~77년에 걸쳐 강한 항의를 제기한 것에서 비롯되었다.[36] 페루는 외국의 배타적 경제수역내에서의 군함 및 군용항공기의 군사활동을 삼가토록 하자는 비공식안을 제시하였으며 영국도 이와 유사한 타협안을 제시하였으나 합의를 유도하는데 실패하였다. 이러한 군사적 사용금지 노력과는 달리, 협약 제58조는 입법당시의 엄격한 규제보다는 상당히 완화된 내용으로 나타나게 되었는데 이 결과 '기타 합법적인 국제적 해양이용의 자유'까지도 허용하게 되었다. 따라서 군함기동, 항공기 작전 등이 동 협약의 기타규정과 양립할 수 있는 범주내에서는 이들의 군사활동이 허용되는 것으로 보인다.[37]

1982년 해양법협약에 규정된 배타적 경제수역제도는 현대 국제해양법상 하나

---

35) J. W. Robertson, "Navigation in the Exclusive Economic Zone", 24 *Virgnia Journal of International Law*(1994), pp. 865, 886, Oxman, *loc. cit.*, p. 838.

36) *UN Doc.A/Conf.62.C.2/SR.53*(1976/77).

37) *UN Doc.A/Conf.62/C.2/L21/Rev.1; UN Doc.A/Conf.62/C.2/L82.*

의 필수불가결한 제도로서 기술될 수 있으나 이의 법적 성질에 관해서는 여전히 논란의 대상이 되고 있다. 즉 배타적 경제수역이 공해인가 그렇지 않으면 공해와 다른 지위를 갖는 수역인가의 문제이다. 배타적 경제수역과 관련된 협약규정의 분석을 통하여 보면 연안국 권리 및 이해관계와 타국의 권리 및 이해관계가 적절히 조화되어 배타적 경제수역을 공해와 영해의 중간성격을 가진 수역으로 볼 수 있음을 알 수 있다. 배타적 경제수역제도는 무엇보다도 동 수역의 비전용 및 해양의 공동사용원칙에 의해 기본적으로 그 법적 성질이 결정되어지는데 동 수역내에서의 항해자유규정의 분석을 통하여 보면 동 협약이 국제공동체의 권리와 이익에 우선권을 부여하고 있음을 알 수 있다.[38)]

해양의 평화적 이용원칙은 모든 국가에게 보편적으로 중요시되므로 해양법협약에 규정된 원칙의 준수 또한 요구되며 특히 배타적 경제수역내에서의 항해자유가 하나의 완전한 내용을 이루는 항해자유원칙에 관해서는 더욱이 그 적용의 완전성이 요구된다. 오늘날 해군과 이들에 의한 활동증가는 오히려 평화적 항해지역 및 지역적 안보에 부정적 영향을 미치게 될 수 있으므로 배타적 경제수역내에 있어서의 항해자유가 오히려 연안약소국에게는 심리적인 위협을 초래할 수 있다.[39)]

물론 해양의 군사화 문제에 관한 합의는 존재치 않으나 해양의 무제한 군사화는 국제긴장을 악화시키고 해양의 평화적 이용 목적추구와도 상반되는 결과를 초래할 것이라고 지적될 수 있다. 해양의 군사화가 이를 행할 수 있는 능력과 기술의 보유국에게는 일견 유리한 것 같이 보이기도 하나 이로 인한 부작용 및 타국, 즉 그러한 능력을 보유하지 못한 국가와의 관계도 당연히 고려되어야 한다. 특히 배타적 경제수역이 군사목적으로 이용될 수 있게 되면 각국은 동 수역에서의 무기경쟁은 말할 것도 없고 이를 위해 타국의 공해사용에 관한 당연한 고려요구도 무시하게 될 것이다.

---

38) V. F. Tsarev, "The Juridical Nature of the EEZ and the Legal Regime of Navigation of Foreign Vessels Therein", in R. R. Churchill and E. D. Brown(eds.), *The UN Convention on the Law of the Sea: Impact and Implementation*, Honolulu : The Law of the Sea Institute, 1987, p. 600.

39) *Pravda*, 15 April 1984.

(1) 군사기동 및 훈련

유엔 해양법협약 제58조는 배타적 경제수역에서 모든 국가는 항해와 상공비행의 자유 및 본 규정과 관련된 즉 선박, 항공기의 운용에 관계된 합법적인 해양이용의 자유를 향유한다고 규정하고 있으나 본 협약 제58조에 따라 배타적 경제수역내에서 군사적인 활동이 가능한가에 대해서는 다양한 의견이 제시되어 왔다. 일부국가들은 연안국이 그러한 활동에 대해서 관할권을 갖는다고 주장하기도 하였으며 또 다른 국가들은 연안국으로부터의 동의나 허가를 득하지 아니하고도 배타적 경제수역내에서 군사기동을 할 수 있다는 해석을 하기도 하였다.[40)]

이러한 견해의 차이는 유엔해양법협약 서명시 여러 국가들에 의해 행해진 선언에서 잘 찾아볼 수 있는데, 각국의 선언을 요약하면 타국에 의한 배타적 경제수역에서의 군사활동에 관해서는 연안국의 동의를 얻어야 함을 지지하는 브라질, 카포 베르데, 우루과이의 선언은 그러한 사용이 연안국의 권리나 관할권에 따른다는 것을 암시한다. 반면, 이태리 선언은 연안국이 그러한 권리나 관할권을 향유함을 부인할 뿐만 아니라 타국은 배타적 경제수역에서 그러한 사용을 할 자유를 갖는다는 것을 암시해 준다.[41)]

해양법협약 제58조 1항은 국가는 (1) 항해의 자유를 갖는다라고 규정하고 있으며 동 장은 '동 협약의 관련규정에 따라' 향유되어지며 그리고 이러한 자유는 '제87조(공해의 자유)에서 언급되고 있는' 자유로 기술한다. (2) '선박의 운용에 관계되거나 또한 본 협약의 기타 규정에 모순되지 아니하는' 항해의 자유와 관련된 '합법적인 국제적 해양이용의 자유'를 규정한다라고 하고 있다.

동 협약 제58조 3항에 의하면, 그러한 자유나 사용을 향유하는 국가는 연안국의 권리와 의무를 정당히 고려해야 하며, 동 협약의 제 규정 및 본 장의 규정과 모순되지 않는 한 기타 국제법 규정에 따라 연안국이 채택한 법령을 준수하여야

---

40) 이러한 문제는 배타적 경제수역이 기선으로부터 200해리까지의 영해이원의 수역이므로 영해도 아니고 동시에 완전한 의미의 공해도 아니기 때문에 해석상의 논란이 일어날 수 있다. 특히 해양법협약 제55조는 배타적 경제수역이 특정 법적 제도에 따르는 수역이라고 정의하고 있어 연안국과 기타 국가들에게 부여된 권리행사의 범위가 다르게 표현되고 있다.

41) J.M. Van Dyke (ed.), *Consensus and Confrontation*, Honolulu : Law of the Sea Institute, 1985, pp. 303-4.

한다. 동 협약 제58조 2항은 제88조(평화적 목적을 위한 공해의 유보) 내지 제115조(해저전선 또는 관선의 훼손을 회피하기 위한 손실의 보상) 및 기타 국제법의 적절한 규정은 본장과 모순되지 아니하는 한 배타적 경제수역에 적용된다라고 규정한다.

문제는 군사연습/훈련 또는 무기시험 등이 해양의 합법적 사용이나 항해의 자유에 관련된 어느 일방의 범주 내에 해당되는가에 있다. 상기에서 검토한 바와 같이 협약 제58조에 규정하고 있는 항해의 자유는 협약 제87조에서 언급하고 있는 공해의 자유 중의 하나인 항해의 자유를 말한다. 따라서 협약 제87조에 의하면 군함도 항해의 자유를 향유한다는 것이 분명하다.[42] 그러한 자유는 공해의 자유를 행사함에 있어서 요구되는 바와 마찬가지로 타국의 이익에 대하여 정당한 고려를 해야 하며 평화적 목적을 위한 공해사용을 유보하고 있는 규정인 제88조와[43] 일치하여야 하고 또한 무력의 사용이나 위협을 금하는 일반적인 의무를 구체화하고 있는 규정인 제301조와도[44] 일치하여야 한다.

공해의 자유가 군사기동과 관련된 자유까지 포함한다는 데는 일반적인 합의를 보고 있는 것 같고 이러한 국제관습법상의 자유는 유엔해양법협약에서도 구현된 것으로 보인다. 그러나 군사기동에 관계된 권리를 배제한 군함의 항해자유를 언급함은 명확한 하나의 모순으로 등장할 수 있으므로 과연 협약 제87조 1항 (가)에서 인정하고 있는 항해의 자유의 실상이 무엇인가 하는 것에 대해서는 논쟁의 여지가 있을 수 있다.

그러나 만일 군사기동에 관련된 자유가 항해의 자유와 구별된다면 제58조 1항에서 언급하고 있는 것처럼 일반적으로 통합된 내용으로 규정하지는 않았을 것이다. 왜냐하면 '군사기동에 관련된 자유'라는 문구는 항해, 상공비행 및 해저전선 ·관선 부설의 자유 이외의 다른 자유를 언급하지 않기 때문이다. 즉 군사기동에 관한 내용이 바로 항해의 자유 속에 내포됨을 협약은 나타내고 있는 것이다. 물론 제58조 1항에서 군사기동에 관한 자유를 언급하지 않았다고 해서 이것

42) 유엔해양법협약 제87(1)(가).

43) 제88조는 "공해는 평화적 목적을 위하여 유보되어야 한다"고 규정.

44) 제301조는 "본 협약에 따른 권리행사 및 의무이행에 있어 당사국은 타국의 영토적 또는 정치적 독립에 반하거나 또는 유엔헌장 내에 구현된 국제법원칙에 반하는 방법에 의한 무력의 위협 또는 사용을 삼가야 한다"라고 규정.

이 해양을 이러한 목적의 사용에서 배제한다는 의도를 암시하고 있는 것 같지는 않다.

군사연습, 기동 및 무기시험 등이 군함의 작전과 관련된 해양의 사용임을 부인하는 근거를 찾기는 쉽지 않다. 이는 하나의 국제적으로 확립된 해양의 합법적 사용이다라는 데는 의문의 여지가 없는 것 같다. 그렇다면 그러한 사용은 본 협약의 기타 규정과 일치하여야 하며 이러한 사용에 관련된 권리를 행사함에 있어서 타국은 연안국의 권리와 의무에 대한 정당한 고려를 해야 하고 동시에 연안국에 의해 채택된 법령을 준수해야 한다.

(2) 상공비행

해양법협약 제58조 1항에 의하면 모든 국가는 배타적 경제수역 상공에서의 비행에 관한 자유를 향유한다. 동 협약 제58조 1항은 또한 배타적 경제수역의 법적 성질 즉 동 수역내에서 국제공동체가 향유할 수 있는 자유와 권리의 범위 및 내용에 관한 불일치 문제를 수용하려는 뜻을 어느 정도 내포하고 있다. 이의 결과로 제58조 1항에 의해 배타적 경제수역내에서 허용되는 자유를 한정하기 위해 제87조에 구체적인 자유내용을 삽입함으로써(즉 항해, 상공비행 및 해저전선관선 부설의 자유) 협약 입안자들은 공해상에서 제87조에 의거 향유되는 자유와 제58조 1항에 의해 향유되는 자유의 성질을 같게 하려고 시도하였다.[45] 이와 유사하게 공해제도의 적용에 관하여 제86조는 배타적 경제수역을 제외하고 있으나 이것이 물론 제58조에 따라 배타적 경제수역내에서 모든 국가에 의해 향유되는 자유의 어떤 축소를 수반하는 것은 아니다라고 강조하였다.[46]

한편, 배타적 경제수역내에서의 상공비행자유의 향유는 '본 협약의 관련규정에 따르며' 이러한 자유행사시 국가는 본 협약 규정과 국제법 규칙에 따라 연안국에 의해 확립된 법령이 배타적 경제수역 제도와 양립되지 않는다면 동 법령을 준수해야 한다는 제한이 있으므로[47] 배타적 경제수역 상공에서의 비행의 자유가 반

45) D. J. Attard, *The Exclusive Economic Zone in International Law*, Oxford : Clarendon, 1987, pp. 70-77.

46) *Ibid.*; J. C. Phillips, "The Economic Resources Zone: Progress for the Developing Coastal States", 11 *Journal of Maritime Law and Commerce* (1980), pp. 349-340.

47) 해양법협약, 제58(3). 동 조항은 국제법 규칙에 호소함으로써 배타적 경제수역 제도의 적

드시 공해상에서 인정되는 상공비행의 자유와 일치하는 것은 아니다.

항공기에 의해 향유되는 권리의 범위는 동 항공기의 활동내용이 무엇인가에 따라 주로 좌우된다.[48] 특정한 증거가 부재 시에는 배타적 경제수역 상공을 통상적으로 비행중인 항공기에 대하여 협약 제73조에 따른 정지, 탑승 및 감시를 하는 것이 정당화될 수 없을 것이다.[49] 따라서 외국항공기가 연안국의 배타적 경제수역 상공에서 동 수역 자원의 탐사에 관련된 행위를 한다면 동 항공기를 조사할 수 있는 권한이 연안국에게 당연히 인정된다.[50]

배타적 경제수역내에서의 상공비행의 자유는 대륙붕에 대한 연안국 권리가 동 대륙붕 상공의 법적 지위에 영향을 미치지 않는다는 것을 나타내고 있는 제78조 1항에 의해 보완되고 있다. 배타적 경제수역이 확립됨으로 인하여 이것이 항해에 영향을 줄 정도로 상공비행에 영향을 주어서는 안 된다. 이는 제60조 7항에서 인공도, 시설 및 구조물 설치를 위한 배타적 권리가 '국제항해에 필수적인 항로대'에만 제한된다는 점에서 그 이유가 설명될 수 있다. 인공도, 시설 및 구조물을 배타적 경제수역에 설치한다면 이 자체로 인하여 방해받지 않는 상공비행에 영향을 줄 수 있다는 것은 자명하다.[51]

항공기의 운용에 관계된 합법적인 해양이용의 자유를 보장해 주는 해양법협약 제58조 1항의 규정에 의하면 군사비행이 가능함을 알 수 있다. 그러나 동 수역의 군사적 이용이 합법적이라 하더라도 협약 제58조 3항에 따라 각국은 연안국의 권리와 의무에 대한 정당한 고려(due regard)를 해야만 한다. 또한 연안국과 타국간에 이해관계에 관한 분쟁이 발생한 경우 동 협약 제59조에 의거 당사국에 관련된 이해관계의 중요성을 고려하여 형평원칙에 따라 해결되도록 해야 한다.

용을 제한하려 함을 반영하고 있다. 물론 모든 관련 국제법 규칙들이 배타적 경제수역 제도에서 발견되는 규칙에 종속된다. 이러한 해석은 바로 일반 국제법 규칙이 동 협약에 의해 규율되지 않는 문제들을 계속 규율함을 재확인시켜 준다.

48) Attard, *op. cit., supra* n.46, pp. 61-66.

49) 동 제73조는 "연안국은 배타적 경제수역에서의 주권적 권리를 행사함에 있어서 본 협약에 채택된 법령의 준수를 확보하기 위하여 필요한 승선, 감시, 나포 및 사법절차를 포함한 필요한 조치를 취할 수 있다"라고 규정.

50) K. Hailbronner, "Freedom of Air & the Convention on the Law of the Sea", 77 *American Journal of International Law*(1983), pp. 490-491.

51) M.S. McDougal and W.T. Burke, *The Public Order of the Oceans*, Dordrecht : Martinus Nijhoff, 1962, pp. 706-707.

해양법협약 제236조(주권면제)는 본 협약의 규정이 군용항공기에는 적용되지 않는다라고 규정한다. 즉 군용항공기의 군사활동에 관한 분쟁은 분쟁의 강제적 해결절차에서 제외된다. 동 규정은 동 항공기의 작전기동을 보장하게 하기 위한 측면의 고려로 보이는바, 이를 위해 각국은 항공기의 작전능력이나 작전 그 자체에 어떤 장애를 주지 않는 범위 내에서 본 협약과 일치하며 또한 합리적이고 실질적인 적절한 조치를 채택하여 항공기의 활동을 보장해야 한다. 이 때 인정된 기준을 시행하는 문제는 기국에게 달려 있다.

여러 국가의 배타적 경제수역 주장에서 볼 수 있듯이 이들은 동 수역에서의 상공비행의 자유뿐 아니라 이와 관련된 합법적인 국제적 해양이용의 자유를 인정하고 있으며 이러한 자유의 인정은 바로 유엔해양법협약 내용이 각국의 주장에 직접적인 영향을 주었기 때문인 것으로 해석된다. 해양법회의 이전부터 상기에서 언급한 자유의 행사에 부수되는 활동을 포함한 기동 및 통신의 자유가 일반적으로 또한 인정되었다. 따라서 군용항공기의 상공비행자유뿐 아니라 기타 관련활동에 관한 자유 역시 인정되며 국가관행 역시 이러한 입장을 지지하고 있는 것으로 보인다.

(3) 군사 시설 및 장비의 설치

연안국은 인공도서, 시설 및 구조물의 설치와 사용에 관하여 해양법협약의 규정에서 언급하고 있는 관할권을 향유한다.[52] 그러나 동 협약 제60조 1항은 시설물의 건설, 운용 및 이용을 허가하고 규제하는 연안국의 배타적 권리는 제56조에서 규정하고 있는 목적 및 기타 경제적 목적에 한정되며 배타적 경제수역에서의 연안국 권리행사에 방해가 될 수 있는 시설 및 구조물에 국한한다라고 규정한다. 즉 협약 제60조는 연안국의 배타적 권리가 오로지 경제적 목적에 한정되어서 행사됨을 명백히 할 뿐 연안국 권리행사에 방해가 되지 않는 비경제적 시설물에 대해서는 아무런 언급이 없다. 이의 결과로 소나 장치와 같은 장비의 설치가 해저전선·관선 부설의 자유와 관련된 합법적인 국제적 해양의 이용인지가 문제가 될 수 있다. 단순히 협약의 문구를 그대로 해석한다면 연안국은 배타적 경제수역

52) 유엔해양법협약 제56(1)(나).

에서 자국의 권리행사에 방해를 줄 수 있는 군사시설물이나 구조물에 대해서만 배타적 관할권을 갖게 된다.[53)]

그렇다면 문제의 군사시설 및 구조물이 연안국 권리행사에 방해가 되지만 않는다면 연안국과 타국의 이해관계에서 야기될 수 있는 분쟁가능성은 없게 된다. 따라서 협약 제59조가 적용되지 않게 될 것이다.[54)] 그러나 만일 방해가 야기될 수 있는 것이 분명하다면 이에 관한 입장은 보다 복잡하게 될 것이다. 일견 그러한 방해가 연안국과 타국간의 이해관계에 관한 분쟁으로 보일 경우 제59조가 적용될 것이다. 그러나 이것은 방해가 될 수 있다는 사실 자체가 제60조 1항 (다)의 범주 내에 있는 시설 및 구조물의 설치를 초래하였고 따라서 이들 설치물이 연안국의 관할권에 따르게 된다는 것은 아니다. 이 경우에는 제59조(배타적 경제수역에서의 권리와 관할권의 기속에 관한 분쟁의 해결을 위한 기본원리)가 적용되지 않을 것이다.

해양법협약 제56조(1)(나)(1)에 의하면 동 협약의 관련규정에 있는 바대로 연안국은 배타적 경제수역내에서의 시설 및 구조물의 설치·이용에 관한 관할권을 향유한다. 그러나 동 협약 제56조(1)를 보면 시설물의 건설, 운용 및 이용을 허가하고 규제할 연안국의 배타적 권리는 (1)협약 제56조의 목적 및 기타 경제적 목적에 제공되는 시설 및 구조물 (2)동 수역에서 연안국의 권리행사를 방해할 수 있는 것에 한정되어 행사되어야 함이 분명하다. 따라서 연안국은 배타적 경제수역내에 설치된 시설 및 구조물 등이 제60조(1)(다)에서 언급하고 있는 것처럼 동 수역내의 연안국 권리행사를 방해할 수 있다면 이 경우에만 군사목적 시설물 및 구조물에 대한 배타적 관할권을 향유한다.

---

53) *Ibid*., 제60(1)(다).

54) 동 협약 제59조는 연안국과 타국간에 "이해관계를 둘러싼 분쟁"이 발생하는 경우 이의 해결을 위한 기본원리를 규정하고 있다.

2. 외국선박에 의한 무력사용

(1) 관련 법규

해양법협약 제5장의 어느 규정도 배타적 경제수역내에서의 외국의 비우호적 활동을 배제하기 위한 연안국 무력사용이 허용된다는 것을 명백히 하고 있지 않다. 이와 관련된 유일한 규정이라면 국가에 의한 무력사용 및 위협은 일반적으로 금지한다는 동 협약 제301조 뿐이다.[55] 제301조는 그러나 유엔헌장 제2조 4항과 마찬가지로 무력의 국제적 사용 즉 타국의 무력행사에 대한 반격행위로서 영토범위 밖에서의 직접적인 무력행사와 주로 관련되어 있다.[56] 그러나 이들 규정이 직접적으로 배타적 경제수역에 적용되기에는 어려움이 있는데 이는 동 수역이 이중적인 지위 즉 한편으로는 연안국 주권에 복종하며(영해) 다른 한편으로는 공해의 자유를(공해) 향유하기 때문에 동 수역내의 외국선박에 대한 법령집행은 국내 경찰력행사나 국제 무력행사 중 어느 하나로 간주될 수 있다.

무력사용을 유엔헌장이나 해양법협약에 규정된 대로 엄격하게 평가한다면 무력사용은 자위권 행사시 또는 절대적 필요성의 경우에만 그 합법성이 인정될 것이다.[57] 이와는 달리 배타적 경제수역에서의 법령집행 행위를 연안국 관할권 행사 범위에 속한 경찰력 행사의 일부라고 본다면 관련 법적 조치는 보다 자유로워질 것이다. 여기에는 항해의 자유, 외국선박의 주권면제 및 외국인 대우에 관한 관습적 기준에 관한 특정규칙들이 내포될 것이다. 이들 규칙의 공통적인 특징은 무력사용에 대한 일반적 금지와 관계없이 연안국 관할권 행사를 제한한다는 것이다.

이러한 논리를 기초로 하면 배타적 경제수역내에서의 일정한 무력행사가 유엔헌장이나 해양법협약상의 무력행사 범위를 벗어날 수 있다는 것이다. 특히 해양법협약은 연안국에 의한 법령집행 가능성을 몇몇 규정에서 언급하고 있는데 즉

55) 유엔해양법협약 제310조(해양의 평화적 사용).

56) 동 헌장 제2조 4항은 '모든 가맹국은 무력에 의한 위협 또는 무력의 행사를 삼가야 한다'라고 규정하였다.

57) 유엔헌장 제2조 4항 및 유엔해양법협약 제301조 참조.

배타적 경제수역의 경제적 자원보호에 관한 제73조 및 오염방지를 위한 제216조의 규정들이 바로 여기에 해당된다.[58]

이러한 시행규정에 의한 강제조치는 바로 경찰력 행사가 되며 여기에 사용된 무력이 배타적 경제수역의 자원보호 및 해양환경 보호를 위한 기능적 목적을 제한하지 않는 한 무력의 국제적 사용 규정을 엄격히 제한할 필요는 없을 것이다. 한편, 외국선박의 배타적 경제수역내 활동이 연안국 경찰력의 합법적 규제범위(특히 외국군함의 경우)를 벗어났을 때 이를 제재하기 위한 무력사용은 헌장 제2조 4항 및 해양법협약 제301조를 근거로 엄격히 적용되어야 한다.

(2) 사례분석

국내 경찰력행사와 국제법상의 무력사용은 일반적인 기준을 달리하기 때문에 어떠한 무력사용이 국제관행상 불법적인 것으로 간주되는가에 대한 명확한 해석이 요구된다. 역사적으로 국가는 자국연안 관할수역에서의 외국선박의 활동을 강력히 배제하여 왔는데[59] 이에 관한 가장 유명한 사건으로 'Cod War'(U.K. v. Iceland)라 불리는 사건을 들 수 있다. 동 사건은 아이슬란드가 자국 연안에서 50마일까지 외국어선 조업을 배제하는 일방적인 조치를 한 결과 발생된 사건이었다. 그러나 동 사건은 배타적 경제수역이 국제법상의 제도로 성숙되지 않았던 때에 국제사법재판소에 제소되어 어업수역의 법적 지위에 관한 논란이 있었으나 어업수역이 배타적 경제수역의 하나의 선례가 되었음을 분명히 하였다.

1974년 7월 25일 재판소에 의한 최종 판결이 나오긴 하였어도[60] 아이슬란드가 자국 어업법 시행을 목적으로 행한 무력사용의 합법성 문제는 여전히 밝혀지지 못하였다. 두 원고측 즉 영국과 독일은 분쟁수역에서 아이슬란드가 영국 및 독일 선박의 어업방해행위에 대하여 책임이 있음을 재판소에서 주장하였으나 최종 판결에서는 이 문제를 회피하였다.[61] 그러나 재판소는 손해가 아이슬란드 순시선

58) 유엔해양법협약 제73조(연안국의 법령 시행) 및 제216조(투기에 의한 오염에 관한 집행)

59) 1967년 Torrey Canyon case 및 1981년 Corisica 연안 밖 프랑스 해군에 의한 그리스 유조선 폭파행위 등에서 필요성 원칙이 정당화되었는데 동 사건에서 연안국 해양환경 보호를 위해 막대한 피해를 사전 예방할 목적에서 외국선박의 파괴행위가 정당화되었다. 동 원칙은 유엔 해양법협약 제221조에서 구체화되었다.

60) Fisheries Jurisdiction(UK v. Iceland), *ICJ Reports*, 1974.

에 의해 야기되었다는 증거가 불충분하기 때문에 아이슬란드에 책임이 있음을 선언할 수 없다라는 판결을 내렸다.[62]

국제사법재판소는 경제수역내에서의 연안국 권리보호를 위한 무력사용 한계를 평가할 또 하나의 기회가 있었는데, 즉 그리스와 터키간의 대륙붕 분쟁에서 양국의 주장을 지지하기 위한 군사적 조치 가능성 문제가 그리스의 잠정 보호조치에 암시적으로 나타나게 되었다.[63] 그러나 재판소는 이 기회를 또 다시 이용하지 않았고 대신 국제사법재판소 규정 제41조에 의거 동 사건은 잠정조치의 채택이 요구되지 않음을 선언하였다.[64]

국제관행상 또 다른 선례가 경제수역내에서의 무력사용 문제를 분명히 해 주었다. 1961년 5월 Red Crusader 사건에서 영국 어선(Red Crusader)이 덴마크 어업수역으로부터 도주하다가 덴마크 순시선에 의해 나포된 사건이 발생하였다. 도주 중 Red Crusader는 덴마크 추적선에 의해 여러 번 피격을 당하였다. 동 사건 발생 후 양국에 의한 설치된 사실심사위원회(the Commission of Inquiry)에서는 덴마크 추적선의 무력행사가 두 가지 점에서 합법적 사용한계를 벗어났다고 하였다. 첫째는 무경고 사격 그리고 둘째는 무력행사 필요성이 입증되지도 않은 상태에서 Red Crusader를 공격함으로써 Red Crusader 승무원의 생명을 위태롭게 했다는 것이다.[65] The Red Crusader 사건은 연안국 어업권 시행에 있어서의 합법적인 무력행사 범위에 관한 가장 제한적인 선례를 보여주었던 사건으로 이는 자위필요가 아니라면 위반선박의 추적시 무력사용을 금하는 국제법 기준이 명백히 존재함을 암시해 주었다.

또한 미국-캐나다 합동중재위원회는 "I'm Alone" 사건에서도 유사한 결론을 도출하였다.[66] 동 사건은 캐나다 주류밀수선 I'm Alone호가 주류를 싣고 미국연

---

61) *Ibid.*

62) *Ibid.* 1973년 아이슬란드는 영국 저인망어선 Everton에 사격을 하였고 12시간의 추적 끝에 아이슬란드 군함 Thor는 또 다른 영국 저인망 어선을 1974년 7월에 공격하였다.

63) Aegean Sea Continental Shelf case, *ICJ Reports*, 1976.

64) 국제사법재판소규정 제41(1): '재판소는 사정이 필요하다고 인정할 때에는 각 당사국의 각기 권리를 보호하기 위하여 취할 조치를 지시할 권능을 가진다'.

65) The Red Crusader(Denmark v. U.K.), 35 *International Law Reports*(1962), p. 485.

66) G. G. Fitzmaurice, "The Case of I'm Alone", 17 *BYIL*(1936), pp. 82-111. 피츠모리스는 주장하기를 중재위원회가 결정한 허용가능한 무력사용의 범위는 주류조약상의 특별한 관할

안으로 오던 중 미국 해안경비정에 의해 발견되어 추적당하다 피격된 사건인데, 동 사건에서 미-캐나다 합동중재위원회는 밀수선박 피격의 정당화 문제를 결정하게 되었다. 동 위원회는 1924년의 영-미 주류협약(The Anglo-American Liquor Convention)을 기초로 동 사건을 검토하였는데, 이 결과 미국해안에서 4시간 항해거리내에 있었던 캐나다 선박의 나포 및 수색은 정당화되며 이는 관습 국제법에 의해서도 동일하다는 결론을 내리게 되었다. 그러나 고의적인 격침을 위한 무력사용의 적절한 한계가 어디까지인가에 대하여는 여전히 여운을 남기기는 하였으나, 그럼에도 불구하고 동 위원회는 I'm Alone호의 격침행위는 영-미 주류협약 및 국제법 모두에 위반되는 행위라고 하였다.[67)]

I'm Alone호 사건 이후 과거에는 국제재판에 회부되지도 않았던 외국선박의 불법어로 또는 불법거래행위 사건에서조차 무력사용을 한 국가는 강한 항의를 받게 되었다. 예를 들면 여러 남미국가들의 해군과 공군은 자국의 200해리 관할수역을 확보하려고 여러 번 미국의 참치선박에 사격을 감행하였다.[68)] 200해리 관할권 주장이 남미 국가의 경우에 무력사용 허용문제를 더욱 복잡하고 어렵게 만들었지만 미국은 변함없이 이러한 행위에 항의를 하였고 동시에 보상요구권까지 유보하였다.[69)] 이와 비슷하게 소련도 1968년 아르헨티나 정부에 강력한 항의각서를 전달하였는데 그 이유는 아르헨티나 구축함 Santa Cruz호가 200해리 소련 관할수역내에서 조업중인 소련 어선을 공격했기 때문이었다.[70)]

수역인 영해 밖에서 정선명령이 주어졌다는 사실에서 무력사용이 설명될 수 있다고 하였다.

67) 동 사건에서 합동중재위원회는 국제법상의 추적권은 인정하나 추적권을 이유로 피추적선을 격침시킨 고의적 행위는 어떠한 이유로나 이론으로도 정당화될 수 없다고 하여 미국정부는 선박격침의 불법성을 인정하고 캐나다 정부에 25,000달러의 손해배상을 할 것을 권고하였다. W. Denis, "The Sinking of the I'm Alone", 23 *AJIL*(1929), pp. 351-62 참조.

68) 이와 관련한 몇몇 유사한 사건 중에는 the Arctic Maid(1955. 3. 27), the Normandie (1957. 12. 13), the Jo Linda(1962. 2. 23.), the Lou Jean(1962. 4. 28) 사건 등이 있다. 이들 사건의 상세에 관하여는 3 *International Legal Materials*(1964), p. 26. 남미 해안 밖에서 일어난 기타 사건에 관하여는 J. L. Kunz, "Continental Shelf and International Law: Confusion and Abuse", 50 *AJIL* (1956), pp. 828-53.

69) 닉슨 대통령은 페루와 에콰도르에 대한 원조기금 2백만 달러 지급을 유예하였는데 이는 양국이 나포한 미국어선에 대한 보상금과 동일한 액수였다. 13 *International Legal Materials* (1974), p. 500.

70) Note, Seizure of United States Fishing Vessels-The Status of the Wet War, 6 *Sandiego Law Review*(1969), p. 428.

어로행위와 관련된 외국선박에 대한 군사력 사용 문제는 지중해에서도 자주 발생하였다. 한 예로 리비아 항공기가 자국 연안으로부터 30~50해리 거리에 있는 이태리 어선을 여러번 공격하였는데, 특히 1973년 이태리 선박 Borghea와 Di Cristofaro가 피격당한 후 이태리 정부는 리비아 외상 Jalloud에게 항의각서를 보내 리비아 대사로부터 공식적인 사과를 받기도 하였다.[71)]

대다수 선례를 보면 연안국은 자국 경제수역 보호를 위해 무력사용을 하였는데 이러한 행위에 대해 통상 기국은 연안국에 강한 항의를 하였음을 알 수 있다. 몇몇 사건의 경우 무력사용으로 인한 국제판결 또는 화해로까지 비화되었으나 여기에서 나온 결론은 선박의 안전을 위태롭게 하는 사격, 승무원의 부상·살상 행위 또는 선박의 격침과 같은 결과를 초래하는 군사력 사용은 국제법에 반한다는 것이다. 한편, 외국선박의 연안국 권리에 대한 중대한 침해시 더 이상의 위해로운 결과를 방지할 목적에서 연안국의 즉각적 시행조치가 요구될 경우 어느 정도의 합리적 무력행사는 허용가능한 것으로 보인다. 따라서 연안국은 불법행위 선박의 추방 또는 나포를 위한 합리적인 무력행사를 하기 위해서는 위반증거를 확보하는 것이 무엇보다 요구된다.

상기에서 고찰했던 선례 중 특히 I'm Alone 호 사건은 경고 및 나포목적을 위한 사격이나 정선명령에 불응하고 도주를 계속하려는 선박을 일시적으로 무능케 할 의도의 무력사용은 허용 가능함을 알 수 있다. 동시에 상기 어느 선례에서도 배타적 경제수역내에 있는 외국선박을 격침시킬 의도로 치명적인 무력을 사용하여 승무원을 살상하거나 중대한 부상을 입힌 경우까지도 국제법상 허용되는 무력행사라는 결론은 찾아볼 수 없다.

제 5 절 해양법협약상의 평화적 사용 문제

해양법협약은 공해, 배타적 경제수역 및 심해저 등에 관한 규정에서 해양의 평

71) F. Francioni, "Peacetime Use of Force, Military Activities and the New Law of the Sea", 18 *Cornell International Law Journal*(1985), p. 220.

화적 사용(peaceful use) 또는 평화적 목적(peaceful purpose)사용 원칙을 언급하고 있다.[72] 서두에서도 동 협약상 평화적 사용 문구의 도입이 과연 해양에서의 평시 군사력 사용의 배제 또는 이에 관한 실질적 제한 등을 내포하는가에 대한 문제를 제기하였다. 만일 그렇다면 군사활동의 배제 또는 제한은 당연히 무력사용도 배제할 것이다.

그러나 이 문제가 특별한 장에서 별도로 다루어지지 않고 오히려 협약의 내용 중에서만 재현되고 있다는 사실에서 평화적 사용에 관한 조항은 단지 일반적 적용을 의미하는 것으로 밖에 보이지 않는다. 이에 관한 가장 뚜렷한 '평화적 사용' 규정은 "공해는 평화적 목적을 위하여 유보되어야 한다"라고 규정한 협약 제88조를 들 수 있다. 또한 동 협약 제58조는 이들 일반규정을 배타적 경제수역에도 그대로 적용하였는데 이는 그 전제조건으로서 배타적 경제수역 제도와 양립할 수 있어야 한다는 것이다.[73] '평화적 사용'의 일반적인 원칙과는 조금 다르나 이와 거의 유사한 내용이 국가 관할권 이원의 심해저 이용에도 적용되는데 이의 결과로 동 수역내에서의 여러 가지 활동 특히 해양과학조사나[74] 시추시설사용 등과 같은 활동은 그 행위의 합법성을 전제조건으로 한다.[75] 상기 규정은 공해, 국제해저지역, 배타적 경제수역 등에도 적용되며 외국 영해내의 항해는 평화적이어야 함을 무해통항에서 요구하므로 사실상 '평화적 사용' 원칙이 적용되지 않는 해양수역이란 존재하기가 어렵다.

이러한 원칙은 그러나 다음과 같은 점에서 그 석명이 요구된다. 첫째, 국가의 영토보전이나 정치적 독립에 반하는 무력사용이나 위협금지를 유엔헌장 제2조 4항에서 규정하고 있는데 이는 해양법협약 내용에서도 동일하게 적용된다. 그러나 '평화적 사용' 조항이 바로 이들 금지조항의 특별한 적용만을 대표하는 것인지, 둘째, '평화적 사용'이 평화적 목적에만 이용되어야 하며 따라서 군사활동을 금하는 특별한 의무를 수반하는 개념을 자동적으로 내포하는 것인가에 관한 문제이다.

---

72) 유엔해양법협약 제58조, 제88조, 제141조, 제301조.
73) *Ibid.*, 제58조 2항은 제88조의 규정이 배타적 경제수역에도 적용된다고 규정하고 있다.
74) *Ibid.*, 제143조 1항.
75) *Ibid.*, 제147조 2항 라.

일부 학자들은 후자의 견해를 주장하기도 하였는데 이는 제3차 해양법회의에서 개발도상국이 지지했던 내용과 동일한 것이었다.[76] 또한 일부 국가는 해양의 군사화를 막기 위하여 평화적 사용조항을 채택하는 기타 국제조약의 내용을 유추하여 평화적 목적으로만 해양사용을 제한하자는 주장을 하기도 하였다. 이러한 조약의 대표적인 예가 남극조약(the Antarctic Treaty),[77] 우주 및 달 조약(the Outer Space and Moon Treaty),[78] 스피쯔버겐 및 아란드 도서 조약(the Spitzbergen and Aland Island Treaty)[79] 등이 있다.

이와 반대의 견해로는 '평화적 사용'이나 '평화적 목적'이란 해양에서의 군사활동을 배제하지 않는다는 즉 제한하지는 않는 것으로 이해되어야 한다는 것이다. 이는 특히 해양강대국들 그 중에서도 미국에 의해 강한 지지를 받았는데 미국 대표는 유엔해양법회의에서 이에 관한 자국정부의 견해를 다음과 같이 상세히 표현하였다.

> 미국은 평화적 목적을 위한 군사활동이 유엔헌장 및 국제법 원칙과 완전히 일치한다는 것을 지속적으로 주장해 왔었다. 군사활동에 대한 일정한 제한은 무기통제에 관한 상세한 합의를 요구하게 될 것이다. 동 회의는 그러한 목적을 위한 것이 아니며 그러한 협상을 위한 준비도 되어 있지 않다. 동 회의를 이러한 복잡한 문제로 유도하려는 노력은 해양법협약에 대한 현 노력에 쉽사리 종지부를 찍게 되는 결과를 초래할 것이다.[80]

그렇다면 '평화적 사용' 원칙의 규범적 가치에 관한 이들 두 가지 상이한 견해 중 어느 것이 해양법협약상 우세하게 작용하였는가하는 문제가 야기된다. 동 협약의 '평화적 목적' 조항을 관습국제법 및 유엔헌장상 합법적으로 인정되어온 군

76) UNCLOS III, *Official Records*, Vol. V.

77) Antarctic Treaty, 1 Dec., 1951, Article 1, 12 *US Treaty*, p. 794.

78) Treaty on the Exploration and the Use of Outer Space, 27 Jan 1967, 18 US Treaty, p. 2410. 동 조약이 우주의 완전한 비군사화를 내포한다는 견해는 논쟁의 여지가 있어 왔다. J. E. S. Faucett, *International Law and Use of Force*, Oxford : Clarendon Press, 1968.

79) Treaty Relating to Spitzbergen, 9 Feb 1920, 2 *League of Nations Treaty Series*(LNTS), p .7; Convention Concerning the Non-Fortification and Neutralization of Aaland Islands, 20 Oct 1921, 9 *LNTS*, p. 212.

80) UNCLOS III, *Official Records*, Vol. V.

함의 해상항해에까지 영향을 미치는 것으로 해석하는 것은 비합리적인 것으로 보인다.[81] 이와는 반대로 군함은 주권면제 및 연안국 재판관할권으로부터 독립적 지위를 해양법협약상 향유함으로[82] 불법봉쇄, 기뢰부설, 무력사용 및 위협 그리고 전쟁선동과 같은 공격적 행위 범주에 해당하는 군사활동만이 금지되는 것으로 보인다. 유엔해양법협약 제301조는 '해양의 평화적 사용'이란 조항에서 다음과 같이 규정하고 있다.

> 본 협약에 따른 권리행사 및 의무이행에 있어 당사국은 타국의 영토적 또는 정치적 독립에 반하거나 다른 유엔헌장내에 구현된 국제법 원칙에 반하는 방법에 의한 무력의 위협 또는 사용을 삼가야 한다.[83]

협약 제301조는 동 협약 제16장의 일반규정에서도 나타나는데, 이는 유엔헌장 제2조 4항을 거의 그대로 답습한 조항이다. 동 규정은 영토보존 및 정치적 독립과 같은 보호되어야 할 가치를 갖는 분야에서도 동일하게 무력사용이나 위협금지에 관한 규정이 적용됨을 언급하고 있음으로 군사력 행사금지를 내포하는 동 규정은 만일 '평화적 사용' 원칙이 해양으로부터의 군사활동을 금할 의도였다면 거의 아무런 의미를 갖지 못했을 것이다.

기타 국가 관할수역 밖에서의 외국의 군사활동은 제한되지 않는다고 '평화적 사용' 조항의 해석을 지지했던 주장은 타국 영해내에서의 군함의 통항을 규제하는 협약 규정에서 찾을 수 있다. 동 협약 제19조는 무해통항이 될 수 없는 행위 유형들을 상세히 열거하고 있는데[84] 동 규정의 유해행위 내용 중에는 무기사용 연습 또는 훈련, 항공기의 선상 이·착륙 또는 탑재 등과 같은 전형적인 군사활동(작전) 등도 있다. 만일 이러한 활동(작전)이 영해를 통항하는 외국선박에게 특별한 조항으로 인해 배제된다면 그러한 작전은 국가관할 이원의 수역에서는 허용된다고 보는 것이 합리적일 것이다.

---

81) R. Wolfrum, "Restricting the Use of the Sea to Peaceful Use: Demilitarization in Being?", 24 *German Yearbook of International Law*(1981), pp. 200-39.

82) 유엔해양법협약 제32조.

83) *Ibid.*, 제301조.

84) *Ibid.*, 제19조(12가지 유해통항 행위유형을 열거하고 있음).

이러한 결론은 국가관할 이원의 심해저 군사활동에 관하여도 동일하게 적용된다. 국제심해저를 '인류공동의 유산'으로 선언했던 초기 몰타(Malta)의 제안에 의하면 심해저는 완전히 비군사화되어야 한다는 것으로 이에 관한 지지 또한 널리 확산되게 되었다.[85] 1960년대 중반의 최고의 관심사는 심해저가 군사경쟁수역이 되어서는 안된다는 것이다. 그러나 자원이용 문제가 국제심해저 협상의 전면에 점차 등장하게 됨에 따라 해저의 비군사화 문제는 심해저의 평화이용을 위한 위원회(A Committee on the Peaceful Uses of the Seabed and Ocean Floor)에서 다뤄지게 되었고 이 문제는 동시에 18개국 비무장위원회(the Eighteen Nations Disarmament Committee : ENDC)의 무기통제협상 주제가 되었다. 미국과 소련은 이러한 공식적 분리협상을 지지했으며 이로써 1972년 심해저조약(the 1972 Sea Bed Treaty) 채택을 위한 심해저 무기통제협상이 이루어지게 되었다.[86] 동 조약은 심해저의 군사적 이용을 금하지는 않으나 1958년 영해협약에 정의된 12마일 연안수역 이원의 심해저에 대량 파괴무기나 핵무기설치 등을 금지하고 있다.[87]

상기의 고찰을 근거로 볼 때, 원칙적으로 해양법협약상의 '평화적 사용' 규정은 재래식 형태의 군사활동 범주내의 해양력 행사에는 아무런 영향도 미치지 않는 것으로 보인다. 따라서 공해 및 심해저에 있어서 국가의 군함은 잠수함의 부상 또는 잠항을 포함한 기타 항해목적으로의 해양사용은 자유이며 국가는 또한 방어무기설치, 재래식 무기시험, 군사기동 등과 같은 해양의 이용을 할 수 있다고 보여진다.

이러한 결론은 '평화적 사용' 조항이 어떤 유용한 법적 효력을 창출할 수 있음을 암시하기는 하나 그렇다고 동 조항이 자동적으로 규범내용이 되지는 않는다. 그러나 이들 조항은 해양자유의 일반원칙 및 협약에 대한 해석의 기준을 제공할 것이다. 이러한 기준에서 군사활동이 평화적 사용과 충돌될 때마다 후자가 전자

---

85) *UN Doc.A/6695; UN Doc A/C.1/PV 1515.*

86) 심해저 조약의 입법과정 및 그 내용의 분석에 관하여는, T. Trevis, "Military Installations, Structures and Devices in the Seabed", 74 *AJIL*(1980), pp. 808-57 참조.

87) Treaty on the Prohibition of the Emplacement of Nuclear Weapons and Other Weapons of Mass Destruction on the Sea Bed and the Ocean Floor and in the Subsoil Thereof, 11 Feb 1971, 23 *US Treaty*, p. 701 참조.

보다 우선적으로 적용되어야 한다. 이는 경제활동이 연안국의 주권/관할권 행사 범위 내에서 이루어지는 배타적 경제수역 뿐만 아니라 심해저의 궁극적인 이용과 개발이 군사활동과 해양의 경제적 이용간의 충돌문제를 야기하게 될 국가관할 이원의 수역에 관하여도 동일하게 적용될 것이기 때문이다. 경제적 이용에 대한 기준은 자원개발과 관련된 국내적 목적으로는 정당화되지 않으며 적어도 평화적 사용의 본래 의미 및 동 조항이 의미하는 어떤 법적 효력도 가지고 있어야 한다. 이는 비엔나 협약 제31조의 일반원칙과도 일치한다. 그러나 여기서는 두 가지 해석이 가능한데 그 하나는 동 규정에서 일부 효력을 배제시키는 것이고, 다른 하나는 어떤 법적 효력을 허용하는 것이다. 물론, 이 경우 후자를 선택하는 것이 당연히 요구된다.[88)]

제6절 결 언

배타적 경제수역의 설정, 직선기선의 채택 및 역사적 만의 확대 해석·적용 등으로 연안국은 자국 해양관할권을 지속적으로 확장하여 왔다. 이러한 해양관할권 확장현상은 동시에 해양의 평화적 이용에 대한 강조 및 무력사용 금지 필요라는 두 가지 요소를 동반하여 왔다. 그러나 해양관할권 확대와 평화적 이용의 중요성은 해양의 군사적 이용을 감소시킬 목적이나 군사분쟁(충돌)을 예방 또는 제한하는 것으로 유도되지는 않았다. 이와는 반대로 군사활동에 관한 분쟁은 협약이 규정하는 분쟁해결제도상 '선택적 례외'(optional exception) 규정에 따름으로 이는 군함의 방해받지 않는 해양의 자유에 대한 지속적 주장과 연안국 관할의 배타적 주장을 조화시킬 수 있는 협약 발전 가능성을 오히려 제한시키는 결과를 가져올 수 있다.

이러한 근본적인 차이 즉 연안국의 관할권 행사필요와 해양강대국의 해양자유 요구와의 대립관계로 해양법협약은 국가관할권내의 해양수역에서의 군사활동과

88) Vienna Convention on the Law of Treaties, Article 31(1), *UN DocA/Conf.19/27* (1969); 동 조항은 "조약은 조약문의 문맥 및 조약의 대상과 목적으로 보아 그 조약의 문면에 부여되는 통상적 의미에 따라 성실하게 해석되어야 한다"라고 규정한다.

무력행사의 현실적 한계를 묘사하였다. 물론 영해, 접속수역 및 배타적 경제수역에 있어서의 연안국 법령위반 선박에 대한 추적권[89] 행사시 사용되는 무력행사와 유엔헌장 제2조 4항의 무력사용과는 구별해야 한다. 상기의 여러 선례'들을 통하여 보면 연안국 법령위반 선박을 격퇴 또는 나포하기 위한 연안국의 행위는 유엔헌장 제2조 4항에 위배되지 않는다는 것을 알 수 있으나 동시에 이러한 행위의 합법성은 필요성과 적절성의 일반원칙 측면에서 엄격히 판단되어야 한다. 연안국 법령시행을 위한 무력사용이 국제분쟁을 야기하게 된다면, 이 경우의 군사력 사용은 통상 허용되지 않는 것으로 보이는데(예를 들면, 시르테만 사건) 이는 그 선행절차로 유엔헌장 제2조 3항 및 제33조에 의거 평화적 수단에 의해 분쟁을 해결할 의무가 있기 때문이다.

즉 연안국 영해내에서의 군사활동은 원칙적으로 금지되며 동 수역내에서의 연안국 법령위반 외국선박에 대하여는 무력사용의 적절성 및 필요성 원칙에 입각하여 경고적인 성격의 제한되고 통제된 무력행사는 가능하다고 본다. 또한 연안국의 배타적 경제수역내에서의 군사활동 문제는 동 수역이 자원에 관한 연안국의 배타적 관할권 및 공해로서의 법적 지위를 동시에 향유함을 고려하고 또한 군사활동 허용여부에 관한 각국의 관행이 상이하다는 점을 인정한다는 전제하에 연안국이 동 수역내에서 행사하는 권리행사에 방해를 주지 않는 범위내에서의 외국군함의 군사활동은 가능하다고 해석할 수 있다.

한편, 연안국의 자국 인접수역에 대한 권리주장에 대항하기 위하여 사용하는 타국의 무력위협은 어느 정도까지는 수용이 가능한 것으로 보인다. 콜프해협 사건에서 나타난 것처럼, 외국군함의 단순한 선정적인 행위나 위협이 아닌 단순한 국기게양 요구행위 등은 특히 어떤 외국함정이 만을 횡단하거나 항해에 개방된 기타 해양수역에 있을 때는 허용되는 것으로 보인다. 그러나 이러한 상황에서 야기된 분쟁도 유엔헌장상의 평화적 해결절차를 따라야 함은 당연히 요구된다.

결론적으로 국가관할권 이내 또는 이원의 범주에서의 군사활동에 관하여 협약상의 '평화적 사용' 조항은 해양의 군사적 이용을 제한하는 새로운 의무를 창출하지는 않으나, 모든 관련조약은 해양법협약규정에 유용한 효과를 줄 수 있도록

89) 유엔해양법협약 제111조 참조.

해석되어야 함으로 이들 조항은 이러한 행위가 군사적 목적을 위한 해양수역 점유에 대한 배타적 주장과 충돌할 때 평화적 목적을 위한 연안국의 관할권이 보다 우위에서 적용되어야 하는 것으로 해석함이 타당할 것이다.

제12장

해적행위의 국제적 규제

제1절 서 론

영국의 군인이며 정치가였던 월터 롤리(Walter Raleigh : 1554-1618)는 바다를 지배하는 자는 상업을 지배하고, 상업을 지배하는 자는 세계를 지배할 것이라고 말하였다. 이 말은 곧 해상교통로(SLOC) 확보가 모든 국부의 원천이며 국력신장의 기본이라는 것을 의미한다. 역사적으로 보아 바다를 지배한 민족 또는 국가가 세계를 지배해 왔으며, 바다의 중요성을 망각하고 바다와 더불어 살지 않았던 민족이나 국가는 해양국가들의 식민지로 전락하는 쓰라림을 겪어왔다. 이것은 해상교통로 확보가 平時에는 국제무역과 국민경제 발전의 증대, 나아가서는 국위선양과 국력과시에 지대한 역할을 하였으며, 전시에는 군수물자보급 및 군작전 병력수송 등에 필수 불가결한 요소가 되는바, 이는 해상교통로확보가 일국의 정치・외교와 밀접한 연관성을 가지고 있기 때문이다. 세계 열강이 제2차 세계대전이 종결되고 평화가 회복된 후에도 필요 이상으로 해운력의 증강과 상선의 성능개선을 다시 서두르기 시작한 이유도 바로 여기에 있는 것이다.

전 세계적인 해상교통량도 급증하고 있으며 한국의 해상교통에 대한 의존도 역시 급격한 경제성장에 따라 크게 증가하고 있다. 이와 같이 해상교통의 중요성은 계속해서 증대되고 있으며, 따라서 해상교통은 한국의 생존에도 중차대한 영향을 미친다고 할 수 있다.

그러나 이처럼 해상교통의 중요성이 증대되고 있으나 반면, 해상에서의 해적행위는 안전한 해상교통의 발전을 심각하게 위협하는 요인으로 등장하고 있다. 해적행위는 해양시대의 개막과 함께 시작되어 해상교통의 안전운행에 위협이 되어 왔으며, 2000년도에는 469건의 해적행위가 발생하여 날로 심각한 수준에 도달해 가고 있다.[1] 해적행위는 단순히 금품강탈에서 적재된 화물강탈, 폭력, 살인까지 저질러지고 있으며, 무장까지 휴대하여 날로 흉폭해지고 조직화되고 있다.

이처럼 해상에서의 해적행위는 전 세계적인 문제로 대두되어 심각한 수준에 도달해 있지만 이를 방지하기 위한 국제사회의 노력은 미흡한 실정이며, 아울러 지금까지 해적행위는 세계화에 의한 해상무역이 존재하는 한 일시적인 현상은 아니다. 따라서 해상에서의 불법적인 해적행위에 대한 대책마련에 소홀히 한다면 바다가 해적들의 활동무대가 될 것이라는 것을 예상하는 것이 어려운 일이 아니다.

이러한 배경을 기초로 본장은 해적행위 배경 및 발생 동향과 국제사회 대응추세를 고찰한 다음, 해적행위 규제를 위한 관련국가의 사례를 구체적으로 검토하여 향후 해적행위 규제방안수립의 법적 기초를 제공하고자 하며, 나아가 이러한 이론적 고찰을 근거로 해적행위에 대한 국제적 규제 방안을 제시하고자 한다.

제 2 절 해적행위 규제에 관한 국제법

1. 유엔해양법협약

(1) 해적행위 진압을 위한 협력의무(제100조)[2]

모든 국가는 가능한 최대한도로 공해 또는 어느 국가의 관할권에도 속하지 않는 기타 장소에서 해적행위를 진압하는데 상호 협력해야 한다.

---

1) http://www.iccwbo.org/ccs/news_archives/2001/piracy_report.asp, ICC. Commercial Services, p. 1.
2) 김현수 편저, *한반도 주변국가의 해양법령집*, 서울 : 연경문화사, 2000. 2. pp. 50-51.

(2) 해적행위의 정의(제101조)

1982년 유엔해양법협약[3]에서 규정한 '해적행위'에 대한 정의는 그 의미가 상당히 협소한 편이다. 이 정의에 따르면 해적행위는 공해 또는 국가 관할권 이외의 지역(비록 남극조약이 주권 주장만은 금지시키고 있지만 남극까지 포함하여)에서 선박이나 항공기, 인원 또는 재산에 대한 폭력행위 또는 억류행위로 제한되어 정의하고 있다. 국제법상 모든 국가는 공해상에서 해적을 나포할 수 있는 이른바 임검권을[4] 향유하여 공해에서의 해적활동에 대한 처리권한을 강화하였다. 신해양법은 이러한 해적에 대한 법령을 연안국의 배타적 경제수역과 같은 영해 이원의 해역에서 해적행위가 발생될 경우에는 적용시키고 있으나,[5] 해적행위가 영해 내에서 발생될 경우까지 적용됨을 규정하고 있지는 않다.[6]

오늘날 대다수 해적행위는 해협 내측수역 또는 해협의 인접수역에서 발생하고 있기 때문에 상대적으로 공해나 배타적 경제수역에서는 발생하고 있지 않다. 연안국이 신해양법상 12해리 영해에 대한 주권을 향유하고 있다 하더라도, 선박에 대한 대다수 해적행위가 연안국의 영해내에서조차 발생하고 있으며, 심지어는 선박이 정박하고 있는 내수에서도 발생하기도 한다. 인도네시아와 같은 군도국가의 경우 새로운 해양법에 의해 '군도수역(archipelgic waters)'로 분류된 해역에서도 발생할 수 있다. 영해의 경우와 마찬가지로 군도수역은 연안국 혹은 군도국가의 영유권하에 있다. 그러므로 국제법이 규정하고 있는 해적행위 관할범위를 엄격하게 해석할 경우, 공해상에서의 해적행위라는 법규에 의해, 이들 지역 중 어느 곳에서 발생하는 선박에 대한 공격행위도 해적행위의 요건을 만족시킬 수 없게 된다.[7]

---

3) 101조에 해적행위에 대한 정의가 나와 있다. 이 정의와 공해에서의 해적행위에 관한 그 밖의 조항들은 1958년 공해에 대한 제네바 협약(Geneva Convention on the High Seas)에 실린 내용과 본질적으로 큰 차이가 없다. 해적행위에 대한 조항들은 대개 공해상에서의 해적행위와 관련된 기존의 국제 규약들을 성문화한 것이라고 받아들여지고 있다.

4) 해양법협약 제110조 1항 가.

5) 배타적 경제수역은 1982년 해양법 협약의 55조에서 "a specific legal regime"으로 표현하고 있다. 58조(2)는 이 수역에서의 해적행위에도 적용된다는 것을 밝히고 있다.

6) 동 협약 제101조에 의하면 해적행위란 어느 국가의 관할권에도 속하지 않는 수역에서만 일어나는 경우에 인정된다.

7) *Ibid.*

본장에서 사용하고 있는 '해적행위' 용어의 의미는 상기에서 언급한 국제법상의 협소한 정의에 따른 것이 아니라, 1992년 국제해사국 해적행위 특별보고서(1992 Special Report on Piracy of the International Maritime Bureau) 정의에 의한 용어를 따르게 될 것이다. 즉 1992년 6월 동보고서에 정의되어 있는 '해적행위'의 의미는 아래와 같다.

> 해적행위는 절도 혹은 그 밖의 범죄행위를 할 목적으로 하는 행위로서 강제력을 사용할 가능성을 갖고 선박에 승선하는 행위이다.

이 정의에는 항행 중인 선박에 대한 행위뿐만 아니라 부두에 정박하고 있거나 계류 중인 선박에 대한 행위도 포함되어 있다. 나아가 국제해사국이 내린 정의는 절도나 그 밖의 범죄를 자행할 목적으로 장기간 선박들을 역류하여 승객이나 승조원들에 대한 위협이나 폭력을 행사하는 것까지도 포함시킬 수 있을 만큼 광범위한 적용가능성을 갖고 있다.

특히 국제해협 주변에서 이루어지는 거의 모든 해적행위는 내수나 연안국의 영해 또는 군도국가의 군도수역 내에서도 자행되고 있다. 비록 일부 해적행위가 말라카 해협과 싱가포르 해협과 같은 국제해협에서 이루어지고는 있지만, 이것은 어떤 국가가 국제법상으로 이와 같은 해적행위에 대한 사법권을 갖고 있는지를 결정하는 데에는 그다지 중요한 문제가 아니다. 왜냐하면 말라카 해협과 싱가포르 해협의 거의 전역이 인접 3개국 중 하나의 국가, 즉 인도네시아, 말레이시아나 또는 싱가포르의 영해내에 포함되기 때문이다. 새로운 해양법에 따라 많은 특별 규정들이 이들 국제해협에 적용되고 있음에도 불구하고, 이들 중 어떠한 규정도 이와 같은 해협을 항행하는 선박에 대한 해적행위와 관련된 사법권 행사의 일반 원칙을 변경하지는 못하고 있다.

유엔해양법협약상 해적의 정의는 구체적으로 다음과 같이 요약할 수 있다. 즉, 사유의 선박 또는 항공기의 승무원 또는 승객이 사적목적을 위하여 범행하는 불법적 폭력행위, 억류 또는 약탈행위로서 다음의 것에 대하여 행하여지는 것이다. 1) 공해에 있어서의 타선박, 항공기 또는 그 선박, 항공기내의 인원이나 재산, 2) 어느 국가의 관할권에도 속하지 아니하는 장소에 있는 선박, 항공기, 인원 또는 재산에 대한 약탈행위를 말한다.[8] 또한 당해 선박 또는 항공기가 해적선박 또는 해적항공기라는 사실을 알고 그 선박 또는 항공기의 활동에 자발적으로 참가하는 행위, 상기 1), 2)항에 규정된 행위를 선동 또는 고의적으로 조작하는 모든 행위를 말한다.[9]

(3) 해적선 · 해적항공기의 나포

공해상 또는 어느 국가의 관할권에도 속하지 않는 기타 장소에서 모든 국가는 해적선 또는 해적행위에 의하여 탈취되고 또한 해적의 지배하에 있는 선박 또는 항공기를 나포하고 동 선박 또는 항공기에 있는 사람을 체포하고 재산을 압수할 수 있다. 나포를 행한 국가의 법원은 부과할 형벌을 결정하며, 또한 그 선박, 항공기 또는 재산에 대하여 취할 조치를 결정할 수 있다. 단, 선의의 제3자 권리는 보호된다.[10]

(4) 충분한 근거 없는 나포에 대한 책임

해적행위의 혐의로 인한 선박 또는 항공기의 나포가 충분한 근거 없이 행하여진 경우에는 나포국이 그 선박 또는 항공기 또는 국적국에 대하여 그 나포로 인하여 발생한 손실 또는 손해에 대하여 책임진다.[11]

(5) 해적을 이유로 한 나포의 권한 있는 선박 또는 항공기

해적을 이유로 한 나포는 군함, 군용항공기 또는 기타 정부역무에 종사하는 것이 명백히 표시되고 식별되며, 이에 대한 권한이 부여된 선박이나 항공기에 의하여서만 행사할 수 있다.[12]

---

8) 유엔해양법협약 제101조.
9) *Ibid.*
10) *Ibid.*, 제105조.
11) *Ibid.*, 제106조.
12) *Ibid.*, 제107조.

2. 로마협약(Rome Convention, 1988)[13]

(1) 유엔해양법협약 정의에 대한 결함 보완

해적행위규제에 관하여 보다 효과적으로 대응하기 위한 목적으로 1985년 UN 결의에 따라[14] 국제해사기구(IMO)의 주도하에 1988년 3월 항행안전에 관한 불법행위 억제협약(Convention for the Suppression of Unlawful Acts against the Safety of Maritime Navigation: Rome Convention)이 채택되었으며, 동 협약은 1992년 3월부터 발효 중에 있다.[15]

(2) 국제협력과 사법공조체제 확립

로마협약은 해적행위로서 처벌될 수 있는 불법행위를 광범위하고 구체적으로 명시하는 한편, 해적행위를 한 선박이 영해밖에 있을 경우뿐만 아니라 불법행위자가 일국의 영토 내에 있을 경우에도 그 국가는 범죄인을 자국법에 따라 처벌하든지 아니면 관련국에 범죄인을 인도해야 할 의무를 규정하고 있으며 또한 당사국은 해적행위 방지를 위한 국제협력과 사법공조체제를 유지하도록 요구하고 있다.

---

13) 협약명은 "Convention for the Suppression of Unlawful Acts Against the Safety of Maritime Navigation"이다. 채택은 1988년 3월이고 발효는 1992년 3월이다. 우리나라는 아직 미가입한 상태이다. 협약배경은 1985년 수에즈운하 부근 공해상에서 팔레스타인 해방기구(PLO)의 분파에 의해 납치된 이태리 유람선 Achille Lauro호의 해상테러사건을 계기로 기존 유엔해양법협약의 결점을 보완하기 위해 보다 적절한 관련 국제법체계가 요구되어 1985년 UN 결의를 거쳐 국제해사기구(IMO) 주도하에 1988년에 채택되었다. 현재 우리나라는 미가입 상태이다.

14) 동 결의의 채택배경은 1985년 10월 수에즈운하 부근 공해상에서 팔레스타인해방기구(PLO)의 분파에 의해 이태리 유람선 Achille Lauro호의 해상테러 사건을 계기로 기존 유엔해양법협약의 결점을 보완하고자 함에 있다.

15) 2001년 7월 현재 43개국이 비준하였으며, 동아시아에서는 일본, 중국, 호주 등이 비준하였다. http://www.imo.org/Safety/mainframe.asp?topic_id=551 참조.

3. 연안국 영해내 해적행위에 대한 관할권

국제법상 형사재판관할권은 입법관할권(Jurisdiction to Prescribe)과 강제관할권(Jurisdiction to Enforce) 두 가지가 있으나 이들의 의미는 엄격히 상이하다. 입법관할권은 어떤 법이 특정 활동이나 행위에 적용될 수 있게 하기 위해 국가권력에 호소하는 것으로 특정 범죄행위를 법제도하에서 통제하기 위해 입법의 과정을 거치는 것이다. 강제관할권은 그 법을 강제하기 위해 국가권력에 호소하는 것으로 예컨대 경찰력을 동원하여 범죄의 피의자를 구속하는 것 등이 있다.

상기에서 언급한 바와 같이 국가는 형사법이 규정하고 있는 구성요건 중 하나라도 만족시킬 경우 해적행위를 범죄로서 규정할 법적 권한이 있는바, 여기에는 3가지 원칙이 존재한다. 첫번째 원칙은 영유권 원칙으로, 국가는 자국법을 자국 영역내에서 발생하는 모든 행위에 적용시킬 수 있다는 것이다. 이는 자국의 영토뿐만이 아니라 내수, 영해 및 군도수역에도 적용된다. 두번째 원칙은 기국주의원칙으로 항행 중인 자국선적의 선박에 대해 관할권을 적용할 권한이 있다. 세번째 원칙은 국적원칙으로 이를 통해 자국의 영역 밖에 있는 자국민에 대해 관할권을 적용할 수 있다. 이러한 원칙하에서 국가는 자국민에 대하여 자행된 행위에 대해 자국의 관할권을 어디에서건 적용할 수 있게 된다. 또한 이에는 자국민이 타국에서 타국선박에 대하여 행한 범죄행위도 적용될 수 있다. 그 외의 범죄행위에 대한 관할권 행사를 정당화할 수 있는 원칙에는 보호의 원칙, 보편성의 원칙, 그리고 효과성의 원칙 등이 있다.

그리고 일개국 이상의 국가가 동일 행위에 대하여 모두 관할권을 행사할 수 있는바, 이것이 바로 동시관할권(Concurrent Jurisdiction)인 것이다. 예를 들어 독일 국적의 사람이 말레이시아 해역에 있는 싱가포르 선적의 선박에 해적행위를 할 경우 상기에서 언급된 3개국 모두가 관할권을 가지게 된다.

타국의 영해에서 발생한 해적행위와 관련하여 생기게 되는 가장 큰 문제는 강제적 관할권 적용의 한계와 관계된다. 국제법상 보편적으로 인정되는 것은 타국의 영유권 안에서 자국의 법의 강제성을 적용하지 못할 수도 있다는 것이다. 그러므로 해군이나 해경의 함정은 해적활동이 어디에서 일어났건 간에 타국의 내수나 영해 또는 군도수역에 이들의 활동을 감시하기 위해 경비활동을 하거나 범법행위자를 체포하기 위해 진입할 수 없다.[16] 비록 해군이나 해경함정이 영해와 군도수역에 대한 무해통항권을 보장받고 있다고는 하지만, 이러한 권한에는 경찰력 행사까지 포함되어 있지는 않다.

제3절 해적행위 배경 및 발생 동향

1. 발생 배경

일반적으로 현대의 해적행위는 동남아시아, 지나해, 아랍해역, 아프리카 연안해역에서 주로 발생하고 있으며, 이 해역들은 해적이 활동할 수 있는 지리·정치·사회·경제·역사적 요인 등을 갖추고 있다.[17] 따라서 이러한 관점에서 주된 해적행위의 배경을 살펴보면, 첫째, 지리적 요인 측면이다. 일반적으로 해적이 출현하는 곳은 오래된 해적의 전통이나 역사를 가진 곳, 치안질서가 바로 세워지지 않은 곳, 경제적 빈곤이 심한 곳, 출현과 은닉 및 식품조달이 쉬운 다도해나 밀림, 상선이나 어선이 자주 왕래하는 주요 해상로나 해협 등의 형성이 요인으로 작용한다고 볼 수 있다.

현대판 해적국가라는 불명예를 안고 있는 인도네시아가 여기에 속한다 할 수 있다.[18] 말라카 해협 중에서도 대표적인 해적들의 소굴로 알려진 필립해협은 인도네시아와 싱가포르 사이에 위치한 곳으로 폭이 불과 30km밖에 되지 않으며, 해협에만 3,000여 개의 조그마한 섬들이 분포하고 있다. 또한 하루에 600여 척의 유조선과 화물선이 오가고 있다. 따라서 해적행위가 발생할 요건을 충분히 갖추고 있는 셈이다. 둘째, 경제적 요인 측면이다. 해적행위는 기본적으로 경제적 이

16) 유엔해양법협약 제111조 3항 참조.
17) Internet 자료(http://www.magawinegv.com)
18) 2009년도 인도네시아에서 7건의 해적사고가 발생하였고, 말레이시아에서는 14건이 발생하였다.

유에서 기인하고 있으며 또한 일부 동남아 국가들에서는 해적행위를 불법행위지만 생계를 유지하는 수단중의 하나로 간주하는 경향도 해적행위를 조장하는 요인으로 작용한다. 즉, 동남아 해역은 천혜의 지리적 조건과 더불어 가난에서 벗어나려는 젊은이들이 해적의 유혹에 쉽게 접하는 요인이 되며 국제해적조직이 이 지역을 주무대로 하는 것도 이런 배경이라 할 수 있다. 셋째, 정치적 요인 측면이다. 냉전후 미・러・영 등 주요 국들의 해군력 감축과 영토분쟁 등으로 관할권이 교차하는 수역에서의 법적 공백도 최근의 동남아 지역 해적행위 증가의 요인으로 작용한다고 볼 수 있다. 마지막으로 법적 통제력과 국가간의 의지 측면이다. 해적행위 처벌을 위해 제정된 1988년 로마협약 채택에도 불구하고 국가간의 협력체제 미비로 효과적 대처에 어려움이 발생하고 있다.

이처럼 세계적 해적행위의 온상이라 할 수 있는 동남아 지역 및 아프리카 지역들은 지리적, 경제적, 국가통제력 측면이 주된 요인이라 볼 수 있다.[19] 동남아 해역은 다수의 도서 산재로 은신처를 제공하기 쉽고 국가의 통제력이 매우 미약하며, 공히 경제적으로 어려움을 겪고 있고 해양경찰력 또는 해군력이 아주 미흡한 실정이어서 해적행위가 기승을 부린다 할 수 있다.

2. 발생 동향

세계의 바다 곳곳에서 해적들이 출몰하여 인명을 해치고 재산을 약탈하고 있다. 국제민간단체나 국제기구의 공식자료에 의하면 해적사건은 매년 급격히 증가하는 추세이고,[20] 공식 보고되지 않은 소규모 해적행위를 더하면 피해 사례는 훨씬 늘어날 것으로 보인다.

해적들은 비무장 또는 도검류나 총기로 재래식 무장을 한 형태 외에 최근에는 쾌속선에 로켓포를 장착하고 전자봉이나 무전기를 휴대하고 목표 선박이 출항지에서 선적한 화물명세서를 사전에 입수하는 등 정보망까지 갖추고 있다. 약탈 대

19) 특히 2009년도 아멘만에서는 100건이 발생하였다. ICC IMB, "piracy and armed robbery against ships", 2009. 1. 1~9. 30, 2009. 10, pp. 6-7 참조.

20) 2000년도 발생건수(469)는 1990년에 비해 57%증가하였고, 이는 1991년에 비해 4배반이나 급증한 숫자이다.

상도 기존에 선호하던 전자제품 외에 세계적인 경제난으로 암시장에서 그 수요가 늘어난 디젤유나 중유 등으로까지 다양해지고 있다. 선박나포나 선원납치로 몸값을 받아내는 고전적 수법도 여전히 성행하고 있는 반면에 최근에는 선박 및 화물 전체를 납치하거나 승무원 전원을 살해하여 바다에 버리는 등 대형화·흉포화되는 경향을 보인다.[21)]

제 4 절 해적행위에 대한 국제사회 대응추세

최근 10년 사이에 해적행위가 급증하는 이유는 무엇인가? 이는 냉전의 종식과 더불어 새로운 해양시대가 도래하여 해양이 명실상부한 세계경제의 중심무대로 자리매김을 하였기 때문일 것이다. 이는 1994년부터 유엔해양법협약이 발효되면서 해양에 대한 세계 각국의 관심이 급속도로 고조되었고, 200해리 배타적 경제수역 또한 제도화되어 각국이 해양 영토화에 지대한 관심을 보이게 되었기 때문이다. 오늘날 해양자원의 가치가 절대적인 위치를 차지하고 있을 뿐만 아니라 경제성과 효율성 측면에서도 해양을 통한 물량의 이동이 급증하고 있다는 측면에서 무역로로서의 해양의 중요성이 다시 부각되고 있다.

역사적으로 보면 해상무역이 활발했을 때 모습을 드러냈던 해적이 또다시 기승을 부리는 이유도 여기에서 찾을 수 있다. 해적은 바다라는 넓은 황야를 자유롭게 누비는 무법자이기 때문에 연안경비대나 해양경찰이 신고를 받고 뒤늦게 출동해도 인근 섬으로 숨어버려 색출하여 검거하기가 매우 어렵다. 따라서 해적 피해를 줄이기 위한 노력이 각국 정부 차원을 넘어 국제적 차원에서 이루어지고 있다. 따라서 본 장에서는 국제적 차원 중심의 대응추세에 대하여 고찰하고자 한다.

---

21) 우리나라 선원이 승선한 파나마 국적 화물선 텐유(Tenyu)호가 화물을 적재한 채 행방불명되었다가 선명이 바뀌어 '98년 12월 21일 중국에서 발견되었으며 선원의 생사여부는 지금까지 확인되지 않고 있다.

1. 국제법적 대응추세

유엔해양법협약에서도 나날이 조직화, 흉폭해져 가는 해적행위를 국제적 범죄행위로 취급하여 이를 정의하고 있으나,[22] 해적행위가 감소하지 않고 지속적으로 증가하자 이에 대한 원인을 분석하고 연안국의 사법권과 국가간의 협력에 대한 문제점과 상충성을 보완하기 위하여 1988년 Rome Convention에서는 유엔해양법협약상의 해적행위 정의에 대한 미비점을 보완하고 이에 대해 보다 효과적으로 대응하기 위해 1985년 UN총회 결의에 따라 국제해사기구 주도하에 1988년 3월 항행안전에 관한 불법행위 억제협약(Rome Convention)을 채택하였다. 또한 국제상공회의소(ICC: International Chamber of Commerce) 국제해사국(IMB: International Maritime Bureau)[23]의 정의에 따르면 해적이란 "도둑 또는 기타 범죄행위를 의도하고 자신의 행동을 실행하기 위해 무력 사용을 의도하거나 무력을 갖추고 다른 선박에 승선하는 행위"라고 정의하고 있다. 따라서 선박이 정박 중에 행하는 절도행위나 해안으로부터의 공격행위도 해적의 범주에 속한다.[24]고 정의하여 해적에 대한 현실적인 대처를 촉구하였다.

즉, 이러한 국제적 노력 등은 해적행위에 대한 정의상 논란이 되는 민간 선박이나 항공기에 국한하고 정부소유 또는 관리하의 선박이나 항공기와 정치적 목적과 일국의 관할권이 미치는 내수 또는 영해에서 행해지는 해적행위를 제외함

22) 정의: 사유의 선박 또는 항공기의 승무원 또는 승객이 사적목적을 위하여 범행하는 불법적 폭력행위, 억류 또는 약탈행위로서 다음의 것에 대하여 행하여지는 것이다. 공해에 있어서의 타선박, 항공기 또는 그 선박, 항공기내의 인원이나 재산, 어느 국가의 관할권에도 속하지 아니하는 장소에 있는 선박, 항공기, 인원 또는 재산

23) IMB(International Maritime Bureau: 국제해사국) : ICC(International Chamber of Commerce : 국제상업회의소)의 산하기구로서 대범죄를 담당하며 1981년에 창설되었다. IMO(International Maritime Organization: 국제해사기구)의 지원을 받고 최근에는 국제경찰과도 공조하고 있다. 주 임무는 국제교역과 해상수송에 대한 약탈을 방지하고 해적에 대한 위험을 제거하며 선원 보호에 대한 법 시행을 지원하는 것이다(http://www.iccwbo.org).

24) 이러한 IMB-PRC의 해적 정의는 유엔 해양법협약상 공해에 대한 해적행위라는 협의의 법적 정의를 초월하고 해적문제를 현실적으로 다루려는 취지를 반영하는 것으로 보인다. 즉, 유엔해양법협약 제101조는 해적행위를 "공해상 또는 일국의 관할권을 벗어나는 장소에 있는 선박이나 항공기에 대해 이루어지는 불법적 폭력이나 억류 또는 약탈행위"로 정의하고 있다.

으로서 법체계의 문제점을 보완하고 국제협력과 사법공조체제 확립을 위해 해적행위로서 처벌할 수 있는 불법행위를 광범위하고 구체적으로 명시하는 한편, 해적행위를 한 선박이 영해밖에 있는 경우뿐만 아니라 불법행위자가 일국의 영토내에 있을 경우에도 그 국가는 범죄인을 자국법에 따라 처벌하든지 아니면 관련국에 그 범죄인을 인도해야 할 의무를 규정하고 또한 당사국은 해적행위 방지를 위한 국제협력과 사법공조체제를 유지하도록 요구되고 있다.

2. 국제사회의 대응추세

(1) 국제해사국

국제해사국(IMB) 산하 해적신고센터(RPC)는 1992년 10월 국제상공회의소(ICC)산하 국제해사국이 쿠알라룸프에 설립한 지역해적신고센터로서 해적행위로부터의 선박보호와 정보제공으로 해적행위 대처에 기여하고 있으며, 동시에 연중무휴로 가동되는 정보센터로서 효과적으로 해적행위에 대응하기 위한 연락창구로서의 역할도 한다.

국제해사국 해적신고센타는 무료로 서비스를 제공하고, 선박의 국적에 관계없이 모든 선박이 이용할 수 있으며, 주요 서비스는 첫째, 수상하거나 미확인된 선박의 이동, 선박으로부터의 승선, 무장강도, 타 선박의 경계 및 해당지역 법률 집행기관에 관한 정보를 수집·전달한다. 둘째, 안전망 서비스가 국제해사위성(Inmarsat-C)의 통신방송을 이용하여 해적 및 무장강도 현황보고서를 정기적으로 발표한다. 셋째, 접수된 정보를 수집·분석하여 종합보고서를 국제해사기구를 포함한 관련 기구에 제공한다.

해적수사조직으로 국제해사국 산하의 긴급수사국(Rapid Response Investigating Service: RRIS)이 해적행위 수사를 담당한 이후 국제해사국의 정밀수사가 강화되었다. 긴급수사국의 임무는 주요 해적사건의 전모를 밝히는 것이며 동시에 사건해결에 유익한 정보를 당사국에 제공하여 항해를 계속해야 하는 선박을 무리하게 지체시키지 않고 대처할 수 있도록 하는 목적을 가지고 있다.

국제해사국 해적신고센터는 위성을 통하여 선박위치를 확인하는 방법으로 해적 또는 선박나포에 대응하는 시스템인 인공위성 위치추적시스템을 1999년 2월부터 활용하고 있다. 이 시스템을 이용하면 해상항해 또는 항내 정박중인 선박의 위치를 즉시 확인할 수 있으며, 또한 선주로 하여금 선박의 정확한 위치를 모니터 할 수 있게 하는데, 선주는 인터넷 접속이 가능한 개인용 컴퓨터만 준비된다면 이 시스템을 활용할 수 있게 된다.

(2) 발틱국제해운이사회

발틱국제해운이사회(Baltic & International Maritime Council: BIMCO)와 국제해사국은 중국 항만청, 공안국, 경찰 및 해군이 해적사건들과 관련되어 있기 때문에 중국 항만 당국의 외국 상선에 대한 조치와 관련해서 해운업계를 대신하여 중국 당국에 공식 항의를 하였다. 그 한 예로, 1997년 10월 11일 해적들이 납치한 컨테이너선 Vosa Carrier 호 사건이 발생하였는데, 이 당시 중국 지방경찰은 Hui Lai 항에서 이 선박을 억류하고 선장과 선원들에게 이 선박이 밀수에 연루되었다고 자술서에 서명토록 강요한 것으로 알려졌다.

가장 끔찍한 사례는 태국에서 발생한 해적납치사건으로 이른바 Anna Sierra 호 사건이 있었다. 이 사건에서 해적들은 선원들을 임시뗏목에 태워 떠내려 보냈고 본선은 피랍 후 3년이 지난 지금까지 Bei Hai 항에 억류되어 있다. 해적들은 귀향조치 되었으나, 중국 당국은 본선과 화물의 해방조건으로 40만 달러를 요구하였다. 이를 근거로 발틱국제해운이사회와 국제해사국은 중국 정부의 미심쩍은 행위의 책임을 규명하기 위한 공식조사의 촉구를 요구하였다.

(3) 국제해사기구

국제해사기구는 총회결의를 통해 공해상이나 근해에서 해적의 습격시 해당선박은 가까운 구조조정본부(RCC), 연안국 및 기국에 이 사실을 즉시 통보하고 신고를 접수한 기관과 정부는 즉각 모든 필요한 조치를 취하도록 규정하고 있다.

또한 국제해사기구 해상안전위원회는 1995년 7월 31일부터 동 기구에 보고되는 선박에 대한 해적 및 무장강도에 관한 모든 사건을 월간보고서로 발간하고, 지역별, 상황별, 빈도별, 사건증감별 분석과 아울러 유의할 만한 새로운 통계나

패턴을 알리는 종합보고서를 분기별로 발간하도록 지시했다. 또한 동 안전위원회는 매년 3월 이후에 전년도 해적 등의 사건에 관한 연간 요약보고서를 작성토록 하였다. 이러한 보고서를 기초로 1999년 2월 싱가포르 국제해사기구(IMO) 특별회의시 국제 해상경비대 창설을 요청하고 이의 현실화를 동시에 추진하였다.

(4) 동아시아 국가

동아시아 국가들은 최근에야 해적행위의 심각성을 인식하고 해적행위에 대하여 공동대처해야한다고 논의하고 있다. 특히 지리적으로 복잡한 수로를 갖고 있는 동아시아는 주변국가들이 공동협력으로 해적행위에 대처해야 한다는 것을 인식하게 되었다. 특히 말래카 해협은 매년 30,000여 척의 상선들이 왕래하는 해상교통로에 위치한 매우 중요한 해협인 동시에 해적행위의 근거지가 되고 있다.[25)]

특히, 아세안지역포럼(ASEAN Regional Forum: ARF)에서는 동남아 해적의 다국적 토벌과 관련 남중국해에 들끓고 있는 해적문제를 국제사회의 공동과제로 상정시켰다. 인도네시아와 싱가포르는 1999년 7월 동남아시아국가연합(ASEAN) 10개국에 한·중·일, 미국·러시아 등이 참가하는 아세안지역포럼에 공동대응을 공식 제안하였다.[26)] 해적들의 최대 거점인 말래카 해협 인접국인 양국은 1992년부터 양국 해군 및 해양경비대 합동으로 정보교환과 조기경보, 항로감시, 공동순찰 등을 시도하였으나 이는 역부족이었다.

아세안선주협회연맹(Federation of ASEAN Shipowners Association: FASA)은 ASEAN에 대하여 동남아시아 해역에서 발생되는 해적행위에 대한 미온적인 조치가 더 이상은 안 된다며, 해적행위에 대한 즉각적인 저지노력 및 조치를 강력하게 요구하였다.

해적에 대한 최대 피해국의 하나인 일본[27)]은 2000년 3월과 4월에 도쿄에서 한국, 중국, 일본, 싱가포르, 말레이시아, 인도네시아 등 동남아 16개국과 국제해사기구 및 국제상공회의소(ICC) 등 12개 단체가 모여 아시아 국가 해적방지 대책

25) IMB 회의, 런던, 2000. 3(http://www.iccwbo.org).
26) 한국일보, 1999. 5.12(http://www.kida.re.kr).
27) 94년 이후 5년 동안 30개 사가 66차례(94년:5, 95:7, 97년:15, 98년:20) 해적 피해를 입었다. (한국일보, 1999. 5. 12 : http://www.kida.re.kr / 일본 운수성 산하 통계자료).

회의를 개최하였는데, 이 회의에서는 해적·해상강도 단속 및 대응을 위한 정보교환 창구개설, 수색공조 등 국가간 공동협력방안과 보안대책이 폭 넓게 논의되었다.

중국정부는 자국 근해에 대한 해적소탕을 시작한 이후로 해적행위 감소경향을 나타냈으며, 최근 해적행위의 장본인인 장순(Cheung Son) 등 약탈자 13명을 처형하였다.

한국 정부에서는 해적 피해 대응요령을 해운업계 및 단체, 선박종사들에게 배포하고, 대외적으로 중국, 일본, 러시아의 해상치안기관들과 정례회의를 통해 국제 공조협력체제를 강화하고 있다. 또한 말레이시아 해양경찰과 정보를 교류하는 협의체 구성을 추진하였으며, 서울서 개최한 아세안 지역안보포럼에서도 해적피해 방지를 위한 국제협력 방안을 다시 논의하였다.

2006년도에는 아시에서의 해적 행위 및 무장강도 퇴치를 위한 지역협정이 채택되어(Regional Cooperation Agreement on Combating Piracy and Armed Robbery against Ships in Asia, 2006년 발효)[28] 그 기능을 발휘하고 있으며 특히 기존 말레이시아에 있는 RPC의 단점을 보완하고자 싱가포르에 정보공유센터(Information Sharing Centre: ISC)를 운영하여 해적 및 무장강도에 대한 사전 정보교환은 물론 사후 관계국과의 신속한 공조체제도 강화하고 있다.

제 5 절 말라카 및 싱가포르 해협 해적행위 규제사례

1. 개요

국제해사국에 따르면, 전세계 해적행위 중 69%가 동남아시아 해역에서 발생되고 있음을 알 수 있다. 본장에서는 특히 해상교통이 가장 빈번한 말라카 해협과 싱가포르 해협에서 해적행위가 가장 많이 발생되고 있음을 고려 이 지역을 중심으로 한 해적행위 문제를 검토해 보고자 한다. 따라서 이 해역에서 자행되고 있

28) 한국에 대하여는 2006. 9. 4 발효.

는 해적행위의 시대적 변화양상, 이 지역 국가인 싱가포르, 말레이시아, 인도네시아 등이 최근에 해적행위에 대응하기 위하여 노력양상, 이 해역에 인접하고 있는 국가들에 의한 합동대응 방안을 통한 해적행위 감소 기대효과 및 향후 국제적 협력증진방안 등을 고찰하고자 한다.

2. 역사적 배경

동남아시아 지역에서의 해적행위는 유럽인들이 인도양으로 유입되어 들어오기 시작한 1450년 훨씬 이전부터 존재하고 있었다.[29] 414년 중국으로 여행을 떠났던 실론섬의 불교승려 시 파-쉬엔(Shih Fa-Hsien)의 기록에는 말라카 해협과 싱가포르 해협 부근 해역 수상교역시 위험요소들이 있었음을 나타내고 있다.[30] 그가 기록해 놓은 위험요소에는 태풍과 같은 자연재해와 함께 주요 항로 주변에 수없이 산재한 도서의 그늘진 곳이나 망그로브로 뒤덮인 만곡부에서 잠복하여 약탈대상을 기다리고 있는 해적의 공포 등이 기록되어 있다.

시간이 지남에 따라 중국과 인디아의 교역량은 점차 늘어나게 되었다. 1049년에서 1053년에 이르는 기간 동안 중국의 연간 수입품목은 상아, 코뿔소 뿔, 진주, 향수, 향료를 비롯하여 53,000품목이었으나 1175년에 이르러서는 도자기, 비단, 소금, 칠기, 동화(銅貨) 등 500,000품목에 이르게 되었다(Singapore Tatler, 1983). 14세기경에는 싱가포르 해협을 통과하는 해상 무역이 대단히 활발하게 진행되고 있었는바, 왕 타 유안(Wang Ta-yuan)은 당시 중국을 지배하던 몽고제국의 관리로 일하면서 테마섹(싱가포르의 옛이름)에 대한 상세한 정보와 더불어 이 해협을 이용할 때 따르는 위험 요소에 대해 보고하고 있다.

> 이곳의 주민들은 해적질이 일상생활화 되어 있습니다. 무역선이 서해로 항해할 경우 이 야만인들은 별다른 방해없이 이 배가 지나갈 수 있게 해주지만, 이

29) E. D. Brown, "Maritime Commercial Malpractices and Piracy Under International Law", 8 Maritime Policy and Management (1981), pp. 99-107 참조.

30) F. J. Moorhead, *A History of Malayan and Her Neighbours*, Kuala Lumpur : Longmans of Malaysia, 1957, p. 134

배가 돌아가는 경우 키리멘(Krimun, 싱가포르 해협의 서쪽 어귀의 남방에 위치한 섬) 선원들은 무장을 갖추고 화살이 날아올 경우에 대처하기 위해 방어막을 두릅니다. 그러면 십중팔구 2-300여척의 해적들을 실은 작은 배들이 며칠을 두고 공격을 시작합니다. 운이 따라서 바람이 도와줄 경우 이들의 공격으로부터 벗어날 수 있지만, 그렇지 못할 경우 눈 깜짝할 사이에 선원들은 잔인하게 학살당하고 상품들은 약탈당하게 됩니다.[31]

위틀리(P. Wheatley)는 말라카의 술탄인 무자파르(Muzaffar)가 해적들의 소굴이 된 남지나해와 자바해가 만나는 전략적 요충지인 싱가포르와 벤탄(빈탄)에 대한 영향력을 행사하려 했던 것을 비롯하여 이 근방의 통치자들이 말라카와 싱가포르 해협의 전략적 요충지와 도서에 대한 영향력을 확장시키려는 노력에 대해 상세히 언급하고 있다.[32] 유럽인들에 의한 식민통치 이전이나 식민지 개척과정에는 동남아시아 해역을 오고가는 선박으로부터 상품이나 공물을 약탈하는 것이 이 해역 주변 국가들의 물품 조달수단 중 하나였다. 이 해역에 대한 유럽 해양국들의 진출은 이곳의 해적문제를 더욱 심각하게 만들었다. 특히 16세기 포르투갈 선박들은 "포르투갈인들 때문에 합법적인 무역활동에 제약이 생긴" 원주민들의 공격을 받았다.[33] 17세기에 접어들면서 말라카 해협과 싱가포르 해협을 통해 이루어지는 막대한 물자교역을 독점하려 한 국가는 네덜란드와 영국이었는데, 이들 유럽인들의 막강한 해군력과 해운회사의 교역활동으로 인해 원주민 선원이나 무역상들은 뒷전으로 밀려나게 되었다. 유럽인, 특히 말레이시아와 싱가포르에 있던 영국인들이 이 해협에서 이루어지는 교역량을 늘려 가면 갈수록 원주민이 이 해역에서 교역할 공간은 줄어들어만 간 것이다.

말레이 지역의 교역량과 해적행위사이의 상관관계는 명확하게 드러나지는 않기 때문에 해적행위 문제는 특정한 역사적·지리적 문맥에서 검토되어야만 할 것이다. 칼 트로츠키(Carl Trocki)는 1784년부터 1885년에 이르는 기간동안 말레

31) Singapore Tatler, 1983. 12, pp. 4-5.
32) P. Wheatley, *The Golden Khersonese*, Kuala Lumpur : Penerbit, University Malaysia, 1980, p. 309.
33) Asean Forecast Special Supplement: "Piracy in the Singapore Straits : a Lack of Political Will?", 1984, p. 77.

이 지역 통치자 조호르와 싱가포르 식민지 세력간의 관계 속에서 흥미로운 역사적인 사실을 보여주고 있다. 여기에서 그는 과거 조호르 왕국의 해양력이 어떤 방식으로 유럽인들에 의해 붕괴, 분열되었으며 종국에는 사라지게 되었는지를 검토하고 있다.[34] 트로츠키가 검토한 것과 마찬가지로 말레이 반도의 주변 환경은 농민인구의 집중과 이를 기반으로 한 육상중심의 정치세력이 성장에 저해요인으로 작용하였다.

> 이곳의 지리적 환경은 해안과 도서에 있는 숙련된 해양민족에게 일종의 강점으로 작용하게 되었다. 중국과 서방 사이의 국제교역로는 섬, 사주(砂洲), 그리고 협수로로 빽빽하게 들어찬 리아우-링가 군도를 통과하지 않을 수 없다. 더욱이 이곳을 지나는 계절풍은 이곳을 천연의 정박지로 자리잡게 만들었다.[35]

트로츠키는 이 해협을 지나는 원주민과 중국의 선박으로부터 세수를 거두던 오랑 라우트(orang laut, 해양민족)들의 적법한 이윤추구의 중요성에 대해 논하고 있다.

> 해양민족들은 조호르의 술탄에 의해 해양과 그 위에 떠다니는 모든 것에 대한 소유권을 보장받았다. 그들의 지도자가 술탄으로부터 받은 그 지위를 지키고 있는 한, 그들에 의한 무역관련 경비활동은 합법적인 해군작전이라 할 수 있었다.[36]

---

34) "구 조호르는 말라카를 이어 성립된 말레이의 해양제국이었다. 1512년 패퇴한 말라카의 술탄이 조호르 강 유역에 수도를 건설하면서 이 제국이 태동한다. 그리고 18세기에 이르러 점진적인 쇠퇴 과정을 거치게 된다."(Trocki, 1979 : 1). 리아우(Riau)는 조호르 구왕국의 일부였다. 트로츠키의 지적처럼 "조호르는 진정한 의미에서의 국가라기보다는 당시 엄청나게 분열되어 있는 정치집단의 일부였다. ..... 사실상 오늘날 조호르라고 불리는 지역에는 '국가'가 존재한 적이 없다. 당시 '조호르'는 어떤 섬 지역을 일컫는 말이었다(Trocki, 1979 :XV). 1824년 영국과 네덜란드 사이의 조약을 통해 양국은 기존의 해역을 효과적으로 나누어 가지게 되었고, 이것은 말레이 반도 끝쪽에 조호르라는 지금은 말레이시아 연방의 한 주에 해당하는 현대국가를 건설하는 계기가 되었다. 리아우-링가 군도는 현재 인도네시아 공화국의 일부이다.

35) C. A. Trocki, Prince of Pirates: *The Temenggongs and the Development of Johor and Singapore*, Singapore : Singapore University Press, 1979, pp. 15-16.

36) *Ibid.*, p. 56.

유럽국가들이 이 두 해협에 대한 통제권을 확보하려는 노력을 기울이자 이 지역에 있던 민족의 지도층과 그 추종자들 사이의 관계에 변화가 생기게 되었으며 오랑 라우트들의 전통적인 생계유지에 문제를 일으키게 되었다. 또한 지방의 유력자의 통치하에서 활동하는 오랑 라우트와 "정주지 없이 떠돌아다니는 무법자들을 포함한 방랑자와 반란폭도들"인 페롬팍(perompak, 해적) 사이에는 분명한 구분이 있었다. 말레이인들에게 페롬팍은 "운수가 따르지 않는 왕족들과 외국으로부터 온 모험가들 밑에 잠시 모인 집단"을 의미한다. 반면에 유럽인들은 자신들의 동서 교역의 통제에 훼방을 놓는 모든 활동과 선박들에 대해 승인받지 않은 폭력을 행사하는 것을 '해적행위'로 정의하고 있었다.[37]

1819년 싱가포르의 건설과 이에 따른 이 섬에 대한 영국의 통제, 그리고 1824년 3월 17일 런던에서 체결된 영국-네덜란드 조약에 의해 말라카 및 싱가포르 해협이 분리되게 되었다.[38] 이 조약에 따라 영국은 싱가포르와 말라카, 그리고 인도의 일부를 관할하게 되었으며 이에 대한 보상으로 영국은 네덜란드 수마트라의 관할권 전체의 인도 및 네덜란드의 벨리텅(Belitung) 점령에 대한 반대 입장을 철회하게 되었다. 비록 양자간에 명확한 해상경계선을 그은 것은 없었지만 양국간의 이해관계에 있어서 합의점을 찾고 양국에 귀속된 섬들의 관할권을 서로 확인했다.[39] 영국은 카리문, 빈탄, 바탐 섬 및 싱가포르 남쪽에 소재한 리아

37) '해적'과 '해적행위'라는 용어는 어느 정도 조심스럽게 사용되어야 한다. 왜냐하면 식민지배자와 원주민들이 바라보는 해적에 대한 인식에 차이가 있기 때문이다. 사실 자신들의 이득을 취하기 위해 이 해역에서의 교역을 통제하고자 했던 영국과 네덜란드인들은 당시에 있었던 교역과 관련된 분쟁을 '해적행위'로 간주하였다. 트로츠키(1979 : 63)가 관찰한 바와 같이 "말레이 인들이 관련된 해적행위와 정치적 활동은 대개 하나의 근원에서 나온 것이다." '해적행위'라는 사안과 그 원인, 그리고 그것을 억제할 수 있는 방안의 모색은 유럽인들에게 커다란 골칫거리였음에 틀림없다. Raffles, Thomas Stamford(1817, 1830) St. John, Horace(1853) *The Indian Archipelago*, 2권 1책(1969년 Heppenheim/Bergstrasse, Germany에서 재판 발행).

38) 영국과 네덜란드간의 런던 조약(1824)은 싱가포르에서 영국의 지위에 대한 인정을 목적으로 체결되었다. 말라카는 영국으로 반환되었고, 네덜란드는 말레이 반도에 있는 어떤 국가와도 조약을 맺지 않을 것임을 서약했다. 영국은 이에 따라 수마트라에 있는 국가와 어떤 조약도 맺지 않을 것임과 벵쿠렌(Benkulen)으로부터 철수할 것을 약속했다. 네덜란드가 영국이 싱가포르에 진주하는 것을 인정한 것은 영국이 원주민들과 협상을 하는 데 있어서 훨씬 덜 의존적이 되었다는 것을 의미한다. 트로츠키(1979) 참조.

39) J. R. V. Prescott, H. J. Collier & D. F. Prescott, *Frontiers of Asia and Southeast Asia*, Melbourne : Melbourne University Press, 1977, p. 76.

우 군도의 섬을 차지하지 않을 것임을 합의했고, 네덜란드는 말레이시아의 부존 자원에 대한 모든 이권을 포기했다. 1824년 8월 2일 조호르의 술탄과 체결한 새로운 조약에 따라 영국은 싱가포르 섬 전체와 이 섬의 해안으로부터 10마일 반경 안에 있는 부속 도서를 확보할 수 있게 되었다. 사실 리아우 군도에 있는 작은 도서들의 일부는 싱가포르로부터 10마일 안쪽에 있었기 때문에 영국-네덜란드 조약에 다소 문제를 일으킬 소지가 있었으나,[40] 싱가포르 및 그 주변지역에 대해 네덜란드가 큰 경제적 가치를 부여하고 있지 않았기 때문에 심각한 문제로 비화되지는 않았다.[41]

영국-네덜란드 조약이 지역 정치 판도에 미친 가장 중요한 의미 중의 하나는 이 조약이 기존의 테멩공족의 영역을 분할시켰다는 점이다. 이들 테멩공족은 이 지역 해상에서 주도적인 역할을 수행하던 민족이었는데 이들은 당시에 작업자들에게 노임을 지불할 능력조차 없었다. 트로츠키의 말에 따르자면;

> 이들을 도울 수 있는 유일한 길은, 기존에 이들이 종사하던 일을 계속하도록 해주는 것이다. 그 일이란 바로 해적질이다.[42]

영국-네덜란드 조약에 따라 영국은 해적행위라는 문제를 억제하기 위해 수많은 시도를 거듭했다. 이 와중에 영국은 테멩공의 이브라함의 도움을 받았는데,[43] 압도적인 기술력과 함포 및 새로이 등장한 대형 증기선을 동원함으로써 영국은 19세기 후반에 접어들면서 해적활동량을 줄여나갈 수 있었다.[44] 트로츠키가 지적하는 것처럼[45] 대해적 토벌활동으로 인해 더 많은 중국의 노동자들을 실은 선박들이 해적들의 공격을 받지 않고 싱가포르에 도착할 수 있게 됨에 따라 또 다른 차원에서 노예제도의 폐지로 이어졌으며 이 노예제도의 폐지에 따라 싱가포

---

40) Y.L. Lee, *Southeast Asia: Essays in Political Geography*, Singapore : Singapore University Press, 1982, p. 10.

41) H.J. Marks, "The First Contest For Sinagpore 1819-24", Verhandellingen van het Koninklijk Instituut Voor Taal(1959), Landen Volkenkunde, 27, Gravenhage.

42) *Trocki*(1979), p. 56.

43) *Trocki*(1979), pp. 208-11.

44) *Asean Forecast*(1984), p. 82.

45) *Trocki*(1979), p. 209.

르는 이 지역에서 가장 큰 노동 시장으로 자리잡게 되었다. 또한 영국은 테멩공족들의 힘을 상당부분 효과적으로 무력화시키게 되었는데, 이에 대하여 트로츠키는 이를 다음과 같이 언급하였다.

> 영국은 술탄의 정통성을 인정하고 그 기능을 조정하였다. 1885년 영국령 말라야는 함정의 갑판에서 운영된다고 할 수 있을 정도의 해양국가였다. 이는 그 이전에도 그랬었지만, 이 경우 시장의 규모, 선박의 종류, 그리고 이를 통제하는 사람들의 궁극적인 충성의 대상에는 차이점이 있었다.[46]

결과적으로 유럽의 무역과 식민사업은 이 지역의 지도자들과 주민들의 정치적·경제적 운명을 완전히 바꾸어 놓게 되었다. 지역 역사에 민감한 관심을 기울이고 있는 역사학자들은 해적행위라는 용어의 사용에 대해 이것이 주는 저열한 어감 때문에 상당한 심각한 반응을 보이고 있는 실정이었다. 왜냐하면 "이런 식으로(해적행위라고) 불리는 활동들이 자신들의 정당한 교역권을 박탈해간 식민 침략자들에 대한 민족적인 차원의 저항활동이라 여겨지고 있었기 때문이다."[47]

식민지 시대 동안 줄곧 이 해협을 장악했던 세력들도 선박에 대한 공격을 완전히 근절시키지 못했다. 20세기 후반에도 말라카와 싱가포르 해협은 세계에서 가장 해적들의 활동이 활발한 구역으로 지정되었다.[48] 오늘날 해적들은 선박이 운송하는 상품보다 선박의 금고 안에 들어 있는 현금이나 비디오 레코더와 텔레비전과 같은 소비재에 더 많은 관심을 보이고 있다. 현재 해적행위가 자행되고 있는 배경과 그 성격은 과거 식민지 시대의 그것과는 큰 차이가 난다. 이제 이 지역의 독립국들은 주변 해양에 대한 주권 또는 관할권을 확장시키려고 하고 있으며 이는 국제법상으로도 어느 정도 제도적인 보장이 되고 있다. 이와 같은 맥락에서 소위 해적활동이 자행되는 장소에 대한 이해문제는 해적문제해결의 중요한 요인이 된다.

---

46) *Ibid.*
47) *Asean Forecast*(1984), p. 83.
48) ICC-International Maritime Bureau Special Report: Piracy, 1992년 6월.

3. 말라카 해협과 싱가포르 해협[49)]

말라카 해협은 500해리가 넘는 거리에 걸쳐 말레이 반도와 인도네시아의 수마트라 섬 사이를 남북으로 가로지르고 있다. 이 해협의 북쪽 끝은 말레이시아의 페낭(Penang) 섬 근처로 폭이 약 126해리이다. 말레이시아의 켈랑(Kelang) 항 근처에서 시작하는 남쪽 부분은 이보다 훨씬 좁다. 인도네시아의 풀라우 루팟(Pulau Rupat) 섬 근방은 폭이 약 20해리이며 남쪽 끝, 즉 싱가포르 해협과 만나게 되는 지점인 카리문 섬의 북단 근해는 그 폭이 9해리 안쪽이다.

싱가포르 해협은 싱가포르와 비교적 큰 섬인 인도네시아의 바탐 및 빙탕 섬 및 다소 작은 섬들로 이루어진 리아우 군도 사이를 가로지른다. 이 해협의 길이는 약 62해리이다. 이 해협의 서쪽 끝, 즉 북쪽의 Tg. Piai(1° 16 ′ N, 103°31 ′)와 남쪽의 풀라우 카리문 케칠(1° 10 ′ N, 103°23.5 ′ E) 사이의 구역은 말라카 해협과 싱가포르 해협이 만나는 지점이다. 그리고 그 동쪽 끝단은 남지나 해로 향한다. 이곳에서 가장 좁은 지점은 싱가포르의 섬들과 인도네시아를 가로지르는 지역으로 약 5킬로미터의 폭이다. 이 해협의 평균 폭은 약 10해리이다.[50)] 그리고 이 해협의 동쪽 입구는 말레이시아의 Tg. Dakok(1°21 ′ N, 104°17 ′ E)과 풀라우 빈탄의 Tg. Pergam(1°10 ′ N, 104° 17 ′ E) 사이를 경계로 하고 있다. 5미터 이상의 화물운송 선박은 페드라 브랑카(Pedra Branka, Palau Batu Puteh:1° 20 ′ N, 104° 24 ′ E)와 루메니아 해안(Rumenia Shoal) 사이를 가로지는 폭이 3해리 밖에 안되는 중앙 해협만을 사용할 수 있다.

인도양으로부터 남지나해로 가는 가장 중요한 국제항로는 말라카 해협과 싱가포르 해협이다. 동남아시아나 중동, 혹은 유럽으로 향하는 일본과 그 밖의 동아시아의 상선들은 말라카 해협과 싱가포르 해협을 통항하고 있다. 소형선박으로부

49) 말라카 해협과 싱가포르 해협의 정치적, 법적, 경제적 국면에 대한 상세한 정보는 다음의 자료를 참고할 것 : Leifer(1978); Koh Kheng Lian(1982); Shaw and Thomson(1978); Vertzberger(1984); Chia(1981).

50) M. Leifer, *International Straits of the World - Malacca, Singapore and Indonesia*, Sijthoff and Noordhoff, 1978, pp. 58-61.

터 대형 탱커와 카고선에 이르기까지 연간 약 50,000척의 선박들이 이 해협들을 사용하고 있다.[51] 그리고 하루에 200여척의 선박과 이것의 절반에 해당하는 숫자의 탱커가 이곳을 통과하고 있다.[52] 이는 평균 매 6분마다 한척의 선박이 싱가포르 해협을 통과하는 결과이다.[53] 어쨌든 이런 산술적인 통계들을 논외로 한다 할지라도 이 해협은 국제적으로, 그리고 이 지역 국가들 모두에게, 특히 싱가포르에게는 대단히 중요한 의미를 갖는다.

그 밖의 항로들 -칼리만탄(Kalimantan)과 술루웨지(Suluwesi) 사이를 관통하는 마카사르 해협(Makassar), 순다 해협(Sunda) 그리고 롬복 해협(Lombok)-은 위의 두 해협보다 훨씬 더 길다. 마라카르 해협과 싱가포르 해협을 지나는 항로 외에 일본과 페르시아 만을 잇는 최상의 항로는 롬복-마카사르 해협을 통하는 것인데, 이 항로는 950해리나 더 길고 15노트로 항해시 3일의 시간이 더 소요된다.[54] 따라서 이들 두 해협을 사용함에 있어서 교통에 장애가 되거나 위협이 증가할 경우(예컨대 해적행위로 인해) 아마도 일부 사업주들은 더 길지만 안전한 항로를 이용하게 될 것이다. 따라서 해적행위와의 전쟁은 이들 해협을 지나는 항로의 전반적인 안전성을 고양시키는 노력의 일부가 될 것이다.

4. 말라카 해협과 싱가포르 해협의 영유권 분포

비록 이 해역 주변수역에 대한 대부분의 기선이나 영유권은 분명하게 나누어져 있지만, 부록 그림에서 나타난 바와 같이 영유권 문제가 불분명한 구역이 두 곳 있다. 인도네시아와 싱가포르 사이에는 각각의 해상 영유권과 관련하여 그 경계선에 대한 합의가 이루어진 바 없다.

---

51) Port of Singapore Authority Documents, 1989.
52) *BT Shipping Times*, 26 Feb. 1993, p. 22.
53) The Strait Times, 21 July 1989.
54) M. J. Valencia, *Malaysia and the Law of the Sea: Foreign Policy Issues and Options and Their Implications*, Malaysia : Institute of Strategic and International Studies, 1991, p. 110

(1) 인도네시아의 군도기선과 영해

1957년 12월 13일 인도네시아는 자국의 최외곽 도서로부터의 직선기선을 긋는 새로운 영해기선획정을 선언하였다. 인도네시아는 자국의 영해를 기선으로부터 12해리 폭으로 확장하였다. 그러나 인도네시아는 1958년 제1차 제네바 해양법회의에서 군도국가로서 자국 영해획정에 대한 새로운 군도기선을 인정받지 못했다. 그럼에도 불구하고 인도네시아는 1960년 2월 18일 자국의 새로운 정책을 국내법화하여 법령 제4호를 통과시킨 바 있다.[55]

인도네시아의 군도기선은 제3차 유엔해양법회의에서 수용되어 1982년 해양법협약에서 규정화되었다.[56] 인도네시아의 군도기선 획정은 195개 기점을 각각 직선기선으로 잇고 있다.[57] 1982년 해양법협약에 따르면 인도네시아의 12해리 영해와 200해리의 배타적 경제수역은 이 군도기선으로부터 측정된다. 그리고 이들 군도기선 안쪽의 해역은 내수가 된다.

(2) 말레이시아의 기선과 해역

말레이시아는 1969년 영해를 12해리로 확장하였으며,[58] 영해기선은 1958년 제네바 협약에 따라 획정되어야 함을 규정하고 있다.[59].

1979년 말레이시아 지도국은 자국 수역과 대륙붕 경계선을 표기한 지도를 발행하였으나,[60] 이 지도상에는 기선이 표시되어 있지 않았고 다만 말레이시아가

55) 인도네시아의 영해와 그 군도 기선에 대한 법령은 그 지도를 포함하여, *The Law of the Sea, Baselines : National Legislation with Illustrative Maps*, Office for Ocean Affairs and the Law of the Sea, United Nations, 1989 :187-193 참조.

56) 1982 United Nations Convention on the Law of the Sea, Part IV, Articles 46-54.

57) U. S. Department of State, Office of the Geographer, Indonesia : *Straight Baselines, International Boundary Study*, Series A, Limits of the Seas, No. 35, July 20, 1971.

58) Emergency(Essential Powers) Ordinance, No. 7 of 1969, P. U. (A) 307A, P. U. (A) 355/89와 P. U. (A) 468/89에 의한 수정본, Malaysia and the United Nations Convention on the Law of the Sea : Selected Documents(Hamzah Ahmad, ed, 1983: 273-276)에 재수록. 이 법령은 기선이 1958년 제네바 영해 및 인접 해역에 관한 협약에 따라 획정되어야 하며 이는 이 법령의 세목(細目)에 포함되어 있다.

59) J. R. V. Prescott, *The Maritime Political Boundaries of the World*, London : Methuen, 1985, p. 213.

60) Director of National Mapping, Malaysia, 1979, *Map Showing Territorial Waters and Continental Shelf Boundaries of Malaysia*, Sheets I and II. 새 지도는 Government

관할하고 있는 해역의 윤곽만이 표기되어 있다. 이 지도에 표기된 영해 외측한계선은 직선으로 되어 있는데, 이는 연안과 연안도서의 최외곽점들을 연결한 직선기선을 기준으로 그려진 것으로 보인다.

(3) 싱가포르의 영해

싱가포르는 1878년 이래로 3해리 영해를 유지하고 있는바,[61] 이는 인접국과의 폭이 좁아 12해리 영해를 주장할 수 없었기 때문이다. 그렇지만 싱가포르 정부는 그 해역을 확장하고 배타적 경제수역을 선포할 가능성이 있음을 암시하였는바, 즉 1980년 9월 15일 싱가포르 외무성은 언론 보도를 통해 "싱가포르는 영해를 3해리 이상으로 확장시킬 수 있으며 또한 배타적 경제수역을 선포할 수도 있다." 라고 선언하였다. 더 나아가 "싱가포르는 최대 12해리까지 영해를 확장시킬 권한이 있으며 배타적 경제수역도 설정하게 될 것이다"라고 밝힌바 있다.[62] 그러나 아직까지 싱가포르는 이 해역을 확장하거나 배타적 경제수역을 선포하지는 않고 있다.

(4) 해양경계선획정협약

1970년 3월 10일 말레이시아와 인도네시아는 양국간의 해상경계선과 관련하여 협약을 체결하게 되었다.[63] 이 협약은 말라카 해협의 남단에 위치한 양국 사이의 좁은 해협에서의 해양경계선을 획정하고 있다. 이 해양경계선은 수마트라 동해안을 따라 설정된 인도네시아의 군도기선과 말레이 반도의 서해안을 따라 설정된 직선기선 사이를 양분하는 173해리의 선이다. 이 해협은 그 폭이 협소하여 173마일의 경계선 상에 아주 작은 삼각지대만이 공해로 남게 되었다.

1979년 경계선협약에 의한 지도에 따르면 말라카 해협의 남단에 획정된 해양

Gazettte of Malaysia on 21 December 1979, PN. (G) 60, No. 5745에 게재 되었다.

61) 이 Territorial Waters Jurisdiction Act, 1878, 41 & 42 Vict. C. 73는 싱가포르가 영국의 식민지였을 당시의 영연방 조례에 법적 기초를 두고 있다. 이 조례는 the Statutes of Republic of Singapore, 1985년판의 부록에 포함되어 있다.

62) 이 언론 보도는 Phiphat Tangsubkul, 같은 책 부록 G, 128로 다시 출간되었다.

63) U. S. Department of State, Office of Geographer, Indonesia-Malaysia : Territorial Sea Boundary, International Boundary Study, Series A, *Limits of the Seas*, No. 50 of Jan. 10, 1973. 이 협약은 1971년 3월 10일자로 발효되었다.

경계선은 말레이반도 서안 끝에 설정된 직선기선과 인도네시아가 사용한 수마트라 동안의 군도기선을 양분하는 선처럼 보인다. 그러므로 최소한 이 지역에는 두 국가가 상호간에 직선기선 획정방식을 수용하고 있다고 볼 수 있다.

인도네시아와 싱가포르는 1973년 싱가포르 해협에 있는 양국 사이의 수역에 대한 해양경계선을 획정하는 협약을 체결하였는데,[64] 이 협약은 상호간의 조율을 거쳐 6개의 기점을 확정하였다. 이 6개의 기점을 잇는 해양경계선은 약 25해리에 이르고 있다.

(5) 미해결된 해양경계선

이들 3개국 간에는 아직 영해 경계선을 확정짓지 못하고 있는 첫 번째 구역으로는 말라카 해협의 남단, 즉 싱가포르 해협의 서단으로 수렴하는 구역이다. 인도네시아와 말레이시아의 협약은 아직 말레이 반도의 끝부분까지 완전히 효력을 미치지 못하고 있다(10번 기점은 말레이시아와 인도네시아간의 영해 협약에서 합의를 본 최남단 구역이다. 만약 3개국의 해역이 이 지역에서 완벽하게 확정되었더라면 싱가포르는 물론 인도네시아와 말레이시아도 경계획정협약에 합의하게 되었을 것이다.[65]

해양경계선 문제가 아직 해결되지 않은 두 번째 구역은 남지나해로 향하는 싱가포르 해협의 동쪽끝 부분이다. 1973년 협약을 통해 25킬로미터의 거리로 경계선을 획정했음에도 불구하고 이 해협의 동쪽 끝부분까지는 포함시키지 못하고 있다. 이것은 아마도 명확한 경계획정을 위해서는 말레이시아를 포함한 삼국간의 합의가 필요하기 때문일 것이다. 동쪽 경계선 문제는 호스버그 등대(Horsburg Lighthouse)가 위치한 섬의 영유권을 둘러싼 말레이시아와 싱가포르간의 갈등 때문에 더욱 복잡한 양상을 띠고 있다[66]. 이 두 해역에 대한 해양경계선 획정과

64) Agreement Stipulating the Territorial Sea Boundary Lines between Indonesia and the Republic of Singapore in the Straits of Singapore. 이 협약은 1973년 5월 25일에 조인되었다. U. S. Department of State, office of the Geographer, Indonesia-Singapore: Territorial Sea Boundary, International Boundary Study, Series A, Limits in the Seas No. 60. 참조.

65) 이 지역의 지도는 Mark J. Valencia, Malaysia and the Law of the Sea: Foreign Policy Issues and Options and their Implications, Malaysia : Institute of Strategic and International Studies, 1991, Malaysia and the Law of the Sea(1991), p. 34 참조.

관련하여 삼국간의 합의가 완전히 도출되지 않는 한 어떤 국가도 이들 해역에서 일어나는 해적행위에 대한 관할권과 관련하여 문제의 소지가 남게 될 것이다.

5. 해적행위의 형태와 항행선박의 취약점

여러 가지 형태의 해적행위를 구분하고 이들 중 특정 지역에서 더 많이 발생하는 해적행위의 형태를 구체적으로 고찰할 필요가 있는바, 오운(B. Aune)은 해적행위 유형을[67] "선박에 대한 전통적 방식의 해적행위", "정치적 동기에서 비롯된 해적행위", "난민들에 대한 폭력적 해적행위" 및 "요트 해적행위" 등으로 구분하고 있다.[68] 동남아시아에서는 거의 모든 형태의 해적행위가 발생하기는 하나 가장 빈번하게 발생하는 것은 전통적 방식의 해적행위와 난민 및 주민들에 대한 해적행위이다. 1970년대로부터 80년대에 이르기까지 수십만명의 베트남 난민들이 타일랜드와 말레이시아, 그리고 베트남과 캄보디아가 인접하고 있는 타일랜드 灣에서 잔인한 해적행위의 희생양이 되었다.[69]

본 장에서는 가장 빈번하게 발생되고 있는 해적행위, 즉 전통적 방식의 해적행위를 중점적으로 다루고자 한다. 이 방식은 일반적으로 단기간의 선박억류와 약탈행위, 무분별한 폭력행사 및 선원에 대한 위협행위, 그리고 자신들의 요구조건과 맞지 않을 경우 폭행으로 이어지는 형태로 전개된다.[70]

국제해사국의 자료를 보면, 싱가포르 해협과 말라카 해협에서 자행되는 속전속결의 "치고 빠지기 식" 해적행위의 양상을 상세하게 개념화할 수 있을 것이다. 비록 선박이 항구 주변에서 계류 중이건, 묘박 중이건 혹은 협수로나 일반수로에

66) *Ibid.*, p. 35.

67) B. Aune, "Piracy and its Repression under the 1982 Law of the Sea Convention", 8 *Ocean Yearbook*(1989), pp. 20-25.

68) "정치적 동기에서 비롯된 해적행위"에는 "해상테러행위"로 일컬어지는 공격이나 억류행위가 포함된다. 예를 들어 1975년 일본 선적의 세이라 마루(Sheira Maru) 대한 필리핀 반마르코스 반군세력의 억류사건과 1985년 이집트 근해에서 팔레스타인 해방전선(Palestine Liberation Front)에 의해 자행된 아킬레 라우로(Achille Lauro)호 납치 사건 등을 들 수 있다("해상테러행위"에 대한 논의는 Aune, 1989와 Birnie, 1989 참조).

69) B. Kasemsri, "The Situation of Refugees in the Territorial Waters of Thailand" in Eric Ellen, Piracy at Sea, Paris : ICC-IMB, 1989, pp. 113-119.

70) ICC-IMB(1992), Special Report: Piracy, 6월, p. 8.

서 항행중에 있건 간에 해적에 대하여 취약성을 보인다 할지라도, 실질적으로 싱가포르 해협과 말라카 해협에서 자행되는 거의 모든 해적행위가 항행중에 있는 선박에 대해 행해지고 있다. 정박중이거나 투묘중인 선박에 대한 공격은 아시아 지역 어디에서도 드문 편이다. 그러나 이러한 형태의 공격은 서아프리카와 남아메리카의 항만에서는 오히려 대단히 심각한 문제로 여겨지고 있다.[71)]

말라카 해협 및 싱가포르 해협의 수로에서는 거의 모든 종류의 상선들, 기존의 수송선으로부터 컨테이너선 및 탱커에 이르기까지 해적들의 공격을 받고 있다. 비록 하루 종일 이런 해적의 공격에 대한 보고가 이어지고는 있지만 1992년에 자행된 거의 대부분의 공격은 夜深한 시각에 이루어졌음을 알 수 있다. 말라카 해협과 싱가포르 해협과 같이 다른 예를 찾아볼 수 없을 정도로 교통량이 많은 국제항로에는 종종 불과 몇 마일도 안 되는 거리 안에 수백 척의 각종 선박이 줄지어 다니기도 한다. 야간 항행은 선박의 충돌이라는 상존하는 위험으로 인하여 대단한 주의가 요망된다. 이런 상황에서 이 해협 주변국가의 관계기관들이 만약의 경우에 대비하여 선박들에 대한 불시검문을 한다는 것은 실질적으로 불가능한 일이다. 국제해사국의 아시아-태평양지역 감독관인 마잔 압둘 사마드(Mazan Abdul Samad)는 다음과 같이 말하고 있다.

> 여러분들은 아마도 해적일 가능성이 농후한 선박을 점검하고도 이들이 어로 작업을 하고 있다는 단순한 이유 때문에 그냥 보내야 할 경우도 있을 것이다. 그러나 이들은 기회만 주어진다면 언제든지 그들의 희생양을 제물로 삼게 될 것이다.[72)]

대부분의 해적들은 작고 빠른 목재선박을 사용하여 집단적으로 활동하며, 각 선박에는 약 10명까지 승선할 수 있는데 간혹 3명 정도가 승선한 예도 있다. 이들은 목표 선박이 자신들을 탐지하지 못하도록 레이더 사각지대인 선박의 선미로 접근한 다음 로프와 갈고리를 이용하여 목표 선박에 올라탄다. 그리고 이들이 배에 오르자마자 선교와 선실로 향하여 선원들을 총과 칼로 위협한다.

71) ICC-IMB(1993), Piracy Report, 1992 .2, p. 3.
72) The Business Times, 1993 .6. 21, p. 3.

해적들은 선원들의 숙박시설과 선적 장소 및 창고 등도 약탈하는 것으로 알려지고 있다. 그리고 선박의 금고에서 현금과 소비재, 그리고 전자 제품을 절도하기도 한다. 1991년 11월 5일 새벽 2시경 보르네오 섬의 서해안인 세루투 등대(Serutu Lighthouse) 서쪽을 항행 중이던 오스트레일리아 국적 선박에서 일어난 사건은 동남아시아에서 일어나는 사건을 축약적으로 보여주는 예가 될 것이다.

> 해적들이 작은 선박을 타고 우현 쪽으로부터 배에 오르기 시작하여 선장실로 향했다. 이들은 선장에게 칼을 들이대고 금고를 열게 한 다음 의자에 묶어 놓았다. 해적들은 금고에서 현금을 모두 훔쳐낸 후 배에서 사라졌다.[73]

그러나 안타깝게도 해적들이 칼을 휘두르거나 기관총, 로켓이나 폭발물을 사용하는 등 수많은 폭력동원 사례들이[74] 보고되고 있다.[75] 예를 들어 1992년 4월 말경, 벨리언트 캐리어(Valiant Carrier) 탱커는 싱가포르에서 출발한지 네 시간 만에 공격을 받았는데, 세척의 고속보트에서 갑판에 '몰로토브 칵테일(Molotov Cocktails)'로 여겨지는 것이 던져졌고 선원들이 갑판 위의 불을 끄려고 하는 동안 해적들이 이 선박으로 올라타게 되었다. 선원들은 한군데로 집합하게 되었고 해적들은 선장과 그 가족들을 선실로 끌고 가서 금고를 열게 했다. 이 과정에서 격투가 벌어지면서 인도인 갑판부 선원 1명이 심한 상처를 입었고, 선장과 전기공, 그리고 선장의 딸(7세)이 부상을 입게 되었다. 다행히도 기관사가 선원을 모두 하선시킴으로써 선박이 더 이상 항진하지 못하게 되었으며, 선박은 해적들이 하선하자마자 선원들에 의해 원상복구되었다.[76]

만약 벨리언트 캐리어 사건에서 선원들이 모두 포박되어 해적들이 배에서 내린 이후에도 결박을 풀지 못했더라면 아마도 대형 충돌사고가 일어났을 것이다.

---

73) 이 해적행위에 대한 증언은 오스트레일리아 선적 TNT Capricona의 선장이 제출한 "Report of unlawful act"에서 인용되었다.

74) The Business Times, Singapore, 1993. 3. 3, p. 2.

75) 국제해사국 지역 해적센터(IMB Regional Piracy Center)에 따르면 해적들의 행동 양식이 각 지역별로 다양하게 드러난다고 한다. 예를 들어 홍콩-루존-하이난 섬을 잇는 지역에서는 말라카 해협이나 싱가포르 해협보다 병기를 사용하여 선박을 멈추게 하는 방법이 더 많이 동원되고 있다. 후자의 경우 '치고 빠지기"식 공격이 더 빈번하며 거의 대부분의 경우 선박을 멈추기 위해 병기를 사용하는 일은 없다고 한다.

76) ICC-IMB(1992), Special Report: Piracy, 6월, p. 9.

말라카 해협에서 1992년 9월 20일에 발생한 원유수송선 나가사키 스피릿(Nagasaki Spirit)과 콘테이너 선인 오션 블레씽(Ocean Blessing)간의 충돌사고는 해적행위로 인하여 발생될 수 있는 유사 사건의 가능성에 대해 주변국의 관계자들에게 경각심을 일깨워 주었다.[77] 수많은 화물선과 유조선들이 말라카 해협과 싱가포르 해협을 매일 통과하고 있다는 것을 생각한다면 이 지역에서의 해적행위가 지역환경에 심각한 재앙을 초래할 위험성이 대단히 높다는 것을 충분히 예견할 수 있으며, 이것은 결과적으로 해적행위 억제를 위한 인접국가간의 협력추진 필요성을 자연스럽게 제기하게 된다.

6. 해적 행위의 분포

국제 해양기구의 자료를 통하여 동남아시아에서 보고된 해적행위 발생지역에 대한 상세한 지리적 분포에 관하여는 관련정보의 범위가 다소 완벽하지는 않으나, 이와 관련 국제해사국 국장인 에릭 엔렌은 다음과 같이 밝히고 있다.

> 현재 보고된 해적행위는 빙산의 일각에 불과하다. 해운회사는 자사의 선박이 안전하지 않다는 인식이 생길 경우 사고를 보고하는데 주저하는 마음이 생기게 된다.[78]

선주들은 선원 노조와 생길 수 있는 갈등 때문에 해적행위가 공개되는 것을 꺼리고 있다. 왜냐하면 선원 노조가 해적의 공격 가능성이 있는 해역으로 나가는 선박에서 선원들을 일하게 하는 것을 거부하게 된다면 선주들이 엄청나게 값비싼 대가를 치루어야 하기 때문이다. 또한 사고사례가 보고될 경우 선박과 수하물에 대한 보험료가 상승하게 될 가능성도 선주들을 괴롭히는 요인 중 하나이다.[79]

---

77) 사고발생 이후 얼마 되지 않아 사고를 당한 나가사키 스피릿의 선주는 해적들이 이 선박에 불을 질러 콘테이너 선과 부딪히게 했을 수도 있다는 보고서를 제출하기도 했다.(BT Shipping Times, October 2, 1992).

78) BT Shipping Times, 1993. 2. 12.

79) Asean Forecast Special Supplement: "Piracy in the Singapore Straits: A Lack of Political Will?", 1984. 5. p. 80.

또 다른 문제는 일부 자료들이 공격장소, 공격시간 등에 대한 정확한 정보를 결하고 있다는 점이다.[80]

1992년 중반 싱가포르 국립해운협회(Singapore National Shipping Association: SNSA)는 이 해역에서의 해적행위 빈발 구역을 다음과 같은 목록으로 만들었다.

1. 말라카 해협
2. 베나아텐(Benaaten) 해협 근방 수마트라섬 북단
3. 필립 해협(the Philip Channel)과 인도네시아 리아우 군도 주변역
4. 남지나해의 아남바스(Anambas) 군도 근해
5. 남지나해의 풀라우 티오만 동쪽 망카이(Mangkai) 근방
6. 남지나해의 페드라 브랑카/풀라우 바투 푸테 근방
7. 방카 해협[81]

1991년과 1992년 초반 세계 어느 곳보다도 해적사건에 대한 보도가 크게 집중되었던 곳은 싱가포르 남방 16킬로미터 지점에 위치한 필립 해협으로 알려진 수로(20해리)와 인도네시아 해역 중 북위 01°02′, 동경 103°38′ 지점으로부터 북위 1°13′ 동경 103°55′ 지점에 이르는 구역이었다. 지역 해적행위 대책본부에 따르면 빈탄섬 주변과 필립 해협에서 일어난 해적행위가 1992년 동남아시아에서 발생한 해적행위의 47%를 차지하고 있으며, 전세계 해적행위의 3.1%에 해당된다고 한다.

> 수마트라 북부"와 "말라카 해협"에서 발생한 것으로 보고된 16건의 해적행위 모두는 인도네시아 해역에서 발생했으며, 1992년 보고된 동남아시아의 해적행위 중 78%(57건)가 인도네시아 해역에서 자행되었다.[82]

이로써 말라카 해협과 싱가포르 해협에서 발생한 많은 수의 해적행위가 인도네시아 해역에서 자행되었다는 것은 분명히 알 수 있다. 그러나 이들 중 많은 수가 국제법상 해양경계선이 확정되지 않은 구역에서 발생되고 있다. 이는 말라카

80) ICC-IMB(1993), Piracy Report, 1992. 2 참조).
81) SNSA, 언론 홍보자료, 1992년 5월.
82) ICC-IMB(1993), Piracy Report, 1993. 2, p. 4.

해협, 빈탄섬 근해 및 필립 해협에서 해적행위가 보고된 지역에도 적용될 수 있다. 이들 지역은 모두 해안과 접하고 있다. 싱가포르 해협의 서단에 대한 교통량이 밀집된 해상교통로에 대한 교통 분산 계획에 필립 해협이 포함되었고 이에 따라 이 구역은 해적행위의 온상지가 되었다.

화물, 선원 또는 선박에 대한 위협 때문에 싱가포르는 말라카 해협과 싱가포르를 통한 선박들의 교통량이 줄어들게 된다면 주변 국가들 중 가장 심각한 타격을 입게 될 것이다. 그렇지만, 1985년 이래 싱가포르 영해상에서 해상절도가 자행된 적은 거의 없으며, 싱가포르 해경에 따르면 1989년 이래로도 단 한 건도 없다고 한다. 이는 상대적으로 협소한 영해내에서의 싱가포르 해경과 해군의 순찰활동과 밀접한 관계가 있다. 그렇지만 근래에 들어 싱가포르 영해 부근에서는 많은 해적활동이 자행되고 있다.

말라카 해협과 싱가포르 해협에서의 해적행위는 상대적으로 감소하고 있는 편이나, 이 지역에서의 해적행위가 감소한데에는 각국이 해적행위에 맞서기 위해 더 많은 노력을 기울인 데에도 부분적으로 기인한 바가 크다. 그러나 거시적인 관점에서 보았을 때 해적행위는 국제적인 문제이며 국경선과 상관없는 문제라는 인식하에 주변국들의 효율적인 협력을 통해서만 해결될 수 있다.

7. 통항 분산계획수립 협력방안

1975년 이래로 이들 3개국은 말라카 해협과 싱가포르 해협에 대한 교통분산계획을 수립하기 위해 협력해왔다. 1975년 2월 18일 교통분산계획에 대한 3개국 외무부장관의 합동성명이 있었다. 말라카 해협과 싱가포르 해협에 대한 안전 항해에 대한 3개국 협정은 1977년 2월 24일부터 발효되었다. 그리고 1977년 11월 14일 정부간해사자문기구(Inter-Government Maritime Consultative Organization: IMCO) 결의안(A. 375(X))에는 교통분산계획과 해저항로 및 이에 따른 조항을 포함하여 말라카 해협에서의 새로운 항로체계가 반영되어 있다. 이 교통분산계획은 1981년부터 효력을 발생하기 시작했다.[83)]

83) 전반적인 내용은 Phiphat Tangsubkul, 1982, pp. 32-34. 참조. 본 기사는 Koh Kheng Lian,

8. 해적행위 방지 협력방안

1992년 인도네시아와 싱가포르는 싱가포르 해협 부근에서의 해적행위 문제 해결을 위한 상호협력 방안의 수립을 시도하였는바, 동년 6월 양국은 양국 해군간에 직통회선 설치를 협의했으며[84] 한 걸음 더 나아가 동년 7월에는 해적행위로부터 항로를 보호하기 위해 합동초계를 실시하기로 하였다. 이 협약에 따라 양국의 해군 함정들은 해적선박을 추적하던 중 이 선박이 해양경계선을 월선할 경우 상호간에 정보공유 및 상호 지원을 하도록 하였다.[85]

약 21년 전 정부차원에서 인도네시아와 말레이시아는 양국간의 해양협력을 위해 합동위원회가 구성되었는데, 여기에서도 해상에서의 정기적인 조우를 통한 정보 및 신전술 교환절차를 마련하였다. 1992년 12월 양국은 말라카 해협의 양국간 경계수역에 대한 합동초계를 수행하는 해양작전계획(Maritime Operation Planning: MOP)팀을 구성하여 말라카 해협에서 발생되는 해적활동에 대처하기 위한 국가간 협력을 보여주고 있다.

과거 효과적인 작전 수행의 장애요소 중의 하나는 관계당사국간의 조율능력 부족과 해양영유권이라는 사안이 갖는 민감성이었는바,[86] 특히 국가간의 경계를 넘나들면서 해적을 추적하는 것은 이웃 국가들에게 민감한 사안이 될 수밖에 없었다. 유엔해양법협약에 따르면 추적권은 공해에서도 지속적으로 유효하지만 추적 대상 선박이 제3국이나 자국의 영해로 진입하는 순간 효력을 상실한다고 규정하고 있다.[87] 말라카 해협과 싱가포르 해협에서 공해와 관련된 조항의 적용이 실질적으로 불합리하기 때문에, 이에 따라 추적권을 허용할 수 있는 인접국간의 상호 협정이 필요하게 되었다. 1993년 6월 인도네시아와 말레이시아의 합동작전 기간동안 양국은 상대국의 영해에 대한 초계활동을 전개하였으며 말레이 반도

1982의 부록으로 pp. 175-194에 재수록되었다.

84) *The Straits Times*, 1992. 6. 25, p. 1.

85) The Straits Times, Singapore, 1992. 7. 31, p. 32.

86) Asean Forecast, Special Supplement: "Piracy in the Singapore Straits: a Lack of Political Will?", 1984. 5, pp. 82-83.

87) 동 협약 제111조 3항.

최남단 주인 조호르에 위치한 조정국(Coordination Center)에 순찰정보를 전달하였다. 말레이시아 해양통제조정본부(Maritime Enforcement Coordination Center)의 투안 하심(Commodore Tuan Hashim) 사령관은 다음과 같이 말한바 있다.

> 어떤 경우라도 우리는 서로간에 상대의 국경을 침범하지 않을 것이다. 만약 우리가 어떤 선박을 추적하다가 다른 국가의 영해쪽으로 진입한다면 우리는 그 국가 당국이 해결하도록 할 것이다.[88]

9. 각국의 활동

해적행위를 감소시키기 위한 각국의 노력이 다양한 모습으로 전개되고 있는바, 이에는 보다 효과적인 감시활동, 예컨대, 수시초계실시, 감시활동에 필요한 해군 및 해경 인원 및 장비보강 등이 포함되어 있다. 이 결과 싱가포르는 자국 해역에서의 해적활동근절에 상당한 성과를 올리게 되었다.[89] 그렇지만 상대적으로 싱가포르가 관할하는 초계구역은 인접국가보다 상당히 작은 편이다. 예를 들어 인도네시아는 광범위하게 퍼져 있는 수많은 도서들로 이루어진 군도국가로서 이 지역에서 가장 긴 해안선을 갖고 있으며, 말레이시아는 자국 주변해역과 동쪽의 사바(Sabah) 및 사라와크(Sarawak)근방해역에까지 초계를 해야 한다.

해적행위 퇴치를 위하여는 이를 수행하겠다는 정치적 의지는 물론 막대한 자원의 투자와 부단한 노력이 필요하다. 특히 이 지역 국가들은 항행 중인 선박에 대한 해적행위 및 무장 강탈 문제를 해결하기 위해 더 많은 자원을 투자하고 있다. 즉, 말레이시아 경찰은 국경선과 연안지역에 대한 순찰활동의 강도를 높이기 위해 11대의 헬리콥터를 구매하는가 하면,[90] 말레이시아는 교통량이 많은 해상교통로를 순찰하는 4개의 대해적특수대를 신설하여 서해안의 루뭇(Lumut)과 랑카위(Langkawi), 그리고 싱가포르의 남쪽에 위치한 조호르 바루 등지에 있는 4개의 해경 기지에서 활동하고 있다.[91]

---

88) BT Shipping Times, Singapore, 1993. 6. 17, p. 1.
89) ICC-IMB(1992), Special Report: Piracy, 6월, p. 19.
90) The Straits Times, Singapore, 1992. 5. 20, p. 18.
91) BT Shipping Times, 1993. 2. 23.

인도네시아는 해적퇴치에 다소 소극적인 자세를 보여 왔다는 비판을 받아 왔으나 1992년부터 대해적 대응방안을 강화시켜, 자국 서해함대가 말라카 해협 및 이 해협과 이어지는 수로에서 해적을 소탕하기 위한 강력한 군사활동을 전개하게 하였다. 이에 관하여 싱가포르 주재 인도네시아 대사관의 연락부장인 사이와원 하미드(Syawyn Hamid) 해군대령은 다음과 같이 말하고 있다.

> 당국은 현재 해적활동을 하고 있는 해적나포에만 급급해서는 안 된다. 당국은 이들이 육상에서 약탈계획을 세우고 있는 단계는 물론 이들이 해적행위를 하고 난 이후의 활동의 적극적 차단까지를 목표로 삼아야 한다.[92]

10. 해운단체의 활동

많은 해운협력단체들은 해적활동이 빈번한 구역을 지나는 선주 및 선장들에게 국립싱가포르선주협회(SSNA)가 제시하는 바와 유사한 내용의 다음과 같은 조언을 지속적으로 하여왔다.

(1) 심야 시간대의 지속적인 순찰활동 강화

(2) 지속적인 견시 및 레이더 감시 활동

(3) 주변 선박 및 해안에 거점을 두고 있는 당국과의 통신유지 및 피격시 비상신호 합의

(4) 경보시스템을 가동할 수 있는 특별 안전 장비 설치

(5) 해적의 공격이나 약탈시 기록을 남길 수 있는 감시용 카메라설치

(6) 선실 접근수단 차단

(7) 선박 양현 및 선미 양측에 전조등을 설치함으로써 선박외부로부터 공격 사전 발견

(8) 선박승선자 저지목적의 소방 호스나 그 밖의 장비를 상비

(9) 시건된 컨테이너에 모든 개인 물품을 보관

(10) 다수의 무장강도 선박승선대비 선원들이 피할 수 있는 안전장소 지정

(11) 선원들에게 안전 및 조치계획 숙지

---

92) The Business Times, Singapore, 1993. 6. 29, p. 15.

해적의 공격이 감행될 경우, 선장은 경보와 동시 가속으로 외해 쪽으로 항진한다. 이를 통해 해안에 위치한 기관과 그 밖의 주변 선박이 사실을 인지하게 될 것이다. 최근에 자행되고 있는 해적들의 공격에 폭력을 동원하는 사례가 점점 많아짐에 따라 영국의 해운국은 선장과 선원들에게 "Merchant Shipping Notice M1517, Piracy and Armed Robbery"라는 지침을 작성하여 배포하였는바, 이 지침은 장비, 선원의 교육 및 사고 사례에 대한 보고 등이 실려 있다.

11. 국제해사국 지역해적센터

해적행위퇴치를 위한 이 지역내 국가들의 노력의 일환으로 지역센터설립 문제가 1992년 2월 27일 15개국의 해운 및 해운관련 산업, 국제기구와 사법부의 대표자 360명이 참석했던 쿠알라룸푸르 회의에서 발의되었다.

이 회의에서 국제상공회의소(ICC) 국제해사국은 현재 각국의 법률체계에 대한 편견 없이 사고의 확인 및 보고, 그리고 정보공유를 결정하여[93] 이에 따라 국제해사국 산하에 해적센터를 1992년 8월 1일 쿠알라룸푸르에 설치하였다.[94] 이 센터의 주요 기능은 정보 및 방송 센터의 역할을 하는 것으로, 그 자체로는 강제력을 갖고 있지 않지만 이 지역에 있는 사법기관들과의 연계하여 활동하며[95] 24시간 운영하면서 선박들에게 무료로 정보를 제공하고 있다.[96]

---

93) ICC-IMB(1992) Factsheet: Information and Broadcast Center, 10월.

94) 이 센터는 연간 미화 120,000달러의 운영비가 소요되며 이곳의 주요 후원자는 일본과 홍콩의 선주협회들이다.

95) 쿠알라룸푸르 소재 국제해양사무소는 1991년 동남아시아와 극동에 이르기까지 스리랑카 동부의 모든 국가들의 참여 하에 창립되었다. 이에 따라 새로운 지역해적센터가 관할하는 범위는 상당이 광범한 '지역'이다.

96) 지역해적센터의 업무는 다음과 같다.

1. 의아 선박 혹은 미확인 선박의 움직임이나 선박에 대한 해적행위 및 무장강도 사건에 대한 보고와 이에 대한 타 선박 및 사법기관에 대한 경보.
2. 방송 매체와 Inmarsat-C 및 NAVTEX를 통한 해적행위 및 무장 강도 정기적인 현황 보고. 선박들은 전화를 통해 이와 같은 정보를 확인할 수도 있음.
3. 모든 수집 정보에 대한 처리 및 분석. 국제해양기구를 비롯한 관련기관에 협조 및 정보 공유
4. 해적 피격 이후의 지원조치
5. 지역 해적 안내의 발행을 통한 해적 활동 및 무장강도에 대한 전반적인 정보, 예방적 차원의 조언, 유사시 행동요령, 증거 보존을 비롯한 사후 처리요령 등의 대한 정보제공.

12. 향후 협력방안

오늘날 해적퇴치에 관한 국가간의 협력에도 불구하고 향후 해적행위가 증가될 경우를 대비하여 여타의 협력방안에 대해서도 생각해 볼 필요가 있다. 앞으로 기대할 수 있는 것은 상기의 3개국 중 2개국 이상이 해적행위에 대한 초계권한과 인원 및 선박에 대한 나포권을 갖는 '합동경비수역'을 설정하는 것이다. 동 수역은 해협내에서 해적행위가 가장 빈번하게 발생하는 수역 중 특히 영유권이 불분명한 구역을 포함하고 있어야 한다. 또한 1개국 혹은 그 이상의 국가 영유권역까지 포함할 수 있을 정도로 넓은 해역이어야 한다. 이와 같은 협정을 통해 3국은 비록 합동경계수역의 일부가 타국의 영해와 겹쳐진다고 해도 합동경계수역 안에서의 타국의 관할권을 상호간에 인정할 수 있게 된다.

합동경계수역 협력방안의 일환으로서 3개국은 각국의 국내법과 연계시킴으로써 동 수역에서 자행되는 모든 해적행위를 국내법상의 범죄로 규정할 수 있게 됨으로써 이들에 대한 강력한 처벌을 할 수 있게 된다. 이와 같은 예방적 차원의 사법조치는 3국 모두가 해협에서의 안전항해라는 공통 관심사를 통해 정당화할 수 있을 것이다. 이에 따라 예방적 차원의 관할권과 관련하여 어떤 국가의 관계법이 일반적인 원칙에 부합하지 않는 경우가 있을지라도 이런 행위조차 범죄로 규정될 수 있을 것이다. 예방적 차원의 관할권은 기국주의원칙에 의한 보호원칙이나 결과원칙에 의해 정당화될 수 있을 것이다. 싱가포르와 인도네시아가 싱가포르 해협의 공동경비수역에서 자행된 해적행위를 범죄로 규정할 경우, 이것이 나포국의 영해 밖에서 이루어진 범죄라 할지라도 어떤 국가도 이에 반발하게 되지는 않을 것이다. 말라카 해협과 싱가포르 해협에서의 해적행위는 국제해운은 물론 이들 3국의 이해관계에 반하는 행위이다. 이는 해적행위가 자국 영해 밖에서 일어난 일이기 때문에 국제법상 자국을 기소한 국가가 관할권이 없다고 주장하게 될 해적행위를 미연에 방지할 수 있을 것이다.

또한 이들 3국은 공동경비수역에서 나포된 사람이 이들 3국 국민 중의 하나라면, 영토의 원칙 대신 국적의 원칙에 따라 재판을 받아야 한다는 것에 동의하게 될 것이다. 이와 같은 구도하에서 만약 싱가포르 당국이 악명 높은 필립 해협에서 해적행위의 혐의로 말레이시아인을 체포했을 경우 그를 말레이시아 당국으로 인도하여 기소 및 심판을 받게 할 수 있다. 이것은 비록 해적행위가 인도네시아령의 군도해역이나 인도네시아의 영해에서 발생한 경우라 해도 마찬가지이다. 이와 같은 국가간의 협약은 인접 국가의 영역 밖에서 일어난 행위에 대해 이웃국가들이 자국민에 대한 심판권이 없다는 것으로부터 오는 부담을 덜 수 있게 되었다. 이 협약은 비록 어떤 양국간에 공식적인 추방 협약이나 그 밖의 약정이 없는 상태라 할지라도 해적행위 혐의자를 기소를 위해 본국으로 인도할 수 있다는 것을 명시한 조항을 포함하게 될 것이다.

공동경비구역에서 초계활동을 하는 각국은 서로간에 자국이 수행하는 초계활동의 빈도와 수사중인 사건의 숫자 등을 알려주어야만 할 것이며, 초계함정들은 자국은 물론 인접국 관계당국과의 교신을 항상 유지해야 할 것이다. 공동경비구역과 관련된 협약에 비상업적인 용도로 운용되는 전투함이나 정부선박에 대해 나포권과 억류권이 적용되지 않는다는 조항을 삽입해야 할 것이다.

이와 같은 협약이 체결되는 데 있어서 문제점으로 다가오는 것은 동 협력방안이 자국의 해상영유권을 위협하는 일이 되지나 않을까 하는 우려이다. 이 문제는 이 협약이 누가 이 공동경비구역에 대한 영유권을 가지게 될 것인가라는 의문 때문에 나오는 것으로 보인다. 또한 해양경계선이 어떻게 될 것인가라는 의문도 또 다른 이유로 작용하고 있다. 이와 같은 문제를 해소하기 위해서는 3국간의 협약에 공동경비구역에서의 해적소탕활동이 이 구역에 대한 자국의 영유권을 재확인하는 것으로 해석되어서는 안 된다는 것이 전제가 되어야 한다.

무엇보다도 강조되어야 할 것은 이 지역에서 주로 피해를 입는 선박들이 대개 '국제적인 사용자'들이기 때문에 최소한 이 지역의 안전유지 비용부담이 동 해협 주변국에게만 돌아가는 것이 아니라 국제사회의 몫이 되어야 한다는 것이다.

제6절 국제적 규제방안

해적행위를 퇴치하고자 국제적으로 다각적인 노력을 하고 있음에도 불구하고 해적 피해가 세계 곳곳에서 끊이지 안고 있다 더욱이 최근의 해적행위의 양상은 단순한 도적행위에서 폭력화, 잔인화, 거대화, 조직화되고 있으며 살인행위까지 서슴지 않고 자행되고 있다. 또한 해적행위는 선박안전운항의 위협, 충돌, 좌초 등 대형해난사고 및 대형 유출사고 유발 가능성도 높다. 따라서 인적·물적 손해 외에 해양환경 파괴라는 재앙의 위험도 증대되는 것으로 알져졌다. 이처럼 해적행위는 어느 특정국만의 문제가 아니라 국제적 문제로서 세계해양질서를 파괴하고 있다. 물론 이러한 해적행위에 대하여 국제적으로 다각적인 측면에서 대처방안을 노력하고 있지만, 해적행위는 감소되지 않고 점차 심화되어 가고 있다. 따라서 이와 같은 해적행위의 국제적 규제에 관한 현실적인 문제점을 고찰하여 그 규제방안을 제시할 필요가 있다.

1. 현실적 문제점

해양이 국가의 영토처럼 인식되고 그 관심도가 증가함에 따라 영해 및 배타적 경제수역에 대한 각국의 주권 및 관할권이 강화되고 있는 가운데 해적행위 역시는 각국의 영해 또는 접속수역내에서조차 발생하고 있다. 따라서 이와 같은 해적행위에 대한 국제적 규제는 그 장소적 제한이 불가피할 수밖에 없으므로 결과적으로 타국과의 마찰소지를 안고 있다고 볼 수 있다.

해적행위에 대한 국제적 규제를 효과적으로 행함에 있어서 제기되는 문제점을 세부적으로 살펴보면, 첫째, 해적행위 발생지역 연안국의 해적퇴치에 대한 의지가 미흡하다. 이론상으로는 해적진압의 책임은 사건이 발생한 연안국이 지나, 개도국은 이를 위한 자원이나 의지가 부족하다. 기국도 책임을 져야 하지만 라이베리아나 파나마의 경찰력이 말라카 해협이나 브라질 해안을 순찰할 수는 없기 때문에 해적에 대한 조치는 유엔(UN)이나 국제기구, 단체 등에 의존할 수밖에 없다. 즉, 해적발생 해역 주요 국가들이 해적행위에 대하여 방관하는 자세를 취하다면 국제적으로 효과적인 법집행은 어렵게 된다. 둘째, 국제법(국제협약)과 국내법간에 충돌문제이다. 최근의 해적행위는 주로 영해에서 발생한다. 따라서 연안국의 주권과 관할권이 항상 충돌할 소지가 존재한다. 따라서 해적행위의 장소에 따른 규제문제, 타국 영해에서 해적행위를 하고 자국으로 도주할 경우의 해적행위조사 및 관할권집행 등에 관한 문제를 해결하려고 노력할 것이다. 셋째, 해적행위는 어느 특정 국가만의 문제가 아니다. 해적행위는 지금도 세계 곳곳서 자행되고 있으며, 세계해양질서를 파괴하는 행위로서 국제적 문제이나 국제적으로 대응할 세력이 없다. 최근의 해적들은 조직화, 거대화, 무장화, 가속화되어 가고 있는데 반하여 이에 대한 연안국, 지역국가 및 국제적 대응세력은 해적조직에 비하여 미미한 실정이다

2. 국제적 규제방안

상기의 해적행위 배경에 관한 고찰에서 알아보았듯이 최근의 해적행위는 지리적, 경제적, 정치적, 법적 요인에 의해서 주로 발생되었다. 근본적으로 이러한 해적행위의 발생요인을 제거한다면 가장 효과장인 대안이 될 수 있다. 따라서 이러한 측면을 중점으로 한 규제방안을 제시하고자 한다.

첫째, 국제정치적 의지가 필요하다. 해적에 대한 여러 국가의 재판관할권 등을 조정·협력해야 한다. 국제법(국제협약)과 관련국가들의 배타적 관할권 및 법적 관할권에 대한 문제를 적극적으로 해결해야 한다. 즉, 국제법(국제협약)을 현실화하는 국가 간의 협력과 범죄인 인도 등의 사법공조체제의 구축을 양자간, 지역적 또는 국제적 규모의 협력 및 공조가 필요하다.

둘째, 해양국제경찰제도(Maritime Interpol) 도입이다. 이는 국제적으로 공인된 조직으로 세계 어느 곳에서나 해적행위에 대한 조사 및 정보수집, 사법권을 행사할 수 있는 조직이 존재해야 한다는 것이다. 즉, 국제법(국제협약)을 효과적으로 현실화할 수 있는 조직이나 행동이 필요하다.

셋째, 연합해상세력의 창설이다. 이는 문제해역에 대한 지속적인 해양감시 및 정찰활동을 강화할 수 있는 세력의 창설이다. 이러한 세력을 양국간 또는 지역국가간에 창설하여 영해와 공해를 막론하고 해적행위에 대한 예방과 대응을 할 수 있는 실질적인 세력으로서 역할을 할 수 있도록 해야 할 것이다.

넷째, 해적행위 발생 지역 관련 국가들이 해적행위 방지를 위한 적극적 행동을 취해야 한다. 자국내의 정치안정 및 경제발전을 추진하고, 마약 또는 밀수의 유상근거지를 제거하고, 지방당국의 부패를 척결해야하며 국가간의 협력 등에 적극적으로 나서야 한다.

다섯째. 선진국 해적발생의 배경을 근원적으로 제거하기 위한 국제적 노력이다 즉 정치·경제적으로 안정을 취할 수 있도록 직접 또는 간접적으로 노력을 해야 하며, 법적 효력을 현실화할 수 있도록 선진 국가들부터 솔선수범하여 자국의 이익에 앞서 국제적 공동이익을 위한 노력을 경주해야 한다.

마지막으로 아시아 지역(특히 동남아시아)에서 발생하고 있는 해적행위 근절을 위하여 2006년도에 발효된 "아시아에서의 해적행위 및 선박에 대한 무장강도행위 퇴치에 관한 지역협력협정"의 적극적인 가입 및 그 구체적 이행 등을 위한 협력 및 공조체제를 구축하여야 한다. 해적행위 발생을 여전히 방관한다거나 예방의지가 약하다면, 동 지역은 해적국가라는 불명예속에, 국제무역 또는 국제투자의 감소 등 경제적 어려움 속에 21세기 해양시대에 역행하는 지역으로 국가의 번영 및 안정에도 치명적인 요인이 될 수 있다.

제7절 결 론

21세기는 해양의 시대이다. 국가간의 치열한 해양 관할권 문제를 비롯하여 해상교통로 확보는 한 나라의 운명을 좌우하는 핵심동맥으로 작용하고 있다. 또한 세계화·국제화의 가속화에 따라 국제무역의 급격한 증가와 함께 해상수송에 대한 의존율이 높아짐에 따라 안전한 해상교통로 확보는 국제사회 모든 국가의 최대 관심사 중에 하나가 되고 있다.

지금까지 해적행위에 대한 피해 대상국가의 수가 100여 개국 이상이라는 사실은 해적문제의 심각성을 잘 반영하고 있다. 하지만 해적행위에 대한 국제법적 규제와 실질적인 대처방안이 미흡한 상태여서 여전히 세계 곳곳에서 해적 행위가 발생하고 있다. 이는 탈냉전 이후 국제질서가 서서히 변화하면서 국제적으로 중요한 해상교통로를 위협하는 해적행위가 특정 국가만의 문제에서 국제사회 전체의 문제로 대두된 직접적 요인이라 볼 수 있다.

따라서 해적행위는 국제 해양질서를 파괴하는 인류공동의 적으로 인식하고 대처해야 하며, 동시에 자국의 이익에 앞서 국제공동체 안녕을 위한 노력을 경주해야 하며, 선진국들도 해적행위의 근원적 요인 제거를 위해 적극적으로 대처해야 하며 이를 위한 국제적 협력 및 공조에도 동참해야 한다. 또한 해적 발생지역 관련국들은 해적행위규제 관련협약이 현실화될 수 있도록 구체적 협력강구 및 국가의지의 표현이 무엇보다도 중요하다고 보인다.

해적행위는 국제사회 전체의 문제인 동시에 우리의 문제이기도 하다. 우리나라는 삼면이 바다로 둘러싸인 천혜의 해양국으로 그 어느 국가보다 해양의존도가 높기 때문에 안전한 해상교통로 확보가 우리의 생존과 직결되어 있음은 주지의 사실이다. 따라서 해상교통로 확보를 위한 해군력 건설은 물론 지역안보 및 국제적 안보에 적극적·주도적인 역할을 하여 결과적으로 해적행위에 대한 국제적 규제목적을 달성함과 동시에 우리의 생존전략목표도 성취할 수 있는 실질적 노력, 즉 해적퇴치를 위한 국가의지의 강력한 표명 및 관련국가와의 공조체제구축 등이 필수적으로 요구된다.

제13장

해양법상의 추적권 문제

제1절 서 언

국제관계에 있어 이해관계의 커다란 충돌과 마찬가지로 오늘날 국제법의 개념과 그 의미에 대한 일반적인 혼동과 강한 불일치가 국제관계의 복잡한 성격에 부분적으로 반영이 되었다. 현대 국제법의 약점중의 하나가 바로 국가간의 관계에 사용되는 여러 개념의 애매함, 즉 이들의 정확한 한계의 불확실성에 있다. 오늘날 국제법의 여러 분야가 어느 정도 제도화되어 이러한 현상을 해결하는데 도움이 되었지만, 아직도 해결되어야 할 것들이 산재되어 있다.

해양국제법상의 추적권[1] 문제도 입법화되어 최근에 증대되고 있는 "추적" 용어의 사용에 어느 정도 이론상의 뒷받침이 되고 있다. 국제법상의 추적권에 관한 원리는 공해자유의 원칙과 밀접한 관련이 있으며 이는 공해자유의 전통적인 제한을 의미하는 것으로써[2] 공해상 선박에 대한 배타적 관할권원칙에 하나의 예외

1) 이 권리를 프랑스에서는 "droit de Poursuite" 또는 "droit de Suite", 독일학자들은 "Recht der Nachteile" 또는 "Verfolgungs recht", 네덜란드에서는 "recht von achtervolging" 또는 "achtervolgingrecht" 등으로 그 용어를 표현하고 있다.

2) 이들 제한에는 국제관습상의 전통적 제한(해적행위, 임검권, 추적권 등), 협약상의 제한(노예무역의 폐지, 어업에 관한 규정, 해저전선의 보호 등), 국가의 일방적 선언에 의한 제한(Proclamation by Truman in 1945, Declaration of Santiago of 1952 등)이 있으나 이들의 인정에 관하여는 상당한 논쟁이 있어 왔음을 주목해야 할 것이다.

가 됨과 동시에 주권이나 관할권에 의한 연안국 수역의 효과적 보호를 위해 확립된 연안국의 권리이다. 추적권은 추적국의 영해, 접속수역 기타 일정한 인접 관할수역 내에서 외국선박이 추적국의 법령을 위반한 경우 동 선박을 나포하기 위하여 공해상까지 계속하여 추적할 수 있는 권리로서, 연안국이 영해나 기타 일정수역 내에서 불법 또는 위반행위를 한 외국선박을 공해로 도주하기 전에 나포하는 것이 용이하지 않으므로 도주하는 범법 외국선박을 공해상까지 추적하여 나포하고 동 선박을 연안국에 인치하여 연안국의 재판관할권을 행사하는 제도가 국제법상 인정되어 왔으며 이러한 권리를 해양법에 있어서 추적권(Right of Hot Pursuit)이라 한다.

추적권은 19세기 영・미의 관행에서 비롯되어[3] 1925년 Helsingfors Treaty에서 그리고 1933년 Anglo-Finnish Treaty에 구체적으로 등장하게 되었으며, 1930년 헤이그 법전화 회의(The Hague Codification Conference)에서는 추적권의 인정에 관한 참가국의 일반협정을 발표하였고 그 후 28년 동안 많은 변화를 거쳐 1958년 공해에 관한 제네바 협약 제23조에서 그리고 이를 다시 보완하여 1982년 유엔해양법협약 제111조에서 명문으로 추적권을 규정하여 오늘에 이르고 있다.

추적권은 도주선박의 나포와 같은 목적 이외에, 동 권리의 행사로 인하여 범죄현장에서 공해로 도주 후 추적국 관헌에 의해 추적・나포될 수 있다는 것을 인지하고 있는 도주행위 가능성이 있는 자로 하여금 불법행위의 시도를 주저하게끔 해주는 억제적 효과가 있는 심리적 예방기능도 아울러 갖고 있다. 오늘날 해양법에 있어 대륙붕의 탐사 및 이용, 공해생물자원의 보존 및 해양오염방지와 같은 현대적 발전분야의 활발한 전개에 있어서 추적권의 중요성이 증대되고 있음을 알 수 있으며 이러한 새로운 상황에 대처하기 위한 목적에서 또한 추적권의 적극적인 행사가 요구된다.[4] 오늘날 각국이 공해상에서의 관할권을 확장하려는 일반적인 경향임을 고려할 때 추적권 행사문제는 더욱 절실히 요청되며. 인류의 최후 보고인 해양이 범법선박들의 독점으로 인하여 그 질서가 파괴되고 이용이 제한되게 된다면 이는 실로 안타까운 일이 아닐 수 없다. 따라서 추적권 제도의

---

3) 해양법상의 추적권에 관한 역사적 기원은 Hovering Act와 특히 영・미의 국내법에서 알 수 있다.

4) N. M Poulantzas, *The Right of Hot Pursuit In International Law*, Sijthoff-Leyden, 1969, p. 4.

존재로 인하여 이러한 사태의 초래를 어느 정도 예방해 주는 기능을 할 수 있게 되어 그 중요성이 다시금 높이 인정받게 된다.

본장에서는 이러한 제반 현실적인 문제점들에 초점을 맞추어 추적권에 관한 전반적인 고찰을 하여 동 권리의 현대적 적용 및 그 특성을 구체적으로 전개하고자 한다.

제2절 추적권의 법적 개념

일국의 관할권 내에서 그 국가의 법령을 위반한 외국선박을 관할권을 벗어나 공해상까지 범죄자 추적을 계속하기 위한 예외적 특권인[5] 추적권은 자위권의 발산, 보통법 규정의 투영, 이미 시작한 관할권 행사의 계속 그리고 국제질서유지를 위한 관할권의 위임 등으로 설명되어 왔으며[6] 추적이 이미 시작한 관할권 행사라는 것은 Fiat Justitia라는 관념에 그 이론의 기초를 두고 있다. 즉 관할권이 영토내에서 적절히 행사될 수 있는 곳에서, 영해와 공해의 경계선에 도달되는 순간 갑자기 종료되어야 한다는 것은 합리적이지 못하기 때문이다.[7]

위반자가 이웃 영토로 도주하는 곳에서는 그가 외국영토의 침입을 하는 것이기 때문에 그 상황은 다르지만, 공해상으로 추적을 해 들어갈 때에는 기국 이외의 관할권에 직면하지 않을 수 있다. 따라서 관할권은 외국선박의 이중의무위반에 대한 공해상 기국의 배타적 관할권의 예외적인 특권으로서[8] 그 첫째는 허가없이 행한 불법어로와 같은 국내법령 위반이고, 둘째는 연안당국의 권한 행사에 대한 불복의 경우로써 설명될 수 있다.[9]

---

5) 공해상의 선박에 대한 추적권은 외국선박에만 해당된다. 공해상선박의 관할권에 관하여는 C. J Colombos, *The International Law of the Sea*, London, 1967, pp. 285-286 참조.
6) D. P. O'Connell, *The International Law of the Sea*, Vol. Ⅱ, Oxford, 1984, p. 1076.
7) M. S. McDougal and W. T. Burke, *The Public Order of the Oceans*, New Haven, 1962, p. 894.
8) G. Schwarzenberger, *International Law as Applied by International Courts and Tribunals*, vol. Ⅰ, London, 1957, pp. 341-345.
9) O'Connell, *op. cit.*, pp. 1077-1978.

Colombos는 추적은 "immediate, hot and continuous"이어야 한다고[10] 하였으며 Churchill과 Lowe는 "hot and continuous"이어야 한다고[11] 하여 추적의 법률용어에 "hot"이란 단어가 동반됨을 알 수 있다. "hot"이란 용어는 영·미 이론과 관행에서는 단지 추적의 즉각적 개시 요소를 의미한다고 하나, 추적권의 인정이 영·미의 관행에 대부분 따르기 때문에[12] "hot"이란 용어의 정확한 법적 내용을 파악하는 것이 중요하다. 유엔해양법협약 제111조 1항을 볼 때 추적의 비중단 요소는 계속적이란 문구로 보호되므로 "비중단"과 "hot"이란 요소의 명백한 차이점을 볼 수 있다. 따라서 동 협약의 문구에 의하면 "hot"이란 용어가 추적의 즉각성 요소를 나타내 준다는 것을 알 수 있다. 그러나 "hot"이란 용어를 추적에 있어서 어느 일면만을 강조하는 개념으로 해석해서는 아니될 것이며 추적의 즉각적 요소와 계속적 요소 모두를 내포하는 것으로 파악해야 본래의 추적권 개념에 충실한 해석이 될 것이다.[13]

보통법 국가에서 적용되어 온 추적권과 유사한 권리로서 "The right of fresh pursuit"란 용어에서 "freshly pursued" 및 "fresh pursuit"란 표현이 주로 추적의 즉각적 개시를 의미하는데 사용되었음을 알 수 있으며 또한 영국의 몇몇 규정에서도 찾을 수도 있으나[14] 추적의 법적 개염에 있어서 그 즉각성이나 계속성 또는 연속적 수행 모두 중요한 내용이 된다.

그러므로 해양법상의 추적권이란 외국선박이 연안국의 일정수역 내에서 법령을 위반했다고 믿을 만한 충분한 이유가 있을 때 연안국이 당해 외국선박을 공해상까지 계속하여 추적을 해서 나포하거나 재판에 회부하기 위하여 연안국에 인치할 수 있는 권리라 할 수 있다.[15]

---

10) Colombos, *op. cit.*, p. 168.

11) R. R. Churchill and A. V. Lowe, *The Law of the Sea*, Manchester University Press, 1983, p. 152.

12) 김정건, *현대국제법*, 박영사, 1981, p. 120

13) The Noth Case(1905)에서 캐나다 대법원은 "외국선박이 연안국의 어업이나 관세에 관한 법률을 그 관할권 내에서 위반했을 때 즉시 추적하여 공해상까지 계속할 수 있다."고 하여 하급심의 적법판결을 확인해 줌으로써 추적의 즉각성과 계속성을 강조하였다. Colombos, *op. cit.*, pp. 168-169.

14) G. L. Williams, "The Judical Basis of Hot Pursuit", *BYIL*, 1939, p. 87.

15) 유엔해양법협약 제111조 참조.

제3절 추적권의 내용

1. 추적의 장소적 범위

(1) 연안국의 내수, 영해, 접속수역에서 시작되는 추적

추적개시 문제에 있어서, 피추적선의 위치가 문제되나 피추적선이 연안국의 내수나 영해에 위치하는 경우는 이론이 없으며 Colombos는[16] "선박이 외국의 영수 내에 있을 때 동 선박이 외국의 법률은 위반하였다면 공해상까지 추적하여 나포할 수 있다"라고 하였다. 영수에서 시작하는 추적에 관한 구체적 사례로는 "The North Case"[17] 및 "The Fudge V. The King Case"[18] 등이 있다.

한편, 피추적 선박이 접속수역내에 위치하는 경우에 대해서는 논쟁이 있었다. 1930년 헤이그 법전화회의에서는 내수나 영해내에 한하여 추적권이 인정되나 접속수역내에 위치하는 경우에는 인정치 않았다.[19] Dennis는[20] 기선의 한시간 항

16) Colombos, *op. cit.*, p. 168.

17) 미국선박 The North 호가 1905년 7월 8일 캐나다 밴쿠버 Quatsino Sound 밖 3마일 한계 내에서 헬리벗 어업 중 캐나다 연안경비선 The Kestrel호에게 발견되자 도주를 하였다. 따라서 The North 호는 추적을 받아 3마일 수역 밖 약 1.75마일에서 나포되었다. 동 사건에서 캐나다 법원은 자위와 보호의 필요성을 이유로 추적권을 법적으로 정당화하는 문제는 수제할 수 없으나, 3마일 밖에서의 주권행사는 그 내에서의 보호권을 효과적으로 행사하기 위하여 필요하다는 것을 인정하여 영수에서 개시한 추적의 합법성을 긍정하였다. Colombos, *op. cit*, pp. 168-169 참조.

18) New Foundland의 St. John 에 등록되어 있는 The Geneva Ethel호가 적하목록에도 없는 주류와 담배를 적재하고 캐나다 영수에서 배회하다가 캐나다 밀수감시선 The Laurier호에게 발견되었다. 그리하여 동선박이 정선신호를 보냈으나 이에 응하지 아니하고 공해상으로 도주하자 추적을 받아 나포된 사건으로, 이 사건에서 캐나다 법원은 "The Geneva Ethel호는 적하목록에도 기재되어 있지 않는 화물을 적재하고 캐나다 영수에서 배회하고 있었으며 The North Case의 선례에 따라 The Laurier호는 3마일 밖에서 The Geneva Ethel호를 추적하여 공해상에서 나포할 권리가 있다."라고 판결하여 추적권의 행사에 있어 영수에서의 개시를 인정하였다. *Annual Digest*, 1941~1942, case No, 49, p. 177 참조

19) 이집트, 노르웨이, 핀란드, 폴란드, 라트비아, 독일 등은 합의를 조건으로 접속수역으로부터의 추적을 동의하였으나 영국의 반대로 합의를 보지 못하였다.

20) "The Singking of the I'm Alone", *AJIL*, 1929, pp. 354-355; Fitzmaurice, "The Case of

해반경으로부터 추적을 개시할 수 있음을 강력히 지지하기도 하였다. 그러나 국제법위원회나 해양법회의에서는 예외적인 규정으로 접속수역 내에서 추적권이 인정되는 경우를 규정하였다.

제2차 세계대전의 영향으로 연안국들의 자국의 관할권을 확정하고자하는 움직임에 힘입어 국제법위원회 특별보고자 Francois는 1951년 4월 10일 공해에 관한 제2보고서에서 "연안국이 관습법이나 법령위반을 막기 위하여 필요한 강제조치를 취할 수 있는 영수에 인접한 수역의 채택을 추정함은 외국선박이 이러한 인접수역내에 있는 동안 추적을 받을 수 있다고 하는 것을 인정한다는 것은 매우 논리적인 것이다"라고 하였고 동 제안이 협약의 초안작성시 받아들여졌으나 영국대표 Fitzmaurice는 "영해와 접속수역의 본질적 차이로 인하여, 영해에서 외국선박이 정선명령에 따를 의무가 있다고 해서 접속수역에서도 그대로 적용될 수는 없다"라고 반론을 제기하였다.[21]

따라서 제네바 해양법회의에서는 이들 상반된 견해를 조정하여 중간 해결책으로 접속수역에 관한 추적을 공해에 관한 협약 제23조 제1항에서 명백히 규정하게 되었다. 즉, 접속수역에서 추적을 할 수 있는 것은 이 수역에서 보호되는 연안국의 권리가 침해되는 경우에 한한다. 예컨대 관세를 위하여 접속수역이 설정되어 있을 때 관세에 관한 법규의 위반이 행하여진 경우에 한한다. 또한 침해의 내용이 접속수역을 설정한 본래의 목적과 다른 경우에는 추적권이 인정되지 않는다. 관세를 위하여 접속수역을 설정한 경우 그 수역에서 어업·위생 등에 관한 침해가 있어도 추적권이 인정되지 않는다.[22] 즉 접속수역의 설정목적에 위배되는 행위에 대하여만 이 수역으로부터 추적을 개시할 수 있음을 알 수 있다.[23]

과거에는 여러 국가가 관할권의 확장을 주장하여 특정목적의 다양한 범위의 접속수역을 설정하였으나[24] 오늘날은 유엔해양법협약 제33조에서 접속수역에 관한 명백한 규정을 하고 있으므로 문제의 혼란은 야기되지 않을 것이다. 따라서

The I'm Alone", *BYIL.*, 1936, p. 97.

21) *Yearbook of ILC.*, Vol. 1, 1956, p. 50.

22) *Ibid.*, p. 288.

23) 유엔해양법협약 제111조 참조.

24) 대부분의 국가가 영해밖 12마일을 초과하지는 않으나 특정한 경우에는 12마일 이상을 주장하기도 한다. C. G. Fenwick, "The Declaration of Panama", *AJIL*, 1940, p. 17 참조.

추적은 연안국의 내수, 영해, 접속수역에서 개시될 수 있다. 그러나 연안국이 12마일 내에서 유엔해양법협약 제33조에서 규정하고 있는 관세, 재정, 출입국관리 또는 위생법령의 위반방지를 위한 접속수역 설정목적 이외의 목적으로 인접수역을 설정하고 이 수역에 대한 배타적 사용권, 통제권을 주장한다면, 이들 국가에게 이러한 인접수역 보호를 위한 추적권 행사를 인정치 않는다는 것은 합리적이지 못할 것이다.

(2) 접속수역 이외의 특정목적으로 설정된 인접수역

가. 대륙붕의 상부수역

대륙붕이 국제법상 관심의 대상이 된 주요한 이유는 대륙붕이 지니고 있는 풍부한 자원 때문인 것으로 이러한 대륙붕이 국제사회의 권리주장의 하나로 등장하게 된 것은 1945년 9월 28일 미국의 Truman 대통령이 대륙붕의 자원에 대하여 미국이 관할권과 통제권을 가진다고 일방적으로 선언할 것에서 유래한다.[25)]

대륙붕에 관한 제네바협약 제3조 및 유엔해양법협약 제78조는 "대륙붕에 대한 연안국의 권리는 상부수역 또는 동 수역 상공의 법적 지위에 영향을 미치지 않는다"라고 규정하고 있으며[26)] 동 협약 제77조 1항을 대륙붕에 대한 연안국의 주권적 권리 행사를 규정하고 있다. 그러나 이들은 대륙붕을 심사하고 그 자연자원을 이용하기 위한 목적이어야 한다고 한다. 대륙붕에 대한 자연자원의 이용과 심사에 관한 법령이 이러한 목적을 위해 설치한 시설물에 특히 타당성을 인정하므로 이들 시설물 주변수역에서부터 추적에 관한 문제를 검토해야 할 것이다.

연안국의 대륙붕에 대한 배타적 관할권으로 인하여 대륙붕에 관한 법령위반의 경우 강제조치를 취할 수 있으므로 위반선박이 대륙붕 밖으로 도주할 때 추적을

---

25) "Policy of the United States with respect to the Natural Resources of the Subsoil and Sea Bed of the Continental Shelf", *AJIL*, Vol.40, 1946, Supplement, p. 45; *Laws and Regulations on the Regime of the High Seas*, Vol. I. 1951, p. 39; E. Lauterpacht, "Sovereignty over Submarine Areas", *BYIL.*, 1950, p. 376; R. Young, "Offshore Claims and Problems in the North Sea", *AJIL.*, 1965, 7, pp. 505-522 참조.

26) 어떤 국가는 대륙붕과 그 상부수역에 대한 주권을 주장하여 대륙붕과 그 상부수역에 대한 배타적 어업권을 확보하려 했다. 그러나 그러한 주장은 ILC 및 제네바 해양법회의에서 인정되지 아니했다. *Yearbook of ILC.*, Vol. I, 1956, pp. 145-146; A. H. Dean, "The Geneva Conference on the Law of the Sea", *AJIL*, 1958, p. 607 참조.

함이 당연한 결과인 것처럼 위반선박에 대한 대륙붕 상부수역에서 추적을 할 수 있다. "대륙붕에 대한 연안국의 권리는 그 상부수역의 공해로서의 법적 지위와 상부공역의 법적 지위에 대하여 영향은 미치지 아니한다"라는 「대륙붕에 관한 협약」 제3조를 들어 상부수역에서의 추적을 반대하는 주장이 있을 수 있으나, 이는 접속수역이 공해의 일부라는 관찰을 통하여 쉽게 해결될 수 있을 것이다. 또한 유엔해양법협약 제111조 2항에서 대륙붕 시설주변의 안전수역 보호를 위한 연안국의 법령 위반의 경우 추적을 개시할 수 있다고 하고 있다. 즉, 대륙붕의 시설 및 장치는 도서의 지위를 갖지 아니하며 자체의 영해도 갖지 아니하므로[27] 안전수역은 도서주변의 영해와 비유될 수 없다. 그러나 대륙붕의 이용과 탐사를 위한 시설과 장치는 연안국의 관할권하에 있으며 연안국은 이들 구조물 주위의 안전수역에서 시설과 장치보호를 위하여 필요한 모든 조치를 취할 권리를 갖는다.[28] 또한 외국선박은 이 수역에 실시중인 법령을 준수할 의무가 있다. 그러므로 연안국은 위반선박에 대한 추적권을 포함하여 안전수역에서의 강제조치를 취할 권리가 있음이 명백하다.[29] 1964년 1월 20일 서독정부의 「대륙붕에 관한 선언」 (Proclamation on the Continental shelf of the West Germany Government) 및 동년 12월 3일 네덜란드의 「북해상 시설에 관한 법률」(North Sea Installations Act)[30] 그리고 동년 4월 15일 영국의 「대륙붕법」[31] (Continental Shelf Act) 등도 동일한 내용을 규정하고 있어 관행의 일치를 알 수 있다.

다음으로, 대륙붕의 개발과 탐사 이외의 목적으로 설치한 시설과 인공도와 시설은 그 설치위치가 어디든 간에 국제법상 도서의 지위를 갖지 아니하며 자체의 영해를 갖지 않는다.[32] 오늘날 대륙붕에 설치한 시설에 대하여도 일부 국가가 관할권을 주장해 왔으나,[33] 문제는 이들 국가가 배타적 관할권을 확장해온 시설

---

27) 대륙붕에 관한 제네바협약 제5조 4항 참조.
28) *Ibid.*
29) 그러나 이 수역에서의 외국선박의 경비한 위반에 대해서는 추적을 시도해서는 아니 될 것이다.
30) *AJIL.*, 1966, 4, p. 340.
31) 동법에서는 시설주위의 500m 안전수역이나 자연자원의 개발을 위하여 대륙붕에 설치한 시설의 상부 및 하부수역에서의 위반행위에 대해서도 영국의 형사관할권이 미친다고 규정하고 있다.
32) 유엔해양법협약 제60조 8항.

에 대해서 강제조치를 취할 수 있는가이다. 이에 관해서는 앞서 언급된 바와 같이 연안국의 강제조치권이 있음을 알 수 있으며 해양법협약에서도 대륙붕에서의 자연자원개발 이상의 목적으로 장래에 시설을 설치할 가능성을 배제하지 않고 있기 때문에[34] 안전수역이 설정된다면 이 수역에 설치된 시설에 대하여 연안국은 배타적 관할권을 확장적용하기에 동 시설에까지 강제조치가 확장될 수 있음을 유추할 수 있다. 그러므로 이미 상술한 상황하에서 안전수역으로부터 추적을 개시할 수 있고 또 시설이 접속수역내가 아닌 대륙붕에 있을 때도 외국선박이나 동 선박의 승무원이 위반행위를 하였을 경우 추적을 할 수 있음은 분명하다.

나. 배타적 경제수역

유엔해양법협약 제5장에서는 영해이원에 인접한 수역으로서 연안국의 권리와 관할권 및 타국의 권리와 자유가 규율될 수 있도록 하는 배타적 경제수역을 규정하고 있다. 따라서 연안국은 동 수역에서의 여러 권리를 향유하는데 이러한 권리에 대한 외국선박의 위반행위에 대해서 연안국은 추적권을 행사할 수 있다. 해저가 배타적 경제수역의 상부수역과 연결되는 한, 대륙붕의 경우와는 문제가 다르며, 만일 인접 어업수역으로부터의 추적이 합법적이지 않을 것이라고 하는 것은 그 사유가 될 수 없다.[35] 따라서 탐사 및 이용에 관한 배타적 권리보호 측면에서 어떠한 형사상의 책임을 정당화해야 한다. 유엔해양법협약 제111조도 배타적 경제수역에 있어서 동 수역의 설정목적에 위반되는 행위에 대해서 추적권을 행사할 수 있음을 규정하고 있다.

다. 어업이나[36] 보존목적으로 설정된 수역

어업수역은 어업전관수역(Exclusive Fishing Zone) 이라고도 하는데 이는 어업의 목적을 위한 일종의 접속수역이라 할 수 있다. 따라서 그 범위도 12마일 한도내에서 설정되어야 하며, 영해를 12마일로 설정한 국가는 이 수역을 설정할 수 없었다.[37] 어업 및 공해의 생물자원 보존에 관한 협약에서는 이에 관한 국가의

---

33) *International Legal Materials*, No. 6, 1964, p. 1051.
34) 유엔해양법협약 제60조 및 80조 참조.
35) O'Connell, *op. cit.*, p. 1087.
36) R. E. Fidel, "Hot Pursuit from a Fisheries Zone". *AJIL*, Vol. 70, 1976, pp. 95-102.
37) U.S. Twelve-mile Fishery Limit, *AJIL*, 1967, 4, p. 658 참조.

유보조항을 규정하고 있으며 또한 그 철회가능성을 나타내고 있다.[38] 그러나 일국의 영해 내에서의 어업권은 그 국가의 국민에게 유보되어 있으며 국가는 이 수역 내의 불법어로에 대해서 매우 민감하므로[39] 영해 내에서 어업에 관한 연안국의 법령을 위반한 선박이 공해상으로 도주한다면 추적을 포함한 강제조치를 취할 수 있다.

어업수역에서 실시중인 규정과 어업법 위반에 관하여, 연안국은 동 수역에서의 배타적 관할권과 통제권을 들어 강제조치를 취한다면 위반 외국선박이 이 수역을 넘어 처벌을 피하기 위하여 도주할 때 추적을 할 수 있다.[40] 오늘날 공해상의 어업권은 모든 국가에게 인정되는 공해자유의 일부이며,[41] 어업의 자유에 대한 한 가지 제한은 공해생물자원의 보존조치에 따라야 한다는 것이고 그러한 조치는 영해에 인접한 공해의 특정수역에서 연안국에 의해 우선적으로 취해질 수 있다.

그러나 제3차 UN 해양법회의에서 새로이 법제화된 배타적 경제수역제도는 이러한 수역을 포괄하고 있으며, 그 범위도 영해기선으로부터 200마일까지 확장하고 있다.[42] 1965년 「한일어업협정」은 양국의 어업전관수역을 12마일로 설정한 바 있다.[43] 1736년 이후로 영국의 「밀수금지법」(Smuggling Act)이 제정된 이래

38) 어업 및 공해의 생물자원 보존에 관한 제네바 협약 제19조.

39) 유엔해양법협약 제19조 2항 참조.

40) 그러나 미국선박 The James Hamilton Lewis(1891), The Cape Horn Pigeon(1891), The C. H. White(1892), The Kate Anna(1892) 사건에서, 동 선박들은 러시아 영수에서 불법어로를 이유로 러시아 해안경비선의 추적을 받아 베링 해에서 나포되었다. 이 사건의 중재관 Asser는 "군함이 자국 영수에서 불법행위에 해당된다고 여겨지는 선박을 영수 넘어서 추적을 함이 인정된다는 러시아 정책이 국제법에 일치하는 것으로 간주될 수 없다. 왜냐하면, 특별협정으로 이러한 규칙이 훼손되지 않는 한 국가관할권을 영해 밖까지 확장하는 것은 아니기 때문이다."라고 하여 일반적으로 추적권을 부인하는 것을 의미하는 것으로 생각될 수 있으나, 이 판결에 관하여 많은 논쟁이 있었으며 이는 추적권을 부인하는 것을 의미하는 것이 아니라 이 사건의 특별한 사유 즉, 공해상 추적의 개시라는 이유에서 러시아 해안경비정의 행위를 경고함을 의미한다고 한다. Colombos, *op. cit.*, p. 169 참조.

41) 유엔해양법협약 제87조 및 제116조.

42) *Ibid.*, 제57조.

43) 그러나, 1966년 3월 14일 아국 해양경비정 제706호가 제주도 서방 전관수역(북위 33도 17분, 동경 125도 56분) 안에 들어와 어로작업 중이던 일본 저인망어선 제52·53 해양환(가이요마루)을 위협발사 끝에 나포하여 15일 새벽 제주도 연안으로 예인도중 파도가 높아 제52 해양환은 놓쳐 버리고 제53 해양환만을 예인하여 온 사건이 발생하였다. 이에 대하여 일본정부는 즉각적으로 반대성명을 발표하고 한국정부에 강력한 항의를 하였다. 즉 추적권

각국은 대부분이 영해의 범위를 초과하는 수역에서 관세적용을 의한 관할권을 주장하였다. 이에 관한 대표적인 사건으로 The Vinces Case(1927),[44] The Newton Bay Case(1927),[45] The Katina Case(1928),[46] Mason V. The King Case(1935)[47] 등이 있다. 이들 사건은 모두 연안국의 관세법 위반으로 추적이 되어 나포된 사건들임을 알 수 있다.[48]

공해자유의 원칙에는 어업의 자유가 당연히 포함되는 바, 수요의 격증과 기술의 발달에 따른 자유로운 남획으로 인하여 어업자원의 감소 또는 고갈화가 우려되게 되었다. 따라서 공해어업자원의 최대 지속적 생산을 유지하기 위하여 어업자원에 대한 그 어떤 보존조치가 요청된다.[49] 이러한 보존조치(어업규제조치)가 실시되는 공해상의 수역을 보존수역(Conservation Zone)이라 한다. 제2차 대전 후, 공해어업 문제에 가장 큰 파문을 던진 것은 보존수역의 설정에 관한 미국의 「공해 특정 수역에 있어서의 연안어업에 관한 선언」(이른바 트루만 선언, Proclamation with respect to Coastal Fisheries in Certain Areas of the High Seas, 1945년 9

은 한일어업협정에 명기되어 있지도 않으며 한국 해양경비정은 선박의 위치를 정확하게 가려내는 방위측정기도 없으며 동 선박이 한국 전관수역에 침입했다 해도 이는 어구를 격납한 무해통항이어서 한국 경비정이 전관수역 밖까지 쫓아 나와 추적을 함은 불법적인 행사라고 주장하였다. 그 후 우리 정부는 이 사건이 한일어업협정 발효 후 최초의 사건이었으며 재발하지 않도록 일본정부가 노력할 것을 조건으로 3월 30일 석방하였다. 그러나 일본 관서어업본부는 제53 해양환에 대한 손해배상으로 67만원(일화)을 청구하였다. 이 사건에서 일본 어선이 어업전관수역에 침범을 하였으므로 우리나라가 어업전관수역 즉, 접속수역에서 추적을 개시할 수 있음은 너무나도 당연한 일이며 이는 당시의 공해에 관한 제네바협약 제23조 1항 수반에 확정적이고 명문으로 규정된 내용에 따른 합법적 행위인 것이다. *한국일보*, 1966, 3월 16, 18, 19, 27, 29, 30일, 4월 2, 12일 참조.

44) 영국선박 The Vinces 호는 주류밀매에 종사하는 선박으로 1927년 3월 14일 미해안 약7.5 마일 거리에서 미연안경비정 The Mascoutin 호에 의해 발견되었다. 당시 이 선박은 1922년 미국관세법 제581조에 규정된 12마일 한계내에 있었다. The Mascoutin 호가 정선신호를 보냈으나 이에 응하지 않자 공해상까지 추적하여 무력으로 정선시켜 나포한 사건으로 Coghran 판사는 "12마일 한계내에서부터 공해상까지의 추적은 관세법으로 정당화되므로 연안국은 위반선박을 검색. 나포할 권리가 있으며 만일 공해상으로 도주한다면 추적하여 나포할 수 있다"라고 하여 추적권을 인정하여 선장에게 73,589달러의 벌금을 선고하였다. *Annual Digest*, 1927~1928, Case No. 128, p. 128.

45) *Annual Digest*, 1927~1928, Case No. 129, p. 196.

46) *AJIL*, 1930, pp. 175-181.

47) *Annual Digest*, 1935~1937, Case No. 111, pp. 263-265.

48) 관세수역에 관하여는, 박종성, "접속수역에 관한 소고", *중앙대 법정논총* Vol. 19, 1965, pp. 128-132 참조.

49) 최재훈 · 정운장 공저, *국제법강의*, 부산대학교출판부, 1984, p. 254.

월 28일)이다. 이 선언은 단독보존수역과 공동보존수역을 설정하여 어업규제를 한다는 것으로 그 자체는 아무런 새로운 권리를 주장한 것이 아니었으나 이를 계기로 하여 약소연안국은 크게 자극을 받아 보존조치보다는 오히려 일방적으로 어업을 통제하기 위한 배타적 권한에 중점을 두어 사실상의 어업독점수역으로 주장하게 되었다.[50)]

그러나 유엔해양법협약 제117조는 "모든 국가는 자국민에 대하여 공해생물자원의 보존에 필요한 조치를 취하거나, 또한 취함에 있어서 다른 국가와 협력해야 할 의무가 있다"라고 규정하고 있어 각국이 협약채택 및 보존에 필요한 수역을 설정하고 이 수역을 통제할 수 있다면 이 수역 내에서 당사국이 아닌 제3국이 협약에 반하는 행위를 할 경우 위반선박에 대한 추적을 인정할 수 있다. 우리나라도 1952년 1월 18일 「인접해양의 주권에 관한 대통령 선언」(Presidential Proclamation of Sovereignty over Adjacent Seas; 이승만 라인 또는 평화선)을 하여 어업에 관한 보존수역을 천명한 바 있다.[51)] 따라서 공해상의 특정수역에 있어 연안국은 생물자원 보존에 관한 조치를 취할 수 있으며 이 조치는 보존의 긴급한 필요성과 같은 일정한 조건하에서 일정기간 동안 외국선박에 대해서 유효할 것이다.

그러나 공해상 수백 마일까지 보존조치를 확장한 많은 일방적 선언들은 실제로는 생물자원 보존조치 의도가 아닌 자국의 관할권 확장 의도였다. 그러면 연안국의 일방적 선언으로 그들의 법률을 적용하고 관할권을 행사하기 위한 배타적 권한을 주장하는 공해의 확장된 수역 내에서 추적을 개시할 수 있는가? 국제관례 및 신해양법협약에 따라 적어도 배타적 어업을 위한 200해리 배타적 경제수역 설정은 국제법에 반하지 않으나, 그 이원을 넘어서 배타적 관할권을 일방적으로 확장함은 적법하지 않으며 공해자유의 기본원칙에도 반한다고 할 수 있다. 국제사법재판소도 영국과 노르웨이간 어업분쟁사건에서 "국가의 영해한계의 일방

50) 칠레, 에콰도르, 페루는 1952년 8월 18일 「Santiago 선언」으로 공해에 대한 주권과 200해리 배타적 관할권을 주장하였으며 기타 국가의 선언에 관하여는 *AJIL*, 1949, pp. 530, 554 참조.

51) 「이라인」은 소위 「맥아더 · 라인」(1945년 9월 27일 성립되어 3차례의 확장 뒤에 1954년 4월 28일 대일 평화조약의 발효와 동시에 철폐됨)에 대치할 목적으로 설정된 것으로 일본과의 관계에 있어서 어업분쟁의 가능성을 봉쇄하기 위한 평화선의 의미를 가진 것이며, 더 나아가 「크라크 라인」(Clark Line)에 대치된 일종의 방위수역(Sea Defence Zone)의 성격을 겸한 것이다. 보다 자세한 내용은 이한기, *국제법학(상)*, 박영사, 1971, pp. 331-332 참조.

적 확장은 국제법에 기초해야 한다."[52]라고 하고 있다. 하지만 오늘날 각국은 여러 가지 궤변적인 수단에 의해 공해상의 관할권을 확장하려는 경향이 증대되고 있음을 고려해야 할 것이며 1954년 Onasis Case에서[53] 많은 국가가 페루의 조치에 대하여 비난을 가했음을 주목해야 할 것이다.

(3) 추적의 외부한계

위반선박에 대한 추적은 피추적선이 나포될 때까지 공해상에서 계속될 수 있으나 항시 그러한 것은 아니며 피추적선은 자국이나 제3국의 영해로 들어감과 동시에 추적은 중단되어야 한다. 따라서 타국 영해내의 추적은 허용되지 아니한다.[54]

그러나, 문제는 피추적선의 기국이나 제3국의 접속수역 내에서 추적이 가능한가이다. 접속수역은 유엔해양법협약 제33조에 규정된 바와 같이 연안국의 특정이익을 보호할 목적으로 설정된 법적 의미를 가진 수역으로 특정한 목적과 관련이 없는 권리를 보호하기 위하여는 설정할 수 없다.[55] 또한 접속수역은 공해의 일부이므로 특별히 그리고 제한적으로 규정된 이익보호를 위한 권리 이외에 이 수역에서는 어떠한 권리도 존재하지 않으므로 피추적선의 기국이나 제3국의 접속수역에서도 추적을 할 수 있다. 그러므로 이러한 추적의 계속은 연안국이 접속수역에서 실시중인 특별한 그리고 제한된 관할권과 충돌하지 않기 때문에 타국의 접속수역에서 추적을 계속할 수 있으며 추적의 종료는 피추적선이 자국이나 제3

---

52) Fisheries Case, *ICJ Reports*, 1951, p. 132.

53) 1954년 11월 13일 The Olympic Challenger 호를 모선으로 하는 5집으로 구성된 파나마선적의 Onasis 포경선이 페루해안 약 110마일 해상에서 고래잡이 도중 페루해군에게 발견되어 도주하다가 추적을 받고 200마일 이원의 공해상에서 강제나포되어 기소된 사건으로, 영국정부는 페루외무성에 각서(Note)를 보내 동 포경선이 Lloyd's에 보험을 들고 있으므로 Onasis의 나포는 영국의 이익에 반하며 영국에 손해가 발생하면 영국정부가 손해배상권을 유보하고 있다는 것과 1952년 페루의 200해리 배타적 관할권 선언이 국제법에 반한다고 하였으나, 페루정부는 Onasis 포경선단이 페루주권을 침해했다는 이유로 영국의 각서를 거절하고 유죄의 선고를 하였다. 이 사건에 대해 미국, 영국, 파나마 등의 일부국가가 항의를 제기하였으나 긍정적 결과를 하나도 얻지 못하였고 페루에 대한 어떠한 강제조치도 취하지 못하였다. 결국 이 사건은 연안국의 선례가 없는 그리고 불법적 주장을 체험한 공해자유의 심각한 위기를 초래하게 되었다. *AJIL*, 1955, pp. 575-577 참조.

54) 유엔해양법협약 제111조 3항.

55) *Ibid.*, 제33조.

국의 영해로 들어갈 때 발생된다. 국제법위원회의 제34차 회의에서도 이 문제가 제기되어 Amado는 "위반선박이 제3국의 접속수역 내로 들어갔을 때 추적을 계속할 수 있는가?"라는 문의를 하였으며[56] 이에 대하여 Fitzmaurice는 "접속수역은 공해의 일부이므로 제3국의 접속수역에서 추적을 중단할 필요가 없다"라고 하여 긍정적인 견해를 나타냈으며[57] 기타 위원들도 동지를 표명하였다.[58]

그러면 외국선박의 추적을 피추적선박의 기국이나 제3국의 대륙붕에서도 계속할 수 있는가 그리고 어업보존수역에서도 동일하게 행사할 수 있는가의 문제가 제기된다. 전자의 경우 연안국이 대륙붕에 관하여 행사하는 주권은 자연자원의 개발과 탐사를 목적으로 확립되어 왔으나, 그럼에도 불구하고 이러한 권리는 공해의 일부로써 상부수역의 법적 지위에 영향을 미치지 않는다.[59]라고 하고 있으므로 타국 추적선의 대륙붕에서의 추적이 대륙붕에 관한 연안국의 관할권에 의해 배제되지 않으므로 추적은 위반선박의 기국이나 제3국의 대륙붕에서도 계속할 수 있다. 그러나 대륙붕을 탐사하고 그 자연자원을 개발하기 위하여 필요한 시설과 장치를 한 곳에서의 추적을 계속함이 이러한 시설의 안전을 위태롭게 하지 아니하고 실행될 것인가는 알 수가 없으며 더구나 연안국은 500m를 초과하지 않는 범위 내에서 시설과 장치주변에 안전수역을 설정할 권리가 있으며 모든 선박은 이러한 안전수역을 존중하여야 하며 또한 연안국은 이 수역에서 질서유지와 시설보호에 필요한 모든 조치를 취할 수 있다.[60] 결과적으로 이러한 대륙붕의 시설과 장치의 안전을 위태롭게 하는 한 안전수역에서의 추적을 계속한다는 것은 타당하지 아니하다.

어업보존수역에서도 추적의 계속이 이 수역에서 보호되는 특별한 이익에 해가 되지 않는 한 이 수역에서의 추적을 계속할 수 있으며 추적권에 대한 여러 한계가 제3국의 권리에 위배되지 않는다면, 상호협정에 의해 어업보존수역에서의 추적권 행사를 제한할 수 있다.

---

56) *Yearbook of ILC*, Vol. I. 1956, p. 52.
57) *Ibid.*
58) *Ibid.*, G. Amador, Padilia, Salamanca, Nervo, Scelle, Samdstoom 등.
59) 유엔해양법협약 제78조 1항.
60) *Ibid.*, 제60조.

2. 추적의 주체

(1) 개 요

연안국은 외국선박이 법령은 위반하고 도주할 경우 이를 추적·나포할 수 있으며 재판에까지 회부할 수도 있으나 이러한 권한이 남용되지 않도록 정확히 행사의 주체를 밝혀야 할 것이다. 이 점에 관하여는 학자들간에도 일치를 보지 못하였으며 1888년 이후 국제법학회와 국제법협회가 기초한 초안에서도 연안국의 추적권을 규정하고 있으나 이러한 권한을 행사할 수 있는 기관에 대해서는 아무런 언급도 하고 있지 않았으며 1930년 헤이그 법전화회의 소위원회가 기초한 초안이나 제2위원회의 초안도 동일하였다.

그러나 이 문제는 국제법위원회의 설치로 인하여 본격적으로 검토되어 1958년 공해에 관한 제네바협약 제23조 4항에서[61] 그리고 오늘날의 유엔해양법협약 제111조 5항에서 "추적권은 군함, 군용항공기 또는 기타 정부역무에 종사함이 명백히 표시되고 식별되며 이에 대한 권한이 부여된 선박이나 항공기에 의해서만 행사될 수 있다"라고 규정하고 있다.

(2) 군함, 군용항공기 및 기타

군함, 군용항공기는 그 크기나 형태 그리고 그들이 연안국의 지상군, 해군, 공군 어디에 속하든 관계없이 추적을 할 수 있다. 따라서 사고발생 시 항공기와 승무원의 구조에 사용되는 소형선박도 소속군이 있는 한 추적목적에 이용될 수 있으며 해안에 군대를 상륙시키는데 사용되는 지상군소속의 모든 선박도 동일한 목적에 이용될 수 있다. 추적에 있어서는 군함과[62] 군용항공기란[63] 용어의 해석

61) 동 협약에서는 "추적권은 군함, 군용항공기 또는 특히 추적의 권한을 받은 기타의 정부선박 또는 정부항공기에 의하여서만 이를 행사할 수 있다."라고 규정하고 있다.

62) "군함"은 일국의 군에 속하며, 동국가의 국적을 구별할 외부표식을 가지며, 동국가의 정부에 의하여 정당히 임명되고 그 성명이 동국가의 적절한 군적부나 이와 동등한 명부에 등재되어 있는 장교의 지휘하에 있으며, 정규해군규율에 따르는 승무원이 배치된 선박을 의미한다. 유엔해양법협약 제29조: Colombos, *op. cit.*, p. 259 참조.

63) 1949년 3월 5일 체결된 「Air Navigation General Regulation」에서 "군용항공기는 해군, 공

을 상당히 광범위하게 하고 있으므로 군함에는 수상함뿐만 아니라 잠수함도 포함되며 군용항공기에는 수상비행기나 헬리콥터 등도 포함된다. 그러나 국가기관의 구체적 종류나 그들 기관의 권한문제는 그 국가의 국내입법과 밀접한 연관이 있으므로 이를 일률적으로 열거하기란 그리 쉽지가 않다.

정부가 소유하는 선박은 대략 세 종류로 분류할 수 있다. 즉, 군함, 상업용 정부선박, 비상업용 정부선박인데 여기서 언급하려는 정부선박은 군함을 제외한 모든 정부의 선박을 의미하며 이러한 선박이 추적권을 행사할 수 있는가의 문제이다. 종래의 판례나[64] 학설에 의하면 정부소유의 선박은 공해상에서 외국의 관할권으로부터 면제되는 것이나, 현재에는 정부소유의 선박으로서 상업을 목적으로 사용되는 즉, 국유상선이 점차적으로 그 수가 증가하고 있으며 또 민간선박제도를 인정치 않는 공산주의국가의 선박은 대부분이 정부가 소유하는 것이다. 이러한 국유상선의 증가를 계기로 정부선박을 타국의 관할권으로부터 면제하자는 기준에 있어 종래의 선박소유주의를 배척하고 선박사용의 목적에 기준을 두자는 경향이 있다. 환언하면 공해에서 정부선박의 관할권을 면제하는데 있어 상업용 정부선박과 비상업용 정부선박으로 구별하자는 것이다.[65]

해양법회의에서도 상업용 정부선박에 한하여 면제를 인정할 것이냐의 문제를 가지고 격론이 전개되었으나 결국에는 비상업용 정부선박에 한하여 면제를 인정하게 되었다.[66] 종래에는 상업목적으로 사용되는 정부선박에 대해서도 면제가 인정되었으나, 현재 급진적으로 증가일로에 있는 국유상선에게 면제를 인정하는 것은 불합리하다. 유엔해양법협약에서도 동지를 나타내고 있다.[67]

따라서 연안국의 추적주체로서 정부역무에 종사하는 선박이나 항공기가 외국

군, 육군항공기를 포함하며 군의 목적수행을 위해 선발된 육, 해, 공군의 역무에 종사하는 자에 의해 명령되는 모든 항공기는 군용항공기가 된다고 생각할 수 있다"라고 규정하고 있다.

64) Colombos, *op. cit.*, p. 271.

65) 정부선박의 면제에 관해서는 1926년 4월 10일 Brussels에서 조인한 「국유선박의 면제를 위한 규칙통일에 관한 조약」에 상세한 규정이 있다. Colombos, *op. cit*, pp. 286-287.

66) 공해에 관한 제네바협약 제9조는 "국가가 소유하거나 운영하는 선박이라도 정부의 비상업적 역무에 사용되는 것은 공해상에서 기국을 제외한 여하한 국가의 관할로부터 완전히 면제된다."라고 하여 상업용 정부선박의 면제를 인정하지 않았다.

67) 유엔해양법협약 제96조.

의 위반선박에 대한 추적권을 행사하기 위해서는 특별한 권한이 부여되어야 하며[68] 정부역무에 종사하는 선박이 특별한 위임을 받음이 없이 추적권을 행사하였다면 기국의 국제책임을 초래하게 될 것이다.[69] 정부역무에 종사하는 선박의 추적권 행사에 있어 이러한 위임을 요하는 이유는 권한을 부여받지 못한 무책임한 선박의 행위로 인하여 야기될 수 있는 국제법위반을 사전에 예방하고 적당한 한계 내에서 권한행사를 하도록 함에 있다. 그러나 해양법협약에서 요구하는 권한의 위임은 모든 경우에 적용되지는 않으며 연안경비선이나 어업보호선 등과 같은 특수한 임무를 수행하는 선박은 일반적인 위임으로도 권한행사가 정당화된다. 따라서 또 다른 특별한 권한이 위임되어야 추적권을 행사할 수 있는 것은 아니다.

3. 추적권 행사의 선행조건

(1) 동일수역에서의 추적선과 위반선박의 동시존재 문제

피의선박이 연안국의 영해나 접속수역에 있을 때 정선명령을 발하는 선박도 동일수역에 존재하여야 하는가의 문제로서, 이는 추적의 효과적 수행과 밀접한 관련이 있기 때문에 동시존재를 엄격히 요구한다면 위반선박은 더욱 쉽게 도주할 수 있게 되어 나포를 면하게 될 것이다.

1894년 파리회기에서 국제법학회가 준비한 초안 제8조에서는 영해한계 내에 양선박이 존재할 것을 요구하였으나 1930년 헤이그 법전화 회의에서 다시 제기되어 최종결의안 부록1의 제11조에서 위반 외국선박은 연안국이 동일수역에 동시존재해야 됨을 인정하지 아니 하였다. 유엔해양법협약 제111조는 "영해 또는 접속수역 내의 외국선박이 정선명령을 받았을 때, 정선명령을 한 선박도 마찬가지로 영해 또는 접속수역에 존재할 필요는 없다"라고 규정하여 이를 분명히 하고 있다.

---

68) *Ibid.*, 제111조 5항.
69) *Ibid.* 제8항 참조.

(2) 위반선박의 위치

위반선박에 대한 추적의 합법적 개시에 앞서 선행되어야 할 두 가지 필수조건이 있는데, 그 첫째가 외국선박 또는 동 선박의 소형선중의 하나가 연안국의 내수나 접속수역에 있다는 정확한 위치의 확인이며, 둘째는 외국선박에 대하여 시각 또는 청각으로 정선신호를 보내는 것이다.[70] 만일 이러한 선행조건이 충족되기 전에 외국선박이 먼저 공해에 도달하게 되면 추적은 합법적으로 개시하였다고 볼 수 없으며 어떠한 추적의 계속도 되지 않을 것이다.

피의선박이나 동 선박의 소형선중의 하나가 영해나 접속수역에 있다는 것을 추적선이 확신하고 정선신호를 하여 이에 응하지 아니했을 때부터 추적이 개시되므로 피추적선의 정확한 위치는 사실상 상당히 중요한 요소가 된다. 왜냐하면 외국선박은 추적을 받은 후부터 추적선의 강제조치에 따라야 하기 때문이다. 따라서 연안국의 추적개시 권한이 있는 모든 선박이나 항공기는 실제적 수단을 사용하여 위반선박의 정확한 위치를 결정해야 할 것이며[71] 통신에 의한 위반선박의 위치파악으로 추적을 개시하였다면 이는 합법적인 개시라고 할 수 없다. 그러므로 추적개시에 앞서 외국선박에 대한 정확한 위치확인의 중요성이 최소화되어서는 아니되며 추적권을 포함한 국제적 사건 즉, The I'm Alone Case,[72] The Katina Case,[73] The North Case[74] 등의 사건에서 이 문제를 다루고 있다.

---

70) 유엔해양법협약 제111조 4항.

71) 위반선박에 대한 정확한 위치는 보통 추적선의 항해일지를 통하여 그 증거를 찾을 수 있을 것이다.

72) 이 사건에서 미국측은 The I'm Alone 호가 나포될 당시 미국연안에서 10.8마일의 거리 즉 1시간 항해거리 내에 있었다고 주장하는 한편, 캐나다정부는 연안에서 14.5마일 즉 미국 관할권 한계밖에 위치했었다고 하여 서로 다른 주장을 합동중재위원회에서 하였다. AJIL, 1935, pp. 326-331; *Annual Digest*, 1933-1934. p. 203 참조.

73) 알렉산드리아 합동상고법원(The Mixed Court of Appeals of Alexandria)은 "추적선 The Emir Farouk 의 항해일지로부터 위반선박 The Katina 호가 로제테 등대로부터 약4마일의 거리 즉 관세수역 한계 내에 있었음을 알 수 있다. 따라서 The Katina호에 대해 정선명령을 하였으나 이에 불응하자 추적하여 나포한 것은 합법적인 추적권 행사해야 "라고 하였다.

74) 1905년 7월 8일 The North 호는 캐나다 어업법을 위반하여 어로행위를 하던 중 캐나다 어업보호선 The Kestrel호에 의해 교우방위(Cross Bearings)를 통하여 캐나다 영수에 있었음이 확인되었다. 따라서 The North호가 공해상으로 도주하자 추적하여 나포하였다. O'Connell, *op. cit.*, p. 1080; Colombos, *op. cit.*, pp. 168-169 참조.

(3) 정선신호(The Signal to Stop)

추적의 합법적 개시의 두 번째 선행조건인 위반선박에 대한 정선신호는, 이 신호가 피의선박에 대하여 명확히 발하여졌을 때 추적을 합법적으로 개시할 수 있으므로 이는 그 중요성이 크다. 그러나 헤이그 법전화회의 및 제네바 해양법회의에서 통신에 의한 신호의 합법성에 대해서 문제가 제기되었으나, 이후 만장일치로 통신에 의한 신호는 추적개시를 위한 합법적인 것으로 간과될 수 없다고 하였다.[75] 시각이나 청각으로 신호를 보냈을 때 이 신호를 피의선박이 이해를 했는가를 확인하기 위하여는 무선통신을 사용할 수 있다.

한편, 연안국의 권한있는 선박에 의한 정선신호에 단순히 불복하였다는 이유만으로 추적을 개시할 수 있는가의 문제가 제기되나, 이 문제와 관련하여 정선신호에 불응한 그 자체가 연안국의 법령위반이 되는가를 먼저 고려해야 할 것이다. 유엔해양법협약 제111조 1항은 "외국선박의 추적은 연안국의 권한있는 당국이 자국의 법령을 당해 선박이 위반한 것으로 믿을 만한 충분한 이유가 있을 때 행사될 수 있다"라고 규정하고 있으므로 정선신호에의 단순한 불응만으로 추적의 합법적 개시를 하기 위한 충분한 사유가 되지 못함을 알 수 있으며 또한 일반적으로 연안국의 법령을 위반하지 않은 외국선박이라면 정선명령에 응하기 때문이다.

대다수 국가가 수용하고 있는 국제신호부호(International Code of Signal)[76]에 따라 신호를 발한다면 오해가 발생하지 않을 것이다. 두 선박의 거리가 오히려 가까운 때에는 사이렌이나 고성능확성기를 통해서도 정선신호를 할 수 있다. The Vinces Case(1927)[77]에서도 미국연안경비정 The Mascoutin호가 미국의 관세수역 12마일 한계 내에서 배회하던 영국선박 The Vinces호를 발견하여 경적으로 정선신호를 하였으나 이에 응하지 아니하고 도주하자 1시간을 추적한 뒤 접근하여 확성기를 사용하여 정선을 요구하였으나 또 다시 이에 응하지 않고 공해상으로 도주하므로 추적을 하여 강제로 정선을 시켰다.

---

75) Poulantzas, *op. cit.*, p. 124.

76) *International Legal Materials*, 1967, p. 700. 동법에 의하면 신호의 종류로서 ① Cones, Balls and Drums. ② Balls, Square Flags, Pennants and Wefs. ③ Fixed Coast, Semaphore 등을 들고 있다.

77) *Annual Digest*, 1927-1928, Case no. 128, pp. 194-195.

결과적으로, 연안국의 관헌은 외국선박의 위치를 정확히 확인해야 할 것이며 또한 위반에 대한 합리적 이유도 충분히 고려되어야 한다.[78] 그리고 연안국 선박의 다양한 신호가 그들의 성질과 목적에 관하여 아무런 의심도 발생하지 않도록 사용되어야 하며 이러한 지위는 연안국의 국제책임 발생과 추적권 행사의 남용을 배제하기 위하여 추적개시 전에 권한있는 당국이 취해야 한다.

4. 존재의 추정원칙

존재의 추정원칙은 특히 미국의 판례법에 의해 표현되고 발전되어온 추적권 이론의 일부이기 때문에 따라서 추적권과 유사한 것으로 취급되어서는 아니 된다. 이 원칙은 추적개시 요건 중의 하나인 범법선박이 연안국의 영해나 접속수역 밖에 머무르면서 동 선박의 소형보트를 이 수역 안으로 보낼 때 영해나 접속수역 내에 외국선박 즉 모선의 존재가 추정된다. 범법 외국선박이 실제로는 연안국 관할권 밖에 있으나 그 내에 있는 것으로 추정하는[79] 실제의 존재와 모순되는 이론으로서 이를 존재의 추정이라 한다.

이는 협의와 광의로 나뉠 수 있는데, 전자는 이미 기술한 것이고 광의의 존재추정은 연안국의 영해나 접속수역 내에서 위반행위를 하기 위하여 범법선박이 이용한 보트가 동 선박에 속한 것이 아닌 연안으로부터 와서 범행에 이용되었을 경우이다.

따라서 오늘날 이러한 이론을 적용함으로써, 외국선박이 위반행위를 하는 연안국의 영해나 접속수역 내에 존재해야 한다는 추적의 본질적 요구는 동 선박에 속하거나 이 선박과 불법적 관계를 맺고 있는 소형선이 이들 수역에 존재함으로 해서 대체가 된다.[80]

존재의 추정이론의 정당화를 위해서 모든 국가의 형사관할권행사에서 인정되는 "객관적 영토관할권"(Objective Territorial Jurisdiction) 원칙이 참고되어 왔다. 즉, 주권국의 관할권 내에서 주권국 법률위반에 대한 형벌권은 주권국의 선천적

78) 유엔해양법협약 제111조 1항.
79) O'Connell, *op. cit.*, p. 1092.
80) 유엔해양법협약 제111조 참조.

권리라고 하는 이론으로 여기서의 관할권은 영토내의 일부나 전부에서 행한 범죄에 있어서 영토 밖에서의 참가와 영토내의 일부나 전부에서 범행하기 위한 영토 밖에서의 어떠한 시도까지도 확장이 된다.

존재의 추정에 관한 최초의 사건이 바로 The Araunah Case이다.[81] 1988년 캐나다 선박 The Araunah호가 러시아 영수 밖에서 카누를 이용하여 바다표범 어로행위를 하다가 나포된 사건으로, 영국정부를 대표하여 Salibury는 "나포 당시 The Araunah호가 영해한계 밖에 있었다 하여도 허가없이 보트를 이용하여 러시아 영역 내에서 어로행위를 했다는 사실은 영수에 관한 국내법 규정에 따라 몰수와 나포를 정당하게 한다"라고 하여 나포의 합법성을 문제시하지 않았다. 이밖에도 The Tenyu Maru Case[82] 및 The Grace and Ruby Case[83] 등에서 협의의 존재추정원칙을 적용하였다.

존재의 추정에 관한 법전화는 1930년 헤이그 법전화회의에서는 아무런 규정도 없었으나 1950년 국제법위원회의 Francois가 The Araunah Case 및 The Grace and Ruby Case를 언급하여 주목을 끌게 되어[84] 1951년 제125차 국제위원회 회의에서 토의되었으나 수락이 되지는 않았다.[85] 이어 제네바회의에서 재차 토의된 후에 수락이 되어 공해에 관한 제네바협약 제23조에서 그리고 유엔해양법협약 제111조에 명문으로 동 원칙을 규정하게 되었다.[86] 이 규정은 외국선박의 보

81) Colombos, *op, cit.*, p. 173.

82) 일본선박 The Tenyu Maru 호가 미국 영수내에서 소형선을 이용하여 바다표범 어로행위를 하다가 발견되어 미연안경비정에 의해서 나포된 사건이었다. 재판소는 객관적 영토관할권이론을 들어 The Tenyu Moru호의 나포 및 몰수를 정당하다고 판결하였다. Poulantzas *op. cit.*, pp. 71-73.

83) 영국선박 The Grace and Ruby 호는 동선박의 부속 보트를 이용 미국에서 금지된 주류를 실어 나르다가 미국연안으로부터 4해리 되는 곳에서 미국관헌에게 나포된 사건이다. 이 사건에 관한 재판에서 Morton 판사는 "하역행위를 비록 3해리 밖에서 시작하였다하여도, 주류가 하역될 때까지 계속되었으며 이 목적으로 보트에 있는 3명의 선원과 소형선에 의해 능동적으로 도움을 받고 있었으므로 존재의 추정원칙에 따라 선박은 미국의 영수내에 있었다고 추정된다."라고 판결을 하였다. H.W. Briggs, *The Law of Nations*, New York, 1952, pp. 360-362; Colombos, *op. cit.*, p. 174 참조.

84) *Yearbook of ILC.*, Vol. Ⅱ, 1950, p. 44.

85) *Ibid.*, Vol, Ⅰ, 1951, p. 305.

86) 유엔해양법협약 제11조에서 "이러한 추적은 외국선박 또는 동 선박의 소형선중의 하나가 추적국의 내수, 군도수역, 영해 또는 접속수역에 있을 때 개시되어야 하며...."라고 규정하고 있다.

트가 연안국의 접속수역 내에 있을 때조차 이들 보트가 유엔해양법협약 제33조에 규정된 형태의 위반 즉, 관세, 재정, 출입국 관리 또는 위생법령의 위반을 할 경우 추적을 개시할 수 있음을 명백히 하고 있다.

그러나 유엔해양법협약 제111조 4항은 "추적은 추적선이 이용가능한 실제적 방법에 의하여 추적선이나 동 선박의 소형선 중의 하나 또는 하나의 선단으로 피추적선을 모선으로 사용하는 기타 소형선이 영해의 한계 내 또는 경우에 따라서는 접속수역, 배타적 경제수역 또는 대륙붕의 상부수역에 있다는 사실을 만족시키지 않는 한, 개시된 것으로 인정되지 않는다"라고 규정하고 있어 협의의 존재추정만을 나타내고 있는 듯하나, 존재의 추정원칙을 광의로 해석하여 위반선박의 소형선이 아닌 연안에서 온 보트를 이용하여 위반행위를 한 경우도 추적권을 행사할 수 있도록 해야 할 것이다. 실제로 과거에는 The Henry L. Marshall Case[87] 및 The Marion L. Mosher Case[88] 등에서 광의의 존재추정원칙을 적용하였다.

5. 추적권 행사의 기타 문제

(1) 유류오염이나 방사성폐기물 방출로 야기되는 추적

연안국의 접속수역에 있거나 통과중인 외국선박에 의한 유류나 방사성폐기물 방출로 연안국의 근해가 오염된 경우 공해상까지 해당선박을 추적하여 권한행사를 할 수 있는가의 문제로서, 먼저 유류오염의 경우를 고찰해 보면, 유류에 의한

---

87) 영국선박 The Henry L. Marshall호가 1921년 주류를 적재하고 미국으로 가서 밀매할 목적으로 미국 영수밖에 정선하여, 사전의 협정에 의해 해안에서 온 소형선을 이용·하역도중 나포된 사건으로, 이 사건에서 Hazel 판사는 The Grace and Ruby Case에 적용된 이론인 존재의 추정원칙을 수용하여 선박을 몰수하는 선고를 하였다. Colombos, *op. cit.*, p. 174.

88) 영국선박 The Marion L. Mosher호는 주류밀매에 종사하는 선박으로 미 해안에서 약 7~8마일 떨어진 거리에서 미국금지법에 위반되는 주류를 하역한 혐의로 나포되었다. 이 사건에서 영국정부는 3마일 이상에서의 나포는 국제법에 반한다고 항의하였으나, Woodrough 판사는 "행정관리의 3마일 밖에서의 권한행사는 정치적이며 법적인 문제가 아니다. 법률위반행위에 대하여 국가를 보호하기 위하여 행정관리가 위반선박을 나포하여 재판소의 관할권하에 두었다면 그러한 관할권은 문제가 되지 아니하며 또한 권한의 남용도 아니다."라고 하였다. Poulantzas, *op, cit.*, pp. 74-77.

해양오염이 심각한 문제로 제기되고 실제로 발생이 점차 증대되고 있는 현실에 있어서 이는 중요한 부분으로 인식되어 오염이 국가의 내수나 영해와 관련되는 한, 연안국은 유류오염에 관한 규정을 제정, 시행할 권리가 있다는 것은 의문의 여지가 있다.[89] 따라서 오염을 야기한 선박이 나포를 면하기 위하여 공해상으로 도주한다면 연안국의 법령에서 통상 규정하고 있는 추적권을 행사할 수 있으며 근해를 통과중인 경우도 동일한 조치를 취할 수 있다.[90]

오염이 연안국의 접속수역에 관계되는 경우도 위생법령 위반을 이유로 같은 조치가 가능하다.[91] 사실상, 유류로 인하여 어패류 또는 기타 생물자원이 오염되었거나 연안국의 해변이 오염되었을 때 연안국은 이로 인한 극심한 피해를 당하게 되므로[92] 접속수역에서 조차도 유류오염에 관한 규정을 시행할 수 있는 것이며 또한 위반선박이 정선명령에 따르지 아니하고 도주하였을 경우 이를 추적 I 나포할 수 있다. 그리하여 관계정부의 노력으로 1954년 5월 12일에 조인된 「유류로 인한 해상오염방지를 위한 국제협약」(The International Convention for the Prevention of Pollution of the Sea by Oil)의 채택을 시점으로 하여 많은 조약들이 등장하게 되어[93] 어느 정도 이에 관한 예방 또는 사후구제책으로서의 역할을 하게 되었다.

연안국 근해에서의 핵추진선박에 의한 방사성폐기물 방출은 유류오염 이상으로 연안국 주민의 건강이나 기타 막대한 피해를 주게 되므로[94] 이에 관한 규제가 절실히 요청되어 1906년 「핵에너지 분야에 있어서 제3자의 책임에 관한 조약」을 시작으로 많은 규정들이 채택되게 되었다.[95] 특히, 오늘날 상당수의 수상함과

89) 유엔해양법협약 제21조 1항.

90) *Ibid.*, 제194조.

91) *Ibid.*, 제33조.

92) Torry Canyon Case(1967), O'Connell, *op. cit.*, pp. 1006-1008 참조.

93) 이에 관한 조약으로는, 유류오염사고의 경우 공해상의 간섭에 관한 국제조약(IMCO, 1969) : 유류오염손해에 대한 민사책임에 관한 국제조약(1969, IMCO) : 선박으로부터의 오염방지에 관한 국제협약(IMCO, 1969) 등이 있으며 이외에도 다수가 있다.

94) M. J. L. Hardy, "Nuclear Liability : the General Principle of Law and Further Proposals", *BYIL*, 1960, pp. 223-249 참조.

95) 핵선박 행동자의 책임에 관한 조약(UN, IAEA, IMCO, 1962), 핵손해로 인한 민사책임에 관한 협약(UN, IAEA, 1963), 핵물질의 해상운송에 있어서의 민사책임에 관한 협약(UN, IAEA, 1971) 등이 대표적이다.

잠수함이 핵에너지에 의해 추진되고 있는 점을 감안할 때 이에 관한 규제는 더욱 절실히 요구되며 또한 심각한 사태의 발생도 예상할 수 있다.[96] 따라서 연안국의 영해나 접속수역에서 방사성폐기물을 방출한다면[97] 연안국은 위생법령의 의거 위반선박을 나포할 수 있고 만일 정선명령에 따르지 아니하고 도주하면 공해상까지 추적할 수 있다.[98]

한편 군함은 국가의 공권력을 행사하는 선박이므로 기본적으로 주권면제권이 인정되어 왔다. 이러한 특권은 해양법협약에서도 법제화되어 동 협약은 "해양환경의 보호 및 안전에 관한 본 협약의 규정은 군함, 해군보조함정, 국가가 소유하고 운영하며 당분간 정부의 비상업용 역무에 사용되는 다른 선박 또는 항공기에 적용되지 않는다"[99]라고 하여 그 적용의 예외를 규정하고 있다.

그러나 오늘날 군함의 광범위한 작전반경 및 군사활동의 증가에 따른 해양오염의 심각성을 고려할 때 군함에 대한 해양환경의 보호 및 보존에 관한 주권면제권 인정은 다시 고려할 필요가 있다. 물론 동 협약에서 각국은 자국의 군함 또는 군용항공기의 운영능력을 손상하지 않는 범위 내에서 적절한 조치를 채택하여 이들이 합리적이고 실행가능한 범위내에서 동 협약에 부합되는 방법으로 해동할 것을 보장해야 한다고[100] 하여 어느 정도의 자체 규제를 예정하고 있으나, 근본적으로 이 조항은 타국에 의한 강제조치가 아닌 자국에 의한 자체 조치조항이므로 그 강제성에 다소 의문이 가지 않을 수 없다. 결국 군함에 대한 해양환경의 보호 및 보존에 관한 규정의 직접적용문제는 심각하게 논의될 필요가 있다고 보인다.

(2) 무해통항 중인 선박에 대한 추적

무해통항이란 연안국의 평화, 공서 또는 안전을 침해하지 않고 영해를 통과하는 항행을 말하는데,[101] 이는 연안국의 영토권에 대한 제한일 뿐만 아니라 국제

---

96) McDougal and Burke, *op. cit.*, pp. 857-862 참조.

97) 핵추진선박의 정박이나 단순한 통과만으로 발생되는 폐기물은 유해한 영향을 주지 않는 것으로 생각된다.

98) 유엔해양법협약 제33조 및 제111조 참조.

99) *Ibid.*, 제236조.

100) *Ibid.*

통상과 호혜주의를 이유로 공동의 이익을 위해 인정된 항행의 자유이므로 무해통항과 관련하여 연안국은 법령을 제정·시행할 수 있으며 일정한 규제도 행할 수 있음과 동시에 외국선박은 무해통항을 함에 있어 연안국의 이러한 법령을 준수해야 한다.[102] 따라서 이에 관한 법령을 외국선박이 위반한다면 연안국 관헌은 이를 나포할 수 있고, 공해로 도주한다면 추적권을 행사할 수 있다.

또한 연안국은 영해 내에서 자국의 안전과 이익을 보호할 권리가 있으므로 외국선박에 대하여 차별을 가함이 없어 영해의 특정수역에 있어서 외국선박의 무해통항을 일시적으로 정지할 수 있으며[103] 이의 위반에 대해서도 추적권 행사가 가능하다. 그러나 그러한 정지는 연안국 안전보호에 불가결한 경우에 한하고 정당히 공시된 후가 아니면 실시할 수 없으며 국제해협을 통과하는 외국선박의 무해통항은 이를 정지시킬 수 없다.

(3) 위반행위의 미수나 혐의 또는 과실에 의한 위반행위의 경우

이미 언급된 행위와 유사한 행위를 외국선박이 미수에 그친 경우 연안국이 추적권을 행사할 수 있는가의 문제로서, 외국선박에 의한 금지된 행위의 미수의 경우 중대한 범죄이면 연안국은 추적을 할 수 있다. 기타의 경우는 연안국의 국내법에 의해 추적의 허용이 좌우된다. 그러나 일정한 경우 연안국의 국제책임을 초래할 수도 있으며 양국간의 협약이 존재한다면 이 협약이 우선적으로 적용될 것이다.

이 문제는 또한 국제법위원회에서도 언급이 되어 1956년 브라질 대표는 "연안국의 법령을 위반했거나 위반하려할 때 연안국은 추적권을 행사할 수 있다"고[104] 제안하였으며 이 제안은 Francois에 의해 재고되어[105] 드디어는 공해에 관한 제네바협약 제23조에서 연안국 법령위반행위의 미수시 추적의 허용이 됨을 그 취지에서 해석할 수 있게 되었으며 유엔해양법협약 제111조도 同志를 나타내고 있다.

범행혐의가 있는 외국선박의 추적에 대해서는 많은 논쟁이 있어 왔으나 위반

101) *Ibid.*, 제19조 1항.
102) *Ibid.*, 제21조.
103) *Ibid.*, 제25조.
104) *Yearbook of ILC.*, Vol.Ⅱ, 1956, p. 40.
105) *Ibid.*, Vol. Ⅰ, p. 49.

행위를 추적선이 실제로 알고 있을 것을 엄격히 요구하지는 않는다 하여도[106] 단순한 혐의(mere suspicion)만으로 유엔해양법협약 제111조 1항에서 규정하고 있는 "외국선박의 추적은 연안국의 권한있는 당국이 자국의 법령을 당해선박이 위반한 것으로 믿을만한 충분함 이유가 있을 때 행사될 수 있다"라는 규정에 의해서도 추적권 행사가 배제됨을 알 수 있다.[107]

이는 국내법 위반을 하였다고 의심할 만한 충분한 이유를 추적선이 갖고 있을 때 상호이익이 보호될 것이며 위반사실을 명백히 알고 난 후에 추적선이 행동을 하는데 있어서 엄격한 요구조건을 내세울 필요는 없을 것이기 때문이다. 즉 외국선박에 대한 국내법 위반의 단순한 혐의만으로 추적을 정당화할 수 없으며 합리적 혐의(reasonable suspicions)[108]가 있을 경우 추적을 하여 공해상까지 계속할 수 있다. 외국선박 또는 동 선박의 승무원이 과실로 인하여 위반행위를 하였을 때 연안국이 추적권을 행사할 수 있는가에 관하여, 연안국 법령위반의 기초가 되는 고의가 추적개시에 있어 필수적인 요건이 되어서는 아니 되므로 예외적인 상황 즉, 중대한 과실에 의한 위반행위에 대해서는 고의에 대한 선결조건이 없이도 추적이 가능하다.

그러나 외국선박의 위반행위가 중대한 과실에 의한 소지가 아님이 분명하거나 또는 위반의 결과가 연안국에게 중대한 영향을 미치지 않을 경우 연안국은 보통 추적을 포기하고 말 것이다. 사실상, 외국선박이나 그 승무원의 행위가 고의에 의한 것인가 과실에 의한 행위인가를 판단하기란 어려울뿐더러 이에는 주관적인 요소가 내재되어 있으므로 더더욱 곤란한 것이다. 또한, 위반책임이 있는 자의 고의는 사후 연안국에서의 재판의 결과에 커다란 영향을 주게 되므로 이를 판별하기란 쉽지가 아니하다.

---

106) McDougal and Burke, *op. cit.*, p. 696.

107) 공해에 관한 제네바협약 제23조 참조.

108) 무해통항하는 선박이 연안국의 국내법을 위반했거나 위반할 고도의 가능성이 있을 때 또는 금지된 화물을 적재하고 있을 때 보통 합리적 혐의를 받으며 이 경우 연안국은 이를 통제할 수 있으며 도주의 경우 추적·나포할 수 있다. 일반적으로, 승객을 정기적으로 운송하는 대형 Liner는 혐의를 받지 않으나 밀수나 기타 불법목적으로 종사하는 소형 또는 중형(200톤 이하의) 선박은 곧잘 혐의를 받게 된다.

제4절 추적의 절차

1. 추적의 즉각적 개시와 비중단

(1) 추적의 즉각성

추적권의 합법적 행사에는 즉각적 추적개시와 중단되지 않는 추적의 계속을 요한다. 따라서 추적의 즉각적 개시가 중요함은 재론의 여지가 있을 수 없다. 추적권을 공해자유에 대한 하나의 제한을 의미하여 연안국의 관할권 행사를 위해 신속한 조치를 요하는 급박한 상황에 행사되는 권리이므로 외국선박의 위반행위와 추적선의 추적개시 사이의 시간이 짧지 않다면 그때의 추적권 행사는 정당화되기가 어렵다 하겠다. 그러나 실제로 연안국이 관헌이 추적을 하는데는 어느 정도의 시간이 요구되므로 통상의 추적에 필요한 시간의 경과는 고려되어야 할 것이다. 그러므로 위반사실을 알고도 추적을 즉시하지 아니하고 상당한 시간이 경과된 후에 추적을 한다는 것은 권리의 남용으로[109] 간주되어 국제책임을 초래할 수 있다.

(2) 추적의 계속성

위반선박에 대한 추적을 계속함은 연안국 권리행사의 연속적 유지 및 관할권의 연결로서도 중요한 구실을 하고 있다. 더구나 추적의 즉각성과 계속성 요소로 인하여 공해상의 연안국 관할권 확장에 어느 정도 제한적인 역할을 하는 기능을 하게도 된다.

이러한 추적의 계속성 문제는 여러 학자들에 의해서도 강조되었으며[110] 헤이

109) 권리남용에 관해서는, L. Oppenheim and H. Lauterpacht, *International Law*, 2 vols, London, 1955, pp. 345-347 및 Anglo-Norweigan Case, *ICJ Reports*, 1951, 참조.

110) Colombos, *op. cit.*, p. 168; H. A. Smith, *The Law and Custom of the Sea*, London, 1959, p. 71; Churchill and Lowe, *op. cit.*, p. 152 참조.

그 법전화회의에서도 다수의 정부가 그 중요성을 주장하였다.[111] 마침내 공해에 관한 제네바협약 제23조에서 그리고 유엔해양법협약 제111조 1항에서 "또한 추적이 중단되지 않은 경우에만 영해 또는 접속수역 밖으로 계속될 수 있다"라고 규정하여 어떠한 이유로든 추적이 중단되었다면[112] 그때의 추적재개는 허용되지 아니한다.

추적의 계속성은 추적의 비중단을 의미하며 피추적선이 자국이나 제3국의 영해로 들어감으로써 발생되는 중단은 추적의 중단이 아니라 그 종료를 의미한다. 추적중단에 관한 구체적 사건으로는 The North Case[113] 및 The I'm Alone Case[114] 등이 있으며 추적이 중단되고 추적선의 관헌이 피추적선에 승선하여 서류조사나 기타 수색을 하고 아무런 조치를 취함이 없이 출발을 시킨 후에는 다시 추적을 할 수 없다. 이는 모든 조사를 통하여 추적의 목적을 실제적으로 달성하였기 때문에 추적의 종료로 간주되어야 하기 때문이다. 만일 다시 추적을 개시한다면 분명 이는 추적의 남용이 될 것이다.

추적의 계속성 여부의 결정은 객관적이고 실제적인 기준에 따라야 할 것이나, 사실상 추적선장의 추적계속에 관한 의도를 입증하기란 상당히 어려울 것이다.

111) 남아프리카, 독일, 오스트레일리아, 덴마크, 영국, 이태리 등.

112) 추적중단의 원인에 관해서는 다음과 같이 구별할 수 있다. ① 자연적 원인에 의한 중단으로, 심한 안개, 태풍, 폭풍, 어둠 등과 같은 기후조건 ② 피추적선의 고도의 속력이나 추적선의 기계고장으로 인한 일시적 정지와 같은 기계적 원인 ③ 위반선박이나 도주선박의 소형선을 나포하기 위한 정지와 피추적선의 화물과 서류 등을 조사하기 위한 정지와 같은 기타 사유에 의한 중단 등이다.

113) 추적선 The Kestrel호가 캐나다 영수에서 불법어로행위를 하는 The North호의 소형선을 나포하기 위해 일시적으로 정지를 하였던 것이 추적의 중단이 아닌가하는 문제가 제기되었으나 경찰이 절도범을 추적중 범인이 버린 물건을 증거로 수집하기 위해서 잠시 정지한 것이 범인의 추적을 중단한 것이 아닌 것처럼, The Kestrel호가 The North호의 소형선을 나포하기 위해 항로는 조금 이탈하여 정지한 것은 추적의 중단이 아니다라고 Martin 판사는 반대의 주장을 거절하였다. 즉, 추적과 관련된 사유로 인하여 추적과정에서의 잠시 이탈이 추적의 중단으로 간주되어서는 아니된다.

114) 캐나다 밀수선 The I'm Alone호가 미국 관세선 The Wolcott호에게 발견되어 추적을 당하던 중 The Wolcott호가 The I'm Alone호에 접근하여 전자의 선장이 후자의 선박으로 올라가 약 1시간 동안 타협을 하며 화물의 서류조사를 요구하였으나 거절당하고 다시 돌아와 추적을 계속하였다. 이 사건에서 캐나다는 The Wolcott호의 선장이 하선하여 The I'm Alone호에 승선하여 화물과 서류조사를 요구하였을 때(비록 거절을 당했다 하더라도) 이미 추적이 중단된 것이므로 The Wolcott호는 다시 추적을 할 수가 없다라고 하였다. 이에 대하여 미국정부는 상기의 사유가 추적이 중단된 것으로 간주될 수 있도록 충분한 이유가 되지 못하여 이는 단순히 추적의 일시적 정지에 불과하다고 하였다.

다만, 추적선장의 의도가 추적중단과정에서 항행일지에 기록이 되었다면 그리고 그 기록이 사실과 다르지 않다면 이는 매우 중요한 증거로서 기능을 하게 될 것이다.

2. 항공기에 의한 추적

추적권의 효과적인 행사 수단으로서 항공기 역할의 중요성이 제네바 해양법회의에서 본격적으로 수락이 되어 공인된 이래 오늘날 대부분 국가가 경찰이나 관세목적으로 항공기를 이용하고 있다. 추적절차에 있어 항공기 사용에 대한 발의는 노르웨이, 아이슬란드, 영국 등이 처음으로 하였으며,[115] 특히 영국 대표로서 국제법위원회 위원인 Fitzmaurice는 이를 적극적으로 지지하여 국제법위원회 제34차 회의에서 추적에 관한 초안 제47조에 부가하여 항공기 사용에 관한 규정을 삽입을 제안하였다.[116] Fitzmaurice는 추적에 있어 항공기의 직접 참가 사건과 국가의 관행을 언급하여 이를 지지하였으나 Francois는 항공기가 속도가 빠르기 때문에 위반선박이 영해를 벗어나기 전에 나포될 수 있다면, 거기엔 추적이 존재하지 않는다는 이유로 추적권 행사 범위의 확장을 위한 항공기 이용의 필요성을 찾을 수 없다고 하였으며 항공기에 의한 이러한 권리의 확장은 그 남용을 초래할지도 모른다고 하여 두려움을 표시하였다.[117]

그러나 Fizmaurice 는 또한 이에 대하여, 추적문제를 야기한 많은 사건들이 경계선 사건이었으며 항공기가 위반선박에 접근하기 전에 동 선박이 먼저 공해에 도달할 수 있을 것이라고 하여[118] 이 문제에 대한 논의를 계속한 끝에 국제법위원회(ILC) 제345차 회의에서 재차 검토 및 수정이 되어 공해에 관한 제네바협약 제23조 5항에서 그리고 유엔해양법협약 제111조 6항에서 항공기에 의한 추적을 규정하였다.[119] 동 협약에서 사용되는 "항공기"란 용어는 비행기, 수상

115) *Yearbook of ILC.*, Vol. I, 1956, p. 52.
116) *Ibid.*
117) Colombos, *op. cit.*, pp. 736-737 참조.
118) *Yearbook of ILC.,*, Vol. I, 1956, p. 53.
119) 유엔해양법협약 제111조 6항 "추적이 항공기에 의해 행하여지는 경우" 참조.

비행기, 헬리콥터 기구, 또는 나는 종류의 모든 기계를 포함하는 기구로 해석해야 할 것이다.

수상비행기에 의한 위반선박의 추적과 나포는 동 비행기가 이 선박에 나란히 접근하여 승무원을 체포할 수 있을 때 그 선박의 실제적 나포를 한 것으로 볼 수 있다. 헬리콥터는 연안경찰이나 어업보호 목적으로 자주 이용이 되며 위반선박의 직접나포와 탐지 및 신호발신 등에 보다 효과적이며 위반선박을 연안국 항구로 호송할 수 있을 뿐 아니라 동 선박에 착륙하여 유도할 수도 있다.

유엔해양법협약 제111조 6항의 규정에 따라, 항공기에 의한 위반선박의 추적을 합법적으로 개시하기 위해서는 추적항공기 조종사가 먼저 위반이 발생하였다고 믿을만한 합리적 이유를 갖고 있어야 하며 다음으로, 피추적선이 영해나 접속수역에 있다는 정확한 위치의 확신이 요구된다. 이는 추적의 남용을 방지하기 위해서 절대적으로 필요하나 조종사가 위반선박의 정확한 위치를 확신하고 있었는가의 문제는 그 입증이 대단히 어렵다.

이어서 위반선박에 대한 정선명령이 요구되며 이는 동 선박이 보거나 들을 수 있는 거리에서 시각이나 청각으로 해야 한다. 그러나 이러한 거리는 사실상 특별한 상황이나 기후조건 등으로 다양해질 수 있다. 따라서 이는 조종사의 개인적 판단에 좌우되는 주관적인 성격을 띠고 있다. 무선신호에 의한 정선신호는 배제되나[120] 위반선박이 동 신호를 이해했는가를 확인하기 위한 수단으로서는 가능하다. 또한 항공기는 위반선박을 적극적으로 추적해야 한다고 유엔해양법협약에 규정하고 있으므로 위반선박을 영해나 접속수역에서 발견하여 연안당국에 보고할 때는 아무런 추적도 하지 않은 것이다. 더구나 정선신호를 하였더라도 위반선박을 적극적으로 추적하지 않는 경우 이들 항공기와 선박간에는 어떠한 관할권 연결도 존재하지 않게 되므로 추적의 계속이 유지되지 않아 그 법적 의미를 상실하게 된다.[121] 최초 항공기가 정선명령을 할 때 이에 불응하면 적극적으로 추적을 함과 동시에 동항공기가 요청한 선박이나 기타 항공기가 인계를 받아 추적

120) McDougal and Burke, *op. cit.*, p. 897. 그러나 그는 식별의 정확성에 대해 아무런 의문도 제기되지 않는 상황하에서는 무선에 의한 정선신호도 가능하다고 하여 반대의 견해를 나타내고 있다.

121) 수상함에 의한 추적은 외국선박의 위치확인과 정선명령으로 추적을 개시할 수 있다.

을 중단하지 않고 계속할 수 있다.[122]

3. 중계에 의한 추적

추적은 연안국의 선박이나 항공기에 의해 실행될 수 있으며 또한 계속적인 추적을 하기 위하여 상호간 중단을 할 수도 있다. 따라서 추적의 계속만 유지된다면 선박이나 항공기 상호간의 중단에 의한 추적은 하등의 국제법 위반을 발생시키지도 않으며, 더구나 연안국의 효과적 관할권 행사를 위해서 중계가 더욱 절실히 요청된다.

위반선박에 대한 추적에 있어 선박의 중단을 실행한 최초의 사건은 The I'm Alone Case[123]였으며 중계문제는 국제법위원회 제345차 회의에서 구체적인 규정이 채택되어[124] 공해에 관한 제네바협약에서 항공기에 의한 중계규정이 삽입되어 동 협약 제23조 5항에 그리고 유엔해양법협약 제111조 6항 나에서 "정선명령을 발한 항공기는 선박을 직접 나포할 수 있지 못한 경우, 동항공기가 요청한 연안국의 선박 또는 다른 항공기가 추적을 인수하기 위하여 도착할 때까지 선박을 스스로 적극 추적하여야 한다"라고 중계에 의한 추적을 규정하게 되었다.

오늘날 과학기술의 발달로 인하여 여러 형태의 중계에 의한 추적을 할 수 있게 되었다. 따라서 잠수함조차도 부상을 조건으로 추적에 참가할 수 있으며 어떠한 종류의 항공기에 의해서도 중계가 가능하다.[125] 위반선박을 추적할 권한이 있는 함선을 공해상에 있거나 피추적선과 다른 방향에 있거나 관계없이 최초 추적

122) The Onasis Case(1954)에서도 도주 중이던 파나마 포경선 모선인 The Olympic Challenger호가 페루 해안에서 약 364마일 떨어진 공해상에서 페루 공군의 공격을 받아 강제로 정선되어 나포 당하였다.

123) 미국 추적선 The Wolcott호는 The I'm Alone호를 추적중 포를 이용하여 연안당국에 군함요청을 하였다. 2일 후 연안경비선 The Dexter호가 도착하여 추적을 인계받아 계속추적을 하여 정선명령을 하였으나 이에 응하지 않자 포격을 가하여 침몰시켰다. 이에 대해서 캐나다는 외교각서를 통해 "The Dexter호는 처음부터 추적에 가담한 것이 아니고 2일 후에 전혀 다른 방향에서 나타났으므로 The Dexter호의 추적은 불법한 것이다."라고 하였다. 그러나 이는 문제에 대한 타당한 접근이 아니었기 때문에 합동중재위원회에서도 더 이상 중계의 합법성 문제를 다루지 아니하였다.

124) *Yearbook of ILC.*, Vol. I, 1956, p. 55.

125) 유엔해양법협약 제111조 5항.

선의 신호를 받을 후에는 추적에 참가할 수 있다. 이러한 해석은 추적의 효과적 목적달성을 지향하는 중계에 의한 추적의 합리성에 의해 정상화된다. 더구나 이는 추적개시를 할 때 최초 추적선이 연안국의 영해나 접속수역에 동시존재함을 요하지 않는다는 유엔해양법협약 제111조 1항을 통해서 볼 때 더욱 분명하게 되었다.

선박이나 항공기에 의한 중계에 있어서 가장 중요한 것은 추적의 계속성이 철저히 유지되어야 한다는 것으로 이러한 요건을 충족시키기 위해서는 최초의 추적선박이나 항공기는, 연안당국이 보냈거나 동 선박이나 항공기가 요청한 다른 선박이나 항공기가 추적을 인계받기 위해서는 도착할 때까지 계속해서 추적을 해야 한다. 중계되어 도착한 선박이나 항공기는 동일한 과정 즉, 정선명령을 하고 이에 불응하면 추적하여 나포할 수 있는 것이다. 실제에 있어 추적과정 중 여러 단계의 중계를 동반할 수 있으며 이것은 상기의 요건이 준수되기만 하면 합법적인 추적권을 행사하는 것이 된다.

4. 추적의 종료

유엔해양법협약 제111조 3항에서 "추적권은 피추적선이 자국 또는 제3국의 영해로 들어감과 동시에 종료된다"라고 하여 추적의 종료를 명기하고 있다. 여기서 말하는 피추적선의 국가란 바로 그 기국이며 이는 국적의 명확한 증거가 될 수 있다. 따라서 평시에 기를 남용함은 대다수 국가에서 중대한 위반으로 간주하고 있다.[126)]

국적에 관한 새로운 기준인 "진정한 관련"(genuine link)이 제네바 해양법회의에서 채택된 이래 유엔해양법협약 제91조에서 "선박은 그 국기를 게양할 수 있는 국가의 국적을 갖는다. 국가와 선박간에는 "진정한 관련"이 존재하여야 한다" 라고 규정하고 있으나 이는 추적권에 대한 학문적 가치만을 갖고 있으므로 피추적선이 국적이 어떠하든 추적선은 외국의 영해에 진입할 수 없다. 더구나 추적이 진행되는 상황의 급박함으로 인하여 "진정한 관련"과 같은 문제를 고려하지 않

126) Colombos, *op. cit.*, pp. 201-292 참조.

게 되며 선박이 기를 명백히 게양하고 있음은 정상적인 조건하에서는 피추적선의 국가를 표시한 것이 된다. 또한 편의에 따라 두 가지 이상의 기를 게양하고 있는 선박에 대해서는 어느 국가에도 속하지 아니하는 무국적선박과 동일시될 수 있다.[127]

한편, 추적의 종료는 추적국의 추적포기로도 발생할 수 있으나[128] 이 경우 위반선박에 대한 추적의 신중한 포기를 하게 되면 연안국은 피추적선을 재추적할 수 없다. 그렇지만, 포기의 주관적 요소 즉, 신중한 포기를 입증한다는 것은 추적선의 항해일지에 기록이 되어 있지 않는 한 대단히 어렵다.

각국의 국제관행 및 조건이나 국내법에 따라 추적을 종료하기 위해서는 일정한 절차가 따름을 추정할 수 있다. 추적종료의 정상적 절차는 연안국의 권한있는 재판소에 의한 형의 선고와 선박 및 화물의 연수로 끝난다. 그러나 이러한 절차는 항시 그 규칙이 있는 것은 아니며 복잡한 문제가 야기될 수도 있다. 특히 외국의 위반선박이 연안국 관헌의 명령에 따르기를 거부한다거나 강제조치를 저항하는 경우가 바로 그러하다.[129]

The I'm Alone Case[130]에서도 그 예를 찾을 수 있으나, 피추적선의 격침과 같은 극단적인 조치는 국제관계를 위태롭게 할 뿐만 아니라 국가의 국제책임을 초래할 수 있으므로 무력행사는 가능한 피해야 한다. 다만, 국제법에서 규정하고 있는 모든 필요한 조치를 다했으나 그 효과가 없으며 가능한 모든 경고를 하였음에도 불구하고 응하지 않을 경우 필요한 최소한의 정도에서 무력을 행사할 수

127) 유엔해양법협약 제92조 2항.

128) Mason V. The King Case(1935)에서 캐나다 대법원은 "The Kromhout호가 관세를 내야 할 주류를 적재하고 캐나다 영수에서 배회중 캐나다 경찰 순시선에게 발견되어 몇 차례의 추적 후에 공해상에서 나포되었는바, 이는 추적권 행사의 계속된 연장으로 영수에서 처음 개시되었으나 도주로 인하여 잠시 실패하였고 다시 공해상에서 나포를 하였다. 즉, 추적의 일시적 포기는 추적의 계속을 포기하는 것이 아니다."라고 하여 추적포기 문제를 언급하였다. *Annual Digest*, 1935-1937, Case No. 111, pp. 263-265 참조.

129) 이러한 경우, 연안국 재판소의 재판결과에 상당한 영향을 미치게 될 것이다.

130) 미경비정 The Dexter호가 The I'm Alone호에 정선명령을 하였으나 이에 불응하고 도주하자 포격을 가하여 격침시켜 버렸다. 이 사건에서 합동중재위원회는 국제법상의 추적권을 인정하나 추적권을 이유로 피차적선을 격침시킨 고의적 행위는 어떠한 이유로나 이론으로도 정당화될 수 없다고 하여 미국정부는 선박격침의 불법성을 시인하고 캐나다 정부에 25,000달러 상당의 손해배상을 할 것을 권고하였다. W. Denis, "The Sinking of The I'm Alone", *AJIL*, 1929, pp. 351-362 참조.

있다고 생각할 수 있다. 그러나 평시에 외국선박에 대한 무력행사가 그 법적 지지를 얻기란 대단히 어려우며 그리고 불필요한 무력의 사용으로 추적국의 국제책임이 발생하지 않도록 신중을 기한다는 것이 추적국의 관헌으로서는 대단히 어려울 것이다.

5. 기국에의 통고

추적국이 피추적선의 나포나 침몰 등의 사실을 그 기국에 통고해야 하는 가의 문제는 통고가 의무적 또는 임의적인 가에 따라 다르다. 물론 그러한 통고가 관계국간의 조약 또는 협약 등에 규정이 되어 있다면 몰라도 그렇지 아니한 통고를 의무적으로 해야 한다고는 할 수 없을 것이다. 민간연구기관이나 헤이그 법전화회의에서 기초된 규정에는 모두 통고를 의무화하고 있으나 공해에 관한 제네바협약이나 유엔해양법협약에는 이에 관한 규정이 내포되어 있지 아니하므로 문제의 해결을 명백히 할 수는 없으나, 피추적선의 격침과 같은 중대한 사건이 발생한 경우 추적국은 외교적인 수단을 통하여 기국에 통고해야 할 것이다. 이는 세계공동체 구성국간의 상호우호관계 유지와 국제예양의 측면에서도 바람직하다 하겠다.

제 5 절 추적권 행사와 국제책임

1. 개 요

연안국의 추적권 행사와 관련된 행위로 인하여 종종 그러한 권한을 행사하는 국가에 대한 국제책임이 야기되어 왔다. 또한 모든 국가는 자국의 선박을 포함하여 공해상의 모든 사고에 대해서 민감한 반응을 보여온 것이 사실이다.[131] 그러

131) 국가관행상 외국선박에 대한 부당한 행정조치는 우호관계유지를 이유로 보통 취소될 것이다.

나 공해의 자유는 몇몇 예외적인 상황이 있기는 하였으나 아직까지 그 원칙을 유지하고 있다.

추적권 행사에 있어, 추적의 선행조건이나 그 결과에 대한 해석은 연안당국의 재량에 어느 정도 의지를 하고 있으나, 기관의 행위로 인한 자국의 국제책임을 초래할 수 있다는 것을 인식하여 권한행사를 해야 할 것이다. 반면, 이러한 이유 때문에 어떤 위반에 대하여 이를 불문에 부칠 것을 강요하거나 허용할 필요는 없다. 따라서 연안국의 권한남용을 방지하고 적당한 한계 내에서 추적권을 행사할 수 있도록 하기 위해 국제책임이 등장하게 된 것이다.

추적권의 불법행사로 인한 국가의 손해배상의무에 관한 문제는 1930년 헤이그 법전화회의나 국제법위원회에서는 아무런 언급이 없었으나, 1958년 4월 8일 영국 정부가 "선박이 추적권 행사로 인한 공해상의 정선과 나포를 정상화하지 못한다면, 그로 인하여 발생되는 손해나 손실을 보상해야 한다"라고 제안을 하여[132] 이를 계기로 제네바 해양법회의 소위원회 제31차 회의에서 동제안과 부가조항의 삽입으로 이에 관한 사항을 채택하여 공해에 관한 제네바협약 제23조 7항에서 그리고 유엔해양법협약 제111조 8항은 "추적권의 행사를 정상화하지 않는 상황하에서 선박이 영해 밖에서 정지 또는 나포된 경우, 동 선박은 이로 인한 지속될 수 있는 손실 또는 손해에 대하여 보상을 받는다"라고 규정하고 있다.

2. 추적에서 야기되는 국가책임의 법적 근거

추적권의 행사와 관련된 국가의 책임은 국제적이다. 왜냐하면 추적권은 외국선박이 그 적용의 대상이 되며 국가의 기관에 의해 행사되기 때문이다. 추적권 행사로부터 야기되는 국가책임의 법적 근거에 관하여 유엔해양법협약은 과실이론을 들어 이를 인정하고 있는 것 같다.[133] 연안국의 권한있는 당국에 의한 추적권의 부당한 행사는 그 행사가 고의든 과실이든 간에 연안국의 국제책임을 발생시킨다. 또한 그러한 부당한 행사로 손해가 하찮은 것이 아니라면 기관의 경과실조

132) Poulantzas, *op. cit.*, p. 254.

133) 그러한 경우는 유엔해양법협약 제111조 5항에 규정된 대로 특별한 권한이 부여되지 않은 정부선박이나 항공기 등이 추적권을 행사했을 경우이다.

차도 연안국의 국제책임을 수반할 수 있다. 더구나, 연안국의 권한없는 기관이 추적권을 행사하였을 때도 손해배상을 요구할 수 있으나 연안국은 과실이론을 들어 책임을 지지 않을 수 있다. 그러므로 절대적 위험이나 책임이론의 주장은 때로는 허용된다.134)

그러나 국가책임의 일반원칙상 국가기관의 불법행위나 부작위에 의한 책임이 국가에 귀속됨은 거의 필연적이다. 추적선 국가기관의 불법행위나 부작위는 연안국의 국내법이 아닌 국제법상의 원칙에 따라 판단되어야 하며135) 이에 대한 국제법 원칙의 위반으로 국가책임을 발생시킨 사건인 The Itata Case에서136) 그 예를 찾을 수 있다.

유엔해양법협약 제111조 8항은 선박이 영해 밖에서 정지 또는 나포된 경우만을 규정하고 있어 완전하지는 않으나 이미 언급한 것처럼 추적은 예외적인 상황 즉, 심각한 손해 또는 피추적선의 침몰 등으로 끝날 수 있으며 이러한 결과가 추적권의 정당한 행사에 의한 것이라면 연안당국은 이와 같은 추적의 종료가 불가피하게 된 상황을 확정하여 주장할 수 있어야 한다. 또한 공해상에서 선박을 추적하여 부당하게 나포한 경우 연안국의 재판을 거부할 때는 선박이 그 이후에 석방이 된다 하여도 상당한 손해배상을 피추적선의 기국은 요구할 것이다.

3. 국제책임의 청구요건

(1) 선결사항

추적권의 행사로 야기된 국제책임을 논하기 위하여 국제재판소나 중재위원회에 부탁하기에 앞서 요구되는 조건들을 생각할 수 있다. 이와 관련하여, 추적권

134) 이에 관해서는, Oppenheim-Lauterpacht, *op. cit.*, pp. 337-338 참조.

135) Oppenheim-Lauterpacht, *op. cit.*, p. 350.

136) 1891년 칠레내란 중 칠레선박 The Itata호가 무기를 수령하기 위해 미국 San Diego로 항해하다가 미국의 중립법 위반을 이유로 San Diego에 억류되었다가 탈출하여 무기를 싣고 Iquique로 다시 출발하였다. 이 사실을 안 미해군을 The Itata호보다 먼저 Iquique에 도착하여 아무런 추적도 하지 않고 나포하여 미국으로 호송하였다. 이 사건에서 미·칠레 합동위원회는 추적선이 칠레 영수로 들어갔으며 The Itata호가 방해를 받음이 없이 칠레 영수로 들어간 후에 나포를 하였다하여 The Itata호 선주에게 손해배상을 하도록 하였다. O'Connell, *op. cit.*, p. 1090.

의 부당한 행사로 인하여 국가재산에 손해가 발생된 경우와 개인재산에 손해가 발생된 경우를 구분해야 하는데, 전자의 경우, 피해국은 필요한 요건만 구비하면 국제재판을 청구하거나 외교적 조치를 취하기에 앞서 손해배상을 직접 그리고 즉시 청구할 수 있다. 그러나 후자의 경우는 피해를 입은 개인이 국제재판에 앞서 손해의 배상을 요구하기 위해서는 그 개인의 소속국이 외교적 보호권에 입각한 그 요구를 지지할 때만이 청구가 가능하다.

(2) 국내적 구제의 원칙

부당하게 추적·나포되었거나 손해를 입은 선박의 소유자나 승무원을 추적국의 권한있는 행정당국이나 사법당국이 「국내적 구제」(local remedies)를 허용하지 않거나 국내적 구제를 완료한 후에도 여전히 손해에 대한 구제가 불충분한 경우 비로소 그의 본국에 자신의 요구를 지지해 줄 것과 국제재판에 회부해 줄 것을 요구할 수 있다.

국내적 구제의 원칙이 인정된 주요한 이유는 관계국간의 주체적 입장을 존중하며 사인간의 문제가 국제분쟁으로 전화되는 것을 방지코자 하는 실제적·정치적 고려와 피해사실이나 손해액 등에 관해서는 현재의 구제기관에 의하여 확인되는 것이 가장 적당하기 때문이다.

적절한 근거없이 행한 나포에 대한 책임을 유엔해양법협약 제106조 및 제110조 3항에서도 규정하고 있으나, 제11조 3항과 제111조 8항은 손실과 손해와 관련있는 선박이나 개인을 원고로 분명히 언급하고 있으나 제106조는 나포된 선박이나 항공기의 기국은 원고로서 규정한다. 따라서 제106조 하에서는 국내적 구제를 필요치 아니하므로 기국에 대한 직접적 책임이 있음을 분명하게 나타내고 있다.[137)]

(3) 국적계속의 원칙

추적에서 발생된 손해에 대해 피해선박의 기국이 외교적 보호권에 입각하여 국제청구를 제출할 경우 그 개인이 당해 국가의 국적을 보유할 것, 특히 손해를

---

137) 유엔해양법협약 제106조, 110조 3항 및 111조 8항 비교 참조.

받았을 때부터 국가가 국제청구를 제출할 때까지 당해 국가의 국적을 계속적으로 갖는 것이 필요하다.

원고의[138] 국적에 관한 문제는 The I'm Alone Case에서 논의되어 졌으며 이 사건에서 합동위원회 위원들은 다음과 같이 판결하였다. "The I'm Alone"호가 캐나다에 등록되었다 하여도, 이 선박은 완전히 또는 거의 미국시민이었던 자들이 실제로 소유·통제하였으며 중요한 시기에 선박의 움직임을 조정·지시하고 화물을 처리했기 때문에 화물과 선박의 손실에 대한 어떠한 보상도 해서는 아니된다"라고 하여 원고의 당사자 능력을 고려하였다. 국적요구 원칙은 당사자 능력을 창출하는 주요한 요소로서 국제중재재판에 앞서 위원회가 실제로 고려하였다.[139] 더구나 거의 모든 선박의 소유자가 분쟁에 있어 원고 당사국의 국적이 아니라 피고 당사국의 국적이었다.[140]

(4) 무죄의 원칙

"무죄"의 요건은 추적권과 관련된 국가책임에 있어 특히 중요하며, 손실이나 손해를 입는 개인이 그들 본국의 외교적 보호를 받을 자격이 있기 위해서는 피추적선의 모든 행위가 타당했어야 하며 그러므로 추적이 부당했어야 한다. 따라서 피추적선이 추적국의 국내법 또는 국제법을 위반했을 경우는 피추적선 행위가 타당한 것으로 즉, 무죄임을 주장할 수 있다.

4. 국가책임의 법적 결과

추적권의 부당한 또는 부적절한 행사로 발생되는 국제책임의 법적 결과로서 주요한 것은 물질적 손해에 대한 금전배상이며 배상의 범위는 위반행위 자체에 의해 발생한 직접손해 및 위반행위와 상당인과관계가 있는 간접손해 등을 포함한다. 또한 정신적 손해(명예나 주권침해)에 대해서는 공식적인 사과의 뜻을 표

138) 부당한 추적의 경우 원고는 피추적선의 소유자 뿐 아니라 연안국기관의 행위로 피해를 입은 개인도 포함한다.
139) Oppenhein-Lauterpacht, *op. cit.*, p. 347.
140) Nottebohm Case, *ICJ Reports*, 1955 참조.

명하는 진사의 방법이 있으며 위반행위의 원인이 되는 행위를 한 국가기관이나 사인을 처벌하는 방법으로 국가기관에 대하여는 주로 면직을 사인에 대하여는 사법적 처벌을 행하는 것이 보통이다.

The I'm Alone Case에서도 위원들은 동 선박에 대한 격침이 불법하다는 사실에 근거하여 미국정부는 침몰의 불법성을 인정하여 공식적인 사과와 손해배상으로 25,000달러를 캐나다정부에 지불할 것을 권고하였다.[141] 이는 물질적 손해가 아닌 정신적 손해에 대한 국가의 손해배상을 하게 한 최초의 사건이었다. 유엔해양법협약 제111조 8항에서 규정하고 있는 손실 또는 손해에 대한 보상은 물질적·정신적 손해를 모두 포함하는 것으로 해석해야 할 것이며 이러한 규정의 책임은 국가간의 협약인 국제합의에 의해 완화 또는 강화될 수 있다.[142]

제6절 일본의 북한 괴선박 추적문제

1. 사건 개요

2001년 12월 22일 10시경 일본 가고시마현 아마미 오시마에소 북서쪽으로 390km 떨어진 동중국해의 중국측 배타적 경제수역에서 북한 공작선으로 추정되는 괴선박이 추적 중이던 일본 해상보안청 소속 순시선과 30여 시간의 교전 끝에 침몰했다.

괴선박에 타고 있던 승무원 15명 정도는 구명복을 착용하고 바다로 뛰어들었으나 그 이후 행방이 알려지지 않고 있다. 이와 관련 일본 순시선은 사고해역에서 3명의 남자시체를 발견했으며 이 중 한 명의 구명복에는 한글이 쓰여져 있었다고 해상보안청은 밝혔다.[143] 교전과정에서 괴선박의 선원 2명이 자동화기를 난사해 순시선에 타고 있던 일본 해상보안관 2명이 부상했다.

141) C. H. Hyde, "The Adjustment of The I'm Alone Case", *AJIL*, 1935, pp. 296-301.
142) 유엔해양법협약 제311조.
143) *동아일보* 2001년 12월 24일.

2. 일본정부의 처리

일본정부는 괴선박의 선체가 1999년 3월 노도반도에 침범한 북한공작선과 비슷하고, 지그재그로 도망하는 등 항해기술이 뛰어나며 13mm 기관총 등을 사용한 점 등으로 미뤄 북한 공작선일 가능성이 매우 높다고 밝혔다. 또 순시선의 사격만으로는 배가 침몰하기 어려워 배를 고의로 자폭시켰을 가능성이 크다고 말했다.

해상보안청은 사고발생 직후 즉각 항공기와 순시선을 파견해 추적에 나섰고 낮 12시 48분경 순시선 '이나사'가 괴선박을 따라 잡았다. '이나사'가 정선을 명령했으나 괴선박은 도주를 시작했고 이후 5차례의 위협사격을 했으나 계속도주하자 오후 4시 16분 경 선미에 직접 사격했다. 이후 2척의 순시선도 현장에 도착해 합동추적을 시작했고, 계속된 추적으로 괴선박은 침몰될 때까지 4차례나 정지했으나 순시선이 접근을 시도하면 또다시 도주했다. 밤 10시경 3척의 순시선이 괴선박을 둘러싸고 감시를 하던 중 괴선박에 있던 선원 2명이 13mm 기관총을 난사해 두 명의 해상보안관이 팔 등에 부상하자, 순시선 '이나사'가 즉각 20mm 기관총으로 응사했고 괴선박은 수분 후 침몰했다.[144)]

3. 추적권 등의 합법성 문제

괴선박은 일본의 관할수역내에서 일본의 국내법을 위반한 사실이 밝혀지지 않았는바, 일본이 이 선박을 대상으로 추적권 행사를 했다는 것은 현행 국제법상 다소 무리가 있는 것으로 보인다. 또한 순시선들이 괴선박을 추적하는 과정에서 영해가 아니 공해상에서 세 차례나 선체에 직접사격을 가했는바, 이는 정선명령을 무시했다는 이유에서였다고 하나 이 역시 과잉대응 문제가 야기될 수 있다.

즉 일본 관할수역내에 적용되는 국내법에 대한 명백한 위반사실이 없음으로 일본정부가 이 선박에 대하여 해양법상의 추적권 개념을 적용, 이를 추적 · 격침

144) *Ibid.*

시킨 처사는 국제법상 부여된 추적권을 남용한 것으로 평가될 수도 있다. 다시 말하면 국내법 위반사실로 인한 합법적 추적개시의 경우도 정선・나포에 필요한 정도를 초과하여 피추적 선박에 직접적인 무력행사를 하여 이를 격침시킨 경우 그 합법성을 인정받기가 대단히 어려울 것이기 때문이다. 왜냐하면 일반적으로 국내법 집행과정에서의 무력행사가 정당화・합법화되기에는 그 조건이 상당히 까다롭게 적용되기 때문이다.145)

다만 일본정부는 괴선박에서 먼저 사격을 감행하였음으로 이 경우 추적권 개념이 아닌 자위권 차원에서의 대응으로 격침을 하였다고 한다면 합법성 유지가 가능할 수 있겠으나, 그렇다고 하더라도 과잉대응 또는 과잉방어 문제가 제기될 수도 있을 것이다. 왜냐하면 자위권행사는 평시 피해국가의 무력행사를 합법화시키는 국제법상 국가의 권리임으로 그 행사에 있어서도 필요성 및 비례성 원칙이 강하게 요구되고 있기 때문이다.

제7절 결 언

유엔해양법협약상의 추적권은 종래에는 인정되지 않았던 접속수역 내에서의 추적과 배타적 경제수역 및 대륙붕의 상부수역에서도 추적권을 규정하게 되어 항시 문제가 제기되어 온 추적의 장소적 범위를 어느 정도 해결해 주게 되었다.

---

145) The I'm Alone case에서 주류밀수입에 종사하던 Canada 선박 I'm Alone호가 1929년 3월 20일 미국 Louisiana 해안 12해리 내의 수역에서 미국해안경비정 Walcott호에 의하여 발견되었다. I'm Alone호는 1922년의 미국관세법에 의한 임검을 위한 정선신호와 영・미간의 1924년에 체결된 주류밀수입금지조약의 존재를 알지 못하였다. Walcott호는 I'm Alone호에 포격을 기도하였으나, 포의 고장으로 정지시킬 수 없었으며, I'm Alone 호는 도주하여 Walcott 호의 추적을 받고 또한 제 2경비정 Dexter호가 추적에 합세하였다. 추적 후 2일만에 Dexter호는 I'm Alone호에 접근하여 정선명령을 하였으나, 피 추적선이 이에 불응하자 추적선은 I'm Alone호를 포격하여 격침시켰고, 선원 1명이 실종되었다. 이에 관한 특별합동중재위원회는 추적권 행사가 일반적으로 인정되고 있으나, 미국정부가 I'm Alone호를 격침시킨데 대한 법적 정당성 여부 문제에 대해서는 미국측의 피의 선박에 대한 고의적인 격침행위는 조약의 여하한 규정에 의거에서도 정당화되지 않는다고 판시하였다. 따라서 선박 자체에 대한 손해배상으로 25,000＄ 및 선박 승무원의 정신적 피해 보상으로 25,000＄를 명령하였다.

따라서 추적권이 오늘날 법제화되어 있는 것이 사실이므로 일반적인 문제로서는 논쟁의 대상이 되지 아니한다. 그러나, 추적권 행사의 정확한 범주에 관하여는 여전히 학자들 간에 논란의 대상이 되어왔음은 부인할 수가 없다. 예를 들면, 좁은 해양수역을 서로 마주보고 있거나 인접한 국가간에 국제법상 일단 종료된 추적이 재개될 수 있는가의 문제와 관련하여서도 다소 문제점이 있을 수 있다. 또한 타국 군함에 의해 추적을 받던 선박이 연안국 영해로 도주해 온 경우 연안국이 이 도주선박을 나포할 수 있는가의 문제 또한 명확하지 아니하다. 이러한 불확실성은 국제법의 중요 원칙인 국가주권, 공해자유 및 법령집행의 형평성을 피의선박이 요구한다면 문제는 더욱 어렵게 될 것이다.

그러나, 실제로 추적권의 행사는 공해상의 질서유지 즉 국제평화 및 안전을 유지하기 위한 목적에서 인정되어 온 것보다는 연안국의 현실적인 필요성 즉, 연안국의 이익을 보호하고 자국의 관할권을 공해상까지 확장하여 공해상 선박에 대한 기국의 배타적 관할권 원칙에서 탈피하여 관할권 행사를 용이하게 하기 위한 방법으로 이용되어 온 감이 적지 아니하다.

오늘날 해양은 그 중요성이 날로 증대되어 가고 있으며 해양법상 배타적 경제수역에서의 자원보호, 대륙붕의 탐사 및 이용, 공해생물자원의 보존 및 해양오염 방지와 같은 현대적 발전분야를 규정하고 있으므로 이에 부응하기 위한 제도적 장치로서 추적권의 행사가 요구되며 연안국의 법령을 위반한 의도를 가진 자에 대한 심리적 예방기능을 또한 추적권은 내포하고 있다. 따라서, 연안국의 안보에 중대한 위협이 되는 행위를 외국선박이 행할 경우 연안국은 자위적 행사의 일환으로서 추적권을 행사하여 동 선박에 대한 강제조치를 할 수도 있다. 그러나 이러한 경우 연안국은 강제조치에 신중을 기하여 불가피한 상황에 한하여 행사를 하여야 할 것이다. 실제로 현대국제법상 무력행사의 정당성 확보가 쉽지 않으며 또한 각국은 무력행사로 야기될 수 있는 심각한 국제분쟁을 고려하여 그 행사를 억제하고 있음을 염두해 두어야 한다.

연안국들은 그들 나름대로 자국의 이해관계만을 내세워 추적권 행사의 범위를 확대하여 관할권을 확장하려 한다면, 인류의 마지막 보고인 해양은 공동유산으로서의 의미를 상실하고 말 것이며 세계공동체의식도 점차 사라지게 될 것이다. 또한 전통적인 공해자유만을 고집하여 공해상 선박에 대한 기국의 배타적 관할권 원칙과 어떤 국가도 공해의 특정부분을 그 주권하에 두는 것을 유효하게 주장할 수 없다는 귀속으로부터의 자유를 강조하게 된다면 이 또한 해양의 현실을 무시한 견해라 아니할 수 없다. 따라서 공해의 자유와 연안국의 권리보호를 가장 이상적으로 조화시킬 수 있을 때 추적권 제도는 그 가치를 높이 평가받을 수 있을 것이며, 또한 추적권은 국가권력의 실질적 행사를 의미하는 권리로서 그 실효성이 다대하므로 연안국의 법령을 보호하고 동시에 현실적인 필요성을 고려하여 그리고 우호적인 국제관계유지의 중요성을 감안하여 적절한 한계내에서 활용됨이 가장 합리적인 추적권 행사의 방법이라 하겠다.

제14장

해양질서유지와 해양법

제1절 서 언

영국의 군인이며 정치가였던 월터 롤리(Walter Raleigh: 1554-1618)는 바다를 지배하는 자는 상업을 지배하고, 상업을 지배하는 자는 세계를 지배할 것이라고 말하였다. 역사적으로 보아 바다를 지배한 민족 또는 국가가 세계를 지배해 왔으며, 바다의 중요성을 망각하고 바다와 더불어 살지 않았던 민족이나 국가는 해양국가들의 식민지로 전락하는 쓰라림을 겪어 왔다. 이것은 해양의 확보가 평시에는 국제무역과 국민경제 발전의 증대, 나아가서는 국위선양과 국력과시에 지대한 역할을 하였으며, 전시에는 군수물자보급 및 군작전 병력수송 등에 필수 불가결한 요소가 되기 때문이다.

그러나 이처럼 해양의 중요성이 증대되고 있으나, 해상에서의 질서유지는 국제수역에서의 해적행위, 국내 관할수역 및 국제수역에서의 해상강도,[1] 해상테러, 마약밀매, 불법밀입국, 대량살상무기 및 관련물질의 해상수송, 해양오염행위 또는

1) IMO Resolution, A.922(22)에 의하면, 해상강도는 국가 관할수역내에서 선박내에 있는 사람이나 재산에 대하여 폭력, 구금, 약탈 및 위협하는 행위이며 범행자의 구체적 유형은 제시하고 있지 않다. 반면, 해적행위는 해양법협약 제101조에 따르면, 공해 또는 기국 관할수역 밖에서 선박이나 항공기의 사람이나 재산 또는 항공기나 선박 그 자체에 대하여 사선 또는 사항공기 승무원 또는 승객에 의한 폭력, 구금, 약탈 및 위협하는 행위를 말한다.

불법조업행위 등으로 심각하게 위협을 받고 있다. 이러한 불법행위는 오늘날 전 세계적인 문제로 대두되어 그 정도가 상당한 수준에 와있지만 이를 방지하기 위한 국제사회의 노력은 여전히 미흡한 실정이며, 아울러 이러한 불법행위는 세계화의 흐름에 편승하여 더욱 심화될 것으로 예상된다. 따라서 해상에서의 불법적인 이들 행위에 대한 대책마련에 소홀히 한다면 해양에서의 질서유지가 대단히 어렵게 될 뿐만 아니라 해상에서의 군사작전도 상당한 어려움에 직면할 수 있다.

이러한 배경을 기초로 본장은 해양질서유지에 관한 문제의 논의를 위하여 주요 해상불법행위를 유형별로 분석한 다음, 이의 예방 또는 처리를 위한 방안을 해양법에 기초하여 언급하고자 한다.

제 2 절 주요 해상불법행위의 유형별 분석 및 평가

1. 밀입국 문제

(1) 관련법규

영해에 접속되어 있는 일정범위의 수역으로 연안국이 관세, 재정, 출입국관리 및 위생법규를 위반하는 외국선박에 대하여 관할권을 행사할 수 있는 수역인 접속수역에서 연안국은 밀입국 선박에 대한 단속을 할 수 있는바, 이에 관하여 유엔해양법협약은 다음과 같이 규정한다.[2]

> 연안국은 접속수역에서 다음을 위하여 필요한 통제를 행사를 수 있다. (1) 연안국의 관세, 재정, 출입국관리 또는 위생에 관한 법령의 영토 또는 영해내에서의 위반을 방지하는 일, (2) 연안국의 영토 또는 영해내에서 발생한 법령위반을 처벌하는 일 등이다.

2) 유엔해양법협약 제33조 1항.

(2) 단속수역(접속수역)의 범위 및 법적 지위

연안국이 밀입국 선박의 규제가 가능한 접속수역은 영해기선으로부터 24해리를 초과할 수 없다.[3] 따라서 접속수역은 통상 연안국의 선포로 그 시행이 이루어지게 되나, 그 구체적 범위에 관하여는 해도상에 표시하여 공표하거나 유엔사무국 등에 비치하는 등의 법적 의무를 요구하고 있지는 아니하다. 즉 연안국의 영해 범위가 국내법으로 확정되면 그 이원으로 12해리 접속수역이 자연히 생기게 되기 때문이다. 물론 접속수역은 연안국이 당연히 갖게 되는 수역이 아니라 배타적 경제수역처럼 연안국의 선포를 요한다.

> 한일 양국 사이에 존재하는 대한해협의 경우처럼 해협의 폭이 48해리를 초과하지 않을 경우 영해기선으로부터 가상 중간선 까지가 각자의 접속수역이 된다. 즉 약 23해리의 대한해협 폭을 가상할 때 기선으로부터 약 11.5 해리 또는 영해밖 약 8.5해리가 우리의 접속수역이 된다.

접속수역은 특정사항에 대하여만 연안국의 관할권이 인정되는 수역으로 이는 12해리 영해만으로는 빈번히 발생되는 특정 위반사항에 대하여 연안국이 효과적으로 대응하여 자국의 국익을 효과적으로 보호하기가 현실적으로 대단히 어렵기 때문에 영해밖 일정 수역에 연안국의 권한행사가 이루어질 수 있도록 설정된 이른바 기능적 수역이라고 볼 수 있다. 그러나 오늘날 이 접속수역은 연안국의 배타적 경제수역과도 중복됨으로 한편으로는 배타적 경제수역의 지위, 또 다른 한편으로는 공해로서의 지위를 향유하는 그러한 수역이다.

(3) 밀입국 선박에 대한 관할권 행사

접속수역 내에서의 밀입국 선박에 대한 연안국 관할권은 해양법협약 및 우리 영해 및 접속수역법에 의거 인정되나, 즉 이러한 위반사항에 대하여는 연안국이 필요한 관할권 행사 즉 임검·추적을 할 수 있으나, 관할권 행사과정에서 피의선박에게 야기시킨 어떠한 손해에 대하여도 연안국은 손해배상책임이 있다. 또한

3) *Ibid.*, 제33조 2항.

연안국 관헌이 밀입국 혐의가 있다고 판단하여 필요한 절차 즉 정선·임검·추적 등을 진행하여 필요한 조사를 하였으나 아무런 혐의점도 발견하지 못하였다면 이로 인하여 야기된 손해에 대하여도 연안국은 배상책임이 따르게 된다.[4]

그리고 밀입국 혐의선박의 추적과정에서 무력행사는 허용되지 아니하며,[5] 만일 무력행사로 인하여 어떠한 피해를 야기하였다면 그로 인한 손해배상책임도 연안국은 면하기 어려울 것이다. 즉 연안국 법령위반 사실이 연안국이 위반선박에 대하여 행사한 무력행사까지를 정당화하기는 어렵기 때문이다.[6]

한국은 1995년 영해 및 접속수역법에서 접속수역은 기선으로부터 측정하여 그 외측 24해리에 이르는 수역에서 영해를 제외한 수역으로 한다라고 규정하고 있다.[7] 다만 대한해협을 예상하여 일정수역에 있어서는 기선으로부터 24해리 이내에서 접속수역의 범위를 따로 정할 수 있도록 하고 있다.[8]

또한 접속수역에서의 관계당국의 권한에 관하여 다음과 같이 규정한다.

1. 대한민국의 영토 또는 영해에서 관세·재정·출입국관리 또는 보건·위생에 관한 대한민국의 법규를 위반하는 행위의 방지.
2. 대한민국의 영토 또는 영해에서 관세·재정·출입국관리 또는 보건·위생에 관한 대한민국의 법규를 위반한 행위의 제재.

따라서 추적권행사의 주체인 해군함정은 밀입국혐의 선박에 대한 검문검색을 우리의 영해 및 접속수역내에서 할 수 있으며 혐의 발견시 동 선박을 임검·나포하여 우리 해경에 인계하거나 동 혐의선박이 임검과정에서 도주시 공해상까지 추적하여 나포할 수 있다. 다만, 임검 및 추적권행사 결과 혐의가 없을 경우 즉 추적권행사가 정당화되지 않는 경우 추적국은 피추적선박이 그로 인하여 받은 손실 또는 손해에 대하여 보상을 해야 한다.[9]

---

4) *Ibid.*, 제110조 8항.

5) 단, 정선 및 임검에 필요한 최소한도의 무력행사, 즉 공포탄 발사 등은 허용되나, 위반선박에 대하여 직접적 공격을 가하는 무력행사는 허용되지 아니한다.

6) I'm Alone호 사건 참조. G. H. Hackworth, *Digest of International Law*, Vol. II, Washington, D.C. : US Government Printing Office, 1941, pp. 703-708.

7) 영해 및 접속수역법 제3조의 2.

8) *Ibid.*, 제3조의 2.

특히 중국의 밀입국 혐의선박이 우리 영해나 접속수역내로 들어오지 않고 공해상에서 우리 선박에 밀입국자를 승선시키는 경우 밀입국자의 승선과 동시에 우리 군함이나 해경은 즉시 임검이 가능하나, 밀입국자가 중국 선박에서 우리 선박으로 승선하기 이전에는 해당 중국선박이 비록 밀입국 혐의선박임이 분명하다 하더라도 동 수역이 공해상이기 때문에 중국 밀입국 혐의선박에 대해서는 일정한 조치를 할 수 없고 다만 감시임무만을 수행해야 할 것이다. 물론 우리의 접속수역에서 적용되는 법률에 의한 명령이나 조치를 거부·방해 또는 기피한 외국선박의 승무원 기타 승선자는 2년 이하의 징역 또는 1,000만원 이하의 벌금에 처한다.[10)]

2. 해적행위

(1) 관련법규

1) 유엔해양법협약[11)]

유엔해양법협약은 모든 국가는 가능한 최대한도로 공해 또는 어느 국가의 관할권에도 속하지 않는 기타 장소에서 해적행위를 진압하는데 상호 협력해야 한다라고 해적행위 진압을 위한 협력의무(제100조)[12)]를 제시하고 있다. 또한 동 협약[13)]은 해적행위를 다음과 같이 규정하고 있다.

해적행위라 함은 다음 행위를 말한다.

(가) 사유의 선박 또는 항공기의 승무원 또는 승객이 사적목적을 위하여 범행하는 불법적 폭력행위, 억류 또는 약탈행위로서 다음의 것에 대하여 행하여지

9) 유엔해양법협약 제111조 8항.
10) 영해 및 접속수역법 제7조 2항.
11) 동 협약은 1982. 4. 30일에 채택되었고, 1994. 11. 16일에 발효되었다.
12) 김현수(편저), *한반도 주변국가의 해양법령집*, 서울 : 연경문화사, 2000. pp. 50-51.
13) 제101조에 해적행위에 대한 정의가 나와 있다. 이 정의와 공해에서의 해적행위에 관한 그 밖의 조항들은 1958년 공해에 대한 제네바 협약에 실린 내용과 본질적으로 큰 차이가 없다. 해적행위에 대한 조항들은 대개 공해상에서의 해적행위와 관련된 기존의 국제 규약들을 성문화한 것이라고 받아들여지고 있다.

는 것이다.

① 공해에 있어서의 타선박, 항공기 또는 그 선박, 항공기내의 인원이나 재산

② 어느 국가의 관할권에도 속하지 아니하는 장소에 있는 선박, 항공기, 인원 또는 재산

(나) 당해 선박 또는 항공기가 해적 항공기라는 사실을 알고 그 선박 또는 항공기의 활동에 자발적으로 참가하는 행위

(다) 가호 및 나호에 규정된 행위를 선동 또는 고의적으로 조작하는 모든 행위

한편 선박에 대한 해적 및 무장강도 관련법규에 언급된 해적 및 무장강도에 관한 정의는 "해적은 1982년 유엔해양법협약 제101조에 정의된 불법행위를 말한다. 선박에 대한 무장강도는 해적행위 이외의 불법폭력행위, 약탈행위, 또는 위협행위를 의미하며 이는 상기 범죄에 대한 국가 관할권 범주 내에서 선박 승무원 또는 선박재산에 대해 직접 가해진 행위를 말한다."[14]라고 한다.

이러한 정의는 오늘날 선박의 정박, 투묘 또는 항해에 관계없이 모든 사실상 또는 고의적인 공격 행위에 적용된다. 그러나 동 협약에서 규정한 '해적행위'에 대한 정의는 그 의미가 상당히 협소한 편이다. 이 정의에 따르면 해적행위는 공해 또는 국가 관할권 이외의 지역(비록 남극조약이 주권 주장만은 금지시키고 있지만 남극까지 포함하여)에서 선박이나 항공기, 인원 또는 재산에 대한 폭력행위 또는 억류행위로 제한하여 정의하고 있다. 국제법상 모든 국가는 공해상에서 해적을 나포할 수 있는 이른바 임검권을[15] 향유하여 공해에서의 해적활동에 대한 처리권한을 강화하였다. 신해양법은 이러한 해적에 대한 규제법령을 연안국의 배타적 경제수역과 같은 영해 이원의 해역에서 해적행위가 발생될 경우에도 적용시키고 있으나,[16] 해적행위가 영해내에서 발생될 경우까지 적용됨을 규정하고 있지는 않다.[17]

---

14) ICC IMB, *Annual Report*, 2005, p. 2. 국제해사국(IMB)은 해적 및 해상강도를 다음과 같이 정의한다: "절도나 기타 범죄행위의 명백한 의도로 그리고 동 행위 조장을 위한 무력사용의 명백한 의도나 가능성을 가지고 승선을 시도하거나 승선하는 행위." *ibid.*

15) 유엔해양법협약 제110조 1항 가.

16) 배타적 경제수역은 1982년 유엔해양법협약 제55조에서 "a specific legal regime"으로 표현하고 있으며 제58조(2)항은 이 수역에서의 해적행위에도 적용된다는 것을 밝히고 있다.

17) 유엔해양법협약 제101조에 의하면 해적행위란 어느 국가의 관할권에도 속하지 않는 수역에서만 일어나는 경우에 인정된다.

오늘날 대다수 해적행위는 해협 내측수역 또는 해협의 인접수역에서 발생하고 있기 때문에 상대적으로 공해나 배타적 경제수역에서 발생할 가능성은 적을 것이다. 연안국이 신해양법상 12해리 영해에 대한 주권을 향유하고 있다 하더라도, 선박에 대한 대다수 해적행위가 연안국의 영해내에서조차 발생하고 있으며, 심지어는 선박이 정박하고 있는 내수에서도 발생하기도 한다. 인도네시아와 같은 군도국가의 경우 새로운 해양법에 의해 군도수역(archipelagic waters)으로 분류된 해역에서도 발생할 수 있다. 영해의 경우와 마찬가지로 군도수역은 연안국 혹은 군도국가의 주권이 미치는 수역이다. 그러므로 국제법이 규정하고 있는 해적행위의 관할범위를 엄격하게 해석할 경우, 공해상에서의 해적행위라는 법규에 의해, 이들 지역 중 어느 곳에서 발생하는 선박에 대한 공격행위도 해적행위 발생수역에 적용되는 요건을 만족시킬 수 없게 된다.[18)]

본장에서 사용하고 있는 '해적행위' 용어의 의미는 상기에서 언급한 국제법상의 협소한 정의에 따른 것이 아니라, 1992년 국제해사국 해적행위 특별보고서(1992 Special Report on Piracy of the International Maritime Bureau) 정의에 의한 용어를 따르게 될 것이다. 즉 "해적행위는 절도 혹은 그 밖의 범죄행위를 할 목적으로 하는 행위로서 강제력을 사용할 가능성을 갖고 선박에 승선하는 행위이다."

이 정의에는 항행 중인 선박에 대한 행위뿐만 아니라 부두에 정박하고 있거나 계류 중인 선박에 대한 행위도 포함되어 있다. 나아가 국제해사국이 내린 정의는 절도나 그 밖의 범죄를 자행할 목적으로 장기간 선박들을 억류하여 승객이나 승조원들에 대한 위협이나 폭력을 행사하는 것까지도 포함시킬 수 있을 만큼 광범위한 적용가능성을 내포하고 있다.

유엔해양법협약상 해적의 정의는 구체적으로 다음과 같이 요약할 수 있다. 즉, 사유의 선박 또는 항공기의 승무원 또는 승객이 사적목적을 위하여 범행하는 불법적 폭력행위, 억류 또는 약탈행위로서 다음의 것에 대하여 행하여지는 것이다. 1) 공해상의 타선박, 타항공기 또는 동 선박이나 동 항공기내의 인원이나 재산, 2) 어느 국가의 관할권에도 속하지 아니하는 장소에 있는 선박, 항공기, 인원 또는 재산에 대한 약탈행위를 말한다.[19)] 또한 당해 선박 또는 항공기가 해적선박

18) *Ibid.*

또는 해적항공기라는 사실을 알고 그 선박 또는 항공기의 활동에 자발적으로 참가하는 행위 또는 상기 1), 2)항에 규정된 행위를 선동 또는 고의적으로 조작하는 모든 행위를 말한다.[20]

또한 공해나 어느 국가의 관할권에도 속하지 않는 기타 수역에서 모든 국가는 해적선 또는 해적행위에 의하여 탈취되거나 해적의 지배하에 있는 선박 또는 항공기의 나포 및 동 선박 또는 항공기에 있는 사람을 체포하거나 동 재산을 압류할 수 있다. 나포를 행한 국가의 법원은 부과할 형벌을 결정하며, 나포된 선박, 항공기 또는 재산에 대하여 취할 조치를 결정할 수 있으나, 선의의 제3자 권리는 보호된다.[21]

그러나 해적행위 혐의로 인한 선박 또는 항공기 나포가 충분한 근거 없이 행하여진 경우에는 나포국이 그 선박 또는 항공기 또는 국적국에 대하여 그 나포로 인하여 발생한 손실 또는 손해에 대하여 책임을 지게 된다.[22] 또한 해적을 이유로 한 나포는 군함, 군용항공기 또는 기타 정부역무에 종사하는 것이 명백히 표시되고 식별되며, 이에 대한 권한이 부여된 선박이나 항공기에 의하여서만 행사할 수 있다.[23]

2) 로마협약(Rome Convention, 1988)[24]

해적행위규제에 관하여 보다 효과적으로 대응하기 위한 목적으로 1985년 UN 결의에 따라 국제해사기구(IMO)의 주도하에 1988년 3월 항행안전에 관한 불법행위 억제협약(Convention for the Suppression of Unlawful Acts against the Safety of Maritime Navigation: Rome Convention: SUA 협약)이 채택되었으며, 동 협약은 1992년 3월부터 발효 중에 있다.[25]

---

19) 유엔해양법협약 제101조.
20) *Ibid.*
21) *Ibid.*, 제105조.
22) *Ibid.*, 제106조.
23) *Ibid.*, 제107조.
24) 동 협약은 1988년 3월에 채택되어 1992년 3월에 발효되었다. 동 협약의 채택배경은 1985년 수에즈운하 부근 공해상에서 팔레스타인 해방기구(PLO)의 분파에 의해 납치된 이태리 유람선 Achille Lauro호의 해상테러사건을 계기로 기존 유엔해양법협약의 결점을 보완하기 위해 보다 적절한 관련 국제법체계가 요구되어 1985년 UN 결의를 거쳐 국제해사기구(IMO) 주도하에 1988년에 채택되었다.

로마협약은 해적행위로서 처벌될 수 있는 불법행위를 광범위하고 구체적으로 명시하는 한편, 해적행위를 한 선박이 영해밖에 있을 경우뿐만 아니라 불법행위자가 일국의 영토 내에 있을 경우에도 그 국가는 범죄인을 자국법에 따라 처벌하든지 아니면 관련국에 범죄인을 인도해야 할 의무를 규정하고 있으며 또한 당사국은 해적행위 방지를 위한 국제협력과 사법공조체제를 유지하도록 요구하고 있다.[26)]

국제법상 형사재판관할권은 입법관할권(jurisdiction to prescribe)과 강제관할권(jurisdiction to enforce) 두 가지가 있으나 이들의 의미는 엄격히 상이하다. 입법관할권은 어떤 법이 특정 활동이나 행위에 적용될 수 있게 하기 위해 국가권력에 호소하는 것으로 특정 범죄행위를 법제도하에서 통제하기 위해 입법의 과정을 거치는 것이다. 반면, 강제관할권은 그 법을 강제하기 위해 국가권력에 호소하는 것으로 예컨대 경찰력을 동원하여 범죄의 피의자를 구속하는 것 등을 말한다.

상기에서 언급한 바와 같이 국가는 형사법이 규정하고 있는 두 가지 구성요건 중 어느 하나라도 만족시킬 경우 해적행위를 범죄로서 규정할 법적 권한이 있는바, 여기에는 3가지 원칙이 존재한다. 첫째 원칙은 영유권 원칙으로, 국가는 자국법을 자국 영역내에서 발생하는 모든 행위에 적용시킬 수 있다는 것인바, 이는 자국의 영토뿐만이 아니라 내수, 영해 및 군도수역에도 적용된다. 둘째 원칙은 기국주의원칙으로, 항행 중인 자국선적의 선박에 대해 관할권을 적용할 권한이 있다. 셋째 원칙은 국적원칙으로, 이를 통해 자국의 영역 밖에 있는 자국민에 대해서도 관할권을 행사할 수 있다.

이러한 원칙하에서 국가는 자국민의 행위에 대해 자국의 관할권을 어디에서건 적용할 수 있게 된다. 또한 이에는 자국민이 타국에서 타국선박에 대하여 행한 범죄행위도 적용될 수 있다. 그 외의 범죄행위에 대한 관할권 행사를 정당화 할 수 있는 원칙에는 보호의 원칙, 보편성의 원칙, 그리고 효과성의 원칙 등이 있다.

---

25) 2005년 1월 31일 현재 115개국이 비준하였으며, 동아시아에서는 일본, 중국, 호주 등이 비준하였고 우리나라는 아직 동 협약에 비준을 하지 않았다. 상세에 관하여는, http://cns.miis.edu/pubs/inven/pdfs/maritime..pdf#search='SUA Convention' 참조.

26) *Ibid.*

또한, 일개국 이상의 국가가 동일 행위에 대하여 모두 관할권을 행사할 수도 있는바, 이것이 바로 동시관할권(concurrent jurisdiction)인 것이다. 예를 들어 독일 국적의 사람이 말레이시아 해역에 있는 싱가포르 선적의 선박에 대하여 해적행위를 할 경우 상기에서 언급된 3개국 모두가 관할권을 가지게 된다.

타국의 영해에서 발생한 해적행위와 관련하여 발생되는 가장 큰 문제는 강제적 관할권 적용의 한계와 관계된다. 국제법상 보편적으로 인정되는 것은 타국의 주권이 미치는 장소적 범위 안에서 자국법의 강제적 적용을 하지 못할 수도 있다는 것이다. 그러므로 해군이나 해경 함정은 해적활동이 어디에서 발생했건 간에 타국의 내수나 영해 또는 군도수역에서 이들의 활동을 감시하기 위해 경비활동을 하거나 범법행위자를 체포하기 위해 진입할 수 없다.[27] 비록 해군이나 해경함정이 타국의 영해와 군도수역에서 무해통항권을 향유하고 있다고는 하지만, 이러한 권한에 경찰력 행사까지 포함되어 있지는 않다고 본다.

(2) 해적행위 발생현황

일반적으로 오늘날의 해적행위는 동남아시아, 동지나해, 아랍해역, 아프리카 연안해역에서 주로 발생하고 있으며, 이 해역들은 해적이 활동할 수 있는 지리·정치·사회·경제·역사적 요인 등을 갖추고 있다.[28] 따라서 이러한 관점에서 주된 해적행위의 배경을 살펴보면, 첫째, 지리적 요인 측면이다. 일반적으로 해적이 출현하는 곳은 오랜 해적의 전통이나 역사를 가진 곳, 치안질서가 바로 세워지지 않은 곳, 경제적 빈곤이 심한 곳, 출현과 은닉 및 식품조달이 쉬운 다도해나 밀림, 상선이나 어선이 자주 왕래하는 주요 해상로나 해협 등이 해적행위 발생의 주요 요인으로 작용한다고 볼 수 있다.

세계의 바다 곳곳에서 해적들이 출몰하여 인명을 해치고 재산을 약탈하고 있는바, 국제민간단체나 국제기구의 공식자료에 의하면 해적사건은 매년 급격히 증가하는 추세이고,[29] 공식 보고되지 않은 소규모 해적행위를 더하면 그 피해 사

27) 유엔해양법협약 제111조 3항 참조.
28) Internet 자료(*http://www.magawinegv.com*)
29) 2004년도 발생건수(325)는 1996년에(228) 비해 30% 증가하였다. ICC IMB *Annual Report* (2003-2004) 참조.

례는 훨씬 늘어날 것으로 보인다.

해적들은 비무장 또는 도검류나 총기로 재래식 무장을 한 형태 외에 최근에는 쾌속선에 로켓포를 장착하기도하며 전자봉이나 무전기를 휴대하고 목표 선박이 출항지에서 선적한 화물명세서를 사전에 입수하는 등 정보망까지 갖추고 있다. 약탈 대상도 기존에 선호하던 전자제품 외에 세계적인 경제난으로 암시장에서 그 수요가 늘어난 디젤유나 중유 등으로까지 다양해지고 있다. 선박나포나 선원 납치로 몸값을 받아내는 고전적 수법도 여전히 성행하고 있으며 최근에는 선박 및 화물 전체를 납치하거나 승무원 전원을 살해하여 바다에 버리는 등 대형화·흉포화되어 가는 경향을 보인다.30)

(3) 소결론

해양이 국가의 영토처럼 인식되고 그 중요도 및 이용도가 증가함에 따라 영해 및 배타적 경제수역에 대한 각국의 주권 및 관할권이 강화되고 있는 가운데 해적행위 역시 각국의 영해 또는 접속수역내에서조차 발생하고 있다. 따라서 이와 같은 해적행위에 대한 국제적 규제는 그 장소적 제한이 불가피할 수밖에 없으므로 결과적으로 타국과의 마찰소지를 안고 있다고 볼 수 있다.

해적행위에 대한 국제적 규제를 효과적으로 행함에 있어서 제기되는 문제점을 세부적으로 살펴보면, 첫째, 해적행위 발생지역 연안국의 해적퇴치에 대한 의지가 미흡하다는 것이다. 이론상으로는 해적진압의 책임은 사건이 발생한 연안국이나 개도국의 지원이나 의지가 부족함에도 하나의 원인이 될 수 있다. 물론 기국도 이에 대한 책임을 져야 하지만 리베리아나 파나마의 경찰력이 말라카 해협이

30) 우리나라 선원이 승선한 파나마 국적 화물선 텐유(Tenyu)호가 화물을 적재한 채 행방불명되었다가 선명이 바뀌어 1998년 12월 21일 중국에서 발견되었으며 선원의 생사여부는 지금까지 확인되지 않고 있다. 한국선박 피습 사례 : 인도네시아 자카르타 연안에서 정박 중이던 벌크 운반선 L호(9,125톤)에 칼로 무장한 해적 4명 습격('98. 12. 21), 당일 6,000톤을 실은 석유화학제품 운반선 C호가 대만 남서방 126마일 해상에서 중국 군복차림의 해군함정에 탄 해적 15명 습격('98. 10. 30), 인도네시아 멘다나우섬 부근에서 컨테이너선 H호(17,682톤)에 총으로 무장한 해적 습격('98. 9. 29), 방글라데시 치타공에 정박 중이던 Y호에 총으로 무장한 해적 20여명 습격('94. 8. 21), 홍콩에서 마닐라로 항해하던 컨테이너선 K호(3,459톤)에 중국 관리라고 자칭한 자가 소총으로 무장한 해적 습격('94. 2. 27), 요코하마에서 베트남으로 가던 화물선 D호가 대만해역에서 총으로 무장한 해적 30여명 습격('93. 6. 9). (주간한국, 「한국선박 피습 사례」, 1999. 12. 16. *http://dailysports.co.kr*).

나 브라질 해안을 순찰할 수는 없기 때문에 해적에 대한 조치는 유엔이나 국제기구 등의 단체에 의존할 수밖에 없다. 즉, 해적발생 해역 주요 국가들이 해적행위에 대하여 방관하는 자세를 취하다면 국제적으로 효과적인 법집행은 어렵게 된다.

둘째, 국제법(국제협약)과 국내법간에 충돌문제이다. 최근의 해적행위는 주로 영해에서 발생하므로 연안국의 주권과 관할권이 항상 충돌할 소지가 존재한다. 따라서 해적행위 발생장소에 따른 규제문제, 타국 영해에서 해적행위를 하고 자국으로 도주할 경우의 해적행위조사 및 관할권집행 등에 관한 문제를 해결하려고 노력해야 할 것이다.

셋째, 해적행위는 어느 특정 국가만의 문제가 아니다. 해적행위는 지금도 세계 곳곳에서 자행되고 있으며, 세계해양질서를 파괴하는 행위로서 국제적 문제임이 분명하나 이에 국제적으로 대응할 세력이 미약하다는 것이다. 이는 특히 최근의 해적들이 조직화, 거대화, 무장화 및 가속화되어 가고 있는데 반하여 이에 대한 연안국, 지역국가 및 국제적 대응세력은 해적조직에 비하여 대단히 미미한 실정이기 때문이다

상기의 해적행위 배경에 관한 고찰에서 알 수 있듯이 최근의 해적행위는 지리적, 경제적 및 정치적 요인 등에 의해서 주로 발생되어 왔기 때문에 근본적으로 이러한 해적행위의 발생요인을 제거한다면 가장 효과적인 대안이 될 수 있다. 따라서 이러한 측면을 중점으로 한 규제방안을 다음과 같이 제시하고자 한다.

첫째, 국제정치적 의지가 필요하다. 이를 위하여 먼저 해적에 대한 관련 국가의 재판관할권에 관한 조정 및 협력이 필요한 바, 즉 국제법(국제협약)과 관련 국가들의 배타적 및 사법적 관할권에 대한 문제를 적극적으로 해결해야 한다. 따라서 국제법(국제협약)을 현실화하는 국가간의 협력이나 범죄인 인도 등의 사법공조체제 구축을 위한 양자간, 지역적 또는 국제적 차원의 협력 및 공조가 필요하다.

둘째, 해양국제경찰제도(Maritime Interpol)의 도입이다. 이는 국제적으로 공인된 조직으로 세계 어느 곳에서나 해적행위에 대한 조사 및 정보수집, 사법권을 행사할 수 있는 조직이 존재해야 한다는 것이다. 즉, 국제법(국제협약)을 효과적

으로 현실화할 수 있는 조직이나 행동이 필요하다는 것이다.

셋째, 연합해상세력의 창설이다. 이는 문제해역에 대한 지속적인 해상감시 및 정찰활동을 강화할 수 있는 세력의 창설이다. 이러한 세력을 양국간 또는 지역국가간의 합의로 창설하여 영해와 공해를 막론하고 해적행위에 대한 예방과 대응을 할 수 있는 실질적인 세력으로서 역할을 할 수 있도록 해야 할 것이다.

넷째, 해적행위 발생 지역 관련국가들이 해적행위 방지를 위한 적극적 행동을 취해야 한다. 자국내의 정치안정 및 경제발전을 추진하고, 마약 또는 밀수 근거지를 제거함과 동시에 지방당국의 부패를 척결해야하며 이를 위한 국가간의 협력 등에 적극적으로 나서야 한다.

다섯째, 해적발생의 배경을 근원적으로 제거하기 위한 선진국의 국제적 노력이다. 즉 정치·경제적으로 안정을 취할 수 있도록 직접 또는 간접적으로 노력을 해야 하며, 법적 효력을 현실화할 수 있도록 선진 국가들부터 솔선수범하여 자국의 이익에 앞서 국제적 공동이익을 위한 노력을 경주해야 한다.

마지막으로 아시아 지역(동남아시아)에서 발생하고 있는 해적행위 근절을 위한 적극적인 협력 및 공조체제를 구축하여야 한다. 해적행위 발생을 여전히 방관한다거나 예방의지가 약하다면, 동 지역은 해적국가라는 불명예속에, 국제무역 또는 국제투자의 감소 등 경제적 어려움에 직면하게 될 것이며 이는 결국 21세기 해양시대에도 역행하는 지역으로 해당국가의 번영 및 안정에도 심각한 영향을 미칠 수 있다.

지금까지 해적행위에 대한 피해 대상국가의 수가 100여 개국 이상이라는 사실은 해적문제의 심각성을 잘 반영하고 있다. 하지만 해적행위에 대한 국제법적 규제와 실질적인 대처방안이 미흡한 상태여서 여전히 세계 곳곳에서 해적 행위가 발생하고 있다. 이는 탈냉전 이후 국제질서가 서서히 변화하면서 국제적으로 중요한 해상교통로를 위협하는 해적행위가 특정 국가만의 문제에서 국제사회 전체의 문제로 대두된 직접적 요인이라 볼 수 있다.

따라서 해적행위는 국제 해양질서를 파괴하는 인류공동의 적으로 인식하고 대처해야 하며, 동시에 자국의 이익에 앞서 국제공동체 안녕을 위한 노력을 경주해야 하며, 선진국들도 해적행위의 근원적 요인 제거를 위해 적극적으로 대처해야 하며 이를 위한 국제적 협력 및 공조에도 동참해야 한다. 또한 해적 발생지역 관련국들은 해적행위규제 관련협약이 현실화될 수 있도록 구체적 협력강구 및 국가의지의 표현이 무엇보다도 중요하다고 보인다.

해적행위는 국제사회 전체의 문제인 동시에 우리의 문제이기도 하다. 우리나라는 삼면이 바다로 둘러싸인 천혜의 해양국으로 그 어느 국가보다 해양의존도가 높기 때문에 안전한 해상교통로 확보가 우리의 생존과 직결되어 있음은 주지의 사실이다.

인류공동의 적으로 규정하고 있는 해적행위의 규제에 있어 해군의 역할은 상대적으로 다대할 수밖에 없는바, 이는 해군의 작전반경이 자국 영해 및 관할수역은 물론 공해상에까지도 활발하게 전개되는 현실을 고려할 시 해적퇴치를 위한 이해관계국 해군간의 긴밀한 협조와 협력관계유지가 절실히 요청된다.

이를 위하여 우리 정부는 1992년에 말레이시아 쿠알라룸프르에 설치된 국제해사국 산하 해적신고센터(RPC)의 활용, 해적수사조직으로 국제해사국 산하의 긴급대응수사국(Rapid Response Investigating Service: RRIS)과의 정보교환 및 공조, 아세안지역포럼(ASEAN Regional Forum: ARF) 등의 국제회의에서 해적문제의 국제적 관심유도, 관련국 해군 및 해양경비대와의 합동 정보교환 및 조기경보, 항로감시 및 공동순찰, 중국, 일본, 러시아 해상치안기관들과 정례회의를 통한 국제공조협력체제 강화, 해양경찰과의 정보교류 협의체 구성 등을 통하여 해양질서유지를 위한 해적퇴치에 일조를 할 수 있을 것으로 보인다.

3. 어업문제

(1) 관련협정

1) 한 · 일어업협정

동해에서의 어업질서를 확립하여 한일 양국간의 배타적 경제수역 체제 돌입 이전에 잠정적으로 어업문제를 해결하고자 1998년 11월 28일 한 · 일어업협정을 체결하였다.

양 체약국은 항행의 안전과 해상사고의 원활한 처리를 위하여 적절한 조치를 취하고 상호 긴밀히 연락하고 협력하도록 하였다.[31] 특히, 입어허가에 관한 사항을 권고하고 제주도 남부수역에서의 해양생물자원의 보존과 관리에 관한 결정을 할 수 있는 양국 전문가로 구성된 한·일 어업 공동위원회 설치를 명문화하였다.[32]

1998년에 체결된 한·일어업협정(1999. 1. 22 발효)은 한·일 양국의 배타적 경제수역제도 수용에 따른 신해양법체제 수용의 불가피성 및 양국간의 배타적 경제수역 경계획정의 어려움을 간파하여 그 잠정적 조치의 절실한 필요성에 따라 이미 체결하여 효력 발생이 되어 오던 1965년 한·일어업협정이 일본의 일방적 종료통고로 그 실효가 곧 눈앞에 다가옴에 따라 동해에서의 한·일간의 어업질서를 어떤 식으로든 규제할 급박한 필요성이 대두되어 전격적으로 한·일 어업협정이 체결되게 되었다.

동 협정이 체결됨으로써 양국은 일정범위까지 자국의 배타적 어업수역을 향유하는 대신 일정수역, 이른바 중간수역에서는 자국의 어선이나 어업만을 규제할 뿐 상대국 어민이나 어선에 대하여는 규제를 하지 않고 공동으로 조업할 수 있는 이른바 중간수역을 설정·운영하게 되었다.

2) 한·중어업협정

우리 정부는 서해에서의 중국 어선에 의한 어족자원 남획을 방지하고 한·중간의 어업문제 해결을 위해 1998년 11월 10일 5년간의 협상 끝에 중국과의 어업협상을 최종 타결하였다.

서해·남해에서의 한·중간 조업질서를 위한 규범 부재로 인하여 한·중 양국의 영해 12해리 이원에서 무질서한 조업이 실시되어[33] 그 결과 자원고갈심화, 우리 어민 피해 증가, 어선사고발생, 무질서한 긴급피난 등 각종 문제가 야기되었으며 무협정상태가 지속될 경우 우리측 손해가 지속적으로 증가될 것으로 보

31) *Ibid.*, 제11조.
32) *Ibid.*, 제12조.
33) 특히, 우리의 서해상 연평도 이북 근해의 북한으로 통하는 길목의 이른바 공해상에서 수많은 중국 어선들이 남·북한 관계를 교묘히 악용하여 대규모로 조업하는 사례가 빈번히 일어나고 있으며, 이러한 현상은 백령도 주변수역에서도 동일하다.

였다.

이에 양국 정부는 1993년 12월 정부간 어업협정 개시 후 초기단계에서 양측 입장을 밝히게 되었는데, 우리측은 유엔해양법협약상 EEZ 체계에 맞추어 EEZ 수역을 최대한 넓게 획정하고, 가상 경계선 주위의 좁은 수역이 중첩되는 수역은 공동 관리할 것을 주장하였고, 중국측은 EEZ 경계선 획정 시까지는 양국의 영해 12해리 이원수역은 모두 공동어로수역으로 할 것을 주장하였다.

이를 계기로 1997년 9월 양국은 잠정조치수역 방안을 검토하기 시작하였다. 다만, 양측간 EEZ가 중첩되므로 한·중간 EEZ 경계획정 회담에서 EEZ경계선이 획정될 때까지는 일정수역의 범위(후에 "잠정조치수역"으로 명명)에 대해서는 예외적으로 잠정 관리하는 제도를 도입키로 합의하였다. 물론 EEZ 경계선획정에는 장시간이 소요되므로 어업협정 체결을 지체할 경우, 무협정상태가 지속되리라는 예상을 양국이 모두 하였기 때문에 이로 인한 피해를 최소화하기 위해 잠정조치수역을 설정하게 되었다.

1997년 12월 이후 양측은 잠정조치수역의 범위확정을 위해 장기간 교섭을 하여 양측 제시방안을 대등하게 상호 조정하면서 의견을 좁혀나간 후에 어느 정도 진전이 있게 되자 본격적으로 1998년 11월 한·중 어업협정(2001. 6. 30 발효)을 체결하게 되었다.

상기 잠정조치수역의 범위와[34] 관련하여 양측 입장 차이를 좁히기 어려운 수역을 한·중 양국 각자 연안에 과도수역으로 각각 획정하고 일정기간 관리 후에 각자 EEZ 체제로 귀속시키는 방안에 합의하였는바(협정발효 후 4년 뒤 각국의 EEZ로 편입됨. 그 결과 2005년 7월 1일 부로 과도수역은 사라짐), 이것은 장기적으로는 잠정조치 수역을 좁게 하고 EEZ를 넓게 하자는 우리측 입장을 반영하고, 단기적으로는 잠정조치 수역을 넓게 하자는 중국측 입장을 반영하는 것을 의미함과 동시에 기존 조업실적 고려문제를 극복하기 위한 취지에서 연유된 것이다.

한·중어업협정은 기본적으로 유엔해양법협약의 EEZ 어업제도에 입각하면서

34) 양국은 서해 2등분선을 기준으로 같은 면적의 수역을 잠정조치수역으로 하였는바, 그 면적은 83,000㎢나 된다.

동시에 양국 어민의 이익을 적절히 반영한 것으로 협정의 적용 수역은 한·중 각국의 EEZ이고, 동 EEZ내에서는 유엔해양법협약의 EEZ 어업제도에 의하여 관리·통제가 된다.

그러나 한·중 EEZ가 중첩되고 경계획정 협상이 한·중간의 입장차이로 인하여 장기간 소요되므로 양측은 서해·남해수역 가운데의 일정 범위에 잠정조치수역을 설정키로 했고, 동 수역에 대해서는 EEZ 어업체제가 아닌 공동관리체제를 적용키로 협정에 규정하여 잠정조치수역 외측의 일부에 과도수역을 각각 설정하여 일정기간 동안 예외적인 관리체제를 적용하도록 하였다.[35)]

따라서 서해·남해에서 상기 예외적 수역 이외는 한·중 양국 각자의 EEZ가 되며, 동 EEZ에 대해서 유엔해양법협약상 EEZ 관리방식이 모두 적용된다. 다만, 제주도 남부의 한·중·일 3국의 관할권이 중첩되는 수역과 그 주변 일부 및 서해 특정해역 수역 부근 일부 수역에서는 현행 조업질서가 그대로 유지된다.[36)]

특히 서해 중간 일정 수역을 "잠정조치수역"으로 설정하고 이를 공동 관리하도록 합의하였는바, 이 수역에서는 양국 정부가 공동으로 해양생물자원 보존을 위하여 어선수 제한 등 양적 관리를 실시하게 되며 세부내용은 한·중 어업공동위원회에서 결정하게 된다.[37)]

위원회의 결정사항을 위반하는 타방국 어선 발견시 현장에서 주의환기 및 기국(선적국)에 위반사실을 통보하며 기국은 필요한 조치를 취한 후 그 결과를 다시 상대국에 의무적으로 통보하여야 한다.[38)]

자국 연안에서 해난을 당한 상대국 어선에 대해 가능한 한 구조 및 보호 제공을 하도록 하여 악천후 등 긴급사태를 만난 경우 상대국 관계당국에 연락을 취하고 항구 등에 피난이 가능하도록 하였다. 이 경우 피난어선은 상대국의 관련법령 및 지시를 준수하여야 한다.[39)]

---

35) 한중어업협정, 제8조. 동 조항에 의거 양측의 과도수역은 2005년 7월 1일부터 양국의 배타적 경제수역에 포함되게 되었다.
36) *Ibid.*, 제9조.
37) *Ibid.*, 제7조.
38) *Ibid.*
39) *Ibid.*, 제11조.

(2) 최근 어업분쟁 사례

1) 신풍호 사건(2005. 5. 30)

본 사건은 2005년 5월 30일 10:30경 대변항을 출항하여 동일 17:00경 93-8해구(대변동방 25마일, 우리 EEZ내 측 5마일)에서 투망 시작 후 동일 23:00경부터 익일 10:00경까지 양망하여 붕장어 50kg을 포획하고 휴식을 취하던 중 냉동기 고장으로 수리를 위해 동일 23:00경 귀항차 현지를 이탈하여 통영방면으로 단축 경로 이용 항해 중 30분만에 일본 순시정의 정선 명령을 받고 EEZ외곽으로 도주하기 시작하여 발생된 사건이었다.[40]

그러나 최초 임검시부터 통발 어구는 어구 격납고에 보관되어 있었고(추적 비디오테이프 자료) 선내 어획물이 첫 투망시 잡은 장어 50kg밖에 없었고, 일본측도 불법조업 현장을 직접 확인하지는 못했다고 진술하였고, 항해 목적이 냉동기 수리차 귀항한 것으로 인정되는 점 등으로 보아 EEZ내측 불법조업 사실은 없는 것으로 확인되었다고 한다.[41].

정선명령 불응, 임검기피 도주 여부 문제에 관하여 일본측 실무협상팀은 신풍호가 일본측, EEZ내측에서 항해중인 현장을 확인하고 일본어업법 규정에 의거 정선명령을 실시하였으나 도주하여 이에 불응코 2시간 23분 도주한 임검기피 혐의는 인정된다고 한다.[42]

5월 31일 23:52경 일본 EEZ선상(36-06-34N, 129-48-10E)에서 PC215가 신풍호 추적중 보안관 2명이 강제 승선, 정선, 제압하는 과정에서 조타실 창문을 부수고 조타실내 출입고 쪽에 있던 갑판장 황갑순(39세)에게 곤봉, 안전화, 헬멧 등으로 20여회 구타를 가하여 두통과 구토증세로 울산소재 굿모닝병원으로 긴급후송 치료중이고 갑판장에게 폭력을 행사하는 일본측 보안관을 제지하던 선장에게도 주먹과 안전화, 헬멧으로 머리, 복부 등을 때려 앞이마 3cm가량 찰과상과 우측두부에 경미한 타박상이 확인되었다. 이와 같은 일본의 무리한 과잉단속으로 인한 부상에 대해 일측에 강력 항의하였다.

---

40) http://ucc.media.daum.net/uccmix/society/region/200506/02/no/2005. 06. 03, p. 2.
41) *Ibid.*
42) *Ibid.*

강제정선차 3차례에 걸친 신풍호 좌현 측면 충돌로 인하여 좌현 중앙선수부 방현대 목재부 균열 파손, 좌현 갑판 바닥 균열, 통발어구 양승기 1대 파손 등 9개소 손상, 조타실 후부 출입문 유리창 1개 파손을 포함한 수리비 2,000만원 추산의 피해를 발생시켰으며(현장사진 촬영) 일본 측에 피해배상요청 및 항의를 제기하였다.

3차에 걸친 양측 실무팀 회의 및 진상확인, 관련 비디오 테이프, 레이다 프록터 기록지, 선체현장 채증비디오 자료, PC215호 우현 선수부 굴곡, 파공개소(직경50cm), 선내 어구적재 상태 및 보관 어획물 확인, 냉동기 고장 상태 및 수리업체 통보 등을 종합한 바, 신풍호는 EEZ 선상 4마일권 우리측 수역에서 1회 조업하였고(장어 50kg 어획) 냉동기 고장으로 활어보관이 불가(냉수 및 산소 공급장애)하여 수리차 통영항으로 귀항하는 과정에서 5월 31일 23:00경 일본 EEZ내측 3마일 진입(최단거리 항로로 통영으로 귀항하던 중)한 해상에서 일본 순시선(PC215)의 정선명령을 받고 검거시 일방적인 처벌을 두려워한 나머지 검문을 기피한 사실이 인정되고 일본측이 제시한 제반 증거자료 및 주장, 선장의 진술, 어구 적재상태 및 어획물 적재량 등 확인결과 불법조업 목적으로 일본 EEZ내측으로 진입하였으나, 불법조업 혐의는 없으며 최초 발견시부터 불법조업 혐의가 없었음에도 3차례 일본순시정(PC215)우현 선수로 신풍호 좌현 선수부 현측을 충돌시켜 선체를 파손시키고, 조타실 유리창을 곤봉으로 깨고 조타실에 침입하여 무장장구로 선원 2명을 구타한 행위는 과잉대응의 결과로 사료된다.[43)]

본 사건은 한국과 일본간에 어업문제로 인한 사상 초유의 양국 경비정 대치상황을 초래한 사건으로서, 동 선박이 일본 EEZ내에서 조업한 사실이 밝혀지면 국내 수산업법에 따라 처벌할 수 있다. 그러나 일본 순시정 추적의 적법성 문제에 관하여는 논란의 여지가 있는바, 해양법상 추적권은 "외국선박이 자국의 법령을 위반했다고 믿을 충분한 이유가 있을 때 당해 타국선박을 추적할 수 있다"라고 명시하고 있다.[44)] 따라서 불법어로행위를 하지 않고 단순히 일본의 EEZ를 통과만 한 것이 과연 추적권 행사의 사유가 될 수 있는지는 상당한 의문이 제기되지

43) *Ibid.* pp. 2-3.
44) 유엔해양법협약 제111조 1항.

않을 수 없다.

그러나 우리 어선이 유류비 절감 등을 위해 일본 EEZ를 가로질러 항행하는 경우가 많은 데다 일본은 지난해부터 EEZ를 침범한 한국 어선에 대한 단속을 강화하고 있어 이와 비슷한 사례가 다시 발생할 가능성이 높기 때문에 EEZ내에서 한일 양국 어선의 조업활동 등에 대한 단속규정 등 어업분쟁 예방책을 마련할 필요가 있다고 본다.[45)]

2) 제7범양호 사건(2005. 7. 3)

2005년 7월 2일 일본의 배타적 경제수역에서 불법 조업을 한 혐의로 한국어선 1척이 일본에 나포되었다. 3일 경북 포항해양경찰서에 따르면 2일 오전 5시 40분경 독도 남동쪽 100km 해상에서 경북 울진군 선적 92t통발어선 제7범양호가 일본측 어업지도선에 나포되었다. 제7범양호가 나포된 곳은 일본 EEZ 내측 약4.5마일 해상이었다. 6월 29일 경북 영덕 강구항을 출항한 제7범양호는 이날 일본 EEZ안에서 한국 수역 쪽으로 항해하던 중 자국 EEZ에서 검문하던 일본 어업지도선에 적발되었다. 제7범양호는 2일 오후 10시 반경 일본 돗토리 현 사카이미나토항에 도착했으며, 선원 12명은 현재 조사를 받고 있는 것으로 알려졌다.[46)]

부산해경 소속 3,000t급 경비정 1척이 제7범양호의 무선 연락을 받고 현장으로 출동했으나 일본측이 제7범양호가 불법조업을 했다는 증거를 제시함에 따라 별다른 조치를 취하지는 않았다. 해경 관계자는 "제7범양호가 일본 EEZ안에서 불법조업을 한 것으로 밝혀진 이상 별다른 대처를 할 수 없는 상황"이라면 "EEZ 불법조업에 따른 벌금 4,000여만 원을 납입하면 4일 중 풀려날 수 있을 것"이라고 언급한 바 있다.[47)]

45) *동아일보*, 2005. 6. 3.
46) *동아일보*, 2005. 7. 4.
47) *Ibid.*

4. 해상테러리즘

(1) 개요

해상테러리즘은 선박, 해안시설, 구조물 및 부락을 대상으로 해상에서 선박이나 포대 등을 사용하여 행하는 테러행위나 활동으로 규정될 수 있다. 즉 해상테러가 정치적 구성원 자체에 중점을 두고 간접적으로 국가나 정부를 목표로 삼으면서 대중의 지지가 크게 부족한 상태에서도 비밀공작을 펼치는 것이라면, 반란은 신원 확인이 가능한 무장 군인이 정부나 정부 조직을 직접적으로 공격한다는 측면에서 해상테러와는 다르다.

해상 테러는 위치와 의도된 목표물에 따라 구분될 수 있으며, 이는 연안에서 항해하는 선박이나 고정된 갑판을 대상으로 발생할 수도 있다. 또한 해안가 역시 공격 장소가 될 수 있고 항구에 정박해 있거나 혹은 해안 근처에서 활동 중인 선박이나, 항구 시설, 관광 휴양시설과 같은 해안에 위치한 시설물, 또는 일반적인 해안정착물을 대상으로 공격이 가해질 수도 있다.[48] 내륙에서 발생한 테러의 경우에도, 내수용 선박을 이용 혹은 이를 대상으로 삼거나 규모가 큰 호수 지역 내에서 발생한 테러도 해상테러로 인식되어야 할 것이다.

소형 쾌속선박을 이용하여 해안이나 강가에 위치한 시설물을 대상으로 뺑소니식 공격을 펼치는 것은 해상테러의 전형으로 이는 특히 강과 항구 주변 등 인구가 집중된 지역에서 발생할 비율이 더욱 높다. 특히 인구가 밀집된 지역은 보다 용이하게 야간에 도피와 탈출을 가능케 한다. 화물 항구 역시 폭발물이 적발되지 않게 항구로 배달되는 것과 같은 전통적 테러수단을 통해 공격대상이 될 수 있다.

폭파물이 승객과 함께 적재된 수화물 내로 배달되거나 대기하고 있는 승객을 목표물로 삼을 수 있는 여객항을 의도적으로 폭파시킬 경우에는 사상자의 수와 간접피해도 매우 높다. 그러나 더욱 염려해야 하는 것은 의도적으로 여객선을 침

48) 2000년 10월 12일 예맨의 아덴항에 정박중이던 미 이지스함(USS Cole, DDG-67)이 2명의 테러범들에 의해 동함 현측에 고무보트를 타고 접근하여 자폭하여 현측에 직경 15미터의 구멍이 생기고 다수 격실이 침수되어 승조원 17명 사망 및 42명이 부상당하는 사고가 있었다. *http://en.wikipedia.org/wiki/USS_Cole_bombing#The_attack* 참조.

몰시킬 수 있는 가능성이 있다는 것이다. 특히, 다른 테러 사건에서 수백 번씩 건물을 상대로 사용된 자가용이나 소형 트럭에 폭발물이 동원되는 등 다양한 수단을 통하여 내부로 잠입할 수 있는 선박의 경우 더욱 취약성을 갖고 있다.

해상테러의 유형 중 특별히 주목을 요하는 것은 핵물질을 운반하는 선박을 납치하는 것으로서 이미 사용된 핵연료를 처분시키기 위해 운송되는 플루토늄 적재선박에 대해 테러가 발생할 수 있다. 비록 이미 사용된 연료가 개량된 핵무기로 활용되기는 쉽지 않지만, 일반 대중이나 다른 물체를 방사선에 노출시키거나 감염시키는 데에는 사용될 수 있다. 이러한 해상테러 가능성은 일찍부터 알려져 그 예방조치로 화물선 내의 특수 시설이나 조직에 대해 특별 안전장치를 부착시키고 있다.

(2) 수역별 테러행위 규제[49]

1) 내수 및 영해

내수나 영해에서 항해 중 테러활동에 가담한 외국선박에 대하여 연안국이 일정한 조치를 취할 수 있다는 것은 의심의 여지가 없다. 내수는 연안국의 완전한 주권하에 있는 수역이므로 연안국은 이 수역내에서의 위법행위 발생시 자국 영토내에서 발생한 것과 동일하게 관할권을 행사할 수 있다.[50]

단, 외국선박은 연안국 영해에서 무해통항권을 향유하므로 이로 인하여 국가관할권행사가 제한되나,[51] 이는 다음의 두 가지 경우에만 가능하다. 첫째, 연안국 영토내에서 테러활동을 수행할 임무를 띤 승조원이 승선한 외국선박이 연안국의 안보를 위협할 경우 연안국이 적절한 조치를 취할 수 있는 것은 의문의 여지가 없다. 둘째, 공해상에서 도착한 선박이 연안국의 안보를 즉각적으로 위협하지는 않으나 이후 영해를 횡단하는 경우, 이 선박이 제3국에서 테러활동을 목적으로 한다하더라도 무해통항에 관한 규정 위반이 될 수는 없는바, 이는 유엔해양법협약 제19조 2항에서 유해통항이 되려면 연안국에 유해한 활동이 영해내에 발생할

49) 본 내용은 N. Ronzitti(ed), *Maritime Terrorism and International Law*, Martinus Nijhoff Publishers, 1990, pp. 5-8의 내용을 요약 정리한 것임.
50) 유엔해양법협약 제2조 및 8조 참조.
51) *Ibid.*, 제8조 2항.

것임을 요하기 때문이다.[52] 이 경우 적용되는 규정은 동 협약에서 언급하고 있는 외국선박에 대한 형사재판관할권 규정이 된다.[53] 즉 범죄행위가 연안국의 평화 또는 영해의 공공질서를 교란하는 종류인 경우 연안국은 이러한 외국선박에 대하여 형사관할권을 행사할 수 있다. 물론 범죄행위가 선박이 영해 진입전에 발생하였다면, 연안국은 선박의 기국이 요청하지 않는 한 형사관할권을 행사하기 위하여 동 선박을 나포하는 것이 허용되지 않는다.

2) 접속수역

접속수역에 관한 규정은 해상테러리즘에 대하여 강제조치를 취할 수 있는 특별한 권리를 연안국에게 부여하고 있지는 않다. 유엔해양법협약은 '연안국의 영토 또는 영해내에서의 관세, 재정, 출입국관리 또는 위생법규의 위반방지'를 위하여 외국선박에 대하여 조치를 할 수 있도록 규정하고 있으나,[54] 안보문제는 언급하고 있지 않다. 따라서 강제관할권은 테러활동이 연안국의 관세나 출입국 관리 등을 위반할 경우에만 허용되는데, 예를 들어 테러리스트들이 연안으로 무기를 밀수입하거나 비밀리에 연안국으로 상륙하려하는 경우 등에 적용된다.

3) 대륙붕 및 배타적 경제수역

테러리스트 활동은 연안국의 대륙붕[55] 및 배타적 경제수역에 설치하는 목적물인 인공도, 시설물 또는 관선 등에 대해서도 발생할 수 있다. 이 경우 연안국은 테러리스트들의 활동을 예방하고 저지하는데 필요한 모든 강제조치를 취할 수 있다. 연안국이 취하는 이 조치는 경찰조치의 일부로 정의되어 있으며, 이는 대륙붕 및 배타적 경제수역에 있는 시설물들의 안전을 보장할 목적으로 해양법협약[56] 및 관습국제법상 연안국에게 부여된 주권적 권리이다. 이러한 조치는 연안

---

52) 유엔해양법협약 제19조 2항은 연안국에 유해한 활동이 "영해내에서" 발생해야 한다라고 규정하고 있다. 제3국에 대한 테러리스트 활동은 이것이 "국제범죄"로 인정되지 않는 한, 이 규정의 범주에 속하지 않는다.

53) *Ibid.*, 제27조 참조.

54) *Ibid.*, 제33조 참조.

55) 1988년의 대륙붕상에 위치한 고정구조물의 안전에 대한 불법행위 억제를 위한 의정서 (Protocol for the Suppression of Unlawful Acts Against the Safety of Fixed Platforms Located on the Continental Shelf: 일명 로마의정서)가 채택되어 대륙붕 시설이나 구조물 안전위협행위에 대한 법적 규제가 가능하게 되었다.

국이 자국 영토내에서의 경찰조치를 취하는 것과 동일한 것이며 동 조치는 연안국 관할권이 미치는 수역내에서의 자국의 주권적 권리보호에만 국한되어 있다.

대륙붕 및 배타적 경제수역에서의 연안국의 강제조치 권리에 관하여는 의문의 여지가 없으나, 제3국이 연안국의 사전 동의 없이 강제력을 행사할 수 있는가는 대단히 어려운 문제이다. 따라서 국가가 타국의 대륙붕 및 배타적 경제수역 시설물을 운영하는 것과 타국의 대륙붕 및 배타적 경제수역에 있는 관선을 보호하는 것과는 서로 구별하는 것이 바람직할 것이다. 이 문제 해결을 위한 두 가지 가정을 전제로 다음과 같이 제시할 수 있다.

첫째, 고정 시설물을 운영하는 국가의 조치는 해외에 있는 자국민 보호를 위한 무력사용원칙에 근거할 수 있다. 이 원칙은 재산 보호용으로 원용될 수는 없으나,[57] 인명구조에 있어서는 여전히 그 타당성이 있다고 본다. 국가가 육상 국경을 넘어 해외에 있는 자국민 보호를 위하여 조치를 취할 수 있는가의 문제는 여전히 논란이 있으나, 국경침범이 아닌 테러리스트 수중에 있거나 시설물에 있는 자국민 구조작전의 경우에 있어서의 조치는 합법성이 있다고 보인다. 이러한 조치는 시설물이 있는 대륙붕 및 배타적 경제수역에 연안국이 개입할 수 없거나 개입하지 않으려 할 때는 허용될 수 있다.

둘째, 타국의 대륙붕에 있는 관선 손상을 예방하기 위하여 취한 조치가 합법적이 될 수 있는가의 문제이다. 이에 관한 긍정적인 답변은 관선을 운영하는 국가가 연안국 주권행사의 범위에 해당되지 않는 수역에서의 자국권리를 보호하기 위하여 개입하고 있다는 사실에 근거할 수 있다. 일국의 대륙붕 및 배타적 경제수역에 해저전선 및 관선을 부설하는 것은 부설노선 설정이 연안국의 동의를 얻어야 하지만 그 부설 자체는 국제법상 제3국에게 인정된 권리이다.[58]

4) 공해

공해상에서 선박은 기국의 관할권에 따른다.[59] 따라서 대체적으로 기국 개입

---

56) *Ibid.*, 제56조 및 60조 참조.
57) *Ibid.*, 제56조.
58) R. B. Lillich, "The Diplomatic Protection of Nationals Abroad: An Elementary Principle of International Law under Attack," 69 *AJIL*(1975), p. 362.
59) 유엔해양법협약 제92조.

의 합법성은 문제가 될 수 없다. 그러나 기국의 자유와 관련된 두 가지 주요 문제가 있다. 첫째는 그 개입이 전적으로 기국의 재량에 의한 것이거나 그렇지 않으면 특정상황에서 개입의무가 부여되었는가의 문제이다. 심각한 위험에 처한 자국민에 대한 기국의 개입의무는 기본 생존권을 포함하는 인권 보호를 위한 일반적 의무에 근거할 수 있다. 만일 심각한 위험에 처한 개인이 외국인이라면 개입의무는 인명보호를 요구하는 일반원칙 뿐만 아니라 외국인 보호에 대한 국가의 의무를 요구하는 보다 구체적인 관습국제법에 근거할 수 있다.

두 번째 문제는 개입이 기국의 재량에 해당할 경우 국제법이 기국에 대한 어떤 제한을 부과하는가의 문제인데, 이에 관하여 추론할 수 있는 유일한 제한은 개입이 테러리스트를 처벌하는 것이 아니라 인명을 구출하는 것에 목표를 두어야 한다는 것이다. 이는 기국이 이러한 상황에 대처하기 위한 가장 적절한 전술을 선택할 권리가 있음을 의미한다. 그러나 이러한 개입이 인명구조를 목적으로 하였다 하더라도 인질구출이 아닌 불필요한 대량 살상을 초래하는 행위일 경우 그 합법성이 의문시될 것이다.

기국의 동의는 테러리스트들이 인질로 잡고 있는 사람을 구출하기 위한 외국의 개입이 합법적으로 여겨질 경우 범행을 배제시키는 상황에서는 가능하다.[60] 통상 외국작전에 대한 동의는 기국이 구조작전을 수행할 수 없는 경우 외국인에게 치명적 위험이 있으며 무력사용이 인질생명보호의 유일한 수단일 경우에만 부여되어야 한다. 물론 상기에서 언급한 것처럼 외국인 보호의무는 기국의 자유를 제한하게 된다.

자국민이 테러리스트들이 납치한 선박에 인질로 잡혀 있는 국가의 경우 이들을 구출하기 위하여 기국의 동의 없이 개입할 수 있는가? 해외 자국민 구조를 목적으로 개입하게 되는 문제를 논함에 있어 먼저 이것이 유엔헌장 제2조 4항의[61] 위반이 된다는 것이다. 그러나 국기 국가의 개입은 외국인의 비인도적 처리에 국가가 책임이 있기 때문에 이 경우의 개입은 가능하다. 한편, 영토국의 국

60) 이 경우 연안국 영토주권의 "실질적 침해"가 아니다.

61) 동 조항은 "모든 회원국은 그 국제관계에 있어서 다른 국가의 영토보전이나 정치적 독립에 대하여 또는 국제연합의 목적과 양립하지 아니하는 어떠한 기타 방식으로도 무력의 위협이나 무력행사를 삼간다"라고 규정한다.

제 불법행위와는 달리 자국민 보호를 위한 무력사용이 공해상 외국선박에 행해졌을 경우 그 개입의 합법성을 위해서는 보다 관대한 입장 유지가 가능하다. 이 경우 기국이 인명위협에 대처할 수 없거나 그렇게 하려고 하지 않는다면 피인질 국가에 의한 개입은 합법적이며 동 개입은 필요성 원칙에 의해 정당화될 수 있을 것이다.

(3) 테러리스트 조직원 선박에 대한 무력사용

테러리스트 조직원이 소형선박에 탑승하여 공해상에서 테러행위를 할 수 있는바, 이 경우 분명히 선박이 공격을 당하면 이를 반격할 권리가 있음은 자명하다. 지원문제는 피격선 기국의 군함이나 피격선의 요청에 따라 제3국이 합법적으로 할 수 있다. 그러나 여기서 문제해결의 난점은 테러리스트 조직원이 탑승한 선박이 어떠한 테러행위도 감행하지 않는 경우 당해 선박을 나포할 수 있는가에 있다. 또한 선박이 테러행위를 했다고 가정할 경우라도 제3국이 테러리스트가 장악한 선박을 나포할 권리가 있는가? 이 경우 아래와 같이 요약할 수 있다.

가. 테러리스트 수중에 있는 선박은 국적이 없다. 국적 없는 선박은 국가의 보호를 요청할 수 없다.

나. 테러리스트 수중에 있는 선박은 임검선박과 동일 국적을 갖는다. 이 경우 동 선박이 기국의 관할권하에 있다면 아무런 문제도 발생하지 않는다.[62] 따라서 이 경우 필요한 어떠한 경찰조치도 수행할 수 있다.

다. 테러리스트 조직의 수중에 있는 선박은 나포국 국기와는 다른 국기를 게양하고 있다. 이 경우 전제해야 할 것은 공해의 자유가 향유되고 모든 해상활동이 수행되도록 기국이 모든 필요한 조치를 취할 의무가 있다는 것이다.

그러나 인도적인 근거가 없거나 이것이 쉽게 원용될 수 없을 경우 외국에 의한 개입의 합법성을 확립하기는 대단히 어렵다. 테러리즘이 해적과 동일하다면 개입의 합법성 문제를 누구도 제기하지 않을 것이다. 그러나 테러리즘과 해적은 다른 특징을 갖고 있으며 그 결과 해적에 관한 규정이 적용될 수도 없다. 1988년 IMO협약은 해상테러리즘을 특별히 다루고 있으나 테러리스트가 장악한 선박의

62) 유엔해양법협약 제92조 1항.

나포 문제는 이 협약의 목적이 아니었다. 동 협약 제9조는 "본 협약의 어느 것도 자국의 국기를 게양하지 않는 선박에서의 조사관할권을 행사할 국가의 권한에 관한 국제법 원칙에 아무런 영향을 미치지 아니한다"라고 분명히 규정하고 있기 때문이다.

그러므로 테러리스트 수중에 있는 외국선박 나포권한은 다음의 근거가 있을 경우에만 인정된다. 즉 기국의 동의; 적절히 행사된 추적; 추적과는 달리 테러리스트 조직원 선박과 승선선박 기국간에 관련이 있는 경우; 승선선박이나 제3국 기국의 국민이 테러리스트 선박에 있는 경우 등이다.

(4) 해상테러범죄에 대한 관할권

해상테러의 규제에 관한 로마협약은 2가지 종류의 관할권 즉 의무적 관할권(obligatory jurisdiction)과 임의적 관할권(voluntary jurisdiction)을 제시하고 있으며 이에 관한 구체적 내용은 다음과 같다.

즉 동 협약 제6조 제1항은, "각 당사국은 ① 범죄가 행하여진 당시 자국의 국기를 게양한 선박에 대하여 또는 선박내에서, 또는 ② 영해를 포함한 자국의 영토내에서, 또는 ③ 자국민에 의해서 범죄가 행하여질 경우 관할권을 확립하는데 필요한 조치를 취하여야 한다."라고 하며 동조 제2항은, "① 자국에 상주지를 가지고 있는 무국적자에 의한 범행의 경우, ② 자국민이 범행중에 납치되거나 위협을 받거나 상해 또는 살해당한 경우, ③ 자국에 대하여 일정한 작위나 부작위를 강요하기 위한 범행인 경우 등에 있어서 그러한 범죄에 대하여 관할권을 확립할 수 있다"[63]라고 한다. 또한 동조 제5항은 당사국의 국내법에 따라 행사되는 형사관할권을 배제하고 있지는 않다.

이와 같이 로마협약에 의하면 첫째로 기국과 자국의 영해를 포함한 영토내에서 범죄가 발생한 경우의 범죄행위지국 그리고 범인의 국적국(가해자 소속국)이 관할권을 확립할 의무가 있다. 둘째로 무국적자의 상주지국과 희생자의 국적국(피해자 소속국) 그리고 테러범이 자신들의 테러공격에 의해 그 행동에 영향을

63) 로마협약 제6조의 관할권에 관한 규정이 최종 확정되기 전의 협약인 제7조에서는 선박을 점유하고 있는 용선자의 국적국이나 주요사업지국도 임의적 관할권을 행사할 수 있다고 되어 있었다.

미치고자 하는 대상국가(목표국) 역시 관할권을 확립할 수 있다. 즉, 후자의 범주에 속하는 관할권은 의무적이 아니고 임의적인 것인데, 이들 각각의 규정에 관해서는 협약 채택과정에서 약간의 반대가 있었다. 특히 피해자 소속국[64)]과 목표국[65)](target state)이 관할권을 행사하는 것에 대해서는 강한 반대의견이 표명된 바 있었다.

그런데, 만약 공해상에서 테러공격의 경우 범인의 국적국과 기국에 대해서만 관할권을 인정한다면 심각한 문제가 생길 것이다. 범인의 국적국이 소추하기를 원치 않고 그의 테러행위를 비난하기는커녕 오히려 찬양할 경우도 있을 수 있고, 또한 기국도 정치적 또는 경제적 이유에서 범인을 소추할 수 있는 입장에 있지 아니할 경우가 있다. 특히, 기국이 편의치적(flag of convenience) 국가인 약소국인 경우가 그러하다. 이와 같이 범인의 국적국과 기국이 모두 범인을 소추하지 않는다면 불벌의 상태가 발생할 가능성이 충분히 있다. 이러한 문제는 동 협약 제10조에 인도 아니면 기소하라는 규정이 되어 있는 것만으로는 해결되지 않는다고 보인다.[66)]

로마협약이 의무적 관할권과 임의적 관할권으로 구분한 의도는 전자가 후자보다 관할권의 순위에 있어서 우선권을 부여받고 있음을 알 수 있다. 이것은 국제관습법상 그리고 범인인도의 관행상 속지주의와 속인주의 원칙이 다른 관할권보다 우선적인 기능을 가지고 있기 때문이다. 하지만, 동일한 범주에 속하는 관할권간의 충돌, 예를 들면 기국과 영토국과의 관계라든지, 피해자 국적국과 목표국의 관계에서 어느 국가에게 관할권의 우선권을 주어야 되는지는 그 기준이 없다. 따라서 실제로 범죄혐의자를 억류하고 있는 국가의 재량에 맡겨진 셈이다.

---

64) 피해자 소속국에게도 관할권을 인정하는 소극적(수동적) 속인주의는 1973년 뉴욕협약의 제3조 제1항에서 처음으로 반영되었다. 즉 '국제적 보호인물'이 국제테러의 피해자가 된 경우 그 본국에 대해 관할권을 인정하고 있는 것이다. 이하 상세한 내용은 제성호, "해상테러의 법적 규제", *국제법학회논총* 제35권 제2호(1990. 12), pp. 250-251 참조.

65) 목표국도 관할권을 갖는다는 규정은 1979년의 인질협약에서 처음으로 명시되었다. 로마협약이 인질협약과 다른 점은 목표국에 대하여 임의적인 관할권을 부여한데 비해 인질협약은 관할권확립의무(의무적 관할권)로 규정하고 있다는 데에 있다. 이하 상세한 내용은 International Law Association, *Report of International Committee on Legal Problems of Extradition in relation to Terrorist Offences*, Warsaw Conference(1988), pp. 9-10 참조.

66) *Ibid.*, p. 297.

또한 로마협약 제6조 5항도 "국내법에 따라 행사되는 여하한 형사관할권을 배제하지 아니한다"라고 하여 가급적 관할권의 공백을 방지하려고 하고 있다. 즉 제9조는, "본 협약의 어느 것도 자국 국기를 게양하지 않은 선박에 대하여 정선 및 검색할 권리나 집행관할권을 행사할 국가의 권한에 관한 국제법원칙에 아무런 영향도 미치지 아니한다."라고 규정하며, 공해상에서 발생한 해적행위나 노예매매행위에 대해 일반국제법상 모든 국가가 이에 관할권을 행사할 수 있다는 원칙[67] 또는 자국영해 내에서의 타국 선박내에서 발생한 범죄에 대해 일정한 경우 연안국이 관할권을 행사할 수 있는 법원칙에는 본 협약이 영향을 미치지 않는다는 것을 포함하여, 역시 관할권의 공백을 방지하려고 하고 있다.

한편, 로마협약 제12조 제1항은 해상테러범죄가 발생한 경우에 있어서 체약국간의 형사사법공조 의무를 다음과 같이 규정하고 있다. 즉, "당사국은 자국이 보유하고 있는 소송절차를 위해 필요한 증거수집상의 협력을 포함하여 제3조에 규정된 범죄에 관해 제기된 형사소송절차와 관련하여 당사국 상호간 최대한의 협조를 제공하여야 한다."라고 규정하며, 동조 제2항에서는 "당사국은 그들간에 존재하는 상호협조에 관한 조약에 따라서 제1항의 의무를 이행하여야 한다.

그러한 조약이 없을 경우 당사국은 그들 상호간에 국내법에 따라서 협조를 제공하여야 한다."라고 한다. 또한 동 협약 제13조는, "당사국은 제3조에 규정된 범죄의 방지를 위하여, 특히 다음 방법에 의하여 협력한다. (1) 자국 영토내 또는 영토 외에서 인질억류 범죄를 행하기 위하여 자국 영토내에서 준비하는 것을 방지하기 위한 가능한 모든 조치의 강구 (2) 정보교환 그리고 인질억류 범죄를 방지하기 위하여 취해야 할 적절한 행정적 조치 및 기타 조치의 조정"을 한다라고 규정한다.

다만, 로마협약은 "자국이 보유하고 있는 소송절차에 필요한 증거수집상의 협조를 포함하여"라고 하여 증거의 제공보다는 수집의 측면을 강조하고 있는 점이 다를 뿐이다. 사실 그동안 국제테러의 법적 규제는 범인의 소추와 처벌을 위주로 한 것이었다. 그러나 이러한 테러범의 형사처벌만이 능사가 아닐 수 있으며, 오히려 그 예방을 위한 다각적인 관계국간의 협력이 또한 필수적이고, 국제테러의

67) 유엔해양법협약 제110조 참조.

규제에 있어서는 오히려 예방측면이 보다 강조되어야 한다. 여타 국제테러리즘과 마찬가지로 해상테러리즘의 예방에 있어서도 국가간 정보교환이 선결요건이 됨은 재론의 여지가 없다.68)

(5) 소결론

해상테러리즘을 자행하는 자는 해양경계나 국가주권을 무시하기 때문에 해상에서의 불법행위를 차단 및 억제하기 위하여는 무엇보다도 국제협력을 증진하고 동시에 이를 제압할 수 있는 능력을 극대화시키는 것이라고 사료되며 이를 다음과 같이 정리할 수 있다.

1) 국가간 협력

해상테러는 시간이나 요일에 관계없이 발생하기 때문에 광범위한 해상에서의 탐지, 감독 및 차단노력이 선행되어야 한다. 이를 위하여 연안국으로부터의 영해진입 및 추적에 관한 사전허가가 요구되며 동시에 혐의선박의 임검 및 억류 등을 위하여 기국으로부터의 사전동의 또는 허가를 받을 필요가 있다. 이는 국제조약 즉 다자간 합의에 의해 구체화될 수 있다고 보인다. 이렇게 되면 해상테러범에게 해상은 이제 더 이상의 안전도피처가 아니며 관련국가의 요구 및 신속한 대응으로 효과적인 테러범 진압이 가능할 것이다.

2) 국가능력 제고

실시간으로 테러범에 대한 정보를 수집, 분석, 전파 및 행동으로 옮길 수 있도록 정보기관과의 협력이 필요하며, 작전통제소에 관련기관의 대표 또는 연락관 등을 파견하여 보다 효과적인 협력체제를 구축할 수 있다.

3) 관련국제법규의 보완

해상테러 관련 현존하는 국제합의 및 지역합의, 즉 1982년 유엔해양법약,69)

---

68) 1972년 UN총회에 제출한 테러리즘에 관한 결의안 제5항에는 UN총회가 회원국 정부들에 대하여 국제테러행위를 방지하고 억제하며 그러한 행위를 범한 자를 소추하고 처벌할 수 있는 정부의 능력을 강화하기 위하여 테러범의 범행계획, 활동 및 동향에 관한 정보 및 데이터교환을 위한 절차를 확립하도록 강력히 권고하는 내용이 있다.

69) 동 협약은 국제해협에서의 통과통항권을 규정하고 있으나, 해협국가의 허가 부재시 국제해

1988년의 항해안전에 반하는 불법행위억제협약,[70] 2004년의 아시아에서의 선박에 대한 해적 및 무장강도 퇴치에 관한 지역합의(Asian Regional Agreement)[71] 및 IMO 합의초안[72] 등이 유용한 절차규정을 포함하고 있으나 여전히 해상테러 대응에는 충분하지 않다고 보인다.

결론적으로 어느 국가도 해상안전위협을 자국의 자원만으로 대치할 수는 없다고 보인다. 특히 해상테러는 국가 및 집단안보에 실질적 위협요인이 되므로 양자 및 지역협력을 통한 해상안전 확보가 필수적이라고 생각된다. 따라서 국가는 국내법에 따라 그리고 타국의 주권 및 상호이익을 고려하여 보다 강력한 법집행노력을 경주해야 하며 동시에 양자 및 지역합의가 지역적 및 범세계적 해상안보를 확립 및 이행할 수 있는 훌륭한 도구가 된다는 것을 재확인할 필요가 있다.

협에서의 초계권을 포함하고 있지 않다. 또한 해적 이외의 기타범죄에 대한 제제규정이 없으며, 국가가 해적을 국제법상 범죄시할 것을 요구하지도 않는다.

70) 동 협약은 2005년 1월 31일 현재 115개국이 당사국이나, 승무원 및 화물안전에 대한 테러위협을 언급하지 않으며, 무기로서의 선박 및 화물사용, 중요선박납치, 주요항구에 대한 기뢰부설, 테러활동지원용 약물 또는 밀입국자 등의 위협에 대하여는 적용되지 않는다. 따라서 해상항해의 안전에 반하는 위반행위의 규제를 동 협약에 포함해야 할 것이다.

71) 동 협정은 2004년 11월 16개국이 채택한 것으로 아직 발효되지는 않고 있으며 여전히 해상에서의 기타형사범죄에는 동 협정이 적용되지 않는다.

72) 동 협정 초안내용에 관하여는, wwww.imo.org/includes/blastDataOnly.asp/data_id%622 REV1.PDF 참조.

제15장

국제 도서분쟁 사례

제1절 서 언

신해양법협약의 발효로 해양질서가 급격하게 재편되어 가고 있는 오늘날의 해양현실 특히 배타적 경제수역제도의 정착으로 인한 연안국의 자국 관할수역 확장에 대한 활발한 움직임 및 도서의 법적 지위에 관한 해양법 규정상의 제도화에 편승한 각국의 도서 영유권 주장 그리고 이를 둘러싼 배타적 경제수역 주장 등으로 현대 해양질서가 새롭게 변모되어 가고 있으며 그 결과 해결되어야 할 과제 역시 산적되어 있다.

특히 해양법상 도서가 향유할 수 있는 200해리 배타적 경제수역의 확정으로[1] 400해리가 되지 않는 수역 인접국가와의 해양경계획정은[2] 물론 과거에는 그다지 관심을 보이지 않았던 무인도서 및 작은 규모의 도서까지도 영유권 문제가[3] 심각하게 제기되고 있다.

---

1) 유엔해양법협약 제121조 2항.

2) 2005년 현재 해양경계획정 문제는 잠재적 해양경계건수가 434건이나 되며 이중 151건은 부분 또는 전체적으로 합의되었고 283건은 여전히 미해결된 상태로 남아 있다. 즉 분쟁건수 중 약 34.5%가 합의되었고 65.5%는 합의를 보지 못하고 진행 중에 있다.

3) 2005년 현재 제기되고 있는 분쟁도서 영유권문제는 총 30건이며, 이중 관련된 분쟁도서가 71개나 되며 또한 42개 분쟁 당사국이 관련되어 있다.

우리는 주지하다시피 동해에서의 한-일간 독도영유권 문제 및 배타적 경제수역 경계획정 문제를 동시에 안고 있어 이로 인한 양국간의 정치적·외교적 갈등이 상존하고 있음을 알 수 있다. 다행히 동해에서의 한일간 어업협정의 체결로[4)]어업문제는 배타적 경제수역 경계획정 전까지 어느 정도 해결이 되고 있으나, 반면 독도 영유권 문제는 여전히 한-일간의 분쟁 아닌 분쟁이 되어 양국간의 갈등 요인이 되고 있다.

본장은 이러한 국제 해양질서의 현실과 배경을 기초로 먼저 국제법상의 분쟁 해결제도를 검토한 다음 세계의 주요 도서분쟁을 사례별로 고찰하여 이를 독도 문제 해결에 적용해 보고자 한다.

제 2 절 국제법상의 분쟁해결제도

1. 국제분쟁의 의의

분쟁(disputes)이란 어떤 사실이나 이해에 관해 의견의 불일치가 있고 어느 일방의 주장이 타방에 의해 거부되는 것을 말하는 바, 국제분쟁(international disputes)이라 함은 국가간의 법률관계 또는 이해관계에 관한 국가간의 의견충돌이라 할 수 있다. 국제분쟁은 본래 국가간의 분쟁이지만 처음에는 국가 또는 개인과 개인간의 분쟁이었던 것이 소속국의 국제분쟁으로 되는 경우도 있다.[5)]

이러한 분쟁은 사태와 구별된다. 사태는 분쟁의 전단계로서 분쟁을 유발할 수 있는 조건이며, 이러한 사태가 악화되면 분쟁이 된다.

4) 본 협정은 1998년 11월 28일 서명되었으며 1999년 1월 22일부로 발효하였다. 상세에 관하여는, 김현수, *한반도주변국가의 해양법령집*, 서울 : 연경문화사, 2000, pp. 413-420 참조.

5) 강영훈·김현수, *국제법개설*, 서울 : 연경문화사, 1996, p. 258.

2. 국제분쟁의 유형[6)]

국제분쟁은 법률적 분쟁과 정치적 분쟁으로 나눌 수 있는바, 법률적 분쟁(legal dispute)은 현행 국제법상의 법률관계, 권리의무관계에 관한 분쟁으로 그 해결을 재판에 부탁할 수 있다.[7)] 반면, 정치적 분쟁(political dispute)은 국제정치상의 이해에 관한 분쟁으로서 현행의 법률관계, 권리의무관계에 있어서 어떤 변경을 요구하거나 또는 그것을 부인하는 분쟁이다. 따라서 정치적 분쟁은 조정 기타 재판 이외의 방법에 부탁할 수는 있어도 재판에 부탁하기에는 적합하지 않다.[8)]

이들은 그 구별기준으로 정치적 중요성 유무,[9)] 국제법규의 유무[10)] 및 당사자의 태도[11)] 등을 들 수 있다.요약하면, 정치적 분쟁은 당사국이 국제법을 기준으로 해결하는 것을 원하지 않는 분쟁을 의미한다. 그러나 이러한 종류의 분쟁도 이론상 재판에 부탁할 수 없는 것은 아니며 당사국이 합의하면 현행법의 적용을 배제하고 「형평과 선」에 의한 재판을 요구할 수도 있다. 따라서 국제사법재판소 규정 제36조 2항의 내용을 근거로 구별함이 실정법상 타당할 것이다.

6) *Ibid.*, pp. 259-60 참조.
7) 국제사법재판소규정 제36조 2항.
8) *Ibid.*
9) 분쟁의「정치적 중요성」에 의하여 구별하는 방식으로 법률적 분쟁이란 정치적으로 중요치 않은 분쟁이며, 정치적 분쟁이란 정치적으로 중요한 분쟁, 즉 국가의 주권 또는 독립에 중요한 영향을 미치는 분쟁을 말한다.
10) 분쟁에 관하여 규정된 「국제법규의 유무」에 의해 구별하는 방식으로, 분쟁에 관하여 미리 규정된 실정국제법규나 또는 합의된 규범이 존재하는 분쟁은 법률적 분쟁이고 그러한 법규나 규범이 존재하지 않는 분쟁은 정치적 분쟁이다.
11) 당사국이 국제법에 입각하여 다투느냐 또는 국제법 이외의 권한에 입각하여 다투느냐에 따라 구별하는 방식으로, 국제법에 입각하여 다투는 분쟁은 법률적 분쟁이며, 국제법 이외의 근거에 입각하여 다투는 분쟁은 정치적 분쟁이 된다.

3. 국제분쟁의 평화적 해결

(1) 국제분쟁의 평화적 해결의무

국제사회에 있어서 발생하는 국가간의 분쟁을 평화적인 방법으로 해결하는 것을 국제분쟁의 평화적 해결이라 한다. 국내사회에는 오래전부터 분쟁의 평화적 해결원칙이 확립되어 국내질서를 유지하면서 분쟁해결을 가능하게 했지만 국제사회에서는 평화적 수단에 의한 분쟁해결이 덜 중요시되었다.

국가는 다른 국가와의 분쟁을 해결함에 있어서 우선 외교교섭을 하겠지만 그것으로 해결되지 않으면 최후의 수단으로 전쟁이나 무력사용의 방법이 진행될 가능성도 있다. 따라서 국제평화를 유지하기 위해서는 분쟁을 평화적으로 해결하는 것이 필요하다는 것은 말할 것도 없다.

무력의 행사는 곧 전쟁이며, 자국의 주장을 관철하기 위해서 전쟁을 개시하는 것은 종래 일반적으로 금지되지 않았다. 그러나 최근에 와서 강제적 해결은 제한 또는 금지되었고 국제분쟁은 오직 평화적으로 해결되어야 한다는 것이 확립되었다. 제2차 세계대전 후의 UN헌장은 이 점을 명확히 하고 있으며[12], 오늘날 국제법에 있어 인정되고 있는 분쟁해결의 방법은 오직 평화적인 방법뿐이다.[13]

(2) 분쟁해결 방법

1) 직접교섭

분쟁을 해결하기 위하여 당사국 사이에 외교교섭을 하는 것을 말한다. 이는 분쟁해결의 일차적인 방법으로[14] 외교사절을 통하여 외교교섭을 하는 것이 보통이다.

---

12) 유엔헌장 제2조 3항.

13) 국제분쟁의 평화적 해결을 위한 국제입법으로는 유엔헌장 이외에, 「1907년 국제분쟁의 평화적 해결에 관한 헤이그협약」, 「1928년 국제분쟁의 평화적 해결에 관한 일반의정서」, 「1962년 두 당사자 중 일방만이 국가인 국제분쟁해결을 위한 중재재판과 조정에 관한 규칙」 및 「1965년 타국민과의 투자분쟁해결에 관한 협약」 등이 있다.

14) *Ibid.*, 제33조.

2) 주선과 중개

주선(good offices)과 중개(meditation)는 제3자가 분쟁당사국간의 교섭에 개입하는 것인데, 양자는 개입의 정도에 따라 구별된다. 주선은 제3자가 분쟁의 내용에는 개입하지 않고 당사국간의 외교교섭에 사무적 편의를 제공하는 것이며,[15] 중개는 제3자가 분쟁의 내용에까지 개입하여 그 타결에 노력하는 것을 말한다.[16]

3) 사실조사

사실조사(inquiry)는 독립적 지위에 있는 제3자, 즉 국제기관이 분쟁의 원인이 된 사실을 공평하게 심사하여 그 사실을 명확히 함으로써 분쟁해결을 도모하는 방법이다.

사실조사는 분쟁의 원인이 된 사실을 명확히 하여 당사국의 오해를 없애고 화해를 촉진함으로써 분쟁해결을 용이하게 하는 한편 제3자가 심사하는 동안 당사자국의 감정을 진정시켜 긴장된 대립관계를 완화함으로써 분쟁해결에 도움을 주는 방법이다.[17]

4) 조정

조정(conciliation)은 독립적 지위에 있는 제3자, 즉 위원회 또는 국제기관이 분쟁을 심사하고 그 해결조건을 결정하여 분쟁당사국에 권고함으로써 분쟁을 해결하는 제도이다. 제3자가 결정하는 해결조건은 당사국에 권고할 뿐이고 당사국을 법적으로 구속하지 않으므로 국제재판과 다르다. 그러나 조정은 해결조건을 결정하여 그 수락을 당사국에게 권고하는 기능을 가지므로 주선이나 중개와는 다른 의미를 갖는다.

5) 사법적 해결

분쟁의 사법적 해결에는 중재재판[18]과 사법재판이 있는바, 중재재판(arbitration)은 분쟁당사국이 자의로 수락한 의무의 결과로서, 법을 기초로 하여 구속력 있는

15) 예컨대, 외교교섭의 권고, 회의장소 등의 편의제공을 말한다.
16) 예컨대, 당사국의 의견조정, 분쟁의 해결안 제시 등을 말한다.
17) 1907년 헤이그협약 제9조-35조 참조.
18) 강영훈 · 김현수, *전게서*, pp. 263-4 참조.

판결을 통하여 국가간의 분쟁을 해결하는 방법이다. 중재재판은 법을 적용하여 당사국을 구속하는 판결을 부과한다는 점에서 단순한 권고적 절차에 불과한 조정과 구별된다.

중재재판소는 당사국의 합의에 의해 보통 3인 또는 5인으로 구성된다. 분쟁발생시 당사국의 합의에 의해 구성되는 특별중재재판소(ad hoc arbitral tribunals)와 분쟁발생시 예비적으로 비치되어 있는 법관명부에서 법관을 선임하여 법정을 구성하는 상설중재재판소(Permanent Court of Arbitration)가 있다.

중재재판이 적용할 준칙은 중재재판에서 정하게 되나 당사국이 합의하면 국제법 이외의 내용을 그 준칙으로 인정할 수 있으며 재판절차도 당사국의 합의에 의한다. 중재재판은 당사국의 별다른 합의가 없는 한 최종적이며, 당사국을 법적으로 구속한다. 판결의 효력은 원칙적으로 당사국에 국한되지만, 제3국이 당사자인 협약의 해석문제와 관련하여 소송에 참가한 경우에는 제3국에게도 효력이 인정된다.

한편 사법재판은 당사자로부터 독립된 재판기관에 의하여 당사자를 법적으로 구속하는 판결로써 국제분쟁을 해결하는 방법으로 재판소구성, 재판절차, 재판준칙 등이 조약에 의해 미리 정해져 있다.

중재재판의 경우 당사국의 의사에 의존하기 때문에 중재관의 독립성과 재판의 공정성을 기하기 어렵고 분쟁부탁이 용이하지 않으며 재판의 계속성을 유지하기 어려워 국제법 발전을 기하기 어렵다. 반면에 사법재판은 이미 재판소가 상설적으로 구성되어 있기 때문에 재판의 독립성과 공정성을 확보할 수 있으며 분쟁부탁이 쉽고 일관된 판례의 집적을 통해 국제법 발전을 이룰 수 있다는 이점이 있다.

1920년 상설국제사법법원(Permanent Court of International Justice)이 창설됨으로써 사법재판이 제도화되었으나 제2차 세계대전의 발발로 그 기능이 중단되어 그 후 국제사법재판소(International Court of Justice)에 의해 계승되었다. 국제사법재판소는 UN의 주요한 사법기관으로서, UN헌장에 의해 설립되었다. 국제사법재판소규정은 UN과 불가분의 일체를 이루며[19], UN회원국은 당연히 규정당사국이 된다.[20] 따라서 국제사법재판소는 독자적인 사법적 성격유지 및 UN의

19) 유엔헌장 제92조.

주요한 사법기관으로서의 기능수행이라는 이중적 역할을 유기적으로 조화시켜야 하는 것이다.

국제사법재판소는 15명의 법관으로 구성되며[21], 각 국가의 최고법관의 자격이 있는 자 또는 권위있는 국제법학자 중에서 선출된 법률가 중에서 총회와 안전보장이사회에서 선출되며[22] 임기는 9년이다.[23] 분쟁당사국의 국적을 가진 재판관이 없는 경우, 당사국은 당해사건에 한하여 1명의 임시재판관(ad hoc judge)을 임명할 수 있다[24].

재판소의 관할은, 국제사법재판소에 제기되는 사건의 소송당사자는 원칙적으로 국가만이 될 수 있으며,[25] 법원은 규정당사국에게 임명된다.[26] 그러나 안전보장이사회가 정하는 조건에 의거하여 법원은 규정비당사국에게도 개방될 수 있다.[27] 또한 국제사법재판소 당사국이 부탁하는 모든 사건 및 UN헌장 또는 현행조약에 특히 규정된 모든 사항에 대하여 관할권을 행사할 수 있다[28](동 제36조 1항).

판결의 준칙으로 국제사법재판소규정 제38조는 당사국간의 특별한 합의가 없는 경우에 다음의 4개의 준칙에 의하여 재판한다고 규정하고 있다.

① 일반적인 또는 특별한 국제협정으로서 분쟁당사국이 명백히 인정하는 규칙을 확립하고 있는 것, 즉 일반 또는 특별한 국제조약

② 법으로 인정되고 있는 일반관행의 증거로서의 국제관습

③ 문명국에 의하여 인정된 법의 일반원칙

④ 법칙결정의 보조수단으로서의 재판상의 판결 및 각국의 가장 우수한 국제법학자의 학설

또한 당사국이 합의하면 법이 아닌 「형평과 선」에 의해 재판할 수 있다.[29]

---

20) *Ibid*, 93조.
21) 국제사법재판소규정 제3조.
22) *Ibid.*, 제2조 및 4조.
23) *Ibid.*, 제13조.
24) *Ibid.*, 제31조.
25) *Ibid.*, 제34조 1항.
26) *Ibid.*, 제35조 1항.
27) *Ibid.*, 제35조 2항.
28) *Ibid.*, 제36조 1항.
29) *Ibid.*, 제38조 2항.

판결의 효력으로서, 판결은 최종적으로 당사국을 구속하며,[30] 당사국은 판결을 이행할 의무를 진다.[31] 그러나 당사국 이외의 국가도 가입하고 있는 조약의 해석이 문제된 사건이 제기된 경우 제3국이 소송에 참가할 경우에는 그 국가에도 예외적으로 기판력이 미친다. 판결은 일심으로 종결되고 상소를 인정하지 않음을 원칙으로 한다.[32]

4. 국제분쟁의 강제적 해결

국제분쟁은 평화적 해결방법으로 처리되는 것이 국제사회의 안정과 국가간 우의를 위해 합리적이다. 그러나 분권화된 오늘날의 국제질서 속에서 현실적 능력이나 의지가 국제분쟁의 평화적 해결을 보장해 주지 못하고 있다.

따라서 분쟁이 당사국간의 합의에 의하여 평화적으로 해결되지 않을 경우, 이를 해결하기 위해서는 필요한 범위내에서 약간의 강제력을 발동하게 되는데, 이 경우 그 수단은 자력구제의 형태를 띤다. 국제사회에는 국가의 상위에 있는 권력기관이 존재하지 않으므로 국가간의 분쟁을 해결하기 위한 강제력도 결국 국가 자신이 행할 수밖에 없기 때문이다.

분쟁의 강제적 해결은 수단과 결과에 있어 많은 문제점을 수반하게 된다. 하지만 국제사회가 더욱 발달하여 초국가적 권력기관이 설치되기까지는 분쟁해결 방법으로서의 존재의의를 지속하게 될 것이다.

분쟁의 강제적 해결방법에는 보복, 복구 및 전쟁 등이 있으나 여기서는 보복과 복구만을 다루고자 한다.

(1) 보복

보복(retortion)은 국리를 해치는 부당한 행위, 국제예양에 위반되는 비우호적인 행위[33]가 있을 때 이를 중지시킬 목적으로 그 타국에 대하여 똑같이 부당행

30) *Ibid.*, 제59조.
31) 유엔헌장 제94조.
32) 국제사법재판소규정 제60조.
33) 예를 들면, 타국의 자국민에 대한 부당한 차별대우, 자국상품에 대한 과중한 관세부과, 자국민의 이민에 대한 특별한 제한 또는 금지 등.

위를 하는 즉, 동일 또는 동종의 대응수단을 말한다. 이는 타국에게 심리적인 견제와 부담을 주게 되어 타국의 부당행위를 사전에 예방하는 효과를 갖는다.

보복은 그 요건이 되는 행위가 타국의 부당한 행위이지 위법한 행위는 아니기 때문에 원래 국제법 범위 밖의 문제이고 보복행위의 정당성 여부나 그 형태를 결정하는 것은 국제정치상의 문제 또는 국가정책에 속하는 과제인 것이다. 그런데 보복을 국제법에서 논하는 것은 복구와의 차이를 명백히 하기 위한 것이다. 보복은 본래 부당한 행위로 당연히 비난받을 행위이지만 상대방의 부당한 행위를 요건으로 하는 것이므로 그 부당성이 조각된다.

(2) 복구(復仇)[34]

복구(reprisals)는 자국에게 행해진 타국으로부터의 불법행위가 있을 때 이를 중지시키거나 또는 이에 대한 구제를 얻기 위하여 자국이 입은 손해와 거의 같은 정도의 손해를 불법행위국에 대해 취하는 응보행위로서, 원래는 불법행위이지만 일정한 요건을 갖춘 경우 위법성이 조각되어 합법적인 행위로 인정된다.

복구는 전쟁이나 자위와 구별된다. 복구는 전쟁처럼 대응행위의 목적이나 범위가 넓은 것은 아니다. 복구행위가 전쟁으로 비화되지 않는 한 양국간의 관계는 여전히 평시상태하에 있는 것이다. 또한 자위행위가 급박한 위해에 대한 방위행위임에 반하여 복구는 불법행위에 대하여 취해지는 행위이다. 따라서 복구는 비전쟁적이면서도 강력한 자구행위라 할 수 있다.

국제법상 복구행위가 인정되는 이유는 국가가 타국으로부터 권리침해를 당한 경우에 다른 평화적인 수단으로는 충분한 구제를 얻지 못할 때 자력으로서 구제방법을 취할 수밖에 없다는 점에 기인하는 바, 불법행위국을 강제할만한 강력한 국제기구를 갖지 못한 오늘날의 법체계 및 국제조직의 미발달에 근본적인 원인이 있는 것이다. 장차 국제사회가 조직화되어 가면 복구의 존재의의는 점차 축소될 것이다.

복구가 적법행위로 인정되기 위해서는 다음의 요건을 충족하여야 한다.

① 타국의 불법행위 즉, 타국의 국제법 위반행위가 있어야 한다. 따라서 단순

34) 강영훈·김현수, *전게서*, pp. 271-72 참조.

히 국제예양에 위반되는 비우호적인 행위로서는 불충분하다.[35)]

② 복구전에 불법행위에 대한 구제요청이 선행되어야 한다.[36)]

③ 복구는 타국의 불법행위를 중지시키고 배상을 얻는데 필요한 정도여야 한다.[37)]

복구의 수단으로는 조약의 이행정지,[38)] 보이콧(boycott),[39)] 국민 및 화물의 억류[40)], 선박 및 항공기의 억류,[41)] 영토의 점령,[42)] 평시봉쇄 등이 있다. 조약의 이행정지나 보이콧은 비무력적인 것이고 기타는 모두 강력적인 것인데, 특히 영토의 점령 및 평시봉쇄는 적극적인 무력복구가 된다.

종래 무력복구도 일정요건을 구비한 경우 적법한 것으로 인정되어 왔으나 분쟁해결 방법으로서 무력사용이 일반적으로 금지되어 있는 오늘날에 있어서는 그

---

35) 타국의 불법행위는 작위뿐만 아니라 부작위에 의한 것도 포함되며, 사인의 행위로 인해 권리침해를 당한 경우에도 국가가 적당한 조치를 취하지 않으면 복구가 가능하다.

36) 복구는 교섭이나 기타 평화적 수단에 의해 구제를 얻지 못할 경우 불법행위국 또는 그 국민의 재산에 대하여 행할 수 있는 전쟁에 이르지 않은 강제수단의 하나이다.

37) 따라서 타국의 불법행위가 중지되거나 배상을 이미 얻은 경우 복구는 중지되어야 한다.

38) 상대국이 자국과의 조약을 위반한 경우 자국도 동일한 또는 여타 조약의 이행을 중지하는 행위이다. 약정에 따른 채무를 이행하지 않는 국가에 그와 대등하거나 유사한 채무이행을 중지하는 것도 이에 속한다.

39) 보이콧은 통상조약 체결국간 상대국의 불법행위에 대한 응보조치로서 통상을 거부하는 경제적 대응수단을 말한다. 상대국 상품의 구매거부 및 자국상품의 공급거부 등과 같은 경제적 조치는 경제사정에 영향을 미쳐 일상생활에 중대한 영향을 끼칠 수 있기 때문에 응보의 효과가 있으며, 상대국의 자국에의 경제적 의존도가 심할수록 더욱 실효적이다. 또한 복구는 상대국에게도 고통을 주는 반면에 자국도 고통을 받게 되므로 보이콧으로 인하여 자국이 받는 타격보다 상대국에게 주는 타격이 더 클 때 효과적이다. 보이콧은 사인이 자발적으로 행하기도 하나 국가기관이 실행하거나 또는 조장하기도 하는데, 국제사회에 있어서 국가간 경제적 의존관계가 더욱 긴밀해지고 있고 또 무력복구가 원칙적으로 금지되고 있는 오늘날에 있어 매우 중요한 의미를 갖는 복구수단이다.

40) 국민의 억류는 상대국이 자국민을 불법적으로 체포했을 경우 자국내에 있는 상대국의 국민(관리 및 사인)을 억류하는 것으로, 이는 체포에만 그치며 형벌을 과할 수는 없다. 화물의 억류는 상대국이 불법하게 자국 또는 자국민의 재산에 손해를 끼친 경우 자국내에 있는 상대국 또는 그 국민의 화물을 차압하는 것이다.

41) 선박의 억류는 불법행위국의 선박이 피해국 항내에 있을 경우 불법행위의 중지나 보상을 강제하기 위하여 그 국가의 선박(화물 포함)에 대해 취하는 출항정지(embargo)이다. 선박억류는 선박의 출항을 정지시킬 수 있을 뿐이고 몰수 등과 같은 소유권을 박탈할 수는 없으며, 따라서 복구가 끝나면 이를 원상회복하여야 한다. 자국내에 있는 불법행위국의 항공기에 대해서도 동일한 조치를 취할 수 있다.

42) 영토의 점령은 무력으로서 상대국의 영토의 일부를 점령(세관 및 정부건물 등의 점령도 포함)하는 것이며, 신속한 효과를 얻을 수는 있겠지만 이러한 무력복구는 오늘날 원칙적으로 금지된다.

합법성이 부인된다. 따라서 무력복구는 금지된다고 보아야 할 것이다.

제3절 주요 국제 도서분쟁

1. 일본-중국간 Senkaku 도서 영유권 분쟁

(1) 사건 개요

1972년 이래 동지나해에 있는 일부 작고 황폐한 도서들에 대한 영유권 문제가 중국과 일본간의 분쟁으로 확산되었는바, 이들 분쟁 도서는 중국에게는 Tiao-yu-tai(조어도)로 그리고 일본에게는 센카쿠(Senkaku)로 알려져 있으며 동 도서는 8개의 작은 무인도와 그리고 동지나해 대륙붕 끝단에 위치한(북위 25도 40분에서 26도 00분, 동경 123도 25분에서 123도 45분까지) 암석으로 구성되어 있다. 이들 도서는 대만 대륙붕 연장선상에 있는 대만 영토인 일부 섬들과[43] 하나의 도서군을 이루고 있는 것으로 보인다. 그 중 가장 큰 섬이 Tiao-yu-tai인데 그 면적은 1평방 마일에 불과하다.

1945년 제2차 세계대전이 종전될 무렵 일본이 지배하고 있었던 동지나해의 모든 도서는 미국이 점령하게 되었는데, 여기에는 분쟁 도서를 포함하여 동지나해 주변수역에 있던 모든 도서 및 류큐열도(Ryukyu Islands)가 해당되었다. 그 후 이들 도서는 1951년의 샌프란시스코 평화조약(San Fransisco Peace Treaty) 제3조에 의거 미국의 군사행정 관할범위에 포함되었고, 1972년 5월 15일에는 1971년 6월 17일 오키나와 반환협정(Okinawa Reversion Treaty)의 결과로 분쟁 도서는 미국의 통제에서 벗어나 일본으로 반환되었다. 따라서 이러한 역사적 사건들의 법적 중요성 문제 즉 관련 조약의 해석 문제가 분쟁당사국들의 중요 관심사가 되지 않을 수 없게 되었다.

이들 도서는 경제적으로나 정치적으로 거의 가치가 없는 섬들에 불과하였으나,

43) Tiao-yu-tai, Huang-wei-Yu 및 Chih-wei Yu 등이다.

1967-69년에 분쟁도서 주변수역에 상당한 양의 석유자원이 매장되어 있다는 사실이 밝혀지면서 관심의 초점이 되기 시작하였다.[44] 이 결과 관련 당사국인 중국과 일본은 갑자기 이들 도서에 대한 영유권 주장을 제기하기에 이르렀다. 물론 각 당사국이 자국의 주장을 지지할 정교한 법적 근거를 제시한다 하더라도 사회・경제적 및 정치적 관심은 국제법 문제를 초월할 수도 있다.

일본은 발견-점유 원칙에 배타적으로 의존하고 있는 반면 중국은 영토취득 권원 및 대륙붕 개념에 관한 법률에 주장의 근거를 두고 있다.[45] 따라서 당사국의 이러한 태도는 분쟁을 영토취득에 관한 법률적 관점 특히 발견-점유 원칙에만 국한하여 처리하려는 경향을 가져온 것이 사실이었다. 그러나 문제는 발견-점유 원칙이 당사국에게 어떻게 이해되어 왔으며 사실과 조건의 두 가지 상이한 해석의 경우 동 원칙이 어떻게 적용되어 왔는가를 파악하는 것이 중요하다.

(2) 당사국 주장 내용

1) 일본의 주장

일본은 주장하기를 분쟁도서는 1884년에 최초로 일본인에 의해 발견되었고 그 후 1895년 1월 14일 일본 내각결의에 의해 일본 영토로 공식적으로 편입되었다는 것이다.[46] 이에 관한 가장 권위있는 성명으로는 1972년 3월 8일 일본 외무성이 발표한 "센카쿠 열도 소유권에 관한 외무성의 견해"라는 성명이었는데 이는 아사이 신문에 보도된 바 있다. 동 신문은 다음과 같이 언급하고 있다:

> 1885년 및 동년 이후 일본정부는 센카쿠 열도에 대한 조사를 반복해서 행하

---

44) 이 지역에서의 석유자원 매장에 관한 최초의 보고는, Emery & Niino, Stratigraphy and Petroleum Prospects of Korea and the East China Sea, *Report of Geological Investigation*, No.1(1967년 6월) 및 Emery, Geological Structure and Some Water Characteristics of the East China Sea and Yellow Sea, 2 *The Technical Bulletin* 26 (1969) 참조.

45) 동아시아 대륙붕에 관하여는, Allen & Mitchell, "The Legal Status of the Continental Shelf of the East China Sea", 51 *Oregon Law Review* (1972), p. 789; C. H. Park, "Oil Under Troubled Waters: The North East Asia Sea Bed Controversy", 14 *Harvard International Law Journal*(1973), p. 212 참조.

46) 센카쿠의 소유권에 관한 일본 외무성 견해에 관하여는 Foreign Ministry's Statement, U.S. Embassy, Tokyo, *Daily Summary of Japanese Press*, 8 March 1972 참조.

> 였으며 이 열도가 무인도일 뿐 아니라 중국정부의 통제흔적이 전혀 없는 것을 확신하는 1895년 1월 14일 내각결의를 하였고 동 열도상에 표지판을 세웠으며 그 결과 공식적으로 아국의 영토로 편입하게 되었다. 그 후 센카쿠열도는 계속적으로 그리고 역사적으로 우리 영토인 난세이(Nansei)도서 일부로 포함되었으며 따라서 1895년 5월 시모노세키 조약 제2조를 근거로 중국으로부터 양도된 대만 및 페소카도르에 포함된 열도가 아니다라는 것이다. 따라서 샌프란시스코 조약상 센카쿠열도는 아국이 동 조약 2조를 근거로 포기한 영토에 포함된 것이 아니다. 이들은 난세이도의 일부로서 미국의 행정지배하에 있었으며 동 조약 제3조에 따라 오키나와 반환협정에 의거 아국에 반환되어 행정권이 아국에 환원된 지역으로 포함되었다. 이러한 사실은 무엇보다도 센카쿠열도가 우리 영토임을 명백히 나타내 준다.[47)]

상기 성명은 세 가지 측면에서 중국의 주장에 대한 반박자료로 활용될 수 있게 되었는데, 그 첫째는 중국의 역사적, 지리적 또는 지질학적 이유로 인한 영토권 주장은 국제법상 효과적인 근거가 될 수 없으며, 둘째로 중국은 샌프란시스코 평화조약 제3조에 의거 센카쿠 열도를 미국 행정관할구역으로 포함시키는 것에 대해 아무런 반대도 하지 않았으며, 셋째, 공식적인 세계지도 및 대만에서 발행된 고등학교 교과서 및 북경에서 발행된 기타 세계지도에서도 센카쿠열도는 일본의 영토로 취급되었으며 또한 일본이름으로 표기되었다는 것이다.[48)]

그러나 이러한 성명만으로는 일본 외무성이 중국이 주장하는 여러 근거가 국제법상 중국의 센카쿠에 대한 영유권을 보증할 정도로 효과적이지 아님을 상세히 주장할 수 있는 근거자료가 되기에는 부족하다. 이는 또한 소규모 무인도 그룹에 대하여 1895년 국제법상 청조의 실질적 통제하에 있었다는 사실을 입증하기도 쉽지 않으며 센카쿠가 역사적으로 그리고 지속적으로 난세이 제도의 일부에 포함되었다는 주장이나 또는 이 섬에 표지를 세우는 일본내각 결의만으로 일본영토가 되기에 충분하다고 설명될 수 없다. 왜냐하면 이들 소도서들은 황량한 무인도이며 1895년에 있었던 것처럼 1919년에는 아무런 표지도 없는 상태로 발견되었기 때문이다.

---

47) *Ibid.*
48) *Ibid.*

이러한 설명은 학자들의 논문을 통해서도 발견될 수 있는데, 상기의 문제에 대한 설명 및 결과적으로 이 문제에 대한 일본학자의 주장은 다음 두 가지 제안을 입증하기 위한 노력으로 요약된다. 첫째, 분쟁도서는 1895년에 무주지였으며, 둘째, 일본은 1895년 이래 이 도서의 실효적 지배를 계속하여 왔다는 것이다. 이 주장의 중요 요소는 실효적 지배의 의미인데, 이 점에 관한 일본학자의 주장은 Eastern Greenland의[49] 법적 지위에 관한 사건에 상당한 부분 의존을 해왔다.

중국의 주장은 19세기 법적 요구조건 즉 발견 및 지배원칙에 기초하였으나, 일본은 지배권의 실질적 행사 또는 주권행사 대상으로서의 의도 및 의지표현을 실효적 지배의 유일한 정의로 간주하여 이를 중국의 주장과 마찬가지로 자신의 주장에도 적용하였다.

〈그림 28〉 일본–중국간 센카쿠 도서 분쟁

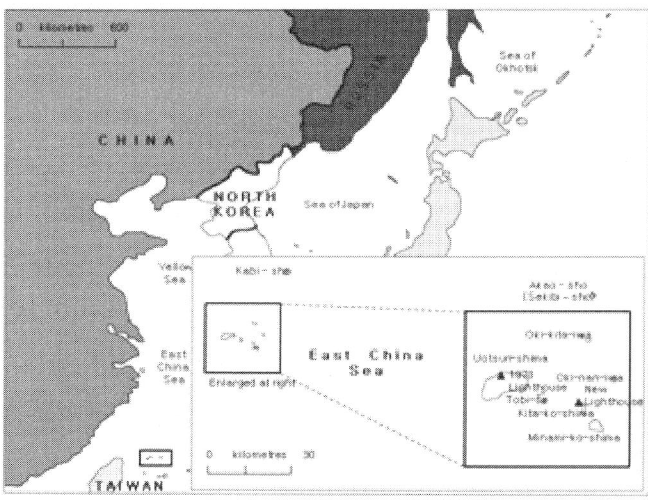

출처: R.W.Smith & B.L.Thomas, Islands Disputes and the Law of the Sea, 2 *Maritime Briefing*(1998), p. 5.

이들 도서가 무주지라는 가정에 관하여 일본학자 및 외무성 성명에서는 청왕조가 이 섬을 지배할 어떠한 의도도 없었고 또한 실질적 지배조차 하지 않았다고 주장한다. 이는 특히 이들 도서가 중국인 공사가 류큐열도로 행해하는 과정에

49) 동 사건에 관하여는 Legal Status of Eastern Greenland(1931), *P.C.I.J., ser.A/B*, No. 53, p. 45 참조.

서 발견되었다는 내용이 자신들의 항해일지 기록에 의해 나타나고 있다는 사실에서 그 근거를 뒷받침하고 있다. 그러나 일본인 학자들에 의하면 단순한 발견만으로는 중국의 영토취득 권원이 적법하다고 보기는 어렵다고 주장하며 중국관리 또한 주권행사의 차원에서 이 섬에 대한 지배의도를 전혀 보이지 않았다고 한다.[50]

일본의 센카쿠 열도에 대한 실효적 지배에 관하여 일본 학자들은 일본이 동 열도를 소유할 의도가 있었고 이들에 대한 실질적 주권행사를 하려고 했던 증거를 보여주려고 노력해 왔다고 한다. 소유의도에 관하여 한 일본인 학자는 1885년까지 거슬러 올라가 그 기원을 보여주려고 하였는데, 같은 해 10월 21일 오키나와 지방법원은 선박을 고용 센카쿠열도 항구를 조사하려고 하였으며 또한 동 열도상에 실질적으로 개발을 할 만한 자원이 있는지의 유무를 조사하려고 하였다.[51] 기타 이에 관한 증거로는 1881년에 출판된 "대일본 지방 관할지도"에서 이 열도를 일본영토로 포함시켰는데, 이러한 지도에 대하여도 중국 정부는 아무런 항의를 하지 않았고 또한 일본군함이 두 차례나 조사를 하여 지도제작에 이용하였다. 마침내 1895년 1월 14일 일본내각의 결정으로 이 열도를 오키나와 지방 부속도서로 편입시켜 동년 1월 21일 법원의 명령에 의거 이 섬에 국가 영토표지를 세우게 되었다.[52]

일본의 이들 열도에 대한 계속적 및 평화적인 국가권한 행사의 증거로서 제시한 여러 자료들은 상당히 인상적이나 특정 국가 기구의 설치 또는 상주 정착 사실은 보여주지 못하였다. 이중 가장 중요한 자료로는 Koga Tatsu Shiro란 사람이 1896년에 30년 동안 일본정부로부터 이 섬에 대한 땅을 무상으로 대여 받아 1897년부터 개발 및 투자를 하기 시작하였다는 사실이다. Koga의 초기 사업은 주로 어업 및 조류사냥이었고 동시에 조류 깃털이나 조류분 등의 수거였다. 그러나 제1차 세계대전으로 수송비용이 높아지자 깃털 및 조류분 수거 등은 1915년에 중단되어 그의 사업은 종료되고 말았으나 Koga씨는 집을 짓고 저수지를 만들

50) Nampo Doho Engokai, 56 *The Okinawa*(A Quarterly relating to Okinawa and Ogasawara Islands), 1971년 3월(Senkaku Islands Special Issue), pp. 81-83.

51) Okura, "The Problem of the Right of Sovereignty over the Senkaku Islands", 3 *Asahi Asian Review*(1972), p. 20.

52) *Ibid.*

었으며 부두, 창고 등을 짓고 위생조건을 강화시켜 조류보호 및 식물실험 등을 행하였다. 이로 인하여 Koga씨는 일본정부로부터 Blue Medal을 받았다.

그러나 1918년 그의 죽음으로 아들이 태평양 전쟁시까지 그의 사업을 이어 받았으나 전쟁으로 모든 사업은 종료되고 말았다. 1926년 30년간의 무상임대가 종료하자 다시 몇 년간 유상임대를 계속하여 Koga씨의 아들은 4개 도서에 대한 소유권을 얻게 되어 이전 등기까지 마치게 되었다. 1958년부터 류큐열도에 대한 미국 민간 행정부 관할이 시작되자 Koga씨의 아들은 이들 도서에 대한 임대료를 지불해야 했다.[53]

제2차 세계대전 이전의 일본정부에 의한 권한행사의 계속적 증거로서 제시된 내용으로는 이들 도서를 일본 지방행정 단위에 포함시켰으며 국가기관이 실제적으로 토지측량을 하였고 지방정부는 학술적 조사, 구조 작전 및 기상관측 등을 실시하였다. 1940년 Yayeyana Retto 경찰은 민간 항공기 충돌 사건을 조사하였으며 1943년 군기관의 요청으로 센카쿠에 기상관측소를 설치하였다.[54]

2차 세계대전 이후 센카쿠 열도는 미군정 예하에 있었고 그 후 류큐열도 행정구역으로 편입되었다고 일본은 주장하였다. 1967년 오키나와 의회는 1955년 센카쿠도 영해내에서 미식별 선박에 의해 공격당한 오키나와 피해주민에 대한 보상지급을 명하였고 이 결과 1968년 마침내 미국 민간행정부 및 오키나와 주 정부는 센카쿠 열도에 불법으로 진입하는 선박을 규제하기 위해서 동 열도를 순시하는 절차를 취하였다. 1972년 5월 15일 오키나와 및 기타 도서와 더불어 센카쿠열도는 미국에 의해 일본으로 반환되었다.

따라서 일본은 1895년 이래 이들 분쟁도서를 평화적으로 그리고 계속적으로 실효적인 지배를 유지하여 왔다는 결론을 내리게 되었다.

2) 중국의 주장

분쟁도서에 대한 중국의 주권주장은 1372년부터 시작되었는데 이 당시 명왕조의 창시자인 Hung-wu 황제는 류큐열도를 중국의 조공지역으로 하였다는 것에서 비롯된 오랜 역사에 그 근거를 두고 있다. 이러한 관계는 일본이 1879년 공식적

53) Nampo Doho Engokai, 56 *The Okinawa*, 1971, pp. 142-149.

54) Okuhara, *loc. cit.*, p. 13.

으로 이 섬을 병합시켰을 때까지 약 500년간 계속되었는데 이로 인하여 많은 중국학자들은 분쟁도서 문제가 전통국제법 원칙을 기초로는 적절히 해결될 수 없다고 판단하여 다음과 같은 이유를 제시하였다. 첫째, 독립국가에게 적용되는 국제법은 17세기 초기까지는 그 발달이 체계적으로 되지 않았으며 둘째, 주권이란 개념이 16세기 후반까지는 등장하지 않았고 셋째, 서구 국제법 발달 이전에 중국은 동양에서의 조공국가 공동체를 형성 이들로부터도 존중되어 온 명백한 경계선을 가지고 있다.[55] 마지막으로 중국은 서구의 식민지 개념 즉 발견-지배로 이어지는 이러한 개념과 중국의 주장과는 다르다는 것이다.

어쨌든 북경과 대북은 분쟁도서에 대한 자신들의 주권주장 지지를 받기 위하여 국제법 원칙에 의존하게 되었다. 중국주장의 법적 기초는 다음과 같이 두 가지 점에 의거한다. 첫째, 이들 도서는 발견 또는 장기간의 소유를 통해 1895년까지 중국영토가 되었었다. 1895년 제1차 중·일 전쟁의 공식적 종료 문서인 시모노세끼 평화조약으로 이들은 일본에 양도되었다. 둘째, 1945년의 포츠담선언으로 흡수된 1943년의 카이로선언은 1945년 항복문서에 의해 일본에 의해 공식적으로 수락되었다. 그 후 샌프란시스코 평화조약(1951) 및 대북평화조약(1952)을 통하여 일본은 대만 및 1895년 이전 대만의 관할하에 있었던 분쟁도서에 대한 권리를 공식적으로 포기하였다.

분쟁도서가 1895년까지 중국의 영토였다는 중국주장의 첫 번째 내용에 관하여 4가지 법적 근거가 이들 주장을 지지하는 중국학자들에 의해 제기되었다. 첫째, 조어도는 5세기 동안 중국 외교관 또는 항해사들이 류큐열도 및 일본으로 항해할시 항해 보조물로서 이용되어 왔다.[56] 1372년-1879년까지 500년 동안 중국황제는 류큐열도 신지배자에 대한 권한 수여를 위해 24명의 사절단을 류큐열도에 보냈다. 이들 사절단장이 귀국 후 제출한 여행보고서에 의하면 통상 외교관 또는 항해사들은 그들이 항해한 항로나 공해상에서 일어났던 경험들을 포함하고 있는데 여기에는 항로주변의 지리적 특성도 함께 기술하고 있었다. 중국의 관점에서 보면 이러한 설명은 현재의 분쟁에 매우 중요한 역할을 하게 된다는 것이다.

---

55) E. Reischauer & J. Fairbank, *East Asia: the Great Tradition*, 1960, pp. 317-20.

56) H. Chiu, "A Study on the Tiao-Yu-tai Islands", 6 *Chenghi Law Review*(1972), pp. 1-30.

1879년 전 약 500년 동안 중국의 외교관 또는 항해사들은 일정하게 동일한 항로를 이용하여 왔는데 이는 Foochow 지방에서 류큐열도의 Naha에 이르는 나침반 항로로서 알려져 왔다. 이는 바로 분쟁도서가 오늘날의 방위나 등대와 같은 항해보조기구로서 필요했었다는 것이다. 이 기간의 모든 문헌에서도 중국인이든 일본인이든 항해사가 볼 수 있도록 이들 항로를 따라 존재하는 주요 섬들의 이름을 기록하였으며 이들 대다수 섬들은 항해거리 측정의 기준시나 다음 섬에 도착하기 위한 방위 측정 또는 거리측정의 기준으로 사용되어 왔다. 그러므로 중국인들은 주장하기를 500년 동안 이들 도서가 있는 그대로 항해 기타 목적으로 사용되어 왔으므로 이들 도서가 무주지로 간주될 수는 없다라는 주장이다.[57]

상기에 의하면 이들 보고서 중 일부는 조어도가 대만의 일부였거나 또는 중국과 류큐열도 사이의 경계가 분쟁도서의 북동쪽 끝에 있는 Chih-wei Yu와 류큐열도의 Kume Shima 사이에 위치한 공해였음을 분명히 암시하였음을 알 수 있다. 류큐의 일본 병합 이전에 분쟁도서가 류큐열도의 일부임을 나타내는 기록이 전혀 없다고 거의 모든 중국학자들은 주장하였다.[58] 또한 류큐 지도상에 나타난 18세기 후반의 일본의 유명한 지도제작자에 의하면 조어도는 일본 영토였다고 한다.[59]

둘째, 조어도는 16세기 중반 중국해안으로 침투하는 일본해적을 방위하기 위한 중국의 해안방위 범주내에 있음을 주장하였다. 특히 조어도에 대한 연안방위는 Foochow지방 연안방위사령관의 5개 경비지역 중의 하나인 Pei-chiao 해군 경비지역의 일부였다는 것이다.

셋째, 조어도는 중국 한약재의 주공급 원산지였다고 중국은 주장한다. 전통적인 중국 한의들에 의하면 이들 식물로 만든 약은 고혈압 및 통증약화에 대단한 효과가 있다고 한다. 유명한 한약방들에 의하면 이들은 제1차 중·일 전쟁 이전

57) 분쟁도서에 관한 중·일 문헌에 언급된 중국의 외교관 및 항해사들이 작성한 일부 문헌은 다음과 같다. Tsung-yeh Hsiao, The Record of the Mission to the Ryukyu Islands, 1597; Hsun-Kang Cheng, A Short Study of Japan, 1655; Huang Chou, A Short Description of the Ryukyu Islands, 1756.

58) Chung-Kuei Yang, "On the Sovereignty over the Tiao-Yu-tai: Archipelago", 99 *China Monthly* (1972), p. 41.

59) *Ibid.*

오래 전부터 분쟁도서에서 약재를 채취하여 왔다고 한다. 이러한 증거로는 1893년 황후 Dowager Tsu Hsi는 분쟁도서 중 3개의 도서를 약재 채취 목적으로 당시 가족 경영을 맡고 있었던 Sheng Hsuan-huai에게 주었다.[60)]

넷째, 조어도는 중국어부들에 의해 오래 전부터 휴식처로 이용되어 왔다고 중국은 주장한다.[61)] 19세기 후반 중국인들은 약재를 채취하기 위해 조어도에까지 상륙하였으며 어부들도 역시 이들 도서 주변수역에서 어로활동을 시작하였다. 그 이후 이들의 숫자는 계속적으로 증가되어 왔으며 오늘날 수많은 어부들의 조어도 부근 수역에서의 어업에 생계를 의존하고 있는 실정이다. 대만이 중국에 반환된 이래 이 지역에서의 조업을 특별히 허가하는 인가증이 어부들에게 발급되어 왔으며 이들 어부들에게 조어도는 긴급위난시 피난처로도 이용되었다.

긴급위난시 타국어부들에 의한 일 국가 영토의 일시적 사용으로 영토취득의 권원이 생기는 것은 아니다라고 중국은 주장한다. 어떤 도서가 무주지였다 하더라도 동 도서 주변수역에서의 어업권 행사가 반드시 그 섬에 대한 주권행사를 말하는 것은 아니다. 대만 어부들은 1895년 이전에 중국 영토였던 대만과 이들 도서 그리고 1895년에서 1945년까지 일본영토였던 국제수역에서 결코 활동하지 않았다고 주장하였다. 중국이 명백히 의미하는 것을 요약하면 다음과 같다. 즉, 어부들의 활동을 통하여 이들 섬과 대만간에 특수한 경제적 및 지리적 관계가 있음을 알 수 있으며, 분쟁도서 및 모든 기타 증거와 더불어 주변수역에서의 중국어부들의 활동은 분쟁도서에 대한 중국의 주권을 충분히 구성하고 있다.

요약하면, 중국은 1372년부터 1895년까지 조어도에 대한 계속적이고 평화적인 영토주권행사 사실을 보여주었다고 주장한다. 또한 조어도는 항해 보조섬으로서 약초 채취 장소로 그리고 어부들의 피난처로 사용되어 왔으며 연안방위체계내에 포함되어 중국의 영토로 간주되어 왔다. 따라서 중국은 1895년 이전에 이미 영토취득의 권원인 실효적 지배에 충분한 요구조건을 이행하여 왔던 것으로 믿는다.

제1차 중·일 전쟁(1894-1895)에서의 중국의 결정적 패배로 평화조약이 양국간

60) Imperial Decree of 1893(1971년 11월 9일 의회기록: *Congress Record* 17,697에서 재인용됨)

61) Pen-yen Liu, "What Do the Tiao-yu-tai Islands Look Like after All?", Materials on the Question of the Tiao-yu-tai Islands, *Union Research Institute of Hong Kong*, 1972, pp. 6-11.

에 시코노세키조약이 체결되었는데(1895년 4월 17일) 동 조약 제2조에 의하면 다음과 같이 설명하고 있다.

> 중국은 모든 몰수품, 병기 및 공유재산을 포함한 다음의 영토에 대한 완전한 주권을 영구히 일본에 양도한다.
> (나) 대만과 인접한 또한 동 도서에 속한 모든 섬을 포함한 대만 전부.[62]

따라서 분쟁도서가 대만과 관련되어 있다면 대만에 속한 또는 대만에 인접한 도서 중의 하나로 간주되어야 함이 시모노세키 평화조약의 정확한 해석이라고 중국은 주장한다. 시모노세키조약의 이러한 해석과 함께 중국은 1943년의 카이로 선언을 다음과 같이 언급한다.

> 3개 연합국인 영국, 중국 및 미국은 일본의 침략을 억제 및 분쇄하기 위해 싸우고 있다. 이들은 어떠한 탐욕도 그리고 영토확장 의도도 없다. 연합국들의 목적은 일본이 1914년 제1차 세계대전 개시 이래로 정복 또는 점령하였던 태평양의 모든 도서를 도로 찾게 하는 것이며 중국으로부터 빼앗은 모든 영토 즉 만주, 대만 및 페소카도르 등은 자유중국에 반환되어야 한다. 일본은 무력에 의해 차지한 모든 기타 영토로부터 축출되어야 할 것이다.[63]

카이로선언은 1945년 7월 26일 포츠담선언에서, "카이로선언의 조건은 이행되어야 하며 일본의 주권은 혼슈, 홋카이도, 시코쿠, 큐우슈우 및 우리가 결정하는 소규모 도서에 국한되어야 한다."[64]라고 이를 재확인되었다

일본과의 전쟁은 1945년 9월 2일 일본의 항복문서 서명으로 완전히 종결되었는데 여기서 일본은 미국, 중국 및 영국이 1945년 포츠담에서 선언한 내용을 모두 수락한다는 것에 동의하였다.[65] 결론적으로 중국은 주장하기를 일본은 법적으로 분쟁도서를 중국에 반환하여야 한다는 것이다.

---

62) E. Hertslet, *Herstlet's China Treaties* (3rd ed.), 1908, p. 363.
63) US Dept. of State, Foreign Relations of the US, *Diplomatic Papers*, The Conference of Cairo and Tehran, 1943, p. 44(1961).
64) *Ibid.*
65) US Dept. of State, Occupation of Japan, 54 *Policy and Progress* (1946), p. 62.

3) 주장 내용의 법적 검토

상기에서 검토한 당사국의 주장 및 전략으로부터 보듯이 분쟁도서가 무주지였는지 아니면 1895년 1월 14일 중국의 영토였는지에 관한 문제가 모든 분쟁의 중요 논점이 되었음에는 틀림없다. 만일 분쟁도서가 무주지였다면 중국은 영유권 주장의 법적 근거를 상실할 것이고 반면 1895년 이전부터 중국의 영토임이 입증되었다면 일본은 국제법상 발견-지배 원칙에 의한 영토취득을 할 수 없고 중국은 연합국과 일본간의 전시 국제협정 조건하에서 이들 도서의 반환을 요구할 권리가 있을 것이다. 따라서 오늘날의 영유권 분쟁을 해결하기 위해서는 1895년 1월 14일 이전에 국제법상 중국이 분쟁도서에 관한 타당한 법적 권원을 획득하였음을 입증할 수 있다면 이 문제는 그 해결이 충분히 가능한 것으로 보인다.

그러면 어떻게 중국이 자국 권원을 입증할 수 있을까? 영토취득의 요건으로 16세기에는 "발견"만으로 다시 18~19세기에는 "실효적 지배"로 변형되어 왔는데 문제는 국제법 원칙상 발견만으로 또는 실효적 지배만으로 라는 원칙이 중국의 경우에도 적용할 수 있는가에 있다. 물론 중국은 두 가지 이유를 들어 16세기 원칙을 주장할 것이다. 즉 분쟁도서가 항해보조섬으로 이용하여 왔고 이들을 중국의 연안방위체계내에 포함시켜 왔다는 내용이다. 그러나 첫 번째 주장에 관하여 일본학자들은 대단히 중요한 점을 제시하였는데 즉, 중국공사의 역사적 기록은 단지 시각에 의한 것에 불과하였으며 자국의 주권이름으로 이 섬을 소유할 어떠한 의도를 나타낸 것이 아니라는 것이다. 중국은 그러나 이에 대하여 유럽국가들의 관행을 보더라도 어떠한 것이 상징적인 행위가 되는가는 통일된 관행이 없다고 하여 일본의 주장을 반박할 수 있었다.[66] 또 다른 고려요소는 유럽인의 탐험에 포함된 영토는 본국에서 상당히 멀리 떨어져 있었고 동일한 탐험가에 의해 발견되지 않았다는 것이다. 그러므로 상징적 행위는 다른 국가에게 하나의 통고로서 가능할 것이 요구되었다. 그러나 이와 반대로 여기서의 분쟁도서는 작고 황폐하며 사실상 타국의 경쟁을 의식할 필요가 없는 중국이란 국가의 문턱에 있다라는 사실이다. 그렇다면 16세기 이들 도서 및 바위들에 관해서 보다 큰 법적 중

77) A. Keller, O. Lissitzyn & F. Man, *Creation of Rights of Sovereignty through Symbolic Acts*, 1400-1800, 1938, p. 143

요성을 나타내는 상징적 행위의 요구조건을 충족시키기 위해 단순한 근거리에서 중국인에 의한 이용 이외에 그 무엇이 있을 수 있었고 또한 있어야 했다.

중국의 두 번째 주장에 관하여(분쟁도서를 중국 연안방위체계내로 포함) 국제재판소는 자신의 판단을 함에 있어서 타국의 권한 있는 기관에서 행해진 내용에 어느 정도 의지할 것이다. 이에 관한 사건이 바로 상설국제사법재판소(PCIJ)에 나타난 동부그린랜드(Eastern Greenland) 사건이었다.[67] 그러나 여전히 문제가 되는 것은 어떠한 법적 중요성이 그러한 것에 부가되어야 하는가이다. 만일 중국의 주장이 영토취득에 관한 16세기 원칙 하에서 판단된다면 상당히 많은 부분이 이러한 문제의 해답에 의존하게 될 것이다.

한편 중국의 주장이 현대의 발견-지배 원칙을 기초로 판단되어야 한다면 문제는 실효적 지배원칙이 도서에 대한 특수한 역사적 사실 및 물리적 조건에 어떻게 적용되어야 하는 것이 될 것이다. 이 점에 관해서는 Huber 판사의 Palmas도 사건에서 최초로 묘사되었다.

> "영토주권의 표명은 시간과 장소 조건에 따라 다른 형태로 나타날 수 있음이 사실이다. 원칙상 계속적이라 하더라도 주권은 사실상 영토의 모든 시점까지 행사될 수 없다."[68]

따라서 실효적 지배의 의미를 결정하는데 있어서는 해당 영토의 특수한 조건 하에서 현존하는 국가의 기능이 개별적 경우에 어떻게 실제로 행하여져 있는지를 기준으로 하는 것이 비교목적상 보다 유용하게 될 것이다.

당사국의 주장에 관하여는 학자 및 국제법상 다양한 의견이 표출될 수 있다. 그러므로 사실상 동 사건이 정치적 협상에 의해 해결되지 않는다면 현 분쟁에 있어서 영토취득에 관한 전통 국제법 원칙이 국제재판소에 의해 어떻게 적용되는 가를 보는 것이 가장 관심 있는 사건이 될 것이다.

---

67) Minquiers and Ecrehos case, *ICJ Reports*, 1953, p. 47.
68) Islands of Palmas case, 22 *AJIL*(1928), p. 887.

(3) 소결론

일본의 관점에서 보면 법적인 이해관계 이외에 분쟁도서를 중국에 돌려줄 수 없는 여러 가지 사유가 있다. 첫째, 분쟁도서를 일본이 소유하고 있고 사실상 지배도 하고 있다는 이점이 있고, 둘째, 일본의 석유자원 의존도를 볼 때 센카쿠 하층토에 매장된 자원은 일본이 독자적으로 개발할 수 있는 기회가 된다. 왜냐하면 동 도서의 소유권이 없이는 일본은 동 도서 주변의 대륙붕에 대한 어떠한 지분도 법적으로 주장할 수 없기 때문이다. 셋째, 사토정부로부터 시작하여 일본국민의 여론은 분쟁도서가 일본의 영토이어야 한다는 것이다. 이러한 일본국민의 여론은 일본정부로 하여금 보다 확고한 입장표명을 하게 하였고 어느 면에서는 일본국민의 여론도 사실임에 틀림없다. 왜냐하면 1895년에서 1946년까지 분쟁도서는 일본의 영토였기 때문이다. 넷째, 극동에서의 정치상황이 전후와는 상당히 다른 현실을 보여주고 있다는 것이다. 일본은 동아시아-태평양 지역에서 세력을 다시 확장하고 있으며 군사적으로도 분쟁도서가 타국에게 빼앗기지 않을 정도의 항공세력도 보유하고 있다. 물론 중국이 무력을 사용할 것이라고는 생각하기 어려운데 이는 미-일 방위조약 체결이 되어 있으므로 이를 의식하지 않을 수 없다.

그러나 중국에 있어 이 섬을 도로 찾는 것은 대단히 중요하며 이들은 영유권 주장 근거의 우위성도 확보하고 있으며 또한 일본의 주장이 문제가 있음을 확신하고 있는바 이처럼 중국이 생각하고 있는 데는 몇 가지 이유가 있다. 첫째, 중국의 주권주장을 지지해 줄 수 있는 법적 증거가 압도적으로 많이 있음은 의심의 여지가 없다. 둘째, 중국은 특히 일본에 의한 굴욕적인 패배로 잃어버린 일부 황폐된 도서가 일본에 의해 전략적 요충지, 광대한 원유저장고, 풍부한 어장 등으로 70년간 사용되어 왔으며 또한 그렇게 될 수 있다는 생각을 지극히 경멸한다. 셋째, 약 70여년 동안 일본지도자들의 야비한 행위가 일관되게 계속되어 왔다는 사실에 대하여 중국은 분개함을 금치 못하는 것으로 보인다. 중국에 대한 일본의 정책은 50년에 걸쳐 완전한 승리를 한 것이었고 그 결과 양대 주요전쟁 및 여러 소규모 무력투쟁에 개입하게 되었다. 중국은 이러한 상황을 인식함으로 양대전쟁 발발 이전에 중국에 속한 모든 영토들이 반환되어야 한다고 주장한다.

결과적으로 현 분쟁은 그 기원에 있어서 독립된 사건으로서 보여질 수 있으며 합리적인 해결에 의존할 수밖에 없을 것이다. 일단 양국간에 우호관계가 진전되었다면 양측에 최선의 결과를 줄 수 있는 이른바 원유자원의 공동개발과 같은 상호협력을 위한 기회가 주어질 것이다. 그러나 일본이 분쟁도서에서의 실효적 지배사실을 이용하려고 하거나 중국도 일방적으로 원유시추 작업을 개시할 수 있는 가능성도 있다. 이 경우 중국이 일본의 그러한 행위를 방관한다고 보기는 어렵다. 따라서 이 순간 어느 쪽이 더 우위를 점하고 있는가를 판단하기는 매우 어렵다.

이처럼 오늘날 센카쿠(조어도)는 어느 일방의 영유권 주장이 타방당사국에게 어떠한 법적 효과도 가져다 줄 수 없는 상황이 계속되고 있으며 또한 특정 국가의 완전한 통제하에 있지도 않기 때문에 각국은 조심스럽게 타국의 접근이나 마찰을 피하려 하고 있으나 그럼에도 불구하고 일부 국가는 자국에게 유리하도록 상황을 바꾸어 보려는 노력을 시도하고 있는 것도 사실이다.

그러나 분쟁해결 방안의 하나로 제시된 조어도 부근 수역에 있어서의 심해저 부분에 대한 통제 및 자원 분배 권한을 가지고 있는 비정부 기관을 통한 중・일간의 공동개발은 바람직한 방안이 될 수 있으나, 자유중국과 중국의 대결구도가 동지나해에서의 일・중간의 심해저 분쟁의 평화적 해결에 커다란 걸림돌이 될 것으로 보인다. 따라서 일본에 대한 중국정부의 협력은 보다 큰 차원에서의 양국간의 화해를 유도하지 않고는 그 성취가 어려운 것이 사실이다.

2. 중국-기타 5개국간 Spratly 도서 영유권 분쟁

(1) 사건개요

스프라트리(Spratly) 섬은 남지나해에 있는 여러 개의 산호초 및 암초로 구성된 무인도이다. 동 섬은 중국의 해남도에서 남쪽으로 900마일, 말레이시아 사바 북서쪽으로부터 150마일 떨어져 있으며 약 150,000평방 마일의 면적을 차지하고 있다.[69] 스프라트리는 북쪽으로는 3,000미터의 해구에 의해 중국 및 대만 대륙붕과 분리되어 있으며 동쪽의 파라완 해구에 의해 필리핀, 브루나니 및 말레이시아

(사바)로부터 분리되어 있다. 제일 큰 섬인 Itu Aba는 그 면적이 약 0.4평방마일이며 스프라트리는 0.15평방마일의 크기를 갖고 있다.

전략적으로 보면 말래카, 순다 및 롬보크 해협을 통한 인도양 및 태평양을 연결시키는 중요 해로가 이들 섬에 의해 폐쇄될 수 있다. 남동 및 북동아시아, 인도차이나 및 태평양으로 진출하는 모든 해상교통수단은 남지나해를 통과하게 된다.

따라서 스프라트리의 주권적 통제권 행사는 잠재적으로 이 지역에서의 제해권 및 해상교통로를 장악하는 결과를 초래하게 된다. 이 지역에서의 전략적 균형이 구소련의 붕괴로 극적인 변화 양상을 가져 왔으며 또한 소련군의 캄란만 철수, 미국의 필리핀 철수 및 동북아 국가들의 급격한 경제성장 특히 한국, 대만 및 싱가포르 등의 부상으로 많은 변화를 초래하였다.

〈그림 29〉 남사군도 영유권 분쟁

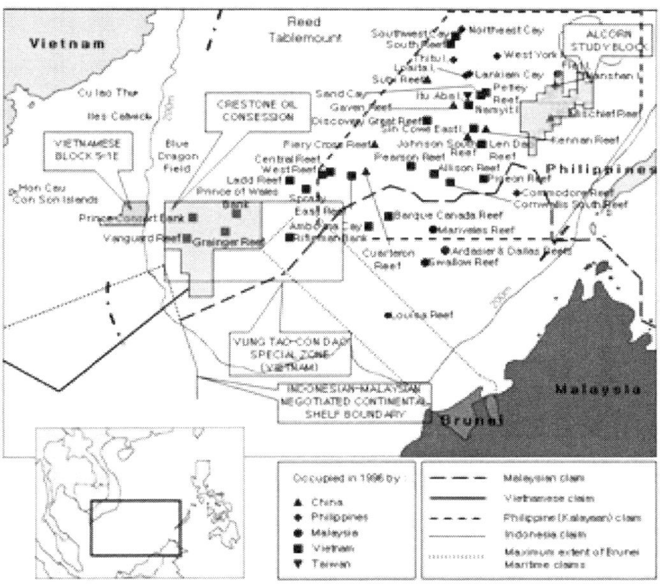

출처: R. W. Smith & B. L. Thomas, *loc. cit.*, p. 7.

1969년의 유엔 보고에 의하면 이 지역에는 상당한 양의 탄화수소가 매장되어 있다고 한다.[70] 특히, 스프라트리 남동쪽에서의 심해저 자원개발의 경제적 활용

69) Dato Alwi. "Conflicting Claims in the South China Sea". Asian Defense Journal. 1992. 6. p. 10

은 이미 진행 중에 있는데 브루나니는 고도 생산성 유전을 이미 개발하였고 말레이시아도 천연가스의 중요 수출국이 되었다.

스프라트리의 일부 또는 전부에 대한 영유권을 주장하는 국가들로는 중국, 대만, 베트남이 완전 영유권을, 말레이시아 및 필리핀이 일부섬에 대한 영유권주장을 그리고 브루나니가 1개의 암초에 대한 영유 주장을 하고 있다. 이들 국가의 주장근거는 매우 다양한데 중국, 대만 및 베트남은 역사적 사실을 기초로, 필리핀은 발견을 이유로 그리고 말레이시아 및 브루나니는 대륙붕 연장 등을 이유로 영유권 주장을 하고 있다.

(2) 영유권 주장 내용

1) 중국

중국은 고대로부터 남지나해의 스프라트리 및 기타 도서가 중국의 영토임을 역사적 사실을 기초로 주장한다. 스프라트리에 대한 중국 영유권 주장의 최초 기록으로는 서한 왕조시대(B.C. 206～A.D. 24)에 어로 활동을 위한 장소로 이용되었다는 것이다. 또한 10～16세기에 걸쳐 남지나해는 중국이 주요 무역항로로 사용되었으며 서기 206～220년간 중국은 이곳을 관측, 노동력을 투입하여 행정적 관리도 하였다고 주장하였다.[71] 이 섬의 통과 기록이 1292년에 보고되었는데 이 때 스프라트리가 대략 지도화되어 나타났으며 이후 이 섬은 중국의 학자들에 의해 지리적으로 기술되었는데 1730년에 발간된 책자에는 Ch'en Lun-chiung이라고 되어 있다. 이 섬의 이름에 대하여는 어느 정도 문헌상 혼돈이 야기되기도 한다. 1934녀 이래 중국은 이 섬을 난샤(Nan Sha)도로 명명하였으며[72] 중국은 자신들이 이 섬을 발견하기 전까지는 무주지였다고 주장하였고 그 후 중국 어부들이 이 섬을 실효적으로 지배하여 왔다고 주장하였다.[73]

해군의 역사적인 사건들로 1887년 6월 26일 중・불 조약을 들 수 있는데, 동

70) R. Haller-Trost. The Spratly Islands : A Study on the Limitations of International Law. *Occasional Paper*. No. 14. University of Kent at Centerbury. 1990. pp. 54-55.

71) *Ibid.*, p. 37.

72) H. Chiu & C. H. Park. "Legal Status of Pracel and Spratly Islands", 30 *Ocean Development and International Law*(1975), pp. 10-11.

73) Haller-Trost, *op. cit.*, p. 38.

조약은 베트남을 프랑스 식민지로 설정하였고 동경 105° 43′ 서쪽 영토는 프랑스에 그리고 그 반대, 즉 동쪽의 영토는 중국에 양도한다는 내용을 공식화 했다. 스프라트리는 물론 사기선의 동쪽에 있으므로 1887년 중·불조약에 의거 중국 소유임이 분명하다는 것이다.[74)]

1993년 7월 25일 프랑스는 남지나해의 여러 섬을 점령하여 자국의 주권하에 둔다는 발표를 하자(스프라트리 포함) 중국은 외교적으로 계속 항의를 하였다(1933~1934까지). 1939년 일본은 타이완, 파라셀 및 스프라트리섬을 침공하여 최초로 스프라트리에 대한 실표적 주권행사를 하게 되었으며 그 후 1945년 일본군의 철수로이 섬은 대만(당시는 중화민국: ROC)해군에 의해 일시적 행정권이 생사되었으며 이 섬은 1947년 Kuangtung 지방의 행정구역으로 편입되어 있다가 1950년 5월 중국군대의 상륙으로 대만세력은 이 섬에서 철수하게 되었다.[75)]

1951년의 연합국과 일본간의 샌프란시스코 평화회의에서(중국도 대만도 당사국은 아님.) "일본은 스프라트리에 대한 모든 권리, 권원 및 주장을 포기한다."라는[76)] 성명을 발표하였으나 구체적으로 주권계승자가 누구인지도 밝히지 않았다. 1952년 4월 28일 일본과 자유중국간의 양자 조약에 의하면 "1951년 9월 8일 체결된 샌프란시스코 평화조약 제2조에 의하면 일본은 대만 및 스프라트리에 대한 모든 권리, 권원 및 주장포기가 인정된다…"고 한다.[77)] 따라서 대만은 이 조약의 강행성 및 실질적인 증거로서 자유중국이 스프라트리에 대한 완전한 주권을 행사하였다고 주장한다.[78)]

대만의 스프라트리에 대한 물리적 지배는 1950년에 중단되었는데 대만정부는 주장하기를 1956년에 Itu Aba에 수비대를 재배치하여 그 이후 해군의 초계로 실효적 지배를 유지하여 왔다고 한다. 그러나 1958년 9월 중국(PRC)은 영해선언을 하여 자국의 영해를 12해리로 확장하였으며 동시에 스프라트리(난샤)에 대한 영유권을 명기하였다.[79)] 이후 1973년 베트남은 스프라트리를 점령하였으나 1974년

74) Chiu & Park, *loc. cit.*, p. 11.
75) *Ibid.*
76) *Ibid.*
77) *Ibid.*
78) *Ibid.*
79) *Ibid.*

1월 중국으로부터 강한 경고를 받게 되었다.

중국의 최초 실효적 지배는 1988년 3월에 시작되었는데 이때 중국은 베트남의 해군 수송함을 조우하여 베트남과의 해전을 하게 되어 3척의 수송함 및 72명의 군인을 상해하는 결과를 초래하였다. 중국은 이후 계속하여 여러 도서들을 점령하였는데 이중에는 Fiery Cross Reef도 포함되어 있었다. 특히, 이 산호초는 14마일의 길이로 중국 인민해방군의 기지로도 개발되었다.[80] 중국의 스프라트리에 대한 주권 주장은 1992년 2월 25일에도 반복되었는데, 이때 중국은 "중국의 영해 및 접속수역법" 제2조에서 스프라트리의 영유권을 분명히 명기하였다.[81] 그러나 주변국들의 강한 반대에 부딪히자, 중국은 베트남과의 영유권분쟁 해결을 위한 평화적 협상을 할 의도를 표시하여 그 결과 양국은 일반적으로 인정된 국제법 원칙에 따라 영토 및 경계획정 문제를 해결하기 위한 협상을 진행한다는 데 합의를 보았다.[82] 특히, 여기서는 자원개발에 있어 상호 공조를 취하기 위해서는 영토 및 주권문제를 변론으로 할 가능성을 중국이 제시하기도 하였다.

2) 베트남

베트남은 프랑스 혁명 전후의 역사적 사실로부터 스프라트리에 대한 주권을 주장하였는 바, 최근의 베트남 공식 문서에 의하면 이 섬의 소유권이 1650~1653년까지 거슬러 올라갈 수 있다고 하는데 물론 이러한 주장의 근거는 식별되지 않고 있다.[83] 1816년부터 시작된 황제 Gia-Long의 지배 이후 1883년의 베트남 지도는 베트남 영토의 일부로서 스프라트리를 "Van Ly Truong Sa"라는 이름으로 표기하고 있다. 따라서 프랑스의 지배 이후 베트남은 스프라트리에 대한 관심을 가질 수 없게 되었으며 특히, 1887년의 중・불 조약에서 베트남에 대한 프랑스 보호선언은 베트남에 의한 남지나해 영토주장을 무효화시키게 되었다.[84]

1933년 프랑스 정부는 해군 원정대를 스프라트리에 파견하여 6~7개 도서군에

---

80) "South China Sea : Treacherous Shoal". *Far Eastern Economic Review*. 1992. 8. 13.
81) Law on the Territorial Sea and The Contiguous Zone of February 25, 1992. in *the Law of the Sea Bulletin*, No. 21(1992), pp. 24-27.
82) *Foreign Broadcast Information Service(FBIS)*, Daily Report: China, 1992. 12.7.
83) Dato Alwi, *loc, cit.*, p. 14.
84) Chiu & Park. *loc. cit.*, p. 11.

대한 주장을 하였다. 일본이 유일하게 이러한 주장을 반박하였는데 일본은 1917년 이래 자국이 점령을 계속하여 왔다는 것이다. 프랑스의 주권 주장은 1934년 일본의 침공으로 종결되었으며 그 이후 영유권 재주장을 위한 어떠한 시도도 없었다. 심지어는 프랑스가 서명한 조약인 1951년 샌프란시스코 평화조약에서도 아무런 유보가 없었다. 그러나 베트남은 샌프란시스코 평화회의에서 스프라트리에 대한 주권통제를 재확인하였는데 이러한 주장은 샌프란시스코평화외의에서 결론 없이 통과되었으며 베트남은 이를 자국 영유권 주장의 보편적 인정 근거로 주장하게 되었다. 이러한 주장에 대해 중국은 강한 반박을 하였으나 샌프란시스코 평화회의에서는 이 문제를 제시하지 않았다.[85)]

1956년 필리핀이 최초로 스프라트리에 대한 영유권 주장을 하였으나,[86)] 북베트남은 남베트남의 주장을 반박하고 오히려 중국의 주장을 지지하였는데 이러한 지지는 1958년 북베트남 수상에 의해서 반복되어 나타났다.[87)]

그 후 스프라트리에서의 베트남 행동은 15년간 전혀 없었고 모든 국력은 내전에만 집중되었다. 1975년 4월 사이공이 함락되자 통일 베트남은 과거 스프라트리에 대한 북베트남의 중국 주장지지 사실에도 불구하고 모든 도서에 대한 주권주장을 다시 하게 되었는데 이 결과 양국간의 관계가 극도로 악화되는 결과를 초래하였다.[88)] 베트남은 그 후 1973년 이래 스프라트리 일부에 대한 실효적 지배 주장을 지시 받을 수 있도록 수비대를 계속해서 주둔시켰다.

3) 필리핀

필리핀은 무주지였던 대다수 스프라트리 군도의 영유권을 '발견' 이론에 기초하여 주장하였다. 1947년 필리핀 법률가인 Tomas Cloma는 미군의 점령하에 있었던 도서군(스프라트리)을 발견하여 1956년 5월 이른바 자유의 땅(Kalayaan : Freedomland)이라고 명명하여 자신이 이곳 최고회의의 의장이라고 선언하였다. 동 선언은 스프라트리에 대한 국제적인 관심을 야기시켜 타국으로부터 많은 외교적 항의를 받게 되었으며 각국 해군이 이곳 수역을 방문하게 하는 계기도 제

---

85) Haller-Trost, *op, cit.*, p. 49.
86) Chiu & Park, *loc, cit.*, p. 9.
87) Haller-Trost, *op. cit.*, p. 51.
88) *Ibid.*

공하였다. 그러나 Cloma는 여러 섬에 작은 거처를 마련했으나 단지 몇 개월만 거주하였을 분이었다.

한편 필리핀 정부는 Cloma의 주장을 완전히 공식적으로 지지하지는 않았으나, 이곳 자유의 땅과 스프라트리라고 구체적으로 알려진 7개 도서 그룹과는 별개라는 주장을 하였다. 필리핀 정부는 자유의 땅이 1951년 샌프란시스코 평화조약 이후 무주지였음을 주장하였는데 사실상 7개 도서 그룹인 스프라트리는 연합국의 신탁통지하에 있었다.[89]

1955년 필리핀은 필리핀 군도 주변에 대한 직선기선을 선언하였으나 Kalayaan 주에 대한 언급은 없었다. 그러나 대만은 1971년 Itu Aba 섬 근처에서 조업하는 필리핀 어선에 대하여 함포사격을 감행하였고 그 결과 필리핀정부는 다음과 같은 항의를 하여 자국 영유권의 법적 근거를 제시하였다. 첫째, 필리핀은 Cloma에 의한 점령결과로 이 섬들에 대한 법적 권원을 향유하며, 둘째, 중국은 사실상 제2차 세계대전 당시 연합국 신탁통치하에 있었던 일부 섬들을 지배하였으나 연합국의 동의 없이 이 섬들에 배치된 수비대를 배제시켰다, 셋째, 스프라트리 그룹은 필리핀이 주장하는 영토내에 있으나 1974년 Cloma는 Kalayaan 도서 그룹을 필리핀 영토의 일부라고 선언하여 Palawan 행정자치 구역의 일부로 만들었다. 이후 필리핀은 스프라트리를 포함하는 200해리 배타적 경제수역도 선포하였다.[90]

4) 말레이시아

말레이시아는 스프라트리의 남쪽부분에 대한 영유권을 주장하는데, 이들 주장의 근거는 지리적 위치 및 유엔해양법협약상의 대륙붕 규정을 자국주장의 정당화 근거로 들고 있다. 1966년 말레이시아는 1958년의 대륙붕에 관한 제네바 협약에 따라 대륙붕 선언을 하였다. 말레이시아 스프라트리 남쪽에 대한 주장은 1979년의 자국이 발행한 지도와도 일치하는데 이 지도에 의하면 말레이시아 대륙붕 지역을 분명히 나타내고 있다. 말레이시아는 1958년의 제네바협약을 근거로 대륙붕의 모든 도서 및 산호초에 대한 주권 및 관할권을 선언 하였으며 이는 해양법협약과도 자신들이 주장이 일치한다는 것이다.[91] 말레이시아는 1984년 배타적

89) *Ibid.*, pp. 50-51
90) *Ibid.*, pp. 57-58

경제수역법을 선포하였으나 이들 경계획정 좌표는 공식적으로 나타내고 있지 않으며 기선 역시 공포하지 않은 상태로 있다.[92]

말레이시아는 대륙붕이 "연안국 본토의 해저연장으로 이루어지며 대륙붕의 해저 및 하층토, 대륙사면 및 대륙융기로 구성된다."라고 규정하는 법적 대륙붕규정의 정의를 반대로 적용하였다.[93] 여기에는 해수면 상부에 있는 대륙붕상의 도서, 암석 또는 기타에 관한 규정이나 언급이 없다. 말레이시아는 주장하기를 대륙붕의 소유는 대륙붕 이원의 해상 융기물에까지 확장된다고 하여 Shallow Reef와 Amboyna Cay 주변의 12마일 영해를 주장하였다. 말레이시아는 해양법협약 제121조 제1항에 해당하는 도서로서 이들 Reef와 Cay를 인정하였다는 것이다.

말레이시아는 남부 스프라트리의 3개 섬에 대한 실효적 지배를 위해 1983~1986년까지 수비대를 주둔시켜 주권행사를 하였으며 이들 섬에 관광지를 개발하기도 하였다. 그러나 해양법약에 의하면 대륙붕 소유권 주장을 위해 특별한 형태의 통제를 나타낼 것을 요구하지 않는다.[94]

말레이시아와 필리핀은 스프라트리에 대한 양국의 중복된 주장을 해결하기 위해 1988년 이래 협상을 여러 번 시도하여 왔으나 구체적인 결과를 가져온 것은 없었다.[95] 말레이시아는 양국의 대륙붕 경계획정에 관한 브루나니와의 결실없는 협상 이외에는 기타 영유권 주장국과의 협상에 개입하지는 않았다.

5) 브루나이

브루나이는 스프라트리 군도의 남쪽에 있는 Lousia Reef의 영유권을 주장하는데 이는 말레이시아하고만의 분쟁이 되고 있다. 브루나이의 주장은 1954년에 설정된 자국 대륙붕 경계획정에 그 주장의 기초를 두고 있다. 1980년에 브루나이는 인접 해양경계의 해양측 경계획정에 관한 토의를 하자는 제의를 말레이시아에 보냈으며 1984년 브루나이의 독립 이후 말레이시아와 브루나이 협상은 계속되었

91) *Ibid.*, p. 65.
92) *Ibid.*, p. 64
93) 유엔해양법협약 제76조 3항.
94) *Ibid.* 제77조 3항에 의하면 "대륙붕에 대한 연안국의 권리는 실효적이나 관념적인 점유 또는 명시적 선언에 의존하는 것이 아니다"라고 규정한다.
95) Dato Alwi, *loc. cit.*, p. 18.

으나 Lousia Reef의 영유권 문제는 미해결의 상태로 여전히 남게 되어 양국 주장의 타결점을 찾지 못하였다.

1988년 브루나이는 대륙붕 주장을 나타내는 지도를 발행하여 Rifleman Bank 이원까지 자국 대륙붕을 확장하였다. 물론 이들 주장의 근거는 완전히 이해되지는 않으나 350해리까지 대륙붕 연장이 가능하다는 해양법협약의 해석에 기초한 것으로 보인다.[96]

(3) 영유권 주장의 타당성 검토

1) 중국의 주장

중국은 스프라트리 영유권 주장의 근거로 역사적 증거를 들고 있다. 중국이 이 섬을 발견하기 전에 스프라트리가 무주지였음은 의심의 여지가 없으나 역사적 사실로 볼 때 중국의 증거는 불확실하다. 왜냐하면 중국측이 제시하는 증거는 증거능력이 희박할 뿐만 아니라 연속성도 없으며 계속적 지배나 관리 또는 실효적 통제 근거도 미약하며 간헐적인 해상운송인들의 통항이나 어부들에 대한 일시적 체류 정도에 불과했기 때문이다.

1887년의 중・불 조약에 의해 스프라트리가 중국에 양도되었다는 내용도 명확하지 않으며 또한 특정되지도 않았고 오히려 1928년에 발행된 중국의 공식 지도상에도 스프라트리가 배제된 채로 있어 더욱 그 설득력이 약화된다. 간헐적인 중국의 외교적 항의와는 별도로 스프라트리에 대한 중국의 실효적 지배 또는 통제는 1988년 중국 해군기지가 건설되고 수비대가 진주할 때까지는 없었다. 따라서 중국이 주장하는 발견 및 실효적 지배 논리는 영유권 주장의 완전한 근거가 될 수가 없는 것으로 보인다.

2) 베트남의 주장

베트남의 역사적 소유권 주장 내용은 프랑스가 베트남을 점령하기 전부터 스프라트리에 대한 주권통제를 하였다고 보기는 어려운 점이 있어 보인다. 프랑스는 1933년 스프라트리를 합병하였다 하더라도 이 섬을 베트남이 양도한 것이 아

96) 유엔해양법협약 第76조 5항.

니라는 것을 분명히 하였다. 북베트남이 1956년과 1958년에 중국의 영유권 주장을 남베트남에 반대하여 지지하여 온 사실로 인하여 비록 1975년에 이러한 입장을 바꾸었다 하더라도 이러한 사실은 베트남이 역사적 사실에 대한 영유권 주장을 약화시키는 주요 내용이 됨은 부인할 수 없다.

현 베트남 정부는 남베트남이 아닌 북베트남이 계승하였기 때문에 1956년 북베트남에 의한 스프라트리 영유권의 중국 주장지지 사실은 구속력 있는 증거가 될 것이다. 이러한 역사적으로 불리한 내용에도 불구하고 베트남은 1973년 이래 스프라트리를 실효적으로 지배하여 왔으며 이 사실은 소유권 주장에 있어서 어느 정도의 타당성을 제공하게 될 것이다.

3) 필리핀의 주장

필리핀에 대한 주장은 국제법상 설득력이 없는 것으로 보이는 바, 특히 개인의 행위로 인한 영유권 주장 근거 주장은 거의 타당성이 없다. 필리핀 군도와 스프라트리 간에는 명확한 해구가 있으므로 200해리 대륙붕 주장은 해양법협약 제76조에 의거 유지될 수 있으나 350해리 주장은 그렇게 될 수 없다. 이러한 주장은 동부 스프라트리 지역 일부를 포함하게 되나 현재의 주장과는 많은 거리가 있다. 필리핀은 역사적 사실 등을 주장하지는 않으며 이들 섬이 포기되어 왔다는 주장은 베트남, 중국 및 대만 등과의 분쟁을 야기하게 된다. 요약하면 필리핀의 행동은 점진적인 병합이라고 기술될 수 있다.

4) 말레이시아의 주장

말레이시아의 주장은 해양법협약의 내용을 많이 원용하고 있는 바, 대륙붕 및 배타적 경제수역에 관한 주요 규정들을 제시하면서 주장의 근거로 활용하나, 이들의 주장은 해수면상의 대륙붕에 대한 주권통제를 정의함에 있어 해양법협약의 규정을 잘못 적용하고 있다. 말레이시아의 주권 주장은 최근의 3개 섬에 대한 실효적 통제를 제외하고는 아무런 역사적 근거도 없으며 따라서 타국의 유사 주장과의 비교로 자신들의 주장 근거를 다시 검증해야 할 것이다.

5) 브루나이의 주장

브루나이의 주장은 말레이시아 주장과 유사한데, 즉 해양법협약의 해석을 통하여 주장의 근거를 제시하고자 하였다는 것이다. 이들은 도서나 영해의 주장이 아니라 해양법협약 제76조 및 77조의 대륙붕에 관한 규정을 들고 있는 바, 브루나이는 협약 제83조를 원용하여 양자 협상이 결렬될 겨우 국제사법재판소에 제소한다는 것을 선포하였다. 그러나 불행히도 스프라트리 분쟁의 다자적 성격 때문에 양자 협상으로 해결되기는 쉽지 않을 것이다.

(4) 소결론

남사군도 영유권 분쟁은 대단히 복잡한 양상을 띠고 있으며 자칫 무력행사가지 예상되는 잠재적 위험성을 내포하고 있다. 특히, 동 섬은 전략적으로 매우 중요한 위치에 있으며 주변 수역에 매장된 풍부한 지하자원 때문에 그 해결을 더욱 어렵게 만든다. 불행히도 영유권 주장 6개국 모두 주장의 공통점이 없으며 타협 수용이 가능한 아무런 공통점도 가지고 있지 않다. 다만 1982년 해양법협약의 일부 내용이 어느 정도 상관관계를 가지기 때문에 영유권 주장국은 이를 다른 국가에 대해 다양하게 원용할 수 있게 되었다. 전반적으로 스프라트리 상황은 분쟁해결 구조나 구도를 제공하기에는 해양법협약 및 일반 국제법으로서는 역부족인 한계를 나타나게 해준다.

결국 타협의지의 분명한 확신이 없는 한, 분쟁 당사국들은 어떤 협의된 형태와 또는 공통의 입장이 가미된 그런 형태의 해결점을 찾기는 어려울 것이다. 왜냐하면 어떤 제도나 규칙의 해석이 고려되기 전에 먼저 타협과 양보가 전제되어야 하기 때문이다.

남지나해 도서 영유권 또는 자원관할권에 관한 분쟁은 강대국인 중국과 기타 국가들과의(ASEAN) 대립양상을 보이고 있는 것이 사실이다. 특히, ASEAN은 이 지역의 문제를 관장할 능력을 향유한 국가의 집합체로서 중국의 개입에 대해 강력히 반발하는 움직임을 보이고 있다. 따라서 중국이 극단적인 수단, 즉 전쟁과 같은 양상을 취하지 않는 한 스프라트리에 대한 중국의 일방적 영유권 주장 문제는 수용되기 어려운 것으로 보인다.

ASEAN 국가들은 남지나해 분쟁에 관한 각국은 특히, 중국의 언행을 유심히 지켜보고 있다. 이러한 상황을 고려해 볼 때 스프라트리 문제는 당분간 분쟁 당사국간의 신경전 및 설정만이 계속될 것으로 보이며 이는 동시에 타국의 인내심을 시험하는 무대가 될 것으로 보인다.

3. 일본-러시아간 Kurile 도서 영유권 분쟁[97)]

(1) 사건개요

쿠릴열도는 캄차카반도와 홋카이도 사이에 있으며 그 길이가 무려 1,250km나 되고 오호츠크 해와 태평양사이에 존재하는 30개의 작고 큰 여러 도서로 구성되어 있다. 이중 Itrup가 가장 큰 섬이며 화산도로서 현재도 화산할동이 진행 중에 있다.

18세기 러시아와 일본이 이 섬의 영유권을 주장하기 시작하였고(일본은 이를 여전히 북부 영토 즉 Northern Territory라 부른다), 1875년 일본은 러시아가 쿠릴열도에서 철수하는 조건으로 사할린을 포기하였고 일본은 2차대전 말까지 이 섬을 주장하였다. 얄타회담에서 이 섬을 소련에 양도하도록 결정하여 소련군이 1945년 9월에 열도를 점령하였다. 이에 일본은 쿠릴열도에 대한 소련 영유권 주장에 반발하여 4개의 남쪽도시 즉 Habomai, Shikotan, Etorofu, Kunashir의 권리를 주장하여 분쟁이 된 사건이다.

(2) 분쟁역사[98)]

일본과 러시아는 쿠릴열도에 대한 장기간 다툼의 역사를 갖고 있다. 양국은 1855년 외교관계를 처음으로 수립하였고 같은 해 양국간의 국경합의를 규정하는 통상, 항해 및 경계획정조약(Treaty of Commerce, Navigation and Delimitation: the Shimoda Treaty)을 체결하였다. 동 조약체결은 일-러국경이 Itrup (Etorofu)와 Urup 도서 사이가 되어야 한다고 한다. 따라서 Etorofu 도서 전체가 일본에

97) 상세에 관하여는, *http://www.american.edu/projects/mandala/TED/ice/kurile.htm* 참조.
98) *Ibid*, pp. 1-3.

속해야하며 Urup를 포함한 동 도서 북쪽에 있는 쿠릴도서는 러시아에 속해야 한다는 것이다.

러·일간 조약은 평화적 교섭 이후 여러 번 체결되었으며 이러한 조약체결시 사할린과 쿠릴제도 부근에서의 양당사국의 모든 활동이 고려되었다. 러시아 교섭대표인 Putyatin 사령관은 조약서명 시점에 Etorofu 도서는 일본과 향후 마찰이 될 수 있다는 것이 입증되었다고 반복하여 언급하였다. 한편 일본 외무성에 따르면, 최근 러시아에서 공개된 문서에서 니콜라스 황제1세는 Urup 도서가 러시아 영토의 최남단 국경임을 인정하였다고 한다.

물론 본 조약에 관한 양국의 주장은 상이하였다. 이러한 주장중의 하나는 일본이 러시아가 크리미아전쟁으로 어려운 시기에 있었음을 알면서도 본 조약의 체결을 러시아에 강요하였다는 것이다. 그러나 이것은 사실과 완전히 다르다. 당시 러시아는 유럽의 주요 강대국이었으나 일본은 여전히 약한 봉건국가였으며 미국, 영국 및 러시아로부터 300년 역사의 고립정책을 포기하도록 압력을 하고 있었다.

두 번째 주장은, 동 조약이 Etorofu, Kunashiri, Shikotan 및 Habomai도서가 일본 영토가 된다고 인정한 반면, 러시아는 여전히 이들 도서의 발견과 탐사결과로 이들에 대한 역사적 권리를 갖는다고 주장할 수 있다는 것이다. 그러나 이들 도서가 홋카이도에서 매우 가까이 위치해 있기 때문에 러시아의 발견 주장요구는 무리한 것이다. 사실상 17세기 초 일본에서 발행된 지도인 "Shoho Okuni Ezu"에서는 Kunashiri와 Etorotu 도서가 일본의 일부로 분명히 표기되었다.

〈그림 30〉 러시아-일본간 북방영토분쟁

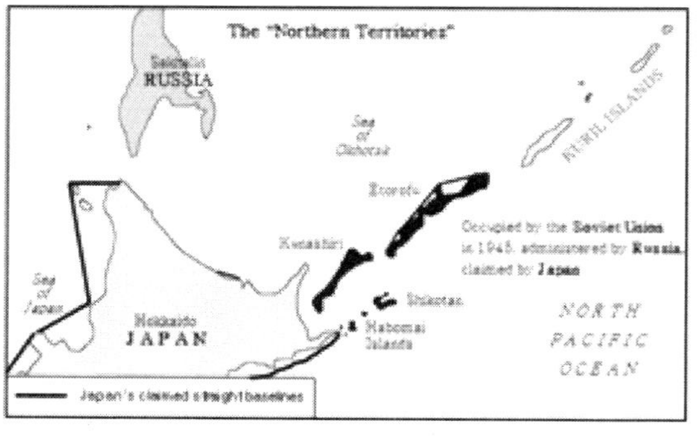

출처: R. W. Smith & B. L. Thomas, *loc. cit.*, p. 4.

1855년의 통상, 항해 및 경계획정조약은 사할린 도서를 일본과 러시아 국민들이 공동으로 해결하도록 남겨두었다. 이러한 애매함 때문에 생기는 복잡한 문제를 해결하기 위하여 양국간 도서 결정을 목적으로 한 교섭이 1870년대에 이루어졌다. 본 교섭에서 일본은 북위 50°에서 도서를 결정하자고 요구하였다 그러나 러시아는 48°선을 요구하였다. 따라서 양국 모두 이 문제에 합의를 할 수 없었으며 1875년 쿠릴도서와 사할린도서 교환조약(Treaty for Exchange of Sakhalin for the Kurile Islands) 체결을 함으로 해서 양국은 일본이 사할린 도서 권원을 러시아에 양도하는데 합의하였다. 그 대신 러시아는 쿠릴제도 즉 Urup에서 Shimushu까지의 18개 도서를 일본에 양도하게 된다. 동 평화교섭으로 쿠릴제도는 일본영토가 되었고 사할린 제도는 러시아 영토가 되는 결과가 되었다.

그러나 긴장이 계속되어 마침내 1904년 전쟁이 발발하게 되었다. 일본과 러시아는 만추리아와 기타 지역 이해관계를 이유로 전쟁을 시작하였다. 전쟁의 결과 포츠머스 평화조약(the Portsmouth Peace Treaty)이 체결되어 사할린제도 남쪽 반이 일본의 승리로 일본에게 양도되었다.

러·일간 영토 경계획정에 관한 다양한 발전이 있었다 하더라도 Etorofu, Kunashiri, Shikotan 및 Habomai는 일본의 영토였으며 Urup 북쪽 18개 도서인 사할린제도나 쿠릴제도와는 달리 결코 러시아 영토가 된 적이 없다는 것이다.

일부에서는 러·일 전쟁과 이의 결과로 체결된 포츠머스조약이 1855년 및 1875년 조약을 무효화한 것처럼 주장하였으나, 다른 사람들은 양국이 1855년 및 1875년 조약에 따라 설정된 영토경계가 러·일 전쟁이나 연이은 포츠머스조약으로 결코 무효화되지 않는다고 한다. 일본 외무성에 따르면 최근 러시아가 발행한 문서에서 러시아 제국 멸망시까지 러·일간의 국경은 1875년 및 1905년 조약에 의해 결정되었다고 하는데, 이는 이들 조약이 모든 필요한 공식적인 요구사항을 충분히 수용하여 체결하였고 또한 유효기간도 규정하지 않았기 때문이다. 국제법상 새로이 형성된 국가 즉 신국가가 구국가를 승계하므로 구국가의 국경도 그대로 승계된다.

이후 제2차 대전 및 얄타회담으로[99] 영토문제가 다시 제기되었다. 제2차 대전

99) www.taiwandocuments.org/yalta.htm 참조.

은 1939년 9월~1945년 8월까지 계속되었고 일본과 소련은 1941년 4월 양국이 체결한 중립조약으로 인하여 제2차 대전 전 기간 동안 전쟁상태에 있지는 아니하였다. 그러나 이 조약은 5년간만 유효하게 되었는바, 즉, 1945년 8월 연합군이 일본에 원폭을 투하하게 되자 소련은 패배 일보직전의 일본에 대하여 중립조약을 위반한 선전포고를 하였으며 그로부터 일주일 후인 8월 14일 일본은 포츠담 선언을[100] 수락하여 연합국에게 항복하였다.

일본의 패배 이후 일본의 모든 영토는 연합국에 의해 점령되었다. 연합국은 일본이 미국에게 점령되는 것이 적절하며 대만은 중국의 점령하에 그리고 사할린 제도 및 쿠릴제도는 소련군이 점령하게 될 것이 적절하다는데 합의하였다. 소련군은 8월 18일 쿠릴제도에 있는 Shimush 도서를 점령하였고, 8월 27일 쿠릴제도 최남단에 있는 Urup 남쪽까지 이동한 다음 퇴각하였다. 그러나 미군이 없음을 확인한 후 9월 3일 소련군대가 Etorofu, Kunashiri, Shikotan 및 Habomai 도서를 점령하였다. 따라서 북방영토의 점령은 정전 후 피를 흘리지 않고 이루어진 전시 점령이었기 때문에 이는 평화조약의 결과로 해결되어질 문제가 되었다.

전시 타국이 일국의 영토를 점령하는 것은 있을 수 있으며, 국제법상 점령국은 군사적 요구를 근거로 군정하에 영토를 점령할 권리를 향유한다. 그러나 동시에 피점령지 주민의 사적인 권리를 포함한 점령국의 의무는 육전의 법규관계에 관한 1907년 헤이그협약(the 1907 Hague Convention respecting the Laws and Customs of War on Land) 등에서 국제법으로 규정된다. 그러나 스탈린은 이들 국제법규를 무시하고 점령지 영토를 1940년 2월 2일 Presidium 선언으로 자신의 영토로 수용하였다. 이러한 행위는 평화조약체결 없이 실행되었기 때문에 완전무효이나, 전체주의 체제하에서 이러한 병합은 합법적 행위로 위장되었으며 마치 Etorofu, Kunashiri, Shikotan 및 Habomai가 법적으로 소련 영토인 것처럼 오랫동안 계속하여 선전하였다. 결과적으로 이들 도서가 정말로 소련의 영토라는데 대한 오해가 생기게 되었으며, 이에 부가하여 러·일간의 영토문제 해결은 원래 소련 영토였던 것을 일본에게 양도하여 문제가 생기게 되었거나, 또는 이들 영토를 일본에 매각하여 문제가 생겼으므로 이를 해결해야 된다는 잘못된 인식이 나

100) www.taiwandocuments.org/potsdam.htm 참조.

타나게 되었다.

(3) 전후문제

미국과 영국을 포함한 연합국과 일본과의 평화조약이 1951년 샌프란시스코에서 서명되었으며,[101] 이 회의에 소련도 참가하였으나 동 조약에 서명은 하지 않았다. 여기서 북방영토에 관하여 고려되어야 할 두 가지 중요사항이 있는데, 즉, 샌프란시스코 평화조약 및 샌프란시스코 평화회의의 내용에 관한 것이다.

첫 번째 사항은 일본이 조약에 따라 쿠릴제도와 사할린제도 남쪽 반에 대한 모든 권리를 포기한다는 것이다. 일본이 포기한 "쿠릴제도"에는 Etorofu, Kunashiri, Shikotan 또는 Habomai 도서가 포함되지 않았으며 이들 도서는 당시 일본의 영토이었다. 일본 외무성에 따르면, 미국 정부 역시 공식문서에서 샌프란시스코 평화조약에 "쿠릴제도"는 포함되지 않으며 Habomai나 Shikotan 또는 Kanashiri와 Etorofu를 포함할 의도는 아니라고 언급한다. 따라서 이들 도서는 일본의 일부였으며 결과적으로 일본 영유권에 속한다는 것이다.

두 번째 사항은 사할린 남부 반쪽, 쿠릴제도 및 북방 영토를 소련이 계속적으로 자국영토로 포함시킨 것이 국제사회에서는 수용될 수 없다는 것이다. 따라서 외무장관은 이들 도서에 대한 영유권이 인정되나 본 회의에서는 수용되지 않았고 샌프란시스코 평화조약에도 포함되지 않았다는 내용을 동 조약 초안개정안으로 제출하는 것을 포함한 다양한 노력을 하였다. 샌프란시스코 평화조약은 비서명국에게 어떠한 권리도 부여하지 않는다고 분명히 규정하고 있다.

소련은 샌프란시스코 평화조약에 서명하지 않았기 때문에 일본과 소련은 1955년 6월과 1956년 10월 사이에 별도의 평화조약 체결을 위하여 교섭하였다. 본 협상 기간 중 일본은 반복하여 4개 도서의 영유권을 주장하였고 이들 도서의 반환을 요구하였다. 그러나 소련이 주장한 입장은 Shikotan과 Habomai는 반환하겠으나 Etorofu와 Kunashiri는 반환할 수 없다는 입장이어서 결국 협상은 합의에 도달하지 못하고 말았다.

이 결과 평화조약 대신 일-소 공동선언(The Japan-Soviet Joint Declaration)이

101) www.taiwandocuments.org/sanfransisco02.htm 참조.

합의되었는데, 동 선언에서 전쟁상태의 종결 및 외교관계 재개 등을 규정하였다. 동 선언 제9조는 외교관계 수립 이후 평화조약협상이 계속되어야 한다고 규정하였다. 그러므로 일본 외무성에 따르면 평화조약 체결 이후 소련은 Habomai와 Shikotan을 일본에 양도하여야 한다고 한다.[102)]

원칙적으로 Habomai와 Shikotan 문제는 이미 동 선언으로 해결되었다. 따라서 Etorofu와 Kunashiri 문제만이 평화조약교섭에서 해결되어야 하는 문제로 남게 된다.

(4) 소결론

러시아와 일본은 일본의 북쪽에 위치한 4개의 작은 쿠릴열도에 대한 50여년간의 분쟁에 휘말려 왔다. 러시아는 제2차 대전의 종료로 본 열도가 러시아에 양도되었다고 하며 이의 포기를 일본에 강요한 반면, 일본은 그 이후 줄곧 이들 열도에 대한 주장을 계속해 왔다. 그러나 모스코바의 재정적 어려움 그리고 푸틴 대통령의 강력한 리더십으로 양국 모두에게 경제적 및 정치적으로 이익이 되는 거래가 초래될 수도 있다.[103)]

특히 쿠릴열도는 상당한 가치가 있는 도서로 평가되는바, 첫째는 이들 열도가 태평양에서부터 오호츠크해까지 펴져 있고 이의 접근은 러시아를 통해 상당히 가능하기 때문에 전략적 가치가 있다는 것이다. 또한 본 도서 주변수역에서는 연간 40억 달러의 어획고를 올리며, 황철광, 유황 및 기타 여러 광물자원도 가지고 있다. 이러한 이유로 양국은 국가적 자존심을 걸고, 특히 본 도서가 양국의 경제적 위기타결에 대단히 중요한 요소가 되기 때문에 본 도서에 대한 영유권을 더욱 강력히 주장한다.[104)]

이 문제는 전후 연합국에 의해 체결된 샌프란시스코 강화조약에서 4개 도서에 대한 명확한 언급을 하지 않았기 때문에 궁극적으로는 조약의 해석문제로 귀착이 된다. 일본은 하보마이와 시코탄 두개 도서는 동 강화조약에서 언급되지도 않았으며 이를 소련이 불법으로 점령한 것이기 때문에 자국에게 반환되어야 한다

102) http://www.infoplease.com/ce6/world/A0828386.html(Kurile Islands).
103) http://www.atimes.com/japan-econ/BD22Dh01.html p. 1 참조.
104) *Ibid.*

는 것이다. 또한 나머지 두개 도서 즉 쿠나시리와 에토로푸에 대하여 러시아는 샌프란스시코 조약상 전후 패전국인 일본의 영토포기 조항에 이 도서를 포함한 4개 쿠릴열도 모두가 해당된다고 주장하는 반면, 일본은 동 조약상의 쿠릴열도에는 에토로푸나 쿠나시리가 포함되지 않는다고 한다.

물론 동 조약에서는 단순히 쿠릴열도(Kurile Islands)라고만 표기하였기 때문에 일본이 주장하는 상기 두개의 도서 즉 에토로푸 및 쿠나시리의 영유권도 일본이 포기해야 한다고 해석하는 것이 타당하다고 사료된다. 특히 동 조약 영토 조항에서 쿠릴열도에 대한 일본의 모든 권리 및 권원의 포기를 명기하고 있는 것을 보면 이 문제의 해답이 어느 정도 예상될 수 있다.[105] 즉 동 조약은 일본이 포기해야만 하는 영토만을 규정한 것이었다. 다만 이 문제는 양국간의 정치적·외교적·군사적·경제적 문제가 모두 걸려 있기 때문에 평화조약의 문리적 해석에 의한 타결이 아닌 영토문제에 대한 평화조약체결이나 공동개발 등의 정치적 타협이나 합의에 의한 해결 가능성을 배제하기가 어려울 것이다.

이러한 배경하에서 1993년 보리스 엘친 러시아 대통령이 일본을 방문하여 북방 4개 도서 문제의 평화적 해결을 천명한 도쿄선언을 채택하였으며, 2001년 푸틴 러시아 대통령이 재차 일본을 방문하여 이 문제를 논의하였으나 별다른 진전을 본지 못하고 있는 상황이다. 특히 고이즈미 일본 총리는 이들 영토문제 해결에 강한 집착을 보이면서 4개 도서 모두에 대한 영유권 문제의 총체적 해결이 다소 어렵다고 판단하여 먼저 이들 가운데 하보마이와 시코탄 등 2개 도서를 돌려 받는데 주력을 한다는 이른바 '단계적 해결' 구상도 갖고 있는 것으로 알고 있다. 그러나 일본도 시베리아 송유관 노선문제 등에서 러시아의 눈치를 살펴야 할 처지여서 북방 4개 도서 협상의 전망은 여전히 불투명한 것으로 보인다. 물론 현 단계에서 가장 바람직한 해결방안은 양국간의 '평화조약' 등을 체결하여 영토문제 등을 포괄적으로 해결하는 것이라고 사료된다. 만일 이러한 방식에 의한 해결이 쉽지 않을 경우, 쿠릴열도에 대한 양국간의 현재와 같은 불편한 관계가 상

105) 동 조약 제2조 3항은 쿠릴열도 영토문제를 다음과 같이 규정하고 있다. "(c) Japan renounces all right, title and claim to the Kurile Islands, and to that portion of Sakhalin and the islands adjacent to it over which Japan acquired sovereignty as a consequence of the Treaty of Portsmouth of 5 September 1905." http://www.taiwandocuments.org/sanfransisco01.htm, p. 2.

당한 기간동안 지속되거나 영구히 미해결된 채 현상을 유지할 수도 있다.

4. 영국-프랑스간 Minquiers 및 Echrehos 도서 영유권 분쟁[106)]

(1) 사건개요

영국과 프랑스 양국은 원시적 권원 및 실효적 권원에 입각하여 영국령 Channel Islands와 프랑스본토 사이에 있는 멩끼에 및 에크레호도(The Minquiers and Ecrehos)에 대한 영역주권의 존재를 각각 주장했다. 이 사건은 1930년 12월 29일의 특별합의에 의해 1951년 12월 5일에 국제사법재판소에 부탁되었다. 재판소는 양당사국이 주장하는 사실들에 대한 증거가치를 시종일관하여 상대적으로 평가했다. 그리하여 재판소는 실효적 점유에 입각한 권원에 결정적인 중요성을 인정하고, 권원일치로 멩끼에 및 에크레호도에 대한 영국의 영역주권의 존재를 인정하는 판결을 내렸다.[107)]

〈그림 31〉 영국-프랑스간 도서 분쟁

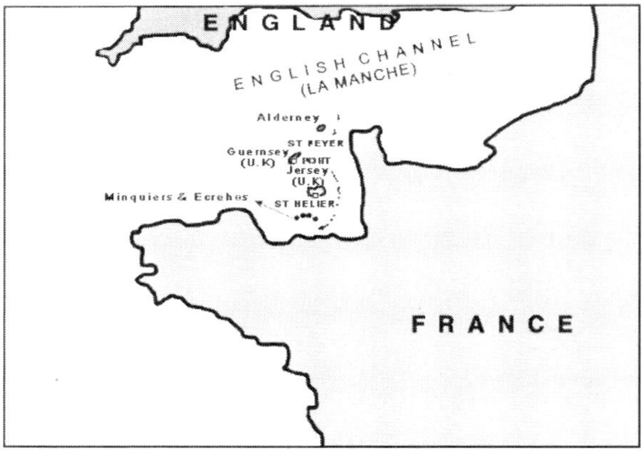

멩끼에 및 에크레호는 영국의 Channel Islands의 하나인 Jersey와 프랑스해안

106) 본 사건의 판결문에 관하여는, *ICJ Reports* 1953, pp. 47-72 참조. 동 판결의 국문 내용은 전순신(편저), *국제사법재판소판례(I)*, 부산 : 세종출판사, 1999, pp. 149-174의 내용을 주로 참고하여 정리한 것임.

107) *Ibid.*, p. 50.

사이에 있는 2개군의 소도 및 암초들이다. 영국 및 프랑스 각각은 멩끼에 및 에크레호도에 대해 옛날부터 원시적 권원을 가지고 있었고, 또한 실효적 지배에 의해 항상 그것을 유지해 왔다고 주장했다. 양당사국은 이와 같이 주권의 경합적 주장의 결과로 발생한 분쟁을 국제사법재판소의 재판에 의해 해결하기 위하여 1950년 12월 29일, 특별합의에 서명했다.

(2) 당사국 주장 내용

1) 영국

영국정부는 이 정부가 원용한 고대의 권원을 1066년에 Normandy공 William이 영국을 정복한데서 도출했다. 정복에 의해 영국은 Channel Islands와 함께 노르만디공령에 통합되었고, 이 통합은 프랑스왕 Philip Augustus가 영국·노르만디군을 노르만디대륙에서 축출한 1204년까지 계속되었다. 그러나 Channel Islands를 점령하고자 하는 Philip의 기도는 프랑스군이 이 섬들의 몇 개를 짧은 기간 동안 점령한 것을 제외하고는 성공하지 못했다. 이것을 근거로 영국정부는 에크레호 및 멩끼에를 포함한 Channel Islands의 전부가 본래대로 여전히 영국에 통합되어 있고, 또한 이러한 사실상의 상태가 영국왕과 프랑스왕간에 체결된 그 후의 조약에 의해 법적 기반을 갖게 되었다고 주장했다.[108)]

2) 프랑스의 주장

프랑스 정부는 Jersey, Guernsey, Alderney, Sark, Helm 및 Jethou의 여러 섬들을 영국왕이 계속해서 보유한 것을 다투지 않았다. 그러나 1204년에 노르만디공령이 해체된 후, 영국왕이 에크레호 및 멩끼에 각 도서군을 영유했다는 것을 부인했다.

프랑스 정부는 동 정부가 원용하는 원시적 권원을 노르만디 공작이 프랑스왕의 봉신이라는 점, 그리고 1066년 이후 영국왕이 노르만디공의 자격으로 공령을 프랑스왕이 수여하는 봉토로서 영유해 온 점에서 도출하고 있다.

1839년 8월 2일에 프랑스와 영국은 어업 특히, Jersey섬과 프랑스 근해 사이의

108) *Ibid*., p. 53.

굴어업에 관한 협약을 체결하였다. 이 협약이 에크레호 및 멩끼에 도서에 대한 주권문제를 해결한 것이 아니란 점은 양당사국이 인정하였다. 그러나 프랑스 정부는 어느 정도 그 문제에 영향을 미치는 주장을 제시했다.

프랑스 정부는 에크레호 및 멩끼에군이 합의된 공동어업구역내에 포함된다고 주장하지만, 영국정부는 이것을 부인한다. 영국정부는 "영국섬들의 해안의 전체에 따라 저조선으로부터 3해리내에 있어서의 영국신민의 배타적 어업권에 관한 제9조의 규정에 근거를 두고 있다."[109)]

(3) 판결

1) 원시적 권원

재판소는 양당사국이 동일하게 주장하는 원시적 권원 주장을 검토한 후, "영국의 견해에 강한 추정이 된다"라고 판정했다. 그러면서도 재판소는 "이 대립된 주장은 아득한 봉건시대에 진정한 사태가 어떠한 것인지에 대해 불확실하기 때문에 이는 논쟁의 여지가 있다라는 견해에 입각하고 있다. 따라서 재판소는 이 사건을 재판하기 위하여는 역사적 논쟁을 가지고 해결하기가 어렵다"라고 평가하면서, 현행법 즉, 영유의 원리로서 실효적 점유의 원칙을 소급적으로 적용할 것을 요구하였다.[110)]

2) 결정적 기일

재판소는 영국이 주장하는 부탁합의가 체결된 1950년이나 프랑스가 주장하는 어업협정이 체결된 1839년을 배척하고, 주권에 관한 분쟁이 발생한 1886년(에크레호) 및 1888년(멩끼에)을 결정적 기일로 택했다. 그러나 재판소는 결정적 기일인 1886년, 1888년 이후의 행위에 대해서도, ① 주권행위가 주권에 관한 분쟁이 발생하기 이전부터 점진적으로 발전되어 그 이후에도 중단없이 동일한 방법으로 계속될 것, ② 주권행위가 관계당사국의 법적 지위를 유리하게 하는 것이 아닐 조건으로 그 효력을 인정하고 있다.

이와 같이 재판소는 결정적 기일을 주권에 관한 분쟁이 구체적으로 발생한 날

109) *Ibid.*, p. 58.
110) *Ibid.*, p. 70.

짜를 일단 기준으로 삼으면서도, 사건의 특수성에 비추어 조건부이기는 하지만 그 이전의 또는 그 이후의 행위를 모두 고려함으로써 결정적 기일의 선정에 결정적인 중요성성을 인정하지 않은 것은 주목할만하다.

3) 실효적 점유

재판소는 영국, 프랑스 양국이 멩기에 및 에크레호도 에 대한 원시적 권원의 존재를 주장하기 위하여 원용한 중세기의 관련조약, 특허장, 국제판결 등의 기타 문서들을 비교·검토한 후, "영국의 견해에 유리한 추정이 존재한다"라고 판결했다. 그러나 재판소는 결정적인 중요성을 가진 것은 중세기의 사건으로부터 도출될 수 있는 간접적 추정이 아니고, 분쟁지역의 실효적 점유에 직접적으로 관계가 있는 증거라고 판결했다. 결국 이 사건을 해결하는데 관건이 된 것은 실효적 점유의 유무에 있고, 그 의미는 국가기능의 발현이다. 여기에서 점유라 함은 토지의 사용·정주와 같은 물리적인 점유가 아니고, 토지에 대한 지배권의 확립이라고 하는 사회적 점유이다. 이점에서 무주지 선점의 요건인 실효적 점유의 의미와 다를 바가 없다.

재판소는 실효적 점유를 입증하기 위하여 양당사국이 원용한 여러 가지 사실들 중에서, 특히 재판권, 지방행정권 및 입법권의 행사에 관련되는 행위를 국가기능의 구체적인 발현으로 평가하고, 이것에 증거가치를 인정했다.

결론적으로 본 판결은 멩끼에 및 에크레호 도서의 주권을 둘러싼 영국과 프랑스간의 분쟁을 해결한 것으로서, 영토취득 원칙으로서의 실효적 점유의 중요성을 명백히 하고 있다.[111] 이 사건의 판결내용은 그 후 다수의 사건 및 영토문제에 관한 연구에 빈번히 인용되어 왔고, 판례로서의 활용가치가 매우 높다고 하겠다.

---

111) *Ibid.*, p. 72 참조.

5. 에리트리아-예맨간 Hanish 도서 영유권 분쟁[112)]

(1) 사건개요

홍해 연안국인 에리트리아-예맨은 홍해연안에 산재해 있는 여러 도서 및 암석들 즉 Mohabbakah, Haycocks, South West Rocks, Jabal-Hanish Group Islands, Jabal al-Tayr 및 Zubayr Group Islands 등에 대한 영유권 분쟁이 해결되지 않자 이의 사법적 해결을 1998년에 중재재판에 부탁한 사건이다.

(2) 당사국 주장

1) 에리트리아[113)]

에리트리아는 "홍해도서"(이하부터 도서)에 대한 영유권을 100년 이상 권원의 행사와 국제법상 "실효적 점유"를 이유로 주장한다. 에리트리아는 자국이 이디오피아로부터 법적으로 독립하여 에리트리아 국가로 된 1993년에 이 도서의 권원을 승계하였다고 한다. 이디오피아는 2차대전 중 영국의 에리트리아에 대한 군사점령에도 불구하고 이태리로부터 그 권원을 승계받았으며 이태리의 권원은 에리트리아와 이디오피아의 연방 및 계속된 병합의 결과로서 1952~1953년에 이디오피아에 귀속되었다고 한다.

에리트리아는 영국이 선정한 아랍 통치자들이나 비준되지 않은 1920년 Sevres 조약 및 1923년 로젠느 조약 체결을 주도하는 협상을 통하여 영국 자신에게 도서를 이전하도록 영국이 기타 연합국을 대상으로 설득하였으나 이것이 실패하였음을 알게 된다. 에리트리아는 이태리 점령을 위해 도서가 개방된 채로 남아 있게 된 근거로서 로젠느 조약 제6조 및 16조를 들고 있다. 제6조는 일반적 규정을 확립하였는데, 즉 본 조약에 의하면 "연안 3마일 이내에 있는 도서나 소도는 연안국 국경내에 포함된다"라는 것이다. 에리트리아는 도서가 어느 것도 아라비아

112) 본 사건의 중재판정에 관하여는, "Permanent Court of Arbitration-Recent and Pending Cases", http://pca-org.org/English/RPC, Eritrea/Yemen case 참조.
113) *Ibid.*, paragraphs 13-30 참조.

연안 3마일 이내에 있지 않기 때문에 로젠느 조약규정 및 국가관행을 해석하기를, 문제의 도서가 아라비아 반도 통치자로부터 계속 보유하도록 하는 것이라고 한다.

〈그림 32〉 에리트리아-예맨간 도서분쟁

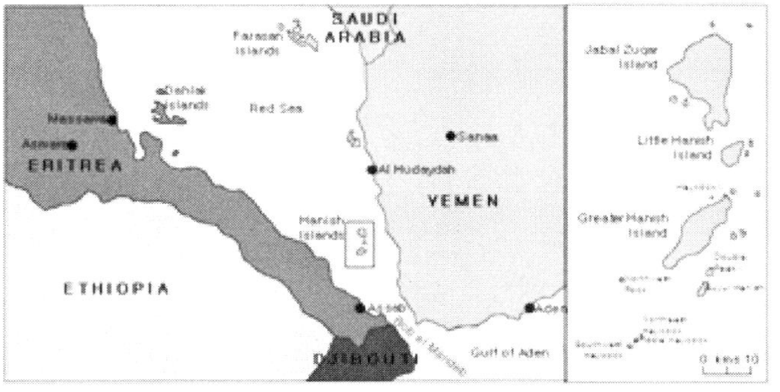

로젠느 조약 제16조는 과거 오토만의 영토와 도서에 대한 모든 권리와 권원을 터키가 명백히 포기한다는 규정을 갖고 있으며 이들의 미래는 "관련 당사국에 의해 체결" 되어야 한다고 규정하였다. 또한, 1920년대 말경 이태리가 실효적 점유로 분쟁도서에 대한 영유권을 취득하였으며, "로마대화"로 알려진 영국과 이태리간의 1927년 대화나 폐기된 1929년 등대협약 어느 것에도 반대의 징표가 없었다고 한다. 이러한 실효적 점유로 1929년 남서 헤이콕 도서(South West Haycock Island)에 등대를 건설하였으며, 헤이콕 도서는 1892년과 1917년에 이미 제기한 Mohabbakahs에 대한 이태리 영유권을 영국이 인정하도록 했던 것이며, 이는 이태리 자신의 실효적인 점유에서 근거 한다.

에리트리아는 1930~1940년 기간 중 이태리가 자국내에 있는 식민지 정부를 통하여 도서에 대한 영유권을 행사했다고 한다. 에리트리아는 특히 인접수역에 대한 어로허가, Great Hanish에서의 어류처리 공장건설허가 및 영국이 포기한 Centre Peak 도서등대의 재건 및 유지 등을 인용한다. 에리트리아의 견해에서는 이러한 것이 실효적 점유요건을 만족시키며 영토취득의 주관적 요건이 되어 실효적 점유로서 영유권 취득효과를 가져온다는 것이다.[114]

114) *Ibid.*, paragraph 20.

1953년부터 1991년 에리트리아가 독립한 35년간 본 도서에 대한 이디오피아 주권이 광범위하게 행사되어온 것으로 에리트리아는 기술하고 있다. 에리트리아는 이 기간 중 본 도서에 대한 이태리 활동을 문제시하거나 항의하지 않았다고 한다. 또한 영국은 이태리 활동이 영유권 주장이 되지 않는다고 확신하려했기 때문에 에리트리아는 이태리의 반응을 영유권 주장에 대한 확신 부여를 거절하는 것으로서 "미결" 또는 "유보"라 하였다.

에리트리아에 따르면, 영국이 이러한 권리에 대한 외교적 승인을 허용하는 동안 영유권에 대하여 이태리가 법적 권리를 갖는 것으로 이태리와 영국은 이해하였다. 이 문제 및 기타 문제로 인한 양국간의 긴장은 결국 1938년 영-이태리 협정체결을 초래하였는데, 여기에서의 에리트리아 주장을 통하여 이 당시 이태리와 영국 견해를 입증할 수 있다. 따라서 본 도서가 아라비아 반도에 부속된 것이 아니며 이태리와 영국이 이들에 대하여 인정할 만한 이해관계가 있는 유일한 두 개의 국가라는 것을 당사국들이 이해하고 있다고 말할 수 있다.

에리트리아는 영-이태리 협정시 본 도서에 대한 이태리 영유권은 법률문제로 이미 설정되었었고 따라서 본 합의로 인하여 영향을 받지 않게 되었다고 주장한다. 또한 에리트리아는 1938년 12월 이태리가 공식적으로 1938년 법률 제1446호를 선포함으로써 본 도서에 대한 현존 영유권을 확인하였다고 주장하면서 특히 본 도서는 자국 영토의 일부를 구성하였음을 확인하였다고 한다.

에리트리아는 주장하기를, 1970년대를 통틀어 양 예맨 국가와 이들 지역 동맹국들이 자신들의 성명이나 활동을 통하여 본 도서에 대한 이디오피아 통제를 인정했다는 것이다. 1970년대 초까지 북예맨도 남예맨도 이 도서에 대한 아무런 관심도 보이지 않았다고 한다. 에리트리아에 따르면, 아랍국가들은 이디오피아 섬들을 이스라엘이 이용할 수 있게 한 것에 대해 이디오피아를 비난하지 않았을 뿐 아니라 이스라엘 군사활동 주장을 조사하기 위하여 이스라엘 방문허가를 이디오피아에게 궁극적으로 하지도 않았다. 에리트리아 독립 이전 몇해 동안 이디오피아 군대가 항공정찰 및 계속적인 해군초계를 분명히 했다고 주장한다.

1991년 독립쟁취 이후 에리트리아는 본 도서에 대한 주권적 권원을 획득하였고 이들에 대한 주권을 행사하였으며 최근 역사를 통해서도 자국 어부들이 생계를 이 섬에 의존하였다고 한다.

2) 예맨[115)]

예맨은 자신의 주장 근거를 "원시적, 역사적 또는 전통적인 권원"에 기초한다. 특히 예맨은 중재합의 제22조의 규정인 "재판소는 특히 역사적 권원을 근거로 이 문제에 적용되는 국제법 원칙, 규정 및 관행에 따라 영유권을 결정해야 한다"라는 것에 중점을 두고 있다. 예맨에 의하면 이러한 권원은 Bilad el-Yemen이나 6세기 초에 존재했던 것으로 알려진 예맨의 영역에서 그 기원을 찾을 수 있으며 이러한 주장의 증거를 지도, 예맨의 Imam 선언 및 "장기간 제3국의 태도" 등에서 찾는다.[116)]

또한 예맨은 역사적 또는 전통적 권원의 증거를 확인 및 보충하기 위하여 본 도서와 예맨 본토간의 경제적 및 사회적 관련성, 관할권 행사 행태의 주권행사, 제3국에 의한 예맨 권원의 인정 및 전문가 의견에 의한 예맨 권원의 확인 등에 의존한다.

예맨은 또한 본 도서가 여러 예맨의 신성한 장소와 사원들의 근원지이며 이들 사원이 주로 어부들에 의해 사용되어 왔다고 하며 자국 본토와 주변 수역에서 고기를 잡아 본토에만 거의 판매하여 생계를 유지하는 예맨 어부와 본 도서간의 경제적 관련성을 강조한다.[117)]

오토만 이후 영국이 이 섬에 존재한 것은 간헐적이었으며 영국은 결코 이 섬에 대한 영유권을 주장하지도 않았음을 강조한다. 1962년 예맨 공화국 창설에 따라 예맨 정부가 적어도 두 가지 경우에 이 섬에 대한 입법관할권을 행사하였음을 주장하였다. 즉 타국 해군이 이 섬 주변에서 군사연습을 하였고 자국 군대가 1973년 이 섬에서 이스라엘 군대를 철수시키는데 주요한 역할을 했다는 것이다.[118)]

예맨은 또한 본 도서내에서나 주변에서 과학, 관광 및 상행위를 하고자 하는 외국기업들에게 허가증을 여러 차례 발급한 사례 및 정박허가 인정사례 등을 인

---

115) *Ibid.*, paragraphs 31-54 참조.
116) *Ibid.*, paragraph 31.
117) *Ibid.*, paragraph 38.
118) *Ibid.*, paragraph 42.

용한다. 예멘은 자신이 어업, 환경보호, 관측소 설치 및 유지, 항행통고 발행을 포함한 등대의 건설 및 관리 등으로 본 도서에 대한 관할권을 행사하였다고 주장한다.

예멘은 독립한 Bilad el-Yemen을 묘사하는 17~18세기 지도를 시작으로 역사적 고찰을 증거로 제시한다. 또한 19세기~20세기 여러 지도의 색깔에서 본 도서의 일부 또는 전부가 예멘의 영토로 표시되었다는 증거를 제시한다. 동시에 일부 예멘 지도에서 본 도서가 이디오피아나 에리트리아에 속하거나 또는 예멘에 속하지 않음을 부인하지는 않았다.

예멘은 주장하기를, 오토만 기간 중 본 도서가 계속적으로 예멘 지방의 일부로서 관리되어 왔으며 그 권원이 결코 에리트리아 본토의 이태리 식민지화 기간 중 이태리로 넘어가지 않았다고 한다.[119] 1952년 유엔이 기초한 에리트리아 헌법상의 "도서를 포함한 에리트리아 영토"란 문구가 이들 분쟁도서를 언급한 것이 아니라고 예멘은 주장한다. 예멘에 따르면, 예멘 어부들이 도서 주변에서 역사적으로 어로에 종사하여 왔고 일시적으로 거주하는데 이용하기도 한 반면, 예멘은 도서나 도서 주변에서 다양한 국가활동을 해왔다고 한다. 이러한 활동에는 1970년대 본 도서에 대한 해양과학조사를 수행하겠다는 외국인들의 요청고려, 예멘 군관리들의 Greater Hanish 및 Jabal Zuqar의 주기적 방문, 본도서 및 주변에 대한 순찰 등을 들 수 있다.[120]

1980년대 및 1990년대에 예멘은 자국 공군 및 해군에 의한 정찰임무를 본 도서 및 주변에서 수행하였다고 한다. 예멘은 과학이나 관광 목적으로 일정도서 방문을 제3국에게 허가하였으며 자국관리가 이들 방문객들을 동반하였다고 한다.[121]

(3) 결 언

1) 고대의 권원

예멘은 "고대권원" 문제에 대해 상당한 중요성을 부여하여 재판소로 하여금 고대권원을 근거로 영유권 문제를 결정할 것을 요구한다. 예멘은 도서에 대한 고대

119) *Ibid.*, paragraph 50.
120) *Ibid.*, paragraph 51.
121) *Ibid.*, paragraph 53.

권원이 오토만 제국 이전부터 있었고 이는 중세 예맨에서 나온 것이라고 주장한다. 또한 이 권원은 터키가 1차대전 말 패배했을 당시 국제법상으로도 존재하였고 따라서 오토만 제국이 로젠느 조약에 의해 이 도서에 대한 지배를 포기했을 때 이 권원이 예맨으로 승계되어야 한다는 것이다.[122]

에리트리아는 그러나 국제법상 승계원칙에 대한 의문을 제기하였다. 이의 논거로 에리트리아는 예맨이 원용한 이러한 원칙이 거의 지지를 받고 있지 못하며 재판소도 승계가 일반국제법상 통용된 원칙이라고 주장하는 근거에 대해 알지 못하고 있다는 것이다. 또한 이 원칙이 타당하다 하더라도 본 사건에는 적용될 수 없는데, 그 이유는 연속성이 부족하다는 것이다. 그러나 예맨은 역사적 권원의 경우 연속성이 필요없다라고 하였으나 재판소는 이 주장에 어떠한 지지도 하지 않았다.[123]

예맨은 중재합의에서 영토주권의 근거로 역사적 권원에 특별한 중요성을 두었으나, 이러한 권원의 실질적 존재 특히 분쟁도서에 관한 사실적 존재에 대해 재판소를 설득하지 못하였다. 에리트리아는 이디오피아를 거쳐 이태리로부터 승계를 받았다고 주장하나 이것은 고대권원에 근거한 것이 아니라면 역사적 권원의 주장에 근거한 것이 분명하다. 그러나 내전 중 이태리가 홍해도서에 관한 강한 영토적 욕망을 갖고 있었으며 여러 기간 동안 이들 중 일부를 실질적으로 소유하고자 하는 욕망을 추구하기도 하였다.

따라서 역사적 권원에 관해서는 당사국간에 상당한 견해차이가 있다. 그러나 재판소는 양측의 역사적 권원 주장을 조사하기 위하여 많은 노력을 하였으나 역사적으로 나타난 여러 가지 사실에서 많은 어려움을 겪게 되었다. 결국 어느 당사국도 역사적 권원의 법적 존재 및 이들이 특정 도서와 계속적이고 명확한 관계 등이 있다는 것을 재판소 결정에 근거로 하지 못하였다.[124]

양당사국은 역사적 주장의 다양한 유형보다는 주장의 형태가 무엇인가에 주로 의존하였는바, 즉 사용이나 현존의 과시, 정부권한의 표시 및 권원으로 점차 응고하게 될 소유를 나타내는 기타의 방법들이다. 그러나 재판소는 역사적 권원 이

122) *Ibid.*, paragraph 441.
123) *Ibid.*, paragraph 443.
124) *Ibid.*, paragraph 449.

외에 국제법상의 원칙, 규정 및 관행의 적용을 중시하였으나, 이는 영토분쟁에서 이러한 종류의 주장을 명확히 처리할 수 있기 때문이었다.[125)]

2) 국가 및 정부 권한행사의 증거

이디오피아나 예맨은 영국이 이 지역을 떠난 1967년까지 도서에 대한 영유권 욕망을 적극적으로 그리고 공개적으로 나타내거나 이들 도서에 대한 정부활동을 나타낼 기회가 많이 있었다는 사실을 기억해야 한다. 영국은 항시 로젠느 조약으로부터 야기되는 입장을 유지하는데 민감하였다.[126)]

문제의 대다수 도서 및 암석들이 대항국간에 상대적으로 좁은 해역을 걸쳐 존재한다는 지리적 상황에 있다는 것이다. 따라서 해안 밖의 도서들에 대하여 특정 대향국이 이 도서에 대한 분명한 자신의 권원을 분명히 나타내지 않는 한 이들 해안에 인접한 것으로 생각될 수 있다는 것이다.[127)]

그러므로 재판소는 영유권 문제를 결정하기 위하여 도서의 여러 그룹들을 개별적으로 고려할 필요가 있음을 알았다. 왜냐하면 상이한 그룹의 도서들이 최소한의 중요한 범위에서 개별적인 법적 역사를 가질 수 있기 때문이다. 이것이 당연하고 명백한 진실일 수 있으나, 특히 예맨은 도서의 자연적 통합원칙에 상당한 중요성을 부여하였고 따라서 이러한 이론에 대한 논평이 요구된다.[128)]

3) 자연적 및 물리적 통합

예맨은 변론에서 Hanish 도서그룹과 관련하여 자연적 또는 지구물리학적 통합을 강하게 주장하면서, 예맨은 "Hanish 그룹"의 이름속에는 Haycocks와 Mohabbakahs를 포함한 모든 도서대를 포함하는 관련 서적 및 그림을 사용한다.[129)]

이러한 원칙에서 나온 개념은 의심의 여지가 있을 수 없으나 절대적인 원칙은 아니다. 그러나 재판소는 국가가 인근 일부 영토에 대하여 주권을 행사하고 표시하는 것이 이들의 권한에 대한 사실적인 영향이 거의 없거나 전혀 없는 외곽영

125) *Ibid.*, paragraph 450.
126) *Ibid.*, paragraph 456.
127) *Ibid.*, paragraph 458.
128) *Ibid.*, paragraph 459.
129) *Ibid.*, paragraph 460.

토에까지 주권이 확장된다고 추정하는 것은 문제가 있다라는 Fitzmaurice 교수의 글을 인용하였다. 따라서 재판소가 고위관청의 이러한 성명을 수락하는 데는 어려움이 없으나 이들이 말하는 것은 사실상 단순통합원칙 이상의 것이다.[130)]

(4) 판정

Mohabbakh, Haycock 도서 및 South West Rocks은 에리트리아에, Jabal-Hanish Group, Jabal al-Tayr 도서와 Zubayr Group의 도서, 소도, 암석 및 간출암은 예맨의 영유권에 속한다. 단, 예맨의 영유권에는 에리트리아와 예맨 어민의 자유로운 접근과 조업권을 포함한 이 지역에서의 전통적인 어업제도의 항구적 유지를 포함한다.[131)]

6. 인도네시아-말레이시아간 Ligitan 및 Sipadan 도서 영유권 분쟁[132)]

(1) 사건개요

인도네시아는 사실상 및 법적 근거를 이유로 양국간 분쟁이 되어 왔던 Palau Ligitan(리기탄) 및 Palau Sipadan(시파단) 양 도서에 대한 영유권이 자국에게 속한다고 주장을 하는 반면, 말레이시아는 이들 두 도서가 자국의 도서라고 주장하여 양 당사국간의 영유권 문제가 발생하게 되었다. 이 결과 당사국간 분쟁도서 영유권에 관한 합의가 이루어지지 않자 양국간의 분쟁도서에 대한 재판을 1998년 국제사법재판소에 부탁하여 2002년 12월 17일 이에 관한 판결을 동 법원이 내린바 있다.[133)]

따라서 본 사건은 2002년도 국제 사법재판소의 이들 분쟁도서에 대한 판결을 근거로 도서영유권 문제를 분석하고자 한다.

---

130) *Ibid.*, paragraph 461.

131) *Ibid.*, paragraph 527.

132) 본 사건의 판결내용에 관하여는 국제사법재판소 판결문인 2002년 ICJ Judgment, http://212.153.43.18/icjwww/idocket/iinma/iinmajudgment/iinma_judgment_20021217.PDF, pp. 1-60 참조.

133) *Ibid.*, p. 3.

(2) 지리적 특성[134)]

리기탄 및 시파단 도서는 보르네오 섬 북동해안 밖 Celebes해에 위치하고 있으며 서로 약 15.5마일의 거리를 두고 위치하고 있다. 리기탄은 Danawan 및 Si Amil 섬에서 남쪽으로 뻗쳐 있는 대규모 산호초의 남쪽 끝에 있는 작은 도서로서 그 정확한 위치는 4° 09' N 및 118°53 ′ E이다.

이 도서는 보르네오에서 가장 가까운 곳에 있는 Semporna 반도의 Tanjung Tutop에서 약 21마일 위치에 있으며 항구적으로 수면상에 위치하는 모래로 대부분이 구성되어 있고 키가 작은 식물과 일부 나무들도 살고 있다. 그러나 사람들이 영구히 거주하지 않는 섬은 아니다.

시파단은 리기탄보다는 규모가 크나 여전히 소도에 불과하며 정확한 구 크기는 약 0.13km^{2}에 불과하다. 본 섬의 좌표는 4°06 ′ N 및 118°37' E이며 Tanjung Tutop에서 15마일 그리고 Sebatik 도서 해안에서 42마일 떨어진 곳에 위치해 있다. 시파단은 화산에서 기원한 울창한 숲으로 된 도서이며 산호초로 구성된 600~700m 높이나 되는 해저지형을 갖고 있다. 1980년 때까지는 관광객을 위한 휴양지로 개발해서 사람이 거주하고 있었으며 따라서 항구적인 무인도는 아니었다.

〈그림 33〉 인도네시아-말레이시아간 도서 분쟁

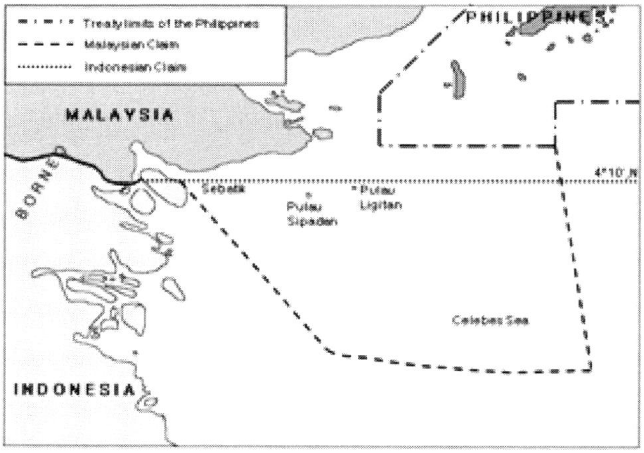

134) *Ibid.*, paragraph 14.

(3) 당사국 주장

인도네시아는 양 도서 영유권 주장의 근거를 주로 1891년에 체결된 영국과 네덜란드간의 협약에 기초한다.[135] 인도네시아는 이른바 규범적 권원을 확인시켜 준다고 주장하는 네덜란드와 인도네시아 양자간의 일련의 실효성 원칙에 의지한다. 인도네시아는 구두 청문회에서 대체적인 주장의 방법으로 더 한층 강하게 의견표명을 하였는바, 즉 법원이 1891년 협약에 근거한 자국의 권원을 거부한다면 Bulungan 대왕 계승자로서 분쟁도서에 대한 영유권을 주장할 수 있다고 한다. 그 이유는 Bulungan 대왕이 이 섬에 대한 권한을 가지고 있었기 때문이라는 것이다.[136]

말레이시아는 과거 통치자인 Sulu 대왕이 본래 가지고 있었던 권원이 이전을 하게 됨으로써 리기탄 및 시파단 도서에 대한 영유권을 취득하였다고 주장한다. 즉 말레이시아는 이들 도서의 권원은 이후 계속하여 이전되어 있는바, 스페인에서 미국으로 다시 영국으로 그리고 최종적으로는 말레이시아 자신에게로 돌아왔다고 한다. 말레이시아는 주장의 근거인 법적 권원의 이전이 이들 도서에 대한 영국과 말레이시아의 실효적 지배에 의해 확인된다고 한다. 또한 대안으로 주장하기를, 만일 법원이 분쟁도서가 본래 네덜란드에 속한다고 결정을 내리게 되면 이 도서의 실효성은 결국 네덜란드 권원을 대체하게 될 것이다라고 한다.[137]

한편 법원은 인도네시아가 1969년 조약법에 관한 비엔나협약[138] 당사국이 아

135) 1891년 6월 20이 영국과 네덜란드는 보르네오 섬의 네덜란드 소유와 영국보호하에 있었던 섬 국가들간의 경계를 정할 목적의 이른바 1891년 협약을 체결하였다.

136) ICJ Judgment on "Sovereignty over the Islands of Ligitan and Sipadan", 17 December 2002, p.21, paragraph 32

137) *Ibid.*, paragraph 33.

138) 동 협약 제 31조 및 32조는 다음과 같다: 제31조(해석의 일반원칙) ① 조약은 조약문의 문맥 및 조약의 대상과 목적으로 보아 그 조약의 문면에 부여되는 통상적 의미에 따라 성실하게 해석되어야 한다. ② 조약의 해석 목적상 문맥은 조약문에 추가하여 조약의 전문 및 부속서와 함께 다음의 것을 포함한다. ㉠ 조약의 체결에 관련하여 모든 당사국간에 이루어진 그 조약에 관한 합의 ㉡ 조약의 체결에 관련하여 또는 그 이상의 당사국이 작성하고, 또한 다른 당사국이 그 조약에 관련되는 문서로서 수락한 문서 ③ 문맥과 함께 다음의 것이 참작되어야 한다. ㉠ 조약의 해석 또는 그 조약 규정의 적용에 관한 당사국간의 추후의 합의 ㉡ 조약의 해석 또는 그 조약 규정의 적용에 관한 당사국간의 추후의 합의 ㉢ 당사국간의 관계에 적용될 수 있는 국제법의 관계규칙 ④ 당사국의 특별한 의미

니기 때문에 성문법이 아닌 관습국제법의 적용은 받을 수 있다고 한다.[139)]

또한 제31조 3항에 관하여 법원은 이 규정이 관습법을 반영하는 것이며 이는 조약 당사국의 일련의 행위나 관행과 함께 고려되어야 한다는 것을 규정하고 있다고 해석한다. 즉, 일련의 합의나 일련의 관행 등과 밀접한 관련이 있다는 것이다.[140)]

물론 인도네시아는 이러한 내용이 적용 가능하다고 주장하지는 않았으며 제31조 2항에 포함된 규정의 적용 가능성에 관하여도 양당사국이 다투지는 않았다. 법원은 이러한 규정의 측면에서 1891년 협약 제4조의 해석을 하였던 것이다.[141)]

또한 말레이시아는 1891년 협약 제14조에서 경계선이 4°10′N과 평행하여 동쪽으로 진행된다고 규정하는바 이는 그 경계선의 확장이 보르네오 동쪽해안에서 시작하여 Sebatik를 가로질러 동쪽으로 진행함을 의미한다고 한다. 따라서 이는 같은 지역에서 시작하여 서쪽으로 향하는 경계선의 주요한 부분과는 대조가 된다고 한다. 따라서 말레이시아는 1891년 협약이 어떠한 일정지역의 할당을 의미하는 것은 아니라고 한다.[142)]

법원은 이 문제에 대한 애매한 부분이 회피될 수 있다고 하면서 이는 협약에서 분명히 4°10′N 평행선을 나타내고 있기 때문이며 이 선이 Sebatik 동쪽해안 이원에 있는 네덜란드 영유권 하에 있는 도서들과 영국 영유권 하에 있는 도서들을 서로 분리하는 선이 되기 때문이라고 한다. 따라서 이러한 이유로 인하여 말레이시아의 입장이 지지된다는 것이다.[143)]

그러나 경계선은 그 용어들의 일반적 의미에서 보면 인도네시아가 Sebatik도서

를 특정용어에 부여하기로 의도하였음이 확정되는 경우에는 그러한 의미가 부여된다. 제32조(해석의 보충적 수단) 제31조의 적용으로부터 나오는 의미를 확인하기 위하여 또는 제31조에 따라 해석하면 다음과 같이 되는 경우에, 그 의미를 결정하기 위하여 조약의 교섭 기록 및 그 체결시의 사정을 포함한 해석의 보충적 수단에 의존할 수 있다. ㉠ 의미가 모호해지거나 또는 애매하게 되는 경우 ㉡ 명백히 불투명하거나 또는 불합리한 결과를 초래하는 경우

139) Territorial Dispute(Libyan Arab Jamahiriya/Chad), Judgment, *ICJ Reports*, 1994, pp. 21-22; Maritime Delimitation and Territorial Questions between Qatar and Bahrain, Jurisdiction and Admissibility, Judgment, *ICJ Reports*, 1995, p. 18 참조.

140) *Ibid.*

141) *Ibid.*

142) *Ibid.*, paragraph 40.

143) *Ibid.*, paragraph 42.

이원 수역까지 제4조에 의해 설정된 할당선을 인도네시아가 향유하는 그러한 기능을 가진다고 의미하는 것은 아니다. 즉 이선이 이 수역 도서에 대한 당사국 주권행사의 범위를 말하는 것은 아니라는 것이다.[144)]

(4) 실효적 지배 문제

양 당사국은 조약에 근거한 권원을 이유로 실효적 지배를 주장하였는데, 이에 대해 말레이시아는 리기탄과 시파단의 권원을 계속적이며 평화적인 점유 및 행정권 행사에 의해 획득하였으며 이는 인도네시아 또는 기타 이러한 권원의 이전 계승자의 반대도 없었다는 것이다.[145)]

그러나 법원은 양 당사국이 주장하는 리기탄과 시파단의 조약에 근거한 권원을 향유하지 않았기 때문에 이러한 실효적 지배 문제를 별개의 문제로 고려한다.[146)]

실효성 주장을 지지함에 있어 인도네시아는 네덜란드 해군에 의한 이들 수역의 한계를 원용하였는바, 즉 1921년 네덜란드 초계팀이 시파단에 상륙하였으며 항공기 역시 리기탄 및 본 도서 상공을 횡단하였다고 한다. 또한 인도네시아는 네덜란드가 이들 도서 주변수역에서 수로조사를 수행했으며 그 범위도 리기탄 및 시파단 주변수역은 물론 이 지역 전체에 걸쳐 1903년 10월과 11월에 이루어졌다고 한다.[147)]

어로행위에 관하여, 인도네시아는 자국 어민들이 전통적으로 리기탄 및 시파단 도서 주변에서 어로활동 및 거래를 해왔다고 하며 이는 양 당사국간 분쟁이 제기된 이후인 1970년대 초까지 계속되어 왔다고 하며 그 근거로서 분쟁도서에의 주기적 방문 기록을 담고 있는 일종의 진술서를 법원에 제출하였다.[148)]

마지막으로 인도네시아는 1968년 2월 18일 인도네시아 수역에 관한 법령 제4호를 통하여 군도기선을 발표하였는데, 이 당시의 군도기선에는 군도수역과 영해의 내측한계를 표시하는 기점으로서 리기탄 또는 시파단이 포함되지 않아다. 그

144) *Ibid.*, paragraph 43.
145) *Ibid.*, paragraph 127.
146) *Ibid.*
147) *Ibid.*, paragraph 130.
148) *Ibid.*

러나 인도네시아는 주장하기를, 기점이 이들 도서를 포함하지 않았다고 해서 이들 도서가 인도네시아 영토에 속하지 않음을 나타내는 것은 아니라고 해석하였다. 특히 1960년 법령은 1960년 3월 17일부터 4월 26일까지 개최된 제2차 유엔해양법회의 시작 이전에 군도수역 개념인정의 선례를 만들기 위해 성급히 입법된 것이라고 설명하였다. 또한 인도네시아는 기선의 설정이 해안의 일반적 방향에서 이루어졌다고 한다.[149]

한편 말레이시아는 인도네시아가 주장한 해군활동이 상당히 제한적인 것에 불과하였다고 주장하는 바, 따라서 이들 활동이 도서에 관한 권원주장이 될 수 있는 리기탄 및 시파단과 관련된 정부활동의 계속적 증거로 간주될 수 없다고 주장한다.[150]

식민지에서 독립한 이후 25년 동안 인도네시아는 리기탄 및 시파단에 대하여 아무런 관심도 보이지 않았다고 말레이시는 언급하였으며 또한 인도네시아가 이들 도서에 분명하게 출현한 적은 없었으며 또한 본 도서에 대한 행정권을 행사하지도 않았고 이들 도서나 주변 수역에 관한 입법, 명령 또는 법령을 제정하지 않았다고 말레이시아는 주장한다.[151]

또한 말레이시는 주장하기를, 1960년 2월 18일의 법령 제4호에 지도가 첨부되어 있으며 이는 기선좌표로 인도네시아가 국가수역의 외측한계를 정의한 것이라고 한다. 그러나 인도네시아는 분쟁도서를 기선 참고점으로 활용하지는 않았다. 따라서 언급한 법령과 첨부된 지도를 보면 리기탄과 시파단 도서가 인도네시아에 속하는 것으로 간주될 수 있다고 말레이시아는 주장한다. 물론 말레이시아는 아직도 자국의 기선에 관한 상세한 지도를 출판하지 않았음을 인정하나 1979년 대륙붕 경계를 공포하였을 때 문제의 두 도서를 충분히 고려하였다고 한다.[152]

(5) 판결

인도네시아가 주장한 실효적 지배사실에 관하여 법원은 이들 주장이 입법적

---

149) *Ibid.*
150) *Ibid.*, paragraph 131.
151) *Ibid.*
152) *Ibid.*

또는 규범적 성격을 전혀 가지고 있지 않다고 지적하였으며 또한 인도네시아는 군도기선을 설정하고 관련지도를 첨부한 1960년 2월 8일 법령 제4호가 리기탄 또는 시파단을 언급 또는 지칭하지도 않았고 기점이나 변환점으로도 사용되지 않았다고 하여 인도네시아의 주장을 무시하였다.[153)]

또한 법원은 인도네시아가 자국 해군의 초계 등을 이유로 영유권을 주장하나, 이들이 원용한 해상지휘관 보고서나 기타 인도네시아 해군 초계 및 활동과 관련하여 이들이 제시한 기타 문서를 통해서 보면 이들의 해군활동이 인도네시아나 네덜란드 영유권하에 있는 것으로서의 리기탄과 시파단 및 주변수역을 고려하지 않았다고 한다. 그러나 법원은 말레이시아가 주장한 분쟁도서에 대한 행정권 행사 즉 거북이의 생포나 거북이 알 등의 수집 등을 규정하는 1917년 보존칙령의 행정권 훈령을 인정하였으며, 특히 본 칙령이 이러한 행위에 대한 사전허가를 요구하고 있는데 법원이 이러한 허가대상구역에 시파단, 리기탄, Kupulat, Mabul, Dinawan 및 Si-Amil 등이 포함되어 있다고 보았다. 결국 법원은 거북이 알 수집 및 조류보존구역설정을 규정하는 일련의 칙령이나 조치들이 특정한 영토에 대한 행정권 주장이나 권원의 행사로 보아야 한다는 견해를 가지게 되었다.[154)]

또한 법원은 등대건설이나 운용 및 항해보조기구 등의 운용이 국가국한의 명백한 표시로 고려될 수 없다고 하여 이는 본 사건에도 그대로 적용된다고 한다. 왜냐하면 등대는 항해안전을 위한 기구에 불과한 것으로서 이러한 행위는 영유권과 관련이 적은 일반적인 항해활동의 일부에 해당되기 때문이다.[155)]

결국 법원은 말레이시아의 활동을 인정하여 이들이 상당한 기간동안 이들 분쟁도서 및 기타 도서들에 대한 행정권 행사가 국가기능을 외부로 표명한 것으로 본다고 하였다.

상기에서 언급한 내용 및 당사국이 제시한 증거를 기초로 법원은 리기탄 및 시파단에 대한 말레이시아의 실효적 지배사실을 인정하여 이들 분쟁도서의 영유권이 말레이시아에 속한다고 결정하였다.[156)]

---

153) *Ibid.*, paragraph 137.

154) *Ibid.*, paragraph 143.

155) Minquiers and Ecrehos Judgment, *ICJ Reports*, 1953, p. 71.

156) ICJ Judgment on "Sovereignty over the islands of Ligitan and Sipadan" of 17 December 2002, p. 59, paragraph 149.

7. 말레이시아-싱가포르간 페드라 부랑카(Pedra Branca), 미들 락스(Middle Rocks) 및 사우스 레지(South Ledge) 영유권 분쟁

(1) 사건 개요

말레이 본토에서 7.7마일, 싱가포르 해안에서 25.5마일에 위치한 도서로서 말레이 이름은 푸라우 바투 푸테(Pulau Batu Puteh : PBP, White Rock Island)이며, 포르투갈 이름으로는 페드라 브랑카(Pedra Branca : PB, 싱가포르 사용)인 도서와 미들 락스(Middle Rocks) 및 사우스 레지(South Ledge)에 대하여 1980년 이래 말레이시아가 싱가포르를 상대로 영유권을 주장하여 2003년 7월 24일 국제사법재판소 (ICJ)에 제소한 사건이다.157)

〈지도 12〉 Pedra Branca, Middle Rocks 및 South Ledge

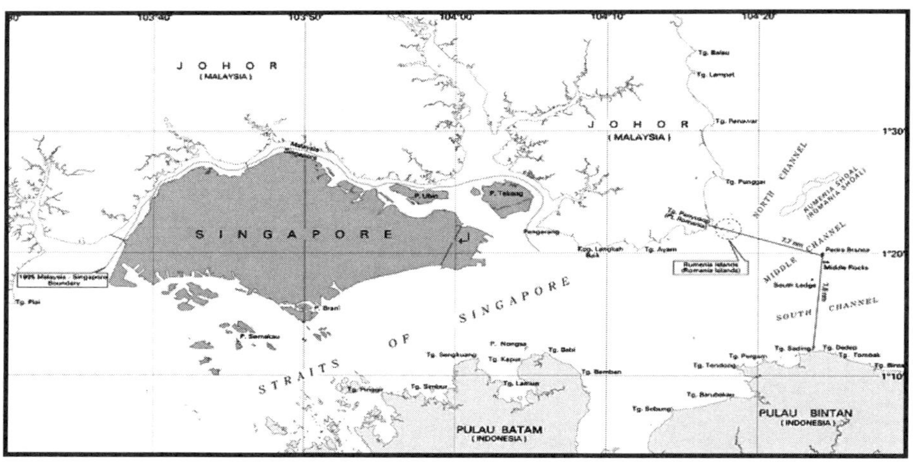

출처 : Singapore Memorial PPT Show, p. 4.

싱가포르는 영유권 주장의 근거로서, 푸라우 바투 푸테에 대하여는, 19세기 중엽

157) International Court of Justice, Case Concerning Sovereignty over Pedra Branca/Pulau Batu Puteh, Middle Rocks and South Ledge, Malaysia/Singapore, *Memorial of Malaysia*, Vol 1, 23 March 2004, para. 5; http://www.icj-cij.org/docket/files/130/14492.pdf 참조.

동 도서에 설치한 등대건설(Johor의 허가) 및 동 등대의 지속적 운영 및 관리를, 미들 락스(Middle Rocks) 및 사우스 레지(South Ledge)에 대하여는, 1993년부터 주장하였으며 이는 정부활동에 근거한 것이 아닌 PBP와의 인접성에 기초하였다.[158)]

한편, 말레이시아는 다음과 같은 4가지 사항을 주장의 근거로 제시하였다: 1) 1844년 푸라우 바투 푸테(Pulau Batu Puteh) 등대 건설시 동 도서는 조호르(Johor)의 영유권에 속하였다. 1844년 조호르(Johor)의 권원은 16세기 초 조호르(Johor) 술탄의 영토를 동 도서 남쪽 및 싱가포르 해협까지 확장하였으며, 이 권원은 말레이 지역에서의 영국과 네덜란드 영역을 구분한 1824년 영국-네덜란드 조약에서 확인되었고, 동 도서는 네덜란드 영향력 하에 있지 않았으며, 동 도서가 영국 영향력 하에 있었다는 사실은 단지 조호르(Johor)에 대한 영국의 영유권 행사와 유사한 정도였다.

영국의 싱가포르에 대한 영유권 주장은 1824년 조호르(Johor)와 체결한 크로포드(the Crawfurd)조약에 기초하였고, 이로 인하여 조호르(Johor)가 명백히 영국에게 양도되었으며 동 해안 10마일 이내 도서도 동일하였으나, 동 조약에 푸라우 바투 푸테(Pulau Batu Puteh)는 포함되지 아니하였다; 2) 1844년 영국이 조호르(Johor) 술탄의 권원을 인정하였다. 당시 등대건설을 위해 술탄이며 영주인 테멘강(Temenggong)의 허가요청이 있었고, 추후 이에 대한 이들의 영토 양도에 대한 명백한 표현은 사실은 찾기 어려웠고 조호르(Johor) 당국이 인정한 것은 등대 건설 허가에 불과했다는 것이다; 3) 국제법상으로도 말레이시아 영유권이 인정된다. 단순 등대 건설 및 운영이 등대 운영자의 영유권을 확정하지는 아니하며, 1844년의 상태가 160년간 지속(현상의 변경에 영향을 주지 아니함)되었고, 영국도 싱가포르도 법적 지위 변경을 요구하지 아니하였으며, 조호르(Johor)와 말레이시아는 원시적 법적 지위 확인시도를 하지 아니하였고, 조호르(Johor)가 동 도서 중 하나에 등대 건설 및 운영을 동의하였다; 4) 싱가포르의 행위도 말레이시아 영유권을 인정하였다. 싱가포르가 푸라우 바투 푸테(Pulau Batu Puteh)에 대한 주권을 향유하였다면 말레이사이의 행위에 대한 공식적인 대응이 있었을 것

158) *Ibid.*, para.6.

이 기대되나 구체적 행위가 없었고, 싱가포르는 1927년 조호르(Johor)와 1973년 인도네시아와의 영해경계획정시 푸라우 바투 푸테(Pulau Batu Puteh)를 언급하지 않았고, 1990년대 중엽까지 싱가포르는 푸라우 바투 푸테(Pulau Batu Puteh)가 자신의 영토임을 나타내는 어떠한 지도도 제시하지 않았다. 그러나 이와 반대로, 말레이시아는 푸라우 바투 푸테(Pulau Batu Puteh)가 조호르(Johor)의 일부였음을 분쟁이 정형화되기 오래 전부터 지도를 통하여 제시하였다.[159)]

따라서 말레이시아가 오랫동안 푸라우 바투 푸테(Pulau Batu Puteh)에 대한 원시적 권원 향유하였고, 동 도서는 조호르(Johor) 말레이시아 국가의 일부였으며 말레이시아의 영유권 변경에 대한 아무런 사건도 발생되지 아니하였다. 특히 싱가포르의 등대 건설 및 유지 목적으로 동 도서에의 출현사실만으로는 영유권 귀속에 충분하지 않다는 것이다.[160)]

〈사진 1〉 Middle Rocks-1

출처 : Singapore Memorial PPT Show, p. 23

분쟁의 최초 시작은 1980년 2월 14일에 있었는바, 싱가포르는 1979년 푸라우

159) *Ibid.*, paras. 8-11.
160) *Ibid.*, para. 12.

바투 푸테(Pulau Batu Puteh)가 말레이시아에 속한다고 출판된 말레이시아 해양 경계 지도에 대하여 항의하였고 이후 이 문제가 법원에 의해 해결되어야 함에 합의하였다.161)

1993년 2월 5일 쿠알라룸푸르에서 개최된 제1차 회담 시 싱가포르는 분쟁이 푸라우 바투 푸테(Pulau Batu Puteh)에만 국한된 것이 아니라 미들 락스(Middle Rocks) 및 사우스 레지(South Ledge)까지 미침을 분명히 언급하였으나, 싱가포르는 이 당시까지 이들에 대해 어떠한 관할권이나 행정권을 행사하지 아니하였고 공개적으로 이들에 대한 주장도 하지 아니하였다.162)

영유권에 관한 분쟁에서, 재판소는 분쟁이 시작된 결정적 기일의 중요성을 강조하였는 바, 이 문제는 리기탄 및 시파단 사건에서 재판소가 1967년 이후의 실효성을 다룬 점에서 분명히 나타났듯이 본 사건에서는 1980년 2월 14일에 푸라우 바투 푸테(Pulau Batu Puteh) 분쟁이 정형화되었고, 기타 두개의 실체는 1993년 2월 6일에 정형화 되었다.163) 이에 따라 재판소는 2003년도에 제소된 본 사건을 2008년에 판결하였다.

(2) 당사국 주장

1) 말레이시아의 주장

① 역사적 사실

말레이시아는 1824년 영국에 속했던 싱가포르 및 주변도서가 싱가포르의 원시적 권원지에 포함되지 않았거나 싱가포르 남쪽에 있는 것으로 동인도회사에 속한 모든 연안 도서 이외의 도서가 조호르(Johor)의 술탄에 속하는 것으로 간주하였다.164)

161) *Ibid*., para. 13.
162) *Ibid*., para. 14.
163) *Ibid*., para. 15.
164) *Ibid*., para. 18.

〈사진 2〉 Middle Rocks-2

출처: Singapore Memorial PPT Show, p. 11

조호르(Johor)의 영토범위와 연안도서에 대한 그 확장은 영국이 여러 번 인정하였으며, 조호르(Johor)의 허가로 푸라우 바투 푸테(Pulau Batu Puteh)에 대한 등대 또는 기타 편의시설 건설을 시도하여 획득한 것은 술탄의 영토 내에 있었으나, 이 허가로 영토 양여가 되지는 아니하였다. 1851년 10월 15일 이후, 호스버그(Horsburgh) 등대는 싱가포르에 있는 관련 행정기관이 운영하였으나, 이 사실이 동 도서에 대한 주권 주장을 내포하지는 아니하였다.[165]

싱가포르는 분쟁이 야기된 1980년 이전에 푸라우 바투 푸테(Pulau Batu Puteh)에 대한 영유권을 주장한 시기가 없으며, 국내외적으로도 본 도서에의 단순 출현한 행위를 한 적은 있다. 반면, 말레이시아는 이 기간 중 본 도서를 포함 인근 지역에 대한 영유권을 행사하였으며, 이점에 관해서 보면 본 도서가 조호르(Johor)의 여러 인근도서 중의 하나에 속하는 것으로 간주되었다.[166]

미들 락스(Middle Rocks)와 사우스 레지(South Ledge)의 경우, 이들은 푸라우 바투 푸테(Pulau Butu Puteh)와는 다른 바, 이는 말레이시아 영토의 일부로 항시 고려되어 왔으며, 1993년 싱가포르가 최근에 주장한 내용은 권원이나 행위에

165) *Ibid.*, para. 19.
166) *Ibid.*, para. 20.

근거하지 아니하였다.[167]

지도의 증거능력에 관하여, 싱가포르는 이들 2개의 실체가 1994년 이전 자국에게 속해 있었다는 지도를 제시하지 못하였으나, 반면, 말레이시아는 이들이 조호르(Johor)의 일부이며 싱가포르의 일부가 아님을 지도를 통하여 제시하여 지도의 증거로 이들 양자가 말레이시아 영유권에 해당함을 지지해 준다.[168]

② 조호르(Johor)의 영토범위 및 도서영유권

1824년 이전까지 조호르(Johor)는 수세기동안 싱가포르 남과 북까지 미치는 광범위한 술탄의 영지가 되었었다. 이에는 실질적인 영토 즉 말레이 반도 일부, 수마트라 도서 일부, 싱가포르 해협 입구 및 그 안쪽의 모든 도서 그리고 나투나스(Natunas), 아남바스(Anambas) 및 탐베란스(Tambelans)를 포함한 중국해 여러 도서까지 포함되었다.[169]

1616년 3월 17일 조호르(Johor)는 네덜란드와 조약을 체결하여 조호르(Johor)를 독립 국가로 인정하였으며, 1819년 영국소식통에 의하여 싱가포르해협을 통한 말라카해협의 모든 도서 및 중국해에 이르는 특정한 거리까지 존재하는 모든 도서를 조호르(Johor)의 술탄에 속한다고 여겼다. 그러나 이 도서 중 어느 것도 말레이반도 3마일 밖에 존재하는 것은 없었으며 따라서 이른바 무주지로 간주되었다.[170]

조호르(Johor)는 본질적으로 해양 국가였으나, 그 통제는 연안, 강 및 도서 등에 국한되었고 도서 이원으로까지 확장되지는 아니하였고, 말레이반도의 술탄 영지에 대한 실질적 통제 확장은 1830년대 테멘공이 시도하였다. 조호르(Johor)의 술탄과 그 주요 관리들은 본토 건설노동을 위한 여러 도서로부터의 노동력 징발 및 조세권을 소유하였다.[171]

③ 조호르(Johor)의 허가로 호스버그(Horsburgh) 등대건설

1836년 수로학자 제임스(James) 호스버그(Horsburgh)가 사망하자, 그를 기리기

167) *Ibid.*, para. 21.
168) *Ibid.*, para. 22.
169) *Ibid.*, para. 77.
170) *Ibid.*, paras. 78-79.
171) *Ibid.*, para. 79.

위해 상인 및 해운관계자들이 남지나해 입구에 등대건설 기금을 마련하기로 결정하였고, 중국기금(China Fund) 관리자가 해협정착지 총독인 S.G. Bonham에게 1842년 3월 1일 보낸 서신에서, 중국해 입구의 페드라 브랑카(Pedra Branca) 등대건설은 영국정부의 감독 하에만 유효하게 수행되고 유지될 수 있다고 하였다.[172)]

이러한 등대건설은 사적인 동기였으며 등대위치는 1846년까지 미확정되었고, 의사결정과정 초기 및 과정 중에 푸라우 바투 푸테(Pulau Batu Puteh) 위치는 호스버그(Horsburgh) 등대건설의 주요 선택사항 중의 하나로 여겨졌다.[173)]

영국 당국은 중국해에 있는 싱가포르 해협입구가 싱가포르 영토범위 밖에 있음을 잘 알고 있었기 때문에 이곳에서의 등대건설을 위하여는 조호르(Johor) 당국의 허가를 필요로 하였다. 이는 영국과 조호르(Johor)는 국제관계에 있었으며, 영국은 조호르(Johor)에 대한 주권을 주장 또는 행사하지 않았기 때문에 이 결과 영국은 등대건설 허가를 얻고자 하였다. 즉 영국 당국은 해협정착지 영토 밖에서의 등대건설을 희망했으며 동시에 관련 말레이 지배자의 허가를 얻고자 하였는바, 이는 호스버그(Horsburgh) 등대건설 뿐만 아니라 케이프 라차도(Cape Rachado) 및 푸라우 피상(Pulau Pisang)에서의 건설 그리고 예정된 푸라우 아오르(Pulau Aor) 등대건설에서도 동일하였다.[174)]

1844년 11월 25일 술탄과 조호르(Johor) 테멘공(Temenggong)은 등대건설을 허가하였고[175)], 19세기초 버터워스(Butterworth) 총독이 조호르(Johor) 당국의 허가를 구하려고 했던 것은 남중국해 싱가포르해협 입구지역의 영토가 조호르(Johor)의 주권 하에 있었기 때문이었다. 푸라우 바투 푸테(Pulau Batu Puteh)가 술탄과 테멘공(Temenggong)의 허가 범위 내에 있음은 의심의 여지가 없는바, 그 이유는: 첫째, 푸라우 바투 푸테(Pulau Batu Puteh)는 Point Romania에서 7.7마일 근처에 있었고 동시에 Pulau Putehdhk와 가장 근접한 해안에 있었으며; 둘째, 푸라우 바투 푸테(Pulau Batu Puteh)가 Point Romania부터 가까운 곳

172) *Ibid.*, paras. 107-109.
173) *Ibid.*, para. 116.
174) *Ibid.*, paras. 118-119.
175) *Ibid.*, para. 120.

에 있지 않다 하더러도, 적절한 다른 곳에까지 동의가 확대됨으로 해서 푸라우 바투 푸테(Pulau Batu Puteh)도 이에 포함될 것이었다.[176)]

등대건설 허가는 조호르(Johor)가 하였고 영국이 이를 인정하였음은 의문의 여지가 없었다. 본 내용에서 버터워스(Butterworth)가 언급한 양해에 영유권 이전이 포함되지는 않았으며 이는 단순히 등대건설에 불과하였다. 또한 싱가포르 영국당국은 술탄과 테멘공(Temenggong)이 부여한 동의 범주가 푸라우 바투 푸테(Pulau Batu Puteh)에 적용되는 것으로 이해하였다.[177)]

인도의 영국 당국은 술탄과 테멘공(Temenggong)이 부여한 동의에 푸라우 바투 푸테(Pulau Batu Puteh)가 포함되었음을 알았는바, 즉 페드라 브랑카(Pedra Branca)가 건설 가능한 호스버그(Horsburgh) 등대 위치로 인정되어 왔음이 술탄과 테멘공(Temenggong)의 서신에 포함되어 있다. 따라서 술탄과 테멘공(Temenggong)이 조호르(Johor) 영토에 등대건설을 승인한 것 이외에는 아무것도 없다는 것이다.[178)]

특히, 조호르(Johor)의 신하인 Orang Laut는 동 섬을 자주 방문하였으나, 이들의 방문을 장려하거나 건물진입을 허용하지도 않았다. 만일 이 섬이 영국지배 하에 있었다면, 등대만이 아니라 이 섬 자체에 대한 이들의 방문 가능성을 부인하는 것이 논리적일 것이다. 이는 섬에 대한 영유권과 등대소유권이 분명한 차이가 있다는 증거가 된다.[179)]

이후 30명의 부하와 함께 테멘공(Temenggong)의 푸라우 바투 푸테(Pulau Batu Puteh) 방문은 등대 주춧돌 설치 이후 9일 만에 있었으며 시간을 정하지 않고 이곳에 체류하려는 그의 의도는 대단히 중요하였다. 일부 군대와 함께 이 섬에 체류하며 대부분 낚시로 시간을 보냈다는 것은 그가 자신의 영토에 있음을 고려한 것이었음을 암시하는 것이었다. 그러나 푸라우 바투 푸테(Pulau Batu Puteh)에서의 이들의 활동에 대해 아무런 반대도 없었는 바, 즉 테멘공(Temenggong)의 출현에 대한 어떠한 허락시도나 허락이 이루어진 것이 없었다.[180)] 이로서 푸라우

176) *Ibid.*, para. 124.
177) *Ibid.*, para. 133.
178) *Ibid.*, para. 136.
179) *Ibid.*, para. 145.
180) *Ibid.*, para. 149.

바투 푸테(Pulau Batu Puteh)를 포함한 이 지역에서의 테멘공(Temenggong)의 대 해적 활동과 그의 동 도서 방문은 푸라우 바투 푸테(Pulau Batu Puteh)가 등대건설 허가이전 및 그 이후에도 조호르(Johor)의 주권하에 있었음을 확인해 준다.[181]

싱가포르의 영국 당국이 푸라우 바투 푸테(Pulau Batu Puteh)에 대한 영유권을 취득하지 않았다고 고려한 기타 증거가 호스버그(Horsburgh) 등대건설 및 운영의식에서 기원할 수 없는 바, 즉, 영국의 관행상 호스버그(Horsburgh) 등대의 건설 및 운영인식과 영유권 가정과는 완전히 다른 것이었으며 또한 푸라우 바투 푸테(Pulau Batu Puteh)를 해협식민지로 내포하려는 어떠한 의도도 없었다.[182]

영유권과 소유권의 차이는 19세기에 잘 알려졌었다. 전자는 국가의 최고 권력이고, 후자는 땅이나 부동산에 관한 소유관계이다. 정의상 전자는 국가에 귀속되나, 후자는 개인 및 정부에 귀속된다. 즉 소유권은 공적이며 사적일 수 있다.[183]

호스버그(Horsburgh) 등대건설에 대한 영국당국의 행위는 재산권과 영유권 간의 차이를 인정한 것으로[184], 이는 타국 및 재판소 판결과 마찬가지로 영국의 관행은 등대건설 및 유지 또는 기타 항해 보조물 그 자체가 영유권의 명시로 고려되지 않음을 보여준다.[185]

따라서, 푸라우 바투 푸테(Pulau Batu Puteh)는 무주지가 아니라 조호르(Johor)의 영토 일부였으며, 호스버그(Horsburgh) 등대건설 역사상 이것이 영국영토에 건설 되었다거나 영유권 획득으로 여겨진 어떠한 증거도 없고, 이의 유일한 목적은 항해 편의를 위한 것이었으며, 등대건설로 동인도회사가 획득한 모든 것은 재산에 불과한 것이었다.[186]

상기 내용을 종합하면 다음과 같은 결론을 내릴 수 있다:

① 호스버그(Horsburgh) 등대건설 의도는 수로학자를 기리고 항해를 돕고자한 것으로 영유권 문제와 관련 없는 사적인 것이었다.

---

181) *Ibid.*, para. 150.
182) *Ibid.*, para. 151.
183) *Ibid.*, para. 165.
184) *Ibid.*, para. 169.
185) *Ibid.*, para. 171.
186) *Ibid.*, para. 176.

② 푸라우 바투 푸테(Pulau Batu Puteh)는 처음부터 그리고 의사결정의 모든 과정에서 가장 바람직한 등대장소였다.

③ 영국 당국은 이 지역이 조호르(Johor)의 주권 하에 있었기 때문에 싱가포르 해협 중국해 입구에의 등대건설을 위해 테멘공(Temenggong)과 조호르(Johor)의 술탄으로부터 동의를 얻으려 하였다.

④ 동 허가에 Pluau Batu Puteh가 포함되었다.

⑤ 등대건설은 영국 영토도서의 소유가 동반되지 아니하였다.

⑥ 기타 영유권 주장도 영국영토를 위한 것이었다.

⑦ 단순한 등대건설 및 유지가 영유권 행위나 표명이 되지 않으며 점유의사도 암시하지 아니하였다.

⑧ 동인도회사가 호스버그(Horsburgh) 등대 소유권을 획득했으나 푸라우 바투 푸테(Pulau Batu Puteh) 영유권 획득은 아니었다.

⑨ 결국, 조호르(Johor)는 호스버그(Horsburgh) 등대건설 이후 푸라우 바투 푸테(Pulau Batu Puteh) 영유권을 향유하였다.[187]

④ 당사국 행위

푸라우 바투 푸테(Pulau Batu Puteh)를 포함한 인접도서에 대한 조호르(Johor)의 권원은 싱가포르 도서 경계를 특정한 1824년 Crawfurd 조약 및 1824년 영국-네덜란드 조약에 의해 확인된다. 푸라우 바투 푸테(Pulau Batu Puteh)는 동 조약 및 조호르(Johor)의 술탄 영토지역 밖에 있었고, 조호르(Johor)나 말레이시아가 동 권원을 포기한 어떠한 의도의 증거도 없으며, 싱가포르 행위의 어떤 증거도 동 권원을 포기하기에 충분한 것은 아니었다. 이와 반대로, 1980년 이전까지 싱가포르의 관행은 말레이시아 주권을 인정하였다.[188]

가. 싱가포르 및 말레이시아의 제도발전

해협정착지 및 조호르(Johor) 領水합의에서 "싱가포르 정착지" 영수와 조호르(Johor) 영수의 경계는 해협정착지 및 1927년 10월 19일의 합의에 분명히 기술되었다. 1927년 합의의 목적은 최초에 조호르(Johor)가 영국 동인도회사에 양도했

187) *Ibid.*, para. 177.
188) *Ibid.*, para. 188.

던 "일정해역, 해협 및 도서"를 조호르(Johor)에 다시 반환하기 위한 것이었다.[189)]

푸라우 바투 푸테(Pulau Batu Puteh)는 싱가포르 해안에서 약 25.5마일 떨어져 있었고, 이는 1927년 협약에 따라 싱가포르 정착지 영수 내에 포함되지 않았다. 만일 푸라우 바투 푸테(Pulau Batu Puteh)가 싱가포르 정착지 영토의 일부였다고 이해하였다면 이는 합의 조건에 쉽게 반영되었을 수 있었다. 1824년 크로퍼드(Crawfurd)조약은 영토합의의 반영이고, 1927년 합의는 푸라우 바투 푸테(Pulau Batu Puteh) 및 그 인접수역이 싱가포르 영토의 일부가 아니었음을 계속적으로 나타낸 증거이다.[190)]

1946년 싱가포르 식민칙령에 의하면 "싱가포르 정착지"를 "1942년 2월 15일자 싱가포르 도서 및 부속도서, 크리스마스 도서, 코코스 또는 키링도서와 모든 도서 및 장소"로 정의하였고, 이는 이들 정착지의 일부로 알려졌고 이에 인접한 영수로서 행정관할 되었다.[191)] 동 칙령은 "싱가포르 도서 영수경계 내에 있는 수역"을 1927년 합의와 동일하게 기술하였다.[192)] 커퓨(The Curfew) 칙령의 범위에는 명확하게 싱가포르의 육지영토와 영수를 포함하였으나, 푸라우 바투 푸테(Pulau Batu Puteh)와 그 주변수역은 동 칙령 범주 내에 해당되지 않았다. 즉 1927년 합의를 보면, 푸라우 바투 푸테(Pulau Batu Puteh)는 싱가포르 영토 일부가 아니었으며, 따라서 1958년에도 그대로 유지가 되었고 싱가포르의 상세한 지리적 기술 및 정의를 포함한 여러 영국 및 싱가포르 입법조치상 푸라우 바투 푸테(Pulau Batu Puteh)가 싱가포르 영토 범주 내에 있다는 증거는 아무것도 없다.[193)]

1946년 3월 27일 싱가포르 식민지가 설정된 날에 말레아 연합이 설립되었는바, 동 칙령에 의하면, 조호르(Johor) 술탄의 영토에 푸라우 바투 푸테(Pulau Batu Puteh)가 포함되며 이는 말레아 연합의 일부였다는 것이다.[194)] 1948년 1월 21일

189) *Ibid.*, para. 190.
190) *Ibid.*, para. 192.
191) *Ibid.*, para. 193.
192) *Ibid.*, para. 194.
193) *Ibid.*, para. 197.
194) *Ibid.*, para. 198.

말레아 연방합의로 말레아 연합을 대체하게 되었는바, 이에는 조호르(Johor) 국가가 포함되었으며, 동 합의로(푸라우 바투 푸테(Pulau Batu Puteh)를 포함) 조호르(Johor)가 말레아 연방의 일부가 되었다.[195] 1957년 8월 5일 말레아 연방합의 제2조에 조호르(Johor) 국가가 말레아 국가의 일부로 정의되었으며, 동 합의로(푸라우 바투 푸테(Pulau Batu Puteh)를 포함) 조호르(Johor)가 말레아 연방의 일부로 남게 되었다.[196]

1963년 7월 9일 말레야 연방, 영국, 북 보르네오, 사라와크 및 싱가포르 간 말레이시아에 관한 합의, 즉 1963년 말레이시아 법률 제4장에 "연방국가에는 말레야 국가, 즉 조호르(Johor), 말라카… 포함된다"[197]라고 규정하였다. 싱가포르 국가는 1963년 9월 16일 말레이시아 연방의 일부가 되었으며 이후 독립공화국이 되는 1965년 8월 9일까지 연방에 그대로 남아 있었다. 따라서 이 사건은 싱가포르의 영토범위 또는 말레이시아 영토 내에서의 싱가포르의 재산권에 영향을 주지 않았다.[198]

여러 문서에서의 "싱가포르 식민지 일부로서 행정 관할된 도서"에 대한 언급이 싱가포르가 호스버그(Horsburgh) 등대를 관리한 것처럼 푸라우 바투 푸테(Pulau Batu Puteh)가 이에 포함된다고 보아야 한다는 주장이 있을 수 있다. 그러나 첫째, 싱가포르는 동 도서를 행정 관할하지 않았고 다만, 등대만을 통제하였다; 둘째, 싱가포르가 동 도서를 행정 관할하였다고 하더라도, 이는 자국 영토의 일부로서 한 것이 아니라 단지 호스버그(Horsburgh) 등대의 관리 및 통제의 결과일 뿐이다; 셋째, 분쟁이 정형화되기 이전에는 싱가포르는 호스버그(Horsburgh) 등대관리를 이유로 푸라우 바투 푸테(Pulau Batu Puteh)가 자국의 일부가 된다는 견해를 취하였다는 어떠한 제시도 하지 않았다.[199]

1972년판 싱가포르 실상 및 묘사(facts and pictures)란 공식출판물에서는 "싱가포르는 싱가포르 도서 및 영수 내 54개 소도서로 구성된다"라고 언급하였는바, 동 도서 목록에는 푸라우 바투 푸테(Pulau Batu Puteh)가 명기되지 않았다.[200]

195) *Ibid.*, para. 199.
196) *Ibid.*, para. 200.
197) *Ibid.*, para. 205.
198) *Ibid.*, para. 206.
199) *Ibid.*, para. 207.

이후 출판된 판에서도 계속 싱가포르 도서 목록에 빠져 있다가 1992년에 처음으로 언급되었다. 따라서 초기부터 목록에 없다가 1992년에야 비로소 삽입한 것으로 볼 때 1992년 이전에 푸라우 바투 푸테(Pulau Batu Puteh)가 싱가포르의 일부였다 라는 믿음이 없음을 입증한다.[201]

나. 말레이시아 권원을 확인시켜주는 양자행위

푸라우 바투 푸테(Pulau Batu Puteh) 및 그 주변 수역은 1927년 합의에 의한 것이며 싱가포르의 일부가 아니었다. 만일 이 당시 동 도서 권원이 싱가포르에 귀속된다고 이해되었다면 이를 동 합의에 반영하는 것은 쉬운 문제일 것이나 이에 관한 어떠한 징표도 없었다. 따라서, 어느 당사국도 푸라우 바투 푸테(Pulau Batu Puteh)가 싱가포르 영토의 일부라고 고려하지 않았음을 알 수 있다.[202]

1953년 6월 12일 싱가포르 식민장관은 푸라우 바투 푸테(Pulau Batu Puteh) 문제에 관하여 조호르(Johor) 술탄은 영국고문에게 다음과 같은 서신을 보냈다:

> 나는 호스버그(Horsburgh) 등대가 있는 페드라 브랑카(Pedra Branca)로 알려진 싱가포르에서 약 40마일 떨어진 암석에 대한 정보요청 지시를 받았다. 이는 식민지 영수의 경계결정에 관련되어 있다. 이 암석은 1824년 조약상 술탄 후세인과 다토 테멘공(Dato Tumunggong)이 동인도회사에 싱가포르를 양도한 한계 밖에 있는 것으로 보인다.… 페드라 브랑카(Pedra Branca)의 지위를 분명히 하고자 한다. 그러므로 이 암석이 조호르(Johor) 국가 정부에 의해 양도되었는지 아니면 다른 방식으로 처리되었는지에 관하여 또는 동 암석의 임대나 승인을 나타내는 어떤 문서가 있는지 알려주시면 감사하겠습니다.[203]

조호르(Johor) 외무장관 대리는 1953년 9월 21일 "조호르(Johor) 정부는 페드라 브랑카(Pedra Branca) 소유권을 주장하지 않는다."라고만 언급하는 답변을 하였다. 연이는 싱가포르의 내부 서신에서 조호르(Johor) 외무장관 대리의 서신을 근거로 "우리는 페드라 브랑카(Pedra Branca)를 싱가포르 영토로 주장할 수

200) *Ibid.*, para. 211.
201) *Ibid.*, para. 212.
202) *Ibid.*, para. 221.
203) *Ibid.*, para. 235.

있다"라는 견해를 취하였다. 싱가포르 법무장관도 이 견해와 일치하였다.[204)]

이러한 교신은 여러 군데서 볼 수 있다: 첫째, 싱가포르가 푸라우 바투 푸테(Pulau Batu Puteh)는 싱가포르 영토 일부였다는 견해를 가지고 있지 않았다는 것이 1953년 6월 12일 싱가포르 식민총독의 편지에서 자명하게 나타난다; 둘째, 인접도서에 대한 싱가포르 주권의 범위가 1824년 영국과 네덜란드 및 크로포드(Crawfurd) 조약과 1927년 합의에 의해 결정되었음을 싱가포르 식민총독은 이해하였다; 셋째, Pulau Pisang 위치에 대한 싱가포르 식민총독의 서신을 보면 등대관리가 등대가 건설된 영토의 주권적 지위결정이 아니며 이와 거리가 멀다는 것을 총독이 이해하였음을 나타낸다; 넷째, 조호르(Johor) 외무장관대리의 답장에 대한 싱가포르 내무장관의 서신은 싱가포르가 "페드라 브랑카(Pedra Branca)를 주장할 수 있다."라고 표현했다. 그러나 조호르(Johor) 외무장관 대리는 답신에서 페드라 브랑카(Pedra Branca)가 이미 싱가포르 영토의 일부임을 확인하는 언급을 하지는 않았다. 동 서신의 내용은 따라서 싱가포르가 페드라 브랑카(Pedra Branca)에 대한 주장을 사전에 하지 않았거나 자국이 이에 대한 주권이 있다는 어떤 감각을 갖고 있었음을 암시한다.[205)]

싱가포르 법무장관의 관측에도 불구하고, 싱가포르는 동 서신에 따라 푸라우 바투 푸테(Pulau Batu Puteh)에 대한 어떠한 조치도 취하지 않았는데, 이것은 동 도서가 싱가포르 영토에 없었다라는 자신의 인식에 아무런 영향도 주지 않았다. 1972년 "싱가포르 실상과 묘사"에 나와 있는 도서를 보면, 싱가포르가 1980년 이전까지는 푸라우 바투 푸테(Pulau Batu Puteh)가 자국 영토의 일부였다는 어떤 확신을 표명하지 않았음을 입증한다.[206)] 1953년 9월 21일 외무장관대리의 서신이 비록 분명한 것은 아니었으나, 여기서는 푸라우 바투 푸테(Pulau Batu Puteh)에 대한 주권이 아닌 이의 소유권을 언급하였다.[207)]

결론적으로, 당사국간 양자관계에 있어 싱가포르가 푸라우 바투 푸테(Pulau Batu Puteh)에 대한 영유권을 향유하였다는 것을 명백히 인정한 시기는 없었고,

---

204) *Ibid.*, para. 236.
205) *Ibid.*, para. 237.
206) *Ibid.*, para. 242.
207) *Ibid.*, para. 243.

싱가포르는 동 도서에 대한 권리와 의무의 범위에 대하여도 분명하지 않았으며, 1927년 합의에 푸라우 바투 푸테(Pulau Batu Puteh)는 싱가포르 영토한계 내에 해당되지 않았으며 싱가포르는 이와 반대되는 견해도 표명하지 않았다. 해협등대체계에 관한 주장을 보면, 등대가 건설된 영토에 대한 주권과 등대관리와는 무관함을 확인시켜 준다. 싱가포르는 권원주장의 기초로 호스버그(Horsburgh) 등대관리 사실에 의존할 수 없었다. 가장 중요한 것은 1953년 서신을 통해 싱가포르가 동 도서에 대한 권원을 이 당시 향유하였다는 어떠한 인식도 없었음이 분명하다. 이후의 싱가포르 관행에서도 이와 다른 이해를 보여주는 것은 없다.[208)]

다. 말레이시아 권원을 확증해주는 싱가포르의 일방적 행위

1957년 등대세법 제6(4)항이 호스버그(Horsburgh)와 푸라우 피상(Pulau Pisang) 등대를 명백히 언급하고 있는 것을 보아, 페드라 브랑카(Pedra Branca)와 푸라우 피상(Pulau Pisang)은 싱가포르의 이들 등대관리 및 통제에도 불구하고 싱가포르 영토밖에 있었다는 것이 법률 입안자들의 견해였음이 분명하다.[209)]

1957년 칙령개정이 1969년 싱가포르 등대조세법에서 확인되었는바, 동 법은 최초 싱가포르공화국 독립으로 채택되었으며 동법 중 "싱가포르 등대조세위원회"는 그 의무를 다음과 같이 규정하였다: "싱가포르 도서 및 1959년 6월 2일 당시의 모든 도서와 지역을 포함한 싱가포르공화국은 싱가포르 일부 및 이와 인접한 모든 영수를 행정관할 한다."[210)] 이러한 싱가포르 등대조세법은 말라카 및 싱가포르 그리고 싱가포르 인접지역 및 싱가포르 수역에 있는 등대의 행정관할을 언급하는 특별법이므로 영유권 관련 문제에 있어 상당히 중요한 법률이다.[211)]

1973년 5월 25일 인도네시아와 싱가포르는 싱가포르해협 영해경계선을 규정하는 협약을 체결하였는바(1974년 8월 29일 발효)[212)], 싱가포르가 이 당시 푸라우 바투 푸테(Pulau Batu Puteh)에 대한 영유권을 가지고 있었다면, 동 도서에서 남쪽으로 7.5마일 떨어진 인도네시아의 푸라우 빈탄(Pulau Bintan)에 인접한 푸

208) *Ibid.*, para. 244.
209) *Ibid.*, para. 250.
210) *Ibid.*, para. 251.
211) *Ibid.*, para. 255.
212) *Ibid.*, para. 264.

라우 바투 푸테(Pulau Batu Puteh) 도서주변 수역에 대한 어떤 언급이 있었을 것이다. 동 협정은 푸라우 바투 푸테(Pulau Batu Puteh)를 언급하지 않았으며 푸라우 바투 푸테(Pulau Batu Puteh)와 푸라우 빈탄(Pulau Bintan)간의 영해경계도 지지하지 않았고 따라서 이는 1973년에 싱가포르가 푸라우 바투 푸테(Pulau Batu Puteh)에 대한 영유권을 가졌음을 고려하지 않았다는 결론을 지지해 준다.[213)]

한편, 말레이시아와의 양자관계에 있어 싱가포르의 일방적 행위를 보면 싱가포르가 1980년 전까지 푸라우 바투 푸테(Pulau Batu Puteh)에 대한 권원을 가지고 있지 않았음을 확인해 준다. 이러한 행위는 해협등대체계의 일부를 이루는 등대관리 및 통제와 관련하여 그러하다. 1973년 인도네시아-싱가포르 영해협정을 보면, 푸라우 바투 푸테(Pulau Batu Puteh)에 인접한 해양경계의 내용에서조차 싱가포르가 동 도서에 관한 자신의 권리를 유보할 필요조차 고려하지 않았음을 보여준다.[214)]

라. 말레이시아의 행위

푸라우 바투 푸테(Pulau Batu Puteh) 주변을 포함한 말레이시아 영수를 표기한 해군해도가 있는 바, 동 해도 제2403호는 "호스버그(Horsburgh) 등대 남쪽 구분선은 1958년 제네바협약에 따라 말레이시아 영수 외측한계를 나타낸다. 즉 사우스 레지(South Ledge)와 탄정 사딩(Tanjong Sading) 북쪽에 가까운 일부 암석간의 중간선으로 남쪽 끝까지 연결되는 선이다."라고 한다.[215)] 즉 상기 해도를 통하여 푸라우 바투 푸테(Pulau Batu Puteh) (사우스 레지(South Ledge)와 미들 락스(Middle Rocks) 포함)가 말레이시아 영수에 분명히 해당됨을 보여준다.[216)] 이 기간 중 싱가포르는 동 도서에 대한 영유권 주장을 표명하지 않았다는 것을 보면, 말레이시아 국내행위는 계속적·의도적인 점유를 나타낸다.[217)]

다음, 1968년 말레이시아 정부와 말레이시아 대륙정유회사간에 석유협정이 체

213) *Ibid.*, para. 266.
214) *Ibid.*, para. 267.
215) *Ibid.*, para. 271.
216) *Ibid.*, para. 272.
217) *Ibid.*, para. 273.

결되었는바, 즉 1968년 4월 16일 말레이시아는 서말레이시아 동쪽해안에 인접한 거의 24,000평방 마일의 대륙붕을 포함한 인근수역에 대하여 말레이시아대륙정유회사와 석유협정을 체결하였다. 해양 쪽으로 양여수역은 푸라우 바투 푸테(Pulau Batu Puteh) 이원까지 확장되었는데, 이에는 푸라우 바투 푸테(Pulau Batu Puteh) 및 조호르(Johor), 파항(Pahang) 및 트렝가누(Trengganu)의 기타 도서까지 포함한다. 그러나 이 모든 도서의 영토 및 영수가 양여수역에서 명백히 배제되었다. 동 협정은 말레이시아가 동 협정이 적용되는 모든 수역에 대한 주권적 권한을 갖고 있음을 분명히 이해하는 증거임을 나타낸다.[218]

다음, 푸라우 바투 푸테(Pulau Batu Puteh) 주변수역에서의 말레이시아 영해경계획정에서, 1969년까지 말레이시아는 3마일 영수를 주장하였다. 그러나 1969년 에너지법령에 따라, 말레이시아는 영수를 12마일로 확정하였으나, 해양경계획정에 따라 말라카해협, 수루해 및 세레비스해에서의 새로운 영수한계 적용은 유보하였다. 동 법률은 말레이시아 영수를 푸라우 바투 푸테(Pulau Batu Puteh) 이원까지 확장하였고 이 당시 푸라우 바투 푸테(Pulau Batu Puteh) 및 그 주변수역이 말레이시아 영토 이외의 것이라는데 대한 의식은 없었다. 동 법률은 다음의 두 가지 의미를 시사한다: 첫째, 당사국간 푸라우 바투 푸테(Pulau Batu Puteh)에 관한 권원분쟁이 없었던 시기에는 이 지역에 관한 입법권을 제한하는 방해요소가 없었음을 말레이시아가 확신하였음을 나타낸다; 둘째, 말레이시아가 어떤 형태에서 싱가포르 영토 이해관계를 건드렸다는 싱가포르의 인식이 부재하였음을 입증해 준다.[219]

요약하면, 말레이시아의 과거사례에 보듯이, 말레이시아는 푸라우 바투 푸테(Pulau Batu Puteh) 및 주변수역에 관한 자국입장을 지속적으로 보여주었으며, 동 행위와 이에 대한 싱가포르의 무반응은 호스버그(Horsburgh) 등대의 싱가포르 관리가 고려되지 않았음을 확인해 주는 바, 이는 등대가 있는 도서에 대한 영유권 문제와도 동일하다.[220]

---

218) *Ibid.*, para. 274.
219) *Ibid.*, para. 279.
220) *Ibid.*, para. 282.

마. 결론

① 1884년 푸라우 바투 푸테(Pulau Batu Puteh)에의 등대건설을 조호르(Johor)가 허락할 때까지는 싱가포르나 그 이전 국가도 동 도서에 대한 영유권 주장을 하지 않았다.

② 등대관리에 있어 싱가포르의 행위는 등대관리 및 통제허락 범위 내에서 지속적으로 이루어졌다.

③ 말레이시아와의 양자 거래참여를 포함한 싱가포르의 행위는 푸라우 바투 푸테(Pulau Batu Puteh)가 말레이시아 이외의 다른 국가에게 속한다는 확신을 명백히 하지 않았다.

④ 이러한 행위는 1946~1965년 싱가포르 헌법발전기간을 포함 20세기 전체에 걸쳐 이루어졌으며 이 기간 이외에 싱가포르 당국이 자국 영토범위에 대해 진전된 의식을 상당히 보여주었다.[221)]

상기 모든 것을 통해 당사국이 푸라우 바투 푸테(Pulau Batu Puteh)를 말레이시아 영토로 취급하였거나, 그렇지 않더라도 싱가포르의 영유권에 속하지는 않는 것으로 취급하였다는 말레이시아 주장을 지지한다는 것이다.

주요 내용을 연도별로 정리하면 다음과 같다:

- 1854 : 1854년 인도법률 제8호로 영국은 해협등대체계 창설
- 1912 : 동 해협체계기금에 관한 해협정착식민지국과 말레야 연방국간 합의에 따라 해협등대체계관리에 관한 합의를 등대해협칙령으로 개정.
- 1927 : 싱가포르 영토범위의 상세한 석명방식으로 싱가포르와 조호르(Johor) 간 경계의 정의
- 1948 : 1948년 커퓨(Curfew) (조호르 해협, 싱가포르)칙령으로 조호르(Johor) 해협이 싱가포르 도서 영수경계 내에 속한다고 정의
- 1952 : 싱가포르 국내교신에서, 싱가포르 영토범위는 1824년 영국-네덜란드 및 크로포드(Crawfurd) 조약과 1927년 합의 (조호르) 영수합의)로 정의
- 1953 : 싱가포르 식민장관과 조호르 외교장관대리와의 교신
- 1953~56 : 싱가포르 지방위원회가 발간한 모든 도서목록 즉 싱가포르 식민

221) *Ibid.*, para. 283.

지 영수내에 속하는 유무인 관계없이 모든 소도서 목록이 이를 지지

- 1950/1969 : 싱가포르 등대조세법 개정
- 1964 : 호스버그(Horsburgh) 및 기타 등대에 관한 말레야 해양국장과 싱가포르 해양국 장관의 교신
- 1966 : 호스버그(Horsburgh) 등대에 관한 파비트(Pavitt)의 논문 발간
- 1968 : 싱가포르 항의없이 푸라우 바투 푸테(Pulau Batu Puteh) 인근수역까지 미치는 말레이시아 대륙석유회사의 양여계약 승인
- 1969 : 싱가포르 항의없이 푸라우 바투 푸테(Pulau Batu Puteh) 인근 대륙붕 경계획정에 관한 인도네시아-말레이시아간 협정 체결
- 1972-1980 : 싱가포르 도서의 상세목록이 담긴 싱가포르 실상 및 묘사 출판
- 1973 : 인도네시아-싱가포르 영해협정 서명[222]

싱가포르 행위가 푸라우 바투 푸테(Pulau Batu Puteh)에 관한 말레이시아 권원에 대한 믿음을 반영함에 있어서 일치하는 것과 마찬가지로, 말레이시아의 행위도 자국 영토주권 하에 있다는 견해와 일치한다. 싱가포르와 말레이시아 행위를 보면, 푸라우 바투 푸테(Pulau Batu Puteh)의 원시적 권원이 말레이시아에 있음은 의심의 여지가 없다는 것이다.[223]

⑤ 미들 락스(Middle Rocks) 및 사우스 레지(South Ledge)에 관한 입장

가. 푸라우 바투 푸테(Pulau Batu Puteh)와 이들 양자와의 관계

미들 락스(Middle Rocks)와 사우스 레지(South Ledge)는 푸라우 바투 푸테(Pulau Batu Puteh)에서 각각 0.6마일과 2.2마일, 그리고 말레이시아 본토에서 8마일과 7.9마일 떨어져 있으며, 싱가포르의 가장 가까운 해안이 미들 락스(Middle Rocks)에서 25.6마일 그리고 사우스 레지(South Ledge)에서 2.5마일에 있다.[224] 미들 락스(Middle Rocks)는 0.6~1.2미터 높이의 암석으로 구성되어 있다. 사우스 레지(South Ledge)는 3개의 간출암으로 되어 있는 바, 최북단 것이

222) *Ibid.*, para. 284.
223) *Ibid.*, para. 285.
224) *Ibid.*, para. 288.

저조시 2.1미터 높이이며 기타는 그렇지 아니하며 이들 모두는 말레이시아 영수 내에 위치해 있다.[225)]

이들 3개 개체가 페드라 브랑카(Pedra Branca) Rocks 또는 호스버그(Horsburgh) Rock 그룹의 일부로 언급된 증거가 없으며 미들 락스(Middle Rocks)도 사우스 레지(South Ledge)도 푸라우 바투 푸테(Pulau Batu Puteh) 부속도서로 고려되지는 않았다.[226)] 이들 3개 개체는 그룹이나 도서 또는 그 부속도서로 공식적으로 명명되거나 집단적 권원이 주어진 기록은 없으나, 이들은 북쪽 또는 남쪽으로의 안전항해를 위하여 피해야하는 위험요소로 식별되고 그렇게 알려져 왔다. 1870년에 사우스 레지(South Ledge)와 미들 락스(Middle Rocks) 간 폭이 1.5마일이며 깊이가 15~20 파담이라고 항해자에게 권고하였다.[227)]

나. 두 개체에 대한 말레이시아 권원의 근거

미들 락스(Middle Rocks)와 사우스 레지(South Ledge)는 조호르(Johor)/말레이시아 관할권에 속하는 것으로 고려되어 왔는바, 이들은 1824년 영-네덜란드 조약 당시 조호르(Johor)주권 하에 있었고 동 조약으로부터 야기된 영국의 영향력 범위 내에 있었다. 그러나 이들에 대한 별도의 주목을 하지 않았는데, 이는 이들이 조호르(Johor)내에 있는 다양한 도서에 속하는 것으로 여기고 있었기 때문이었다.[228)]

말레이시아는 또한 이들에 대해 다음과 같이 일관되게 주권행사를 하였다고 한다:

① 1968년 7월 16일 선언서에서 해군장관은 말레이시아 영수를 나타내는 해도를 첨부하였는데, 여기에 사우스 레지(South Ledge)는 말레이시아 영수의 외측한계를 결정하는 기점으로 취급되었다.

② 1968년 4월 16일 말레이시아 정부와 말레이시아 대륙석유회사 간 석유협정과 같은 석유양여 승인시 사우스 레지(South Ledge)와 미들 락스(Middle Rocks) 지역까지 적용범위가 확대되었다.

---

225) *Ibid.*, para. 289.
226) *Ibid.*, para. 291.
227) *Ibid.*, para. 293.
228) *Ibid.*, para. 294.

③ 1958년 어업법에 따라 이들은 말레이시아 어업수역 내에 포함되었다. 싱가포르는 말레이시아의 이러한 명백한 주권행사에 항의하지 않았다.[229)]

다. 싱가포르의 말레이시아 영유권 인정(싱가포르의 미항의)

싱가포르는 말레이시아의 주권명시에 대해 항의하지도 않았고 푸라우 바투 푸테(Pulau Batu Puteh)가 싱가포르 영토라는 주장이 제기된 이후 조차 미들 락스(Middle Rock)s와 사우스 레지(South Ledge) 소유에 대한 어떠한 주장도 하지 않았다. 1980년 2월 14일 싱가포르가 최초로 푸라우 바투 푸테(Pulau Batu Puteh) 영유권을 주장하였을 때도 사우스 레지(South Ledge)와 미들 락스(Middle Rocks)에 대한 언급이 없었다. 이때 이들 양자는 1979년 12월 21일 말레이시아 발간 지도에 말레이시아 영수 내에 있었다. 또한 말레이시아가 1984년 동일지도를 재출판하였을 때도 마찬가지였다. 싱가포르는 1989년 항의를 하였으나 이 항의는 푸라우 바투 푸테(Pulau Batu Puteh)에만 국한되었다.[230)]

라. 요 약

기록을 보면 미들 락스(Middle Rocks)와 사우스 레지(South Ledge)는 당시 오늘날의 말레이시아인 조호르(Johor) 일부로 여겨졌으며, 말레이시아 행위는 미들 락스(Middle Rocks)와 사우스 레지(South Ledge) 영유권에도 집중되었다. 그러나 이와는 대조적으로 이들에 대한 최근 싱가포르의 주장은 푸라우 바투 푸테(Pulau Batu Puteh) 영유권 주장이 주 목적이었다. 말레이시아 주권행위에 대한 항의부재는 이들 양자 및 1993년 싱가포르가 행한 새로운 주장에 대한 말레이시아 주권을 싱가포르가 묵인하였음을 나타낸다.[231)]

본 사건에서 법적 효력을 갖는 지도는 없었으나, 17세기부터 지도상에 이들 개체를 실질적으로 묘사한 기록이[232)] 1620년 수마트라의 네덜란드 지도에서 나타난다.[233)] 1727년의 영국지도는 조호르(Johor) 해안, 루마니아 그룹도서와 푸라우 바투 푸테(Pulau Batu Puteh) 간을 현대적인 시각에서 가깝게 연결하고 있

229) *Ibid.*, para. 295.
230) *Ibid.*, para. 296.
231) *Ibid.*, para. 300.
232) *Ibid.*, para. 304.
233) *Ibid.*, para. 306.

다.[234] 다음 지도로는 푸라우 바투 푸테(Pulau Batu Puteh)와 로마니아 지점(Point Romania)을 근접하게 연결한 것으로 1755년 프랑스 지도제작자가 그린 것이다.[235] 1813년 영국 동인도회사 호스버그(Horsburgh) 지도에는 "페드라 브랑카(Pedra Branca)"가 식별가능하며 1826년 추가판에서 "페드라 브랑카(Pedra Branca)" 및 "South Rock"이 식별가능하다.[236] 1824년 영국-네덜란드 조약은 조호르(Johor)의 술탄 영향력 지역을 둘로 나누었는바, 이는 싱가포르해협 북쪽과 남쪽으로, 푸라우 바투 푸테(Pulau Batu Puteh)를 포함한 싱가포르 입구나 그 안쪽에 있는 도서들은 영국의 범주 내에 있는 것으로 항상 여겨졌다.[237] 1850년 지도는 호스버그(Horsburgh) 등대건설과 동시대의 것으로 이 지역의 정치적 구분을 나타낸다.[238] 1824년 술탄과 조호르(Johor)의 테멘공(Temenggong)간 합의에 따라 싱가포르 도서 및 그 부속도서를 정한 지도에는 상기와 다른 특징이 있다. 1849년 지도는 싱가포르 도서가 싱가포르에서 10마일 내에 있음을 보여주나, 푸라우 바투 푸테(Pulau Batu Puteh)에 추가된 도서가 싱가포르의 원래영토였음을 나타내는 것은 없다.[239]

⑥ 말레이시아 주장 요약

말레이시아의 3개 개체 즉 푸라우 바투 푸테(Pulau Batu Puteh), 미들 락스(Middle Rocks) 및 사우스 레지(South Ledge) 대한 영유권주장은 다음과 같이 요약할 수 있다:

① 이들 3개 도서와 싱가포르해협 내 및 그 주변의 기타 도서는 1824년 조호르(Johor) 술탄의 일부였다. 이는 동 해협 남쪽도서와 영토에만 관련된 1824년 영국-네덜란드 조약으로 영향을 받지 않는다.

② 술탄의 주권과 이의 인근도서로의 확장은 영국이 반복하여 승인하였다.

③ 이러한 상황은 1824년 크로포드(Crawfurd)조약에서 확인되었는바, 동 조약으로 싱가포르도서 및 모든 도서 그리고 싱가포르에서 10마일 내에 있는 암석을

234) *Ibid.*, para. 307.
235) *Ibid.*, para. 308.
236) *Ibid.*, para. 309.
237) *Ibid.*, para. 310.
238) *Ibid.*, para. 311.
239) *Ibid.*, para. 312.

영국에 양도하였으나, 그 이외는 조호르(Johor)영토에 영향을 미치지 않았다.

④ 푸라우 바투 푸테(Pulau Batu Puteh)는 무주지가 아니었으나 어로 및 기타 목적으로 조호르(Johor) 신하였던 말레야 사람들이 사용하였다. 조호르(Johor)는 1824년 이전 및 이후 동 도서에 대한 주권을 행사하였고 그예는 해적통제 내용에서 볼 수 있다.

⑤ 영국 동인도회사는 호스버그(Horsburgh) 등대건설을 위해 조호르(Johor)의 술탄과 테멘공(Temenggong)의 허가를 받으려했고 그리고 허가를 받았다. 본 허가는 등대에 좋은 장소였던 푸라우 바투 푸테(Pulau Batu Puteh)까지 확장되었다. 이는 해협정착지 영유권에 있어 영토양도를 포함하지는 않았다.

⑥ 등대건설 및 운영에 동의를 구했던 영국은 푸라우 바투 푸테(Pulau Batu Puteh)에 대한 주권을 행사한 적이 없다. 등대의 소유, 관리 및 운영은 영토주권의 동의를 받았을 때와 같은 주권행사를 포함하지 않는다.

⑦ 영국도 싱가포르도 현 분쟁(1980년 푸라우 바투 푸테(Pulau Batu Puteh) 사건, 1993년 기타 두 가지 사건)에 관련하여 결정적 기일 이전 어느 때도 이들 3개 내용에 대한 영유권을 주장한 적이 없다. 반면, 싱가포르 유력관리의 성명과 마찬가지로 싱가포르의 법률과 그 관행 그리고 출판물 및 지도에서 세 가지 내용이 싱가포르 영토가 아니었으며 싱가포르 영토 일부로 행정 관할되지도 않았음을 확인시켜 주었다.

⑧ 이와는 대조로, 조호르(Johor)와 그 계승자인 말레이시아는 이들에 대한 주권을 포기하지 않았고 오히려 이 지역의 광범위한 도서에 대한 통제를 행사하였다. 호스버그(Horsburgh) 등대운영의 지속적 허가와 마찬가지로 푸라우 바투 푸테(Pulau Batu Puteh)의 소규모 상부노출부분과 기타 개체로서의 특성이 있기 때문에, 이러한 주권은 말레이시아 해양수역의 결정 및 사용 분야에서 특히 경계획정에 관한 양자조약결정 및 석유양여승인과 같은 분야에 본질적으로 명시되었다. 이는 출판된 지도에 의해서 지지된다. 말레이시아는 결코 포기한 적이 없다.[240]

240) *Ibid.*, para. 328.

2) 싱가포르의 주장

① 역사적 배경

19세기 초 싱가포르 도서와 조호르(Johor)강 주변 말레이반도는 "테멘공(Temenggong)"이란 직위를 가진 원주민의 족장인 압둘 라만(Abdul Rahman)의 통제하에 있었다. 테멘공(Temenggong)은 조호르(Johor)-Riau-Linggu 영지 술탄의 가신이었으며, 1819년 영국은 동인도회사 설립하였다.[241]

1824년 8월 2일 동인도회사는 술탄 후세인과의 양여조약을 체결하였고, 테멘공(Temenggong)은 동인도회사로부터 일정액을 받고 다음을 양도하였다:

> 동인도회사, 이들의 상속인 및 승계자에게 모든 주권과 재산, 싱가포르 본토 해안에서 10마일 정도까지의 인접수역, 해협 및 도서포함 말라카해협에 위치한 싱가포르의 도서.[242]

1826년 싱가포르와 기타 두개의 영국정착지가 소위 "해협정착지"로 불리는 단일행정체로 통합되었고, 싱가포르 영국식민당국은 1847년 페드라 브랑카(Pedra Branca)를 합법적으로 소유하고 동 도서에 대한 주권을 획득하였다.[243] 해협정착지는 1942년과 1945년 일본침투 및 점령 시까지 왕립식민지였고,[244] 1940년 영국 군사정부의 종료로 해협식민지가 해체되었다. 싱가포르는 1946년 4월 1일 개별식민지가 되었다(1946년 3월 27일 싱가포르 평의회 식민명령).[245]

1959년 싱가포르 식민지는 영국이 자치정부로 승인하고 싱가포르국가로 명명하였다. 싱가포르 국가는 1958년 싱가포르 법률에 따라 1959년 6월 3일 공식적으로 설립되었고,[246] 1903년 7월 9일 영국은 말레이시아를 독립국으로 인정하였다. 말레이시아 법률 제4(3)은 말레이시아에 포함되는 국가로 조호르(Johor)국 및 싱가포르국가라고 정의하였다.[247]

---

241) *Ibid.*, paras. 3.2-3.3.
242) *Ibid.*, para. 3.5.
243) *Ibid.*, para. 3.6.
244) *Ibid.*, para. 3.8.
245) *Ibid.*, para. 3.9.
246) *Ibid.*, para. 3.10.

1965년 8월 7일 말레이시아와 싱가포르 정부는 싱가포르로부터 말레이시아를 분리시키는 합의를 체결하였고 1965년 8월 9일 싱가포르는 주권국가로 독립하였다. 1965년 12월 22일 싱가포르 의회는 1965년 법률의 해석에서 "싱가포르"를 다음과 같이 정의하였다:

> '싱가포르'는 싱가포르공화국을 의미하며 이에는 싱가포르 도서 및 모든 도서와 1959년 6월 2일 싱가포르의 일부로서 행정관할되었던 지역과 이에 인접한 모든 영수를 포함한다.[248]

② 1847~1851년 페드라 브랑카(Pedra Branca)의 권한 취득

페드라 브랑카(Pedra Branca) 등대건설 결정은 인도의 영국 식민정부가 하였고 건설계획 및 비용을 실제로 지불하였으며 1851년 9월 27일 인도정부관리가 공사완료 점검을 하였다. 인도정부는 적절한 등대건설 도서를 선택하였다.[249]

싱가포르의 주장은 1824년 양여조약에 근거하지는 않았는바, 동 조약은 싱가포르 본토 및 그 주변만을 다루었고 이는 페드라 브랑카(Pedra Branca) 주변지역까지 확장하지 않았다. 대신, 싱가포르의 경우 1847~1851년까지 영국왕실이 페드라 브랑카(Pedra Branca)를 합법적으로 소유하였으며, 이후 계속하여 영국식민지는 페드라 브랑카(Pedra Branca)에 관한 국가권한을 행사하였다. 이러한 실효적 및 평화적 국가권한행사는 식민지의 합법적 소유로 1847~1851년 기간 중 취득한 권원을 확인시켜주었고 관리하게 하였다.[250]

인도정부는 등대유지 및 건설기금을 위한 세금부과문제에 대하여 동인도회사 감독청의 승인을 받았고 페드라 브랑카(Pedra Branca) 등대기금, 건설 및 위치 결정은 영국왕실 및 인도정부가 하였다.[251] 등대이름 결정 및 건설작업도 동인도회사 감독청 및 인도정부가 하였다.[252]

---

247) *Ibid.*, para. 3.12.
248) *Ibid.*, para. 3.14.
249) *Ibid.*, para. 5.2-5.3.
250) *Ibid.*, para. 5.5.
251) *Ibid.*, para. 5.26.
252) *Ibid.*, para. 5.29.

1850년 4월 22일(등대건설시작)부터 1851년 4월 9일(최종작동)까지 페드라 브랑카(Pedra Branca)를 정부관리가 19번 방문하였고,[253] 등대건설 준비과정에서 4척의 정부선박이 지속적인 군수지원을 하였다.[254] 또한 정부는 작업시 항상 2척(Charlotte, Nancy)의 군함을 배치시켰다.[255]

인도정부의 등대장비 및 도구를 독점적으로 지원하였고, 건설계약도 인도정부 총독 버터워스(Butterworth)와 벵갈(Bengal) 정부차관간에 체결되었다(1844. 11. 20).[256] 정부조사관인 Thomson은 페드라 브랑카(Pedra Branca) 운영책임을 맡고 있었고 부근 질서유지에 관한 일반적 권한을 갖고 있었다.[257] 건설완료 후 1851년 7월 8일 싱가포르 주의원인 토마스 처치(Thomas Church)가 정부선박 으로 페드라 브랑카(Pedra Branca)를 방문하였으며, 1851년 9월 27일 해협정착지 총독이 공식적으로 방문하였다.[258]

페드라 브랑카(Pedra Branca)를 영국이 소유하였다는 것은 1847~1851년 독점적 소유를 나타내는 여러 행위를 통하여 확인된다.[259] 즉, 1851년 9월 24일 호스버그(Horsburgh) 등대 항행통보가 있었는바, 동 문서는 등대가 위치한 도서가 영국영토이고 싱가포르의 일부가 된다는 자료에 근거한 것이었다. 이는 싱가포르 주둔 최고위급 영국관리인 버터워스(Butterworth) 대령이 발행한 것이었다.[260]

다음, 합법적 소유의 충분한 형태로서의 영국왕실 의지가 발현되었는 바, 등대 장소로 페드라 브랑카(Pedra Branca) 선정, 그 건설준비, 지속적인 관료방문, 주춧돌 설치행사 및 등대 점등식 등은 영국왕실이 페드라 브랑카(Pedra Branca)를 합병시키려는 분명한 증거가 된다. 등대건설 및 유지 목적으로 페드라 브랑카(Pedra Branca)를 합법적으로 소유한 것은 1847년에 시작되었다. 이후 버터워스(Butterworth) 총독이 1847년 도서를 방문하고 블록건설이 페드라 브랑카(Pedra Branca)에 대한 실질적인 최초의 행위가 된다고 Bengal 정부에게 1847년 10월 1

253) *Ibid.*, para. 5.66.
254) *Ibid.*, para. 5.69.
255) *Ibid.*, para. 5.71.
256) *Ibid.*, para. 5.74.
257) *Ibid.*, para. 5.79.
258) *Ibid.*, para. 5.83.
259) *Ibid.*, para. 5.85.
260) *Ibid.*, para. 5.88.

일 서면으로 보고하였다. 등대완성 및 1851년 9월 27일 해협정착지 총독방문 내용이 1851년 9월 23일 Straits Times 및 1851년 9월 30일 Singapore Journal of Commerce에 보도되었다.[261)]

다음, 타국의 반대없이 소유를 했다는 것으로, 영국의 페드라 브랑카(Pedra Branca) 소유에 대한 반대기록은 전혀 없었으며 이 지역 어느 국가도 항의를 하거나 권리를 유보하지 않았다. 이러한 반대부재는 특히 싱가포르 신문에 나타난 영국 활동의 공공성 및 등대건설을 언급한 측면에서 현저히 나타난다.[262)]

다음, 등대에 관한 내용으로, 싱가포르가 제시한 권원의 근거가 국가행위의 증거로 등대역할을 전제로 하지 않았는지 여부를 분명히 하는 것이 법원에게는 도움이 될 수 있다. 본 사건에 있어, 등대 및 그 부속시설 건설목적으로 페드라 브랑카(Pedra Branca)를 합법적으로 소유하며 항구적으로 시설을 유지하는 것이 독자적이며 자체적으로 충분한 권원이 된다. 이는 합법적 소유 및 1847~1851년까지의 이익향유로 등대건설이 영국왕실의 의도였으며 항구적으로 이를 專有하고자 하였다는 점을 확인시켜준다.[263)]

페드라 브랑카(Pedra Branca) 권원은 1847~1851년 기간에 영토취득의 법원칙에 따라 영국이 취득하였는바, 싱가포르의 페드라 브랑카(Pedra Branca) 권원의 근거는 다음과 같다:

① 영국왕실의 허가로 등대건설장소를 페드라 브랑카(Pedra Branca)로 선정한 것은 영유권원인 고전적 소유가 된다.

② 동 권원은 1849~1851 영토취득을 지배하는 법원칙에 따라 영국왕실이 취득하였다.

③ 1847~1851년에 취득한 권원은 영국왕실 및 그 계승국인 싱가포르공화국에 의해 유지되어 왔다.[264)]

특히, 19세기 후반 법원칙을 보면, 1847~1851년에 영국왕실이 독점적으로 사용하기 위해 페드라 브랑카(Pedra Branca)를 전유했다는 것이 점유의 권원 즉

261) *Ibid.*, paras. 5.91-5.98.
262) *Ibid.*, para. 5.99.
263) *Ibid.*, para. 5.101.
264) *Ibid.*, para. 5.103.

소유권취득에 의한 권원이 된다는 것은 의심의 여지가 없다.[265)]

싱가포르는 다음과 같은 사실 및 법적 고려를 기초로 결론을 제시하였다:

① 페드라 브랑카(Pedra Branca)에 관한 영유권 주장근거는 1847년 7월 9일~21일까지 톰슨(Thomson)이 페드라 브랑카(Pedra Branca)에 최초 상륙하였고 1851년 9월 27일 등대의 공식적 점등으로 종료되는 1847~1851년 기간 중 일련의 공식적인 행위에 의해 페드라 브랑카(Pedra Branca)를 합법적으로 소유한다.

② 페드라 브랑카(Pedra Branca) 등대건설 결정은 영국왕실의 공식기관으로서 동인도회사의 감독청(The Court of Directors)이 행하였다.

③ 계획, 장소선정 및 건설 전 과정은 영국왕실 및 그 대표자의 배타적 통제 및 승인에 의하였다.

④ 1847~1851년 중 행위형태 및 공식적인 방문은 호스버그(Horsburgh) 등대건설 및 장치건설과 이들의 항구적인 관리를 목적으로 페드라 브랑카(Pedra Branca)에 관한 영유권 주장을 하려는 영국 왕실의 명백한 의지표명이다.

⑤ 소유행위는 평화적 및 공개적이며 타국으로부터 반대가 없었다.

⑥ 페드라 브랑카(Pedra Branca) 권원은 1847~1851년 기간 중 영토취득을 지배하는 법원칙에 따라 영국 왕실이 취득하였다.[266)]

③ 1851년 이후 페드라 브랑카(Pedra Branca)에 대한 국가권한의 계속적, 평화적 및 실효적 행사

가. 국가권한의 계속적 행사 내용

주권행사에 있어 싱가포르 및 그 이전 국가들은 페드라 브랑카(Pedra Branca)에 관한 일련의 법률을 제정하여 시행하였는바, 동 조치에는 호스버그(Horsburgh) 등대설치 및 유지비용 징수, 여러 정부기관 관할권 하의 등대 통제부여 및 도서 거주민, 방문객 및 인부들 활동규제에 관한 법률행위가 포함된다. 이러한 모든 조치는 공개적으로 알려졌으며 정부의 공식문서로 발행되었으며 이들 중 어느 것도 말레이시아로부터 항의를 받은 것은 없었다.[267)] 즉 싱가포르 및 그 이전 국

265) *Ibid.*, para. 5.109.
266) *Ibid.*, para. 5.112.
267) *Ibid.*, para. 6.10.

가들은 페드라 브랑카(Pedra Branca)의 합법적 소유가 유효화된 이래 페드라 브랑카(Pedra Branca) 주변 영수에 관한 다양한 활동들을 통제하고 행정관할하였다.[268)]

영국왕실 및 그 이후 싱가포르가 페드라 브랑카(Pedra Branca) 등대 및 기타 시설유지, 개선 및 직원을 관리하였는바, 1851년 이후 페드라 브랑카(Pedra Branca) 행정통제 및 호스버그(Horsburgh) 등대 유지는 영국정부가 그리고 그 이후는 싱가포르가 하였다.[269)] 싱가포르 및 그 이전 국가들은 1851년 등대완성 이래 페드라 브랑카(Pedra Branca) 등대관리에 대한 배타적 책임을 계속지고 있었다고 여겨왔다.[270)]

페드라 브랑카(Pedra Branca) 체류인에 대하여 싱가포르가 규제권 및 관할권을 행사하였는바, 싱가포르 정부 및 그 이전 계승국들은 페드라 브랑카(Pedra Branca)에 대한 주권행사 및 평화와 질서유지를 위한 법률을 제정하였고 이곳에 체류하는 사람들에 대한 활동을 규제하였는데, 이에는 형사관할권까지 포함되었다.[271)]

등대 이외의 전체적인 도서와 관련하여서도 페드라 브랑카(Pedra Branca)에 대한 영국과 싱가포르의 국가행위가 있었는 바, 싱가포르 당국의 기상자료수집소로서 페드라 브랑카(Pedra Branca) 이용하였고, 영국 해양기 및 독립 이후 페드라 브랑카(Pedra Branca)에 싱가포르기를 게양하였으며,[272)] 페드라 브랑카(Pedra Branca) 방문 및 기타 공적목적의 동 도서 사용에 대하여 싱가포르가 배타적을 통제하였으며,[273)] 페드라 브랑카(Pedra Branca) 영수에서 활동하는 외국에게 허가를 부여하였고,[274)] 페드라 브랑카(Pedra Branca) 주변수역에서의 싱가포르 해군의 초계 및 훈련 및 페드라 브랑카(Pedra Branca) 군사통신장비 설치를 하였다.[275)] 또한 싱가포르는 페드라 브랑카(Pedra Branca) 영수에서의 항해

268) *Ibid.*, para. 6.26.
269) *Ibid.*, para. 6.27.
270) *Ibid.*, para. 6.33.
271) *Ibid.*, para. 6.35.
272) *Ibid.*, paras. 6.47-6.52.
273) *Ibid.*, paras. 6.54-6.64.
274) *Ibid.*, para. 6.65.
275) *Ibid.*, para. 6.72.

위험물 및 난파물을 조사하였고, 페드라 브랑카(Pedra Branca) 밖 사망사고에 대하여 싱가포르 검시법원이 조사하였다.[276]

나. 페드라 브랑카(Pedra Branca)에 대한 장기간 및 평화적 소유의 법적 결과

싱가포르는 페드라 브랑카(Pedra Branca)에 대해 "더 유리한 권원"을 갖고 있다고 주장하지 않고 오히려 자국의 권원은 1847~1851년 영국이 이 도서를 소유하기 이전의 결과로 이미 확립되었다고 한다.[277]

그 증거로서, 페드라 브랑카(Pedra Branca) 등대건설 및 지속적 관리로 동 도서에 대한 싱가포르 주권을 확인하였으며, 페드라 브랑카(Pedra Branca)에 대한 국가권한행사로 싱가포르 및 그 이전 국가들의 주권행사 의도를 지속적으로 현시하였다. 즉, 페드라 브랑카(Pedra Branca)에 대한 입법권한의 행사, 페드라 브랑카(Pedra Branca) 및 그 영수 내에서 여러 주권적 행위(등대유지, 확장 및 수리, 페드라 브랑카(Pedra Branca)에 건선거 설치, 싱가포르 정부관리의 공식적 방문, 외국인 방문규제, 해군함정초계 및 주변수역 군사훈련, 군용통신장비설치, 기상자료수집, 사망사고 사건조사 및 페드라 브랑카(Pedra Branca) 수역 간척사업 연구 등)를 하였다.[278]

다. 말레이시아의 주권적 행위

페드라 브랑카(Pedra Branca)를 1849~1851년 영국이 획득한 이후 말레이시아가 페드라 브랑카(Pedra Branca)에 대한 국가권한을 행사한 단 하나의 사례도 제시할 수 없음을 싱가포르는 믿고 있었다.[279] 말레이시아나 그 이전 국가들도 최근까지 말레이시아 및 영국이 행한 국가권한의 항구적이며 명백한 발현에 대한 항의한 적이 없었다. 최초 항의는 말레이시아의 대륙붕을 묘사하는 1979년 지도 출판 이후 거의 10년 후인 1989년 7월 14일에 있었다.[280] 싱가포르 주권행사의 평화적 및 방해받지 않는 지속성은 말레이시아의 행위와 주장의 거부로 해석될 수 있다.[281]

---

276) *Ibid.*, paras. 6.76-6.77.
277) *Ibid.*, para. 6.94.
278) *Ibid.*, paras. 6.100-6.105.
279) *Ibid.*, para. 6.112.
280) *Ibid.*, para. 6.113.

라. 요 약

상기에 근거하여 다음과 같이 요약할 수 있다:

① 페드라 브랑카(Pedra Branca)에 대한 권원은 1847~1851년 동 도서에서 있었던 공식적 기록의 결과로 이미 영국왕실 및 그 이후 싱가포르에 귀속되었다.

② 그 이후 영국과 싱가포르는 동 권원을 확인하고 유지시킨 페드라 브랑카(Pedra Branca)에 관한 공개적이며 지속적인 형태의 국가활동을 계속하였다.

③ 이러한 활동은 공식적 성격이었으며 주권적 권원으로 시도되었다.

④ 문제의 활동은 도서전체 및 그 영수와 관련된 다양한 국가기능의 전개를 포함하였다.

⑤ 여러 사례에서, 페드라 브랑카(Pedra Branca)에 대한 싱가포르의 행정관할 및 통제는 동 도서 방문을 위해 싱가포르의 승인을 얻으려했던 말레이시아 관리의 동 도서 방문통제를 포함하였다.

⑥ 약 140년 동안 이러한 활동이 공개적이며 평화적인 성격임에도 불구하고 말레이시아로부터 어떠한 항의도 없었다.

⑦ 말레이시아는 자국이 1979년 지도에 페드라 브랑카(Pedra Branca)를 자국관할에 포함시킨 사실만으로 페드라 브랑카(Pedra Branca)에 대한 주장을 하였다.

⑧ 말레이시아 이후 동 도서에 대한 "백지주장"을 시도한 것은 분쟁이 이미 정형화되고 싱가포르가 항의한 이후 취한 이기적인 성격의 것이었다.

⑨ 이와는 대조적으로, 1979년 이후 페드라 브랑카(Pedra Branca) 및 그 영수에 대한 싱가포르의 활동은 이 시기 이전 싱가포르가 장기간 행정관할을 계속한 것임을 나타낸 것에 불과하였다.[282)]

④ 페드라 브랑카(Pedra Branca)에 대한 싱가포르 주권의 말레이시아 인정

가. 말레이시아의 페드라 브랑카(Pedra Branca)에 대한 싱가포르 주권의 명백한 인정

1847년 이래 싱가포르는 페드라 브랑카(Pedra Branca)에 대한 자국의 원시적 권원을 확인하는 국가권한행위를 지속적으로 하여 왔으며 이는 페드라 브랑카(Pedra Branca)에 대한 싱가포르 주권확립에 충분하다. 동 도서에 대한 주권의

281) *Ibid.*, para. 6.121.
282) *Ibid.*, para. 6.122.

계속적 행사는 조호르(Johor) 및 이후 말레이시아와는 상당히 대조적이며 이는 당시 말레이시아가 싱가포르 행위와 경합되는 어떠한 활동도 수행하지 않았던 이른바 실효성의 부재였다. 이러한 싱가포르의 활동은 공개적으로 수행되었다.[283]

싱가포르는 페드라 브랑카(Pedra Branca) 소유 및 호스버그(Horsburgh) 등대 건설로 페드라 브랑카(Pedra Branca)d의 주권적 권원을 합법적으로 소유하였고, 여러 방식으로 자국이 1851년 이후 페드라 브랑카(Pedra Branca)와 관련한 국가 권한을 공개적으로 행사하여 왔으나,[284] 말레이시아는 1979년까지 싱가포르 국가 권한의 분명하고 공개적이며 지속적인 현시에 대하여 항의한 적이 없었다. 조호르(Johor)나 말레이시아는 페드라 브랑카(Pedra Branca)에 대한 영국 및 싱가포르 국기계양에 대해 항의한 적이 없다.[285]

또한 1847년 이래 말레이시아는 페드라 브랑카(Pedra Branca)에 대한 싱가포르 주권의 분명하고 공개적인 발현에 관해 장기간 침묵한 것은 말레이시아에 속한 도서인 푸라우 피상(Pulau Pisang)에 싱가포르가 행정관할하는 등대에 싱가포르 해양기를 게양하는 것에 대한 말레이시아의 반응과는 상당히 대조적이다. 즉 1968년 말레이시아는 푸라우 피상(Pulau Pisang) 등대에 싱가포르 기 게양을 반대하였으며, 이러한 반대에 따라, 싱가포르는 동 등대에 자국기 게양을 중단하였다. 그러나 이와는 대조적으로, 말레이시아는 페드라 브랑카(Pedra Branca)에 대한 싱가포르 기 게양에 대해 항의한 적이 없었다.[286]

말레이시아 인정의 또 다른 중요 사례는 페드라 브랑카(Pedra Branca) 부근 수역에서의 경찰 및 안보에 관한 말레이시아의 태도에 있다. 여기에는 말레이시아 경찰 및 안보활동이 없었을 뿐 아니라 이 문제가 싱가포르 관할임을 말레이시아는 항시 합의하여 왔고 싱가포르에 맡겨왔다.[287] 말레이시아는 페드라 브랑카(Pedra Branca)에 관한 자국주장을 표명 또는 유보하지 않았고 심지어 자국이 이러한 주장을 할 수 있다라는 암시조차 하지 않았다. 본 사건에서 말레이시아의

283) *Ibid.*, para. 7.5.
284) *Ibid.*, para. 7.7.
285) *Ibid.*, para. 7.8.
286) *Ibid.*, para. 7.12.
287) *Ibid.*, para. 7.18.

묵인의 성격과 지속으로 볼 때 말레이시아가 페드라 브랑카(Pedra Branca) 및 싱가포르에 대해 아무런 권원도 가지지 않았음을 인정한 것과 동등하다.[288]

페드라 브랑카(Pedra Branca)에 대한 싱가포르 주권을 말레이시아가 공식적으로 인정하였는바, 1953년 9월 21일 싱가포르 식민장관에게 조호르(Johor) 외무장관대리가 보낸 서신에서 말레이시아의 이전 국가들이 페드라 브랑카(Pedra Branca)에 대한 권원을 명백히 포기하였다고 하는데, 이는 말레이시아가 싱가포르 주권을 공식적으로 인정한 것이 된다.[289] 말레이시아의 싱가포르 주권인정은 페드라 브랑카(Pedra Branca)에 대한 싱가포르 주권행위에 대한 말레이시아의 침묵뿐만 아니라 말레이시아는 여러 경우 싱가포르의 주권을 명백히 인정하였다.[290]

페드라 브랑카(Pedra Branca) 및 그 수역 접근허가를 말레이시아가 싱가포르에게 요청하였는바, 1974년 3월 1일 말레이시아관리 페드라 브랑카(Pedra Branca) 및 호스버그(Horsburgh) 등대방문 허가를 요청하였고, 1978년 싱가포르 주재 말레이시아 고등판무관이 자국 정부선박의 싱가포르 영수진입 허가요청을 싱가포르 외무부에 보냈다. 1979년 말레이시아지도 출판 이후에도 말레이시아는 페드라 브랑카(Pedra Branca) 주변수역 진입을 싱가포르로부터 얻으려 계속 추구하였다.[291]

나. 페드라 브랑카(Pedra Branca)에 대한 싱가포르 주권을 인정하는 말레이시아의 공식지도

1979년 이전 말레이시아는 페드라 브랑카(Pedra Branca)가 싱가포르에 귀속된다는 공식적인 지도를 계속 발행하였고 그 결과 동 도서가 싱가포르에 속함을 인정하였다.[292] 페드라 브랑카(Pedra Branca)가 싱가포르에 귀속됨을 나타내는 여러 공식적인 말레이시아 지도가 있다. 즉, 1962년 말레이시아 연방 조사국장이 출판한 지도에는 페드라 브랑카(Pedra Branca)가 싱가포르에 속한다는 표시로( )로

288) *Ibid.*, para. 7.23.
289) *Ibid.*, para. 7.29.
290) *Ibid.*, para. 7.30.
291) *Ibid.*, paras. 7.31-7.33.
292) *Ibid.*, para. 7.39.

표기하였고, 1962, 1965, 1974년 지도에서도 페드라 브랑카(Pedra Branca)를 싱가포르 영토로 표기하였다.[293]

결국, 말레이시아 자체의 지도는 페드라 브랑카(Pedra Branca)가 싱가포르 영토 일부가 됨을 확신해 준다. 말레이시아 지도청 및 그 이전 국가들에 의해 양 당사국간 분쟁이 나타나기 이전에 이들 지도가 출판되었으며 따라서 이들 지도는 말레이시아 정부의 이해관계에 반해서 인정된 가장 강한 증거가치가 있다.[294]

다. 요약

상기 내용으로부터 다음과 같이 요약할 수 있다:

① 1847년 이래 그리고 1989년까지 페드라 브랑카(Pedra Branca) 및 그 인접수역에 대한 싱가포르의 지속적이고 분명한 주권현시에 대한 말레이시아의 일정한 항의부족은 싱가포르주권의 분명한 인정이 된다.

② 말레이시아는 동 도서에 대한 싱가포르 주권을 침묵뿐 아니라 적극적이고 분명한 행위, 특히 페드라 브랑카(Pedra Branca) 방문 및 주변수역에서 활동에 대한 싱가포르 허가요청을 통해 페드라 브랑카(Pedra Branca) 및 그 주변수역에 대한 싱가포르 관할권에 복종하였다.

③ 1979년 이전 발행된 말레이시아의 공식적 지도는 동 도서가 싱가포르에 속함을 인정하였다.[295]

⑤ 페드라 브랑카(Pedra Branca) 권원에 대한 조호르(Johor)의 명백한 포기

가. 개 요

1953년 9월 21일 싱가포르 식민지의 조호르(Johor) 외무장관대리는 서신에서 다음 두 가지 사항을 분명히 확약하였다:

① 조호르(Johor) 정부는 페드라 브랑카(Pedra Branca)에 대한 어떠한 권원주장도 하지 않았다.

② 1953년 이전 권원주장의 가능성이 있다하더라도 조호르(Johor)는 오늘 이를 포기한다.

---

293) *Ibid.*, para. 7.47.
294) *Ibid.*, para. 7.50.
295) *Ibid.*, para. 7.51.

또한 싱가포르의 동 도서 소유내용 및 제3국에 의한 어떤 주장이나 이해관계 부재측면에서 조호르(Johor)의 포기는 싱가포르 권원의 분명한 인정에 해당된다.[296]

나. 1953년 9월 21일 조호르(Johor) 외무장관 서신의 법적 성격

1953년 페드라 브랑카(Pedra Branca)에 대하여 조호르(Johor)가 포기(abandoned or relinquished)했던 것은 싱가포르에 해당되지 않음이 강조되어야 한다. 권원의 포기는 기존권원이 존재시 가능한 바, 1953년 조호르(Johor) 서신이 나타낸 것은 권원이나 주장 또는 소유권 포기가 아니라 조호르(Johor)가 페드라 브랑카(Pedra Branca)에 대한 소유권 주장을 하지 않았음을 분명히 선언한 것이었다. 싱가포르의 동 도서 소유 및 제3국에 의한 주장이나 이해관계 부재내용도 강조되어야 한다. 조호르(Johor)의 배제에 따라서 싱가포르 권원의 분명한 인정으로 간주될 수 있다.[297]

다. 요약

1953년 서신은 다음과 같이 매우 중요하다:

① 싱가포르 식민장관은 1953년 6월 12일 서신에서 조호르(Johor) 정부에게 페드라 브랑카(Pedra Branca)의 법적지위에 대한 석명화를 추구하였다.

② 동 서신내용은 싱가포르주재 식민당국은 싱가포르가 동 도서에 대한 주권적 권리를 가짐을 알고 있었다는 것이었다.

③ 조호르 외무장관대리는 1953년 9월 21일 서신에서, "조호르(Johor) 정부는 페드라 브랑카(Pedra Branca) 소유권을 주장하지 않는다"라고 선언하여 싱가포르 입장을 확인시켜 주었다.

④ 조호르(Johor)가 동 도서에 대한 주권을 갖고 있지 않으며 필요한 관련 내용에 의해 조호르(Johor)가 싱가포르 주권을 분명히 수락했다는 점을 배제를 통해 알 수 있다.

⑤ 이 배제는 조호르(Johor) 계승자인 말레이시아를 완전히 구속한다.[298]

296) *Ibid.*, para. 8.2.
297) *Ibid.*, para. 8.16.
298) *Ibid.*, para. 8.40.

(3) 판 결

1) 페드라 브랑카(Pedra Branca)/푸라우 바투 푸테(Pulau Batu Puteh) 영유권

재판소는 1979년 12월 21일 말레이시아가 "말레이시아의 영수 및 대륙붕 경계" (1979년 지도)란 지도를 출간하여, 이 지도에서 푸라우 바투 푸테(Pulau Batu Puteh)를 자국 영수 내에 있는 도서로 묘사하였다고 언급하였다. 싱가포르는 1980년 2월 14일 외교노트에서 말레이시아의 페드라 브랑카(Pedra Branca) 영유권 주장을 부인하면서 1979년 지도를 수정할 것을 요구하였다. 이후 일련의 외교교신 및 정부간 교섭이 1993~1994년에 있었으나 문제해결로 이르지는 못하였다. 1993년 2월 첫 번째 회담 중 미들 락스(Middle Rock)s와 사우스 레지(South Ledge)의 부속문제가 제기되었고, 양자교섭이 진전을 보지 못하자 당사국들은 분쟁해결을 위한 국제사법재판소 제소에 합의하였다.[299)]

재판소는 분쟁이 구체화되기 시작한 날짜의 중요성을 감안하여 1980년 2월 14일 싱가포르가 말레이시아의 지도 출판에 항의한 날짜를 페드라 브랑카(Pedra Branca)에 대한 분쟁이 시작된 결정적 기일로 삼았다. 미들 락스(Middle Rock)s와 사우스 레지(South Ledge)의 영유권에 관하여 재판소는 싱가포르가 양국 양자교섭시 페드라 브랑카(Pedra Branca)에 대한 영유권을 주장하여 이들 해양개체를 언급한 1993년 2월 6일을 결정적 기일로 삼았다.[300)]

말레이시아는 서면 변론에서 "자국이 장기간 푸라우 바투 푸테(Pulau Batu Puteh)에 대한 원시적 권원을 향유하여 왔으며 항상 말레이시아 조호르국의 일부였다"라고 언급하였다. 이에 대한 말레이시아 영유권을 대신할 어떠한 사건도 발생하지 않았다고 하였다. 싱가포르가 등대 건설 및 유지 목적만으로 본 도서에 출현한 것은 영유권 인정에 충분하지도 않으며 또한 동 도서는 무주지로 간주될 수도 없었으며 그 결과 점유취득이 가능하지도 않다라고 하였다.

싱가포르는 1947년 "영국식민왕국의 허가로 등대건설 장소를 페드라 브랑카(Pedra Branca)로 선정한 것"이 "주권적 권원인 소유의 고전적 취득"이 된다라

---

299) *Ibid*., p. 4, paras. 30-36.
300) *Ibid*.

고 주장하였다. 싱가포르에 따르면, 도서의 권원은 그 당시의 법원칙에 의거하여 영국식민왕국이 취득하였으며, 이 결과 "영국식민왕국 및 그 계승국인 싱가포르 공화국이 이를 유지하여 왔다"라는 것이다.

싱가포르의 청원서 및 답변서에서 페드라 브랑카(Pedra Branca)가 명백히 무주지라는 언급은 어디에도 없었으며, 싱가포르의 재답변서에서도 "1847년에 페드라 브랑카(Pedra Branca)의 지위는 무주지였음이 분명하다"라는 점을 지적하였다.

이러한 점에서, 재판소는 말레이시아가 1847~1851년 사이 즉 싱가포르의 활동 이전 기간까지 자국의 원시적 권원을 확립할 수 있었는지 그리고 싱가포르가 영국식민왕국의 대리인으로서 시작한 등대건설 시점인 19세기 중반부터 "페드라 브랑카(Pedra Branca)에 대한 법적 소유를 했다"라는 주장을 확립할 수 있는지의 여부에만 제한적으로 초점을 맞추었다.

재판소는 1512년부터 조호르의 술탄이 남동아시아 일부에서 자국 영유권 하에 있는 특정구역을 주권국가로 확립했다는 사실은 논쟁이 없었다고 하였다. 당사국들의 주장을 검토한 후, 재판소는, 적어도 17세기부터 19세기 초까지 조호르(Johor) 왕국의 영토 및 해양구역은 말레이반도의 상당한 구역을 포함하였으며 이는 싱가포르 해협까지 확장되었고 페드라 브랑카(Pedra Branca)/푸라우 바투 푸테(Pulau Batu Puteh)가 위치한 동 해협지역에 있는 도서와 암석까지 포함했던 것으로 알려져 있다. 따라서 재판소는 말레이시아가 주장한 페드라 브랑카(Pedra Branca)/푸라우 바투 푸테(Pulau Batu Puteh)의 원시적 권원이 법적으로 근거가 있는지의 여부를 확인해야 했다.

중요한 것은 페드라 브랑카(Pedra Branca)/푸라우 바투 푸테(Pulau Batu Puteh)가 싱가포르 해협에서의 항해 위험지역으로 알려져 왔다는 사실이다. 그러므로 동 도서는 분명히 무주지가 아니었다. 따라서 조호르(Johor) 술탄의 모든 역사를 통해서 싱가포르 해협에 있는 동 도서에 대한 영유권 주장이 경합되었다는 증거가 없다는 사실 또한 또 다른 중요한 요인이었다.

재판소는 경합주장 부재의 중요성에 관한 동부 그린란드 법적 지위(Legal Status of Eastern Greenland)에 관한 사건에서 상설국제사법재판소 (PCIJ)의 선언을 상기하였다. 재판소는 "영토주권 주장이 관련된 대부분 사건에서, 두 개의 경합되는 영유권 주장이 있어 왔으나", "1931년까지 덴마크 이외의 어떠한 국가도 그린란드 영유권을 주장하지 않았다"라는 점을 언급하였다. 그러므로 재판소는 "비식민지 지역에 대한 국가 접근의 불가능 특성을 고려하여, 덴마크와 노르웨이 국왕이 1721~1814년까지 자국에게 타당한 영유권 주장을 부여하기에 충분할 정도로 그 권위를 나타냈으며 그린란드에 대한 국왕의 권리는 식민지역에만 한정되지 않았다"라는 결론을 내렸다.

재판소는 이러한 결론이 16세기경에서 19세기 중반까지의 기간에 어떤 국가에 의해서도 아무런 영유권 주장이 제기되어 오지 않았던 무인소도가 관련된 본 사건에도 적용된다는 점을 주목하였다. 이 점에 있어 재판소는 또한 국가의 권위가 반드시 팔마스 도서 사건(Island of Palmas, Netherlands/United States of America)에서 나타난 것처럼 영토의 모든 곳에서 매 순간에 사실상 반드시 구현될 필요는 없다라는 점을 주시하였다.

재판소는 결론내리기를, 조호르 술탄의 영토가 페드라 브랑카(Pedra Branca)/푸라우 바투 푸테(Pulau Batu Puteh)를 포함한 싱가포르 해협내의 모든 도서와 암석까지 원칙적으로 해당된다라고 하였다. 술탄의 동 도서 소유는 이 지역의 기타 국가에 의해 변경되지 않았고 모든 상황에서 "영토주권의 계속적이고 평화적인 현시"조건을 만족시킨 것으로 볼 수 있다는 점을 재판소는 발견하였다. 따라서 재판소는 조호르 술탄이 페드라 브랑카(Pedra Branca)/푸라우 바투 푸테(Pulau Batu Puteh)에 대한 원시적 권원을 향유한다는 결론을 내렸다.

조호르 술탄과 싱가포르 해협에서 어업 및 해적행위를 해왔던 오강 라우트(Orang Laut)간에 존재한 충성관계를 분석한 결과, 재판소는 영국 관리의 공식보고서에서 나타난 양자간 관계의 성격 및 관계정도의 묘사를 통해 페드라 브랑카(Pedra Branca)/푸라우 바투 푸테(Pulau Batu Puteh)를 포함한 이들 도서에 대하여 조호르 술탄이 고대부터 원시적 권원을 향유하였음을 확인시켜 주었다는 점을 발견하였다.

또한, 1824년 영국-네덜란드 조약의 법적 중요성[301]에 관하여 첫째, 재판소는 당시 술탄의 재산변동이나 영토의 정확한 지리적 범주의 변화에도 불구하고

301) *Ibid.*, p. 6, paras. 81-101.

1512~1824년까지 동일한 주권적 실체로서 조호르 술탄이 계속 존재하였음을 문서증거를 통해 결정적으로 보여주고 있으며, 이러한 변화는 조호르 술탄의 영토 내에 항시 존재하였던 싱가포르 해협 지역과 관련된 법적 상황에 아무런 영향도 미치지 않았음에 주목하였다.

둘째, 재판소는, 1824년 영국-네덜란드 조약에서 이 지역을 양분하였는데, 하나는 네덜란드영향권으로, 그리고 다른 하나는 영국 영향권에 속하는 것으로 하였다는 당사국간의 공통된 근거를 관찰하였다. 그러나 싱가포르는 조약이 해협 전체를 별도로 하고 페드라 브랑카(Pedra Branca)/푸라우 바투 푸테(Pulau Batu Puteh)는 조호르 구술탄의 분할 결과 무주지가 되었기 때문에 따라서 1847~1851년 기간 중 영국에 의한 페드라 브랑카(Pedra Branca)/푸라우 바투 푸테(Pulau Batu Puteh)의 "합법적 소유"를 위한 여지를 남기게 되었다고 주장하는 것으로 보인다.

1824년 영국-네덜란드 조약 내용을 주의 깊게 분석한 다음, 재판소는 동 조약이 조호르의 구술탄 영토를 둘로 나누어 각 술탄의 영향력 하에 두게 한다는 양 식민지 국가간의 정치적 해결에 법적 영향이 있었다고 결론 내렸다. 따라서 이 계획상 이들 두 술탄의 영향력 범위 간에 도서를 합법적으로 소유하기 위한 자유행동의 법적 여지가 있을 가능성이 없었다라는 것이다.

동 조약 제12조의 일반적 언급이 "싱가포르 해협 남쪽 기타 도서"라고 하였는데, 이 기타 도서는 동 해협내의 영국 영향력 범위 내에 해당하는 모든 도서 및 암석임을 암시한다. 이것은 자연적으로 페드라 브랑카(Pedra Branca)/푸라우 바투 푸테(Pulau Batu Puteh) 도서에도 적용되는바, 즉 이 도서는 구술탄의 분리 이후 "조호르의 술탄"으로 계속 불리던 부분으로 남아 있었다는 것이다.

한편, 1824년 크로포드 조약의 관련성[302]에 관하여, 재판소는 조호르 술탄과 조호르(Johor) 테멘공이 싱가포르 도서를 동인도회사에 양도했다는 "크로포드 조약"의 분쟁관련성을 고려하였다. 재판소는 동 조약이 말레이시가가 주장한대로 페드라 브랑카(Pedra Branca)/푸라우 바투 푸테(Pulau Batu Puteh)를 포함하여 "싱가포르 해협내나 그 주변의 모든 기타 도서에 대한 조호르 술탄의 계속적인

302) *Ibid.*, p. 6, paras. 102-107.

주권을 영국이 이전부터 인식"을 확립한 것으로 될 수 없다고 한다.

그러나 재판소는 이러한 것이 동 조약 제11조 범주 밖에 있는 싱가포르 해협 내 도서가 무주지이며 따라서 "합법적 점유"를 통해 취득할 수 있다는 것을 의미하는 것은 아니다라고 한다. 무주지 문제는 조호르 구술탄의 분리가 싱가포르 해협내 도서에 어떠한 법적 효과를 미치는가의 내용에 특히 1824년 영국-네덜란드 조약 및 1825년 술탄 압둘 라만으로부터 술탄 후세인형에게 보낸 소위 "기부"편지의 법적 관련성 측면에서 따라서만 판단될 수 있다는 것이다.

또한, 1825년 "기부" 서한의 법적 중요성[303]에 관하여, 술탄 압둘 라만이 자신의 형인 후세인에게 보낸 "기부" 서한이 영유권 이전에 어떠한 법적효과가 있는지를 재판소가 검토하였는바, 재판소는 소위 압둘 라만이 후세인에게 보낸 "기부" 서한은 1824년 영국-네덜란드 조약에서 합의한 분리를 확인한 것이며 따라서 법적 효과가 없다는 것임을 주목하였다.

재판소는 결론내리기를, 말레이시아는 영국이 1844년 페드라 브랑카(Pedra Branca)/푸라우 바투 푸테(Pulau Batu Puteh)에 등대건설을 준비하기 시작한 시점부터 본 도서가 조호르 술탄의 주권 하에 있었다는 것을 만족스럽게 확립하였다라고 하였다.[304]

1840년 이후 페드라 브랑카(Pedra Branca)/푸라우 바투 푸테(Pulau Batu Puteh) 영유권 문제에 관하여, 먼저 그 적용법률 문제는,[305] 주권의 移轉은 분쟁 당사국가간의 합의방식으로 이루어진다는 점을 주목하였다. 이러한 합의는 1824년 크로포드 조약과 1927년 협정과 같은 조약의 형태를 취한다. 동 협정은 비공식적으로 진행되거나 당사국행위로부터 야기될 수 있었다. 이 문제에 있어 국제법은 어떤 특별한 형태를 요구하지는 않으나 당사국 의도에 중점을 둔다.

영토주권은 특정상황에서 타국의 주권적 권원행위를 반박하기 위하여 그리고 타국 영토주권의 명백한 현시를 구체화함에 있어 그 주권을 향유한 국가가 이에 실패한 결과로 주권이 이전될 수 있다. 이러한 명백한 주권현시는 분쟁 국가가 반대하지 않을 경우 상응하는 결과를 가져오게 되는바, 즉 반응이 없다는 것은

303) *Ibid.*, p. 7, paras. 108-116.
304) *Ibid.*, p. 7, para. 117.
305) *Ibid.*, p. 7, paras. 118-125.

묵인으로 해당할 수 있으며 침묵이란 언급을 할 수는 있으나, 단지 타국의 행위가 반응을 불러일으키게 할 수 있는지만을 언급할 수 있다. 당사국 행위에 대한 재판소의 평가는 국제법 및 영토에 대한 국가주권의 관계 그리고 동 주권의 안정성과 확실성에 중요하다는 것이다. 이 때문에 당사국 행위를 근거로 한 영토주권의 어떤 이전은 의심의 여지없이 그 행위와 관련사실로 인하여 분명해야 한다.

다음, 호스버러 등대장소 선정과정 문제는,[306] 1836년 상인과 해운업자들은 동인도 수로학자 제임스 호스버러를 추모하는 등대건설을 희망하여, 그 결과 1836년 11월 "페드라 브랑카(Pedra Branca)"가 적절한 장소로 식별되었고 1842년 3월 1일 싱가포르 총독에게 보낸 편지에서, "페드라 브랑카(Pedra Branca)"가 유일하게 언급된 특별장소였다. 이러한 최초의 공식적 대화에서, 사기업들은 영국정부가 동 제안을 유효하게 할 것이며 추가로 기금을 제공할 것을 인정했다는 사실을 재판소는 주목하였다.

신청자와 영국 당국간의 여러 교신에서 대체장소가 논의되었고, 1844년 10월경 피크 록(Peak Rock) 도서가 가장 적합한 장소로 확인되었다. 1843년 해협정착지 총독이 된 버터워스(Butterworth)는 같은 해 11월 말 조호르 술탄과 테멘공에게 보낸 편지의 답장을 받았으나, 당사자들의 광범위한 조사에도 불구하고 총독들의 서한들은 발견되지 않았고, 당사자들은 재판소에 1844년 11월 25일자의 번역복사본을 제공하였는바, 여기에서 술탄과 테멘공은 정확한 위치를 언급하지 않았고 다만 싱가포르해협에서의 등대건설에 동의하였다.

영국이 상기에 언급한 목적으로 선정하려는 등대건설 및 운영장소에 대한 주권을 조호르가 영국에게 양도하였는지 또는 건설 및 운영만을 허가하였는지를 검토한 후, 재판소는 이에 관한 교신이 결정적이지 아님을 발견하였다. 따라서 등대유지 형태 및 건설 예정도서에 관한 문서합의 부재로, 재판소는 1844년 11월이 문제에 관한 가능한 합의를 할 위치에 있지 않았음을 고려하였다.

다음, 호스버러 등대건설 및 위임(1850~1851)[307]에 관하여는, 건설계획 및 건설 그 자체는 버터워스 총독에 의해 본 계획의 건축가로 지명된 싱가포르 정부

---

306) *Ibid.*, p. 7, paras. 126-148.
307) *Ibid.*, p. 8, paras. 149-163.

조사관인 존 톰슨(John Thomson)의 손에 달려 있었다는 점을 재판소는 주목하였다. 1849년 12월 정부조사관은 건설조직을 하기 시작했고 1850년 5월 24일 주춧돌을 묻었으나, 이때 조호르 당국자들이 본 행사에 전혀 나타나지 않았음을 재판소는 주목하면서 이들이 총독에 의해 참석초청을 받았는지를 나타내는 근거도 없었다는 점을 발견하였다. 이는 페드라 브랑카(Pedra Branca)/푸라우 바투 푸테(Pulau Batu Puteh)에서의 이들 활동을 조호르에게 통보할 필요가 있음을 영국과 싱가포르 당국자들이 고려하지 않았다는 것을 의미할 수 있다.

조호르 테멘공은 동 암석을 한번 방문하였고 주춧돌 설치 이후 9일 만에 30명의 동료들과 함께 방문하였다. 등대건설 및 위임양식을 기술한 이후 주권에 관한 어떠한 결론도 이끌어낼 수 없었음을 재판소는 주목하였다. 오히려 이러한 사건들을 페드라 브랑카(Pedra Branca)/푸라우 바투 푸테(Pulau Batu Puteh) 주권에 대한 조호르 및 싱가포르 당국자들 견해의 발전과정으로 인식하였다.

다음, 당사국 행위(1852~1952)[308]에 관하여는, 법률상 등대는 일국의 영토에 건설되고 동 국가의 동의하에 타국에 의해 관리될 수 있다. 말레이시아 주장의 중심은 호스버러 등대가 영국 당국의 모든 행동은 통제했던 도서에 건설되었고 영국 당국을 따라 싱가포르 당국은 등대운영의 정상적 과정에 참여했다는 것이다. 이와 반대로 싱가포르는 일부 이러한 활동이 등대운영 문제가 아니라 부분적이든 전체적이든 주권적 권원행사의 문제라는 것이었다.

싱가포르는 자신의 입법 및 권원의 승계자로서 등대설치 및 운영 비용징수, 여러 정부기관에 의한 등대의 통제 및 페드라 브랑카(Pedra Branca)/푸라우 바투 푸테(Pulau Batu Puteh)에서의 거주민, 방문객 및 근로자 활동을 규제하였음을 언급하였다. 그러나 재판소의 견해로는 싱가포르가 원용한 규정들이 이들 지역에 대한 영국의 주권을 현시하는 것은 아니라고 하였는바, 즉 이들은 페드라 브랑카(Pedra Branca)/푸라우 바투 푸테(Pulau Batu Puteh) 상의 등대와 마찬가지로 조호르 영토상에 있는 등대에도 동일하게 적용했기 때문이었으며 또한 주권에 대해서 명백히 언급하지도 않았다는 것이다.

다음, 1927년 해협정착지 및 조호로 영수협정을 포함하여 말레이시아가 원용한

---

308) *Ibid.*, p. 8, paras. 164-191.

여러 제도적인 발전에 관하여 재판소는 이들이 페드라 브랑카(Pedra Branca)/푸라우 바투 푸테(Pulau Batu Puteh) 영유권문제 해결에 도움이 되지 않는다고 하였다. 동 협정의 목적은 1824년 조호르가 동인도회사에 양도했던 싱가포르 본토 10마일 이내의 특정지역을 조호르에 양도하는 것이었음을 관측하였으며 여기에는 페드라 브랑카(Pedra Branca)/푸라우 바투 푸테(Pulau Batu Puteh)가 포함되지 않았고 본 도서는 동 협약 범주 내에도 없었다.

테멘공이 조호르와 싱가포르에 있는 영국당국과의 교환각서에서 나타난 것처럼 등대건설 이후 페드라 브랑카(Pedra Branca)/푸라우 바투 푸테(Pulau Batu Puteh) 주변에서 서로 통제를 계속해 왔다는 말레이시아의 주장에 관하여, 재판소는 동 서신이 싱가포르도서 10마일 내에서 발생하는 사건에 관계된다는 점을 관측하였다. 그러므로 싱가포르 당국이 본 내용상 페드라 브랑카(Pedra Branca)/푸라우 바투 푸테(Pulau Batu Puteh) 수역에 대한 관할권을 언급하지 않았다는 사실에서는 아무것도 얻을 수가 없었다.

다음, 1953년 서신[309]에 관하여는, 1953년 6월 12일 싱가포르 식민장관은 조호르 술탄 영국고문관에게 서신을 작성하여 "식민지 영수 경계결정"의 내용상 "페드라 브랑카(Pedra Branca)로 알려진 싱가포르에서 40마일 떨어진 암석에 대한 정보를 직접 문의"하였다. 푸라우 피상(Pulau Pisang)의 경우는, 식민지조약 한계 밖에 있는 도서로서 "조호르의 주권포기가 없었음"이 분명하다는 점을 인정하면서, 장관은 동 섬이 조호로 정부로 양도되었거나 또는 다른 방식으로 처리되었는지 또는 동 암석의 임대나 무상공여한 사실을 나타내는 문서정보가 있는지에 대하여 문의하였다.

몇 달 후 조호르 술탄의 영국고문장관이 싱가포르 식민장관에게 자신이 조호르 외무장관에게 편지를 전달했다고 하면서, 조호르 외무장관은 "의심할 여지없이 토지 및 광산국장과 조사국장과의 논의를 희망하며 총리의 견해를 제시하기 전에 기존 고문서를 참고하기를 희망할 것이다"라고 언급하였다는 것을 싱가포르 식민장관관에게 조언하였다. 1953년 9월 21일 서신에서, 외교장관 대리는 "조호르 정부는 페드라 브랑카(Pedra Branca)의 소유권을 주장하지 않았다"라고 답

309) *Ibid.*, pp. 9-10, paras. 192-230.

변하였다.

재판소는 이러한 서신과 그 해석이 페드라 브랑카(Pedra Branca)/푸라우 바투 푸테(Pulau Batu Puteh) 영유권에 대한 양 당사국간의 이해 결정에 중요하다는 것을 고려하였다.

1953년 6월 12일의 싱가포르 서신은 전체로서의 "암석"에 대한 정보를 추구하는 것이었지 동 도서에 대한 영유권 문제인 식민지 영수 결정 측면에서의 등대에 대해서만은 아니었음을 주목하였다. 동 서신은 1953년 싱가포르 당국이 이해했던 점을 조호르 당국이 주목하게 하는 효과를 가져왔는바, 즉 싱가포르의 이전 국가는 페드라 브랑카(Pedra Branca)/푸라우 바투 푸테(Pulau Batu Puteh)가 술탄과 테멘공에 의해 동인도제도로 무상으로 양도되었다고 생각했다는 점을 재판소는 주목하였다. 재판소는 이 편지가 싱가포르 당국이 수세기전에 일어난 사건을 알지 못하였고 이들의 기록이 완전하다는 확신도 없었음을 보여주는 것으로 이해하였다.

조호르 외무장관 대리의 답변에 관하여, 재판소는 말레이시아 주장을 기각하게 되었는 바, 즉 영국식민국과 조호르 술탄과의 조호르협정규정 및 영국식민국과 말레이 국가와의 말레이연합협정규정상, 외무장관 대리는 "분명히 권한이 부여되지 않았고" "1955년 서신을 작성하거나 조호르 영토 일부의 권원을 포기, 주장 또는 확인할 법적 능력"이 없었다는 것이다.

재판소는 동 서신이 당시 외국으로 인정되지 않았던 영국여왕 정부의 대표에 의해 시작되었기 때문에 조호르 협정은 관련이 없다라는 점을 재판소가 고려하면서, 또한 최초의 서신을 술탄의 외무장관에게 전달했던 자가 조호르 술탄의 영국고문관이었다라는 점을 고려하였다. 재판소는 또한 말레이연합협정은 정보요청 대응행위가 "집행권한"의 "행사"가 아니었기 때문에 말레이주장을 뒷받침하지 않는다는 견해를 가지고 있었다. 또한 말레이시아가 싱가포르와의 양자교섭 기간 중 그리고 구두변론절차에 있어서까지 이러한 주장을 원용하지 못한 것은 싱가포르가 원용한 추정적 내용에 지지를 제공해 주게 된다는 것이다.

1953년 서신내용을 검토해 보면, 재판소는 조호르 답변이 그 의미에서 분명하다는 것인데, 즉 조호르는 페드라 브랑카(Pedra Branca)/푸라우 바투 푸테

(Pulau Batu Puteh) 소유권을 주장하지 않았다는 견해를 분명히 표현하고 있다는 것이다. 본 답신은 도서전체에 관련되는 것이지 등대만이 관련된 것은 아니었다. 조호르 서신은 동 도서의 영유권 문제를 언급하는바, 따라서 재판소는 조호르 답신이 1953년에 조호르는 페드라 브랑카(Pedra Branca)/푸라우 바투 푸테(Pulau Batu Puteh)에 대한 주권을 가지고 있지 않았다는 것으로 이해했다는 것을 보여준다고 결론 내렸다. 조호르 답신의 측면에서, 싱가포르 당국은 영국이 동 도서에 대한 주권을 가졌다는 것을 의심할 이유가 없었다.

본 최종 답신에 대해 싱가포르 당국이 취한 조치는 조호르 당국에게 알려지지 않았다. 사건기록을 보면, 조호르 답신 수령증상에 싱가포르 식민장관이 내부각서를 법무장관에게 보냈는데 여기서 그는 "우리가 페드라 브랑카(Pedra Branca)를 주장할 수 있다"라고 말하였고 법무장관도 동의한다고 말하였다. 그러나 싱가포르는 사건 기록에 대한 추가조치는 하지 않았다.

다음, 1953년 이후 당사국행위[310]에 관하여는, 재판소는 먼저 싱가포르의 주장을 고려하였는데, 즉 싱가포르 및 그 이전국가들이 페드라 브랑카(Pedra Branca)/푸라우 바투 푸테(Pulau Batu Puteh) 도서 영수 내에서 난파선을 조사함으로써 동 도서에 대한 주권을 행사하였다고 한다. 이러한 행위가 싱가포르 측에는 중요한 지지내용이 된다고 결론내렸으며, 재판소는 또한 2003년 6월 재판소에 분쟁을 부탁하는 특별협정이 발효된 이후 말레이시아는 싱가포르의 이러한 행위에 대해 항의하였다.

싱가포르의 동 도서 방문 및 타국 출신은 물론 싱가포르 출신 관료들의 동 도서 이용을 배타적으로 싱가포르가 통제를 행사했다는 주장을 분석한 후, 재판소는 싱가포르인의 여러 번 방문은 등대의 유지 및 운영과 관련된 것이었고, 따라서 본 사건에는 중요하지는 않다라고 하였다. 그러나 1978년 동 도서 주변수역 조사시 말레이시아 관료의 방문 허락 여부에 관한 싱가포르의 행위는 주권적 행위로 보여지며, 이는 싱가포르의 페드라 브랑카(Pedra Branca)/푸라우 바투 푸테(Pulau Batu Puteh) 주권주장에 중요한 근거가 된다는 것이다.

양 당사국은 페드라 브랑카(Pedra Branca)/푸라우 바투 푸테(Pulau Batu

---

310) *Ibid.*, pp. 10-11, paras. 231-272.

Puteh) 주변에서의 자국 해군의 초계 및 훈련이 동 도서에 대한 자국주권의 현시가 된다라고 주장하였다. 재판소는 이러한 활동이 어느 쪽에도 중요하다고 보지는 않았다. 싱가포르 항구에서부터 작전하는 해군함정은 종종 지리적 필요성 때문에 페드라 브랑카(Pedra Branca)/푸라우 바투 푸테(Pulau Batu Puteh) 근처를 통과해야만 했을 것이라는 점이 관측되었다.

등대 점등 시부터 오늘까지 호스버러 등대에 영국과 싱가포르 국기를 게양한다는 것은 명백한 주권의 표현이라는 싱가포르 주장에 대하여, 재판소는 국기게양이 통상적인 경우 주권의 발현은 아니라고 언급하였다. 그러나 말레이시아가 호스버러 등대에 게양된 국기에 대해 항의하지 않았다는 사실에 어느 정도 비중을 둘 수 있음을 고려하였다.

재판소는 이어서 1977년 5월 싱가포르 해군이 설치한 중계소를 검토하였는데, 그 이유는 군용방송국이 페드라 브랑카(Pedra Branca)/푸라우 바투 푸테(Pulau Batu Puteh) 도서에 있었기 때문이었다. 싱가포르는 동 시설이 공개적으로 설치되었다고 주장하나, 말레이시아는 동 시설이 비밀리에 행해졌고 이를 싱가포르의 청원서 수령으로 알게 되었다고 주장한다. 재판소는 말레이시의 동 시설 인지에 대한 양국 주장의 강도를 평가할 수는 없었다.

1970년대에 여러 번 고려되어 왔던 페드라 브랑카(Pedra Branca)/푸라우 바투 푸테(Pulau Batu Puteh) 주변 간척계획에 관하여, 재판소는 간척이 진행되지 않았고 일부 서류는 공개되지 않은 반면 그 광고는 공개적이었으며 반응을 이끌었다라는 점을 관찰하였다. 나아가 광고란에 제시한 행위가 등대유지 및 운영을 벗어난 것으로 이는 싱가포르를 지지하게 되는 행위였다는 것이다.

1968년 말레이시아 정부와 말레이시아 대륙석유회사는 서부 말레이시아 동쪽 해안의 모든 대륙붕 지역에서의 석유탐사허가협정을 체결하였다. 그러나 영토적 제한과 양여의 특성 그리고 좌표의 일부 공개 등으로 재판소는 양여에 대한 비중을 줄 수 있다고는 고려하지 않았다.

1969년 말레이시아가 영수를 3해리에서 12해리로 확장한 입법에 관하여, 말레이시아는 동 입법으로 자국 영수가 푸라우 바투 푸테(Pulau Batu Puteh) 밖 또는 푸라우 바투 푸테(Pulau Batu Puteh)까지 확장되었다고 주장하였다. 그러나 재판소는 언급된 법률은 가장 일반적 의미를 제외하고는 동 법률이 적용되는 지역을 식별하지 않았다. : 이는 단지 당시 "말레이시아를 통하여" 적용된다라고만 하였다.

말레이시아는 페드라 브랑카(Pedra Branca)/푸라우 바투 푸테(Pulau Batu Puteh) 영유권 주장을 옹호하는 여러 영토 합의를 원용하였는바, 즉 1969년 인도네시아-말레이시아간 대륙붕협정, 1970년 영해협정 및 1973년 인도네시아-싱가포르간 영해협정 등이다. 재판소는 이들 협정들이 페드라 브랑카(Pedra Branca)/푸라우 바투 푸테(Pulau Batu Puteh) 영유권과 관련하여 이들이 본 문제에 해당되지 않기 때문에 어떤 비중을 줄 수 있을지를 고려하지 않았다. 이와 유사하게, 재판소는 싱가포르가 원용한 1971년 인도네시아, 말레이시아 및 싱가포르간의 말라카 및 싱가포르해협에서의 협력합의를 중요한 합의라고 보지는 않았다.

재판소는 또한 자국 영토라고 묘사하는 싱가포르 정부의 비권위적이고 서술적인 특정한 공식적인 출판물을 기각하였는데, 말레이시아의 견해에서 보면, 싱가포르가 묘사한 60개 도서 중 페드라 브랑카(Pedra Branca)/푸라우 바투 푸테(Pulau Batu Puteh)에 대한 언급이 없었다는 것이 놀라울만하다는 것이다.

마지막으로 재판소는 당사국들이 제출한 수백 개의 공식적 지도를 검토하였다. 말레이시아는 재판소에 제출한 모든 지도들 중 싱가포르 정부가 발행한 하나의 지도에 페드라 브랑카(Pedra Branca)/푸라우 바투 푸테(Pulau Batu Puteh)를 자국영토 내에 있는 것으로 묘사하였으나, 이 지도는 1995년까지 출판되지 않았다. 재판소는 1995년까지 싱가포르가 페드라 브랑카(Pedra Branca)/푸라우 바투 푸테(Pulau Batu Puteh)를 자국영토 내에 포함하는 지도를 출판하지 않았음을 상기하였다. 그러나 재판소의 견해에서는 이러한 행위를 하지 못하였기 때문에 1962~1975년 사이 말레야 및 말레이시아가 출판한 지도에는 비중을 훨씬 적게 두었다.

결론적으로[311], 재판소는 당사국 행위를 포함한 관련 사실들이 페드라 브랑카(Pedra Branca)/푸라우 바투 푸테(Pulau Batu Puteh) 권원에 관한 당사국 입장을 집중적으로 발전시키게 하였다는 견해를 갖게 되었다. 재판소는 특히 싱가포르 행위 및 그 이전 국가들의 주권적 행위를 언급하면서 싱가포르 및 그 이전

---

311) *Ibid.*, pp. 11-12, paras. 273-277.

국가들의 행위에 대한 말레이시아의 반박 실패를 포함한 말레이시아 및 그 이전 국가들의 행위를 동시에 고려해 볼 때 1980년까지 페드라 브랑카(Pedra Branca) 푸라우 바투 푸테(Pulau Batu Puteh)에 대한 주권은 싱가포르로 이전 되었다라고 결론 내렸다.

이러한 이유로 페드라 브랑카(Pedra Branca)/푸라우 바투 푸테(Pulau Batu Puteh)에 대한 주권이 싱가포르에 속한다고 재판소는 결론 내렸다.

2) 미들 락스(Middle Rocks) 및 사우스 레지(South Ledge) 영유권

먼저 당사국들은,[312] 미들 락스(Middle Rocks)와 사우스 레지(South Ledge)에 관한 영유권 문제는 페드라 브랑카(Pedra Branca)/푸라우 바투 푸테(Pulau Batu Puteh) 영유권과 함께 한다는 싱가포르 입장을 재판소는 주목하였다. 싱가포르에 따르면 페드라 브랑카(Pedra Branca)/푸라우 바투 푸테(Pulau Batu Puteh) 소유자가 미들 락스(Middle Rocks)와 사우스 레지(South Ledge)를 소유한다는 것인 바, 즉 싱가포르의 주장은 이들이 페드라 브랑카(Pedra Branca)/푸라우 바투 푸테(Pulau Batu Puteh)의 부속도서이며 미들 락스(Middle Rocks)는 사우스 레지(South Ledge)와 함께 하나의 그룹으로 해양개체를 형성한다는 것이다. 반면 말레이시아는 이들 3개의 개체가 역사적 및 지리적 관점에서 하나의 식별 가능한 도서그룹을 구성하지 않으며 이들은 항상 조호르/말레이시아 관할권 내에 있는 개체들로 고려되고 있었다고 한다.

다음, 미들 락스(Middle Rocks)의 법적 지위[313]에 관하여는, 본 사건에서 중요한 문제로 합리적인 내용에서 평가되어야 한다라고 재판소는 보았다. 재판소는 페드라 브랑카(Pedra Branca)/푸라우 바투 푸테(Pulau Batu Puteh)에 대한 영유권이 본 사건을 둘러싼 특정상황 하에서 싱가포르에 있다는 결론에 도달하였다. 그러나 이러한 상황은 페드라 브랑카(Pedra Branca)/푸라우 바투 푸테(Pulau Batu Puteh) 근처 즉 미들 락스(Middle Rocks)와 사우스 레지(South Ledge)에는 분명히 적용되지 않는다. 상기 판결내용의 검토를 통해서도 당사국의 어떠한 행위도 미들 락스(Middle Rocks)의 경우에는 적용된 적이 없음을 알

312) *Ibid.*, p. 12, paras. 278-287.
313) *Ibid.*, p. 12, paras. 288-290.

수 있다.

재판소는 그러므로 미들 락스(Middle Rocks)에 대한 원시적 권원이 조호르 술탄의 계승자인 말레이시아에 있다고 한다.

다음, 사우스 레지(South Ledge)에 관하여,[314] 재판소는 사우스 레지(South Ledge)가 간출암으로써 특별한 지리적 개체에 해당하므로 고려되어야 할 특별한 문제가 있음에 주목하였다. 재판소는 유엔해양법협약 제13조를 원용하였으며 과거 판례, 당사국주장 증거들도 고려하였다. 사우스 레지(South Ledge)는 말레이시아 본토, 페드라 브랑카(Pedra Branca)/푸라우 바투 푸테(Pulau Batu Puteh) 및 미들 락스(Middle Rocks)가 만들어내는 서로 중복되는 영수 내에 분명히 존재한다. 특별협정 및 최종제출에서 당사국들은 이들 3개 해양개체 각자에 대한 영유권 문제를 별도로 결정해 줄 것을 요청하였다.

동시에 재판소는 문제수역에서의 말레이시아와 싱가포르 영수에 관한 경계선 획정을 당사국으로부터 해달라는 부탁을 받지 않았음을 주시하였다. 이러한 상황에서 재판소는 간출암인 사우스 레지(South Ledge)에 대한 영유권은 이것이 위치한 영수국가에게 속한다고 결론지었다.

〈사진 3〉 South Ledge

출처 : Singapore Memorial PPT Show, p. 13

314) *Ibid.*, p. 12, paras. 291-299.

상기의 논리를 근거로[315] 재판소는 다음과 같이 판결하였다:

① 페드라 브랑카(Pedra Branca)/푸라우 바투 푸테(Pulau Batu Puteh) 영유권을 싱가포르에 속한다(12:4).

② 미들 락스(Middle Rocks)영유권은 말레이시아에 속한다(15:1).

③ 사우스 레지(South Ledge) 영유권은 이것이 위치한 영수국가에 속한다(15:1).

(4) 평 가

말레이시아/싱가포르간의 페드라 브랑카(Pedra Branca)/Pulau Baru Puteh, 미들 락스(Middle Rocks) 및 사우스 레지(South Ledge) 영유권 사건은 가장 최근의 도서 영유권에 관한 국제사법재판소 판결로서 우리에게 시사하는 바가 크다고 할 수 있겠다.

첫째, 본 사건은 분쟁 당사국 모두 식민지 지배를 받은 국가로서 그 상황이 우리와 유사한바, 특히 제국주주의 국가가 식민지 지배 당시 체결한 조약의 효력이 가장 중요한 법적 효과를 발생했던 것으로 판단되었다. 이 결과 1953년 조호르(Johor)는 자신이 페드라 브랑카(Pedra Branca)/Pulau Baru Puteh 에 대한 소유권 주장을 하지 않았음을 공식적으로 선언하였고, 이 배제는 말레이시아를 구속하며 그 효과가 그대로 인정되었다.

둘째, 페드라 브랑카(Pedra Branca)/Pulau Baru Puteh에 관한 양 당사국 행위의 일관성 문제로서, 싱가포르는 페드라 브랑카(Pedra Branca)/Pulau Baru Puteh에 관한 자신의 주권과 완전히 일치하는 태도로 줄곧 국가행위를 행사하여 왔다. 특히 싱가포르는 150년 이상 동 도서에 대한 주권자로 행위하였으나, 이와는 달리, 말레이시아는 1979년 이전에, 자신이 페드라 브랑카(Pedra Branca)/Pulau Baru Puteh 권원을 가졌음을 암시한 적이 없으며 동 섬과 관련한 어떠한 주권행위도 행사한 적이 없었고 공식적으로 동 도서 소유권을 주장하지도 않았다. 또한, 페드라 브랑카(Pedra Branca)/Pulau Baru Puteh가 싱가포르에 속하는 것으로 표시된 공식적 지도도 발행하지 않았으며 동 도서에 대한 싱가포르의 계속적 행정

315) *Ibid.*, p. 13, para. 300.

및 통제에 대해 침묵을 지켜왔다. 따라서 분쟁이 시작되기 이전의 실효적 지배 행위 즉 국가행위 계속성이 영유권 문제 해결의 중요한 법적 근거가 된다는 것이다.

셋째, 국가권원의 승계, 국가권한의 계속적·평화적 및 실효적 행사 사실이 영유권 결정에 가장 중요한 요인으로 등장하는 바, 이 점에서 싱가포르의 주장이 다소 설득력이 있었고, 이 경우 일본과의 독도문제에 있어 우리로서는 상대적으로 상당히 유리할 수 있다.

넷째, 지도의 증거능력이나 지도가 증거로 채택되어 영유권 결정에 미치는 영향은 다소 적을 것으로 판단되었기 때문에 향후 국제적으로 공인된 국가의 공식적 지도발굴은 중요할 수 있다.

다섯째, 역사적 사실 문제는 입증의 객관적 어려움 및 주장 내용의 현격한 차이 등으로 증거채택에 어려움이 상존하는바, 객관적으로 공인될 만한 역사적 자료의 발굴이 중요할 것으로 보인다.

결국 독도문제에 있어 일본이 강하게 주장하는 샌프란시스코 조약상의 독도 영유권문제 미삽입 사실 및 도근현 고시에 의한 독도의 일본영토 편입조치 등의 국제적 해석이 일본에게 유리하지 않도록 반박하는 내용의 자료발굴 및 활용이 중요할 수 있으며, 1905년 이전 우리의 실효적 지배사실 발굴 및 독도가 선점의 대상인 무주지가 아니었다는 사실 입증이 노력이 필요하다 하겠다.

第16장

신해양법상 한반도 해양안보의 현안과 과제

제1절　서　론

1982년 유엔해양법협약의 발효로 국제사회에는 새로운 해양질서가 성립되어 해양문제가 경제는 물론 외교·안보적 차원에까지 중요한 영향을 미치게 되었다. 이에 따라 각국은 해양이익의 극대화를 목표로 자국에게 유리한 해양관할수역을 확보하고자 정치적·외교적·법적 모든 노력을 경주하고 있는 것이 현실이다.

그러나 해양법협약 발효에 따른 각국의 관할권 확장 움직임으로 관련 당사국 간의 해양경계획정 문제와 자원보호문제 등 각종 해양권익에 대한 국가간의 이해대립이 불가피하게 수반되어 이의 조정·해결이 시급하나 문제해결이 그리 쉽지는 않을 것으로 예상된다.[1] 특히, 한국의 해양환경은 다른 어느 국가보다도 지리적·전략적 측면이나 국제정치·경제적 맥락에서 매우 복잡하고 불안정한 상태에 있다. 더구나 북한과의 대치 상황, 반도국가로서의 해양의존성 다대 그리고 주변해역이 반폐쇄해[2]인 동해·서해·동중국해로 이루어져 있어, 주변국과의 자

1) 이는 해양법협약의 내재적 문제점, 즉 동협약 규정의 해석, 적용 및 구속력 등의 측면에서 불명확하거나 애매하게 규정되어 있다는데 기인하고 있기도 하다.

2) 폐쇄해 혹은 반폐쇄해(enclosed or semi-enclosed sea)란 2개국 이상으로 둘러싸이고 협소한 출구에 의해 타해양에 연결되거나, 또는 전부나 일부분이 2개 이상의 연안국의 영해 및 배타적 경제수역으로 구성되어 있는 灣(gulf), 內灣(basin), 또는 海(sea)를 말한다(협약 122조).

원개발 및 분배에 따르는 해양경계획정문제(특히 배타적 경제수역 경계획정 문제) 및 분쟁도서의 영유권 문제[3] 등 해양국익 및 주권행사와 직결된 많은 부분들이 미해결상태로 남아 있다. 또한 한국의 주요 해상교통로인 동남아시아 해로 주변은 주변국간의 이해관계가 첨예하게 얽혀져 있어 다양한 해양분쟁 소지를 내포하고 있기 때문에 이들 해로통항의 안전문제가 심각히 저해될 수 있는 가능성이 상존하고 있다. 반면 한국의 해양안보역량은 이들 직면한 해양문제를 능동적으로 해결할 수 있을 정도로 갖추어져 있다고 보여지지는 않는다. 이러한 점에서 신해양법질서를 기초로 한 현 한반도 해양안보의 현안문제와 과제를 제시하여 가능한 해결방안을 도출하고자 하는 것이 본 발표의 주요 목적인 것이다.

제 2 절 신해양법질서가 해양안보에 미치는 영향

새로운 해양법질서의 형성 및 과학기술의 발달로 해양에 대한 각국의 관심이 제고되자 바다의 이용이 급속히 활성화되었고 그 중요성도 상대적으로 증대하게 되었다. 과거 해양이 국가간의 해상교통로라는 단순한 의미만을 지녀왔으나, 오늘날의 해양은 국제관계의 매개적 수단에 머무르지 않고, 해양 그 자체가 국가의 중요한 자원의 보고로서 그 기능을 하게 되었다. 따라서 해양은 이제 더 이상 분쟁의 장소가 아니라 분쟁의 대상 그 자체가 된 것이다.[4]

새로운 해양질서는 비군사적 목적의 해양이용 범위가 해저에서부터 해상에까지 확장됨으로써 국가 해양활동의 장소적 범위가 수평 및 수직적으로 확대되는 결과를 초래하여 해양을 중심으로 한 해양이익의 충돌 및 그 이용의 증대로 국제분쟁의 잠재적 원인[5]이 되고 있다는 점이다.

---

3) 배진수, "동북아시아 지역에서의 해양영토 분쟁의 배경 및 현황", 동아시아의 해양분쟁과 해군력 증강현황, 한국해양전략연구소, 1998, pp. 15-52 참조

4) Harold J, Kearsley, *Maritime Power and the Twenty-first Century*, Brookfield : Dartmouth Publishing Co., 1992, p. 13.

5) ① 지상자원의 고갈에 따른 해양자원의 가치 증대 ② 해양의 식량자원 조달 측면 부각 ③ 해양의 군사적 이용가치(기뢰부설, 항공작전, 해저고정 음향탐지체계 등) 점증 ④ EEZ, 국제해협, 영해 등과 관련된 법적, 행정적 분규 빈발 전망 ⑤ 부유한 '제1세계' 국가들의 이익에

신해양법질서 형성의 안보적 측면에서는 두 가지 의미를 동시에 고려할 수 있는바,[6] 그 하나는 다양한 이해관계 수용과정에서 나타난 관할수역의 중복주장으로 관련국가간 해양분쟁의 근원이 되고 있다는 점이고, 다른 하나는 해양법협약의 발효로 해양질서유지의 안정화에 기여한다는 의미를 동시에 갖고 있다는 것이다.[7]

신해양법질서의 형성을 계기로 세계 주요 국가들은 해양문제에 대한 재인식과 더불어 해양지향적 정책을 적극적으로 전개함으로써 해양에서의 국가이익을 확보하기 시작하였다. 이러한 해양국익 확대정책 실현추이는 이에 상응한 해양안보전략이 없이는 불가능하다. 따라서 법적·외교적 측면은 물론 군사적 측면에서 해양안보질서에 부응하려는 노력이 전개되어야 한다는 것이다.

신해양법질서의 형성과 더불어 연안국은 보편적인 국제법에서 규정한 권리와 의무를 준수해야 하는데 이를 위해서는 해양법협약에 규정된 다양한 수역의 개념과 동 수역에서의 연안국의 권리와 의무에 대해 면밀한 검토가 선행되어야 할 것이다. 특히 동협약을 구체적으로 적용·이행하는 문제는 향후 개별국가의 해양국익 확보라는 점에서는 물론 해양법질서의 정착과 관련하여 사안별로 보완되어야 할 것이다. 문제 영역에 대해서 국제적으로는 다자간 혹은 쌍무적 외교 교섭에 의해서 해결될 것이 예상되며 그 결과 이 같은 관행의 축적을 통해 해양법질서가 점차적으로 안정될 것이다.[8]

연안국의 관할권 행사와 관련한 외국 선박·항공기에 대한 통항문제는 중요한 안보적 현안이 아닐 수 없는데, 해양법협약은 대체로 연안국의 관할수역 즉 영해,[9] 접속수역, 국제해협,[10] 군도수역[11] 및 EEZ[12] 등에서 외국 선박·항공기의

서 비롯된 것으로 인식되는 기존 국제법에 대한 도전 ⑥ 公害에 대한 관심 증대 ⑦ 과학기술의 발달에 따른 탐사 가능 수역 확장(예 : 심해저 광물) ⑧ 저강도 폭력(해적, 파괴행위, 하이재킹 등) 등장에 따른 국가적 대응 필요성 대두 ⑨ 국제적 상호의존성의 긴밀화로 인해 국가간 분쟁·위기시에 해양중립의 유지가 점차 곤란해지는 추세 ⑩ 육상분쟁이 해양으로 파급되는 기호 증대 등이다.

6) M.A.Morris, *Expansion of Third-World Navies*, New York : St. Martin's Press, 1987, p. 14.

7) 국제적 합의를 바탕으로 한 성문법전으로서 해양국익의 유지 및 보호를 규정하고, 이에 따른 국제협력의 근거를 제공하고 있기 때문이다.

8) 특히 해당국의 입장에서 보면 보편적인 성문국제법의 취지 및 규정에 부합되며, 구체적인 사안에 적용할 수 있도록 국내법 및 체제를 정비할 필요가 있다.

9) 해양법협약 제17조-20조.

통항문제를 어느 정도 다루고 있으나, 이들 수역에서의 연안국 관할권 행사의 구체적 범위 및 권한행사 적용규정이 아직도 모호한 상태로 남아 있는 부분이 있다.[13] 해양법협약 규정상의 흠결에서 비롯된 이러한 문제점을 해결하기 위하여는 국가관행이나 판례 등을 통한 관련규정의 명백한 해석 등을 통하여 해양분쟁의 소지를 사전에 예방할 수 있도록 해야 하며 또한 그 결과 해양 신뢰구축을 통한 해양법질서의 조기 정착에도 기여할 수 있을 것이다.

신해양법협약을 기초로 한 연안국의 관할수역 확장현상에 따라 영해 및 접속수역, 대륙붕 등에 대한 경계획정 문제 특히 배타적 경제수역의 경계획정문제는 국가간의 심각한 갈등요인으로 등장하게 되었다. 또한 해양경계획정 문제는 불가피하게 도서 영유권 분쟁과 밀접히 연계되어 있는바,[14] 인접국가간의 도서 영유권 주장은 군사안보적 차원은 물론 자원개발수역의 확보라는 국가 경제적 차원의 이해가 첨예하게 걸려 있으므로,[15] 이는 자칫 무력사용을 포함한 영토분쟁으로 비화될 소지가 대단히 농후하다. 도서 영유권 분쟁은 다자간의 조정과 협력으로 해결 가능한 해상교통로 문제와는 달리 당사국간의 합의에 의한 해결 가능성이 대단히 희박한 것이 사실이다. 왜냐하면 도서 영유권 문제는 군사적・경계획정차원을 넘어 해당국가의 국내 정치적 요인 및 국제적 위상과도 직접 관련되어 있기 때문이다.

해양법협약은 해양의 이용과 관리에 있어 연안국 중심의 관할권을 부여하였으나 동 협약의 기본 취지가 해양의 평화적 이용을 통한 해양질서의 안정화에 있기 때문에 해양분쟁의 소지를 사전 억제・예방하기 위한 국제적 협력의무를 강

---

10) *Ibid.*, 제37조-42조.
11) *Ibid.*, 제52조-53조.
12) *Ibid.*, 제86조.
13) 특히 영해내 수중미확인 물체에 대한 구체적 통항규제 문제 또는 배타적 경제수역내에서의 외국군함의 군사활동 범위문제 등이 그 대표적이다.
14) 또한 해양경계 획정문제는 영해기선의 설정문제와도 직결된다. 영해기선의 설정은 영해의 범위를 규정하는 기선인 동시에 접속수역 및 대륙붕, 특히 배타적 경제수역의 범위를 결정짓는 기준선이 되기 때문이다. 해양법협약에 따르면 영해기선의 설정은 연안국의 주권적 권리지만 인접국과의 관련성을 고려하여 적용할 수 있음을 규정하여 동기선의 국제적 측면을 강조하고 있다.
15) 해양법협약은 도서에 법적 지위를 부여하면서 이들 주변수역에 200해리 배타적 경제수역을 향유할 수 있도록 규정하였다. 동 협약 제121조 참조.

조하고 있어 분쟁의 평화적 해결을 도모하도록 하였다.[16] 이를 위하여 신 해양법 질서는 해양문제의 국제적인 측면을 고려 국가간의 해양안보협력을 강조하고 있다.[17]

특히 해상교통로 확보 및 통항의 안전성 문제해결은 오늘날 평시 국가생존을 위한 가장 중요한 이슈임은 재론의 여지가 없다. 신해양법 질서하에서 국제 해상교통로는 다수의 연안국 관할수역을 통과하지 않을 수 없게 되어 있으므로 해상교통로 안전문제는 해당국가의 안보와 직결됨은 물론, 국제안보 차원에서도 다자간 이해조정이 필요한 현안이다. 더욱이 국제 해상교통로상의 일부 해역이 무력분쟁 소지를 안고 있는 경우, 독자적인 교통로 확보 및 보호능력을 갖고 있지 못한 대부분의 국가들은 적절한 외교적 노력이 사전에 강구되지 않으면 안될 것이다.

제3차 유엔해양법회의의 결과로 나타난 주요한 변화는 연안수역의 자원개발 및 관리와 관련된 활동에 대한 연안국의 규제권이 확대된 것이다.[18] 이와 관련하여 해양 강대국들은 연안국의 자원 관할권을 광범위하게 인정하는 대신, 연안국 관할수역에서 비교적 자유로운 통항권을 인정받게 되었다. 즉 해양법협약은 해양강대국과 연안약소국간의 타협의 산물로 볼 수 있다.

신해양법질서는 대부분의 연안국들이 영해, EEZ, 대륙붕 등 종전보다 확장된 해양수역에 대한 국가이익 즉, 연안방어와 해양자원 보호는 물론, 해양자원을 활용한 국가 경제발전에 역점을 두게 되는 계기를 마련하였다. 그러나 대다수 연안국들이 해양강대국에 비하여 상대적으로 미약한 군사력을 보유하고 있다는 점에서 해양법협약에서 부여하고 있는 해양이익의 결과적 수혜를 받기가 어렵게 되자 해양국익 증진 및 확보를 위한 군사력(해군력) 증강 문제를 심각하게 고려하는 결과를 초래하였다.

주지하는 바와 같이 동아시아·태평양 지역 연안 국가들은 이미 1980년대 후반부터 해양력 신장을 추진하여 왔는데, 이는 신해양질서가 안보에 미치는 영향

16) 해양법협약 제279조.

17) 해상교통로 안전 문제는 물론이고, 해양환경보존, 해양과학조사, 해상 구조·구난, 해양자원 보호·개발 등의 문제 등도 연안국이나 해당 관련국가가 독자적으로 해결하기에는 대단히 어려운 문제들이다.

18) 해양법협약 제56조 참조.

이 다대할 것을 예측한 처사라고 보여진다. 이러한 제3세계 또는 연안약소국들의 해양력 확장추세는 해양법질서의 향후 전망과 관련하여 긍정적·부정적인 양 측면이 존재한다. 즉 적절한 해양력(해군력)을 효과적으로 사용할 경우 관할수역의 유지가 법을 통해 안정적으로 될 것이나, 제3세계의 해군력 증강은 오히려 인접국가들에 대한 군사적 도발 또는 불안감을 조성하여 긴장을 악화시킬 수 있다. 따라서 이러한 해군력 증강의 결과는 기존 해양강대국과의 마찰은 물론 인접국과의 잠재적 해양분쟁을 고조시켜 오히려 군사력 경쟁으로 전위될 가능성이 다분히 존재하게 될 것이다.[19]

1982년 유엔해양법협약의 제정에 따라 새로운 해양질서가 형성되어 확장된 관할수역에서의 해양이익에 대한 관심과 이를 보호하기 위한 연안국의 노력은 결국 자국 해군의 역할증대 및 정치·외교·법률적인 분야에서의 관심을 집중하게 하는 계기가 되었다.[20] 특히 각국의 EEZ 선포에 따라[21] 지구 해양의 36%가 연안국의 관할수역으로 포함되게 되자, 해군의 전략적·외교적 역할과 임무 변화가 불가피해졌으며 동시에 해양법협약도 연안해역의 효율적 관리를 위한 새로운 해군의 역할과 임무를 요구하고 있는 것으로 보인다. 왜냐하면 연안국 관할수역을 통제·관리함에 있어 해군력을 활용하는 것보다 더 효율적인 방법을 찾기란 현실적으로 어렵기 때문이다. 특히 군함은 해역방위와 치안을 위한 감시·초계활동에 필요한 기능을 보유하고 있음은 물론 그 자체가 국력의 상징이기 때문이다.[22]

한편 해양분쟁요인을 사전에 제거하는 문제는 일차적으로 그 국가의 외교적 능력에 달려 있으나, 국제외교를 배경으로 한 해군력은 평시 국가주권 및 해양권익 보호와 대외정책 지원역할을 수행할 수 있기 때문에 해군력이 국가외교를 군사적 측면에서 지원할 수 있는 수준의 역량을 갖추어야 한다는 요구가 자연스럽게 제기된다.

그러나 대부분의 연안국들은 해양법협약에서 인정하고 있는 광대한 수역에서

---

19) *Ibid.*, p. 11.

20) Nien-Tsu Alfred Hu & James K. Oliver, "A Framework for Small Navy Theory : The 1982 U N Law of the Sea Convention," *Naval War College Review* (Spring 1988), p. 37.

21) 1999년 말 현재 109개국이 EEZ를 선포하였다. UN, *Law of the Sea Bulletin* No. 39, 1999, p. 39.

22) Ken Booth, Law, *Force and Diplomacy at Sea* , London : Allen & Unwin, 1985, p. 179.

의 관할권을 실질적으로 행사할만한 능력을 갖고 있지 못하기 때문에 약소연안국들의 주요 관심대상은 특히 배타적 경제수역에서의 국가 해양이익 확보에 초점을 두게 되었다.[23] 결국 해양법협약은 이들 연안국 해군의 새로운 임무를 설정하고 이에 부응하는 해군력을 건설하는데 있어 하나의 기준을 제공하게 되었다.

제3절 한반도 주변국가의 해양안보현안

동북아 국가(한·중·일)의 해양이해관계는 대단히 복잡한 양상을 띠고 있어 이 지역 해양안보의 미래는 매우 불확실할 뿐만 아니라 주변 해상에서의 불안정한 상황들도 계속하여 전개되고 있으며, 지역간의 불안조성행위와 지역의 해양안보에 대한 내부적 도전으로 동북아 국가의 국제관계에 있어 잠재적인 악영향을 야기시킬 수 있다. 그러나 다행히 북한을 제외한 이 지역 국가 모두가 유엔해양법협약을 비준하여 동 협약에 기초한 상호간 해양협력에의 기반을 갖추게 되었다는 점이다.[24]

사실상 중국은 냉전이후에도 미국이 아시아 지역에 대한 영향력을 계속해서 유지하려는데 대하여 대단한 불만을 갖고 있으며 이는 중국이 아시아에서 주도적인 지위를 획득하는데 큰 장애가 된다고 보고 있다.[25] 중국이 패권주의적인 경향이 강하다는 분석은[26] 전통적인 중화사상에서 비롯된 것이긴 하겠지만 실제로 중국이 남사군도 영유권 분쟁에서[27] 보여준 군사전략이나 1992년에 제정한 영해

23) Hu & Oliver(1988), p. 45.

24) 물론 유엔해양법협약상의 공백으로 이들 국가들의 해양에 대한 과거문제와 배타적 경제수역 중복과 같은 현안문제들을 완전히 해결해 주지 못하게 하는 아쉬움은 여전히 남아 있다.

25) Yang Jinsen, "Maritime Strategy of Main Countries on the Asia Pacific", *New Ocean Era & Maritime Security*, Choon Kun Lee(ed.), Korea Navy & KIMS, 1998, pp. 52-70.

26) 중국이 패권주의적 의도를 갖고 있다는 심증은 남사군도를 장악하고 남지나해를 지배하기 위해 해군력 증강을 급속도로 추진하고 있는 사실에서 확연히 드러난다. 중국은 건국 초기부터 남사군도의 영유권을 주장하여 왔지만 처음부터 남사군도를 실효적으로 지배하지 못했던 이유는 그에 상응하는 해군력을 보유하지 못했기 때문이다. 설사 점령은 할 수 있었을지 몰라도 실효적인 지배를 위한 능력이 없었기 때문이다. 이러던 중국이 베트남 전쟁이 종결되기 전인 1974년 1월에 무력을 사용하여 그 당시 베트남이 지배하고 있던 서사 군도의 몇 개 섬을 점령하고 지배권을 장악하였다.

법을 분석해 보면 중국이 아시아에 대해 어떠한 존재로 부상하려는 의도를 갖고 있는가를 간파할 수 있다.[28]

이처럼 중국이 서사군도에 군사시설을 구축하고 남사군도를 장악하기 위한 유리한 고지를 확보하게 되자 남사군도의 진출을 적극적으로 추진하게 되는데[29] 이는 남사군도에서 베트남과의 무력 충돌로 구체화되기 시작했다.[30] 남지나해에는 동사(東沙), 서사, 중사, 남사의 4개 군도와 180여개의 섬(암초, 사주 포함)으로 구성되어 있고 면적은 100평방미터 이상 되는 섬이 대략 7개이고 대부분은 만조시에 수면하에 잠겨버리는 산호초들이다. 이처럼 보잘것없는 암초들에 대하여 베트남, 필리핀 등의 주변국가들이 관심을 갖게 된 직접적인 원인은 이 해역의 해저에 풍부한 석유자원이 매장되어 있다는 사실이 밝혀졌기 때문이다.[31] 또한 1982년 유엔해양법협약이 채택된 것을 계기로 200해리 배타적 경제수역이 주장되고 부터는 이 지역의 이해관계가 더욱 복잡한 양상을 띠기 시작하였다

이처럼 중국이 국제법상 영토로 인정받을 수 없는 암초들을 강점하여 남사군도를 장악하려는 의도는,[32] 이 해역의 해저에 많은 양의 석유가 묻혀 있다고 알려져 경제적 이익을 겨냥한 이유도 없지 않으나 장기적인 관점에서 남사군도가 있는 남지나해의 제해권을 장악하려는 전략적 목적 때문인 것으로 해석된다.[33]

---

27) Frances Lai, "Chinese Perspective on the Spratly Dispute", Conference on Maritime Boundary Issues and Islands Disputes in the East Asian Region, Proceedings of the 1st Annual Conference, Center for Social Science and Research, KMU, 1997, pp. 109-36.

28) 더욱이 대만이 독립하려는 움직임을 보이자 이를 무력으로 저지하려는 중국의 행동은 영토나 국경문제와 같은 국제 분쟁 발생시 합리적인 외교에 의해 해결책을 강구하기보다는 군사력에 의존하여 문제해결을 꾀할 가능성이 점점 커질 것으로 분석된다.

29) 김영구, "중국 주변 해역에서의 영유권 분쟁의 배경 및 현황", 동아시아의 해양분쟁과 해군력 증강현황, 한국해양전략연구소, 1998, pp. 53-108 참조

30) 1988년 3월 남사군도에 있는 작은 암초 주변해역에서 중국 해군과 베트남 해군이 교전하여 베트남 해군의 함정 3척이 불에 타고 다수의 사상자가 발생하는 군사충돌이 일어났다. 군사충돌의 원인은 중국이 남사군도의 6개소의 암초에 「중화인민공화국」이라는 영토표식과 해양관측소를 건설한 것이 발단이 되었다.

31) 남사군도 영유권 분쟁에 관하여는, 김현수, "국제분쟁도서에 대한 법적 고찰", 제18회 해군사관학교 해양학술세미나 발표 논문, 1997, pp. 78-110 참조.

32) 중국이 차지한 남사군도의 암초들은 중국 남단에 위치한 해남도로부터 무려 960킬로미터나 떨어져 있기 때문에 중국의 영토로 인정하기 어려움에도 불구하고 그야말로 패권주의적 발상으로 영유권 주장을 하고 있는 것이다.

33) 중국 정부는 해양법 협약의 규정으로 볼 때 중국이 관할한 해역이 약 300만 ㎢정도 된다고 보고 이 해역에서의 해양자원, 도서의 영유, 해상에서의 군사적 위협 등의 문제가 존재한다

특히 21세기 초엽에 있어 중국이 당면할 외국과의 정치, 경제상의 문제는 해상에서 일어날 것이라 예측하고 있는데 이들 해역이 바로 동지나해 및 남지나해라는 것이다. 이러한 관점에서 중국이 남사군도에 갖는 관심은 단지 석유자원을 확보하기 위해서가 아니라 남지나해의 제해권 장악을 위해 해군력 증강을 도모함과 동시에 자국의 영해법도 이에 맞도록 개정하였다.[34)]

동남아해역의 남사군도는 석유, 천연가스 등 자원의 보고일 뿐만 아니라 해상교통로 등 전략적 요충지로서 중국이 전격적인 전쟁을 감행하여 지배권 확보에 성공할 경우 아시아 군사력 판도의 변화와 함께 국제해역으로서의 남사항로 문제와 관련하여 미국, 일본, 한국 등의 해양권익에도 커다란 영향력을 미치게 될 것이다. 수출입 물동량의 99%이상을 해상 수송로에 의존하는 한국과 일본은 남지나해가 중국이나 주변국들에 의해 봉쇄되거나 분쟁을 겪을 경우 예상되는 폐해는 예측하기 어려울 정도로 심각할 것이다.[35)]

한편 질적인 면에서 아시아 최강의 군사력을 보유하고 있는 일본은 중국이 급속도로 해군력을 증강시키면서 남사군도의 영유권을 주장하고 동시에 대만을 해·공군력으로 위협하는 것을 지켜보면서 냉전이후 일본에 최대의 위협국가로 중국을 지목하기 시작했다.[36)] 전후 막강한 경제력을 배경으로 일본은 아시아 국가들에게 정치적 영향력도 증대시켜 왔으나,[37)] 중국과 일본과의 문제는 조어대 지역에서의 다툼이 아니라, 미국이 차후 아시아 태평양지역에서 퇴각할 경우 이 지역의 해양안보를 주도하려는 중국의 헤게모니에 일본이 어떻게 대처해야 할 것인가가 일본이 당면한 이 지역에서의 해양안보의 현안인 것이다.

일본은 해상을 통한 국제무역에 자국경제 의존도가 지배적임을 간파하고 있으

고 판단하고 있다.

34) 중국은 1992년 2월 영해법을 제정했는데, 이 법에는 남지나해의 4개의 군도가 중국의 영토라고 명기되어 있을 뿐만 아니라 영해를 침범한 외국의 함정을 중국군의 함정 또는 항공기가 추적할 수 있는 권한이 명확히 명기되어 있다. 즉 중국의 영해가 침범 당하면 이를 격퇴하는 것은 주권국가의 당연한 권리라고 명시하였다.

35) 일본 해상자위대 자체 분석에 따르면 해상을 통한 물자의 수송이 10% 감소하게 될 경우 일본 국민의 영양수준이 1955년 상태로 되돌아가고, 30%가 감소되면 패전직후의 상태가 될 것이라고 평가하고 있다.

36) Yang Jinsen, "Maritime Strategy of Main Countries on the Asia Pacific", New Ocean Era & Maritime Security, Choon Kun Lee(ed.), Korea Navy & KIMS, 1998, pp. 70-72.

37) 그 좋은 예가 캄보디아에 유엔 평화유지 활동의 일환으로 자위대를 파견한 것이라 하겠다.

므로 만약, 해상수송로에 문제가 생긴다면 국력을 총동원하여서까지 이에 대한 보호에 나설 것으로 예상된다. 특히 중국이 영유권을 주장하고 있는 남사군도가 위치한 남지나해가 지역분쟁에 휩쓸려 해상수송로 확보에 장애를 받을 경우 무력사용까지도 서슴지 않을 것으로 보인다.[38] 일본의 해상수송로가 위협받을 경우 동 수송로 보호를 어느 선까지 보느냐는 그 관점에 따라 다르겠지만 현재 일본이 구상하고 있는 해상수송로의 범주는 남서해상로와 동남해상로를 포함한다는 구상이다.[39] 일본은 중국이 냉전 후 해군력과 공군력을 급속히 증가하며 황해, 동지나해 및 남지나해의 지배를 꿈꾸고 있어 일본은 이 해역들의 안전을 보장받지 못할 경우 그것은 곧바로 일본의 생존과 직결된다고 판단하고 있다. 이러한 점에서 조어도 영유권 문제에 대한 강한 의지를 표현해 왔다.[40]

일국의 국방정책은 그 국가의 지정학적 여건 및 전략적 환경, 그리고 국내정치의 역학적인 상황에 의해 결정되는데 일본은 섬나라로서 전통적으로 해군력이 중요시될 수밖에 없었고, 중국은 정권유지 차원 및 소련과의 국경분쟁 등으로 국방정책에 있어 지상군의 중요성이 강조되었는바, 이는 대내외적인 정치적, 전략적 환경에 기인된 것이라 볼 수 있다.

그러나 냉전 이후 신해양질서의 정착과정을 통하여 해양분쟁이 대대적으로 증가하여 왔다. 특히, 한국의 경우 일본이 독도문제를 거론하고 나오자 국민의 해양에 대한 관심이 더욱 집중되었고 또한 유엔 해양법협약에 근거한 200해리 배타적 경제수역이 현실화되자 한반도 주변 해양을 둘러싼 한국과 주변국가들간에 갈등과 분쟁이 발생할 수 있는 가능성이 대단히 높아진 것이 사실이다.[41] 물론 가장 이상적인 국제관계는 군비를 증강시키지 않고 외교적 노력으로 분쟁을 해결하여 평화와 안정을 유지할 수 있다면 그보다 더 좋은 방법이 없을 것이다. 그

38) 왜냐하면 남사군도가 있는 남지나해는 일본의 경제와 번영을 상징하는 일본의 화물선과 무역선들이 수시로 통과하는 해상수송로가 지나는 해역이기 때문이다. 따라서 만약, 중국이 생각하고 있는 것처럼 이 해역을 중국의 바다로 간주하고 향후 적절한 경제발전과 군사력 확충을 바탕으로 패권적 행동을 하려 든다면 큰 분쟁에 휩쓸릴 가능성이 크다.

39) 남서해상로는 중동 · 인도양 · 말래카해협 · 남지나해 · 동지나해 · 오사카를 지칭하는 것이고, 동남수송로는 호주 · 마리아군도 · 소립원군도(小笠原群島) · 동경에 이르는 항로를 말한다.

40) 김현수, "센카쿠(조어도) 분쟁의 국제법적 고찰", *해양전략*, 제97호, 1997, pp. 156-85.

41) Yang Jinsen, "Maritime Strategy of Main Countries on the Asia Pacific", *New Ocean Era & Maritime Security*, Choon Kun Lee(ed.), Korea Navy & KIMS, 1998, pp. 72-78.

러나 이러한 노력이 여의치 않다면 한국도 이에 상응하는 대책을 수립·시행해야 할 것이다.[42]

한국은 급성장된 경제력을 바탕으로 국방력 및 외교적 역량에 있어서도 이러한 경제력에 상응하는 형태로 변모되어져야 한다. 지금까지 한국의 외교정책은 미국, 러시아, 일본, 중국 4대 강대국 사이에서 한반도의 생존전략에만 치중한 상대적으로 수세적인 여건하에서 추진되어 온 것으로 보인다. 그러나 이제는 한국과 4대국이 상호 대등한 관계에서 협력동반자적 관계유지로의 적극적 외교관계 수립이 절실히 요청되는 시대적 상황에 돌입해 있음을 인식하여야 할 것이다. 왜냐하면 이러한 인식을 기초로 할 때 독자적 해상방위능력을 확보할 수 있는 국방정책이 추진될 수 있을 것이기 때문이다.

냉전 종식 후 빈번한 국경분쟁, 해양에서의 영토분쟁 가능성 증대 및 해상교통로 보호의 절실한 필요성이 점점 증가하고 있는 국제정세의 추이로 보아 각국의 독자적 방위력 구축이 요청됨은 자명한 사실이다. 이러한 관점에서 볼 때 한국도 독자적 해상방어를 구축할 수 있는 능력을 지속적으로 확대시켜 나가는 전략이 무엇보다도 절실하다고 하겠다.

제 4 절 신해양법질서와 한국의 해양안보

1. 동북아 해양질서의 변화

유엔 해양법협약의 발효로 동북아 해양질서도 이에 상응하여 자연스럽게 재편되는 결과를 가져왔다.[43] 즉 한·중·일 3국은 모두 이미 해양법협약을 비준하였고,[44] 이를 계기로 한국은 1996년 9월 10일, 일본은 1996년 7월 20일, 중국은[45]

43) 역사적으로 볼 때에도 한국은 일본과 중국 그리고 러시아로부터 정치적, 군사적 및 외교적으로 대단한 피해와 간섭은 받았기 때문에 만약 이들 나라가 군비증강을 하지 않고 있더라도 위해의 불안이 상존하고 있는 상황인데, 군사력 증강에 박차를 가하는 중국이나 첨단기술력을 바탕으로 한 막강한 군사력을 확보하고 있는 일본을 이웃 국가로 하고 있는 한국은 해군전력을 획기적으로 증강시킬 계획을 수립하지 않으면 안 될 상황을 맞고 있다.

43) 백진현, "한국-중국간의 해양문제", *한국의 해양문제*, 한국해양전략연구소, 1997, pp. 1-2.

1998년 6월 26일 각각 200해리 배타적 경제수역을 선포·시행하게 되었다.

이 같은 한반도 주변국가들의 신 해양법질서 대응노력이 진행되는 가운데 그 동안 잠복되어 있던 동북아의 해양문제가 동협약의 발효로 표면화되고 있는바, 최근 발생한 조어도 문제에서 보듯이 도서 영유권 분쟁이 재연되고 있으며,[46] 동북아의 기존 어업체제도 근본적인 수정이 불가피하게 되었다.[47]

또한 한중일 3국의 영해기선 재조정에 따라 이들 국가간의 해양경계 획정문제도 점차 어려워질 것으로 예상된다.[48] 특히 동북아 해양경계문제 해결의 또 다른 장애요인은 한·일, 일·중, 일·러간의 영토분쟁이 개입되어 있다는 사실이다. 또한 황해 및 동중국해의 대륙붕 경계획정 문제도 여러 가지 이유로[49] 그 해결이 어려운 실정이다.

이러한 동북아 해양질서 재편과정에서 나타나고 있는 해양갈등을 적절히 해결하지 못하게 될 경우 관련 국가간의 전면적인 외교분쟁으로 비화되어 결국 동북아 안정을 위협하는 결과를 초래할 수도 있다. 특히 동북아국가의 해양문제는 폐쇄해라는 지리적 특성과 역사적·정치적 관계의 복잡성 등에 비추어 양자적 해결방식은 한계가 있다는 점을 인식하여 전반적인 해양질서의 흐름 속에서 접근하는 것이 바람직할 것이다.

---

44) 한국은 1996년 1월 29일, 중국은 1996년 6월 7일, 일본은 1996년 6월 20일 각각 비준하였다.

45) 동시에 중국은 1996년 5월 비록 일부이기는 하지만 건국 후 최초로 영해기선을 공표하였다.

46) Kazuomi Ouchi, "Probable Future of the Islands Disputes around Japan", Conference on Maritime Boundary Issues and Islands Disputes in the East Asian Region, Proceedings of the 1st Annual Conference, Center for Social Science and Research, KMU, 1997, pp. 149-53.

47) 한일 어업협정(1998), 한중 어업협정(2000), 중일 어업협정(1997)이 체결되어 모두 발효 중에 있다.

48) J. A. Roach & R. W. Smith, "Straight Baselines: The Need for a Universally Applied Norm", 31 Ocean Development & International Law (2000), pp. 47-80 참조.

49) 대륙붕 석유개발에 대한 접근방식의 상이, 황해 및 동중국해의 지리적, 지형학적, 지질적 환경의 복잡성으로 국제법상의 원칙이나 기준을 적용하기 쉽지 않으며 이들 국가간의 정치적 관계가 미묘하여 분쟁해결을 위한 교섭이 대단히 어렵다는데 있음.

2. 관할수역 확장과 해양안보

한국은 1996년 1월 29일 유엔해양법협약의 비준으로 신 해양법질서에 편입하게 되었고 그 결과 새로운 해양안보상황 변화에 직면하게 되었다. 안보적 차원에서 볼 때 물리적인 관할공간이 확장되면서 다양한 해양권익을 확보하기 위한 실효적 관리 부담 역시 증대되었다.

물리적 공간 측면에서 한국은 대략 남한 영토(9.9만㎢)의 약 4.9배에 달하는 48.7만㎢의 해양수역을 관할하게 되었다.[50] 즉 해양법협약이 발효되기 전에는 한국은 영해기선 안쪽의 내수(4만㎢)와 12해리 영해(7만㎢) 약 11만㎢에 해당하는[51] 수역만을 관할하였으나, 신해양법의 발효로 내수, 영해 및 EEZ를 포함하여 그 관할범위가 48.7만㎢로 확대되었다.

또한 한국은 이러한 방대한 관할수역에서의 다양한 해양권익을 보호해야 하는 부담도 안게 되었다. 따라서 한국은 과거 영해내 주권보호 차원의 방위 및 치안활동을 수행해 왔으나, 오늘날은 영해는 물론 그 이원의 12해리 접속수역을 포함한 200해리 배타적 경제수역 범위까지[52] 관할권 행사를 위한 감시 및 초계활동을 전개하지 않을 수 없게 되었다. 특히 한반도 주변해역을 중심으로 볼 때 한국은 중국・일본 등 인접국과의 해양경계문제 즉 배타적 경제수역 경계획정 문제가 가장 시급하고 절실한 현안과제로 대두되어 있으나[53] 관련국가간의 적용 법원칙 및 이해관계의 차이로 합의에 도달하기에는 상당한 시일이 소요될 것으로 보인다.[54] 해양법협약체제가 연안국에게 부여한 해양권익은 경제적・군사적 측

50) 현재 한국의 관할수역 면적을 정확히 계산하기는 어려우나 영해기선으로부터의 EEZ 면적은 약 37.7만㎢로 추산된다. 대륙붕 면적은 6.8만㎢로 추정된다.

51) 11만㎢의 바다란 사실상 영해와 내수를 포함하는 領水개념에 따른 것이다. 다만 내수 가운데 해양과 접하지 않은 호수나 하천의 면적은 무시하였다. 또한 여기서는 해상 관할면적을 뜻하므로 대륙붕은 제외되었다.

52) 물론 우리의 배타적 경제수역 범위는 제주도 남부수역을 제외하고는 동해 및 서해에서 200해리 권원이 미치지 아니한다.

53) 이는 한국과 중국・일본간의 해상거리가 대부분 400해리에 못 미치게 됨으로써 200해리의 EEZ 범위가 중복되지 않을 수 없기 때문이다. 한・일간 바다의 거리는 23.57해리부터 450해리에 이르며, 한・중간의 서해 폭은 80해리에서 350해리에 불과하다.

54) 우리나라는 서해에서는 특수한 상황(special circumstances)이 없으므로 중간선이 원칙적으

면의 보호문제도 내포하고 있으므로 자국 관할수역에 대한 실효적 권한을 행사하지 못할 경우 이는 오히려 상당한 안보위해 요소들을 방치하는 결과를 초래할 수 있다.

3. 한국의 해양안보 현황 및 과제

(1) 관할수역 보호

평시 연안 및 주변해역에 대한 관할권을 실질적으로 행사하는 임무는 여러 주관부서와 협조부서로 그 임무가 분장되어 있으나,[55] 영해 또는 기타 수역에서의 안보 위해사항에 관련해서는 해군이 직접적으로 임무를 수행해야 할 것이다.

해경은 안보 위해사항을 제외하고는 거의 모든 해상치안 임무를 주관하며 동시에 해상경비, 민생치안, 해난구조, 해상교통 안전관리, 해양오염방지 등 다양한 임무를 수행하도록 되어 있다.[56] 그러나 해경의 현재 규모로는 해양법협약에 따라 확장된 방대한 관할수역에서의 감시 및 통제기능을 효율적으로 수행하여 관할해역을 실효적으로 보호하기에는 대단한 어려움이 상존하고 있는 것으로 보인다.

그렇다면 국민의 생명과 재산보호를 주임무로 하는 해군으로서 아국 연안수역 관리문제를 방관할 수만은 없는 것이 현실이다. 물론 해군은 평시 국가 관할수역에서 전쟁억제와 국가주권수호는 물론 해양권익 보호를 위한 경비 및 초계활동 임무도 병행하여 수행하고 있다. 따라서 해군은 기본적으로 안보 위해사항에 대해 주관부서로서의 임무를 수행하면서 해경의 주임무와 관련해서는 해경의 제한된 해상치안능력을 감안하여 협조·보완 및 작전통제 관계에 있다. 또한 해군은 영해에서의 안보 위해활동을 감시 및 통제하는 일차적인 책무와 배타적 경제수

로 형평한 결과라는 입장이나, 중국은 이른바 "형평의 원칙"에 따라 해안선의 길이, 지형, 경제적 요소 등을 고려해야 형평한 결과에 도달할 수 있다는 의견이다. 한편 동해에서는 우리는 먼저 경계획정을 한 후 이에 대해 진전이 있으면 남해, 동중국해 순서로 교섭을 하자는 입장이나, 일본은 독도에 대한 영유권 문제 해결을 선결과제로 들고 나와 배타적 경제수역 경계획정의 장애로 작용하고 있다.

55) 어로는 주로 국토해양부가, 해상치안에 있어 위반어선 단속은 해경, 밀수는 관세청, 밀입국은 법무부, 해양오염은 환경부 등이 권한행사 주관부서로 되어 있다.

56) 고경옥, "200해리 광역경비체제 구축을 위한 해양경찰발전전략," 21세기 해양수산 비전 공청회 발표자료집, 해양수산부·한국해양수산개발원, 1997.

역에서의 외국군함의 군사활동을 감시해야 하는 추가적인 임무수행도 요구되고 있다.[57]

그러므로 해경의 해상치안능력과 해군의 해역방위능력을 고려할 때, 한국 연안 및 주변해역에서의 효율적인 관할권 행사를 위해서는 관할수역 전반에 걸친 광역 감시 및 초계능력 배양이 필수적으로 요구된다. 이를 위해서는 우선 해군과 해경간의 적절한 업무 및 역할 분담을 통한 긴밀한 협조체제를 구축할 필요가 있다.[58]

한·중·일간에는 여전히 해양경계획정 문제와 도서 영유권 분쟁, 해양자원의 보호 및 개발 등과 관련한 분쟁의 소지가 상존하고 있다. 물론 해양법협약상 해양분쟁이 평화적으로 해결될 수 있는 기초적인 장치가 제도적으로 구비되어 있으나[59] 이의 효과적 실행은 어디까지나 이해당사국의 분쟁해결 의지에 전적으로 달려 있다고 해도 과언이 아니다.[60] 따라서 한·중·일간 해양문제에 관한 신뢰구축이 무엇보다도 절실히 요청된다.[61] 만일 한·중·일 3국간의 해양문제에 관한 이해관계 대립이 전면으로 표출될 경우 한국의 관할수역 보호에 중대한 위협요인이 됨은 물론 동북아 지역의 불안정까지도 초래할 수 있다.

(2) 해상교통로 보호

한국은 물동량의 약 99%를 해상교통수단에 의존하고 있다.[62] 따라서 한반도

57) 해군의 해경 지원은 상대적으로 우수한 감시 및 초계작전능력을 통해 이루어지고 있으나, 해경의 주임무인 해상범죄예방·밀수방지·오염 방제·해난구조 등에 대해서까지 임무수행의 범위를 확장하기에는 내재적 어려움이 있는 것으로 보인다. 왜냐하면 해군은 연근해 해상방위와 도서방위는 물론, 북한의 해상침투에도 대비하지 않을 수 없기 때문이다.

58) 국제법상 군함은 국가의 주권수호 및 관할권을 행사하기 위한 권리와 임검권, 추적권, 자위권 등 공해에서의 기본적 권리를 보유하고 있다. 또한 국내법상 군함은 국가의 안보위해사항에 대해서 1차적인 책임을 지며, 그 외에 어로·해상치안·영해관리·해난구조 등에 대해서는 해경청 및 정부부처 소속 함정이 주관·협조토록 되어 있다.

59) 김현수, "동아시아 해양분쟁 해결을 위한 국제협력", 동아시아의 해양분쟁과 해군력 증강현황, 한국해양전략연구소, 1998, pp. 109-134 참조

60) 해양법협약 제298조는 해양경계획정과 관련된 분쟁에 관하여는 당사국이 동협약에 규정된 강제절차의 비수락을 서면으로 선언할 수 있도록 규정하여 제도적 장치에 의한 분쟁해결의 원초적 장애가 되고 있다.

61) 특히 ARF Maritime Specialist Meeting의 지속적 및 적극적 참여를 통한 신뢰구축(CBM)이 요구된다.

62) 해운산업연구원, KMI 해운통계요람, 1996.

에서의 위기사태 발생시 해상교통로 보호는 가장 중요한 이슈가 될 것이다. 특히 우리의 주요 해상교통로인 동지나해는 북으로 동해와 서해, 남으로는 남지나해와 필리핀해, 동으로는 태평양으로 이어지는 교통로의 교차점에 해당되는 중요한 해로로서 일본, 중국, 대만 등 주변국가와의 통항로 확보에 따른 분쟁이 언제든 발생할 수 있는 지역이다. 즉 한국의 불리한 지정학적 위치에서 연유한 강한 해양 의존특성 때문에 해상교통로가 한국안보에 미치는 영향은 더욱 다대하다.[63]

한반도는 주변 4강의 이해가 상충하는 동북아 전략 요충지로서 이들 4강의 이해관계 다툼이 심화될 것으로 가정할 때 해상교통로 보호를 위한 해상통제와 내륙으로의 세력투사를 위한 해양이 필요하다. 이러한 상황하에서 미국의 극동 해상교통로 전략인 일본과 한국을 주축으로 중·러의 해양세력 견제 및 필요시 동남아시아 해협 확보를 위하여 대한해협 및 태평양 길목에 대한 해상교통로 보호는 군사전략적으로 매우 중요하다.

그리고 한반도 주변해역의 해양분쟁에 대비한 국제적인 협력관계 강화 방안으로 한·미 해양안보협력관계의 강화가 필요하다. 왜냐하면 약소 연안국이 관할수역 이원의 국제해상교통로 안전을 독자적으로 확보하기는 쉽지 않기 때문이다.[64] 더욱이 한국의 해상교통로는 동지나해, 남지나해 및 태평양과 연결되어져 있으므로 한국이 이들 해상교통로에서 완전한 통제능력을 갖춘다는 것은 사실상 불가능한 것으로 보인다.

그러나 한국의 해운국가 지향성 및 해양국가로의 진입 불가피성 등을 고려시 최소한의 해상교통로 보호안전장치는 준비하여야 할 것인바, 최소한의 해로안보 보장수준은 한국의 잠재 위협국이 될 국가들의 해군력에 따라 그 규모가 결정될 수 있다.[65] 국제 해상교통로는 어느 한 국가가 독자적으로 안전을 확보하기 힘든

63) Seo-Hang Lee, "SLOC Security in North East Asia", Korean Sea Power and the Pacific Era, Dalchoong Kim & Doug-Woon Cho(eds.), Institute of East and West Studies Yonsei University, 1990, pp. 81-96 참조.

64) 광역 해양통제는 적 함선에 대한 통제, 초크 포인트 통제, 광역 해상통제 등을 위한 작전능력을 동시에 갖추어야 가능하다. 김달중, *한국과 해로안보*, 법문사, 1988, pp. 668-670 참조.

65) 한국 해군은 현재 군함 수에서 일본 및 중국의 약 1/5, 군함 톤수에서 일본의 1/9, 중국의 1/5 수준에 불과하다. 적어도 일본·중국간의 갈등이 야기될 경우 어느 한편에 섬으로써 한국이 지원하는 나라가 우위에 놓일 수 있는 수준의 해군력을 갖고 있어야 할 것이다. 이춘근, "국가 경제와 해군력 규모," 해군본부·한국해양전략연구소, 신해양시대의 개막과

것이 사실이다. 그러므로 한국은 해상교통로 보호의 국제협력적 측면에서 전략적 협조와 책임분담을 위한 능력 배양에 힘써야 할 것으로 판단된다.

(3) 해양안보협력

국제사회의 공동체 국가로서 국가간 해양안보협력의[66] 중요성 또는 그 필요성에 대하여는 어느 정도 인식을 같이하고 있는 것으로 보인다. 특히 신뢰구축, 분쟁의 효율적 해결, 군비통제, 해상교통로 보호, 해양과학조사·기술협력, 해양환경보전, 해상 수색 및 구조 등 분야에서 더욱 협력의 필요성이 절실히 요청된다.[67]

한국은 그 동안 해양신뢰구축이나 해양안보협력에 대해서는 상대적으로 많은 관심을 보일 수가 없는 상황이었으나 해양오염방지 분야 또는 해상구조분야 등 일부 비군사적 국제협력에 대해서는 지속적인 협력관계를 유지해 오고 있다.[68]

동아시아 및 태평양지역의 해양안보환경 고려, 신해양법질서의 조기정착, 해양분쟁시 무력충돌 가능성 최소화 및 해상활동의 안전성 확보 문제와 관련한 해양협력 강화 필요성 등이 시급히 요청되는바, 이를 위하여 한국은 국제 해양협력을 위한 국내적 준비 태세를 갖추어야 할 것이며 주변국과의 다변적 국제협력을 강화하여 해양국가적 정책지향성을 더욱 견지하여야 할 것이다.

제5절 결 론

한국의 해양안보는 해양국익을 극대화하는 데 저해가 되는 제반요인을 극복하고 제거하는 것으로 설정되어야 하는바, 해양국익의 극대화는 모든 해양활동을

해양안보 심포지엄, 1997. 8. 7-8.

66) Seo-Hang Lee, "Maritime Confidence Building Measures in the Asia Pacific: New Role for the Navies", *New Ocean Era & Maritime Security*, Choon Kun Lee(ed.), Korea Navy & KIMS, 1998, pp. 203-222.

67) 한국은 아-태지역 국가들을 포함한 다국간의 안보협력을 도모하려는 대규모 연합훈련인 환태평양연습(RIMPAC)에 참여하고 있으나, 그 참여 규모나 수준은 매우 미약한 상황이다.

68) 한국은 국제해사기구(IMO)가 주관하는 해양환경보전 관련협약(MARPOL)과 해상수색·구조에 관한 국제협약(SAR)에 가입하였다.

통해 국부를 축적하고 지속적인 국가 경제발전을 도모할 수 있어야 가능하다. 따라서 해양안보방향은 이와 같은 해양국익 추구활동을 보호하고 보장할 총체적인 방위역량을 확보하는데 그 목표를 두어야 하는 것이다.

해양력이란 해양안보역량까지도 감안한 개념이므로 해양강국이 되려면 해양국익을 보호할 수 있는 능력이 구비되어야 한다. 또한 해양국익은 국가 관할수역은 물론 전 해양에서 발생하는 것이므로, 해양안보역량 역시 대내외적인 능력을 동시에 갖추지 않으면 안 된다. 또한 해양국익을 위협하거나 저해하는 요인들이 군사적 분야뿐만 아니라 비군사적 분야에도 나타날 수 있게 될 것이므로 정치·외교·경제·기술·환경 등의 수준을 종합적으로 고려한 포괄적인 차원에서 해양안보의 방향설정이 이루어져야 할 것이다.

한국의 해양안보는 첫째, 신해양법 질서에의 부응, 둘째, 미래 지향적 해양안보 전략 구상의 실현, 셋째, 첨단 해양과학기술능력의 확보, 넷째, 자주적 해양안보의 제고, 마지막으로 주변해역 및 전 세계 모든 해양에서의 선린우호에 기반을 둔 안보협력관계를 강화해야 하는 것에 그 목표를 설정하여야 할 것이다.

이러한 목표 달성을 위하여 대내적으로 해양안보체계를 정립하여 해양국익의 극대화를 위한 해양안보정책을 발전시켜 나가야 할 것이다. 따라서 신해양법 질서하에서는 광대한 수역의 양적 확보 자체보다는 이들 수역에 대한 실효적 지배를 할 수 있을 때 진정한 해양관할권을 행사한다고 볼 수 있다.

해양안보 목표달성을 위하여 대외적으로는 해양분쟁의 예방과 해결 측면에서의 기능적 협력과 해양안보 관련 부처간의 국제적인 해양신뢰구축 및 공동이익 추구 등이 점진적으로 추진되어야 할 것이다.[69] 이의 한 가지 실현 방안으로 우리의 사활이 걸린 해상교통로 확보를 위하여 다국적인 협조체제를 구축하여 해협연안국이나 이해당사국과의 직접적 마찰을 사전에 방지함으로써 아국 선박 통항의 안정성을 어느 정도 보장받는 것이다. 특히 군사력을 배경으로 하지 않는 해양안보는 단순한 선언에 불과한 전혀 실효성이 없는 지상안보에 불과하다.

따라서 한국 해양안보의 첨병인 해군은 관할수역의 충실한 보호[70] 및 국가 해

69) 특히 해상교통로 안보협력의 일환으로 해양안보 분담체제를 위한 준비와 함께 각종 해양 관련 국제기구에서의 활동을 적극적으로 전개해 나가야 할 것이다.

70) 관할수역이 EEZ까지 확장됨에 따라 상대적으로 확장된 수역에서의 권한행사 범위가 불가

양정책의 적극지원 역할을 동시에 수행하여야 한다. 또한 해양통제능력의 상대적 배양을 통해 적어도 지역적으로는 해양안보의 전략적·균형자적 역할을 도모해야 할 것이다.

피하게 증대되었으나 현 해경의 능력을 비추어 볼 때 사실상 해군의 임무범위가 확대된 것이라 하여도 과언이 아니다.

부 록

유엔해양법협약
대한민국 해양법령
일본 해양법령
중국 해양법령
관련 협정

유엔해양법협약

(1982. 4. 30 채택, 1994. 11. 16 발효)

본 협약의 당사국은, 상호 이해와 협약의 정신으로 해양법에 관한 모든 문제를 타결하기 위하여 그리고 세계 모든 인민을 위한 평화, 정의 및 진보의 중요한 공인으로서 본 협약의 역사적 중요성을 인식하며, 1958년 및 1960년에 제네바에서 개최된 국제연합 해양법회의로부터 이루어진 발전이 일반적으로 승인될 수 있는 새로운 해양법협약의 필요성을 고무하였음에 유의하고,

해양의 문제는 밀접하게 상호연합되어 있고, 또한 전체로서 고려되어야 할 필요가 있음을 인지하고, 본 협약을 통하여 그리고 모든 국가의 주권에 대한 정당한 고려를 하여, 국제통상을 촉진하고 해양의 평화적 이용, 해양자원의 공평하고 효율적인 이용, 해양환경의 연구, 보호 및 보전과 해양생물자원의 보존을 증진하는 해양에 대한 법적 질서를 확립하려는 희망을 인성하고, 상기 목표의 성취는 인류전체의 이익과 필요성 및 특히 연안국 또는 내륙국임에 관계없이 개발도상국가의 특별이익 및 필요성을 고려한 정당하고 공평한 세계경제질서의 실현에 기인할 것임을 명심하고,

국제연합총회가 국가관할권 이원에 있는 해저, 해상과 그 하층토 및 그 자원은 인류의 공동재산이며, 그에 대한 심사 및 개발은 국가의 지리적 위치에 관계없이 인류전체의 이익을 위하여 대행되어야 한다고 특별히 엄숙하게 선언한 1970년 12월 17일 결의2749호에 의하여 발전시킬 것을 희망하고,

본 협약에 성취된 해양법의 법전화 및 점진적 발전은 정의 및 권리 평등의 원칙에 따라 모든 국가간에 평화, 안전, 협약 및 친선관계의 강약에 기인할 것이며, 국제연합헌장에 규정된 국제연합의 목적 및 원칙에 따라 세계 모든 인민의 경제적, 사회적 진보를 증진할 것임을 믿고, 본 협약에 의하여 규정되지 않는 사항은 일반국제법 규칙 및 원칙에 의하여 계속 규율될 것으로 확신하며, 다음과 같이 합의하였다.

제1장 총 칙

제1조 (용어의 정의 및 적용범위) ① 본 협약의 적용상:
가. "심해저"는 국제관할권 이원의 해저, 해상 및 그 하층토를 뜻한다.
나. "심해저기구"는 국제심해저기구를 뜻한다.
다. "심해저 활동"은 심해저의 자원을 탐사 및 개발하는 모든 활동을 뜻한다.
라. "해양환경의 오염"은 생물자원 및 해양생태에 대하여 유해하며 인간의 건강에 대하여 위험하고 어업 및 해양의 합법적 사용을 포함한 해양활동을 방해하며, 해수이용을 위한 수질의 악화 및 쾌적도의 손상 등 유해한 영향을 초래하거나 초래할 수 있는 물질 또는 '에너지'를 인간이 직접 또는 간접적으로 해양환경(하구포)에로 반입하는 것을 뜻한다.
마. (1) "투기"는 하기사항을 뜻한다.
(가) 선박, 항공기, 승강장 또는 기타 해양인공구조물로부터 폐물 또는 기타 물질의 고의적인 방기.
(나) 선박, 항공기, 승강장 또는 기타 해양인공구조물의 고의적 방기.
(2) "투기"는 하기사항을 포함하지 아니한다.
(가) 선박, 항공기, 승강장 또는 기타 해양인공물조물 및 그 장비의 통상적인 운용에 부수되거나 파생되는 폐물 또는 기타 물질의 방기. 단, 그러한 방기를 목적으로 하여 운용되는 선박, 항공기, 승강장 또는 기타 해양인공구조물에 의하거나 그것으로 수송되는 폐물, 기타 물질 또는 그러한 선박, 항공기, 승강장 또는 기타 해양인공구조물상에서 그러한 폐물, 기타 물질의 처리로부터 파생되는 폐물, 기타 물질은 이를 제외한다.
(나) 단순히 폐물 이외의 것을 목적으로 하는 물질의 배치 단, 그러한 배치는 본 협약의 목적에 위배되지 아니하여야 한다.

② 가. "당사국"은 본 협약에 기속받기로 동의하고 이에 대하여 본 협약이 효력을 발생중인 국가를 의미한다.
나. 본 협약은 제 305조 제 ①항 가호, 나호, 다호, 라호, 마호, 및 바호에 규정된 주체로서 각기 관련되는 조약에 따라 본 협약에 당사국이 된 주체에 준용되며, 그 범위내에서 "당사국"은 이러한 주체를 포함한다.

제2장 영해 및 접속수역

제1절 총 칙

제2조 (영해, 영해의 상공, 해저 및 하층토의 법적 지위) ① 연안국의 주권은 그 국가의 영토 및 내수를 넘어 군도국가인 경우에는 군도수역을 넘어 영해라고 부르는 인접해대에까지 미친다.
② 이러한 주권은 영해의 상공과 해저 및 하층토에까지 미친다.
③ 영해에서의 주권은 본 협약 및 기타 국제법에 따라 행사된다.

제2절 영해의 한계

제3조 (영해의 폭) 모든 국가는 본 협약에 따라 결정된 기선으로부터 12해리를 초과하지 아니하는 범위까지 영해의 폭을 설정할 권리를 갖는다.
제4조 (영해의 외측한계) 영해의 외측한계는 기선상의 최근점으로부터의 거리가 영해의 폭과 같은 모든 점을 연속한 선이다.
제5조 (통상기선) 본 협약에 달리 규정된 경우를 제외하고는 영해의 폭을 규정하는 통상기선은 연안국에 의하여 공인된 대축척해도에 표시된 연안의 저조선으로 한다.
제6조 (암 초) 환초상의 도서 또는 초를 가진 도서의 경우에 영해의 폭을 측정하는 기선은 연안국에 의하여 공인된 해도에 적당한 기호로 나타난 암초의 해양측 저조선으로 한다.
제7조 (직선기선) ① 해안선이 깊게 굴곡하고 돌입한 지역 또는 바로 인근의 해안에 연하여 일련의

도서가 산재한 경우에는 적당한 지점을 연결하는 직선기선의 방법을 영해의 폭을 측정하는 기선을 획정하는데 사용할 수 있다.

② 삼각주와 기타 자연조건으로 인하여 해안선이 극히 불안정한 경우, 저조선의 해양측 최장범위를 따라 적당한 지점이 선택될 수 있으며, 그 후 저조선이 후퇴되더라도 그러한 기선은 본 협약에 따라 적당한 지점이 선택될 수 있으며, 그 후 저조선이 후퇴되더라도 그러한 기선은 본 협약에 따라 연안국이 변경할 때 까지는 유효하다.

③ 직선기선의 획선은 해안의 일반적 방향으로부터 현저히 일탈하여서는 아니되며, 직선기선내 수역은 내수제도에 종속되도록 육지본토에 충분히 인접되지 않으면 아니 된다.

④ 직선기선은 간출지로부터 획선할 수 없다. 단, 등대 또는 유사시설이 해상에 항구적으로 설치되어 있거나, 또는 간출지로부터의 기선획선이 일반적으로 국제적 승인을 받는 경우에는 가능하다.

⑤ 상기 ①항에 따라 직선기선 방법이 적용되는 경우, 특정기선을 결정함에 있어서 관계지역에 특수한 경제적 이익으로서 그 사실과 중요성이 장기관행에 의하여 명백히 증명된 것은 이를 참작할 수 있다.

⑥ 직선기선제도는 어느 국가가 타국의 영해를 공해 또는 배타적 경제수역으로부터 격리시키는 방법으로 적용되지 아니한다.

제8조 (내 수) ① 제4장에 규정된 경우를 제외하고는 영해의 기선상의 육지측 수역은 그 국가의 내수의 일부를 구성한다.

② 제 7조에 따른 직선기선의 설정으로 종전 인정되지 아니하였던 수역을 내수로서 포함하는 효과를 가져오는 경우, 본 협약에 규정된 무해통항권이 그 수역에 그대로 인정된다.

제9조 (하 구) 하천이 직접 바다로 유입하는 경우 하천의 양제방의 저조선상 지점간의 하구를 가로질러 연결하는 직선을 기선으로 한다.

제10조 (만) ① 본 조는 그 해안이 단일국가에 정하는 만에 한하여 적용된다.

② 본 협약의 적용상 만이라 함은 뚜렷한 굴곡으로서 그 입구의 넓이에 비하여 내륙해를 포함할 정도로 굴곡하고 해양의 단순한 굴곡이상인 것을 말한다. 그러나 굴입면적이 그 굴입의 입구를 연결한 선을 직경으로 한 반원에 미달하는 경우에는 만으로 보지 아니한다.

③ 굴입면적은 굴입해안에 연한 저조선과 양 자연적 입구지점의 저조선상의 지점을 연결하는 선사이에 입직한 수역으로 측정한다. 도서의 존재로 인하여 굴입이 1개이상의 입구를 가지는 경우에 반원은 상이한 입구를 연결하는 선의 길이를 합한 길이의 선상에 그어야 한다. 굴입내의 도서는 그 굴입수역의 일부로서 포함된다.

④ 만의 양 자연적 입구의 저조선상의 지점간의 거리가 24해리를 초과하지 아니하는 경우에는 양 저조선상의 지점간에 폐쇄선을 획선하고 이에 포함된 수역은 이를 내수로 본다.

⑤ 만의 양 자연적 입구의 지점간의 거리가 24해리를 초과하는 경우에는 24해리의 직선기선을 그 선으로서 가능한 한 최대의 수역을 포함할 수 있는 방법으로 만내에 획선하여야 한다.

⑥ 상기 제항의 규정은 소위 "역사적" 만 또는 제7조에 규정된 직선기선제도가 적용되는 경우에는 적용되지 아니한다.

제11조 (항) 영해의 경계를 획정함에 있어서 항만제도의 불가분의 일부를 구성하는 최외측의 항구적 항만시설은 해안의 구성부분으로 본다. 근해시설 또는 인공도서는 항구적인 항만시설로 보지 아니한다.

제12조 (정박지) 선박의 적하, 양하 및 투묘를 위하여 통상적으로 사용되고, 전부 또는 일부가 영해의 외측한계밖에 존재하는 정박지는 이를 영해에 포함한다.

제13조 (간출지) ① 간출지는 수면으로 둘러싸이고 간조시에 수면위에 출현하나, 만조시에는 수면하에 있는 자연적으로 형성된 육지의 지역을 말한다. 간출지의 전부 또는 일부가 본토 또는 도서로부터 영해의 폭을 초과하지 아니하는 거리에 위치하는 경우에는 그 간출지상의 저조선이 영해의 폭을 측정하기 위한 기선으로 사용될 수 있다.

② 간출지의 전부가 본토 또는 도서로부터의 영해의 폭을 초과하는 거리에 위치하는 경 우에는 그 자체의 영해를 갖지 아니한다.

제14조 (기선획정방식의 혼합) 연안국은 기선을 획정함에 있어서 상이한 여러 조건에 적합하도록 상기 제 조항에 규정된 여러 가지 방법을 혼합사용할 수 있다.

제15조 (대향, 인접국간의 영해의 경계획정) 2개국의 해안이 상호 대향 또는 인접하고 있는 경우에는 양국 중 어느 국가도 양국간의 별개의 합의가 없는 한 양국의 각 영해의 폭을 측정하는 기선상의 최근점에서 같은 거리에 있는 모든 점의 연결인 중간선을 넘어서 영해를 확장하지 못한다. 단, 본조의 규정은 역사적 근원 또는 기타 특수사정으로 인하여 본 규정과 상이한 방법으로 양국의 영해를

확정할 필요가 있는 경우에는 적용되지 아니한다.

제16조 (해도 및 지리적 좌표목록) ① 제7조, 제9조 및 제10조의 규정 또는 그로부터 연유된 제한에 따라 확정된 영해의 폭을 측정하기 위한 기선이나 제12조와 제15조의 규정에 따라 확정된 경계선은 이들을 확인하기에 적당한 단수 또는 복수의 축척해도에 표시하여야 한다. 단, 측정자료를 명기한 지리적 좌표점의 목록으로 대표될 수 있다.

② 연안국은 상기 해도나 지리적 좌표점의 목록을 적절히 공표하여야 하며, 그러한 해도나 목록의 사본을 유엔사무총장에게 기탁하여야 한다.

제 3 절 영해에서의 무해통항

제 1 관 모든 선박에 적용되는 규칙

제17조 (무해통항권) 본 협약에 따를 것을 조건으로, 연안국 또는 내륙국을 막론하고 모든 국가의 선박은 영해에서 무해통항권을 향유한다.

제18조 (통항의 의미) ① 통항은 다음의 목적을 위하여 영해를 항해함을 뜻한다.

가. 내수에 들어가지 아니하고 영해를 횡단하거나 내수밖의 묘박지 또는 항구시설을 방문할 목적, 또는

나. 내수를 향한 또는 내수로부터의 항진이나 상기 묘박지 또는 항구시설을 방문할 목적

② 통항은 부단, 신속하여야 한다. 단, 통상적인 항해에 부수적이거나 불가항력 또는 조난이나 위험 또는 조난사태에 있는 사람, 선박 또는 항공기를 구조하기 위한 목적인 경우의 정선 및 투묘는 통항에 포함된다.

제19조 (무해통항의 의미) ① 통항은 연안국의 평화, 공공질서 또는 안전보장을 위해하지 아니하는 한 무해이다. 이러한 통항은 본 협약 및 기타 국제법의 규칙에 따라 행하여야 한다.

② 외국선박의 통항은 영해에서의 다음 활동 중 어느 것에 해당하는 경우, 그 통항은 연안국의 평화, 공공질서 또는 안전보장을 해하는 것으로 본다.

가. 연안국의 주권, 영토보전 또는 정치적 독립에 대한, 또는 유엔헌장에 구현된 국제법원칙을 위반하는 기타 방법에 의한, 무력의 위협 또는 행사

나. 어떠한 종류이던 무기를 사용하여 행하는 훈련 또는 연습

다. 연안국의 국방 또는 안전보장에 유해한 정보수집을 목적으로 하는 행위

라. 연안국의 국방 또는 안전보장에 영향을 미치는 것을 목적으로 하는 선전행위

마. 항공기의 이륙, 착륙 또는 탑재

바. 군사장치의 선상발진, 착륙 또는 탑재

사. 연안국의 관세, 재정, 출입국관리 또는 위생법규에 위반한 물품, 통화의 양하, 적하 또는 사람의 승선, 하선

아. 본 협약에 위배되는 고의적이고 중대한 위반행위

자. 일체의 어로활동

차. 조사 또는 측량활동의 수행

카. 연안국의 통신체제 또는 기타설비, 시설의 방해를 목적으로 하는 행위

타. 통항과 직접관련이 없는 기타 행위

제20조 (잠수함 및 기타 잠수정) 영해에서의 잠수함 및 기타 잠수정은 해면위에 부상하고 그 기를 게양하여 항해하여야 한다.

제21조 (무해통항에 관한 연안국의 법령) ① 연안국은 다음의 전부 또는 일부에 관하여 본 협약 및 기타 국제법의 규칙에 따라 영해에서의 무해통항에 관한 관련법령을 제정할 수 있다.

가. 항해의 안전과 해상교통 규제

나. 항해의 보조수단, 설비 기타의 설비 또는 시설 등의 보호

다. 해저전선 및 도관의 보호

라. 해양생물자원의 보존

마. 연안국 어업법규에 대한 위반의 방지

바. 연안국의 환경보존과 그 오염의 방지, 경감 및 억제

사. 해양의 과학적 조사와 수로측량

아. 연안국의 관세, 재정, 출입국관리 또는 위생법규에 대한 위반의 방지

② 상기의 법령은 일반적으로 승인된 국제법이나 기준을 실시하는 것이 아닌 한 외국선박의 설계,

구조, 승조원 배치 또는 장비에는 적용되지 아니한다.

③ 연안국은 상기 법령을 적절히 공표하여야 한다.

④ 영해에서의 무해통항권을 행사하는 외국선박은 상기 법령 및 해상충돌방지에 관한 일반적으로 승인된 국제법규를 준수하여야 한다.

제22조 (영해내의 항로대와 통항분리제도) ① 연안국은 항해의 안전을 고려하여 필요한 경우에 영해에서의 무해통항권을 행사하는 외국선박에 대하여 선박의 통항을 규제하기 위하여 지정하거나 제정된 항로대와 통항분리제도를 이용하도록 요구할 수 있다.

② 특히 유조선, 핵추진선박 및 핵물질 또는 기타 본래적으로 위험하거나 유독한 물질을 운반하는 선박은 상기 항로대만을 통항하도록 요구할 수 있다.

③ 연안국이 본 항에 따라 항로대를 지정하고 통항분리제도를 제정함에 있어서 다음 사항을 고려하여야 한다.

가. 권한있는 국제조직의 권고

나. 실제적으로 국제항해에 이용되는 수로

다. 특정선박과 수로의 특수사정 : 그리고

라. 교통량의 척도

④ 연안국은 상기 항로대와 통항분리제도를 해도에 명시하고 이를 정당히 공표하여야 한다.

제23조 (외국의 핵추진선박 및 핵물질 또는 기타 본래 위험하거나 유독한 물질을 운반하는 선박) 외국이 핵추진선박 및 핵물질 또는 기타 본래 위험하거나 유독한 물질을 운반하는 선박은 영해에서의 무해통항권을 행사하는 경우에 서류를 휴대하고, 국제협정에 의하여 그러한 선박에 대하여 독립된 특별예방조치를 준수하여야 한다.

제24조 (연안국의 의무) ① 연안국은 본 협약에 따르는 경우를 제외하고는 외국선박의 영해에서의 무해통항을 방해하여서는 아니 된다. 특히 본협약 또는 본 협약에 따라 제정된 법령의 적용에 있어서 특히 다음 사항을 시행하여서는 아니 된다.

가. 외국선박에 대하여 실질적으로 무해통항권을 부정하거나 침해하는 결과를 초래할 요건의 부과: 또는

나. 어느 국가의 선박, 어느 국가로 향하여 또는 어느 국가로부터 화물을 운반하는 선박이나 어느 국가를 위하여 화물을 운반하는선박에 대한 형식적 또는 실질적인 차별

② 연안국은 자국이 알고 있는 영해내의 항해에 대한 위험을 적절히 공표하여야 한다.

제25조 (연안국의 보호권) ① 연안국은 무해하지 아니한 통항을 방지하기 위하여 영해에서의 필요한 조치를 취할 수 있다.

② 연안국은 또한 선박이 내수로 향하여 항행하거나 내수 외측의 항구시설을 방문하는 경우, 그 선박의 내수와 항구시설에의 입항을 허용하는 조건의 위반을 방지하기 위하여 필요한 조치를 할 권리를 갖는다.

③ 연안국은 무력행사를 포함하여 자국의 안전보장을 위하여 무해통항을 정지시키는 것이 불가피한 경우에는 외국선박간에 차별을 두지 않고, 영해의 특정수역에 있어서 외국선박의 무해통항을 일시적으로 정지 시킬 수 있다. 이러한 정지는 정당히 공표한 후에만 효력을 발생한다.

제26조 (외국선박에 부과할 수 있는 수수료) ① 외국선박에 대하여 단순히 영해를 통과한다는 이유만으로 어떠한 수수료도 부과되지 아니한다.

② 영해를 통항하는 외국선박에 제공된 특별역무에 대한 합의로서만 그 선박에 대해 수수료가 부과될 수 있다. 이 수수료는 차별이 없어야 한다.

제 2 관 상선 및 상업용 정부선박에 적용되는 규칙

제27조 (외국선박에 관한 형사재판관할권) ① 연안국의 형사재판관할권은 아래 경우를 제외하고는 영해를 통항하는 외국선박에서 발생한 어떠한 범죄와 관련하여서도 사람의 체포나 수사를 행하기 위하여 그 선박내에서 행사할 수 없다.

가. 범죄의 효과가 연안국에 미치는 경우

나. 범죄가 연안국의 평화 또는 영해의 공공질서를 교란하는 종류인 경우

다. 그 선박의 선장 또는 영사가 연안국의 현지당국에 대하여 그 협조를 요청하는 경우: 또는

라. 마약 또는 향정신성물질의 불법거래를 억제하기 위하여 필요한 경우

② 제①항의 규정은 연안국이 내수를 떠난 후 영해를 통항하는 외국선박내에서 체포 또는 수사를 하기 위하여 자국의 법령이 정하는 조치를 취할 수 있는 권리에 영향을 미치지 아니한다.

③ 제①항 및 제②항에 규정된 경우에 있어서 연안국은 선장이 요청하는 경우에 어떠한 조치라도 이를 취하기 전에 기국의 외교관이나 영사에게 통고하여야 한다. 다만 긴급한 경우에는 조치를 취함과 동시에 통고를 할 수 있다.
④ 현지당국은 체포의 여부 또는 그 방법을 고려함에 있어서 항해의 이익을 정당히 고려하여야 한다
⑤ 제12장 또는 제5장에 따라 제정된 법령의 위반에 관한 경우를 제외하고 연안국은 외국선박이 외국의 항구를 떠나 연안에 들어가지 않고 단순히 영해를 통과하는 경우, 동 선박이 영해에 들어가기 이전에 발생한 어떠한 범죄와 관련하여서도 사람의 체포 또는 수사를 하기 위하여 그 선박내에서 어떠한 조치도 취할 수 없다.

제28조 (외국선박에 관한 민사재판관할권) ① 연안국은 영해를 통항하는 외국선박내에 있는 사람에 관한 민사재판관할권을 행사하기 위하여 그 선박을 정지시키거나 항로를 변경시킬 수 없다.
② 연안국은 연안국의 수역을 통항하는 과정에 있거나 또는 통항할 목적인 선박자체가 부담하거나 인수한 책임에 관한 경우를 제외하고는 민사소송절차를 위하여 그 선박에 대하여 강제집행 또는 억류를 행할 수 없다.
③ 제②항 규정은 연안국이 영해에 있거나 내수를 떠난 후 영해를 통항중인 외국선박에 대하여 자국의 법령에 따라 민사소송절차를 위하여 강제집행이나 압류를 행하는 권리를 해하는 것이 아니다.

제 3 관 군함 및 기타 비상업용 정부선박에 적용되는 법규

제29조 (군함의 정의) 본 협약의 적용상 군함이라 함은 일국가의 군에 소속하여 그 국가의 국적을 가지고 있음을 나타내는 외부표식을 가지며, 그 국가의 정부에 의하여 정당히 임명되고 또한 그 성격이 그 국가의 적절한 군적 또는 이와 동등한 명부에 명시되어 있는 장교의 지휘하에 있으며 정규군율에 따르는 승무원이 배치된 선박을 말한다.

제30조 (군함에 의한 연안국의 법령위반) 군함이 영해통항에 관한 연안국의 법령을 준수하지 아니하고 연안국의 준수요청을 무시하는 경우에 연안국은 군함에 대하여 영해에서 즉시 퇴거할 것을 요구할 수 있다.

제31조 (군함 또는 기타 비상업용정부선박에 의한 손해에 대한 기국의 책임) 군함 또는 비상업용 정부선박이 영해통항에 관한 연안국의 법령, 본 협약 및 기타 국제법의 규칙을 준수하지 아니함으로써 일어나는 손실 또는 손해에 대하여 그 선박의 기국이 국제책임을 진다.

제32조 (군함 및 기타 비상업용 정부선박의 면책특권) 제1관 제30조 및 제31조의 규정에 포함된 경우를 제외하고 본 협약의 어떠한 규정도 군함 및 비상업용정부선박이 가지는 면책특권에 영향을 미치지 아니한다.

제 4 절 접속수역

제33조 (접속수역) ① 연안국은 접속수역이라고 일컫는 영해에 접속한 일정수역에서 아래 사항에 필요한 통제를 행사할 수 있다.
가. 연안국의 영해 내에서의 관세, 재정, 출입국관리 또는 위생법규의 위반방지.
나. 연안국의 영토 또는 영해내에서 발생한 전호에 규정된 법규의 위반에 대한 처벌.
② 접속수역은 영해의 폭을 측정하는 기선으로부터 24해리를 넘어서 확장할 수 없다.

제 3 장 국제항행에 이용되는 해협

제 1 절 총 칙

제34조 (국제항행에 이용되는 해협을 형성하는 수역의 법적 지위) ① 본 장에서 확립된 국제항행에 이용되는 해협의 통항제도는 다른 면에 있어서 국제항행에 이용되는 해협을 형성하는 수역의 지위나 해협연안국이 동 수역, 그 상공, 해저 및 하층토에 대하여 행사하는 주권 또는 관할권에 영향을 미치지 아니한다.
② 해협연안국의 주권 또는 관할권은 본장 및 기타 국제법의 규정에 따라 행사한다.

제35조 (본 장의 적용범위) 본 장에서 어떠한 규정도 하기사항에 대하여는 영향을 미치지 아니한다.

가. 제7장에 규정된 방법에 따른 직선기선의 설정으로 인하여 종래에는 그러하지 아니하였던 수역을 내수화 하게 되는 경우를 제외한 해협내의 내수의 전 수역:
나. 배타적 경제수역 또는 공해로서 해협연안국의 영해이원 수역의 법적 지위:
다. 일정 해협에만 특히 유효하게 장기간 지켜온 국제협약에 의하여 통항의 전부 또는 일부가 규제되는 해협의 법적 제도

제36조 (국제항행에 이용되는 해협을 통과하는 공해항로 또는 배타적 경제수역을 통과하는 항로) 본 장은 항해 또는 수로상의 특성에 있어서 유사한 편의를 가진 공해를 통과하는 항로 또는 배타적 경제수역을 통과하는 항로가 국제항행에 이용되는 해협을 지나서 존재하는 경우, 그 국제항로에 이용되는 해협에는 적용되지 아니한다. 이러한 항로에 있어서는 통항 및 상공비행의 자유에 관한 규정을 포함한 본 협약의 다른 장이 적용된다.

제 2 절 통과통항

제37조 (본 절의 적용범위) 본 절은 공해 또는 배타적 경제수역의 일수역과 공해 또는 배타적 경제수역의 타수역간의 국제항행에 이용되는 해협에 적용된다.

제38조 (통과통항권) ① 제37조에 규정된 해협 내에서 모든 선박과 항공기는 방해받지 않는 통과통항권을 소유한다. 단, 해협이 해협연안국의 도서와 본토에 의해 형성되어 있는 경우 항해 및 수로상의 특성에 있어서 유사한 편의를 가진 공해를 통과하는 항로 또는 배타적 경제수역을 통과하는 항로가 동 도서의 해양측으로 존재한다면 통과통항권은 허용되지 아니한다.

② 통과통항이라 함은 공해 또는 배타적 경제수역의 일수역과 공해 또는 배타적 경제수역의 타수역간의 해협을 부단 신속하게 통과하기만을 위한 항해와 비행의 자유를 본장의 규정에 따라 행사함을 말한다. 그러나 부단 신속한 통과의 요구는 해협연안국의 입항조건에 따라서 해협 연안국에 출입항하거나 회항할 목적으로 그 해협을 통항함을 배제하지 아니한다.

③ 해협을 통항하는 통과통항권 이외의 활동은 본 협약의 다른 규정에 따라야 한다.

제39조 (통과통항중인 선박과 항공기의 의무) ① 통과통항권을 행사하는 선박과 항공기는 다음 사항을 준수하여야 한다.
가. 해협과 그 상공의 지체없는 항행
나. 해협연안국의 주권, 영토보존 또는 정치적 독립에 대한 또는 유엔헌장에 구현된 국제법 원칙을 위반한 기타방법으로서의 무력에 의한 위협, 행사로부터의 회피
다. 불가항력 또는 조난으로 인하여 필요한 경우가 아닌 한 부단 신속한 통과의 통상적인 방법에 부수되지 아니하는 기타 활동으로부터의 회피
라. 본장의 기타 관계규정의 준수

② 통과통항중인 선박은 다음 사항을 준수하여야 한다.
가. 국제해상충돌예방규칙을 포함한 일반적으로 승인된 국제해상안전규정, 절차 및 관행:
나. 선박으로부터의 오염방지, 경감 및 억제를 위한 일반적으로 승인된 국제규정, 절차 및 관행:

③ 통과통항중인 항공기는
가. 민간항공기에 적용되는 국제민간항공기구가 제정한 항공규칙을 준수하여야 한다. 정부항공기도 통상 이러한 안전조치를 준수하면서 항상 비행의 안전을 위한 정당한 고려를 하면서 비행 하여야 한다.
나. 권한있는 지정된 항공교통관제기구가 배정한 무선주파수 또는 적절한 국제조난무선주파수를 항상 청취하여야 한다.

제40조 (조사 및 측량활동) 통과통항중인 해양조사선 및 해양측량선을 포함한 외국선박은 해협연안국의 사전허가 없이는 어떠한 조사 또는 측량활동도 수행할 수 없다.

제41조 (국제항행에 이용되는 해협의 항로대 및 통항분리제도) ① 해협연안국은 본 장에 따라 선박의 안전통항을 증진하기 위하여 필요한 경우 해협내 항행을 위한 항로대를 지정하고 통항분리제도를 제정할 수 있다.

② 해협연안국은 필요한 경우 정당한 공시를 한 후에 이미 지정하거나 제정한 항로대 또는 통항분리제도를 타 항로대 또는 통항분리제도로 대체할 수 있다.

③ 이러한 항로대와 통항분리제도는 일반적으로 승인된 국제법규를 따라야 한다.

④ 해협연안국은 항로대의 지정, 대체 또는 통항분리제도의 지정, 대체를 하기 전에 그 선택을 위하여 권한있는 국제조직에 이에 관한 제안을 회부해야 한다. 국제조직은 해협연안국이 동의하는 항로

대 및 통항분리제도만을 선택할 수 있으며, 그 후에 해협연안국은 이를 지정, 제정 또는 대체 할 수 있다.

⑤ 2국 이상의 해협연안국의 수역을 통과하는 항로대 또는 통항분리제도가 제안된 해협의 경우에 관계국은 권한 있는 국제조직과 협의하여 제안작성에 상호협력하여야 한다.

⑥ 해협연안국은 자국이 지정하거나 제정한 항로대 및 통항분리제도를 정당히 공시된 해도상에 명시하여야 한다.

⑦ 통과통항중인 선박은 본 조에 따라 설정된 적용가능한 항로대 및 통항분리제도를 존중하여야 한다.

제42조 (통과통항에 관한 해협연안국의 법령) ① 본 절의 규정에 따라서 해협연안국은 다음 사항의 일부 또는 전부에 관하여 해협의 통과통항에 관한 법령을 제정 할 수 있다.

가. 제41조에 규정되어 있는 항해의 안전과 해상교통의 규제;

나. 해협에 유류, 폐류 및 기타 유독성물질의 배출에 관한 적용가능한 국제규칙을 시행함으로써 오염의 방지, 경감 및 억제;

다. 선박에 관하여서는 어구의 적재를 포함한 어로의 금지;

라. 해협연안국의 관세, 재정, 출입국관리 또는 위생법규에 위반되는 물품이나 통화의 양하, 적하 또는 사람의 승선, 하선

② 상기 법령은 형식적 또는 실질적으로 외국선박간에 차별을 두어서는 아니 되며, 또는 그 적용상 본 절에 정의된 통과통항권을 부정하거나 방해 또는 침해하는 실질적인 효과를 미쳐서도 안된다.

③ 해협연안국은 상기 모든 법령을 정당히 공시하여야 한다.

④ 통과통항권을 행사하는 외국선박은 상기 법령을 준수하여야 한다.

⑤ 주권상의 면책특권을 가지는 선박 또는 항공기가 상기 법령 또는 본 장의 기타 규정에 위반되는 행위로 해협연안국에 손실 또는 손해를 끼친 경우에는 그 기국이 국제책임을 진다.

제43조 (항해안전구조물 및 기타 개선책과 오염의 방지, 경감, 통제) 해협연안국과 해협이용국은 합의에 의하여 다음 사항에 관해 상호 협력하여야 한다.

가. 국제항해에 도움되는 필요한 항해안전구조물 또는 기타 개선책을 해협에 설치유지하는 것; 그리고

나. 선박으로부터의 오염을 방지, 경감 및 통제하는 것.

제44조 (해협연안국의 의무) 해협연안국은 통과통항을 방해할 수 없고 자국이 알고 있는 해협내 또는 그 이원해역에 있어서의 항해 또는 비행에 대한 어떠한 위험도 이를 적절히 공시하여야한다. 통과통항의 정지는 있을 수 없다.

제 3 절 무해통항

제45조 (무해통항) ① 제2장 제3절의 규정에 따라 무해통항제도는 하기 국제항행에 이용되는 해협에 적용된다.

가. 제38조 제①항에 의거한 통과통항제도가 적용되지 아니하는 국제항행에 이용되는 해협; 또는

나. 공해 또는 배타적 경제수역의 어느 한 수역과 외국의 영해간의 국제항행에 이용되는 해협

② 상기 해협을 통과하는 무해통항은 정지되지 않는다.

제 4 장 군도국가

제46조 (용어의 정의) 본 협약의 적용상,

가. "군도국가"는 전체적으로 하나 또는 그 이상의 군도에 의하여 구성된 국가를 말하며, 기타 도서를 포함할 수 있다.

나. "군도"는 상호밀접히 관련되어 있어서 고유의 지리적, 경제적 및 정치적 실체를 형성하거나 또는 역사적으로 그러한 실체로 간주되어 온 제 도서의 부분, 이들을 상호 연결하는 수역과 기타 자연적 특성을 포함하는 도서군을 뜻한다.

제47조 (군도기선) ① 군도국가는 군도의 최외곽 도서 및 건암초의 최외곽점을 연결한 직선군도기선을 획선할 수 있다. 단, 그 직선군도기선은 본도와 수역의 면적과 환초를 포함한 육지지역의 면적의 비율이 1 대1에서 9대1인 수역을 포함한다.

② 상기 직선군도기선의 길이는 100해리를 초과할 수 없다. 단, 어떠한 군도를 획선하는 직선기선의

전체수의 3%까지는 최장 125해리까지로 할 수 있다.
③ 상기 직선군도기선의 사용은 군도의 전반적 형태로부터 현저히 일탈해서는 아니 된다.
④ 직선군도기선은 간출지와 연결하여 그을 수 없다. 단, 등대 또는 해면상에 영구적으로 있는 유사한 시설이 간출지에 건설되어 있거나 간출지가 전체적 또는 부분적으로 최근 도서로부터 영해폭을 초과하지 아니하는 거리에 있는 경우에는 그러하지 아니한다.
⑤ 군도국가는 타국의 영해를 공해 또는 배타적 경제수역으로부터 분리시키는 방법으로 상기 직선군도기선제도를 적용할 수 없다.
⑥ 만약 군도국가의 군도수역의 일정부분이 바로 인접한 국가의 두 부분 사이에 있는 경우에는 그 인접국가가 그 수역에서 전통적으로 행사하여 온 기존의 권리와 기타 모든 합법적 이익 및 관계국간의 합의에 따라 정하여진 모든 권리는 계속되고 존중되어야 한다.
⑦ 제①항에 규정된 수역과 육지의 비율을 계산함에 있어서 육지면적은 그 해양고원의 주변에 있는 일련의 석회암 도서와 건암초에 의하여 둘러싸였거나 거의 둘러싸인 급경사 해양고원의 수역을 포함하여 도서의 건초 및 환초내에 있는 수역을 포함할 수 있다.
⑧ 본 항에 따라 획선된 직선기선은 그 위치를 확인하기에 적절한 단수 또는 복수 축적의 해도에 표시되어야 한다. 단, 측지자료를 명기한 지리적 좌표목록에 의하여 대체될 수 있다.
⑨ 군도국가는 상기 해도 또는 지리적 좌표목록을 정당히 公示하여야 하며, 상기 해도 또는 목록 사본을 유엔 사무총장에게 기탁하여야 한다.

제48조 (영해, 접속수역, 배타적 경제수역 및 대륙붕의 폭측정) 영해, 접속수역, 배타적 경제수역 및 대륙붕의 폭은 제47조에 따라 획선한 군도기선으로부터 측정한다.

제49조 (군도수역, 그 상공, 해저 및 하층토의 법적 지위) ① 군도국가의 주권은 군도수역의 깊이나 해안으로부터의 거리의 관계없이 군도수역이라고 부르는 제47조에 따라 획선된 군도기선에 의하여 둘러싸인 수역에 미친다.
② 이 주권은 군도수역의 상공, 해저 및 하층토와 그 속에 포함된 자원에 미친다.
③ 이 주권은 본 항에 따라서 행사된다.
④ 본 항에 따라 제정되는 군도항로대제도는 다른 점에 있어서 항로대를 포함한 군도수역의 지위 또는 군도수역, 그 상공, 해저 및 하층토와 그 속에 포함된 자원에 대한 군도국가의 주권행사에 영향을 미치지 아니한다.

제50조 (내수의 경계획정) 군도수역내에서 군도국가는 제9조, 제10조 및 제11조에 따라서 내수의 경계획정을 위한 폐쇄선을 획선할 수 있다.

제51조 (기존협정, 전통적 어업권 및 기존 해저전선) ① 제49조를 침해함이 없이 군도국가는 타국과의 기존협정을 존중하고, 군도수역내의 특정수역에 있어서의 바로 인접한 국가의 전통적 어업권 및 기타 합법적 활동을 존중하여야 한다. 그 성격, 규모 및 적용수역을 포함한 이러한 권리행사 및 활동의 조건은 관계국의 요청에 의하여 그들 상호간의 쌍무협정으로 규율된다. 그러한 권리는 제3국이나 그 국민에게 이전되거나 나누어 가질 수 없다.
② 군도국가는 타국가에 의하여 부설되고 육지에 근접하지 아니하고 군도국가의 수역을 통과하는 기존의 해저전선을 존중하여야 한다. 군도국가는 상기 전선의 위치 및 그 수리 또는 대체 의도를 정당히 통지받는 경우에는 그러한 전선의 보선 및 대체를 허용하여야 한다.

제52조 (무해통항권) ① 제53조에 따르고 제50조를 침해하지 않는 한 모든 국가의 선박은 제2장 제3절에 따라 군도수역의 무해통항권을 향유한다.
② 군도국가는 자국의 안전보장을 위하여 통항을 정지시키는 것이 불가피한 경우에 외국선박간에 형식적 또는 실질적 차별을 두지 아니하고 군도수역의 특정한 수역에 있어서 외국선박의 무해통항을 일시적으로 정지시킬 수 있다. 이러한 정지는 정당히 공시를 한 후에만 효력을 발생한다.

제53조 (군도항로대 통항권) ① 군도국가는 자국의 군도수역이나 인접한 영해 또는 그 상공을 통과하는 외국선박이나 항공기의 부단, 신속한 통항에 적합한 항로대나 항공로를 지정할 수 있다.
② 모든 선박과 항공기는 이러한 항로대와 항공로에서 군도항로대 통항권을 향유한다.
③ 군도항로대통항은 본 협정에 따라 공해나 배타적 경제수역의 일부분과 공해나 배타적 경제수역의 타부분간을 부단, 신속하며, 방해받지 아니하는 통과만을 목적으로 하는 통상적인 항행권과 비행권의 행사를 뜻한다.
④ 상기 항로대와 항공로는 군도수역과 인접한 영해를 가로지르고 군도수역을 통과하는 국제항행 또는 비행의 통로로 이용되는 모든 통상적인 통항을 포함하여야 하며, 그러한 통항로내에서 선박에 관한 한, 동일한 진입지점과 출입지점 사이에 유사한 편의를 가진 통로의 중복은 필요없이 모든 통

상적인 수로를 포함한다.

⑤ 상기 항로대 및 항공대는 통항로의 진입지점으로부터 출입지점까지를 잇는 일련의 연속축선에 의하여 획정된다. 군도항로대에 있는 선박 및 항공기는 그 항로대와 인접한 도서의 최근점간의 거리의 10%이상 해안에 근접하여 항행하지 아니함을 조건으로 하여 통과중 그러한 축선의 어느 쪽으로든 25해리 이상 벗어나서는 아니 된다.

⑥ 본 항에 따라 항로대를 지정하는 군도국가는 그러한 항로대내 협수로를 통과하는 선박의 안전통항을 위하여 또한 통항분리제도를 설정할 수 있다.

⑦ 군도국가는 필요한 상황이 발생한 경우 그에 관한 정당한 공시를 한 후에 이미 지정하거나 설정한 항로대 또는 통항분리제도를 다른 항로대나 통항분리제도로 대체할 수 있다.

⑧ 이러한 항로대와 통항분리제도는 일반적으로 승인된 국제규정을 따라야 한다.

⑨ 항로대를 지정 또는 대체하거나 통항분리제도를 제정 또는 대체함에 있어서 군도국가는 그 채택을 위하여 관할 국제조직에 그 제안을 회부하여야 한다. 그 국제조직은 군도국가의 동의를 얻은 후에야만 항로대 및 통항분리제도를 채택할 수 있으며, 그 후에 군도국가는 이를 지정, 제정 또는 대체할 수 있다.

⑩ 군도국가는 자국이 지정하거나 제정한 항로대 및 통항분리제도의 축을 정당히 공시된 해도에 명확히 표시하여야 한다.

⑪ 군도항로대를 통과중인 선박은 본 조에 따라 확립된 적용가능한 항로대 및 통항분리제도를 존중하여야 한다.

⑫ 군도국가가 항로대 또는 항공로를 지정하지 아니하는 경우에 군도항로대통항권은 국제항행에 통상적으로 이용되는 통로를 통하여 이를 행사할 수 있다.

제54조 (통항, 조사 및 측량활동중인 선박 및 항공기의 의무, 군도국가의 의무 및 군도항로대통항에 관한 군도국가의 법령) 제39조, 제40조, 제42조 및 제44조의 규정은 군도항로대통항에 이를 준용한다.

제 5 장 배타적 경제수역

제55조 (배타적 경제수역의 특정법적제도) 배타적 경제수역은 본 항에 확립된 특정법적제도에 따르는 영해이원 및 영해와 인접한 수역이다. 그 특정법적제도하에서 연안국의 권리와 관할권 및 타국의 권리와 자유가 본 협정의 관계규정에 의하여 규율된다.

제56조 (배타적 경제수역에서의 연안국의 권리, 관할권 및 의무) ① 배타적 경제수역에서 연안국은 하기 권리를 향유한다.

가. 해저, 하층토 및 상부수역의 생물 또는 비생물에 관계없이 천연자원의 탐사, 개발, 보존 및 관리를 목적으로 하는 주권적 권리와 해수, 해류 및 해풍을 이용한 "에너지" 생산 등에 관한 동수역의 경제적 개발 및 탐사를 목적으로 한 기타활동에 관한 주권적 권리

나. 하기사항에 관하여 본 협정의 관계규정에서 규정한 관할권

(1) 인공도서 건설 및 구조물의 설치와 사용

(2) 해양의 과학적 조사

(3) 해양 환경의 보호 및 보존

다. 본 협약에 규정된 기타 권리와 의무

② 배타적 경제수역에서 본 협약에 따라 권리를 행사하고 의무를 이행함에 있어서 연안국은 타국가의 권리 및 의무를 정당히 고려하여야 하며, 본 협약 규정에 모순되지 아니하게 활동하여야 한다.

③ 해저 및 하층토에 관하여 본조에 규정된 권리는 제6장에 따라 행사되어야 한다.

제57조 (배타적 경제수역의 폭) 배타적 경제수역은 영해의 폭을 측정하는 기선으로부터 200해리를 초과할 수 없다.

제58조 (배타적 경제수역에서의 타국의 권리와 의무) ① 배타적 경제수역에서 연안국이나 내륙국에 관계없이 모든 국가는 본 협약의 규정에 따라 제87조에 규정된 항해, 비행 및 해저 전선과 도관부설의 자유와 선박, 항공기 및 해저 전선과 도관의 운행에 관계되거나 또한 본 협약의 기타 규정에 모순되지 아니하는 상기 자유와 관계되는 기타 합법적인 국제적 해양이용의 자유를 향유한다.

② 제88조 내지 제115조 및 기타 국제법의 적절한 규정은 본 장과 모순되지 아니하는 한 배타적 경제수역에 적용된다.

③ 배타적 경제수역에서 본 협정에 따라 권리를 행사하고 의무를 이행함에 있어서 각 국가는 연안

국의 권리와 의무를 정당히 고려하여야 하며, 본 협약의 제 규정 및 본장의 규정과 모순되지 않는 한 기타 국제법규정에 따라 연안국이 채택한 법령을 준수하여야 한다.

제59조 (배타적 경제수역에서의 권리와 관할권의 귀속에 관한 분쟁해결의 기초) 본 협약이 배타적 경제수역내에 있어서의 권리나 관할권을 연안국 또는 타국가에 귀속함을 정하지 아니하고, 그 연안국과 타국가간에 이해관계를 둘러싼 분쟁이 발생하는 경우 그 분쟁은 국제사회 전체로써 뿐만 아니라 당사국에 관계된 각 이해관계의 중요성을 고려하여 형평의 원칙에 입각하고 또한 모든 관계 상황에 비추어서 해결되어야 한다.

제60조 (배타적 경제수역에서의 인공도서, 시설 및 구조물) ① 배타적 경제수역에서 연안국은 하기사항을 건설하는 배타적 권리 및 동 사항의 건설, 운용, 이용을 허가하고 규제하는 배타적 권리를 가진다.

가. 인공도서

나. 第56조에 정한 목적과 기타 경제적 목적을 위한 시설 및 구조물

다. 배타적 경제수역에서의 연안국의 권리행사에 방해가 될 수 있는 건설 및 구조물

② 연안국은 관세, 재정, 위생, 안전, 출입국관리법령에 관한 관할권을 포함하여 상기 인공도서, 시설 및 구조물에 대하여 배타적 관할권을 가진다.

③ 상기 인공도서, 시설 또는 구조물의 건설은 정당히 공시되어야 하며, 그 존재에 대한 경고를 위한 항구적 수단을 유지하여야 한다. 방기하거나 사용되지 아니하는 시설 또는 구조물은 완전히 철거하여야 한다.

④ 연안국은 필요한 경우 항해와 인공도서, 시설 및 구조물의 안전을 보장하기 위하여 적절한 조치를 취할 수 있는 합당한 안전수역을 상기 인공도서, 시설 및 구조물의 주위에 위치할 수 있다.

⑤ 연안국은 적용할 수 있는 국제적 기준을 고려하여 안전수역의 폭을 결정하여야 한다. 이러한 안전수역은 인공도서, 시설 또는 구조물의 성격 및 기능과 합리적인 연관이 보장되도록 고안되어야 하며, 일반적으로 승인된 국제기준 또는 관련 국제조직에 의한 권고에 의하여 인정된 경우를 제외하고는 인공도서, 시설 또는 구조물의 외연의 각점으로부터 측정하여 500m를 초과하여서는 아니 된다. 안전수역은 정당히 공시되어야 한다.

⑥ 모든 선박은 상기 안전수역을 존중하여야 하며, 인공도서, 시설, 구조물 및 안전수역주변에서의 항해에 관한 일반적으로 승인된 국제기준을 준수하여야 한다.

⑦ 인공도서, 시설, 구조물 및 그 주위의 안전수역은 국제항행에 긴요하다고 인정된 항로대의 이용에 방해될 만한 장소에 설치되어서는 아니 된다.

⑧ 인공도서, 시설 및 구조물은 도서의 지위를 갖지 아니하며, 그 자체의 영해를 갖지 아니한다. 그리고 그 존재는 영해, 배타적 경제수역 또는 대륙붕의 경계획정에 영향을 미치지 아니한다.

제61조 (생물자원의 보존) ① 연안국은 자국의 배타적 경제수역에서의 생물자원의 허용어획량을 결정하여야 한다.

② 연안국은 입수가능한 최선의 과학적 증거를 고려하여, 過産개발로 인하여 배타적 경제수역에서의 생물자원의 유지가 위태롭게 되지 아니하도록 적당한 보존 및 관리조치를 통하여 이를 보장하여야 한다. 적당하다고 인정되는 경우 연안국과 소지역적, 지역적, 전세계적임에 관계없이 권한있는 국제조직은 이를 위하여 상호협력하여야 한다.

③ 상기 조치는 또한 연안어업사회의 경제적 필요성과 개발도상국의 특별한 요구를 포함한 관련 환경적, 경제적 요인에 의하여 확정되고, 또한 어로형태, 어족간의 상호의존성 및 소지역적, 지역적, 전세계적임에 관계없이 일반적으로 권고된 국제최소기준을 고려하여 최대지속가능 생산량을 생산할 수 있는 수준으로 어획된 어족의 자원량이 유지 또는 회복되도록 계획되어야 한다.

④ 상기 조치를 취함에 있어서 연안국은 그 재생산에 현저한 위협을 줄 수 있는 수준 이상으로 관련 또는 의존 어족의 자원량을 유지, 회복시키기 위하여 어획어족과의 관련 또는 의존어족에 미치는 영향을 고려하여야 한다.

⑤ 입수가능한 과학적 정보, 어획 및 어업활동계획, 수산자원의 보존과 관계된 기타 자료는 적절한 경우 소지역적, 지역적, 또는 전세계적인 권한있는 국제조직을 통하여 또한 소속국민이 배타적 경제수역에서 입어가 허용된 국가를 포함하는 모든 관계국가의 참여하에 정기적으로 제공되고 교환되어야 한다.

제62조 (생물자원의 이용) ① 연안국은 제61조의 규정을 해하지 아니하고 배타적 경제수역에서의 생물자원의 최적이용목적을 촉진시켜야 한다.

② 연안국은 배타적 경제수역에서의 생물자원에 대한 자국의 어획능력을 결정하여야 한다. 연안국이

전체 허용어획량을 어획할 능력이 없는 경우에는 제69조 및 제70조의 규정, 특히 그 규정에 언급된 개발도상국가에 관한 특별고려를 하고 합의 또는 기타 약정 그리고 제4항에 규정된 조건, 법령에 따라 허용어획량의 잉여분에 대한 타국의 입어를 인정하여야 한다.

③ 본 조에 따라 배타적 경제수역에 타국의 입어를 인정하는 경우 연안국은 모든 관계요소를 고려하여야 한다. 특히 동 수역 생물자원의 관계연안국의 경제 및 기타 국제적 이익에 대한 중요성, 제69조와 제70조의 규정, 잉여분 어획에 대한 소지역 또는 지역내의 개발도상국의 요구, 소속국민이 동 수역에서 관습적으로 어로행위를 행하여 왔거나, 어족의 조사 및 식별에 실질적 노력을 행한 국가에 있어서의 경제적 혼란을 극소화할 필요성을 고려하여야 한다.

④ 배타적 경제수역에서 어로행위를 하는 타국의 국민은 연안국의 법령에 의하여 확립된 보존조치 및 조건을 지켜야 한다. 상기 법령은 본 협약에 따라야 하고, 특히 하기사항과 관련하여야 한다.

가. 입어자 어선 및 장비의 허가, 개발도상연안국의 경우에는 수산업에 관한 재정, 장비 및 기술 분야에 있어서 적절한 보상이 되는 입어료 및 기타 형태의 요금의 지불에 대한 허가를 포함한다.

나. 어획가능한 어종의 결정, 그리고 특정어족, 어군 또는 일정기간동안의 어선당 어획량에 관하여나 특정기간동안 어느 국가의 국민에 의한 어획량에 관하여거나 간에 어획량 "쿼타"의 결정

다. 어로기와 어로수역, 어구의 형태, 규모, 양 및 이용가능한 어선의 형태, 규모, 수의 규제

라. 어획가능한 생선 및 기타 어종의 연령, 크기의 결정

마. 어획량과 어업활동통계 및 어선의 위치보고를 포함한 어선에 대하여 요구되는 정보의 명시

바. 연안국의 허가와 통제에 따른 특정어업조사계획의 실험요구 및 어획물의 견본작성, 견본의 처리 및 관련 과학자료의 보고를 포함한 상기 조사의 실시에 대한 규제

사. 연안국에 의한 감시원 또는 훈련원의 승선배치

아. 연안국 항구에서의 상기 선박에 의한 어획량의 전부 또는 일부의 양륙

자. 합작투자 또는 기타 상호협력 약정에 관한 조건

차. 어로조사의 수행을 위한 연안국의 능력강화를 포함한 요원의 훈련 및 어로기술의 이전에 대한 요구

카. 시행절차

⑤ 연안국은 보존 및 관리관계법령을 정당히 공시하여야 한다.

제63조 (2개국 이상 연안국의 배타적 경제수역에 걸쳐 출현하거 나 배타적 경제수역과 그 바깥의 인접수역에 출현하는 어족) ① 2개국 이상 연안국의 배타적 경제수역에 동일어족 또는 관련어종의 어족이 서식하는 경우, 관련연안국은 본 조의 다른 규정을 침해하지 아니하고 상기 어족의 보존 및 개발을 상호 조정하고 확보하는데 필요한 조치를 직접 또는 적절한 소지역 또는 지역조직을 통하여 합의하도록 노력하여야 한다.

② 배타적 경제수역내와 동 수역 이원 및 인접한 수역의 양쪽에 걸쳐 동일어족 또는 관련어종의 어족이 서식하는 경우, 연안국 및 그 인접수역에서의 상기 어족의 어로국가는 그 인접수역내에 있는 상기 어족의 보존에 필요한 조치를 직접 또는 적절한 소지역 또는 지역조직을 통하여 합의하도록 노력하여야 한다.

제64조 (고도회유성 어종) ① 연안국 및 소속국민이 제1부속서에 기재된 고도회유성어종이 있는 수역에서 이를 어획하는 타국가는 배타적 경제수역내와 그 이원의 수역에 걸쳐 동 어종의 보존을 확보하고 최적이용 목표를 촉진시키기 위하여 직접 또는 적절한 국제조직을 통하여 상호협력하여야 한다. 적절한 국제조직이 없는 수역에서는 연안국과 그 수역에서 소속국민이 동 어종을 어획하는 타국가는 상기 조직의 설립을 위하여 상호협력하고 또한 그 어업에 참여하여야 한다.

② 제①항의 규정은 본장의 다른 규정에 추가하여 적용된다.

제65조 (해양포유동물) 본 협약의 어떠한 규정도 본장에 규정된 것 보다 더 엄격하게 해양포유동물의 포획을 금지, 제한 및 규제하는 연안국의 권리 또는 적절한 경우, 국제조직의 관할을 제한하지 아니하다. 각 국가는 해양포유동물의 보존을 위하여 상호협력하여야 하며, 고래의 경우에는 그 보존, 관리 및 연구를 위하여 적절한 국제조직을 통한 특별사업에 상호협력하여야 한다.

제66조 (소하성 어족) ① 소하성 어족이 발생하는 모천국은 이들 어족에 대한 일차적 이익과 책임을 진다.

② 소하성 어족의 모천국은 그 배타적 경제수역의 외측한계의 육지측 수역에서의 어로와 제③항 제나호에 규정한 어로에 대하여 적절한 규제조치를 확립함으로써 그 보존을 확립하여야 한다. 모천국은 제③항과 제④항에 규정된 기타 이들 어족 어로국과 협력한 후 모천에서 발생하는 어족의 전체 허용어획량을 확립할 수 있다.

③ 가. 소하성 어족의 어획은 배타적 경제수역의 외측한계의 육지측 수역에서만 행하여진다. 단, 본 규정이 모천국 이외의 국가에 경제적 혼란을 초래하는 경우에는 그러하지 아니하다. 배타적 경제수역 외측한계 이원의 어획에 관하여서는 관계국은 보존요구 및 어족에 관한 모천국의 필요성을 정당히 고려하여 어획활동의 조건에 대한 합의에 도달하기 위하여 계속 협의 하여야 한다.

나. 모천국은 소하성 어족의 기타 어획국가의 통상 어획량과 조업형태 및 어획이 행하여지는 모든 지역을 고려하여, 이들 국가의 경제적 혼란을 극소화시키는데 상호협력하여야 한다.

다. 나항에 규정한 국가 중 모천국과의 합의에 의하여, 특히 그 경비를 분담하는 등 소하성 어족을 재생시키는 조치에 참여한 국가는 모천국의 모천에서 발생한 동 어족의 어획에 있어서 모천국에 의하여 특별히 배려를 받는다.

라. 배타적 경제수역 이원의 소하성 어족에 관한 규칙의 시행은 모천국과 기타 관계국간의 합의에 의한다.

④ 소하성 어족이 모천국 이외 국가의 배타적 경제수역의 외측한계의 육지측 수역을 회유하는 경우, 그 국가는 동 어족의 보존 및 관리에 관하여 모천국과 상호협력하여야 한다.

⑤ 소하성 어족의 모천국과 그 어족의 타어획국은 본 조의 규정을 실시하기 위하여 필요한 경우, 지역조직을 통하여 약정을 체결시켜야 한다.

제67조 (강해성 어족) ① 강해성 어족이 그 생활환의 대부분을 보내는 수역의 연안국은 그 어종의 관리에 대한 책임을 지며, 그 회유어의 출입을 보증하여야 한다.

② 강해성 어종의 어획은 배타적 경제수역의 외측한계의 육지측 수역에서만 행하여진다. 배타적 경제수역에서 어획이 행하여지는 경우 그 수역내의 어획에 관한 본조의 규정 및 본 협약의 기타 규정에 따라야 한다.

③ 강해성 어종이 다른 국가의 배타적 경제수역을 회유하는 경우 그 어종이 유어이든 성어이든간에 어획을 포함한 동 어종의 관리는 제1항에서 규정한 국가와 관계국간의 협정에 의하여 규제된다. 상기 협정은 그 어종의 합리적 관리를 보장하여야 한다. 동 어종을 유지하기 위한 제1항에 규정된 국가의 책임을 고려하여야 한다.

제68조 (정착성 어종) 본 장의 규정은 제77조 4항에서 정의한 정착성 어종에는 적용되지 아니한다.

제69조 (내륙국의 권리) ① 내륙국은 모든 관계국의 관련 경제적, 지리적 환경을 고려하고 본조 및 제 61조와 제62조의 규정에 따라 형평의 원칙 위에서 동일 소지역 또는 지역연안국의 배타적 경제수역의 생물자원 잉여분의 적절한 배분의 개발에 참여할 권리를 갖는다.

② 상기 참여의 조건 및 양식은 특히 하기 요인을 고려하여 쌍무 소지역 또는 지역협정을 통하여 관계국에 의하여 확립된다.

가. 연안국의 어업지역사회 또는 수산업에 유해한 영향의 회유 필요성:

나. 본조의 규정에 따라 내륙국이 기존 쌍무 소지역 또는 지역협정에 의하여 다른 연안국의 배타적 경제수역 생물자원의 개발에 참여하거나 할 권리가 주어져 있는 범위:

다. 타내륙국 및 지역적 불리국이 연안국의 배타적 경제수역 생물자원의 개발에 참여하는 범위 및 어느 단일 연안국 또는 그 연안국 일부에 대한 특별한 부담을 회피할 결과적 필요성:

라. 각국 인구의 영양상 필요

③ 연안국의 어획능력이 배타적 경제수역에 있는 생물자원의 총허용 어획량을 어획할 수 있는 경우에, 연안국 및 타국가는 쌍무, 소지역 또는 지역적 기초에 입각하여 환경에 적절하고 모든 당사국이 만족하는 조건 위에서 동일한 소지역 또는 지역개발도상 내륙국이 동일 소지역 또는 지역연안국이 배타적 경제수역 생물자원의 개발에 참여하는 것을 허용하는 약정을 체결하도록 상호협력 하여야 한다. 본 규정의 시행에 있어서 제 2항에 규정된 제 요인이 또한 고려되어야 한다.

④ 선진내륙국은 연안국이 그 배타적 경제수역 생물자원에 타국의 입어를 허용함에 있어서 어업지역사회에 대한 유해한 영향 및 그 소속국민이 관습적으로 그 배타적 경제수역에서 어획활동을하여 온 국가의 경제적 혼란을 극소화할 필요성을 고려하는 정도를 참작하여, 본 조의 규정에 의하여 동일 소지역 또는 지역 선진연안국의 배타적 경제수역에 한하여 생물자원 개발에 참여할 권리가 있다.

⑤ 상기 규정은 연안국이 배타적 경제수역 생물자원의 개발에 대한 동등한 또는 우선적인 권리를 동일 소지역 또는 지역 내륙국에게 부여하는 소지역 또는 지역에서 합의된 약정을 침해하지 아니한다.

제70조 (지리적 불리국의 권리) ① 지리적 불리국은 모든 관계국의 관련 경제적 및 지리적 환경을 고려하고 본 조 제61조 및 제62조의 규정에 따라서 형평의 원칙 위에서 동일 소지역 또는 지역연안국

배타적 경제수역 생물자원 잉여분의 적절한 부분에 대한 개발에 참여할 권리를 갖는다.

② 본 협약의 적용상 "지리적 불리국"은 그 지리적 상황이 국가 인구 또는 일부 인구의 영양섭취 목적에 적합한 어류공급을 소지역 또는 지역적 타국가의 배타적 경제수역 생물자원의 개발에 의존하는 폐쇄해 또는 반폐쇄해 국가를 포함한 연안국 및 그 자체의 배타적 경제수역을 주장할 수 없는 연안국을 포함한다.

③ 상기 참가의 조건 및 양식은 특히 하기요인을 고려하여 쌍무, 소지역 또는 지역협정을 통하여 관계국에 의하여 확립된다.

가. 연안국의 어업사회 또는 수산업에 유해한 영향의 회피 필요성

나. 본 조의 규정에 따라 지리적 불리국이 기존, 쌍무, 소지역 또는 지역협정에 의하여 다른 연안국의 배타적 경제수역 생물자원의 개발에 참여하거나 참여할 권리가 주어져 있는 범위

다. 타 지리적 불리국 및 내륙국이 연안국의 배타적 경제수역 생물자원의 개발에 참여하는 범위 및 어느 단일 연안국 또는 그 연안국의 일부에 대한 특별한 부담을 회피할 결과적 필요성

④ 연안국의 어획능력이 배타적 경제수역에 있는 생물자원의 총허용 어획량을 어획할 수 있는 경우에, 연안국 및 타국가는 쌍무, 소지역 또는 지역적 기초에 입각하여 환경에 적절하고 모든 당사국이 만족하는 조건 위에서 동일 소지역 또는 지역에 있는 개발도상 지리적 불리국이 동일 소지역 또는 지역 연안국의 배타적 경제수역 생물자원의 개발에 참여하는 것을 허용하는 공평한 약점을 해결하도록 상호협력하여야 한다. 본 규정의 시행에 있어 제③항에 규정된 제 요인이 또한 고려되어야 한다.

⑤ 선진 지리적 불리국이 연안국의 그 배타적 경제수역 생물자원에 타국가의 입어를 허용함에 있어서 어업지역사회에 대한 유해한 영향 및 그 소속국민이 관습적으로 그 배타적 경제수역에서 어획활동을 하여 국가의 경제적 혼란을 극소화할 필요성을 고려하는 정도를 참작하여, 본 조의 규정에 의하여 동일 소지역 또는 지역선진연안국의 배타적 경제수역에 한하여 생물자원개발에 참여할 권리가 있다.

⑥ 상기 규정은 연안국이 배타적 경제수역 생물자원의 개발에 대한 동등한 또는 우선적인 권리를 동일 소지역 또는 지역내륙국에 부여하는 소지역 또는 지역에서 합의된 약점을 침해하지 아니한다.

제71조(제69조 및 제70조의 부적용) 제69조 및 제70조의 규정은 그 경제가 배타적 경제수역 생물자원의 개발에 압도적으로 의존하고 있는 연안국의 경우에는 적용하지 아니한다.

제72조 (권리이전의 제한) ① 생물자원의 개발에 관하여 제69조 및 제70조에 의하여 규정된 권리는 관계국에 의한 다른 합의가 없는 한 임대차 또는 면허, 합작 투자의 설립 또는 이전의 효과를 가져오는 기타 방법으로 제 3국이나 그 국민에게 직접 또는 간접으로 이를 이전할 수 없다.

② 제 1항의 규정은 관계국이 제69조 및 제70조에 따르는 권리의 행사를 촉진시키기 위하여 제3국 또는 국제조직으로부터 기술적 또는 재정적 원조를 받는 것을 배제하지 아니한다. 또, 제①항에 규정된 효과를 초래하여서는 아니 된다.

제73조 (연안국의 법령시행) ① 연안국은 배타적 경제수역 생물자원을 탐사, 개발 보존 및 관리하는 주권적 권리를 행사함에 있어서 본 협약에 따라 채택된 법령의 준수를 확보하기 위하여 필요한 승선, 감시, 나포 및 사법절차를 포함한 조치를 취할 수 있다.

② 나포된 선박 및 승무원은 상당한 보석금, 기타 보증금을 예치한 후 즉시 석방하여야 한다.

③ 배타적 경제수역에서의 어업법규의 위반에 대한 연안국의 처벌도 관계국간에 반대의 합의가 없는 한 금고 또는 기타의 체형을 포함하지 아니 한다.

④ 외국선박을 나포 또는 억류한 경우, 연안국은 적절한 경로를 통하여 그 기국에 취한 조치 및 그에 부과된 형에 대하여 즉시 통고하여야 한다.

제74조 (인접 또는 대향국간의 배타적 경제수역의 경계획정) ① 인접 또는 대향국간의 배타적 경제수역의 경계획정은 공평한 해결에 도달하기 위하여 국제사법재판소 규정 제38조에 규정된 대로 국제법을 기초로 하여 합의에 의하여 성립되어야 한다.

② 상당한 기간내에 합의에 도달할 수 없는 경우에 관계국은 제15장에 규정된 절차에 의존하여야 한다.

③ 제 1항에 규정된 합의에 이르는 동안 관계국은 이해 및 상호협력의 정신으로 그 과도기 동안 최종 합의에 도달함을 위협하거나 해하지 아니하고 실제적인 잠정약정을 체결하기 위하여 모든 노력을 하여야 한다. 상기 약정은 최종경계획정을 침해하지 아니한다.

④ 관계국간에 유효한 협정이 존재하는 경우에 배타적 경제수역의 경계획정에 관한 문제는 그 협정의 규정에 따라 결정한다.

제75조 (해도 및 지리적 좌표점의 목록) ① 본 장에 따라 배타적 경제수역의 외측한계선 및 제74조의

규정에 따라 획선된 경계획정선은 그 위치를 확인하기에 적당한 단수 또는 복수의 축척해도에 표시되어야 한다. 단 적절한 경우 측지자료를 명기한 지리적 좌표점의 목록으로 대체할 수 있다
② 연안국은 상기 해도나 지리적 좌표점의 목록을 정당히 공시 하여야 하며, 동 해도 또는 목록의 사본을 유엔사무총장에게 기탁하여야 한다.

제 6 장 대륙붕

第76조 (대륙붕의 정의) ① 연안국의 대륙붕은 영해 밖으로 육지영토의 자연적 연장을 통하여 대륙변계의 외선까지 또는 대륙변계의 외선이 200해리까지 미치지 아니하는 경우에는 영해의 폭을 측정하는 기선으로부터 200해리까지의 거리에 있는 해저 및 하층토로 이루어진다.
② 연안국의 대륙붕은 제4항내지 제6항에 규정된 한계이원으로 확장 되어서는 아니 된다.
③ 대륙변계는 연안국 본토의 해저연안으로 이루어지며, 대륙붕의 해저 및 하층토, 대륙사면 및 대륙융기로 구성된다. 대륙변계는 심해상과 그에 부속한 해양산맥 또는 하층토는 포함되지 아니 한다.
④ 가. 본 협약의 적용상 연안국은 그 변계가 영해의 폭을 측정하는 기선으로부터 200해리 이원까지 미치는 경우에는 언제나 대륙변계의 외선을 하기 선중 하나로 확정하여야 한다.
(1) 퇴적암의 두께가 각 최외각 확정지점으로부터 대륙사면의 최저부까지의 최단거리의 최소한 1%인 최외곽 확정지점을 제7항에 따라 연결한 선: 또는
(2) 대륙사면의 최저부로부터 60해리 이하인 확정지점을 제7항에 따라 연결한 선.
나. 반대의 증거나 없는 한 대륙사면의 최저부는 그 기저에서 경사도의 최대변경지점으로 결정된다.
⑤ 제4항 가(1) 및 (2)에 따라 획선된 해저에 있는 대륙붕의 외측한계선을 이루는 확정지점은 영해의 폭을 측정하는 기선으로부터 350해리를 초과하지 아니하거나 2,500m 수심을 연결하는 선인 2,500m 등심선으로부터 100해리 초과하지 아니하여야 한다.
⑥ 제5항의 규정에도 불구하고, 해저산맥의 경우에 대륙붕의 외측한계는 영해의 폭을 측정하는 기선으로부터 350해리를 초과하지 아니하여야 한다. 본 항은 해양고원, 융기, 캡, 뱅크 및 스퍼와 같은 대륙변계의 자연적 구성요소인 해저고지에는 적용되지 아니한다.
⑦ 연안국은 대륙붕이 영해의 폭을 측정하는 기선으로부터 200해리 이원에까지 미치는 경우에는 경위도 좌표로 표시된 확정지점을 연결하여 그 길이가 60해리를 넘지 아니하는 직선에 의하여 대륙붕의 외측한계를 그어야 한다.
⑧ 영해의 폭을 측정하는 기선으로부터 200해리를 초과하는 대륙붕의 한계에 관한 정보는 연안국에 의한 공평한 지리적 대표원칙에 입각하여 제2부속서에 따라 설립된 대륙붕한계위원회에 제출되어야 한다. 동 위원회는 대륙붕의 외측한계 확정에 관한 사항에 대하여 연안국에 권고를 행하여야 한다. 이러한 권고를 기초로 하여 연안국에 의해 확정된 대륙붕의 경계는 최종적이며 구속력을 갖는다.
⑨ 연안국은 측지자료를 포함하여 항구적으로 대륙붕의 외측한계를 표시하는 해도 및 관련정보를 유엔 사무총장에게 기탁하여야 하며, 유엔 사무총장은 이를 정당히 공시하여야 한다.
⑩ 본 조의 규정은 인접 또는 대향국간의 대륙붕의 경계획정문제를 침해하지 아니한다.

第77조 (대륙붕에 대한 연안국의 권리) ① 연안국은 대륙붕에 대하여 대륙붕을 탐사하고 그 천연자원을 개발하기 위한 주권적 권리를 행사한다.
② 제1항에 규정된 권리는 연안국이 대륙붕을 탐사하지 아니하거나 또는 그 천연자원을 개발하지 아니하더라도 다른 국가는 연안국의 명백한 동의 없이는 이러한 활동을 행할 수 없다는 의미에서 배타적이다.
③ 대륙붕에 대한 연안국의 권리는 실효적이나 관념적인 점유 또는 명시적 선언에 의존하는 것이 아니다.
④ 본 장에 규정된 천연자원이라 함은 정착성 어종에 속하는 생물, 즉 수확가능 단계에서 해저의 표면 또는 그 아래에서 움직이지 아니하거나 해저 또는 그 하층토에 항상 밀착하지 아니하고는 움직일 수 없는 생물과 해저 및 하층토의 광물과 기타 비생물자원으로 구성된다.

第78조 (대륙붕의 상부수역 및 상공의 법적 지위와 타국의 권리 및 자유) ① 대륙붕에 대한 연안국의 권리는 그 상부수역 또는 상공의 법적지위에 영향을 미치지 아니한다.
② 대륙붕에 대한 연안국의 권리 행사는 항행 및 본 협약에 규정된 타국의 기타 권리 및 자유를 침해 하거나 부당한 간섭을 초래하여서는 아니 된다.

第79조 (대륙붕에서의 해저전선 및 관선) ① 모든 국가는 본 조의 규정에 따라 대륙붕에서 해저전선과 관선을 부설할 권리를 갖는다.

② 대륙붕의 탐사, 그 천연자원의 개발 및 도관으로부터의 오염의 방지, 경감 및 억제를 위하여 합당한 조치를 취하는 권리에 따라 연안국의 상기 전선 또는 관선의 부설이나 유지를 방해할 수는 없다.

③ 대륙붕에서의 상기 관선의 부설을 위한 "코스"의 획정은 연안국의 동의를 받아야 한다.

④ 본 장의 어느 규정도 자국의 영토나 영해에 부설되는 전선 또는 도관에 대한 조건을 설정하는 연안국의 권리 또는 대륙붕의 탐사나 그 자원의 개발 또는 자국의 관할하에 있는 인공도서, 시설, 구조물의 운영과 관련하여 부설되거나 사용되는 전선과 관선에 대한 연안국의 관할권에 영향을 미치지 아니한다.

⑤ 해저 전선 및 도관을 부설하는 경우에 각 국가는 이미 설치되어 있는 전선이나 도관에 대하여 정당한 고려를 하여야 한다. 특히 기존 전선이나 관선을 수리할 수도 있는 가능성은 침해 받을 수 없다.

제80조 (대륙붕상의 인공도서, 시설 및 구조물) 제60조의 규정은 대륙붕에서의 인공도서, 시설 및 구조물에 이를 준용한다.

제81조 (대륙붕 시추) 연안국은 모든 목적을 위하여 대륙붕에서 시추하는 것을 허가 및 규제를 하는 배타적 권리를 갖는다.

제82조 (200해리 이원 대륙붕개발에 관한 불입금 및 현물공여) ① 연안국은 영해의 폭을 측정하는 기선으로부터 200해리 이원 대륙붕의 비생물자원의 개발에 관한 불입금을 납부하거나 현물공여를 행하여야 한다.

② 투입금 및 현물공여는 생산개시 5년 이후부터 생산지점에서의 모든 생산물에 관하여 매년 납부되어야 한다. 제6년째의 투입금 또는 현물공여의 비율은 생산지점의 생산총액 또는 생산량의 1%로 하며, 그 비율은 12년째까지 매년 1%씩 증가하고, 그 이후는 7%로 한다. 생산에는 개발과 관련하여 사용된 자원을 포함하지 아니한다.

③ 자국의 대륙붕에서 생산되는 광물자원의 순수입국인 개발도상국은 동 광물자원에 관한 불입금 또는 현물공여로부터 면제된다.

④ 투입금 및 현물공여는 심해저기구를 통하여 납부되어야하며, 심해저기구는 이를 개발도상국, 특히 최저개발도상국 및 내륙국의 이익과 필요성을 고려하여 공평분배기준에 입각하여 본 협약의 당사국에게 분배하여야 한다.

제83조 (인접 또는 대향국간의 대륙붕 경계획정) ① 인접 또는 대향국간의 대륙붕의 경계획정은 공평한 해결에 도달하기 위하여 국제사법재판소 규정 제38조에 규정된 대로 국제법을 기초로 하여 합의에 의하여 성립되어야 한다.

② 상당한 기간내에 합의에 도달할 수 없는 경우에 관계국은 제15장에 규정된 절차에 의거하여야 한다.

③ 제1항에 규정된 합의에 이르는 동안 관계국은 이해 및 상호 협력정신으로 그 과도기 동안 최종합의에 도달하는 것을 위협하거나 방해하지 아니하고 실무적 성격의 잠정약정을 성립하기 위하여 모든 노력을 다하여야 한다. 상기 약정은 최종경계획정을 침해하지 아니한다.

④ 관계국간에 시행중인 협정이 있는 경우에 대륙붕의 경계획정에 관한 문제는 그 협정의 규정에 따라 결정된다.

제84조 (해도 및 지리적 좌표목록) ① 본 장에 따라 대륙붕의 외측 한계선과 제83조에 따라 그어진 경계획정선은 그 위치를 확인하기에 적당한 단수 또는 복수축적의 해도에 표시되어야 한다. 적절한 경우 측지 자료를 명기한 지리적 좌표목록으로 상기 외측 한계선을 대신할 수 있다.

② 연안국은 상기 해도 또는 지리적 좌표목록을 적당히 공표하여야하며 또한 상기 해도 또는 목록의 사본을 유엔 사무총장에게 기탁하고 대륙붕의 외측 한계선을 표시하는 해도 또는 목록의 경우에 이를 심해저기구 사무총장에게 기탁하여야 한다.

제85조 (터널) 본 장의 규정은 하층토 상부의 수심에 관계없이 터널에 의하여 하층토를 개발하는 연안국의 권리를 침해하지 않는다.

제7장 공 해

제1절 총 칙

제86조 (본 장 규정의 적용) 본 장의 규정은 어느 국가의 배타적 경제수역, 영해, 내수 또는 군도국가의 군도수역에 포함되지 아니하는 모든 해역에 적용된다. 본 조의 규정은 제58조 규정에 따라 배타적 경제수역내에서 모든 국가가 향유하는 자유의 축소를 수반하지 아니한다.

제87조 (공해의 자유) ① 공해는 연안국이나 내륙국을 막론하고 모든 국가에 개방된다. 공해의 자유는 본 협약과 국제법의 기타 규칙에 정하여진 조건에 의거하여 행사된다. 공해의 자유는 연안국과 내륙국에 대해 특히 다음과 같은 것을 포함한다.

가. 항해의 자유

나. 비행의 자유

다. 제6장의 규정에 따른 해저 전선 및 도관 건설의 자유

라. 제6장의 규정에 따라 국제법이 허용하는 인공도서 및 기타 시설의 설치자유

마. 본 장 제2절에 정하여진 조건에 따른 어로의 자유

바. 제6장 및 제8장의 규정에 따른 과학적 조사의 자유

② 모든 국가는 공해의 자유를 행사함에 있어서 타 국가의 이익과 심해저 활동에 관하여 본 협약에 규정한 권리에 대하여 정당한 고려를 하면서 상기의 자유를 행사하여야 한다.

제88조 (평화적 목적을 위한 공해의 자유) 공해는 평화적 목적을 위하여 유보되어야 한다.

제89조 (공해에 대한 주권주장의 무효) 어떠한 국가도 공해의 어느 부분을 유효하게 그의 주권에 복속 시킬 수 없다.

제90조 (항해의 권리) 모든 국가는 연안국 또는 내륙국을 막론하고 공해상에 자국의 국기를 게양한 선박을 항해하게 할 권리를 갖는다.

제91조 (선박의 국적) ① 모든 국가는 선박에 대한 자국의 국적, 허용, 자국영해내에 있어서의 선박의 등록 및 자국의 국기를 게양할 권리에 관한 조건을 정하여야 한다. 선박은 그 국기를 게양할 권리를 가진 국가의 국적을 가진다. 국가와 선박간에는 진정한 관련이 존재하여야 한다.

② 모든 국가는 자국의 국기를 게양할 권리를 허용한 선박에 대하여 그 증명을 발급하여야 한다.

제92조 (선박의 지위) ① 선박은 일개국 만의 국기를 게양하고 항해 하여야 하며 또한 국제조약 또는 본 협약에 명백히 규정된 예외적 규정의 경우를 제외하고는 공해상에서 그 국가의 배타적 관할하에 있는 것으로 한다. 선박은 소유권의 진정한 양도 또는 등록 변경의 경우를 제외 하고는 항해 중 또는 기항 중에 그 국기를 변경할 수 없다.

② 2개국 이상의 국기를 편의에 따라 게양하고 항해하는 선박은 다른 국가와의 관계에서 그 어느 국적도 주장할 수 없으며, 또한 무국적 선박과 동일시 될 수 있다.

제93조 (유엔, 유엔전문기구 및 국제원자력 기구의 기를 게양한 선박) 제92조의 규정은 유엔, 유엔전문기구, 또는 국제원자력기구의 공무에 사용되고 그 기구의 기를 게양하는 선박에 대하여 적용되지 아니한다.

제94조 (기국의 의무) ① 모든 국가는 행정적, 기술적 및 사회적 사항에 관하여 자국의 국기를 게양하는 선박에 대하여 자국의 관할권과 통제권을 효과적으로 행사할 수 있다.

② 특히 모든 국가는 다음 사항을 실시하여야 한다.

가. 크기가 작기 때문에 일반적으로 승인된 국제법규에서 제외되는 선박을 제외하고는 자국 국기를 게양하는 선박의 선명과 세부사항을 포함하는 선박등록부의 유지:

나. 자국 국기를 게양한 선박, 그 선박의 선장, 사관 및 승무원에 대하여 동 선박에 관한 행정적, 기술적 및 사회적 사항에 대한 국내법에 의거한 관할

③ 모든 국가는 국기를 게양하는 선박에 대하여 해상에서의 안전을 확보하기 위하여 특히 다음 사항에 관하여 필요한 조치를 취하여야 한다.

가. 선박의 건조, 장비 및 내항성

나. 적용할 수 있는 국제통례를 고려한 선박의 선원 배치, 승무원의 근로 조건 및 훈련

다. 신호의 사용, 통신의 유지 및 충돌의 방지

④ 상기 조치는 다음 사항을 확보하기 위하여 필요한 사항을 포함하여야 한다.

가. 각 선박은 등기전과 등기후 적당한 간격으로 자격있는 선박 검사원에 의하여 검사 받아야 하고

선박의 안전 항행에 적당한 해도, 항해서적, 항해 장비 및 기구를 선박에 보유하여야 한다.

나. 각 선박은 적당한 자격 특히 조함술, 항해, 통신, 해양 엔지니어링에 관한자격을 가지고 있는 선장과 사관의 책임하게 있어야 하고 승무원은 그 선박의 형태, 크기, 기기, 및 장비에 적당한 자격과 인원이어야 한다.

다. 선장, 사관, 및 적당한 범위의 승무원은 해상에서의 생명안전, 충돌의 방지, 해양오염의 방지, 경감, 억제 및 무선에 의한 통신유지에 관하여 적용할 수 있는 국제법규에 완전히 정통하여야 하고, 또한 준수할 것이 요구된다.

⑤ 제3항 및 제4항의 규정에서 요구되는 조치를 취함에 있어서 각 국가는 일반적으로 승인된 국제법규, 절차 및 관습을 따라야 하고 그 준수를 보장하게 위하여 필요한 수단을 취하여야 한다.

⑥ 선박에 관하여 적절한 관할 및 통제가 행사되지 아니하였다고 확신되는 명백한 근거를 가지고 있는 국가는 기국에 그 사실을 통보할 수 있다. 이러한 통보를 접수한 기국은 그 사실을 조사하여야 하고 적절한 경우 그에 대한 시정을 위하여 필요한 조치를 취하여야 한다.

⑦ 각국은 자국의 국기를 게양한 선박에 연계되고 타국의 국민에 대한 인명손실이나 중대한 상해, 타국의 선박, 시설 또는 해양 환경에 대한 중대한 손해를 끼친 공해상의 항해에 관한 모든 사고나 재난에 관하여 단수 또는 복수의 유자격자에 의하여 또는 그의 참가하에 조사를 행하여야 한다. 기국 및 기타 국가는 그러한 타국가가 상기 해상사고나 재난에 관한 조사를 실시함에 있어서 상호 협력하여야 한다.

第95조 (공해상 군함의 면책특권) 공해상의 군함은 기국이 아닌 다른 어떠한 국가의 관할권으로부터도 완전한 면책특권을 가진다.

第96조 (비상업용 정부선박의 면책특권) 어느 국가가 소유하거나 운영하고 오직 비상업용 정부역무에 사용되는 선박은 공해상에서 기국이 아닌 어떠한 국가의 관할로부터도 완전한 면책특권을 가진다.

第97조 (충돌 또는 기타 항해사고에 관한 형사관할권) ① 공해상에서 선박에 관한 충돌 또는 기타 항해사고가 발생하고 그 선박에 근무하는 선장 또는 기타자의 형사 또는 징계책임을 포함하는 경우에, 그들에 대한 형사 또는 징계소송절차는 그 선박의 기국 또는 그들의 국적국가의 사법당국이나 행정국가만이 제기할 수 있다.

② 징계문제에 대하여는 선장의 증명서, 자격증 또는 면허증을 발급한 국가만이 정당한 법적절차를 거친 후에 이러한 제증명서의 철회를 선언할 권리를 가진다. 이 경우에 있어서 그 증명서의 소지자는 반드시 증명서를 발급한 국가의 국민임을 요구하지 아니한다.

③ 선박의 나포 또는 억류는 비록 수사상의 수단으로서 행하여지는 경우라도 선박 기국의 당국 이외의 누구도 이를 명령할 수 없다.

第98조 (원조제공의무) ① 모든 국가는 자국의 국기를 게양하고 항해하는 선박의 선장에 대하여 선박, 승무원, 선객에 대한 중대한 위험이 없는 한 다음 각호의 사항을 이행하도록 요구하여야 한다.

가. 해상에서 발견된 자로서 실족이 될 위험에 처한 자에 대하여 원조를 제공할 것.

나. 원조를 필요로 한다는 통보를 받은 경우에는 그 조치가 선장에게 합당하게 기대될 수 있는 것이라면 가능한 한 전속력으로 조난자의 구조에 착수할 것.

다. 충돌이 있은 후에는 타방의 선박, 승무원 및 선객에 대하여 원조를 제공하고 가능한 경우에는, 타방의 선박에 대하여 자기 선박의 선명, 선적항 및 최근 거리에 있는 기항 예정지를 통보할 것.

② 모든 연안국은 해상에 있어서의 안전에 관하여 적절하고 실효성 있는 수색 및 구조 기관의 설치, 운영 및 유지를 촉진 시키고 또한 필요한 경우에는 상호 지역협정의 방법으로 이 목적을 위하여 인접제국과 상호협력하여야 한다.

第99조 (노예수송금지) 모든 국가는 자국의 국기를 게양함이 허가된 선박에 의한 노예의 수송을 방지하고 처벌하기 위하여 또는 노예의 수송을 위한 자국 국기의 불법 사용을 방지하기 위하여 실효성 있는 조치를 취하여야 한다. 국기의 여하를 막론하고 어떤 선박에 피난하는 노예는 그 사실에 의하여 자유의 몸이 된다.

第100조 (해적행위 진압을 위한 협력의무) 모든 국가는 가능한 최대한도로 공해 또는 어느 국가의 관할권에도 속하지 않는 기타 장소에서 해적행위를 진압하는데 상호 협력하여야 한다.

第101조 (해적행위의 정의) 해적행위라 함은 다음 행위를 말한다.

가. 사유의 선박 또는 항공기의 승무원 또는 승객이 사적목적을 위하여 범행하는 불법적 폭력행위, 억류 또는 약탈행위로서 다음의 것에 대하여 행하여지는 것이다.

(1) 공해에 있어서의 타선박, 항공기 또는 그 선박, 항공기내의 인원이나 재산

(2) 어느 국가의 관할권에도 속하지 아니하는 장소에 있는 선박, 항공기, 인원 또는 재산

나. 당해 선박 또는 항공기가 해적 항공기라는 사실을 알고 그 선박 또는 항공기의 활동에 자발적으로 참가하는 행위
다. 가호 및 나호에 규정된 행위를 선동 또는 고의적으로 조작하는 모든 행위.

제102조 (승무원이 반란을 일으킨 군함, 정부선박 또는 정부항공기에 의한 해적행위) 군함, 정부선박 또는 정부항공기의 승무원이 반란을 일으켜서 그 군함, 선박 또는 항공기를 지배하는 경우에 그 군함, 선박 또는 항공기가 행하는 제 101조에 정의된 해적행위는 사유의 선박 또는 항공기에 의한 행위와 동일시된다.

제103조 (해적선·해적항공기의 정의) 선박 또는 항공기를 지배적으로 관리하고 있는 자가 제101조에 규정된 행위를 범하기 위하여 사용할 것을 기도하는 경우에 그 선박 또는 항공기는 해적선 또는 해적 항공기로 간주된다. 선박 또는 항공기가 전기의 어떤 행위를 범하기 위하여 사용된 경우에 그 선박 또는 항공기가 그대로 행위를 한자의 지배하에 있는 한 그 선박 또는 항공기도 해적선 또는 해적 항공기로 간주된다.

제104조 (해적선·해적항공기의 국적보유 또는 상실) 선박 또는 항공기가 해적선 또는 해적항공기로 된 경우에도 그의 국적을 보유할 수 있다. 국적의 보유 또는 상실은 그 국적의 본래 유래한 국가의 법률에 의하여 결정된다.

제105조 (해적선·해적항공기의 나포) 공해상 또는 어느 국가의 관할권에도 속하지 아니하는 기타 장소에서 모든 국가는 해적선, 해적 항공기 또는 해적행위에 의하여 탈취되고 또한 해적의 지배하에 있는 선박 또는 항공기를 나포하고 선박 또는 항공기내에 있는 사람을 체포하고 재산을 압수할 수 있다. 나포를 행한 국가의 법원은 부과할 형벌을 결정하며, 또한 그 선박, 항공기 또는 재산에 대하여 취할 조취를 결정할 수 있다. 단 선의의 제 3자의 권리는 보호된다.

제106조 (충분한 근거 없는 나포에 대한 책임) 해적행위의 혐의로 인한 선박 또는 항공기의 나포가 충분한 근거 없이 행하여 진 경우에는 나포국이 그 선박 또는 항공기의 국적국에 대하여 그 나포로 인하여 발생한 손실 또는 손해에 대하여 책임진다.

제107조 (해적을 이유로 한 나포의 권한 있는 선박 및 항공기) 해적행위를 이유로 한 나포는 군함, 군용항공기 또는 기타 정부역무에 종사하는 것이 명백히 표시되고 식별되며, 이에 대한 권한이 부여된 선박이나 항공기에 의하여서만 행사될 수 있다.

제108조 (마약 또는 향정신성 약물의 불법거래) ① 모든 국가는 국제협약에 위배하여 공해상에서의 선박에 의한 마약 및 향정신성 물질의 불법거래의 금지를 위하여 협조하여야 한다.
② 자국의 국기를 게양한 선박이 마약 또는 향정신성 물질의 불법거래에 종사하고 있다고 확신되는 합리적인 증거를 가지고 있는 국가는 타국가에 대하 여 이러한 거래를 금지하도록 협조를 요청할 수 있다.

제109조 (공해로부터의 무허가방송) ① 모든 국가는 공해로부터의 무허가방송을 금지함에 있어서 상호협력하여야 한다.
② 본 조약의 적용상 "무허가방송"은 국제법규에 반하여 일반 대중에 의한 수신을 목적으로 하여 공해상의 선박 또는 시설로부터의 음성, 무선방송 또는 TV방송의 송신을 뜻한다. 단, 조난신호의 방송은 제외한다.
③ 무허가방송에 종사하는 인원은 하기 국가의 법원에 기소될 수 있다.
가. 선박의 기국
나. 시설등록국
다. 그 인원의 국적국
라. 송신이 수신될 수 있는 모든 국가, 또는
마. 허가된 무선통신이 방해받고 있는 국가
④ 공해상에서 제③항에 따라 관할권을 가지는 국가는 제110조에 따라 무허가 방송에 종사하는 인원이나 선박을 체포하거나 나포할 수 있고, 방송기기를 압수할 수 있다.

제110조 (임검권) ① 간섭행위가 조약에 의하여 부여된 권한에 의거하는 경우를 제외하고는 제 95조 및 제96조에 따라 완전한 면책특권을 가진 선박을 제외한 외국선박을 공해상에서 조우한 군함은 다음 사항에 해당하는 어떤 혐의에 대한 합리적 근거가 없는 한 그 선박을 임검하는 것은 정당화되지 아니한다.
가. 그 선박이 해적행위에 종사하고 있을 것
나. 그 선박이 노예거래에 종사하고 있을 것
다. 그 선박이 무허가방송에 종사하고 있고 그 군함의 기국은 제109조에 따라 관할권을 가지고 있을 것

라. 그 선박이 국적이 없을 것, 또는
마. 그 선박이 외국의 국기를 게양하고 있거나 또는 그 선박의 국기를 제시함을 거절하였으나 실질적으로는 그 선박이 군함과 동일한 국적을 가지고 있을 것
② 제①항에 규정된 경우에 있어서 군함은 해당선박이 그 국기를 게양할 권리를 가지는가를 확인할 수 있다. 이러한 목적을 위해서 군함은 혐의가 있는 선박에 대하여 장교에 지시하에 「보트」를 파견할 수 있다. 서류를 검색한 후에도 여전히 혐의가 있는 경우에 군함은 그 선박내에서 재차 조사를 행할 수 있는데 그 검사는 가능한 한 신중히 행하여야 한다.
③ 혐의가 근거없는 것으로 판명되고 또한 임검을 받고 있는 선박이 혐의를 정당화하는 어떠한 행위도 범하지 않았을 경우에는 그 선박은 지속가능성이 있는 손실 또는 손해에 대하여 보상을 받는다.
④ 제①항내지 제③항의 규정은 군용항공기에 준용된다.
⑤ 제①항내지 ③항의 정부역무에 종사하는 것이 명백히 표시되고 식별되는 정당한 권한이 부여된 기타 모든 선박 또는 항공기에도 적용된다.

제111조 (추적권) ① 외국선박의 추적은 연안국의 권한있는 당국이 자국의 법령을 그 외국선박이 위반한 것으로 믿을 만한 충분한 이유가 있을 때 이를 행사할 수 있다. 이러한 추적은 그 외국선박 또는 그 선박에 소속하는「보트」가 추적국의 내수, 군도수역, 영해 또는 접속수역내에 있을 때 개시되어야 하며, 또한 추적이 중단되지 아니하는 경우에 한하여 영해 또는 접속수역의 밖에서 이를 계속할 수 있다. 영해 또는 접속수역내에 있는 외국선박이 정선명령을 받았을 때 정선명령을 발하는 선박이 동시에 영해 또는 접속수역내에 존재할 필요는 없다. 외국선박이 제32조에 규정된 접속수역내에 있을 경우에, 추적은 그 수역의 설정에 의하여 보호하는 법익의 침해가 있는 경우에 한하여 행할 수 있다.
② 추적권은 배타적 경제수역 또는 대륙붕 시설주위의 안전수역을 포함한 대륙붕 상부에서 본 협약에 따라 배타적 경제수역 또는 상기 안전수역을 포함한 대륙붕의 적용가능한 연안국의 법령을 위반한 경우에 준용된다.
③ 추적권은 추적선박이 자국 또는 제3국의 영해에 들어감과 동시에 종료된다.
④ 추적은 추적선이 취할 수 있는 실질적인 방법에 의하여 추적선박이나 그 「보트」중의 하나 또는 하나의 선단을 형성하여 활동하고 또한 그 추적선박을 모선으로 사용하는 기타의 소형선박이 영해의 한계내 또는 경우에 따라서는 접속수역, 배타적 경제수역 또는 대륙붕 상부에 있다는 사실을 확인하지 아니하는 한 이를 개시한 것으로 인정되지 아니한다. 추적은 시각 또는 청각에 의한 추적신호가 외국선박이 이를 견문할 수 있는 거리에서 발신된 후에 비로서 이를 개시할 수 있다.
⑤ 추적은 군함, 군용항공기 또는 기타 정부역무에 종사하는 것이 명백히 표시되고 식별되며 이에 대한 권한이 부여된 선박이나 항공기에 한해서만 행사될 수 있다.
⑥ 추적이 항공기에 의하여 행하여지는 경우에는
가. 제①항내지 제④항의 내용은 이를 규정한다.
나. 정선명령을 발한 항공기는 선박을 직접으로 나포할 수 있는 경우를 제외하고는 그 항공기가 요청한 연안국의 선박 또는 항공기가 도착하여 추적을 인수할 때까지 그 선박을 직접 적극적으로 추적하여야 한다. 선박이 당해 항공기 또는 중단하지 아니하고 계속하여 추적을 행하는 타의 항공기 또는 선박에 대하여 정선명령을 받아 추적당하는 것이 아닌 한 그 선박이 범법 또는 범법혐의가 있다고 그 항공기에 의하여 단순히 발견된 것만으로 공해 밖에서의 나포는 충분히 정당한 것으로 인정되지 아니한다.
⑦ 어느 국가의 관할권내에서 나포되고 또한 권한있는 당국의 조사를 받기위하여 그 국가의 항구에 호송된 선박은 그 항해도중에 사정에 의하여 필요한 경우 배타적 경제수역 또는 공해의 일부분을 지나 호송되었다는 이유만으로써 그 석방을 주장할 수 없다.
⑧ 추적권의 행사가 정당화되지 않는 선박이 영해 밖에서 정지 또는 나포되는 경우에 그 선박은 그로 인하여 입은 지속가능성 있는 손실 또는 손해에 대하여 보상을 받는다.

제112조 (해저전선·관선의 부설권) ① 모든 국가는 대륙붕 이원의 공해해저에서 해저전선과 관선의 부설권을 가진다.
② 제79조 ⑤항은 상기 전선과 도관에 적용된다.

제113조 (해저전선 또는 관선의 파괴나 훼손) 모든 국가는 자국의 국기를 게양하는 선박 또는 자국의 관할권에 종사하는 사람이 전신 또는 전화통신을 중단하거나 방해할 우려가 있는 방법으로 공해밑에 있는 해저전선을 고의 또는 과실로 파괴 또는 훼손하는 것과 또한 이와 똑같이 해저관선 또는 고압전선을 파괴 또는 훼손하는 것은 가벌범죄를 구성한다는 것을 규정하기 위하여 필요한 법령을 채택할 수 있다. 본 조는 또한 기도된 행위 또는 상기 파괴 또는 훼손을 초래할 수 있는 행위에도

적용된다. 그러나 본 조는 그 파괴 또는 훼손을 회피하기 위하여 필요한 모든 예방조치를 취한 후에 자기의 생명이나 선박을 구조하는 합법적인 목적만을 가지고 행동한 사람들에 의하여 야기된 파괴 또는 훼손에 대하여는 적용되지 아니한다.

第114조 (해저전선 또는 관선의 소유자에 의한 타 해저전선이나 관선의 파괴 또는 훼손) 모든 국가는 그 관할권에 복종하며, 공해 밑에 있는 해저전선이나 관선의 소유자인 사람이 그 전선 또는 관선의 매설 또는 수리를 함에 있어서 다른 전선 또는 관선을 파괴 또는 훼손한 경우에는 수리비용을 부담한다는 것을 규정하기 위하여 필요한 법령을 채택하여야 한다.

第115조 (해저전선 또는 도관의 훼손을 회피하기 위한 손실의 보상) 모든 국가는 선박의 소유자가 해저전선 또는 관선의 훼손을 회피하기 위하여 닻, 어망 또는 기타의 어구를 희생시켰음을 증명할 수 있을 때에는 그 선박소유자가 사전에 모든 합리적인 예방조치를 취했음을 조건으로 그 전선 또는 관선의 소유자로부터 보상을 받을 것을 보장하기 위하여 필요한 법령을 채택하여야 한다.

제 2 절 공해생물자원의 관리 및 보존

第116조 (공해어업권) 모든 국가는 다음 각호에 규정한 사항에 따를 것을 조건으로 그 국민이 공해에서 어업에 종사할 권리를 가진다.

가. 협약상의 의무;

나. 특히 第63조 第②항, 第64조 내지 第67조에 규정된 연안국의 권리의무 및 이익;

다. 본 절의 규정

第117조 (공해생물자원의 보존을 위한 조치를 자국민에게 적용해야 할 각국의 의무) 모든 국가는 자국민에 대하여 공해생물자원의 보존에 필요한 조치를 취하거나 취함에 있어서 다른 국가와 상호협력해야 할 의무가 있다.

第118조 (생물자원의 보존 및 관리에 있어서 국가간 협력) 모든 국가는 공해의 수역에서 생물자원의 관리 및 보존을 함에 있어서 상호협력하여야 한다. 자국민이 동일 수역에서 동일 생물자원 또는 다른 생물자원을 개발하는 모든 국가는 관련 생물자원의 보존에 필요한 조치를 취하기 위한 교섭을 할 수 있다. 이를 위하여 적절한 경우 상기 국가는 소지역적 또는 지역적 어업조직을 설치하는데 상호협력 하여야한다.

第119조 (공해생물자원의 보존) ① 공해에 있는 생물자원의 허용어획량을 규정하고 기타 보존조치를 설정함에 있어 다음 사항을 행하여야 한다.

가. 관계국이 입수가능한 최선의 과학적 증거를 기초로 하여, 개발도상국의 특별한 요구를 포함한 관련 환경적, 경제적 요인에 의하여 확정되고, 또한 어로형태, 어족간의 상호의존성 및 소지역적, 지역적, 전 세계적임에 관계없이 일반적으로 권고된 국제최저기준을 고려하여 최대지속가능 생산량을 생산할 수 있는 수준으로 어획된 어종의 자원량이 유지 또는 회복되도록 계획된 조치를 취하여야 한다.

나. 어획어종의 관련 또는 의존어종의 자원량을 그 재생산이 심각하게 위협 받을 수 있는 수준 이상으로 유지 또는 회복시키기 위하여 그 관련 또는 의존 어종에 대한 경향을 고려하여야 한다.

② 입수가능한 과학적 정보, 어획 및 어업활동통계, 수산자원의 보존에 관련된 기타 자료는 적절한 경우 소지역적, 지역적 또는 세계적인 관련 국제조직을 통하여 또한 모든 관계국의 참여하에 정기적으로 제공되고 교환되어야 한다.

③ 관계 국가는 보존조치와 그 시행에 있어서 어떠한 국가의 어부에 대하여도 형식적 또는 실질적 차별이 없도록 보장하여야 한다.

第120조 (해양포유동물) 第65조 규정은 또한 공해에 있는 해양포유동물의 보존과 관리에 적용된다.

제 8 장 도서제도

第121조 (도서제도) ① 도서는 만조시에 수면상에 있고, 물로 둘러싸인 자연적으로 형성된 육지지역이다.

② 第③항에 규정된 경우를 제외화고 도서의 영해, 접속수역, 배타적 경제수역 및 대륙붕은 기타 육지영토에 적용가능한 본 협약의 규정에 따라 결정된다.

③ 사람이 거주를 지속할 수 없거나 또는 그 자체의 경제생활을 영위할 수 없는 암석은 배타적 경제수역 또는 대륙붕을 가질 수 없다.

제 9 장 폐쇄해 또는 반폐쇄해

제122조 (정의) 본 협약의 적용상 "폐쇄해 또는 반폐쇄해" 라 함은 2개국 이상으로 둘러싸이고 협소한 출구에 의하여 타해양에 연결되거나 또는 전부나 주된 부분이 2개 이상 연안국의 영해 및 배타적 경제수역으로 구성되어 있는 만, 내만 또는 해를 말한다.

제123조 (폐쇄해 및 반폐쇄해 연안국간 협약) 폐쇄해 또는 반폐쇄해의 연안국은 본 협약에 따라 그들의 권리를 행사하고 의무를 이행함에 있어서 상호협력하여야 한다. 이러한 목적을 위하여 그들은 직접적으로 또는 적절한 지역조직을 통하여 다음 사항을 위하여 협력하여야 한다.

가. 동 해역 생물자원의 관리, 보존, 탐사 및 개발의 상호조정

나. 해양환경의 보호 및 보존에 관한 각국의 권리행사 및 의무이행의 상호조정

다. 각국의 과학적 조사정책의 상호조정 및 적절한 경우 동 해역에 있어서의 공동과학조사계획의 실시

라. 적절한 경우 본 장의 규정을 정함에 있어 그 상호협력을 위한 기타 이해관계국 및 국제조직의 초청

제10장 내륙국의 해양출입권과 통과의 자유

제124조 (용어의 정의) 1. 본 조약의 목적상

가. "내륙국"은 해안이 없는 국가를 의미한다.

나. "통과국"은 해안이 있든 없든, 내륙국과 해양사이에 위치하여 통과교통이 그 영토를 통과하는 국가를 의미한다.

다. "통과교통"은 환적, 입고, 적하손상 또는 수송방식 변화의 유무에 관계없이, 통과국 영토의 통과가 내륙국 영토내에서 시작하거나 끝나는 완전한 여정의 일부인 경우, 1개 이상 통과국의 영토를 지나는 사람, 화물, 상품 및 수송수단의 통과를 의미한다.

라. "수송수단" 은 다음을 의미한다.

(1) 철도차량, 해상, 호상, 하천용 선박 및 육로차량

(2) 지방사정이 필요로 할 경우 운반인부 또는 짐싣는 동물

2. 내륙국과 통과국은 상호합의에 의하여 관선, 가스관 및 제1항에 규정된 것 이외의 다른 수송수단을 수송수단에 포함시킬수 있다.

제125조 (해양출입권과 통과의 자유) 1. 내륙국은 공해의 자유 및 인류공동유산에 관한 권리를 포함한, 본 협약에 규정된 권리를 행사하기 위하여 해양출입권을 갖는다. 이를 위하여 내륙국은 모든 수송수단으로서 통과국의 영토를 통한 통과의 자유를 향유한다.

2. 통과의 자유를 행사하기 위한 조건 및 양식은 내륙국과 관계통과국간에 양자적, 소지역국 또는 지역적 협정을 통하여 합의되어야 한다.

3. 통과국은 자국영토에 대한 완전한 주권을 행사함에 있어서, 내륙국을 위하여 본장에 규정된 권리 및 편의가 결코 통과국의 적법한 이익을 침해하지 않도록 보장하기 위하여 모든 필요한 조치를 취할 권리를 갖는다.

제126조 (최혜국대우조항의 적용제외) 본 협약의 규정 및 내륙국의 특수한 지리적 위치를 이유로 권리 및 편의를 설정한 해양출입권의 행사에 관한 특별협정은 최혜국대우조항의 적용으로부터 제외된다.

제127조 (관세·조세와 그 밖의 부과금) 1. 통과교통은 이러한 교통과 관련하여 제공된 특별의무에 대하여 부과되는 비용 외에는 어떠한 관세, 세금 또는 기타 비용도 부과되지 않는다.

2. 내륙국에 의해 제공되고 사용되는 통과수송수단 및 기타시설은 통과국의 수송수단의 사용에 부과되는 것보다 높은 세금이나 비용이 부과되어서는 안 된다.

제128조 (자유지역과 그 밖의 세관시설) 통과교통의 편의를 위하여, 자유지역 또는 기타 세관시설이 통과국과 내륙국간의 협정에 의하여 통과국내의 출입항에 세워질 수 있다.

제129조 (수송수단의 건조·개선을 위한 협력) 통과국에 통과의 자유를 시행할 수 있는 수송수단이 없거나 항구시설 및 장비를 포함하여 기존수단이 어떤 면에서 부적합한 경우, 통과국과 관계내륙국은 이들을 건조하고 개선하는데 상호 협력할 수 있다.

제130조 (통과교통에 있어서의 지연 또는 기타 기술적 성격의 어려움을 피하거나 제거하기 위한 조치)

1. 통과국은 통과교통에 있어서 지연 또는 기타 기술적 성격의 어려움을 피하기 위하여 모든 적절한

조치를 취하여야 한다.

2. 이러한 지연이나 어려움이 발생한 경우, 통과국과 내륙국의 권한있는 당국은 이를 신속히 제거하기 위하여 상호 협력하여야 한다.

제131조 (海港에 있어서 동등대우) 내륙국의 국기를 게양한 선박은 해항에서 다른 외국선박에 부여된 것과 동등한 대우를 향유한다.

제132조 (통과편의 확대허용) 본 협약은 어떠한 방법으로든 본 협약에 규정된 것보다 크고, 본 협약상 당사국간에 합의되거나, 일방당사국에 의하여 허용된 통과편의의 허용을 배제하지 않는다.

제11장 심해저

제1절 총 칙

제133조 (용어의 사용) 본 장의 목적상,

가. "자원"은 다금속단괴를 포함하여, 해저 또는 해저아래의 본래 심해저에있는 모든 고체성, 액체성 또는 기체성 광물자원을 의미한다.

나. 자원은 심해저로부터 회수된 경우, "광물"이라 한다.

제134조 (본 장의 적용범위) 1. 본 장은 지역에 적용된다.

2. 심해저 활동은 본장의 규정에 의하여 규율된다.

3. 제1조 제1항에 언급된 한계를 표시하는 해도 또는 지리적 좌표목록의 기탁 및 공시에 관한 요건은 제6장에 규정된다.

4. 본 조의 규정은 제6장에 따른 대륙붕의 외측한계의 설정이나 대향국 또는 인접국간의 경계획정에 관한 협정의 효력에 영향을 미치지 않는다.

제135조 (상부수역 및 상공의 법적 지위) 본 장 또는 이에 따라 부여되었거나 행사되는 어떠한 권리도 심해저 상부수역 또는 동수역상공의 법적 지위에 영향을 미치지 않는다.

제2절 심해저 규제의 원칙

제136조 (인류공동유산) 심해저 및 그 자원은 인류의 공동유산이다.

제137조 (심해저 및 그 자원의 법적 지위) 1. 어느 국가도 심해저 또는 그 자원의 어떤 부분에 대하여도 주권 또는 주권적 권리를 주장 또는 행사 할 수 없으며, 어떠한 국가, 자연인 또는 법인도 이를 전유할 수 없다. 이와 같은 주권 및 주권적 권리의 주장, 행사 및 전유는 승인되지 않는다.

2. 심해저 자원에 대한 모든 권리는 기구가 대표하여 활동하는 전체로서의 인류에게 속한다. 동 자원은 양도의 대상이 될 수 없다. 그러나 심해저로부터 회수된 광물은 본장 및 기구의 규칙, 규정과 절차에 의해서만 양도될 수 있다.

3. 국가, 자연인 또는 법인은 본 장에 의하지 않고는 심해저로부터 회수될 광물에 관한 권리의 주장, 취득 및 행사는 승인되지 않는다. 그렇지 않은 경우 이러한 권리의 주장, 취득 및 행사는 승인되지 않는다.

제138조 (심해저에 관한 국가의 일반적 행위) 심해저에 관한 국가의 일반적 행위는 평화와 안전의 유지 및 국제협력과 상호이해의 증진을 위하여 본 장의 규정, 유엔헌장에 구현된 제원칙 및 기타 국제법원칙에 따라야 한다.

제139조 (협약준수의무 및 손해배상 책임) 1. 당사국은 당사국, 국가기업, 당사국의 국적을 가지거나 당사국 또는 그 국민에 의하여 실효적으로 통제되는 자연인 또는 법인에 의하여 수행되는 심해저 활동이 본장에 따라 수행되도록 보장할 책임을 져야 한다. 동 책임은 국제조직에 의하여 수행되는 심해저 활동에 대하여 동 조직에 적용된다.

2. 국제법 규칙 및 제3부속서 제22조를 침해함이 없이, 당사국 또는 국제조직이 본장에 따른 책임을 이행하지 않음으로써 발생하는 손해는 책임을 수반한다. 함께 활동하는 당사국의 제153조 제4항 및 제3부속서 제4조 제3항에 따른 실효적 준수를 보장하기에 필요하고 적절한 모든 조치를 취한 경우, 동 당사국은 제153조 제2항 나호에 따라 보증한 자가 본 장을 준수하지 않음으로써 발생한 손해에 대하여 책임을 지지 않는다.

3. 국제조직의 회원국인 당사국은 동 조직에 관하여 본조의 이행을 보장하기 위하여 적절한 조치를 취하여야 한다.

제140조 (인류의 이익) 1. 심해저 활동은 본장에 특별히 규정된 바와 같이 연안국 또는 내륙국 등 국가의 지리적 위치에 관계없이, 개발도상국 및 유엔총회결의 제1514(XV)호와 다른 유엔총회 관계결의에 따라 유엔에 의해 승인된 완전한 독립 또는 기타 자치자격을 획득하지 못한 인민의 이익과 필요성을 특별히 고려하여, 인류 전체의 이익을 위하여 수행되어야 한다.

2. 기구는 제160조 제2항 바호, 자호에 따라, 무차별적으로 적절한 기구를 통하여 심해저 활동으로부터 나오는 재정적 이익 및 다른 경제적 이익의 균형한 배분을 제공하여야 한다.

제141조 (심해저의 평화적 이용) 심해저는 차별없이 그리고 본 장의 다른 규정을 침해함이 없이, 연안국 또는 내륙국 등은 모든 국가에 의하여 평화적 목적만을 위한 사용에 개방된다.

제142조 (연안국의 권리 및 적법한 이익) 1. 국가관할권의 한계를 넘어 존재하는 심해저 자원 광상에 관한 심해저 활동은 이러한 광상이 그 관할권을 넘어 존재하는 연안국의 권리 및 적법한 이익을 정당히 고려하여 수행되어야 한다.

2. 이러한 권리와 이익의 침해를 피하기 위하여, 관계국간에 사전통고제를 포함한 협의가 유지 되어야한다. 심해저 활동이 국가 관할권내에 있는 자원의 이용을 가져올 경우, 관계연안국의 사전 동의를 필요로 한다.

3. 본 장 또는 이에 따라 부여되거나 행사되는 어떠한 권리도 지역내 활동으로 결과되거나 야기되는 오염, 오염으로부터의 위협, 기타 해로운 사건으로부터 자국 연안 또는 관계이익에 대한 중대하고 절박한 위험을 방지, 완화 또는 제거하기 위하여 필요한 제12장의 관련규정에 부합되는 조치를 취할 연안국의 권리에 영향을 미치지 않는다.

제143조 (해양과학조사) 1. 심해저에서의 해양과학조사는 제13장에 따라, 평화적 목적과 전체로서의 인류 이익만을 위하여 수행되어야 한다.

2. 심해저 기구는 심해저 및 그 자원에 관한 해양과학조사를 수행할 수 있고 이 목적을 위한 계약을 체결할 수 있다. 심해저 기구는 심해저에서의 해양 과학조사의 수행을 증진하고 장려하여야 하며, 가능한 한 이러한 조사 및 분석의 결과를 조정하고 전파시켜야 한다.

3. 당사국은 심해저에서 해양과학조사를 수행할 수 있다. 당사국은 심해저에서의 해양과학조사를 행함에 있어서 아래 방법에 의하여 국제협력을 증진하여야 한다.

가. 국제계획참여 및 타국과 심해저 기구의 인원에 의한 해양과학조사에 있어서 협력, 장려

나. 아래 목적을 위하여 개발도상국과 기술후진국의 이익을 위한 심해저 기구 또는 다른 적절한 국제조직을 통한 계획의 개발보장

(1) 전기 국가의 조사능력 강화

(2) 전기 국가 및 심해저 기구의 인원에 대한 조사기술 및 응용훈련

(3) 심해저의 조사에 있어서 전기국가의 숙련인원의 고용 증대

다. 가능한 경우, 심해저 기구 또는 적절한 다른 국제경로를 통한 조사 및 분석결과의 효과적 전파

제144조 (기술이전) 1. 심해저 기구는 본 협약에 따라 아래를 위한 조치를 취하여야 한다.

가. 심해저 활동과 관련된 기술 및 과학적 지식의 획득

나. 모든 당사국이 그로부터 이익을 얻도록 이러한 기술 및 과학적 지식의 개발도상국에 대한 이전 증진 및 장려

2. 이러한 목적을 위한 심해저 기구와 당사국은 개발청과 모든 당사국이 그로부터 이익을 얻도록, 지역내 활동과 관련된 기술 및 과학적 지식의 이전을 증진하는데 상호 협력하여야 한다. 특히 하기 사항을 발안하고 증진하여야한다.

가. 공평하고 합리적인 조건하에 개발청 및 개발도상국의 관련기술 입수의 촉진을 포함한 개발청 및 개발도상국에 대한 심해저 활동에 관한 기술의 이전계획.

나. 개발청 및 개발도상국 인원에 대하여 해양과학과 해양기술훈련 및 심해저 활동의 전면적 참여 기회를 제공함으로써, 개발청의 기술 및 개발도상국의 국내기술의 향상을 목적으로 한 조치

제145조 (해양환경보호) 심해저 활동으로부터 발생할 수 있는 해로운 효과로부터 해양환경을 효과적으로 보호하기 위하여, 본 협약에 따라 심해저 활동에 관하여 필요한 조치가 취해져야 한다. 이를 위하여 심해저 기구 특히 다음 목적을 위한 적절한 규칙, 규정 및 절차를 채택하여야 한다.

가. 시추, 준설, 굴착, 폐기물방지 및 시설, 관선과 심해저 활동의 해로운 효과로부터 해양환경을 보호할 필요성에 특별히 유의하여, 해안선을 포함한 해양환경에 대한 오염과 기타 위험 및 해양환경의 생태적 균형에 대한 간섭, 방지, 감소 및 통제

나. 지역의 자연자원의 보호, 보존 및 해양환경의 동식물군에 대한 손해의 방지

제146조 (인명보호) 심해저 활동과 관련, 인명의 실효적 보호를 확보하기 위하여 필요한 조치가 취해

져야 한다. 이 목적을 위하여 기구는 관계조약에 구현된 기존 국제법을 보충할 적절한 규칙, 규정 및 절차를 채택하여야 한다.

第147조 (심해저 및 해양환경에서의 활동조정) 1. 심해저 활동은 해양환경에서의 다른 활동에 합리적 고려를 하여 수행되어야 한다.

2. 심해저 활동의 수행에 사용된 시설은 다음 조건을 충족하여야 한다.

가. 이러한 시설은 본장 및 심해저 기구의 규칙, 규정 및 절차에 의해서만 건조, 설치, 제거되며 정당히 통지되어야 하고 그 존재의 경고를 위한 항구적 수단이 유지되어야 한다.

나. 이러한 시설은 국제해운에 본질적인 승인된 해로의 사용에 방해가 초래되는 지역 또는 집중적인 어로활동지역에 설치될 수 없다.

다. 이러한 시설주변에는 시설 및 통항의 안전을 보장하기 위하여 적절한 표지를 갖춘 안전수역이 설치되어야 한다. 이러한 안전수역의 형태 및 위치는 특정해역에 대한 적법한 해상운송접근 또는 국제해로를 따른 항행을 방해하는 지대를 형성해서는 안 된다.

라. 이러한 시설은 평화적 목적을 위해서만 사용되어야 한다.

마. 이러한 시설은 도서의 지위를 갖지 않는다. 그들은 자체의 영해를 가질 수 없으며, 그 존재는 영해, 배타적 경제수역 또는 대륙붕의 경계획정에 영향을 미치지 않는다.

3. 해양환경내의 다른 활동은 심해저 활동을 합리적으로 고려하여 수행되어야 한다.

第148조 (개발도상국의 심해저 활동 참여) 개발도상국은 특수한 필요와 이익, 특히 내륙국 또는 지리적 불리국의 심해저로부터의 원격 및 출입상 어려움을 포함한 위치 때문에 발생하는 장애를 극복하기 위한 내륙국 또는 지리적 불리국의 특별한 필요를 정당히 고려하여, 심해저 활동에 대한 개발도상국의 실효적 참가가 본장에서 특별히 규정한 바와 같이 증진되어야 한다.

第149조 (고고학적·역사적 유물) 지역내에서 발견된 고고학적 및 역사적 성격을 가진 모든 물건은 전체로서의 인류이익, 특히 기원국, 문화적 기원국, 또는 역사적, 고고학적 기원국의 우선적 권리를 고려하여 보존되어야 한다.

제 3 절 심해저자원 개발

第150조 (심해저 활동과 관련된 정책) 심해저 활동은, 본장에 특별히 규정된 바와 같이, 세계경제의 건전한 발전과 국제교역의 균형있는 성장을 촉진하고 모든 국가, 특히 개발도상국의 전반적인 발전을 위한 국제협력을 증진시키는 방법으로, 그리고 아래 사항을 보장할 목적으로 수행되어야 한다.

가. 심해저 자원의 개발

나. 심해저 활동의 실효적 수행과 건전한 보존원칙에 따른 불필요한 낭비의 회피를 포함한, 심해저 자원의 질서있고 합리적인 관리

다. 특히 제144조 및 제148조에 의한 심해저 활동에 참여할 기회의 확대

라. 심해저 기구 수익에의 참여 및 본 협약에 규정된 개발청 및 개발도상국에 대한 기술이전

마. 이러한 광물의 소비자에 대한 공급을 보장하기 위하여, 다른 출처에서 생산된 광물과 관련하여 필요한 만큼 심해저로부터 생산된 광물의 이용가능성 증대

바. 심해저 및 다른 출처에서 생산된 광물의 생산자에게 수지가 맞고 소비자에게 공정한, 정당하고 안정된 가격의 증진 및 공급과 수요의 장기적 균형의 증진

사. 사회적, 경제적 제도 또는 지리적 위치에 관계없이, 모든 당사국이 심해저 자원개발 및 심해저 활동의 독점 방지에 참여할 기회의 증대

아. 영향받는 광물의 가격하락 또는 수출량감소가 제151조에 규정된 바와 같이 심해저 활동에 의해 초래된 범위내에서, 이러한 가격하락 또는 수출량 감소로부터 발생하는 개발도상국의 경제 또는 수출소득에 대한 역효과로부터의 개발도상국 보호

자. 전체로서의 인류이익을 위한 공동유산의 개발

차. 심해저 자원으로부터 생산된 광물 수입 및 이러한 광물로부터 생산된 상품의 수입을 위한 시장거래 조건은 다른 출처로부터 수입에 적용되는 최혜조건보다 더 유리해서는 안된다.

第151조 (생산정책) 1. 가. 제150조에 규정된 목표를 침해함이 없이 동조 사호의 규정을 시행하기 위하여, 심해저 기구는 생산자와 소비자를 포함한 모든 이해당사자가 참여하는 기존 조직 또는 적절한 새로운 약정이나 협정을 통하여 활동함으로서, 생산자에게 수지가 맞고 소비자에게 공정한 가격으로 지역으로부터 나오는 광물로부터 생산된 제품에 대한 시장의 성장, 효율 및 안정성을 증진하기에 필요한 조치를 취하여야 한다. 모든 당사국은 이러한 목적을 위하여 상호 협력하여야 한다.

나. 심해저 기구는 이 상품을 취급하고 생산자 및 소비자를 포함한 모든 이해당사자가 참여하는 모든 상품회의에 참여할 권리를 갖는다. 동 기구는 이러한 회의로부터 나오는 모든 약정 또는 협정의 당사자가 될 권리를 갖는다. 이러한 약정 또는 설립된 모든 기관에 대한 동기구의 참여는 심해저 생산에 관하여 동기관의 관련 규칙에 따라야 한다.

다. 심해저 기구는 심해저에서의 모든 관련 광물의 생산에 관한 통일적이고 무차별적인 시행을 보장하는 방법으로, 본항에 규정된 약정 또는 협정에 따른 의무를 이행해야 한다. 이렇게 함에 있어, 기구는 개발청의 기존계약 및 승인된 작업계획의 내용과 합치되는 방법으로 협동하여야한다.

2. 가. 제3항에 특정된 잠정기간동안, 상업적 생산은 운영자가 신청을 하고 심해저 기구에 의해 생산허가가 발급될 때까지 승인된 작업계획에 따라 착수되어서는 안 된다. 이러한 생산허가는 사업개발의 성격과 시기와 관련기구의 규칙, 규정 및 절차가 다른 기간을 규정하지 않는 경우, 작업계획상 상업생산의 계획된 개시 5년 이전에 신청 또는 발급될 수 없다.

나. 생산 허가신청에 있어서, 운영자는 승인된 작업계획상 회수예정인 연간 니켈량을 독점하여야 한다. 신청은 운영자가 계획된 일자에 상업생산을 개시할 수 있도록 합리적으로 계산된 허가를 받은 후 운영자가 지출할 경비계획을 포함하여야 한다.

다. 가호 및 나호의 목적상, 심해저 기구는 제3부속서 제1조에 따른 적절한 이행 조건을 확립하여야 한다.

라. 심해저 기구는 신청 생산수준과 이미 허가된 수준과의 관계가 잠정기간 내의 어느 계획된 생산연도 중 허가발급연도에 제4항에 따라 계산된 니켈 생산한 도를 초과하지 않는 경우, 신청된 생산수준에 대한 생산허가를 발급 하여야 한다.

마. 발급된 경우, 생산허가 및 승인된 신청은 승인된 작업계획의 일부가 된다.

바. 운영자의 생산허가 신청이 라호에 따라 거부된 경우, 운영자는 언제든지 심해저 기구에 재신청할 수 있다.

3. 잠정기간은 최초 상업생산이 승인된 작업계획상 시작될 것으로 계획된 연도의 1월1일의 5년 전에 시작된다. 최초 상업생산이 원래 계획된 연도이후로 연기되는 경우, 잠정기간 개시 및 본래 계산된 생산 한도는 이에 따라 조정되어야 한다. 잠정기간은 25년, 제155조에 규정된 재검토회의의 종료 또는 제1항에 규정된 새로운 약정이나 협정이 어떤 이유로든지 소멸되거나 효력을 상실하는 경우, 잠정기간의 잔여기간동안 본조에 규정된 권한을 보유한다.

4. 가. 잠정기간의 어느 연도의 생산한도는 다음의 합계로 한다.

(1) 나호에 따라 계산된, 최초상업생산연도 직전연도와 잠정기간개시 직전연도의 니켈소비량에 대한 경향선치의 차이

(2) 나호에 따라 계산된, 생산허가가 신청된 연도와 최초상업생산 직전연도의 니켈소비량에 대한 경향선치의 차이의 60%

나. 가호의 목적상

(1) 니켈생산한도를 계산하는데 사용되는 경향선치는 생산허가가 발급된 연도에 계산된 경향선치의 연간 니켈소비량이다. 경향선은 시간을 독립변수로 하여, 자료가 입수가능한 가장 최근 15연간의 실제 니켈소비의 대수선형회귀로부터 도출된다. 이 경향선은 기본경향선이라 한다.

(2) 기본경향선의 연간 증가율이 3%미만인 경우, 기본경향선상의 관련 15년 기간의 최초연도치를 통과하여 매년 3%씩 증가하는 경향선으로 대신한다. 그러나, 잠정기간의 어느 연도에 대하여 확립된 생산한도는 어떤 경우에도 동년의 기본경향선치와 잠정 기간 개시 직전 연도의 기본경향선치의 차이를 초과할 수 없다.

5. 심해저 기구는 제4항에 따라 계산된 이용가능한 생산한도로부터 개발청의 최초생산을 위하여 개발청에 38,000둔의 니켈을 유보하여야 한다.

6. 가. 운영자는 생산총량이 허가에 특정된 양을 초과하지 않는 경우, 어느 연도에는 생산허가에 특정된 다광물 단괴로부터 연간 광물생산수준의 8% 미만 또는 8% 이상까지 생산할 수 있다. 어느 연도에 8%를 초과하고, 20% 이하인 생산초과 또는 생산초과가 발생한 연속된 2년에 이어 3년째 연도 및 이후 연도 및 그 이후 연도의 생산초과는 심해저 기구와 협의하여야 하며, 동 기구는 운영자에게 추가생산을 포함하는 보충생산허가를 획득하도록 요구할 수 있다.

나. 이러한 보충생산허가에 대한 신청은 아직 생산허가를 얻지 못한 운영자의 모든 계류된 신청이 처리되고, 다른 유사한 신청자에 대하여 정당한 고려를 한 후에만 심해저 기구에 의하여 고려될 수 있다. 동 기구는 잠정기간의 어느 연도의 생산한도에 따라 허용된 총생산량을 초과하지 않는다는 원칙에 따라야 한다. 동 기구는 작업계획상 연간 니켈 46,500 둔을 초과한 생산을 허가할

수 없다.

7. 생산허가에 따라 회수된 다광물 단괴로부터 추출된 구리, 코발트 및 망간과 같은 다른 광물의 생산수준은 운영자가 본조에 따라 동단괴로부터 최대한의 니켈수준을 생산할 경우 생산될 수준보다 높아서는 안 된다. 심해저 기구는 본 항을 시행하기 위하여 제3부속서 제17조에 따라 규칙, 규정 및 절차를 제정하여야 한다.

8. 관련 다자무역협정에 따른 불공정경제관행과 관련된 권리 및 의무는 심해저 광물의 탐사 및 개발에 적용된다. 본 규정에 따라 발생하는 분쟁해결에 있어서, 이러한 다자무역협정당사국은 동협정의 분쟁해결절차에 부탁하여야 한다.

9. 심해저 기구는 제161조 제8항에 따른 규칙을 채택함으로서 적절한 조건하에, 그리고 적절한 방법을 적용하여 다광물단괴로부터 생산된 광물 이외에 지역으로부터 생산되는 광물의 생산수준을 제한할 권리를 갖는다.

10. 경제기획위원회의 권고를 기초로 한 이사회의 권고에 따라, 총회는 가격하락 및 수출량감소가 지역내활동에 의해 야기된 범위에서, 영향받은 광물의 가격하락 또는 수출량감소로 인하여 수출소득 또는 경제에 심각한 역효과를 입은 개발도상국을 원조하기 위하여 보상제도 또는 전문기구 및 다른 국제조직과의 협력을 포함한 경제조정원조 조치를 설립하여야 한다.

제152조 (심해저 기구의 권한행사와 임무수행) 1. 심해저 기구는 심해저 활동에 대한 기회부여를 포함하여, 그 권한 및 기능의 행사에 있어서 차별을 피하여야한다.

2. 그럼에도 불구하고, 본장에 특별히 규정된 내륙국 및 지리적 불리국에 대한 특별한 고려를 포함한 개발도상국에 대한 특별한 고려는 허용된다.

제153조 (탐사 및 개발제도) 1. 심해저 활동은 본 조, 본 장의 기타 관련규정, 관련 부속서 및 심해저 기구의 규칙, 규정 및 절차에 따라 전체로서의 인류를 대표한 동 기구에 의해 조직, 수행, 통제되어야 한다.

2. 심해저 활동은 제 3항에 규정된바와 같이, 아래 주체가 수행한다.

가. 개발청

나. 심해저 기구와 제휴한, 당사국, 국가기업, 당사국이 보증하는 경우 당사국의 국적을 가지거나 당사국 또는 그 국민에 의하여 실효적으로 통제되는 자연인이나 법인, 또는 제3부속서 및 본 장에 규정된 요건을 충족하는 권리주체의 모든 그룹

3. 심해저 활동은 제3부속서에 따라 작성되고 법률기술위원회에 의한 재검토 후 이사회가 승인한 공식서면작업계획에 따라 수행되어야 한다. 심해저 기구가 허가하고 제2항 나호에 특정된 주체에 의해 수행되는 심해저 활동의 경우, 작업계획은 제3부속서 제3조에 따라 계약의 형태이어야 한다. 이러한 계약은 제3부속서 제11조에 따라 공동약정을 규정할 수 있다.

4. 심해저 기구는 본장의 관련 규정, 관련부속서, 동 기구의 규칙, 규정 및 절차와 제3항에 따라 승인된 작업계획의 이행을 확보하기 위하여 필요한 심해저 활동에 대한 통제를 행사하여야 한다. 당사국은 제139조에 따른 이행을 보장하기 위하여 필요한 모든 조치를 취함으로써 심해저 기구를 원조하여야 한다.

5. 심해저 기구는 본 장 규정의 이행 및 본장 또는 계약에 따라 동 기구에 부여된 통제 규제기능의 행사를 보장하기 위하여 언제든지 본장에 규정된 모든 조치를 취할 권리를 갖는다. 동 기구는 심해저 활동과 관련하여 사용되는 심해저 모든 시설을 검사할 권리를 갖는다.

6. 제3항에 따른 계약은 계약기간의 보장을 규정하여야 한다. 따라서 계약은 제3부속서 제18조 및 제19조에 따른 경우를 제외하고는 개정, 정지, 종료되지 않는다.

제154조 (정기적 재검토) 본 협약 발효 후 매 5년마다, 총회는 본 협약에서 확립된 지역에 대한 국제제도가 실제운영되는 방법에 대한 일반적이고 조직적인 재검토를 하여야 한다. 동 재검토에 비추어, 총회는 본장 및 관련 부속서의 규정 및 절차에 따라 제도의 운영을 개선하는 조치를 채택하거나 다른 기관이 채택하도록 권고할 수 있다.

제155조 (재검토 회의) 1. 승인된 작업계획에 따른 최초상업생산 개시연도의 1월 1일로부터 15년 후, 총회는 심해저 자원의 탐사 및 개발제도를 규율하는 본 장 및 관계 부속서의 제규정의 재검토를 위한 회의를 소집하여야 한다. 재검토회의는 동 기간 중에 얻어진 경험에 비추어 다음을 상세히 고려하여야 한다.

가. 심해저 자원의 탐사 및 개발제도를 규율하는 본 장의 규정이 전체로서의 인류에 이익을 주었는지 여부를 포함한 모든 면에서 그 목적을 달성했는지 여부

나. 15년 기간 중 유보지역이 비유보지역과 비교하여 실효적이고 균형적인 방법으로 개발되었는지

여부

다. 심해저 및 심해저 자원의 개발 및 사용이 세계경제의 건전한 발전 및 국제무역의 균형적 성장을 육성하는 방법으로 수행되었는지 여부

라. 심해저 활동의 독점화가 방지되었는지 여부

마. 제150조 및 제151조에 규정된 정책이 이행되었는지 여부

바. 개발도상국의 이익과 필요를 특별히 고려하여, 동제도가 심해저 활동으로부터 나오는 이익의 형평한 분배를 가져왔는지 여부

2. 재검토회의는 인류 공동유산의 원칙, 모든 국가 특히 개발도상국의 이익을 위한 심해저 자원의 형평한 개발을 보장하기 위하여 계획된 국제제도 및 지역내 활동을 조직, 수행, 통제하는 기구의 유지를 보장하여야 한다. 재검토회의는 지역의 어느 부분에 대한 주권의 주장 또는 행사의 배제, 제국가의 권리 및 지역과 관련한 일반적 행위, 본 협약에 따른 제국가의 심해저 활동참여, 심해저 활동의 독점화방지, 평화적 목적만을 위한 심해저 사용, 심해저 활동의 경제적 측면, 해양과학조사, 기술이전, 해양환경의 보호, 인명의 보호, 연안의 권리, 지역의 상부수역 및 동 수역 상공의 법적 지위 및 심해저 활동에서의 다른 활동간의 조정 등에 관하여 본장에 규정된 제원칙의 유지를 보장하여야 한다.

3. 재검토회의에서 적용되는 의사결정절차는 제3차 유엔해양법회의의 의사결정절차와 동일하여야 한다. 동 회의는 콘센스에 의하여 모든 개정에 관한 합의에 도달하도록 모든 노력을 다하여야 하며 콘센스를 이루기 위한 모든 노력이 다할 때까지 동 사항에 관한 투표가 있어서는 안 된다.

4. 재검토회의의 개시 5년 후 동 회의가 심해저 자원의 탐사 및 개발제도에 관하여 합의를 이루지 못한 경우, 동 회의는 향후 12개월 내에 당사국의 4분의 3 다수결에 의하여 동 회의가 필요하고 적절하다고 결정하는 제도를 변경 또는 수정하는 개정을 비준 또는 가입을 위하여 채택하고 당사국에게 제출하기로 결정할 수 있다. 이러한 개정은 당사국의 4분의 3이 비준서 또는 가입서를 기탁한 12개월 후 모든 당사국에 대하여 발효한다.

5. 본 조에 따라 재검토회의가 채택한 개정은 기존계약에 따라 획득한 권리에 영향을 미치지 않는다.

제1관 총 칙

제156조 (심해저 기구의 설립) 1. 본 장에 따라 활동하는 국제해저기구가 이에 설립된다.

2. 모든 당사국은 사실상 심해저 기구의 회원국이다.

3. 최종의정서에 서명하고 제305조 제1항 다호, 라호, 마호 또는 바호에 규정되지 않은 제3차 유엔해양법회의의 옵서버는 심해저 기구의 규칙, 규정 및 절차에 따라 동 기구에 옵서버로서 참여할 권리를 갖는다.

4. 심해저 기구는 자마이카에 위치한다.

5. 심해저 기구는 그 기능을 행사하는데 필요하다고 인정되는 지역센터 또는 사무소를 설립할 수 있다.

제157조 (심해저 기구의 성격 및 기본원칙) 1. 심해저 기구는 본장에 따라 특히 심해저 자원을 관리할 목적으로 당사국이 이를 통하여 심해저 활동을 조직하고 통제하는 조직이다.

2. 심해저 기구의 권한 및 기능은 본 협약에 의하여 기구에 명시적으로 부여 되어야 한다. 동 기구는 본 협약에 따라 지역내 활동에 관한 권한 및 기능의 행사에 내재하고 필요한 부수적 권한을 갖는다.

3. 심해저 기구는 모든 회원국의 주권평등의 원칙에 기초를 둔다.

4. 심해저 기구의 모든 회원국은 회원자격으로부터 발생하는 권리와 이익을 모든 회원국에 보장하기 위하여, 본장에 따라 그들이 부담하는 의무를 성실히 이행 하여야 한다.

제158조 (심해저 기구의 기관) 1. 심해저 기구의 주요기관으로서 총회, 이사회 및 사무국이 이에 설치된다.

2. 심해저 기구가 이를 통하여 제170조 제1항에 규정된 기능을 수행하는 기관으로서 개발청이 이에 설치된다.

3. 필요하다고 인정되는 보조기관이 본장에 따라 설치될 수 있다.

4. 심해저 기구의 주요기관 및 개발청은 부여된 권한과 기능을 행사할 책임이 있다. 이러한 권한과 기능을 행사함에 있어서, 각 기관은 다른 기관에 부여된 특정 권한 및 기능의 행사로부터 이탈하거나 이를 방해하는 조치를 취하는 것을 피해야 한다.

제2관 총 회

제159조 (구성, 절차 및 투표) 1. 총회는 심해저 기구의 전회원국으로 구성된다. 각 회원국은 총회에 교체대표 및 고문을 동반할 수 있는 1명의 대표를 갖는다.

2. 총회는 정기 연차회기와 총회의 결정에 의하거나 이사회 또는 총회 회원국 과반수의 요청에 따라 사무총장에 의해 소집되는 특별회기에서 회합한다.

3. 회기는 총회에서 달리 결정하지 않는 한, 심해저 기구의 본부에서 개최된다.

4. 총회는 자체의 절차규칙을 채택하여야 한다. 총회는 매정기회기초에 의장 및 기타 필요한 임원을 선출하여야 한다. 그들은 다음 정기 회기에서 새로운 의장 및 기타 임원이 선출될 때까지 재직한다.

5. 총회 회원국 과반수는 의사정족수를 구성한다.

6. 총회의 각 회원국은 1개의 투표권을 갖는다.

7. 총회의 특별회기를 소집하는 결정을 포함한 절차문제에 관한 결정은 출석하여 투표하는 회원국의 과반수로써 행하여야 한다.

8. 실질문제에 관한 결정은 출석하여 투표하는 회원국의 3분의 2의 다수결로써 행하며 이러한 다수결은 회기에 참가한 회원국의 과반수를 포함하여야 한다. 어떤 문제가 사실문제인지 여부가 문제된 경우 총회에서 실질문제의 결정에 요구되는 다수결에 의하여 달리 결정되지 않는 한, 사실문제로 취급되어야 한다.

9. 실질문제가 처음으로 투표에 회부되는 경우, 의장은 5일을 초과하지 않는 기간동안 동 문제에 관한 투표를 연기할 수 있으며, 총회 회원국 5분의 1이상의 요구가 있을 때에는 연기되어야 한다. 이 규칙은 어떤 문제에 관하여 1회만 적용하되, 회기의 종료일 이후까지 연기할 목적으로 적용될 수 없다.

10. 심해저 기구 회원국 4분의 1이상이 어떠한 사항에 관하여 총회에 제출된 제안의 본 협약과 양립성에 관한 권고적 의견을 의장에게 서면으로 요청한 경우, 총회는 해양법재판소 해저분쟁부에 권고적 의견을 요청하고 동부에 의한 권고적 의견의 접수시까지 동 제안에 대한 투표를 연기하여야 한다. 권고적 의견을 요청한 회기의 마지막 주까지 권고적 의견이 접수되지 못한 경우, 총회는 연기된 제안에 대한 투표를 위한 회합의 시기를 결정하여야 한다.

제160조 (권한 및 임무) 1. 총회는 모든 회원국으로 구성되는 심해저 기구의 유일한 기관으로써, 다른 주요기관이 본 협약에 특별히 규정된 바에 따라 책임을 지는 동 기구의 최고기관으로 간주된다. 총회는 시행의 기구에 있는 어느 문제 또는 사항에 관하여 본 협약의 관련규정에 따른 일반정책을 수립할 권한을 갖는다.

2. 이에 덧붙여, 총회의 권한과 기능은 다음과 같다.

가. 제161조에 따른 이사회의 회원국 선출

나. 이사회가 제한한 후보자중에서의 사무총장 선출

다. 이사회의 권고에 의한 개발청 집행위원회의 위원 및 개발청장의 선출

라. 총회가 본장의 규정에 따라 기능행사에 필요하다고 인정한 보조기관의 설치 동보조기관의 구성에 있어 형평한 지리적 분배의 원칙 및 동 기관이 취급하는 관련기술문제에 자격과 권한이 있는 회원국의 특별이익 및 필요가 정당히 고려되어야 한다.

마. 심해저 기구가 다른 출처로부터 행정경비를 충당하기에 충분한 소득이 있을 때까지 국제연합 정규예산에 사용되는 기준에 기초한 합의된 사정기준에 따른 동 기구의 행정경비에 대한 회원국의 분담금 사정

바. (1) 이사회의 권고에 의하여, 개발도상국과 완전한 독립 또는 자치자격을 얻지 못한 주민의 이익 및 필요를 특별히 고려한, 심해저 활동으로부터 나오는 재정적 및 기타 경제적 이익과 제82조에 따라 행해진 납입금 및 현물공여의 형평한 분배에 관한 규칙, 규정 및 절차의 심의 및 승인

(2) 심해저기구의 규칙, 규정 및 절차와 제162조 제2항 거호(2)에 따라 이사회가 잠정적으로 채택한 이에 관한 개정의 심의 및 승인 이러한 규칙, 규정 및 절차는 지역내 개괄탐사, 탐사 및 개발, 동 기구의 재정관리 및 내부행정, 개발청 경제위원회의 권고에 따른 개발청으로부터 심해저기구의 자금이전과 관련된다.

사. 본 협약과 심해저 기구의 규칙, 규정 및 절차에 따라, 심해저 활동으로부터 나오는 재정적 및 기타 경제적 이익의 형평한 분배에 관한 결정

아. 이사회가 제출한 심해저 기구예산안의 심의 및 승인

자. 이사회와 개발청이 제출한 정기보고 및 이사회와 심해저 기구의 다른 기관의 요청에 따라 제출된 특별보고의 심사

차. 심해저 활동에 관한 국제협력을 증진하고 이에 관한 국제법의 점진적 발전과 법전화를 장려하기 위한 연구 및 권고
카. 심해저 활동과 관련하여 특히 개발도상국에 대한 일반적 성격의 문제와 그들의 지리적 위치에 기인하는 심해저 활동과 관련한 문제, 특히 내륙국 및 지리적 불리국에 대한 문제 심의
타. 경제기획위원회의 자문을 기초로 이사회의 권고에 의하여 제151조 제10항에 규정된 보상제도 또는 기타 경제적 조정원조 조치의 설립
파. 제185조에 따른 회원국의 권리 및 특권 행사 정지
하. 심해저 기구의 권한내에 있는 문제 또는 사항에 대한 심의 및 동 기구의 기관사이에 권한 및 기능의 분배에 따라, 어느 기관이 특별한 기관에 특별히 위임되지 않은 문제 또는 사항을 다룰 것인가에 관한 결정

제3관 이 사 회

제161조 (구성, 절차 및 투표) 1. 이사회는 다음 순서에 따라 총회에서 선출된 기구의 36개 회원국으로 구성된다.
가. 통계가 이용가능한 최근 5년 동안, 지역으로부터 나오는 광물종류에서 생산된 상품의 총세계소비량의 2%이상을 소비한 당사국 또는 총세계수입량의 2% 이상을 순수입한 당사국 중 4개국, 어느 경우에도 동구(사회주의) 지역의 1개국과 최대소비국을 포함한다.
나. 직접적으로 또는 그 국민을 통하여 심해저 활동의 준비 및 수행에 최대 투자를 한 8개 당사국 중 4개국, 적어도 동구 (사회주의) 지역의 1개국을 포함한다.
다. 관할권하에 놓이는 심해저에서의 생산을 기초로 심해저에서 나오는 광물 종류의 주요 순수출국인 당사국 중에서 4개국, 적어도 이러한 광물의 수출이 자국 경제에 실질적인 관계를 갖는 2개 개발도상국을 포함한다.
라. 개발도상국 당사국 중에서 특별이익을 대표하는 6개국, 대표되는 특별이익은 인구가 많은 국가, 내륙국 또는 지리적 불리국, 지역으로부터 나오는 광물종류의 주요수입국, 이러한 광물의 잠재적 생산국 및 최저 개발도상국을 포함한다.
마. 이사회 전체의석의 형평한 지리적 분배를 보장하는 원칙에 따라 선출된 18개국, 각 지리적 지역은 아시아, 아프리카, 동구 (사회주의), 남미, 서구 및 기타지역으로 한다.
2. 제1항에 따른 이사회의 선출에 있어서 총회는 다음을 보장하여야 한다.
가. 내륙국 및 지리적 불리국은 그들의 총회에서의 대표에 합리적으로 비례하여 대표된다.
나. 제1항 가호, 나호, 다호 및 라호에 따른 자격을 갖추지 않은 연안국, 특히 개발도상국은 총회에서의 그들의 대표에 합리적으로 비례하여 대표된다.
다. 이사회에서 대표되는 당사국의 각 그룹은, 만약 있는 경우, 동 그룹에 의하여 지명되는 이사국에 의하여 대표된다.
3. 선출은 총회의 정기회기에서 이루어진다. 이사회의 각 이사국은 4년 임기로 선출된다. 그러나, 최초선출에서 제1항에 규정된 각 그룹이사국의 반의 임기는 2년으로 한다.
4. 이사국은 재선될 수 있으나, 이사국 교대의 바람직성을 정당히 고려하여야한다.
5. 이사회는 심해저 기구 본부에서 활동하고, 동 기구의 업무상 필요할 때마다 회합하지만 연 3회 이상이어야 한다.
6. 이사국 과반수는 의사정족수를 구성한다.
7. 각 이사국은 1표를 갖는다.
8. 가. 절차문제에 관한 결정은 출석하고 투표하는 이사국의 다수결에 의한다.
나. 다음 규정에 따라 발생하는 실질문제에 관한 결정은 출석하고 투표하는 이사국의 3분의2 다수결에 의하며 이러한 3분의2 다수결은 이사국의 과반수를 포함하여야 한다. 제162조 제2항 바호, 사호, 아호, 자호, 하호, 너호, 어호 및 제191 조
다. 다음 규정에 따라 발생하는 실질문제에 관한 결정은 출석하고 투표하는 이사국의 4분의3 다수결에 의하며, 이러한 4분의3 다수결은 이사국의 과반수를 포함하여야 한다. 제162조 제1항, 제162조 제2항 가호, 나호, 다호, 라호, 마호, 타호, 더호, 러호, 머호, 버호, 체약자 또는 보증인의 의무불이행시 제162조 제2항 서호, 어호(라호에 따라 취해진 결정에 의하여 확인되지 않은 한 어호에 따른 명령은 30일 이상의 구속력을 갖지 않는다), 제 162조 제2항 처호, 커호, 터호, 제163조 제2항 제174조 제3항 및 제4부속서 제11조
라. 다음규정에 따라 발생하는 실질문제에 관한 결정은 콘센서스에 의한다. 제162조 제2항 파호, 거

호 및 제11장 개정안의 채택

마. 라호, 바호, 사호의 목적상, "콘센서스"는 공식적인 반대의 부재를 의미한다. 제안의 이사회 제출 후 14일 이내에 이사회 의장은 제안의 채택에 공식 반대가 있는지 여부를 결정하여야 한다. 이사회 의장이 이러한 반대가 있다고 결정한 경우, 이사회의 의장은 이러한 결정후 3일 이내에, 이견을 조정하고 콘센서스에 의해 채택될 수 있는 제안을 만들기 위하여 자신을 의장으로 하는 9개국 이하의 이사국으로 구성된 조정위원회를 설립, 조정하여야 한다. 동위원회는 신속히 작업하여 설립 후 14일 이내에 이사회에 보고하여야 한다. 동위원회는 콘센서스로 채택될 수 있는 제안을 권고하지 못할 경우, 보고내에 동제안을 반대하는 근거를 제시하여야 한다.

바. 심해저 기구의 규칙, 규정 및 절차에 의하여 또는 달리 이사회가 권한을 부여받고 있는 위에 열거되지 않은 결정은 규칙, 규정 및 절차에 특정된 본조의 각호에 의거하여, 또는 특정되어 있지 않은 경우, 가능하면 사전에 이사회가 콘센서스로 결정한 호에 따라야 한다.

사. 어느 문제가 가호, 나호, 다호 또는 라호에 해당하는지 여부에 관하여 문제가 제기된 경우, 이사회가 전기한 다수결 또는 콘센서스로 달리 결정하지 않는 한 경우에 따라 보다 많거나 가장 많은 다수결 또는 콘센서스를 요하는 호에 해당되는 것으로 다루어져야 한다.

9. 이사회는 이사회에 대표되지 않는 기구 회원국이 요청하였을 경우 또는 특별히 동회원국에 영향을 미치는 문제가 심의 중에 있는 경우, 동회원국이 이사회 회의에 참석할 대표를 파견 할 수 있도록 하는 절차를 확립하여야 한다. 이러한 대표는 심의에 참여할 수 있으나 투표할 수는 없다.

제162조 (권한 및 임무) 1. 이사회는 심해저 기구의 집행기관이다. 이사회는 본 협약 및 총회가 확립한 일반정책에 따라 동 기구의 권한내에 있는 어떤 문제나 사항에 관한 동 기구가 추구해야 할 특정 정책을 확립할 권한을 갖는다.

2. 추가하여 이사회는,

가. 심해저 기구의 권한내에 있는 모든 문제 및 사항에 대하여 본장 규정의 이행을 감독하고 조정하여야 하며, 불이행의 경우 총회의 주의를 환기하여야 한다.

나. 사무총장의 선출을 위한 후보자 명부를 총회에 제출한다.

다. 개발청의 집행위원회 위원 및 개발청장의 선출을 위한 후보자를 총회에 추천한다.

라. 적절한 경우 경제성 및 효율성을 적절히 고려하여, 본장에 따른 기능을 행사하는데 필요한 보조기관을 설립하여야 한다. 보조기관의 구성에는 동기관이 다루는 관련기술사항에 대하여 자격있고 권한있는 위원의 필요성이 특별히 강조되어야 하며, 형평한 지리적 분배 및 특수이익의 원칙이 정당히 고려되어야 한다.

마. 이사회의 의장 선출방식을 포함한 자체의 절차규칙을 채택하여야 한다.

바. 총회의 승인을 조건으로 하여, 심해저 기구를 대표하여 권한내에서 국제연합 또는 다른 국제조직과 협정을 체결한다.

사. 개발청의 보고를 심의하고 동 보고를 권고와 함께 총회에 송부하여야 한다.

아. 연례보고 및 총회가 요청하는 특별보고를 총회에 제출하여야 한다.

자. 제170조에 따라 개발청에 지시한다.

차. 제3부속서 제6조에 따라 작업계획을 승인한다. 이사회는 다음 절차에 따라 이사회의 회기 중에 법률기술위원회가 작업계획을 제출한 후 60일 이내에 각 작업계획을 처리하여야 한다.

(1) 위원회가 작업계획의 승인을 권고한 경우, 어느 이사회 이사국이 114일 이내에 제3부속서 제6조의 요건 불이행을 주장하는 특정 반대를 서면으로 의장에게 제출하지 않으면 동 사업계획은 이사회에 의해 승인된 것으로 간주된다. 반대가 있는 경우, 제 161조 제8항 마호에 규정된 조정절차가 적용된다. 조정절차의 종료시에도 반대가 존속하는 경우, 이러한 작업계획은 이사회가 신청하거나 신청자를 보증하는 국가, 또는 국가들을 제외한 이사국들의 콘센서스로 부결하지 않는 한 이사회에 의해 승인된 것으로 간주된다.

(2) 위원회가 작업계획의 부결을 권고하거나 권고를 행하지 않는 경우, 이사회는 출석하고 투표하는 이사국의 4분의 3 다수결에 의하여 작업계획의 승인을 결정할 수 있다. 이러한 다수결은 회기 중에 참석한 이사국의 과반수를 포함하여야 한다.

카. 차호에 규정된 절차를 준용하여, 제4부속서 제12조에 따라 개발청이 제출한 작업계획을 승인하여야 한다.

타. 제153조 제4항과 기구의 규칙, 규정 및 절차에 따라 심해저 활동에 대한 통제를 행사하여야 한다.

파. 경제기획위원회의 권고에 따라 제150조 아호에 특정된 경제적 역효과로 부터의 보호를 위하여 동 규정에 따른 필요하고 적절한 조치를 채택하여야 한다.

하. 경제기획위원회의 자문을 기초로 하여 제151조 제10항에 규정된 보상제도 또는 기타 경제원조조치에 대한 권고를 총회에 제출하여야 한다.

거. (1) 개발도상국 및 완전 독립 또는 기타 지리적 지위를 획득하지 못한 인민의 이익 및 필요를 특별히 고려하여, 심해저 활동으로부터 나오는 재정적 및 기타 경제적 이익과 제82조에 따라 행해진 납입금 및 현물공여의 형평적 분배에 관한 규칙, 규정 및 절차를 총회에 권고하여야 한다.

(2) 총회의 승인이 있을 때까지 법률기술위원회 또는 기타 관련하부기관의 권고를 고려하여, 심해저 기구의 규칙, 규정 및 절차와 이에 관한 개정안을 잠정적으로 채택하고 적용하여야 한다. 동 규칙, 규정 및 절차는 지역내의 개괄탐사, 탐사 및 개발, 동 기구의 재정적 관리 및 내부행정과 관련된 것이어야 한다. 다광물 단괴의 탐사 및 개발에 대한 규칙, 규정 및 절차를 우선적으로 채택하여야 한다. 다광물 단괴이외 자원의 탐사 및 개발에 관한 규칙, 규정 및 절차의 채택을 요청한 날로부터 3년 이내에 채택되어야 한다. 모든 규칙, 규정 및 절차는 총회가 승인하거나 총회가 표명한 견해에 비추어 이사회가 개정할 때까지 잠정적으로 효력을 갖는다.

너. 본 장에 따른 운영과 관련하여 심해저 기구에 의하거나 동 기구에 행하여진 모든 지불의 집계를 심사하여야 한다.

더. 제3부속서 제7조에 따라 생산허가 신청자들 중에서 신청이 필요한 경우 선정을 행하여야 한다.

러. 심해저 기구의 예산안을 총회의 승인을 위하여 총회에 제출하여야 한다.

머. 심해저 기구의 권한내에 있는 어느 문제나 사항에 대한 정책에 관하여 총회에 권고를 행한다.

버. 제185조에 따른 회원국자격의 권리 및 특권의 행사정지에 관한 권고를 총회에 행한다.

서. 불이행의 경우 심해저 기구를 대표하여 해저분쟁부에 제소하여야 한다.

어. 서호에 따라 제기된 소송절차에 있어서 해저분쟁부의 총회에 통보하고 취하여야 할 조치에 관하여 적절하다고 생각하는 권고를 행하여야 한다.

저. 심해저 활동으로부터 발생하는 해양환경에 대한 중대한 침해를 방지하기 위하여, 운영의 정지명령 또는 조정명령을 포함한 비상명령을 발하여야 한다.

처. 실제적 증거가 해양환경에 대한 중대한 침해의 위험을 표시하는 경우 체약자 또는 개발청의 개발지역을 인가하지 말아야 한다.

커. 아래와 관련된 재정적 규칙, 규정 및 절차의 초안을 작성한 보조기관을 설립하여야 한다.

(1) 제171조부터 제175조에 따른 재정적 관리

(2) 제3부속서 제13조 및 제17조 제1항 다호에 따른 재정적 약정

터. 본 장 심해저 기구의 규칙, 규정 및 절차와 기구와의 계약의 조건이 이행되고 있는지 여부를 결정하기 위하여, 지역내 활동을 검사할 검사관을 지시하고 감독하기 위하여 적절한 메카니즘을 확립하여야 한다.

제163조 (이사회의 기관) 1. 이사회는 다음 기관들이 이에 설립된다.

가. 경제기획위원회

나. 법률기술위원회

2. 각 위원회는 당사국이 지명한 후보자로부터 이사회가 선출한 15명의 위원으로 구성된다. 그러나 필요한 경우, 이사회는 경제성 및 효율성을 적절히 고려하여 각 위원회의 규모를 증대할 것을 결정할 수 있다.

3. 위원회의 위원은 위원회의 권한범위에서 적절한 자격을 갖추어야 한다. 당사국은 위원회의 효과적인 기능행사를 보장하기 위하여 관련분야에서 자격이 있고 최고 수준의 능력을 갖는 후보자를 지명하여야 한다.

4. 위원회의 위원을 선출함에 있어, 형평한 지리적 분배 및 특별이익의 대표에 대한 필요를 적절히 고려하여야 한다.

5. 어느 국가도 동일 위원회에서 1인 이상을 지명할 수 없다. 어느 사람도 2개 위원회 이상에서 근무하도록 선출될 수 없다.

6. 위원회 위원은 5년 임기로 재직한다. 위원은 차기임기를 위하여 재선될 수 있다.

7. 임기만료 전 위원회 위원의 사망, 자격상실 또는 사직이 발생하는 경우, 이사회는 잔여임기동안 재직할 위원을 동일한 지리적 지역이나 이해지역으로부터 선출하여야 한다.

8. 위원회 위원은 심해저 탐사 및 개발에 관한 재정적 이해관계를 가질 수 없다. 위원이 근무하는 위원회에 대한 책임에 따라, 위원은 직무의 종료 후에도 제3부속서 제14조에 따라 심해저 기구에 이

전된 산업상 비밀이나 재산적 자료 또는 동 기구에 대한 의무로 인하여 알게 된 기타 비밀정보를 누설해서는 안 된다.

9. 각 위원회는 이사회가 채택하는 지침 및 지시에 따라 기능을 행사하여야 한다.

10. 각 위원회는 위원회 직무의 효율적인 수행을 위하여 필요한 규칙 및 규정을 작성하고 승인을 위하여 이사회에 제출하여야 한다.

11. 위원회의 의사결정절차는 심해저 기구의 규칙, 규정 및 절차에 의해 확립되어야 한다. 필요한 경우, 이사회에 대한 권고에는 위원회내의 의견의 상이점에 관한 요약이 첨부되어야 한다.

12. 각 위원회는 심해저 기구의 본부에서 정상적으로 활동하며 효율적인 기능수행을 위하여 요구되는 만큼 자주 회합하여야 한다.

13. 기능수행에 있어, 각위원회는 적절한 경우 다른 위원회, 유엔 및 전문기구의 권한 있는 기관 또는 이러한 협의의 주제에 관한 권한이 있는 다른 국제조직과 협의할 수 있다.

第164조 (경제기획위원회) 1. 경제기획위원회의 위원은 채광, 광물자원활동의 관리, 국제무역 또는 국제경제학과 관련된 자격 등과 같은 적절한 자격을 갖추어야 한다. 이사회는 위원회의 회원국이 모든 적절한 자격을 반영하도록 보장하기 위하여 노력하여야 한다. 위원회는 적어도 심해저로부터 나오는 광물종류의 수출이 자국 경제에 실질적 관계를 갖는 개발도상국 출신인 2명의 위원을 포함하여야 한다.

2. 위원회는

가. 이사회의 요청에 의하여, 본 협약에 따라 채택된 심해저 활동과 관련된 결정을 시행하기 위한 조치를 제안하여야 한다.

나. 수입국 및 수출국, 특히 그들 중에서 개발도상국의 이익에 유의하여, 지역으로부터 나올 수 있는 물질의 공급, 수요, 가격의 경향 및 이에 영향을 미치는 요인을 검토하여야 한다.

다. 관계당사국이나 당사국들이 주의를 환기시킨 제150조 사호에 규정된 역효과를 초래할 수 있는 상황을 조사하고 위원회에 적절한 권고를 행하여야 한다.

라. 제151조 제10항에 규정된 바와 같이 심해저내 활동으로부터 야기된 역효과를 겪고 있는 개발도상국에 대한 보상제도 또는 다른 경제조정원조조치를 총회에 제출하도록 이사회에 제안하여야 한다. 위원회는 총회가 특정의 경우에 채택한 제도 또는 다른 조치의 적용에 필요한 권고를 이사회에 행하여야한다.

第165조 (법률·기술위원회) 1. 법률기술위원회의 위원은 광물자원의 탐사, 개발 및 가공, 해양학, 해양환경의 보존 또는 해양채광 및 기타 관련 전문분야에 관한 경제적이나 법적 사항 등에 관한 자격과 같은 적절한 자격을 갖추어야 한다.

2. 위원회는

가. 이사회의 요청에 의하여 심해저 기구의 기능행사에 관한 권고를 행하여야 한다.

나. 제153조 제3항에 따라 심해저 활동을 위한 공식적인 작업계획을 검토하고 이사회에 적절한 권고를 제출하여야 한다. 위원회는 동 권고를 제3부속서에 규정된 근거에 기초하여야 하며 이에 관하여 충분히 보고하여야 한다.

다. 이사회의 요청에 의하여 적절한 경우, 심해저활동을 수행하는 실체 또는 관계국과 협의, 협력하여 심해저활동을 감독하고 이사회에 보고하여야 한다.

라. 심해저활동의 환경적 영향에 대한 평가를 준비하여야 한다.

마. 해양환경보호에 관한 분야에서 인정된 전문가의 견해를 고려하여, 이사회에 해양환경보호에 관한 권고를 행하여야 한다.

바. 심해저활동의 환경적 영향의 평가를 포함한 모든 관련요소를 고려하여, 제162조 제2항 거호에 규정된 규칙, 규정 및 절차를 작성하여 이사회에 제출하여야 한다.

사. 이러한 규칙, 규정 및 절차를 검토하고 필요하거나 바람직하다고 생각되는 이에 관한 개정을 수시로 이사회에 권고 하여야 한다.

아. 승인된 과학적 방법에 의해 심해저활동으로 인한 해양환경오염의 위험과 영향을 정기적으로 관찰, 측정, 평가 및 분석하는 감시계획의 수립에 관하여 이사회에 권고하고, 기존규제가 적당하며 이행되고 있음을 보장하며 이사회가 승인한 감시계획의 실시를 조정하여야 한다.

자. 특히 제183조를 고려한 본장 및 관련 부속서에 따라, 심해저 기구를 대표하여 해저분쟁부에 소송절차가 부탁된 것을 이사회에 권고하여야 한다.

차. 자호에 따라 부탁된 소송절차에서 해저분쟁부의 결정에 따라 취하여야 할 조치에 관하여 이사회에 권고 하여야 한다.

카. 심해저활동에서 발생하는 해양환경에 대한 중대한 침해를 방지하기 위하여 운영의 정지명령이나 조정명령을 포함하는 비상명령을 발할 것을 이사회에 권고하여야 한다. 이러한 권고는 이사회가 우선적으로 받아드려야 한다.

타. 실체적 증거가 해양환경에 중대한 침해의 위험을 나타내고 있는 경우, 체약자나 개발청이 개발하는 지역을 인가하지 않을 것을 이사회에 권고 하여야 한다.

파. 본 장의 규정, 심해저 기구의 규칙, 규정 및 절차와 동 기구와의 계약조건이 이행되고 있는지 여부를 결정하기 위하여 심해저 활동을 검사하는 검사관들에 대한 지시와 감독에 관하여 이사회에 권고하여야 한다.

하. 이사국이 제3부속서 제7조에 따라 생산허가 신청자들 중에서 행한 선정에 이어, 제151조 제2항부터 제7항에 따라 심해저 기구를 대표하여 생산한도를 계획하고 생산허가를 발급하여야 한다.

3. 위원회의 위원은 당사국 또는 다른 관계당사자의 요청에 의하여, 감독 및 검사 기능을 수행함에 있어 당사국 또는 다른 관계당사국의 대표를 동반하여야 한다.

제4관 사 무 국

제166조 (사무국) 1. 심해저 기구의 사무국은 사무총장과 동 기구가 필요로 하는 직원으로 구성된다.

2. 사무총장은 이사회가 제안한 후보 자중에서 총회에 의하여 4년 임기로 선출되며 재선될 수 있다.

3. 사무총장은 심해저 기구의 최고 행정관리이며, 총회, 이사회 및 보조기관의 모든 회합에 동 자격으로 참석하고 이러한 기관에 의해 위임된 다른 행정기능을 수행하여야 한다.

4. 사무총장은 심해저 기구의 사업에 관하여 총회에 연례보고를 하여야 한다.

제167조 (심해저 기구의 직원) 1. 심해저 기구의 직원은 동 기구의 행정기능을 수행하기 위해 요구되는 자격을 갖춘 과학적, 기술적 및 기타 인원으로 구성된다.

2. 직원의 모집 및 고용과 그들의 복무조건을 결정함에 있어 최고수준으로 효율성, 능력 및 성실성을 확보할 필요성을 가장 중요하게 고려하여야 한다. 이러한 고려를 조건으로 가능한 한 광범위한 지리적 기초위에서 직원을 모집하는 것의 중요성에 대하여 적절한 고려를 하여야 한다.

3. 직원은 사무총장이 임명한다. 직원의 임명 보수와 해고 조건은 기구의 규칙, 규정 및 절차에 따라야 한다.

제168조 (사무국의 국제적 성격) 1. 사무총장 및 직원은 그 의무를 수행함에 있어 어느 정부 또는 심해저 기구 밖의 어떠한 출처로부터 지시를 구하거나 받아서는 안 된다. 그들은 오직 동 기구에 대해서만 책임을 지는 국제적 관리로서의 그들의 지위에 영향을 미치는 어떠한 행위도 삼가야 한다. 각 당사국은 사무총장 및 직원의 배타적으로 국제적인 성격을 존중하여야 하며, 책임을 이행함에 있어 그들에게 영향을 미치려고 해서는 안 된다. 직원의 책임위반은 심해저 기구의 규칙, 규정 및 절차에 규정된 바에 따라 적절한 행정재판소에 부탁되어야 한다.

2. 사무총장 및 직원은 심해저 탐사 및 개발과 관련된 모든 활동에 어떠한 재정적 이익도 가질 수 없다. 그들은 심해저 기구에 대한 책임에 따라 직무의 종료 후에도 제3부속서 제14조에 따라 기구에 이전된 산업비밀이나 재산적 자료, 또는 심해저 기구에의 고용을 이유로 알게 된 다른 비밀정보를 누설하여서는 안 된다.

3. 제2항에 규정된 심해저 기구 직원의 의무위반은, 이러한 위반으로 영향을 받은 당사국 또는 제153조 제2항 나호에 규정된 바에 따라 당사국이 보증하고 이러한 위반으로 영향을 받은 자연인 또는 법인의 요청에 의하여, 심해저 기구에 의해 관계직원에 대하여 동 기구의 규칙, 규정 및 절차가 지정하는 재판소에 부탁되어야 한다. 영향을 받은 당사자는 소송절차에 참가할 권리를 갖는다. 재판소가 권고하는 경우, 사무총장은 관계직원을 해고하여야 한다.

4. 심해저 기구의 규칙, 규정 및 절차는 본조를 시행하는데 필요한 규정을 포함하여야 한다.

제169조 (국제조직·비정부간 기구와의 협의 및 협력) 1. 사무총장은 심해저 기구의 권한내의 사항에 관하여 유엔 경제사회 이사회가 인정한 국제조직 및 비정부적 조직과의 협의 및 협력을 위해 이사회의 승인을 받아 적당한 약정을 체결하여야 한다.

2. 사무총장이 제1항의 약정을 체결한 조직은 심해저 기구의 기관의 절차 규칙에 따라 동기관의 회합에 옵서버로 출석할 대표를 지정할 수 있다. 적절한 경우에 이러한 조직의 견해를 얻기 위한 절차가 확립되어야 한다.

3. 사무총장은 제1항에 규정된 비정부적 조직이 특별한 권한을 가지며 기구의 업무와 관련된 주제에 관하여 동 조직이 제출한 서면보고를 당사국에게 전파할 수 있다.

제5관 개발청

제170조 (개발청) 1. 개발청은 제153조 제2항 가호에 따라 직접적으로 심해저 활동을 수행하고 또한 심해저로부터 회수된 광물의 수송, 가공 및 판매를 수행하는 심해저기구의 기관이다.

2. 개발청은 심해저 기구의 국제법인격의 체계내에서, 제4부속서에 규정된 규정에 따른 법적 능력을 갖는다. 개발청은 본 협약, 동 기구의 규칙, 규정 및 절차가 확립한 일반정책에 따라 행동하여야 하며, 이사회의 지시 및 통제에 종속된다.

3. 개발청은 심해저 기구의 소재지에 주영업지를 갖는다.

4. 개발청은 제173조 제2항 및 제4부속서 제11조에 따라 그 직무를 수행하기 위하여 필요한 자금을 제공받으며, 제144조 및 기타 본 협약의 관련 규정에 따라 기술을 인수한다.

제6관 심해저 기구의 재정

제171조 (기구의 자금) 심해저 기구의 자금은 다음을 포함한다.

가. 제160조 제2항 마호에 따라 당사국이 납부한 사정된 분담금

나. 제3부속서 제13조에 따라 심해저활동과 관련하여 심해저 기구가 받은 자금

다. 제4부속서 제 10조에 따라 개발청으로부터 이전된 자금

라. 제174조에 따라 빌린 차관

마. 당사국 또는 다른 주체가 납부한 자발적 분담금

바. 제151조 제10항에 따라 그 출처가 경제기획위원회에 의해 권고된 보상기금에 대한 납입금

제172조 (심해저 기구의 연간예산) 사무총장은 심해저 기구의 연간예산안을 초안하여 이사회에 제출하여야 한다. 이사회는 연간예산안을 심의하여 이에 대한 권고와 함께 총회에 제출하여야 한다. 총회는 제160조 제2항 아호에 따라 연간예산안을 심의하고 승인하여야 한다.

제173조 (심해저 기구의 경비) 1. 제171조 가호에 규정된 분담금은 심해저 기구가 다른 출처로부터 행정경비의 충당에 충분한 자금을 가질 때까지 동 기구의 행정경비를 충당하기 위한 특별회계에 계상된다.

2. 심해저 기구의 행정경비는 동 기구의 자금에 대한 최초의 소요로 한다. 제171조 가호에 규정된 사정된 분담금을 제외하고, 행정경비의 지불 후 남은 자금은 특히,

가. 제140조 및 제 160조 제2항 사호에 따라 배분된다.

나. 제170조 제4항에 따라 개발청에 자금을 제공하는데 사용된다.

다. 제151조 제10항 및 제160조 제2항 타호에 따라 개발도상국가에게 보상 하는데 사용된다.

제174조 (심해저 기구의 차용권한) 1. 심해저 기구는 자금을 빌릴 권한을 갖는다.

2. 총회는 제160조 제2항 바호에 따라 채택된 재정규정에서 심해저 기구의 차용권한에 대한 한도를 규정하여야 한다.

3. 이사회는 심해저 기구의 차용권한을 행사한다.

4. 당사국은 심해저 기구의 채무에 대하여 책임을 지지 않는다.

제175조 (연차감사) 연차 재무제표를 포함한 심해저 기구의 기록 장부 및 계산서류는 총회가 임명하는 독립한 감사관에 의해 매년 감사를 받아야 한다.

제7관 법적 지위, 특권 및 면제

제176조 (법적 지위) 심해저 기구는 국제법인격과 그 기능의 행사 및 목적의 달성에 필요한 법적 능력을 갖는다.

제177조 (특권 및 면제) 심해저 기구가 그 기능을 행사할 수 있도록 하기 위하여, 동 기구는 각 당사국의 영토내에서 본 절에서 규정된 특권 및 면제를 향유한다. 개발청에 관한 특권 및 면제는 제4부속서 제13조에 규정된 특권 및 면제로 한다.

제178조 (법적 절차로부터의 면제) 심해저 기구가 특별한 경우 명시적으로 면제를 포기한 범위를 제외하고, 동 기구, 그 재산 및 자산은 법적 절차로부터 면제된다.

제179조 (수색 및 압수로부터의 면제) 심해저 기구의 재산 및 자산은, 그 위치 및 점유자에 관계없이 행정적 또는 입법적 조치에 의한 수색, 징발, 몰수, 수용 또는 다른 형태의 압수로부터 면제된다.

제180조 (제한, 규제, 통제 및 동결로부터의 면제) 심해저 기구의 재산 및 자산은 어떠한 성격의 제한, 규제, 통제 및 동결로부터도 면제된다.

제181조 (심해저 기구의 문서보관소 및 공용통신) 1. 심해저 기구의 문서보관소는 위치에 관계없이 불가침이다.

2. 재산적 자료, 산업비밀 또는 동종의 정보 및 개인기록은 공공의 열람에 개방되는 문서보관소에 비치되어서는 안 된다.
3. 심해저 기구의 공용통신에 관하여, 각 당사국은 다른 국제조직에 부여한 것보다 불리하지 않은 대우를 기구에 부여하여야 한다.

제182조 (심해저 기구와 관련된 특정인원의 특권 및 면제) 총회, 이사회 또는 총회나 이사회의 기관의 회합에 출석하는 회원국의 대표와 사무국장 및 심해저 기구의 직원은 각 당사국의 영토내에서 다음을 향유한다.
가. 적절한 경우 그들이 대표하는 국가 또는 심해저 기구가 특별한 경우에 면제를 명시적으로 포기한 범위를 제외하고, 기능의 행사 중에 행한 행위에 관한 법적 절차로부터의 면제.
나. 현지 당사국 국민이 아닌 경우, 동당사국이 다른 당사국의 유사한 지위에 있는 대표, 관리 및 고용인에게 부여하는 것과 동일한 이민제한, 외국인 등록요건 및 국가역무 의무로부터의 면제와 換制限에 관한 동일한 편의 및 여행편의에 관한 동일한 대우.

제183조 (조세 및 관세로부터의 면제) 1. 심해저 기구, 그 자산, 재산, 수입 및 본 협약이 허가한 그 운영 및 거래는 공적 활동의 범위내에서 모든 직접세로부터 면제되며, 공적사용을 위해 수입하거나 수출하는 상품은 모든 관세로부터 면제된다. 동 기구는 제공된 역무에 대한 단순한 비용인 세금으로부터의 면제를 주장할 수 없다.
2. 심해저 기구의 공적활동에 필요한 실질적 가치가 있는 상품 또는 역무의 구입이 동 기구에 의하여 또는 동 기구를 대리하여 이루어지는 경우 및 이러한 상품 및 역무의 가격이 조세 또는 관세로부터의 면제를 부여하거나 이를 상환하기 위한 적절한 조치를 취하여야 한다. 본 조에 규정된 면제에 따라 수입되거나 구입된 상품은 면제를 부여한 당사국과 합의한 조건하의 경우를 제외하고, 동 당사국의 영토내에서 판매되거나 또는 달리 처분되어서는 안 된다.
3. 심해저 기구가 사무총장, 동 기구의 직원 및 동 기구를 위하여 임무를 수행하고 현지 당사국 국민이 아닌 전문가에게 지급한 봉급, 수당 또는 다른 형태의 지불에 대하여 동 당사국은 조세를 부과할 수 없다.

제 8 관 회원국의 권리 및 특권행사의 정지

제184조 (투표권행사의 정지) 심해저 기구에 대한 재정분담금의 지불을 지체하고 있는 당사국은 그 체납액이 제2년 동안 납부해야 할 분담금액과 동일하거나 이를 초과하는 경우 투표권을 갖지 않는다. 총회는 미납이 회원국의 통제밖에 있는 조건 때문이라는 점이 충족되면 동회원국의 투표를 허가할 수 있다.

제185조 (회원국의 권리 및 특권행사의 정지) 1. 본 장의 규정을 중대하게 그리고 집요하게 위반한 당사국은 이사회의 권고에 따라 총회에 의하여 회원국의 권리 및 특권의 행사가 정지될 수 있다.
2. 해저분쟁부가 당사국이 중대하게 그리고 집요하게 본 장의 규정을 위반하였다고 결정할 때까지 제1항에 따른 어떠한 조치도 취할 수 없다.

제 5 절 분쟁해결 및 권고적 의견

제186조 (국제해양법재판소의 해저분쟁재판부) 해저분쟁재판부의 설치 및 관할권 행사방식은 본 절, 제15장 및 제6부속서의 규정에 의하여 규율된다.

제187조 (해저분쟁재판부의 관할권) 해저분쟁재판부는 본장 및 관련 부속서에 따라 다음 범주에 속하는 심해저 활동에 관한 분쟁에 관할권을 갖는다.
가. 본장 및 관련부속서의 해석 또는 적용에 관한 당사국간의 분쟁
나. 당사국과 심해저 기구간의 다음에 관한 분쟁
(1) 본장 또는 관련 부속서 또는 이에 따라 채택된 심해저 기구의 규칙, 규정 및 절차의 위반으로 주장되는 동 기구 또는 당사국의 작위 또는 부작위
(2) 관할권의 일탈 또는 권한남용으로 주장되는 심해저 기구의 행위
다. 당사국, 심해저 기구 또는 개발청, 국가기업 및 제153조 제2항 나호에 규정된 자연인 또는 법인인 계약당사자간의 다음에 관한 분쟁
(1) 관련 계약 또는 작업계획의 해석 또는 적용
(2) 심해저 활동과 지방 계약당사자에 대하여 또는 적법한 이익에 직접적으로 영향을 미치는 계약당사자의 작위 또는 부작위

라. 심해저 기구와 제153조 제2항 나호에 규정된 국가가 보증하고 제3부속서 제4조 제6항 및 제13조 제2항에 규정된 조건을 적절히 이행한 예정체약자간의 계약거부 또는 계약의 협상중에 발생하는 법적 문제에 관한 분쟁

마. 심해저 기구가 제3부속서 제22조에 규정된 책임을 지게 되었다고 주장되는 경우, 동 기구와 당사국, 국가기업 또는 제153조 제2항 나호에 규정한 당사국이 보증한 자연인 또는 법인간의 분쟁

바. 해저분쟁재판부의 관할권이 본협약에 특별히 규정된 기타 분쟁

제188조 (국제해양법재판소 특별부, 해저분쟁재판부 특별부 또는 구속력 있는 상사중재에의 분쟁의 부탁) 1. 제187조 가호에 규정된 당사국간의 분쟁은 아래와 같이 부탁될 수 있다.

가. 분쟁당사자의 요청에 의하여, 제6부속서 제15조 및 제17조에 따라 구성된 국제해양법재판소 특별부에 부탁되거나

나. 일방분쟁당사자의 요청에 의하여, 제6부속서 제36조에 따라 구성된 해저분쟁재판부 특별부에 부탁될 수 있다.

2. 가. 제187조 다호(1)에 규정된 계약의 해석 또는 적용에 관한 분쟁은 양 당사자가 달리 합의하지 않는 한, 일방분쟁당사자의 요청에 의하여 구속력있는 상사중재에 부탁된다. 분쟁이 부탁되는 상사중재재판소는 본 협약의 어떠한 해석문제도 결정할 관할권을 갖지 않는다. 분쟁이 심해저 활동에 관하여 제11장 및 관련 부속서의 해석문제와 관련되는 경우, 동 문제는 재판을 위하여 해저분쟁재판부에 부탁되어야 한다.

나. 이러한 중재의 개시 또는 도중에 중재재판소는 일방분쟁당사자의 요청 또는 재판소의 직권으로 재판소의 결정이 해저분쟁재판부의 판결에 의존한다고 결정한 경우, 중재재판소는 판결을 위하여 이 문제를 해저분쟁재판부에 부탁하여야 한다. 중재재판소는 해저분쟁재판부의 판결에 따라 판결을 내려야 한다.

다. 계약내에서 분쟁에 적용될 중재절차에 관한 규정이 없는 경우, 중재는 양당사자가 달리 합의하지 않는 한, 유엔 국제무역법위원회의 중재규칙 또는 심해저 기구의 규칙, 규정 및 절차에 규정된 여타 중재규칙에 따라 이루어져야 한다.

제189조 (심해저기구의 결정에 관한 관할권의 제한) 해저분쟁재판부는 본 장에 따른 심해저 기구의 재량권 행사에 관하여 관할권을 갖지 않는다. 어떠한 경우에도 해저분쟁재판부는 자신의 재량으로 동 기구의 자유재량을 대체할 수 없다. 제191조를 침해함이 없이, 해저분쟁재판부는 제187조에 따라 관할권을 행사함에 있어, 동 기구의 규칙, 규정 및 절차가 무효임을 선언할 수 없다. 이러한 점에 있어서 해저분쟁재판부의 관할권은 개별사건에 있어 동 기구의 어느 규칙, 규정 및 절차의 적용이 분쟁당사자의 계약상 의무 또는 본 협약상 의무와 충돌 된다는 청구, 관할권의 일탈 또는 권한남용에 관한 청구, 타방당사자의 계약상 의무 또는 본 협약상 의무의 불이행에 대하여 관계당사자에 지불되어야 할 손해 배상 또는 다른 구제의 청구를 판결하는데 국한된다.

제190조 (보증당사국의 소송절차 참가 및 출정) 1. 자연인 또는 법인이 제187조에 규정된 분쟁당사자인 경우, 보증국은 이에 관한 통지를 수령하고 구두진술 또는 서면을 제출함으로서 소송절차에 참가할 권리를 갖는다.

2. 제187조 다호에 규정된 분쟁에 있어서 일방당사자에 대하여 타방당사자가 보증하는 자연인 또는 법인이 소송을 제기하는 경우, 응소국은 동 보증국에 대하여 자연인 또는 법인을 대리하여 소송절차에 출정하도록 요청할 수 있다. 이러한 출정을 하지 않는 경우, 응소국은 보증국 국적의 법인이 대표하도록 조정할 수 있다.

제191조 (권고적 의견) 해저분쟁재판부는 총회 또는 이사회의 요청에 따라 그들의 활동 범위내에서 발생하는 법률문제에 대하여 권고적 의견을 부여한다. 권고적 의견은 긴급사항으로 부여된다.

제12장 해양환경의 보호 및 보존

제1절 총 칙

제192조 (일반적 의무) 국가들은 해양환경을 보호하고 보존할 의무를 진다.

제193조 (천연자원의 개발에 관한 국가의 주권적 권리) 국가들은 환경정책 및 해양환경을 보호하고 보존할 의무에 따라 그들의 천연자원을 개발할 주권적 권리를 갖는다.

제194조 (해양환경의 오염을 방지, 경감, 통제하기 위한 조치) 1. 국가들은 개별적으로 또는 적절한 경우 공동으로 그들이 갖고 있는 실제적인 최선의 수단을 사용하여 어떤 오염원에 의한 해양환경의

오염을 방지, 경감, 통제하는데 필요한, 본 협약과 부합하는 모든 조치를 취하여야 하며, 이와 관련, 그들의 정책이 조화되도록 노력하여야 한다.

2. 국가들은 그들의 관할권이나 통제의 활동이 타국과 그 환경에 대해 오염으로 인한 손해를 주지 않게 수행되고, 그들의 관할권이나 통제의 사고나 활동으로부터 발생하는 오염이, 그들이 본 협약에 따라 주권적 권리를 행사하는 지역 이원으로 확산되지 않도록 보장하는데 필요한 모든 조치를 취하여야 한다.

3. 본 장에 따라 취해진 조치는 해양환경의 모든 오염원을 다루어야 한다. 동 조치는 특히 다음을 가능한 최대한 극소화시키기 위한 조치를 포함하여야 한다.

가. 육상오염원으로부터, 대기로부터 또는 대기를 통하거나, 또는 투기에 의하여 유독하거나, 해롭거나 유해한 물질, 특히 지속적인 물질의 배출

나. 선박에 의한 오염, 특히 사고방지, 긴급사태처리, 해상운항의 안전 확보, 고의적 비고의적 배출의 방지와 선박의 설계, 구조, 장비, 운항 및 인원 배치의 규제를 위한 조치

다. 해저 및 하층토의 자연자원의 탐사 또는 개발에 사용되는 시설이나 장치로부터의 오염, 특히 사고방지, 긴급사태처리, 해상작업의 안전확보와 이러한 시설이나 장치의 설계, 구조, 장비, 운용 및 인원배치의 규제를 위한 조치

라. 해양환경에서 운용되는 다른 시설 및 장치로부터의 오염, 특히 사고방지, 긴급사태처리, 해상작업의 안전확보와 이러한 시설이나 장치의 설계, 구조, 장비, 운용 및 인원배치의 규제를 위한 조치

4. 해양환경의 오염을 방지, 경감, 통제하기 위한 조치를 취함에 있어서, 국가들은 협약에 따라 타국의 권리행사 및 의무이행에 있어 타국이 수행하는 활동에 대한 부당한 간섭을 삼가해야 한다.

5. 본 장에 따라 취해진 조치는 희귀하거나 연약한 생태계 및 고갈되거나, 위태스럽거나, 위험에 대한, 종과 다른 해양생물체의 보호와 보존에 필요한 조치를 포함하여야 한다.

제195조 (손해나 위험을 이전하거나, 오염의 유형을 변형시키지 않을 의무) 해양환경의 오염을 방지, 경감, 통제하기 위한 조치를 취함에 있어서, 국가들은 직접적 또는 간접적으로 손해나 위험을, 한 지역에서 다른 지역으로 이전하거나 또는 어떤 유형의 오염을 다른 유형으로 변형시키지 않도록 행동하여야 한다.

제196조 (기술의 사용 또는 외래의 종이나 새로운 종의 도입) 1. 국가들은 해양환경에 중대하고 해로운 변화를 초래할, 각국의 관할권이나 통제하의기술의 사용, 또는 고의적이거나 우발적인 해양환경 일부에 대한 외래의 종이나 새로운 종의 도입으로부터 발생하는 해양환경오염을 방지, 경감, 통제하기 위하여 필요한 모든 조치를 취하여야 한다.

2. 본 조는 해양환경오염의 방지, 경감 및 통제에 관한 본 조약의 적용에 영향을 미치지 않는다.

제 2 절 세계적 · 지역적 협력

제197조 (세계적·지역적 차원의 협력) 국가들은 세계적 기초 및 적절한 경우 지역적 기초에서, 특수한 지역적 지형을 고려한 해양환경의 보호 및 보존을 위하여 본 협약에 따른 국제규칙, 기준, 권고된 관행 및 절차를 제정하고 발전시키는데 직접적으로 또는 권한있는 국제조직을 통하여 협력하여야 한다.

제198조 (급박한 또는 현실적 피해의 통보) 일국이 해양환경이 오염될 절박한 위험에 처해 있거나 오염되고 있는 경우를 알게 된 경우, 동 국가는 그러한 손해에 의하여 영향을 받을 것으로 생각되는 타국 및 권한있는 국제조직에 신속히 통보하여야 한다.

제199조 (오염대비 비상계획) 제198조에 규정된 경우, 영향을 받는 지역내 국가들은 그들의 능력에 따라 권한있는 국제조직과 가능한 한 오염의 효과를 제거하고 손해를 방지 또는 극소화하는데 협력하여야 한다. 이 목적을 위하여 각국은 공동으로 해양환경내 오염사고에 대처하기 위한 비상계획을 개발하고 증진시켜야 한다.

제200조 (연구, 조사계획 및 정보와 자료의 교환) 국가들은 연구를 촉진시키고, 과학조사계획에 착수하며, 해양환경오염에 관하여 획득된 정보와 자료의 교환을 장려하기 위하여 직접적으로 또는 권한있는 국제조직을 통하여 협력하여야 한다. 그들은 오염의 성격과 범위의 평가, 오염에의 노출 및 그 경로, 위험과 구제에 관한 지식을 얻기 위한 지역적 및 세계적 계획에 능동적으로 참여하도록 노력하여야 한다.

제201조 (규칙제정을 위한 과학적 기준) 제200조에 따라 획득된 정보와 자료에 비추어, 국가들은 해양환경오염의 방지, 경감, 통제를 위한 규칙, 기준, 권고된 관행 및 절차의 제정 및 발전을 위한 적절

한 과학적 기준을 확립하는 데에 직접적으로 또는 권한 있는 국제조직을 통하여 협력하여야 한다.

제 3 절 기술원조

제202조 (개발도상국에 대한 과학 및 기술원조) 국가들은 직접적으로 또는 권한있는 국제조직을 통하여 ,

가. 해양환경의 보호, 보존 및 해양오염의 방지, 경감, 통제를 위하여 개발도상국에게 과학적, 교육적, 기술적 및 기타 원조계획을 증진시켜야 한다. 이러한 원조는 특히 다음을 포함하여야 한다.

(1) 과학인원 및 기술인원의 훈련

(2) 관련 국제계획에의 참여촉진

(3) 필요한 장비 및 시설의 공급

(4) 개발도상국의 이러한 장비 생산능력의 제고

(5) 연구, 감시, 교육, 기타 계획을 위한 시설의 개발 및 자문

나. 개발도상국에게 해양환경의 중대한 오염을 초래할 중요한 사고의 효과를 극소화하기 위하여 적절한 원조를 제공하여야 한다.

다. 개발도상국에게 환경평가준비에 관하여 적절한 원조를 제공하여야 한다.

제203조 (개발도상국에 대한 우선적 대우) 개발도상국은 해양환경오염의 방지, 경감, 통제 및 오염효과의 극소화를 위하여 국제조직에 의하여 다음에 있어 우선권이 부여되어야 한다.

가. 적절한 기금 및 기술원조의 배당

나. 전문적 역무의 이용

제 4 절 감시 및 환경평가

제204조 (오염의 위험 또는 영향의 감시) 1. 국가들은 타국의 권리와 양립하는 범위내에서, 해양환경오염의 위험 또는 효과를 승인된 과학적 방법에 의해서 관측, 측정, 평가, 분석하도록 직접적으로 또는 권한있는 국제조직을 통하여 실행 가능한 한 노력하여야 한다.

2. 특히 국가들은 그들이 허용하거나 참여하고 있는 어떤 활동이 해양환경을 오염시킬 가능성이 있는지 여부를 결정하기 위하여 그 활동의 효과를 계속 감시하여야 한다.

제205조 (보고서 발간) 국가들은 제204조에 따라 획득된 결과의 보고를 발행하거나 또는 적절한 간격을 두고 이러한 보고를 권한있는 국제조직에 제공하여야 하며, 동 국제조직은 이를 모든 국가에 이용 가능하도록 하여야 한다.

제206조 (활동의 잠재적 영향평가) 국가들은 그들의 관할권 또는 통제하의 계획된 활동이 해양환경에 실질적 오염 또는 중대하고 해로운 변화를 가져올 것이라고 믿을 합리적 근거가 있을 경우, 실행 가능한 한 해양환경에 대한 이러한 활동의 잠재적 영향을 평가하고, 205조에 규정된 방식에 따라 이러한 평가의 결과보고를 전달하여야 한다.

제 5 절 해양환경오염의 방지, 경감 또는 통제를 위한 국제규칙 및 국내입법

제207조 (육상오염원에 의한 오염) 1. 국가들은 국제적으로 합의된 규칙, 기준 및 권고된 관행과 절차를 고려하여, 강, 하구, 관선 및 배출시설물을 포함된 육상오염원에 의한 해양환경오염을 방지, 경감, 통제하기 위하여 국내법령을 제정하여야 한다.

2. 국가들은 이러한 오염을 방지, 경감, 통제하기 위하여 필요한 다른 조치를 취하여야 한다.

3. 국가들은 이와 관련 적절한 지역적 차원에서 그들의 정책을 조화시키도록 노력하여야 한다.

4. 특히 권한있는 국제조직이나 외교회의를 통하여 활동하는 국가들은 특수한 지역적 지형, 개발도상국의 경제적 능력과 경제개발의 필요를 고려하여, 육상 오염원에 의한 해양환경오염을 방지, 경감, 통제하기 위한 세계적 또는 지역적 규칙, 기준 및 권고된 관행과 절차는 필요한 때마다 수시로 재검토되어야 한다.

5. 제1항, 제2항 및 제4항에 규정된 법률, 규정, 조치, 규칙, 기준 및 권고된 관행과 절차는 유독한, 해로운, 유해한, 특히 지속적인 물질의 해양환경으로의 배출을 가능한 한 완전히 극소화시키기 위한 것을 포함하여야 한다.

제208조 (국가관할권내 해저활동에 의한 오염) 1. 연안국은 제60조 및 제80조에 따라 그들의 관할권에 속하는 해저활동으로부터 또는 이와 관련하여 발생하는 해양환경오염을 방지, 경감, 통제하기 위

하여 법령을 제정하여야 한다.
2. 국가들은 이러한 오염을 방지, 경감, 통제하는데 필요한 다른 조치를 취하여야 한다.
3. 이러한 법률, 규정 및 조치는 국제규칙, 기준, 권고된 관행 및 절차보다 덜 효과적이어서는 안 된다.
4. 국가들은 이와 관련 적절한 지역적 수준에서 그들의 정책을 조화시키도록 노력하여야 한다.
5. 특히 권한있는 국제조직 또는 외교회의를 통하여 활동하는 국가들은 제1항에 규정된 해양환경오염을 방지, 경감, 통제하기 위한 세계적, 지역적 규칙, 기준, 권고된 관행 및 절차를 제정하여야 한다. 이러한 규칙, 기준, 권고된 관행 및 절차는 필요한 때마다 수시로 재검토되어야 한다.

제209조 (심해저 활동에 의한 오염) 1. 심해저 활동으로부터 발생하는 해양환경오염을 방지, 경감, 통제하기 위하여 제11장에 따라서 국제규칙, 규정 및 절차가 제정되어야 한다. 이러한 규칙, 규정 및 절차는 필요한 때마다 수시로 재검토되어야 한다.
2. 본 절의 관계규정에 의해 국가들은 경우에 따라 자국 국기를 게양하거나 자국등록 또는 자국의 권한하에 운영되는 선박, 시설, 구조물 기타 장비에 의하여 착수된 심해저 활동으로 인한 해양환경오염을 방지, 경감, 통제하기 위한 법령을 제정하여야 한다. 이러한 법령의 요건은 제1항에 규정된 국제규칙, 규정 및 절차보다 덜 효과적이어서는 안 된다.

제210조 (투기에 의한 오염) 1. 국가들은 투기에 의한 해양환경오염을 방지, 경감, 통제하기 위하여 법령을 제정하여야 한다.
2. 국가들은 이러한 오염을 방지, 경감, 통제하는데 필요한 다른 조치를 취하여야 한다.
3. 이러한 법률, 규정 및 조치는 투기가 권한있는 당국의 허가없이 이루어지지 않도록 보장하여야 한다.
4. 특히 권한있는 국제조직 또는 외교회의를 통하여 활동하는 국가들은 이러한 오염을 방지, 경감, 통제하기 위하여 세계적, 지역적 규칙, 기준 및 권고된 관행과 절차는 필요한 때마다 수시로 재검토되어야 한다.
5. 영해 및 배타적 경제수역내 또는 대륙붕에 대한 투기는 그들의 지리적 상황을 이유로 불리한 영향을 받는 다른 국가들과 이러한 투기에 관한 정당한 고려를 한 후, 이러한 투기를 허용, 규제, 통제할 권리를 갖는 연안국의 명시적 사전승인 없이는 수행될 수 없다.
6. 국내 법률, 규정 및 조치는 세계적 규칙 및 기준보다 이러한 오염을 방지, 경감, 통제하는데 있어 덜 효과적이어서는 안 된다.

제211조 (선박에 의한 오염) 1. 권한있는 국제조직 또는 일반외교회의를 통하여 활동하는 국가들은 선박에 의한 해양환경오염을 방지, 경감, 통제하기 위한 국제적 규칙과 기준을 제정하여야 하며, 적절한 경우, 동일한 방법으로 해안선을 포함한 해양환경을 오염시킬 수 있는 사고위험 및 연안국의 관련 이익에 대한 손해를 극소화하기 위한 항로제도의 채택을 증진시켜야 한다. 이러한 규칙과 기준은 동일한 방법으로 필요한 때마다 수시로 재검토되어야 한다.
2. 국가들은 자국 국기를 게양하고 있거나 자국에 등록된 선박에 의한 해양환경오염을 방지, 경감, 억제하기 위하여 법령을 제정하여야 한다. 이러한 법령은 적어도 권한있는 국제조직 또는 일반외교회의를 통하여 제정된 일반적으로 수락된 국제규칙 및 기준과 동일한 효과를 가져야 한다.
3. 해양환경오염의 방지, 경감, 통제를 위하여 외국선박의 자국항구, 내수로의 진입 또는 연안정박시설의 방문에 대한 특별요건을 제정한 국가들은 동 요건을 정당히 공시하여야 하며, 권한있는 국제조직에 통보하여야 한다. 이러한 요건이 2개국 이상의 연안국이 정책을 조화시키기 위한 노력에 따라 동일한 형태로 제정된 경우, 통보는 이러한 협력약정에 참여하는 국가를 표시하여야 한다. 각국은 자국 국기를 게양하거나 자국에 등록된 선박이 이러한 약정에 참여하고 있는 국가의 영해내를 항행할 경우, 동국의 요청에 따라 동 선박 선장에게 동 선박이 동 협력약정에 참여하고 있는 역내국가로 항진하고 있는지 여부에 관한 정보제공 및 그러한 경우, 동국가의 입항요건을 이행하고 있는지 여부를 표시할 것을 요구할 수 있다. 본 조는 선박의 무해통항권의 계속적 행사 또는 제25조 제2항의 적용을 침해하지 않는다.
4. 연안국은 자국 영해내에서 주권을 행사함에 있어, 무해통항권을 행사하는 선박을 포함한 외국선박에 의한 해양오염을 방지, 경감, 통제하기 위하여 국내 법령을 제정할 수 있다. 이러한 법령은 제2장 제3절에 따라 외국선박의 무해통항을 방해하여서는 안 된다.
5. 연안국은 제6절에 규정된 집행의 목적상, 자국의 배타적 경제수역에 관하여 선박에 의한 오염을 방지, 경감, 통제하기 위하여, 권한있는 국제조직 또는 일반외교회의를 통하여 제정된 일반적으로 수락된 국제규칙과 기준에 따르고 이를 시행하는 법령을 제정할 수 있다.
6. 가. 제1항에 규정된 국제규칙과 기준이 특별한 상황을 충족시키기에 부적당하고 연안국이 자국

배타적 경제수역내 명확히 확정된 특정해역이 그 자원의 이용 또는 보호와 교통상의 특수성 뿐만 아니라 해양학적, 생태학적 조건과 관계하며 승인된 기술적 이유로 선박에 의한 오염방지를 위한 특별강제조치의 채택이 요구되는 해역이라고 믿을 합리적 근거가 있는 경우, 연안국은 권한있는 국제조직을 통하여 관계국과 적절히 협의한 후 동 해역을 위하여 도움이 되는 과학적, 기술적 증거와 필요한 수용시설에 관한 정보를 제출하는 통보를 동 국제조직에 보낼 수 있다. 동 조직은 통보 접수 후 12개월 이내에 동해역의 조건이 전술한 요건에 부합되는지 여부를 결정하여야 한다. 동 조직이 그렇다고 결정한 경우, 연안국은 동 해역을 위해 동 조직을 통하여 특정해역에 적용 가능하도록 된 선박에 의한 오염의 방지, 경감, 통제를 위한 규칙, 기준 또는 항행관행을 실시하는 법령을 제정하여야 한다. 이러한 법령은 권한있는 국제조직에 통보를 제출한 후 15개월까지 외국선박에 대하여 적용될 수 없다.

나. 연안국은 이러한 명확히 확정된 특별해역의 한계를 공시해야 한다.

다. 연안국은 선박에 의한 오염의 방지, 경감, 통제를 위하여 특정해역에 대한 법령을 추가로 제정하려고 의도한 경우, 전술한 통보의 제출시 이를 동시에 국제조직에 통고하여야 한다. 이러한 추가의 법령은 배출 또는 항행관행과 관련될 수 있지만 외국선박에게 일반적으로 수락된 국제규칙 및 기준이 아닌 설계, 구조, 인원배치 또는 장비에 관한 기준을 준수하도록 요구할 수 없다. 이러한 법령은 권한있는 국제조직이 통보제출 후 12개월 내에 동의한 경우, 통보제출 15개월 후에 외국선박에 적용된다.

7. 본조에 규정된 국제규칙 및 기준은 배출 또는 배출 가능성이 있는 해상 재난을 포함한 사고에 의하여 연안 또는 관련 이익이 영향을 받을 수 있는 연안국들에 대한 신속한 통고와 관련된 규칙 및 기준을 포함하여야 한다.

제212조 (대기로부터 또는 대기를 통한 오염) 1. 대기로부터 또는 대기를 통한 해양환경오염을 방지, 경감, 통제하기 위하여 국제적으로 합의된 규칙, 기준 및 권고된 관행과 절차 및 항공의 안전을 고려하여, 국가들은 자국 주권하에 있는 영공과 자국 국기를 게양하고 있거나 자국에 등록된 선박 또는 항공기에 적용가능한 법령을 제정하여야 한다.

2. 국가들은 이러한 오염을 방지, 경감, 통제하는 데 필요한 다른 조치를 취하여야 한다.

3. 특히 권한있는 국제조직 또는 외교회의를 통하여 활동하는 국가들은 이러한 오염을 방지, 경감, 통제하기 위하여 세계적, 지역적 규칙, 기준 및 권고된 관행과 절차를 제정하도록 노력하여야 한다.

제6절 집 행

제213조 (육상오염원에 의한 오염관련 법령집행) 국가들은 제207조에 따라 채택된 그들의 법령을 집행하고, 해양을 오염시키는 육상오염원에 의한 해양환경오염을 방지, 경감, 통제하기 위하여 권한있는 국제조직 또는 외교회의를 통하여 확립된 적용 가능한 국제규칙 및 기준을 시행하는데 필요한 다른 조치를 취하여야 한다.

제214조 (해저활동에 의한 오염관련 법령집행) 국가들은 제208조에 따라 채택된 법령을 집행하고, 제60조 및 제80조에 따라 그들의 관할권 하에서의 해저활동으로부터 또는 이와 관련한 해양환경오염 및 인공도서, 시설 및 구조물로부터 발생하는 해양환경오염을 방지, 경감, 통제하기 위하여 권한있는 국제조직 또는 외교회의를 통하여 확립된 적용 가능한 국제규칙 및 기준을 시행하는데 필요한 법령을 채택하고 기타 필요한 다른 조치를 취하여야 한다.

제215조 (심해저 활동으로 인한 오염관련 법령집행) 제11장에 따라 심해저 활동에 의한 해양환경오염을 방지, 통제하기 위하여 확립된 국제규칙, 규정 및 절차의 집행은 동장에 의해 규율된다.

제216조 (투기에 의한 오염관련 법령집행) 1. 투기에 의한 해양환경오염을 방지, 경감, 통제하기 위하여 본 협약 및 권한있는 국제조직 또는 외교회의를 통하여 확립된 적용가능한 국제규칙과 기준에 따라 채택된 법령은 다음에 의하여 집행되어야 한다.

가. 영해, 배타적 경제수역내 또는 대륙붕으로의 투기에 관하여는 연안국

나. 자국 국기를 게양하고 있는 선박 또는 자국에 등록된 선박이나 항공기에 관하여는 기국

다. 자국 영토내 또는 자국 연안정박시설에서 발생하는 폐기물 또는 기타물질의 적재행위에 관하여는 동 국가

2. 어떠한 국가도 타국이 본조의 규정에 따라 이미 소송을 제기한 경우, 본조에 의하여 소송을 제기할 의무를 지지 않는다.

제217조 (기국에 의한 법령집행) 1. 국가들은 자국 국기를 게양하고 있거나 자국에 등록된 선박들이

권한있는 국제조직 또는 일반외교회의를 통하여 확립된 적용 가능한 국제규칙 및 선박에 의한 해양환경오염의 방지, 경감, 통제를 위하여 본 협약에 따라 채택된 자국의 법령을 준수하도록 보장하여야 하며, 이에 따라 법령을 채택하고 그 시행에 필요한 다른 조치를 취하여야 한다. 기국은 위반행위의 발생지에 관계없이 이러한 규칙, 기준 및 법령의 효과적 집행을 제공하여야 한다.

2. 특히 국가들은 자국 국기를 게양하고 있거나 자국에 등록된 선박들이 선박의 설계, 구조, 장비 및 인원배치에 관한 요건을 포함한 제1항에 규정된 국제규칙 및 기준의 요건을 이행하며 항해할 수 있을 때까지 항해를 금지하도록 보장하기 위하여 적절한 조치를 취하여야 한다.

3. 국가들은 자국 국기를 게양하고 있거나 자국에 등록된 선박들이 제1항에 규정된 국제규칙 및 기준에 따라 요구되며 이에 따라 발급된 선박등록서를 선상에 휴대하도록 보장해야 한다. 국가들은 이러한 선박등록서가 선박의 실재상태와 부합하는지를 확인하기 위하여 자국 국기를 게양한 선박을 정기적으로 검사하도록 보장하여야 한다. 다른 국가들은 이러한 선박등록서를 선박상태 증거로 수락하고, 선박의 상태가 선박등록서의 상세와 실제적으로 부합되지 않는다고 믿을 명백한 근거가 있지 않는 한, 자국이 발급한 선박등록서와 동일한 효력을 갖는 것으로 간주하여야 한다.

4. 어느 선박이 권한있는 국제조직 또는 일반외교회의를 통하여 확립된 규칙 및 기준을 위반한 경우, 제218조, 제220조 및 제228조를 침해함이 없이, 기국은 위반이 발생한 장소 또는 이러한 위반으로 인한 오염이 발생하거나 발견된 장소에 관계없이, 주장된 위反에 관하여 신속히 조사하고, 필요한 경우 소송을 제기하여야 한다.

5. 위반조사를 행하는 기국은 사건의 상황을 명백히 하는데 그 국가의 협력이 유용한 다른 국가의 원조를 요청할 수 있다. 국가들은 기국의 적절한 요청을 충족시키도록 노력하여야 한다.

6. 국가들은 타국의 서면요청에 따라 자국 국기를 게양한 선박이 범하였다고 주장하는 위반을 조사하여야 한다. 주장된 위반에 대하여 소송이 제기될 수 있는 충분한 증거가 이용 가능한 것으로 충족된 경우, 기국은 자국 법률에 따라 지체없이 이러한 소송절차를 개시하여야 한다.

7. 기국은 취하여진 조치 및 그 결과를 요청국 및 권한있는 국제조직에 신속히 통보하여야 한다. 이러한 통보는 모든 국가에게 이용 가능하다.

8. 국가들의 법령에 의해 규정된 자국 국기를 게양한 선박에 대한 형벌은 위반이 어디에서 발생하든 위반을 억제하기에 적당할 만큼 엄격하여야 한다.

제218조 (항만국에 의한 법령집행) 1. 어느 선박이 일국의 항구 또는 연안 정박시설내에 자의로 들어온 경우, 동 국가는 조사를 행하고 증거가 허용하는 경우 자국의 내수, 영해 또는 배타적 경제수역밖에서 권한있는 국제조직 또는 일반외교회의를 통하여 확립된 경우 가능한 국제규칙 및 기준에 위반한 동선박의 배출에 관하여 소송을 제기할 수 있다.

2. 제1항에 따른 소송절차는 자국의 내수, 영해나 배타적 경제수역내에서 배출 위반이 발생한 국가, 기국 또는 배출위반으로 인하여 손해를 입었거나 위협을 받는 국가에 의해 요청되거나, 또는 위반이 소송을 제기하는 국가의 내수, 영해 또는 배타적 경제수역내에서 오염을 초래하였거나 오염을 초래할 가능성이 있는 경우를 제외하고는 타국의 내수, 영해 또는 배타적 경제수역내의 배출위반에 관하여 제기될 수 없다.

3. 어느 선박이 일국의 항구 또는 연안 정박시설내에 자의로 들어온 경우, 동국은 위반행위가 요청국의 내수, 영해 또는 배타적 경제수역내에서 발생하였거나 이에 대하여 손해를 초래하거나 위협하였다고 믿어지는 제 1항에 규정된 배출위반의 조사요청을 실행 가능한 한 이행하여야 한다. 동 국은 위반발생장소에 관계없이, 이러한 위반의 조사에 관한 기국의 요청을 실행가능한 한 이행하여야 한다.

4. 본조에 따라 기항국에 의해 수행된 조사기록은 기국 또는 연안국의 요청에 따라 동국에 이양되어야 한다. 이러한 조사를 근거로 기항국이 제기한 소송절차는 제7절에 따라 위반이 자국의 내수, 영해 또는 배타적 경제수역내에서 발생한 연안국의 요청에 따라 정지될 수 있다. 이 경우 사건의 증거와 기록은 기항국 당국에 제공된 보증금 또는 재정적 담보와 함께 연안국에 이양되어야 한다. 이러한 이양은 기항국내 소송절차의 계속을 배제한다.

제219조 (오염방지를 위한 선박의 내항성에 관한 조치) 제7절에 따라 요청에 의해 또는 독자적으로, 자국항구 또는 연안 정박시설내의 어느 선박이 선박의 내항성에 관한 적용 가능한 국제규칙 및 기준에 위반함으로써 해양환경에 대한 손해를 위협하고 있다고 확인한 국가들은 실행가능한 한 동 선박의 항해를 방지하기 위한 행정조치를 취하여야 한다. 이러한 국가는 동 선박이 가장 가까운 적절한 수리장까지만 운항하도록 허가할 수 있고, 위반의 원인이 제거되는 즉시 신속히 항행을 계속하도록 허가하여야 한다.

제220조 (연안국에 의한 법령집행) 1. 어느 선박이 일국의 항구 또는 연안 정박시설내에 자의로 들어

온 경우, 동 국은 위반이 자국의 영해 또는 배타적 경제수역내에서 발생할 때에는 선박에 의한 오염을 방지, 경감, 통제하기 위하여 본 협약 또는 적용 가능한 국제규칙이나 기준에 따라 채택된 자국 법령의 위반에 관하여 제 7절에 따라 소송을 제기할 수 있다.

2. 일국의 영해를 항행하는 선박이 통항 중 선박에 의한 오염을 방지, 경감, 통제하기 위하여 본 협약 또는 적용 가능한 국제규칙이나 기준에 따라 채택된 국내법령을 위반하였다고 믿을 명백한 근거가 있는 경우, 동국은 제2장 제3절의 관련규정의 적용을 침해함이 없이, 위반과 관련된 선박의 물리적 검사에 착수할 수 있고 증거가 허용하는 경우, 제7절의 규정에 따라 자국 법률에 의하여 선박의 억류를 포함한 소송절차를 제기할 수 있다.

3. 일국의 영해 또는 배타적 경제수역을 항행하는 선박이 배타적 경제수역내에서 선박에 의한 오염의 방지, 경감, 통제를 위한 적용 가능한 국제규칙과 기준 및 이에 부합하고 이를 시행하는 동국의 법령을 위반하였다고 믿을 명백한 근거가 있는 경우, 동국은 동 선박에게 선박등록서, 등록항, 직전 및 다음 기항지에 관한 정보 및 위반의 발생여부를 확립하는 데에 필요한 다른 관련정보를 요청할 수 있다.

4. 국가들은 자국 국기를 게양한 선박이 제3항에 따른 정보요청을 이행하도록 법령을 채택하고 다른 조치를 취하여야 한다.

5. 일국의 영해 또는 배타적 경제수역을 항행하는 선박이 동국의 배타적 경제수역내에서 제3항에 규정된 해양환경의 중대한 오염을 야기하거나 위협하는 배출을 초래하는 위반을 행하였다고 믿을 명백한 근거가 있는 경우, 동 국은 동 선박이 정보제공을 거부한 경우나, 제공한 정보가 명백한 실제 상황과 현저히 모순된 경우 및 사건의 상황이 이러한 검사를 정당화할 경우 동선박의 물리적 검사에 착수할 수 있다.

6. 일국의 영해 또는 배타적 경제수역을 항행하는 선박이 동국의 배타적 경제수역내에서 제3항에 규정된, 해안선이나 연안국의 관계이익 또는 영해나 배타적 경제수역의 자원에 중대한 손해 또는 중대한 손해의 위험을 기하는 배출을 행한 명백하고 객관적인 증거가 있는 경우, 동 국은 제7절에 따라 자국 법률에 의해 선박의 억류를 포함한 소송절차를 제기할 수 있다.

7. 제6항의 규정에도 불구하고 권한있는 국제조직을 통하여 또는 달리 합의된 바에 의하여 보증금 또는 다른 적절한 재정적 보증의 요건의 이행이 확보되는 적절한 절차가 확립된 경우, 연안국은 이러한 절차에 구속받는 경우, 선박의 통항을 허용하여야 한다.

8. 제3항, 제4항, 제5항, 제6항 및 제7항의 규정은 제21조 제6항에 따라 채택된 국내법령에 대해서도 적용된다.

제221조 (해난사고에 의한 오염을 방지하기 위한 법령집행) 1. 본 장의 어떠한 규정도 국가가 관습국제법 또는 성문국제법에 따라 중대한 해로운 결과를 초래할 것으로 예측되는 해난사고 또는 동 사고에 관련된 행위에 따르는 오염 또는 오염의 위험으로부터 해안선 또는 어획을 포함한 관계이익을 보호하기 위하여 실제 또는 위험스런 손해에 비례하는 조치를 영해이원까지 취하고 집행할 권리를 침해하지 않는다.

2. 본 조의 목적상 "해난사고"는 선박의 충돌, 좌초, 기타 항해사고 또는 기타선상이나 선외에서 선박 또는 재물에 중대한 손해 또는 임박한 중대한 손해의 위험을 가져오는 사건을 의미한다.

제222조 (대기로부터 또는 대기를 통한 오염관련 법령집행) 국가들은 자국 주권하에 있는 영공에서 또는 자국 국기를 게양하고 있거나 자국에 등록된 선박 또는 항공기에 관하여 제212조 제1항 및 본 협약의 다른 규정에 따라 채택된 자국의 법령을 집행하여야 하고, 비행의 안전에 관한 모든 관계 국제규칙 및 기준에 따라 대기로부터 또는 대기를 통한 해양환경오염을 방지, 경감, 통제하기 위하여 권한있는 국제조직 또는 외교회의를 통하여 확립된 적용 가능한 국제규칙 및 기준을 시행하는 데 필요한 국내법령을 제정하고 다른 조치를 취하여야 한다.

제 7 절 보장제도

제223조 (소송절차 촉진을 위한 조치) 국가들은 본 장에 따라 제기된 소송절차에 있어 증언의 청취 및 기타당국 또는 권한있는 국제조직이 제출한 증거의 채택을 촉진할 조치를 취하여야 하며, 권한있는 국제조직, 기국 및 위반으로 발생한 오염에 의하여 영향을 받는 국가의 공식대표의 소송절차 참가를 촉진하여야 한다. 이러한 소송절차에 참가하는 공식대표는 국내법령 또는 국제법상 제공되는 권리 또는 의무를 갖는다.

제224조 (법령집행권한 행사) 본 장에 따른 외국선박에 대한 집행권한은 공무원, 군함, 군용기 또는

이러한 효과를 허가하고 정부역무에 사용되는 것이 명백히 표시되고 식별 가능한 다른 선박과 항공기에 의해서만 행사될 수 있다.

제225조 (법령집행권한의 행사상의 부정적 영향 방지의무) 국가들은 본 협약에 따라 외국선박에 대한 집행권한을 행사함에 있어, 항행의 안전을 위태롭게 하거나, 달리 선박에 어떤 위험을 야기하거나, 선박을 불안전한 항구 또는 정박지로 데려가거나 또는 해양환경을 불합리한 위험에 노출시켜서는 안된다.

제226조 (외국선박조사) 1. 가. 국가들은 제216조, 제218조 및 제220조에 규정된 조사의 목적을 위해 필수적인 것보다 더 오래 외국선박을 지체시켜서는 안 된다. 외국선박의 조사는 일반적으로 수락된 국제적 규칙 및 기준에 따라 그 선박에 비치할 유사 서류의 검사에 국한되어야 한다. 선박에 대한 더 이상의 물리적 조사는 이러한 검사 후 다음의 경우에만 취해질 수 있다.

(1) 선박 또는 장비의 상태가 서류의 상세와 실질적으로 부합되지 않는다고 믿을 만한 명백한 증거가 있는 경우

(2) 이러한 서류의 내용이 위반혐의를 확인하거나 증빙하기에 충분치 않는 경우

(3) 동 선박이 유효한 선박증서와 기록을 비치하지 않는 경우나.

나. 조사가 적용 가능한 해양환경의 보호 및 보존을 위한 국제규칙 및 기준의 위반을 나타내는 경우, 보석금 또는 기타 적절한 재정적 보증 등 합리적 절차에 따라 신속히 석방되어야 한다.

다. 선박의 내항성에 관한 적용 가능한 국제규칙 및 기준을 침해함이 없이, 선박의 석방이 해양환경에 불합리한 손해의 위험을 제기하는 경우, 이를 거부하거나 가장 가까운 적절한 수리장으로 항진할 것을 조건으로 부과할 수 있다. 석방이 거부되거나 조건부로 된 경우, 선박의 기국에 신속히 통보되어야 하며 기국은 제15장에 따라 선박의 석방을 추구할 수 있다.

2. 국가들은 해상에서 선박의 불필요한 물리적 조사를 피하기 위한 절차를 발전시키도록 협력하여야 한다.

제227조 (외국선박 차별금지) 국가들은 본 장에 따른 권리행사 및 의무이행에 있어, 타국의 선박을 형식상 또는 사실상 차별하여서는 안 된다.

제228조 (소송제기의 중지 및 제한) 1. 외국선박이 소송절차를 개시한 국가의 영해 이원에서 행한 선박에 의한 오염의 방지, 경감, 통제에 관한 적용가능한 법령 또는 국제규칙과 기준의 위반에 대하여 형벌을 부과하는 소송절차는 동소송절차가 연안국에 대한 중대한 손해와 관련되지 않는 경우, 또는 문제의 기국이 자국선박이 행한 위반행위에 관하여 적용가능한 국제규칙과 기준을 효과적으로 집행할 의무를 반복하여 무시하지 않는 경우, 소송절차가 처음으로 개시된 날로부터 6개월 이후에 기국이 동일한 죄에 대하여 형벌을 부과 하는 소송절차를 개시한 즉시 중지되어야 한다. 기국은 본조에 따라 소송절차의 정지를 요청 경우, 이전에 소송절차를 제기한 국가에게 정당한 절차에 따라 사건의 완전한 서류 및 소송기록을 이용할 수 있게 하여야 한다. 기국이 제기한 소송절차가 종결 되었을 때 정지된 소송절차는 종료된다. 이러한 소송절차에 관하여 지출된 경비가 지불된 즉시 정지된 절차와 관련하여 제공된 담보 또는 기타 재산적 보증은 연안국에 의하여 해제되어야 한다.

2. 외국선박에 형벌을 부과하는 소송절차는 위반이 발생한 날로부터 3년이 경과된 후에는 제기될 수 없으며, 제1장의 규정에 따라 타국이 소송절차를 제기한 경우에는 어느 국가에 의해서도 제기될 수 없다.

3. 본 조의 규정은 타국에 의한 이전의 소송절차에 관계없이 자국법에 따라 형벌을 부과할 소송절차를 포함한 어떠한 조치를 취할 기국의 권리를 침해하지 않는다.

제229조 (민사소송제기) 본 협약의 어떤 규정도 해양환경오염으로 인한 손실 또는 손해에 대한 청구에 관한 민사소송절차의 제기에 영향을 미치지 않는다.

제230조 (벌금과 피고인의 인정된 권리의 존중) 1. 외국선박이 영해이원에서 행한 해양환경오염의 방지, 경감, 통제를 위한 국내법령 또는 적용가능한 국제규칙과 기준의 위반에 관하여는 금전형만이 부과될 수 있다.

2. 영해내의 고의적이고 중대한 오염행위를 하는 경우를 제외하고 외국선박이 영해내에서 행한 해양환경오염의 방지, 경감, 통제를 위한 국내법령 또는 적용가능한 국제규칙과 기준의 위반에 관하여는 금전형만이 부과될 수 있다.

3. 외국선박이 행한 위반에 관하여 형벌의 부과를 가져올 소송절차의 진행에 있어 형사피고인의 승인된 권리가 준수되어야 한다.

제231조 (기국 및 기타 관계국에 대한 통고) 국가들은 기국 및 기타 관계국에게 제6절에 따라 외국선박에 대하여 취한 조치를 신속히 통고하고, 기국에게 동 조치에 관한 모든 공식보고를 제출하여야

한다. 그러나 영해내에서 행하여진 위반에 관한 연안국의 전기의무는 소송절차 중에 취해진 조치에 만 적용된다. 기국의 외교사절 또는 영사관원 및 가능한 경우 해양당국은 제6절에 따라 외국선박에 대하여 취해진 조치에 관하여 신속히 통고를 받아야 한다.

第232조 (집행조치로 인한 국가책임) 국가들은 제6절에 따라 취해진 조치가 불법적이거나 이용가능한 정보에 비추어 합리적으로 요구되는 정도를 초래한 경우, 이러한 조치로 인하여 발생하는 자국에 귀속 가능한 손해 또는 손실에 대하여 책임을 져야 한다. 국가들은 자국법원에서 이러한 손해 또는 손실에 대한 구제조치를 제공하여야 한다.

第233조 (국제항행에 사용되는 해협관련 보장제도) 제5절, 제6절 및 제7절의 어떠한 규정도 국제항행에 사용되는 해협의 법적제도 영향을 미치지 않는다. 그러나 제10절에 규정된 선박 이외의 외국선박이 해협의 해양환경에 중대한 피해를 초래하거나 초래할 위험이 있는, 제42조 제1항 가호 및 나호에 규정된 법령의 위반을 행한 경우, 해협 연안국은 적절한 집행조치를 취할 수 있고 이 경우 본절의 규정이 준용된다.

제 8 절 빙하지역

第234조 (빙하지역) 연안국은 특별히 기후조건과 연중 대부분 그 지역을 덮고 있는 빙하의 존재가 항행에 대한 지장 또는 예외적인 위험을 발생시키고, 해양환경오염이 생태학적 균형에 중대한 해를 초래하거나 돌이킬 수 없는 혼란을 가져올 경우, 배타적 경제수역의 한계내에서 빙하지역에서 선박에 의한 해양오염의 방지, 경감, 통제를 위한 무차별적인 법령을 제정하고 집행할 권리를 갖는다. 이러한 법령은 최선의 이용가능한 과학적 증거에 근거하여 항행 및 해양환경의 보호와 보전을 정당히 고려하여야 한다.

제 9 절 책 임

第235조 (책임) 1. 국가들은 해양환경의 보호 및 보존에 관한 국제적 의무를 이행할 책임을 진다. 그들은 국제법에 따라 책임을 져야 한다.

2. 국가들은 자국 관할권하의 자연인 또는 법인에 의한 해양환경오염으로 인한 손해에 관하여 신속하고 적절한 보상 또는 기타 구제를 위한 청구가 자국 법제도에 따라 이용가능하도록 보장하여야 한다.

3. 국가들은 해양환경오염으로 인한 모든 손해에 관한 신속하고 적절한 보상을 보장할 목적으로, 손해의 평가 및 보상에 대한 책임과 관계분쟁의 해결과 관련된 기존국제법의 시행 및 국제법의 발전 뿐만 아니라 적절한 경우 강제보험 또는 보상기금과 같은 적절한 보상의 지불을 위한 기준 및 절차의 발전에 상호 협력하여야 한다.

제10절 주권면제

第236조 (주권면제) 해양환경의 보호 및 보존에 관한 본 협약의 규정은 군함, 해군 보조함정, 국가가 소유하고 운영하며 당분간 정부의 비상업적 역무에 사용되는 다른 선박 또는 항공기에 적용되지 않는다. 그러나 각국은 자국의 소유 또는 운영하에 이러한 선박 또는 항공기의 운영 또는 운영능력을 손상하지 않는 적절한 조치의 채택으로, 이러한 선박 또는 항공기가 합리적이고 실행가능한 범위내에서 본 협약에 부합되는 방법으로 행동하도록 보장하여야 한다.

제11절 해양환경의 보호 및 보존을 위한 다른 협약상 의무

第237조 (해양환경의 보호 및 보존을 위한 다른 협약상 의무) 1. 본 장의 규정을 해양환경의 보호 및 보존과 관련하여 이미 체결된 특별한 협약 및 협정상 국가가 부담하는 특별의무 및 본 협약에 규정된 일반원칙의 증진을 위하여 체결된 협정을 침해하지 않는다.

2. 해양환경의 보호 및 보존에 관하여 특별협약상 각국이 부담하는 특정의무는 본 협약의 일반원칙과 목적에 부합되는 방법으로 이행되어야 한다.

제13장 해양과학조사

제1절 총 칙

제238조 (해양과학조사권) 각국의 지리적 위치에 관계없이 국가들과 권한있는 국제조직은 본 협약에 규정된 타국의 권리 및 의무를 조건으로 해양과학조사를 수행할 권리를 갖는다.

제239조 (해양과학조사 촉진) 국가들과 권한있는 국제조직은 본 협약에 따라 해양과학조사의 발전 및 수행을 증진하고 촉진하여야 한다.

제240조 (해양과학조사의 일반원칙) 해양과학조사의 수행에는 다음 원칙이 적용된다.

가. 해양과학조사는 평화적 목적만을 위하여 수행하여야 한다.

나. 해양과학조사는 본 협약과 양립하는 적절한 과학적 수단 및 방법에 의해 수행되어야 한다.

다. 해양과학조사는 본 협약과 양립하는 해양의 다른 적법한 사용을 부당히 방해할 수 없으며, 이러한 사용과정에서 적절히 존중되어야 한다.

라. 해양과학조사는 해양환경의 보호 및 보존을 위한 규칙을 포함한 본 협약에 따라 제정된 모든 관련규칙을 준수하여야 한다.

제241조 (해양과학조사활동의 청구의 법적 근거로서의 불인정) 해양과학조사활동은 해양환경 또는 그 자원의 어떠한 부분에 대한 청구의 법적 근거를 구성하지 않는다.

제2절 국제적 협력

제242조 (국제협력증진) 1. 국가들과 권한있는 국제조직은 주권 및 관할권 존중의 원칙에 따라 그리고 상호이익의 기반위에서, 평화적 목적을 위한 해양과학조사에 있어서 국제적 협력을 증진하여야 한다.

2. 이와 관련 본 협약상 국가의 권리 및 의무를 침해함이 없이, 일국은 본장의 적용에 있어서 타국에게 인간의 건강과 안전 및 환경에 대한 손해를 방지하고 통제하는데 필요한 정보를 자국으로부터 또는 자국과의 협조하에 얻을 수 있는 합리적인 기회를 다른 국가들에게 적절히 제공하여야 한다.

제243조 (유리한 여건조성) 국가들과 권한있는 국제조직은 양자 또는 다자협정의 체결을 통해 해양환경내에서 해양과학조사의 수행을 위한 유리한 여건을 조성하고 해양환경에서 발생하는 현상과 과정의 본질 및 그 상호관계를 연구함에 있어서 과학자들의 노력을 통합하기 위하여 상호 협력하여야 한다.

제244조 (정보 및 지식의 출판·보급) 1. 국가들과 권한있는 국제조직은 본 협약에 따라 적절한 경로를 통한 공표와 보급으로 제한된 주요 계획과 목적에 관한 정보와 해양과학조사에서 얻은 지식을 이용가능하게 하여야 한다.

2. 이 목적을 위하여, 국가들은 개별적으로 그리고 타국이나 권한있는 국제조직과 협력하여, 특히 개발도상국의 기술자와 과학자에 대한 적당한 교육과 훈련을 제공하기 위한 계획을 통하여 해양과학조사에서 얻은 과학자료와 정보의 교류 및 지식의 이전 뿐만 아니라 개발도상국의 독자적 해양과학조사 능력의 강화를, 특히 개발도상국에게 증진시켜야 한다.

제3절 해양과학조사의 수행 및 증진

제245조 (영해내 해양과학조사) 연안국은 주권을 행사함에 있어서 영해내 해양과학조사를 규제, 허가 및 수행할 배타적 권리를 갖는다. 영해내 해양과학조사는 연안국의 명시적 동의와 연안국이 정한 조건하에서만 수행된다.

제246조 (배타적 경제수역 및 대륙붕에서의 해양과학조사) 1. 연안국은 자국 관할권을 행사함에 있어서 본 협약의 관련규정에 따라 배타적 경제수역 및 대륙붕에서의 해양과학조사를 규제, 허가 및 수행할 권리를 갖는다.

2. 배타적 경제수역 및 대륙붕에서의 해양과학조사는 연안국의 동의에 따라 수행되어야 한다.

3. 연안국은 통상적 상황에서 타국 또는 권한있는 국제조직이 본 협약에 따라 목적만을 위하여 수행하며 모든 인류의 이익을 위하여 해양환경에 대한 과학적 지식을 증진하기 위한 자국의 배타적 경

제수역 또는 대륙붕내의 해양과학조사계획에 동의를 부여하여야 한다. 이를 위하여 연안국은 이러한 동의가 부당히 지연되거나 거부되지 않도록 보장하는 규칙 및 절차를 확립하여야 한다.

4. 제3항의 적용 목적상, 연안국과 조사국간 외교관계의 부재에도 불구하고 통상적 상황은 존재할 수 있다.

5. 그러나 연안국은 재량에 따라 자국의 배타적 경제수역 또는 대륙붕내의 타국 또는 권한있는 국제조직의 해양과학조사계획이 다음에 해당하는 경우 그 수행에 대한 동의를 보류할 수 있다.

가. 조사계획이 생물 또는 비생물 자연자원의 탐사 및 개발에 직접적 중요성이 있는 경우

나. 조사계획이 대륙붕의 굴착, 폭발물의 사용 또는 해양환경에 대한 해로운 물질의 도입과 관련된 경우

다. 조사계획이 제60조 및 제80조에 규정된 인공도서, 시설 및 구조물의 건조, 운용 또는 사용과 관련된 경우

라. 제248조에 따라 조사계획의 성질 및 목적에 관하여 전달된 정보가 부정확한 경우 또는 조사국 또는 권한있는 국제조직이 이전의 조사계획으로부터 연안국에 현저한 의무를 지고 있는 경우.

6. 제5항의 규정에도 불구하고, 연안국은 동국이 개발 또는 세부적인 탐사작업이 진행되고 있거나 합리적 기간내에 수행될 구역으로, 언제든지 공적으로 지정할 수 있는 특정구역을 제외하고, 영해의 폭을 측정하는 기선으로부터 200해리 이원의 대륙붕에서 본장의 규정에 따라서 수행되는 해양과학조사계획에 대하여 동항 가호의 동의유보재량을 행사할 수 없다. 연안국은 이러한 구역의 지정 및 이에 대한 변경을 합리적으로 통고하여야 하지만, 동 구역내 작업세부를 통고할 의무가 없다.

7. 제6항의 규정은 제77조에 확립된 대륙붕에 대한 연안국의 권리를 침해하지 않는다.

8. 본 조에 규정된 해양과학조사활동은 본 협약에 규정된 연안국의 주권적 권리 및 관할권의 행사에 따라 연안국이 수행하는 활동을 부당히 간섭할 수 없다.

제247조 (국제조직의 후원하에 또는 국제조직에 의한 해양과학 조사계획) 국제조직의 회원국이거나, 국제조직과 양자협정을 체결하였으며 동 조직이 자국의 배타적 경제수역 또는 대륙붕에서 직접적으로 또는 그 후원하에 해양과학조사계획을 수행하려고 하는 연안국은 동 조직이 계획수행을 결정할 때 연안국이 세부계획을 허가하거나, 동 계획에 참가를 원하거나, 동 조직으로부터 연안국에 대한 계획통보 후 4개월 이내에 반대를 표명하지 않은 경우, 동 계획의 수행을 허가한 것으로 간주한다.

제248조 (연안국에 대한 정보제공의무) 연안국의 배타적 경제수역 및 대륙붕에서 해양과학조사를 수행하려는 국가들과 권한있는 국제조직은 해양과학조사계획의 개시예정일의 6개월 이전에 관계연안국에게 다음에 관한 완전한 증명서를 제공하여야 한다.

가. 계획의 성질 및 목적

나. 선박의 명칭, 톤수, 유형, 등급을 포함한 사용수단과 방법 및 과학장비의 설명서

다. 계획이 수행되는 정확한 지리적 구역

라. 조사선박의 최초 활동 및 최종철수 또는 장비의 설치 및 제거의 예정일

마. 후원기관, 동기관장, 계획 책임자의 성명

바. 연안국이 계획에 참여하거나 대표될 수 있다고 고려되는 범위

제249조 (특정조건 준수의무) 1. 국가들과 권한있는 국제조직은 연안국의 배타적 경제수역 또는 대륙붕에서 해양과학조사를 수행할 때 다음 조건을 이행하여야 한다.

가. 연안국이 희망할 경우, 실제적인 경우 연안국 과학자에 대한 보수의 지불과 그 계획실용에 관한 분담의무없이, 필요하다면 참여하거나 해양과학조사계획, 특히 조사선박 및 다른 항공기 또는 과학조사시설에 승선하여 해양과학조사계획에 참여하고 대표될 연안국의 권리를 보장한다.

나. 연안국에게 연안국의 요청에 따라, 실제적인 한 조속히 예비보고와 조사종결 후 최종결과 및 결론을 제공한다.

다. 연안국 요청에 따라, 연안국에게 해양과학조사계획으로부터 얻어진 자료와 견본에 대한 이용을 제공하고, 또한 복사될 수 있는 자료와 과학적 가치의 손상없이 분할될 수 있는 견본을 연안국에게 제공한다.

라. 요청받은 경우 연안국에게 이러한 자료, 견본 및 조사결과의 평가를 제공하고 연안국의 평가 또는 해석을 돕는다.

마. 제2항에 따라 조사결과가 실제적으로 조속히, 적절한 국가적 또는 국제적 경로를 통하여 국제적으로 이용 가능하도록 보장한다.

바. 연안국에게 조사계획의 중요한 변경을 신속히 통보한다.

사. 달리 합의되지 않는 한, 조사가 완료되면 과학조사시설 또는 장비를 제거한다.

2. 본 조는 연안국이 자연자원의 탐사 및 이용에 직접적 중요성을 갖는 계획의 조사결과를 국제적으로 이용 가능하게 하기 위한 사전 합의를 요하는 것을 포함한 제246조 제5항에 따른 동의를 부여 또는 유보할 재량의 행사를 위하여 연안국 법령이 확립한 조건을 침해하지 않는다.

제250조 (해양과학조사계획에 관한 통보) 해양과학조사계획에 관한 통보는 달리 합의되지 않는 한, 적절한 공식경로를 통하여 이루어져야 한다.

제251조 (일반적 기준 및 지침) 국가들은 권한있는 국제조직을 통하여 해양과학조사의 성격 및 의미를 확인함에 있어서, 국가들을 돕기 위한 일반적 기준 및 지침의 확립을 증진하도록 노력하여야 한다.

제252조 (묵시적 동의) 국가 또는 권한있는 국제조직은 연안국이 정보를 포함한 통보 수령 후 4개월 이후에 조사를 행하는 동국 또는 조직에게 다음을 통보하지 않는 한, 제248조에 따라 요청된 정보가 연안국에게 제공된 날로부터 6개월 후부터 해양과학조사계획을 진행시킬 수 있다.

가. 연안국이 제246조의 규정에 따른 동의를 유보함

나. 조사계획의 성격 및 목적에 관한 그 국가 또는 권한있는 국제조직의 정보가 명백한 사실과 부합되지 않음.

다. 연안국이 제248조 및 제249조에 따라 제공된 조건 및 정보에 관련된 보충설명을 요구함

라. 제249조에 확립된 조건과 관련, 국가 또는 조직이 수행한 이전의 해양과학조사계획에 관하여 현저한 의무가 존재함

제253조 (해양과학조사의 정지 또는 중지) 1. 연안국은 다음의 경우 자국의 배타적 경제수역이나 대륙붕에서 진행 중인 해양과학조사활동의 정지를 요구할 권리를 가진다.

가. 조사계획이 연안국 동의의 기초가 된 제248조에 규정된 바에 의해 통보된 정보에 따라 수행되고 있지 않은 경우

나. 조사활동을 수행하고 있는 국가 또는 권한있는 국제조직이 해양과학조사계획에 관한 연안국 권리에 관한 제249조의 규정을 이행하지 않은 경우

2. 연안국은 조사계획 또는 조사활동의 중요한 변화에 해당되는 제248조의 규정을 이행하지 않는 경우 해양과학조사활동의 중지를 요청할 권리를 갖는다.

3. 연안국은 제1항에 규정된 상황이 합리적인 기간내에 시정되지 않은 경우 해양과학조사활동의 중지를 요청할 수 있다.

4. 연안국이 정지 또는 중지를 명하는 결정을 통보하면 해양과학조사활동을 수행하도록 허가된 국가 또는 권한있는 국제조직은 이러한 통보의 대상인 조사활동을 종료하여야 한다.

5. 1항의 정지명령은 조사국 또는 권한있는 국제조직이 제248조 및 제249조에 따라 요구되는 조건을 이행하는 즉시 연안국에 의해 해제되며, 해양과학조사활동이 계속될 수 있도록 허용되어야 한다.

제254조 (인근내륙국 및 지리적 불리국의 권리) 1. 제246조 제3항에 규정된 해양과학조사를 수행하는 계획을 연안국에 제출한 국가 또는 권한있는 국제조직은 인근내륙국 및 지리적 불리국에게 제안된 조사계획을 통보하여야 하며, 연안국에게도 이를 통보하여야 한다.

2. 제246조 및 본 협약의 기타 관련규정에 따라 관계 연안국이 제안된 해양과학조사계획에 동의한 후, 이러한 계획을 수행하는 국가들과 권한있는 국제조직은 인근내륙국 및 지리적 불리국의 요청에 따라 그들에게 적절한 때에 제248조 및 제249조 제1항 바호에 관련정보를 제공해야 한다.

3. 전기한 인근내륙국 및 지리적 불리국은 그들의 요청에 따라, 가능한 경우 언제나 본 협약의 규정에 따라 관계 연안국과 해양과학조사를 수행하고 있는 국가 또는 권한있는 국제조직간에 계획을 위해 합의된 조건에 따라 그들이 제공하고 연안국이 거부하지 않는 자격있는 전문가를 통해 제안된 해양과학조사계획에 참여할 수 있는 기회가 주어져야 한다.

4. 제1항에 규정된 국가 및 권한있는 국제조직은 전기한 내륙국 및 지리적 불리국의 요청에 따라 제249조 제2항의 규정을 조건으로 제249조 제1항 라호에 규정된 정보 및 원조를 동국에게 제공해야 한다.

제255조 (해양과학조사촉진 및 조사선 지원을 위한 조치) 국가들은 본 협약에 따라 자국의 영해이원에서 수행되는 해양과학조사를 증진, 조장하며, 적절한 경우 자국 법령규정에 따라 본장의 관련규정을 준수하는 해양과학조사선박에 대하여 자국 항구에의 출입을 조장하고 원조를 촉진하기 위한 합리적 규칙, 규정 및 절차를 채택하기 위하여 노력하여야 한다.

제256조 (심해저에서의 해양과학조사) 지리적 위치에 관계없이, 모든 국가와 권한있는 국제조직은 제11장의 규정에 따라 심해저에서의 해양과학조사를 수행할 권리를 갖는다.

제257조 (배타적 경제수역 이원에서의 해양과학조사) 지리적 위치에 관계없이, 모든 국가와 권한있는 국제조직은 본 협약에 따라 배타적 경제수역 한계이원의 수중에서 해양과학조사를 수행할 권리를

갖는다.

제4절 해양환경내 과학조사시설 또는 장비

제258조 (설치 및 사용) 해양환경의 어느 해역에 있어서 과학조사시설 또는 장비의 설치 및 사용은 동 해역에서 해양과학조사의 수행을 위하여 본 협약에 규정된 조건과 동일한 조건에 종속된다.

제259조 (법적 지위) 본 절에 규정된 시설 및 장비는 도서로서의 지위를 갖지 않는다. 그들은 자체의 영해를 갖지 않으며, 그 존재는 영해, 배타적 경제수역 또는 대륙붕의 경계획정에 영향을 미치지 않는다.

제260조 (안전수역) 본 협약의 관련규정에 따라 과학조사시설 주위에 500미터 거리를 초과하지 않는 합리적 폭의 안전수역이 설정될 수 있다. 모든 국가는 자국 선박이 이러한 안전수역을 존중하도록 보장하여야 한다.

제261조 (해운항로 불가침) 어떠한 유형의 과학조사시설 및 장비의 설치와 사용도 확립된 국제해운항로에 대한 장애를 구성할 수 없다.

제262조 (식별표지 및 경고신호) 본 절에 규정된 시설 및 장비는 등록국 또는 소속된 국제조직을 가리키는 식별표지를 부착하고 권한있는 국제조직에 의하여 확립된 규칙 및 기준을 고려하여 해상안전과 비행의 안전을 보장할 국제적으로 합의된 적당한 경고신호를 하여야 한다.

제5절 책 임

제263조 (책임) 1. 국가들과 권한있는 국제조직은 그들 자신 또는 그들을 대리하여 수행된 해양과학조사가 본 협약에 따라 수행되도록 보장할 책임을 진다.

2. 국가들과 권한있는 국제조직은 타국, 동 국의 자연인 또는 법인, 권한있는 국제조직에 의하여 수행되는 해양과학조사에 관하여 본 협약에 위반하여 취한 조치에 대해 책임을 지며, 이러한 조치에 따른 손해에 대한 보상을 제공하여야 한다.

3. 국가들과 권한있는 국제조직은 그들 자신 또는 그들을 대리하여 수행된 해양과학조사에서 발생한 해양환경오염으로 인한 손해에 대하여 제235조에 따라 책임을 진다.

제6절 분쟁해결 및 잠정조치

제264조 (분쟁해결) 해양과학조사에 관한 본 협약 규정의 해석 또는 적용에 관한 분쟁을 제15장, 제2절 및 제3절에 따라 해결되어야 한다.

제265조 (잠정조치) 제15장 제2절 및 제3절에 따라 해양과학조사계획을 수행하도록 허가된 국가 또는 권한있는 국제조직은 관계연안국의 명시적 동의없이는 조사활동을 개시하거나 계속하도록 허용하여서는 안 된다.

제14장 해양기술의 개발 및 이전

제1절 총 칙

제266조 (해양기술의 개발 및 이전의 촉진진) 1. 국가들은 직접적으로 또는 권한있는 국제조직을 통하여, 그들의 능력에 따라 공평하고 합리적인 조건으로 해양과학 및 해양기술의 개발과 이전을 활발히 촉진하기 위하여 상호 협력하여야 한다.

2. 국가들은 개발도상국의 사회적, 경제적 발전을 촉진하기 위하여 본 협약과 양립하는 해양자원의 탐사, 이용, 보존 및 관리, 해양환경의 보호 및 보존, 해양과학조사 및 다른 활동에 관하여 이 분야의 기술원조를 필요로 하고 요청한 국가, 특히 내륙국과 지리적 불리국을 포함한 개발도상국의 해양과학기술능력의 발전을 증진시켜야 한다.

3. 국가들은 형평적 기초위에서 모든 관계국의 이익을 위하여 해양기술의 이전을 위한 유리한 경제적, 법적 여건을 조성하도록 노력하여야 한다.

제267조 (적법한 이익의 보호) 국가들은 제266조에 따른 협력을 증진함에 있어서 특히 해양기술의 보유자, 공급자 및 수혜자의 권리와 의무를 포함한, 모든 적법한 이해를 적절히 고려하여야 한다.

제268조 (기본목표) 국가들은 직접적으로 또는 권한있는 국제조직을 통하여, 다음을 증진하여야 한다.
가. 해양기술지식의 취득, 평가 및 전파와 이러한 정보 및 자료의 이용촉진
나. 적절한 해양기술의 발전
다. 해양기술의 이전을 촉진하기 위한 필요한 기술적 하부구조의 발전
라. 개발도상국 국민, 특히 최저개발도상국 국민의 훈련 및 교육을 통한 인적자원의 개발
마. 모든 수준, 특히 지역적, 소지역적 및 양자적 수준에서의 국제협력

제269조 (기본목표를 달성하기 위한 措置) 국가들은 제268조에 규정된 목적을 달성하기 위하여, 직접적으로 또는 권한있는 국제조직을 통하여 특히 다음을 위해 노력하여야 한다.
가. 이 분야에서 기술원조를 필요로 하고 요청하는 국가, 특히 개발도상국과 지리적 불리국 뿐만 아니라 해양과학 및 해양자원의 탐사와 이용에 있어서의 기술적 능력 또는 이러한 기술의 하부구조를 확립 또는 발전시킬 수 없는 다른 개발도상국에게 모든 유형의 해양기술의 효과적 이전을 위한 기술협력계획의 수립
나. 공정하고 합리적인 조건하에서 협정, 계약 및 기타 유사한 약정의 체결을 위한 유리한 여건의 증진
다. 과학 및 기술, 특히 해양기술이전을 위한 정책과 방법을 주제로 한 회의, 세미나, 심포지움의 개최
라. 계획착수 및 합작과 다른 형태의 양자적, 다자적 협력의 증진

제 2 절 국제협력

제270조 (국제협력의 방법 및 수단) 해양기술의 개발과 이전을 위한 국제협력은 적절하고 가능한 경우 해양과학조사, 특히 새로운 분야에서의 해양기술이전 및 해양연구와 개발을 위한 적절한 국제기금을 촉진하기 위하여, 기존의 양자적, 지역적 또는 다자적 계획과 새로운 확대계획을 통하여 수행하여야 한다.

제271조 (지침과 기준) 국가들은 직접적으로 또는 권한있는 국제조직을 통하여 특히 개발도상국의 이익 및 필요를 고려하여, 양자적 기초 또는 국제조직 체제내에서 해양기술이전을 위한 일반적으로 수락된 지침, 기준 및 표준의 확립을 증진시켜야 한다.

제272조 (국제기술계획의 조정) 국가들은 해양기술이전의 분야에서 개발도상국, 특히 내륙국과 지리적 불리국의 이익 및 필요를 고려하여, 권한있는 국제조직이 지역적 또는 세계적 계획을 포함한 그들의 활동을 조정하도록 보장하는데 노력하여야 한다.

제273조 (국제조직 및 해저기구와의 노력) 국가들은 지역적 활동에 관한 기능과 해양기술의 개발도상국과 그 국민 및 개발청에 대한 이전을 장려 및 촉진하기 위하여 권한있는 국제조직 및 기구와 활발히 노력하여야 한다.

제274조 (심해저 기구의 목표) 기구는 특히 기술의 보유자, 제공자 및 수혜자의 권리와 의무를 포함한, 모든 정당한 이해를 조건으로 지역내 활동에 관하여 다음을 보장하여야 한다.
가. 형평한 원칙을 기초로, 연안국, 내륙국 또는 지리적 불리국에 관계없이 개발도상국 국민은 훈련 목적상 훈련 수행을 위하여 구성된 관리, 연구 및 기술직원의 일원으로 간주된다.
나. 관련장비, 기계, 장비 및 공정에 관한 기술서류는 이 분야에서 기술원조를 필요로 하고 요청하는 모든 국가, 특히 개발도상국에게 이용된다.
다. 심해저 기구는 해양기술을 필요로 하고 요청하는 국가, 특히 개발도상국에 의한 해양기술분야에서의 기술원조획득에 의한 전문적 훈련을 포함한 필요한 기능과 기술지식의 획득을 촉진하기 위한 적당한 규정을 제공한다.
라. 이 분야에서 기술원조를 필요로 하고 요청하는 국가, 특히 개발도상국은 본 협약에 규정된 재정약정을 통하여 필요한 장비, 공정, 공장 및 기타 기술지식의 취득에 있어서 원조를 받는다.

제 3 절 국내 및 지역 해양과학기술연구소

제275조 (국내연구소의 설립) 1. 국가들은 직접적으로 또는 권한있는 국제조직 및 심해저 기구를 통하여 개발도상 연안국의 해양과학연구수행을 촉진시키고, 그들의 경제적 이익을 위한 해양자원의 이용 및 보존에 관한 국가적 능력을 제고하기 위하여, 특히 개발 도상연안국내에서 국가해양과학기술연구소의 설립 및 기존 국가연구소의 강화를 증진하여야 한다.
2. 국가들은 권한있는 국제조직 및 심해저 기구를 통하여 원조를 필요로 하거나 요청하는 국가에게

기술전문가, 진보된 훈련시설 및 필요한 장비, 기능과 기술지식을 제공하기 위하여 이러한 국가연구소의 설립 및 강화를 촉진하기 위하여 적절한 지원을 하여야 한다.

제276조 (지역연구소의 설립) 1. 국가들은 권한있는 국제조직, 심해저 기구 및 국가 해양과학기술연구소와 조정하여 개발도상국의 해양과학연구 수행을 및 촉진시키고 해양기술이전을 촉진하기 위하여 특히 개발도상국내에서 지역적 해양과학기술연구소의 설립을 증진하여야 한다.

2. 지역내 모든 국가는 그들 목표의 보다 효과적인 달성을 보장하기 위하여 지역연구소와 협력하여야 한다.

제277조 (지역연구소의 기능) 이러한 지역연구소의 기능은 특히 다음을 포함하여야 한다.

가. 해양과학기술연구 특히 생물자원의 보존, 관리를 포함한 해양생물학, 해양학, 수로학, 기계공학, 해저의 지리적 탐사, 굴착 및 탈염기술의 여러 관점에서, 모든 수준에서의 훈련 및 교육계획

나. 경영연구

다. 해양환경의 보호 및 보존과 오염의 방지, 경감 및 통제와 관련된 연구계획

라. 지역회의, 세미나 및 심포지움의 조직

마. 해양과학, 기술자료 및 정보의 획득 과 분석

바. 쉽게 이용가능한 출판물내에 해양과학기술조사 결과의 신속한 보급

사. 해양기술이전에 관한 국가정책의 공표 및 동정책의 체계적 비교연구

아. 기술판매, 계약 및 특허에 관한 다른 약정에 대한 정보의 수집과 체계화

자. 지역의 타국과의 기술협력

제 4 절 국제조직간의 협력

제278조 (국제조직간의 협력) 본 장 및 제13장에 규정된 권한있는 국제조직들은 본장에 따른 기능과 책임의 효과적 수행을 직접적으로 또는 그들간의 긴밀한 협력으로써 확보하기 위한 적절한 조치를 취하여야 한다.

제15장 분쟁의 해결

제1절 총 칙

제279조 (평화적 수단에 의한 분쟁해결의무) 당사국은 본 협약의 해석 또는 적용에 관한 당사국간의 모든 분쟁을 유엔헌장 제2조 제3항에 따른 평화적 수단에 의하여, 이를 위하여 동 헌장 제33조 제1항에 규정된 수단에 의한 해결을 추구하여야 한다.

제280조 (당사자가 선택한 평화적 수단에 의한 분쟁해결) 본 장의 어떠한 규정도 본 협약의 해석 또는 적용에 관한 당사자간의 분쟁을 그들이 선택한 평화적 수단에 의하여 해결하기로 언제든지 합의할 당사국의 권리를 침해하지 않는다.

제281조 (당사자간 합의가 이루어지지 않은 경우의 절차) 1. 본 협약의 해석 또는 적용에 관한 분쟁당사자인 당사국이 자신이 선택한 평화적 수단에 의한 분쟁해결을 추구하기로 합의한 경우, 본 장에 규정된 절차는 이러한 수단에 의하여 해결이 이루어지지 않고 당사자간 합의가 더 이상의 절차를 배제하지 않는 경우에만 적용된다.

2. 당사자가 시한 제한에 합의한 경우, 제1항은 동시한 제한이 만료된 경우에만 적용된다.

제282조 (일반협정·지역협정·양자협정상의 의무) 본 협약의 해석 또는 적용에 관한 분쟁당사자인 당사국이 일반적, 지역적, 양자적 협정을 통하여, 또는 달리 동 분쟁을 어느 분쟁당사자의 요청에 따라 구속력 있는 결정을 포함하는 절차에 부탁하기로 합의한 경우, 그 분쟁당사자가 달리 합의하지 않는 한 동절차가 본장에 규정된 절차 대신에 적용된다.

제283조 (의견교환의무) 1. 당사국간의 본 협약의 해석 또는 적용에 관한 분쟁이 발생한 경우, 분쟁당사자는 교섭 또는 기타 평화적 수단에 의한 해결에 관하여 신속히 의견교환을 개시하여야 하다.

2. 당사자가 이러한 분쟁의 해결절차가 해결없이 종료되거나 또는 해결에 도달하였으나 상황이 해결의 시행방법에 관한 협의를 필요로 하는 경우 신속히 의견교환을 개시하여야 한다.

제284조 (조정) 1. 본 협약의 해석 또는 적용에 관한 분쟁당사자인 당사국은 타방당사자에게 동 분쟁을 제5부속서 제1절의 절차 또는 다른 조정절차에 따라 조정에 부탁하도록 요청할 수 있다.

2. 요청이 수락되고 당사자가 조정절차의 적용에 합의한 경우, 어느 당사국도 분쟁을 동 절차에 부탁할 수 있다.
3. 요청이 수락되지 않거나 당사자가 절차에 합의하지 않은 경우, 조정절차는 종료된 것으로 본다.
4. 당사자간에 달리 합의되지 않는 한 분쟁이 조정에 부탁된 경우, 조정절차는 합의된 조정절차에 따라서만 종료될 수 있다.

第285조 (제11장에 따라 부탁된 분쟁에 대한 본절의 적용) 본절은 제11장 제5절에 따라 본장에 규정된 절차에 따라 해결되도록 모든 분쟁에 적용된다. 당사국이 아닌 실체가 이러한 분쟁의 당사자인 경우 본절이 준용된다.

제 2 절 구속력 있는 결정을 수반하는 강제절차

第286조 (본절에 따른 절차의 적용) 제3절을 조건으로 본 협약의 해석 또는 적용에 관한 분쟁을 제1절에 따른 부탁으로 해결이 이루어지지 않은 경우, 일방분쟁당사자의 요청에 따라 본절에 의한 관할권을 갖는 재판소에 부탁된다.

第287조 (절차의 선택) 1. 일국은 본 협약의 서명, 비준, 가입시 또는 그 이후 언제든지, 서면선언에 의하여 본 협약의 해석 또는 적용에 관한 분쟁의 해결을 위하여 다음 수단 중 하나 또는 그 이상을 선택할 자유가 있다.
가. 제6부속서에 따라 설립된 국제해양법재판소
나. 국제사법재판소
다. 제7부속서에 따라 구성된 중재재판소
라. 제8부속서에 규정된 분쟁의 하나 또는 그 이상을 위하여 동부속서에 따라 구성된 특별중재재판소
2. 제1항에 따라 행하여진 선언은 제11장 제5절에 규정된 정도에서 및 이에 따른 방법으로 국제해양법재판소 해저분쟁부의 관할권을 수락할 당사국의 의무에 의하여 영향을 받거나 또는 이에 영향을 미치지 않는다.
3. 효력있는 선언에 포함되지 않는 분쟁의 당사자인 당사국은 제7부속서에 따른 중재를 수락한 것으로 본다.
4. 분쟁당사자가 동일한 분쟁해결절차를 수락한 경우, 분쟁은 당사자간에 달리 합의되지 않는 한 동 절차에만 부탁될 수 있다.
5. 분쟁당사자가 동일한 분쟁해결절차를 수락하지 않은 경우, 당사자간에 달리 합의되지 않는 한 분쟁은 제7부속서에 따른 중재에만 부탁될 수 있다.
6. 제1항에 따라 행하여진 선언은 취소통보가 유엔사무총장에게 기탁된 후 3개월까지 효력을 갖는다.
7. 새로운 선언, 선언의 취소 또는 종료의 통보는 당사자간에 달리 합의되지 않는 한, 본조에 따른 관할권을 갖는 재판소 소송절차에 영향을 미치지 않는다.
8. 본조에 규정된 선언 및 통보는 유엔사무총장에게 기탁되어야 하며, 사무총장은 그 사본을 당사국에게 전달하여야 한다.

第288조 (관할권) 1. 제287조에 규정된 재판소는 본 장의 규정에 따라 재판소에 부탁되는 본 협약의 해석 또는 적용에 관한 분쟁에 대한 관할권을 갖는다.
2. 제287조에 규정된 재판소는 본 협약의 목적과 관련된 국제협정에 따라 재판소에 부탁된 동 협정의 해석 또는 적용에 관한 분쟁에 대하여 관할권을 갖는다.
3. 제6부속서에 따라 설립된 국제해양법재판소 심해저분쟁부 및 제11장 제5절에 규정된 다른 부 또는 중재재판소는 이에 따라 부탁된 사항에 대하여 관할권을 갖는다.
4. 재판소가 관할권을 갖는지 여부에 관한 분쟁의 경우, 그 사항은 재판소의 결정에 의해 해결된다.

第289조 (전문가) 과학적 또는 기술적 문제와 관련된 분쟁에 있어, 본 절에 따라 관할권을 행사하는 재판소는 분쟁당사자의 청구 또는 재판소 직권에 따라 당사자와의 협의에 의해 제8부속서 제2조에 따라 준비된 관련 명부로부터, 재판소에 참여할 수 있으나 투표권이 없는 2인 이상의 과학적 또는 기술적 전문가를 선임할 수 있다.

第290조 (잠정조치) 1. 분쟁이 본장 또는 제11장 제5절에 따라 일견하여 관할권을 갖는 것으로 고려되는 재판소에 정당히 부탁된 경우, 재판소는 최종판결까지 분쟁당사자의 개별적 권리를 보전하고 해양환경에 대한 중대한 손해를 방지하기 위하여 재판소가 그 상황하에서 적절하다고 고려하는 잠정조치를 명령할 수 있다.
2. 잠정조치는 이를 정당화하는 상황이 변화하거나 또는 존재하지 않게 되는 즉시 수정 또는 철회될

수 있다.
3. 잠정조치는 분쟁당사국의 요청에 따라 분쟁당사자에게 진술의 기회를 준 후 에만 명령, 수정 또는 철회될 수 있다.
4. 재판소는 분쟁당사자 및 재판소가 적절하다고 고려하는 다른 당사국에게 잠정조치의 명령, 수정 또는 철회를 즉시 통보하여야 한다.
5. 분쟁이 본절에 따라 부탁되는 중재재판소의 구성시까지, 당사국이 합의한 재판소, 잠정조치 요청일로부터 2주 이내에 이러한 합의가 이루어지지 않는 경우 해양법재판소, 또는 심해저 활동에 관하여 심해저분쟁부는 구성될 재판소가 일견하여 관할권을 가지며 상황의 긴급성이 이를 필요로 한다고 고려한 경우, 본조에 따른 잠정조치를 명령, 수정 또는 철회할 수 있다. 분쟁이 부탁된 재판소는 구성된 즉시 제1항부터 제4항에 따라 동 잠정조치를 수정, 철회 또는 확인할 수 있다.
6. 분쟁당사자는 본조에 따라 명령된 잠정조치를 신속히 이행하여야 한다.

제291조 (분쟁해결절차의 개방) 1. 본장에 규정된 모든 분쟁해결절차는 당사국에게 개방된다.
2. 본장에 규정된 분쟁해결절차는 본 협약에 특별히 규정된 경우에만 국가 이외의 주체에 개방된다.

제292조 (선박 및 선원의 신속한 석방) 1. 당사국 당국이 타방당사국의 국기를 게양한 선박을 억류하고 억류국이 합리적 부담 또는 기타 재정적 보증의 제공에 따른 선박 또는 그 선원의 신속한 석방에 대한 본 협약의 규정을 준수하지 않은 것으로 주장된 경우, 억류로부터의 석방문제는 당사자간에 합의된 재판소 또는 이러한 합의가 억류일로부터 10일내에 이루어지지 않는 경우 당사자간에 달리 합의되지 않는 한 제287조에 따라 억류국이 수락한 재판소 또는 국제해양법재판소에 부탁될 수 있다.
2. 석방신청은 선박의 기국에 의하여 또는 기국을 대리하여서만 제기될 수 있다.
3. 재판소는 지체없이 석방신청을 다루어야 하며, 선박, 그 소유자 또는 선원에 대한 적절한 국내법정에서의 사건의 본조를 침해함이 없이 석방문제만을 다루어야 한다. 억류국의 당국은 선박이나 승무원을 언제라도 석방할 수 있는 권한을 가진다.
4. 재판소가 결정한 담보 또는 기타 재정적 보증이 제공되는 즉시 억류국 당국은 선박 또는 그 선원의 석방에 관한 재판소의 결정을 신속히 이행하여야 한다.

제293조 (적용법규) 1. 본절에 따라 관할권을 갖는 재판소는 본 협약 및 본 협약과 충돌되지 않는 다른 국제법 규칙을 적용하여야 한다.
2. 제1항은 당사국이 합의한 경우 형평과 선을 기초로 사건을 결정할 본절에 따라 관할권을 갖는 재판소의 권한을 침해하지 않는다.

제294조 (예비절차) 1. 제197조에 규정된 분쟁에 대하여 신청에 제기된 제287조에 규정된 재판소는 일방당사자의 요청에 따라 청구가 법적 절차의 남용을 구성하는지 여부 또는 일견하여 청구가 잘 근거하고 있는지 여부를 결정하여야 하며, 재판소 직권으로 이를 결정할 수 있다. 재판소는 청구가 법적 절차의 남용을 구성하거나 또는 일견하여 근거없다고 결정한 경우, 동 건에 대한 더 이상의 조치를 취할 수 없다.
2. 재판소는 신청 접수 즉시 타방당사자에게 신청을 신속히 통보하여야 하며, 타방당사자가 제1항에 따라 결정을 요청한 합리적 시한을 정하여야 한다.
3. 본조의 어떠한 규정도 적용가능한 절차규칙에 따라 선결적 항변을 제기할 분쟁당사자의 권리에 영향을 미치지 않는다.

제295조 (국내적 구제의 완료) 본 협약의 해석 또는 적용에 관한 당사국간의 분쟁을 국제법상 필요로 하는 경우, 국내적 구제를 완료한 후에만 본절에 규정된 절차에 부탁될 수 있다.

제296조 (판결의 최종성 및 구속력) 1. 본절에 따라 관할권을 갖는 재판소의 판결은 최종적이며 모든 분쟁당사자에 의하여 이행되어야 한다.
2. 이러한 결정은 특정분쟁에 대하여 분쟁당사자간 외에는 구속력을 갖지 않는다.

제3절 제2절 적용의 제한 및 예외

제297조 (제2절의 적용에 대한 제한) 1. 본 협약에 규정된 연안국의 주권적 권리 또는 관할권행사에 관한 본 협약의 해석 또는 적용에 관한 분쟁은 아래의 경우 제2절에 규정된 절차에 따라야 한다.
가. 연안국이 항해, 상공비행 또는 해저전선이나 해저관선부설의 자유, 권리 또는 제58조에 명시된 해양의 국제적으로 적법한 다른 사용에 관한 본 협약의 규정에 위반하여 행동하였다고 주장된 경우
나. 일국이 전술한 자유, 권리 또는 사용을 행사함에 있어 본 협약 및 본 협약과 상충되지 않는 다

른 국제법규칙에 따라 채택한 법령과 본 협약에 위반하여 행동하였다고 주장된 경우.

다. 연안국이 연안국에 적용되고, 본 협약이나 본 협약에 따라 권한있는 국제조직 또는 외교회의를 통하여 확립된 해양환경의 보호 및 보존에 관한 특정의 국제규칙 및 기준에 위반하여 행동하였다고 주장한 경우

2. 가. 해양과학조사에 관한 본 협약규정의 해석 또는 적용에 관한 분쟁은 연안국이 아래로부터 발생한 분쟁의 해결을 위한 부탁을 수락할 의무를 지지 않는 경우 외에는 제2절에 따라 해결되어야 한다.

(1) 제246조에 따른 연안국의 권리 또는 재량의 행사

(2) 제253조에 따른 조사계획의 정지 또는 중지를 명령하는 연안국의 결정

나. 특정계획에 대하여 연안국이 본 협약과 양립하는 방법으로 제246조 및 제253조의 권리를 행사하지 않는다는 탐사국의 주장에서 발생한 분쟁은 조정위원회가 연안국의 제246조 제6항에 규정된 특정지역을 지정할 재량 또는 제246조 제5항에 따라 동의를 보류할 재량의 행사를 다루지 않는 경우, 일방당사자의 요청에 따라 제5부속서 제2절에 의한 조정에 부탁되어야 한다.

3. 가. 어업에 관한 본 협약규정의 해석 또는 적용에 관한 분쟁은, 연안국이 배타적 경제수역내 생물자원에 관한 주권적 권리 또는 허용어획량, 자국어획능력, 타국에 대한 잉여량할당 및 자국의 보존관리법령의 확립을 결정할 재량권을 포함하는 주권적 권리의 행사와 관련된 분쟁의 제2절에 따른 해결에 대한 부탁을 수락할 의무를 지지 않는다는 점이외에는 제2절에 따라 해결되어야 한다.

나. 본장 제1절에 따른 부탁에 의해서도 해결이 되지 않은 경우, 분쟁은 아래와 같은 주장이 있을 일방당사자의 요청에 따라 제5부속서 제2절에 의한 조정에 부탁된다.

(1) 연안국이 적절한 보존 및 관리조치를 통하여 배타적 경제수역내 생물자원 유지가 심각히 위협받지 않도록 보장할 의무를 명백히 이행하지 않는 경우

(2) 연안국이 타국의 요청에도 불구하고 동국이 어획에 관심있는 어종에 관한 허용어획량 및 자국어획능력을 결정하는 것을 자의적으로 거부한 경우

(3) 연안국이 제62조, 제69조 및 제70조와 본 협약에 의하여 연안국이 확립한 조건에 따라 자국이 존재한다고 선언한 잉여의 전부 또는 일부를 타국에 할당하는 것을 자의적으로 거부한 경우

다. 어떠한 경우에도 조정위원회는 연안국의 재량을 위원회의 재량으로 대체할 수 없다.

라. 조정위원회의 보고는 적절한 국제조직에 전달되어야 한다.

마. 제69조 및 제70조에 따른 협정을 교섭함에 있어 당사국은 달리 합의되지 않는 한, 협정의 해석 또는 적용에 관한 불일치의 가능성을 극소화하기 위하여 취할 조치 및 그럼에도 불구하고 불일치가 발생한 경우, 해결절차에 관한 규정을 포함시켜야 한다.

제298조 (제2절 적용의 선택적 예외) 1. 일국은 제1절에 따라 발생하는 의무를 침해함이 없이, 본 협약의 서명, 비준, 가입시 또는 그 이후 어느 때든지, 다음 범주의 분쟁중 하나 또는 그 이상에 관하여 제2절에 규정된 절차 중 하나 또는 그 이상을 수락하지 않음을 서면으로 선언할 수 있다.

가. (1) 해양경계획정과 관련된 제15조, 제74조 및 제83조의 해석 또는 적용에 관한 분쟁 및 역사적 만 또는 권원과 관련된 분쟁, 단 이러한 선언을 행한 국가는 이러한 분쟁이 본 협약의 발효 후에 발생하고 합리적 기간내에 당사자간 교섭에서 합의가 이루어지지 않은 경우, 제5부속서 제2절에 따른 조정에 대한 동 건의 부탁을 수락하여야 하며, 육지 또는 기타 권리에 관한 미해결분쟁의 동시적 고려와 반드시 관련되는 분쟁은 이러한 부탁으로부터 제외된다.

(2) 조정위원회가 보고가 근거한 이유를 명시한 보고를 제출한 후, 당사자는 동 보고를 기초로 합의를 교섭하여야 한다. 동 교섭이 합의를 가져오지 않는 경우, 당사자들은 달리 합의되지 않는 한 상호동의에 의해 제2절에 규정된 절차 중 하나에 동 문제를 부탁하여야 한다.

(3) 본 호는 당사자간 결정에 의해 최종적으로 해결된 해양경계분쟁 또는 당사자를 구속하는 양자 또는 다자협정에 따라 해결된 어떠한 분쟁에도 적용되지 않는다.

나. 비상업용 역무에 종사하는 정부선박 및 항공기에 의한 군사활동을 포함한 군사활동에 관한 분쟁 및 제297조 제2항 또는 제3항에 따라 재판소 관할권으로부터 제외된 주권적 권리 또는 관할권의 행사와 관련된 주권적 권리 또는 관할권의 행사와 관련된 법집행활동에 관한 분쟁

다. 유엔안전보장이사회가 당사자에게 본 협약에 규정된 수단에 따라 해결하도록 요청하거나 동 건을 의제로부터 제의하기로 결정하지 않는 경우, 안전보장이사회가 유엔헌장에 따라 부여된 기능을 행사하는 분쟁

2. 제1항에 따른 선언을 행한 당사국은 언제든지 이를 철회하거나 동 선언에 의해 제외된 분쟁을 본 협약에 규정된 어떠한 절차에 부탁하는 데에 합의할 수 있다.

3. 제1항에 따른 선언을 행한 당사국은 타방당사국의 동의없이 동당사국에 대하여 제외된 범주의 분쟁에 해당하는 분쟁을 본 협약내 절차에 부탁할 수 없다.

4. 일방당사국이 제1항 가호에 따른 선언을 행한 경우, 타방당사국은 선언당사자에 대하여 제외된 범주에 해당하는 분쟁을 동 선언에 명시된 절차에 부탁할 수 있다.

5. 새로운 선언 또는 선언의 철회는 당사자가 달리 합의하지 않는 한, 본조에 따라 재판소의 소송절차에 아무런 영향을 미치지 않는다.

6. 본조에 따른 선언 및 선언철회의 통보는 유엔사무총장에 기탁되어야 하며, 유엔사무총장은 당사국에게 그 사본을 전달하여야 한다.

제299조 (분쟁해결절차에 관하여 합의할 수 있는 당사국 권리) 1. 제297조에 따라 제외되거나 제298조에 따른 선언으로 제2절에 규정된 분쟁 해결절차로부터 제외된 분쟁은 분쟁당사국의 합의에 의해서만 이러한 절차에 부탁될 수 있다.

2. 본절의 어떠한 규정도 이러한 분쟁의 해결을 위한 다른 절차에 합의하거나 우호적 해결을 가져올 분쟁당사국의 권리를 침해하지 않는다.

제16장 일반규정

제300조 (신의성실과 권리남용) 당사국은 본 협약에 따른 의무를 성실하게 이행하여야 하며, 본 협약내에서 인정되고 있는 권리, 관할권 및 자유를 권리남용을 구성하지 않는 방법으로 행사하여야 한다.

제301조 (해양의 평화적 이용) 본 협약에 따른 권리행사 및 의무이행에 있어 당사국은 타국의 영토적 또는 정치적 독립에 반하거나 또는 유엔헌장내에 구현된 국제법 원칙에 반하는 방법에 의한 무력의 위협 또는 사용을 삼가야 한다.

제302조 (정보의 공개) 본 협약에 규정된 분쟁해결절차를 이용할 당사국의 권리를 침해함이 없이, 본 협약의 어떠한 규정도 본 협약상 의무이행에 있어서, 어느 당사국에게 발표될 경우 자국의 안보이익에 반하는 정보를 제공하도록 요구하는 것으로 간주되지 않는다.

제303조 (해양에서 발견된 고고학적·역사적 유물) 1. 국가들은 해양에서 발견된 고고학적 유물 및 역사적 유물을 보호할 의무를 지며, 이 목적을 위해 협력하여야 한다.

2. 이러한 유물내의 교통을 통제하기 위하여 연안국은 제33조를 적용함에 있어, 연안국의 승인없이 동조에 규정된 구역내 해저로부터의 유물발굴이 동조에 규정된 연안국 법령의 연안국 영토 또는 영해내 위반을 결과한 것으로 추정할 수 있다.

3. 본조의 어떠한 규정도 가능한 소유주의 권리, 해난구조법 또는 기타 해사규칙, 또는 문화교류에 관한 법 및 관행에 영향을 미치지 않는다.

4. 본조는 고고학적 유물 또는 역사적 유물의 보호에 관한 기타 국제협정 및 국제법 규칙을 침해하지 않는다.

제304조 (손해배상책임) 손해배상책임에 관한 본 협약 규정은 국제법상 책임에 관한 기본원칙의 적용 및 장래의 원칙의 발전을 침해하지 않는다.

제17장 최종규정

제305조 (서명) 1. 본 협약은 다음에 의한 서명을 위해 개방된다.

가. 모든 국가

나. 유엔나미비아 이사회에 의해 대표되는 나미비아

다. 총회결의 제1514호에 따라 유엔에 의해 감독되고 승인되는 민족자결행위에서 그 지위를 선택하고, 본 협약에 의해 규율되는 사항에 관한 조약체결권을 포함한 동사항에 관한 권능을 갖는 모든 자치연합국

라. 각자의 연합문서에 따라, 본 협약에 의해 규율되는 사항에 관한 조약체결권을 포함한 동 사항에 관한 권능을 갖는 모든 자치연합국

마. 유엔에 의해 완전한 국내자치를 향유하고 있는 것으로 승인되고 있지만, 총회결의 제1514호에 따른 완전한 독립을 얻지 못하고, 본 협약에 의해 규율되는 사항에 관한 조약체결권을 포함한 동사항에 관한 권능을 갖는 모든 영토

바. 제9부속서에 따른 국제조직

2. 본 협약은 1984년 12월 9일까지 자메이카 외무부에서 서명을 위해 개방되며, 1983년 7월 1일부터 1984년 12월 9일 까지 뉴욕에 있는 유엔본부에서 서명을 위해 개방된다.

제306조 (비준·공식확인) 본 협약은 국가 및 제305호 제1항 나호, 다호, 라호, 마호에 규정된 다른 주체에 의한 비준 및 제305호 제1항 바호에 규정된 주체에 의한 제9부속서에 따른 정식승인에 종속된다. 비준 및 제305호 제1항 바호에 규정된 주체에 의한 제9부속서에 따른 정식승인에 종속된다. 비준서 및 정식승인서는 유엔사무총장에게 기탁된다.

제307조 (가입) 본 협약은 국가 및 제305조에 규정된 다른 주체에 의한 가입을 위해 개방된다. 제305조 1항 바호에 규정된 주체에 의한 가입은 제9부속서에 따른다. 가입서는 유엔사무총장에게 기탁된다.

제308조 (발효) 1. 본 협약은 60번째 비준서 또는 가입서가 기탁된 날부터 12개월 후에 발효된다.

2. 본 협약은 60번째 비준서 또는 가입서의 기탁 후 비준 또는 가입하는 국가에 대하여, 제1항의 적용하에 비준서 또는 가입서 기탁후 30일째에 발효한다.

3. 심해저 기구 총회는 본 협약의 발효일에 개회하며 동 기구 이사회의 선거를 행한다. 제1차 이사회는 본조 규정이 엄격히 적용될 수 없는 경우, 제161조의 목적과 양립하는 방법으로 구성된다.

4. 준비위원회에 의해 기초된 규칙, 과정 및 절차는 제11장에 따른 심해저 기구의 정식채택시까지 잠정적으로 적용된다.

5. 심해저 기구 및 그 기관은 이전투자와 관련된 제3차 유엔해양법회의의 결의 및 동 결의에 따라 준비위원회가 행한 결정에 따라 행동하여야 한다.

제309조 (유보 및 예외) 본 협약의 다른 조문에 의해 명시적으로 허용되지 않는 한 본 조약에 대한 유보 또는 예외는 허용되지 않는다.

제310조 (선언 및 성명) 제309조는 일국이 협약의 서명, 비준, 가입시 협약규정과 국내법령과의 조화를 목적으로 내용 또는 명칭에 관계없이 선언 또는 성명을 행하는 것을 금지하지 않는다. 단, 선언 또는 성명은 동당사국에 대한 본 조약 규정의 적용에 있어 협약 규정의 법적 효과를 배제하거나 변경시키려고 의도하여서는 안 된다.

제311조 (기타 협약 및 국제협정과의 관계) 1. 본 협약은 당사국간에 있어 1958년 제네바해양법협약에 우선한다.

2. 본 협약은 본 협약과 양립 가능한 기타 협정으로부터 발생하고 타방당사국에 의한 본 협약상의 권리행사 또는 의무이행에 영향을 미치지 않는 당사국의 권리 및 의무를 변경시키지 않는다.

3. 2개국이상의 협약당사국들은 오직 상호간의 관계에만 적용되는 본 협약규정을 변경 또는 정지시키는 협정을 체결할 수 있다. 단, 이러한 협정은 그 이탈이 본 협약의 대상 및 목표의 효과적 이행과 양립할 수 없는 규정과 관련되지 않고, 협약에 구현된 기본원칙의 적용에 영향을 미치지 않으며 협정 규정이 타방당사국의 본 협약상 권리행사 또는 의무이행에 영향을 미치지 않아야 한다.

4. 제3항에 규정된 협정을 체결하고자 하는 당사국은 본 협약의 수탁자를 통하여 협정체결 의사 및 협정이 규정하고 있는 협약에 대한 수정을 타방당사국에 통보하여야 한다.

5. 본조는 협약의 다른 규정에 의해 명시적으로 허용되거나 보존되어 있는 국제협정에 영향을 미치지 않는다.

6. 당사국은 제136조에 규정된 인류공동유산에 관한 기본원칙에 대한 수정이 있을 수 없으며, 이로부터 이탈하는 여하한 협정의 당사국이 되지 않는다는 데에 합의한다.

제312조 (개정) 1. 본 협약 발효일로부터 10년 기간이 경과한 후, 당사국은 유엔사무총장에 대한 서면통보를 통하여 심해저 활동과 관련된 규정을 제외한 협약에 대한 특정의 개정을 제안할 수 있으며, 이렇게 제안된 개정을 다룰 회의의 소집을 요청할 수 있다. 사무총장은 이러한 통보를 모든 당사국에게 회람시켜야 한다. 통보일로부터 12개월 이내에 당사국의 2분의 1 이상의 요청에 긍정적 답변을 한 경우, 사무총장은 회의를 소집시켜야 한다.

2. 개정회의에서 적용될 의사결정 절차는 회의에서 달리 정하지 않는 한, 제3차 유엔해양법회의에서 적용된 의사결정 절차와 동일하다. 의회는 콘센서스에 의하여 개정에 관한 합의에 도달하기 위한 모든 노력을 다하여야 하며, 콘센서스에 대한 모든 노력이 끝날때까지 표결이 있어서는 안 된다.

제313조 (약식절차에 의한 개정) 1. 당사국은 유엔사무총장에 대한 서면통보를 통하여 심해저 활동과 관련된 규정을 제외한 협약에 대한 개정을 제안할 수 있으며, 회의를 소집하지 않는 약식절차에 의해 채택된다. 사무총장은 동 통보를 모든 당사국에게 회람시켜야 한다.

2. 통보는 회람 후 12개월 이내에 어느 당사국이 개정안 또는 약식절차를 통한 개정안 채택에 관한 제안에 반대하는 경우 동 개정은 기각된 것으로 간주된다. 사무총장은 신속히 이를 모든 당사국에게 통보하여야 한다.

3. 통보의 회람 후 12개월이 경과한 후 어떤 당사국도 개정안 또는 약식절차를 통한 개정안 채택에 관한 제안에 반대하지 않는 경우 개정안은 채택된 것으로 간주된다. 사무총장은 모든 당사국에게 개정안이 채택되었음을 통보하여야 한다.

제314조 (심해저 활동에만 관련된 협약규정의 개정) 1. 당사국은 심해저 기구의 사무총장에 대한 서면통보를 통하여 제6부속서 제4절을 포함한 심해저 활동과 배타적으로 관련한 협약규정에 대한 개정을 제안할 수 있다. 사무총장은 이러한 통보를 모든 당사국에게 회람시켜야 한다. 개정안은 이사회의 승인 후 총회의 승인에 종속된다. 당사국 대표는 제안된 개정을 검토하고 승인할 완전한 권능을 갖는다. 이사회 및 총회에 의해 승인된 개정안은 채택된 것으로 간주된다.

2. 제1항에 따른 개정안의 승인 이전에, 이사회 및 총회는 개정안이 제155조에 따른 재검토회의 이전에 심해저 자원의 탐사 및 개발체제를 침해하지 않도록 보장하여야 한다.

제315조 (개정의 서명, 비준, 가입 및 정본) 1. 본 협약에 따라 채택된 개정은 개정안 자체에서 달리 규정되지 않는 한, 당사국에 의한 서명을 위해 채택일로부터 12개월 동안 뉴욕에 있는 유엔본부에서 개방된다.

2. 제306조, 제307조 및 제320조는 본 협약에 대한 모든 개정에 적용된다.

제316조 (개정의 발효) 1. 제5항에 규정된 개정을 제외한 본 협약에 대한 개정은 이를 비준 또는 가입하는 국가에 대하여 당사국의 3분의2 또는 60개국중 더 많은 것에 의한 비준서 또는 가입서의 기탁 후 30일째 되는 날에 효력을 발생한다.

2. 개정은 본조가 요구하는 것보다 더 많은 수의 비준 또는 가입을 필요로 하는 것으로 규정할 수 있다.

3. 필요한 수의 비준서 또는 가입서의 기탁 후 제1항에 규정된 개정에 비준 또는 가입하는 당사국에 대하여, 개정은 비준서 또는 가입서의 기탁 후 30일째 되는 날에 효력을 발생한다.

4. 제1항에 따른 개정의 발효 이후 본 협약의 당사국이 된 국가는 동 국가에 의한 다른 의사표시가 없는 한,

가. 개정된 본 협약의 당사국으로 간주되며,

나. 개정에 구속받지 않는 협약 당사국에 대하여는 개정되지 않는 협약의 당사국으로 간주된다.

5. 심해저 활동과 배타적으로 관련된 개정 및 제6부속서에 대한 개정을 당사국 4분의3의 비준서 또는 가입서의 기탁 후 1년이 되는 날로부터 모든 당사국에 대하여 발효한다.

6. 제5조에 따른 개정의 발효 후 본 협약의 당사국이 된 국가는 개정된 본 협약의 당사국으로 간주된다.

제317조 (폐기) 1. 당사국은 유엔사무총장에 대한 서면통보를 통하며 본 협약을 폐기하고 이에 대한 폐기이유를 지적할 수 있다. 동 이유의 不指摘은 폐기의 효력에 영향을 미치지 않는다. 폐기는 통보가 더 늦은 일자를 특정하지 않는 한, 통보수령일 후 1년이 경과한 날로부터 효력을 발생한다.

2. 당사국은 폐기를 이유로 협약당사국이었던 중에 발생한 재정적 의무 및 계약적 의무로부터 해제되지 않으며, 폐기는 동 국가에 대한 협약의 종료이전에 본 협약의 시행을 통하여 창설된 동국가의 권리, 의무 또는 법적 상황에 영향을 미치지 않는다.

3. 폐기는 본 협약과 관계없이 국제법에 의해 규율되는 본 협약에 구현된 의무를 이행할 당사국의 의무에 영향을 미치지 않는다.

제318조 (부속서의 지위) 부속서는 협약의 불가분의 일체를 이루며, 달리 명시적으로 규정되지 않는 한 협약 또는 협약의 규정에 대한 언급은 이와 관련된 부속서에 대한 언급을 포함한다.

제319조 (수탁자) 1. 유엔사무총장은 본 협약 및 이에 대한 개정의 수탁자가 된다.

2. 사무총장은 수탁자로서의 기능 이외에 다음을 수행한다.

가. 본 협약과 관련하여 발생한 일반적 성격의 문제를 모든 당사국, 기구, 권한있는 국제조직에 보고한다.

나. 본 협약에 대한 비준, 정식확인, 가입, 개정 및 폐기를 기구에 통보한다.

다. 제311조 제4항에 따른 협정을 당사국에 통보한다.

라. 본 협약에 따라 채택된 개정의 비준 또는 가입을 위하여 이를 당사국에게 회람시킨다.

마. 본 협약에 따라 필요한 당사국회의를 소집한다.

3. 가. 사무총장은 제156조에 규정된 옵서버에 대해 아래를 전달한다.

(1) 제2항 가호에 규정된 보고

(2) 제2항 나호 및 다호에 규정된 통보

(3) 제2항 라호에 규정된 개정의 정보를 위한 개정문안

나. 사무총장은 제2항 마호에 규정된 당사국회의에 동 옵서버를 옵서버로 참가하도록 초청한다.

제320조 (정본) 아랍어, 중국어, 영어, 불어, 노어 및 스페인어의 본문을 동등하게 정본으로 하는 본 원본은 제305조 제2항에 따라 유엔사무총장에게 기탁된다.

이상의 증거로서 아래의 전권대표들은 정당히 전권을 위임받아 1982년 12월 10일 몬테고 베이에서 본 협약에 서명하였다.

제1부속서 고도회유성어종

1. 날개다랭이
2. 참다랭이
3. 눈다랭이
4. 가다랭이
5. 황다랭이
6. 대서양다랭이
7. 점다랭이
8. 남부참다랭이
9. 물치다래
10. 새다래
11. 새치류
12. 돛새치
13. 황새치
14. 꽁치류
15. 돌고래
16. 대양성상어류
17. 고래류

제2부속서 대륙붕한계위원회

제1조 제76조에 규정에 따라, 200해리 이원 대륙붕의 한계에 관한 위원회가 아래 조에 따라 설립되어야 한다.

제2조 1. 위원회는 본 협약, 당사국들이 그 국민중에서 형평한 지리적 대표를 보장할 필요를 정당히 고려하여 선출하였으며, 개인적 자격으로 근무하는 지질학, 지구물리학 또는 수로학 분야의 전문가인 21명의 위원으로 구성된다.

2. 최초의 선거는 가능한 한 조속히 실시되어야 하며, 여하한 경우에도 본 협약의 발효일로부터 18개월 내에 실시되어야 한다. 유엔사무총장은 매 선거일의 적어도 3개월 전에 적절한 지역적 협의 후 3개월 이내에 후보추천을 제출하도록 초청하는 서한을 당사국에 발송한다. 사무총장은 이렇게 추천된 모든 자들의 명단을 알파벳순으로 준비하여 모든 당사국에 제출한다.

3. 위원회 위원의 선거는 유엔본부에서 사무총장이 소집하는 당사국의회에서 행하여진다. 당사국의 3분의 2가 의사정족수인 동 의회에서 위원회에 제출된 자는 출석하고 투표하는 당사국대표의 투표의 3분의 2이상을 획득한 추천인으로 한다. 3명 이상의 위원이 각 지역으로부터 선출될 수 없다.

4. 위원회 위원은 5년 임기로 선출되며, 중임이 가능하다.

5. 위원회 위원의 후보추천을 제출한 당사국은 위원회 임무의 수행 중 동위원회의 비용을 지출하여야 한다. 관계연안국은 본부속서 제3조 제1항 나호에 규정된 자문에 대한 비용을 지불하여야 한다. 위원회의 사무국은 유엔사무총장이 제공한다.

제3조 1. 위원의 기능은 다음과 같다.

가. 연안국이 대륙붕의 외연이 200해리 이원으로 확장되는 지역에서의 대륙붕의 외연에 관하여 제출한 자료 및 다른 재료를 고려하고, 제76조 및 1980년 8월 29일 제3차유엔해양법회의에서 채택된 양해선언에 따른 권고를 행한다.

나. 가호에 규정된 자료의 준비 중 관계연안국이 요청한 경우, 과학적 및 기술적 자문을 제공한다.

2. 위원회는 필요하고 유용하다고 고려하는 범위내에서 위원회의 책임을 이행하는 데 도움이 될 과학적 및 기술적 정보를 교환하기 위하여 유엔교육과학문화기구의 정부간 해양학위원회, 국제수로기구 및 기타 권위있는 국제조직과 협력한다.

제4조 연안국이 제76조에 따라 200해리 이원의 자국대륙붕의 외연을 확립하려고 하는 경우, 동국은 이러한 한계의 상세를, 이를 뒷받침하는 과학적 및 기술적 자료와 함께, 가능한 한 조속히, 그러나 여하한 경우에도 본 협약의 발효 후 10년 이내에 위원회에 제출하여야 한다. 동시에 동 연안국은 동국에서 과학적 및 기술적 자문을 제공한 위원회 위원의 성명을 제시하여야 한다.

제5조 위원회가 달리 결정하지 않는 한, 위원회는 연안국에 의한 부탁의 특정요소를 고려한 균형된 방법으로 임명된, 7인으로 구성되는 소위원회에 의하여 활동한다. 위원회 위원이 부탁제출연안국 국민 및 한계획정에 관한 또는 과학적 및 기술적자문을 제공함으로써 연안국을 도운 위원은 동 부탁을 다루는 소위원회 위원이 될 수 없지만, 전기부탁에 관한 위원회의 절차에 위원의 자격으로 참여할 권리를 갖는다. 위원회에 부탁을 제출한 연안국은 자국대표를 관련절차에 투표권없이 참여하도록 파견할 수 있다.

제6조 1. 소위원회는 위원회에 권고를 제출한다.

2. 소위원회의 권고에 대한 위원회의 승인은 출석하고 투표하는 위원회위원의 3분의 2다수결에 의한다.

3. 위원회의 권고는 부탁을 제출한 연안국 및 유엔사무총장에게 서면으로 제출되어야 한다.

제7조 연안국은 제76조 제8항의 규정에 합치하도록 적절한 국내절차에 따라 대륙붕의 외연을 확립하여야 한다.

제8조 연안국이 위원회의 권고에 합의하지 않는 경우, 연안국은 합리적 기간내에 수정된 또는 새로운 부탁을 위원회에 제출할 수 있다.

제9조 위원회의 행위는 대향국 또는 인접국간의 경계획정과 관련된 사항을 침해하여서는 안 된다.

제3부속서 개괄탐사, 탐사 및 개발의 기본조건

제 1 조 (광물에 대한 권리) 광물에 대한 권리는 본 협약에 따른 회수시에 이전된다.

제 2 조 (개괄탐사) 1. 가. 심해저 기구는 심해저 개괄탐사를 장려하여야 한다.

나. 개괄탐사는 제안된 개괄탐사자가 본 협약 및 제143조와 제144조에 규정된 훈련계획에 있어서의 협력과 해양환경보호에 관한 심해저 기구의 관련 규칙, 규정 및 절차를 준수하며, 그 이행에 관한 동 기구의 검증을 수락한다는 만족스러운 서면약속을 동 기구가 접수한 후에만 수행된다.

다. 개괄탐사는 동시에 1인 이상의 개괄탐사자에 의하여 동일 구역 또는 구역들에서 수행될 수 있다.

2. 개괄탐사는 개괄탐사자에게 자원에 관한 어떠한 권리도 부여하지 않는다. 그러나 개괄탐사자는 검사에 사용될 합리적인 양의 광물을 회수할 수 있다.

제 3 조 (탐사와 개발) 1. 개발청, 당사국 및 제153조 제2항 나호에 규정된 다른 주체는 심해저 활동을 위한 작업계획의 허가를 심해저 기구에 신청할 수 있다.

2. 개발청은 지역의 어느 부분에 대해서도 신청할 수 있지만, 유보지역에 대한 다른 주체의 신청은 본부속서 제9조의 추가요건에 종속된다.

3. 탐사와 개발은 본 협약 및 심해저 기구의 관련 규칙, 규정 및 절차에 따라 동 기구가 허가한 제153조 제3항에 규정된 작업계획에 명시된 구역내에서만 수행되어야 한다.

4. 모든 허가된 작업계획은

가. 본 협약과 개발청의 규칙, 규정 및 절차에 부합되어야 한다.

나. 제153조 제4항에 따른 심해저 활동의 심해저 기구에 의한 통제를 제공하여야 한다.

다. 심해저 기구의 규칙, 규정 및 절차에 따라 작업계획이 다루는 심해저 특정범주의 자원을 탐사하고 개발할 배타적 권리를 운영자에게 부여한다. 그러나, 신고인이 탐사단계 또는 개발단계만을 다루는 작업계획을 위해 제출하는 경우, 허가된 작업계획은 동 단계에 대해서만 이러한 배타적 권리를 부여한다.

5. 심해저 기구의 승인 즉시, 개발청에 제출한 작업계획을 제외한 모든 작업계획은 동 기구와 신청인간에 체결된 계약의 형태로 되어야 한다.

제 4 조 (신청인의 자격) 1. 개발청 이외의 신청인은 제153조 제2항 나호가 요구하는 국적이나 통제와 보증을 받으며, 절차를 따르고 심해저 기구의 규칙, 규정과 절차에 규정된 자격요건을 충족한 경우 자격이 인정된다.

2. 제6항에 규정된 경우를 제외하고, 이러한 자격기준은 신청인의 재정적 능력 및 기술적 능력과 기

구와의 이전계약상의 이행과 관련된다.

3. 각 신청인은 신청인이 모든 관계당사국이 신청인을 보증해야 하는 수개국 주체의 합작 또는 콘소시움의 경우와 같이 1개 이상의 국적을 갖거나, 또는 양당사국이 신청인을 보증해야 하는 타방당사국 또는 그 국민에 의해 효과적으로 통제되는 경우가 아닌 한, 신청인이 국민인 당사국에 의하여 보증되어야 한다.

4. 보증국 또는 보증국들은 제139조에 따라 이렇게 보증된 체약자가 본 협약상 의무 및 계약조건에 따라 심해저 활동을 수행하도록 자국법 체계내에서 보장할 책임을 진다. 그러나 보증국이 법령을 채택하고 자국법 체계구조내에서 관할권하에 있는 자의 이행을 보장하는데 합리적으로 적절한 행정조치를 취한 경우, 보증국은 자국이 보증한 체약자의 의무이행 실패로 야기된 손해에 대하여 책임을 지지 않는다.

5. 신청인인 당사국의 자격요건을 평가하는 절차는 그들의 국가로서의 성격을 고려하여야 한다.

6. 자격기준은 예외없이 모든 신청인이 신청의 일부로서 다음 의무를 부담함을 필요로 한다.

가. 제11장의 규정, 심해저기구의 규칙, 규정 및 절차, 심해저기구의 기관의 결정과 심해저기구와의 계약조건에 따라 창설된 적용가능한 의무를 집행 가능한 것으로 수락하고 이행할 것.

나. 본 협약이 허가한 바와 같이, 심해저기구의 심해저 활동의 통제를 수락할 것.

다. 계약상의 의무가 성실히 이행된다는 서면보장을 심해저기구에 제공할 것.

라. 본 부속서 제5조에 규정된 기술이전에 관한 규정을 준수할 것

제5조 (기술이전) 1. 모든 신청인은 작업계획의 제출시, 심해저 활동의 수행에 사용될 장비와 방법에 관한 일반적 설명 및 이러한 기술의 특성과 이러한 기술이 이용가능한 분야에 관한 정보를 심해저기구에 이용 가능하게 하여야 한다.

2. 모든 조업자는 본질적인 기술의 변화 또는 혁신이 도입될 때마다 제1항에 따라 이용가능한 설명 및 정보의 개정을 심해저기구에 통고하여야 한다.

3. 심해저 활동수행을 위한 모든 계약은 체약자에 의한 다음 의무를 포함하여야 한다.

가. 심해저기구가 요청할 때마다 체약자가 계약상 심해저 활동의 수행에 사용하며 법적으로 이전할 수 있는 기술을 공정하고 합리적인 상업적 조건으로 개발청에게 이용가능하게 할 것. 이는 체약자가 개발청과 협상하고 계약에 부속된 특별협정에 규정된 특허 또는 다른 적절한 규정에 의하여 이루어져야한다. 동 의무는 개발청이 공개시장에서 공정하고 합리적인 상업적 조건으로 동일하고 동등하게 효율적이고 유용한 기술을 획득할 수 없다고 인정한 경우에만 채용될 수 있다.

나. 계약상 심해저 활동의 수행에 사용되고 공개시장에서 일반적으로 이용가능하지 않으며, 가호에 포함되지 않는 기술의 소유자로부터 심해저기구가 요청할 때마다 소유자가 특히 또는 다른 적절한 약정에 따라 동 기술을 체약자에게 이용가능한 정도와 동일한 범위에서 공정하고 합리적인 상업적 조건으로 개발청에게 이용가능하게 한다는 서면보장을 획득할 것. 동보장이 획득되지 않는 경우, 문제의 기술은 심해저 활동의 수행에 있어 체약자에 의해 사용될 수 없다.

다. 개발청의 요청에 따라 체약자에게 실질적인 비용없이 그렇게 할 수 있는 경우, 계약상 심해저 활동을 수행하는데 있어 체약자가 다른 경우 법적으로 이전할 수 없으며 공개시장에서 일반적으로 사용 가능하지 않은 체약자가 사용하는 기술을 개발청에게 이전할 법적 권리를 집행 가능한 계약에 의하여 소유자로부터 획득할 것. 체약자와 기술소유자간에 실질적인 법인관계가 있는 경우, 동관계의 긴밀도와 통제 또는 영향력의 정도는 이러한 권리를 획득하기 위하여 모든 가능한 조치가 취하여졌는지 여부를 결정하는 데 관련된다. 체약자가 소유자에 대하여 효과적 통제를 행사하는 경우, 소유자로부터의 법적 권리를 획득하지 못한 것은 체약자의 추후의 작업계획 승인신청자격에 관련되는 것으로 간주된다.

라. 개발청이 기술소유자와 직접 교섭하기로 결정한 경우, 개발청의 요청에 따라 특허 또는 다른 적절한 결정에 의해 공정하고 합리적인 상업적 조건으로 나호에 규정된 기술의 개발청에 의한 획득을 용이하게 할 것.

마. 본부속서 제9조에 따라 계약을 신청한 개발도상국 또는 개발도상국군의 이익을 위해 가호, 나호, 다호 및 라호에 규정된 조치를 취할 것. 단, 동 조치는 본부속서 제8조에 따라 류보된 체약자가 제안한 구역의 일부의 개발에 국한되어야 하며, 개발도상국 또는 개발도상국군이 원하는 계약상 활동이 제3국 또는 그 국민에 대한 기술이전과 관련되지 않아야 한다. 본 조항상 의무는 기술이 개발청에 의해 요청되거나 동체약자에 의해 개발청에 이전되지 않는 경우, 기존의 체약자에 관하여만 적용된다.

4. 제3항이 요구하는 의무에 관한 분쟁은 계약의 다른 규정과 마찬가지로 제11장에 따른 강제적 해

결에 종속되며, 동의무위반의 경우 본부속서 제18조에 따라, 계약의 정지나 종료 또는 금전형이 부과될 수 있다. 체약자의 청약이 공정하고 합리적인 상업적 조건의 범위에 속하는지 여부에 관한 분쟁은, 일방당사자에 의해 유엔국제무역법위원회 중재규칙 또는 기구의 규칙, 규정과 절차가 정하는 다른 중재규칙에 따른 구속력 있는 상사仲裁에 부탁될 수 있다. 체약자의 청약이 공정하고 합리적인 상업적 조건의 범위에 속하지 않는다고 판정된 경우, 체약자는 심해저 기구가 본부속서 제18조에 따라 어떠한 조치를 취하기 전에 청약을 동 범위안에 속하도록 수정하기 위하여 45일이 주어진다.

5. 개발청이 지역으로부터 광물의 회수와 가공을 적시에 개시할 수 있게 하는 적절한 기술을 공정하고 합리적인 상업적 조건으로 획득할 수 없는 경우, 이사회 또는 총회는 심해저 활동에 종사하고 있는 당사국 또는 심해저 활동에 종사하고 있는 주체를 보증한 당사국 또는 이러한 기술을 이용할 수 있는 당사국으로 구성된 당사국군을 소집할 수 있다. 동당사국군은 상호협의를 하고, 이러한 기술이 공정하고 합리적인 상업적 조건으로 개발청에 이용될 수 있도록 보장하기 위하여 효과적인 조치를 취하여야 한다. 이러한 각 당사국은 이를 위하여 자국법체계안에서 모든 가능한 조치를 취하여야 한다.

6. 개발청과의 합작의 경우, 기술이전은 합작협정의 조건에 따른다.

7. 제3항이 요구하는 의무는 개발청의 상업생산개시 후 10년 후까지 심해저 활동의 수행을 위한 각 계약속에 포함되어야 하며, 동기간동안 원용될 수 있다.

8. 동조의 목적상, "기술"은 전문장비, 운영가능한 체제를 조립, 유지, 운영하는데 필요한 교범, 설계, 운영지침, 훈련 및 기술적 자문과 원조를 포함한 기술적 지식 및 이를 위하여 비배타적 기초하에 전기항목을 사용할 법적 권리를 의미한다.

제 6 조 (사업계획의 승인) 1. 본 협약의 발효 6개월 후 및 그 이후에는 매 4개월마다, 심해저 기구는 제안된 사업 계획의 심의를 개시하여야 한다.

2. 계약의 형태로 된 사업계획의 허가신청을 검토할 때, 심해저 기구는 다음을 우선 확인하여야 한다.

가. 신청인이 본부속서 제4조에 따라 확립된 신청절차를 준수하고, 동조가 요구하는 의무 및 보증을 심해저 기구에 부여하였는지 여부. 동 절차의 불이행 또는 동 의무와 보증의 부재의 경우, 신청인은 동결함을 보완하기 위하여 45일이 주어진다.

나. 신청인이 본부속서 제4조에 규정된 필요한 자격을 갖추었는지 여부.

3. 모든 제안된 사업계획은 그들이 접수된 순서대로 다루어진다. 제안된 작업계획은 본 협약의 관련 규정 및 운영요건, 재정적 분담금 및 기술이전의무를 포함한 심해저 기구의 규칙, 규정 및 절차를 준수하고 이에 의해 규율되어야 한다. 제안된 사업계획이 동요건에 부합되는 경우, 동 기구는 다음에 해당되지 않는 한 동작업계획이 동 기구의 규칙, 규정 및 절차에 규정된 일관된 무차별적 요건에 따른 경우 이를 허가하여야 한다.

가. 제안된 작업계획에 포함된 구역의 부분 또는 전체가 허가된 사업계획 또는 아직 동 기구가 최종적으로 처리하지 않은 이미 제출된 사업계획에 포함된 경우

나. 제안된 사업계획에 포함된 구역의 일부 또는 전체가 제162조 제2항 처 호에 따라 동 기구에 의해 허가되지 않은 경우

다. 제안된 사업계획이 아래 작업계획을 이미 보유하고 있는 당사국에 의해 제출되거나 보증된 경우

(1) 사업계획신청에 포함된 구역의 일부와 함께, 규정상 제안된 사업계획에 포함된 구역의 일부의 중심을 둘러싼 400,000제곱킬로미터 원형구역의 30%를 초과하는 비류보지역내 다광물단괴의 탐사 및 개발을 위한 사업계획

(2) 총체적으로 제162조 제2항 처호에 따라 개발을 위하여 유보되지 않거나 허가되지 않은 비류보지역내 다광물단괴의 탐사 및 개발을 위한 사업계획

4. 제3항 다호에 규정된 기준의 목적상, 합작 또는 콘소시움에 의해 제출된 사업계획은 본부속서 제4조 제3항에 따라 관련 보증당사국간의 비례적 기초로 계산된다. 심해저 기구는 제3항 다호에 규정된 사업계획의 허가가 당사국 또는 당사국이 보증한 주체로 하여금 심해저 활동의 수행을 독점하거나 다른 당사국의 심해저 활동을 배제하는 것을 허용하지 않는다고 결정한 경우, 동 사업계획을 허가하여야 한다.

5. 제3항 가호에도 불구하고 제151조 제3항에 명시된 잠정기간의 종료 후, 심해저 기구는 제안된 구역에 대한 신청인의 선정을 행하는 경우, 어느 신청인이 사업계획을 허가받는 자를 결정하기 위하여 본 협약과 부합되는 다른 절차와 기준을 규칙, 규정 및 절차에 의해 채택할 수 있다. 동 절차와 기준은 형평하고 무차별적인 기초에 따른 사업계획의 허가를 보장하여야 하다.

제 7 조 (생산인가를 위한 신청자 선정) 1. 본 협약의 발효 6개월 이후 및 그 후에는 매 4개월마다, 심

해저 기구는 직전기간 중에 제출된 생산허가신청의 심의를 개시하여야 한다. 이러한 모든 신청이 생산한도를 초과하거나 또는 제151조에 규정된 바에 따라 동 기구가 당사자인 상품협정 또는 상품약정상 동 기구의 의무를 위반함이 없이 허가될 수 있는 경우, 동 기구는 신청된 허가를 발급하여야 한다.

2. 제151조 제2항부터 제7항에 규정된 생산한도로 인하여 또는 제151조 제1항에 규정된 바에 따라 심해저 기구가 당사자인 상품협정 또는 상품약정상 동 기구의 의무로 인하여, 신청자중에서 생산허가를 위한 선정이 이루어져야 할 경우, 동 기구는 동 기구의 규칙, 규정 및 절차에 규정된 객관적이고 무차별적인 기준에 기초하여 선정을 행하여야 한다.

3. 제2항의 적용에 있어, 심해저 기구는 다음 신청에 우선권을 주어야 한다.

가. 신청인의 재정적 및 기술적 자격과, 있을 경우 이전에 허가된 작업계획에 따른 이행을 고려하여 보다 좋은 이행보증을 한 신청.

나. 상업생산이 개시되기로 예정된 시기를 고려하여, 심해저 기구에 보다 빠른 재정적 이익의 전망을 제공하는 신청.

다. 이미 개괄탐사 또는 탐사에 대부분의 자원 및 노력을 투자한 신청.

4. 어느 기간에도 선정되지 않은 신청인은 생산허가를 얻을 때까지, 다음 기간 중 우선권을 갖는다.

5. 선정은 어느 국가 또는 체제에 대한 차별을 피하고 심해저 활동에 참여하며 동 활동의 독점을 방지하기 위하여 모든 당사국의 사회적, 경제적 체제 또는 지리적 위치에 관계없이, 모든 당사국에 대한 기회를 제공할 기회를 고려하여 행하여져야 한다.

6. 비유보지역보다 적은 유보지역이 개발 중인 경우, 유보지역에 관한 생산허가신청은 우선권을 갖는다.

7. 본조에 규정된 결정은 매기간의 종료 후 가능한 한 조속히 행하여져야 한다.

제8조 (지역의 유보) 개발청이 제출한 신청 또는 다른 주체가 유보지역에 대하여 제출한 신청을 제외한 신청은, 2개의 채광작업을 허용할 만큼 충분히 크고 충분한 상업적 가치를 갖지만, 단일의 계속된 구역일 필요가 없는 전구역을 대상으로 한다. 신청인은 구역을 동등한 상업적 가치를 갖는 것으로 평가된 2개의 부분으로 나누는 좌표를 표시하여야 하며, 그 부분에 관하여 획득한 모든 자료를 제출하여야 한다. 본부속서 제17조에 따른 심해저 기구의 권한을 침해함이 없이, 다광물집단에 관하여 제출된 자료는 지도작업, 표준추출, 단괴의 부존도 및 광물성분과 관계 되어야 한다. 이러한 자료를 받은 후 45일이내에, 동 기구는 개발청을 통한 또는 개발도상국과 연합한 동 기구의 활동수행을 위해서만 유보될 부분을 지정하여야 한다. 동지정은 동 기구가 독립적인 전문가에게 본조가 요구하는 모든 자료가 제출되었는지를 평가하도록 요청한 경우, 추가로 45일 동안 연기될 수 있다. 지정된 구역은 비유보구역이 허가되고 계약이 서명되는 즉시 유보구역이 된다.

제9조 (유보지역내 활동) 1. 개발청은 각 유보구역마다 활동을 수행할 의도가 있는지 여부를 결정할 기회를 갖는다. 개발청이 합리적 기일 내에 결정을 하여야 하는 경우인 제4항에 따른 통보를 심해저 기구가 접수하지 않는 한, 동결정은 언제든지 행하여질 수 있다. 개발청은 이러한 구역을 관심있는 국가 또는 주체와의 합작으로 개발할 것을 결정할 수 있다.

2. 개발청은 제4부속서 제12조에 따라 활동의 일부의 수행을 위한 계약을 체결할 수 있다. 또한 개발청은 이러한 활동의 수행을 위하여 제153조 제2항 나호에 따라 심해저 활동을 수행할 자격이 있는 어떠한 주체와도 합작을 행할 수 있다. 개발청은 이러한 합작을 검토함에 있어 개발도상국인 당사국과 그 국민에게 효과적인 참여의 기회를 제공하여야 한다.

3. 심해저 기구는 동 기구의 규칙, 규정 및 절차내에 이러한 계약과 합작에 관한 실체적 및 절차적 요건과 요건을 정할 수 있다.

4. 개발도상국인 당사국, 동국이나 자격있는 신청인인 다른 개발도상국이 보증하고 실효적으로 통제하는 자연인이나 법인, 또는 전기의 집단도 유보구역에 관하여 본부속서 제6조에 따라 집단계획을 제출할 의도가 있음을 심해저 기구에 통보할 수 있다. 개발청이 제1항에 따라 동구역내 활동을 수행하지 않을 의도임을 결정하는 경우, 작업계획은 검토되어야 한다.

제10조 (신청인간 특혜 및 우선권) 본부속서 제3조 제4항 다호에 규정된 바와 같이, 탐사만을 위하여 허가된 작업계획을 갖는 운영자는 동일구역내 및 자원의 개발을 다루는 작업계획에 대한 신청인간에서 특혜 및 우선권을 갖는다. 그러나, 이러한 특혜 및 우선권은 운영자의 이행이 만족스럽지 못한 경우 철회될 수 있다.

제11조 (합작약정) 1. 계약은 심해저 기구와의 계약과 동일하게 개정, 정지 또는 종료에 대한 보호를 받는 합작 또는 생산분배 및 다른 형태의 합작에 의하여, 체결자와 개발청을 통한 기구간에 합작결

정을 제공할 수 있다.

2. 개발청과 이러한 합작약정을 체결한 체결자들은 본부속서 제13조에 규정된 재정적 유인조치를 받을 수 있다.

3. 개발청과의 합작당사자들은 본부속서 제13조에 규정된 재정적 유보조치를 조건으로, 합작비율의 범위내에서 동조가 요구하는 납부에 대한 책임을 진다.

제12조 (심해저 개발청이 수행하는 활동) 1. 제153조 제2항 가호에 따라 개발청이 수행하는 심해저 활동은 심해저 기구의 규칙, 규정 및 절차와 동 기구의 관련결정에 따라 규율된다.

2. 개발청이 제출한 작업계획은 개발청의 재정적 및 기술적 능력을 입증하는 증거를 첨부하여야 한다.

제13조 (계약의 재정조건) 1. 심해저 기구는 동 기구와 제153조 제2항 나호에 규정된 주체간 계약의 재정적 조건에 관한 규칙, 규정 및 절차를 채택하고, 제11장 및 동 기구의 규칙, 규정 및 절차에 따라 동재정적 조건을 협상함에 있어 다음 목표를 지침으로 하여야 한다.

가. 상업적 생산의 수익으로 심해저 기구에 대하여 적정한 수입을 보장할 것.

나. 지역의 탐사와 개발의 투자 및 기술을 유인할 것.

다. 체약자에 대하여 재정적 대우의 평등 및 동등한 재정적 의무를 보장할 것.

라. 개발청 및 개발도상국 또는 그 국민과의 합작약정을 약속한 체약자에 대하여 단일의 무차별적 기초하에 유인조치를 제공하고, 기술이전을 촉진하며 심해저 기구 및 개발도상국의 인원을 훈련할 것.

마. 개발청이 제153조 제2항 나호에 규정된 주체와 동시에 효과적으로 해저채광에 종사할 수 있게 할 것.

바. 제14항에 따라 체약자에게 제공된 계약조건 또는 합작에 관한 본 부속서 제11조의 규정에 따라, 체약자는 육상광물생산자에 관한 인위적인 경쟁적 이익을 부여받기 위하여 보조받지 않도록 보장할 것.

2. 계약의 형태인 작업계획 허가신청을 처리할 행정비용을 위하여 수수료가 부과되며, 신청당 50만달러의 액수로 고정되어야 한다. 수수료의 액수는 수수료가 부담된 행정비용을 포함하도록 보장하기 위하여, 이사회에 의해 수시로 검토되어야 한다. 심해저 기구가 신청처리에 있어 부담한 이러한 행정비용이 고정액수보다 적은 경우, 동 기구는 차액을 신청인에게 반환하여야 한다.

3. 체약자는 계약의 발효일로부터 100만달러의 연간 고정수수료를 납부하여야 한다. 제151조에 따른 생산허가발급의 지체로 인하여 상업적 생산개시 허가일이 지연되는 경우, 연간 고정수수료는 지연기간동안 면제된다. 체약자는 상업생산개시일로부터 생산요금 또는 연간 고정수수료 중 액수가 더 큰 것을 납부하여야 한다.

4. 제3항에 따라 상업생산 개시일로부터 일년 이내에, 체약자는 다음 중 하나에 의하여 재정적 분담을 할 것을 선택하여야 한다.

가. 생산요금만을 납부하는 것.

나. 생산요금과 순수익 일부의 조합을 납부하는 것.

5. 가. 체약자가 생산요금만을 납부함으로써 심해저 기구에 대한 재정적 분담을 하기로 선택한 경우, 생산요금은 계약이 다루는 지역으로부터 회수된 다광 물단괴로부터 생산될 가공광물의 시장가격의 백분율로 고정되어야 한다. 동백분율은 다음과 같이 고정된다.

(1) 상업생산 1 - 10년 5%

(2) 상업생산 11년부터 종료시 12%

나. 전기한 시장가격은 제7항에 정의된 바와 같이, 계약이 다루는 구역으로부터 추출된 다광물단괴에서 생산된 가공광물량의 생산 및 관련 회계연도 중 동 광물의 평균가격이다.

6. 체약자가 생산요금과 순수익의 일부의 조합을 납부함으로써 재정적 분담을 하고자 선택한 경우, 이러한 납부는 다음과 같이 결정되어야 한다.

가. 생산요금은 계약이 다루는 구역에서 추출된 다광물단괴로부터 생산된 가공광물의 나호에 따라 결정된 시장가격의 백분율로 고정되어야 한다.

동백분율은 다음과 같이 고정된다.

(1) 상업생산의 제1기 2%

(2) 상업생산의 제2기 4%

라호에 고정된 상업생산의 제2기에 있어, 파호에 정의된 회계연도내의 자본회수가 4% 생산요금납부의 결과로부터 15% 미만이 되는 경우, 생산요금은 동 회계년도에는 4%대신 2%로 대체된다.

나. 전기 시장가격은 제7항과 제8항에 고정된 가공광물의 생산 및 관련회계 연도 중 동광물의 평균

가격이다.

다. (1) 순수익에 대한 심해저 기구의 몫은 계약이 다루는 구역내 자원의 채광에 귀속될 수 있는 체약자의 순수익 (이하 귀속가능한 순수익이라 칭한다)의 일부로부터 얻어진다.

(2) 귀속가능한 순수익에 대한 심해저 기구의 몫은 다음 할증표에 따라 결정 되어야 한다.

귀속 가능한 순수익의 부분	기구의 몫	
	상업생산 제1기	상업생산 제2기
0% 이상, 10% 미만인 투자 회수율을 나타내는 부분	35%	40%
10% 이상, 20% 미만인 투자 회수율을 나타내는 부분	42.5%	50%
20% 이상인 투자 회수율을 나타내는 부분	50%	70%

라. (1) 가호와 다호에 규정된 상업생산 제1기는 상업생산 제1차회계년도에 개시되며, 체약자의 개발비용 및 미회수부분에 대한 이자가 다음과 같이 자신의 현금잉여로 완전히 회수되는 회계연도에 종료된다. 개발비용이 발생하는 제1차년도에 있어 미회수개발비용은 동년의 현금잉여를 공제한 개발비용과 같다. 그 후의 매회계년에 있어서 미회수개발비용은 전회계년도에 발생한 개발비용을 가산하고 현금계산연도의 체약자의 현금잉여를 공제한 개발비용과 같다. 미회수개발비용이 처음으로 0이 되는 회계연도는 체약자의 개발비용 및 동개발비용에 대한 이자가 자신의 현금잉여로 완전히 회수되는 회계연도이다. 어느 회계연도의 체약자의 현금잉여는 자신의 운영비용 및 다호에 따른 심해저 기구에 대한 납부액을 공제한 총수익이다.

(2) 상업생산 제2기는 상업생산 제1기의 종료 다음 회계연도에 개시하여 계약의 종료일까지 계속된다.

마. "귀속가능한 순수익"은 체약자의 순수익과 체약자의 개발비용에 대한 채광 부분의 개발비용의 비율의 합을 의미한다. 체약자가 다광물단괴의 채광, 수송 및 주로 3개 가공광물, 즉 코발트, 구리 및 니켈의 생산에 종사하는 경우를 포함한 모든 다른 경우에 있어, 심해저 기구는 동 기구의 규칙, 규정 및 절차내에 3개광물의 경우에 대한 적절한 최적기준을 지정할 수 있다.

바. "체약자의 순수익"은 체약자의 운영비용 및 차호에 규정된 개발비용의 회수를 공제한 체약자의 총수익을 의미하다.

사. (1) 체약자가 다광물단괴의 채광, 수송 및 가공광물의 생산에 종사하는 경우, 체약자의 총수익은 가공광물의 판매에 따른 총수입과 심해저 기구의 재정적 규칙, 규정 및 절차에 따른 계약상의 운영에 합리적으로 귀속 가능한 것으로 판단되는 다른 금액을 의미한다.

(2) 사호 (1) 및 (3)에 명시된 경우 이외의 모든 경우에 있어서, 체약자의 총수익은 계약이 다루는 구역에서 회수된 다광물단괴로부터 나오는 반가공광물의 판매에 따른 총수입과 심해저 기구의 재정적 규칙, 규정 및 절차에 따른 계약상 운영에 합리적으로 귀속가능한 것으로 판단되는 다른 금액을 의미한다.

아. "체약자의 개발비용"은 다음을 의미한다.

(1) 계약구역의 생산능력의 발전과, 특히 기계, 장비, 선박, 가공공장, 건설, 건물, 토지, 도로, 계약이 다루는 구역의 개괄탐사와 탐사, 연구와 개발, 이익, 이자, 필요한 임차, 특허와 수수료에 관한 비용을 포함한, 일반적으로 승인된 회계원칙에 따라 하호에 명시된 경우이외의 모든 경우에 있어서 계약상 운영을 위한 관련활동의 개발에 직접적으로 관련되는 상업생산 개시전에 발생한 모든 경비.

(2) 운영비용으로 계상될 수 있는 비용을 제외하고, 작업계획에 수행에 필요하며 상업생산 개발 후 발생한 전기 (1)에 규정된 경비와 유사한 경비.

자. 자본자산의 처분에 의한 수익 및 계약상 운영을 위하여 더 이상 필요하지 않고 팔리지 않는 자본자산의 시장가격은 관련 회계연도 중 체약자의 개발비용에서 공제된다. 이러한 공제액이 체약자의 개발비용을 초과하는 경우, 초과액을 체약자의 총수익에 추가된다.

차. 아호 (1) 및 하호 (4)에 규정된 상업생산개시전에 발생한 체약자의 개발비용은 상업생산 개시 후 발생한 체약자의 개발비용은 계약의 종료까지 완료한 회수를 보장하기 위하여 10년 또는 그 미만동안 균등히 분할하여 회수된다.

카. "체약자의 운영비용"은 계약이 다루는 심해저 생산능력의 운영과, 특히 연간고정수수료 또는 생산요금 중 더 큰 것, 임금, 봉급, 수당, 재료, 용역, 운송, 가공과 판매비용 및 여기에 명시된 바에 따라 이월 또는 소급되는 순운영손실을 포함하는, 일반적으로 승인된 회계원칙에 따라 상업생산개시 이후 계약상 운영을 위한 관련활동에 따라 발생한 모든 경비를 의미한다. 순운영손실은 전 2년으로 소급되는 경우인 계약의 최종 2년을 예외하고 2년 연속으로 이월할 수 있다.

타. 체약자가 다광물단괴의 채광, 운송 및 가공된 광물과 반가공된 광물의 생산에 종사하는 경우, "채광분야의 개발비용"은 특히 신청수수료, 연간고정 수수료 및 적용 가능한 경우, 계약이 다루는 구역의 개괄탐사 및 연구와 개발비용의 일부를 포함하는, 일반적으로 승인된 회계원칙과 기구의 재정적 규칙, 규정 및 절차에 따라 계약이 다루는 구역내 자원의 채광과 직접적으로 관련된 계약자의 개발비용의 일부를 의미한다.

파. 어떤 회계연도에 있어 "투자회수"는 채광분야에 대한 동년도의 귀속가능한 순수익의 비율을 의미한다. 동비율의 산정 목적상, 채광분야의 개발비용은 대체된 장비의 원가비용을 공제한 채광분야에서의 신장비 또는 대체장비에 대한 비용을 포함한다.

하. 체약자가 채광에만 종사하는 경우,

(1) "귀속 가능한 순수익"은 체약자의 순수익의 전부를 의미한다.

(2) "체약자의 순수익"은 바호에 정의된 바와 같다.

(3) "체약자의 총수익"은 다광물단괴의 판매에 따른 총수입과 심해저 기구의 재정적 규칙, 규정 및 절차에 따라 계약상 운영에 합리적으로 귀속가능한 것으로 판단되는 다른 금액을 의미한다.

(4) "체약자의 개발비용"은 일반적으로 승인된 회계원칙에 따라 아호 (1)에 규정된 상업생산개시 전에 발생한 모든 비용 및 계약이 다루는 구역내 자원의 채광과 직접적으로 관련된 아호에 규정된 상업생산개시 후에 발생한 모든 경비를 의미한다.

(5) "체약자의 운영비용"은 일반적으로 승인된 회계원칙에 따라, 계약이 다루는 구역내 자원의 채광과 직접적으로 관련된, 카호에서와 같은 체약자의 운영비용을 의미한다.

(6) 어느 회계연도에 있어 "투자회수"는 체약자의 개발비용에 대한 동년도의 계약자의 순수익의 비율을 의미한다. 동 비율의 산정목적상, 체약자의 개발비용은 대체된 장비의 원가비용에 공제한 신장비 또는 대체 장비에 대한 비용을 포함한다.

거. 체약자가 지불하는 이자에 관한 아호, 카호, 타호 및 하호에 규정된 비용은 모든 상황에서 기존의 상관행을 고려하여, 심해저 기구가 본부속서 제4조 1항에 따라 부채재산비율과 이자율을 합리적이라고 승인한 범위에서 허용된다.

너. 본항에 규정된 비용은 체약자의 운영에 관하여 국가가 부과하는 법인소득세 또는 유사한 요금의 납부를 포함하는 것으로 해석되지 않는다.

7. 가. 제5항 및 제6항에 규정된 "가공금속"은 국제중앙시장에서 관습적으로 거래되는 가장 기초적인 형태의 금속을 의미한다. 동 목적상 심해저 기구의 재정적 규칙, 규정 및 절차내에 관련 국제중앙시장을 명시하여야 한다. 이러한 시장에서 교역되지 않는 광물에 대하여, "가공광물"은 대표적 정당교역에서 관습적으로 거래되는 가장 기초적인 형태의 금속을 의미 한다.

나. 심해저 기구가 제5항 나호와 제6항 나호에 규정된 계약이 다루는 구역에서 회수된 다광물 단괴로부터 생산된 가공광물량을 달리 결정할 수 없는 경우, 동량은 동 기구의 규칙, 규정 및 절차와 일반적으로 승인된 회계원칙에 따라 단괴의 광물 함유량, 가공회수율 및 기타 관련 소요를 결정되어야 한다.

8. 국제중앙시장이 가공금속, 다광물단괴 및 단괴로부터 반가공된 금속에 대한 대표적 가격기구를 제공하는 경우, 동 시장에서의 평균가격이 사용되어야 한다. 모든 다른 경우에는 심해저 기구가 체약자와 협의 후 제9항에 따라 전기 생산품에 대한 공정가격을 결정하여야 한다.

9. 가. 본조에 규정된 모든 비용, 경비, 수익과 수입 및 모든 가격과 금액의 결정은 자유시장 또는 정당교역의 결과이어야 한다. 이들이 없는 경우 이들은 다른 시장에서의 관련거래를 고려하여 체약자와 협의 후 자유시장 또는 정당교역의 결과인 것처럼 심해저 기구에 의해 결정되어야 한다.

나. 본항 규정의 이행 및 집행을 보장하기 위하여, 심해저 기구는 유엔다국적기업 위원회, 선진국과 개발도상국간 조세조약에 관한 전문가단 및 다른 국제조직이 정당거래를 위하여 채택한 규칙 및 이에 대한 해석을 지침으로 하고, 동 기구의 규칙, 규정 및 절차내에, 단일의 국제적으로 수락 가능한 회계 규칙 및 절차와 동 규칙, 규정 및 절차의 이행을 감사할 목적으로 동 기구가 수락가능한 공인된 독립회계사의 체약자에 의한 선정수단을 지정하여야 한다.

10. 체약자는 심해저 기구의 재정적 규칙, 규정 및 절차에 따라 본조의 이행을 결정하는데 필요한 재정자료를 회계사에게 이용가능하게 하여야 한다.

11. 본조에 규정된 모든 비용, 경비, 수익과 수입 및 모든 가격과 가치는 일반적으로 승인된 회계원칙과 심해저 기구의 재정규칙, 규정 및 절차에 따라 결정되어야 한다.

12. 제5항 및 제6항에 따른 심해저 기구에 대한 납부는 주요외환시장에서 자유롭게 이용가능하고 효과적으로 사용가능한 자유롭게 사용가능한 통화 또는 체약자의 선택에 따라 시장가치로 가공광물과 등가인 양으로 이루어져야 한다. 시장가치는 제5항 나호에 따라 결정된다. 주요외환시장에서 자유롭게 이용가능하고 효과적으로 사용할 수 있는 자유롭게 사용가능한 통화는 일반적인 국제통화관행에 따라, 동 기구의 규칙, 규정 및 절차내에 정의되어야 한다.

13. 본조에 규정된 체약자의 수수료, 비용, 경비, 수익 및 수입과 심해저 기구에 대한 체약자의 모든 재정적 의무는 이를 기준년도에 대비한 불변조건으로 표시함으로써 조정되어야 한다.

14. 심해저 기구는 경제기획위원회와 법률위원회의 권고를 고려하여, 단일의 무차별적 기초하에 제1항에 규정된 목표를 증진하기 위하여, 체약자에게 유인조치를 제공하는 규정, 규칙 및 절차를 채택할 수 있다.

15. 계약의 재정조항에 해석 또는 적용에 관하여 심해저 기구와 계약자간에 분쟁이 발생한 경우, 양당사자가 제188조 제2항에 따라 다른 수단에 의해 분쟁을 해결하기로 합의하지 않는 한, 일방당사자는 분쟁을 구속력있는 상사 중재에 부탁할 수 있다.

제14조 (자료의 이전) 1. 운영자는 심해저 기구의 규정, 규칙 및 절차와 작업계획의 조건에 따라 동기구가 결정하는 시간간격으로 작업계획이 다루는 구역에 관한 동 기구의 주요 기관의 권한 및 동 기구의 효과적 행사에 필요하고 이와 관련되는 모 든 자료를 동 기구에 이행하여야 한다.

2. 작업계획이 다루고 있는 구역에 관한 소유권적 이전자료는 본조에 규정된 목적으로만 사용될 수 있다. 장비 설계 자료 이외의 해양환경보호 또는 안전에 관한 심해저 기구의 규칙, 규정 및 절차의 작성에 필요한 자료는 소유권적인 것으로 간주되지 않는다.

3. 개괄탐사자, 계약신청인 또는 체약자가 심해저 기구에 이전한 소유권적 자료는 기구에 의해 개발청 또는 동 기구이외의 어느 누구에게도 공개되어서는 안 되지만, 유보지역에 관한 자료는 개발청에 공개될 수 있다. 이러한 자 가 개발청에 이전한 자료는 개발청에 의하여 동 기구 또는 동 기구이외의 어느 누구에게도 공개될 수 없다.

제15조 (훈련계획) 체약자는 제144조 제2항에 따라 계약이 다루는 심해저 모든 행위에 대한 심해저 기구 및 개발도상국 인원의 참가를 포함한, 동인원의 실제적 훈련계획을 입안하여야 한다.

제16조 (탐사 및 개발에 관한 배타적 권리) 심해저 기구에 제11장과 동 기구의 규칙, 규정 및 절차에 따라, 특정범주의 광물에 관한 작업계획이 다루고 있는 구역을 탐사하고 개발할 배타적 권리를 운영자에게 부여하여야 하며, 다른 주체가 운영자의 운영을 방해하는 방법으로 다른 범주의 자원을 위하여 동일구역내에 운영하지 않도록 보장하여야 한다. 운영자는 제153조 제6항에 따라 권리기한의 안전을 확보한다.

제17조 (심해저 기구의 규칙, 규정 및 절차) 1. 심해저 기구는 제11장에 규정된 기능의 수행을 위하여, 제160조 제2항 바호 (2) 및 제162조 제2항 거호 (2)에 따라 특히 다음 사항에 관한 규칙, 규정 및 절차를 채택하고 단일하게 적용하여야 한다.

가. 심해저의 개괄탐사, 탐사 및 개발과 관련한 행정절차

나. 운영

(1) 구역의 규모
(2) 운영기간
(3) 본부속서 제 4조 제6항 다호에 따른 보장을 포함한 이행요건
(4) 자원의 범주
(5) 구역의 포기
(6) 진도 보고
(7) 자료 추출
(8) 운영의 검사 및 감독
(9) 해양환경내 다른 활동에 대한 간섭의 금지
(10) 체약자에 의한 권리와 의무의 이전
(11) 제144조에 따른 개발도상국에 대한 기술이전 및 개발도상국의 직접 참여를 위한 절차
(12) 운영안전, 자원보존 및 해양환경보호에 관한 것을 포함하는 채광기준 및 관행

(13) 상업적 생산의 정의
(14) 신청인의 자격 기준

다. 재정사항
(1) 감사의 선정방법 및 단일의 무차별적 비용회계 규칙의 확립
(2) 운영수익의 할당
(3) 본부속서 제13조에 규정된 유인조치

라. 제151조 제10항 및 164조 제2항 라호에 따라 취하여진 결정의 시행

2. 다음 항목에 관한 규칙, 규정 및 절차는 아래 규정된 객관적 기준을 완전히 반영하여야 한다.

가. 구역의 규모
심해저 기구는 집중적인 탐사작업을 허용하기 위하여 개발구역의 2배까지 이르는 탐사구역의 적절한 규모를 결정하여야 한다. 구역의 규모는 당시 해저 채광에 이용가능한 기술의 상태와 구역의 관련 물질적 특성을 고려한 계약조건에 따라, 제151조와 합치하는 기술된 생산요건 및 구역의 유보에 관한 본부속서 제8조의 요건을 충족시킬 수 있도록 계산되어야 한다. 구역은 동목적을 충족하기에 필요한 것보다 넓거나 좁아서는 안 된다.

나. 운영기간
(1) 개괄탐사는 시한이 없다.
(2) 탐사는 채광 및 가공체계를 시험하기 위하여 특정구역, 구역에 대한 채광장비의 설계 및 소형과 중형의 가공공장의 설계와 건설에 대한 조밀한 조사를 허용하도록 충분한 기간이어야 한다.
(3) 개발기간은 광물의 고갈, 채광장비 및 가공시설의 사용시한 및 상업적 채산성을 고려한 채광계획이 경제적 시한과 관련되어야 한다. 개발은 구역내 광물의 상업적 채취를 허용할 만큼 충분한 기간이어야 하며, 상업생산이 요구되지 않는 기간인 상업적 규모의 채광 및 가공체계의 건설을 위한 합리적 기간을 포함하여야 한다. 그러나, 총개발기간은 기구에게 심해저 기구가 작업계획의 허가 후 채택한 규칙, 규정 및 절차에 따른 갱신을 고려할 때, 작업계획의 조건을 수정할 기회를 동 기구에 부여하기에 충분할 만큼 짧아야 한다.

다. 이행요건
심해저 기구는 탐사단계중 운영자가 작업계획이 다루는 구역의 규모와 합리적으로 관련되며, 동 기구가 확립한 시한내에 구역을 상업생산하고자 하는 선의의 운영자에게 기대되는 경비가 지출되도록 요구하여야 한다. 요구된 경비는 일반적으로 사용되고 있는 기술보다 저렴한 가격의 기술로써 장래의 운영자를 실망시키는 수준으로 확립되어서는 안 된다. 동 기구는 탐사단계가 종료 및 개발단계의 개시 후까지 대단위 채광가공체계의 건설이 개시될 수 없는 점을 고려하여야 한다. 따라서, 이 구역에서 상업생산을 개시하기 위한 기간은 탐사단계의 종료 이후의 동 건설을 위해 필요한 시간을 고려하여야 하며, 건설계획상의 불가피한 지연을 위한 합리적인 여유가 주어져야 한다. 상업적 생산이 달성되면, 동 기구는 합리적인 기한 이내에 모든 관련요소를 고려하여, 운영자에게 작업계획기간을 통하여 상업적 생산을 유지하도록 요구하여야 한다.

라. 자원의 범주
작업계획이 허가되는 자원의 범주를 결정함에 있어, 심해저 기구는 특히 다음 특성에 중점을 두어야 한다.
(1) 특정자원은 유사한 채광방법의 사용을 요구한다.
(2) 어떤 자원은 동일구역에서 상이한 자원을 개발중인 운영자간에 부당한 간섭없이 동시에 개발될 수 있다. 본항의 어떤 규정도 심해저기구가 동일구역내에서 동일신청인에게 1개 범주이상의 자원에 관한 작업계획을 허가하는 것을 배제하지 않는다.

마. 구역의 포기
운영자는 언제든지 작업계획이 다루는 구역내에서 자신의 권리의 전부 혹은 일부를 벌칙없이 포기할 권리를 갖는다.

바. 해양환경의 보호
심해저 활동 또는 광물의 광구상에서의 직접적인 선상가공으로부터 나오는 해로운 효과가 시추, 준설, 표본채취, 굴착 및 퇴적물, 폐기물과 다른 유출물의 처리, 투기 및 방출로부터 직접 발생하는 정도를 고려하여, 해양환경내 이러한 해로운 효과로부터 해양환경의 효과적 보호를 위하여 규칙, 규정 및 절차가 제정되어야 한다.

사. 상업생산

운영자가 근본목적이 정보수집, 분석 또는 장비나 공장의 시험을 위해 의도된 생산보다 대규모의 생산임을 명백히 나타내기에 충분한 량의 물질을 생산하는, 지속적인 대규모회수작업에 종사하는 경우 개시된 것으로 간주된다.

제18조 (벌칙) 1. 체약자의 계약상 권리는 다음의 경우에만 정지 또는 종료될 수 있다.

가. 체약자가 심해저 기구의 경고에도 불구하고, 계약의 기본조건, 제11장 및 규칙, 규정 및 절차의 중대하고 지속적이며 고의적인 위반을 가져오는 방법으로 자신의 활동을 수행한 경우.

나. 체약자가 자신에게 적용가능한 분쟁해결기관의 구속력 있는 최종결정을 이행하지 않는 경우.

2. 제1항 가호에 해당되지 않는 계약위반의 경우 또는 제1항 가호에 따른 정지나 종료에 대신하여, 심해저 기구는 위반의 중대성에 비례한 금전적 벌칙을 체약자에게 부과할 수 없다.

3. 제162조 제2항 저호에 따른 긴급명령을 제외하고, 심해저 기구는 체약자가 제11장 제5절에 따라 자신이 이용할 수 있는 사법적 구제를 완료할 합리적 기회가 부여될 때까지 금전적 벌칙, 정지 또는 종료와 관련된 결정을 집행할 수 없다.

제19조 (계약의 수정) 1. 일방당사자의 견해에 따라 계약을 불공평하게 하거나, 계약 또는 제11장에 규정된 목표를 달성하는 것을 불가능하게 하거나 실행할 수 없게 하는 상황이 발생하거나 발생할 가능성이 있는 경우, 당사자는 이에 따라 계약을 개정하기 위한 교섭에 들어가야 한다.

2. 제153조 제3항에 따라 체결된 계약은 당사자의 동의에 의해서만 수정될 수 있다.

제20조 (권리와 의무의 이전) 계약상 발생하는 권리와 의무는 심해저 기구의 규칙, 규정 및 절차에 따라 동 기구의 동의에 의해서만 이전될 수 있다. 동 기구는 제안된 양수인이 모든 점에서 자격있는 신청인이고 양수인의 모든 의무를 부담하는 경우, 또는 이전이 본부속서 제6조 제3항 다호가 허가를 금지하고 있는 작업계획을 양수인에게 부과하지 않는 경우, 동 기구는 양도동의를 불합리하게 보유할 수 없다.

제21조 (적용법규) 1. 계약은 계약조건, 심해저 기구의 규칙, 규정 및 절차, 제11장 및 본 협약과 양립불가능하지 않은 다른 국제법 규칙에 의해 규율된다.

2. 심해저 기구 및 체약자의 권리와 관련하여 본 협약상 관할권을 갖는 재판소가 내린 최종결정은 각 당사국 영토내에서 집행가능하다.

3. 어느 당사국도 체약자에게 제11장과 합치되지 않는 조건을 부과할 수 없다. 그러나 당사국이 보증한 체약자 또는 자국 국기를 게양한 선박에 대하여 본 부속서 제17조 제2항 바호에 따라 채택된 심해저 기구의 규칙, 규정 및 절차보다 더 엄격한 환경법규 또는 다른 법규의 당사국에 의한 적용은 제11장과 합치되지 않는 것으로 간주되지 않는다.

제22조 (책임) 체약자는 심해저 기구의 방조적 작위 또는 부작위를 고려하여, 자신의 작업수행내의 불법행위로부터 발생하는 손해에 대하여 책임을 져야 한다. 마찬가지로 동 기구는 체약자의 방조적 작위 또는 부작위를 고려하여, 제168조 제2항에 따른 위반을 포함한, 자신의 권한과 기능의 행사내의 불법행위로부터 발생하는 손해에 대하여 책임을 져야 한다. 모든 경우에 있어서의 배상책임은 실제 손해액으로 한다.

제4부속서 심해저 개발청 규정

제1조 (목 적) 1. 개발청은 제11장 제153조 제2항 가호에 따라 직접적으로 심해저 활동과 지역으로부터 회수된 광물의 수송, 가공 및 판매를 수행하는 심해저 기구의 기관이다.

2. 개발청은 기능의 행사와 목적의 수행에 있어서 본 협약 및 심해저 기구의 규칙, 규정 및 절차에 따라서 행동하여야 한다.

3. 제1항에 따른 심해저 자원개발에 있어 개발청은 본 협약을 조건으로 건전한 상업원칙에 따라 운영된다.

제2조 (심해저 기구와의 관계) 1. 제170조에 따라 개발청은 총회의 일반정책 및 이사회의 명령에 따라 행동하여야 한다.

2. 제1항을 조건으로 개발청은 작업수행에 있어 자치를 향유한다.

3. 본 협약의 어떠한 개발청으로 하여금 심해저 기구의 행위나 의무에 대하여 책임을 지게 하거나, 동 기구로 하여금 개발청의 행위나 의무에 대하여 책임을 지게할 수 없다.

제3조 (책임의 한계) 본부속서 제11조 제3항을 침해함이 없이, 심해저 기구의 회원국은 회원자격만을 이유로 개발청의 행위나 의무에 대하여 책임을 지지 않는다.

제 4 조 (구성) 개발청은 집행이사회, 개발청장 및 개발청의 기능을 행사하는 데 필요한 직원을 갖는다.

제 5 조 (집행이사회) 1. 집행이사회는 제160조 제2항 다호에 따라 총회가 선출한 15명의 이사로 구성된다. 이사선출에 있어, 형평한 지리적 분배의 원칙이 충분히 고려되어야 한다. 심해저 기구 회원국들은 이사회선거후보자의 추천을 제출함에 있어, 개발청의 성공과 활성을 보장하기 위하여 관련분야의 자격과 함께 최고수준의 능력을 갖춘 후보자를 지명할 필요에 유의하여야 한다.

2. 이사의 임기는 4년이며 재선될 수 있다. 회원자격의 윤번제원칙이 정당히 고려되어야 한다.

3. 이사는 그 후임자가 선출될 때까지 지속 직무를 수행한다. 이사가 결원된 경우, 총회는 제160조 제2항 다호에 따라 정임자의 잔임기간을 위하여 새로운 이사를 선출하여야 한다.

4. 이사는 개인자격으로 행동하여야 한다. 그들은 의무수행에 있어 어떤 정부 또는 다른 당국으로부터도 지시를 받거나 구해서도 안 된다. 심해저 기구의 각 회원국은 이사들의 독립적 성격을 존중하고 그들의 의무이행에 있어서 그들에 영향을 미치는 모든 기도를 삼가야 한다.

5. 이사는 개발청기금으로부터 지불되는 급여를 받는다. 급여의 액수는 이사회의 권고에 따라 총회가 정한다.

6. 집행이사회는 통상적으로 개발청의 주사무소에서 활동하며, 개발청의 업무상 필요할 때마다 소집된다.

7. 집행이사회 이사의 3분의 2는 의사정족수를 구성한다.

8. 각 이사는 1표의 투표권을 갖는다. 집행이사회의 모든 문제는 이사의 다수결에 의해 결정된다. 이사는 이사회의 문제에 관하여 이해의 충돌이 있는 경우, 동 문제에 대한 투표를 삼가야 한다.

9. 심해저 기구의 회원국은 동회원국에 특별히 영향을 미치는 집행이사회의 사업에 관한 정보를 동이사회에 요구할 수 있다. 집행이사회는 이러한 정보를 제공하도록 노력하여야 한다.

제 6 조 (집행이사회의 권한과 임무) 집행이사회는 개발청의 업무를 지시하여야 한다. 집행이사회는 본 협약에 따라 아래 권한을 포함하여, 개발청의 목적을 달성하는데 필요한 권한을 행사한다.

가. 이사 가운데 의장의 선출

나. 절차규칙의 채택

다. 제153조 제3항 및 제162조 제2항 차호에 따라 정식서면작업계획을 작성하고, 이사회에 제출함.

라. 제170조에 규정된 활동을 수행하기 위한 작업계획 및 계획표의 개발

마. 제151조 제2항부터 제7항에 따라 생산허가신청을 준비하고 이사회에 제출함

바. 제3부속서 제5조 제3항 가호, 다호 및 라호에 규정된 것을 포함한, 기술의 획득에 관한 교섭을 허가하고 동 교섭의 결과를 승인함

사. 제3부속서 제9조 및 제11조에 규정된 합작 및 다른 형태의 합작약정에 관한 조건을 확립하고, 이에 관한 교섭을 허가하며 동 교섭의 결과를 승인함

아. 제160조 제2항 바호 및 본부속서 제10조에 따라, 개발청의 순소득의 얼마를 개발청의 유보분으로 보유할 것인가를 이사회에 권고함

자. 개발청 연간예산의 승인

차. 본부속서 제12조 제3항에 따른 물품과 용역의 판매허가

카. 본부속서 제9조에 따른 연례보고의 이사회 제출

타. 개발청직원의 조직, 관리, 임명 및 해고에 관한 규칙초안을 총회의 승인을 위해 이사회에 제출하고, 이러한 규칙에 효력을 부여하기 위한 규정을 채택함

파. 기금을 차입하고 본부속서 제11조 제2항에 따라 결정될 담보물 또는 담보를 제공함

하. 법적 소송절차, 협정 및 거래를 하며 본 부속서 제13조에 따른 다른 행동을 위함

거. 이사회의 승인을 조건으로, 개발청장과 위원회에게 무차별적 권한을 위임함

제 7 조 (개발청장과 개발청의 직원) 1. 총회는 이사회의 권고 및 집행이사회의 추천에 따라 집행이사회의 이사가 아닌 개발청장을 선출한다. 개발청장은 개발청의 법률상 대표자이다. 임기는 5년을 초과하지 않는 고정기간으로 하고, 추가임기를 위하여 재선될 수 있다.

2. 개발청장은 개발청의 법적 대표자 및 최고행정관이며, 개발청의 운영수행에 대하여 집행이사회에 직접 책임을 진다. 그는 본부속서 제6조 제1항에 규정된 규칙 및 규정에 따라 개발청직원의 조직, 관리, 임명 및 해고에 관한 책임을 진다. 그는 투표권없이 집행이사회의 회합에 참고하여, 총회 및 이사회가 개발청에 관한 사항을 다루고 있을 때 투표권없이 동 기관의 회합에 참석할 수 있다.

3. 개발청직원의 충원과 임명 및 그들의 업무조건결정에 있어서 최고수준의 능률 및 기술능력을 확보할 필요성이 우선적으로 고려되어야 한다. 동 고려를 조건으로, 형평한 지리적 기초에 따라 직원을 충원하는 중요성에 정당한 고려를 한다.

4. 개발청장과 직원은 그들의 의무수행에 있어서 어떤 정부나 또는 개발청외부의 어떤 당국으로부터 지시를 받거나 구하여서는 안 된다. 그들은 개발청에만 책임을 지는 개발청의 국제적 직원으로서의 지위에 영향을 미치는 어떤 행동도 삼가야 한다. 각 당사국은 개발청장과 개발청 직원의 배타적으로 국제적인 성격을 존중하며, 그들의 책임수행에 있어서 그들에게 영향을 미치려고 시도하여서는 안 된다.

5. 제168조 제2항에 규정된 책임은 개발청의 직원에도 동등하게 적용가능하다.

제8조 (소재지) 개발청은 심해저 기구의 소재지에 주사무소를 갖는다. 개발청은 당사국의 동의를 얻어 그 영역내의 다른 사무소 및 시설을 설치할 수 있다.

제9조 (보고 및 재무제표) 1. 개발청은 매 회계년도 종료 후 3개월 이내에 이사회의 검토를 위해 감사를 거친 회계보고를 포함한 연례보고를 이사회에 제출하여야 하며, 적절한 기간을 두고 재정상태에 관한 요약보고서와 운영성과를 보여주는 손익계산서를 이사회에 송부하여야 한다.

2. 개발청은 연례보고 및 적절하다고 인정되는 다른 보고를 발간하여야 한다.

3. 본조에 규정된 모든 보고서 및 재무제표는 심해저 기구회원국에 배포되어야 한다.

제10조 (순수익의 배당) 1. 제3항을 조건으로, 개발청은 제3부속서 제13조에 따른 납부 또는 이에 상당하는 금액을 지불하여야 한다.

2. 총회는 집행이사회의 권고에 따라 개발청 순수익의 어느 정도를 개발청의 유보분으로 보유할 것인지를 결정하여야 한다. 잔여분은 심해저 기구에 이전되어야 한다.

3. 개발청의 상업적 생산개시로부터 10년을 초과하지 않는, 개발청의 자립에 필요한 초기 기간 중, 총회는 개발청에 대하여 제1항에 규정된 납부를 면제하며 개발청의 순수익 전체를 유보분으로 남겨야 한다.

제11조 (재정) 1. 개발청의 기금은 다음을 포함한다.

가. 제173조 제2항 나호에 따라 심해저 기구로부터 받는 금액

나. 개발청의 활동에 자금을 공급할 목적으로 당사국이 제공하는 자발적 기여금

다. 제2항 및 제3항에 따라 개발청에 빌린 금액

라. 개발청의 운영수입

마. 개발청이 사용할 수 있는 기금으로써, 개발청이 그 기능을 수행하고 가능한 한 조속히 업무를 개시할 수 있도록 개발청에 이용 가능한 다른 기금

2. 가. 개발청은 기금을 빌리고, 개발청이 결정하는 담보물 또는 기타 담보를 제공할 권한을 갖는다. 개발청은 당사국의 재정시장에서 또는 그 통화로 개발청채권을 공매하기 전에 동당사국의 승인을 얻어야 한다. 총차입액은 집행이사회의 권고에 따라 이사회가 승인한다.

나. 당사국은 개발청의 자본시장 및 국제금융기구로부터의 차관신청을 지원하기 위하여 모든 합리적 노력을 하여야 한다.

3. 가. 개발청은 1개 광구의 탐사 및 개발, 이로부터 회수된 광물과 니켈, 구리, 코발트 및 망간의 수송, 가공, 판매 및 초기 행정비용의 충당에 필요한 기금이 제공되어야 한다. 동기금의 액수 및 그 조정을 위한 기준 및 요소는 준비위원회에 의해 심해저 기구의 규칙, 규정 및 절차에 관한 초안에 포함된다.

나. 모든 당사국은 유엔비회원국인 당사국을 고려하여 조정된, 평가가 행하여지는 당시의 유엔정규예산에 대한 평가규모에 따라 장기무이자차관으로 가호에 규정된 기금의 반에 해당하는 액수를 개발청에 이용가능하게 하여야 한다. 기금의 나머지 반을 모금하는데 있어 개발청이 빌린 채무는 동일 규모에 따라 모든 당사국에 의해 보증되어야 한다.

다. 당사국의 재정적 기부의 합계가 가호에 따라 개발청에 제공되는 기금보다 적은 경우, 총회는 제1차 회합시 동 부족정도를 검토하며 가호 및 나호에 따른 당사국조치를 콘세서스에 의해 채택하여야 한다.

라. (1) 각 당사국은 본협약 발효후 60일 이내 또는 비준서나 가입서의 기탁 후 30일 이내중 늦은 일자이내에, 나호에 따른 무이자차관의 동당사국에 대한 분담액에 상당하는, 취소할 수 없고 양도할 수 없는 무이자약속어음을 개발청에 기탁하여야 한다.

(2) 집행이사국는 본 협약 발효 후 현실적으로 가장 빠른 일자 및 그 후 매년 또는 적절한 시간 간격으로 그 행정경비의 조달 및 제170조와 본부속서 제12조에 따라 개발청이 수행하는 활동을 위한 필요의 규모와 시기에 관한 계획표를 준비하여야 한다.

(3) 이에 따라 당사국은 이러한 경비에 필요한 기금의 제3항 나호에 따른 각 분담금을 심해저 기구를 통하여 개발청에 의해 통보받는다. 개발청은 무이자차관에 관한 계획표에 규정된 경비

를 충당하기 위해 필요한 액수의 약속어음을 현금화하여야 한다.

(4) 당사국은 통보를 받는 즉시, 나호에 따라 개발청에 대한 채무보증의 각 분담금을 이용가능하게 하여야 한다.

마. (1) 개발청이 필요한 경우, 당사국은 나호에 규정된 규모에 따라 제공된 보증에 추가하여 채무보증을 제공할 수 있다.

(2) 채무보증 대신에, 당사국은 그렇지 않는 경우 보증책임을 질 책무분에 상당한 액수를 개발청에 자발적으로 기탁할 수 있다.

바. 유이자 차관의 상환은 무이자 차관의 상환보다 우선한다. 무이자차관의 상환은 이사회의 권고와 집행이사회의 기탁에 의하여 총회가 채택한 계획표에 따른다. 동 기능의 수행에 있어 집행이사회의 효과적 기능수행 및 특히 재정적 독립을 보장할 우선적 중요성을 고려한 심해저 기구의 관련 규칙, 규정 및 절차를 지침으로 한다.

사. 개발청에 이용가능한 기금은 주요 외환시장에서 자유롭게 이용가능하고 효과적으로 사용가능한 화폐이어야 한다. 동화폐는 일반적인 국제통화관행에 따라 심해저 기구의 규칙, 규정 및 절차에 정의되어야 한다. 제2항에 규정된 바를 제외하고, 어떤 당사국도 동기금의 개발청에 의한 보유, 사용 또는 교환을 유지하거나 이에 대한 제한을 부가할 수 없다.

아. "채무보증"은 채권자들이 개발청의 채무불이행을 당사국에 통보한 후, 보증이 다루는 개발청의 재정적 채무를 적절한 규모에 의한 비율에 따라 지불하겠다는 당사국의 개발청 채권자에 대한 약속을 의미한다. 동 채무의 지불절차는 심해저 기구의 규칙, 규정 및 절차에 따른다.

4. 개발청의 기금, 자산 및 비용은 심해저기구의 기금, 자산 및 비용과 별도로 유지되어야 한다. 본조는 개발청이 시설, 인원 및 용역에 관한 동 기구와의 약정 및 개발청 또는 동 기구중 하나가 상대방에 지불한 행정경비의 상환을 위한 약정을 체결하는 것을 막지 않는다.

5. 개발청의 연간 재무제표를 포함한 기록, 서적 및 보고는 이사회가 임명한 독립된 감사에 의해 매년 감사되어야 한다.

제12조 (운영) 1. 개발청은 제170조에 따른 활동의 수행을 위한 사업안을 이사회에 제안하여야 한다. 이러한 제안은 제153조 제3항에 따른 심해저 활동을 위한 정식서면작업계획 및 법률기술위원회의 평가 및 이사회의 승인을 위하여 수시로 요구되는 기타 모든 정보와 자료를 포함한다.

2. 개발청은 이사회의 승인에 따라 제1항에 규정된 정식서면작업계획을 기초로 사업안을 집행하여야 한다.

3. 가. 개발청은 운영을 위하여 필요한 재화 및 용역을 소유하고 있지 않는 경우 이들을 조달할 수 있다. 동 목적을 위하여 개발청은 입찰 초청을 행하며, 품질, 가격 및 인도시기의 최상의 조합을 제공한 입찰자에게 계약을 부과함으로써 이루어진다.

나. 이러한 조합을 제공한 1개 이상의 입찰신청이 있는 경우, 계약은 다음에 따라 부여된다.

(1) 상당한 주의 및 효율성을 갖는 업무수행과 관련없는 정치적 또는 다른 고려에 기초한 무차별의 원칙

(2) 내륙국 및 지리적 불리국을 포함한 개발도상국에서 나오는 재화 및 용역에 부여될 우선권에 관하여 이사회가 승인한 지침

다. 집행이사회는 개발청의 최대이익을 위하여 입찰, 초청요건이 면제되는 특별한 경우를 결정하는 규칙을 채택할 수 있다.

4. 개발청은 개발청이 생산한 모든 광물 및 가공물질에 대한 권리를 갖는다.

5. 개발청은 무차별적 기초하에 생산물을 판매하여야 한다. 개발청은 비상업적 할인을 할 수 없다.

6. 본 협약의 다른 규정에 따라 개발청에 부여된 일반적 또는 특별한 권한을 침해함이 없이, 개발청은 업무에 부수하는 필요한 권한을 행사한다.

7. 개발청은 당사국의 정치문제에 간섭할 수 없으며, 또한 개발청의 결정에 있어 관계당사국의 정치적 성격에 의하여 영향을 받아서는 안 된다. 오직 상업적 고려만이 개발청의 결정과 관련되며, 동 고려는 본부속서 제1조에 특정된 목적을 수행하기 위하여 공평하게 행해져야 한다.

제13조 (법적 지위, 특권 및 면제) 1. 개발청이 그 기능을 행사할 수 있도록 하기 위하여 본조에 규정된 지위, 특권 및 면제가 당사국의 영역내에서 개발청에 부여되어야 한다. 동 원칙을 시행하기 위하여 개발청과 당사국은 필요한 경우 특별 협정을 체결할 수 있다.

2. 개발청은 그 기능의 행사와 목적의 이행에 필요한 법적 능력을 가지며, 특히 다음 능력을 갖는다.

가. 계약, 공동약정, 국가 및 국제조직과의 협정을 포함한 기타 약정의 체결

나. 부동산 및 동산의 획득, 활용, 보관 및 처분

다. 법적 소송절차의 당사자가 됨

3. 가. 개발청에 대한 소송은 다음 당사국내의 권한있는 관할권을 갖는 재판소에 제기될 수 있다.

(1) 개발청이 사무소 또는 시설을 갖고 있는 당사국

(2) 개발청이 소송서류의 송달 또는 통고를 수령할 목적으로 대리인을 인명한 당사국

(3) 개발청이 재화 또는 용역에 대한 계약을 체결한 당사국

(4) 개발청이 유가증권을 발행한 당사국

(5) 개발청이 다른 상업활동에 종사한 당사국

나. 개발청의 재산 및 자산은 그 소재지 및 점유자에 관계없이 개발청에 대한 최종판결이 내려지기 전에는 모든 형태의 압수, 압류 또는 강제집행으로부터 면제된다.

4. 가. 개발청의 재산 및 자산은 그 소재지 및 소유자에 관계없이, 징발, 몰수, 수용 또는 행정적이나 입법적 조치에 의한 기타 어떠한 형태의 압수로부터 면제된다.

나. 개발청의 재산 및 자산은 그 소재지 및 소유자에 관계없이, 어떠한 성격의 차별적 제한, 규제, 통제 및 동결로부터 면제된다.

다. 개발청 및 그 고용원은 개발청 또는 그 고용원이 사무를 보거나 기지활동을 하는 국가 또는 영역에서 현지법규를 존중하여야 한다.

라. 당사국은 개발청이 자국영역내에서 상업적 활동을 수행하는 주체에게 부여하는 모든 권리, 특권 및 면제를 향유할 수 있도록 보장하여야 한다. 동 권리, 특권 및 면제는 유사한 상업적 활동에 종사하는 주체에 대하여 부여되는 것보다 덜 유리하지 않은 기초하에 개발청에 부여되어야 한다. 당사국이 개발도상국 또는 그 상업적 주체에 대하여 특수한 특권을 제공한 경우, 개발청은 유사한 우선적 주체에게 특별한 유인조치, 권리, 특권 및 면제를 제공하여야 한다.

5. 개발청은 개발청의 사무소 및 시설이 위치한 직접세 및 간접세의 과세로부터의 면제를 교섭하여야 한다.

6. 각 당사국은 자국법 내용에 본 부속서에 규정된 원칙을 수행하는데 필요한 조치를 취하고, 개발청에 각 당사국이 취한 특별조치를 통고해야 한다.

7. 개발청은 개발청이 정하는 범위와 조건에 따라서, 본조에 의하거나 또는 제1항에 규정된 특별협정내에 부여된 특권 및 면제를 포기할 수 있다.

제5부속서 조 정

제1절 제15장 제1절에 따른 조정절차

제1조 (절차의 개시) 분쟁당사자가 제284조에 따라 분쟁을 본절에 의한 조정에 부탁하기로 합의한 경우, 일방분쟁당사자는 타방분쟁당사자에 대한 서면통고로써 절차를 개시할 수 있다.

제2조 (조정위원명부) 조정위원 명부는 유엔사무총장이 작성하고 유지하여야 한다. 모든 당사국은 공정성, 능력 및 성실성에 대한 최고의 명성을 갖는 4명의 조정위원을 지명할 수 있다. 이와 같이 구성된 명부에서 지명한 조정위원이 4명 미만인 경우, 언제든지 동당사국은 필요한 만큼 추가지명을 행할 수 있다. 조정위원의 성명은 지명을 위한 당사국이 철회할 때까지 명부에 남는다. 단 이러한 위원은 조정 위원회의 절차완료시까지 동조정위원이 선임된 조정위원회에 계속 재직한다.

제3조 (조정위원회의 구성) 당사자간에 달리 합의하지 않는 한 조정위원회는 다음과 같이 구성된다.

가. 사호를 조건으로 조정위원회는 5명의 위원으로 구성된다.

나. 절차를 개시한 당사자는 제2조에 규정된 조정위원 명부에서, 1명은 당사국간에 달리 합의하지 않는 한 자국민일 수 있는 2명의 조정위원을 선임하여야 한다. 동선임은 본부속서 제1조에 규정된 통고에 포함되어야 한다.

다. 타방 분쟁당사자는 본 부속서 제1조에 규정된 통고의 접수일로부터 21일 이내에 나호에 규정된 방식으로 2명의 조정위원을 선임하여야 한다. 동 기간내에 선임이 이루어지지 않는 경우, 절차를 개시한 당사자는 동기간의 완료일로부터 1주일 이내에 타방당사자에 대한 통고로서 절차를 종결 지키거나 또는 마호에 따라 유엔사무총장에게 선임을 행하도록 요청할 수 있다.

라. 4인의 모든 조정위원이 선임된 후 30일 이내에, 그들은 위원장이 될 다섯번째의 위원을 본부속서 제2조에 규정된 명단에서 선임하여야 한다. 동 기간내에 선임이 이루어지지 않은 경우, 각 당사자는 동 기간의 만료일로부터 1주일 이내에 유엔 사무총장에게 마호에 따라 선임을 행하도

록 요청할 수 있다.

마. 다호 또는 라호에 따른 요청의 접수일로부터 30일 이내에, 유엔사무총장은 분쟁당사자와 협의하여 본 부속서 제2조에 규정된 명단에서 필요한 선임을 행하여야 한다.

바. 공석은 최초선임을 위하여 규정된 방법에 따라 보충되어야 한다.

사. 합의에 의하여 동일한 이해를 갖는다고 결정한 2이상의 당사자는 공동으로 2명의 조정위원을 선임하여야 한다. 2이상의 당사자가 개별적 이해를 갖거나 또는 동일한 이해를 갖는지 여부에 관하여 의견불일치가 있는 경우, 그들은 개별적으로 요원을 선임하여야 한다.

아. 개별적 이해관계를 갖는 2이상의 당사자와 관련된 분쟁 또는 동일한 이해를 갖는지 여부에 관하여 의견불일치가 있는 경우, 당사자는 가능한 한 가호부터 바호를 적용한다.

제4조 (절 차) 조정위원회는 당사자가 달리 합의하지 않는 한, 자체의 절차를 결정하여야 한다. 조정위원회는 분쟁당사자의 동의하에 어느 당사자에게 구두 또는 서면으로 자신의 견해를 제출하도록 초청할 수 있다. 위원회의 절차사항, 보고 및 보고에 관한 결정은 위원들의 과반수투표로 행하여진다.

제5조 (우호적 해결) 위원회는 분쟁의 우호적 해결을 촉진할 조치에 유의하도록 당사자의 관심을 촉구할 수 있다.

제6조 (위원회의 기능) 위원회는 당사자의 진술을 듣고 그 주장과 반론을 검토하며, 우호적 해결에 도달하기 위하여 당사자에게 제안을 하여야 한다.

제7조 (보 고) 1. 위원회는 구성 후 12개월 이내에 보고하여야 한다. 위원회의 보고에는 이루어진 합의와 합의되지 않은 경우, 분쟁사항과 관련된 모든 사실문제 또는 법적문제에 대한 결론 및 위원회가 우호적 해결을 위하여 적절하다고 보는 권고를 기록하여야 한다. 동보고는 유엔 사무총장에게 기탁되며, 사무총장은 즉시 이를 분쟁당사자에게 송부하여야 한다.

2. 위원회의 결론이나 권고를 포함한 위원회의 보고는 당사자를 구속하지 않는다.

제8조 (종 결) 조정절차는 해결이 이루어진 경우, 사무총장에 대한 서면통고에 의한 보고의 권고를 당사자가 수락하거나 일방당사자가 거부한 경우 또는 보고가 당사자에 대한 보고 전달일로부터 3개월의 기간이 경과한 경우 종결된다.

제9조 (수수료 및 경비) 위원회의 수수료와 경비는 분쟁당사자가 부담한다.

제10조 (당사자의 절차변경권) 분쟁당사자는 동 분쟁에만 적용되는 합의에 의하여 본부속서의 조항을 변경할 수 있다.

제2절 제15장 제3절에 에 따른 조정절차에의 강제적 부탁

제11조 (절차의 개시) 1. 제15장 제3절에 따라, 본절에 의한 조정에 부탁된 분쟁의 당사자는 타방당사자에 대한 서면통고로서 절차를 개시할 수 있다.

2. 제1항에 따라 통고된 분쟁의 어떤 당사자도 이러한 절차에 부탁하여야 할 의무가 있다.

제12조 (조정에의 미회답 또는 미부탁) 분쟁당사자의 절차개시통고에 대한 미회답 또는 이러한 절차에의 미부탁은 절차에 대한 장애를 구성하지 않는다.

제13조 (권 한) 본절에 따라 행동하는 조정위원회가 권능을 갖는지 여부에 관한 의견불일치는 위원회가 결정한다.

제14조 (제1절의 적용) 본부속서 제1절의 제2조로부터 제10조는 본절을 조건으로 적용된다.

제6부속서 국제해양법재판소 규정

제1조 (총 칙) 1. 국제해양법재판소는 본 협약 규정 및 본 규정에 따라 설치되고 활동한다.

2. 재판소의 소재지는 독일연방공화국 함부르크 자유로 한다.

3. 재판소는 바람직하다고 판단하는 경우, 다른 지역에 위치하여 기능을 수행할 수 있다.

4. 재판소에 대한 분쟁의 부탁은 제11장 및 제15장의 규정에 따라 규율된다.

제1절 재판소의 조직

제2조 (구 성) 1. 재판소는 공정성 및 성실성에 대한 최고의 명성을 가지며 해양법 분야에서 인정된 권능을 갖는 자중에서 선출된 21명의 독립적 재판관단으로 구성된다.

2. 재판소에 있어서 전체적으로 세계의 중요한 법률체계의 대표와 형평한 지리적 분배가 보장되어야

한다.

제3조 (재판관의 자격) 1. 2명 이상의 재판관이 동일국가의 국민일 수 없다. 재판소내에서 재판관자격의 목적상, 2개국 이상의 국민으로 간주될 수 있는 자는 그가 일상적으로 시민적 및 정치적 권리를 행사하는 국가의 국민으로 간주된다.

2. 유엔총회가 확립한 각 지리적 그룹에서 적어도 3명이상의 재판관이 선출되어야 한다.

제4조 (지명 및 선출) 1. 각 당사국은 본부속서 제2조에 규정된 자격을 가진 2인 이하의 자를 지명할 수 있다. 재판관은 이렇게 지명된 자의 명부로부터 선출된다.

2. 적어도 선거일의 3개월 전에 제1차 선거의 경우 유엔사무총장 및 다음 선거의 경우 재판소 서기는 당사국에게 2개월 이내에 재판관에 대한 지명을 제출하는 서면초청을 당사국에게 송부하여야 한다. 유엔사무총장과 서기는 이렇게 지명된 모든자의 명부를 알파벳 순으로 작성하고, 이를 매 선거일전에 당사국에게 제출하여야 한다.

3. 제1차 선거는 본 협약의 발효일로부터 6개월 이내에 실시되어야 한다.

4. 재판관은 비밀투표로 선출된다. 선거는 제1차의 경우 유엔사무총장이 소집하는 당사국회의에서 실시되고, 다음의 경우 당사국이 합의한 절차에 따라 실시된다. 동 회의에서 당사국의 3분의 2는 의사정족수를 구성한다. 재판소에 선출된 자는 최다 득표수 및 출석하여 투표하는 당사국의 3분의 2 다수결을 얻고 이러한 다수결이 당사국의 과반수를 포함하는 피지명인으로 한다.

제5조 (임 기) 1. 재판관의 임기는 9년이며 재선될 수 있다. 그러나, 제1차 선거에서 선출된 재판관중 7명의 임기는 3년 후에 종료되며, 다른 7명의 임기는 6년 후에 종료된다.

2. 임기가 전술한 바와 같이 최초의 3년 및 6년으로 종료되는 재판관은 제1차 선거직후 유엔사무총장이 행하는 추첨으로 선정한다.

3. 재판관은 후임자가 보충될 때까지 계속 직무를 수행하여야 한다. 교체에도 불구하고, 재판관은 자신의 교체이전에 시작한 소송절차를 판결하여야 한다.

4. 재판관이 사임하는 경우, 사임서가 재판소장에게 제출되어야 한다. 사임서가 접수되는 즉시 공석이 된다.

제6조 (공 석) 1. 공석은 다음 규정을 조건으로 제1차 선거에 관하여 규정된 바와 동일한 방식으로 보충되어야 한다. 재판소 서기는 공석발생 후 1개월 이내에 본부속서 제4조에 규정된 초청을 발송하여야 하며, 선거일은 당사국과 협의 후 재판소장이 정한다.

2. 임기가 종료되지 않은 재판관을 교체하기 위하여 선출된 재판관은 전임자 임기의 잔여기간 중 재직한다.

제7조 (양립불가능한 활동) 1. 재판관은 정치적 또는 행정적 기능을 행사하거나, 해양이나 해저자원의 탐사나 개발 또는 해양이나 해저의 다른 상업적 사용에 관한 기업의 활동과 적극적으로 관련을 가지거나 재정적 이해를 가져서는 안 된다.

2. 재판관은 어떠한 사건에서도 대리인, 변호인 또는 보좌인으로서 행동할 수 없다.

3. 이 점에 관한 의문은 출석한 다른 재판관의 과반수의 결정에 의해 해결된다.

제8조 (특정사건에서의 재판참여와 관련된 조건) 1. 재판관은 이전에 일방당사자의 대리인, 변호인 또는 보좌인으로서, 국내재판소나 국제재판소의 재판관으로서 또는 다른 어떠한 자격으로서 참여한 사건의 결정에 참여할 수 없다.

2. 재판관이 특별한 이유로 특정사건의 결정에 참여할 수 없다고 판단한 경우, 재판소장에게 이를 통지하여야 한다.

3. 재판소장이 특별한 이유로 어떤 재판관이 특정사건에 배석할 수 없다고 판단한 경우, 동재판관에게 통지를 하여야 한다.

4. 이점에 관한 의문은 출석한 다른 재판관의 과반수의 결정에 의해 해결된다.

제9조 (요건이행종료의 결과) 다른 재판관의 전원일치의 의견에 비추어 재판관이 필요한 조건을 이행할 수 없게 된 경우, 재판소장은 동석을 공석이라고 선언하여야 한다.

제10조 (특권과 면제) 재판관은 재판소의 업무에 종사하는 동안 외교적 특권과 면제를 향유한다.

제11조 (재판관의 선서) 재판관은 직무를 개시하기 전에 공정하고 양심적으로 자기의 권한을 행사할 것을 공개법정에서 선서하여야 한다.

제12조 (재판소장, 부소장 및 서기) 1. 재판소는 3년 임기로 재판소 소장 및 부소장을 선출한다.

2. 재판소는 재판소 서기를 임명하며 필요한 다른 직원의 임명을 규정할 수 있다.

3. 재판소 소장과 서기는 재판소 소재지에 거주하여야 한다.

제13조 (정족수) 1. 재판소의 모든 참여가능한 재판관은 출석하여야 한다. 재판소를 구성하는데 필요

한 재판관의 정족수를 11명으로 한다.

2. 본부속서 제17조를 조건으로, 재판소는 본부속서 제14조 및 제15조에 규정된 부의 효과적 활동을 고려하여, 특정 분쟁의 고려를 위한 재판소를 구성하는데 어느 재판관이 참여가능한지를 결정하여야 한다.

3. 재판소에 부탁된 모든 분쟁 및 신청은 본부속서 제14조가 적용되지 않거나, 당사자가 본부속서 제15조에 따라 처리될 것을 요청하지 않는 경우, 재판소가 심리하고 결정한다.

제14조 (해저분쟁부의 설치) 해저분쟁부는 본부속서 제4절의 규정에 따라 설립된다. 해저분쟁부의 관할권, 권한 및 기능은 제11장 제6절에 규정된 바와 같다.

제15조 (특별부) 1. 재판소는 특별한 범주의 분쟁을 처리하기 위하여 필요하다고 인정되는 때에는 3인 이상의 재판관으로 구성되는 부를 설치할 수 있다.

2. 재판소는 당사자가 요청한 경우 재판소에 부탁된 특정분쟁을 처리하기 위한 부를 구성하여야 한다. 이러한 부의 구성은 당사자의 승인의 의해 재판소가 결정한다.

3. 재판소는 업무의 신속한 처리를 위하여 약식절차에 의하여 분쟁을 심리하고 결정할 수 있는, 5명의 재판관으로 구성되는 부를 매년 구성하여야 한다. 특정 소송절차에 참여할 수 없는 재판관을 교체하기 위하여 2명의 교체 재판관이 선출되어야 한다.

4. 분쟁은 당사자가 요청한 경우, 본조에 규정된 부에 의해 심리되고 재판된다.

5. 본조와 본부속서 제14조에 규정된 부가 내린 판결은 재판소가 대신 내린 것으로 간주된다.

제16조 (재판소의 규칙) 재판소는 재판소의 기능을 수행하기 위하여 규칙을 제정하여야 한다. 특히 재판소는 절차규칙을 규정하여야 한다.

제17조 (재판관의 국적) 1. 분쟁당사자의 국적을 갖는 재판관은 재판관으로서 참여할 권리를 보유한다.

2. 재판소가 분쟁을 심리 중에 일방당사자의 국적을 갖는 재판관을 포함시킨 경우 타방 당사자도 재판관으로서 참여할 자 1명을 선정할 수 있다.

3. 재판소가 분쟁을 심리 중에 분쟁당사자의 국적을 갖는 재판관을 포함시키지 않는 경우 당사자는 각기 재판관으로서 참여할 자 1 명을 선정할 수 있다.

4. 본조는 본부속서 제14조 및 제15조에 규정된 부에 적용된다. 이러한 경우 재판소장은 당사자와 협의 후 부를 구성하고 있는 필요한 인원의 재판관에 대하여 관계당사자의 국적을 가진 재판관에게 자리를 양보할 것을 요청하고 이것이 실패하거나 그들이 출석할 수 없는 경우 당사자가 특별히 선정한 재판관에게 자리를 양보할 것을 요청하여야 한다.

5. 동일한 이해를 갖는 다수의 당사자가 있는 경우, 그들은 전기 규정의 목적상 1당사자로만 간주된다. 이점에 관한 의무는 재판소의 결정에 의하여 해결된다.

6. 제2항, 제3항 및 제4항에 따라 선정된 재판관은 본부속서 제2조 제8조 및 제11조가 정한 조건을 이행하여야 한다. 재판관은 자기동료와 완전한 평등의 조건으로 결정에 참여한다.

제18조 (재판관의 보수) 1. 각 재판관은 연봉 및 기능을 행사하는 각일에 대한 특별수당을 받는다. 단 어떤 해에 특별수당으로 재판관에게 지불되는 총액은 연봉액을 초과할 수 없다.

2. 재판소 소장은 특별연봉을 받는다.

3. 재판소 부소장은 재판소 소장으로 행동하는 각일에 대한 특별수당을 받는다.

4. 본부속서 제17조에 따라 선정된 재판관으로서 재판소의 재판관이 아닌자는 자기기능을 행사하는 각일에 대한 보상을 받는다.

5. 봉급, 수당 및 부상은 재판소의 업무량을 고려하여 당사국 회의에서 수시로 결정된다. 이들은 임기 중 감액되지 않는다.

6. 서기의 봉급은 재판소의 제안으로 당사국 회의에서 결정된다.

7. 당사국회의에서 채택된 규정은 은퇴수당이 재판소에 판사 및 서기에게 지급되는 조건 및 재판소 판사 및 서기가 여행경비를 상환받는 조건을 결정하여야 한다.

8. 봉급, 수당 및 보상은 과세로부터 면제된다.

제19조 (재판소의 경비) 1. 재판소의 경비는 당사국회의가 결정한 기간과 방법에 따라 당사국 및 기구가 부담한다.

2. 당사국 또는 기구가 아닌 주체가 재판소에 부탁된 사건의 당사자인 경우, 재판소는 동당사자가 재판소 경비에 대하여 부담하여야 할 액수를 결정하여야 한다.

제2절 권 능

제20조 (재판소의 이용) 1. 재판소는 당사국에 개방된다.
2. 재판소는 제11장에 규정된 경우 또는 모든 분쟁당사자가 수락한 관할권을 재판소에 부여하는 다른 협정에 따라 부탁된 당사국 이외의 주체에도 개방된다.
제21조 (관할권) 재판소의 관할권은 본 협약에 따라 재판소에 부탁된 모든 분쟁과 신청 및 재판소에 관할권을 부여하는 협정에 특별히 규정된 모든 사항으로 이루어진다.
제22조 (다른 협정에 따른 분쟁에 부탁) 이미 발효 중이고 본 협약이 다루는 내용과 관련된 조약 또는 협약의 모든 당사국이 동의한 경우, 이러한 조약 또는 협약의 해석 또는 적용에 관한 분쟁은 이러한 협정에 따라 재판소에 부탁된다.
제23조 (적용규칙) 재판소는 제293조에 따라 모든 분쟁과 적용을 결정하여야 한다.

제3절 절 차

제24조 (소송절차의 개시) 1. 분쟁은 각 경우에 따라 재판소 서기에 송부되는 특별협정 또는 서면신청에 의하여 재판소에 부탁된다. 어느 경우에도 분쟁에 주제 및 당사자가 표시되어야 한다.
2. 서기는 즉시 특별협정 또는 신청을 모든 관계자에게 통고하여야 한다.
3. 서기는 모든 당사국에게 통고하여야 한다.
제25조 (잠정조치) 1. 제290조에 따라 재판소 및 해저분쟁부는 잠정조치를 명령할 권한을 갖는다.
2. 재판소가 개정중이거나 정족수를 구성할 만큼 충분한 수의 재판관이 참석 가능하지 않은 경우, 잠정조치는 본부속서 제15조 제3항에 따라 구성된 약식절차부에 의해 명령되어야 한다. 본부속서 제15조 제4항에도 불구하고 이러한 잠정조치는 분쟁당사자의 요청에 따라 채택될 수 있다. 동 잠정조치는 재판소에 의한 재검토와 수정에 종속된다.
제26조 (변 론) 1. 변론은 재판소 소장, 또는 재판소 소장이 사회를 볼 수 없는 경우 재판소부소장의 통제하에 놓인다.
2. 변론은 재판소가 달리 결정하지 않았거나 또는 당사자가 공중이 입장되지 않을 것을 요구하지 않은 경우 공개된다.
제27조 (사건의 진행) 재판소는 사건의 수행에 관한 명령을 수행하고, 각 당사국이 자신의 주장을 종결하여야 할 형식과 시기를 결정하여야 하며, 증거수집과 관련된 모든 조치를 취하여야 한다.
제28조 (궐 석) 일방당사자가 재판소에 나타나지 않거나 자신의 사건을 변호하지 않는 경우, 타방당사자는 소송절차를 수행하여 결정을 내릴 것을 재판소에 요청할 수 있다. 일방당사국의 결석 또는 사건의 불변호는 소송절차에 대한 장애를 구성하지 않는다. 재판소는 결정을 내리기 전에 재판소가 분쟁에 대한 관할권을 가지며 청구가 사실 및 법률상 충분한 근거가 있음을 충족시켜야 한다.
제29조 (결정을 위한 다수결) 1. 모든 문제는 출석한 재판관의 과반수로 결정된다.
2. 투표가 동수인 경우 재판소 소장 또는 재판소 소장을 대리하여 행동하는 재판관이 결정투표권을 갖는다.
제30조 (판 결) 1. 판결은 그 기초가 된 이유를 제시하여야 한다.
2. 판결의 결정에 참여한 재판관의 성명을 포함하여야 한다.
3. 판결이 전체 또는 부분적으로 재판관의 전원일치된 의견을 반영하지 않는 경우, 어떠한 재판관도 개별의견을 발표할 수 있다.
4. 판결은 재판소 소장 및 서기가 서명한다. 판결은 공개법정에서 낭독되고 분쟁당사국에게 정당한 통고가 부여되어야 한다.
제31조 (소송참가) 1. 당사국이 어느 분쟁에 대한 결정에 의하여 영향을 받는 법률적 성질의 이해를 갖는다고 판단한 경우, 동당사국은 재판소에 소송참가 요청을 제출할 수 있다.
2. 동 요청을 결정하는 것은 재판소이다.
3. 소송참가요청이 허용되는 경우, 분쟁에 관한 재판소의 결정은 당사국이 소송참가한 사건에 관련되는 범위에서 소송참가 당사국을 구속한다.
제32조 (해석 또는 적용의 경우 소송참가권) 1. 본 협약의 해석 또는 적용이 문제될 때마다 서기는 즉시 모든 당사국에게 통고하여야 한다.
2. 본 부속서 제21조 또는 제22조에 따라 국제협정의 해석 또는 적용이 문제될 때마다 서기는 모든

협정당사국에게 통고하여야 한다.

3. 제1항 및 제2항에 규정된 모든 당사자는 소송참가권을 갖는다. 당사자가 이 권리를 행사한 경우, 판결에 의한 해석은 동등하게 동 국가를 구속한다.

제33조 (결정의 최종성과 구속력) 1. 재판소의 결정은 최종적이며 모든 분쟁당사자를 구속한다.

2. 결정은 그 특정사건에 관한 당사자간 외에는 구속력을 갖지 않는다.

3. 결정의 의미 또는 범위에 관한 분쟁의 경우, 재판소는 당사자의 요청에 따라 이를 해석하여야 한다.

제34조 (비 용) 재판소가 달리 결정하지 않는 한, 각 당사자는 각자의 비용을 부담하여야 한다.

제 4 절 심해저분쟁부

제35조 (구성) 1. 본부속서 제14조에 규정된 심해저분쟁부는 재판관 가운데에서 재판소의 다수결로 선출된 11명의 재판관으로 구성된다.

2. 부의 재판관 선출에 있어서 세계의 기본적인 법체계의 대표 및 형평한 분배가 보장되어야 한다. 심해저 기구의 총회는 이러한 대표 및 분배와 관련된 일반적 성격의 권고를 채택할 수 있다.

3. 부의 재판관은 매 3년마다 선출되고 2회에 한하여 선출될 수 있다.

4. 부의 선출된 기간동안 봉직할 재판장을 재판관중에서 선출하여야 한다.

5. 어떤 소송절차가 부가 설치된 3년 기간 종료 후에도 아직 계속중인 경우, 부는 원래 구성대로 소송절차를 완료하여야 한다.

6. 부에 공석이 발생한 경우, 재판소는 전임자의 잔여임기동안 재직할 후임재판관을 재판소의 재판관 중에서 선임하여야 한다.

7. 부를 구성하는데 필요한 재판관의 정족수는 7명으로 한다.

제36조 (특별부) 1. 심해저분쟁부는 제188조 제1항 나호에 따라 부탁된 특정분쟁을 취급하기 위하여 3인의 재판관으로 구성된 특별부를 구성해야 한다. 특별부의 구성은 당사자가 승인으로 심해저분쟁부가 결정한다.

2. 당사자가 특별부의 구성에 합의하지 않는 경우, 각 분쟁당사자는 1인의 재판관을 임명하고, 제3의 재판관은 당사자가 합의에 의해 지명한다. 그들이 합의하지 않은 경우 또는 어떤 당사자가 임명을 하지 않은 경우, 심해저분쟁부의 재판장은 당사국과 협의후 신속히 재판관중에서 임명하여야 한다.

3. 특별부의 재판관은 분쟁당사자를 위해 일하거나 분쟁당사자의 국민이어서는 안 된다.

제37조 (이 용) 심해저분쟁부는 제11장 제5절에 규정된 당사국, 심해저 기구 및 다른 주체에 개방된다.

제38조 (적용법규) 위원회는 제293조의 규정에 다음을 적용하여야 한다.

가. 본 협약에 따라 심해저 기구가 채택한 규칙, 규정 및 절차

나. 계약과 관련된 사항에 있어서 심해저의 활동에 관한 계약의 조건

제39조 (부의 결정의 집행) 부의 결정은 자국영토에서 집행이 요청되는 당사국의 최상급재판소의 판결 또는 명령과 동일한 방법으로 당사국의 영토내에서 집행가능하다.

제40조 (본부속서의 다른 절의 적용) 1. 본절과 상충되지 않는 본부속서의 다른 절은 심해저분쟁부에 적용된다.

제 5 절 개 정

제41조 (개 정) 1. 제4절에 대한 개정이외의 본부속서에 대한 개정은 제313조에 따라서 또는 본 협약에 따라 소집된 회의에서의 콘센서스에 의해서만 채택될 수 있다.

2. 제4절에 대한 개정은 제314조에 의해서만 채택될 수 있다.

3. 재판소는 필요하다고 인정하는 본 규정에 대한 개정을 제1항 및 제2항에 따른 당사국의 심의를 위하여 당사국에 대한 통고로써 제안할 수 있다.

제7부속서 중재

제 1 조 (소송절차의 제기) 제15장의 규정에 따라 분쟁당사자는 타방 분쟁당사자에 대한 서면통보로써 분쟁을 본부속서에 규정된 중재절차에 부탁할 수 있다. 통고는 청구 및 청구가 기초한 이유에 대한 진술을 포함하여야 한다.

제2조 (중재관 명부) 1. 중재관명부는 유엔사무총장이 작성하고 유지한다. 당사국은 각기 해사에 경험이 풍부하고 공정성, 능력 및 성실성에서 최고의 명성을 갖는 4명의 중재관을 지명할 수 있다. 이렇게 지명된 자의 성명은 명부를 구성한다.

2. 당사국이 이렇게 구성된 명부에 지명한 중재관이 4명 미만일 경우, 동당사국은 필요할 때마다 추가로 지명을 할 수 있다.

3. 중재관의 성명은 지명을 행한 당사국이 철회할 때까지 명부에 남아 있는다. 단, 이러한 중재관은 중재재판소의 소송절차의 완료까지 동중재관이 인명된 중재재판소에서 계속 재직하여야 한다.

제3조 (중재재판소의 구성) 본부속서에 따른 소송절차의 목적상, 중재재판소는 당사자간에 달리 합의하지 않는 한 다음과 같이 구성된다.

가. 사호에 따라 중재재판소는 5명의 중재관으로 구성된다.

나. 소송절차를 제기한 당사자는 되도록 본부속서 제2조에 규정된 명부에서 자국민일 수 있는 1명을 선임하여야 한다. 임명은 본부속서 제1조에 규정된 통고에 포함되어야 한다.

다. 타방 분쟁당사자는 본부속서 제1조에 규정된 통고의 수령 후 30일 이내에 되도록 명부에서 자국민일 수 있는 1명을 선임하여야 한다. 임명이 동기간 내에 이루어지지 않는 경우 소송절차를 제기한 당사자는 동기간의 종료 후 2주일 이내에 마호에 따라 임명이 행하여지도록 요청할 수 있다.

라. 다른 3명의 중재관은 당사자간의 합의에 의하여 임명된다. 그들은 되도록 이면 명부에서 선출되며 당사자가 달리 합의하지 않는 한 제3국 국민이어야 한다. 분쟁당사자는 전기 3명의 중재관에서 중재재판소 소장을 임명 하여야 한다. 본부속서 제1조에 규정된 통고의 수령 후 60일 이내에 당사자가 합의에 의하여 임명되는 1명 이상의 중재관의 임명 또는 소장의 임명에 관하여 합의에 이룰 수 없는 경우, 잔여 임명은 일방분쟁당사자의 요청에 의해 마호에 따라 이루어져야 한다. 이러한 요청은 전술한 60일간의 종료후 2주내에 이루어져야 한다.

마. 당사자가 선택한 자 또는 제 3국에 의하여 다호 및 라호에 따른 임명이 이루어지도록 당사자가 합의하지 않은 경우, 국제해양법재판소의 소장이 필요한 임명을 행하여야 한다. 국제해양법재판소 소장이 본호에 따라 행동할 수 없거나 일방분쟁당사자의 국민일 경우, 임명은 분쟁당사자의 국민이 아니며 참여가능한 국제해양법재판소의 다음 연장자에 의해 이루어져야 한다. 본호에 규정된 요청 접수일로부터 30일 이내에 당사자와 협의하여 본부속서 제2조에 규정된 명부에서 이루어져야 한다. 이렇게 임명된 중재관은 다른 국적이어야 하며 분쟁당사자를 위해 일하거나 그 영토에 일상적으로 거주하거나 또는 그 국민이어서는 안 된다.

바. 공석은 최초의 지명방식에 의하여 보충된다.

사. 동일한 이해를 갖는 당사자는 합의에 의하여 공동으로 1명의 재판관을 임명할 수 있다. 개별적 이해를 갖는 수개의 당사자가 있거나 또는 동일한 이해를 갖는지 여부에 관하여 의견불일치가 있는 경우, 각 당사자는 1명의 중재관을 임명하여야 한다. 당사자가 개별적으로 임명한 중재관의 수는 항상 당사자가 공동으로 임명한 중재관의 수보다 1명이 적어야 한다.

아. 2개 이상의 당사자와 관련된 분쟁에는 가호부터 바호의 규정이 가능한 한 최대한 적용된다.

제4조 (중재재판소의 기능) 본부속서 제3조에 따라 구성된 중재재판소는 본부속서 및 본 협약의 다른 규정에 따라 활동한다.

제5조 (절 차) 분쟁당사자간에 달리 합의하지 않는 경우, 분쟁재판소는 각 당사자에게 진술하고 입장을 제시할 완전한 기회를 보장하는 독자적 절차를 결정하여야 한다.

제6조 (분쟁당사자의 의무) 분쟁당사자는 중재재판소의 업무에 협조하여야 하며, 특히 자국법에 따라 모든 이용 가능한 수단을 사용하여 다음을 행하여야 한다.

가. 중재재판소에 대하여 모든 관련있는 문서, 시설 및 정보를 제공한다.

나. 필요한 경우 중재재판소가 증인 또는 전문가를 부르고 그들의 증거를 수집하며 사건이 관계된 지역을 방문할 수 있게 한다.

제7조 (경 비) 중재재판소가 특별한 사정으로 인하여 달리 결정하지 않는 경우, 중재관의 보수를 포함한 중재재판소의 경비는 분쟁당사자에 의해 동등하게 부담된다.

제8조 (결정을 위한 다수결) 중재재판소의 결정은 중재관의 다수결투표에 의해 이루어진다. 중재관의 반미만의 결석 또는 기권은 중재재판소가 결정을 내리는데에 장애를 구성하지 않는다. 투표가 동등한 경우 소장이 결정 투표권을 갖는다.

제9조 (궐 석) 일방분쟁당사자가 중재재판소에 나타나지 않거나 사건을 변호하지 않는 경우 타방당사자는 중재재판소에 소송절차를 진행하여 판정을 내릴 것을 요청할 수 있다. 일방당사자의 궐석 또는 사건의 불변호는 소송절차에 대한 장애를 구성하지 않는다. 중재재판소는 판정을 내리기전에 재판소

가 분쟁에 대한 관할권을 가지며 청구가 사실 및 법률상 충분한 근거가 있음을 충족시켜야 한다.

제10조 (판 정) 중재재판소의 판정은 분쟁의 주요사항에 국한되며 판정의 기초가 된 이유를 제시하여야 한다. 판정은 참여한 중재관의 성명과 판정일자를 포함하여야 한다. 중재관은 판정에 개별의견 또는 반대의견을 첨부할 수 있다.

제11조 (판정의 최종성) 판정은 분쟁당사자가 미리 상소절차에 합의하지 않은 경우 최종적이며 상소할 수 없다. 분쟁당사자는 판정을 이행하여야 한다.

제12조 (판정의 해석 또는 집행) 1. 분쟁당사자간에 판정의 해석 또는 집행방법에 관하여 발생한 논쟁은 일방당사자에 의해 판정을 내린 중재재판소의 결정에 부탁될 수 있다. 이 목적상 재판소내의 공석은 중재재판관의 원래 임명에 규정된 방법에 따라 보충되어야 한다.

2. 이러한 논쟁은 모든 분쟁당사자간의 합의로써 제287조에 따른 다른 재판소에 부탁될 수 있다.

제13조 (당사국 이외의 주체에 대한 적용) 본부속서의 규정은 당사국 이외의 주체와 관련된 분쟁에 준용한다.

제8부속서 특별중재

제1조 (소송절차의 제기) 제15장에 따라 어업, 해양환경의 보호와 보존, 해양과학조사 또는 선박에 의한 오염과 투기에 의한 오염을 포함하는 항행과 관련된 본 협약의 규정에 대한 해석 또는 적용에 관한 분쟁의 당사자는 타방분쟁당사자에 대한 서면통고로써 분쟁을 본부속서에 규정된 특별중재절차에 부탁할 수 있다.

제2조 (전문가 명부) 1. 전문가명부는 어업, 해양환경의 보호와 보존, 해양과학조사 및 선박에 의한 오염과 투기에 의한 오염을 포함하는 항행의 각 분야에 관하여 작성되고 유지되어야 한다.

2. 전문가 명부는 어업분야에서의 유엔식량농업기구, 해양환경의 보호와 보존의 분야에서는 유엔환경계획, 해양과학조사분야에서는 정부간 해양학위원회, 선박에 의한 오염과 투기에 의한 오염을 포함하는 항행분야에서는 국제해사기구에 의하거나 또는 개개의 경우 이러한 기구, 계획 또는 위원회가 동 기능을 위임한 적절한 관계보조기구에 의하여 작성되고 유지되어야 한다.

3. 모든 당사국은 이러한 분야의 법적, 과학적 또는 기술적 측면에서의 권능이 확립되고 일반적으로 인정되며 공정성과 성실성에 대한 명성을 향유하는 2명의 전문가를 각 분야마다 지명할 수 있다.

4. 언제든지 이렇게 구성된 명부에 당사국이 지명한 전문가가 2명 미만인 경우 당사국은 필요한 때마다 추가로 지명할 수 있다.

5. 전문가의 성명은 지명을 행한 당사국이 철회할 때까지 명부에 남아 있어야 한다. 단, 이러한 전문가는 특별중재재판소의 소송절차완료까지 동전문가가 임명된 특별중재재판소에 계속 재직하여야 한다.

제3조 (특별중재재판소의 구성) 본부속서에 따른 소송절차의 목적상 특별중재재판소는 당사자간에 달리 합의하지 않는 경우 다음과 같이 구성된다.

가. 사호에 따라 특별중재재판소는 5명의 중재관으로 구성된다.

나. 소송절차를 제기한 당사자는 되도록 분쟁사항과 관련한 본부속서 제2조에 규정된 적절한 명부에서 1명이 자국민일 수 있는 2명의 중재관을 선정할 수 있다. 임명은 본부속서 제1조에 규정된 통고에 포함되어야 한다.

다. 타방 분쟁당사자는 본부속서 제1조에 규정된 통고의 수령 후 30일 이내에 분쟁사항과 관련된 되도록 적절한 명부에서 1명이 자국민일 수 있는 2명의 중재관을 선임하여야 한다. 임명이 동 기간내에 이루어지지 않는 경우 소송절차를 제기한 당사자는 동기간 종료 후 2주일 이내에 마호에 따라 임명이 이루어지도록 요청할 수 있다.

라. 분쟁당사자는 합의에 의해 되도록 적절한 명부로부터 당사자간에 달리 합의하지 않는 경우 제3국 국민이어야 하는 특별중재재판소 소장을 임명하여야 한다. 본부속서 제1조에 규정된 통고의 수령 후 30일 이내에 당사자가 소장의 임명에 관하여 합의에 이룰 수 없는 경우, 임명은 일방분쟁당사자의 요청에 의해 마호에 따라 이루어진다.

마. 당사자가 선택한 자 또는 제3국이 지명을 행하도록 당사자가 합의하지 않은 경우, 유엔사무총장은 다호 및 라호에 따른 요청의 접수후 30일이내에 필요한 임명을 행하여야 한다. 본호에 규정된 임명은 분쟁당사자 및 적절한 국제조직과 협의하여 본부속서 제2조에 규정된 적절한 전문가 명부에서 이루어진다. 이렇게 지명된 중재관은 다른 국적을 가져야 하며, 분쟁당사자를 위하여 일하거나, 그 영토에 일상적으로 거주하거나 또는 그 국민이어서는 안된다.

바. 공석은 최초의 임명을 위하여 규정된 방식에 따라 보충되어야 한다.

사. 동일한 이해를 갖는 당사자는 합의에 의하여 공동으로 2명의 중재관을 임명할 수 있다. 개별적 이해를 갖는 다수의 당사자가 있거나 동일한 이해를 갖는지 여부에 관하여 의견불일치가 있는 경우, 각 당사자는 1명의 중재관을 임명하여야 한다.

아. 2 이상의 당사자와 관련된 분쟁에는 가호부터 바호의 규정이 가능한 한 최대한 적용된다.

제4조 (총 칙) 제7부속서 제4조부터 제12조는 본부속서에 따른 특별仲裁절차에 준용한다.

제5조 (사실심사) 1. 분쟁당사국은 어업, 해양환경의 보호와 보존, 해양과학조사 또는 선박에 의한 오염과 투기에 의한 오염을 포함한 항행과 관련된 본 협약규정의 해석 또는 적용에 관한 분쟁의 당사자는 언제든지 본부속서 제3조에 따라 구성된 특별중재재판소에 심사를 행하고 분쟁을 야기한 사실을 확립할 것을 요청하는데 합의할 수 있다.

2. 당사자가 달리 합의하지 않는 경우 제1항에 따라 활동하는 특별중재재판소의 사실심사는 당사자간에 종국적인 것으로 간주된다.

3. 모든 분쟁당사자가 요청한 경우, 특별중재재판소는 결정의 효력을 갖지 않지만, 분쟁을 야기하는 문제의 당사자에 의한 재검토를 위한 기초만을 구성하는 권고를 제시할 수 있다.

4. 제2항에 따라 특별중재재판소는 당사자간에 달리 합의하지 않는 경우 본부속서의 규정에 따라 활동하여야 한다.

제9부속서 국제조직의 참여

제1조 (용어의 사용) 제305조 및 본부속서의 목적상, "국제조직"은 본 협약이 규율하는 사항에 관하여 조약을 체결할 권능을 포함한, 동 사항에 관한 권능을 이전한 회원국이 국가로 구성된 정부간 조직을 의미한다.

제2조 (서명) 국제조직은 회원국의 과반수가 본 협약의 서명국인 경우 본 협약을 서명할 수 있다. 국제조직은 서명국인 회원국에 의하여 동 조직에 이전된 본 협약이 규율하는 사항 및 동 권능의 성격과 범위를 특정하는 선언을 행하여야 한다.

제3조 (정식확인 및 가입) 1. 국제조직은 회원국의 과반수가 비준서 또는 가입서를 기탁한 경우, 정식확인서 또는 가입서를 기탁할 수 있다.

2. 국제조직이 기탁한 문서는 본부속서 제4조 및 제15조가 요구하는 의무 및 선언을 포함하여야 한다.

제4조 (참여범위 및 권리의무) 1. 국제조직의 정식확인서 또는 가입서는 본 협약 당사국인 회원국이 국제조직에 권능을 이전한 사항에 관한 본 협약상 국가의 권리 및 의무를 수락할 약속을 포함하여야 한다.

2. 국제조직은 본부속서 제5조에 규정된 선언, 정보의 통보 또는 통고에 따라 국제조직이 권능을 갖는 범위내에서 본 협약의 당사자이다.

3. 이러한 국제조직은 당사국인 회원국이 그렇지 않은 경우 동회원국이 국제조직에 권능을 이전한 사항에 관하여 본 협약상 가질 권리를 행사하고 의무를 이행하여야 한다. 동국제조직의 회원국은 그들이 국제조직에 이전한 권능을 행사할 수 없다.

4. 이러한 국제조직의 참여는 어떠한 경우에도 당사국인 회원국이 의사결정권을 포함하여 그렇지 않는 경우 가질 수 있는 대표의 증가를 가져오지 않는다.

5. 이러한 국제조직의 참여는 어떠한 경우에도 본 협약 당사국이 아닌 국제조직 회원국에 본 협약상의 권리를 부여하지 않는다.

6. 본 협약상 국제조직의 의무와 국제조직을 설립한 협정상 국제조직의 의무 또는 이와 관련된 행위간에 충돌이 있는 경우 본 협약상의 의무가 우선된다.

제5조 (선언, 통고 및 통보) 1. 국제조직의 정식확인서 또는 가입서는 본 협약 당사국인 회원국이 국제조직에 권능을 이전한 본 협약이 규율하는 사항을 특정하는 선언을 포함하여야 한다.

2. 국제조직의 회원국은 국제조직이 협약에 비준 또는 가입할 때와 국제조직이 정식확인서 또는 가입서를 기탁할 때 중 더 늦은 시점에, 동국이 국제조직에 권능을 이전한 본 협약이 규율하는 사항을 특정하는 선언을 행하여야 한다.

3. 본 협약 당사자인 국제조직의 회원국인 당사국은 국제조직에 대한 권능이전 이 본조에 따라 동국에 의해 특별히 선언, 통고 또는 통보되지 않은 본 협약이 규율하는 모든 사항에 관하여 권능을 갖는 것으로 추정된다.

4. 국제조직 및 당사국인 회원국은 새로운 권능이전을 포함하여 제1항 및 제2항에 따른 선언에 특정된 기능의 배분의 변화를 본 협약의 수락자에게 신속히 통고하여야 한다.

5. 당사국은 국제조직 및 당사국인 회원국에게 국제조직과 회원국간에 발생한 특정문제에 관하여 권능을 갖는지에 관한 정보를 제공하도록 요청할 수 있다. 국제조직 및 회원국은 자발적으로 동정보를 제공할 수 있다.

6. 본조에 따른 선언, 통고 및 통보는 이전된 권능의 성격 및 범위를 특정하여야 한다.

제 6 조 (임 무) 1. 본부속서 제5조에 따라 권능을 갖는 당사자는 의무불이행 또는 본 협약의 다른 위반에 대하여 책임을 진다.

2. 당사자는 국제조직 또는 당사국인 국제조직 회원국에게 특정사항에 대하여 누가 임무를 지는지에 관한 정보를 요청할 수 있다. 국제조직 및 관계회원국은 동 정보를 제공하여야 한다. 동 정보의 합리적인 기간내 미제공 또는 모순된 정보의 제공은 공동책임 및 개별책임을 가져온다.

제 7 조 (분쟁해결) 1. 국제조직은 정식확인서나 가입서의 기탁시 또는 그 후 언제든지, 서면선언에 의해 본 협약의 해석 또는 적용에 관한 분쟁의 해결을 위하여 제287조 제1항 가호, 다호 또는 라호에 규정된 수단의 1개 이상을 자유롭게 선택할 수 있다.

2. 제5장은 1개 이상이 국제조직이 본 협약 당사자간의 분쟁에 준용한다.

3. 국제조직 및 1개 이상의 회원국이 동일한 이해를 갖는 공동분쟁당사자인 경우, 국제조직은 회원국과 동일한 분쟁해결절차를 수락한 것으로 간주된다. 그러나, 회원국이 제287조에 따라 국제사법재판소만을 선택한 경우 국제조직 및 관계회원국은 분쟁당사자간에 달리 합의하지 않는 한 제7부속에 따른 중재를 수락한 것으로 간주 된다.

제 8 조 (제17장의 적용 가능성) 제17장은 다음을 제외하고 국제조직에 준용한다.

가. 국제조직의 정식확인서 또는 가입서는 제308조 제1항의 적용에 있어 고려되지 않는다.

나. (1) 국제조직은 국제조직이 본부속서 제5조에 따라 개정의 전체 주요사항에 대한 권능을 갖는 범위내에서 제312조부터 제315조의 적용에 관하여 배타적 능력을 갖는다.

(2) 국제조직이 본부속서 제5조에 따라 전체 주요사항에 대하여 권능을 갖는 개정에 관한 국제조직의 정식확인서 또는 가입서는 제316조 제1항 제2항 및 제3항의 적용목적상, 당사국인 각 회원국의 비준서 또는 가입서로 간주된다.

(3) 국제조직의 정식확인서 또는 가입서는 제316조 제1항 및 제2항의 적용에 있어 모든 다른 개정에 관하여 고려될 수 없다.

다. (1) 국제조직은 그 회원국이 당사국이고 국제조직이 본부속서 제1조에 특정된 자격을 계속 갖추고 있는 경우, 제317조에 따라 본 협약을 폐기할 수 없다.

(2) 국제조직은 그 회원국 모두가 당사국이 아니거나 국제조직이 본부속서 제1조에 특정된 자격을 더 이상 갖출 수 없는 경우, 본 협약을 폐기하여야 한다. 이러한 폐기는 즉시 효력을 발생한다.

대한민국 해양법령

1. 영해 및 접속수역법

영해 및 접속수역법(1977. 12. 31. 법률 제3037호)
개정 1995. 12. 6 법률 제4986호

제1조 (영해의 범위) 대한민국의 영해는 기선으로부터 측정하여 그 외측 12해리의 선까지에 이르는 수역으로 한다. 다만, 대통령령이 정하는 바에 따라 일정 수역에 있어서는 12해리이내에서 영해의 범위를 따로 정할 수 있다.

제2조 (기선) ① 영해의 폭을 측정하기 위한 통상의 기선은 대한민국이 공식적으로 인정한 대축척해도에 표시된 해안의 저조선으로 한다.
② 지리적 특수사정이 있는 수역에 있어서는 대통령령으로 정하는 기점을 연결하는 직선을 기선으로 할 수 있다.

제3조 (내수) 영해의 폭을 측정하기 위한 기선으로부터 육지측에 있는 수역은 내수로 한다.

제3조의2 (접속수역의 범위) 대한민국의 접속수역은 기선으로부터 측정하여 그 외측 24해리의 선까지에 이르는 수역에서 대한민국의 영해를 제외한 수역으로 한다. 다만, 대통령령이 정하는 바에 따라 일정수역에 있어서는 기선으로부터 24해리 이내에서 접속수역의 범위를 따로 정할 수 있다. [본조신설 95. 12. 6]

제4조 (인접 또는 대향국과의 경계선) 대한민국과 인접하거나 대향하고 있는 국가와의 영해 및 접속수역의 경계선은 관계국과의 별도의 합의가 없는 한 양국이 각기 영해의 폭을 측정하는 기선상의 가장 가까운 지점으로부터 같은 거리에 있는 모든 점을 연결하는 중간선으로 한다. 〈개정 95. 12. 6〉

제5조 (외국선박의 통항) ① 외국선박은 대한민국의 평화·공공질서 또는 안전보장을 해하지 아니하는 즉 대한민국의 영해를 무해통항 할 수 있다. 외국의 군함 또는 비상업용정부선박이 영해를 통항하고자 할 때에는 대통령령이 정하는 바에 따라 관계당국에 사전통고하여야 한다.
② 외국선박이 통항시 다음 각호의 행위를 하는 경우에는 대한민국의 평화·공공질서 또는 안전보장을 해치는 것으로 본다. 다만, 제2호 내지 제5호·제11호 및 제13호의 행위로서 관계당국의 허가·승인 또는 동의를 얻은 경우에는 그러하지 아니하다.
1. 대한민국의 주권·영토보전 또는 독립에 대한 여하한 힘의 위협이나 행사 기타 국제연합헌장에 구현된 국제법원칙을 위반한 방법으로 행하는 여하한 힘의 위협이나 행사
2. 무기를 사용하여 행하는 훈련 또는 연습
3. 항공기의 이함·착함 또는 탑재
4. 군사기기의 발진·착함 또는 탑재
5. 잠수항행
6. 대한민국의 안전보장에 유해한 정보의 수집
7. 대한민국의 안전보장에 유해한 선전·선동
8. 대한민국의 관세·재정·출입국관리 또는 보건·위생법규에 위반되는 물품이나 통화의 양·적하 또는 사람의 승·하선
9. 대통령령이 정하는 기준을 초과하는 오염물질의 배출
10. 어 로
11. 조사 또는 측량
12. 대한민국 통신체제의 방해 또는 설비 및 시설물의 훼손
13. 통항과 직접 관련없는 행위로서 대통령령이 정하는 것

③ 대한민국의 안전보장을 위하여 필요하다고 인정되는 경우에는 대통령령이 정하는 바에 따라 일정수역을 정하여 외국선박의 무해통항을 일시적으로 정지시킬 수 있다.

제6조 (정선 등) 외국선박(외국의 군함 및 비상업용정부선박을 제외한다. 이하 같다)이 제5조의 규정을 위반한 혐의가 있다고 인정되는 때에는 관계당국은 정선·검색·나포 기타 필요한 명령이나 조치를 할 수 있다.

제6조의2 (접속수역에서의 관계당국의 권한) 대한민국의 접속수역에서 관계당국은 다음 각호의 목적에 필요한 범위안에서 법령이 정하는 바에 따라 그 직무권한을 행사할 수 있다.

1. 대한민국의 영토 또는 영해에서 관세·재정·출입국관리 또는 보건·위생에 관한 대한민국의 법규를 위반하는 행위의 방지
2. 대한민국의 영토 또는 영해에서 관세·재정·출입국관리 또는 보건·위생에 관한 대한민국의 법규를 위반한 행위의 제재

〈본조신설 95·12·6〉

제7조 (벌칙) ① 제5조 제2항 또는 제3항의 규정을 위반한 외국선박의 승무원 기타 승무자는 5년 이하의 징역 또는 2억원 이하의 벌금에 처하고 정상이 중한 때에는 당해 선박·기재·담보물 기타 위반물품을 몰수할 수 있다. 〈개정 95·12·6〉

② 제6조의 규정에 의한 명령이나 조치를 거부 ·방해 또는 기피한 외국선박의 승무원 기타 승선자는 2년 이하의 징역 또는 1,000만원 이하의 벌금에 처한다.

③ 제1항 및 제2항의 경우 징역형과 벌금형은 이를 병과할 수 있다.

④ 이 조의 적용에 있어서 그 행위가 이 법 이외의 다른 법률에 규정된 죄에 해당하는 경우에는 그 중 가장 중한 형으로 처벌한다.

제8조 (군함 등에 대한 특례) 외국의 군함이나 비상업용정부선박 또는 그 승무원 기타 승선자가 이 법이나 기타 다른 법령을 위반한 때에는 이의 시정이나 영해로부터의 퇴거를 요구할 수 있다.

부 칙

이 법은 공포일로부터 4월 이내에 대통령령으로 정하는 날로부터 시행한다. 〔1978.4.29 대통령령 제8994호에 의하여 1978.4.30부터 시행〕

부 칙〈95. 12. 6〉

이 법은 공포한 날로부터 1년의 범위내에서 대통령령이 정하는 날부터 시행한다. 〔1996. 7. 31 대통령령 제15133호에 의하여 1996. 8. 1부터 시행〕

2. 영해 및 접속수역법 시행령

• 영해및접속수역법시행령 〔1978. 9. 20 대통령령 제9162호〕

개정 1991. 9. 7 대통령령 제13463호(해양오염방지법시행령)
1996. 7. 31 대통령령 제15133호(영해법중 개정법률의 시행일에 관한규정)

제1조 (목적) 이 영은 영해 및 접속수역법(이하 "법"이라 한다)에서 위임된 사항과 그 시행에 관하여 필요한 사항을 규정함을 목적으로 한다.

제2조 (직선기선의 기점) 영해의 폭을 측정함에 있어서 법 제2조 제2항의 규정에 따라 직선기선을 기선으로 하는 각 수역과 그 기점은 별표 1과 같다.

제3조 (대한해협에 있어서의 영해의 범위) 국제항행에 이용되는 대한해협을 구성하는 수역에 있어서의 영해는 법 제1조 단서의 규정에 따라 별표 2에 게기하는 선을 연결하는 선의 육지측에 있는 수역으로 한다.

제4조 (외국군함등의 통항) 외국의 군함 또는 비상업용 정부선박이 영해를 통항하고자 할 때에는 법 제5조 제1항 후단의 규정에 따라 그 통항 3일전까지(공휴일은 제외한다)외무부장관에게 다음 각호의 사항을 통고하여야 한다. 다만, 전기 선박이 통과하는 수역이 국제항행에 이용되는 해협으로서 동 수역에 공해대가 없을 경우에는 그러하지 아니하다.

1. 당해선박의 선명·종류 및 번호
2. 통항목적
3. 통항항로 및 일정

제5조 (외국선박의 영해내 활동) ① 외국선박이 영해내에서 법 제5조 제2항 제2호 내지 제5호·제11

호 또는 제13호의 행위를 하고자 할 때에는 외무부장관에게 다음 각호의 사항을 기재한 신청서를 제출하여 관계당국의 허가·승인 또는 동의를 얻어야 한다.
1. 당해선박의 선명·종류 및 번호
2. 활동목적
3. 활동수역·항로 및 일정
② 법 제5조 제2항 제2호 내지 제5호 또는 제11호의 행위에 관하여 다른 법령에 의하여 관계당국의 허가·승인 또는 동의를 얻은 때에는 이 令에 의한 허가·승인 또는 동의를 얻은 것으로 본다.

제6조 (오염물질의 배출규제 기준) 법 제5조 제2항 제9호의 규정에 따른 오염물질의 배출규제기준에 관하여는 해양오염방지법 제5조·제11조·제14조 제1항 및 제16조 제1항·제2항의 규정에 의한다.

제7조 (무해통항의 일시정지) ① 법 제5조 제3항의 규정에 따라 영해내의 일정수역에 있어서 외국선박의 무해통항의 일시적 정지는 국방부장관이 행하되, 미리 국무회의의 심의를 거쳐 대통령의 승인을 얻어야 한다.
② 국방부장관이 제1항의 규정에 따라 대통령의 승인을 얻은 때에는 무해통항의 일시적 정지수역·정지기간 및 정지사유를 지체없이 고시하여야 한다.

부 칙

① (시행일) 이 令은 1978년 9월 20일부터 시행한다.
② (다른 법령의 정비) 대통령령 제8994호 영해법의 시행일 등에 관한 규정중 제2조 및 별표를 각각 삭제한다.

부 칙

제1조 (시행일) 이 영은 1991년 9월 9일부터 시행한다.
제2조 내지 제5조 생략

부 칙

① (시행일) 이 영은 1996년 8월 1일부터 시행한다.
② 생략

〈별표 1〉 직선을 기선으로 하는 수역과 그 기점

수 역	기 점	지 명	경 위 도
영일만	1.	달 만 갑	북위 36도 06분 05초 동경 129도 26분 06초
	2.	장 기 갑	북위 36도 05분 19초 동경 129도 33분 36초
울산만	3. 4.	화 암 추	북위 36도 06분 05초 동경 129도 26분 06초
		법 월 갑	북위 36도 05분 19초 동경 129도 33분 36초
남해안	5.	1.5 미 터 암	북위 35도 09분 59초 동경 129도 13분 12초
	6.	생 도 (남 단)	북위 35도 02분 01초 동경 129도 05분 43초
	7.	홍 도	북위 34도 31분 52초 동경 128도 44분 11초
	8.	간 여 암	북위 34도 17분 04초 동경 127도 51분 25초
	9.	상 백 도	북위 34도 01분 38초

			동경 127도 36분 48초
	10.	거 문 도	북위 34도 00분 0초 동경 127도 19분 35초
	11.	여 서 도	북위 33도 57분 56초 동경 126도 55분 39초
	12.	장 수 도	북위 33도 54분 55초 동경 126도 38분 25초
	13.	절 명 서	북위 33도 51분 54초 동경 126도 18분 54초
	14.	소 흑 산 도	북위 34도 02분 40초 동경 125도 07분 34초
서해안	15.	소 국 흘 도 (소흑산도 북서방)	북위 34도 06분 51초 동경 125도 04분 42초
	16.	홍 도	북위 34도 40분 18초 동경 125도 10분 25초
	17.	고서(홍도북서방)	북위 34도 43분 03초 동경 125도 11분 25초
	18.	횡 도	북위 35도 20분 03초 동경 125도 59분 14초
	19.	상 왕 등 도	북위 35도 39분 30초 동경 126도 06분 16초
	20.	직 도	북위 35도 53분 10초 동경 126도 04분 15초
	21.	어 청 도	북위 36도 07분 05초 동경 125도 58분 11초
	22.	서 격 열 비 도	북위 36도 36분 36초 동경 125도 32분 30초
	23.	소 령 도	북위 36도 58분 38초 동경 125도 45분 02초

〈별표 2〉 대한해협에 있어서의 영해의 외측한계

1.	〈별표 1〉에 게기한 기점 중 기점 5(1.5미터암)와 기점 6(생도) 및 기점 7(홍도)을 차례로 연결하는 직선기선으로부터 측정하여 그 외측 3해리의 선
2.	〈별표 1〉에 게기한 기점중 기점 5(1.5미터암)에서 127도로 그은 선과 제1호에 게기한 선의 교점으로부터 93도로 그은 선이 12해리선과 교차하는 점까지의 선
3.	〈별표 1〉에 게기한 기점 중 기점 7(홍도)에서 120도로 그은 선과 제1호에 게기한 선의 교점으로부터 172도로 그은 선이 12해리선과 교차하는 점까지의 선

3. 배타적 경제수역법

• 배타적경제수역법

〔1996. 8. 8 법률 제5151호, 1996. 9. 10 시행, 대통령령 제15, 145호〕

제1조 (배타적 경제수역의 설정) 대한민국은 이 법에 의하여 해양법에 관한 국제 연합협약(이하 "협약"이라 한다)에 규정된 배타적 경제수역을 설정한다.

제2조(배타적 경제수역의 범위) ① 대한민국의 배타적 경제수역은 협약의 규정에 맞추어 영해 및 접속수역법 제2조에 규정된 기선으로부터 그 외측 200해리의 선까지에 이르는 수역 중 대한민국의 영

해를 제외한 수역으로 한다.

② 대한민국과 대향하거나 인접하고 있는 국가(이하 "관계국" 이라 한다)간의 배타적 경제수역의 경계는 제1항의 규정에 불구하고 국제법을 기초로 관계국과의 합의에 따라 획정한다.

제3조 (배타적 경제수역에 있어서의 권리) 대한민국은 배타적 경제수역에서 다음 각호의 권리를 가진다.

1. 해저의 상부수역, 해저 및 그 하층토의 생물이나 무생물 등 천연자원의 탐사·개발·보존 및 관리를 목적으로 하는 주권적 권리와 해수·해류 및 해풍을 이용한 에너지생산 등 경제적 개발 및 탐사를 위한 그밖의 활동에 관한 주권적 권리
2. 다음 각호에 관하여 협약에 규정된 관할권

가. 인공섬·시설 및 구조물의 설치·사용

나. 해양과학조사

다. 해양환경의 보호 및 보전

3. 협약에 규정된 그밖의 권리

제4조 (외국 또는 외국인의 권리 및 의무) ① 외국 또는 외국인은 협약의 관련규정에 따를 것을 조건으로 대한민국의 배타적 경제수역에서 항행·상공비행의 자유, 해저전선·관선부설의 자유 및 그 자유와 관련되는 것으로서 국제적으로 적법한 그밖의 해양이용의 자유를 향유한다.

② 외국 또는 외국인은 대한민국의 배타적 경제수역에서의 권리의 행사와 의무의 이행을 함에 있어서는 대한민국의 권리와 의무를 적절히 고려하고 대한민국의 법령을 준수하여야 한다.

제5조 (대한민국의 권리행사 등) ① 외국과의 협정으로 달리 정하는 경우를 제외하고 대한민국의 배타적 경제수역에서는 제3조의 규정에 의한 권리를 행사 또는 보호하기 위하여 대한민국의 법령을 적용한다. 동조 제2호 가목의 인공섬·시설 및 구조물에서의 법률관계에 대하여도 또한 같다.

② 제3조의 규정에 의한 대한민국의 배타적 경제수역에 있어서의 권리는 대한민국과 관계국간에 별도의 합의가 없는 경우 대한민국과 관계국의 중간선 외측의 수역에서는 이를 행사하지 아니한다. 이 경우 "중간선" 이라 함은 그 선상의 각 점으로부터 대한민국의 기선상의 가장 가까운 점까지의 직선거리와 관계국의 기선상의 가장 가까운 점까지의 직선거리가 같게 되는 선을 말한다.

③ 대한민국의 배타적 경제수역에서 제3조의 규정에 의한 권리를 침해하거나 당해 배타적 경제수역에 적용되는 대한민국의 法令을 위반한 혐의가 있다고 인정되는 자에 대하여 관계기관은 협약 제111조의 규정에 의한 추적권을 행사, 정선·승선·검색·나포 및 사법절차를 포함하여 필요한 조치를 취할 수 있다.

부 칙

이 법은 공포 후 1년 이내에 대통령령이 정하는 날부터 시행한다.

4. 해양과학조사법(1995. 1. 5 법률 제4941호)

제1장 총칙

제1조 (목적) 이 법은 외국인 또는 국제조직에 의한 해양과학조사의 실시에 필요한 절차를 정하고, 대한민국 국민에 의하여 실시된 해양과학조사의 결과물인 조사자료의 효율적 관리 및 공개를 통하여 해양과학기술의 진흥을 도모함을 목적으로 한다.

제2조 (정의) 이 법에서 사용하는 용어의 정의는 다음 각호와 같다.

1. "해양과학조사"라 함은 해양의 자연현상을 구명하기 위하여 해저면·하층도·상부수역 및 인접대기를 대상으로 하는 조사 또는 탐사 등의 행위를 말한다.
2. "외국인"이라 함은 외국의 국적을 가진 사람, 외국의 법률에 의하여 설립된 법인 및 외국정부를 말한다.
3. "대한민국 국민"이라 함은 대한민국의 국적을 가진 사람 및 대한민국 법률에 의하여 설립된 법인을 말한다.
4. "관할해역"이하 함은 대한민국이 주권을 행사하는 내수·영해 및 주권적 권리와 관할권을 행사하는 해역을 말한다.

5. "조사자료"라 함은 해양과학조사를 통해 얻어진 기초자료 및 시료를 말한다.
6 ."기초자료"라 함은 현장에서 얻어진 자료중 이용자가 보편적으로 사용할 수 있도록 정리된 자료 및 이의 해석 · 평가에 필수적인 관련정보를 말한다.

제3조 (적용범위) 이 법은 광물자원의 개발사업과 관련된 조사 또는 탐사 등에 대하여는 이를 적용하지 아니한다.

제2장 외국인 등의 해양과학조사

제4조 (일반원칙) 외국인 또는 국제조직(이하"외국인등"이라 한다)에 의한 해양과학조사는 다음 각 호의 원칙에 따라 실시되어야 한다.

1. 해양과학조사는 평화적 목적만을 위한 것이어야 하고 관련국제협약에 합치되는 과학적 방식 및 수단에 의하여 실시되어야 한다.
2. 해양과학조사는 다른 적법한 해양의 이용을 부당하게 방해하지 아니하도록 실시되어야 한다.
3. 해양과학조사는 해양환경의 보호 및 보존을 위한 모든 규정을 비롯하여 국제연합해양법협약에 따라 채택된 관련국제법에 따라서 실시되어야 한다.

제5조 (국제협력의 증진) ①과 학기술처장관은 상호이익의 기반위에서 해양과학조사의 국제교류를 증진하기 위하여 필요한 시책을 강구하여야 한다.

② 과학기술처장관은 이 법에 따라 해양과학조사를 실시하는 외국인등이 요청하는 경우 관계중앙행정기관의 장과 협의하여 선박 입 · 출항의 편의제공, 안전수역의 보호 등에 필요한 조치를 할 수있다.

제6조 (영해에서의 조사에 대한 허가) ① 대한민국의 영해에서 해양과학조사를 하고자 하는 외국인등은 대한민국 정부의 허가를 받아야 한다.

② 제1항의 규정에 의한 허가를 받고자 하는 외국인등은 해양과학조사 실시예정일 6월전까지 대통령령이 정하는 사항을 포함한 조사계획서를 외무부장관을 거쳐 과학기술처장관에게 제출하여야 한다.

③ 제2항의 규정에 의한 조사계획서를 받은 과학기술처장관은 관계중앙행정기관의 장과 협의하여 허가여부를 결정하여야 한다.

제7조 (영해 외측관할해역에서의 조사에 대한 동의) ① 대한민국 영해 외측의 관할해역에서 해양과학조사를 실시하고자 하는 외국인등은 대한민국 정부의 동의를 얻어야 한다.

② 제1항의 규정에 의한 동의를 얻고자 하는 외국인등은 해양과학조사 실시예정일 6월전까지 제6조 제2항의 규정에 의한 조사계획서를 외무부장관을 거쳐 과학기술처장관에게 제출하여야 한다.

③ 제2항의 규정에 의한 조사계획서를 받은 과학기술처장관은 관계중앙행정기관의 장과 협의하여 4월 이내에 동의여부를 결정하고 이를 통보하여야 한다.

④ 과학기술처장관은 제2항의 규정에 의한 조사계획서가 다음 각호의 1에 해당하는 경우에는 동의를 거부할 수 있다.

1. 생물 또는 무생물을 불문하고 천연자원의 탐사 및 개발에 직접적인 영향을 미치는 경우
2. 대륙붕의 굴착 · 폭발물의 사용 또는 해양환경에 유해한 물질을 투입하는 경우
3. 대한민국 영해외측의 관할해역에 인공섬이나 설비 및 구조물을 건조 · 사용 또는 운용하는 경우
4. 조사계획서의 내용이 부정확하거나 조사계획서를 제출한 외국인등이 이법에 의하여 수행한 해양과학조사와 관련하여 대한민국에 대한 의무를 이행하지 아니하는 경우
5. 대한민국의 국민 및 국가기관(이하"국민 등"이라 한다)의 해양과학조사를 정당한 이유없이 거부한 국가의 국가기관 및 국민이 조사계획서를 제출하는 경우

제8조 (공동조사의 허가 등) ① 외국인등이 내수를 제외한 관할해역에서 국민등과 공동으로 수행하는 해양과학조사(이하 이 조에서"공동조사"라 한다)의 경우에는 외국인등 또는 공동조사에 참여하는 국민 등은 제6조 제1항의 규정에 의한 허가를 받거나 제7조1항의 규정에 의한 동의를 얻어야 한다.

② 제1항의 규정에 의한 공동조사의 허가 또는 동의에 관하여는 제6조 제2항 · 제3항 또는 제7조 제2항 내지 제4항의 규정을 준용한다. 다만, 공동조사에 참여한 국민 등이 제6조제2항 및 제7조 2항의 규정에 의한 조사계획서를 과학기술처장관에게 제출하는 경우에는 외무부장관을 거치는 아니한다.

③ 과학기술처장관은 공동조사에 참여한 국민 등이 제21조의 규정에 의한 의무를 이행하는 경우에는 제10조 제1항 제3호의 규정에 의한 외국인 등의 의무를 면제할 수 있다.

제9조 (조건부 허가) 과학기술처장관은 제6조 내지 제8조의 규정에 의한 허가 또는 동의를 함에 있

어서 조건을 붙이거나 부담을 지울 수 있다.

제10조 (외국인 등의 의무) ① 제6조 내지 제8조의 규정에 의하여 허가 또는 동의를 받은 외국인 등은 다음 각호의 의무를 이행하여야 한다.

1. 대한민국 국민 중 과학기술처장관이 지정하는 자의 해양과학조사에의 참여보장과 참여하는 대한민국 국민에 대한 보수 및 관련비용의 부담
2. 해양과학조사의 종료 후 대통령령이 정하는 바에 의한 조사결과보고서의 제출
3. 해양과학조사로부터 얻어진 모든 조사자료의 이용기회의 제공 및 복사가능한 기초자료와 과학적 가치의 손상없이 분할될 수 있는 시료의 제출
4. 과학기술처장관이 요청하는 경우 조사자료 및 조사결과를 분석·평가한 기록을 제공하거나 평가 또는 해석에 대한 지원
5. 제6조제2항·제7조제2항 또는 제8조제2항의 규정에 의하여 제출된 조사계획서의 내용 중 대통령령이 정하는 중대한 사항의 변경이 있는 경우 변경 내용의 즉시 통보
6. 해양과학조사 설비 또는 장비의 식별표시 및 경고신호 표시의 부착
7. 주요항로에 대한 해양과학조사 설비 또는 장비의 설치 금지
8. 해양과학조사를 종료하였거나 제12조 2항의 규정에 의하여 조사가 중지되었을 경우 해양과학조사를 위하여 설치·사용된 설비 또는 장비의 철거

②과학기술처장관은 외국인등이 제1항의 규정에 의한 의무를 이행하지 아니한 때에는 그 외국인등이 소속한 국가 및 국제조직의 장에게 의무의 이행을 촉구할 수 있다.

제11조 (조사자료의 공개 및 양도 제한 등) ① 과학기술처장관은 외국인등이 수행한 해양과학조사의 결과로 얻어진 조사자료 및 조사결과가 대한민국의 국익에 중대한 영향을 미칠 것으로 판단되는 경우 그 조사자료와 조사결과의 공개 및 양도를 제한할 수 있다.

② 과학기술처장관은 외국인등이 제1항의 규정에 의한 조사자료와 조사결과의 공개 및 양도의 제한 요구에 응하지 아니할 경우에는 그 외국인등이 소속한 국가 및 국제조직의 장에게 공개 및 양도제한에 관한 조치를 할 것을 촉구할 수 있다.

제12조 (해양과학조사의 정지 및 중지) ① 과학기술처장관은 외국인 등의 해양과학조사가 다음 각호의 1에 해당하는 때에는 해양과학조사를 정지시킬 수 있다. 다만, 정지의 사유가 해제된 때에는 해양과학조사를 재개하도록 할 수 있다.

1. 제6조제2항·제7조제2항 또는 제8조제2항의 규정에 의하여 제출된 조사계획서에 따라 실시되고 있지 아니한 경우
2. 제10조제1항제1호·제5호 내지 제7호의 규정에 의한 의무를 이행하지 아니한 경우
3. 국방부장관이 군작전 수행을 위하여 과학기술처장관에게 해양과학조사의 정지를 요청한 경우

② 과학기술처장관은 외국인 등의 해양과학조사가 다음 각호의 1에 해당하는 때에는 해양과학조사를 중지시킬 수 있다.

1. 해양과학조사가 대통령령이 정하는 중대한 변경사유에 해당하는 경우
2. 제1항제2호의 규정에 의한 의무의 불이행이 과학기술처장관이 정하는 기간 동안 시정되지 아니한 경우
3. 관계중앙행정기관의 장이 대한민국의 평화·공공질서 및 안전보장을 이유로 과학기술처장관에게 해양과학조사의 중지를 요청한 경우

③ 제1의 규정에 의한 정지와 제2항의 규정에 의한 중지는 외국인등에게 통보함과 동시에 그 효력을 발생한다.

제13조 (불법조사) ① 외국인 등이 제6조 내지 제8조의 규정에 의한 허가나 동의를 받지 아니하고 해양과학조사를 수행한다는 혐의가 있는 때에는 관계기관의 장은 정선·검색·나포 기타 필요한 명령이나 조치를 할 수 있다.

② 제1항의 규정에 의하여 정선·검색·나포 기타 필요한 명령이나 조치를 한 관계기관의 장은 즉시 그 사실을 과학기술처장관에게 통보하여야 한다.

제14조 (다른 조약과의 관계) ① 외국 정부 또는 국제조직(이하 "외국 등"이라 하다)이 대한민국 정부와 조약을 체결하여 실시하는 해양과학조사는 이 법에 의하여 허가 또는 동의를 받은 것으로 본다.

② 제1항의 규정에 의한 해양과학조사를 실시하는 경우 외국 등은 해양과학조사 실시예정일 1월전까지 제6조제2항 또는 제7조제2항의 규정에 의한 조사계획서를 외무부장관을 거쳐 과학기술처장관에게 제출하여야 한다.

제15조 (긴급조사) 해난사고 및 오염 등의 원인규명을 위한 국제공동조사가 정부간 합의에 의하여 긴

급히 실시되는 때에는 제6조의 규정에 의한 허가 또는 제7조의 규정에 의한 동의를 받은 것으로 본다.

제16조 (손해배상) 외국인등이 이 법에 의한 해양과학조사를 실시함에 있어서 국민 등의 인적·물적 재산에 피해를 발생하게 한 때에는 관련 국제조약 및 국내법의 규정에 의하여 이를 배상하여야 한다.

제17조 (해양과학조사와 관련된 권리의 발생 불인정) 외국인등은 해양과학조사에 의하여 얻어진 조사자료를 근거로 관할해역의 해양환경 또는 천연자원의 탐사 및 개발에 대한 권리를 주장할 수 없다.

제18조 (국가비상시 등의 특칙) 외국인등의 해양과학조사는 국가비상사태에 따른 안전보장과 관련된 대한민국의 권리행사 및 적법한 해양의 이용행위를 부당하게 방해하여서는 아니된다.

제19조 (벌칙) ① 외국인 등이 제6조 또는 제8조의 규정에 의한 허가없이 대한민국 영해에서 해양과학조사를 실시하는 때에는 5년이하의 징역 또는 3억원 이하의 벌금에 처한다.

② 외국인등이 제7조 또는 제8조의 규정에 의한 동의없이 대한민국 영해 외측의 관할해역에서 해양과학조사를 실시하는 때에는 1억원 이하의 벌금에 처한다.

③ 제1항 및 제2항의 경우 해양과학조사에 사용된 당해 선박·설비·장비 및 얻어진 조사자료는 이를 몰수할 수 있다.

제 3 장 대한민국 국민의 해양과학조사

제20조 (해양과학조사의 장려) ① 정부는 대한민국 국민이 해양과학조사를 자유롭게 실시할 수 있도록 보장하고 이를 적극 장려하여야 한다. 다만, 다른 법률에 특별한 규정이 있는 때에는 예외로 한다.

② 과학기술처장관은 해양과학기술의 진흥을 위하여 조사자료의 공개 및 제공이 원활히 이루어질 수 있도록 필요한 지원조치를 강구하여야 한다.

제21조 (조사자료의 관리 및 공개) ① 국가기관 또는 지방자치단체(이하 "국가기관 등"이라 한다)의 장 및 대통령령이 정하는 법인의 대표자는 국가기관 등의 예산으로 실시한 해양과학조사로부터 얻어진 조사자료의 관리를 제22조의 규정에 의한 관리기관에 위탁할 수 있다.

② 제2항의 규정에 의한 국가기관 등의 장 및 법인의 대표자는 조사자료를 공개하고, 이용자가 기초자료의 제공을 요청하는 때에는 이에 응하여야 한다. 이 경우 기초자료의 제공에 소요되는 비용은 이용자에게 부담시킬 수 있다.

③ 제1항 및 제2항의 규정에 의한 조사자료의 관리 및 공개의 범위에 관하여 필요한 사항은 대통령령으로 정한다.

제22조 (관리기관) ① 관계부처의 장은 조사자료의 공동활용을 위하여 대통령령이 정하는 바에 의하여 관리기관을 지정·운영할 수 있다. 이 경우 관계부처의 장은 해양과학조사와 관련된 정보의 공유 및 원활한 소통을 위하여 긴밀히 협조하여야 한다.

② 제1항의 규정에 의한 관리기관은 다음 각호의 업무를 수행한다.

1. 제10조 제1항 제2호 및 제3호에 의하여 제출된 조사결과보고서와 조사자료의 관리 및 이용자에 대한 제공
2. 제3항에 의하여 수집된 조사자료목록의 관리 및 이용자에 대한 제공
3. 이용자의 조사자료 이용편의 증진 및 이용환경 조성
4. 기타 조사자료의 공동활용 및 효율적인 관리를 위하여 과학기술처장관이 정하는 사항

③ 제1항의 규정에 의한 관리기관의 장은 제21조제1항의 규정에 의한 국가기관 등의 장 및 법인의 대표자에게 대통령령이 정하는 바에 의하여 조사자료목록의 제공을 요청할 수 있다.

④ 제3항의 의하여 조사자료목록의 제공을 요청받은 국가기관 등의 장 및 법인의 대표자는 특별한 사유가 없는 한 이에 응하여야 한다.

제23조 (이행권고) 과학기술처장관은 제21조의 규정에 의한 의무를 정당한 사유 없이 이행하지 아니한 국가기관 등의 장 및 법인의 대표자에 대하여 그 이행을 권고할 수 있다.

일본 해양법령

1. 영해 및 접속수역에 관한 법률

(평성 8년:1996, 법률 제73호)

제1조 (영해의 범위) ① 일본의 영해는 기선으로부터 그 외측 12해리 선 (그 선이 기선으로부터 측정하여 중간선을 초과하는 때에는 그 초과부분에 관해서는 중간선(일본과 외국과의 사이에 합의한 중간선에 대신하는 선이 있을 때에는 그 선)으로 한다)까지의 해역으로 한다.

② 전항의 중간선은 어느 점을 취해도 기선상의 가장 가까운 점으로부터의 거리와 일본의 해안과 대향하는 외국의 해안에 관계된 그 외국의 영해의 폭을 측정하기 위한 기선상의 가장 가까운 점으로부터의 거리가 동등한 선으로 한다.

제2조 (기선) ① 기선은 저조선, 직선기선 및 만구 또는 하구에 이어지는 직선으로 한다. 단, 내수인 세토나이카이에 대해서는 다른 해역과의 경계로서 정령에 규정하는 선을 기선으로 한다.

② 전항의 직선기선은 유엔해양법협약 제7조에 규정된 바에 따라 정령으로 정한다.

③ 전항에 규정한 것 외에, 제1항에 규정하는 선을 기선으로 이용할 경우의 기준 기타 기선을 규정함에 있어서 필요한 사항은 정령으로 정한다.

제3조 (내수 또는 영해로부터의 추적에 관한 일본법령의 적용) 일본의 내수 또는 영해로부터 행해지는 유엔해양법협약 제111조에 규정하는 바에 의한 추적에 관계된 일본공무원의 직무집행 및 이를 방해하는 행위에 관해서는 일본의 법령(벌칙을 포함한다. 제5조에서도 같다)을 적용한다.

제4조 (접속수역) ① 일본이 유엔해양법협약 제33조 제1항에 규정하는 바에 의하여 일본의 영역에 있어서의 통관, 재정, 출입국관리 및 위생에 관한 법령에 위반되는 행위의 방지 및 처벌을 위해서 필요한 조치를 취하는 수역으로서, 접속수역을 설정한다.

② 전항의 접속수역 (이하 간단히 「접속수역」이라 한다)은, 기선으로부터 기타 측24해리의 선(그 선이 기선으로부터 측정하여 중간선(제1조 제2항에 규정하는 중간선을 말한다. 이하 같다)을 초월할 때에는 그 초월하는 부분에 관해서는 중간선(일본과 외국 사이에 합의된 중간선에 대신할 선이 있을 때는, 그 선)으로 한다)까지의 해역(영해를 제외한다)으로 한다.

③ 외국과의 사이에 상호중간선을 넘어 유엔해양법협약 제33조 제1항에 규정하는 조치를 취하는 것이 적당하다고 인정되는 해역부분에 있어서는, 접속수역은 전항의 규정에 불구하고, 정령으로 규정하는 바에 따라, 기선으로부터 기타 측 24해리 선까지의 해역(외국의 영해인 해역을 제외한다)으로 할 수 있다.

제5조 (접속수역에서의 일본법령의 적용) 전조 제1항에 규정된 조치에 관계되는 접속수역에 있어서의 일본공무원의 직무집행(당해직무의 집행에 관하여 접속수역으로부터 행해지는 유엔해양법협약 제111조에 규정하는 바에 의한 추적에 관계된 직무를 포함한다) 및 이것을 방해하는 행위에 관해서는 일본의 법령을 적용한다.

부 칙

① (시행기일)

이 법률은 유엔해양법협약이 일본에 관하여 효력을 발생하는 날부터 시행한다.

② (특정해역에 관련된 영해의 범위)

당분간 소야해협, 쓰가루해협, 쓰시마해협동수도, 쓰시마해협서수도 및 오수미해협(이들 해역에 각각 인접하고 또한 선박이 통상 항행하는 경로에서 보아 이들 해역과 각각 일체를 이룬다고 인정되는 해역을 포함한다. 이하 「특정해역」이라 한다)에 대해서는 제1조의 규정은 적용하지 않고 특정해역에 관계되는 영해는 각각 기선으로부터 그 외측 3해리선 및 이것과 접속하여 이어지는 선까지의 해역으로 한다.

③ 특정해역의 범위 및 전항에 규정하는 선에 대해서는 정령으로 정한다.

2. 배타적 경제수역 및 대륙붕에 관한 법률

(평성 8년:1996, 법률 제74호)

제1조 (배타적 경제수역) ① 일본은 해양법에 관한 국제연합조약(이하 「유엔해양법협약」이라 한다)에 규정하고 있는 바에 따라 유엔해양법협약 제5부에 규정된 연안국의 주권적 권리 기타 권리를 행사할 수역으로서, 배타적 경제수역을 설정한다.

② 전항의 배타적 경제수역(이하 간단히 「배타적 경제수역」이라 한다)은, 일본의 기선 (영해 및 접속수역에 관한 법률(소화52년 법률 제30호) 제2조 제1항에 규정된 기선을 말한다. 이하 같다)으로부터, 어느 점을 취해도 일본의 기선상의 가장 가까운 점으로부터의 거리가 200해리인 선(그 선이 일본이 기선으로부터 측정하여 중간선(어느 점을 취해도 일본의 기선상의 가장 가까운 점으로부터의 거리와, 일본의 해안과 서로 마주보고 있는 외국의 해안에 걸리는 그 외국의 영해폭을 측정하기 위한 기선상의 가장 가까운 점으로부터의 거리가 같은 선을 말한다. 이하 같다)을 넘는 때에는, 그 초월한 부분에 관해서는, 중간선(일본과 외국 사이에 합의한 중간선에 대신할 선이 있을 때는 그 선)으로 한다)까지의 해역(영해를 제외한다) 그리고 그 해저 및 그 아래로 한다.

제2조 (대륙붕) 일본이 유엔해양법협약에 규정하고 있는 바에 따라 연안국의 주권적권리 기타권리를 행사하는 대륙붕(이하 간단히 「대륙붕」이라 한다)은, 다음 열거하는 해역의 해저 및 그 아래로 한다.

1. 일본의 기선으로부터 어느 점을 취해도, 일본의 기선상의 가장 가까운 점으로부터의 거리가 200해리인 선(그 선이 일본의 기선으로부터 측정하여 중간선을 초월할 때는 그 초월하는 부분에 관해서는, 중간선(일본과 외국간에 합의된 중간선을 대신할 선이 있을 때는 그 선 및 이것과 접속하여 이끌어지는 정령으로 규정하는 선(으로 한다)까지의 해역(영해를 제외한다).
2. 전호의 해역(어느 점을 취해도 일본의 기선상의 가장 가까운 점으로부터의 거리가 200해리인 선에 의해 그 한계가 획정되는 부분에 한한다)의 외측에 접하는 해역이며, 유엔해양법협약 제76조에 규정한 바에 따라 정령으로 규정하는 것.

제3조 (일본법령의 적용) ① 다음 각호에 열거하는 사항에 관해서는 일본의 법령(벌칙을 포함한다. 이하 같다)을 적용한다.

1. 배타적 경제수역 또는 대륙붕에 있어서의 천연자원의 탐사, 개발, 보존 및 관리, 인공섬, 시설 및 구축물의 설치, 건설, 운용 및 이용, 해양환경의 보호 및 보전 그리고, 해양의 과학적 조사
2. 배타적 경제수역에 있어서의 경제적인 목적으로 행해지는 탐사 및 개발 활동(전호에 열거한 것을 제외한다)
3. 대륙붕의 굴삭(제1호에 열거한 것을 제외한다)
4. 전3호에 열거한 사항에 관한 배타적 경제수역 또는 대륙붕에 연결된 수역에 있어서의 일본 공무원의 직무집행(당해직무의 집행에 관하여 이들 수역으로부터 행해지는 유엔해양법협약 제111조에 규정하는 바에 의한 추적에 관계되는 직무집행을 포함한다) 및 이것을 방해하는 행위

② 전항에 규정하는 것 이외에, 동항 제1호의 인공섬, 시설 및 구축물에 관해서는 국내에 있는 것으로 간주하여 일본의 법령을 적용한다.

③ 전2항의 규정에 의한 일본의 법령적용에 관해서는, 당해법령이 적용될 수역이 일본의 영역 외인 점 기타 당해수역에 있어서의 특별한 사정을 고려하여 합리적으로 필요하다고 인정되는 범위 내에 있어서 정령으로 당해법령의 적용관계의 정리 또는 조정을 위해 필요한 사정을 규정할 수 있다.

제4조 (조약의 효력) 이 법률에 규정하는 사항에 관하여 조약에 다른 규정이 있을 때에는 그 규정하는 바에 따른다.

부 칙

제1조 (시행기일) 이 법률은 유엔해양법협약이 일본에 관하여 효력을 발생하는 날부터 시행한다.

제2조 (關稅定率法의 일부개정) 관세정률법(명치43년 법률 제54호)의 일부를 다음과 같이 개정한다.

제2조 중 「기하는(기く)」를 「기하는(기づく)」로 개정, 「공해」 밑에 「그리고 본국의 배타적 경제수역의 해역 및 외국의 배타적 경제수역의 해역」을 덧붙인다.

제3조 (관세법의 일부개정) ① 관세법(소화 29년 법률 제61호)의 일부를 다음과 같이 개정한다.

제2조 제2항을 동조 제3항으로 하고, 동조 제1항의 다음에 다음 일 항을 덧붙인다.

② 전항의 제1호, 제3호 및 제4호에 규정한 공해에서 채포된 수산물에는 일본의 배타적 경제수역의 해역 및 외국 배타적 경제수역의 해역에서 채포된 수산물을 포함하는 것으로 한다.

제 4 조 (해양오염 및 해상재해의 방지에 관한 법률의 일부개정) 해양오염 및 해상재해의 방지에 관한 법률(소화45년 법률 제136호)의 일부를 다음과 같이 개정한다.

제63조를 다음과 같이 개정한다.

제63조 삭제

제 5 조 (유탁손해배상보장법의 일부개정) 유탁손해배상보장법(소화50년 법률 제95호)의 일부를 다음과 같이 개정한다.

제2조 제5호의 2를 다음과 같이 개정한다.

5호의 2 배타적 경제수역 등 배타적 경제수역(배타적 경제수역 및 대륙붕에 관한 법률 (평성 8년 법률 제74호)제1조제1항에 규정하는 배타적 경제수역을 말한다. 제31조에 있어서도 같다) 및 1992년 책임조약의 체약국인 외국의 1992년 책임조약 제2조 (a) (ii)에 규정하는 수역을 말한다.

제2조 제6호 중「200해리 수역 등」을「배타적 경제수역 등」으로 개정한다.

제31조 중「200해리 수역」을「배타적 경제수역」으로 개정한다.

중국 해양법령

1. 영해 및 접속수역법 (국문)

제1조 중화인민공화국 영해의 주권과 접속수역에 대한 관할권 및 국가안전과 해양권익의 유지·보호를 위해 본법을 제정한다.

제2조 중화인민공화국의 영해는 중화인민공화국의 육지영토와 내수의 일대 해역이다.

중화인민공화국의 육지영토는 중화인민공화국의 대륙과 연해도서·대만 및 조어도를 비롯한 부속의 각 섬·팽호열도·동사군도·서사군도·중사군도·남사군도 및 기타 중화인민공화국의 모든 도서를 포함한다.

중화인민공화국의 영해기준선에서 육지를 향한 쪽의 수역이 중화인민공화국의 내수이다.

제3조 중화인민공화국 영해의 폭은 영해기준선으로부터 12해리이다.

중화인민공화국의 영해기준선은 직선기선방법에 의해 확정되며 각 접속점을 직선으로 연결하여 조성한다.

중화인민공화국 영해의 외부한계는 영해기준선에서 가장 가까운 거리에 위치한 12해리의 선이다.

제4조 중화인민공화국의 접속수역은 영해로부터 밖으로 연결되는 해역일대를 의미하며, 접속수역의 폭은 12해리이다.

중화인민공화국 접속수역의 외부한계는 영해기준선에서 가장 가까운 거리에 위치한 24해리이다.

제5조 중화인민공화국 영해주권은 영해의 상공, 영해의 해상 및 해저에 미친다.

제6조 외국의 비군사용선박은 중화인민공화국의 영해를 법에 의해 무사히 통과할 수 있는 권리를 향유한다.

군함이 중화인민공화국의 영해에 진입하려면 중국정부의 허가를 얻어야 한다.

제7조 외국의 잠수함 또는 기타 잠수기기가 중화인민공화국의 영해를 통과할 때에는 반드시 국기를 게양, 해면에서 항행하여야 한다.

제8조 외국선박이 중화인민공화국 영해를 통과시 반드시 중화인민고아화국의 법률·법규를 준수해야 하며 중화인민공화국의 평화·안전과 질서를 해치지 않아야 한다.

외국 핵동력선박과 핵물질 운송선박 또는 유독물질이나 위험물질을 운송하기 위해 중화인민공화국 영해를 통과하는 선박은 반드시 관련증명서를 소지해야 하며 특별한 예방조치를 취해야 한다.

중화인민공화국 정부와 무해통과를 위해 모든 필요조치를 채택한다.

외국선박이 중화인민공화국의 법률·법규를 위배할 경우 유관기관에 의해 의법 처리된다.

제9조 운행상의 안전유지와 특수한 필요에 의해 중화인민공화국 정부는 영해를 통과하는 외국선박으로 하여금 지정된 항로에 따라 항행하게 하며 그 구체적 방법은 중화인민공화국 정부유관기관이 공포한다.

제10조 외국의 군함이나 비상업용 외국정부의 선박이 중화인민공화국의 영해를 통과시 중국의 법률·법규를 위반하면 중국정부나 관계기관은 즉시 영해를 떠나도록 명령할 권리기 있으며 이에 따라 발생하는 손해나 손상은 해당 선박의 국가가 국제적 책임을 진다.

제11조 어떠한 국제조직이나 개인이 중화인민공화국의 영해 내에서 과학연구나 해양작업 등의 활동을 하기 위해서는 중화인민공화국의 유관기관의 허가를 득해야 하며 중화인민고아화국의 법률과 법규를 준수해야한다.

중화인민공화국의 규정을 어기고 불법으로 영해 내에서 과학연구·해양작업 등 활등을 할 경우 중국의 유관기관에 의해 의법 처리된다.

제12조 외국항공기는 당해국 정부와 중화인민공화국 정부간 체결한 협정·협의에 근거하거나 또는 정부유관기관의 허가를 받아야만 중화인민공화국의 영공을 진입할 수 있다.

제13조 중화인민공화국 접속수역 내에서 육지영토·내수면 및 영해의 안전·세관·재정·위생 또는 출입국관리법률·법규의 위반을 방지하기 위하여 관할권 행사를 할 수 있다.

제14조 중화인민공화국 관계기관은 중화인민공화국의 법률·법규를 위반하는 외국선박에 대해 추적권을 행사할 수 있다.

추적은 외국의 선박 또는 모선과 함께 활동하는 소형함정이 중화인민공화국의 내수면·영해 또는 접속수역 내에 진입한 때부터 개시된다.
만약 외국의 선박이 중화인민공화국의 접속수역 내에 진입하고, 본법 제13조의 관련 법률·법규의 규정에 따른 권리가 침범되었을 때 추적이 진행된다.
추적은 외국의 선박이 중화인민공화국 영해 또는 접속수역 내에 있을 경우 계획 진행되며 동 선박이 자국의 영해 또는 제3국의 영해에 진입하면 추적은 중지된다.
본조에서 규정하는 추적권은 중화인민공화국의 군함·군용기 또는 정부의 위임을 받아 공무를 수행하는 선박 및 항공기가 행사할 수 있다.

제15조 중화인민공화국 영해의 기준선은 중화인민공화국 정부에서 공포한다.

제16조 중화인민공화국 정부는 본법에 의거하여 관련규정을 제정한다.

제17조 본 법은 공포한 날부터 시행한다.

2. 배타적 경제수역 및 대륙붕에 관한 법률

(98. 6. 26. 전인대 상무위 통과 및 중국 주석 공포 : 동일자 발효)

제1조 중화인민공화국이 배타적 경제수역과 대륙붕에 대하여 행사하는 주권적 권리와 관할권을 보장하고, 국가해양 권익을 보호하기 위하여, 본 법을 제정한다.

제2조 중화인민공화국의 배타적 경제수역은 중화인민공화국 영해를 제외하되 영해에 인접한 수역 중에서 영해기선에서 200해리까지의 수역으로 한다. 중화인민공화국의 대륙붕은 중화인민공화국 육지 영토의 전부가 중국 영해이원으로 자연 연장되어 대륙변계 외연까지 뻗어나간 해저구역의 해저와 그 하층토이며, 만약 영해기선에서 계산하여 대륙변계 외연까지의 거리가 200해리에 못 미칠 경우에는, 이를 200해리까지 확장한다. 중화인민공화국과 해안을 서로 인접하고 있거나 마주보고 있는 국가가 배타적 경제수역과 대륙붕이 중첩된다고 주장하는 경우에는 국제법 기초위에서 공평원칙에 따라 합의를 하여 경계선을 획정한다.

제3조 중화인민공화국은 배타적 경제수역에서 해저의 상부수역·해저 및 그 하층토의 천연자원의 탐사·개발·보존 및 관리하는 활동과 해수·해류 및 해풍을 이용한 에너지 생산 등 경제적 개발 및 조사를 위한 기타 활동에 대하여 주권적 권리를 행사한다. 중화인민공화국은 배타적 경제수역에서의 인공섬·시설 및 구조물의 설치·사용, 해양과학연구 및 해양환경의 보호와 보전에 대하여 관할권을 행사한다. 본 법이 지칭하는 배타적 경제수역의 천연자원에는 생물자원과 무생물자원을 포함한다.

제4조 중화인민공화국은 대륙붕의 탐사와 대륙붕의 천연자원 개발을 위하여 대륙붕에 대하여 주권적 권리를 행사한다. 중화인민공화국은 대륙붕에서의 인공섬·시설 및 구조물의 설치·사용, 해양과학연구 및 해양환경의 보호와 보전에 대하여 관할권을 행사한다. 중화인민공화국은 모든 목적을 위하여 대륙붕상에서 시추하는 것을 허가 및 관리하는 배타적 권리를 보유한다. 본 법이 지칭하는 대륙붕의 천연자원에는 해저와 그 하층토의 광물과 기타 무생물자원 및 정착성 어종에 속하는 생물, 즉 수확가능 단계에서 해저의 표면 또는 해저 아래에서 움직이지 아니하거나 해저 또는 그 하층토에 항상 밀착하지 아니하고는 움직일 수 없는 생물을 포함한다.

제5조 어떠한 국제기구, 외국의 조직이나 개인이 중화인민공화국의 배타적 경제수역내에서 어업활동에 종사하고자 할 경우에는 중화인민공화국의 주관 기관의 비준을 거쳐야 하고, 중화인민공화국의 법률과 법규 및 중화인민공화국과 관계국가간 체결된 조약과 협정을 준수해야 한다. 중화인민공화국의 주관기관은 배타적 경제수역의 생물자원이 과도한 개발로 인한 위험을 받지 않도록 하기 위하여 각종 필요한 보호와 관리 조치를 취한다.

제6조 중화인민공화국 주관기관은 배타적 경제수역의 경계를 넘어서 활동하는 어족, 고도회유성 어종, 해양포유동물, 중화인민공화국의 수역내에서 대부분의 생존주기를 보내는 강하성유어종에 대하여 보호와 관리를 실시한다. 중화인민공화국은 중화인민공화국의 하천을 모천으로 하는 소하성 어족에 대하여 주요 권익을 향유한다.

제7조 어떠한 국제기구, 외국의 조직이나 개인이 중화인민공화국의 배타적 경제수역과 대륙붕의 천연자원을 탐사, 개발활동을 하거나, 중화인민공화국의 대륙북상에서 어떠한 목적으로든 시추를 하고자 할 경우에는 중화인민공화국의 주관기관의 비준을 거쳐야 하고, 중화인민공화국의 법률과 법규를 준수해야 한다.

제8조 중화인민공화국은 배타적 경제수역과 대륙붕에서 인공섬·시설 및 구조물의 설치, 운영 및 사

용에 대한 배타적 권리를 가진다. 중화인민공화국은 배타적 경제수역과 대륙붕의 인공섬·시설 및 구조물에 대하여 배타적 관할권을 행사하며, 이것에는 관세·재정·위생·안전 및 출입국관리 법률과 법규분야의 관할권이 포함된다. 중화인민공화국 주관기관은 항해 안전과 인공섬·시설 및 구조물의 안전을 보장하기 위하여 배타적 경제수역과 대륙붕의 인공섬·시설 및 구조물 주변에 안전지대를 설치할 권리가 있고, 동 지대에서 적절한 조치를 취할 수 있다.

제9조 어떠한 국제기구, 외국의 조직이나 개인이 중화인민공화국의 배타적 경제수역과 대륙붕에서 해양과학연구를 하고자 할 경우에는 중화인민공화국 주관기관의 비준을 거쳐야 하고, 중화인민공화국의 법률과 법규를 준수해야 한다.

제10조 중화인민공화국의 주관기관은 배타적 경제수역과 대륙붕의 해양환경을 보호하고 보전하기 위하여 해양환경의 오염을 방지·감소·통제하기 위한 필요조치를 취할 권리를 가진다.

제11조 어떠한 국가도 국제법과 중화인민공화국의 법률·법규를 준수한다는 전제하에서 중화인민공화국의 배타적 경제수역에서 항행과 비행의 자유를 향유하며, 중화인민공화국의 배타적 경제수역과 대륙붕에서 해저전선과 도관을 부설할 자유와 상기한 자유와 관련 있는 기타 해양을 합법적으로 사용할 편리를 향유한다. 해저전선과 도관의 선로를 부설함에 있어서는 중화인민공화국 주관기관의 동의를 얻어야 한다.

제12조 중화인민공화국은 배타적 경제수역의 생물자원을 탐사·개발·보호 및 관리에 관한 주권적 권리를 행사할 때에 중화인민공화국의 법률과 법규의 준수를 확보하기 위하여 정선·승선·조사·나포 및 사법절차집행 등 필요한 조치를 취할 수 있다. 중화인민공화국은 배타적 경제수역과 대륙붕에서 중화인민공화국 법률·법규를 위반하는 행위에 대해서 필요조치를 취할 수 있고, 이를 의법 조치할 권리를 가지며, 추적권을 행사할 수 있다.

제13조 중화인민공화국은 배타적 경제수역과 대륙붕에서 향유하는 권리 중에서 본 법에 규정하지 않은 것은 국제법과 중화인민공화국의 기타 관계 법률과 법규에 근거하여 행사한다.

제14조 본 법의 규정은 중화인민공화국이 향유하는 역사적인 권리에 영향을 미치지 아니한다.

제15조 중화인민공화국 정부는 본 법에 근거하여 관계규정을 제정할 수 있다.

제16조 본 법은 공포한 날부터 시행한다.

관련협정

1. 대한민국과 일본국간의 어업에 관한 협정

(1998년 11월 28일 서명, 1999년 1월 22일 발효)

대한민국과 일본국은, 해양생물자원의 합리적인 보존·관리 및 최적이용의 중요성을 인식하고, 1965년 6월 22일 도쿄에서 서명된 "대한민국과 일본국간의 어업에 관한 협정"을 기초로 유지되어 왔던 양국간 어업분야에 있어서의 협력관계의 전통을 상기하고, 양국이 1982년 12월 10일 작성된 "해양법에 관한 국제연합헌장"(이하 "국제연합 해양법협약"이라 한다)의 당사국임을 유념하고, 국제연합해양법협약에 기초하여, 양국간 새로운 어업질서를 확립하고, 양국간에 어업분야에서의 협력관계를 더욱 발전시킬 것을 희망하며, 다음과 같이 합의하였다.

제1조 이 협정은 대한민국의 배타적 경제수역과 일본국의 배타적 경제수역(이하 "협정수역"이라 한다)에 적용한다.

제2조 각 체약국은 호혜의 원칙에 입각하여 이 협정 및 자국의 관계법령에 따라 자국의 배타적 경제수역에서 타방체약국 국민 및 어선이 어획하는 것을 허가한다.

제3조 1. 각 체약국은 자국의 배타적 경제수역에서의 타방체약국 국민 및 어선의 어획이 인정되는 어종·어획할당량·조업구역 및 기타 조업에 관한 구체적인 조건을 매년 결정하고, 이 결정을 타방체약국에 서면으로 통보한다.

2. 각 체약국은 제1항의 결정을 함에 있어서, 제12조의 규정에 의하여 설치되는 한·일어업공동위원회의 협의결과를 존중하고, 자국의 배타적 경제수역에서의 해양생물자원의 상태, 자국의 어획능력, 상호입어의 상황 및 기타 관련요소를 고려한다.

제4조 1. 각 체약국은 권한 있는 당사국은 타방체약국으로부터 제3조에서 규정하는 결정에 관하여 서면에 의한 통보를 받은 후, 타방체약국의 배타적 경제수역에서 어획하는 것을 희망하는 자국의 국민 및 어선에 대한 허가증 발급을 타방체약국의 권한 있는 당국에 신청한다. 해당 타방체약국의 권한 있는 당국은 이 협정 및 어업에 관한 자국의 관계법령에 따라 이 허가증을 발급한다.

2. 허가를 받은 어선은 허가증을 조타실의 보이기 쉬운 장소에 게시하고 어선의 표지를 명확히 표시하여 조업한다.

3. 각 체약국의 권한 있는 당국은 허가증의 신청 및 발급, 어획실적에 관한 보고, 어선의 표지 및 조업일지의 기재에 관한 규칙을 포함한 절차규칙을 타방 체약국의 권한 있는 당국에 서면으로 통보한다.

4. 각 체약국의 권한 있는 당국은 입어료 및 허가증 발급에 관한 타당한 요금을 징수할 수 있다.

제5조 1. 각 체약국의 국민 및 어선이 타방체약국의 배타적 경제수역에서 어획할 때에는 이 협정 및 타방체약국의 관계법령을 준수한다.

2. 각 체약국은 자국의 국민 및 어선이 타방체약국의 배타적 경제수역에서 어획할 때에는 제3조의 규정에 따라 타방체약국이 결정하는 타방체약국의 배타적 경제수역에서의 조업에 관한 구체적인 조건과 이 협정의 규정을 준수하도록 필요한 조치를 취한다. 이 조치는 타방체약국의 배타적 경제수역에서의 자국의 국민 및 어선에 대한 임검·정선 및 기타의 단속을 포함하지 아니한다.

제6조 1. 각 체약국은 타방체약국의 국민 및 어선이 자국의 배타적 경제수역에서 어획할 때에는 제3조의 규정에 따라 자국이 결정하는 자국의 배타적 경제수역에서의 조업에 관한 구체적인 조건과 이 협정의 규정을 준수하도록 국제법에 따라 자국의 배타적 경제수역에서 필요한 조치를 취할 수 있다.

2. 각 체약국의 권한 있는 당국은 제1항의 조치로서 타방체약국의 어선 및 그 승무원을 나포 또는 억류한 경우에는 취하여진 조치 및 그 후 부과된 벌에 관하여 외교경로를 통하여 타방체약국에 신속히 통보한다.

3. 나포 또는 억류된 어선 및 그 승무원은 적절한 담보금 또는 그 제공을 보증하는 서류를 제출한 후에는 신속히 석방된다.

4. 각 체약국은 어업에 관한 자국의 관계법령에서 정하는 해양생물자원의 보존조치 및 기타 조건을 타방체약국에 지체없이 통보한다.

제7조 1. 각 체약국은 다음 각목의 점을 순차적으로 직선으로 연결하는 선에 의한 자국측의 협정수

역에서 어업에 관한 주권적 권리를 행사하며, 제2조 내지 제6조의 규정의 적용상도 이 수역을 자국의 배타적 경제수역으로 간주한다.

가. 북위 32도 57.0분, 동경 127도 41.1분의 점
나. 북위 32도 57.5분, 동경 127도 41.9분의 점
다. 북위 32도 01.3분, 동경 127도 44.0분의 점
라. 북위 32도 08.7분, 동경 127도 48.3분의 점
마. 북위 33도 13.7분, 동경 127도 51.6분의 점
바. 북위 33도 16.2분, 동경 127도 52.3분의 점
사. 북위 33도 45.1분, 동경 128도 21.7분의 점
아. 북위 33도 47.4분, 동경 128도 25.5분의 점
자. 북위 33도 50.4분, 동경 128도 26.1분의 점
차. 북위 34도 08.2분, 동경 128도 41.3분의 점
카. 북위 34도 13.0분, 동경 128도 47.6분의 점
타. 북위 34도 18.0분, 동경 128도 52.8분의 점
파. 북위 34도 18.5분, 동경 128도 53.3분의 점
하. 북위 34도 24.5분, 동경 128도 57.3분의 점
거. 북위 34도 27.6분, 동경 128도 59.4분의 점
너. 북위 34도 29.2분, 동경 129도 00.2분의 점
더. 북위 34도 32.1분, 동경 129도 00.8분의 점
러. 북위 34도 32.6분, 동경 129도 00.8분의 점
머. 북위 34도 40.3분, 동경 129도 03.1분의 점
버. 북위 34도 49.7분, 동경 129도 12.1분의 점
서. 북위 34도 50.6분, 동경 129도 13.0분의 점
어. 북위 34도 52.4분, 동경 129도 15.8분의 점
저. 북위 34도 54.3분, 동경 129도 18.4분의 점
처. 북위 34도 57.0분, 동경 129도 21.7분의 점
커. 북위 34도 57.6분, 동경 129도 22.6분의 점
터. 북위 34도 58.6분, 동경 129도 25.3분의 점
퍼. 북위 35도 01.2분, 동경 129도 32.9분의 점
허. 북위 35도 04.1분, 동경 129도 40.7분의 점
고. 북위 35도 06.8분, 동경 130도 07.5분의 점
노. 북위 35도 07.0분, 동경 130도 16.4분의 점
도. 북위 35도 18.2분, 동경 130도 23.3분의 점
로. 북위 35도 33.7분, 동경 130도 34.1분의 점
모. 북위 35도 42.3분, 동경 130도 42.7분의 점
보. 북위 36도 03.8분, 동경 131도 08.3분의 점
소. 북위 36도 10.0분, 동경 131도 15.9분의 점

2. 각 체약국은 제1항의 선에 의한 타방체약국측의 협정수역에서 어업에 관한 주권적 권리를 행사하지 아니하며, 제2조 내지 제6조의 규정의 적용상도 이 수역을 타방체약국의 배타적 경제수역으로 간주한다.

제8조 제2조 내지 제6조의 규정은 협정수역 중 다음 가목 및 나목의 수역에는 적용하지 아니한다.
가. 제9조 제1항에서 정하는 수역
나. 제9조 제2항에서 정하는 수역

제9조 1. 다음 각목의 점을 순차적으로 직선으로 연결하는 선에 의하여 둘러싸이는 수역에 있어서는 부속서 I의 제2항의 규정을 적용한다.

가. 북위 36도 10.0분, 동경 131도 15.9분의 점
나. 북위 35도 33.75분, 동경 131도 46.5분의 점
다. 북위 35도 59.5분, 동경 132도 13.7분의 점
라. 북위 36도 18.5분, 동경 132도 13.7분의 점
마. 북위 36도 56.2분, 동경 132도 55.8분의 점
라. 북위 36도 18.5분, 동경 132도 13.7분의 점

마. 북위 36도 56.2분, 동경 132도 55.8분의 점
바. 북위 36도 56.2분, 동경 135도 30.0분의 점
사. 북위 38도 37.0분, 동경 132도 30.0분의 점
아. 북위 39도 51.75분, 동경 134도 11.5분의 점
자. 북위 38도 37.0분, 동경 132도 59.8분의 점
차. 북위 38도 37.0분, 동경 131도 40.0분의 점
카. 북위 37도 25.5분, 동경 131도 40.0분의 점
타. 북위 37도 08.0분, 동경 131도 34.0분의 점
파. 북위 36도 52.0분, 동경 131도 10.0분의 점
하. 북위 36도 52.0분, 동경 130도 22.5분의 점
거. 북위 36도 10.0분, 동경 130도 22.5분의 점
너. 북위 36도 10.0분, 동경 131도 15.9분의 점

2. 다음 각목의 선에 의하여 둘러싸이는 수역 중 대한민국의 배타적 경제수역의 최남단의 위도선 이북의 수역에 있어서는 부속서 I의 제3항의 규정을 적용한다.

가. 북위 32도 57.0분, 동경 127도 41.1분의 점과 북위 32도 34.0분, 동경 127도 9.0분의 점을 연결하는 직선

나. 북위 32도 34.0분, 동경 127도 9.0분의 점과 북위 31도 0.0분, 동경 125도 51.5분의 점을 연결하는 직선

다. 북위 31도 0.0분, 동경 125도 51.5분의 점에서 시작하여 북위 30도 56.0분, 동경 127도 52.0분의 점을 통과하는 직선

라. 북위 32도 57.0분, 동경 127도 41.1분의 점과 북위 31도 20.0분, 동경 127도 13.0분의 점을 연결하는 직선

마. 북위 31도 20.0분, 동경 127도 13.0분의 점에서 시작하여 북위 31도 0.0분, 동경 127도 5.0분의 점을 통과하는 직선

제10조 양 체약국은 협정수역에서의 해양생물자원의 합리적인 보존·관리 및 최적 이용에 관하여 상호 협력한다. 이 협력은 해당 해양생물자원의 통계학적 정보와 수산업 자료의 교환을 포함한다.

제11조 1. 양 체약국은 각각 자국의 국민과 어선에 대하여 항행에 관한 국제법규의 준수, 양 체약국 어선간 조업의 안전과 질서의 유지 및 해상에서의 양 체약국 어선간 사고의 원할하고 신속한 해결을 위하여 적절한 조치를 취한다.

2. 제1항에 열거한 목적을 위하여 양 체약국의 관계당국은 가능한 한 긴밀하게 상호 연락하고 협력한다.

제12조 1. 양 체약국은 이 협정의 목적을 효율적으로 달성하기 위하여 한·일 어업공동위원회(이하 "위원회"라 한다)를 설치한다.

2. 위원회는 양 체약국 정부가 각각 임명하는 1인의 대표 및 1인의 위원으로 구성되며, 필요한 경우 전문가로 구성되는 하부기구를 설치할 수 있다.

3. 위원회는 매년 1회 양국에서 교대로 개최하고 양 체약국이 합의할 경우에는 임시로 개최할 수 있다. 제2항의 하부기구가 설치되는 경우에는 해당 하부기구는 위원회의 양 체약국 정부대표의 합의에 의하여 언제라도 개최할 수 있다.

4. 위원회는 다음 사항에 관하여 협의하고, 협의결과를 양 체약국에 권고한다. 양 체약국은 위원회의 권고를 존중한다.

가. 제3조에 규정하는 조업에 대한 구체적인 조건에 관한 사항.
나. 조업질서유지에 관한 사항
다. 해양생물자원의 실태에 관한 사항
라. 양국간 어업분야에서의 협력에 관한 사항
마. 제9조 제1항에서 정하는 수역에서의 해양생물자원의 보존·관리에 관한 사항
바. 기타 이 협정의 실시와 관련되는 사항

5. 위원회는 제9조 제2항에서 정하는 수역에서의 해양생물자원의 보존·관리에 관한 사항에 관하여 협의하고 결정한다.

6. 위원회의 모든 권고 및 결정은 양 체약국 정부의 대표간의 합의에 의하여서만 이를 한다.

제13조 1. 이 협정의 해석이나 적용에 관한 양 체약국간의 분쟁은 먼저 협의에 의하여 해결한다.

2. 제1항에서 언급하는 분쟁의 협의에 의하여 해결되지 아니하는 경우에는 그러한 분쟁은 양 체약국

의 동의에 의하여 다음에 정하는 절차에 따라 해결한다.

가. 어느 일방체약국의 정부가 타방체약국의 정부로부터 분쟁의 원인이 기재된 당해 분쟁의 중재를 요청하는 공문을 받은 경우에 있어서 그 요청에 응하는 통보를 타방체약국 정부에 대하여 행할 때에는 그 분쟁은 그 통보를 받은 날부터 30일 기간 내에 각 체약국 정부가 임명하는 각 1인의 중재위원과 이와 같이 선정된 2인의 중재위원이 그 기간 후 30일 이내에 합의하는 제3의 중재위원 또는 그 기간 후 30일 이내에 그 2인의 중재위원이 합의하는 제3국의 정부가 지명하는 제3의 중재위원과의 3인의 중재위원으로 구성된 중재위원회에 결정을 위하여 회부된다. 다만, 제3의 중재위원은 어느 일방체약국의 국민이어서는 아니 된다.

나. 어느 일방체약국의 정부가 가에서 정하고 있는 기간 내에 중재위원을 임명하지 못한 경우, 또는 제3의 중재위원 또는 제3국에 대하여 가에서 정하고 있는 기간 내에 합의되지 아니하는 경우, 중재위원회는 각 경우에 있어서의 가에서 정하고 있는 기간 후 30일 이내에 각 체약국 정부가 선정하는 국가의 정부가 지명하는 각 1인의 중재위원과 이들 정부가 협의에 의하여 결정하는 제3국 정부가 지명하는 제3의 중재위원으로 구성된다.

다. 각 체약국은 자국의 정부가 임명한 중재위원 또는 자국의 정부가 선정하는 국가의 정부가 지명하는 중재위원에 관한 비용 및 자국의 정부가 중재에 참가하는 비용을 각각 부담한다. 제3의 중재위원이 그 직무를 수행하기 위한 비용은 양 체약국이 절반씩 부담한다.

라. 양 체약국 정부는 이 조의 규정에 의한 중재위원회의 다수결에 의한 결정에 따른다.

제14조 이 협정의 부속서 I 및 부속서 II는 이 협정의 불가분을 이룬다.

제15조 이 협정의 어떠한 규정도 어업에 관한 사항 외의 국제법상 문제에 관한 각 체약국의 입장을 해하는 것으로 간주되어서는 아니 된다.

제16조 1. 이 협정은 비준되어야 한다. 비준서는 가능한 한 신속히 서울에서 교환한다. 이 협정은 비준서를 교환하는 날부터 효력을 발생한다.

2. 이 협정은 효력이 발생하는 날부터 3년간 효력을 가진다. 그 이후에는 어느 일방체약국도 이 협정을 종료시킬 의사를 타방체약국에 서면으로 통고할 수 있으며, 이 협정은 그러한 통고가 있는 날부터 6월 후에 종료하며, 그와 같이 종료하지 아니하는 한 계속 효력을 가진다.

제17조 1965년 6월 22일 도쿄에서 서명된 "대한민국과 일본국간의 어업에 관한 협정"은 이 협정이 발효하는 날에 그 효력을 상실한다.

2. 대한민국과 중국간의 어업에 관한 협정

(00. 8. 3 체결, 01. 6. 30 발효)

대한민국정부와 중화인민공화국 정부는, 1982년 12월 10일자 "해양법에 관한 국제연합협약"의 관련규정에 따라 공동 관심 사항인 해양생물자원의 보존과 합리적 이용을 도모하고, 해상에서의 정상적인 조업질서를 유지하며, 어업분야에서의 상호협력을 강화·증진하기 위하여, 우호적인 협상을 통하여, 다음과 같이 합의하였다.

제1조 이 협정이 적용되는 수역(이하 "협정수역"이라 한다)은 대한민국의 배타적 경제수역과 중화인민공화국의 배타적 경제수역으로 한다.

제2조 1. 각 체약당사자는 이 협정과 자국의 관계법령의 규정에 따라, 자국의 배타적 경제수역에서 타방체액 당사자의 국민 및 어선이 어업활동을 하는 것을 허가 한다.

2. 각 체약 당사자의 권한있는 당국은 이 협정의 부속서 I 및 자국의 관계법령의 규정에 따라 타방체약당사자의 국민 및 어선에 대하여 입어허가증을 발급한다.

제3조 1. 각 체약당사자는 자국의 배타적 경제수역에서 타방체약당사자의 국민 및 어선에게 허용하는 어획가능어종·어획할당량·조업기간·조업구역 및 기타 조업조건을 매년 결정하고, 이를 타방체약당사자에게 통보한다.

2. 각 체약당사자는 제1항이 정한 사항을 결정함에 있어서 자국의 배타적경제수역내 해양생물자원의 상태, 자국의 어획능력, 전통적 어업활동, 상호입어의 상황 및 기타 관련요소를 고려하여야 하며, 제13조의 규정에 의하여 설치되는 한·중 어업공동위원회의 협의결과를 존중하여야 한다.

제4조 1. 일방체약당사자의 국민 및 어선은 타방 체약당사자의 배타적 경제수역에서 어업활동을 함에 있어서 이 협정과 타방체약당사자의 관계법령의 규정을 준수하여야 한다.

2. 각 체약당사자는 자국의 국민 및 어선이 타방체약당사자의 배타적 경제수역에서 어업활동을 함에 있어서 타방 체약당사자의 관계법령에 규정된 해양생물자원의 보존조치 및 기타 조건과 이 협정

의 규정을 준수하도록 필요한 조치를 취하여야 한다.

3. 각 체약당사자는 자국의 관계법령에 규정된 해양생물자원의 보존조치와 기타 조건을 타방 체약당사자에게 지체없이 통보하여야 한다.

제5조 1. 각 체약당사자는 자국의 관계법령에 규정된 해양생물자원의 보존조치와 기타 조건을 타방체약당사자의 국민 및 어선이 준수하도록 국제법에 따라 자국의 배타적 경제수역에서 필요한 조치를 취할 수 있다.

2. 나포되거나 억류된 어선 또는 승무원은 적절한 보증금이나 기타 담보를 제공한 후에는 즉시 석방되어야 한다.

3. 일방체약당사자는 타방체약당사자의 어선 또는 승무원을 나포하거나 억류한 경우에는 취하여진 조치와 그 후에 부과된 처벌에 관하여 타방체약당사자에게 적절한 경로를 통하여 신속하게 통보하여야 한다.

제6조 제2조 내지 제5조의 규정은 협정수역 중 제7조·제8조 및 제9조에서 지정한 수역을 제외한 부분에 대하여 적용한다.

제7조 1. 다음 각목의 점을 순차적으로 직선으로 연결하는 선에 의하여 둘러싸이는 수역(이하 "잠정조치수역"이라 한다)에 대하여는 제2항 및 제3항의 규정을 적용한다.

가. 북위 37도 00분, 동경 123도 40분의 점 (A1)
나. 북위 36도 22분 23초, 동경 123도 10분 52초의 점 (A2)
다. 북위 35도 30분, 동경 122도 11분 54초의 점 (A3)
라. 북위 35도 30분, 동경 122도 01분 54초의 점 (A4)
마. 북위 34도 00분, 동경 122도 01분 54초의 점 (A5)
바. 북위 34도 00분, 동경 122조 11분 54초의 점 (A6)
사. 북위 33도 20분, 동경 122도 41분의 점 (A7)
아. 북위 32도 20분, 동경 123도 45분의 점 (A8)
자. 북위 32도 11분, 동경 123도 49분 30초의 점 (A9)
차. 북위 32도 11분, 동경 125도 25분의 점 (A10)
카. 북위 33도 20분, 동경 124도 08분의 점 (A11)
타. 북위 34도 00분, 동경 124도 00분 30초의 점 (A12)
파. 북위 35도 00분, 동경 124도 07분 30초의 점 (A13)
하. 북위 35도 30분, 동경 124도 30분의 점 (A14)
거. 북위 36도 45분, 동경 124도 30분의 점 (A15)
너. 북위 37도 00분, 동경 124도 20분의 점 (A16)
더. 북위 37도 00분, 동경 123도 40분의 점 (A17)

2. 양 체약당사자는 해양생물자원의 보존과 합리적 이용을 위하여, 제13조의 규정에 의하여 설치되는 한·중 어업공동위원회의 결정에 따라 잠정조치수역에서 공동의 보존조치 및 양적인 관리조치를 취하여야 한다.

3. 각 체약당사자는 잠정조치수역에서 어업활동을 하는 자국의 국민 및 어선에 대하여 관리 및 기타 필요한 조치를 취하고, 타방체약당사자의 국민 및 어선에 대하여 관리 및 기타 조치를 취하지 아니한다. 일방체약당사자가 타방체약당사자의 국민 및 어선이 한·중 어업공동위원회의 결정을 위반하는 것을 발견한 경우, 그 사실에 대하여 해당 국민 및 어선의 주의를 환기시킬 수 있으며, 그 사실 및 관련 정황을 타방체약당사자에게 통보할 수 있다. 타방체약당사자는 그 통보를 존중하여야 하며, 필요한 조치를 취한 후 그 결과를 상대방에게 통보한다.

제8조 1. 이 협정이 발효한 날부터 4년까지 다음 (1) 및 (2)의 각 점을 순차적으로 직선으로 연결하는 선에 의하여 둘러싸이는 수역(이하 "과도수역"이라 한다)에 대하여는 제2항 내지 제4항의 규정을 적용한다.

(1) 한국측 과도수역 좌표

가. 북위 35도 30분, 동경 124도 30분의 점 (K1)
나. 북위 35도 00분, 동경 124도 07분 30초의 점 (K2)
다. 북위 34도 00분, 동경 124도 00분 30초의 점 (K3)
라. 북위 33도 20분, 동경 124도 08분의 점 (K4)
마. 북위 32도 11분, 동경 125도 25분의 점 (K5)
바. 북위 32도 11도, 동경 126도 45분의 점 (K6)

사. 북위 32도 40분, 동경 127도 00분의 점 (K7)
아. 북위 32도 24분 30초, 동경 126도 17분의 점 (K8)
자. 북위 32도 29분, 동경 125도 57분 30초의 점 (K9)
차. 북위 33도 20분, 동경 125도 28분의 점 (K10)
카. 북위 34도 00분, 동경 124도 35분의 점 (K11)
타. 북위 34도 25분, 동경 124도 33분의 점 (K12)
파. 북위 35도 30분, 동경 124도 48분의 점 (K13)
하. 북위 35도 30분, 동경 124도 30분의 점 (K14)

(2) 중국측 과도수역 좌표
가. 북위 35도 30분, 동경 121도 55분의 점 (C1)
나. 북위 35도 00분, 동경 121도 30분의 점 (C2)
다. 북위 34도 00분, 동경 121도 30분의 점 (C3)
라. 북위 33도 20분, 동경 122도 00분의 점 (C4)
마. 북위 31도 50분, 동경 123도 00분의 점 (C5)
바. 북위 31도 50분, 동경 124도 00분의 점 (C6)
사. 북위 32도 20분, 동경 123도 45분의 점 (C7)
아. 북위 33도 20분, 동경 122도 41분의 점 (C8)
자. 북위 34도 00분, 동경 122도 11분 54초의 점 (C9)
카. 북위 35도 00분, 동경 122도 01분 54초의 점 (C10)
타. 북위 35도 30분, 동경 122도 01분 54초의 점 (C11)
파. 북위 35도 30분, 동경 122도 55분의 점 (C12)

2. 각 체약당사자는 과도수역에서 점진적으로 배타적경제수역 제도를 실시하기 위하여 적절한 조치를 취하여야 하며, 타방체약당사자측 과도수역에서 조업을 하는 자국의 국민 및 어선의 어업활동을 점진적으로 조정·감축하여 균형을 이루도록 노력한다.

3. 양 체약당사자는 과도수역에서 제7조제2항 및 제3항과 동일한 보존 및 관리조치를 취하여야 하고, 또한 공동승선·정선·승선검색 등을 포함한 공동감독 검사 조치를 취할 수 있다.

4. 양 체약당사자는 각각 타방체약당사자측 과도수역에서 조업하는 자국 어선에게 허가증을 발급하고, 또한 그 어선의 명부를 상호 교환한다.

5. 이 협정이 발효한 날부터 4년이 경과한 후에는 과도수역에 대하여 제2조 내지 제5조의 규정이 적용된다.

제9조 양 체약당사자는 제7조 제1항에 지정된 잠정조치수역의 북단이 위치한 위도선 이북의 일부수역과 제7조 제1항에 지정된 잠정조치수역 및 제8조 제1항에 지정된 과도수역 이남의 일부수역에서는 양 체약당사자간에 별도의 합의가 없는 한 현행 어업활동을 유지하며 어업에 관한 자국의 법령을 타방체약당자의 국민과 어선에 대하여 적용하지 아니한다.

제10조 각 체약당사자는 항행 및 조업의 안전을 확보하고, 해상에서의 정상적인 조업질서를 유지하며, 해상고도를 원활하고 신속하게 처리하기 위하여 자국의 국민 및 어선에 대하여 지도 기타 필요한 조치를 취하여야 한다.

제11조 1. 일방체약당사자의 국민 및 어선이 타방체약당사자의 연안에서 해난이나 기타 긴급사태를 당한 경우, 타방체약당사자는 가능한 한 구조 및 보호를 제공함과 동시에 이에 관한 상황을 일방체약당사자의 관계당국에게 신속히 통보하여야 한다.

2. 일방체약당사자의 국민 및 어선은 악천후나 기타 긴급한 사태로 피난할 필요가 있을 때에는 이 협상의 부속서 II의 규정에 따라 타방체약당사자의 관계 당국에 연락을 취하고 타방체약당사자의 항구 등에 피난할 수 있다. 해당 국민 및 어선은 타방체약당사자의 관계법령을 준수하고 관계당국의 지시를 따라야 한다.

제12조 양 체약당사자는 해양생물자원의 보존과 합리적 이용에 관한 과학적 연구 (필요한 자료교환을 포함한다)를 위하여 협력을 강화하여야 한다.

제13조 1. 양 체약당사자는 이 협정의 실시를 더욱 용이하게 하기 위하여 한·중 어업공동위원회 (이하 "위원회"라 한다)를 설치한다. 위원회는 양 체약당사자가 각각 임명하는 1인의 대표 및 약간명의 위원으로 구성되며, 필요한 경우 전문분과위원회를 설치할 수 있다.

2. 위원회의 임무는 다음과 같다.

(1) 아래 사항을 협의하고 양 체약당사자의 정부에게 권고한다.

가. 제3조의 규정에 의하여 타방체약당사자의 국민 및 어선에게 허용하는 어획가능어종·어획할당량 기타 구체적 조업조건에 관한 사항
나. 조업질서의 유지에 관한 사항
다. 해양생물자원의 상태와 보존에 관한 사항
라. 양국간 어업협력에 관한 사항
(2) 필요한 경우, 이 협정의 부속서의 개성과 관련하여 양 체약당사자의 정보에게 권고할 수 있다.
(3) 제7조 및 제8조의 규정에 관한 사항을 협의하고 결정한다.
(4) 이 협정의 집행현황과 기타 이 협상과 관련된 사항을 연구한다.
3. 위원회의 모든 권고와 결정은 양 체약당사자 대표간의 합의에 의하여서만 이를 한다.
4. 양 체약당사자의 정부는 제2항(1)의 권고를 존중하고, 제2항(3)의 결정에 따라 필요한 조치를 취하여야 한다.
5. 위원회는 대한민국과 중화인민공화국에서 교대로 매년 한차례씩 회의를 개최한다. 필요한 경우 양 체약당사자의 합의를 거쳐 임시회의를 개최할 수 있다.

제14조 이 협정의 어떠한 규정도 해양법상의 제반 사안에 관한 각 체약당사자의 입장을 저해하는 것으로 해석되어서는 아니 된다.

제15조 이 협정의 부속서는 이 협정의 불가분의 일부를 구성한다.

제16조 1. 이 협정은 양 체약당사자가 각자 국내법상의 절차를 완료한 후, 이를 통보하는 공한을 서로 교환하는 날부터 그 효력이 발생한다.
2. 이 협정은 5년간 유효하며, 그 후에는 제3항의 규정에 따라 종료될 때까지 계속하여 유효하다.
3. 일방체약당사자는 타방체약당사자에게 1년 전에 서면으로 통보하여 최초 5년 기한의 만료시 또는 그 후 언제라도 이 협정을 종료시킬 수 있다.

부 속 서 I

각 체약당사자는 이 협정 제2조 제2항의 규정에 의하여 입어허가에 관한 아래 조치를 취한다.

1. 각 체약당사자의 권한있는 당국은 타방체약당사자의 권한있는 당국으로부터 이 협정 제3조에 정한 결정을 서면으로 통보받은 후 타방체약당사자의 권한있는 당국에게 타방체약당사자의 배타적 경제수역에서 어업활동을 하고자 하는 자국의 국민과 어선에 대한 입어허가증의 발급을 신청한다. 타방체약당사자의 권한있는 당국은 이 협정 및 자국의 관계법령의 규정에 따라 허가증을 발급한다. 각 체약당사자의 권한있는 당국은 허가증의 발급에 있어 적절한 요금을 징수할 수 있다.
2. 각 체약당사자의 권한있는 당국은 입어에 관한 절차규정(허가증의 신청과 발급, 어획량에 관한 통계자료제출, 어선의 표지 및 조업일지의 기재 등)을 타방체약당사자의 권한있는 당국에게 서면으로 통보하여야 한다.
3. 허가를 받은 어선은 허가증을 조타실의 보이기 쉬운 장소에 부착하고, 타방체약당사자가 규정한 어선 표지를 명확히 표시하여야 한다

부 속 서 II

이 협정 제11조 제2항의 규정은 아래 규정에 따라 실시한다.

1. 대한민국 정부가 지정하는 연락처는 해양경찰관서로 한다. 중화인민공화국 정부가 지정하는 연락처는 관련 항구를 관할하는 항구감독기관으로 한다.
2. 구체적인 연락방법에 대하여는 이 협정 제13조의 규정에 의하여 설치되는 한·중 어업공동위원회에서 상호 통보한다.
3. 각 체약당사자의 어선이 타방체약당사자가 지칭하는 연락처에 연락하는 내용은 다음과 같다.

선박명, 호출신호, 현재위치(위도·경도), 선적항, 총톤수, 선장, 선장의 성명, 선원수, 피난이유, 피난요청목적지, 도착예정시각 및 통신연락방법

참고문헌

○ 국문 서적

강영훈, 『군함의 법적 지위』, 서울 : 연경문화사, 1984.

강영훈 · 김현수, 『국제법개설』, 서울 : 연경문화사, 1996.

김정건 외, 『국제조약집』, 서울 : 연세대출판부, 1986.

김현수, 『한반도 주변국가의 해양법령집』, 서울: 연경문화사, 2000.

김현수 · 이민효, 『현대국제법』, 서울 : 연경문화사, 2005.

김현수, 『국제해양법』, 서울 : 연경문화사, 2007.

김현수, 『세계도서영유권 분쟁과 독도』, 서울 : 연경문화사, 2009.

김현수, 『해양법총론』, 서울 : 청목출판사, 2010.

박춘호 · 유병화, 『해양법』, 서울 : 민음사, 1986.

외교부 · 해수부, 『한중어업협정해설』, 서울 : 해수부, 2001.

이병조 · 이중범, 『국제법신강』(제8개정판), 서울 : 일조각, 1999.

이한기, 『국제법학(상)』, 서울 : 박영사, 1971.

최재훈 · 정운장(공저), 『국제법강의』, 부산대학교 출판부, 1984.

전순신(편저), 『국제사법재판소판례(I)』, 부산 : 세종출판사, 1999.

최종화, 『현대해양국제법』, 서울 : 두남, 2004.

해양법포럼, 『국제해양분쟁사례연구 Ⅰ』, 중재재판소판례, 서울 : 해양수산부, 2004.

______, 『국제해양분쟁사례연구 Ⅲ』, 국제사법재판소판례, 서울 : 해양수산부, 2005.

______, 『국제해양분쟁사례연구 Ⅳ』, 양자협정사례, 서울 : 해양수산부, 2006.

______, 『국제해양분쟁사례연구 Ⅴ』, 종합, 서울 : 해양수산부, 2006.

○ 국문 논문

김현수, "유엔해양법협약의 발효에 따른 남 · 북한 영해법 개정에 관한 일고찰", 2(1) 「서울국제법연구」(1995), pp. 1-22.

______, "대한민국 방공식별구역에 관한 소고", 「해양전략」 제117호, 해군대학, 2002. 12, pp. 1-20.

______, "유엔해양법협약상의 추적권", 「해양전략」 제91호, 해군대학, 1996, p. 81.

______, "유엔해양법과 동북아 신해양질서, 해군대학, 「해양법연구보고서」, 2000. 12, pp. 1-33.

______, "해양법과 유엔해양법협약, 해군대학, 「해양법연구보고서」, 2001. 1, pp. 1-47.

______, "신해양법질서와 한반도 해양안보, 해군대학, 「해양법연구보고서」, 2001. 2, pp. 1-27.

______, "해양법상 미식별 잠수함 처리, 해군대학, 「해양법연구보고서」, 2001. 3, pp. 1-32.

______, "공해상 무력사용의 한계, 해군대학, 「해양법연구보고서」, 2001. 4, pp. 1-40.

______, "신한일어업협정과 독도영유권, 해군대학, 「해양법연구보고서」, 2001. 5, pp. 1-26.

______, "한중어업협정의 발효와 향후과제, 해군대학, 「해양법연구보고서」, 2001. 6, pp. 1-33.

______, "해상에서의 군사활동과 무력사용의 한계, 해군대학, 「해양법연구보고서」, 2001. 7, pp. 1-37.

______, "해적행위의 국제적 규제, 해군대학, 「해양법연구보고서」, 2001. 8, pp. 1-42.

______, "배타적 경제수역에서의 군사활동과 그 법적 규제", 「대한국제법학회논총」 제40권 1호, 1995, pp. 97-110.

______, "95년 영해 및 접속수역법에 관한 소고", 「서울국제법연구」 제3권 2호, 1996, pp. 97-108.

______, "신해양법상 군사활동과 무력사용의 한계", 「해양전략」 제94호, 해군대학, 1997, pp. 178-217.
______, "무해통항제도의 현재와 과거에 관한 법적 고찰", 「해양전략」 제109호, 2000. 12, pp. 1-29.
______, "한·일간 동해해양경계획정에 관한 연구", 해군대학, 「독보연구과제보고서」, 2000, pp. 1-88.
______, "군함 및 상선의 통항에 관한 국제법적 고찰", 「합참」 제18호, '02.1, pp. 106-117.
______, "서해에서의 한중간 및 동중국해에서의 한중일간 해양경계획정에 관한 연구, 해군대학, 「독보연구과제 연구보고서」, 2002, pp. 1-95.
______, "해적행위의 국제적 규제에 관한 연구", 해군대학, 「해양연구논총」 제3집, 2002, pp. 97-144.
______, "해양법상 대한해협 통항제도 및 영해확장에 관한 연구" 「해양전략」 제120호, 2003. 9, pp. 65-99.
______, "한반도 주변국가의 해양법 문제에 관한 연구", 해군대학, 「독보연구과제」, 2003. 12, pp. 1-92.
______, "국제도서분쟁 사례연구를 통한 독도영유권 문제 해결방안에 관한 연구", '04년도 해군대학, 「독보연구과제」, 2005. 3. pp. 289-382.
______, "국제법상의 대량살상무기확산방지구상에 관한 연구", 해군대학, 「독보연구과제」, 2006, pp. 187-220.
______, "한국 주변바다의 국제법적 갈등상황", 「한국해양전략연구소 세미나」, 서울 해군회관, 2006. 7. 7, pp. 1-38.
______, "동북아 국가의 직선기선에 관한 연구", *Strategy 21*, Vol. 9. No. 1, 한국해양전략연구소, 2006, pp. 184-227.
______, "Military Activities in the Exclusive Economic Zone: Preventing Uncertainty and Defusing Conflict", *International Law Studies* Volume 80, US Naval War College, 2006, pp. 257-262.
______, "韓日間 東中國海 해양경계획정에 관한 일본주장의 대응 논리", 「국제법학회논총」 제52권 제1호, 2007, pp. 43-66
______, "대륙붕한계 문서제출 사례분석 및 우리의 대응방안 연구", 「해사법연구」 제20권 3호, 2008. 11, pp. 1-41.
______, "2008년도 대륙붕한계위원회 문서제출 사례분석 및 평가", 「해사법연구」 제21권 1호, 2009. 3, pp. 27-60
______, "루마니아-우크라이나간 흑해 해양경계획정 사건에 관한 분석 및 평가", 「해사법연구」 제21권 2호, 2009. 7, pp. 101-134.
______, "유엔에 제출된 예비문건 분석 및 평가", 「해사법연구」 제21권 3호, 2009. 12, pp. 45-82.
______, "북극해 대륙붕 한계에 관한 법적 문제" 「해사법연구」 제22권 1호, 2010. 3, pp. 233-56.
박종성, "접속수역에 관한 소고", 「중앙대 법정논총 」, Vol. 19, 1965, pp. 128-132.
외교부, "한일어업협정 해설자료", 비발간, 1998. 11, pp. 1-15.
이상은·우병구, "국제해협 싱가포르 및 도버 TSS 항로의 통항계획 및 방법", 「해기」, 2003년 4월호, pp. 20-22.

○ 영문서적

Ahnish, F. A., *The International Law of Maritime Boundaries and the Practice of States in the Mediterranean Sea*, Oxford : Clarendon Press, 1993.
Ashley, J. & Smith, R. W., *United States Response to Excessive Maritime Claims*, The Hague : Martinus Nijhoff Publishers, 1996.
Attard, D. J., *The Exclusive Economic Zone in International Law*, Oxford : Clarendon, 1987.

Beazley, P. B., *Maritime Limits and Baselines : A Guide to their Delineation*, The Hydrographic Society Special Publication No. 2(2nd ed), 1978.

Briggs, H. W., *The Law of Nations*, New York : Appltin Inc., 1952.

Brown, E. D., *The UN Convention on the Law of the Sea, 1982, A uide for National Policy Making Legislation and Administration*, London : Commonwealth Secretariat, 1989.

Brownlie, I.(ed.), *Basic Documents in International Law*, Oxford : Oxford University Press, 1988.

_________, *Principles of International Law* (4th ed.), Oxford : Clarendon Press, 1990.

Charney, J. I. & Alexander, L. M.(eds.), *International Maritime Boundaries*, Vols. I & II, Martinus Nijhoff Publishers : Dordrecht, 1993.

Chiu, H.(ed), *China and the Question of Taiwan*, New York : Praeger Publisher, 1973.

Churchill, R. R. & Lowe, A. V., *The Law of the Sea*(3rd ed.), Manchester : Manchester University Press, 1999.

Colombos ,C. J., *The International Law of the Sea*, London : Longmans, 1967.

Faucett, J. E. S. *International Law and Use of Force*, Oxford : Clarendon Press, 1968.

Francalanci, G., Romano, D. & Scovazzi, T.(eds.), *Atlas of the Straight Baselines,* Milano, 1986.

Grotius, H., *Mare Liberum*, Oxford : Clarendon Press, 1916.

Hackworth, G. H. *Digest of International Law*, Vol. II, Washington, D.C. : US Government Printing Office, 1941.

Jagota, S. P., *Maritime Boundary*, Dordrecht : Martinus Nijhoff, 1985.

Jessup, P. C., *The Law of Territorial Waters and Maritime Jurisdiction*, New York : Oceana, 1927.

Leifer, M., Malacca, *Singapore, and Indo nesia*, The Netherlands : Martinus Nijhoff, 1978.

Ma,Y.J., *Legal Problems of Seabed Boundary Delimitation in the East China Sea*, Baltimore : University of Maryland, 1984.

McDougal, M. S. &. Burke, W .T., *The Public Order of the Oceans*, Dordrecht : Martinus Nijhoff, 1962.

Morris, M. A., *The Straits of Magellan*, Dordrecht : Nijhoff, 1989.

Nordquist, M. H., Nandan, S. N., Rosenne, S. & Grandy, N. R.(ed.), *United Nations Convention on the Law of the Sea 1982 : A Commentary*, Vol.Ⅱ, Dordrecht : Martinus Nijhoff Publishers, 1993.

Nordquist, N. M. & Park, C. H.(eds), *North America and Asia-pacific and the Law of the Sea,* London : Oceana Publication, 1981. O'Connell, D. P., *The International Law of the Sea*, Vol. 1, Oxford : Clarendon Press, 1982.

____________, *The International Law of the Sea*, Vol.2, Oxford : Clarendon Press, 1984.

____________, *The Influence of Law on Sea Power*, Manchester : Manchester University Press, 1975.

____________, *International Law*, London: Stevenson & Sons, 1970.

Oppenheim, L. & Lauterpacht, E., *International Law*, Vol. I, London : Longman, 1954.

____________, *International Law*, Vol.Ⅱ, London : Longman, 1955.

Orrego Vicuna, F. O., *The Exclusive Economic Zone: Regime and Legal Nature under International Law*, Cambridge : Cambridge University Press, 1989.

Paik, Choong-Hyun(ed.), *International Law in Korean Perspective*, Seoul : Seoul National University Press, 2004.

Pak, C. Y., *The Korea Straits*, Dordrecht : Nijhoff, 1988.

Park, C. H.(ed), *Korea and International Law*, International Legal Studies Series, No.4, Seoul : Korea University, 1993.

Phillipson, C. & Buxton, N., *The Questions of the Bosphorus and Dardanells*, London : Stevens and Haynes, 1917.

Pontecorvo, G.(ed.), *The New Order of the Oceans*, New York : Colombia University Press, 1986.

Poulantzas, N. M., *The Right of Hot Pursuit in International Law*, Leyden : Sijthoff, 1969.

Ramazani, R. K., *The Persian Gulf and the Strait of Hormuz*, Alphen aan den Rijn : Sijhoff & Noordhoff, 1979.

Ronzitti, N.(ed), *Maritime Terrorism and International Law*, Martinus Nijhoff Publishers, 1990.

Schwarzenberger, G. *International Law as Applied by International Courts and Tribunals*, Vol. I, London, 1957.

Scovazzi, T., *The Evolution of International Law of the Sea: New Issues, New Challenge*, Dordrecht : Martinus Nijhoff Publishers, 2001.

Smith, R. W., *Exclusive Economic Zone Claims : An Analysis and Primary Documents*, Dordrecht : Martinus Nijhorf Publishers, 1986.

Sohn, L. B. & Gustafson, K., The Law of the Sea, West Publishing Co., 1984.

Stephan, J. J., *The Kuril Islands : Russo-Japanese Frontier in the Pacific*, Oxford : Clarendon Press, 1974.

United Nation Office for Ocean Affairs and the Law of the Sea, The Law of the Sea, Baselines : *An Examination of the Relevant Provisions of the United Nation Convention on the Law of the Sea*, New York, 1989.

United Nations, *The Law of the Sea*, United Nations Convention on the Law of the Sea, New York : United Nations, 1983.

______________, Baselines : National Legislation with Illustrative Maps, New York : UN, 1989.

US Navy, *The commander's Handbook on the Law of Naval Operations*, Washington D. C., 1987.

Van Dyke, J. M.(ed), *Consensus and Confrontation: The United States and the Law of the Sea*, Honolulu : The Law of the Sea Institute, The University of Hawaii, 1985.

○ 영문논문

Akehurst, M., "Equity and General Principles of Law", 25 *ICLQ*(1976), p. 801.

Aldrich, G. H., "Question of International Law Raised by the Seizure of the USS Pueblo", *Proceedings of the AJIL*(1969), pp. 2-6.

Allot, P., "Power Sharing in the Law of the Sea", 77 *AJIL*(1983), p. 20.

Alwi. D., "Conflicting Claims in the South China Sea". *Asian Defense Journal*, 1992. 6. p. 10.

Boczek, B., "Peacetime Military Activities in the EEZ of Third Countries", 16(6) *ODIL*(1988), pp. 445ff.

Bouchez, L., "The Fixing of Boundaries in International Boundary Rivers", 12 *ICLQ* (1963), p. 85.

Brown, E. D., "Protective Jurisdiction", *34 AJIL*(1940), p. 11.

Cheng, B., "Justice and Equity in International Law", 8 *Current LegalProblems* (1955), p. 185.

Cheng, T., "The Sino-Japanese Dispute over the Senkaku Islands and the Law of Territorial Acquisition", 14 *Virginia Journal of International Law*(1973-74), pp. 221-266.

Chiu, H., "A Study on the Tiao-Yu-tai Islands", 6 *Chenghi Law Review*(1972), pp. 1-30.

Chiu, H. & Park. C. H., "Legal Status of Paracel and Spratly Islands", 30 *ODIL* (1975), pp. 10-11.

Denis, W., "The Sinking of The I'm Alone", 23 *AJIL*(1929), pp. 351-362.

Fawcett, J. E. S., "Gibraltar: The Legal Issues", 43 *International Affairs*(1967), p. 236.

Fenwick, C., "The Declaration of Panama ", 34 *AJIL*(1940), p. 17.

Fidel, R. E., "Hot Pursuit from a Fisheries Zone", 70 *AJIL*(1976), pp. 95-102.

Fitzmaurice, G., "The Case of I'm Alone", 17 *BYIL*(1936), pp. 82-111.

______________, "Some Results of the Geneva Conference on the Law of the Sea", 8 *ICLQ* (1959), pp. 73, 93.

______________, "The Straits Convention of Montreux", 18 *BYIL*(1937), p. 186.

Francioni, F., "Peacetime Use of Force, Military Activities and the New Law of the Sea", 18 *Cornell International Law Journal*(1985), p. 220.

Francioni, F., "The Gulf of Sirte Incident(US v. Libya) and International Law", 5 *Yearbook of International Law*(1980-81), p. 85.

______________, "The Case of the Gulf of Sidra in International Law", 11 *Syracus International Law*(1984), p. 311.

Hailbronner, K., "Freedom of Air and the Convention on the Law of the Sea", 77 *AJIL*(1983), pp. 490-491.

Haller-Trost, R., "The Spratly Islands : A Study on the Limitations of International Law". *Occasional Paper*. No. 14, University of Kent, 1990. pp. 54-55.

Hardy, M. J. L., "Nuclear Liability : the General Principle of Law and Further Proposals", 36 *BYIL*(1960), pp. 223-249.

Hodgson, R. & Alexander, L. M., "Towards an Objective Analysis of Special Circumstances: Bays, Rivers, Coastal and Oceanic Archipelagoes and Atolls", *Law of the Sea Institute Occasional Paper* No.13, 1971, pp. 37-38.

Hollick, A. L., "The Origins of 200 Mile Offshore Zones", 71 *AJIL*(1977), pp. 494-500.

Hsu, R. T., "A Rational Approach to Maritime Boundary Delimitation in the Yellow Sea", in C. H. Park & D.C.Kim(eds), *The Regime of the Yellow Sea*, Seoul : Institute of East and West Studies, Yonsei University, 1990, pp. 149-150.

Hyde, C. H., "The Adjustment of The I'm Alone Case", 29 *AJIL*(1935), pp. 296-301.

Lauterpacht, E., "Sovereignty over Submarine Areas", 27 *BYIL*(1950), p. 376.

Lee, K. G., "A Critical Perspectives on Maritime Delimitation in East Asia", in Choong-Hyun Paik(ed.), *International Law in Korean Perspectives*, Seoul : Seoul National University Press, 2004, p. 187.

Lillich, R. B., "The Diplomatic Protection of Nationals Abroad: An Elementary Principle of International Law under Attack", 69 *AJIL*(1975), p. 362.

Lissitzyn, O. J., "The Treatment of Areal Intruders in Recent Practice and International

Law", 47 *AJIL*(1953), pp. 586-587.

Kang, J. S., "The United Nations Convention on the Law of the Sea and Fishery Relations between Korea, Japan and China", 27 *Marine Policy*(2003), pp. 111-124.

Kawasaki, Y., "Japan's Ratification of the UN Law of the Sea Convention and its New Legislation on the Law of the Sea', *International Boundary and Security Bulletin*, Winter, 1996-1997, p. 93.

Kim, H. S., "The Impact of the UN Convention on the Law of the Sea on the Territorial Sea Regimes of Selected East AsianCountries", University of Wales, *Ph.D.Thesis*, 1993, pp. 181-89.

_________, US Naval War College International Law Conference, "Current Legal Issues in Maritime Operations", Presenter, USNWC, New Port, 2003. 6. 25, pp. 1-19.

_________, US PACOM International Military Operations and Law Conference, "Military Activities in the EEZ: Preventing Uncertainty and Defusing Conflict", Presenter, USPACOM, Honolulu, 2003. 9. 5, pp. 1-16.

_________, The International Conference for Promotion of Academic Exchange, "New Ocean Order of the East Asian Countries", Presenter, The University of Shimane, 2003. 10. 3, pp. 1-25.

Kunz, J. L., "Continental Shelf and International Law: Confusion and Abuse", 50 *AJIL*(1956), pp. 828-53.

Kwon, M. S. & Ok, Y. S., "Japan's Maritime Jurisdiction Extension and Fishery Disputes between Korea and Japan"(in Korean), *Seminar on Japanese Baseline Claims and Fishery Dispute*, KMI, 1977. 7. 18.

McWhinney, E., "Equity in International Law", in R.Newman(ed.), Equity in *the World's Legal System*, Bruylant : Brussels, 1973, p. 181.

Oda, S., "Tunisia-Libya Continental Shelf case", *ICJ* Reports(1982), p. 246.

Oxman, B. H., "The Regime of Warships under the UN Convention on the Law of the Sea", 24 *Virginia Journal of International Law*(1984), pp. 810-63.

Oxman, B. H. & Stevenson, J. R., "The Third United Nations Conference on the Law of the Sea", 68 *AJIL*(1974), p. 1; 69 AJIL(1975), pp. 1,763; 71 *AJIL*(1977), p. 247; 73 *AJIL*(1979), p. 1; 74 AJIL(1980), p. 1; 75 *AJIL*(1981); 76 AJIL(1982), p. 1.

Park, C. H., "Oil under Troubled Waters: The Northeast Asia Sea-Bed Controversy", in *East Asia and the Law of the Sea*, Seoul : Seoul National University Press, 1988, pp. 1-50.

_________, "China and Maritime Jurisdiction: Some Boundary Issues", 31(2) *KSIL* (1986), p. 70.

Park, H. K., "Japan v. Kim Sun-ki case No.35, 1977. Matsue District Court, Shimane Prefecture, Japan, August 15, 1997", 92(2) *AJIL* 1998), pp. 12-13.

Phillips, J. C., "The Economic Resources Zone: Progress for the Developing Coastal States", 11 *Journal of Maritime Law and Commerce* (1980), pp. 349-340.

Prescott, J. V., "Straight Baselines : Theory and Practice", *Monograph, Typescript*, 1985, pp. 13-14.

Roach, J. A. & Smith, R. W., "Excessive Maritime Claims", *International Law Studies*,

1994, pp. 63-67.

Robertson, J. W., "Navigation in the Exclusive Economic Zone", 24 *VJIL*(1994), pp. 865, 886.

Schwarzenberger, G. P., "The Concept of Equity in International Law", 1 *New Commonwealth Research Material*(1934), p. 17.

Smith, R. W. & Thomas,B.L., "Islands D1sputes and the Law of the Sea", 2(4) Maritime Briefing(1998), pp. 1-27.

Symonides, J., "Delimitation of Maritime Area between States with Opposite and Adjacent Coasts", 13 *Polish Yearbook of International Law* (1984), p. 19.

Tao, S., "Peacetime Military Activities in the EEZ: Understanding of Uncertainty and Defusing Conflict Comprehensively", 16th Annual USPACOM *International Military Operations and Law Conference*, 2-5 September, 2003, pp. 6-7.

Thomas, A. R. & .Duncan, J. C.(eds), *International Law Studies*, Volume 73, Newport : US Naval War College, 1999, pp. 129-37.

Trevis, T., "Military Installations, Structures and Devices in the Seabed", 74 *AJIL*(1980), pp. 808-857.

Tsarev, V. F., "The Juridical Nature of the EEZ and the Legal Regime of Navigation of Foreign Vessels Therein", in R. R. Churchill and E. D. Brown(eds.), *The UN Convention on the Law of the Sea: Impact and Implementation*, Honolulu : The Law of the Sea Institute, 1987, p. 600.

Van Dyke, J. M., "Military Exclusion and Warning Zones on the High Sea", 15 *Marine Policy*(1991), p.164.

Wolfrum, R., "Restricting the Use of the Sea to Peaceful Use: Demilitarization in Being?", 24 *German Yearbook of International Law*(1981), pp. 200-39.

Yang, H. K., "On the Sovereignty over the Tiao-Yu-tai: Archipelago", 99 *China Monthly*(1972), p. 41.

Young, R., "Offshore Claims and Problems in the North Sea", 59 *AJIL*(1965), pp. 505-522.

찾아보기

[ㅅ]

[ㅇ]

[ㅈ]

〈저자 소개〉

• 김 현 수

· 해군사관학교 졸업(이학사)
· 서울대학교 법과대학 졸업(법학사)
· 서울대학교 대학원 법학과 졸업(법학석사)
· University of Wales College of Cardiff (Ph.D.)

· 한국해사법학회 부회장
· 대한국제법학회, 서울국제법연구원, 해양환경안전학회 등 이사
· 한국해양전략연구소(KIMS) 해양법 선임연구위원
· 해양경찰청 국제해양법위원
· 독도연구소장
· 국가지명위원회위원
· 현) 인하대학교 법학전문대학원 교수

해양법각론

2010년 12월 27일 초판인쇄
2011년 1월 4일 초판발행

저 자 김 현 수
발행인 유 성 렬
발행처 **청목출판사**
서울특별시 영등포구 신길동 233-96
전화 (02) 849-6157(代) · 2820
FAX (02) 849-0817
등록 제318-1994-000090호

파본은 바꾸어 드립니다. 값 35,000원

http : //www.chongmok.co.kr

ISBN 978-89-5565-381-6